ロベニア　　Eslovenia /エスロベニア/ (㊊ Slovenia)
イ　　Tailandia /タイランディア/ (㊊ Thailand)
大韓民国（韓国）　　Corea del Sur /コれア デル スる/ (㊊ South Korea)
チェコ　　Checa /チェカ/ (㊊ Czekia)
中華人民共和国（中国）　　China /チナ/ (㊊ China)
朝鮮民主主義人民共和国（北朝鮮）　　Corea del Norte /コれア デル ノるテ/ (㊊ North Korea)
リ　　Chile /チレ/ (㊊ Chile)
デンマーク　　Dinamarca /ディナマるカ/ (㊊ Denmark)
ドイツ　　Alemania /アレマニア/ (㊊ Germany)
ドミニカ共和国　　República Dominicana /れプブリカ ドミニカナ/ (㊊ Dominican Republic)
トルコ　　Turquía /トゥるキア/ (㊊ Turkey)
日本　　Japón /ハポン/ (㊊ Japan)
ニカラグア　　Nicaragua /ニカらグア/ (㊊ Nicaragua)
ニュージーランド　　Nueva Zelanda /ヌエバ ゼランダ/ (㊊ New Zealand)
ネパール　　Nepal /ネパル/ (㊊ Nepal)
ノルウェー　　Noruega /ノるエガ/ (㊊ Norway)
パキスタン　　Pakistán /パキスタン/ (㊊ Pakistan)
パナマ　　Panamá /パナマ/ (㊊ Panama)
パラグアイ　　Paraguay /パらグアイ/ (㊊ Paraguay)
ハンガリー　　Hungría /ウングリア/ (㊊ Hungary)
フィリピン　　Filipinas /フィリピナス/ (㊊ Philippines)
フィンランド　　Finlandia /フィンランディア/ (㊊ Finland)
ブラジル　　Brasil /ブらシル/ (㊊ Brazil)
フランス　　Francia /フらンしア/ (㊊ France)
ブルガリア　　Bulgaria /ブルガリア/ (㊊ Bulgaria)
ベネズエラ　　Venezuela /ベネスエラ/ (㊊ Venezuela)
ペルー　　Perú /ぺる/ (㊊ Peru)
ベルギー　　Bélgica /ベルヒカ/ (㊊ Belgium)
ポーランド　　Polonia /ポロニア/ (㊊ Poland)
ボリビア　　Bolivia /ボリビア/ (㊊ Bolivia)
ポルトガル　　Portugal /ポるトゥガル/ (㊊ Portugal)
ホンジュラス　　Honduras /オンドゥらス/ (㊊ Honduras)
マレーシア　　Malasia /マラシア/ (㊊ Malaysia)
メキシコ　　México /メヒコ/ (㊊ Mexico)
モロッコ　　Marruecos /マるエコス/ (㊊ Morocco)
モンゴル　　Mongolia /モンゴリア/ (㊊ Mongolia)
ヨルダン　　Jordania /ホるダニア/ (㊊ Jordania)
ラオス　　Laos /ラオス/ (㊊ Laos)
ルーマニア　　Rumania /るマニア/ (㊊ Romania)
ロシア　　Rusia /るシア/ (㊊ Russia)

デイリー
日西英
Daily Japanese-Spanish-English Dictionary
西日英
辞典

上田博人／アントニオ・ルイズ・ティノコ [監修]
三省堂編修所 [編]

三省堂

© Sanseido Co., Ltd. 2005

Printed in Japan

装丁　米谷テツヤ
装画　東恩納裕一

まえがき

　ハンディで見やすい3か国語辞典としてご好評を得ている本シリーズに，英語，中国語に次いで世界第3位の使用人口をもつスペイン語版が登場しました．

　21世紀に入り，私たちを取り巻く世界は急速な変化を遂げつつあります．コンピュータ技術の飛躍的な発展により，地球は一挙に狭くなりました．

　これは言語の世界にも影響を及ぼし，とくに，インターネットの分野における英語の優位性は揺るぎないものとなりました．

　その一方で，世界各地の固有の言語の重要性も増しています．言語は文化を映す鏡，その多様性に私たちは強く惹かれます．いろいろな国の人々とその国の言葉でコミュニケーションできる楽しみは，外国語を学ぶ原点ともいえましょう．一つの単語から，外国語学習の扉が無限に開かれます．

　その際に，強い味方となるのが辞書です．しかし，多くの辞書は限られたスペースに最大の情報を盛ろうとするため，見やすさ，引きやすさの点で問題があります．また，詳細な語義区分や文法解説などが入っていても，初学者にとっては，かえって単語そのものの意味に迫りにくくなっている場合もあります．

　本書は，学生からシルバー世代まで幅広い初学者の立場を考え，思い切ってシンプルに編集しました．

　まず，「日西英」の部では，日本語に対応するスペイン語がひと目で分かります．日常よく使う1万5千の日本語が五十音順に並んでいます．〈サッカー〉や〈インターネット〉など分野別のコラムで，関連する単語を同時に覚えることもできます．

　つぎに，「西日英」の部は，スペイン語の重要語を中心にした約6千語の簡単な辞書です．単語の使い方が分かるように用例や成句も入っています．「日西英」の部と相互に補い合って利用することが可能であり，語学のベテランの備忘録としても役立ちます．

　「日常会話」の部では，テーマや場面ごとによく使われる表現を集めました．ちょっとした会話をお楽しみください．

そして，すべての部に英語を併記しましたので，日本語と英語，スペイン語と英語を比較対照しながら，語彙力をアップすることができます．

さらに，初学者には頭の痛い発音記号をいっさい使わずに，日本人が発音しやすいカタカナ表記を工夫して付けました．その言語を知らない人にとっても，最低限のよりどころとなることでしょう．

本書の編集は，日本語と英語の選定および英語のカタカナ発音は原則としてシリーズ共通のものとし，スペイン語の部分と全体の監修を東京大学教授 上田博人先生と上智大学教授 アントニオ・ルイズ・ティノコ先生にお願いいたしました．また，編集作業の全般にわたって，株式会社ジャレックスにご協力いただきました．

携帯に便利で，見やすくシンプルなこの「デイリー日西英・西日英辞典」が読者の皆様のスペイン語学習の強い味方になってくれることを，心から願っています．

2005年7月

三省堂編修所

目 次

- この辞典の使い方 .... (v) 〜 (vi)
- 日西英辞典 .... 1 〜 830
- 日常会話 .... 831 〜 856
- 西日英辞典 .... 857 〜 1041
- 主な動詞の活用 (直説法現在形) 1042 〜 1048

(v)

この辞典の使い方

【日西英の部】

●日本語見出し語欄

- 日常よく使われる日本語約1万5千語を五十音順に配列．
- 長音「ー」は，直前の母音に置き換えて配列．
    - 例：アーチ→ああち，チーム→ちいむ
- 常用漢字以外の漢字も使用し，漢字についてはすべてふりがなを付した．
- 語義が複数ある場合には，（ ）内に限定的な意味を記述．
- 見出し語を用いた派生語，複合語も約2200語収録．

●スペイン語欄

- 見出しの日本語に対応するスペイン語を掲載．
- スペイン語には簡便なカタカナ発音を付した．歯間音 [θ] をひらがなの「さ」行で示し，はじき音 [ɾ] を「ら」行で示し，ふるえ音 [r] を「ら̃」行で示した．
- 性数による変化形も表示．変化する部分をイタリック体で指示．
    - 例： 赤い　　　rojo(a)
    　　　　　　　ろホ(ハ)

- 結びつきの強い前置詞も，イタリック体で表示．
    - 例： 飽きる　　perder interés en
    　　　　　　　ペるデる インテれス エン

●英語欄

- 見出しの日本語に対応する英語を掲載．
- 英語にもカタカナ発音を付した．

●コラム

- 関連する単語を 38 のテーマやキーワードのもとに掲載．
- 対応する英語も表示．ただし，カタカナ発音は省略．
- コラム目次は，裏見返しを参照．

【西日英の部】

- スペイン語を学習するうえで重要な単語約 6000 語を収録した.
- とくに頻度の高い約 1400 語の単語は赤字で表示.
- 見出し語スペイン語にはすべてカタカナ発音を付した.
- スペイン語に対応する英語も掲載.
- 再帰動詞は ━ se で示した.

【日常会話の部】

- テーマや状況別に,よく使われる日常会話表現を掲載.
- 対応する英語表現も掲載. ただし,カタカナ発音は省略.
- テーマ・状況別の目次については,裏見返し参照.

■略語・記号一覧■
(日西英の部)
品詞

m 男性名詞		*f* 女性名詞
pl 複数形		

(西日英の部)
品詞

男 男性名詞	女 女性名詞	代 代名詞
動 動詞	形 形容詞	副 副詞
間 間投詞	前 前置詞	接 接続詞
冠 冠詞	他 他動詞	自 自動詞
再 再帰動詞		

その他一般記号

/..../	カタカナ発音
(英...)	見出し語に対応する英語
━	品詞換え指示
[...]	言い換え可能指示
¶	用例・熟語の開始指示
〔ラ米〕	スペイン語圏ラテンアメリカ

日	西	英

あ, ア

アーケード	arcada *f*, soportales *mpl* アるカダ, ソポるタレス	arcade アーケイド
アーチ	arco *m* アるコ	arch アーチ
アーモンド	almendra *f* アルメンドら	almond アーモンド
愛 (あい)	amor *m* アモる	love ラヴ
合鍵 (あいかぎ)	llave duplicada *f* ジャベ ドゥプリカダ	duplicate key デュープリケト キー
相変わらず (あいかわらず)	como siempre コモ シエンプれ	as usual アズ ユージュアル
愛嬌 (あいきょう)	simpatía *f* シンパティア	charm チャーム
〜のある	gracioso(*a*) グらしオソ(サ)	charming チャーミング
愛国心 (あいこくしん)	patriotismo *m* パトリオティスモ	patriotism ペイトリオティズム
合い言葉 (あいことば)	contraseña *f* コントらセニャ	password パスワード
アイコン	icono *m* イコノ	icon アイカン
挨拶 (あいさつ)	saludo *m* サルド	greeting グリーティング
〜する	saludar サルダる	greet, salute グリート, サルート
哀愁 (あいしゅう)	melancolía *f* メランコリア	sadness サドネス
愛称 (あいしょう)	apodo *m* アポド	nickname ニクネイム
相性が悪い (あいしょうがわるい)	no congeniar (bien) con ノ コンヘニアる (ビエン) コン	be uncongenial *to* ビ アンコンチーニャル
愛情 (あいじょう)	afecto *m*, cariño *m* アフェクト, カリニョ	love, affection ラヴ, アフェクション
愛人 (あいじん)	amante *m,f* アマンテ	lover ラヴァ

日	西	英
アイス	hielo *m* イエロ	ice アイス
～クリーム	helado *m* エラド	ice cream アイス クリーム
～ホッケー	hockey sobre hielo *m* ホケイ ソブれ イエロ	ice hockey アイス ハキ
合図(あいず)	señal *f* セニャル	signal, sign スィグナル, サイン
～する	hacer una señal アせる ウナ セニャル	give a signal ギヴ ア スィグナル
愛(あい)する	amar アマる	love ラヴ
愛想(あいそ)	afabilidad *f* アファビリダド	affability アファビラティ
～のよい	afable アファブレ	affable アファブル
～が尽きる	estar disgustado(a) エスタる ディスグスタド(ダ)	become disgusted ビカム ディスガステド
空(あ)いた	libre, vacante リブれ, バカンテ	empty, vacant エンプティ, ヴェイカント
間(あいだ)	espacio *m*, tiempo *m* エスパしオ, ティエンポ	space, time スペイス, タイム
(距離)	distancia *f* ディスタンしア	distance ディスタンス
(間隔)	intervalo *m* インテるバロ	interval インタヴァル
…の～に	entre エントれ	between, among ビトウィーン, アマング
(時間)	durante ドゥらンテ	during デュアリング
相手(あいて)	compañero(a) *m,f* コンパニェろ(ら)	partner パートナ
(敵)	oponente *m,f* オポネンテ	rival ライヴァル
アイディア	idea *f* イデア	idea アイディーア
IT(あいてぃー)	tecnología de la información *f* テクノロヒア デ ラ インフォるマしオン	information *technology* インフォメイション テクノロジ
開(あ)[空]いている	vacío(a) バしオ(ア)	open オウプン

日	西	英
(空き)	hueco(a) ウエコ(カ)	vacant ヴェイカント
(自由)	libre リブれ	free フリー
あいどくしょ 愛読書	libro favorito *m* リブろ ファボリト	favorite book フェイヴァリト ブク
アイドル	ídolo *m* イドロ	idol アイドル
あいにく 生憎	por desgracia ポる デスグらしア	unfortunately アンフォーチュネトリ
あいぶ 愛撫する	acariciar アカりしアる	caress カレス
あいま 合間	intervalo *m* インテるバロ	interval, leisure インタヴァル, リージャ
あいまい 曖昧な	vago(a), ambiguo(a) バゴ(ガ), アンビグオ(ア)	vague, ambiguous ヴェイグ, アンビギュアス
あい 愛らしい	encantador(a) エンカンタドる(ら)	lovely, charming ラヴリ, チャーミング
アイロン	plancha *f* プランチャ	iron アイアン
あ 会う	ver べる	see スィー
(遭遇)	encontrarse *con* エンコントらるセ コン	meet ミート
あ 合う	quedar bien ケダる ビエン	fit, suit フィト, スート
(一致)	concordar コンコるダる	agree, match *with* アグリー, マチ
(正確)	ser correcto(a) セる コれクト(タ)	be right ビ ライト
アウト	fuera de juego フエら デ フエゴ	out アウト
～プット	output *m* アウトプト	output アウトプト
～ライン	resumen *m* れスメン	outline アウトライン
あえ 喘ぐ	jadear ハデアる	pant, gasp パント, ギャスプ
あ 和える	aliñar ... *con* アリニャる コン	dress ... *with* ドレス

日	西	英
亜鉛(あえん)	cinc *m*, zinc *m* シンク, シンク	zinc ズィンク
青(あお)	azul *m* アスル	blue, green ブルー, グリーン
青い(あおい)	azul, verde アスル, ベるデ	blue, green ブルー, グリーン
(蒼い)	pálido(*a*) パリド(ダ)	pale ペイル
(未熟)	de poca experiencia デ ポカ エクスペリエンしア	inexperienced イニクスピアリエンストゥ
葵(あおい)	malva *f* マルバ	hollyhock ハリハク
仰ぐ(あおぐ)	alzar la vista アルさる ラ ビスタ	look up *at* ルク アプ
(尊敬)	respetar れスペタる	look up *to*, respect ルク アプ, リスペクト
扇ぐ(あおぐ)	abanicar アバニカる	fan ファン
青白い(あおじろい)	pálido(*a*) パリド(ダ)	pale, wan ペイル, ワン
仰向けに(あおむけに)	boca arriba ボカ アりバ	on *one's* back オン バク
煽る(あおる)	soplar ソプラる	stir up スター アップ
垢(あか)	mugre *f* ムグれ	dirt ダート
赤(あか)	rojo *m* ろホ	red レド
赤い(あかい)	rojo(*a*) ろホ(ハ)	red レド
赤くなる(あかくなる)	ponerse rojo(*a*) ポネるセ ろホ(ハ)	turn red ターン レド
赤字(あかじ)	déficit *m* デフィしト	deficit デフィスィト
赤ちゃん(あかちゃん)	bebé *m* ベベ	baby ベイビ
暁(あかつき)	amanecer *m* アマネせる	dawn, daybreak ドーン, デイブレイク

日	西	英
アカデミー	academia *f* アカデミア	academy アキャデミ
～賞	Premio Óscar *m* プレミオ オスカる	Academy Award アキャデミ アウォード
赤身	carne magra *f* カるネ マグら	lean リーン
崇める	respetar れスペタる	respect リスペクト
明かり	luz *f* ルす	light ライト
上がる	subir スビる	go up ゴウ アップ
（物価が）	subir スビる	rise ライズ
（興奮する）	ponerse nervios*o(a)* ポネるセ ねるビオソ(サ)	get nervous ゲト ナーヴァス
明るい	claro*(a)* クラろ(ら)	bright, light ブライト, ライト
（明朗な）	alegre アレグれ	cheerful チアフル
（精通）	ser un*(a)* entendid*o(a)* de セる ウン(ナ) エンテンディド(ダ) デ	be familiar *with* ビ ファミリャ
赤ん坊	bebé *m* ベベ	baby ベイビ
空き	hueco *m* ウエコ	opening, gap オウプニング, ギャプ
（余地）	sitio *m* シティオ	room ルーム
（空席）	asiento libre *m* アシエント リブれ	vacant seat ヴェイカント スィート
～缶	lata vacía *f* ラタ バシア	empty can エンプティ キャン
～地	terreno desocupado *m* テれノ デソクパド	unoccupied land アナキュパイド ランド
～びん	botella vacía *f* ボテジャ バシア	empty bottle エンプティ バトル
～部屋	habitación libre *f* アビタシオン リブれ	vacant room ヴェイカント ルーム
秋	otoño *m* オトニョ	autumn, fall オータム, フォール

日	西	英
明らかな	claro(a), evidente クラろ(ら), エビデンテ	clear, evident クリア, エヴィデント
明らかに	claramente クラらメンテ	clearly クリアリ
諦める	abandonar アバンドナる	give up, abandon ギヴ アプ, アバンドン
飽きる	perder interés *en* ぺるデる インテれス エン	get tired *of* ゲト タイアド
アキレス腱	tendón de Aquiles *m* テンドン デ アキレス	Achilles' tendon アキリーズ テンドン
（弱点）	punto débil *m* プント デビル	Achilles' heel アキリーズ ヒール
呆れる	asombrarse *con* アソンブらるセ コン	be amazed *at* ビ アメイズド
悪	mal *m* マル	evil, vice イーヴィル, ヴァイス
開く	abrir アブりる	open オウプン
空く	estar libre エスタる リブれ	become vacant ビカム ヴェイカント
悪意	mala voluntad *f* マラ ボルンタド	malice マリス
悪運	suerte del diablo *f* スエるテ デル ディアブロ	devil's luck デヴィルズ ラク
悪事	mala acción *f* マラ アクシオン	evil deed イーヴィル ディード
悪質な	maligno(a) マリグノ(ナ)	vicious ヴィシャス
握手	apretón de manos *m* アプれトン デ マノス	handshake ハンドシェイク
～する	estrechar la mano *con* エストれチャる ラ マノ コン	shake hands *with* シェイク ハンズ
悪臭	olor desagradable *m* オロる デサグらダブレ	bad smell バド スメル
悪性の	maligno(a) マリグノ(ナ)	malignant マリグナント
アクセサリー	accesorios *mpl* アクセソりオス	accessories アクセサリズ

日	西	英
アクセス	acceso *m* アクセソ	access アクセス
アクセル	acelerador *m* アセレラドル	accelerator アクセラレイタ
アクセント	acento *m* アセント	accent アクセント
あくび 欠伸	bostezo *m* ボステソ	yawn ヨーン
〜をする	bostezar ボステサる	yawn ヨーン
あくま 悪魔	demonio *m* デモニオ	evil spirit イーヴィル スピリト
あくむ 悪夢	pesadilla *f* ペサディジャ	nightmare ナイトメア

■アクセサリー■ accesorios /アクセソリオス/ *mpl*

ネックレス　collar /コジャる/ *m* (英 necklace)

ペンダント　colgante /コルガンテ/ *m* (英 pendant)

タイピン　alfiler de corbata /アルフィレる デ コるバタ/ *m* (英 tiepin)

カフスボタン　gemelos /ヘメロス/ *mpl* (英 cuff links)

ピアス　pendientes de "piercing" /ペンディエンテ デ ピるしン/ *mpl* (英 pierced earrings)

イヤリング　pendiente /ペンディエンテ/ *m* (英 earring)

ブローチ　broche /ブろチェ/ *m* (英 brooch)

ブレスレット　pulsera /プルせら/ *f* (英 bracelet)

ゆびわ 指輪　anillo /アニジョ/ *m* (英 ring)

ほうせき 宝石　joya /ホジャ/ *f* (英 jewel)

プラチナ　platino /プらティノ/ *m* (英 platinum)

ダイヤモンド　diamante /ディアマンテ/ *m* (英 diamond)

エメラルド　esmeralda /エスメらルダ/ *f* (英 emerald)

オパール　ópalo /オパロ/ *m* (英 opal)

ルビー　rubí /るビ/ *m* (英 ruby)

しんじゅ 真珠　perla /ぺるラ/ *f* (英 pearl)

日	西	英
悪名(あくめい)	mala fama *f* マラ ファマ	bad name バド ネイム
悪用する(あくようする)	abusar *de* アブサる デ	abuse アビューズ
握力(あくりょく)	fuerza en el puño *f* フエるさ エン エル プニョ	grasping power グラスピング パウア
アクリル	acrílico *m* アクリリコ	acrylic アクリリク
～樹脂	resina acrílica *f* れシナ アクリリカ	acrylic resin アクリリク レズィン
アクロバット	acrobacia *f* アクろバしア	acrobat アクロバト
明け方(あけがた)	amanecer *m* アマネせる	daybreak デイブレイク
曙(あけぼの)	aurora *f* アウろら	dawn, daybreak ドーン, デイブレイク
開ける(あける)	abrir アブりる	open オウプン
（荷物を）	abrir アブりる	undo アンドゥー
空ける(あける)	vaciar バしアる	empty エンプティ
明ける(あける)		
夜が～	Amanece. アマネせ	The day breaks. ザ デイ ブレイクス
挙げる(あげる)		
手を～	levantar la mano レバンタる ラ マノ	raise *one's* hand レイズ ハンド
例を～	dar un ejemplo ダる ウン エヘンプロ	give an example ギヴ アン イグザンプル
上げる(あげる)	levantar レバンタる	raise, lift レイズ, リフト
（向上）	promover, mejorar プロモベる, メホらる	promote, improve プロモウト, インプルーヴ
（供与）	dar, ofrecer ダる, オフれセる	give, offer ギヴ, オーファ
揚げる(あげる)	freír フれイる	deep-fry ディープフライ
凧を～	volar una cometa ボラる ウナ コメタ	fly a kite フライ ア カイト

日	西	英
顎（あご）	mandíbula *f* マンディブラ	jaw, chin チョー, チン
アコーディオン	acordeón *m* アコるデオン	accordion アコーディオン
憧れ（あこがれ）	anhelo *m* アネロ	yearning ヤーニング
憧れる	suspirar *por* ススピらる ポる	aspire *to*, long *for* アスパイア, ローング
朝（あさ）	mañana *f* マニャナ	morning モーニング
麻（あさ）	cáñamo *m* カニャモ	hemp ヘンプ
（布）	tela de lino *f* テラ デ リノ	linen リネン
痣（あざ）	mancha de nacimiento *f* マンチャ デ ナシミエント	birthmark, bruise バースマーク, ブルーズ
浅い（あさい）	poco profundo(a) ポコ プロフンド(ダ)	shallow シャロウ
朝顔（あさがお）	dondiego (de día) *m* ドンディエゴ (デ ディア)	morning glory モーニング グローリ
明後日（あさって）	pasado mañana *m* パサド マニャナ	the day after tomorrow ザ デイ アフタ トモーロウ
朝日（あさひ）	sol de la mañana *m* ソル デ ラ マニャナ	morning sun モーニング サン
浅ましい（あさましい）	vergonzoso(a) べるゴンソソ(サ)	shameful シェイムフル
欺く（あざむく）	engañar エンガニャる	cheat チート
鮮やかな（あざやかな）	vivo(a) ビボ(バ)	vivid ヴィヴィド
（手際）	brillante ブリジャンテ	splendid スプレンディド
海豹（あざらし）	foca *f* フォカ	seal スィール
浅蜊（あさり）	almeja *f* アルメハ	clam クラム
嘲笑う（あざわらう）	burlarse ブるラるセ	ridicule リディキュール

日	西	英
あし 脚	pierna *f* ピエるナ	leg レグ
あし 足	pie *m* ピエ	foot フト
（犬・猫の）	pata *f* パタ	paw ポー
あじ 味	sabor *m* サボる	taste テイスト
（風味）	sabor delicado *m* サボる　デリカド	flavor フレイヴァ
アジア	Asia アシア	Asia エイジャ
〜の	asiático(*a*) アシアティコ(カ)	Asian エイジャン
あしくび 足首	tobillo *m* トビジョ	ankle アンクル

■味■ sabor / サボる / *m*

おい
美味しい　buen*o(a)* /ブエノ(ナ)/ (® nice, delicious)

まず
不味い　mal*o(a)* /マロ(ラ)/ (® not good)

びみ
美味　buen sabor /ブエン　サボる/ *m* (® delicacy)

あま
甘い　dulce /ドゥルセ/ (® sweet)

から
辛い　picante /ピカンテ/ (® hot, pungent)

にが
苦い　amarg*o(a)* /アマるゴ(ガ)/ (® bitter)

す
酸っぱい　ácid*o(a)* /アしド(ダ)/ (® sour, acid)

しおから
塩辛い　salad*o(a)* /サラド(ダ)/ (® salty)

あまず
甘酸っぱい　agridulce /アグリドゥルセ/ (® bitter-sweet)

こ
濃い　espes*o(a)* /エスペソ(サ)/ (® thick, strong)

うす
薄い　liger*o(a)* /リへろ(ら)/ (® weak)

あっさりした　liger*o(a)* /リへろ(ら)/ (® simply, plainly)

しつこい　pesad*o(a)* /ペサド(ダ)/ (® heavy)

かる
軽い　liger*o(a)* /リへろ(ら)/ (® light, slight)

おも
重い　pesad*o(a)* /ペサド(ダ)/ (® heavy)

日	西	英
味気ない	insípido(a) インシピド(ダ)	wearisome ウィアリサム
紫陽花	hortensia *f* オルテンシア	hydrangea ハイドレインヂャ
アシスタント	ayudante *m,f* アユダンテ	assistant アスィスタント
明日	mañana マニャナ	tomorrow トモーロウ
足場	andamio *m* アンダミオ	scaffold スキャフォルド
味見する	saborear サボれアる	taste テイスト
味わう	paladear パラデアる	taste, relish テイスト, レリシュ
預かる	cuidar クイダる	keep キープ
小豆	alubias pintas *fpl* アルビアス ピンタス	red bean レド ビーン
預ける	depositar, confiar デポシタる, コンフィアる	leave, deposit リーヴ, ディパズィト
アスパラガス	espárrago *m* エスパらゴ	asparagus アスパラガス
アスピリン	aspirina *f* アスピリナ	aspirin アスピリン
アスファルト	asfalto *m* アスファルト	asphalt アスフォールト
アスレチック	atletismo *m* アトレティスモ	athletics アスレティクス
汗	sudor *m* スドる	sweat スウェト
～をかく	sudar スダる	sweat, perspire スウェト, パスパイア
汗疹	sarpullido *m* サるプジド	heat rash ヒート ラシュ
焦る	impacientarse インパシエンタるセ	be impatient ビ インペイシェント
あそこ	(por) allí (ポる) アジ	that place, there ザト プレイス, ゼア

日	西	英
あそ 遊び	juego *m* フエゴ	play プレイ
（娯楽）	recreo *m* れクれオ	amusement アミューズメント
（気晴らし）	pasatiempo *m* パサティエンポ	diversion ディヴァージョン
あそ 遊ぶ	jugar フガる	play プレイ
（楽しむ）	disfrutar ディスフるタる	amuse *oneself* アミューズ
（無為）	estar ocioso(*a*) エスタる オしオソ(サ)	be idle, be free ビ アイドル, ビ フリー
あたい 価・値	precio *m* プれしオ	price, cost プライス, コースト
（価値）	valor *m* バロる	value, worth ヴァリュー, ワース
あた 与える	dar ダる	give, present ギヴ, プリゼント
あたた 暖かい	cálido(*a*) カリド(ダ)	warm ウォーム
（温暖）	suave スアベ	mild マイルド
（心が）	afectuoso(*a*) アフェクトゥオソ(サ)	genial チーニャル
あたた 暖まる	calentarse カレンタるセ	get warm ゲト ウォーム
あたた 暖める	calentar カレンタる	warm (up), heat ウォーム (アプ), ヒート
アタッシュケース	maletín *m* マレティン	attaché case アタシェイ ケイス
あだな 仇名	apodo *m* アポド	nickname ニクネイム
あたま 頭	cabeza *f* カベさ	head ヘド
（頭脳）	cerebro *m* せれブロ	brains, intellect ブレインズ, インテレクト
あたら 新しい	nuevo(*a*) ヌエボ(バ)	new ニュー
（新鮮）	frescura *f* フれスクら	fresh フレシュ

日	西	英
(最新)	reciente れしエンテ	recent リースント
当たり	acierto *m* アしエルト	hit ヒト
(成功)	éxito *m* エクシト	success サクセス
辺り	barrio *m* バりオ	neighborhood ネイバフド
(時間)	hacia アしア	about アバウト
当たり前の	normal ノるマル	common, normal カモン, ノーマル
(当然)	natural ナトゥらル	natural ナチュラル
当たる	golpear *en* ゴルペアる エン	hit, strike ヒト, ストライク
(的中・到達)	acertar アセルタる	come true カム トルー
(成功)	tener éxito テネる エクシト	make a hit メイク ア ヒト
あちこち	por aquí y por allí ポる アキ イ ポる アジ	here and there ヒア アンド ゼア
あちら	(por) allí (ポる) アジ	(over) there (オウヴァ) ゼア
熱[暑]い	caliente, caluroso(*a*) カリエンテ, カルろソ(サ)	hot ハト
厚い	grueso(*a*) グるエソ(サ)	thick スィク
篤い	cordial コるディアル	cordial, hearty コーヂャル, ハーティ
悪化する	empeorar エンペオらる	grow worse グロウ ワース
扱い	tratamiento *m* トらタミエント	treatment トリートメント
扱う	tratar トらタる	manage, deal *with* マニヂ, ディール
(操作)	manejar マネハる	handle ハンドル
(待遇)	tratar トらタる	treat, entertain トリート, エンタテイン

日	西	英
厚かましい (あつ)	insolente インソレンテ	impudent インピュデント
厚紙 (あつがみ)	papel grueso *m* パペル グルエソ	cardboard カードボード
厚着する (あつぎ)	cubrirse con mucha ropa クブリるセ コン ムチャ ろパ	be heavily clothed ビ ヘヴィリ クロウズド
暑苦しい (あつくる)	bochornoso(a) ボチョるノソ(サ)	sultry, stuffy サルトリ, スタフィ
厚さ (あつ)	grosor *m* グろソる	thickness スィクネス
あっさり	con sencillez コン センしジェす	simply, plainly スィンプリ, プレインリ
圧縮 (あっしゅく)	compresión *f* コンプれシオン	compression コンプレション
～する	comprimir コンプリミる	compress コンプレス
斡旋 (あっせん)	mediación *f* メディアしオン	good offices グド オーフィスィズ
厚手の (あつで)	grueso(a) グルエソ(サ)	thick スィク
圧倒する (あっとう)	abrumar アブるマる	overwhelm オウヴァ(ホ)ウェルム
圧迫する (あっぱく)	oprimir オプリミる	oppress, press オプレス, プレス
アップトゥデート	al día アル ディア	up-to-date アプトゥデイト
アップリケ	adorno *m* アドるノ	appliqué アプリケイ
アップルパイ	tarta de manzana *f* タるタ デ マンさナ	apple pie アプル パイ
集まり (あつ)	multitud *f* ムルティトゥド	crowd クラウド
(会合)	reunión *f* れウニオン	gathering, meeting ギャザリング, ミーティング
集まる (あつ)	juntarse フンタるセ	gather ギャザ
(会合)	reunirse れウニるセ	meet, assemble ミート, アセンブル

日	西	英
あつ 厚み	grosor *m* グロソる	thickness スィクネス
あつ 集める	reunir れウニる	gather, collect ギャザ, コレクト
あつら 誂える	encargar (a la medida) エンカるガる (ア ラ メディダ)	order オーダ
あつりょく 圧力	presión *f* プれシオン	pressure プレシャ
あ 宛て	dirigido(*a*) *a* ディりヒド(ダ) ア	addressed to アドレスド トゥ
あ 当て	objeto *m* オブヘト	aim, object エイム, アブヂクト
（期待）	expectativa *f* エクスペクタティバ	hopes ホウプス
（信頼）	confianza *f* コンフィアンさ	confidence カンフィデンス
（手がかり）	clave *f* クラベ	clue クルー
あ さき 宛て先	dirección *f* ディれクしオン	address アドレス
あ な 宛て名	destinatario(*a*) *m,f* デスティナタりオ(イ) ア	address, direction アドレス, ディレクション
あ 当てはまる	aplicarse *a* アプリカるセ ア	apply *to*, conform *to* アプライ, コンフォーム
あ 当てる	golpear ゴルペアる	hit, strike ヒト, ストライク
（さらす）	exponer a エクスポネる ア	expose *to* イクスポウズ
（推測）	conjeturar コンヘトゥらる	guess ゲス
（充当）	asignar アシグナる	assign, allot アサイン, アラト
（成功）	tener éxito テネる エクシト	succeed サクスィード
あと 後		
〜で	después デスプエス	later, after レイタ, アフタ
〜の	siguiente シギエンテ	next, latter ネクスト, ラタ

日	西	英
あと 跡	rastro *m* らストロ	mark, trace マーク, トレイス
あとあし 後足	pata trasera *f* パタ トラセら	hind leg ハインド レグ
あとあじ 後味	sabor de boca *m* サボる デ ボカ	aftertaste アフタテイスト
あどけない	inocente イノセンテ	innocent イノセント
あとしまつ 後始末する	arreglar, retirar アれグラる, れティらる	settle セトル
あとつ 跡継ぎ	sucesor(a) *m,f* スせソる(ら)	successor サクセサ
アドバイス	consejo *m* コンセホ	advice アドヴァイス
～する	aconsejar アコンセハる	advise アドヴァイズ
アトランダムに	al azar アル アさる	at random アト ランダム
アトリエ	taller *m* タジェる	atelier アトリエイ
アドリブ	morcilla *f*, improvisación *f* モるしジャ, インプろビサしオン	ad-lib アドリブ
アドレス	dirección *f* ディれクしオン	address アドレス
あな 穴	agujero *m* アグへろ	hole, opening ホウル, オウプニング
アナウンサー	locutor(a) *m,f* ロクトる(ら)	announcer アナウンサ
アナウンス	anuncio *m* アヌンしオ	announcement アナウンスメント
～する	anunciar アヌンしアる	announce アナウンス
あなた 貴方	usted ウステド	you ユー
あなど 侮る	menospreciar メノスプれしアる	despise ディスパイズ
アナログの	analógico(a) アナロヒコ(カ)	analog アナローグ

日	西	英
あに 兄	hermano (mayor) *m* エるマノ （マジョる）	(elder) brother （エлダ） ブラザ
アニメ	dibujos animados *mpl* ディブホス アニマドス	animation アニメイション
あね 姉	hermana (mayor) *f* エるマナ （マジョる）	(elder) sister （エлダ） スィスタ
あの	aquel, aquellos, aquella(s) アケл, アケジョス, アケジャ(ス)	the, that, those ザ, ザト, ゾウズ
〜頃	en aquellos días エン アケジョス ディアス	in those days イン ゾウズ デイズ
アパート	piso *m* ピソ	apartment アパートメント
あば 暴く	revelar れベらる	disclose ディスクロウズ
あば 暴れる	actuar violentamente アクトゥアる ビオレンタメンテ	behave violently ビヘイヴ ヴァイオレントリ
アピール	llamamiento *m* ジャマミエント	appeal アピーл
〜する	apelar *a* アペらる ア	appeal *to* アピーл
あ 浴びせる	echar *sobre* エチャる ソブれ	pour *on* ポー
あひる 家鴨	pato *m* パト	duck ダク
あ 浴びる		
水を〜	bañarse バニャるセ	pour water over *oneself* ポー ウォータ オウヴァ
日光を〜	exponerse a la luz del sol エクスポネるセ ア ら るス デл ソл	bask in the sun バスク イン ザ サン
非難を〜	ser criticado(a) de セる クリティカド(ダ) デ	be accused *of* ビ アキューズド
あぶ 虻	tábano *m* タバノ	horsefly ホースフライ
アフターケア	atención pos(t)operatoria *f* アテンしオン ポス(ト) オペらトリア	aftercare アフタケア
アフターサービス	servicio de posventa *m* セるビしオ デ ポスベンタ	after-sales service アフタセイлズ サーヴィス
あぶ 危ない	peligroso(a) ペリグろソ(サ)	dangerous, risky デインヂャラス, リスキ

日	西	英
(病状)	grave グラベ	critical クリティカル
脂(あぶら)	grasa *f* グらサ	grease, fat グリース, ファト
油(あぶら)	aceite *m* アセイテ	oil オイル
油絵(あぶらえ)	pintura al óleo *f* ピントゥら アル オレオ	oil painting オイル ペインティング
脂っこい(あぶらっこい)	grasiento(*a*) グらシエント(タ)	greasy, fatty グリースィ, ファティ
油っこい(あぶらっこい)	aceitoso(*a*) アセイトソ(サ)	oily オイリ
油虫(あぶらむし)	pulgón *m* プルゴン	aphid エイフィド
(ゴキブリ)	cucaracha *f* クカらチャ	cockroach カクロウチ
アフリカ	África アフリカ	Africa アフリカ
〜の	africano(*a*) アフリカノ(ナ)	African アフリカン
炙る(あぶる)	asar a la parrilla アサる ア ラ パリジャ	roast ロウスト
溢れる(あふれる)	desbordarse デスボるダるセ	overflow, flood オウヴァフロウ, フラド
アプローチ	acercamiento *m* アセるカミエント	approach アプロウチ
あべこべの	contrario(*a*) コントらリオ(ア)	contrary, reverse カントレリ, リヴァース
阿片(あへん)	opio *m* オピオ	opium オウピアム
アボカド	aguacate *m* アグアカテ	avocado アヴォカードウ
亜麻(あま)	lino *m* リノ	flax フラクス
海女(あま)	buceadora *f* ブセアドら	woman diver ウマン ダイヴァ
甘い(あまい)	dulce ドゥルセ	sweet スウィート

日	西	英
(寛容)	indulgente インドゥルヘンテ	indulgent インダルチェント
あまえる甘える	portarse como un(a) ポるタるセ コモ ウン(ナ) niño(a) mimado(a) ニニョ(ニャ) ミマド(ダ)	behave like a baby ビヘイヴ ライク ア ベイビ
あまくち甘口の	dulce ドゥルセ	sweet スウィート
アマチュア	aficionado(a) m,f アフィシオナド(ダ)	amateur アマチャ
あまど雨戸	puerta corrediza exterior f プエるタ コれディサ エクステリオるグ	(sliding) shutter (スライディング) シャタ
あまのがわ天の川	Vía Láctea ビア ラクテア	Milky Way ミルキ ウェイ
あま甘やかす	consentir コンセンティる	spoil, indulge スポイル, インダルヂ
あま余り	resto m れスト	rest ザ レスト
~にも	demasiado デマシアド	too (much) トゥー (マチ)
あま余る	quedar ケダる	remain リメイン
あま甘んじる	estar contento(a) con エスタる コンテント(タ) コン	be contented with ビ コンテンテド
あみ網	red f れド	net ネト
アミノさん酸	aminoácido m アミノアしド	amino acid アミーノウ アスィド
あばり編み針	aguja de gancho f アグハ デ ガンチョ	knitting needle ニティング ニードル
あもの編み物	labor de punto f ラボる デ プント	knitting ニティング
あ編む	tejer, hacer punto テヘる, アセる プント	knit ニト
あめ飴	caramelo m カらメロ	candy キャンディ
あめ雨	lluvia f ジュビア	rain レイン

日	西	英
～が降る	Llueve. ジュエベ	It rains. イト レインズ
アメーバ	amiba f, ameba f アミバ, アメバ	amoeba アミーバ
アメリカ	Estados Unidos m エスタドス ウニドス	America アメリカ
～の	norteamericano(a) ノるテアメリカノ(ナ)	American アメリカン
～人	norteamericano(a) m,f ノるテアメリカノ(ナ)	American アメリカン
怪しい	sospechoso(a) ソスペチョソ(サ)	doubtful, suspect ダウトフル, サスペクト
怪しむ	sospechar de ソスペチャる デ	suspect, doubt サスペクト, ダウト
操り人形	títere m ティテれ	puppet パペト
過ち	falta f, error m ファルタ, エろる	fault, error フォールト, エラ
誤り	equivocación f, error m エキボカしオン, エろる	mistake, error ミステイク, エラ
誤る	equivocarse de エキボカるセ デ	mistake, fail in ミステイク, フェイル
謝る	pedir perdón ペディる ぺるドン	apologize アパロヂャイズ
菖蒲	lirio m リりオ	flag, iris フラグ, アイアリス
歩み	paso m パソ	walking, step ウォーキング, ステプ
歩む	caminar, andar カミナる, アンダる	walk ウォーク
荒々しい	violento(a) ビオレント(タ)	harsh, rude ハーシュ, ルード
粗い	rugoso(a) るゴソ(サ)	rough, coarse ラフ, コース
洗い熊	mapache m マパチェ	raccoon ラクーン
洗う	lavar ラバる	wash, cleanse ウォーシュ, クレンズ

日	西	英
あらかじ 予め	por adelantado ポル アデランタド	beforehand ビフォーハンド
アラカルト	a la carta ア ラ カルタ	à la carte アーラカート
あらし 嵐	tormenta *f* トるメンタ	storm, tempest ストーム, テンペスト
あ 荒らす	destrozar デストろさる	damage ダミヂ
あらそ 争い	lucha *f* ルチャ	quarrel クウォーレル
（口論）	disputa *f* ディスプタ	dispute ディスピュート
（紛争）	conflicto *m* コンフリクト	conflict カンフリクト
あらそ 争う	competir *con* コンペティる コン	fight, quarrel *with* ファイト, クウォーレル
（口論）	disputar *con* ディスプタる コン	dispute *with* ディスピュート
あらた 改まる	renovarse れノバるセ	be renewed ビ リニュード
（変更）	cambiar(se) カンビアる(セ)	change チェインヂ
（儀式ばる）	ponerse ceremonioso(a) ポネるセ セれモニオソ(サ)	be formal ビ フォーマル
あらた 改める	renovar れノバる	renew, revise リニュー, リヴァイズ
（変更）	cambiar カンビアる	change チェインヂ
（改善）	mejorar メホらる	reform, improve リフォーム, インプルーヴ
アラビア	Arabia アらビア	Arabia アレイビア
～語	árabe *m* アらベ	Arabic アラビク
～数字	número arábigo *m* ヌメろ アらビゴ	Arabic figures アラビク フィギャズ
アラブの	árabe アらベ	Arabian アレイビアン
～人	árabe *m,f* アらベ	Arab アラブ

日	西	英
あらゆる	todo(a)	all, every
霰(あられ)	granizo *m*	hail
著す(あらわす)	escribir	write, publish
表す(あらわす)	mostrar, manifestar	show, manifest
露わに(あらわに)	abiertamente	openly, publicly
現れる(あらわれる)	aparecer	come out, appear
蟻(あり)	hormiga *f*	ant
有り得る(ありうる)	posible	possible
有り得ない(ありえない)	imposible	impossible
有り難い(ありがたい)	estar agradecido(a)	thankful
有り難う(ありがとう)	Gracias.	Thanks.
ありのままの	tal cual	as is, plain
アリバイ	coartada *f*	alibi
ありふれた	común	common, ordinary
在[有]る(ある)	estar, existir, haber	there is, be
（場所）	estar situado(a)	be situated
（保持）	tener, poseer	have, possess
（起こる）	ocurrir	occur, happen
或いは(あるいは)	o (bien)	or
（多分）	probablemente	perhaps, maybe

日	西	英
アルカリ	álcali m	alkali
歩く	caminar	walk, go on foot
アルコール	alcohol m	alcohol
アルツハイマー病	enfermedad de Alzheimer	Alzheimer's disease
アルバイト	trabajo por horas m	part-time job
～する	trabajar por horas	work part-time
アルバム	álbum m	album
アルファベット	alfabeto m	alphabet
アルプス山脈	los Alpes mpl	the Alps
アルミニウム	aluminio m	aluminum
あれ	aquél, aquéllos, aquélla(s), aquello	that, it
～から	desde entonces	since then
～ほど	tanto	so (much)
荒れる	estar revuelto(a)	be rough
（荒廃）	asolarse	be ruined
（肌が）	ponerse áspero(a)	get rough
アレルギー	alergia f	allergy
アレンジする	arreglar	arrange
アロエ	áloe m	aloe

日	西	英
泡(あわ)	espuma *f* エスプマ	bubble, foam バブル, フォウム
淡い(あわい)	pálido(*a*) パリド(ダ)	light, pale ライト, ペイル
合わせる(あ)	juntar フンタる	put together, unite プト トゲザ, ユーナイト
(適合)	satisfacer サティスファせる	set adjust セト アヂャスト
(照合)	cotejar コテハる	compare コンペア
慌ただしい(あわ)	apresurado(*a*) アプれスらド(ダ)	hurried ハーリド
泡立つ(あわだ)	hacer espuma アせる エスプマ	bubble, foam バブル, フォウム
慌てる(あわ)	aturdirse アトゥるディるセ	be upset ビ アプセト
(急ぐ)	precipitarse プれシピタるセ	be hurried ビ ハーリド
鮑(あわび)	abulón *m* アブロン	abalone アバロウニ
哀[憐]れ(あわ)	tristeza *f* トりステさ	sadness サドネス
〜な	triste, pobre トリステ, ポブれ	sad, poor サド, プア
哀[憐]れむ(あわ)	compadecer コンパデせる	pity, feel pity *for* ピティ, フィール ピティ
案(あん)	plan *m* プラン	plan プラン
(提案)	propuesta *f*, proposición *f* プろプエスタ, プろポシしオン	proposal プロポウザル
安易な(あんい)	fácil ファしル	easy イーズィ
案外な(あんがい)	inesperado(*a*) イネスぺらド(ダ)	unexpected アニクスペクテド
暗記する(あんき)	aprender de memoria アプれンデる デ メモリア	learn by heart ラーン バイ ハート
アンケート	encuesta *f* エンクエスタ	questionnaire, survey クウェスチョネア, サーヴェイ

日	西	英
<ruby>鮟鱇<rt>あんこう</rt></ruby>	diablo marino *m* ディアブロ マリノ	angler アングラ
<ruby>暗号<rt>あんごう</rt></ruby>	código *m* コディゴ	cipher, code サイファ, コウド
アンコール	repetición *f*, bis *m* れペティシオン, ビス	encore アーンコー
<ruby>暗黒の<rt>あんこく</rt></ruby>	oscuro(a) オスクロ(ら)	dark, black ダーク, ブラク
<ruby>暗殺<rt>あんさつ</rt></ruby>	asesinato *m* アセシナト	assassination アサスィネイション
～者	asesino(a) *m,f* アセシノ(ナ)	assassin アサスィン
～する	asesinar アセシナる	assassinate アサスィネイト
<ruby>暗算<rt>あんざん</rt></ruby>	cálculo mental *m* カルクロ メンタル	mental arithmetic メンタル アリスメティク
<ruby>暗示<rt>あんじ</rt></ruby>	sugestión *f* スヘスティオン	hint, suggestion ヒント, サグチェスチョン
～する	sugerir, dar a entender スヘりる, ダる ア エンテンデる	hint, suggest ヒント, サグチェスト
<ruby>暗室<rt>あんしつ</rt></ruby>	cuarto oscuro *m* クアるト オスクろ	darkroom ダークルーム
<ruby>暗唱<rt>あんしょう</rt></ruby>	recitación *f* れしタしオン	recitation レスィテイション
～する	recitar れしタる	recite リサイト
<ruby>暗証番号<rt>あんしょうばんごう</rt></ruby>	código secreto *m*, コディゴ セクれト, número de identificación *m* ヌメろ デ イデンティフィカしオン	code number コウド ナンバ
<ruby>案じる<rt>あん</rt></ruby>	preocuparse *por* プれオクパるセ ポる	be anxious *about* ビ アン(ク) シャス
<ruby>安心<rt>あんしん</rt></ruby>	alivio *m* アリビオ	peace of mind ピース アヴ マインド
～する	sentirse aliviado(a) センティるセ アリビアド(ダ)	feel relieved フィール リリーヴド
<ruby>杏<rt>あんず</rt></ruby>	albaricoque *m* アルバりコケ	apricot アプリカト
<ruby>安静<rt>あんせい</rt></ruby>	reposo *m* れポソ	rest レスト

日	西	英
～を保つ	guardar reposo グアるダる れポソ	keep quiet キープ クワイアト
あんぜん 安全	seguridad *f* セグりダド	security スィキュアリティ
～な	seguro(a) セグろ(ら)	safe, secure セイフ, スィキュア
～ベルト	cinturón de seguridad *m* シントゥろン デ セグりダド	seat belt スィート ベルト
アンダーライン	subrayado *m* スブらジャド	underline アンダライン
あんてい 安定	estabilidad *f* エスタビリダド	stability, balance スタビリティ, バランス
～する	estabilizarse エスタビリさるセ	be stabilized ビ ステイビライズド
アンティーク	antigüedades *fpl* アンティグエダデス	antique アンティーク
アンテナ	antena *f* アンテナ	antenna, aerial アンテナ, エアリアル
あんな	tal, semejante タル, セメハンテ	such, like that サチ, ライク ザト
～に	así, tanto(a) アシ, タント(タ)	to that extent トゥ ザト イクステント
あんない 案内	guía *f* ギア	guidance ガイダンス
（通知）	aviso *m* アビソ	notice ノウティス
～する	guiar ギアる	guide, show ガイド, ショウ
（通知）	avisar, comunicar アビサる, コムニカる	notify ノウティファイ
～所	oficina de información *f* オフィシナ デ インフォるマシオン	information desk インフォメイション デスク
あん 暗に	tácitamente タシタメンテ	tacitly タスィトリ
アンバランス	desequilibrio *m* デセキリブリオ	imbalance インバランス
アンプ	amplificador *m* アンプリフィカドる	amplifier アンプリファイア
アンプル	ampolla *f* アンポジャ	ampoule アンピュール

日	西	英
アンペア	amperio *m* アンペリオ	ampere アンピア
暗黙の（あんもく）	tácito(*a*) タしト(タ)	tacit タスィト
アンモニア	amoníaco *m* アモニアコ	ammonia アモウニャ
安楽（あんらく）	comodidad *f* コモディダド	comfort, ease カンフォト, イーズ
～な	cómodo(*a*) コモド(ダ)	comfortable, easy カンフォタブル, イーズィ

い, イ

日	西	英
胃（い）	estómago *m* エストマゴ	stomach スタマク
好い（い）	bueno(*a*) ブエノ(ナ)	good, fine, nice グド, ファイン, ナイス
言い争い（い あらそ）	disputa *f* ディスプタ	dispute *with* ディスピュート
言い争う（い あらそ）	reñir *con* れニる コン	quarrel *with* クウォーレル
いいえ	no ノ	no ノウ
言い返す（い かえ）	replicar れプリカる	answer back アンサ バク
いい加減な（かげん）	hecho(*a*) al azar エチョ(チャ) アル アサル	random ランダム
（あいまい）	vago(*a*) バゴ(ガ)	vague ヴェイグ
（無責任）	irresponsable イれスポンサブレ	irresponsible イリスパンスィブル
言い過ぎ（い す）	exageración *f* エクサへらしオン	exaggeration イグザチェレイション
言い付け（い つ）	orden *f* オるデン	order オーダ
言い伝え（い つた）	tradición (oral) *f* トらディしオン (オらル)	tradition トラディション

日	西	英
許嫁（いいなずけ）	novio(a) m,f	fiancé(e)
言い逃れる	hacer una evasiva	excuse *oneself*
言い触らす	propagar	spread
言い分	opinión f	say, opinion
Eメール	correo electrónico m	e-mail
EU	UE (Unión Europea)	EU
言い寄る	cortejar	make a pass *at*
言い訳	disculpa f, excusa f	excuse, pretext
委員	miembro de un comité m,f	member of a committee
〜会	comité m	committee
〜長	presidente(a) m,f	chairperson
言う	decir	say, tell
（称する）	llamar	call, name
家	casa f	house
（家庭）	hogar m	home
（一家）	familia f	family
家出する	escaparse de casa	run away from home
硫黄	azufre m	sulfur
イオン	ion m	ion

日	西	英
以下(いか)	inferior *a*, menos *de* インフェリオる ア, メノス デ	less than, under レス ザン, アンダ
(下記)	siguiente シギエンテ	following ファローウイング
烏賊(いか)	calamar *m*, sepia *f* カラマる, セピア	cuttlefish カトルフィシュ
以外(いがい)	excepto エクセプト	except, excepting イクセプト, イクセプティング

■家■ casa /カサ/ *f*

門(もん) puerta /プエるタ/ *f* (㊍ gate)
玄関(げんかん) entrada /エントらダ/ *f* (㊍ entrance)
ドア puerta /プエるタ/ *f* (㊍ door)
庭(にわ) jardín /ハるディン/ *m* (㊍ garden)
部屋(へや) cuarto *m*, habitación /クアるト, アビタしオン/ *f* (㊍ room)
応接室(おうせつしつ) recibidor /れしビドる/ *m* (㊍ reception room)
リビングルーム sala de estar /サラ デ エスタる/ *f* (㊍ living room)
ダイニング comedor /コメドる/ *m* (㊍ dining room)
書斎(しょさい) despacho /デスパチョ/ *m* (㊍ study)
寝室(しんしつ) dormitorio /ドるミトリオ/ *m* (㊍ bedroom)
浴室(よくしつ) (cuarto de) baño /(クアるト デ) バニョ/ *m* (㊍ bathroom)
トイレ servicio *m*, baño /セるビしオ, バニョ/ *m* (㊍ toilet)
キッチン cocina /コしナ/ *f* (㊍ kitchen)
物置(ものおき) trastero /トらステろ/ *m* (㊍ storeroom)
屋根(やね) tejado /テハド/ *m* (㊍ roof)
窓(まど) ventana /ベンタナ/ *f* (㊍ window)
車庫(しゃこ) garaje /ガらへ/ *m* (㊍ garage)
塀(へい) tapia /タピア/ *f* (㊍ wall, fence)
ベランダ terraza /テらさ/ *f* (㊍ veranda)
階段(かいだん) escalera /エスカレら/ *f* (㊍ stairs)
廊下(ろうか) pasillo /パシジョ/ *m* (㊍ corridor)

日	西	英
意外な	inesperado(a) イネスペラド(ダ)	unexpected アニクスペクテド
胃潰瘍	úlcera gástrica f ウルせら ガストリカ	stomach ulcer スタマク アルサ
いかがわしい	sospechoso(a) ソスペチョソ(サ)	doubtful ダウトフル
(わいせつ)	indecente インデセンテ	indecent インディーセント
医学	medicina f メディシナ	medical science メディカル サイエンス
生かす	conservar ... con vida コンセるバる コン ビダ	keep ... alive キープ アライヴ
(活用)	aprovechar アプロベチャる	make good use of メイク グド ユース
胃下垂	gastroptosis f ガストロプトシス	gastroptosis ガストラプトウスィス
筏	balsa f バルサ	raft ラフト
厳しい	riguroso(a) りグろソ(サ)	dignified ディグニファイド
怒り	ira f イら	anger, rage アンガ, レイヂ
遺憾	lástima f ラスティマ	regret リグレト
～な	lamentable ラメンタブレ	regrettable リグレタブル
息	aliento m アリエント	breath ブレス
異議	objeción f, reparo m オブヘしオン, れパろ	objection オブヂェクション
意義	significado m シグニフィカド	meaning ミーニング
生き生きした	vivo(a) ビボ(バ)	lively, fresh ライヴリ, フレシュ
勢い	fuerza f フエるさ	power, force パウア, フォース
生き返る	revivir れビビる	come back to life カム バク トゥ ライフ

日	西	英
生き方 (いきかた)	manera de vivir f マネら デ ビビる	lifestyle ライフスタイル
行き先 (いきさき)	destino m デスティノ	destination デスティネイション
いきさつ	circunstancias fpl しるクンスタンシアス	circumstances サーカムスタンスズ
(詳細)	detalles mpl デタジェス	details ディテイルズ
生きている (いきている)	vivo(a) ビボ(バ)	live, living ライヴ, リヴィング
行き止まり (いきどまり)	callejón sin salida m カジェホン シン サリダ	dead end デド エンド
いきなり	de repente デ れペンテ	suddenly, abruptly サドンリ, アブラプトリ
息抜き (いきぬき)	descanso m デスカンソ	rest レスト
生き残る (いきのこる)	sobrevivir ソブれビビる	survive サヴァイヴ
生き物 (いきもの)	ser vivo m せる ビボ	living thing リヴィング スィング
イギリス	Inglaterra, Gran Bretaña イングラテら グらン ブれタニャ	England, (Great) Britain イングランド, (グレイト) ブリトン
～人	inglés(glesa) m,f イングレス(グレサ)	Englishman イングリシュマン
生きる (いきる)	vivir ビビる	live, be alive リヴ, ビ アライヴ
行く (いく)	ir イる	go, come ゴウ, カム
(出発)	marcharse まるチャるセ	leave リーヴ
育児 (いくじ)	puericultura f, プエりクルトゥら, cuidado de los niños m クイダド デ ロス ニニョス	child care チャイルド ケア
幾つ (いくつ)	cuánto(a) クアント(タ)	how many ハウ メニ
(何歳)	cuántos años クアントス アニョス	how old ハウ オウルド
幾つか (いくつか)	alguno(as) アルグノス(ナス)	some, several サム, セヴラル

日	西	英
イクラ	caviar rojo *m* カビアる ろホ	salmon roe サモン ロウ
幾^{いく}らか	un poco *de* ウン ポコ デ	some, a little サム, ア リトル
池^{いけ}	estanque *m* エスタンケ	pond, pool パンド, プール
胃痙攣^{いけいれん}	convulsión estomacal *f* コンブルシオン エストマカル	cramp in the stomach クランプ イン ザ スタマク
いけない	malo(a) マロ(ラ)	bad, naughty バド, ノーティ
（禁止）	no deber ノ デベる	must not *do* マスト ナト
意見^{いけん}	opinión *f* オピニオン	opinion, idea オピニオン, アイディーア
（忠告）	consejo *m* コンセホ	advice アドヴァイス
威厳^{いげん}	dignidad *f* ディグニダド	dignity ディグニティ
以後^{いご}	desde ahora デスデ アオら	from now on フラム ナウ オン
（その後）	desde entonces デスデ エントンセス	after, since アフタ, スィンス
意向^{いこう}	intención *f* インテンしオン	intention インテンション
移行^{いこう}する	pasar パサる	move, shift ムーヴ, シフト
憩^{いこ}う	tomar un descanso トマる ウン デスカンソ	take a rest テイク ア レスト
異国^{いこく}	extranjero *m* エクストらンヘろ	foreign country フォーリン カントリ
居酒屋^{いざかや}	bar *m* バる	tavern, saloon タヴァン, サルーン
いざこざ	disgusto *m* ディスグスト	trouble トラブル
勇^{いさ}ましい	valiente バリエンテ	brave, courageous ブレイヴ, カレイヂャス
諫^{いさ}める	amonestar アモネスタる	remonstrate リマンストレイト

日	西	英
遺産（いさん）	herencia f / エれンしア	inheritance, legacy / インヘリタンス, レガスィ
胃酸過多（いさんかた）	hiperacidez / イぺらしデす	hyperacidity / ハイパアスィディティ
意思（いし）	intención f / インテンしオン	intention / インテンション
意志（いし）	voluntad f / ボルンタド	will, volition / ウィル, ヴォウリション
石（いし）	piedra f / ピエドら	stone / ストウン
意地（いじ）	porfía f / ポるフィア	obstinacy / アブスティナスィ
意識（いしき）	conciencia f / コンしエンしア	consciousness / カンシャスネス
～する	tener conciencia de / テネる コンしエンしア デ	be conscious of / ビ カンシャス
異質の（いしつの）	heterogéneo(a) / エテろヘネオ(ア)	heterogeneous / ヘテロヂーニアス
いじめる	maltratar / マルトらタる	torment, bully / トーメント, ブリ
医者（いしゃ）	médico m,f / メディコ	doctor / ダクタ
慰謝料（いしゃりょう）	indemnización f / インデムニさしオン	compensation money / カンペンセイション マニ
移住（いじゅう）	migración f / エミグらしオン	migration / マイグレイション
（外地へ）	emigración f / ミグらしオン	emigration / エミグレイション
（外地から）	inmigración f / インミグらしオン	immigration / イミグレイション
（転居）	mudanza f / ムダンさ	removal / リムーヴァル
～する	cambiarse a, mudarse a / カンビアるセ ア, ムダるセ ア	emigrate, immigrate / エミグレイト, イミグレイト
萎縮（いしゅく）	atrofia f / アトろフィア	atrophy / アトロフィ
遺書（いしょ）	testamento m / テスタメント	will / ウィル

日	西	英
衣装 (いしょう)	vestido *m* ベスティド	dress, costume ドレス, カステューム
以上 (いじょう)	más de マス デ	more than, over モー ザン, オウヴァ
異常な (いじょうな)	anormal アノるマル	abnormal アブノーマル
異色の (いしょくの)	único(a) ウニコ(カ)	unique ユーニーク
委嘱 (いしょく)	comisión *f* コミシオン	commission コミション
移植 (いしょく)	transplante *m* トらンスプランテ	transplantation トランスプランテイション
衣食住 (いしょくじゅう)	vestido *m*, alimento *m* y vivienda *f* ベスティド, アリメント イ ビビエンダ	food, clothing and shelter フード クロウズィング アンド シェルタ
いじる	tocar トカる	finger, fumble *with* フィンガ, ファンブル
意地悪な (いじわるな)	malo(a) マロ(ラ)	ill-natured, nasty イルネイチャド, ナスティ
偉人 (いじん)	gran personaje *m* グらン ぺルソナへ	great person グレイト パーソン
椅子 (いす)	silla *f* シジャ	chair チェア
(地位)	puesto *m* プエスト	post ポウスト
泉 (いずみ)	manantial *m*, fuente *f* マナンティアル, フエンテ	spring, fountain スプリング, ファウンテン
イスラム教 (イスラムきょう)	islamismo *m* イスラミスモ	Islam イスラーム
イスラム教徒 (イスラムきょうと)	islamita *m,f* イスラミタ	Muslim, Islam マズリム, イスラーム
いずれ	cuál, cualquiera クアル, クアルキエら	which, either (ホ)ウィチ, イーザ
(近々)	un día de éstos ウン ディア デ エストス	some day サム デイ
(どのみち)	de todos modos デ トドス モドス	anyhow エニハウ
威勢 (いせい)	vigor *m* ビゴる	influence, spirits インフルエンス, スピリツ

日	西	英
異性 (いせい)	otro sexo *m* オトロ セクソ	opposite sex アポズィット セクス
伊勢海老 (いせえび)	langosta *f* ランゴスタ	lobster ラブスタ
遺跡 (いせき)	ruinas *fpl* るイナス	ruins ルーインズ
以前 (いぜん)	antes アンテス	ago, before アゴウ, ビフォー
依然として (いぜんとして)	todavía, aún トダビア, アウン	still スティル
磯 (いそ)	costa rocosa *f* コスタ ろコサ	beach, shore ビーチ, ショー
居候 (いそうろう)	gorrón(ona) *m,f* ゴろン(ナ)	parasite パラサイト
忙しい (いそがしい)	estar ocupado(a) エスタる オクパド(ダ)	be busy ビ ビズィ
急ぐ (いそぐ)	darse prisa ダるセ プリサ	hurry, hasten, rush ハーリ, ヘイスン, ラシュ
遺族 (いぞく)	familia *del (de la)* difunto(a) *f* ファミリア デル(ラ) ディフント(タ)	bereaved family ビリーヴド ファミリ
依存 (いぞん)	dependencia *f* デペンデンしア	dependence ディペンデンス
〜する	depender *de* デペンデる デ	depend *on* ディペンド
板 (いた)	tabla *f* タブラ	board ボード
(金属板)	plancha *f* プランチャ	plate プレイト
遺体 (いたい)	cadáver *m* カダべる	dead body デド バディ
痛い (いたい)	doloroso(a) ドロろソ(サ)	painful, sore ペインフル, ソー
偉大な (いだいな)	grande グらンデ	great, grand グレイト, グランド
抱く (いだく)	abrazar アブらさる	have, bear ハヴ, ベア
委託する (いたくする)	confiar, consignar コンフィアる, コンシグナる	entrust, consign イントラスト, コンサイン

日	西	英
悪戯(いたずら)	travesura f トらベスら	mischief, trick ミスチフ, トリク
～な	travieso(a) トらビエソ(サ)	naughty ノーティ
徒らに(いたずら)	en vano エン バノ	in vain イン ヴェイン
頂く(いただ)	recibir れしビる	receive リスィーヴ
(飲食)	comer, beber コメる, ベベる	get, have ゲト, ハヴ
鼬(いたち)	comadreja f コマドれハ	weasel ウィーズル
板挟み(いたばさ)	dilema m ディレマ	dilemma ディレマ
痛み(いた)	dolor m ドロる	pain, ache ペイン, エイク
傷む(いた)	doler ドレる	ache, hurt エイク, ハート
(損壊)	estropearse エストろペアるセ	become damaged ビカム ダミヂド
(腐敗)	pudrirse プドりるセ	rot, go bad ラト, ゴウ バド
痛む(いた)	doler ドレる	ache, hurt エイク, ハート
炒める(いた)	saltear, rehogar サルテアる, れオガる	fry フライ
イタリア	Italia イタリア	Italy イタリ
～語	italiano m イタリアノ	Italian イタリャン
イタリック	itálica f, cursiva f イタリカ, クるシバ	italics イタリクス
至る(いた)	llegar a ジェガる ア	arrive at アライヴ
～所	en todas partes エン トダス パるテス	everywhere エヴリ(ホ) ウェア
労る(いたわ)	cuidar クイダる	take (good) care of テイク (グド) ケア

日	西	英
いたんしゃ 異端者	hereje *m,f* エレヘ	heretic ヘレティク
いち 位置	situación *f* シトゥアシオン	position ポズィション
いち 市	mercado *m* メルカド	fair, market フェア, マーケト
いちおう 一応	generalmente ヘネラルメンテ	generally ヂェネラリ
(差し当たり)	de momento デ モメント	for the time being フォ ザ タイム ビーイング
いちがつ 一月	enero *m* エネロ	January ヂャニュエリ
いちげき 一撃	golpe *m* ゴルペ	blow ブロウ
いちご 苺	fresa *f* フレサ	strawberry ストローベリ
いちじ 一次の	primario(*a*) プリマリオ(ア)	primary, first プライメリ, ファースト
いちじく 無花果	higo *m* イゴ	fig フィグ
いちじる 著しい	notable ノタブレ	remarkable, marked リマーカブル, マークト
いちど 一度	una vez *f* ウナ ベす	once, one time ワンス, ワン タイム
～に	a la vez ア ラ ベす	at the same time アト ザ セイム タイム
いちどう 一同	todos(*as*) トドス(ダス)	all オール
いちにち 一日	un día *m* ウン ディア	a day ア デイ
～おきに	cada dos días カダ ドス ディアス	every other day エヴリ アザ デイ
～中	todo el día トド エル ディア	all day (long) オール デイ (ローング)
いちにんまえ 一人前	por persona ポル ぺルソナ	per head パ ヘド
～になる	independizarse インデペンディさるセ	become independent ビカム インディペンデント

日	西	英
いちねん 一年	un año ウン アニョ	a year ア イア
〜中	todo el año トド エル アニョ	all (the) year オール (ジ) イア
いちば 市場	mercado *m* メるカド	market マーケト
いちばん 一番	número uno *m* ヌメロ ウノ	the first, No.1 ザ ファースト, ナンバ ワン
(最も)	*el (la)* más ... エル (ラ) マス	most, best モウスト, ベスト
いちぶ 一部	una parte *f* ウナ パるテ	a part ア パート
(一冊)	un ejemplar *m* ウン エヘンプラる	a copy ア カピ
いちめん 一面	un lado *m* ウン ラド	one side ワン サイド
(新聞の)	primera plana *f* プリメラ プラナ	front page フラント ペイヂ
(全面)	toda la superficie *f* トダ ラ スペるフィしえ	the whole surface ザ ホウル サーフェス
いちやく 一躍	de repente デ れペンテ	at a bound アト ア バウンド
いちょう 銀杏	ginkgo *m* ヒンゴ	ginkgo ギンコウ
いちりゅう 一流の	de primera (clase) デ プリメラ (クラセ)	first-class ファーストクラス
(独特の)	particular パるティクラる	unique ユーニーク
いつ	cuándo クアンド	when (ホ)ウェン
いつう 胃痛	dolor de estómago *m* ドロる デ エストマゴ	stomachache スタマクエイク
いっか 一家	familia *f* ファミリア	family ファミリ
(家庭)	hogar *m* オガる	home ホウム
いつか	algún día アルグン ディア	some time サム タイム
(過去の)	una vez, antes ウナ べス, アンテス	once, at one time ワンス, アト ワン タイム

日	西	英
いっき 一気に	de un tirón デ ウン ティろン	in one go イン ワン ゴウ
いっけん 一見	ojeada *f* オヘアダ	glance グランス
いっこ 一個	uno (*a*) ウノ(ナ)	one, a piece ワン, ア ピース
いっこう 一行	grupo *m* グるポ	party パーティ
いっさい 一切	completamente コンプレタメンテ	all, everything オール, エヴリスィング
いっさくじつ 一昨日	anteayer アンテアジェる	the day before yesterday ザ デイ ビフォー イェスタデイ
いっさくねん 一昨年	hace dos años アセ ドス アニョス	the year before last ザ イア ビフォー ラスト
いっさんかたんそ 一酸化炭素	monóxido de carbono *m* モノクシド デ カるボノ	carbon monoxide カーボン モナクサイド
いっしき 一式	juego *m* フエゴ	a complete set ア コンプリート セト
いっしゅ 一種	clase *f* クラセ	a kind, a sort ア カインド, ア ソート
いっしゅん 一瞬	instante *m* インスタンテ	a moment ア モウメント
いっしょう 一生	vida *f* ビダ	(whole) life (ホウル) ライフ
いっしょうけんめい 一生懸命	con toda el alma コン トダ エル アルマ	with all *one's* might ウィズ オール マイト
いっしょ 一緒に	juntos, con フントス, コン	together, with トゲザ, ウィズ
いっせい 一斉に	todos juntos トドス フントス	all at once オール アト ワンス
いっそう 一層	más, aún más マス, アウン マス	much more マチ モー
いったい 一体となって	todos unidos トドス ウニドス	in one body イン ワン バディ
いっち 一致	acuerdo *m* アクエるド	agreement アグリーメント
～する	coincidir *con* コインしディる コン	coincide *with* コウインサイド

日	西	英
いっちょくせん 一直線に	derecho デれチョ	in a straight line イン ナ ストレイト ライン
いつ 五つ	cinco *m* シンコ	five ファイヴ
いっつい 一対の	un par *de* ウン パる デ	a pair *of* ア ペア
いってい 一定の	fijo(*a*) フィホ(ハ)	fixed フィクスト
いつ 何時でも	siempre シエンプれ	always, anytime オールウェイズ, エニタイム
いっとう 一等	primera clase *f* プリメら クラセ	first class ファースト クラス
（一等賞）	primer premio *m* プリメる プれミオ	first prize ファースト プライズ
いっぱい 一杯	un vaso *de* ウン バソ デ	a cup *of*, a glass *of* ア カプ, ア グラス
（満杯）	lleno(*a*) *de* ジェノ(ナ) デ	full *of* フル
〜の	lleno(*a*) ジェノ(ナ)	full フル
いっぱん 一般	generalidad *f* ヘネらリダド	generality ヂェネラリティ
〜的な	general ヘネラル	general, common ヂェネラル, カモン
〜に	generalmente ヘネラルメンテ	generally ヂェネラリ
いっぽ 一歩	un paso *m* ウン パソ	one step ワン ステプ
一方	un lado *m* ウン ラド	one side ワン サイド
（もう一方）	el otro lado *m* エル オトろ ラド	the other side ジ アザ サイド
（話変わって）	mientras tanto ミエントらス タント	meanwhile ミーン(ホ)ワイル
〜通行	dirección única *f* デ ディれクシオン ウニカ	one-way traffic ワンウェイ トラフィク
〜的な	unilateral ウニラテラル	one-sided ワンサイデド
いつまでも	para siempre パら シエンプれ	forever フォレヴァ

日	西	英
いつも	siempre シエンプれ	always オールウェイズ
偽り（いつわり）	falsedad *f* ファルセダド	lie, falsehood ライ，フォールスフド
偽る（いつわる）	mentir メンティる	lie, deceive ライ，ディスィーヴ
イデオロギー	ideología *f* イデオロヒア	ideology アイディアロヂ
射手座（いてざ）	Sagitario *m* サヒタリオ	Archer, Sagittarius アーチャ，サヂテアリアス
移転（いてん）	mudanza *f* ムダンさ	removal リムーヴァル
～する	mudarse *a* ムダるセ　ア	move *to* ムーヴ
遺伝（いでん）	herencia *f* エれンしア	heredity ヘレディティ
遺伝子（いでんし）	gen *m* ヘン	gene ヂーン
～組み換え	tecnología transgénica *f* テクノロヒア　トらンスヘニカ	gene recombination ヂーン　リーカンビネイション
糸（いと）	hilo *m* イロ	thread, yarn スレド，ヤーン
井戸（いど）	pozo *m* ポそ	well ウェル
移動（いどう）	movimiento *m* モビミエント	removal リムーヴァル
～する	moverse モベるセ	move ムーヴ
糸口（いとぐち）	indicio *m* インディしオ	clue クルー
従兄弟［姉妹］（いとこ）	primo(*a*) *m,f* プリモ(マ)	cousin カズン
居所（いどころ）	paradero *m* パらデろ	whereabouts (ホ)ウェアラバウツ
愛しい（いとしい）	querido(*a*) ケリド(ダ)	dear, beloved ディア，ビラヴェド
営む（いとなむ）	llevar, dirigir ジェバる，ディりヒる	conduct, carry on カンダクト，キャリ　オン

日	西	英
挑む（いど）	desafiar デサフィアる	challenge チャレンヂ
以内（いない）	menos *de*, antes *de* メノス デ, アンテス デ	within, less than ウィズィン, レス ザン
田舎（いなか）	campo *m* カンポ	countryside カントリサイド
（生国）	pueblo natal *m* プエブロ ナタル	hometown ホウムタウン
田舎者（いなかもの）	provinciano(*a*) *m,f* プロビンしアノ(ナ)	yokel ヨウケル
蝗（いなご）	saltamontes *m* サルタモンテス	locust ロウカスト
稲作（いなさく）	cultivo de arroz *m* クルティボ デ アろす	rice crop ライス クラプ
稲妻（いなずま）	relámpago *m* れランパゴ	lightning ライトニング
嘶く（いなな）	relinchar れリンチャる	neigh ネイ
イニシアチブ	iniciativa *f* イニしアティバ	initiative イニシャティヴ
委任する（いにん）	delegar デレガる	leave, entrust リーヴ, イントラスト
犬（いぬ）	perro *m* ペろ	dog ドーグ
（スパイ）	espía *m,f* エスピア	spy スパイ
稲（いね）	arroz *m* アろす	rice ライス
居眠り（いねむ）	cabezada *f* カベさダ	nap, doze ナプ, ドウズ
猪（いのしし）	jabalí *m* ハバリ	wild boar ワイルド ボー
命（いのち）	vida *f* ビダ	life ライフ
祈り（いの）	oración *f* オらしオン	prayer プレア
祈る（いの）	rezar れさる	pray *to* プレイ

日	西	英
(望む)	desear デセアる	wish ウィシュ
いばら 茨	espina *f* エスピナ	thorn ソーン
いば 威張る	darse aires ダるセ アイれス	be haughty ビ ホーティ
いはん 違反	infracción *f* インフらクしオン	violation ヴァイオレイション
いびき 鼾	ronquido *m* ろンキド	snore スノー
～をかく	roncar ろンカる	snore スノー
いびつ 歪な	deforme デフォるメ	distorted ディストーテド
いふく 衣服	vestido *m* ベスティド	clothes, dress クロウズ, ドレス
いぶ 燻す	ahumar アウマる	smoke スモウク
イブニング	tarde *f* タるデ	evening イーヴニング
(ドレス)	traje de noche *m* トらへ デ ノチェ	evening (dress) イーヴニング (ドレス)
イベント	acontecimiento *m* アコンテしミエント	event イヴェント
いぼ 疣	verruga *f* ベるガ	wart ウォート
いほう 違法の	ilegal イレガル	illegal イリーガル
いま 今	ahora アオら	now ナウ
いまいま 忌々しい	exasperante エクサスペらンテ	annoying アノイイング
いまごろ 今頃	ahora アオら	at this time アト ズィス タイム
いまさら 今更	ya ジャ	now, at this time ナウ, アト ズィス タイム
いま 忌わしい	abominable アボミナブレ	disgusting ディスガスティング

日	西	英
意味（いみ）	significado *m* シグニフィカド	meaning, sense ミーニング, センス
～する	querer decir, significar ケれる デしる, シグニフィカる	mean, signify ミーン, スィグニファイ
イミテーション	imitación *f* イミタしオン	imitation イミテイション
移民（いみん）	emigración *f* エミグらしオン	emigration エミグレイション
（外地から）	inmigración *f* インミグらしオン	immigration イミグレイション
（移住者）	emigrante *m,f*, inmigrante *m,f* エミグらンテ, インミグらンテ	emigrant, immigrant エミグラント, イミグラント
～する	emigrar エミグらる	emigrate エミグレイト
（外地から）	inmigrar インミグらる	immigrate イミグレイト
イメージ	imagen *f* イマヘン	image イミヂ
芋（いも）	patata *f* パタタ	potato ポテイトウ
（さつまいも）	batata *f* バタタ	sweet potato スウィート ポテイトウ
妹（いもうと）	hermana (menor) *f* エるマナ (メノる)	(younger) sister (ヤンガ) スィスタ
嫌々（いやいや）	de mala gana デ マラ ガナ	reluctantly リラクタントリ
嫌がらせ（いや）	vejación *f* ベハしオン	vexation ヴェクセイション
違約金（いやくきん）	indemnización *f* インデンニさしオン	forfeit フォーフィト
卑しい（いや）	humilde, codicioso(*a*) ウミルデ, コディしオソ(サ)	low, humble ロウ, ハンブル
癒す（いや）	curar クらる	heal, cure ヒール, キュア
嫌な（いや）	desagradable デサグらダブレ	disgusting ディスガスティング
イヤホーン	auricular *m* アウリクラる	earphone イアフォウン

■衣服■ vestido /ベスティド/ m

スーツ　traje /トらへ/ m (⑧ suit)
ズボン　pantalones /パンタロネス/ mpl (⑧ trousers)
スラックス　pantalones /パンタロネス/ mpl (⑧ slacks)
スカート　falda /ファルダ/ f (⑧ skirt)
ミニスカート　minifalda /ミニファルダ/ f (⑧ mini)
ワンピース　vestido (de una pieza) /ベスティド（デ ウナ ピエさ）/ m (⑧ dress, one-piece)
シャツ　camisa /カミサ/ f (⑧ shirt)
ポロシャツ　polo /ポロ/ m (⑧ polo shirt)
Ｔシャツ　camiseta /カミセタ/ f (⑧ T-shirt)
セーター　suéter /スエテる/ m (⑧ sweater, pullover)
タートルネック　cuello vuelto /クエジョ ブエルト/ m (⑧ turtleneck)
ベスト　chaleco /チャレコ/ (⑧ vest)
ブラウス　blusa /ブルサ/ f (⑧ blouse)
コート　abrigo /アブリゴ/ m (⑧ coat)
ジャケット　chaqueta /チャケタ/ f (⑧ jacket)
ダウンジャケット　plumífero /プルミフェろ/ m (⑧ down jacket)
レインコート　impermeable /インペるメアブレ/ m (⑧ raincoat)
長袖　mangas largas /マンガス ラるガス/ fpl (⑧ long sleeves)
半袖　mangas cortas /マンガス コるタス/ fpl (⑧ short sleeves)
ノースリーブの　sin mangas /シン マンガス/ (⑧ sleeveless)
ベルト　cinturón /シントゥろン/ m (⑧ belt)
ネクタイ　corbata /コるバタ/ f (⑧ necktie, tie)
マフラー　bufanda /ブファンダ/ f (⑧ muffler)
スカーフ　pañuelo m, bufanda /パニュエロ，ブファンダ/ f (⑧ scarf)
手袋　guantes /グアンテス/ mpl (⑧ gloves)
靴　zapatos /サパトス/ mpl (⑧ shoes)
ブーツ　botas /ボタス/ fpl (⑧ boots)
靴下　calcetines /カルセティネス/ mpl (⑧ socks, stockings)
ジーンズ　jeans /ジンス/ mpl (⑧ jeans)

日	西	英
嫌らしい (いや)	desagradable デサグらダブレ	disagreeable ディサグリーアブル
イヤリング	pendiente m ペンディエンテ	earring イアリング
いよいよ	por fin ポる フィン	at last アト ラスト
（ますます）	cada vez más カダ ベす マス	more and more モー アンド モー
意欲 (いよく)	voluntad f ボルンタド	volition ヴォウリション
以来 (いらい)	desde entonces デスデ エントンせス	since, after that スィンス, アフタ ザト
依頼 (いらい)	petición f ペティしオン	request リクウェスト
～する	pedir ペディる	ask, request アスク, リクウェスト
いらいらする	irritarse イリタるセ	be irritated ビ イリテイテド
イラスト	ilustración f イルストらしオン	illustration イラストレイション
イラストレーター	ilustrador(a) m,f イルストらドる(ら)	illustrator イラストレイタ
いらっしゃい	¡Bienvenido! ビエンベニド	Welcome. ウェルカム
入り江 (いりえ)	ensenada f エンセナダ	inlet インレト
入り口 (いりぐち)	entrada f エントらダ	entrance エントランス
医療 (いりょう)	tratamiento médico m トらタミエント メディコ	medical treatment メディカル トリートメント
威力 (いりょく)	poder m ポデる	power, might パウア, マイト
居る (いる)	estar, haber エスタる, アベる	be, there is [are] ビー, ゼア イズ[ア]
要る (いる)	necesitar ネセシタる	need, want ニード, ワント
海豚 (いるか)	delfín m デルフィン	dolphin ダルフィン
異例の (いれい)	excepcional エクスせプしオナル	exceptional イクセプショナル

日	西	英
入れ替える	sustituir ススティトゥイる	replace リプレイス
入れ墨	tatuaje *m* タトゥアへ	tattoo タトゥー
入れ歯	dentadura postiza *f* デンタドゥら ポスティさ	artificial tooth アーティフィシャル トゥース
入れ物	recipiente *m* れしピエンテ	receptacle リセプタクル
入れる	meter ... en メテる エン	put ... *in* プト
(人を)	hacer entrar *a* アせる エントらる ア	let *into*, admit *into* レト, アドミト
(承認・受容)	aceptar アせプタる	accept, take アクセプト, テイク
茶を〜	hacer té アせる テ	make tea メイク ティー
色	color *m* コろる	color カラ
色々な	varios(*as*), diversos(*as*) バリオス(アス), ディべるソス(サス)	various ヴェアリアス
色気	atracción sexual *f* アトらクしオン セクスアル	sex appeal セクス アピール
色白の	de tez clara デ テす クラら	fair フェア
彩り	colorización *f* コロりさしオン	coloring カラリング
異論	objeción *f* オブへしオン	objection オブヂェクション
岩	roca *f* ろカ	rock ラク
祝い	celebración *f* せレブらしオン	celebration セレブレイション
祝う	celebrar せレブらる	celebrate セレブレイト
鰯	sardina *f* さるディナ	sardine サーディーン
所謂	llamado(*a*) ジャマド(ダ)	so-called ソウコールド

日	西	英
<ruby>謂<rt>いわ</rt></ruby>れ	razón *f* ラソン	reason, origin リーズン, オーリヂン
<ruby>韻<rt>いん</rt></ruby>	rima *f* リマ	rhyme ライム
<ruby>因果<rt>いんが</rt></ruby>	causa y efecto カウサ イ エフェクト	cause and effect コーズ アンド イフェクト
<ruby>印鑑<rt>いんかん</rt></ruby>	sello *m* セジョ	seal スィール
<ruby>陰気<rt>いんき</rt></ruby>な	melancólico(a) メランコリコ(カ)	gloomy グルーミ
<ruby>慇懃<rt>いんぎん</rt></ruby>な	cortés コルテス	polite ポライト
インク	tinta *f* ティンタ	ink インク

■色■ color / コロる / *m*

<ruby>黒<rt>くろ</rt></ruby>　negro / ネグろ / *m* (⊛ black)

グレー　gris / グリス / *m* (⊛ gray)

<ruby>白<rt>しろ</rt></ruby>　blanco / ブランコ / *m* (⊛ white)

<ruby>青<rt>あお</rt></ruby>　azul / アすル / *m* (⊛ blue)

<ruby>赤<rt>あか</rt></ruby>　rojo / ろホ / *m* (⊛ red)

<ruby>緑<rt>みどり</rt></ruby>　verde / ベるデ / *m* (⊛ green)

<ruby>茶色<rt>ちゃいろ</rt></ruby>　marrón / マろン / *m* (⊛ light brown)

<ruby>紫<rt>むらさき</rt></ruby>　violeta / ビオレタ / *f* (⊛ purple, violet)

<ruby>黄<rt>きいろ</rt></ruby>　amarillo / アマリジョ / *m* (⊛ yellow)

<ruby>黄緑<rt>きみどり</rt></ruby>　verde amarillento / ベるデ アマリジェント / *m* (⊛ yellowish green)

オレンジ　naranja / ナらンハ / *f* (⊛ orange)

<ruby>空色<rt>そらいろ</rt></ruby>　celeste / セレステ / *m* (⊛ sky-blue)

ピンク rosa / ろサ / *f* (⊛ pink)

<ruby>紺<rt>こん</rt></ruby>　azul marino / アすル マリノ / *m* (⊛ dark blue)

ベージュ　beige / ベイス / *m* (⊛ beige)

<ruby>金色<rt>きんいろ</rt></ruby>　oro / オろ / *m* (⊛ gold)

<ruby>銀色<rt>ぎんいろ</rt></ruby>　plata / プラタ / *f* (⊛ silver)

日	西	英
いんけん 陰険な	insidioso(a) インシディオソ(サ)	crafty クラフティ
いんげんまめ 隠元豆	judías verdes *fpl* フディアス ベるデス	kidney bean キドニ ビーン
インコ	periquito *m* ペりキト	parakeet パラキート
いんさつ 印刷	imprenta *f* インプれンタ	printing プリンティング
～する	imprimir インプりミる	print プリント
いんし 印紙	póliza *f*, timbre *m* ポリさ, ティンブれ	revenue stamp レヴェニュー スタンプ
いんしゅう 因習	convención *f* コンベンしオン	convention コンヴェンション
インシュリン	insulina *f* インスリナ	insulin インシュリン
いんしょう 印章	sello *m* セジョ	seal, stamp スィール, スタンプ
いんしょう 印象	impresión *f* インプれシオン	impression インプレション
飲食	comer y beber コメる イ ベベる	food and drink フード アンド ドリンク
インスタントの	instantáneo(a) インスタンタネオ(ア)	instant インスタント
インストールする	instalar インスタラる	install インストール
インストラクター	instructor(a) *m,f* インストるクトる(ら)	instructor インストラクタ
インスピレーション	inspiración *f* インスピらしオン	inspiration インスピレイション
いんぜい 印税	derechos de autor *mpl* デれチョス デ アウトる	royalty ロイアルティ
いんぜん 隠然たる	latente ラテンテ	latent レイテント
いんそつ 引率する	conducir コンドゥしる	lead リード
インターチェンジ	intercambio *m* インテるカンビオ	interchange インタチェインヂ

日	西	英
インターネット	Internet *m* インテるネト	Internet インタネト
インターフェロン	interferón *m* インテるフェロン	interferon インタフィラン
インターホン	telefonillo *m* テレフォニジョ	interphone インタフォウン
引退（いんたい）	retiro *m* れティろ	retirement リタイアメント
～する	retirarse れティらるセ	retire リタイア
インタビュー	entrevista *f* エントれビスタ	interview インタヴュー

■インターネット■ Internet /インテるネト/ *m*

アドレス　dirección /ディれクしオン/ *f* (英 address)

モデム　módem /モデム/ *m* (英 modem)

プロバイダー　proveedor /プろベエドる/ *m* (英 provider)

ドメイン名（めい）　nombre de dominio /ノンブれ デ ドミニオ/ *m* (英 domain name)

ユーザー名（めい）　nombre de usuario /ノンブれ デ ウスアりオ/ *m* (英 user name)

パスワード　contraseña /コントらセニャ/ *f* (英 password)

サーバー　servidor /セるビドる/ *m* (英 server)

Eメール　correo electrónico /コれオ エレクトろニコ/ *m* (英 e-mail)

アットマーク　arroba /アろバ/ *f* (英 at)

スラッシュ　raya /らジャ/ *f* (英 slash)

ネットサーフィング　navegación por la red /ナベガしオン ポる ラ れド/ *f* (英 net-surfing)

ファイル　archivo /アるチボ/ *m* (英 file)

サーチエンジン　motor de búsqueda /モトる デ ブスケダ/ (英 search engine)

クリックする　hacer clic /アせる クリク/ (英 click)

サイト　sitio /シティオ/ *m* (英 site)

ホームページ　página *web* /パヒナ ウェブ/ *f* (英 home-page)

アクセス　acceso /アクセソ/ *m* (英 access)

日	西	英
インチ	pulgada *f* プルガダ	inch インチ
いんちき	engaño *m* エンガニョ	fake フェイク
インテリ	intelectual *m,f* インテレクトゥアル	intellectual インテレクチュアル
インテリア	decoración de interiores *f* デコらしオン デ インテリオれス	interior design インティアリア ディザイン
インド	India インディア	India インディア
～の	indio(*a*) インディオ(ア)	Indian インディアン
イントネーション	entonación *f* エントナしオン	intonation イントネイション
インプット	entrada *f*, input *m* エントらダ, インプト	input インプト
インフラ	infraestructura *f* インフらエストるクトゥら	infrastructure インフラストラクチャ
インフルエンザ	gripe *f* グりペ	influenza インフルエンザ
インフレ	inflación *f* インフラしオン	inflation インフレイション
インボイス	factura *f* ファクトゥら	invoice インヴォイス
いんぼう 陰謀	conspiración *f* コンスピらしオン	plot, intrigue プラト, イントリーグ
いんゆ 隠喩	metáfora *f* メタフォら	metaphor メタフォー
いんよう 引用	cita *f* しタ	citation サイテイション
～する	citar しタる	quote, cite クウォウト, サイト
いんりょう 飲料	bebida *f* ベビダ	drink, beverage ドリンク, ベヴァリヂ
～水	agua potable *f* アグア ポタブレ	drinking water ドリンキング ウォータ
いんりょく 引力	gravedad *f* グらベダド	attraction アトラクション

日	西	英

う, ウ

日本語	Español	English
ウイークエンド	fin de semana *m* フィン デ セマナ	weekend ウィーケンド
ウイークデー	día laborable *m* ディア ラボらブレ	weekday ウィークデイ
ウイスキー	whisky *m* ウィスキ	whiskey (ホ)ウィスキ
ウイルス	virus *m* ビるス	virus ヴァイアラス
ウインカー	intermitente *m* インテるミテンテ	blinker ブリンカ
ウインク	guiño *m* ギニョ	wink ウィンク
ウインドーショッピング	curiosear por las tiendas クりオセアる ぽる ラス ティエンダス	window-shopping ウィンドウシャピング
ウール	lana *f* ラナ	wool ウル
上（うえ）	parte de arriba *f* パるテ デ アりバ	upper part アパ パート
（頂上）	cima *f* しマ	top, summit タプ, サミト
（表面）	superficie *f* スペるフィしエ	surface サーフェス
～に	sobre, en ソブれ, エン	on アン
～の (年齢が)	mayor *que* マジョる ケ	older *than* オウルダ
（地位が）	superior スペりオる	upper アパ
（質・能力が）	superior *a* スペりオる ア	superior *to* スピアリア
ウエイター	camarero *m* カマれろ	waiter ウェイタ
ウエイトレス	camarera *f* カマれら	waitress ウェイトレス
植木（うえき）	planta *f* プランタ	plant, tree プラント, トリー
ウエスト	cintura *f* しントゥら	waist ウェイスト

日	西	英
飢える	pasar hambre パサる アンブれ	go hungry, starve ゴウ ハングリ, スターヴ
植える	plantar プランタる	plant プラント
(栽培)	cultivar クルティバる	raise, grow レイズ, グロウ
魚	pez *m* ペす	fish フィシュ
ウォーミングアップ	precalentamiento *m* プれカレンタミエント	warm-up ウォームアップ
魚座	Piscis *m* ピスしス	Pisces ピシズ
迂回	desvío *m* デスビオ	detour ディートゥア
〜する	desviarse デスビアるセ	take a roundabout way テイク ア ラウンダバウト ウェイ
嗽	gargarismos *mpl* ガるガリスモス	gargling ガーグリング
〜をする	hacer gárgaras *fpl* アせる ガるガラス	gargle ガーグル
伺う	visitar ビシタる	visit ヴィズィト
(尋ねる)	preguntar プれグンタる	ask アスク
迂闊な	descuidado(*a*) デスクイダド(ダ)	careless ケアレス
浮かぶ	flotar フロタる	float フロウト
(心に)	ocurrirse *a* オクりるセ ア	occur *to* オカー
受かる	aprobar アプろバる	pass パス
浮き	flotador *m* フロタドる	float フロウト
浮き袋	flotador *m* フロタドる	swimming ring スウィミング リング
(救命用)	salvavidas *m* サルバビダス	life buoy ライフ ブーイ
浮き彫り	relieve *m* れリエベ	relief リリーフ

日	西	英
浮く	flotar フロタる	float フロウト
(余る)	quedar ケダる	save セイヴ
鶯 (うぐいす)	ruiseñor (de Japón) m るイセニョる (デ ハポン)	Japanese nightingale チャパニーズ ナイティンゲイル
受け入れる	aceptar アセプタる	receive, accept リスィーヴ, アクセプト
請け負う	contratar コントらタる	contract コントラクト
受け継ぐ	suceder スセデる	succeed to サクスィード
(性質・財産を)	heredar エれダる	inherit インヘリト
受付 (うけつけ)	recepción f れセプスィオン	receipt, acceptance リスィート, アクセプタンス
(受付所)	consejería f コンセヘりア	information office インフォメイション オーフィス
～係	recepcionista m,f れセプスィオニスタ	information clerk インフォメイション クラーク
受け付ける	aceptar アセプタる	receive, accept リスィーヴ, アクセプト
受取人 (うけとりにん)	receptor(a), destinatario(a) m,f レセプトる(ら), デスティナタりオ(ア)	recipient リスィピアント
(手形の)	consignatario(a) m,f コンシグナタりオ(ア)	receiver リスィーヴァ
(保険金の)	beneficiario(a) m,f ベネフィしアりオ(ア)	beneficiary ベネフィシエり
受け取る	recibir れしビる	receive, get リスィーヴ, ゲト
受け身	actitud pasiva f アクティトゥド パシバ	passivity パスィヴィティ
(文法の)	voz pasiva f ボス パシバ	passive voice パスィヴ ヴォイス
受け持つ	encargarse de エンカるガるセ デ	take charge of テイク チャーヂ
受ける	recibir れしビる	receive, get リスィーヴ, ゲト
(試験を)	tomar トマる	take an exam テイク アン イグザム

日	西	英
う‌く 浮く	flotar フロタる	float フロウト
(余る)	quedar ケダる	save セイヴ
うぐいす 鴬	ruiseñor (de Japón) *m* るイセニョるデ ハポン)	Japanese nightingale ヂャパニーズ ナイティンゲイル
う‌い‌れる 受け入れる	aceptar アセプタる	receive, accept リスィーヴ, アクセプト
う‌お‌う 請け負う	contratar コントらタる	contract コントラクト
う‌つ‌ぐ 受け継ぐ	suceder スセデる	succeed *to* サクスィード
(性質・財産を)	heredar エれダる	inherit インヘリト
うけつけ 受付	recepción *f* れセプスィオン	receipt, acceptance リスィート, アクセプタンス
(受付所)	consejería *f* コンセヘリア	information office インフォメイション オーフィス
～係	recepcionista *m,f* れセプスィオニスタ	information clerk インフォメイション クラーク
う‌つ‌ける 受け付ける	aceptar アセプタる	receive, accept リスィーヴ, アクセプト
うけとりにん 受取人	receptor(a), destinatario(a) *m,f* れセプトる(ら), デスティナタりオ(ア)	recipient リスィピアント
(手形の)	consignatario(a) *m,f* コンシグナタりオ(ア)	receiver リスィーヴァ
(保険金の)	beneficiario(a) *m,f* ベネフィシアりオ(ア)	beneficiary ベネフィシエリ
う‌と‌る 受け取る	recibir れスィビる	receive, get リスィーヴ, ゲト
う‌み 受け身	actitud pasiva *f* アクティトゥド パシバ	passivity パスィヴィティ
(文法の)	voz pasiva *f* ボす パシバ	passive voice パスィヴ ヴォイス
う‌も‌つ 受け持つ	encargarse *de* エンカるガるセ デ	take charge *of* テイク チャーヂ
う‌ける 受ける	recibir れスィビる	receive, get リスィーヴ, ゲト
(試験を)	tomar トマる	take an exam テイク アン イグザム

日	西	英
飢える	pasar hambre パサる アンブれ	go hungry, starve ゴウ ハングリ, スターヴ
植える	plantar プランタる	plant プラント
（栽培）	cultivar クルティバル	raise, grow レイズ, グロウ
魚	pez *m* ペす	fish フィシュ
ウォーミングアップ	precalentamiento *m* プれカレンタミエント	warm-up ウォームアップ
魚座	Piscis *m* ピスレス	Pisces ピシズ
迂回	desvío *m* デスビオ	detour ディートゥア
〜する	desviarse デスビアるセ	take a roundabout way テイク ア ラウンダバウト ウェイ
嗽	gargarismos *mpl* ガるガりスモス	gargling ガーグリング
〜をする	hacer gárgaras *fpl* アセる ガるガラス	gargle ガーグル
伺う	visitar ビシタる	visit ヴィズィト
（尋ねる）	preguntar プれグンタる	ask アスク
迂闊な	descuidado(a) デスクイダド(ダ)	careless ケアレス
浮かぶ	flotar フロタる	float フロウト
（心に）	ocurrirse *a* オクりるセ ア	occur *to* オカー
受かる	aprobar アプろバる	pass パス
浮き	flotador *m* フロタドる	float フロウト
浮き袋	flotador *m* フロタドる	swimming ring スウィミング リング
（救命用）	salvavidas *m* サルバビダス	life buoy ライフ ブーイ
浮き彫り	relieve *m* れリエベ	relief リリーフ

日	西	英
(こうむる)	sufrir スフりる	suffer サファ
動かす	mover モべる	move ムーヴ
(機械を)	manejar マネハる	run, work, operate ラン, ワーク, アパレイト
(心を)	conmover コンモべる	move, touch ムーヴ, タチ
動き	movimiento m モビミエント	movement, motion ムーヴメント, モウション
(活動)	actividad f アクティビダド	activity アクティヴィティ
(動向)	tendencia f テンデンしア	trend トレンド
動く	moverse モべるセ	move ムーヴ
(変わる)	cambiar カンビアる	change チェインヂ
(運行する)	hacer el servicio アせる エル せるビしオ	go, run, work ゴウ, ラン, ワーク
(心が)	emocionarse エモしオナるセ	be moved ビ ムーヴド
兎	conejo m コネホ	rabbit ラビト
(野兎)	liebre f リエブれ	hare ヘア
牛		
(雌牛)	vaca f バカ	cow カウ
(雄牛)	toro m, buey m トろ, ブエイ	bull, ox ブル, アクス
(子牛)	ternero m テるネろ	calf キャフ
蛆	gusano m グサノ	worm, maggot ワーム, マゴト
失う	perder ぺるデる	lose, miss ルーズ, ミス
後ろ	parte posterior f パるテ ポステリオる	back バク

日	西	英
渦 (うず)	remolino *m* れモリノ	whirlpool (ホ)ワールプール
薄い (うすい)	fino(a) フィノ(ナ)	thin スィン
(色が)	claro(a) クらロ(ら)	light ライト
(濃度)	ligero(a), flojo(a) リヘロ(ら), フロホ(ハ)	weak ウィーク
疼く (うずく)	doler sordamente ドレる ソるダメンテ	ache, hurt エイク, ハート
薄暗い (うすぐらい)	débilmente iluminado(a) デビルメンテ イルミナド(ダ)	dim, dark, gloomy ディム, ダーク, グルーミ
渦巻き (うずまき)	espiral *f* エスピらル	whirlpool (ホ)ワールプール
薄める (うすめる)	diluir ディルイる	thin, dilute スィン, ダイリュート
埋もれる (うずもれる)	enterrarse エンテらるセ	be buried ビ ベりド
鶉 (うずら)	codorniz *f* コドるニす	quail クウェイル
右折する (うせつする)	doblar a la derecha ドブらる ア ラ デれチャ	turn to the right ターン トゥ ザ ライト
嘘 (うそ)	mentira *f* メンティら	lie ライ
～をつく	mentir メンティる	tell a lie テル ア ライ
嘘吐き (うそつき)	mentiroso(a) *m,f* メンティろソ(サ)	liar ライア
歌 (うた)	canción *f* カンしオン	song ソーング
(詩歌)	poesía *f* ポエシア	poem ポウエム
歌う (うたう)	cantar カンタる	sing スィング
疑い (うたがい)	duda *f* ドゥダ	doubt ダウト
(不信・疑惑)	desconfianza *f* デスコンフィアンさ	distrust ディストラスト

日	西	英
(嫌疑)	sospecha *f* ソスペチャ	suspicion サスピション
うたが 疑う	dudar *de* ドゥダる デ	doubt ダウト
(不信・疑惑)	desconfiar デスコンフィアる	distrust ディストラスト
(嫌疑)	sospechar ソスペチャる	suspect サスペクト
うたが 疑わしい	dudoso(a) ドゥドソ(サ)	doubtful ダウトフル
(不審)	sospechoso(a) ソスペチョソ(サ)	suspicious サスピシャス
うち 家	casa *f* カサ	house ハウス
(家族)	familia *f* ファミリア	family ファミリ
うち 内	interior *m* インテリオる	inside インサイド
…の〜	dentro *de* デントろ デ	of, among アヴ, アマング
う あ 打ち明ける	confiarse *a* コンフィアるセ ア	tell, confess テル, コンフェス
う あ 打ち合わせる	disponer ディスポネる	arrange アレインヂ
う か 打ち勝つ	vencer ベンせる	conquer, overcome カンカ, オウヴァカム
うちがわ 内側	interior *m* インテリオる	inside インサイド
うちき 内気な	tímido(a) ティミド(ダ)	shy, timid シャイ, ティミド
う け 打ち消す	negar ネガる	deny ディナイ
う たお 打ち倒す	derribar デりバる	knock down ナク ダウン
うちゅう 宇宙	universo *m* ウニべるソ	universe ユーニヴァース
〜飛行士	astronauta *m,f* アストろナウタ	astronaut アストロノート
〜旅行	viaje espacial *m* ビアヘ エスパしアル	space travel スペイス トラヴル

日	西	英
撃つ	disparar, tirar ディスパらる, ティらる	fire, shoot ファイア, シュート
打つ	golpear ゴルペアる	strike, hit ストライク, ヒト
(心を)	conmover コンモベる	move, touch ムーヴ, タチ
うっかりして	distraídamente ディストライダメンテ	carelessly ケアレスリ
美しい	hermoso(a) エるモソ(サ)	beautiful ビューティフル
移す	mudar ムダる	move, transfer ムーヴ, トランスファー
(病気を)	contagiar una enfermedad コンタヒアる ウナ エンフェるメダド	give, infect ギヴ, インフェクト
写す	copiar コピアる	copy カピ
訴える	acusar *de* アクサる デ	sue スー
(手段に)	recurrir *a* れクりる ア	resort to リゾート トゥ
(世論に)	apelar *a* アペラる ア	appeal to アピール トゥ
鬱陶しい	pesado(a) ペサド(ダ)	gloomy グルーミ
うっとりする	embelesarse エンベレサるセ	be absent-minded ビ アブセントマインデド
俯く	bajar la cabeza バハる ラ カベさ	hang *one's* head ハング ヘド
移る	trasladarse トらスラダるセ	move ムーヴ
(感染)	contagiarse コンタヒアるセ	catch キャチ
写[映]る	reflejarse *en* れフレハるセ エン	be reflected *in* ビ リフレクテド
(写真が)	estar sacada エスタる サカダ	be taken ビ テイクン
器	recipiente *m* れしピエンテ	vessel ヴェスル

日	西	英
うで 腕	brazo *m* ブらそ	arm アーム
（腕前）	habilidad *f* アビリダド	ability, skill アビリティ, スキル
うでどけい 腕時計	reloj de pulsera *m* れロフ デ プルセら	wristwatch リストワチ
うでわ 腕輪	pulsera *f* プルセら	bracelet ブレイスリト
うなぎ 鰻	anguila *f* アンギら	eel イール
うなず 頷く	mover la cabeza afirmativamente モベる ラ カベさ アフィるマティバメンテ	nod ナド
うな 唸る	gruñir グるニる	groan グロウン
（動物が）	gruñir グるニる	roar, growl ロー, グラウル
（機械が）	rugir るヒる	roar, buzz ロー, バズ
うに 海胆	erizo de mar *m* エりそ デ マる	sea urchin スィー アーチン
うぬぼ 自惚れ	presunción *f* プれスンしオン	self-conceit セルフコンスィート
〜の強い	presumido(a) プれスミド(ダ)	self-conceited セルフコンスィーテド
うぬぼ 自惚れる	ser vanidoso(a) セる バニドソ(サ)	become conceited ビカム コンスィーテド
うは 右派	derechista *m,f* デれチスタ	right wing ライト ウィング
うば 奪う	robar ろバる	take ... away, rob テイク アウェイ, ラブ
（地位・権利を）	privar *de* プりバる デ	deprive ディプライヴ
うばぐるま 乳母車	cochecito *m* コチェしト	baby carriage ベイビ キャリヂ
うぶ 初な	ingenuo(a) インヘヌオ(ア)	innocent, naive イノセント, ナーイーヴ
うま 馬	caballo *m* カバジョ	horse ホース

日	西	英
(雌馬)	yegua *f* ジェグア	mare メア
(子馬)	potro(a) *m,f* ポトロ(ら)	colt コウルト
巧い（うま）	bueno(a), hábil ブエノ(ナ), アビル	good, skillful グド, スキルフル
旨い（うま）	rico(a), delicioso(a) リコ(カ), デリシオソ(サ)	good, delicious グド, ディリシャス
埋まる（う）	quedar enterrado(a) ケダる エンテらド(ダ)	be buried ビ ベリド
生まれ（う）	nacimiento *m* ナシミエント	birth, origin バース, オーリヂン
生[産]まれる（う）	nacer ナせる	be born ビ ボーン
(成立)	crearse, fundarse クれアるセ フンダるセ	come into existence カム イントゥ イグズィステンス
海（うみ）	mar *m* マる	sea, ocean スィー, オウシャン
海亀（うみがめ）	tortuga marina *f* トるトゥガ マリナ	turtle タートル
生み出す（う　だ）	producir プロドゥしる	produce プロデュース
海辺（うみべ）	costa *f* コスタ	beach ビーチ
生[産]む（う）	dar a luz ダる ア ルす	bear ベア
(卵を)	aovar アオバる	lay レイ
梅（うめ）	ciruelo *m* しるエロ	plum tree プラム トリー
(実)	ciruela *f* しるエラ	plum プラム
呻く（うめ）	gemir ヘミる	groan, moan グロウン, モウン
埋め立てる（う　た）	ganar tierra ガナる ティエら	fill in フィル イン
埋める（う）	enterrar エンテらる	bury ベリ

日	西	英
(満たす)	llenar ジェナる	fill フィル
(損失を)	cubrir クブりる	cover カヴァ
羽毛 (うもう)	pluma *f* プルマ	feathers, down フェザズ, ダウン
敬う (うやまう)	respetar れスペタる	respect, honor リスペクト, アナ
右翼 (うよく)	derecha *f* デれチャ	right wing ライト ウィング
裏 (うら)	reverso *m* れべるソ	back バク
(反対側)	cara de atrás *f* カら デ アトらス	wrong side ローング サイド
裏返す (うらがえす)	poner al revés ポネる アル れベス	turn over ターン オウヴァ
裏書き (うらがき)	endorso *m* エンドるソ	endorsement インドースメント
裏側 (うらがわ)	lado del revés *m* ラド デル れベス	back バク
裏切る (うらぎる)	traicionar トらイしオナる	betray ビトレイ
(予想を)	ser contrario(a) a セるコントらリオ(ア) ア	be contrary *to* ビ カントレリ
裏口 (うらぐち)	puerta de atrás *f* プエるタ デ アトらス	back door バク ドー
裏声 (うらごえ)	falsete *m* ファルセテ	falsetto フォールセトウ
裏地 (うらじ)	forro *m* フォろ	lining ライニング
裏付ける (うらづける)	probar プろバる	prove プルーヴ
裏通り (うらどおり)	calle secundaria *f* カジェ セクンダリア	back street バク ストリート
占い (うらない)	adivinación *f* アディビナしオン	fortune-telling フォーチュンテリング
占い師 (うらないし)	adivino(a) *m,f* アディビノ(ナ)	fortune-teller フォーチュンテラ

日	西	英
占(うらな)う	adivinar アディビナる	divine ディヴァイン
ウラニウム	uranio *m* ウらニオ	uranium ユアレイニアム
恨(うら)み	resentimiento *m* れセンティミエント	grudge グラヂ
恨(うら)む	guardar [tener] rencor グアるダる [テネる] れンこる	bear a grudge ベア ア グラヂ
(残念に思う)	lamentar ラメンタる	regret リグレト
羨(うらや)ましい	envidiable エンビディアブレ	enviable エンヴィアブル
羨(うらや)む	envidiar エンビディアる	envy エンヴィ
ウラン	uranio *m* ウらニオ	uranium ユアレイニアム
瓜(うり)	melón *m* メロン	melon メロン
売(う)り上(あ)げ	venta *f* ベンタ	amount sold アマウント ソウルド
売(う)り切(き)れ	agotamiento de existencias *m* アゴタミエント デ エクシステンしアス	sold out ソウルド アウト
売(う)り切(き)れる	agotarse アゴタるセ	be sold out ビ ソウルド アウト
売(う)り出(だ)し	lanzamiento de una venta *m* ランさミエント デ ウナ ベンタ	bargain sale バーゲン セイル
(蔵払い)	liquidación *f* リキダしオン	clearance sale クリアランス セイル
売(う)り出(だ)す	sacar ... a la venta サカる ア ラ ベンタ	put ... on sale プト オン セイル
売(う)り手(て)	vendedor(*a*) *m,f* ベンデドる(ら)	seller セラ
売(う)り場(ば)	sección *f* セクしオン	department ディパートメント
売(う)る	vender ベンデる	sell セル
閏年(うるうどし)	año bisiesto *m* アニョ ビシエスト	leap year リープ イア

日	西	英
うるお 潤い	humedad *f* ウメダド	moisture モイスチャ
うるお 潤う	humedecerse ウメデせるセ	be moisturized ビ モイスチャライズド
うるさい	molesto(a) モレスト(タ)	annoying アノイイング
(しつこい)	insistente インシステンテ	persistent パスィステント
(音が)	ruidoso(a) るイドソ(サ)	noisy ノイズィ
うるし 漆	laca japonesa *f* ラカ ハポネサ	lacquer, japan ラカ, チャパン
うるわ 麗しい	hermoso(a) エるモソ(サ)	beautiful, lovely ビューティフル, ラヴリ
うれ 憂い	pena *f* ペナ	anxiety アングザイエティ
うれ 憂える	preocuparse de プれオクパるセ デ	be anxious *about* ビ アン(ク)シャス
うれ 嬉しい	feliz, contento(a) フェリす, コンテント(タ)	happy, delightful ハピ, ディライトフル
う ゆ 売れ行き	venta *f* ベンタ	sale セイル
う 売れる	venderse bien ベンデるセ ビエン	sell well セル ウェル
(商品になる)	ser vendible セる ベンディブレ	be marketable ビ マーケタブル
(顔・名が)	hacerse famoso(a) アせるセ ファモソ(サ)	become well known ビカム ウェル ノウン
うろこ 鱗	escama *f* エスカマ	scale スケイル
うろたえる	ponerse nervioso(a) ポネるセ ネるビオソ(サ)	be upset ビ アプセト
うわき 浮気	amorío extraconyugal *m* アモリオ エクストらコンジュガル	passing infatuation パスィング インファチュエイション
うわぎ 上着	chaqueta *f* チャケタ	coat コウト
うわぐすり 釉薬	esmalte *m* エスマルテ	glaze グレイズ

日	西	英
うわごと 譫言	delirio *m*, desvarío *m* デリリオ, デスバリオ	delirium ディリリアム
うわさ 噂	rumor *m* るモる	rumor ルーマ
うわべ 上辺	superficie *f* スペるフィしエ	surface サーフェス
うわまわ 上回る	superar スペらる	exceed イクスィード
うわやく 上役	jefe(a) *m,f* ヘフェ(ファ)	superior スピアリア
うん 運	suerte *f*, destino *m* スエるテ, デスティノ	fate, destiny フェイト, デスティニ
（幸運）	(buena) suerte *f* (ブエナ) スエるテ	fortune, luck フォーチュン, ラク
うんえい 運営	administración *f* アドミニストらしオン	management マニヂメント
うんが 運河	canal *m* カナル	canal カナル
うんこう 運行	servicio (de transporte) *m* セるビしオ (デ トらンスポるテ)	service, operation サーヴィス, アパレイション
うんざりする	aburrirse *con* アブりるセ コン	be sick *of* ビ スィク
うんせい 運勢	ventura *f* ベントゥら	fortune フォーチュン
うんそう 運送	transporte *m* トらンスポるテ	transportation トらンスポテイション
うんちん 運賃	tarifa *f* タリファ	fare フェア
（貨物の）	tarifa *f* タリファ	freight rates フレイト レイツ
うんてん 運転	conducción *f* コンドゥクしオン	driving ドライヴィング
（機械の）	manejo *m* マネホ	operation アパレイション
～する	conducir, manejar コンドゥしる, マネハる	drive ドライヴ
（機械を）	operar オペらる	operate アパレイト

日	西	英
うんてんしゅ 運転手	conductor(a) *m,f* コンドゥクトる(ら)	driver ドライヴァ
(タクシーの)	taxista *m,f* タクシスタ	taxi driver タクシ ドライヴァ
(列車の)	maquinista *m,f* マキニスタ	engineer エンヂニア
うんてんめんきょしょう 運転免許証	carné de conducir *m* カるネ デ コンドゥしる	driver's license ドライヴァズ ライセンス
うんどう 運動	movimiento *m* モビミエント	movement, motion ムーヴメント, モウション
(身体の)	ejercicio (físico) *m* エへるししオ (フィシコ)	exercise エクササイズ
(競技)	deportes *mpl* デポるテス	sports スポーツ
(選挙などの)	campaña *f* カンパニャ	campaign キャンペイン
〜する	hacer ejercicio アせる エへるししオ	exercise エクササイズ
(選挙などの)	organizar una campaña オるガニさる ウナ カンパニャ	campaign キャンペイン
うんどうぐつ 運動靴	zapatillas de deportes *fpl* サパティジャス デ デポるテス	sports shoes スポーツ シューズ
うんめい 運命	suerte *f*, destino *m* スエるテ, デスティノ	fate, destiny フェイト, デスティニ
うんゆ 運輸	transporte *m* トらンスポるテ	transportation トらンスポテイション
うん 運よく	afortunadamente アフォるトゥナダメンテ	fortunately フォーチュネトリ

え, エ

日	西	英
え 絵	cuadro *m* クアドろ	picture ピクチャ
え 柄	mango *m* マンゴ	handle ハンドル
エアコン	acondicionador de aire *m* アコンディしオナドる デ アイれ	air conditioner エア コンディショナ
エアメール	correo aéreo *m* コれオ アエれオ	airmail エアメイル

日	西	英
エアロビクス	aeróbic, aerobic *m* アエろビク, アエロビク	aerobics エアロウビクス
えいえん 永遠の	eterno(a) エテるノ(ナ)	eternal イターナル
えいが 映画	película *f* ペリクラ	picture, movie ピクチャ, ムーヴィ
～館	cine *m* しネ	cinema theater スィネマ スィーアタ
えいきゅう 永久に	para siempre パら シエンプれ	permanently パーマネントリ
えいきょう 影響	influencia *f* インフルエンしア	influence インフルエンス
～する	tener influencia テネる インフルエンしア	influence インフルエンス
えいぎょう 営業	negocio *m* ネゴしオ	business ビズネス
～する	hacer negocios アセる ネゴしオス	do business ドゥー ビズネス
～している	estar abierto(a) エスタる アビエるト(タ)	be open ビ オウプン
えいご 英語	inglés *m* イングレス	English イングリシュ
えいこう 栄光	gloria *f* グロりア	glory グローリ
えいこく 英国	Inglaterra, Reino Unido イングラテら, れイノ ウニド	England, United Kingdom イングランド, ユナイテド キングダム
えいしゃ 映写	proyección *f* プロジェクしオン	projection プロヂェクション
～機	proyector *m* プロジェクトる	projector プロヂェクタ
～する	proyectar プロジェクタる	project プロヂェクト
えいじゅう 永住する	residir permanentemente れシディる ぺるマネンテメンテ	reside permanently リザイド パーマネントリ
エイズ	SIDA *m* シダ	AIDS エイツ
えいせい 衛星	satélite *m* サテリテ	satellite サテライト
えいせい 衛生	higiene *f* イヒエネ	hygiene ハイヂーン

日	西	英
〜的な	higiénico(a) イヒエニコ(カ)	hygienic, sanitary ハイヂーニク, サニテリ
映像 (えいぞう)	imagen f イマヘン	image イミヂ
栄転する (えいてん)	ser promovido(a) y transferido(a) セる プろモビド(ダ) イ トらンスフェリド(ダ)	be promoted ビ プロモウテド
鋭敏な (えいびん)	agudo(a) アグド(ダ)	keen, sharp キーン, シャープ
英文 (えいぶん)	texto inglés m テクスト イングレス	English text イングリシュ テクスト
英雄 (えいゆう)	héroe m, heroína f エろエ, エろイナ	hero ヒーロウ
〜的な	heroico(a) エろイコ(カ)	heroic ヒロウイク
栄誉 (えいよ)	honor m オノる	honor アナ
栄養 (えいよう)	alimentación f, nutrición f アリメンタしオン, ヌトりしオン	nutrition ニュートリション
エージェンシー	agencia f アヘンしア	agency エイヂェンスィ
エージェント	agente m,f アヘンテ	agent エイヂェント
エース	as m アス	ace エイス
笑顔 (えがお)	cara sonriente f カら ソンりエンテ	smiling face スマイリング フェイス
描く (えがく)	dibujar ディブハる	draw, paint ドロー, ペイント
(描写)	describir デスクりビる	describe ディスクライブ
駅 (えき)	estación f エスタしオン	station ステイション
易者 (えきしゃ)	adivino(a) m,f アディビノ(ナ)	fortune-teller フォーチュンテラ
液晶 (えきしょう)	cristal líquido m クリスタル リキド	liquid crystal リクウィド クリスタル
エキス	extracto m エクストらクト	extract エクストラクト

日	西	英
エキストラ	extra *m* エクストら	extra, super エクストラ, スーパ
エキスパート	experto(*a*) *m,f* エクスぺると(タ)	expert エクスパート
エキゾチックな	exótico(*a*) エクソティコ(カ)	exotic イグザティク
液体 (えきたい)	líquido *m* リキド	liquid, fluid リクウィド, フルーイド
疫病 (えきびょう)	peste *f* ペステ	epidemic エピデミク
エクスタシー	éxtasis *m* エクスタシス	ecstasy エクスタスィ
エグゼクティブ	ejecutivo(*a*) *m,f* エヘクティボ(バ)	executive イグゼキューティヴ
えくぼ	hoyuelo *m* オジュエロ	dimple ディンプル
エゴイスト	egoísta *m,f* エゴイスタ	egoist イーゴウイスト
エゴイズム	egoísmo *m* エゴイスモ	egoism イーゴウイズム
エコノミークラス	clase turista *f* クラセ トゥリスタ	economy class イカノミ クラス
エコノミスト	economista *m,f* エコノミスタ	economist イカノミスト
エコロジー	ecología *f* エコロヒア	ecology イカロヂ
餌 (えさ)	cebo *m*, comida *f* セボ, コミダ	food, bait フード, ベイト
餌食 (えじき)	presa *f* プレサ	food, prey フード, プレイ
会釈 (えしゃく)	ligera inclinación *f* リヘら インクリナしオン	salutation サリュテイション
～する	saludar con una ligera inclinación サルダる コン ウナ リヘら インクリナしオン	salute, bow サルート, バウ
SF (えすえふ)	ciencia ficción *f* しエンしア フィクしオン	science fiction サイエンス フィクション
エスカルゴ	caracol *m* カらコル	escargot エスカーゴウ

日	西	英
エスカレーター	escalera automática [mecánica] f エスカレら アウトマティカ [メカニカ]	escalator エスカレイタ
枝 (えだ)	rama f らマ	branch, bough ブランチ, バウ
エチケット	urbanidad f ウるバニダド	etiquette エティケット
エックス線 (せん)	rayos X mpl らジョス エキス	X rays エクスレイズ
エッセイ	ensayo m エンサジョ	essay エセイ
エッセンス	esencia f エセンしア	essence エセンス
エッチング	aguafuerte m アグアフエるテ	etching エチング
閲覧 (えつらん)	lectura f レクトゥら	reading リーディング
〜する	leer レエる	read, inspect リード, インスペクト
エナメル	esmalte m エスマルテ	enamel イナメル
エネルギー	energía f エネるヒア	energy エナヂ
エネルギッシュな	enérgico(a) エネるヒコ(カ)	energetic エナヂェティク
絵の具 (えのぐ)	colores mpl, pinturas fpl コロれス, ピントゥらス	paints, colors ペインツ, カラズ
絵葉書 (えはがき)	tarjeta postal f タるヘタ ポスタル	picture postcard ピクチャ ポウストカード
海老 (えび)	gamba f ガンバ	shrimp, prawn シュリンプ, プローン
（ロブスター）	langosta f ランゴスタ	lobster ラブスタ
エピソード	episodio m エピソディオ	episode エピソウド
エピローグ	epílogo m エピロゴ	epilogue エピローグ
エプロン	delantal m デランタル	apron エイプロン

日	西	英
えほん 絵本	libro ilustrado *m* リブロ イルストラド	picture book ピクチャ ブク
エメラルド	esmeralda *f* エスメらルダ	emerald エメラルド
えら 鰓	agallas *fpl* アガジャス	gills ギルズ
エラー	error *m* エろる	error エラ
えら 偉い	grande グらンデ	great グレイト
(有名な)	famoso(a) ファモソ(サ)	famous フェイマス
(優れた)	sobresaliente ソブれサリエンテ	excellent エクセレント
えら 選ぶ	escoger エスコへる	choose, select チューズ, セレクト
(選挙する)	elegir エレヒる	elect イレクト
えり 襟	cuello *m* クエジョ	collar カラ
エリート	élite *f* エリテ	elite エイリート
え 得る	conseguir コンセギる	get, gain, obtain ゲト, ゲイン, オブテイン
エレガントな	elegante エレガンテ	elegant エリガント
エレクトーン	órgano electrónico *m* オルガノ エレクトろニコ	electronic organ イレクトリク オーガン
エレクトロニクス	electrónica *f* エレクトろニカ	electronics イレクトラニクス
エレベーター	ascensor *m* アスセンソる	elevator エレヴェイタ
えん 円	círculo *m* シルクロ	circle サークル
(貨幣)	yen *m* ジェン	yen イェン
えんかい 宴会	fiesta *f* フィエスタ	banquet バンクウェト

日	西	英
えんかく 遠隔の	remoto(a) れモト(タ)	remote, distant リモウト, ディスタント
えんがわ 縁側	corredor exterior m コれドル エクステリオる	veranda ヴェランダ
えんがん 沿岸	costa f コスタ	coast コウスト
えんき 延期	prórroga f プろろガ	postponement ポウストポウメント
～する	prorrogar プろろガる	postpone ポウストポウン
えんぎ 演技	actuación f アクトゥアしオン	performance パフォーマンス
～する	actuar アクトゥアる	act, perform アクト, パフォーム
えんぎ 縁起	historia f, origen m イストリア, オリヘン	history, origin ヒストリ, オーリヂン
（前兆）	augurio m アウグリオ	omen, luck オウメン, ラク
えんきょく 婉曲な	indirecto(a) インディれクト(タ)	euphemistic ユーフェミスティク
えんきんほう 遠近法	perspectiva f ぺるスペクティバ	perspective パスペクティヴ
えんけい 円形	círculo m しるクロ	circle サークル
えんげい 園芸	jardinería f ハるディネリア	gardening ガードニング
えんげき 演劇	drama m ドらマ	play, drama プレイ, ドラーマ
えんこ 縁故	relaciones fpl れラしオネス	relation リレイション
えんさん 塩酸	ácido clorhídrico m アしド クロりドリコ	hydrochloric acid ハイドロクローリック アスィッド
えんし 遠視	hipermetropía f イぺるメトロピア	farsightedness ファーサイテドネス
エンジニア	ingeniero(a) m,f インヘニエろ(ら)	engineer エンヂニア
えんしゅう 円周	circunferencia f しるクンフェれンしア	circumference サーカムフェレンス

日	西	英
演出 (えんしゅつ)	dirección *f* ディレクしオン	direction ディレクション
～家	director(a) *m,f* ディレクトる(ら)	director ディレクタ
～する	dirigir ディりヒる	direct ディレクト
援助 (えんじょ)	ayuda *f* アジュダ	help ヘルプ
～する	ayudar アジュダる	help, assist ヘルプ, アスィスト
炎症 (えんしょう)	inflamación *f* インフラマしオン	inflammation インフラメイション
演じる (えん)	interpretar インテるプれタる	perform, play パフォーム, プレイ
エンジン	motor *m* モトる	engine エンヂン
遠心力 (えんしんりょく)	fuerza centrífuga *f* フエるさ セントりフガ	centrifugal force セントリフュガル フォース
円錐 (えんすい)	cono *m* コノ	cone コウン
エンスト	fallo del motor *m* ファジョ デル モトる	engine stall エンヂン ストール
遠征 (えんせい)	expedición *f* エクスペディしオン	expedition エクスペディション
～する	hacer una expedición アせる ウナ エクスペディしオン	make an expedition メイク ア ネクスペディション
演説 (えんぜつ)	discurso *m* ディスクるソ	speech スピーチ
～する	dar un discurso ダる ウン ディスクるソ	make a speech メイク ア スピーチ
塩素 (えんそ)	cloro *m* クロろ	chlorine クロ～リーン
演奏 (えんそう)	actuación musical *f* アクトゥアしオン ムシカル	musical performance ミューズィカル パフォーマンス
～する	tocar トカる	play, perform プレイ, パフォーム
遠足 (えんそく)	excursión *f* エクスクるシオン	excursion イクスカージョン
延滞 (えんたい)	retraso *m* れトらソ	delay ディレイ

日	西	英
<ruby>円高<rt>えんだか</rt></ruby>	subida del yen *f* スビダ デル ジェン	strong yen rate ストローング イェン レイト
<ruby>縁談<rt>えんだん</rt></ruby>	proposición de matrimonio *f* プロポシしオン デ マトりモニオ	marriage proposal マリチ プロポウザル
<ruby>円柱<rt>えんちゅう</rt></ruby>	columna *f* コルンナ	column カラム
<ruby>延長<rt>えんちょう</rt></ruby>	extensión *f* エクステンシオン	extension イクステンション
〜する	extender エクステンデる	prolong, extend プロローング, イクステンド
<ruby>豌豆豆<rt>えんどうまめ</rt></ruby>	guisante *m* ヒサンテ	(green) pea (グリーン) ピー
<ruby>煙突<rt>えんとつ</rt></ruby>	chimenea *f* チメネア	chimney チムニ
<ruby>円盤<rt>えんばん</rt></ruby>	disco *m* ディスコ	disk ディスク
〜投げ	lanzamiento de disco *m* ランサミエント デ ディスコ	discus throw ディスカス スロウ
<ruby>鉛筆<rt>えんぴつ</rt></ruby>	lápiz *m* ラピす	pencil ペンスル
<ruby>塩分<rt>えんぶん</rt></ruby>	sal *f* サル	salt ソールト
<ruby>円満な<rt>えんまん</rt></ruby>	feliz フェリす	harmonious ハーモウニアス
<ruby>円安<rt>えんやす</rt></ruby>	bajada del yen *f* バハダ デル ジェン	weak yen rate ウィーク イェン レイト
<ruby>園遊会<rt>えんゆうかい</rt></ruby>	fiesta al aire libre *f* フィエスタ アル アイれ リブれ	lawn party ローン パーティ
<ruby>遠洋<rt>えんよう</rt></ruby>	océano *m* オせアノ	ocean オウシャン
<ruby>遠慮<rt>えんりょ</rt></ruby>	reserva *f* れセるバ	reserve リザーヴ
(ためらい)	vacilación *f* バシラしオン	hesitation ヘズィテイション
(慎み)	modestia *f* モデスティア	modesty マデスティ
〜がちな	reservado(*a*) れセるバド (ダ)	reserved, modest リザーヴド, マデスト
〜する	rehusar por discreción れウサる ポる ディスクれしオン	be reserved ビ リザーヴド

日	西	英

お, オ

尾	cola *f* コラ	tail テイル
甥	sobrino *m* ソブリノ	nephew ネフュー
追い返す	rechazar れチャさる	send away センド アウェイ
追い掛ける	perseguir ぺるセヒる	run after ラン アフタ
追い越し禁止	Prohibido adelantar. プロイビド アデランタる	No passing. ノウ パスィング
追い越す	adelantar アデランタる	overtake オウヴァテイク
美味しい	bueno(a) ブエノ(ナ)	nice, delicious ナイス, ディリシャス
追い出す	echar エチャる	drive out ドライヴ アウト
追い付く	alcanzar アルカンさる	catch up キャチ アプ
追い詰める	acorralar アコらラる	drive ドライヴ
追い払う	alejar アレハる	drive away ドライヴ アウェイ
老いる	envejecer, hacerse viejo(a) エンベへせる, アせるセ ビエホ(ハ)	grow old グロウ オウルド
オイル	aceite *m* アセイテ	oil オイル
お祝い	celebración *f* せレブらしオン	celebration セレブレイション
王	rey *m* れイ	king キング
追う	perseguir ぺるセギる	run after, chase ランアフタ, チェイス
（牛や馬を）	conducir コンドゥしる	drive ドライヴ
（流行を）	seguir セギる	follow ファロウ

日	西	英
お 負う	llevar ... a la espalda ジェバる ア ラ エスパルダ	bear ... on *one's* back ベア オン バク
（責任・義務を）	cargar *con* カルガる コン	take ... upon *oneself* テイク アパン
おうえん 応援	apoyo *m* アポジョ	aid, support エイド, サポート
（声援）	animación *f* アニマしオン	cheering, rooting チアリング, ルーティング
～する	apoyar アポジャる	aid, support エイド, サポート
（声援）	animar アニマる	cheer, root *for* チア, ルート
おうかくまく 横隔膜	diafragma *m* ディアふラグマ	diaphragm ダイアフラム
おうかん 王冠	corona *f* コろナ	crown クラウン
おうぎ 扇	abanico *m* アバニコ	fan ファン
おうきゅう 王宮	palacio real *m* パラシオ れアル	palace パレス
おうきゅう 応急	urgencia *f* ウるヘンしア	emergency イマーヂェンスィ
～手当	primeros auxilios *mpl* プリメろス アウクシリオス	first aid ファースト エイド
おうこく 王国	reino *m* れイノ	kingdom キングダム
おうごん 黄金	oro *m* オろ	gold ゴウルド
おうし 雄牛	toro *m* トろ	bull ブル
（去勢された）	buey *m* ブエイ	ox アクス
おうじ 王子	príncipe *m* プリンしペ	prince プリンス
おうじ 皇子	príncipe imperial *m* プリンしペ インペりアル	Imperial prince インピアリアル プリンス
おうしざ 牡牛座	Tauro *m* タウろ	Bull, Taurus ブル, トーラス

日	西	英
おう 応じて	según セグン	according to アコーディング トゥ
おうしゅう 欧州	Europa エウろパ	Europe ユアロプ
おうしゅう 押収	confiscación *f* コンフィスカしオン	seizure スィージャー
～する	confiscar コンフィスカる	seize スィーズ
おうじょ 王女	princesa *f* プりンセサ	princess プリンセス
おうじょ 皇女	princesa imperial *f* プりンセサ インペりアル	Imperial princess インピアリアル プリンセス
おう 応じる	contestar *a* コンテスタる ア	answer, reply *to* アンサ, リプライ
（承諾）	acceder *a* アクセデる ア	comply *with*, accept コンプライ, アクセプト
おうせつしつ 応接室	recibidor *m* れしビドる	reception room リセプション ルーム
おうだん 横断	cruce *m* クるセ	crossing クロースィング
～する	cruzar クるサる	cross クロース
～歩道	paso cebra *m* パソ セブら	crosswalk クロースウォーク
おうちょう 王朝	dinastía *f* ディナスティア	dynasty ダイナスティ
おうと 嘔吐	vómito *m* ボミト	vomiting ヴァミティング
～する	vomitar ボミタる	vomit ヴァミト
おうとう 応答	respuesta *f* れスプエスタ	reply リプライ
おうひ 王妃	reina *f* れイナ	queen クウィーン
おうふく 往復	ida *f* y vuelta *f* イダ イ ブエルタ	going and returning ゴウイング アンド リターニング
～切符	billete de ida y vuelta *m* ビジェテ デ イダ イ ブエルタ	round-trip ticket ラウンドトリプ ティケト
～する	ir y venir イる イ ベニる	go to ... and back ゴウ トゥ アンド バク

日	西	英
おうぼ 応募	solicitud *f* ソリシトゥド	subscription サブスクリプション
～する	solicitar ソリシタる	subscribe *to* サブスクライブ
おうぼう 横暴な	despótico(*a*) デスポティコ(カ)	oppressive オプレスィヴ
おうむ 鸚鵡	loro *m* ロろ	parrot パロト
おうよう 応用	aplicación *f* アプリカシオン	application アプリケイション
～する	aplicar アプリカる	apply アプライ
おうらい 往来	tráfico *m* トらフィコ	traffic トラフィク
（道路）	carretera *f* カれテら	road, street ロウド, ストリート
おうりょう 横領	apropiación indebida *f* アプろピアシオン インデビダ	embezzlement インベズルメント
～する	apropiarse *de* アプろピアるセ デ	embezzle インベズル
おう 凹レンズ	lente cóncava *f* レンテ コンカバ	concave lens カンケイヴ レンズ
お 終える	terminar テるミナる	finish, complete フィニシュ, コンプリート
おおあめ 大雨	lluvias torrenciales *fpl* ジュビアス トれンシアレス	heavy rain ヘヴィ レイン
おお 多い	mucho(*a*) ムチョ(チャ)	many メニ
（量）	mucho(*a*) ムチョ(チャ)	much マチ
（回数）	frecuente フれクエンテ	frequent フリークウェント
おお 覆い	funda *f* フンダ	cover カヴァ
おお 大いに	mucho ムチョ	greatly, very much グレイトリ, ヴェリ マチ
おお 覆う	cubrir クブりる	cover カヴァ
（事実を）	ocultar オクルタる	disguise ディスガイズ

日	西	英
大売り出し（おおうりだし）	rebajas *fpl* れバハス	sale セイル
大型の（おおがたの）	grande グランデ	large ラーヂ
狼（おおかみ）	lobo(a) *m,f* ロボ(バ)	wolf ウルフ
大きい（おおきい）	grande グランデ	big, large ビグ, ラーヂ
大きく（おおきく）		
〜する	agrandar アグランダる	enlarge インラーヂ
〜なる	agrandarse アグランダるセ	grow big グロウ ビグ
大きさ（おおきさ）	tamaño *m* タマニョ	size サイズ
大きな（おおきな）	grande グランデ	big, large ビグ, ラーヂ
（巨大・莫大）	inmenso(a), enorme インメンソ(サ), エノるメ	huge, enormous ヒューヂ, イノーマス
オークション	subasta *f* スバスタ	auction オークション
大熊座（おおくまざ）	Osa Mayor *f* オサ マジョる	Great Bear グレイト ベア
大袈裟（おおげさ）	exageración *f* エクサへらしオン	exaggeration イグザヂェレイション
〜な	exagerado(a) エクサへらド(ダ)	exaggerated イグザヂェレイテド
オーケストラ	orquesta *f* オるケスタ	orchestra オーケストラ
大声（おおごえ）	voz alta *f* ボす アルタ	loud voice ラウド ヴォイス
大雑把な（おおざっぱな）	aproximado(a) アプろクシマド(ダ)	rough, loose ラフ, ルース
大勢の（おおぜいの）	muchos(as), gran número de ムチョス(チャス), グらン ヌメろ デ	a large number *of* ア ラーヂ ナンバ
オーソドックスな	ortodoxo(a) オルトドクソ(サ)	orthodox オーソダクス
オーソリティー	autoridad *f* アウトりダド	authority アソーリティ

日	西	英
オーダー	pedido *m* ペディド	order オーダ
大手の	importante インポるタンテ	big, major ビグ, メイヂャ
オーディオ	audio *m* アウディオ	audio オーディオウ
オーディション	audición *f* アウディしオン	audition オーディション
オーデコロン	agua de colonia *f* アグア デ コロニア	eau de cologne オウドコロウン
大通り	avenida *f* アベニダ	main street メイン ストリート
オートクチュール	alta costura *f* アルタ コストゥら	haute couture オウトクートゥル
オートバイ	moto *f* モト	motorcycle モウタサイクル
オードブル	entremés *m* エントれメス	hors d'oeuvre オーダーヴ
オートマチックの	automático(a) アウトマティコ(カ)	automatic オートマティク
オートメーション	automación *f* アウトマしオン	automation オートメイション
オーナー	dueño(a) *m,f* ドゥエニョ(ニャ)	owner オウナ
オーバー	abrigo *m* アブリゴ	overcoat オウヴァコウト
オーバーホール	revisión general *f* れビシオン ヘネラル	overhaul オウヴァホール
OB	graduado(a) *m,f* グらドゥアド(ダ)	graduate グラヂュエト
(ゴルフで)	fuera de límites フエら デ リミテス	out of bounds アウト アヴ バウンヅ
オープニング	apertura *f* アペるトゥら	opening オウプニング
オーブン	horno *m* オるノ	oven アヴン
オープンな	abierto(a) アビエるト(タ)	open オウプン

日	西	英
オーボエ	oboe *m* オボエ	oboe オウボウ
大晦日 (おおみそか)	último día del año *m* ウルティモ ディア デル アニョ	New Year's Eve ニュー イアズ イーヴ
大昔 (おおむかし)	antigüedad *f* アンティグエダド	great antiquity グレイト アンティクウィティ
大麦 (おおむぎ)	cebada *f* セバダ	barley バーリ
大目に見る (おおめにみる)	pasar por alto パサる ぽる アルト	overlook, tolerate オウヴァルク, タラレイト
大文字 (おおもじ)	mayúscula *f* マジュスクラ	capital letter キャピトル レタ
大家 (おおや)	propietario(a) *m,f* プロピエタリオ(ア)	owner オウナ
公の (おおやけ)	público(a) プブリコ(カ)	public パブリク
（公式の）	oficial オフィしアル	official オフィシャル
大喜び (おおよろこび)	gran alegría *f* グラン アレグリア	great joy グレイト チョイ
おおらかな	generoso(a) ヘネロソ(サ)	large-hearted ラーヂハーテド
オールラウンドの	versátil べるサティル	all-around オールアラウンド
オーロラ	aurora polar *f* アウろら ポラる	aurora オーローラ
大笑い (おおわらい)	carcajada *f* カるカハダ	hearty laugh ハーティ ラフ
丘 (おか)	colina *f*, montículo *m* コリナ, モンティクロ	hill ヒル
お母さん (かあさん)	madre *f*, mamá *f* マドれ, ママ	mother マザ
お陰 (かげ)	favor *m* ファボる	help, favor ヘルプ, フェイヴァ
…の～で	gracias a ... グらしアス ア	thanks to ... サンクス トゥ
可笑しい (おかしい)	gracioso(a) グらしオソ(サ)	amusing アミューズィング

日	西	英
(滑稽な)	ridículo(a) りディクロ(ラ)	funny ファニ
(奇妙な)	extraño(a) エクストらニョ(ア)	strange, queer ストレインヂ, クウィア
侵す	invadir インバディる	invade インヴェイド
(侵害する)	infringir インフりンヒる	violate ヴァイオレイト
犯す	cometer コメテる	commit コミト
(法律などを)	violar, infringir ビオラる, インフりンヒる	violate ヴァイオレイト
(婦女を)	violar ビオラる	rape レイプ
冒す	correr un riesgo コれる ウン りエスゴ	brave, face ブレイヴ, フェイス
おかず	plato m プラト	dish ディシュ
お金	dinero m ディネろ	money マニ
拝む	adorar アドらる	worship ワーシプ
(祈願)	rezar れさる	pray プレイ
小川	arroyo m アろジョ	brook, stream ブルク, ストリーム
悪寒	escalofríos mpl エスカロフりオス	chill チル
沖	alta mar f アルタ マる	offing オーフィング
起き上がる	levantarse レバンタるセ	get up ゲタプ
オキシダント	oxidante m オクシダンテ	oxidant アキシダント
掟	ley f レイ	law, rule ロー, ルール
置き時計	reloj de mesa m れロフ デ メサ	table clock テイブル クラク

日	西	英
補う(おぎな)	suplir スプリル	make up *for* メイカプ
お気に入り(きに)	favorito(a) *m,f* ファボリト(タ)	favorite フェイヴァリト
置物(おきもの)	adorno *m* アドるノ	ornament オーナメント
起きる(お)	levantarse レバンタるセ	get up, rise ゲタップ, ライズ
(目を覚ます)	despertarse デスペるタるセ	wake up ウェイカプ
(事件が)	tener lugar テネる ルガる	happen, occur ハプン, オカー
置き忘れる(おわす)	dejar olvidado(a) デハる オルビダド(ダ)	forget, leave フォゲト, リーヴ
奥(おく)	interior *m* インテリオる	interior インティアリア
億(おく)	cien millones シエン ミジョネス	one hundred million ワン ハンドレド ミリョン
置く(お)	poner ポネる	put, place プト, プレイス
屋外の(おくがい)	externo(a) エクステるノ(ナ)	outdoor アウトドー
奥さん(おく)	señora セニョら	Mrs. ミスィズ
屋上(おくじょう)	azotea アそテア	roof ルーフ
憶測(おくそく)	conjetura コンヘトゥら	supposition サポズィション
〜する	suponer スポネる	suppose サポウズ
屋内の(おくない)	interno(a) インテるノ(ナ)	indoor インドー
臆病な(おくびょう)	cobarde コバるデ	cowardly, timid カウアドリ, ティミド
奥深い(おくふか)	profundo(a) プロフンド(ダ)	deep, profound ディープ, プロファウンド
奥行(おくゆき)	profundidad *f* プロフンディダド	depth デプス

日	西	英
おくりさき 送り先	destino *m* デスティノ	destination デスティネイション
(人)	destinatario(*a*) *m,f* デスティナタリオ(ア)	consignee カンサイニー
おくりじょう 送り状	factura *f* ファクトゥら	invoice インヴォイス
おくりぬし 送り主	remitente *m,f* れミテンテ	sender センダ
おくりもの 贈り物	regalo *m* れガロ	present, gift プレズント, ギフト
おく 送る	enviar エンビアる	send センド
(金を)	remitir れミティる	remit リミト
(見送る)	despedir デスペディる	see ... off スィー オーフ
(派遣)	enviar エンビアる	dispatch ディスパチ
(過ごす)	pasar パサる	pass パス
おく 贈る	hacer un regalo アせる ウン れガロ	present プリゼント
(称号を)	investir インベスティる	confer コンファー
(賞を)	otorgar オトるガる	award アウォード
おく 遅れる	llegar tarde *a* ジェガる タるデ ア	be late *for* ビ レイト
(時計が)	atrasar アトらサる	lose ルーズ
(時代などに)	quedarse atrasado(*a*) ケダるセ アトらサド(ダ)	be behind ビ ビハインド
おけ 桶	tina *f* ティナ	tub, pail タブ, ペイル
お 起こす	levantar レバンタる	raise, set up レイズ, セタプ
(寝ている人を)	despertar デスペるタる	wake ウェイク
(引き起こす)	causar カウサる	cause コーズ

日	西	英
(火を)	encender エンセンデる	make a fire メイク ア ファイア
怠る	desatender デサテンデる	neglect ニグレクト
行い	acto m, acción f アクト, アクしオン	act, action アクト, アクション
(身持ち)	conducta moral f コンドゥクタ モらル	conduct カンダクト
行う	hacer, actuar アせる, アクトゥアる	do, act ドゥー, アクト
(実施)	efectuar エフェクトゥアる	put in practice プト イン プラクティス
(催す)	celebrar せレブらる	hold, celebrate ホウルド, セレブレイト
起こる	ocurrir オクりる	happen, occur ハプン, オカー
(戦争・火事が)	estallar エスタジャる	break out ブレイクアウト
(起因する)	provenir de プろベニる デ	arise from アライズ
怒る	enfadarse エンファダるセ	get angry ゲタングり
奢る	invitar インビタる	treat トリート
(贅沢をする)	vivir lujosamente ビビる ルホサメンテ	be extravagant in ビ イクストラヴァガント
驕る	estar orgulloso(a) de エスタる オるグジョソ(サ) デ	be haughty ビ ホーティ
押さえる	sujetar, oprimir スヘタる, オプリミる	hold ... down ホウルド ダウン
抑える	sujetar スヘタる	suppress サプレス
(抑制)	controlar コントろらる	control コントロウル
(抑止)	disuadir ディスアディる	check チェク
幼い	pequeño(a) ペケニョ(ニャ)	infant, juvenile インファント, チューヴェナイル
治まる	ser reprimido(a) せる れプリミド(ダ)	be settled ビ セトルド

日	西	英
(鎮まる)	tranquilizarse トランキリさるセ	calm down カーム ダウン
納(おさ)まる	ser devuelto(a) a セル デブエルト(タ) ア	be put *in* ビ プト
(元に戻る)	restaurarse れスタウらるセ	be restored ビ リストード
(落着)	resolverse れソルべるセ	be settled ビ セトルド
(気持ちが)	estar contento(a) エスタる コンテント(タ)	be satisfied ビ サティスファイド
治(おさ)める	reinar れイナる	rule, govern ルール, ガヴァン
(鎮定)	pacificar パしフィカる	suppress サプレス
納(おさ)める	pagar パガる	pay ペイ
(納品)	entregar エントれガる	deliver ディリヴァ
叔[伯](おじ)父	tío *m* ティオ	uncle アンクル
押(お)し合う	empujarse エンプハるセ	push one another プシュ ワン アナザ
惜(お)しい	lamentable ラメンタブレ	regrettable リグレタブル
おじいさん	abuelo *m* アブエロ	grandfather グランドファーザ
(老人)	anciano *m* アンしアノ	old man オウルド マン
押(お)し売(う)り	vendedor(a) agresivo(a) *m,f* べンデドる(ら) アグれシボ(バ)	hard seller ハード セラ
教(おし)え	enseñanza *f* エンセニャンさ	lesson, teachings レスン, ティーチングズ
教(おし)える	enseñar エンセニャる	teach, instruct ティーチ, インストラクト
(告げる)	anunciar アヌンしアる	tell テル
(知らせる)	informar *de* インフォるマる デ	inform *of* インフォーム
お辞儀(じぎ)	inclinación *f* インクリナしオン	bow バウ

日	西	英
押し込む	meter apretando *en*　メテる アプれタンド エン	push in, stuff *into*　プシュ イン, スタフ
押し付ける	empujar　エンプハる	press　プレス
（強制）	forzar　フォるさる	force　フォース
押し潰す	aplastar　アプラスタる	crush, smash　クラシュ, スマシュ
押し止める	parar　パらる	stop　スタプ
鴛鴦	pato mandarín *m*　パト マンダリン	mandarin duck　マンダリン ダク
雄蘂	estambre *m*　エスタンブれ	stamen　ステイメン
押しボタン	botón *m*　ボトン	push button　プシュ バトン
惜しむ	escatimar　エスカティマる	spare　スペア
（残念に思う）	sentir　センティる	regret　リグレト
（大切）	estimar　エスティマる	value　ヴァリュー
おしめ	pañal *m*　パニャル	diaper　ダイアパ
お喋り	conversación *f*　コンベるサシオン	chatter　チャタ
（人）	charlatán(ana) *m,f*　チャるラタン (ナ)	chatterbox　チャタバクス
～する	charlar　チャるラる	chat, chatter　チャト, チャタ
～な	hablador(a)　アブラドる(ら)	talkative　トーカティヴ
お洒落		
～する	ponerse guapo(a)　ポネるセ グアポ(パ)	dress sharply　ドレス シャープリ
～な	bien vestido(a)　ビエン ベスティド(ダ)	stylish　スタイリシュ
お嬢さん	señorita *f*　セニョリタ	young lady　ヤング レイディ

日	西	英
お_しょく_ 汚職	corrupción *f* コるプしオン	corruption, graft コラプション, グラフト
お_しろい_ 白粉	polvos *mpl* ポルボス	powder パウダ
お 押す	empujar エンプハる	push, press プシュ, プレス
おす 雄	macho *m* マチョ	male メイル
お_せじ_ お世辞	halago *m* アラゴ	false compliment ファールス カンプリメント
〜を言う	decir cumplidos デしる クンプリドス	compliment, flatter カンプリメント, フラタ
お_せっかい_ お節介	entrometimiento *m* エントろメティミエント	meddling メドリング
〜な	entrometido(*a*) エントろメティド(ダ)	meddlesome メドルサム
お_せん_ 汚染	contaminación *f* コンタミナしオン	pollution ポルーション
おそ 遅い	tarde タるデ	late レイト
（速度が）	lento(*a*) レント(タ)	slow スロウ
おそ 襲う	atacar アタカる	attack アタク
（天災などが）	azotar アそタる	hit ヒト
そな お供え	ofrenda *f* オフれンダ	offering オーファリング
おそ 恐らく	tal vez タル べす	perhaps パハプス
おそ 恐れ	miedo *m* ミエド	fear フィア
（懸念）	aprensión *f* アプれンシオン	apprehension アプリヘンション
おそ 恐れる	tener miedo *de* テネる ミエド デ	fear, be afraid *of* フィア, ビ アフレイド
おそ 恐ろしい	temible テミブレ	fearful, awful フィアフル, オーフル

日	西	英
教わる	aprender, ser enseñado(a) アプレンデる, セる エンセニャド(ダ)	learn ラーン
オゾン	ozono *m* オそノ	ozone オウゾウン
お互いに	mutuamente ムトゥアメンテ	each other イーチ アザ
お玉杓子	renacuajo *m* れナクアホ	tadpole タドポウル
穏やかな	sereno(a) セれノ(ナ)	calm カーム
（気性が）	apacible アパしブレ	gentle チェントル
（気候が）	apacible アパしブレ	mild マイルド
（穏当な）	moderado(a) モデラド(ダ)	moderate マダレト
陥る	caer カえる	fall フォール
落ち着き	calma *f*, serenidad *f* カルマ, セれニダド	composure コンポウジャ
落ち着く	calmarse カルマるセ	become calm ビカム カーム
（定住）	instalarse インスタラるセ	settle セトル
落ち度	falta *f* ファルタ	fault フォールト
落ち葉	hojas caídas *fpl* オハス カイダス	fallen leaf フォールン リーフ
落ちる	caer(se) カえる(セ)	fall, drop フォール, ドラプ
（試験に）	fracasar *en* フらカサる エン	fail *in* フェイル
（日・月が）	ponerse ポネるセ	set, sink セト, スィンク
（汚れ・しみが）	quitarse キタるセ	come off カム オーフ
（色が）	despintarse デスピンタるセ	fade フェイド
夫	marido *m* マリド	husband ハズバンド

日	西	英
おっとせい	oso marino *m* オソ マリノ	fur seal ファー スィール
お釣り	vuelta *f* ブエルタ	change チェインヂ
おでき	barrillo *m*, espinilla *f* バリジョ, エスピニジャ	boil ボイル
おでこ	frente *f* フレンテ	brow ブラウ
汚点	mancha *f* マンチャ	stain ステイン
お転婆	muchacha revoltosa *f* ムチャチャ れボルトサ	tomboy タムボイ
音	sonido *m* ソニド	sound サウンド
（雑音）	ruido *m* るイド	noise ノイズ
お父さん	padre *m*, papá *m* パドれ, パパ	father ファーザ
弟	hermano (menor) *m* エるマノ （メノる）	(younger) brother （ヤンガ） ブラザ
威かす	amenazar アメナさる	threaten, menace スレトン, メナス
お伽話	cuento infantil *m* クエント インファンティル	fairy tale フェアリ テイル
お得意	punto fuerte *m* プント フエるテ	strong point ストローング ポイント
（得意先）	cliente *m,f* クリエンテ	customer カスタマ
男	hombre *m* オンブれ	man, male マン, メイル
男の子	chico *m* チコ	boy ボイ
脅し	amenaza *f* アメナさ	threat, menace スレト, メナス
お年玉	aguinaldo de Año Nuevo *m* アギナルド デ アニョ ヌエボ	New Year's gift ニュー イアズ ギフト
落とす	hacer caer アせる カエる	drop, let fall ドラプ, レト フォール

日	西	英
(失う)	perder ペルデル	lose ルーズ
(抜かす)	omitir オミティル	omit オウミット
(汚れを)	quitar キタル	remove リムーヴ
(信用・人気を)	perder ペルデル	lose ルーズ
おど 脅す	amenazar アメナサる	threaten, menace スレトン, メナス
おとず 訪れる	visitar ビシタる	visit ヴィズィト
おととい 一昨日	anteayer アンテアジェる	the day before yesterday ザ デイ ビフォー イェスタディ
おととし 一昨年	hace dos años アセ ドス アニョス	the year before last ザ イア ビフォー ラスト
おとな 大人	adulto(a) m,f アドゥルト(タ)	adult, grown-up アダルト, グロウナプ
おとなしい	tranquilo(a) トらンキロ(ラ)	gentle, quiet ヂェントル, クワイエト
おとめ 乙女	joven f ホベン	girl ガール
(処女)	virgen f ビるヘン	virgin ヴァーチン
～座	Virgo m ビルゴ	Virgin ヴァーチン
おど 踊り	baile m バイレ	dance ダンス
おど ば 踊り場	rellano m れジャノ	landing ランディング
おど 劣る	ser inferior a セる インフェりオる ア	be inferior to ビ インフィアリア
おど 踊る	bailar バイラる	dance ダンス
おど 躍る	saltar サルタる	jump チャンプ
(胸が)	palpitar パルピタる	throb スラブ
おとろ 衰える	debilitarse デビリタるセ	become weak ビカム ウィーク

日	西	英
(健康・人気が)	perder, debilitar ぺルデル, デビリタる	decline ディクライン
(風・火が)	aflojar アフロハる	go down ゴウ ダウン
驚かす（おどろかす）	sorprender ソるプれンデル	surprise, astonish サプライズ, アスタニシュ
驚き（おどろき）	asombro m アソンブろ	surprise サプライズ
驚く（おどろく）	sorprenderse ソるプれンデルセ	be surprised ビ サプライズド
お腹（おなか）	barriga f, vientre m バリガ, ビエントれ	stomach スタマク
同じ（おなじ）	mismo(a) ミスモ(マ)	same セイム
(等しい)	igual イグアル	equal, equivalent イークワル, イクウィヴァレント
(同様の)	similar シミラる	similar スィミラ
(共通の)	común コムン	common カモン
鬼（おに）	demonio m デモニオ	ogre, demon オウガ, ディーモン
(遊戯の)	demonio m デモニオ	tagger, it タガ, イト
鬼ごっこ（おにごっこ）	corre que te pillo m コれ ケ テ ピヨ	tag タグ
尾根（おね）	cresta f クれスタ	ridge リヂ
斧（おの）	hacha f アチャ	ax, hatchet アクス, ハチェト
各々（おのおの）	cada uno(a) m, f カダ ウノ(ナ)	each イーチ
叔[伯]母（おば）	tía f ティア	aunt アント
おばあさん	abuela f アブエラ	grandmother グランドマザ
(老婆)	anciana f アンしアナ	old woman オウルド ウマン
オパール	ópalo m オパロ	opal オウバル

日	西	英
お化(ば)け	fantasma *m* ファンタスマ	bogy ボウギ
おはよう	Buenos días. ブエノス ディアス	Good morning. グド モーニング
帯(おび)	faja *f* ファハ	belt, *obi*, sash ベルト, オウビ, サシュ
怯(おび)える	asustarse アススタるセ	be frightened *at* ビ フライトンド
牡羊座(おひつじざ)	Aries *m* アりエス	Ram ラム
オフィス	oficina *f* オフィナ	office オーフィス
オブザーバー	observador(a) *m,f* オブセるバドる(ら)	observer オブザーヴァ
オフシーズン	temporada baja *f* テンポらダ バハ	off-season オーフスィーズン
オブジェ	objeto del arte *m* オブヘト デル アるテ	objet オブジェ
オプション	opción *f* オプスィオン	option アプション
汚物(おぶつ)	suciedad *f* スしエダド	filth フィルス
オブラート	oblea *f* オブレア	medicinal wafer メディスィナル ウェイファ
オフレコ	observación extraoficial *f* オブセるバしオン エクストらオフィしアル	off-the-record オーフザレコド
おべっか	adulación *f*, servilismo *m* アドゥラしオン, セるビリスモ	flattery フラタリ
オペラ	ópera *f* オペら	opera アパラ
オペレーター	operador(a) *m,f* オペらドる(ら)	operator アパレイタ
覚(おぼ)え書(が)き	nota *f* ノタ	memo メモウ
（外交上の）	memorándum *m* メモらンドゥン	memorandum, note メモランダム, ノウト
覚(おぼ)えている	recordar れコるダる	remember リメンバ

日	西	英
覚える	aprender アプれンデる	learn ラーン
(記憶する)	aprender de memoria アプれンデる デ メモリア	remember リメンバ
(感じる)	sentir センティラ	feel フィール
溺れる	ahogarse アオガるセ	be drowned ビ ドラウンド
(ふける)	abandonarse *a* アバンドナるセ ア	indulge *in* インダルヂ
お前	tú トゥ	you ユー
(夫婦間で)	cariño カリニョ	my dear マイ ディア
(子供に)	hijo(*a*) イホ(ハ)	my child マイ チャイルド
おまけ	regalo *m* れガロ	extra エクストラ
(景品・割増)	añadidura *f* アニャディドゥら	premium プリーミアム
(割引)	descuento *m* デスクエント	discount ディスカウント
～する	descontar デスコンタる	discount ディスカウント
お守り	amuleto *m* アムレト	charm, talisman チャーム, タリスマン
お巡りさん	policía *m* ポリしア	cop, policeman カプ, ポリースマン
おむつ	pañal *m* パニャル	diaper ダイアパ
オムニバス映画	película formada por varios episodios *f* ペリクラ フォるマダ ポる バリオス エピソディオス	omnibus アムニバス
オムレツ	tortilla *f* トるティジャ	omelet アムレト
おめでとう	¡Enhorabuena!, ¡Felicidades! エノらブエナ, フェリしダデス	Congratulations! コングラチュレイションズ
重い	pesado(*a*) ペサド(ダ)	heavy ヘヴィ
(重要・重大)	importante, serio(*a*) インポるタンテ, セリオ(ア)	important, grave インポータント, グレイヴ

日	西	英
(病が)	grave / グらベ	serious / スィアリアス
(罰が)	grave / グらベ	severe / スィヴィア
思いがけない	inesperado(a) / イネスペらド(ダ)	unexpected / アニクスペクテド
思い切り	resignación f / れスィグナしオン	resignation / レズィグネイション
(決心)	decisión f / デしスィオン	resolution / レゾルーション
(思う存分)	hasta más no poder / アスタ マス ノ ポデる	to *one's* heart's content / トゥ ハーツ コンテント
思い出す	recordar / れコるダる	remember, recall / リメンバ, リコール
思い違い	malentendido m / マレンテンディド	misunderstanding / ミサンダスタンディング
思い付く	ocurrirse a / オクりるセ ア	think *of* / スィンク
思い出	recuerdo m / れクエるド	memories / メモリズ
思いやり	consideración f / コンスィデらしオン	consideration / コンスィダレイション
思う	pensar / ペンサる	think / スィンク
(見なす)	tomar *por* / トマる ポる	consider *as* / コンスィダ
(推測する)	suponer / スポネる	suppose / サポウズ
面影	cara f, imagen f / カら, イマヘン	look, image / ルク, イミヂ
重苦しい	pesado(a) / ペサド(ダ)	oppressive / オプレスィヴ
重さ	peso m / ペソ	weight / ウェイト
面白い	interesante / インテれサンテ	interesting / インタレスティング
(奇妙な)	extraño(a) / エクストらニョ(ニャ)	odd / アド
玩具	juguete m / フゲテ	toy / トイ

日	西	英
〜屋	juguetería *f* フゲテリア	toyshop トイシャプ
表(おもて)	la parte exterior *f* ラ パるテ エクステリオる	face フェイス
（貨幣の）	cara *f* カら	head ヘド
（前面）	parte delantera *f* パるテ デランテら	front フラント
（戸外）	exterior *m* エクステリオる	out of doors アウト アヴ ドーズ
面(おもて)	superficie *f* スぺルフィしエ	surface サーフェス
（顔）	cara *f* カら	face フェイス
表通り(おもてどお)	calle principal *f* カジェ プリンしパル	main street メイン ストリート
主(おも)な	principal プリンしパル	main, principal メイン, プリンスィパル
主(おも)に	principalmente プリンしパルメンテ	mainly, mostly メインリ, モウストリ
趣(おもむき)	encanto *m* エンカント	import インポート
（内容）	contenido *m* コンテニド	contents カンテンツ
（様子）	aspecto *m* アスペクト	air, looks エア, ルクス
（雅趣）	gusto *m* グスト	taste, elegance テイスト, エリガンス
錘(おもり)	contrapeso *m* コントらペソ	weights, plumb ウェイツ, プラム
思惑(おもわく)	expectativa *f* エクスペクタティバ	thought, intention ソート, インテンション
重(おも)んじる	estimar エスティマる	value ヴァリュー
（尊重する）	respetar れスペタる	respect リスペクト
親(おや)	padre *m*, madre *f* パドれ, マドれ	parent ペアレント
（両親）	padres *mpl* パドれス	parents ペアレンツ

日	西	英
(トランプの)	mano *m,f* マノ	dealer ディーラ
おやかた 親方	maestro *m* マエストロ	foreman, boss フォーマン, ボス
おやし 親知らず	muela del juicio *f* ムエラ デル フイシオ	wisdom tooth ウィズダム トゥース
やす お休みなさい	Buenas noches. ブエナス ノチェス	Good night. グドナイト
や お八つ	merienda *f* メリエンダ	refreshments リフレシュメンツ
おやぶん 親分	jefe *m* ヘフェ	boss, chief ボース, チーフ
おやゆび 親指	pulgar *m* プルガる	thumb サム
(足の)	dedo gordo *m* デド ゴルド	big toe ビグ トウ
およ 泳ぐ	nadar ナダる	swim スウィム
およ 凡そ	aproximadamente アプろクシマダメンテ	about, nearly アバウト, ニアリ
およ 及ぶ	alcanzar a アルカンさる ア	reach, amount *to* リーチ, アマウント
おり 檻	jaula *f* ハウラ	cage ケイチ
オリーブ	aceituna *f* アセイトゥナ	olive アリヴ
～油	aceite de oliva *m* アセイテ デ オリバ	olive oil アリヴ オイル
オリオン座	Orión *m* エル オリオン	Orion オライオン
お かえ 折り返す	doblar ドブラる	turn down ターン ダウン
(引き返す)	volver atrás ボルベる アトらス	turn back ターン バク
オリジナルの	original オリヒナル	original オリヂナル
お たた 折り畳む	plegar プレガる	fold up フォウルド アプ

日	西	英
折り目	pliegue *m* プリエゲ	fold フォウルド
織物	tejido *m* テヒド	textile, fabrics テクスタイル, ファブリクス
～工業	industria textil *f* インドゥストリア テクスティル	textile industry テクスタイル インダストリ
下[降]りる	descender デスセンデる	come down カム ダウン
(乗り物から)	bajar バハる	get off, get out *of* ゲト オーフ, ゲト アウト
(山から)	descender デスセンデる	descend ディセンド
(霜が)	caer (una helada) カエる (ウナ エラダ)	fall フォール
オリンピック	Juegos Olímpicos *mpl* フエゴス オリンピコス	Olympic games オリンピク ゲイムズ
織る	tejer テへる	weave ウィーヴ
折る	romper ろンペる	break, snap ブレイク, スナプ
(曲げる)	doblar ドブラる	bend ベンド
オルガン	órgano *m* オるガノ	organ オーガン
オルゴール	caja de música *f* カハ デ ムシカ	music box ミューズィク バクス
折れる	romper ろンペる	break ブレイク
(譲歩)	ceder セデる	give in ギヴ イン
オレンジ	naranja *f* ナらンハ	orange オーレンヂ
愚かな	tonto(a) トント(タ)	foolish, silly フーリシュ, スィリ
卸		
～売り業	venta al por mayor *f* ベンタ アル ポる マジョる	wholesale business ホウルセイル ビズネス
～売り業者	comerciante al por mayor *m,f* コメるしアンテ アル ポる マジョる	wholesale dealer ホウルセイル ディーラ

日	西	英
〜値	precio al por mayor *m* プレしオ アル ポる マジョる	wholesale price ホウルセイル プライス
下[降]ろす	bajar バハる	take down テイク ダウン
（乗客を）	dejar bajar デハる バハる	drop ドラプ
（積み荷を）	descargar デスカるガる	unload アンロウド
終わり	fin *m* フィン	end エンド
終わる	terminar テるミナる	end, close エンド, クロウズ
（完成する）	acabar アカバる	finish フィニシュ
（完結する）	concluir コンクルイる	conclude コンクルード
恩	obligación *f* オブリガしオン	obligation アブリゲイション
音階	escala musical *f* エスカラ ムシカル	scale スケイル
音楽	música *f* ムシカ	music ミューズィク
〜家	músico(a) *m,f* ムシコ(カ)	musician ミューズィシャン
音感	oído *m* オイド	hearing ヒアリング
恩給	pensión *f* ペンシオン	pension ペンション
恩恵	favor *m* ファボる	favor, benefit フェイヴァ, ベネフィト
穏健な	moderado(a) モデらド(ダ)	moderate マダレト
温厚な	afable アファブレ	gentle チェントル
温室	invernadero *m* インベるナデろ	greenhouse グリーンハウス
〜効果	efecto invernadero *m* エフェクト インベるナデろ	greenhouse effect グリーンハウス イフェクト

日	西	英
おんじん 恩人	bienhechor(a) *m,f* ビエネチョる(ら)	benefactor ベネファクタ
おんすい 温水	agua templada *f* アグア テンプラダ	hot water ハト ウォータ
おんせい 音声	sonido *m*, voz *f* ソニド, ボす	sound, voice サウンド, ヴォイス
おんせつ 音節	sílaba *f* シラバ	syllable スィラブル
おんせん 温泉	aguas termales *fpl* アグアス テるマレス	hot spring, spa ハト スプリング, スパー
おんたい 温帯	zona templada *f* そナ テンプラダ	Temperate Zone テンペレト ゾウン
おんだんな 温暖な	templado(a) テンプラド(ダ)	warm, mild ウォーム, マイルド
おんち 音痴	mal oído *m* マル オイド	tone deafness トウン デフネス
おんど 温度	temperatura *f* テンペらトゥら	temperature テンパラチャ
～計	termómetro *m* テるモメトろ	thermometer サマメタ
おんどり 雄鶏	gallo *m* ガジョ	cock, rooster カク, ルースタ
おんな 女	mujer *f* ムヘる	woman ウマン
おんな こ 女の子	chica *f* チカ	girl, daughter ガール, ドータ
おんぷ 音符	nota (musical) *f* ノタ (ムシカル)	note ノウト
お 負んぶする	llevar ... a cuestas ジェバる ア クエスタス	carry ... on *one's* back キャリ オン バク
オンラインの	en línea エン リネア	on-line オンライン
おんわ 穏和な	apacible アパシブレ	gentle ヂェントル

日	西	英

か, カ

科	familia *f* ファミリア	family ファミリ
(学科の分科)	departamento *m* デパるタメント	department ディパートメント
(学科・課程)	curso *m* クるソ	course コース
課	sección *f* セクしオン	section, division セクション, ディヴィジョン
(教科書などの)	lección *f* レクしオン	lesson レスン
蚊	mosquito *m* モスキト	mosquito モスキートゥ
蛾	mariposa nocturna *f* マリポサ ノクトゥるナ	moth モース
ガーゼ	gasa *f* ガサ	gauze ゴーズ
カーソル	cursor *m* クるソる	cursor カーサ
カーディガン	chaqueta de punto *f* チャケタ デ プント	cardigan カーディガン
カーテン	cortina *f* コるティナ	curtain カートン
カード	tarjeta *f* タるヘタ	card カード
ガードマン	guardia *m* グアるディア	guard ガード
カートリッジ	cartucho *m* カるトゥチョ	cartridge カートリヂ
ガードレール	barrera de seguridad *f* バ残ら デ セグリダド	guardrail ガードレイル
カーニバル	carnaval *m* カるナバル	carnival カーニヴァル
カーネーション	clavel *m* クラベル	carnation カーネイション
カーブ	curva *f* クるバ	curve, turn カーヴ, ターン

日	西	英
カーペット	alfombra アルフォンブら	carpet カーペト
ガーリック	ajo *m* アホ	garlic ガーリク
ガールスカウト	niña exploradora *f* ニィニャ エクスプロらドら	girl scout ガールスカウト
ガールフレンド	amiga *f* アミガ	girlfriend ガールフレンド
かい 会	reunión *f* れウニオン	meeting, party ミーティング, パーティ
（団体）	grupo *m* グるポ	society ソサイアティ
かい 回	vez *f* ベす	time タイム
（競技・ゲーム）	vuelta *f* ブエルタ	round, inning ラウンド, イニング
かい 貝	almeja *f* アルメハ	shellfish シェルフィシュ
がい 害	daño *m* ダニョ	harm, damage ハーム, ダミヂ
がいあつ 外圧	presión exterior *f* プれシオン エクステリオる	foreign pressure フォーリン プレシャ
かいいん 会員	socio(a) *m,f*, miembro *m* ソシオ(ア), ミエンブロ	member メンバ
かいが 絵画	cuadro *m* クアドロ	picture, painting ピクチャ, ペインティング
がいか 外貨	divisa *f* ディビサ	foreign money フォーリン マニ
かいがい 海外	extranjero *m* エクストらンへロ	foreign countries フォーリン カントリズ
かいかく 改革	reforma *f* れフォるマ	reform, innovation リフォーム, イノヴェイション
～する	reformar れフォるマる	reform, innovate リフォーム, イノヴェイト
かいかつ 快活な	alegre y vivo(a) アレグれ イ ビボ(バ)	cheerful チアフル
かいがら 貝殻	concha *f* コンチャ	shell シェル

か

日	西	英
かいかん 会館	salón *m* サロン	hall ホール
かいがん 海岸	costa *f*, playa *f* コスタ, プラジャ	seashore, beach スィーショー, ビーチ
がいかん 外観	aspecto *m* アスペクト	appearance アピアランス
かいぎ 会議	reunión *f* れウニオン	meeting, conference ミーティング, カンファレンス
かいきゅう 階級	clase *f*, rango *m* クラセ, らンゴ	class, rank クラス, ランク
かいきょう 海峡	estrecho *m* エストれチョ	strait, channel ストレイト, チャヌル
かいぎょう 開業	apertura *f* アペるトゥら	starting a business スターティング ア ビズネス
かいぐん 海軍	marina *f* マリナ	navy ネイヴィ
かいけい 会計	cuentas *fpl* クエンタス	account, finance アカウント, フィナンス
～係	cajero(a) *m,f* カヘろ(ら)	cashier, accountant キャシア, アカウンタント
～検査	auditoría *f* アウディトりア	auditing オーディティング
～士	contador(a) *m,f* コンタドる(ら)	accountant アカウンタント
～年度	año fiscal *m* アニョ フィスカル	fiscal year フィスカル イア
かいけつ 解決	resolución *f* れソルしオン	settlement, solution セトルメント, ソルーション
～する	solucionar ソルしオナる	settle, solve セトル, サルヴ
かいけん 会見	entrevista *f* エントれビスタ	interview インタヴュー
がいけん 外見	apariencia *f* アパりエンしア	appearance アピアランス
かいげんれい 戒厳令	ley marcial *f* レイ まるしアル	martial law マーシャル ロー
かいこ 蚕	gusano de seda *m* グサノ デ セダ	silkworm スィルクワーム

日	西	英
かいご 介護	cuidado *m* クイダド	care ケア
かいごう 会合	reunión *f* れウニオン	meeting, gathering ミーティング, ギャザリング
がいこう 外交	diplomacia *f* ディプロマしア	diplomacy ディプロウマスィ
（保険などの）	representación comercial *f* れプれセンタしオン コメるしアル	canvassing キャンヴァスィング
～官	diplomático(a) *m,f* ディプロマティコ(カ)	diplomat ディプロマト
～辞令	palabras de cortesía *fpl* パラブらス デ コるテシア	diplomatic language ディプロマティク ラングウィチ
～政策	política exterior *f* ポリティカ エクステリオる	foreign policy フォーリン パリスィ
がいこく 外国	extranjero *m* エクストらンへろ	foreign country フォーリン カントリ
～映画	película extranjera *f* ペリクラ エクストらンへら	foreign film フォーリン フィルム
～為替	cambio extranjero *m* カンビオ エクストらンへろ	foreign exchange フォーリン イクスチェインヂ
～人	extranjero(a) *m,f* エクストらンへろ(ら)	foreigner フォーリナ
～の	extranjero(a) エクストらンへろ(ら)	foreign フォーリン
かいさい 開催する	celebrar セレブらる	hold, open ホウルド, オウプン
かいさつぐち 改札口	paso al andén *m* パソ アル アンデン	ticket gate ティケト ゲイト
かいさん 解散	disolución *f* ディソルしオン	breakup ブレイカプ
（議会の）	disolución *f* ディソルしオン	dissolution ディソルーション
がいさん 概算	cálculo aproximado *m* カルクロ アプろクシマド	rough estimate ラフ エスティメト
かいさんぶつ 海産物	productos marinos *mpl* プろドゥクトス マリノス	marine products マリーン プラダクツ
かいし 開始	principio *m* プりンしピオ	start, beginning スタート, ビギニング
～する	empezar エンペさる	begin, start ビギン, スタート

日	西	英
買い占める	acaparar アカパらる	buy up, corner バイ アプ, コーナ
会社	compañía f コンパニア	company, firm カンパニ, ファーム
～員	empleado(a) m,f oficinista m,f エンプレアド(ダ), オフィしニスタ	office worker オーフィス ワーカ
解釈	interpretación f インテるプれタしオン	interpretation インタープリテイション
～する	interpretar インテるプれタる	interpret インタープリト
回収	recogida f れコヒダ	recovery リカヴァリ
改宗	conversión f コンベるシオン	conversion コンヴァージョン
外出	salida f サリダ	going out ゴウイング アウト
～する	salir サリる	go out ゴウ アウト
解除	cancelación f カンせラしオン	cancellation キャンセレイション
～する	cancelar カンセラる	cancel キャンセル
会場	lugar de reunión m ルガる デ れウニオン	meeting place ミーティング プレイス
海上の	marítimo(a) マリティモ(マ)	marine マリーン
外食する	comer fuera コメる フエら	eat out イート アウト
海水	agua de mar f アグア デ マる	seawater スィーウォータ
海水浴	baño en el mar m バニョ エン エル マる	sea bathing スィー ベイジング
回数券	cupón m クポン	commutation ticket カミュテイション ティケト
害する	ofender オフェンデる	injure インヂャ
（感情を）	dañar ダニャる	hurt ハート

104

日	西	英
かいせい 快晴	buen tiempo *m* ブエン ティエンポ	fine weather ファイン ウェザ
かいせい 改正	revisión *f* れビシオン	revision, amendment リヴィジョン, アメンドメント
～する	revisar れビサる	revise, amend リヴァイズ, アメンド
かいせつ 解説	explicación *f* エクスプリカしオン	explanation, commentary エクスプラネイション, カメンテリ
～する	explicar エクスプリカる	explain, comment イクスプレイン, カメント
かいぜん 改善	mejora *f* メホら	improvement インプルーヴメント
～する	mejorar メホらる	improve インプルーヴ
がいせんもん 凱旋門	arco de triunfo *m* アるコ デ トりウンフォ	triumphal arch トライアンファル アーチ
かいそう 海草	alga *f* アルガ	seaweed スィーウィード
かいぞう 改造	reorganización *f* れオるガニさしオン	reconstruction リーコンストラクション
かいそう 回送する	reenviar, remitir れエンビアる, れミティる	send on, forward センド オン, フォーワド
かいそくれっしゃ 快速列車	tren rápido *m* トれン らピド	fast train ファスト トレイン
かいぞく 海賊	pirata *m* ピらタ	pirate パイアレト
～版	edición pirata *f* エディしオン ピらタ	pirated edition パイアレイテド イディション
かいたく 開拓	cultivo *m* クルティヴォ	cultivation カルティヴェイション
（資源の）	explotación *f* エクスプロタしオン	exploitation エクスプロイテイション
～する	explotar エクスプロタる	open up オウプン アプ
～者	explotador(a) *m,f* エクスプロタドる (ら)	pioneer パイアニア
かいだん 会談	conversaciones *fpl* コンべるサしオネス	talk, conference トーク, カンファレンス
かいだん 階段	escalera *f* エスカレら	stairs ステアズ

日	西	英
かいちく 改築	reforma *f* れフォるマ	rebuilding リービルディング
がいちゅう 害虫	insectos dañinos *mpl* インセクトス ダニノス	harmful insect, vermin ハームフル インセクト, ヴァーミン
かいちゅうでんとう 懐中電灯	linterna eléctrica *f* リンテるナ エレクトリカ	flashlight フラシュライト
かいちょう 会長	presidente*(a)* *m,f* プれシデンテ(タ)	president プレジデント
かいつう 開通する	abrirse al tráfico アブりるセ アル トらフィコ	be opened to traffic ビ オウプンド トゥ トラフィク
か て 買い手	comprador*(a)* *m,f* コンプらドる(ら)	buyer バイア
かいてい 改定	revisión *f* れビシオン	revision, change リヴィジョン, チェインヂ
～する	revisar れビサる	revise, change リヴァイズ, チェインヂ
かいてい 海底	lecho marino *m* レチョ マリノ	bottom of the sea バトム オヴ ザ スィー
かいてきな 快適な	cómodo*(a)* コモド(ダ)	agreeable, comfortable アグリーアブル, カンフォタブル
かいてん 回転	vuelta *f* ブエルタ	turning, rotation ターニング, ロウテイション
～する	dar vueltas ダる ブエルタス	turn, rotate ターン, ロウテイト
かいてん 開店	inauguración *f* イナウグらしオン	opening オウプニング
ガイド	guía *m,f* ギア	guide ガイド
～ブック	guía *f* ギア	guidebook ガイドブク
かいとう 解答	solución *f* ソルしオン	answer, resolution アンサ, レゾルーション
～する	resolver れソルベる	answer, solve アンサ, サルヴ
かいとう 回答	respuesta *f* れスプエスタ	reply リプライ
～する	contestar [responder] *a* コンテスタる [れスポンデる] ア	reply *to* リプライ

日	西	英
かいどう 街道	carretera *f* カれテら	highway, road ハイウェイ, ロウド
がいとう 街灯	farola *f* ファろラ	streetlight ストリートライト
かいどく 解読	desciframiento *m* デスしフらミエント	decipherment ディサイファメント
～する	descifrar デスしフらる	decipher, decode ディサイファ, ディコウド
かいなんきゅうじょ 海難救助	salvamento de náufragos *m* サルバメント デ ナウフらゴス	sea rescue スィー レスキュー
かいにゅう 介入	intervención *f* インテるベンしオン	intervention インタヴェンション
～する	intervenir *en* インテるベニる エン	intervene *in* インタヴィーン
がいねん 概念	concepto *m* コンセプト	notion, concept ノウション, カンセプト
かいはつ 開発	desarrollo *m* デサろジョ	exploitation エクスプロイテイション
～する	desarrollar デサろジャる	develop, exploit ディヴェロプ, エクスプロイト
～途上国	país en vías de desarrollo *m* パイス エン ビアス デ デサろジョ	developing country ディヴェロピング カントリ
かいばつ 海抜	sobre el nivel del mar ソブれ エル ニベル デル マる	above sea level アバヴ スィー レヴェル
かいひ 会費	cuota (de socio) *f* クオタ (デ ソしオ)	(membership) fee (メンバシプ) フィー
がいぶ 外部	exterior *m* エクステリオる	outside アウトサイド
かいふく 回復	recuperación *f* れクペらしオン	restoration, recovery レストレイション, リカヴァリ
～する	recuperarse れクペらるセ	recover, restore リカヴァ, リストー
かいぶつ 怪物	monstruo *m* モンストるオ	monster マンスタ
(人)	prodigio *m* プロディヒオ	monstrous fellow マンストラス フェロウ
かいほう 解放	liberación *f* リベらしオン	emancipation イマンスィペイション
～する	liberar リベらる	release, liberate リリース, リバレイト

日	西	英
かいほう 開放する	abrir アブりる	open オウプン
かいぼう 解剖	disección f ディセクしオン	dissection ディセクション
かいまく 開幕	apertura f, inauguración f アペるトゥら, イナウグらしオン	opening オウプニング
がいむ 外務	asuntos exteriores mpl アスントス エクステリオれス	foreign affairs フォーリン アフェアズ
～省	Ministerio de Asuntos Exteriores m ミニステリオ デ アスントス エクステリオれス	Ministry of Foreign Affairs ミニストリ オヴ フォーリン アフェアズ
～大臣	ministro(a) de Asuntos Exteriores m,f ミニストロ(ら) デ アスントス エクステリオれス	Minister of Foreign Affairs ミニスタ オヴ フォーリン アフェアズ
かいめん 海綿	esponja f エスポンハ	sponge スパンヂ
か もの 買い物	compras fpl コンプらス	shopping シャピング
かいやく 解約	cancelación f カンセラしオン	cancellation キャンセレイション
がいらいご 外来語	palabra de origen extranjero f パらブら デ オリヘン エクストらンヘロ	loanword ロウンワード
かいりつ 戒律	mandamientos mpl マンダミエントス	commandment コマンドメント
がいりゃく 概略	resumen m れスメン	outline, summary アウトライン, サマリ
かいりゅう 海流	corriente marina f コりエンテ マリナ	current カーレント
かいりょう 改良	mejora f メホら	improvement インプルーヴメント
がいろ 街路	calle f カジェ	street, avenue ストリート, アヴェニュー
～樹	árboles de la calle mpl アるボレス デ ラ カジェ	street trees ストリート トリーズ
～灯	farola f ファろラ	streetlight ストリートライト

108

日	西	英
カイロプラクティック	quiropráctica *f* キロプらクティカ	chiropractic カイラプラクティック
かいわ 会話	conversación *f* コンべるサしオン	conversation カンヴァセイション
～する	hablar [conversar] *con* アブらる [コンべるサる] コン	talk *with* トーク
かいん 下院	Cámara Baja *f* カマら バハ	House of Representatives ハウス オヴ レプリゼンタティヴズ
か 飼う	criar クりアる	keep, raise キープ, レイズ
か 買う	comprar コンプらる	buy, purchase バイ, パーチェス
ガウン	bata *f* バタ	gown ガウン
カウンセラー	consejero(a) *m,f* コンセへろ (ら)	counselor カウンスラ
カウンセリング	orientación psicológica *f* オリエンタしオン シコロヒカ	counseling カウンスリング
カウンター	mostrador *m* モストらドる	counter カウンタ
カウント	recuento *m* れクエント	count カウント
かえ 返す	devolver デボルべる	return, send back リターン, センド バク
かえ 帰り	vuelta *f* ブエルタ	return リターン
かえり 顧みる	mirar atrás ミらる アトらス	look back ルク バク
かえる 蛙	rana *f* らナ	frog フローグ
かえ 帰る	volver a casa ボルべる ア カサ	come [go] home カム[ゴウ] ホウム
(辞去)	irse イるセ	leave リーヴ
か 換える	cambiar ... *con* カンビアる コン	exchange ... *for* イクスチェインヂ
か 変える	cambiar カンビアる	change チェインヂ

日	西	英
返る (かえる)	volver ボルベる	return, come back リターン, カム バク
顔 (かお)	cara *f* カら	face, look フェイス, ルク
顔色 (かおいろ)	tez *f* テす	complexion コンプレクション
香り (かおり)	fragancia *f*, olor *m* フらガンシア	smell, fragrance スメル, フレイグランス
香[薫]る (かおる)	despedir fragancia デスペディる フらガンシア	be fragrant ビ フレイグラント
画家 (がか)	pintor(a) *m,f* ピントる(ら)	painter ペインタ
加害者 (かがいしゃ)	autor(a) *m,f* アウトる(ら)	assailant アセイラント
抱える (かかえる)	llevar ... en brazos ジェバる エン ブらソス	hold ... in *one's* arms ホウルド イン アームズ
価格 (かかく)	precio *m* プれしオ	price, value プライス, ヴァリュー
化学 (かがく)	química *f* キミカ	chemistry ケミストリ
～工業	industria química *f* インドゥストリア キミカ	chemical industry ケミカル インダストリ
科学 (かがく)	ciencia *f* しエンしア	science サイエンス
～者	científico(a) *m,f* しエンティフィコ(カ)	scientist サイエンティスト
掲げる (かかげる)	levantar レバンタる	hoist ホイスト
案山子 (かかし)	espantapájaros *m* エスパンタパハロス	scarecrow スケアクロウ
踵 (かかと)	talón *m* タロン	heel ヒール
鏡 (かがみ)	espejo *m* エスペホ	mirror, glass ミラ, グラス
屈む (かがむ)	agacharse アガチャるセ	stoop ストゥープ
輝かしい (かがやかしい)	brillante ブリジャンテ	brilliant ブリリャント

日	西	英
かがや 輝き	brillo *m* ブリジョ	brilliance ブリリアンス
かがや 輝く	brillar ブリジャる	shine, glitter シャイン, グリタ
かかりいん 係員	encargado(a) de *m,f* エンカるガド(ダ) デ	person in charge *of* パースン イン チャーヂ
か 掛かる	estar colgado(a) en, de エスタる コルガド(ダ)	hang *on, from* ハング
（金が）	costar コスタる	cost コースト
（時間が）	tardar タるダる	take テイク
（医者に）	consultar コンスルタる	consult, see コンサルト, スィー
かか 関[係]わる	relacionarse con れラスィオナるセ コン	be concerned *in* ビ コンサーンド
かき 牡蠣	ostra *f* オストラ	oyster オイスタ
かき 柿	caqui *m* カキ	persimmon パースィモン
かぎ 鍵	llave *f* ジャべ	key キー
か か 書き換える	reescribir れエスクりビる	rewrite リーライト
（名義を）	traspasar トらスパサる	transfer トランスファー
かきとめ 書留	correo certificado *m* コれオ せるティフィカド	registration レヂストレイション
か と 書き留める	anotar アノタる	write down ライト ダウン
か と 書き取り	dictado *m* ディクタド	dictation ディクテイション
か と 書き取る	apuntar アプンタる	write down ライト ダウン
か なお 書き直す	reescribir れエスクりビる	rewrite リーライト
かきね 垣根	seto *m* セト	fence, hedge フェンス, ヘヂ

日	西	英
掻き混ぜる	revolver れボルベる	mix up ミクス アプ
掻き回す	remover れモベる	stir スター
下級	grado inferior *m* グらド インフェリオる	lower class ロウア クラス
家業	negocio familiar *m* ネゴシオ ファミリアる	family business ファミリ ビズネス
歌曲	canción *f* カンしオン	song ソーング
限る	limitar リミタる	limit リミト
核	núcleo *m* ヌクレオ	kernel, core カーネル, コー
（原子核）	núcleo atómico *m* ヌクレオ アトミコ	nucleus ニュークリアス
欠く	faltar ファルタる	lack ラク
書く	escribir エスクりビる	write ライト
（詩・文章を）	componer コンポネる	compose コンポウズ
（記述）	describir デスクりビる	describe ディスクライブ
（絵を）	pintar ピンタる	draw, paint ドロー, ペイント
掻く	rascarse らスカるセ	scratch, rake スクラチ, レイク
（水を）	chapotear チャポテアる	paddle パドル
家具	muebles *mpl* ムエブレス	furniture ファーニチャ
嗅ぐ	oler オレる	smell, sniff スメル, スニフ
額	marco *m* マるコ	frame フレイム
（金額）	suma *f* スマ	amount, sum アマウント, サム
学位	título (académico) *m* ティトゥロ （アカデミコ）	degree ディグリー

日	西	英
<ruby>架空<rt>かくう</rt></ruby>の	imaginario(a) イマヒナリオ(ア)	imaginary イマヂネリ
<ruby>各駅停車<rt>かくえきていしゃ</rt></ruby>	tren local m トれン ロカル	local train ロウカル トレイン
<ruby>学芸<rt>がくげい</rt></ruby>	ciencias fpl y artes mpl しエンしアス イ アるテス	arts and sciences アーツ アンド サイエンスィーズ
<ruby>格言<rt>かくげん</rt></ruby>	proverbio m プろべるビオ	maxim マクスィム
<ruby>覚悟<rt>かくご</rt></ruby>	preparación f プれパらしオン	preparedness プリペアドネス
～する	prepararse a プれパらるセ ア	be prepared for ビ プリペアド
<ruby>格差<rt>かくさ</rt></ruby>	diferencia f ディフェれンしア	difference, gap ディファレンス, ギャプ
<ruby>角砂糖<rt>かくざとう</rt></ruby>	terrón de azúcar m テろン デ アスカる	cube sugar キューブ シュガ
<ruby>学士<rt>がくし</rt></ruby>	licenciado(a) m,f リセンしアド(ダ)	bachelor バチェラ
<ruby>確実<rt>かくじつ</rt></ruby>な	cierto(a) しエるト(タ)	sure, certain シュア, サートン

か

■家具■ muebles / ムエブレス / mpl

<ruby>箪笥<rt>たんす</rt></ruby> armario /アるマりオ/ m (⊛ chest of drawers)
<ruby>椅子<rt>いす</rt></ruby> silla /シジャ/ f (⊛ chair)
<ruby>長椅子<rt>ながいす</rt></ruby> sofá /ソファ/ m (⊛ sofa, couch)
<ruby>肘掛け椅子<rt>ひじかけいす</rt></ruby> sillón /シジョン/ m (⊛ armchair)
ソファー sofá /ソファ/ m (⊛ sofa)
<ruby>机<rt>つくえ</rt></ruby> escritorio m, mesa /エスクリトリオ, メサ/ f (⊛ desk, bureau)
テーブル mesa /メサ/ f (⊛ table)
<ruby>本棚<rt>ほんだな</rt></ruby> estantería /エスタンテリア/ f (⊛ bookshelf)
<ruby>食器棚<rt>しょっきだな</rt></ruby> aparador /アパるドる/ m (⊛ cupboard)
カーテン cortina /コるティナ/ f (⊛ curtain)
<ruby>絨毯<rt>じゅうたん</rt></ruby> alfombra /アルフォンブら/ f (⊛ carpet, rug)
ベッド cama /カマ/ f (⊛ bed)

日	西	英
学者(がくしゃ)	estudioso(a) m,f エストゥディオソ(サ)	scholar スカラ
学習(がくしゅう)	estudio m エストゥディオ	learning ラーニング
～する	estudiar エストゥディアる	study, learn スタディ, ラーン
学術(がくじゅつ)	ciencia f しエンしア	learning ラーニング
確信(かくしん)	convicción f コンビクしオン	conviction コンヴィクション
～する	estar convencido(a) de エスタる コンベンしド(ダ) デ	be convinced of ビ コンヴィンスト
隠す(かくす)	esconder エスコンデる	hide, conceal ハイド, コンスィール
学生(がくせい)	estudiante m,f エストゥディアンテ	student ステューデント
～証	carné de estudiante m カるネ デ エストゥディアンテ	student's ID card ステューデンツ アイディー カード
覚醒剤(かくせいざい)	estimulante m エスティムランテ	stimulant スティミュラント
学説(がくせつ)	teoría f テオリア	doctrine, theory ダクトリン, スィーアリ
拡大(かくだい)	agrandamiento m アグらンダミエント	magnification マグニフィケイション
～する	agrandar アグらンダる	magnify マグニファイ
楽団(がくだん)	orquesta f オるケスタ	band, orchestra バンド, オーケストラ
拡張(かくちょう)	ampliación f アンプリアしオン	extension イクステンション
～する	ampliar アンプリアる	extend イクステンド
学長(がくちょう)	rector(a) m,f れクトる(ら)	president プレジデント
格付け(かくづけ)	clasificación f クラシフィカしオン	rating レイティング
確定する(かくていする)	determinar デテるミナる	decide ディサイド

日	西	英
カクテル	cóctel *m* コクテル	cocktail カクテイル
かくど 角度	ángulo *m* アングロ	angle アングル
かくとう 格闘	combate *m* コンバテ	fight ファイト
かくとく 獲得	adquisición *f* アドキシしオン	acquisition アクウィジション
～する	conseguir コンセギる	acquire, obtain アクワイア, オブテイン
かくにん 確認	confirmación *f* コンフィるマしオン	confirmation カンファメイション
～する	confirmar コンフィるマる	confirm コンファーム
がくねん 学年	curso (escolar) *m* クるソ (エスコらる)	school year スクール イア
かくのうこ 格納庫	hangar *m* アンガる	hangar ハンガ
がくひ 学費	gastos de estudios *mpl* ガストス デ エストゥディオス	school expenses スクール イクスペンスィーズ
がくふ 楽譜	partitura *f* パるティトゥら	score スコー
がくぶ 学部	facultad *f* ファクルタド	faculty ファカルティ
かくへいき 核兵器	arma nuclear *f* アるマ ヌクレアる	nuclear weapon ニュークリア ウェポン
かくほ 確保する	asegurar アセグらる	secure スィキュア
かくまく 角膜	córnea *f* コるネア	cornea コーニア
かくめい 革命	revolución *f* れボルしオン	revolution レヴォルーション
がくもん 学問	estudios *mpl* エストゥディオス	learning, study ラーニング, スタディ
がくや 楽屋	camerino *m* カメリノ	dressing room ドレスィング ルーム
かくりつ 確立	establecimiento *m* エスタブレしミエント	establishment イスタブリシュメント

日	西	英
〜する	establecer エスタブレせる	establish イスタブリシュ
かくりつ 確率	probabilidad *f* プロバビリダド	probability プラバビリティ
かくりょう 閣僚	miembros del gabinete *m* ミエンブロス デル ガビネテ	Cabinet ministers キャビネト ミニスタズ
がくりょく 学力	conocimientos escolares *mpl* コノシミエントス エスコラれス	scholarship スカラシプ
がくれき 学歴	historial académico *m* イストリアル アカデミコ	school career スクール カリア
かく 隠れる	esconderse エスコンデるセ	hide *oneself* ハイド
かく ぼう 隠れん坊	escondite *m* エスコンディテ	hide-and-seek ハイダンスィーク
がくわり 学割	descuento para estudiantes *m* デスクエント ぱら エストゥディアンテス	reduced fee for students リデュースド フィー フォ スチューデンツ
か 賭け	apuesta *f* アプエスタ	gambling ギャンブリング
かげ 陰	sombra *f* ソンブら	shade シェイド
かげ 影	sombra *f*, silueta *f* ソンブら, シルエタ	shadow, silhouette シャドウ, スィルーエト
がけ 崖	precipicio *m* プれしピしオ	cliff クリフ
かけい 家計	presupuesto familiar *m* プれスプエスト ファミリアる	household economy ハウスホウルド イカノミ
か ざん 掛け算	multiplicación *f* ムルティプリカしオン	multiplication マルティプリケイション
かけつ 可決	aprobación *f* アプロバしオン	approval アプルーヴァル
〜する	aprobar アプロバる	approve アプルーヴ
か ひ 駆け引き	táctica *f* タクティカ	tactics タクティクス
か ぶとん 掛け布団	edredón *m* エドれドン	quilt, comforter クウィルト, カンフォタ
かけら	trozo *m*, fragmento *m* トろそ, フらぐメント	fragment フらグメント

日	西	英
架ける	construir ... sobre コンストるイる ソブれ	build ... over ビルド オウヴァ
掛ける	colgar, suspender コルガる, ススペンデる	hang, suspend ハング, サスペンド
（掛け算）	multiplicar ムルティプリカる	multiply マルティプライ
（時間・金を）	invertir, gastar インベるティる, ガスタる	spend スペンド
（ラジオなどを）	poner ポネる	turn on ターン オン
（レコードを）	poner ポネる	play プレイ
（電話を）	llamar, telefonear ジャマる, テレフォネアる	call コール
駆ける	correr コれる	run ラン
（馬が）	galopar ガロパる	canter, gallop キャンタ, ギャロプ
欠ける	quebrarse ケブらるセ	break *off* ブレイク
（不足）	faltar ファルタル	lack ラク
賭ける	apostar (dinero) *en* アポスタる （ディネろ） エン	bet *on* ベト
陰る	oscurecer オスクれせる	darken ダークン
過去	pasado *m* パサド	past パスト
（過去時制）	pretérito *m* プれテリト	past tense パスト テンス
籠	cesto *m* セスト	basket, cage バスケト, ケイヂ
囲い	cercado *m* セるカド	enclosure, fence インクロウジャ, フェンス
加工	procesamiento *m* プろセサミエント	processing プラセスィング
～する	procesar プろセサる	process プラセス
化合	combinación (química) *f* コンビナしオン （キミカ）	combination カンビネイション

日	西	英
〜する	combinarse コンビナるセ	combine コンバイン
花崗岩（かこうがん）	granito *m* グらニト	granite グラニト
囲む（かこむ）	rodear ろデアる	surround, enclose サラウンド, インクロウズ
傘（かさ）	paraguas *m* パらグアス	umbrella アンブレラ
（日傘）	sombrilla *f* ソンブりジャ	parasol パラソール
火災（かさい）	incendio *m* インセンディオ	fire ファイア
〜報知機	alarma contra incendios *f* アラるマ コントら インセンディオス	fire alarm ファイア アラーム
〜保険	seguro de incendios *m* セグろ デ インセンディオス	fire insurance ファイア インシュアランス
傘立て（かさたて）	paragüero *m* パらグエろ	umbrella stand アンブレラ スタンド
重なる（かさなる）	amontonarse, apilarse アモントナるセ, アピラるセ	be piled up, overlap ビ パイルド アプ, オウヴァラプ
（度重なる）	repetirse れペティるセ	be repeated ビ リピーテド
（祭日などが）	caer *en* カエる エン	fall *on* フォール オン
重ねる（かさねる）	apilar アピラる	pile up パイル アプ
（繰り返す）	repetir れペティる	repeat リピート
嵩張る（かさばる）	abultar アブルタる	be bulky ビ バルキ
飾り（かざり）	adorno *m* アドるノ	decoration, ornament デコレイション, オーナメント
飾る（かざる）	adornar アドるナる	decorate, ornament デコレイト, オーナメント
（陳列）	exponer エクスポネる	put ... on show プト オン ショウ
火山（かざん）	volcán *m* ボルカン	volcano ヴァルケイノウ
歌詞（かし）	letra (de una canción) *f* レトら (デ ウナ カンしオン)	words, text ワーズ, テクスト

日	西	英
菓子（かし）	pastel *m* パステル	confectionery, cake コンフェクショネリ, ケイク
貸し（かし）	préstamo *m* プレスタモ	loan ロウン
家事（かじ）	faenas domésticas *fpl* ファエナス ドメスティカス	housework ハウスワーク
火事（かじ）	incendio *m* インセンディオ	fire ファイア
貸し切りの（かしきりの）	fletado(*a*) フレタド(ダ)	chartered チャータド
賢い（かしこい）	inteligente インテリヘンテ	wise, clever ワイズ, クレヴァ
貸し出し（かしだし）	préstamo *m* プレスタモ	lending レンディング
過失（かしつ）	falta *f* ファルタ	fault, error フォールト, エラ
果実（かじつ）	fruto *m* フルト	fruit フルート
貸し付け（かしつけ）	crédito *m* クレディト	loan, credit ロウン, クレディト
カジノ	casino *m* カシノ	casino カスィーノウ
カシミヤ	cachemir *m* カチェミる	cashmere キャジュミア
貨車（かしゃ）	vagón (de carga) *m* バゴン (デ カるガ)	freight car フレイト カー
貸し家（かしや）	casa de alquiler *f* カサ デ アルキレる	house for rent ハウス フォ レント
歌手（かしゅ）	cantante *m,f* カンタンテ	singer スィンガ
果樹（かじゅ）	árbol frutal *m* アるボル フるタル	fruit tree フルート トリー
カジュアルな	informal インフォるマル	casual キャジュアル
果汁（かじゅう）	zumo de fruta *m* すモ デ フるタ	fruit juice フルート **ヂュ**ース
カシューナッツ	anacardo *m* アナカるド	cashew キャシュー

日	西	英
かじゅえん 果樹園	huerta *f* ウエルタ	orchard オーチャド
かじょう 過剰	exceso *m* エクスセソ	excess, surplus イクセス, サープラス
かしょくしょう 過食症	bulimia *f* ブリミア	bulimia ビューリミア
かしらもじ 頭文字	inicial *f* イニしアル	initial letter イニシャル レタ
かじ 齧る	morder モルデる	gnaw *at*, nibble *at* ノー, ニブル
か 貸す	prestar プれスタる	lend レンド
（家などを）	alquilar アルキラる	rent レント
（土地を）	arrendar アれンダる	lease リース
かす 滓	residuos *mpl* れシドゥオス	dregs ドレグズ
かず 数	número *m* ヌメろ	number, figure ナンバ, フィギャ
ガス	gas *m* ガス	gas ギャス
（濃霧）	niebla densa *f* ニエブラ デンサ	thick fog スィク フォーグ
かす 微かな	débil デビル	faint, slight フェイント, スライト
カスタネット	castañuelas *fpl* カスタニュエラス	castanets キャスタネッツ
かすみ 霞	bruma *f* ブるマ	haze ヘイズ
かす 霞む	estar con niebla エスタる コン ニエブラ	be hazy ビ ヘイジ
かす 掠れる	ponerse ronco(*a*) ポネるセ ろンコ(カ)	get hoarse ゲト ホース
かぜ 風	viento *m* ビエント	wind, breeze ウィンド, ブリーズ
かぜ 風邪	resfriado *m* れスフりアド	cold, flu コウルド, フルー

日	西	英
～をひく	resfriarse れスフリあるセ	catch (a) cold キャチ (ア) コウルド
かせい 火星	Marte *m* マるテ	Mars マーズ
かぜい 課税	imposición *f* インポシしオン	taxation タクセイション
かせき 化石	fósil *m* フォシル	fossil ファスィル
かせ 稼ぐ	ganar ガナる	work, earn ワーク, アーン
かせつ 仮説	hipótesis *f* イポテスィス	hypothesis ハイパセスィス
カセットテープ	cinta casete *f* スィンタ カセテ	cassette tape カセト テイプ
かそう 仮装	disfraz *m* ディスフらす	disguise ディスガイズ
～する	disfrazarse ディスフらさるセ	disguise ディスガイズ
がぞう 画像	imagen *f* イマヘン	picture, image ピクチャ, イミヂ
かぞ 数える	contar コンタる	count, calculate カウント, キャルキュレイト
かそく 加速	aceleración *f* アせレらしオン	acceleration アクセラレイション
～する	acelerar アせレらる	accelerate アクセレレイト
かぞく 家族	familia *f* ファミリア	family ファミリ
ガソリン	gasolina *f* ガソリナ	gasoline, gas ギャソリーン, ギャス
～スタンド	estación de gasolina *f*, gasolinera *f* エスタしオン デ ガソリナ, ガソリネら	filling station フィリング ステイション
かた 型・形	modelo *m* モデロ	pattern パタン
（形状）	forma *f* フォるマ	shape シェイプ
（形式）	forma *f* フォるマ	form フォーム
（様式）	estilo *m* エスティロ	style, mode, type スタイル, モウド, タイプ

日	西	英
(鋳型)	molde *m* モルデ	mold モウルド
肩（かた）	hombro *m* オンブロ	shoulder ショウルダ
固[堅・硬]い（かた）	duro(a) ドゥロ(ら)	hard, solid ハード, サリド
(態度・状態が)	sólido(a) ソリド(ダ)	strong, firm ストロング, ファーム
課題（かだい）	problema *m* プロブレマ	subject, theme サブヂクト, スィーム
(任務)	tarea *f* タれア	task タスク
肩書き（かたがき）	título *m* ティトゥロ	title タイトル
型紙（かたがみ）	patrón *m* パトろン	paper pattern ペイパ パタン
敵（かたき）	enemigo(a) *m,f* エネミゴ(ガ)	enemy, foe エネミ, フォウ
片言（かたこと） ～で話す	chapurrear チャプれアる	babble バブル
形（かたち）	forma *f* フォるマ	shape, form シェイプ, フォーム
片付く（かたづ）	ponerse en orden ポネるセ エン オるデン	be put in order ビ プト イン オーダ
(完結)	terminarse テるミナるセ	be finished ビ フィニシュト
(処理)	arreglarse アれグラるセ	be settled ビ セトルド
片付ける（かたづ）	ordenar オるデナる	put ... in order プト イン オーダ
(完結)	terminar テるミナる	finish フィニシュ
(処理)	arreglar アれグラる	settle セトル
蝸牛（かたつむり）	caracol *m* カらコル	snail スネイル
刀（かたな）	espada *f* エスパダ	sword ソード

■家族■ familia /ファミリア/ f

- 両親（りょうしん） padres /パドれス/ mpl (㊍ parents)
- 夫婦（ふうふ） matrimonio /マトリモニオ/ m (㊍ couple)
- 夫（おっと） marido /マリド/ m (㊍ husband) 妻（つま） esposa /エスポサ/ f (㊍ wife)
- 父（ちち） padre /パドれ/ m (㊍ father) 母（はは） madre /マドれ/ f (㊍ mother)
- 子供（こども） niño(a) /ニニョ（ニャ）/ m,f (㊍ child)
- 息子（むすこ） hijo /イホ/ m (㊍ son) 娘（むすめ） hija /イハ/ f (㊍ daughter)
- 兄（あに） hermano (mayor) /エるマノ（マジョる）/ m (㊍ (elder) brother)
- 姉（あね） hermana (mayor) /エるマナ（マジョる）/ f (㊍ (elder) sister)
- 弟（おとうと） hermano (menor) /エるマノ（メノる）/ m (㊍ (younger) brother)
- 妹（いもうと） hermana (menor) /エるマナ（メノる）/ f (㊍ (younger) sister)
- 祖父（そふ） abuelo /アブエロ/ m (㊍ grandfather)
- 祖母（そぼ） abuela /アブエラ/ f (㊍ grandmother)
- 叔父・伯父（おじ） tío /ティオ/ m (㊍ uncle)
- 叔母・伯母（おば） tía /ティア/ f (㊍ aunt)
- 従兄弟［姉妹］（いとこ） primo(a) /プリモ（マ）/ m,f (㊍ cousin)
- 甥（おい） sobrino /ソブリノ/ m (㊍ nephew) 姪（めい） sobrina /ソブリナ/ f (㊍ niece)
- 孫（まご） nieto(a) /ニエト（タ）/ m,f (㊍ grandchild)
- 継父（けいふ） padrastro /パドらストロ/ (㊍ stepfather)
- 継母（けいぼ） madrastra /マドらストラ/ f (㊍ stepmother)
- 養父（ようふ） padre adoptivo /パドれ アドプティボ/ m (㊍ foster father)
- 養母（ようぼ） madre adoptiva /マドれ アドプティバ/ f (㊍ foster mother)
- 舅（しゅうと） suegro /スエグロ/ m (㊍ father-in-law)
- 姑（しゅうとめ） suegra /スエグら/ f (㊍ mother-in-law)
- 義兄・義弟（ぎけい・ぎてい） cuñado /クニャド/ m (㊍ brother-in-law)
- 義姉・義妹（ぎし・ぎまい） cuñada /クニャダ/ f (㊍ sister-in-law)
- 養子（ようし） hijo adoptivo /イホ アドプティボ/ m (㊍ adopted child)
- 養女（ようじょ） hija adoptiva /イハ アドプティバ/ f (㊍ adopted daughter)
- 長男（ちょうなん） hijo mayor /イホ マジョる/ m (㊍ oldest son)
- 長女（ちょうじょ） hija mayor /イハ マジョる/ f (㊍ oldest daughter)
- 末っ子（すえっこ） benjamín(ina) /ベンハミン（ナ）/ m,f (㊍ youngest child)

日	西	英
かたはば 肩幅	anchura de espaldas *f* アンチュら デ エスパるダス	shoulder length ショウルダ レングス
かたほう 片方	pareja *f* パれハ	one of the pair ワン オヴ ザ ペア
（片側）	un lado *m* ウン ラド	one side ワン サイド
かたまり 塊	bulto *m* ブルト	lump, mass ランプ, マス
かた 固まる	endurecerse エンドゥれせるセ	harden ハードン
（凝結）	cuajarse クアハるセ	congeal コンヂール
かたみち 片道	ida *f* イダ	one way ワン ウェイ
～切符	sencillo *m* センしジョ	one-way ticket ワンウェイ ティケト
かたむ 傾く	inclinarse インクりナるセ	lean, incline リーン, インクライン
かたむ 傾ける	inclinar インクりナる	incline, bend インクライン, ベンド
かた 固める	endurecer エンドゥれせる	harden ハードン
（凝結）	cuajar クアハる	congeal コンヂール
（強化）	fortalecer フォるタレセる	strengthen, fortify ストレングスン, フォーティファイ
かたよ 偏る	inclinarse *a* インクりナるセ ア	lean *to*, be biased リーン, ビ バイアスト
かた あ 語り合う	hablar *con* アブらる コン	have a talk *with* ハヴ ア トーク
かた 語る	contar コンタる	talk, speak トーク, スピーク
カタログ	catálogo *m* カタロゴ	catalog キャタローグ
かだん 花壇	arriate *m* アりアテ	flowerbed フラウアベド
かち 価値	valor *m* バロる	value, worth ヴァりュー, ワース
か 勝ち	victoria *f* ビクトりア	victory, win ヴィクトり, ウィン

日	西	英
か ちく 家畜	ganado *m* ガナド	livestock ライヴスタク
か ちょう 課長	jefe(a) de sección *m,f* ヘフェ(ファ) デ セクしオン	section manager セクション マニヂャ
が ちょう 鵞鳥	ganso *m* ガンソ	goose グース
か 勝つ	ganar ガナる	win ウィン
（克服）	vencer ベンせる	overcome オウヴァカム
かつお 鰹	bonito *m* ボニト	bonito ボニートゥ
がっか 学科	asignatura *f* アシグナトゥら	subject サブヂクト
（大学の）	departamento *m* デパるタメント	department ディパートメント
がっか 学課	lección *f* レクしオン	lesson レスン
がっかい 学会	sociedad académica *f* ソしエダド アカデミカ	society, academy ソサイアティ, アキャデミ
がっかい 学界	mundo académico *m* ムンド アカデミコ	academic circles アカデミク サークルズ
がっかりする	desanimarse デサニマるセ	be disappointed ビ ディサポインテド
かっき 活気	vigor *m* ビゴる	life, animation ライフ, アニメイション
がっき 学期	trimestre *m*, semestre *m* トりメストれ, セメストれ	term ターム
がっき 楽器	instrumento (musical) *m* インストるメント (ムシカル)	musical instrument ミュージカル インストルメント
かっきてき 画期的な	que hace época ケ アせ エポカ	epoch-making エポクメイキング
がっきゅう 学級	clase *f* クラセ	class クラス
かつ 担ぐ	cargar a cuestas カるガる ア クエスタス	shoulder ショウルダ
（迷信を）	ser supersticioso(a) セる スペるスティしオソ(サ)	be superstitious ビ スーパスティシャス

日	西	英
(だます)	engañar エンガニャる	deceive ディスィーヴ
脚気(かっけ)	beriberi *m* ベりベり	beriberi ベリベリ
括弧(かっこ)	paréntesis *m* パれンテスィス	bracket ブラケト
かっこいい	elegante エレガンテ	neat, super, cool ニート, スーパ, クール
格好(かっこう)	figura *f* フィグら	shape, form シェイプ, フォーム
～な	razonable らそナブレ	suitable スータブレ
郭公(かっこう)	cuclillo *m* ククリジョ	cuckoo クークー
学校(がっこう)	escuela *f* エスクエラ	school スクール
喝采(かっさい)	ovación *f* オバスィオン	cheers, applause チアズ, アプローズ
活字(かつじ)	tipo de imprenta *m* ティポ デ インプれンタ	type タイプ
滑車(かっしゃ)	polea *f* ポレア	pulley プリ
合唱(がっしょう)	coro *m* コろ	chorus コーラス
～する	cantar a coro カンタる ア コろ	sing in chorus スィング イン コーラス
合奏(がっそう)	conjunto (musical) *m* コンフント (ムシカル)	ensemble アーンサーンブル
～する	tocar en un concierto トカる エン ウン コンスィエるト	play in concert プレ イン カンサト
滑走路(かっそうろ)	pista *f* ピスタ	runway ランウェイ
甲冑(かっちゅう)	armadura *f* アるマドゥら	armor アーマ
勝手(かって)	cocina *f* コスィナ	kitchen キチン
(事情・様子)	circunstancia *f* スィるクンスタンスィア	circumstances サーカムスタンスィーズ
～な	caprichoso(*a*) カプリチョソ(サ)	selfish セルフィシュ

日	西	英
〜に	a su capricho アス カプリチョ	as *one* pleases アズ プリージズ
(許可なく)	sin permiso シン ペるミソ	without leave ウィザウト リーヴ
(独断で)	arbitrariamente あるビトらりアメンテ	arbitrarily アービトレリリ
かつて	en un tiempo エン ウン ティエンポ	once, before ワンス, ビフォー
葛藤	conflicto *m* コンフリクト	complications カンプリケイションズ
活動	actividad *f* アクティビダド	activity アクティヴィティ
かっとなる	montar en cólera モンタる エン コレら	fly into a rage フライ イントゥ ア レイヂ
活発な	activo(*a*) アクティボ(バ)	active, lively アクティヴ, ライヴリ
カップ	taza *f* タさ	cup カプ
(優勝杯)	copa *f* コパ	trophy トロウフィ
カップル	pareja *f* パれハ	couple カプル
合併	unión *f* ウニオン	merger マーヂャ
〜する	unir(se) ウニる(セ)	merge マーヂ
活躍	actividad *f* アクティビダド	activity アクティヴィティ
〜する	desplegar gran actividad デスプレガる グらン アクティビダド	be active ビ アクティヴ
活用	aprovechamiento *m* アプろベチャミエント	practical use プラクティカル ユース
(動詞などの)	conjugación *f* コンフガしオン	conjugation カンヂュゲイション
〜する	aprovechar アプろベチャる	put ... to practical use プト トゥ プラクティカル ユース
鬘	peluca *f* ペルカ	wig ウィグ
仮定	suposición *f* スポシしオン	supposition サポジション

日	西	英
〜する	suponer スポネる	assume, suppose アスューム, サポウズ
家庭(かてい)	familia f ファミリア	home, family ホウム, ファミリ
カテゴリー	categoría f カテゴリア	category キャテゴーリ
角(かど)	esquina f エスキナ	corner, turn コーナ, ターン
稼動(かどう)	funcionamiento m フンしオナミエント	operation アパレイション
下等(かとう)な	bajo(a) バホ(ハ)	inferior, low インフィアリア, ロウ
カドミウム	cadmio m カドミオ	cadmium カドミアム
カトリック	catolicismo m カトリしスモ	Catholicism カサリスィズム
〜教徒	católico(a) m,f カトリコ(カ)	Catholic キャソリク
金網(かなあみ)	alambrera f アランブれら	wire netting ワイア ネティング
家内(かない)	familia f ファミリア	family ファミリ
(自分の妻)	mi mujer f ミ ムへる	my wife マイ ワイフ
叶(かな)える	cumplir クンプリる	grant, answer グラント, アンサ
金具(かなぐ)	herrajes mpl エらへス	metal fittings メトル フィティングズ
悲(かな)[哀]しい	triste トリステ	sad, sorrowful サド, サロウフル
悲(かな)[哀]しみ	tristeza f トリステさ	sorrow, sadness サロウ, サドネス
悲(かな)[哀]しむ	entristecerse エントリステせるセ	feel sad, grieve over フィール サド, グリーヴ オウヴァ
カナダ	Canadá カナダ	Canada キャナダ
金槌(かなづち)	martillo m マるティジョ	hammer ハマ

日	西	英
かなめ 要	eje *m* エヘ	rivet リヴェト
(要点)	esencia *f* エセンしア	point ポイント
かなもの 金物	objetos de metal *mpl* オブヘトス デ メタル	hardware ハードウェア
かなら 必ず	sin falta シン ファルタ	without fail ウィザウト フェイル
(ぜひ, きっと)	a toda costa ア トダ コスタ	by all means バイ オール ミーンズ
(常に)	siempre シエンプれ	always オールウェイズ
かなり	bastante バスタンテ	fairly, pretty フェアリ, プリティ
〜の	considerable コンシデらブレ	considerable, fair コンスィダラブル, フェア
カナリア	canario *m* カナりオ	canary カネアリ
かに 蟹	cangrejo *m* カングれホ	crab クラブ
〜座	Cáncer *m* カンせる	Crab, Cancer クラブ, キャンサ
かにゅう 加入する	abonarse *a* アボナるセ ア	join, enter ヂョイン, エンタ
カヌー	canoa *f* カノア	canoe カヌー
かね 金	dinero *m* ディネろ	money マニ
(金属)	metal *m* メタル	metal メトル
かね 鐘	campana *f* カンパナ	bell ベル
かねつ 加熱	calentamiento *m* カレンタミエント	heating ヒーティング
かねつ 過熱	recalentamiento *m* れカレンタミエント	overheating オウヴァヒーティング
かねもう 金儲け	ganancia *f* ガナンしア	moneymaking マニメイキング
〜する	ganar dinero ガナる ディネろ	make money メイク マニ

日	西	英
かねも 金持ち	rico(a) *m,f* リコ（カ）	rich person リチ パーソン
か 兼ねる	combinar *con* コンビナる コン	combine *with* コンバイン
（兼職）	desempeñar al mismo tiempo デセンペニャる アル ミスモ ティエンポ	hold ... concurrently ホウルド コンカーレントリ
かのうせい 可能性	posibilidad *f* ポシビリダド	possibility パスィビリティ
かのう 可能な	posible ポシブレ	possible パスィブル
かのじょ 彼女	ella エジャ	she シー
かば 河馬	hipopótamo *m* イポポタモ	hippopotamus ヒポパタマス
カバー	cubierta *f* クビエるタ	cover カヴァ
～する	cubrir クブりる	cover カヴァ
かば 庇う	proteger, encubrir プロテヘる，エンクブりる	protect プロテクト
かばん 鞄	cartera *f* カるテら	bag バグ
かはんすう 過半数	mayoría *f* マジョリア	majority マチョーリティ
かび 黴	moho *m* モオ	mold, mildew モウルド，ミルデュー
がびょう 画鋲	chincheta *f* チンチェタ	thumbtack サムタク
かびん 花瓶	florero *m* フロれろ	vase ヴェイス
かぶ 株	cepa *f* セぱ	stump スタンプ
（株式）	acción *f* アクしオン	stocks スタクス
かぶ 蕪	nabo *m* ナボ	turnip ターニプ
カフェ	café *m* カフェ	café, coffeehouse キャフェイ，コーフィハウス

日	西	英
カフェイン	cafeína f カフェイナ	caffeine キャフィーン
カフェテリア	cafetería f カフェテリア	cafeteria キャフェティアリア
かぶけん 株券	acciones fpl アクシオネス	stock certificate スタク サティフィケト
かぶしき 株式	acción f アクシオン	stocks スタクス
～会社	sociedad anónima f ソシエダド アノニマ	joint-stock corporation ヂョイントスタク コーポレイション
～市場	mercado de acciones m メルカド デ アクシオネス	stock market スタク マーケト
かぶ 被せる	cubrir ... con クブリル コン	cover ... with カヴァ
（帽子を）	poner ポネル	put ... on プト アン
（罪などを）	echar la culpa a エチャル ラ クルパ ア	charge チャーヂ
カプセル	cápsula f カプスラ	capsule キャプスル
かぶと 兜	casco m, yelmo m カスコ, ジェルモ	helmet ヘルメト
かぶとむし 甲虫	escarabajo m エスカらバホ	beetle ビートル
かぶぬし 株主	accionista m,f アクシオニスタ	stockholder スタクホウルダ
かぶ 被る	ponerse ポネルセ	put on, wear プト アン, ウェア
（ほこりなどを）	cubrirse de クブリルセ デ	be covered with ビ カヴァド
かぶれ	irritación f イりタシオン	skin eruptions スキン イラプションズ
かふん 花粉	polen m ポレン	pollen パルン
かべ 壁	pared f パれド	wall, partition ウォール, パーティション
かへい 貨幣	moneda f モネダ	money, coin マニ, コイン
かべがみ 壁紙	papel pintado m パペル ピンタド	wallpaper ウォールペイパ

日	西	英
花弁 かべん	pétalo *m* ペタロ	petal ペタル
南瓜 かぼちゃ	calabaza *f* カラバサ	pumpkin パンプキン
釜 かま	olla *f* オジャ	iron pot アイアン パト
窯 かま	horno (alfarero) *m* オるノ (アルファれろ)	kiln キルン
構う かま	preocuparse *por* プれオクパるセ ポる	care *about*, mind ケア, マインド
(干渉する)	entrometerse *en* エントろメテるセ エン	meddle *in, with* メドル
(世話する)	cuidar クイダる	care *for* ケア
蟷螂 かまきり	mantis religiosa *f* マンティス れリヒオサ	mantis マンティス
我慢 がまん	paciencia *f* パしエンしア	patience ペイシェンス
～する	aguantar アグアンタる	be patient ビ ペイシェント
紙 かみ	papel *m* パペル	paper ペイパ
神 かみ	dios *m* ディオス	god ガド
(女神)	diosa *f* ディオサ	goddess ガデス
髪 かみ	pelo *m* ペロ	hair ヘア
剃刀 かみそり	navaja de afeitar *f* ナバハ デ アフェイタる	razor レイザ
過密な かみつ	apretado(*a*) アプれタド(ダ)	tight, heavy タイト, ヘヴィ
(都市が)	superpoblado(*a*) スペるポブラド(ダ)	overpopulated オウヴァパピュレイテド
カミツレ	manzanilla *f* マンさニジャ	camomile カママイル
雷 かみなり	trueno *m* トるエノ	thunder サンダ
～が鳴る	Truena. トるエナ	It thunders. イト サンダズ

日	西	英
仮眠	sueñecillo *m* スエニェしジョ	doze ドウズ
噛む	morder モルデラ	bite, chew, gnaw バイト, チュー, ノー
ガム	chicle *m* チクレ	chewing gum チューイング ガム
カムフラージュ	camuflaje *m* カムフラヘ	camouflage キャモフラージュ
亀	tortuga *f* トルトゥガ	tortoise, turtle トータス, タートル
加盟	ingreso *m* イングれソ	affiliation アフィリエイション
〜する	ingresar en イングれサる エン	be affiliated ビ アフィリエイテド
カメラ	cámara (fotográfica) *f* カマら (フォトグらフィカ)	camera キャメラ
〜マン	cámara *m,f* カマら	cameraman キャメラマン
(写真家)	fotógrafo(a) *m,f* フォトグらフォ(ファ)	photographer フォタグラファ
カメレオン	camaleón *m* カマレオン	chameleon カミーリオン
仮面	máscara *f* マスカら	mask マスク
〜をかぶる	enmascararse エンマスカらるセ	mask, disguise マスク, ディスガイズ
画面	imagen *f* イマヘン	screen, picture スクリーン, ピクチャ
鴨	pato salvaje *m* パト サルバヘ	duck ダク
科[課]目	asignatura *f* アシグナトゥら	subject サブヂェクト
羚羊	antílope *m* アンティロペ	antelope アンテロウプ
貨物	carga *f* カるガ	freight, cargo フレイト, カーゴウ
〜船	buque de carga *m* ブケ デ カるガ	freighter フレイタ
〜列車	tren de mercancías *m* トれン デ メるカンシアス	freight train フレイト トレイン

日	西	英
<ruby>鴎<rt>かもめ</rt></ruby>	gaviota *f* ガビオタ	seagull スィーガル
<ruby>火薬<rt>かやく</rt></ruby>	pólvora *f* ポルボら	gunpowder ガンパウダ
<ruby>粥<rt>かゆ</rt></ruby>	gachas de arroz *fpl* ガチャス デ アろす	rice gruel ライス グルーエル
<ruby>痒い<rt>かゆ</rt></ruby>	que escuece ケ エスクエせ	itchy イチ
<ruby>通う<rt>かよ</rt></ruby>	ir *a* イる ア	commute *to*, attend カミュート, アテンド
（頻繁に）	frecuentar フれクエンタる	visit frequently ヴィジト フリークウェントリ
<ruby>火曜日<rt>かようび</rt></ruby>	martes *m* マるテス	Tuesday テューズディ
<ruby>殻<rt>から</rt></ruby>	cáscara *f* カスカら	husks ハスクス
（貝の）	concha *f* コンチャ	shell シェル
（卵の）	cascarón *m* カスカロン	eggshell エグシェル
<ruby>柄<rt>がら</rt></ruby>	dibujo *m*, diseño *m* ディブホ, ディセニョ	pattern, design パタン, ディザイン
カラー	color *m* コロる	color カラ
（襟）	cuello *m* クエジョ	collar カラ
～テレビ	televisión en color *f* テレビシオン エン コロる	color television カラ テレヴィジョン
～フィルム	película en color *f* ペリクラ エン コロる	color film カラ フィルム
<ruby>辛い<rt>から</rt></ruby>	picante ピカンテ	hot, pungent ハト, パンヂャント
（塩辛い）	salad*o(a)* サラド(ダ)	salty ソールティ
（厳しい）	riguros*o(a)* りグロソ(サ)	severe スィヴィア
からかう	reírse *de* れイるセ デ	make fun *of* メイク ファン
がらくた	objetos sin valor *mpl* オブヘトス シン バロる	rubbish, trash ラビシュ, トラシュ

日	西	英
辛口の（からくちの）	seco(a) セコ(カ)	dry ドライ
（批評などが）	mordaz モルダす	harsh, sharp ハーシュ, シャープ
芥子（からし）	mostaza f モスタさ	mustard マスタド
烏（からす）	cuervo m クエるボ	crow クロウ
ガラス	cristal m クリスタル	glass グラス
体（からだ）	cuerpo m クエるポ	body バディ
（体格）	constitución f コンスティトゥしオン	physique フィズィーク
（健康）	salud f サルド	health ヘルス
カラフルな	de colores vivos デ コロれス ビボス	colorful カラフル
借り（かり）	deuda f デウダ	debt, loan デト, ロウン
狩り（かり）	caza f カさ	hunting ハンティング
借り入れ（かりいれ）	préstamo m プれスタモ	borrowing バロウイング
カリウム	potasio m ポタシオ	potassium ポタスィアム
カリキュラム	currículo m クリクロ	curriculum カリキュラム
カリスマ	carisma m カリスマ	charisma カリズマ
仮の（かりの）	temporal テンポラル	temporary テンポレリ
カリフラワー	coliflor f コリフロる	cauliflower コーリフラウア
下流（かりゅう）	curso bajo (de un río) m クるソ バホ (デ ウン りオ)	lower reaches ロウア リーチズ
借りる（かりる）	pedir prestado(a) ペディる プれスタド(ダ)	borrow, rent バロウ, レント

| 日 | 西 | 英 |

刈る cosechar /コセチャる/ reap, harvest /リープ, ハーヴェスト/
(髪を) cortar el pelo /コるタる エル ペロ/ cut /カト/

■体■ cuerpo /クエるポ/ m

頭 (あたま)	cabeza /カベさ/ f (英 head)
髪 (かみ)	pelo /ペロ/ m (英 hair)
顔 (かお)	cara /カら/ f (英 face)
眉 (まゆ)	ceja /せハ/ f (英 eyebrow)
睫毛 (まつげ)	pestaña /ペスタニャ/ f (英 eyelashes)
目 (め)	ojo /オホ/ m (英 eye)
耳 (みみ)	oreja f, oído /オれハ, オイド/ m (英 ear)
鼻 (はな)	nariz /ナりす/ f (英 nose)
口 (くち)	boca /ボカ/ f (英 mouth)
歯 (は)	diente /ディエンテ/ m (英 tooth)
肩 (かた)	hombro /オンブろ/ m (英 shoulder)
首 (くび)	cuello /クエジョ/ m (英 neck)
胸 (むね)	pecho /ペチョ/ m (英 breast, chest)
腹 (はら)	barriga f, vientre /バりガ, ビエントれ/ m (英 belly)
背 (せ)	espalda /エスパルダ/ f (英 back)
腕 (うで)	brazo /ブらそ/ m (英 arm)
手 (て)	mano /マノ/ f (英 hand)
手首 (てくび)	muñeca /ムニェカ/ f (英 wrist)
掌 (てのひら)	palma /パルマ/ f (英 palm of the hand)
肘 (ひじ)	codo /コド/ m (英 elbow)
腰 (こし)	cintura /スィントゥら/ f (英 waist)
足 (あし)	pie /ピエ/ m (英 foot)
膝 (ひざ)	rodilla /ろディジャ/ f (英 knee, lap)
股 (もも)	muslo /ムスロ/ m (英 thigh)
脹ら脛 (ふくらはぎ)	pantorrilla /パントりジャ/ f (英 calf)
足首 (あしくび)	tobillo /トビジョ/ m (英 ankle)

日	西	英
軽い	ligero(a) リへロ(ら)	light, slight ライト, スライト
（気楽な）	fácil ファしル	easy イーズィ
カルシウム	calcio m カルしオ	calcium キャルスィアム
カルテ	hoja clínica f オハ クリニカ	medical chart メディカル チャート
カルテット	cuarteto m クアるテト	quartet クウォーテト
カルテル	cartel m カるテル	cartel カーテル
彼	él エル	he ヒー
かれい	rodaballo m ろダバジョ	flatfish, flounder フラトフィシュ, フラウンダ
華麗な	magnífico(a) マグニフィコ(カ)	splendid, gorgeous スプレンディド, ゴーチャス
ガレージ	garaje m ガらへ	garage ガラージ
彼等	ellos エジョス	they ゼイ
枯れる	secarse セカるセ	wither, die ウィザ, ダイ
（円熟する）	madurar マドゥらる	mature マテュア
カレンダー	calendario m カレンダりオ	calendar キャレンダ
過労	exceso de trabajo m エクスせソ デ トらバホ	overwork オウヴァワーク
画廊	galería de arte f ガレリア デ アるテ	art gallery アート ギャラリ
辛うじて	a duras penas ア ドゥらス ペナス	barely ベアリ
カロリー	caloría f カロリア	calorie キャロリ
軽んじる	tomar ... a la ligera トマる ア ラ リへら	make light *of* メイク ライト

日	西	英
かわ 川	río m リオ	river リヴァ
かわ 皮	piel f ピエル	skin スキン
（獣皮）	cuero m クエロ	hide, leather, fur ハイド, レザ, ファー
（樹皮）	corteza f コルテサ	bark バーク
（果皮）	cáscara f カスカら	peel ピール
がわ 側	lado m ラド	side サイド
かわい 可愛い	bonito(a) ボニト(タ)	pretty, lovely プリティ, ラヴリ
かわい 可愛がる	querer, tratar con cariño ケれる, トらタる コン カリニョ	love, pet ラヴ, ペト
かわいそう 可哀想な	pobre ポブれ	poor, pitiable プア, ピティアブル
かわい 可愛らしい	bonito(a) ボニト(タ)	lovely, charming ラヴリ, チャーミング
かわ 乾かす	secar セカる	dry ドライ
かわかみ 川上	cuenca superior f クエンカ スペリオる	upper reaches アパ リーチズ
かわ 乾く	secarse セカるセ	dry (up) ドライ (アプ)
かわしも 川下	cuenca inferior f クエンカ インフェリオる	lower reaches ロウア リーチズ
かわせ 為替	giro m ヒロ	money order マニ オーダ
～レート	cotización de cambio f コティさしオン デ カンビオ	exchange rate イクスチェインヂ レイト
か 代わり	sustituto m ススティトゥト	substitute サブスティテュート
～に	en lugar [vez] de エン ルガる [べす] デ	instead of, for インステド
か 変わりやすい	variable バリアブレ	changeable チェインヂャブル
か 代わる	sustituir ススティトゥイる	replace リプレイス

138

日	西	英
変わる	cambiar カンビアる	change, turn *into* チェインヂ, ターン
勘	intuición f イントゥイしオン	intuition インテューイション
感	sentimiento m センティミエント	feeling, sense フィーリング, センス
（印象）	impresión f インプれしオン	impression インプレション
管	tubo m トゥボ	tube, pipe テューブ, パイプ
缶	lata f ラタ	can キャン
癌	cáncer m カンせる	cancer キャンサ
肝炎	hepatitis f エパティティス	hepatitis ヘパタイティス
棺桶	ataúd m アタウド	coffin コーフィン
眼科	oftalmología f オフタルモロヒア	ophthalmology アフサルマロヂ
灌漑	regadío m れガディオ	irrigation イリゲイション
考え	pensamiento m ペンサミエント	thought, thinking ソート, スィンキング
（観念）	idea f イデア	idea アイディーア
（意見）	opinión f オピニオン	opinion オピニョン
考える	pensar ペンサる	think スィンク
感覚	sentimiento m, sentido m センティミエント, センティド	sense, feeling センス, フィーリング
間隔	intervalo m インテるバロ	space, interval スペイス, インタヴァル
管轄	jurisdicción f フリスディクしオン	jurisdiction ヂュアリスディクション
管楽器	instrumento (musical) de viento m インストるメント (ムシカル) デ ビエント	wind instrument ウィンド インストルメント

日	西	英
カンガルー	canguro *m* カングろ	kangaroo キャンガルー
かんき 換気	ventilación *f* ベンティラしオン	ventilation ヴェンティレイション
〜する	ventilar un lugar ベンティラる ウン ルガる	ventilate ヴェンティレイト
かんきゃく 観客	espectador(*a*) *m,f* エスペクタドる (ら)	spectator スペクテイタ
〜席	asiento *m* アシエント	seat, stand スィート, スタンド
かんきょう 環境	medio ambiente *m*, entorno *m* メディオ アンビエンテ, エントるノ	environment インヴァイアロンメント
かんきり 缶切り	abrelatas *m* アブれラタス	can opener キャン オウプナ
かんきん 監禁	reclusión *f* れクルシオン	confinement コンファインメント
がんきん 元金	principal *m* プリンしパル	principal プリンスィパル
かんけい 関係	relación *f* れラしオン	relation(ship) リレイション (シプ)
〜する	relacionarse *con* れラしオナるセ コン	be related *to* ビ リレイテド
(連座)	estar implicado(*a*) *en* エスタる インプリカド(ダ) エン	be involved *in* ビ インヴァルヴド
かんげい 歓迎	bienvenida *f* ビエンベニダ	welcome ウェルカム
〜会	recepción de bienvenida *f* れセプしオン デ ビエンベニダ	reception リセプション
〜する	dar la bienvenida *a* ダる ラ ビエンベニダ ア	welcome ウェルカム
かんげき 感激	emoción *f* エモしオン	deep emotion ディープ イモウション
〜する	emocionarse エモしオナるセ	be deeply moved *by* ビ ディープリ ムーヴド
かんけつ 完結	terminación *f* テるミナしオン	conclusion コンクルージョン
〜する	terminar テるミナる	finish フィニシュ
かんけつ 簡潔な	conciso(*a*) コンしソ (サ)	brief, concise ブリーフ, コンサイス

日	西	英
かんげんがく 管弦楽	música de orquesta f ムシカ デ オるケスタ	orchestral music オーケストラル ミューズィク
～団	orquesta f オるケスタ	orchestra オーケストラ
かんご 看護	enfermería f エンフェるメリア	nursing ナースィング
～する	cuidar クイダる	nurse ナース
かんこう 観光	turismo m トゥリスモ	sightseeing サイトスィーイング
～案内所	oficina de turismo f オフィシナ デ トゥリスモ	tourist information center トゥアリスト インフォメイション センタ
～客	turista m,f トゥリスタ	tourist トゥアリスト
～バス	autocar de turismo m アウトカる デ トゥリスモ	sightseeing bus サイトスィーイング バス
かんこうちょう 官公庁	oficinas gubernamentales y municipales fpl オフィシナス グべるナメンタレス イ ムニシパレス	government and municipal offices ガヴァンメント アンド ミューニスィパル オーフィスィーズ
かんこうへん 肝硬変	cirrosis f しろシス	cirrhosis スィロウスィス
かんこく 韓国	Corea del Sur コれア デル スる	South Korea サウス コリーア
～語	coreano m コれアノ	Korean コリーアン
かんごし 看護師	enfermero(a) m,f エンフェるメろ(ら)	nurse ナース
がんこ 頑固な	terco(a) テるコ(カ)	stubborn, obstinate スタボン, アブスティネト
かんさ 監査	inspección f インスペクしオン	inspection インスペクション
かんさつ 観察	observación f オブセるバしオン	observation アブザヴェイション
～する	observar オブセるバる	observe オブザーヴ
かんさん 換算	conversión f コンべるシオン	conversion コンヴァージョン
～する	convertir コンべるティる	convert コンヴァート

日	西	英
〜率	tipo de cambio *m* ティポ デ カンビオ	exchange rate イクスチェインヂ レイト
かんし 冠詞	artículo *m* アるティクロ	article アーティクル
かんし 監視	vigilancia *f* ビヒランしア	surveillance サヴェイランス
かん 感じ	sensación *f* センサしオン	feeling フィーリング
(印象)	impresión *f* インプれシオン	impression インプレション
かんじ 漢字	carácter chino *m* カらクテる チノ	Chinese character チャイニーズ キャラクタ
かんしゃ 感謝	agradecimiento *m* アグらデしミエント	thanks サンクス
〜する	agradecer アグらデせる	thank サンク
かんじゃ 患者	paciente *m,f* パしエンテ	patient, case ペイシェント, ケイス
かんしゅう 観衆	espectadores *mpl*, audiencia *f* エスペクタドれス, アウディエンしア	spectators, the audience スペクテイタズ, ジ オーディエンス
かんじゅせい 感受性	sensibilidad *f* センシビリダド	sensibility センスィビリティ
がんしょ 願書	solicitud *f* ソリしトゥド	application アプリケイション
かんしょう 干渉	intromisión *f* イントろミシオン	intervention インタヴェンション
〜する	entrometerse *en* エントろメテるセ エン	interfere インタフィア
かんしょう 感傷	sentimentalismo *m* センティメンタリスモ	sentiment センティメント
かんしょう 鑑賞	aprecio *m* アプれしオ	appreciation アプリ〜シエイション
〜する	apreciar アプれしアる	appreciate アプリ〜シエイト
かんじょう 勘定	cuenta *f* クエンタ	calculation キャルキュレイション
(支払い)	pago *m* パゴ	payment ペイメント
(勘定書)	cuenta *f* クエンタ	bill ビル

日	西	英
～する	pagar la cuenta パガル ラ クエンタ	count, calculate カウント, キャルキュレイト
かんじょう 感情	sentimiento m センティミエント	feeling, emotion フィーリング, イモウション
（激情）	pasión f パシオン	passion パション
がんじょうな 頑丈な	fuerte, resistente フエルテ, れシステンテ	strong, stout ストロング, スタウト
かん 感じる	sentir センティる	feel フィール
かんしん 関心	interés m インテれス	concern, interest コンサーン, インタレスト
かんしん 感心する	admirar アドミらる	admire アドマイア
かんしん 感心な	admirable アドミらブレ	admirable アドミラブル
かんじん 肝心な	importante, esencial インポるタンテ, エセンしアル	important, essential インポータント, イセンシャル
かんせい 完成	acabamiento m アカバミエント	completion コンプリーション
～する	acabar アカバる	complete, accomplish コンプリート, アカンプリシュ
かんせい 歓声	ovación f オバしオン	shout of joy シャウト オヴ チョイ
かんぜい 関税	derechos arancelarios mpl デれチョス アらンせラリオス	customs, duty カスタムズ, デューティ
かんせいとう 管制塔	torre de control f トれ デ コントろル	control tower コントロウル タウア
がんせき 岩石	roca f, peña f ろカ, ペニャ	rock ラク
かんせつ 関節	articulación f アるティクラしオン	joint チョイント
かんせつぜい 間接税	impuesto indirecto m インプエスト インディれクト	indirect tax インディレクト タクス
かんせつの 間接の	indirecto(a) インディれクト(タ)	indirect インディレクト
かんせん 感染	infección f, contagio m インフェクしオン, コンタヒオ	infection, contagion インフェクション, コンテイヂョン

日	西	英
かんぜん 完全	perfección *f* ぺるフェクしオン	perfection パフェクション
〜な	perfecto(*a*) ぺるフェクト(タ)	perfect パーフィクト
かんせん 観戦する	ver el partido べる エル パるティド	watch a game ワチ ア ゲイム
かんせんどうろ 幹線道路	carretera troncal *f* カれテら トろンカル	highway ハイウェイ
かんそ 簡素な	sencillo(*a*) センしジョ(ジャ)	simple スィンプル
かんそう 乾燥	sequedad *f* セケダド	dryness ドライネス
〜する	secarse セカるセ	dry ドライ
かんそう 感想	impresión *f* インプれシオン	thoughts, impressions ソーツ, インプレションズ
かんぞう 肝臓	hígado *m* イガド	liver リヴァ
かんそうきょく 間奏曲	intermedio *m* インテるメディオ	intermezzo インタメッツォウ
かんそく 観測	observación *f* オブセるバしオン	observation アブザヴェイション
〜する	observar オブセるバる	observe オブザーヴ
かんたい 寒帯	zona glacial *f* ソナ グラしアル	Frigid Zone フリヂド ゾーン
かんだいな 寛大な	tolerante, generoso(*a*) トレらンテ, ヘネろソ(サ)	generous ヂェネラス
がんたん 元旦	primer día del año *m* プリメる ディア デル アニョ	New Year's Day ニューイアズ デイ
かんだんけい 寒暖計	termómetro *m* テるモメトろ	thermometer サマメタ
かんたんする 感嘆する	admirar アドミらる	admire アドマイア
かんたんな 簡単な	sencillo(*a*), fácil センしジョ(ジャ), ファしル	simple, easy スィンプル, イーズィ
かんちがいする 勘違いする	confundirse コンフンディるセ	mistake ミステイク

144

日	西	英
かんちょう 干潮	marea baja f マれア バハ	low water ロウ ウォータ
かんちょう 潅[浣]腸	enema m(f) エネマ	enema エネマ
かんつう 姦通	adulterio m アドゥルテリオ	adultery アダルタリ
かんづ 缶詰め	conservas fpl コンセるバス	canned food キャンド フード
かんてい 鑑定	juicio m, peritaje m フイしオ, ぺリタヘ	expert opinion エグスパート オピニョン
かんてい 官邸	residencia oficial f れシデンしア オフィしアル	official residence オフィシャル レズィデンス
かんてん 観点	punto de vista m プント デ ビスタ	viewpoint ヴューポイント
かんでんち 乾電池	pila (seca) f ピラ (セカ)	dry cell ドライ セル
かんどう 感動	emoción f エモしオン	impression, emotion インプレション, イモウション
～する	conmoverse por コンモべるセ ポる	be moved by ビ ムーヴド
～的な	conmovedor(a) コンモベドる(ら)	impressive インプレスィヴ
かんとうし 間投詞	interjección f インテるヘクしオン	interjection インタチェクション
かんとく 監督	supervisión f スペるビシオン	supervision スーパヴィジャン
(人)	supervisor(a) m,f スペるビソる(ら)	superintendent シューパリンテンデント
(映画の)	director(a) m,f ディれクトる(ら)	director ディレクタ
(スポーツの)	entrenador(a) m,f エントれナドる(ら)	manager マニヂャ
～する	dirigir ディりヒる	supervise スーパヴァイズ
かんな 鉋	cepillo m セピジョ	plane プレイン
カンニング	trampa f トらンパ	cheating チーティング
かんねん 観念	concepto m コンセプト	idea, conception アイディーア, コンセプション
(あきらめ)	resignación f れシグナしオン	resignation レズィグネイション

日	西	英
かんぱ 寒波	ola de frío *f* オラ デ フリオ	cold wave コウルド ウェイヴ
かんぱい 乾杯	brindis *m* ブリンディス	toast トウスト
〜する	brindar *por* ブリンダる ポル	drink a toast *to* ドリンク ア トウスト
カンバス	lienzo *m* リエンそ	canvas キャンヴァス
かんばつ 旱魃	sequía *f* セキア	drought ドラウト
がんば 頑張る	trabajar duramente トらバハル ドゥらメンテ	work hard ワーク ハード
（持ちこたえる）	resistir れシスティる	hold out ホウルド アウト
（主張する）	insistir *en* インシスティる エン	insist *on* インスィスト
かんばん 看板	letrero *m* レトれろ	billboard, signboard ビルボード, サインボード
かんぱん 甲板	cubierta *f* クビエるタ	deck デク
かんびょう 看病	asistencia *f* アシステンしア	nursing ナースィング
〜する	cuidar クイダる	nurse, look after ナース, ルク アフタ
かんぶ 幹部	dirección *f* ディれクしオン	management マニヂメント
かんぺき 完璧	perfección *f* ぺるフェクしオン	perfection パフェクション
〜な	perfecto(*a*) ぺるフェクト(タ)	flawless, perfect フローレス, パーフィクト
かんべん 勘弁する	perdonar ぺるドナる	pardon, forgive パードン, フォギヴ
がんぼう 願望	deseo *m* デセオ	wish, desire ウィシュ, ディザイア
カンマ	coma *f* コマ	comma カマ
かんむり 冠	diadema *f* ディアデマ	crown クラウン

日	西	英
かんゆう 勧誘	solicitación f ソリシタシオン	solicitation ソリシィテイション
～する	solicitar ソリシタる	solicit ソリスィト
かんよ 関与	participación f パルティシパシオン	participation パーティスィペイション
～する	participar en パルティシパる エン	participate in パーティスィペイト
かんよう 寛容な	tolerante, generoso(a) トレらンテ、ヘネロソ(サ)	tolerant, generous タララント、ヂェネラス
かんようく 慣用句	modismo m モディスモ	idiom イディオム
かんらく 陥落	caída f カイダ	surrender サレンダ
かんらくがい 歓楽街	centro de diversiones m セントロ デ ディベるシオネス	amusement center アミューズメント センタ
かんらんせき 観覧席	asiento m アシエント	seat, stand スィート、スタンド
かんり 管理	guarda f グアるダ	control コントロウル
（支配）	gobierno m ゴビエるノ	management マニヂメント
（保管）	depósito m デポシト	charge チャーヂ
～する	controlar コントロらる	control コントロウル
（管理）	administrar アドミニストらる	manage マニヂ
（保管）	guardar グアるダる	take charge of テイク チャーヂ
～人	portero(a) m,f, conserje m,f ポるテロ(ら)、コンセるへ	caretaker, janitor ケアテイカ、ヂャニタ
かんりゅう 寒流	corriente fría f コりエンテ フりア	cold current コウルド カーレント
かんりょう 完了	conclusión f コンクルシオン	completion コンプリーション
（完了時制）	tiempo perfecto m ティエンポ ぺるフェクト	perfect tense パーフィクト テンス
～する	terminar テるミナる	finish, complete フィニシュ、コンプリート

日	西	英
かんりょうしゅぎ 官僚主義	burocracia *f* ブロクらシア	bureaucratism ビュアロクラティズム
かんれい 慣例	costumbre *f* コストゥンブれ	custom, usage カスタム, ユースィヂ
かんれん 関連	relación *f* れラしオン	relation, connection リレイション, コネクション
〜する	relacionarse *con* れラしオナるセ コン	be related *to* ビ リレイテド
かんろく 貫禄	presencia *f* プれセンしア	dignity ディグニティ
かんわ 緩和	mitigacion *f* ミティガしオン	mitigation ミティゲイション
〜する	mitigar ミティガる	ease, relieve イーズ, リリーヴ

き, キ

日	西	英
き 木	árbol *m* アるボル	tree トリー
（木材）	madera *f* マデら	wood ウド
ギア	engranaje *m* エングらナヘ	gear ギア
きあつ 気圧	presión atmosférica *f* プれシオン アトモスフェリカ	atmospheric pressure アトモスフェリク プレシャ
〜計	barómetro *m* バろメトろ	barometer バロメタ
キー	llave *f* ジャベ	key キー
キーボード	teclado *m* テクラド	keyboard キーボード
キーホルダー	llavero *m* ジャベろ	key ring キー リング
きいろ 黄色	amarillo *m* アマリジョ	yellow イエロゥ
キーワード	palabra clave *f* パラブら クラベ	key word キー ワード
ぎいん 議員	miembro de una asamblea *m* ミエンブろ デ ウナ アサンブレア	member of an assembly メンバ オヴ アナセンブリ

日	西	英
キウイ	kiwi *m* キウィ	kiwi キーウィー
きえる 消える	desaparecer デサパれセる	vanish, disappear ヴァニシュ, ディサピア
(火・明かりが)	apagarse アパガるセ	go out ゴウ アウト
ぎえんきん 義援金	contribución *f* コントリブしオン	contribution カントリビューション
きおく 記憶	memoria *f* メモリア	memory メモリ
～する	aprender de memoria アプれンデる デ メモリア	memorize, remember メモライズ, リメンバ
きおくれする 気後れする	sentirse tímido(*a*) センティるセ ティミド(ダ)	lose heart ルーズ ハート
キオスク	kiosko *m* キオスコ	kiosk キーアスク
きおん 気温	temperatura *f* テンペらトゥら	temperature テンパラチャ
きか 幾何	geometría *f* ヘオメトリア	geometry ヂーアメトリ
きかい 機会	ocasión *f*, oportunidad *f* オカシオン, オポルトゥニダド	opportunity, chance アパテューニティ, チャンス
きかい 機械	máquina *f*, aparato *m* マキナ, アパらト	machine, apparatus マシーン, アパラタス
～工学	ingeniería mecánica *f* インヘニエリア メカニカ	mechanical engineering ミキャニカル エンヂニアリング
ぎかい 議会	asamblea *f* アサンブレア	assembly, congress, parliament アセンブリ, カングレス, パーラメント
きがえ 着替え	cambio de ropa *m* カンビオ デ ろパ	change of clothes チェインヂ オヴ クロウズ
きがかり 気掛かり	preocupación *f* プれオクパしオン	anxiety, worry アングザイエティ, ワーリ
きかく 企画	plan *m* プラン	plan, project プラン, プラヂェクト
～する	planear プラネアる	make a plan メイク ア プラン
きかざる 着飾る	vestirse bien [de gala] ベスティるセ ビエン [デ ガラ]	dress up ドレス アプ

日	西	英
聞かせる	contar コンタる	tell, let ... know テル, レト ノウ
(読んで)	leer *a* レエる ア	read *to* リード
気が付く	darse cuenta *de* ダるセ クエンタ デ	notice ノウティス
(行き届く)	dar un buen servicio ダる ウン ブエン セるビシオ	be attentive ビ アテンティヴ
(覚醒)	volverse en sí ボルべるセ エン シ	come *to* oneself カム
気軽な	desenfadado(a) デセンファダド(ダ)	lighthearted ライトハーテド
器官	órgano *m* オるガノ	organ オーガン
期間	período *m* ペリオド	period, term ピァリアド, ターム
機関	motor *m* モトる	engine, machine エンヂン, マシーン
(機構)	mecanismo *m* メカニスモ	organ オーガン
基幹産業	industria clave *f* インドゥストリア クラベ	key industries キー インダストリズ
季刊誌	revista trimestral *f* れビスタ トりメストらル	quarterly クウォータリ
気管支	bronquio *m* ブろンキオ	bronchus ブランカス
～炎	bronquitis *f* ブろンキティス	bronchitis ブランカイティス
機関車	locomotora *f* ロコモトら	locomotive ロウコモウティヴ
機関銃	ametralladora *f* アメトらジャドら	machine gun マシーン ガン
危機	crisis *f* クリシス	crisis クライスィス
聞き取り	audición *f* アウディシオン	hearing ヒアリング
効き目	efecto *m* エフェクト	effect, efficacy イフェクト, エフィカスィ

日	西	英
ききゅう 気球	globo (aerostático) *m* グロボ（アエロスタティコ）	balloon バルーン
きぎょう 企業	negocio *m* ネゴしオ	enterprise エンタプライズ
きぎょうか 起業家	empresario(a) *m,f* エンプれサりオ(ア)	entrepreneur アーントレプレナー
ぎきょく 戯曲	drama *m* ドラマ	drama, play ドラーマ, プレイ
ききん 基金	fondo *m* フォンド	fund ファンド
ききんぞく 貴金属	metales preciosos *mpl* メタレス プれしオソス	precious metals プレシャス メトルズ
きく 菊	crisantemo *m* クリサンテモ	chrysanthemum クリサンセマム
きく 効く	tener efecto *en* テネる エフェクト エン	have effect *on* ハヴ イフェクト
きく 聞［聴］く	oír, escuchar オイる, エスクチャる	listen *to* リスン
（聞こえる）	oír オイる	hear ヒア
（尋ねる）	preguntar プれグンタる	ask, inquire アスク, インクワイア
きくば 気配り	atención *f* アテンしオン	care, consideration ケア, コンスィダレイション
きげき 喜劇	comedia *f* コメディア	comedy カメディ
きけん 危険	riesgo *m*, peligro *m* りエスゴ, ペリグろ	danger, risk デインヂャ, リスク
〜な	peligroso(a) ペリグろソ(サ)	dangerous, risky デインヂャラス, リスキ
きげん 期限	plazo *m* プラそ	term, deadline ターム, デドライン
きげん 機嫌	humor *m* ウモる	humor, mood ヒューマ, ムード
きげん 紀元	era *f* エら	era イアラ
きげん 起源	origen *m* オリヘン	origin オーリヂン

日	西	英
きこう 気候	clima *m* クリマ	climate, weather クライメト, ウェザ
きごう 記号	signo *m* シグノ	mark, sign マーク, サイン
き 聞こえる	oírse オイルセ	hear ヒア
きこく 帰国	vuelta a su país *f* ブエルタ ア ス パイス	homecoming ホウムカミング
～する	volver a su país ボルベる ア ス パイス	return home リターン ホウム
ぎこちない	torpe トるペ	awkward, clumsy オークワド, クラムズィ
きこん 既婚の	casado(a) カサド(ダ)	married マリド
ぎざぎざの	serrado(a) セらド(ダ)	serrated サレイテド
き 気さくな	cordial コるディアル	frank フランク
きざ 兆し	indicio *m* インディしオ	sign, indication サイン, インディケイション
きざ 気障な	afectado(a) アフェクタド(ダ)	affected アフェクテド
きざ 刻む	cortar コるタる	cut カト
(肉を)	picar ピカる	mince ミンス
きし 岸	orilla *f* オリジャ	bank バンク
きじ 記事	artículo *m* アるティクロ	article アーティクル
きじ 雉	faisán *m* ファイサン	pheasant フェザント
ぎし 技師	ingeniero(a) *m,f* インヘニエろ(ら)	engineer エンヂニア
ぎじ 議事	actas *fpl* アクタス	proceedings プロスィーディングズ
ぎしき 儀式	ceremonia *f* セれモニア	ceremony, rites セレモウニ, ライツ

日	西	英
期日(きじつ)	fecha *f* / フェチャ	date / デイト
軋む(きしむ)	chirriar / チりアる	creak / クリーク
汽車(きしゃ)	tren *m* / トれン	train / トレイン
騎手(きしゅ)	jinete(*a*) *m,f* / ヒネテ(タ)	rider, jockey / ライダ, ヂャキ
記述(きじゅつ)	descripción *f* / デスクりプしオン	description / ディスクリプション
～する	describir / デスクりビる	describe / ディスクライブ
技術(ぎじゅつ)	técnica *f* / テクニカ	technique, technology / テクニーク, テクナロヂ
～提携	cooperación técnica *f* / コオペらしオン テクニカ	technical tie-up / テクニカル タイアプ
基準(きじゅん)	criterio *m* / クリテリオ	standard, basis / スタンダド, ベイスィス
規準(きじゅん)	norma *f* / ノるマ	norm / ノーム
気象(きしょう)	meteorología *f* / メテオろロヒア	weather, meteorology / ウェザ, ミーティアラロヂ
キス	beso *m* / ベソ	kiss / キス
傷(きず)	herida *f* / エりダ	wound, injury / ウーンド, インヂャリ
(品物の)	defecto *m* / デフェクト	flaw / フロー
(心の)	trauma *m* / トラウマ	trauma / トラウマ
奇数(きすう)	número impar *m* / ヌメロ インパる	odd number / アド ナンバ
築く(きずく)	construir / コンストるイる	build, construct / ビルド, コンストラクト
傷付く(きずつく)	hacerse daño / アせるセ ダニョ	be wounded / ビ ウーンデド
傷付ける(きずつける)	hacer daño / アせる ダニョ	wound, injure / ウーンド, インヂャ
(心を)	herir / エりる	hurt / ハート

日	西	英
きずな **絆**	lazos *mpl* ラそス	bond バンド
ぎせい **犠牲**	sacrificio *m* サクりフィしオ	sacrifice サクリファイス
～者	víctima *f* ビクティマ	victim ヴィクティム
きせいちゅう **寄生虫**	parásito *m* パらシト	parasite パラサイト
きせい **既成の**	consumado(*a*) コンスマド(ダ)	accomplished アカンプリシュト
きせいふく **既製服**	prenda de confección *f* プれンダ デ コンフェクしオン	ready-made レディメイド
きせき **奇跡**	milagro *m* ミラグろ	miracle, wonder ミラクル, ワンダ
～的な	milagroso(*a*) ミラグろソ(サ)	miraculous ミラキュラス
きせつ **季節**	estación *f* エスタしオン	season スィーズン
きぜつ **気絶する**	desmayarse デスマジャるセ	faint, swoon フェイント, スウーン
き **着せる**	vestir ベスティる	dress ドレス
（罪を）	echar la culpa *a* エチャる ラ クルパ ア	lay *on* レイ
きせん **汽船**	barco de vapor *m* バるコ デ バポる	steamer スティーマ
ぎぜん **偽善**	hipocresía *f* イポクれシア	hypocrisy ヒパクリスィ
～的な	hipócrita イポクリタ	hypocritical ヒポクリティカル
きそ **基礎**	cimiento *m* シミエント	base ベイス
～的な	fundamental フンダメンタル	fundamental, basic ファンダメントル, ベイスィク
きそ **起訴**	acusación *f* アクサしオン	prosecution プラスィキューション
～する	acusar アクサる	prosecute プラスィキュート
きそう **起草する**	preparar プれパらる	make out a draft メイク アウト ア ドラフト

日	西	英
きそ 競う	competir コンペティる	compete コンピート
きぞう 寄贈	donación *f* ドナシオン	donation ドウネイション
ぎそう 偽装	camuflaje *m* カムフラヘ	camouflage キャモフラージュ
ぎぞう 偽造する	falsificar ファルシフィカる	forge フォーヂ
きそく 規則	regla *f* れグラ	rule, regulations ルール, レギュレイションズ
～的な	regular れグラる	regular レギュラ
きぞく 貴族	noble *m,f* ノブレ	noble, aristocrat ノウブル, アリストクラト
きた 北	norte *m* ノるテ	north ノース
ギター	guitarra *f* ギタら	guitar ギター
きた 北アメリカ	Norteamérica ノるテアメリカ	North America ノース アメリカ
きたい 期待	expectativa *f* エクスペクタティバ	expectation エクスペクテイション
～する	esperar エスペらる	expect イクスペクト
きたい 気体	gas *m* ガス	gaseous body, gas ギャスィアス バディ, ギャス
ぎだい 議題	tema (de discusión) *m* テマ (デ ディスクシオン)	agenda アヂェンダ
きた 鍛える	forjar フォるハる	forge, temper フォーヂ, テンパ
（心身を）	entrenar エントれナる	train トレイン
きたく 帰宅	vuelta a casa *f* ブエルタ ア カサ	returning home リターンング ホウム
～する	volver a casa ボルベる ア カサ	return home, get home リターン ホウム, ゲト ホウム
きたな 汚い	sucio(a) スシオ(ア)	dirty, soiled ダーティ, ソイルド
（金銭に）	mezquino(a), avaro(a) メスキノ(ナ), アバロ(ら)	stingy スティンヂ

155

き

日	西	英
汚らしい（きたな）	sucio(*a*) スしオ（ア）	dirty-looking ダーティルキング
基地（きち）	base *f* バセ	base ベイス

■気象■ meteorología / メテオろロヒア / *f*

晴れ（は） buen tiempo / ブエン ティエンポ / *m* ([英] fine weather)

曇り（くも） nubosidad / ヌボシダド / *f* ([英] cloudy weather)

雨（あめ） lluvia / ジュビア / *f* ([英] rain)

小雨（こさめ） llovizna / ジョビすナ / *f* ([英] light rain)

俄か雨（にわ あめ） chubasco / チュバスコ / *m* ([英] shower)

豪雨（ごうう） lluvia torrencial / ジュビア トれンしアル / *f* ([英] heavy rain)

雪（ゆき） nieve / ニエベ / *f* ([英] snow)

雪崩（なだれ） avalancha / アバランチャ / *f* ([英] avalanche)

霙（みぞれ） aguanieve / アグアニエベ / *f* ([英] sleet)

霧（きり） niebla / ニエブラ / *f* ([英] fog, mist)

雷（かみなり） trueno / トるエノ / *m* ([英] thunder)

雷雨（らいう） tormenta con truenos y lluvia / トるメンタ コン トるエノス イ ジュビア / *f* ([英] thunderstorm)

風（かぜ） viento / ビエント / *m* ([英] wind)

台風（たいふう） tifón / ティフォン / *m* ([英] typhoon)

スコール aguacero / アグアせろ / *m* ([英] squall)

気温（きおん） temperatura / テンぺらトゥら / *f* ([英] temperature)

湿度（しつど） humedad / ウメダド / *f* ([英] humidity)

風力（ふうりょく） fuerza del viento / フエるさ デル ビエント / *f* ([英] force of the wind)

気圧（きあつ） presión atmosférica / プれシオン アトモスフェりカ / *f* ([英] atmospheric pressure)

高気圧（こうきあつ） alta presión atmosférica / アルタ プれシオン アトモスフェりカ / *f* ([英] high atmospheric pressure)

低気圧（ていきあつ） baja presión atmosférica / バハ プれシオン アトモスフェりカ / *f* ([英] low atmospheric pressure)

日	西	英
きちょう 機長	capitán(ana) (del avión) m,f カピタン(タナ)（デル アビオン）	captain キャプティン
ぎちょう 議長	presidente(a) m,f プレシデンテ(タ)	chairperson チェアパースン
きちょうな 貴重な	precioso(a) プレしオソ(サ)	precious, valuable プレシャス, ヴァリュアブル
きちょうひん 貴重品	artículos de valor mpl アるティクロス デ バロる	valuables ヴァリュアブルズ
きちょうめんな 几帳面な	metódico(a) メトディコ(カ)	exact, methodical イグザクト, ミサディカル
きちんと	en orden エン オるデン	exactly, accurately イグザクトリ, アキュレトリ
きつい	duro(a) ドゥろ(ら)	strong, hard ストロング, ハード
（窮屈な）	apretado(a) アプれタド(ダ)	tight タイト
きつえん 喫煙	fumar m フマる	smoking スモウキング
～室	sala de fumar f サラ デ フマる	smoking room スモウキング ルーム
～車	vagón para fumadores m バゴン パら フマドレス	smoking car スモウキング カー
きづかう 気遣う	preocuparse por プれオクパるセ ポる	mind, worry マインド, ワーリ
きっかけ 切っ掛け	ocasión f オカシオン	chance, opportunity チャンス, アポテューニティ
（初め）	principio m プリンしピオ	start スタート
（手がかり）	clave f クラベ	clue クルー
キック	patada f パタダ	kick キク
きづく 気付く	notar ノタる	notice ノウティス
きっさてん 喫茶店	salón de té m, cafetería f サロン デ テ, カフェテリア	coffee shop, tearoom コフィ シャプ, ティールム
きっすいの 生粋の	puro(a) プろ(ら)	genuine, native チェニュイン, ネイティヴ
キッチン	cocina f コしナ	kitchen キチン

日	西	英
きつつき 啄木鳥	pájaro carpintero *m* パハろ カるピンテろ	woodpecker ウドペカ
きって 切手	sello (postal) *m* セジョ （ポスタル）	stamp スタンプ
きっと	seguramente セグらメンテ	surely, certainly シュアリ，サートンリ
きつね 狐	zorro(*a*) *m,f* そろ(ら)	fox ファクス
きっぷ 切符	billete *m* ビジェテ	ticket ティケト
きてい 規定	regla *f* れグラ	regulations レギュレイションズ
きどう 軌道	órbita *f* オるビタ	orbit オービト

■季節■ estación /エスタしオン/ *f*

はる 春 primavera /プりマべら/ *f* ([英] spring)
なつ 夏 verano /べらノ/ *m* ([英] summer)
あき 秋 otoño /オトニョ/ *m* ([英] autumn, fall)
ふゆ 冬 invierno /インビエるノ/ *m* ([英] winter)
いちがつ 一月 enero /エネろ/ *m* ([英] January)
にがつ 二月 febrero /フェブれろ/ *m* ([英] February)
さんがつ 三月 marzo /マるそ/ *m* ([英] March)
しがつ 四月 abril /アブりル/ *m* ([英] April)
ごがつ 五月 mayo /マジョ/ *m* ([英] May)
ろくがつ 六月 junio /フニオ/ *m* ([英] June)
しちがつ 七月 julio /フリオ/ *m* ([英] July)
はちがつ 八月 agosto /アゴスト/ *m* ([英] August)
くがつ 九月 septiembre /セプティエンブれ/ *m* ([英] September)
じゅうがつ 十月 octubre /オクトゥブれ/ *m* ([英] October)
じゅういちがつ 十一月 noviembre /ノビエンブれ/ *m* ([英] November)
じゅうにがつ 十二月 diciembre /ディしエンブれ/ *m* ([英] December)

日	西	英
きど 気取る	ser afectado(a) セる アフェクタド(ダ)	be affected ビ アフェクテド
き い 気に入る	gustar グスタる	be pleased *with* ビ プリーズド
き 気にする	inquietarse *por* インキエタるセ ポる	worry *about* ワーリ
きにゅう 記入	entrada *f* エントらダ	writing ライティング
〜する	apuntar *en* アプンタる エン	write *in* ライト
きぬ 絹	seda *f* セダ	silk スィルク
〜糸	hilo de seda *m* イロ デ セダ	silk thread スィルク スレド
〜織物	artículos de seda *mpl* アるティクロス デ セダ	silk goods スィルク グヅ
きねん 記念	conmemoración *f* コンメモらしオン	commemoration コメモレイション
〜碑	monumento *m* モヌメント	monument マニュメント
〜日	día conmemorativo *m* ディア コンメモらティボ	memorial day メモーリアル デイ
きのう 機能	función *f* フンしオン	function ファンクション
きのう 昨日	ayer アジェる	yesterday イェスタディ
ぎのう 技能	habilidad *f* アビリダド	skill スキル
きのこ 茸	seta *f* セタ	mushroom マシュルム
き どく 気の毒な	pobre ポブれ	pitiable, poor ピティアブル, プア
きばつ 奇抜な	original オリヒナル	novel, original ナヴェル, オリヂナル
きば 気晴らし	pasatiempo *m* パサティエンポ	pastime, diversion パスタイム, ダイヴァーション
きはん 規範	norma *f* ノるマ	norm ノーム

日	西	英
基盤	base *f*	base, foundation
厳しい	riguroso(*a*)	severe, strict
気品	elegancia *f*	grace, dignity
機敏な	rápido(*a*)	smart, quick
寄付	contribución *f*	donation
～する	donar	donate, contribute *to*
ギブアンドテイクで	toma y daca	give-and-take
ギフト	regalo *m*	gift
気分	humor *m*	mood, feeling
規模	envergadura *f*	scale
希望	esperanza *f*	hope, wish
～する	querer	hope, wish
木彫りの	esculpido(*a*)	wooden
基本	base *f*	basis, standard
～的な	esencial, fundamental	basic, fundamental
気前のよい	generoso(*a*)	generous
気紛れな	caprichoso(*a*)	capricious
期末	fin del semestre *m*	end of the term
気ままな	caprichoso(*a*)	carefree

日	西	英
決まり	regla *f* れグラ	rule, regulation ルール, レギュレイション
〜文句	frase hecha *f* フらセ エチャ	set phrase セト フレイズ
決まる	fijarse フィハるセ	be settled, be decided ビ セトルド, ビ ディサイデド
黄身	yema *f* ジェマ	yolk ヨウク
機密	secreto *m* セクれト	secrecy, secret スィークレスィ, スィークレト
黄緑	verde amarillento *m* ベるデ アマリジェント	yellowish green イェロウイシュ グリーン
奇妙な	extraño(a) エクストらニョ(ア)	strange, queer ストレインヂ, クウィア
義務	deber *m*, obligación *f* デベる, オブリガしオン	duty, obligation デューティ, アブリゲイション
〜教育	educación obligatoria *f* エドゥカしオン オブリガトリア	compulsory education カンパルソリ エデュケイション
気難しい	difícil ディフィしル	hard to please ハード トゥ プリーズ
偽名	nombre falso *m* ノンブれ ファルソ	assumed name アスュームド ネイム
決める	decidir デしディる	fix, decide on フィクス, ディサイド
気持ち	sensación *f* センサしオン	feeling フィーリング
着物	kimono *m* キモノ	*kimono* キモノウ
疑問	duda *f* ドゥダ	question, doubt クウェスチョン, ダウト
客	visita *f* ビシタ	caller, visitor コーラ, ヴィズィタ
(招待客)	invitado(a) *m,f* インビタド(ダ)	guest ゲスト
(店の)	cliente *m,f* クリエンテ	customer カスタマ
規約	regla *f* れグラ	agreement, contract アグリーメント, カントラクト

日	西	英
ぎゃく 逆	lo contrario ロ コントらりオ	the contrary ザ カントレリ
〜の	contrario(a) a コントらりオ(ア) ア	reverse, contrary リヴァース, カントレリ
き ギャグ	chiste *m* チステ	gag ギャグ
きゃくしゃ 客車	coche de pasajeros *m* コチェ デ パサへロス	passenger car パセンヂャ カー
ぎゃくしゅう 逆襲	contraataque *m* コントらアタケ	counterattack カウンタアタク
きゃくせん 客船	barco de pasajeros *m* バルコ デ パサへロス	passenger boat パセンヂャ ボウト
ぎゃくたい 虐待	maltrato *m* マルトらト	abuse アビューズ
ぎゃくてん 逆転する	invertirse インベるティるセ	be reversed ビ リヴァースト
きゃくほん 脚本	guión de teatro *m* ギオン デ テアトろ	play, drama, scenario プレイ, ドラーマ, スィネアリオウ
ギャザー	fruncido *m* フるンシド	gathers ギャザズ
きゃしゃ 華奢な	delicado(a) デリカド(ダ)	delicate デリケト
キャスト	reparto (de papeles) *m* れパルト (デ パペレス)	the cast ザ キャスト
きゃっかんてき 客観的な	objetivo(a) オブへティボ(バ)	objective オブチェクティヴ
キャッシュ	efectivo *m* エフェクティボ	cash キャシュ
〜カード	tarjeta de crédito *f* タるヘタ デ クれディト	bank card バンク カード
キャッチ	presa *f* プれサ	catch キャチ
〜する	agarrar, coger アガらる, コへる	get, obtain ゲト, オブテイン
〜フレーズ	eslógan *m* エスロガン	catchphrase キャチフレイズ
ギャップ	hueco *m* ウエコ	gap ギャプ

日	西	英
キャディー	cadi *m,f* カディ	caddie キャディ
キャバレー	cabaré *m* カバれ	cabaret キャバレイ
キャビア	caviar *m* カビアる	caviar キャヴィアー
キャビン	cabina *f* カビナ	cabin キャビン
キャプテン	capitán(*ana*) *m,f* カピタン(タナ)	captain キャプティン
キャベツ	col *f* コル	cabbage キャビチ
ギャラ	caché *m* カチェ	guarantee ギャランティー
キャラクター	personaje *m* ぺるソナへ	character キャラクタ
ギャラリー	galería *f* ガレリア	gallery ギャラリ
キャリア	carrera *f* カれら	career カリア
ギャング	banda *f* バンダ	gang, gangster ギャング, ギャングスタ
キャンセル	cancelación *f* カンセラシオン	cancellation キャンセレイション
～する	cancelar, anular カンセラる, アヌラる	cancel キャンセル
～待ちの	en lista de espera エン リスタ デ エスぺら	standby スタンバイ
キャンデー	caramelo *m* カラメロ	candy キャンディ
キャンバス	lienzo *m* リエンそ	canvas キャンヴァス
キャンピングカー	caravana *f* カラバナ	camper キャンパ
キャンプ	campamento *m* カンパメント	camp キャンプ
ギャンブル	juego (con apuestas) *m* フエゴ (コン アプエスタス)	gambling ギャンブリング

日	西	英
キャンペーン	campaña f カンパニャ	campaign キャンペイン
きゅう 急	urgencia f ウるヘンしア	emergency イマーヂェンスィ
きゅう 級	clase f クラセ	class, grade クラス, グレイド
きゅうえん 救援	socorro m ソコろ	relief, rescue リリーフ, レスキュー
きゅうか 休暇	vacaciones fpl バカしオネス	vacation, holiday ヴェイケイション, ハリデイ
きゅうかん 急患	paciente de urgencia m,f パしエンテ デ ウるヘンしア	emergency case イマーヂェンスィ ケイス
きゅうぎ 球技	juego de pelota m フエゴ デ ペロタ	ball game ボール ゲイム
きゅうきゅうしゃ 救急車	ambulancia f アンブらンしア	ambulance アンビュランス
きゅうぎょう 休業	cierre m しエれ	closure クロウジャ
きゅうくつ 窮屈な	apretado(a) アプれタド(ダ)	narrow, tight ナロウ, タイト
（厳しい）	riguroso(a) りグろソ(サ)	strict, rigid ストリクト, リヂド
（気詰まり）	incómodo(a) インコモド(ダ)	constrained カンストレインド
きゅうけい 休憩	descanso m デスカンソ	rest, recess レスト, リセス
～する	descansar デスカンサる	take a rest テイク ア レスト
きゅうげき 急激な	repentino(a) れペンティノ(ナ)	sudden, abrupt サドン, アブラプト
きゅうこうれっしゃ 急行列車	tren expreso m トれン エクスプれソ	express イクスプレス
きゅうこん 求婚	propuesta de matrimonio f プろプエスタ デ マトりモニオ	proposal プロポウザル
きゅうさい 救済	socorro m ソコろ	relief, aid リリーフ, エイド
きゅうしき 旧式の	anticuado(a) アンティクアド(ダ)	old-fashioned オウルドファションド

日	西	英
きゅうじつ 休日	día de fiesta *m* ディア デ フィエスタ	holiday ハリデイ
きゅうしゅう 吸収	absorción *f* アブソるシオン	absorption アブソープション
～する	absorber アブソるベる	absorb アブソーブ
きゅうじょ 救助	salvamento *m* サルバメント	rescue, help レスキュー, ヘルプ
～する	salvar サルバる	rescue, save レスキュー, セイヴ
きゅうじょう 球場	campo de béisbol *m* カンポ デ ベイスボル	ballpark ボールパーク
きゅうしょく 給食	almuerzo de la escuela *m* アルムエるそ デ ラ エスクエラ	provision of school lunch プロヴィジョン オヴ スクール ランチ
きゅうじん 求人	oferta de empleo *f* オフェるタ デ エンプレオ	job offer ヂャブ オーファ
きゅうしんてき 急進的な	radical らディカル	radical ラディカル
きゅうす 急須	tetera (pequeña) *f* テテら (ペケニャ)	teapot ティーパト
きゅうすい 給水	suministro de agua *m* スミニストろ デ アグア	water supply ウォータ サプライ
きゅうせい 旧姓	apellido antiguo *m* アペジド アンティグオ	former name フォーマ ネイム
(既婚女性の)	apellido de soltera *m* アペジド デ ソルテら	maiden name メイドン ネイム
きゅうせい 急性の	agudo(*a*) アグド(ダ)	acute アキュート
きゅうせん 休戦	tregua *f* トれグア	armistice アーミスティス
きゅうそく 休息	descanso *m* デスカンソ	repose, rest リポウズ, レスト
きゅうそく 急速な	rápido(*a*) らピド(ダ)	rapid, prompt ラピド, プランプト
きゅうち 窮地	apuro *m* アプろ	difficult situation ディフィカルト スィチュエイション
きゅうでん 宮殿	palacio *m* パラしオ	palace パレス

日	西	英
きゅうとう 急騰する	subir rápidamente スビる らピダメンテ	jump ヂャンプ
ぎゅうにく 牛肉	carne de vaca [res] f カるネ デ バカ [れス]	beef ビーフ
ぎゅうにゅう 牛乳	leche (de vaca) f レチェ (デ バカ)	milk ミルク
キューピッド	Cupido m クピド	Cupid キューピド
きゅうびょう 急病	enfermedad repentina f エンフェるメダド れペンティナ	sudden illness サドン イルネス
きゅうふ 給付	subsidio m スブシディオ	benefit ベネフィト
きゅうめい 救命	salvamento m サルバメント	life-saving ライフセイヴィング
～胴衣	chaleco salvavidas m チャレコ サルバビダス	life jacket ライフ ヂャケト
きゅうやくせいしょ 旧約聖書	Antiguo Testamento m アンティグオ テスタメント	Old Testament オウルド テスタメント
きゅうゆ 給油	repostaje m れポスタヘ	refueling リーフューアリング
きゅうゆう 旧友	viejo(a) amigo(a) m,f ビエホ(ハ) アミゴ(ガ)	old friend オウルド フレンド
きゅうよう 休養	descanso m デスカンソ	rest レスト
～する	descansar デスカンサる	take a rest テイク ア レスト
きゅうよう 急用	asunto urgente m アスント うるヘンテ	urgent business アーヂェント ビズネス
きゅうり 胡瓜	pepino m ペピノ	cucumber キューカンバ
きゅうりょう 給料	sueldo m スエルド	pay, salary ペイ, サラリ
きよ 清い	limpio(a) リンピオ(ア)	clean, pure クリーン, ピュア
きょう 今日	hoy オイ	today トデイ
きょう 器用	habilidad f アビリダド	skillfulness スキルフルネス

日	西	英
～な	hábil アビル	skillful スキルフル
ぎょう 行	línea *f* リネア	line ライン
（修行）	aprendizaje *m* アプれンディさへ	austerities オステリティズ
きょうい 驚異	maravilla *f* マらビジャ	wonder ワンダ
きょういく 教育	educación *f* エドゥカしオン	education エヂュケイション
～する	educar エドゥカる	educate エヂュケイト
きょういん 教員	maestro(a) *m,f* マエストろ(ら)	teacher ティーチャ
きょうか 強化	fortalecimiento *m* フォるタレしミエント	strengthening ストレンクスニング
～する	fortalecer フォるタレせる	strengthen ストレンクスン
きょうか 教科	asignatura *f* アシグナトゥら	subject サブヂクト
きょうかい 協会	asociación *f* アソしアしオン	association, society アソウスィエイション, ソサイエティ
きょうかい 境界	límite *m* リミテ	boundary, border バウンダリ, ボーダ
きょうかい 教会	iglesia *f* イグレシア	church チャーチ
ぎょうかい 業界	industria *f* インドゥストリア	industry インダストリ
きょうがく 共学	coeducación *f* コエドゥカしオン	coeducation コウエヂュケイション
きょうかしょ 教科書	libro de texto *m* リブろ デ テクスト	textbook テクストブク
きょうかつ 恐喝	chantaje *m* チャンタヘ	threat, blackmail スレト, ブラクメイル
きょうかん 共感	simpatía *f* シンパティア	sympathy スィンパスィ
きょうき 凶器	arma mortífera *f* アるマ モるティフェら	weapon ウェポン

日	西	英
きょうぎ 競技	juego *m* フエゴ	competition カンピティション
〜会	juegos deportivos *mpl* フエゴス デポるティボス	athletic competition アスレティク カンピティション
ぎょうぎ 行儀	modales *mpl* モダレス	behavior, manners ビヘイヴァ, マナズ
きょうきゅう 供給	oferta *f* オフェるタ	supply サプライ
〜する	abastecer *de* アバステせる デ	supply サプライ
きょうぐう 境遇	situación *f* シトゥアしオン	circumstances サーカムスタンスィズ
（環境）	medio *m* メディオ	surrounding サラウンディング
きょうくん 教訓	lección *f* レクしオン	lesson レスン
きょうこ 強固		
〜な	sólido(a) ソリド(ダ)	firm, solid ファーム, サリド
きょうこう 恐慌	pánico *m* パニコ	panic パニク
きょうこう 教皇	Papa *m* パパ	Pope ポウプ
きょうごうする 競合する	competir *con* コンペティる コン	compete *with* コンピート
きょうこく 峡谷	valle *f* バジェ	gorge, ravine ゴーヂ, ラヴィーン
（大峡谷）	cañón *m* カニョン	canyon キャニョン
きょうざい 教材	material docente *m* マテリアル ドセンテ	teaching material ティーチング マティアリアル
きょうさんしゅぎ 共産主義	comunismo *m* コムニスモ	communism カミュニズム
きょうし 教師	maestro(a) *m,f* マエストロ(ら)	teacher, professor ティーチャ, プロフェサ
ぎょうじ 行事	acto *m* アクト	event, function イヴェント, ファンクション
きょうしつ 教室	clase *f* クラセ	classroom クラスルーム

日	西	英
ぎょうしゃ 業者	comerciante *m,f* コメるしアンテ	trader トレイダ
きょうじゅ 教授	catedrático(*a*) *m,f* カテドらティコ(カ)	professor プロフェサ
きょうしゅう 郷愁	nostalgia *f* ノスタルヒア	nostalgia ナスタルヂャ
きょうしょ 教書	mensaje *m* メンサヘ	message メスィヂ
ぎょうしょう 行商	venta ambulante *f* ベンタ アンブランテ	peddling ペドリング
～人	vendedor(*a*) ambulante *m,f* ベンデドる(ら) アンブランテ	peddler ペドラ
きょうしょく 教職	enseñanza *f* エンセニャンさ	teaching profession ティーチング プロフェション
きょうせい 強制	obligación *f* オブリガしオン	compulsion コンパルション
～する	obligar オブリガる	compel, force カンペル, フォース
ぎょうせい 行政	administración *f* アドミニストらしオン	administration アドミニストレイション
～機関	organización administrativa *f* オルガニさしオン アドミニストらティバ	administrative organ アドミニストレイティヴ オーガン
ぎょうせき 業績	trabajos *mpl* トらバホス	achievement, results アチーヴメント, リザルツ
きょうそう 競争	competencia *f* コンペテンしア	competition, contest カンピティション, カンテスト
～する	competir *con* コンペティる コン	compete *with* カンピート
～力	competitividad *f* コンペティティビダド	competitiveness コンペティティヴネス
きょうそう 競走	carrera *f* カれら	race レイス
～する	correr コれる	run a race ラン ア レイス
きょうそうきょく 協奏曲	concierto *m* コンしエるト	concerto カンチェアトウ
きょうそん 共存	coexistencia *f* コエクシステンしア	coexistence コウイグズィステンス
～する	coexistir コエクシスティる	coexist コウイグズィスト

日	西	英
きょうだい 兄弟	hermanos *mpl* エるマノス	brothers ブラザズ
きょうだん 教壇	tarima del profesor *f* タリマ デル プろフェソる	platform プラトフォーム
きょうちょう 強調	énfasis *f* エンファシス	emphasis, stress エンファスィス, ストレス
～する	conciliar コンスィリアる	emphasize, stress エンファサイズ, ストレス
きょうつう 共通の	común コムン	common カモン
きょうてい 協定	acuerdo *m* アクエるド	agreement, convention アグリーメント, カンヴェンション
きょうど 郷土	tierra natal *f* ティエら ナタル	native district ネイティヴ ディストリクト
きょうとう 教頭	subdirector(a) *m,f* スブディれクトる(ら)	vice-principal ヴァイスプリンスィパル
きょうどうくみあい 協同組合	cooperativa *f* コオぺらティバ	cooperative コウアパラティヴ
きょうどう 共同の	cooperativo(a) コオぺらティボ(バ)	common, joint カモン, ヂョイント
きょうばい 競売	subasta *f* スバスタ	auction オークション
きょうはく 脅迫	amenaza *f* アメナさ	threat, menace スレト, メナス
～する	amenazar アメナさる	threaten, menace スレトン, メナス
きょうはん 共犯	complicidad *f* コンプリしダド	complicity カンプリスィティ
～者	cómplice *m,f* コンプリせ	accomplice アカンプリス
きょうふ 恐怖	miedo *m* ミエド	fear, fright, terror フィア, フライト, テラ
きょうほ 競歩	marcha *f* マるチャ	walk ウォーク
きょうみ 興味	interés *m* インテれス	interest インタレスト
ぎょうむ 業務	negocio *m* ネゴしオ	business ビズネス

日	西	英
きょうゆう 共有	**copropiedad** *f* コプロピエダド	joint-ownership ヂョイントオウナシプ
きょうよう 教養	**cultura** *f* クルトゥら	culture, education カルチャ, エデュケイション
きょうりゅう 恐竜	**dinosaurio** *m* ディノサウリオ	dinosaur ダイノソー
きょうりょく 協力	**colaboración** *f* コラボらシオン	cooperation コウアペレイション
〜する	**colaborar** *con* コラボらる コン	cooperate *with* コウアペレイト
きょうりょく 強力な	**poderoso(a)** ポデろソ(サ)	strong, powerful ストロング, パウアフル
ぎょうれつ 行列	**procesión** *f*, **desfile** *m* プろセシオン, デスフィレ	procession, parade プロセション, パレイド
(列)	**línea** *f* リネア	line, queue ライン, キュー
〜する	**desfilar** デスフィらる	march in procession マーチ イン プロセション
(列をつくる)	**hacer cola** アせる コラ	line up, queue up ライン アプ, キュー アプ
きょうれつ 強烈な	**fuerte, intens{o(a)}** フエるテ, インテンソ(サ)	intense インテンス
きょうわこく 共和国	**república** *f* れプブリカ	republic リパブリク
きょえいしん 虚栄心	**vanidad** *f* バニダド	vanity ヴァニティ
きょか 許可	**permiso** *m* ペるミソ	permission パミション
〜する	**permitir** ペるミティる	permit パミト
ぎょかくだか 漁獲高	**captura** *f* カプトゥら	catch of fish キャチ アヴ フィシュ
ぎょぎょう 漁業	**pesca** *f* ペスカ	fishery フィシャリ
きょく 曲	**música** *f* ムシカ	tune, piece テューン, ピース
きょくげい 曲芸	**acrobacias** *fpl* アクロバシアス	acrobatics アクロバティクス

日	西	英
きょくげん 極限	límite *m* リミテ	limit リミト
きょくせん 曲線	curva *f* クるバ	curve カーヴ
きょくたん 極端	extremo *m* エクストれモ	extreme イクストリーム
～な	extremado(*a*) エクストれマド(ダ)	extreme, excessive イクストリーム, イクセスィヴ
きょくとう 極東	Extremo Oriente *m* エクストれモ オリエンテ	Far East ファー イースト
きょこう 虚構	ficción *f* フィクしオン	fiction フィクション
ぎょこう 漁港	puerto pesquero *m* プエるト ペスケろ	fishing port フィシング ポート
きょじゃくな 虚弱な	débil デビル	weak, delicate ウィーク, デリケト
きょじゅう 居住	residencia *f* れシデンしア	dwelling ドウェリング
～者	morador(*a*) *m,f* モらドる(ら)	resident, inhabitant レズィデント, インハビタント
～する	residir *en* れシディる エン	reside, inhabit リザイド, インハビト
きょしょう 巨匠	(gran) maestro *m* (グらン) マエストろ	great master グレイト マスタ
ぎょじょう 漁場	pesquería *f* ペスケリア	fishery フィシャリ
きょしょくしょう 拒食症	anorexia *f* アノれクシア	anorexia アナレキシア
きょじん 巨人	gigante *m* ヒガンテ	giant チャイアント
きょぜつする 拒絶する	rechazar れチャさる	refuse, reject レフュース, リヂェクト
ぎょせん 漁船	(barco) pesquero *m* (バるコ) ペスケろ	fishing boat フィシング ボウト
ぎょそん 漁村	pueblo pesquero *m* プエブロ ペスケろ	fishing village フィシング ヴィリヂ
きょだいな 巨大な	gigantesco(*a*) ヒガンテスコ(カ)	huge, gigantic ヒューヂ, チャイギャンティク

日	西	英
きょっかい 曲解する	tergiversar テるヒベるサる	distort ディストート
きょてん 拠点	base *f*, punto de apoyo *m* バセ, プント デ アポジョ	base, stronghold ベイス, ストロ−ングホウルド
きょねん 去年	año pasado *m* アニョ パサド	last year ラスト イア
きょひ 拒否	rechazo *m* れチャそ	denial, rejection ディナイアル, リヂェクション
〜する	rechazar れチャさる	deny, reject ディナイ, リヂェクト
ぎょみん 漁民	pescador(a) *m,f* ペスカドる(ら)	fisherman フィシャマン
ぎょもう 漁網	red de pesca *f* れド デ ペスカ	fishnet フィッシュネト
ぎょらい 魚雷	torpedo *m* トるペド	torpedo トーピードウ
きょり 距離	distancia *f* ディスタンしア	distance ディスタンス
きらいな 嫌いな	odioso(a) オディオソ(サ)	disliked ディスライクト
きらう 嫌う	no gustar ノ グスタる	dislike ディスライク
きらきらする	relucir れルしる	glitter グリタ
きらくな 気楽な	fácil, cómodo(a) ファしル, コモド(ダ)	optimistic, easy アプティミスティク, イーズィ
きらめく 煌く	brillar ブリジャる	glitter グリタ
きり 錐	taladro *m* タラドろ	drill, gimlet ドリル, ギムレト
きり 切り	fin *m* フィン	end, limits エンド, リミツ
きり 霧	niebla *f* ニエブラ	fog, mist フォグ, ミスト
ぎり 義理	deber *m*, obligación *f* デベル, オブリガしオン	duty, obligation デューティ, アブリゲイション
〜の母	suegra *f* スエグら	mother-in-law マザリンロー

日	西	英
切り上げ（平価の）	revaluación f れバルアしオン	revaluation リヴァリュエイション
切り換える	cambiar カンビアる	change チェインヂ
切り下げ	devaluación f デバルアしオン	devaluation ディーヴァリュエイション
霧雨	llovizna f ジョビすナ	drizzle ドリズル
ギリシア	Grecia グれしア	Greece グリース
〜語	griego m グリエゴ	Greek グリーク
切り捨てる	desechar デセチャる	cut away カト アウェイ
（端数を）	redondear por defecto れドンデアる ぽる デフェクト	round down ラウンド ダウン
キリスト	Jesucristo ヘスクリスト	Christ クライスト
〜教	cristianismo m クリスティアニスモ	Christianity クリスチアニティ
〜教徒	cristiano(a) m,f クリスティアノ(ナ)	Christian クリスチャン
規律	orden m, disciplina f オるデン, ディスしプリナ	order, discipline オーダ, ディスィプリン
起立する	levantarse レバンタるセ	stand up, rise スタンド アプ, ライズ
切り詰める	reducir れドゥしる	reduce, cut down リデュース, カト ダウン
切り抜き	recorte m れコるテ	clipping クリピング
切り抜ける	librarse de リブらるセ デ	get through ゲト スルー
切り離す	cortar コるタる	cut off, separate カト オーフ, セパレイト
切り開く	abrir アブりる	cut out カト アウト
切り札	triunfo m トリウンフォ	trump トランプ

日	西	英
切り身 (きりみ)	filete *m* フィレテ	slice, fillet スライス, フィレイ
気流 (きりゅう)	corriente atmosférica *f* コリエンテ アトモスフェリカ	air current エア カーレント
気力 (きりょく)	ánimo *m* アニモ	energy, vigor エナヂ, ヴィガ
麒麟 (きりん)	jirafa *f* ヒラファ	giraffe ヂラフ
切る (きる)	cortar コるタる	cut カト
(薄く)	rebanar れバナる	slice スライス
(鋸で)	serrar セらる	saw ソー
(スイッチを)	apagar アパガる	turn off ターン オフ
(電話を)	colgar コルガる	ring off リング オフ
着る (きる)	ponerse ポネるセ	put on プト オン
(着ている)	llevar ジェバる	wear ウェア
切れ (きれ)	trozo *m* トろそ	piece, cut ピース, カト
(布)	tela *f* テラ	cloth クロス
綺麗な (きれいな)	bonito(a) ボニト(タ)	pretty, beautiful プリティ, ビューティフル
(清潔な)	limpio(a) リンピオ(ア)	clean クリーン
綺麗に (きれいに)	maravillosamente マらビジョサメンテ	beautifully ビューティフリ
(すっかり)	completamente コンプレタメンテ	completely カンプリートリ
亀裂 (きれつ)	grieta *f* グりエタ	crack クラク
切れる (きれる)	cortar bien コるタる ビエン	cut well カト ウェル
(電話が)	cortarse コるタるセ	be cut off ビ カト オフ

日	西	英
(不足する)	acabarse アカバるセ	be out ビ アウト
(頭が)	listo(a) リスト(タ)	sharp シャープ
きろ 帰路	camino de vuelta *m* カミノ デ ブエルタ	way home ウェイ ホウム
きろく 記録	registro *m* れヒストろ	record レコド
～する	registrar れヒストらる	record リコード
キログラム	kilo *m* キロ	kilogram キログラム
キロメートル	kilómetro *m* キロメトろ	kilometer キロミータ
キロリットル	kilolitro *m* キロリトろ	kiloliter キロリータ
キロワット	kilovatio *m* キロバティオ	kilowatt キロワト
ぎろん 議論	disputa *f* ディスプタ	argument アーギュメント
ぎわく 疑惑	sospecha *f* ソスペチャ	doubt, suspicion ダウト, サスピション
きわだ 際立つ	destacarse デスタカるセ	stand out スタンド アウト
きわ 際どい	peligroso(a) ペリグろソ(サ)	dangerous, risky デインヂャラス, リスキ
きわ 極めて	muy, extremadamente ムイ, エクストれマダメンテ	very, extremely ヴェリ, イクストリームリ
きん 金	oro *m* オろ	gold ゴウルド
ぎん 銀	plata *f* プラタ	silver スィルヴァ
きんいつ 均一の	uniforme ウニフォるメ	uniform ユーニフォーム
きんえん 禁煙	Se prohíbe fumar. セ プろイベ フマる	No Smoking. ノウ スモウキング
～車	coche para no fumadores *m* コチェ パら ノ フマドれス	nonsmoking car ノンスモウキング カー

日	西	英
～する	dejar de fumar デハる デ フマる	give up smoking ギヴ アプ スモウキング
～席	asiento reservado para no fumadores *m* アシエント れセるバド パら ノ フマドれス	nonsmoking seat ノンスモウキング スィート
きんか 金貨	moneda de oro *f* モネダ デ オろ	gold coin ゴウルド コイン
ぎんか 銀貨	moneda de plata *f* モネダ デ プラタ	silver coin スィルヴァ コイン
ぎんが 銀河	Vía Láctea *f* ビア ラクテア	Galaxy ギャラクスィ
きんかい 近海	aguas costeras *fpl* アグアス コステらス	inshore インショー
きんがく 金額	suma (de dinero) *f* スマ（デ ディネろ）	sum, amount of money サム, アマウント オヴ マニ
きんがん 近眼	miopía *f* ミオピア	near-sightedness ニアサイテドネス
きんかんがっき 金管楽器	instrumentos metales *mpl* インストるメントス メタレス	brass instrument ブラス インストルメント
きんきゅう 緊急	emergencia *f* エメるヘンスィア	emergency イマーヂェンスィ
～の	urgente ウるヘンテ	urgent アーヂェント
きんぎょ 金魚	pez de colores *m* ペス デ コロれス	goldfish ゴウルドフィシュ
きんこ 金庫	caja fuerte *f* カハ フエるテ	safe, vault セイフ, ヴォールト
きんこう 均衡	equilibrio *m* エキリブりオ	balance バランス
ぎんこう 銀行	banco *m* バンコ	bank バンク
きんし 禁止	prohibición *f* プろイビスィオン	prohibition, ban プロウヒビション, バン
～する	prohibir プろイビる	forbid, prohibit フォビド, プロヒビト
きんしゅ 禁酒	abstinencia del alcohol *f* アブスティネンスィア デル アルコオル	abstinence アブスティネンス
きんしゅく 緊縮	austeridad *f* アウステりダド	retrenchment リトレンチメント

日	西	英
きんじょ 近所	vecindad f ベシンダド	neighborhood ネイバフド
きん 禁じる	prohibir プロイビる	forbid, prohibit フォビド, プロヒビト
きんせい 近世	tiempos modernos tempranos mpl ティエンポス モデるノス テンプらノス	early modern ages アーリ マダン エイヂズ
きんせい 金星	Venus m ベヌス	Venus ヴィーナス
きんぞく 金属	metal m メタル	metal メタル
きんだい 近代	era moderna f エら モデるナ	modern ages マダン エイヂズ
きんちょう 緊張	tensión f テンシオン	tension, strain テンション, ストレイン
～する	estar tenso(a) [nervioso(a)] エスタる テンソ(サ)［ネるビオソ(サ)］	be tense ビ テンス
きんとう 近東	Cercano Oriente m せるカノ オリエンテ	Near East ニア イースト
ぎんなん 銀杏	nuez del ginkgo f ヌエす デル ヒンゴ	ginkgo nut ギンコウ ナト
きんにく 筋肉	músculo m ムスクロ	muscles マスルズ
きんぱく 金箔	pan de oro m パン デ オろ	gold foil ゴウルド フォイル
きんぱつ 金髪	pelo rubio m ペロ るビオ	fair hair フェア ヘア
きんべんな 勤勉な	laborioso(a) ラボリオソ(サ)	industrious インダストリアス
ぎんみ 吟味	escrutinio m, selección cuidadosa f エスクるティニオ, セレクしオン クイダドサ	scrutiny スクルーティニ
～する	examinar エクサミナる	scrutinize スクルーティナイズ
きんむ 勤務	trabajo m トらバホ	service, duty サーヴィス, デューティ
～する	trabajar トらバハる	serve, work サーヴ, ワーク
きん 金メダル	medalla de oro f メダジャ デ オろ	gold medal ゴウルド メドル

日	西	英
ぎん 銀メダル	medalla de plata *f* メダジャ デ プラタ	silver medal スィルヴァ メドル
きんゆう 金融	finanzas *fpl* フィナンサス	finance フィナンス
きんようび 金曜日	viernes *m* ビエルネス	Friday フライディ
きんよくてき 禁欲的な	estoico(*a*) エストイコ(カ)	stoic ストウイク
きんり 金利	tipo de interés *m* ティポ デ インテれス	interest rates インタレスト レイツ
きんりょうく 禁漁区	vedado de pesca *m* ベダド デ ペスカ	marine preserve マリーン プリザーヴ
きんりょく 筋力	fuerza muscular *f* フエるさ ムスクラる	muscular power マスキュラ パウア
きんろう 勤労	trabajo *m* トらバホ	labor, work レイバ, ワーク

く, ク

日	西	英
く 区	distrito *m* ディストリト	ward, district ウォード, ディストリクト
ぐ 具	ingredientes *mpl* イングれディエンテス	ingredients イングリーディエンツ
ぐあい 具合	estado *m* エスタド	condition, state カンディション, ステイト
くい 杭	estaca *f* エスタカ	stake, pile ステイク, パイル
くい 悔い	arrepentimiento *m* アれペンティミエント	regret, remorse リグレト, リモース
クイーン	reina *f* れイナ	queen クウィーン
くいき 区域	zona *f* ソナ	area, zone エアリア, ゾウン
クイズ	adivinanza *f* アディビナンサ	quiz クウィズ
く ちが 食い違う	discrepar *de* ディスクれパる デ	be different *from* ビ ディファレント
クインテット	quinteto *m* キンテト	quintet クウィンテト

日	西	英
食う	comer コメる	eat, have, take イート, ハヴ, テイク
(魚などが)	morder モるデる	bite バイト
空間	espacio m エスパしオ	space, room スペイス, ルーム
空気	aire m アイれ	air エア
(雰囲気)	ambiente m アンビエンテ	atmosphere アトモスフィア
空虚	vacío m バシオ	emptiness エンプティネス
空軍	ejército del aire m エへるシト デル アイれ	air force エア フォース
空港	aeropuerto m アエろプエルト	airport エアポト
空襲	bombardeo aéreo m ボンバるデオ アエれオ	air raid エア レイド
偶数	número par m ヌメろ パる	even number イーヴン ナンバ
空席	asiento libre m アシエント リブれ	vacant seat ヴェイカント スィート
(ポスト)	puesto vacante m プエスト バカンテ	vacant position ヴェイカント ポズィション
偶然	casualidad f カスアリダド	chance, accident チャンス, アクスィデント
～に	por casualidad ポる カスアリダド	by chance バイ チャンス
～の	casual カスアル	accidental アクスィデンタル
空前の	inaudito(a) イナウディト(タ)	unprecedented アンプレセデンティド
空想	ilusion f イルシオナるセ	idle fancy アイドル ファンスィ
～する	ilusionarse イルシオナるセ	fancy ファンスィ
偶像	ídolo m イドロ	idol アイドル

日	西	英
クーデター	golpe de estado *m* ゴルペ デ エスタド	coup (d'etat) クー（デイター）
<ruby>空白<rt>くうはく</rt></ruby>	espacio en blanco *m* エスパしオ エン ブランコ	blank ブランク
<ruby>空腹<rt>くうふく</rt></ruby>	hambre *f* アンブれ	hunger ハンガ
～である	tener hambre テネる アンブれ	be hungry ビ ハングリ
<ruby>空輸<rt>くうゆ</rt></ruby>	transporte aéreo [por avión] *m* トランスポるテ アエれオ ［ポる アビオン］	air transport エア トランスポート
クーラー	aire acondicionado *m* アイれ アコンディシオナド	air conditioner エア カンディショナ
<ruby>寓話<rt>ぐうわ</rt></ruby>	fábula *f* ファブラ	allegory, fable アリゴーリ, フェイブル
クエスチョンマーク	signo de interrogación *m* シグノ デ インテろガしオン	question mark クウェスチョン マーク
クオーツ	cuarzo *m* クアるソ	quartz クウォーツ
<ruby>区画<rt>くかく</rt></ruby>	división *f* ディビシオン	division ディヴィジョン
<ruby>九月<rt>くがつ</rt></ruby>	septiembre *m* セプティエンブれ	September セプテンバ
<ruby>区間<rt>くかん</rt></ruby>	tramo *m* トらモ	section セクション
<ruby>茎<rt>くき</rt></ruby>	tallo *m* タジョ	stalk, stem ストーク, ステム
<ruby>釘<rt>くぎ</rt></ruby>	clavo *m* クラボ	nail ネイル
<ruby>苦境<rt>くきょう</rt></ruby>	situación difícil *f* シトゥアしオン ディフィしル	difficult situation ディフィカルト スィチュエイション
<ruby>区切り<rt>くぎ</rt></ruby>	final *m* フィナル	end エンド
（間）	pausa *f* パウサ	pause ポーズ
（句読点）	signo de puntuación *m* シグノ デ プントゥアしオン	punctuation パンクチュエイション
<ruby>区切る<rt>くぎ</rt></ruby>	dividir ディビディる	divide ディヴァイド

日	西	英
(文を)	puntuar プントゥアる	punctuate パンクチュエイト
草	hierba *f* イエるバ	grass, herb グラス, ハーブ
臭い	maloliente マロリエンテ	smelly, stinky スメリ, スティンキ
鎖	cadena *f* カデナ	chain チェイン
腐る	pudrirse プドりるセ	rot, go bad ラト, ゴウ バド
串	brocheta *f* ブろチェタ	spit, skewer スピト, スキューア
櫛	peine *m* ペイネ	comb コウム
籤	sorteo *m* ソるテオ	lot, lottery ラト, ラタリ
挫く	torcer トるセる	sprain, wrench スプレイン, レンチ
(気を)	desanimar デサニマる	discourage ディスカりヂ
挫ける	desanimarse デサニマるセ	be discouraged ビ ディスカりヂド
孔雀	pavo real *m* パボ れアル	peacock ピーカク
嚔	estornudo *m* エストるヌド	sneeze スニーズ
〜をする	estornudar エストるヌダる	sneeze スニーズ
苦笑	sonrisa forzada *f* ソンりサ フォるさダ	bitter smile ビタ スマイル
〜する	sonreír forzadamente ソンれイる フォるさダメンテ	force a smile フォース ア スマイル
苦情	queja *f* ケハ	complaint カンプレイント
鯨	ballena *f* バジェナ	whale ホウェイル
苦心	penalidades *fpl* ペナリダデス	pains, efforts ペインズ, エファツ

日	西	英
〜する	sufrir スフリる	take pains テイク ペインズ
屑(くず)	desechos *mpl* デセチョス	waste, rubbish ウェイスト, ラビシュ
〜入れ	cesto de los papeles *m* セスト デ ロス パペレス	trash can トラシュ キャン
〜籠	papelera *f* パペレら	wastebasket ウェイストバスケト
ぐずぐずする	tardar mucho タるダる ムチョ	be slow, hesitate ビ スロウ, ヘズィテイト
くすぐったい	cosquilloso(a) コスキジョソ(サ)	ticklish ティクリシュ
くすぐる	cosquillear コスキジェアる	tickle ティクル
崩(くず)す	destruir デストるイる	pull down, break プル ダウン, ブレイク
(金を)	cambiar カンビアる	change チェインヂ
(姿勢を)	acomodarse アコモダるセ	sit at ease スィト アト イーズ
薬(くすり)	medicina *f* メディシナ	medicine, drug メディスィン, ドラグ
〜屋	farmacia *f* ファるマシア	pharmacy, drugstore ファーマスィ, ドラグストー
薬指(くすりゆび)	dedo anular *m* デド アヌラる	ring finger リング フィンガ
崩(くず)れる	derrumbarse デるンバるセ	crumble, collapse クランブル, カラプス
(形が)	deformarse デフォるマるセ	get out of shape ゲト アウト オヴ シェイプ
くすんだ	sombrío(a) ソンブリオ(ア)	somber サンバ
癖(くせ)	manía *f* マニア	habit ハビト
糞(くそ)	excremento *m*, mierda *f* エクスクれメント, ミエるダ	excrement, shit エクスクレメント, シト
具体的(ぐたいてき)な	concreto(a) コンクれト(タ)	concrete カンクリート
砕(くだ)く	romper ろンペる	break, smash ブレイク, スマシュ

日	西	英
砕（くだ）ける	romperse ろンぺるセ	break, be broken ブレイク, ビ ブロウクン
くたばる	estirar la pata エスティらる ラ パタ	kick the bucket キク ザ バケト
くたびれる	cansarse de カンさるセ デ	be fatigued ビ ファティーグド
果物（くだもの）	fruta f フるタ	fruit フルート
〜屋	frutería f フるテリア	fruit store フルート ストー
下（くだ）らない	insignificante インシグニフィカンテ	trifling, trivial トライフリング, トリヴィアル
下（くだ）り	bajada f バハダ	descent ディセント
(下り列車)	tren que se aleja de Tokio m トれン ケ セ アレハ デ トキオ	down train ダウン トレイン
下（くだ）る	bajar バハる	go down, descend ゴウ ダウン, ディセンド
(命令などが)	darse la orden ダるセ ラ オるデン	be issued ビ イシュード
(下痢)	tener diarrea テネる ディアれア	have loose bowels ハヴ ルース バウエルズ
口（くち）	boca f ボカ	mouth マウス
愚痴（ぐち）	queja f ケハ	idle complaint アイドル カンプレイント
口喧嘩（くちげんか）	discusión f ディスクシオン	quarrel クウォレル
嘴（くちばし）	pico m ピコ	bill, beak ビル, ビーク
唇（くちびる）	labio m ラビオ	lip リプ
口笛（くちぶえ）	silbido m シルビド	whistle (ホ)ウィスル
〜を吹く	silbar シルバる	give a whistle ギヴ ア ホウィスル
口紅（くちべに）	barra de labios f バら デ ラビオス	rouge, lipstick ルージュ, リプスティク
口調（くちょう）	tono m トノ	tone トウン

日	西	英
靴 (くつ)	zapatos *mpl* サパトス	shoes, boots シューズ, ブーツ
苦痛 (くつう)	dolor *m* ドロる	pain, pang ペイン, パング
覆す (くつがえ)	derribar デりバる	upset アプセト
クッキー	galleta *f* ガジェタ	cookie, biscuit クキ, ビスキト
クッキング	cocina *f* コシナ	cooking クキング
靴下 (くつした)	calcetines *mpl* カルセティネス	socks, stockings サクス, スタキングズ
クッション	cojín *m* コヒン	cushion クション
屈折 (くっせつ)	refracción *f* れフらクしオン	refraction リーフラクション
くっつく	pegarse *a* ペガるセ ア	stick *to* スティク
くっつける	unir ウニる	join, stick ヂョイン, スティク
靴紐 (くつひも)	cordones del zapato *mpl* コるドネス デル サパト	shoestring シューストリング
靴箆 (くつべら)	calzador *m* カルサドる	shoehorn シューホーン
靴磨き (くつみが)	limpiabotas *m* リンピアボタス	shoe polishing シュー パリシング
(人)	limpiabotas *m,f* リンピアボタス	shoeblack シューブラク
靴屋 (くつや)	zapatería *f* サパテリア	shoe store シュー ストー
寛ぐ (くつろ)	ponerse cómodo(*a*) ポネるセ コモド(ダ)	make *oneself* at home メイク アト ホウム
句読点 (くとうてん)	signo de puntuación *m* シグノ デ プントゥアしオン	punctuation marks パンクチュエイション マークス
口説く (くど)	persuadir ぺるスアディる	persuade パスウェイド
(女性を)	cortejar コるテハる	make advances *on* メイク アドヴァーンスィズ

日	西	英
くに 国	país m パイス	country カントリ
（祖国）	patria f パトリア	homeland ホウムランド
（国家）	estado m エスタド	state ステイト
くば 配る	distribuir ディストリブイる	distribute ディストリビュト
（配達）	repartir れパるティる	deliver ディリヴァ
くび 首	cuello m クエジョ	neck ネク
（頭部）	cabeza f カベさ	head ヘド
（免職）	despido m デスピド	dismissal ディスミサル
～飾り	collar m コジャる	necklace ネクレス
～筋	nuca f ヌカ	nape ネイプ
～回り	medida del cuello f メディダ デル クエジョ	neck size ネク サイズ
くふう 工夫	invención f, idea f インベンしオン, イデア	device, idea ディヴァイス, アイディア
～する	inventar インベンタる	devise, contrive ディヴァイズ, カントライヴ
くぶん 区分	división f ディビシオン	division ディヴィジョン
（分類）	clasificación f クラシフィカしオン	classification クラスィフィケイション
くべつ 区別	diferenciación f ディフェれンしアしオン	distinction ディスティンクション
くぼ 窪み	cavidad f カビダド	hollow ハロウ
くま 熊	oso m オソ	bear ベア
くみ 組	clase f クラセ	class クラス
（グループ）	grupo m グるポ	group, team グループ, ティーム

日	西	英
(一揃い)	juego *m* フエゴ	set セト
(一対)	par *m* パる	pair ペア
組合 _{くみあい}	cooperativa *f* コオペらティバ	association, union アソウスィエイション, ユーニオン
組み合わせ _{く あ}	combinación *f* コンビナしオン	combination カンビネイション
組み立て _{く た}	estructura *f* エストるクトゥら	structure ストラクチャ
(機械などの)	montaje *m* モンタへ	assembling アセンブリング
組み立てる _{く た}	ensamblar, montar エンサンブらる, モンタる	put ... together, assemble プト トゲザ, アセンブル
汲む _く	sacar サカる	draw ドロー
組む _く	unir *con* ウニる コン	unite *with* ユーナイト
足を〜	cruzar las piernas クるさる ラス ピエるナス	cross *one's* legs クロース レグズ
雲 _{くも}	nube *f* ヌベ	cloud クラウド
蜘蛛 _{くも}	araña *f* アらニャ	spider スパイダ
曇り _{くも}	nubosidad *f* ヌボシダド	cloudy weather クラウディ ウェザ
(レンズなどの)	empañado *m* エンパニャド	blur ブラ
曇る _{くも}	nublarse ヌブラるセ	become cloudy ビカム クラウディ
悔しい _{くや}	sentirse frustrado(a) [humillado(a)] センティるセ フるストらド(ダ) [ウミジャド(ダ)]	mortifying, vexing モーティファイング, ヴェクスィング
悔やむ _く	arrepentirse *de* アれペンティるセ デ	repent, regret リペント, リグレト
倉・蔵 _{くら}	almacén *m* アルマセン	warehouse ウェアハウス
暗い _{くら}	oscuro(a) オスクろ(ら)	dark, gloomy ダーク, グルーミ

日	西	英
グライダー	planeador *m* プラネアドる	glider グライダ
クライマックス	clímax *m* クリマクス	climax クライマクス
グラウンド	campo de deportes *m* カンポ デ デポるテス	ground グラウンド
クラクション	bocina *f* ボスィナ	horn ホーン
くらげ 水母	medusa *f* メドゥサ	jellyfish ヂェリフィシュ

■果物■ fruta /フるタ/ *f*

あんず
杏　albaricoque /アルバりコケ/ *m* (® apricot)

いちご
苺　fresa /フれサ/ *f* (® strawberry)

オレンジ　naranja /ナらンハ/ *f* (® orange)

キウイ　kiwi /キウィ/ *m* (® kiwi)

グレープフルーツ　pomelo /ポメロ/ *m* (® grapefruit)

さくらんぼ
桜桃　cereza /せれサ/ *f* (® cherry)

すいか
西瓜　sandía /サンディア/ *f* (® watermelon)

なし
梨　pera /ぺら/ *f* (® pear)

パイナップル　piña /ピニャ/ *f* (® pineapple)

バナナ　plátano /プラタノ/ *m* (® banana)

パパイヤ　papaya /パパジャ/ *f* (® papaya)

ぶどう
葡萄　uva /ウバ/ *f* (® grapes)

プラム　ciruela /しるエら/ *f* (® plum)

マンゴー　mango /マンゴ/ *m* (® mango)

みかん
蜜柑　mandarina /マンダりナ/ *f* (® mandarin)

メロン　melón /メロン/ *m* (® melon)

もも
桃　melocotón /メロコトン/ *m* (® peach)

ライム　lima /リマ/ *f* (® lime)

りんご
林檎　manzana /マンさナ/ *f* (® apple)

レモン　limón /リモン/ *m* (® lemon)

日	西	英
暮らし	vida f ビダ	life, living ライフ, リヴィング
クラシック	clásico m クラシコ	classic クラスィク
～音楽	música clásica f ムシカ クラシカ	classical music クラスィカル ミューズィク
暮らす	vivir ビビる	live, make a living リヴ, メイク ア リヴィング
グラス	vaso m バソ	glass グラス
～ファイバー	fibra de vidrio f フィブら デ ビドリオ	glass fiber グラス ファイバ
クラスメート	compañero(a) de clase m,f コンパニェろ(ら) デ クラセ	classmate クラスメイト
グラタン	gratinado m グらティナド	gratin グラタン
クラッカー	galleta f ガジェタ	cracker クラカ
ぐらつく	temblar テンブらる	shake シェイク
（決心が）	vacilar バシらる	waver ウェイヴァ
クラッチ	embrague m エンブらゲ	crutch クラチ
グラビア	fotograbado m フォトグらバド	gravure グラヴュア
クラブ	club m クルブ	club クラブ
（ゴルフの）	palo m パロ	(golf) club (ゴルフ) クラブ
グラフ	gráfico m グらフィコ	graph グラフ
比べる	comparar コンパらる	compare カンペア
グラム	gramo m グらモ	gram グラム
暗闇	oscuridad f オスクリダド	darkness, dark ダークネス, ダーク

日	西	英
クラリネット	clarinete *m* クラリネテ	clarinet クラリネト
グランドピアノ	piano de cola *m* ピアノ デ コラ	grand piano グランド ピアーノウ
グランプリ	gran premio *m* グラン プレミオ	grand prix グランド プリー
栗（くり）	castaña *f* カスタニャ	chestnut チェスナト
クリーニング	limpieza en seco *f* リンピエさ エン セコ	cleaning クリーニング
～店	tintorería *f* ティントれリア	laundry ローンドリ
クリーム	crema *f* クれマ	cream クリーム
グリーン	verde *m* べるデ	green グリーン
（ゴルフの）	"green" *m* グリン	(putting) green (パティング) グリーン
～ピース	guisantes *mpl* ギサンテス	pea ピー
繰り返し（くりかえし）	repetición *f* れペティしオン	repetition, refrain レペティション, リフレイン
繰り返す（くりかえす）	repetir れペティる	repeat リピート
繰り越す（くりこす）	transferir トらンスフェりる	carry forward キャリ フォーワド
クリスタル	cristal *m* クリスタル	crystal クリスタル
クリスチャン	cristiano(a) *m,f* クリスティアノ(ナ)	Christian クリスチャン
クリスマス	Navidad *f* ナビダド	Christmas, Xmas クリスマス, クリスマス
～イブ	Nochebuena *f* ノチェブエナ	Christmas Eve クリスマス イーヴ
～キャロル	villancico *m* ビジャンしコ	Christmas carol クリスマス キャロル
グリセリン	glicerina *f* グリせリナ	glycerin グリサリン
クリックする	hacer clic アせる クリク	click クリク

日	西	英
クリップ	clip *m* クリプ	clip クリプ
クリニック	clínica *f* クリニカ	clinic クリニク
来る	venir ベニる	come, arrive カム, アライヴ
(由来)	ser debido(a) a セる デビド(ダ) ア	be due *to* ビ デュー
狂う	volverse loco(a) ボルベるセ ロコ(カ)	go mad ゴウ マド
(調子が)	ir mal イる マル	go wrong ゴウ ロング
(計画などが)	trastornarse トらストルナるセ	be upset ビ アプセト
グループ	grupo *m* グるポ	group グループ
苦しい	doloroso(a) ドロロソ(サ)	painful, hard ペインフル, ハード
(困難な)	difícil ディフィしル	hard, difficult ハード, ディフィカルト
苦しみ	sufrimiento *m* スフりミエント	pain, suffering ペイン, サファリング
苦しむ	sufrir *de* スフりる デ	suffer *from* サファ
(悩む)	preocuparse *de* プれオクパるセ デ	be troubled *with* ビ トラブルド
苦しめる	atormentar アトるメンタる	torment トーメント
踝	tobillo *m* トビジョ	ankle アンクル
車	vehículo *m* ベイクロ	vehicle ヴィーイクル
(自動車)	coche コチェ	car カー
(車輪)	rueda *f* るエダ	wheel ホウィール
車海老	langostino *m* ランゴスティノ	prawn プローン
胡桃	nuez *f* ヌエす	walnut ウォールナト

日	西	英
くるむ	envolver エンボルベる	wrap up ラプ アプ
暮れ	anochecer アノチェせる	nightfall ナイトフォール
(年末)	fin de año *m* フィン デ アニョ	year-end イアエンド
グレー	gris *m* グリス	gray グレイ
グレープフルーツ	pomelo *m* ポメロ	grapefruit グレイプフルート
クレーム	reclamación *f* れクラマしオン	claim, complaint クレイム, カンプレイント
クレーン	grúa *f* グるア	crane クレイン
クレジット	crédito *m* クれディト	credit クレディト
～カード	tarjeta de crédito *f* タるヘタ デ クれディト	credit card クレディト カード
クレヨン	crayola *f* クらジョラ	crayon クレイアン
呉れる	dar ダる	give, present ギヴ, プリゼント
暮れる	anochecer アノチェせる	get dark ゲト ダーク
(日や年が)	terminar テるミナる	end エンド
クレンザー	limpiador *m* リンピアドる	cleanser クレンザ
黒	negro *m* ネグろ	black ブラク
黒い	negro(*a*) ネグろ(ら)	black ブラク
(日焼けして)	bronceado(*a*) ブロンせアド(ダ)	sunburnt サンバーント
苦労	dificultad *f* ディフィクルタド	troubles, hardships トラブルズ, ハードシプズ
(骨折り)	fatigas *fpl* ファティガス	toil, labor トイル, レイバ
(心配)	preocupación *f* プれオクパしオン	anxiety アングザイエティ

日	西	英
〜する	sufrir スフりる	suffer, work hard サファ, ワーク ハード
玄人（くろうと）	experto(a) *m,f*, profesional *m,f* エクスペルト(タ), プロフェシオナル	expert, professional エクスパート, プロフェショナル
クローク	guardarropa *m* グアるダろパ	cloakroom クロウクルム
クローバー	trébol *m* トれボル	clover クロウヴァ
グローバリゼーション	globalización *f* グロバリさしオン	globalization グロウバライゼイション
クローム	cromo *m* クろモ	chrome クロウム
クロール	crol *m* クろル	crawl クロール
黒字（くろじ）	superávit *m* スペらビト	surplus サープラス
クロスワード	crucigrama *m* クるしグらマ	crossword クロースワードプラス
黒っぽい（くろっぽい）	negruzco(a) ネグるすコ(カ)	blackish ブラキシュ
グロテスクな	grotesco(a) グろテスコ(カ)	grotesque グロウテスク
黒幕（くろまく）	cortina negra *f* コるティナ ネグら	black curtain ブラク カートン
（人）	intrigante político(a) *m,f* イントりガンテ ポリティコ(カ)	wirepuller ワイアプラ
クロワッサン	cruasán *m* クるアサン	croissant クルワーサーン
桑（くわ）	mora *f* モら	mulberry マルベリ
加える（くわえる）	añadir ... *a* アニャディる ア	add ... *to* アド
詳しい（くわしい）	detallado(a) デタジャド(ダ)	detailed ディーテイルド
（熟知）	ser versado(a) *en* セる べるサド(ダ) エン	be well acquainted *with* ビ ウェル アクウェインテド
企てる（くわだてる）	proyectar プろジェクタる	plan, project プラン, プロヂェクト

日	西	英
加わる	participar パルティシパル	join, enter チョイン, エンタ
軍	ejército m エヘルシト	army, forces アーミ, フォースィズ
郡	distrito m ディストリト	county カウンティ
軍艦	buque de guerra m ブケ デ ゲら	warship ウォーシプ
軍事	asuntos militares mpl アスントス ミリタれス	military affairs ミリテリ アフェアズ
～政府	gobierno militar m ゴビエルの ミリタる	military regime ミリテリ レイジーム
君主	monarca m,f モナるカ	monarch, sovereign マナク, サヴレン
～国家	monarquía f モナるキア	monarchy マナキ
群衆[集]	muchedumbre f ムチェドゥンブれ	crowd クラウド
軍縮	reducción armamentística f れドゥクしオン あるマメンティスティカ	armaments reduction アーマメンツ リダクション
勲章	condecoración f コンデコらしオン	decoration デコレイション
軍人	militar m,f ミリタる	soldier, serviceman ソウルヂャ, サーヴィスマン
燻製の	ahumado(a) アウマド(ダ)	smoked スモウクト
軍隊	ejército m エヘルシト	army, troops アーミ, トループス
軍備	armamentos mpl あるマメントス	armaments アーマメンツ
軍法会議	consejo de guerra m コンセホ デ ゲら	court-martial コートマーシャル
訓練	entrenamiento m エントれナミエント	training トレイニング
～する	entrenar エントれナる	train, drill トレイン, ドリル

日	西	英

け, ケ

毛	pelo *m* ペロ	hair ヘア
（羽毛）	pluma *f* プルマ	feather フェザ
（綿毛）	plumón *m* プルモン	down ダウン
（獣毛）	piel *f* ピエル	fur ファー
（羊毛）	lana *f* ラナ	wool ウル
刑	pena *f*, sentencia *f* ペナ, センテンしア	penalty, sentence ペナルティ, センテンス
芸	arte *m* アるテ	art, accomplishments アート, アカンプリシュメンツ
経営	gestión *f* ヘスティオン	management マニヂメント
～者	patrono(a) *m,f* パトろノ(ナ)	manager マニヂャ
～する	dirigir ディリヒる	manage, run マニヂ, ラン
軽音楽	música ligera *f* ムシカ リヘら	light music ライト ミューズィク
経過	paso *m* パソ	progress プラグレス
～する	pasar パサる	pass, go by パス, ゴウ バイ
警戒	precaución *f* プれカウしオン	caution, precaution コーション, プリコーション
～する	vigilar ビヒラる	guard *against* ガード
軽快な	ligero(a) リヘろ(ら)	light ライト
計画	plan *m* プラン	plan, project プラン, プロヂェクト
～する	hacer un plan *de* アせる ウン プラン デ	plan, project プラン, プロヂェクト
警官	policía *m,f* ポリしア	police officer ポリース オーフィサ

日	西	英
けいき 景気	situación económica f シトゥアしオン エコノミカ	business ビズネス
(市況)	mercado m メるカド	market マーケット
けいく 警句	epigrama m エピグらマ	aphorism, epigram アフォリズム, エピグラム
けいぐ 敬具	Atentamente. アテンタメンテ	Yours sincerely. ユアズ スィンスィアリ
けいけん 経験	experiencia f エクスペりエンしア	experience イクスピアリエンス
～する	tener la experiencia de テネる ラ エクスペりエンしア デ	experience イクスピアリエンス
けいこ 稽古	práctica f プらクティカ	practice, exercise プラクティス, エクササイズ
(芝居の)	ensayo m エンサジョ	rehearsal リハーサル
～する	practicar プらクティカる	practice, take lessons プラクティス, テイク レッスンズ
けいご 敬語	lenguaje de cortesía m レングアへ デ コるテスィア	honorific アナリフィク
けいこう 傾向	tendencia f テンデンしア	tendency テンデンスィ
けいこうぎょう 軽工業	industria ligera f インドゥストリア リへら	light industries ライト インダストリズ
けいこうとう 蛍光灯	luz fluorescente f ルす フルオれスセンテ	fluorescent lamp フルーオレスント ランプ
けいこく 警告	advertencia f アドべるテンしア	warning, caution ウォーニング, コーション
～する	advertir アドべるティる	warn ウォーン
けいさい 掲載	publicación f プブリカしオン	publishing パブリシング
～する	publicar プブリカる	publish パブリシュ
けいざい 経済	economía f エコノミア	economy, finance イカノミ, フィナンス
～学	economía f エコノミア	economics イーコナミクス
～学者	economista m,f エコノミスタ	economist イカノミスト

日	西	英
～的な	económico(a) エコノミコ(カ)	economical イーコナミカル
警察(けいさつ)	policía *f* ポリしア	police ポリース
～官	agente de policía *m,f* アヘンテ デ ポリしア	police officer ポリース オーフィサ
～署	comisaría de policía *f* コミサリア デ ポリしア	police station ポリース ステイション
計算(けいさん)	cálculo *m* カルクロ	calculation キャルキュレイション
～機	calculadora *f* カルクラドら	calculator キャルキュレイタ
～する	calcular カルクラる	calculate, count キャルキュレイト, カウント
掲示(けいじ)	aviso *m* アビソ	notice, bulletin ノウティス, ブレティン
～板	tablero de anuncios *m* タブレろ デ アヌンしオス	notice board ノウティス ボード
刑事(けいじ)	detective (de policía) *m* デテクティベ (デ ポリしア)	detective ディテクティヴ
形式(けいしき)	forma *f* フォるマ	form, formality フォーム, フォーマリティ
～的な	formal フォるマル	formal フォーマル
形而上学(けいじじょうがく)	metafísica *f* メタフィシカ	metaphysics メタフィズィクス
芸術(げいじゅつ)	arte *m* アるテ	art アート
～家	artista *m,f* アるティスタ	artist アーティスト
敬称(けいしょう)	título *m* ティトゥロ	title of honor タイトル オヴ アナ
継承(けいしょう)	sucesión *f* スセシオン	succession サクセション
～する	suceder *a* スセデる ア	succeed *to* サクスィード
経常収支(けいじょうしゅうし)	balanza por cuenta corriente *f* バランサ ポる クエンタ コりエンテ	current balance カーレント バランス
軽食(けいしょく)	comida ligera *f* コミダ リヘら	light meal ライト ミール

197

け

日	西	英
けいず 系図	árbol genealógico *m* アるボル ヘネアロヒコ	genealogy ヂーニアロヂィ
けいせい 形成	formación *f* フォるマシオン	formation フォーメイション
けいぞく 継続する	continuar コンティヌアる	continue カンティニュー
けいそつ 軽率な	imprudente インプるデンテ	careless, rash ケアレス, ラシュ
けいたい 形態	forma *f* フォるマ	form, shape フォーム, シェイプ
けいたい 携帯	portátil ポるタティル	carrying キャりイング
～する	llevar ジェバる	carry キャり
～電話	teléfono móvil [celular] *m* テレフォノ モビル [セルラる]	cellular phone セリュラ フォウン
けいと 毛糸	lana para hacer punto *f* ラナ パら アせる プント	woolen yarn ウレン ヤーン
けいとう 系統	sistema *m* システマ	system スィステム
げいにん 芸人	artista (del espectáculo) *m,f* アるティスタ (デル エスペクタクロ)	artiste アーティースト
(寄席の)	cómico(a) *m,f* コミコ(カ)	vaudevillian ヴォードヴィリアン
げいのう 芸能	espectáculos *mpl* エスペクタクロス	entertainments エンタテインメンツ
～人	artista *m,f* アるティスタ	artiste アーティースト
けいば 競馬	carreras de caballos *fpl* カれらス デ カバジョス	horse racing ホース レイスィング
～場	hipódromo *m* イポドロモ	race track レイス トラク
けいはく 軽薄な	frívolo(a) フりボロ(ラ)	frivolous フりヴォラス
けいばつ 刑罰	castigo *m* カスティゴ	punishment パニシュメント
けいはんざい 軽犯罪	falta leve *f* ファルタ レベ	minor offense マイナ オフェンス

日	西	英
けいひ 経費	gastos *mpl* ガストス	expenses イクスペンスィズ
けいび 警備	vigilancia *f*, seguridad *f* ビヒランシア, セグりダド	defense, guard ディフェンス, ガード
〜する	guardar グアるダる	defend, guard ディフェンド, ガード
けいひん 景品	regalo *m* れガロ	premium プリーミアム
けいふ 系譜	árbol genealógico *m* アるボル ヘネアロヒコ	genealogy ヂーニアロヂィ
けいべつ 軽蔑	desprecio *m* デスプれシオ	contempt, scorn カンテンプト, スコーン
〜する	despreciar デスプれシアる	despise, scorn ディスパイズ, スコーン
けいほう 警報	señal de alarma *f* セニャル デ アラるマ	warning, alarm ウォーニング, アラーム
けいむしょ 刑務所	prisión *f* プリシオン	prison プリズン
けいもう 啓蒙	ilustración *f* イルストラシオン	enlightenment インライトンメント
〜する	instruir インストるイる	enlighten インライトン
けいやく 契約	contrato *m* コントらト	contract カントラクト
〜書	contrato *m* コントらト	contract カントラクト
〜する	contratar コントらタる	contract コントラクト
けいゆ 経由	por vía de ポる ビア デ	by way of, via バイ ウェイ アヴ, ヴァイア
けいようし 形容詞	adjetivo *m* アドヘティボ	adjective アヂェクティヴ
けいり 経理	contabilidad *f* コンタビリダド	accounting アカウンティング
けいりゃく 計略	estratagema *f* エストらタヘマ	stratagem ストラタヂャム
けいりゅう 渓流	torrente (montañoso) *m* ト れンテ (モンタニョソ)	mountain stream マウンテン ストリーム

日	西	英
計量(けいりょう)	medición *f* メディしオン	measurement メジャメント
経歴(けいれき)	historial *m* イストりアル	career カリア
痙攣(けいれん)	calambre *m* カランブれ	spasm, cramp スパズム, クランプ
経路(けいろ)	recorrido *m* れコリド	course, route コース, ルート
ケーキ	pastel *m* パステル	cake ケイク
ゲージ	indicador *m* インディカドる	gauge ゲイヂ
ケース	estuche *m* エストゥチェ	case ケイス
（場合）	caso *m* カソ	case ケイス
ゲート	puerta *f* プエルタ	gate ゲイト
ケーブル	cable *m* カブレ	cable ケイブル
～カー	ferrocarril funicular *m* フェろカりル フニクラる	cable car ケイブル カー
ゲーム	juego *m* フエゴ	game ゲイム
毛織物(けおりもの)	géneros de lana *mpl* ヘネロス デ ラナ	woolen goods ウレン グツ
怪我(けが)	herida *f* エリダ	wound, injury ウーンド, インヂュリ
～する	herirse エりるセ	get hurt ゲト ハート
外科(げか)	cirugía *f* しるヒア	surgery サ～ヂャリ
～医	cirujano(a) *m,f* しるハノ (ナ)	surgeon サ～ヂョン
汚す(けがす)	ensuciar エンスしアる	stain ステイン
（名誉などを）	mancillar マンしジャる	disgrace ディスグレイス
汚れ(けがれ)	suciedad *f* スしエダド	impurity インピュアリティ

日	西	英
(汚点)	mancha *f* マンチャ	stain ステイン
けがわ 毛皮	piel *f* ピエル	fur ファー
げき 劇	teatro *m* テアトロ	play プレイ
げきじょう 劇場	teatro *m* テアトロ	theater スィアタ
げきだん 劇団	compañía teatral *f* コンパニア テアトラル	theatrical company スィアトリカル カンパニ
げきれい 激励	aliento *m* アリエント	encouragement インカーリヂメント
～する	animar アニマる	encourage インカーリヂ
けさ 今朝	esta mañana *f* エスタ マニャナ	this morning ズィス モーニング
げざい 下剤	purgante *m* プるガンテ	purgative, laxative パーガティヴ, ラクサティヴ
げし 夏至	solsticio de verano *m* ソルスティスィオ デ べらノ	summer solstice サマ サルスティス
けしいん 消印	matasellos *m* マタセジョス	postmark ポウストマーク
けしき 景色	paisaje *m* パイサヘ	scenery, view スィーナリ, ヴュー
け 消しゴム	borrador *m* ボらドる	eraser, rubber イレイサ, ラバ
けじめ	distinción *f* ディスティンスィオン	distinction ディスティンクション
～をつける	distinguir, diferenciar ディスティンギる, ディフェれンスィアる	distinguish ディスティングウィシュ
げしゃ 下車する	bajar(se) バハる(セ)	get off ゲト オフ
げしゅく 下宿	pensión *f* ペンスィオン	lodgings ラヂングズ
～する	vivir en una pensión ビビる エン ウナ ペンスィオン	room ルーム
げじゅん 下旬	últimos diez días de mes *mpl* ウルティモス ディエす ディアス デ メス	latter part of the month ラタ パート オヴ ア マンス

日	西	英
化粧(けしょう)	maquillaje *m* マキジャヘ	makeup メイカプ
～室	cuarto de aseo *m* クアルト デ アセオ	dressing room ドレスィング ルーム
～する	maquillarse マキジャるセ	make up メイク アプ
～品	cosméticos *mpl* コスメティコス	toilet articles トイレト アーティクルズ
消(け)す	apagar アパガる	put out プト アウト
(電灯などを)	apagar アパガる	turn out, turn off ターン アウト, ターン オフ
(文字などを)	borrar ボらる	erase イレイス
下水(げすい)	alcantarillado *m* アルカンタりジャド	sewage シュイヂ
下水道(げすいどう)	alcantarilla *f* アルカンタジャ	drainage ドレイニヂ
削(けず)る	afilar アフィらる	shave シェイヴ
(かんなで)	cepillar セピジャる	plane プレイン
(削減)	acortar アコるタる	curtail カーテイル
桁(けた)	viga *f* ビガ	beam ビーム
(数字の)	cifra *f* しフら	figure フィギャ
気高(けだか)い	noble ノブレ	noble, dignified ノウブル, ディグニファイド
けちな	mezquino(a) メすキノ(ナ)	stingy スティンヂ
ケチャップ	salsa de tomate *f* サルサ デ トマテ	ketchup ケチャプ
血圧(けつあつ)	presión arterial *f* プれシオン アるテリアル	blood pressure ブらド プレシャ
決意(けつい)	decisión *f* デしシオン	resolution レゾルーション
～する	decidirse デしディるセ	make up *one's* mind メイク アプ マインド

日	西	英
けつえき 血液	sangre *f* サングれ	blood ブラド
けつえん 血縁	parentesco *m* パれンテスコ	blood relation ブラド リレイション
けっか 結果	resultado *m* れスルタド	result リザルト
けっかく 結核	tuberculosis *f* トゥベるクロシス	tuberculosis テュバーキュロウスィス
けっかん 欠陥	fallo *m* ファジョ	defect, fault ディフェクト, フォルト
けっかん 血管	vaso sanguíneo *m* バソ サンギネオ	blood vessel ブラド ヴェセル
げっかんし 月刊誌	revista mensual *f* れビスタ メンスアル	monthly マンスリ
げっきゅう 月給	sueldo (mensual) *m* スエルド (メンスアル)	salary サラリ
けっきょく 結局	después de todo デスプエス デ トド	after all アフタ オール
けっきん 欠勤	ausencia *f* アウセンレア	absence アブセンス
げっけい 月経	menstruación *f* メンストるアしオン	menstruation, period メンストルエイション, ピアリオド
げっけいじゅ 月桂樹	laurel *m* ラウれル	laurel ローラル
けっこう 結構	bastante バスタンテ	quite, rather クワイト, ラザ
〜です	Está bien. エスタ ビエン	All right. オール ライト
(断わり)	No, gracias. ノ, グらしアス	No, thank you. ノウ サンク ユー
〜な	bueno(*a*) ブエノ(ナ)	excellent, nice エクセレント, ナイス
けつごう 結合	unión *f* ウニオン	union, combination ユーニョン, カンビネイション
〜する	unir, juntar ウニる, フンタる	unite, combine ユーナイト, コンバイン
げっこう 月光	claro de luna *m* クラろ デ ルナ	moonlight ムーンライト

日	西	英
けっこん 結婚	matrimonio *m* マトリモニオ	marriage マリヂ
～式	boda *f* ボダ	wedding ウェディング
～する	casarse *con* カサるセ コン	be married *to* ビ マリド
けっさい 決済する	pagar パガる	settle セトル
けっさく 傑作	obra maestra *f* オブら マエストら	masterpiece マスタピース
けっさん 決算	balance *m* バランセ	settlement of accounts セトルメント オヴ アカウンツ
けっ 決して	nunca ヌンカ	never ネヴァ
げっしゃ 月謝	mensualidad *f* メンスアリダド	monthly fee マンスリ フィー
げっしゅう 月収	sueldo mensual *m* スエルド メンスアル	monthly income マンスリ インカム
けっしょう 決勝	final *f* フィナル	decision ディスィジョン
けっしょう 結晶	cristal *m* クリスタル	crystal クリスタル
～する	cristalizarse クリスタリさるセ	crystallize クリスタライズ
げっしょく 月食	eclipse lunar *m* エクリプセ ルナる	eclipse of the moon イクリプス オヴ ザ ムーン
けっしん 決心	decisión *f* デスィシオン	determination ディターミネイション
～する	decidirse デスィディるセ	make up *one's* mind メイク アプ マインド
けっせい 血清	suero *m* スエろ	serum スィアラム
けっせき 欠席	ausencia *f* アウセンスィア	absence アブセンス
～する	faltar *a* ファルタる ア	be absent *from* ビ アブセント
けつだん 決断	decisión *f* デスィシオン	decision ディスィジョン
～する	decidir デスィディる	decide ディサイド

日	西	英
けってい 決定	decisión *f* デシシオン	decision ディスィジョン
～する	decidir デシディる	decide ディサイド
けってん 欠点	defecto *m* デフェクト	fault, weak point フォルト, ウィーク ポイント
けっとう 血統	sangre *f*, linaje *m* サングれ, リナヘ	blood, lineage ブラド, リニイヂ
（動物の）	raza *f* らさ	pedigree ペディグリー
けっぱく 潔白	inocencia *f* イノセンしア	innocence イノセンス
げっぷ	eructo *m* エるクト	burp バープ
けっぺきな 潔癖な	íntegro(a) インテグろ(ら)	cleanly, fastidious クレンリ, ファスティディアス
けつぼう 欠乏	carencia *f* カれンしア	lack, shortage ラク, ショーティヂ
～する	escasear エスカセアる	lack ラク
けつまつ 結末	fin *m* フィン	end, result エンド, リザルト
げつまつ 月末	final de mes *m* フィナル デ メス	end of the month エンド オヴ ザ マンス
げつようび 月曜日	lunes *m* ルネス	Monday マンディ
けつれつ 決裂	ruptura *f* るプトゥら	rupture ラプチャ
けつろん 結論	conclusión *f* コンクルシオン	conclusion カンクルージョン
けな 貶す	hablar mal *de* アブらる マル デ	speak ill *of* スピーク イル
げねつざい 解熱剤	antipirético *m* アンティピれティコ	antipyretic アンティパイレティク
けはい 気配	señal *f* セニャル	sign, indication サイン, インディケイション
けびょう 仮病	enfermedad fingida *f* エンフェるメダド フィンヒダ	feigned illness フェインド イルネス

日	西	英
<ruby>下品<rt>げひん</rt></ruby>な	vulgar ブルガる	vulgar, coarse ヴァルガ, コース
<ruby>煙<rt>けむ</rt></ruby>い	lleno(a) de humo ジェノ(ナ) デ ウモ	smoky スモウキ
<ruby>毛虫<rt>けむし</rt></ruby>	oruga f オるガ	caterpillar キャタピラ
<ruby>煙<rt>けむり</rt></ruby>	humo m ウモ	smoke スモウク
<ruby>獣<rt>けもの</rt></ruby>	bestia f ベスティア	beast ビースト
<ruby>欅<rt>けやき</rt></ruby>	celcova f セルコバ	zelkova tree ゼルコヴァ トリー

■化粧品■ maquillaje /マキジャヘ/ m

<ruby>口紅<rt>くちべに</rt></ruby>　barra de labios /バら デ ラビオス/ f (英 rouge, lipstick)

アイシャドー　sombra /ソンブら/ f (英 eye shadow)

マスカラ　rímel /リメル/ m (英 mascara)

リップクリーム　protector labial /プろテクトる ラビアル/ m (英 lip cream)

リップスティック　lápiz labial /ラピす ラビアル/ m (英 lipstick)

<ruby>化粧水<rt>けしょうすい</rt></ruby>　loción /ロしオン/ f (英 skin lotion)

<ruby>乳液<rt>にゅうえき</rt></ruby>　leche facial /レチェ ファしアル/ f (英 milky lotion)

クレンジングクリーム　crema limpiadora /クれマ リンピアドら/ f (英 cleansing cream)

ファンデーション　base de maquillaje /バセ デ マキジャヘ/ f (英 foundation)

パック　mascarilla /マスカリジャ/ f (英 masque)

<ruby>日焼<rt>ひや</rt></ruby>け<ruby>止<rt>ど</rt></ruby>め　crema solar /クれマ ソラる/ f (英 sunscreen)

シャンプー　champú /チャンプ/ m (英 shampoo)

リンス　suavizante /スアビさンテ/ m (英 rinse)

トリートメント　acondicionador /アコンディしオナドる/ (英 treatment)

<ruby>石鹸<rt>せっけん</rt></ruby>　jabón /ハボン/ m (英 soap)

日	西	英
下痢(げり)	diarrea f ディアれア	diarrhea ダイアリア
〜する	tener diarrea テネる ディアれア	have diarrhea ハヴ ダイアリア
ゲリラ	guerrillero(a) m,f ゲりジェろ(ら)	guerrilla ガリラ
〜戦	guerrilla f ゲりジャ	guerrilla warfare ガリラ ウォーフェア
蹴る(け)	dar una patada ダる ウナ パタダ	kick キク
（拒絶）	rechazar れチャさる	reject リヂェクト
ゲルマニウム	germanio m ヘるマニオ	germanium チャーメイニアム
下劣な(げれつ)	ruin るイン	mean, base ミーン, ベイス
ゲレンデ	pista de esquí f ピスタ デ エスキ	slope スロウプ
ケロイド	queloide m ケロイデ	keloid キーロイド
険しい(けわ)	escarpado(a) エスカるパド(ダ)	steep スティープ
（顔付きが）	severo(a) セベろ(ら)	severe スィヴィア
券(けん)	billete m ビジェテ	ticket, coupon ティケト, キューパン
県(けん)	prefectura f プれフェクトゥら	prefecture プリーフェクチャ
弦(けん)	cuerda f クエるダ	bowstring ボウストリング
（楽器の）	cuerda f クエるダ	string ストリング
険悪な(けんあく)	serio(a) セリオ(ア)	threatening スレトニング
原案(げんあん)	proposición original f プろポシしオン オリヒナル	original bill オリヂナル ビル
権威(けんい)	autoridad f アウトりダド	authority, prestige オサリティ, プレスティージュ

日	西	英
けんいん 検印	marca de control *f* マるカ デ コントろル	seal スィール
げんいん 原因	causa *f*, motivo *m* カウサ, モティボ	cause, origin コーズ, オリヂン
げんえい 幻影	visiones *fpl* ビシオネス	illusion イルージョン
けんえき 検疫	cuarentena *f* クアれンテナ	quarantine クウォランティーン
げんえき 現役	servicio activo *m* セるビシオ アクティボ	active service アクティヴ サーヴィス
けんえつ 検閲	censura *f* センスら	inspection, censorship インスペクション, センサシプ
けんか 喧嘩	riña *f* りニャ	quarrel, dispute クウォレル, ディスピュート
(殴り合い)	pelea *f* ペレア	fight ファイト
～する	pelear *con* ペレアる コン	quarrel *with* クウォレル
げんか 原価	precio de coste *m* プれシオ デ コステ	coat price コウト プライス
けんかい 見解	opinión *f* オピニオン	opinion, view オピニオン, ヴュー
げんかい 限界	límite *m* リミテ	limit, bounds リミト, バウンヅ
げんかくざい 幻覚剤	alucinógeno *m* アルシノヘノ	hallucinogen ハルースィノヂェン
けんがく 見学する	visitar ビシタる	inspect, visit インスペクト, ヴィズィト
げんかく 厳格な	riguroso(a) りグロソ (サ)	strict, rigorous ストリクト, リガラス
げんかしょうきゃく 減価償却	depreciación *f* デプれシアシオン	depreciation ディプリーシエイション
げんがっき 弦楽器	instrumento de cuerda *m* インストるメント デ クエるダ	strings ストリングズ
げんかん 玄関	entrada *f* エントらダ	entrance エントランス
げんき 元気	(buena) salud *f* (ブエナ) サルド	spirits, energy スピリツ, エナヂ

日	西	英
～な	animado(a) アニマド(ダ)	spirited, lively スピリティド, ライヴリ
けんきゅう 研究	estudio *m* エストゥディオ	study, research スタディ, リサーチ
～者	investigador(a) *m,f* インベスティガドる(ら)	student, scholar ステューデント, スカラ
～所	instituto *m* インスティトゥト	laboratory ラブラトーリ
～する	estudiar エストゥディアる	make researches *in* メイク リサーチィズ
けんきょ 謙虚な	modesto(a) モデスト(タ)	modest マデスト
けんきん 献金	contribución *f* コントリブしオン	donation ドウネイション
げんきん 現金	efectivo *m* エフェクティボ	cash キャシュ
げんきん 厳禁する	prohibir estrictamente プロイビる エストリクタメンテ	forbid strictly フォビド ストリクトリ
げんけい 原形	forma original *f* フォるマ オリヒナル	original form オリヂナル フォーム
げんけい 原型	prototipo *m* プロトティポ	prototype プロウトタイプ
けんけつ 献血	donación de sangre *f* ドナしオン デ サングれ	blood donation ブラド ドウネイション
けんげん 権限	competencia *f* コンペテンしア	competence カンピテンス
げんご 言語	lengua *f* レングア	language ラングウィヂ
けんこう 健康	(buena) salud *f* (ブエナ) サルド	health ヘルス
～な	sano(a) サノ(ナ)	healthy, sound ヘルスィ, サウンド
げんこう 原稿	manuscrito *m* マヌスクリト	manuscript, copy マニュスクリプト, カピ
げんこうはん 現行犯	delito flagrante *m* デリト フラグらンテ	flagrant offense フレイグラント オフェンス
げんごがく 言語学	lingüística *f* リングイスティカ	linguistics リングウィスティクス

日	西	英
<ruby>原告<rt>げんこく</rt></ruby>	demandante *m,f* デマンダンテ	plaintiff プレインティフ
<ruby>拳骨<rt>げんこつ</rt></ruby>	puño *m* プニョ	fist フィスト
<ruby>検査<rt>けんさ</rt></ruby>	examen *m* エクサメン	inspection インスペクション
～する	examinar エクサミナる	inspect, examine インスペクト, イグザミン
<ruby>現在<rt>げんざい</rt></ruby>	presente *m* プれセンテ	present プレゼント
～の	presente プれセンテ	present プレゼント
<ruby>原材料<rt>げんざいりょう</rt></ruby>	materia prima *f* マテリア プリマ	raw material ロー マティアリアル
<ruby>検索<rt>けんさく</rt></ruby>	búsqueda *f* ブスケダ	reference, retrieval レファレンス, リトリーヴァル
～する	buscar ブスカる	refer to, retrieve リファー トゥ, リトリーヴ
<ruby>原作<rt>げんさく</rt></ruby>	original *m* オリヒナル	original オリヂナル
<ruby>検察官<rt>けんさつかん</rt></ruby>	fiscal *m,f* フィスカル	public prosecutor パブリク プラスィキュータ
<ruby>原産地<rt>げんさんち</rt></ruby>	procedencia *f* プロせデンしア	original home オリヂナル ホウム
<ruby>検事<rt>けんじ</rt></ruby>	fiscal *m,f* フィスカル	public prosecutor パブリク プラスィキュータ
<ruby>原子<rt>げんし</rt></ruby>	átomo *m* アトモ	atom アトム
<ruby>現実<rt>げんじつ</rt></ruby>	realidad *f* れアリダド	reality, actuality リアリティ, アクチュアリティ
～の	real れアル	real, actual リーアル, アクチュアル
<ruby>堅実な<rt>けんじつ</rt></ruby>	seguro(*a*) セグろ(ら)	steady ステディ
<ruby>原始の<rt>げんし</rt></ruby>	primitivo(*a*) プリミティボ(バ)	primitive プリミティヴ
<ruby>原子爆弾<rt>げんしばくだん</rt></ruby>	bomba atómica *f* ボンバ アトミカ	atomic bomb アタミク バム

210

日	西	英
げんしゅ 元首	jefe(a) de estado m,f ヘフェ(ファ) デ エスタド	sovereign サヴレン
けんしゅう 研修	estudio m エストゥディオ	study スタディ
～生	cursillista m,f クるシジスタ	trainee トレイニー
けんじゅう 拳銃	pistola f ピストラ	pistol, revolver ピストル, リヴァルヴァ
げんじゅうしょ 現住所	dirección actual f ディれクしオン アクトゥアル	present address プレゼント アドレス
げんじゅう 厳重な	severo(a) セベろ(ら)	strict, severe ストリクト, スィヴィア
げんしゅく 厳粛な	solemne ソレンネ	grave, solemn グレイヴ, サレム
けんしょう 懸賞	premio m プれミオ	prize プライズ
げんしょう 減少	disminución f ディスミヌしオン	decrease ディークリース
～する	disminuir ディスミヌイる	decrease ディクリース
げんしょう 現象	fenómeno m フェノメノ	phenomenon フィナメノン
げんじょう 現状	situación actual f シトゥアしオン アクトゥアル	present condition プレゼント カンディション
げんしょく 原色	color primario m コロる プリマリオ	primary color プライメリ カラ
げんしりょく 原子力	energía atómica f エネるヒア アトミカ	nuclear power ニュークリア パウア
げんしりん 原始林	selva virgen f セルバ ビるヘン	primeval forest プライミーヴァル フォリスト
けんしん 検診	revisión médica f れビシオン メディカ	medical examination メディカル イグザミネイション
けんしんてき 献身的に	abnegadamente アブネガダメンテ	devotedly ディヴォウテドリ
げんぜい 減税	reducción tributaria f れドゥクしオン トリブタリア	tax reduction タクス リダクション
げんせいりん 原生林	selva virgen f セルバ ビるヘン	primeval forest プライミーヴァル フォリスト

日	西	英
建設(けんせつ)	construcción f コンストるクしオン	construction カンストラクション
〜する	construir コンストるイる	construct カンストラクト
健全(けんぜん)な	sano(a) サノ(ナ)	sound サウンド
元素(げんそ)	elemento m エレメント	element エレメント
建造(けんぞう)	construcción f コンストるクしオン	construction カンストラクション
幻想(げんそう)	fantasía f ファンタシア	illusion, vision イルージョン, ヴィジョン
現像(げんぞう)	revelado m れベラド	development ディヴェロプメント
〜する	revelar れベラる	develop ディヴェロプ
原則(げんそく)	principio m プリンしピオ	principle プリンスィプル
減速(げんそく)する	desacelerarse デサセレらるセ	slow down スロウ ダウン
謙遜(けんそん)	modestia f モデスティア	modesty, humility マディスティ, ヒューミリティ
〜する	ser humilde セる ウミルデ	be modest ビ マディスト
倦怠(けんたい)	aburrimiento m アブりミエント	weariness, ennui ウィアリネス, アーンウィー
現代(げんだい)	edad contemporánea f エダド コンテンポらネア	present age プレゼント エイヂ
〜の	contemporáneo(a) コンテンポらネオ(ア)	modern マダン
現地(げんち)	lugar en cuestión m ルガる エン クエスティオン	spot スパト
〜時間	hora local f オら ロカル	local time ロウカル タイム
〜の	local ロカル	local ロウカル
建築(けんちく)	construcción f コンストるクしオン	building ビルディング
(建築術)	arquitectura f アるキテクトゥら	architecture アーキテクチャ

日	西	英
～家	arquitecto(a) *m,f* アルキテクト(タ)	architect アーキテクト
けんちょ 顕著な	notable ノタブレ	remarkable リマーカブル
げんてい 限定	limitación *f* リミタシオン	limitation リミテイション
～する	limitar *a* リミタる ア	limit *to* リミト
げんてん 減点	disminución de puntos *f* ディスミヌシオン デ プントス	demerit mark ディーメリト マーク
げんてん 原点	punto de partida *m* プント デ パルティダ	starting point スターティング ポイント
げんてん 原典	(texto) original *m* (テクスト) オリヒナル	original text オリヂナル テクスト
げんど 限度	límite *m* リミテ	limit リミト
けんとう 検討	examen *m* エクサメン	examination イグザミネイション
～する	examinar エクサミナる	examine イグザミン
けんとう 見当 (推測)	conjetura *f* メタ	guess ゲス
～をつける	estimar エスティマる	guess ゲス
げんどうりょく 原動力	fuerza motriz *f* フエるさ モトりす	motive power モウティヴ パウア
げんば 現場	lugar (del suceso) *m* ルガる (デル スセソ)	spot スパト
げんばく 原爆	bomba atómica *f* ボンバ アトミカ	atomic bomb アタミク バム
けんばん 鍵盤	teclado *m* テクラド	keyboard キーボード
けんびきょう 顕微鏡	microscopio *m* ミクロスコピオ	microscope マイクロスコウプ
けんぶつ 見物	visita *f* ビシタ	sight-seeing サイトスィーイング
～する	visitar ビシタる	see, visit スィー, ヴィズィト
げんぶん 原文	original *m* オリヒナル	original text オリヂナル テクスト

213

け

日	西	英
けんぽう 憲法	constitución *f* コンスティトゥしオン	constitution カンスティテューション
げんぽん 原本	libro original *m* リブろ オりヒナル	original オリヂナル
げんまい 玄米	arroz integral *m* アろす インテグラル	brown rice ブラウン ライス
げんみつ 厳密な	estricto(*a*) エストりクト(タ)	strict, close ストリクト, クロウス
けんめい 賢明な	sensato(*a*) センサト(タ)	wise, prudent ワイズ, プルーデント
けんめい 懸命に	con todas sus fuerzas コン トダス スス フエるさス	eagerly, hard イーガリ, ハード
けんもん 検問	inspección *f* インスペクしオン	checkup チェカプ
けんやく 倹約	ahorro *m* アオろ	thrift, economy スリフト, イカノミ
〜する	ahorrar アオちる	economize イカノマイズ
げんゆ 原油	(petróleo) crudo *m* (ペトろレオ) クルド	crude oil クルード オイル
けんり 権利	derecho *m* デれチョ	right ライト
げんり 原理	principio *m*, teoría *f* プりンしピオ, テオりア	principle, theory プリンスィプル, スィオリ
げんりょう 原料	materia prima *f* マテりア プりマ	raw materials ロー マティアリアルズ
けんりょく 権力	poder *m* ポデる	power, authority パウア, オサリティ

こ, コ

こ 個	pieza *f* ピエさ	piece ピース
こ 子	hijo(*a*) *m,f* イホ(ハ)	child, infant チャイルド, インファント
ご 語	palabra *f* パラブら	word, term ワード, ターム

日	西	英
濃い	oscuro(a) オスクろ(ら)	dark, deep ダーク, ディープ
(密度)	denso(a) デンソ(サ)	thick スィク
(味)	fuerte フエるテ	strong ストロング
恋	amor *m* アモる	love ラヴ
語彙	vocabulario *m* ボカブラリオ	vocabulary ヴォウキャビュレリ
恋しい	echar de menos エチャる デ メノス	miss ミス
恋する	enamorarse *de* エナモらルセ デ	fall in love *with* フォール イン ラヴ
小犬	cachorro *m* カチョろ	puppy パピ
恋人	novio(a) *m,f* ノビオ(ア)	sweetheart, lover スウィートハート, ラヴァ
コイン	moneda *f* モネダ	coin コイン
〜ロッカー	consigna automática *f* コンシグナ アウトマティカ	coin-operated locker コインアパレイテド ラカ
考案	idea *f* イデア	conception カンセプション
〜する	idear イデアる	devise ディヴァイズ
好意	buena voluntad *f* ブエナ ボルンタド	goodwill グドウィル
行為	conducta *f* コンドゥクタ	act, action, deed アクト, アクション, ディード
合意	acuerdo (mutuo) *m* アクエルド (ムトゥオ)	agreement アグリーメント
更衣室	vestuario *m* ベストゥアりオ	dressing room ドレスィング ルーム
後遺症	secuela *f* セクエラ	sequelae シクウィーリー
工員	obrero(a) (de una fábrica) *m,f* オブれろ(ら) (デ ウナ ファブりカ)	factory worker ファクトリ ワーカ

日	西	英
ごうう **豪雨**	lluvia torrencial *f* ジュビア トれンシアル	heavy rain ヘヴィ レイン
こううん **幸運**	(buena) suerte *f* (ブエナ) スエるテ	fortune, luck フォーチュン, ラク
こうえい **光栄**	honor *m* オノる	honor, glory アナ, グローリ
こうえん **公園**	parque *m* パるケ	park パーク
こうえん **講演**	conferencia *f* コンフェれンシア	lecture レクチャ
～する	dar una conferencia ダる ウナ コンフェれンシア	lecture *on* レクチャ
こうおん **高音**	tono agudo *m* トノ アグド	high tone ハイ トウン
ごうおん **轟音**	ruido ensordecedor *m* るイド エンソるデセドる	roar ロー
こうか **効果**	efecto *m* エフェクト	effect, efficacy イフェクト, エフィカスィ
こうか **硬貨**	moneda *f* モネダ	coin コイン
こうか **高価**		
～な	caro(a) カろ(ら)	expensive, costly イクスペンスィヴ, コストリ
ごうか **豪華**		
～な	lujoso(a) ルホソ(サ)	gorgeous, deluxe ゴーヂャス, デルクス
こうかい **後悔**	arrepentimiento *m* アれペンティミエント	regret, remorse リグレト, リモース
～する	arrepentirse *de* アれペンティるセ デ	regret リグレト
こうかい **公開**	revelación *f* れベラシオン	disclosure ディスクロウジャ
～する	abrir (al público) アブりる (アル プブリコ)	open ... to the public オウプン トゥ ザ パブリク
こうかい **航海**	navegación *f* ナベガシオン	navigation ナヴィゲイション
～する	navegar ナベガる	navigate ナヴィゲイト

日	西	英
こうがい 公害	contaminación ambiental *f* コンタミナしオン アンビエンタル	pollution ポリューション
こうがい 郊外	afueras *fpl* アフエらス	suburbs サバーブズ
ごうがい 号外	edición extra *f* エディしオン エクストら	extra エクストラ
こうがく 光学	óptica *f* オプティカ	optics アプティクス
ごうかく 合格	aprobación *f* アプろバしオン	passing パシィング
〜する	aprobar アプろバる	pass パス
こうかん 交換	intercambio *m* インテるカンビオ	exchange イクスチェインヂ
〜する	cambiar カンビアる	exchange イクスチェインヂ
こうがんざい 抗癌剤	medicina anticancerosa *f* メディしナ アンティカンせろサ	anticancer agent アンティキャンサ エイヂェント
こうき 好機	buena ocasión *f* ブエナ オカシオン	good opportunity グド アパチューニティ
こうき 高貴	nobleza *f*, linaje *m* ノブレさ, リナヘ	nobility ノウビリティ
〜な	noble ノブレ	noble ノウブル
こうき 後期	segunda mitad *f* セグンダ ミタド	latter term ラタ ターム
（二学期制）	segundo semestre *m* セグンド セメストれ	second semester セカンド セメスタ
こうぎ 抗議	protesta *f* プろテスタ	protest プロウテスト
〜する	protestar *contra* プろテスタる コントら	protest *against* プロテスト
こうぎ 講義	conferencia *f*, curso *m* コンフェれンしア, クるソ	lecture レクチャ
〜する	dar una conferencia [un curso] ダる ウナ コンフェれンしア ［ウン クるソ］	lecture レクチャ
こうきあつ 高気圧	alta presión atmosférica *f* アルタ プれシオン アトモスフェりカ	high atmospheric pressure ハイ アトモスフェリク プレシャ
こうきしん 好奇心	curiosidad *f* クリオシダド	curiosity キュアリアスィティ

日	西	英
こうきゅう 高級な	de primera clase デ プリメら クラセ	high-class ハイクラス
こうきょ 皇居	Palacio Imperial *m* パラシオ インペりアル	Imperial Palace インピアリアル パレス
こうきょう 公共		
〜の	público(a) プブリコ(カ)	public, common パブリク, カモン
〜料金	tarifa de los servicios públicos *f* タリファ デ ロス セるビシオス プブリコス	public utility charges パブリク ユーティリティ チャーヂズ
こうぎょう 工業	industria *f* インドゥストリア	industry インダストリ
〜地帯	zona industrial *f* ソナ インドゥストリアル	industrial area インダストリアル エアリア
こうぎょう 鉱業	industria minera *f* インドゥストリア ミネら	mining マイニング
こうきょうきょく 交響曲	sinfonía *f* シンフォニア	symphony スィンフォニ
ごうきん 合金	aleación *f* アレアシオン	alloy アロイ
こうぐ 工具	herramienta *f* エらミエンタ	tool, implement トゥール, インプレメント
こうくう 航空	aviación *f* アビアシオン	aviation エイヴィエイション
〜会社	compañía aérea *f* コンパニア アエれア	airline エアライン
〜機	avión *m* アビオン	aircraft エアクラフト
〜券	billete de avión *m* ビジェテ デ アビオン	airline ticket エアライン ティケト
〜書簡	aerograma *m* アエログらマ	aerogram エアログラム
〜便	correo aéreo *m* コれオ アエれオ	airmail エアメイル
こうけい 光景	escena *f* エスセナ	spectacle, scene スペクタクル, スィーン
こうげい 工芸	artesanía *f* アるテサニア	craft クラフト
ごうけい 合計	suma *f* スマ	sum, total サム, トウタル

218

こ

日	西	英
〜する	sumar スマる	total, sum up トウタル, サム アプ
こうけいき 好景気	prosperidad *f* プろスペりダド	prosperity, boom プラスペリティ, ブーム
こうけいしゃ 後継者	sucesor(a) *m,f* スセソる(ら)	successor サクセサ
こうげき 攻撃	ataque *m* アタケ	attack, assault アタク, アソルト
〜する	atacar アタカる	attack, charge アタク, チャーヂ
こうけつあつ 高血圧	hipertensión *f* イペるテンスィオン	high blood pressure ハイ ブラド プレシャ
こうけん 貢献	contribución *f* コントりブスィオン	contribution カントリビューション
〜する	contribuir *a* コントりブイる ア	contribute *to* カントリビュト
こうげん 高原	meseta *f* メセタ	plateau プラトウ
こうご 交互	alternancia *f* アルテるナンスィア	alternation オールタネイション
〜に	por turnos ポる トゥるノス	alternately オールタネトリ
こうこう 孝行	deberes filiales *mpl* デベれス フィリアレス	filial piety フィリアル パイエティ
〜する	cumplir los deberes filiales クンプリる ロス デベれス フィリアレス	be good to *one's* parents ビ グド トゥ ペアレンツ
こうこう 高校	escuela secundaria superior *f* エスクエラ セクンダりア スペりオる	high school ハイ スクール
〜生	estudiante de bachillerato *m,f* エストゥディアンテ デ バチジェらト	high school student ハイ スクール ステューデント
こうごう 皇后	emperatriz *f* エンペらトりス	empress エンプレス
こうこがく 考古学	arqueología *f* アるケオロヒア	archaeology アーキアロヂ
こうこく 広告	notificación pública *f* ノティフィカしオン プブリカ	advertisement アドヴァタイズメント
〜する	anunciar アヌンしアる	advertise, publicize アドヴァタイズ, パブリサイズ
こうさ 交叉・交差	cruce *m* クるせ	crossing クロスィング

日	西	英
～する	cruzarse クルサルセ	cross, intersect クロス, インタセクト
～点	cruce *m* クルセ	crossing, crossroads クロスィング, クロスロウヅ
こうざ 講座	cátedra *f* カテドら	chair, lecture チェア, レクチャ
（ラジオなどの）	curso por radio *m* クルソ ポる らディオ	course コース
こうざ 口座	cuenta *f* クエンタ	account アカウント
こうさい 交際	relación *f* れラしオン	company カンパニ
～する	tener relación *con* テネる れラしオン コン	associate *with* アソウシエイト
こうさく 工作	trabajo manual *m* トらバホ マヌアル	handicraft ハンディクラフト
～機械	máquina herramienta *f* マキナ エらミエンタ	machine tool マシーン トゥール
～する	maniobrar マニオブらる	maneuver, engineer マヌーヴァ, エンヂニア
こうさん 降参	rendición *f* れンディしオン	surrender サレンダ
～する	rendirse *a* れンディるセ ア	surrender *to* サレンダ
こうざん 鉱山	mina *f* ミナ	mine マイン
こうし 講師	conferenciante *m,f* コンフェれンしアンテ	lecturer レクチャラ
こうじ 工事	obras *fpl* オブらス	work, construction ワーク, カンストラクション
こうしき 公式	fórmula *f* フォるムラ	formula フォーミュラ
～の	oficial オフィしアル	official, formal オフィシャル, フォーマル
こうじつ 口実	pretexto *m* プれテクスト	pretext, excuse プリーテクスト, イクスキューズ
こうしゃ 後者	último(a) *m,f* ウルティモ（マ）	latter ラタ
こうしゃ 校舎	edificio escolar *m* エディフィしオ エスコらる	schoolhouse スクールハウス

日	西	英
こうしゅう 公衆	público *m* プブリコ	public パブリク
～電話	teléfono público *m* テレフォノ プブリコ	pay phone ペイ フォウン
～トイレ	baño público *m* バニョ プブリコ	public lavatory パブリク ラヴァトーリ
こうしゅう 講習	curso *m* クるソ	course コース
こうじゅつ 口述	dictado *m* ディクタド	oral statement オーラル ステイトメント
～する	dictar ディクタる	dictate ディクテイト
こうじょ 控除	deducción *f* デドゥクしオン	deduction ディダクション
～する	deducir デドゥしる	deduct ディダクト
こうしょう 交渉	negociación *f* ネゴしアしオン	negotiations ニゴウシエイションズ
～する	negociar *con* ネゴしアる コン	negotiate *with* ニゴウシエイト
こうじょう 工場	fábrica *f* ファブリカ	factory, plant ファクトリ, プラント
ごうじょう 強情	terquedad *f* テるケダド	obstinacy アブスティナスィ
～な	terco(a) テるコ(カ)	obstinate アブスティネト
こうしょう 高尚な	elevado(a) エレバド(ダ)	noble, refined ノウブル, リファインド
こうしょきょうふしょう 高所恐怖症	acrofobia *f* アクろフォビア	acrophobia アクろフォウビア
こうしん 行進	marcha *f* マるチャ	march, parade マーチ, パレイド
～する	marchar マるチャる	march マーチ
こうしんりょう 香辛料	especia *f* エスペしア	spices スパイスィズ
こうすい 香水	perfume *m* ぺるフメ	perfume パーフューム
こうずい 洪水	inundación *f* イヌンダしオン	flood, inundation フラド, イノンデイション

日	西	英
こうせい 公正 フスティシア	justicia *f*	justice チャスティス
〜な	justo(*a*) フスト(タ)	just, fair チャスト, フェア
こうせい 厚生	bienestar *m* ビエネスタる	welfare ウェルフェア
〜大臣	Ministro(*a*) de Sanidad y Seguridad Social *m,f* ミニストろ(ら) デ サニダド イ セグリダド ソシアル	Minister of Health and Welfare ミニスタ アヴ ヘルス アンド ウェルフェア
こうせい 構成	composición *f* コンポシしオン	composition カンポズィション
〜する	componer コンポネる	compose カンポウズ
ごうせい 合成	síntesis *f* シンテシス	synthesis スィンサスィス
〜樹脂	resina sintética *f* れシナ シンテティカ	synthetic resin スィンセティク レズィン
〜する	componer, sintetizar コンポネる, シンテティさる	synthesize, compound スィンササイズ, コンパウンド
こうせいぶっしつ 抗生物質	antibiótico *m* アンティビオティコ	antibiotic アンティバイアティク
こうせき 鉱石	mineral *m* ミネラル	ore オー
こうせん 光線	rayo de luz *m* らヨ デ ルす	ray, beam レイ, ビーム
こうぜんと 公然と	en público エン プブリコ	openly, publicly オウプンリ, パブリクリ
こうそ 控訴	apelación *f* アペラしオン	appeal アピール
こうそう 香草	hierba aromática *f* イエるバ アろマティカ	herb アーブ
こうそう 構想	plan *m* プラン	plan, conception プラン, コンセプション
こうぞう 構造	estructura *f* エストるクトゥら	structure ストラクチャ
こうそうけんちく 高層建築	torre de pisos *f* トれ デ ピソス	high-rise ハイライズ

日	西	英
こうそく 高速	alta velocidad *f* アルタ ベロしダド	high speed ハイ スピード
～道路	autopista *f* アウトピスタ	expressway イクスプレスウェイ
こうたい 交替[代]	turno *m* トゥるノ	shift シフト
～する	reemplazar れエンプラさる	take turns テイク ターンズ
こうたいし 皇太子	Príncipe Heredero *m* プリンしペ エれデろ	Crown Prince クラウン プリンス
こうだい 広大な	vasto(a), inmenso(a) バスト(タ), インメンソ(サ)	vast, immense ヴァスト, イメンス
こうたく 光沢	lustre *m* ルストれ	luster, gloss ラスタ, グロス
こうちゃ 紅茶	té (inglés) *m* テ (イングレス)	tea ティー
こうちょう 校長	director(a) *m,f* ディれクトる(ら)	principal プリンスィパル
こうちょう 好調な	en buena condición エン ブエナ コンディしオン	in good condition イン グド カンディション
こうつう 交通	tráfico *m* トらフィコ	traffic トラフィク
(運輸)	transporte *m* トランスポるテ	transport トランスポート
(連絡)	conexión *f* コネクシオン	communication カミューニケイション
～機関	medio de transporte *m* メディオ デ トらンスポるテ	transportation トランスポーテイション
～規制	normas de tráfico *fpl* ノるマス デ トらフィコ	traffic regulations トラフィク レギュレイションズ
～事故	accidente de tráfico *m* アクしデンテ デ トらフィコ	traffic accident トラフィク アクスィデント
～標識	señales de tráfico *fpl* セニャレス デ トらフィコ	traffic sign トラフィク サイン
こうてい 皇帝	emperador *m* エンペらドる	emperor エンペラ
こうてい 肯定	afirmación *f* アフィるマしオン	affirmation アファーメイション
～する	afirmar アフィるマる	affirm アファーム

日	西	英
こうていぶあい 公定歩合	tasa de descuento oficial *f* タサ デ デスクエント オフィしアル	official discount rate オフィシャル ディスカウント レイト
こうてきな 公的な	oficial オフィしアル	official, public オフィシャル, パブリク
こうてつ 鋼鉄	acero *m* アせろ	steel スティール
こうてん 好転する	mejorarse メほるるセ	turn for the better ターン フォ ザ ベター
こうど 高度	altitud *f* アルティトゥド	altitude アルティテュード
こうとう 高等	superioridad *f* スペリオりダド	superiority スピアリオーリティ
～な	superior スペリオる	high ハイ
こうとう 高騰	alza *f* アルさ	sudden rise サドン ライズ
～する	alzarse アルさるセ	jump ジャンプ
こうとう 口頭		
～の	oral, verbal オらル, べるバル	oral, verbal オーラル, ヴァーバル
こうどう 行動	acción *f*, conducta *f* アクしオン, コンドゥクタ	action, conduct アクション, カンダクト
～する	actuar アクトゥアる	act アクト
こうどう 講堂	salón de actos *m*, auditorio *m* サロン デ アクトス, アウディトりオ	hall, auditorium ホール, オーディトーリアム
ごうとう 強盗	atracador(a) *m,f* アトらカドる(ら)	robber, burglar ラバ, バーグラ
ごうどう 合同	unión *f* ウニオン	union ユーニョン
こうとうがっこう 高等学校	escuela secundaria superior *f* エスクエラ セクンダりア スペりオる	high school ハイ スクール
こうとうさいばんしょ 高等裁判所	tribunal superior *m* トりブナル スペりオる	high court ハイ コート
こうどくりょう 購読料	suscripción *f* ススクりプしオン	subscription サブスクリプション
こうないえん 口内炎	estomatitis *f* エストマティティス	stomatitis ストウマタイティス

日	西	英
こうにゅう **購入する**	comprar コンプらる	purchase, buy パーチェス, バイ
こうにん **後任**	sucesor(a) *m,f* スセソる(ら)	successor サクセサ
こうにん **公認の**	oficial オフィしアル	official, approved オフィシャル, アプルーヴド
こうねん **光年**	año luz *m* アニョ ルす	light-year ライトイヤー
こうのとり	cigüeña *f* しグエニャ	stork ストーク
こうば **工場**	fábrica *f* ファブリカ	factory ファクトリ
こうはい **後輩**	jóvenes *mpl* ホベネス	junior チューニア
こうばい **勾配**	pendiente *f* ペンディエンテ	slope, incline スロウプ, インクライン
こう **香ばしい**	aromático(a) アロマティコ(カ)	fragrant フレイグラント
こうはん **後半**	segunda mitad *f* セグンダ ミタド	latter half ラタ ハフ
こうばん **交番**	puesto de policía *m* プエスト デ ポリしア	police box ポリース バクス
こうび **交尾**	apareamiento *m* アパれアミエント	copulation カピュレイション
こうひょう **好評の**	popular ポプラる	popular パピュラ
こうふ **鉱夫**	minero *m* ミネろ	miner マイナ
こうふく **幸福**	felicidad *f* フェリしダド	happiness ハピネス
～な	feliz フェリす	happy ハピ
こうぶつ **鉱物**	mineral *m* ミネらル	mineral ミナラル
こうふん **興奮**	excitación *f* エクスしタしオン	excitement イクサイトメント
～する	excitarse エクスしタるセ	be excited ビ イクサイテド

日	西	英
こうぶん 構文	construcción *f* コンストるクしオン	construction コンストラクション
こうぶんしょ 公文書	documento oficial *m* ドクメント オフィしアル	official document オフィシャル ダキュメント
こうへいな 公平な	equitativo(*a*) エキタティボ (バ)	fair, impartial フェア, インパーシャル
ごうべんじぎょう 合弁事業	empresa conjunta *f* エンプれサ コンフンタ	joint venture ヂョイント ヴェンチャ
こうほ 候補	candidatura *f* カンディダトゥら	candidature キャンディダチャ
～者	candidato(*a*) *m,f* カンディダト (タ)	candidate キャンディデイト
こうぼ 酵母	levadura *f* レバドゥら	yeast, leaven イースト, レヴン
こうほう 広報	boletín oficial *m* ボレティン オフィしアル	public information パブリック インフォメイション
～活動	relaciones públicas *fpl* れラしオネス ププリカス	public relations パブリック リレイションズ
こうぼう 工房	estudio *m* エストゥディオ	studio ステューディオウ
ごうほうてき 合法的な	legal レガル	legal リーガル
ごうまん 傲慢な	altivo(*a*) アルティボ (バ)	haughty ホーティ
こうみゃく 鉱脈	yacimiento *m* ジャしミエント	vein of ore ヴェイン オヴ オー
こうみょうな 巧妙な	hábil, diestro(*a*) アビル, ディエストろ (ら)	skillful, dexterous スキルフル, デクストラス
こうみん 公民	ciudadanos *mpl* しウダダノス	citizen スィティズン
こうむ 公務	función pública *f* フンしオン ププリカ	official duties オフィシャル デューティズ
こうむいん 公務員	funcionario(*a*) *m,f* フンしオナりオ (ア)	public official パブリック オフィシャル
こうむ 被る	sufrir スフりる	suffer, receive サファ, リスィーヴ
こうもく 項目	punto *m* プント	item, clause アイテム, クローズ

日	西	英
こうもり 蝙蝠	murciélago *m* ムルシエラゴ	bat バト
こうもん 校門	puerta de la escuela *f* プエるタ デ ラ エスクエラ	school gate スクール ゲイト
こうもん 肛門	ano *m* アノ	anus エイナス
ごうもん 拷問	tortura *f* トるトゥら	torture トーチャ
こうや 荒野	páramo *m* パらモ	wilds ワイルツ
こうやく 膏薬	emplasto *m* エンプラスト	plaster プラスタ
こうよう 紅葉	hojas enrojecidas *fpl* オハス エンろヘシダス	red leaves レド リーヴズ
〜する	enrojecer エンろヘせる	turn red ターン レド
こうら 甲羅	caparazón *m* カパらそン	shell シェル
こうらく 行楽	excursión *f* エクスクるシオン	excursion イクスカージョン
〜客	excursionista *m,f* エクスクるシオニスタ	excursionist イクスカージョニスト
こう 小売り	venta al por menor [al detalle] *f* ベンタ アル ポる メノる [アル デタジェ]	retail リーテイル
〜する	vender al por menor ベンデる アル ポる メノる	retail リーテイル
ごうり 合理		
〜化	racionalización *f* らシオナリさシオン	rationalization ラショナリゼイション
〜的な	racional らシオナル	rational ラショナル
こうりつ 効率	eficiencia *f* エフィシエンシア	efficiency イフィシェンスィ
〜的な	eficiente エフィシエンテ	efficient イフィシェント
こうりゅう 交流	intercambio *m* インテるカンビオ	exchange イクスチェインヂ
（電流の）	corriente alterna *f* コりエンテ アルテるナ	alternating current オールタネイティング カーレント

日	西	英
～する	intercambiar インテるカンビアる	exchange イクスチェインヂ
こうりゅう 合流	confluencia *f* コンフルエンしア	confluence カンフルーエンス
～点	confluente *m* コンフルエンテ	confluence カンフルーエンス
こうりょ 考慮	consideración *f* コンシデらしオン	consideration カンスィダレイション
～する	considerar コンシデらる	consider カンスィダ
こうりょう 香料	perfume *m* ぺるフメ	perfume パーフューム
（食品）	especia *f* エスペしア	flavor フレイヴァ
こうりょう 荒涼とした	desolado(a) デソラド(ダ)	desolate デソレト
こうりょく 効力	efecto *m* エフェクト	effect, efficacy イフェクト, エフィカスィ
（法律）	vigencia *f* ビヘンしア	validity ヴァリディティ
こうれい 高齢	vejez *f* ベヘす	advanced age アドヴァンスト エイヂ
～化社会	sociedad de envejecimiento *f* ソしエダド デ エンベヘしミエント	aging society エイヂング ソサイアティ
こうわ 講和	paz *f* パす	peace ピース
こえ 声	voz *f* ボす	voice ヴォイス
ごえい 護衛	guardaespaldas *m* グアるダエスパルダス	guard, escort ガード, エスコート
こ 超[越]える	pasar パサる	exceed, pass イクスィード, パス
（向こうへ）	traspasar トらスパサる	go over, cross ゴウ オウヴァ, クロース
コークス	coque *m* コケ	coke コウク
ゴーグル	gafas (protectoras) *fpl* ガファス (プロテクトらス)	goggles ガグルズ

日	西	英
コース	ruta *f* るタ	course コース
（競走などの）	calle *f* カジェ	lane レイン
コーチ	entrenamiento *m* エントれナミエント	coach コウチ
コート	gabardina *f*, abrigo *m* ガバるディナ, アブリゴ	coat コウト
（球技の）	pista *f*, cancha *f* ピスタ, カンチャ	court コート
コード	cuerda *f* クエるダ	cord コード
（暗号）	código *m* コディゴ	code コウド
コーナー	esquina *f*, rincón *m* エスキナ, リンコン	corner コーナ
コーヒー	café *m* カフェ	coffee コフィ
～店	cafetería *f* カフェテリア	coffee shop コフィ シャプ
コーラ	cola *f* コラ	coke コウク
コーラス	coro *m* コロ	chorus コーラス
氷	hielo *m* イエロ	ice アイス
凍る	helarse エラるセ	freeze フリーズ
ゴール	meta *f* メタ	goal ゴウル
～キーパー	guardameta *m,f* グアるダメタ	goalkeeper ゴウルキーパ
ゴールインする	alcanzar la meta アルカンさる ラ メタ	reach the goal リーチ ザ ゴウル
コールタール	alquitrán (mineral) *m* アルキトラン（ミネラル）	coal tar コウル ター
蟋蟀	grillo *m* グリジョ	cricket クリケト
戸外	exterior *m* エクステリオる	outdoors アウトドーズ

日	西	英
ごかい 誤解	malentendido m マレンテンディド	misunderstanding ミスアンダスタンディング
～する	entender mal エンテンデる マル	misunderstand ミスアンダスタンド
こがいしゃ 子会社	compañía filial f コンパニア フィリアル	subsidiary サブスィディエリ
コカイン	cocaína f コカイナ	cocaine コウケイン
ごがく 語学	estudio de idiomas m エストゥディオ デ イディオマス	language study ラングウィヂ スタディ
（言語学）	lingüística f リングイスティカ	linguistics リングウィスティクス
ごかくけい 五角形	pentágono m ペンタゴノ	pentagon ペンタガン
こかげ 木陰	sombra de un árbol f ソンブら デ ウン アるボル	shade of a tree シェイド オヴ ア トリー
こ 焦がす	quemar ケマる	burn, scorch バーン, スコーチ
こがた 小型の	pequeño(a) ペケニョ(ニャ)	small, compact スモール, コンパクト
ごがつ 五月	mayo m マジョ	May メイ
こが 木枯らし	viento frío de invierno m ビエント フリオ デ インビエるノ	cold winter wind コウルド ウィンタ ウィンド
ごかん 五感	cinco sentidos mpl シンコ センティドス	five senses ファイヴ センスィズ
ごかんせい 互換性のある	compatible コンパティブレ	compatible コンパティブル
こぎって 小切手	cheque m チェケ	check チェク
ごきぶり	cucaracha f クカらチャ	cockroach カクロウチ
こきゃく 顧客	cliente m,f クリエンテ	customer, client カスタマ, クライエント
こきゅう 呼吸	respiración f れスピらしオン	respiration レスピレイション
～する	respirar れスピらる	breathe ブリーズ

日	西	英
故郷 (こきょう)	tierra natal *f* ティエら ナタル	home ホウム
漕ぐ (こぐ)	remar れマる	row ラウ
語句 (ごく)	palabras y frases *fpl* パラブらス イ フらセス	words ワーヅ
国営の (こくえいの)	nacional ナしオナル	state-run ステイトラン
国王 (こくおう)	rey *m* れイ	king, monarch キング, マナク
国外に［で］(こくがいに)	en el extranjero エン エル エクストランへろ	abroad アブロード
国技 (こくぎ)	deporte tradicional (de Japón) *m* デポるテ トらディしオナル (デ ハポン)	national sport ナショナル スポート
国語 (こくご)	lengua nacional *f* レングア ナしオナル	national language ナショナル ラングウィチ
国際 (こくさい)		
〜的な	internacional インテるナしオナル	international インタナショナル
〜運転免許証	permiso de conducción internacional *m* ぺるミソ デ コンドゥクしオン インテるナしオナル	international driver's license インタナショナル ドライヴァズ ライセンス
〜結婚	matrimonio internacional *m* マトりモニオ インテるナしオナル	mixed marriage ミクスト マリヂ
〜線	línea internacional *f* リネア インテるナしオナル	international air line インタナショナル エア ライン
〜電話	conferencia internacional *f* コンフェれンしア インテるナしオナル	overseas telephone call オウヴァスィーズ テレフォウン コール
〜法	derecho internacional *m* デれチョ インテるナしオナル	international law インタナショナル ロー
国産の (こくさんの)	nacional ナしオナル	domestic ドメスティク
国勢調査 (こくせいちょうさ)	censo (nacional) *m* せンソ (ナしオナル)	census センサス
国籍 (こくせき)	nacionalidad *f* ナしオナリダド	nationality ナショナリティ
告訴 (こくそ)	acusación *f* アクサしオン	accusation アキュゼイション

日	西	英
〜する	acusar アクサる	accuse アキューズ
黒檀（こくたん）	ébano *m* エバノ	ebony エボニ
告知する（こくち）	notificar ノティフィカる	notify ノウティファイ
国道（こくどう）	carretera nacional *f* カれテら ナしオナル	national road ナショナル ロウド
国内の（こくない）	doméstico(a) ドメスティコ(カ)	domestic ドメスティク
〜線	línea nacional リネア ナしオナル	domestic airline service ドメスティク エアライン サーヴィス
告白する（こくはく）	confesar コンフェサる	confess カンフェス
告発（こくはつ）	acusación *f* アクサしオン	accusation アキュゼイション
〜する	acusar アクサる	accuse アキューズ
黒板（こくばん）	pizarra *f* ピさら	blackboard ブラクボード
克服する（こくふく）	vencer ベンせる	conquer, overcome カンカ, オウヴァカム
告別式（こくべつしき）	ceremonia fúnebre *f* せれモニア フネブれ	farewell service フェアウェル サーヴィス
国宝（こくほう）	tesoro nacional *m* テソろ ナしオナル	national treasure ナショナル トレジャ
国防（こくぼう）	defensa nacional *f* デフェンサ ナしオナル	national defense ナショナル ディフェンス
国民（こくみん）	pueblo *m* プエブロ	nation, people ネイション, ピープル
〜の	nacional ナしオナル	national ナショナル
穀物（こくもつ）	cereal *m* せれアル	grain, cereals グレイン, スィアリアルズ
国有の（こくゆう）	nacional ナしオナル	national ナショナル
国立の（こくりつ）	nacional ナしオナル	national, state ナショナル, ステイト

日	西	英
こくれん 国連	Naciones Unidas *fpl* ナシオネス ウニダス	United Nations ユナイテド ネイションズ
こけ 苔	musgo *m* ムスゴ	moss モス
こ 焦げる	quemarse ケマルセ	burn バーン
ごげん 語源	etimología *f* エティモロヒア	etymology エティマロディ
ここ	aquí アキ	here, this place ヒア, ズィス プレイス
こご 古語	arcaísmo *m* アルカイスモ	archaic word アーケイイク ワード
ごご 午後	tarde *f* タルデ	afternoon アフタヌーン
ココア	cacao *m*, chocolate *m* カカオ, チョコラテ	cocoa コウコウ
こご 凍える	helarse エラルセ	freeze フリーズ
ここち 心地よい	agradable, cómodo(a) アグらダブレ, コモド(ダ)	comfortable カンフォタブル
こごと 小言	reprimenda *f* れプリメンダ	scolding スコウルディング
ココナツ	coco *m* ココ	coconut コウコナト
こころ 心	corazón *m* コらソン	mind, heart マインド, ハート
（精神）	espíritu *m* エスピリトゥ	spirit スピリト
（感情）	sentimiento *m* センティミエント	feeling フィーリング
（意向）	intención *f* インテンしオン	intention, will インテンション, ウィル
こころえ 心得る	entender エンテンデる	understand アンダスタンド
こころが 心掛ける	tomar en cuenta トマル エン クエンタ	bear in mind ベア イン マインド
こころがま 心構え	actitud mental *f* アクティトゥド メンタル	preparation プレパレイション

日	西	英
志 (こころざし)	voluntad *f* ボルンタド	will, intention ウィル, インテンション
志す (こころざす)	tener la intención *de* テネる ラ インテンしオン デ	intend, aim インテンド, エイム
心細い (こころぼそい)	solitario(a) ソリタりオ (ア)	forlorn フォローン
試みる (こころみる)	intentar インテンタる	try, attempt トライ, アテンプト
快い (こころよい)	agradable アグらダブレ	pleasant, agreeable プレザント, アグリーアバル
快く (こころよく)	de buen grado デ ブエン グらド	with pleasure ウィズ プレジャ
小雨 (こさめ)	llovizna *f* ジョビすナ	light rain ライト レイン
誤算 (ごさん)	equivocación *f* エキボカしオン	misjudge ミスヂャヂ
腰 (こし)	cintura *f* しントゥら	waist ウェイスト
孤児 (こじ)	huérfano(a) *m,f* ウエるファノ (ナ)	orphan オーファン
腰掛ける (こしかける)	sentarse センタるセ	sit (down) スィット (ダウン)
固執 (こしつ)	insistencia *f* インシステンしア	persistence パスィステンス
～する	insistir *en* インシスティる エン	persist パスィスト
個室 (こしつ)	habitación propia [individual] *f* アビタしオン プろピア [インディビドゥアル]	private room プライヴェト ルーム
ゴシック	gótico *m* ゴティコ	Gothic ガスィック
ゴシップ	chisme *m* チスメ	gossip ガスィプ
故障 (こしょう)	avería *f* アベりア	breakdown ブレイクダウン
～する	no funcionar ノ フンしオナる	go wrong ゴウ ロング
誤植 (ごしょく)	error de imprenta *m* エろる デ インプれンタ	misprint ミスプリント

日	西	英
こしら 拵える	hacer アせる	make メイク
（準備）	preparar プれぱらる	prepare プリペア
こじん 個人	individuo *m* インディビドゥオ	individual インディヴィチュアル
〜主義	individualismo *m* インディビドゥアリスモ	individualism インディヴィチュアリズム
〜的な	individual インディビドゥアル	individual, personal インディヴィチュアル, パーソナル
こ 越[超]す	pasar パサる	exceed, pass イクスィード, パス
こずえ 梢	copa (de un árbol) *f* コパ (デ ウン アるボル)	treetop トリータプ
コスト	coste *m* コステ	cost コスト
コスモス	cosmos *m* コスモス	cosmos カズモス
こす 擦る	frotar フろタる	rub ラブ
こせい 個性	personalidad *f* ぺるソナリダド	personality パーソナリティ
〜的な	original オりヒナル	unique ユーニーク
こせき 戸籍	registro civil *m* れヒストろ スィビル	family register ファミリ レヂスタ
こぜに 小銭	cambio *m* カンビオ	change チェインヂ
〜入れ	monedero *m* モネデろ	coin purse コイン パース
ごぜん 午前	mañana *f* マニャナ	morning モーニング
〜中	por la mañana ポる ラ マニャナ	during the morning デュアリング ザ モーニング
ごせんし 五線紙	hoja con pentagramas *f* オハ コン ペンタグらマス	music paper ミューズィク ペイパ
こたい 固体	(cuerpo) sólido *m* (クエるポ) ソリド	solid サリド
こだい 古代	antigüedad *f* アンティグエダド	antiquity アンティクウィティ

日	西	英
～の	antiguo(a) アンティグオ(ア)	ancient エインシェント
答え	respuesta f れスプエスタ	answer, reply アンサ, リプライ
(解答)	solución f ソルシオン	solution ソルーション
答える	contestar コンテスタる	answer, reply アンサ, リプライ
応える	responder れスポンデる	respond リスパンド
(報いる)	recompensar れコンペンサる	meet ミート
木霊	eco m エコ	echo エコウ
こだわる	aferrarse a アフェらるセ ア	be particular about ビ パティキュラ
御馳走	banquete m バンケテ	feast フィースト
誇張	exageración f エクサへらシオン	exaggeration イグザチャレイション
～する	exagerar エクサへらる	exaggerate イグザチャレイト
こつ	truco m トるコ	knack ナク
国家	estado m エスタド	state ステイト
～元首	jefe(a) de estado m,f へフェ(ファ) デ エスタド	sovereign サヴレン
国歌	himno nacional m インノ ナシオナル	national anthem ナショナル アンセム
国会	Dieta f ディエタ	Diet ダイエト
小遣い	dinero de bolsillo m ディネろ デ ボルシジョ	pocket money パケト マニ
骨格	constitución f コンスティトゥシオン	frame, build フレイム, ビルド
国旗	bandera nacional f バンデら ナシオナル	national flag ナショナル フラグ
国境	frontera f フろンテら	frontier フランティア

日	西	英
コック	cocinero(a) *m,f* コシネろ(ら)	cook クク
こっけい 滑稽な	cómico(a) コミコ(カ)	funny, humorous ファニ, ヒューマラス
こっこ 国庫	tesoro nacional *m* テソろ ナシオナル	Treasury トレジャリ
こっこう 国交	relaciones diplomáticas *fpl* れラシオネス ディプロマティカス	diplomatic relations ディプロマティク リレイションズ
ごつごつした	áspero(a) アスペろ(ら)	rugged ラゲド
こつずい 骨髄	médula *f* メドゥラ	marrow マロウ
こっせつ 骨折	fractura *f* フラクトゥら	fracture フラクチャ
～する	fracturarse フラクトゥらルセ	break ブレイク
こっそり	en secreto エン セクれト	quietly, in secret クワイエトリ, イン スィークレト
こづつみ 小包	paquete *m* パケテ	package, parcel パキヂ, パースル
こっとうひん 骨董品	antigüedades *fpl* アンティグエダデス	curio, antique キュアリオウ, アンティク
コップ	vaso *m* バソ	glass グラス
こて 鏝	plancha *f* プランチャ	iron アイアン
（左官用）	paleta *f* パレタ	trowel トラウエル
こてい 固定する	fijar フィハる	fix フィクス
こてん 古典	clásico *m* クラシコ	classic クラスィク
～的な	clásico(a) クラシコ(カ)	classic クラスィク
～文学	literatura clásica *f* リテらトゥら クラシカ	classic literature クラスィクズ リタラチャ
こと 事	asunto *m* アスント	matter, thing, affair マタ, スィング, アフェア

日	西	英
孤独（こどく）	soledad *f* ソレダド	solitude サリテュード
〜な	solo(a) ソロ(ラ)	solitary サリテリ
今年（ことし）	este año *m* エステ アニョ	this year ズィス イア
言付け（ことづけ）	recado *m* れカド	message メスィヂ
異なる（ことなる）	ser diferente *de* セる ディフェれンテ デ	differ *from* ディファ
言葉（ことば）	habla *f* アブラ	speech スピーチ
（言語）	lengua *f* レングア	language ラングウィヂ
（語）	palabra *f* パラブラ	word ワード
子供（こども）	niño(a) *m,f* ニニョ(ニャ)	child チャイルド
小鳥（ことり）	pájaro *m* パハろ	small bird スモール バード
諺（ことわざ）	refrán *m* れフらン	proverb プラヴァブ
断わる（ことわる）	rechazar れチャさる	refuse リフューズ
（辞退する）	rehusar れウサる	decline ディクライン
粉（こな）	polvo *m* ポルボ	powder パウダ
（穀類の）	harina *f* アリナ	flour フラウア
粉々に（こなごなに）	en añicos エン アニコス	to pieces トゥ ピースィズ
コネ	influencias *fpl*, enchufe *m* インフルエンしアス, エンチュフェ	connections カネクションズ
小猫（こねこ）	gatito *m* ガティト	kitty キティ
捏ねる（こねる）	amasar アマサる	knead ニード
この	este(a), estos(as) エステ (タ), エストス(タス)	this, these ズィス, ズィーズ

日	西	英
この間（あいだ）	el otro día *m* エル オトロ ディア	the other day ジ アザ デイ
この頃（ごろ）	estos días *mpl* エストス ディアス	now, these days ナウ, ズィーズ デイズ
この前（まえ）	el otro día *m* エル オトロ ディア	the last time ザ ラスト タイム
この好（この）ましい	agradable アグらダブレ	desirable ディザイアラブル
（感じのいい）	simpático(a) シンパティコ(カ)	agreeable アグリーアブル
（よりよい）	preferible プレフェリブレ	preferable プレファラブル
この好み（このみ）	gusto *m* グスト	taste テイスト
この好（この）む	gustar グスタる	like, be fond *of* ライク, ビ フォンド
この世（よ）	este mundo *m* エステ ムンド	this world ズィス ワールド
琥珀（こはく）	ámbar *m* アンバる	amber アンバ
拒（こば）む	rechazar れチャさる	refuse リフューズ
コバルト	cobalto *m* コバルト	cobalt コウボールト
小春日和（こはるびより）	veranillo de San Martín *m* べらニジョ デ サン マるティン	Indian summer インディアン サマ
湖畔（こはん）	orilla de un lago *f* オリジャ デ ウン ラゴ	lakeside レイクサイド
ご飯（はん）	arroz cocido *m* アろす コしド	rice ライス
（食事）	comida *f* コミダ	meal ミール
コピー	fotocopia *f*, copia *f* フォトコピア, コピア	photocopy, copy フォウトカピ, カピ
子羊（こひつじ）	cordero(a) *m,f* コるデろ(ら)	lamb ラム
瘤（こぶ）	chichón *m* チチョン	lump, bump ランプ, バンプ

日	西	英
(らくだの)	joroba *f* ホロバ	hump ハンプ
(木の)	lobanillo *m* ロバニジョ	knot ナト
こぶし 拳	puño *m* プニョ	fist フィスト
こふん 古墳	antigua tumba *f* アンティグア トゥンバ	tumulus テューミュラス
こぶん 子分	seguidor(a) *m,f* セギドる(ら)	follower ファロウア
ごぼう 牛蒡	bardana *f* バルダナ	burdock バーダク
こぼ 零す	derramar デらマる	spill スピル
こぼ 零れる	derramarse デらマるセ	fall, drop, spill フォール, ドラプ, スピル
(溢れる)	rebozar れボさる	overflow オウヴァフロウ
こま 独楽	peonza *f* ペオンさ	top タプ
ごま 胡麻	ajonjolí *m* アホンホリ	sesame セサミ
～油	aceite de sésamo *m* アセイテ デ セサモ	sesame oil セサミ オイル
コマーシャル	anuncio *m* アヌンしオ	commercial カマーシャル
こま 細かい	pequeño(a), fino(a) ペケニョ(ニャ), フィノ(ナ)	small, fine スモール, ファイン
(詳細)	detallado(a) デタジャド(ダ)	detailed ディティルド
ごまか 誤魔化す	engañar, hacer trampa エンガニャる, アセる トらンパ	cheat, swindle チート, スウィンドル
こまく 鼓膜	tímpano (del oído) *m* ティンパノ (デル オイド)	eardrum イアドラム
こま 困らせる	poner en un apuro ポネる エン ウン アプろ	embarrass, annoy インバラス, アノイ
こま 困る	tener problemas テネる プろブレマス	have trouble ハヴ トラブル
(当惑)	quedarse perplejo(a) ケダるセ ぺるプレホ(ハ)	be annoyed ビ アノイド

日	西	英
(金に)	estar mal de dinero エスタる マル デ ディネろ	be hard up ビ ハード アプ
ごみ	basura f バスら	dust, refuse ダスト, レフュース
～箱	papelera f パペレら	dustbin ダストビン
小道	sendero m センデろ	path パス
コミュニケ	comunicado m コムニカド	communiqué コミューニケイ
コミュニケーション	comunicación f コムニカしオン	communication カミューニケイション
込[混]む	estar lleno(a) エスタる ジェノ(ナ)	be jammed ビ チャムド
ゴム	goma f ゴマ	rubber ラバ
小麦	trigo m トリゴ	wheat ホウィート
～粉	harina f アリナ	flour フラウア
米	arroz m アろす	rice ライス
こめかみ	sien f シエン	temple テンプル
コメディ	comedia f コメディア	comedy カミディ
コメディアン	cómico(a) m,f コミコ(カ)	comedian カミーディアン
込める	cargar カるガる	charge チャーヂ
コメント	comentario m コメンタリオ	comment カメント
ごめんなさい	Perdón. ぺるドン	I'm sorry. アイム サリ
小文字	(letra) minúscula f (レトら) ミヌスクラ	small letter スモール レタ
子守	cuidador(a) de un niño(a) m,f クイダドる(ら) デ ウン ニーニョ(ニャ)	baby-sitter ベイビスィタ

日	西	英
顧問 (こもん)	consejero(a) m,f コンセヘろ(ら)	adviser, counselor アドヴァイザ, カウンセラ
小屋 (こや)	choza f チョさ	hut, shed ハト, シェド
誤訳 (ごやく)	traducción equivocada f トらドゥクしオン エキボカダ	mistranslation ミストランスレイション
固有 (こゆう)		
〜の	propio(a) de プろピオ(ア) デ	peculiar to ピキューリア
〜名詞	nombre propio m ノンブれ プろピオ	proper noun プラパ ナウン
小指 (こゆび)	(dedo) meñique (de la mano) m (デド) メニケ (デ ラ マノ)	little finger リトル フィンガ
(足の)	(dedo) meñique (del pie) m (デド) メニケ (デル ピエ)	little toe リトル トウ
雇用 (こよう)	empleo m エンプレオ	employment インプロイメント
〜する	emplear エンプレアる	employ インプロイ
暦 (こよみ)	calendario m, almanaque m カレンダりオ, アルマナケ	calendar, almanac キャリンダ, オールマナク
堪える (こらえる)	aguantar, soportar アグアンタる, ソポるタる	bear, endure ベア, インデュア
娯楽 (ごらく)	recreo m れクれオ	amusement アミューズメント
コラム	columna f コルンナ	column カラム
孤立 (こりつ)	aislamiento m アイスラミエント	isolation アイソレイション
〜する	aislarse アイスらるセ	be isolated ビ アイソレイテド
ゴリラ	gorila m ゴリラ	gorilla ゴリラ
懲りる (こりる)	estar harto(a) de エスタる アるト(タ) デ	have had enough of ハヴ ハド イナフ
凝る (こる)	entregarse a エントれガるセ ア	be absorbed in ビ アブソーブド
(肩などが)	doler la espalda ドレる ラ エスパルダ	grow stiff グロウ スティフ

日	西	英
コルク	corcho *m* コるチョ	cork コーク
ゴルフ	golf *m* ゴルフ	golf ゴルフ
～場	campo de golf *m* カンポ デ ゴルフ	golf links ゴルフ リンクス
これ	éste(a) エステ(タ)	this ズィス
これから	en adelante エン アデランテ	hereafter ヒアラフタ
コレクション	colección *f* コレクしオン	collection カレクション
コレクトコール	llamada a cobro revertido *f* ジャマダ ア コブろ れベるティド	collect call カレクト コール
コレステロール	colesterol *m* コレステろル	cholesterol コレスタロウル
転がる	rodar ろダる	roll ロウル
（倒れる）	caer(se) カエる(セ)	fall フォール
殺す	matar マタる	kill, murder キル, マーダ
コロッケ	croqueta *f* クろケタ	croquette クロウケト
転ぶ	caer(se) カエる(セ)	tumble down タンブル ダウン
衣	ropa *f* ろパ	clothes クロウズ
（フライの）	rebozado *m* れボさド	coating コーティング
コロン	dos puntos *mpl* ドス プントス	colon コウロン
恐[怖]い	terrible, espantoso(a) テりブレ, エスパントソ(ア)	terrible, fearful テリブル, フィアフル
恐[怖]がる	tener miedo *a* テネる ミエド ア	fear, be afraid フィア, ビ アフレイド
壊す	romper, destruir ろンペる, デストるイる	break, destroy ブレイク, ディストロイ

日	西	英
<ruby>壊<rt>こわ</rt></ruby>れる	romperse ろンぺるセ	break, be broken ブレイク, ビ ブロウクン
<ruby>紺<rt>こん</rt></ruby>	azul marino *m* アすル マリノ	dark blue ダーク ブルー
<ruby>根気<rt>こんき</rt></ruby>	paciencia *f* パしエンしア	perseverance, patience パースィヴィアランス, ペイシェンス
<ruby>根拠<rt>こんきょ</rt></ruby>	fundamento *m* フンダメント	ground グラウンド
コンクール	concurso *m* コンクるソ	contest カンテスト
コンクリート	hormigón *m* オルミゴン	concrete カンクリート
<ruby>今月<rt>こんげつ</rt></ruby>	este mes *m* エステ メス	this month ズィス マンス
<ruby>混血児<rt>こんけつじ</rt></ruby>	mestizo(a) *m,f* メスティそ(さ)	child of mixed parentage チャイルド オヴ ミクスト ペアランティヂ
<ruby>今後<rt>こんご</rt></ruby>	en adelante エン アデランテ	from now on フラム ナウ オン
<ruby>混合<rt>こんごう</rt></ruby>	mezcla *f* メすクラ	mixture ミクスチャ
～する	mezclar メすクラる	mix, blend ミクス, ブレンド
コンコース	explanada *f* エクスプラナダ	concourse カンコース
コンサート	concierto *m* コンしエらト	concert カンサト
<ruby>混雑する<rt>こんざつ</rt></ruby>	estar atestado(a) エスタる アテスタド(ダ)	be congested *with* ビ コンチェステド
コンサルタント	asesor(a) *m,f* アセソる(ら)	consultant カンサルタント
<ruby>今週<rt>こんしゅう</rt></ruby>	esta semana *f* エスタ セマナ	this week ズィス ウィーク
<ruby>根性<rt>こんじょう</rt></ruby>	carácter *m* カらクテる	nature ネイチャ
（気力）	ánimo *m* アニモ	spirit, grit スピリト, グリト
<ruby>根絶する<rt>こんぜつ</rt></ruby>	erradicar エらディカる	eradicate イラディケイト

日	西	英
コンセプト	concepto *m* コンセプト	concept カンセプト
コンセンサス	consenso *m* コンセンソ	consensus コンセンサス
混線する	cruzarse las líneas クるさるセ ラス リネアス	get crossed ゲト クロースト
コンセント	enchufe *m* エンチュフェ	outlet アウトレト
コンソメ	consomé *m* コンソメ	consommé カンソメイ
コンタクトレンズ	lentillas *fpl* レンティジャス	contact lenses カンタクト レンズィズ
献立	menú *m* メヌ	menu メニュー
懇談会	reunión amistosa *f* れウニオン アミストサ	round-table conference ラウンドテーブル カンファレンス
昆虫	insecto *m* インセクト	insect インセクト
コンディション	condición *f* コンディしオン	condition カンディション
コンテスト	concurso *m* コンクるソ	contest カンテスト
コンテナ	contenedor *m* コンテネドる	container カンテイナ
コンデンサー	condensador *m* コンデンサドる	condenser カンデンサ
今度	esta vez *f* エスタ ベす	this time ズィス タイム
混同する	confundir コンフンディる	confuse コンフューズ
コンドーム	condón *m* コンドン	condom カンドム
コンドミニアム	propiedad horizontal *f* プろピエダド オリソンタル	condominium カンドミニアム
ゴンドラ	góndola *f* ゴンドラ	gondola ガンドラ
コントラスト	contraste *m* コントらステ	contrast カントラスト

日	西	英
コントロール	control *m* コントロル	control カントロウル
〜する	controlar コントロラる	control カントロウル
混沌 _{こんとん}	confusión *f* コンフシオン	chaos ケイアス
こんな	tal タル	such サチ
困難 _{こんなん}	dificultad *f* ディフィクルタド	difficulty ディフィカルティ
〜な	difícil ディフィしル	difficult, hard ディフィカルト, ハード
今日 _{こんにち}	hoy オイ	today トデイ
こんにちは	Buenos días. ブエノス ディアス	Hello. ヘロウ
コンパートメント	compartimento *m* コンパるティメント	compartment カンパートメント
コンパクト	polvera *f* ポルベら	(powder) compact (パウダ) カンパクト
〜な	compacto(*a*) コンパクト(タ)	compact コンパクト
コンパス	compás *m* コンパス	compasses カンパスィズ
今晩 _{こんばん}	esta noche *f* エスタ ノチェ	this evening ズィス イーヴニング
こんばんは	Buenas noches. ブエナス ノチェス	Good evening. グド イーヴニング
コンビ	compañero(*a*) *m,f* コンパニェろ(ら)	partner パートナ
コンビーフ	carne (de vaca) en conserva *f* カるネ (デ バカ) エン コンセるバ	corned beef コーンド ビーフ
コンビナート	complejo (industrial) *m* コンプレホ (インドゥストリアル)	industrial complex インダストリアル カンプレクス
コンビニ	minisupermercado *m* ミニスペるメるカド	convenience store カンヴィーニェンス ストー
コンビネーション	combinación *f* コンビナしオン	combination カンビネイション

■コンピュータ■ ordenador m, computadora f /オるデナドる、コンプタドら/

パソコン　ordenador personal /オるデナドる ぺルソナル/ m (⊛ personal computer)

デスクトップ　ordenador de escritorio /オるデナドる デ エスクリトりオ/ m (⊛ desk-top computer)

ノートパソコン　ordenador portátil /オるデナドる ポるタティル/ m (⊛ notebook-type computer)

モバイル　móvil /モビル/ m (⊛ mobile)

キーボード　teclado /テクラド/ m (⊛ keyboard)

マウス　ratón /らトン/ m (⊛ mouse)

マウスパッド　alfombrilla para ratón /アルフォンブりジャ ぱら らトン/ f (⊛ mouse pad)

モニター　monitor /モニトる/ m (⊛ monitor)

プリンター　impresora /インプれソら/ f (⊛ printer)

スキャナー　escáner /エスカネる/ m (⊛ scanner)

メモリ　memoria /メモりア/ f (⊛ memory)

フロッピーディスク　disquete /ディスケテ/ m (⊛ floppy disk)

ハブ　concentrador /コンセントらドる/ m (⊛ hub)

周辺機器（しゅうへんきき）　unidad periférica /ウニダド ぺりフェりカ/ (⊛ peripherals)

ハードディスク　disco duro /ディスコ ドゥろ/ m (⊛ hard disk)

ハードウェア　"hardware" /ハルウェる/ (⊛ hardware)

ソフトウェア　"software" /ソフウェる/ m (⊛ software)

インストール　instalación /インスタラしオン/ f (⊛ installation)

データベース　base de datos /バセ デ ダトス/ f (⊛ data base)

ネットワーク　red /れド/ f (⊛ network)

ファイル　archivo /アるチボ/ m (⊛ file)

バグ　error /エろる/ m (⊛ bug)

カーソル　cursor /クるソる/ m (⊛ cursor)

アイコン　icono /イコノ/ m (⊛ icon)

フォルダ　carpeta /カるペタ/ f (⊛ folder)

ウインドウ　ventana /ベンタナ/ f (⊛ window)

日	西	英
コンピュータ	ordenador *m*, computadora *f* オルデナドる, コンプタドら	computer カンピュータ
こんぶ 昆布	alga marina comestible *f* アルガ マリナ コメスティブレ	kelp, tangle ケルプ, タングル
コンプレックス	complejo *m* コンプレホ	complex カンプレクス
こんぽう 梱包	paquete *m* パケテ	packing パキング
〜する	embalar エンバラる	pack up パク アプ
こんぽん 根本	raíz *f* らイス	foundation ファウンデイション
コンマ	coma *f* コマ	comma カマ
こんや 今夜	esta noche *f* エスタ ノチェ	tonight トナイト
こんやく 婚約	compromiso (matrimonial) *m* コンプろミソ (マトリモニアル)	engagement インゲイヂメント
〜者	novio(a) *m,f* ノビオ (ア)	fiancé(e) フィアーンセイ
〜する	prometerse プロメテるセ	be engaged *to* ビ インゲイヂド
こんらん 混乱	confusión *f* コンフシオン	confusion カンフュージョン
〜する	estar confundido(a) エスタる コンフンディド(ダ)	be confused ビ カンフューズド
こんれい 婚礼	boda *f* ボダ	wedding ウェディング
こんわく 困惑	perplejidad *f* ぺるプレヒダド	embarrassment インバラスメント

日	西	英

さ, サ

差	diferencia f / ディフェれンしア	difference / ディファレンス
サーカス	circo m / しるコ	circus / サーカス
サーキット	circuito m / しるクイト	circuit / サーキト
サークル	círculo m, peña f / しるクロ, ペニャ	circle / サークル
サーチライト	reflector m / れフレクトる	searchlight / サーチライト
サーバー	servidor m / セるビドる	server / サーヴァ
サービス	servicio m / セるビしオ	service / サーヴィス
～料	servicio m / セるビしオ	service charge / サーヴィス チャーヂ
サーブ	saque m / サケ	serve, service / サーヴ, サーヴィス
サーファー	surfista m,f / スるフィスタ	surfer / サーファ
サーフィン	surf m / スるフ	surfing / サーフィング
サーフボード	tabla de surf f / タブラ デ スるフ	surfboard / サーフボド
サーモン	salmón m / サルモン	salmon / サモン
犀 (さい)	rinoceronte m / りノセろンテ	rhinoceros / ライナセロス
最愛の (さいあいの)	queridísimo(a) / ケりディシモ(マ)	beloved / ビラヴェド
最悪の (さいあくの)	pésimo(a) / ペシモ(マ)	the worst / ザ ワースト
再開 (さいかい)	reanudación f / れアヌダしオン	reopening / リーオウプニング
～する	reanudarse / れアヌダるセ	reopen / リーオウプン

日	西	英
さいがい 災害	desastre *m* デサストれ	calamity, disaster カラミティ, ディザスタ
ざいかい 財界	mundo financiero *m* ムンド フィナンしエろ	financial world フィナンシャル ワールド
さいかく 才覚	ingenio *m* インヘニオ	resources リソースィズ
（工夫）	idea *f* イデア	device ディヴァイス
さいき 才気	ingenio *m* インヘニオ	talent タレント
さいきん 最近	recientemente れしエンテメンテ	recently リースントリ
さいきん 細菌	bacteria *f* バクテリア	bacteria, germ バクティアリア, チャーム
さいく 細工	artesanía *f* アるテサニア	work ワーク
さいくつ 採掘	explotación *f* エクスプロタしオン	mining マイニング
～する	explotar エクスプロタる	mine マイン
サイクリング	ciclismo *m* しクリスモ	cycling サイクリング
サイクル	ciclo *m* しクロ	cycle サイクル
さいけつ 採血	toma de sangre *f* トマ デ サングれ	drawing blood ドローイング ブラド
さいけつ 採決	votación *f* ボタしオン	vote ヴォウト
さいけん 債券	bono *m* ボノ	debenture, bond ディベンチャ, バンド
ざいげん 財源	fondos *mpl*, recursos financieros *mpl* フォンドス, れクるソス フィナンしエろス	funds ファンズ
さいけんとう 再検討する	reexaminar れエクサミナる	reexamine リーイグザミン
さいご 最期	muerte *f* ムエるテ	death, last moment デス, ラスト モウメント
さいご 最後	último *m* ウルティモ	the last, the end ザ ラスト, ジ エンド

日	西	英
～の	último(a) ウルティモ(マ)	last, final ラスト, ファイナル
在庫	existencias *fpl* エクステンシアス	stocks スタcrosoft
最高	máximo *m* マクシモ	supremacy シュプレマスィ
～裁判所	Corte Suprema *f* コルテ スプれマ	Supreme Court シュプリーム コート
さいころ	dado *m* ダド	die ダイ
再婚	segundo matrimonio *m* セグンド マトりモニオ	second marriage セコンド マリヂ
採算	provecho *m* プろベチョ	profit, gain プラフィト, ゲイン
財産	propiedad *f* プろピエダド	estate, fortune イステイト, フォーチュン
祭日	día festivo *m* ディア フェスティボ	festival day フェスティヴァル デイ
材質	calidad de los materiales *f* カリダド デ ロス マテりアレス	quality of the material クワリティ オヴ ザ マティアリアル
採集	colección *f* コレクしオン	collection カレクション
～する	coleccionar コレクしオナる	collect, gather カレクト, ギャザ
最終の	último(a) ウルティモ(マ)	the last ザ ラスト
～列車	último tren *m* ウルティモ トれン	the last train ザ ラスト トレイン
歳出	gastos anuales *mpl* ガストス アヌアレス	annual expenditure アニュアル イクスペンディチャ
最初	lo primero ロ プりメろ	beginning ビギニング
～の	primero(a) プりメろ(ら)	first, initial ファースト, イニシャル
最小限	lo mínimo ロ ミニモ	minimum ミニマム
最小の	el (la) más pequeño(a) エル (ラ) マス ペケニョ(ニャ)	the least ザ リースト

日	西	英
さいじょう 最上の	el (la) mejor エル (ラ) メホる	the best ザ ベスト
さいしょくしゅぎしゃ 菜食主義者	vegetariano(a) m,f ベヘタリアノ (ナ)	vegetarian ヴェヂテアリアン
さいしん 細心の	cuidadoso(a) クイダドソ (サ)	careful, prudent ケアフル, プルーデント
さいしん 最新の	el (la) más nuevo(a) エル (ラ) マス ヌエボ (バ)	the latest, up-to-date ザ レイティスト, アプトゥデイト
サイズ	tamaño m, talla f タマニョ, タジャ	size サイズ
さいせい 再生	renacimiento m れナシミエント	rebirth リーバース
〜する	resucitar れスシタる	regenerate リヂェナレイト
（録音物の）	reproducir れプロドゥしる	playback プレイバク
ざいせい 財政	finanzas fpl フィナンサス	finances フィナンスィズ
さいせいき 最盛期	apogeo m アポヘオ	prime プライム
さいぜんせん 最前線	vanguardia f バングアるディア	front フラント
さいそく 催促	apremio m アプれミオ	pressing プレスィング
〜する	apremiar アプれミアる	press, urge プレス, アーヂ
サイダー	gaseosa f ガセオサ	soda pop ソウダ パプ
さいだいげん 最大限	máximo m マクシモ	maximum マクスィマム
さいだい 最大の	el (la) mayor エル (ラ) マジョる	the maximum ザ マクスィマム
さいたく 採択	adopción f アドプシオン	adoption, choice アダプション, チョイス
さいだん 祭壇	altar m アルタる	altar オールタ
ざいだん 財団	fundación f フンダシオン	foundation ファウンデイション

日	西	英
最中(さいちゅう)に	en medio de エン メディオ デ	in the midst of イン ザ ミドスト
最低(さいてい)の	el (la) más bajo(a) エル (ラ) マス バホ(ハ)	the minimum ザ ミニマム
最適(さいてき)な	ideal イデアル	the most suitable ザ モウスト スータブル
採点(さいてん)	calificación f カリフィカしオン	marking, grading マーキング, グレイディング
～する	calificar カリフィカる	mark, grade マーク, グレイド
サイト	sitio m シティオ	site サイト
再度(さいど)	otra vez f オトら べす	again アゲン
サイド	lado m ラド	side サイド
苛(さいな)む	atormentar アトるメンタる	torment, torture トーメント, トーチャ
災難(さいなん)	desastre m デサストれ	misfortune, calamity ミスフォーチョン, カラミティ
歳入(さいにゅう)	rentas anuales fpl れンタス アヌアレス	annual revenue アニュアル レヴェニュー
才能(さいのう)	capacidad f カパしダド	talent, ability タレント, アビリティ
栽培(さいばい)	cultivo m クルティボ	cultivation, culture カルティヴェイション, カルチャ
～する	cultivar クルティバる	cultivate, grow カルティヴェイト, グロウ
再発(さいはつ)	recaída f れカイダ	relapse リラプス
～する	recaer れカエる	recur リカー
裁判(さいばん)	juicio m フイしオ	justice, trial チャスティス, トライアル
～官	juez(a) m,f フエす(さ)	judge チャチ
～所	tribunal de justicia m トリブナル デ フスティしア	court of justice コート アヴ チャスティス
財布(さいふ)	monedero m, cartera f モネデろ, カるテら	purse, wallet パース, ワレト

日	西	英
さいへん 再編	reorganización *f* れオルガニさしオン	reorganization リオーガニゼイシャン
さいほう 裁縫	costura *f* コストゥら	needlework ニードルワーク
さいぼう 細胞	célula *f* セルラ	cell セル
ざいほう 財宝	tesoro *m* テソろ	treasure トレジャ
さいみんじゅつ 催眠術	hipnotismo *m* イプノティスモ	hypnotism ヒプノティズム
さいむ 債務	deuda *f* デウダ	debt デト
ざいむ 財務	asuntos financieros *mpl* アスントス フィナンしエろス	financial affairs ファイナンシャル アフェアズ
ざいもく 材木	madera (de construcción) *f* マデら（デ コンストるクしオン）	wood, lumber ウド, ランバ
さいよう 採用	adopción *f* アドプしオン	adoption アダプション
～する	adoptar アドプタる	adopt アダプト
ざいりゅう 在留	residencia *f* れシデンしア	residence, stay レズィデンス, ステイ
～邦人	residentes japoneses *mpl* れシデンテス ハポネセス	Japanese residents ヂャパニーズ レズィデンツ
さいりょう 裁量	discreción *f*, juicio *m* ディスクれしオン, フイしオ	judgment ヂャヂメント
さいりよう 再利用	reciclaje *m* れしクラヘ	recycle リーサイクル
ざいりょう 材料	material *m* マテリアル	materials マティアリアルズ
さいりょう 最良の	el (la) mejor エル（ラ）メホる	the best ザ ベスト
ざいりょく 財力	recursos financieros *mpl* れクるソス フィナンしエろス	financial power ファイナンシャル パウア
ザイル	cuerda *f* クエるダ	rope ロウプ
サイレン	sirena *f* シれナ	siren サイレン

日	西	英
<ruby>幸<rt>さいわ</rt></ruby>い	felicidad f フェリしダド	happiness ハピネス
～な	feliz, afortunado(a) フェリす, アフォルトゥナド(ダ)	happy, fortunate ハピ, フォーチュネト
サイン	firma f フィるマ	signature スィグナチャ
（野球）	señal f セニャル	sign サイン
～ペン	rotulador m ろトゥラドる	felt pen フェルト ペン
サウナ	sauna f サウナ	sauna サウナ
サウンド	sonido m ソニド	sound サウンド
～トラック	banda sonora f バンダ ソノら	sound track サウンド トラク
<ruby>遮<rt>さえぎ</rt></ruby>る	interrumpir インテるンピる	interrupt, obstruct インタラプト, オブストラクト
<ruby>囀<rt>さえず</rt></ruby>る	cantar カンタる	sing, chirp スィング, チャープ
<ruby>冴<rt>さ</rt></ruby>える	resplandecerse れスプランデセるセ	be bright ビ ブライト
（腕が）	tener destreza テネる デストれサ	be skilled ビ スキルド
（目が）	estar desvelado(a) エスタる デスベラド(ダ)	be wakeful ビ ウェイクフル
<ruby>竿<rt>さお</rt></ruby>	vara f バら	pole, rod ポウル, ラド
<ruby>坂<rt>さか</rt></ruby>	cuesta f クエスタ	slope, hill スロウプ, ヒル
<ruby>境<rt>さかい</rt></ruby>	límite m リミテ	boundary, border バウンダリ, ボーダ
<ruby>栄<rt>さか</rt></ruby>える	prosperar プろスペらる	prosper プラスパ
<ruby>探<rt>さが</rt></ruby>し<ruby>出<rt>だ</rt></ruby>す	encontrar エンコントらる	find ファインド
<ruby>捜<rt>さが</rt></ruby>[探]す	buscar ブスカる	seek *for*, look *for* スィーク, ルク
（辞書で）	consultar コンスルタる	look up ルク アプ

日	西	英
(地図などで)	buscar ブスカる	look ... out ルク アウト
さかずき 杯	copa f コパ	cup, glass カプ, グラス
さかだ 逆立ちする	hacer el pino アセる エル ピノ	do a handstand ドゥー ア ハンドスタンド
さかな 魚	pez m, pescado m ペす, ペスカド	fish フィシュ
～釣り	pesca f ペスカ	fishing フィシング
さかな 逆撫でする	acariciar a contrapelo アカりしアる ア コントラペロ	rub against the grain ラブ アゲインスト ザ グレイン
さかのぼ 遡る	subir contra corriente スビる コントら コりエンテ	go up ゴウ アプ
(時間を)	remontarse a れモンタるセ ア	go back to ゴウ バク
さかば 酒場	bar m バる	bar, tavern, public house バー, タヴァン, パブリク ハウス
さかみち 坂道	cuesta f クエスタ	slope スロウプ
さかや 酒屋	licorería f リコれリア	liquor store リカ ストー
さか 逆らう	oponerse a オポネるセ ア	oppose, go against オポウズ, ゴウ アゲインスト
さか 盛り	auge m アウヘ	height ハイト
(人生)	flor f フロる	prime プライム
さか ば 盛り場	centro de diversiones m セントろ デ ディベるシオネス	pleasure-resort プレジャリゾート
さ 下がる	bajar バハる	fall, drop フォール, ドラプ
(垂れ下がる)	inclinarse, colgarse インクリナるセ, コルガるセ	hang down ハング ダウン
さか 盛んな	próspero(a) プろスペろ(ら)	prosperous プラスペラス
(元気な)	activo(a) アクティボ(バ)	active アクティヴ
さき 先	punta f プンタ	point, tip ポイント, ティプ

日	西	英
(先頭)	cabeza f カベさ	head ヘド
(未来)	futuro m フトゥろ	future フューチャ
(続き)	continuación f コンティヌアしオン	sequel スィークウェル
さぎ 詐欺	fraude m フらウデ	fraud フロード
～師	estafador(a) m,f エスタファドる(ら)	swindler スウィンドラ
さきおととい 一昨昨日	hace tres días アせ トれス ディアス	three days ago スリー デイズ アゴウ
サキソフォン	saxofón m サクソフォン	saxophone サクソフォウン
さき 先ほど	hace un rato アせ ウン らト	a little while ago ア リトル (ホ)ワイル アゴウ
さきものとりひき 先物取引	comercio de futuros m コメるしオ デ フトゥろス	futures trading フューチャズ トレイディング
さきゅう 砂丘	duna f ドゥナ	dune デューン
さぎょう 作業	trabajo m トらバホ	work, operations ワーク, アペレイションズ
～する	trabajar トらバハる	work, operate ワーク, アペレイト
～服	traje de faena m, mono m トらヘ デ ファエナ, モノ	overalls オウヴァロールズ
さ 裂く	rasgar, desgarrar らスガる, デスガらる	rend, tear, sever レンド, テア, セヴァ
さ 割く	reservar れセるバる	spare スペア
さ 咲く	florecer フロれせる	bloom, come out ブルーム, カム アウト
さく 柵	valla f バジャ	fence フェンス
さくいん 索引	índice m インディせ	index インデクス
さくげん 削減	reducción f れドゥクしオン	reduction, cut リダクション, カト
さくさん 酢酸	ácido acético m アしド アせティコ	acetic acid アスィーティク アスィド

日	西	英
作詞する さくし	componer コンポネる	write the lyrics ライト ザ リリクズ
昨日 さくじつ	ayer アジェる	yesterday イェスタディ
作者 さくしゃ	autor(a) m,f アウトる(ら)	writer, author ライタ, オーサ
搾取 さくしゅ	explotación f エクスプロタしオン	exploitation エクスプロイテイション
〜する	explotar エクスプロタる	squeeze スクウィーズ
削除 さくじょ	supresión f スプれシオン	deletion デリーション
〜する	suprimir, quitar スプリミる, キタる	delete ディリート
作成する さくせい	redactar, preparar れダクタる, プれパらる	draw up, make out ドロー アプ, メイク アウト
作戦 さくせん	táctica f, operacion f タクティカ, オペらシオン	operations アペレイションズ
昨年 さくねん	año pasado m アニョ パサド	last year ラスト イア
作品 さくひん	obra f オブら	work, piece ワーク, ピース
作文 さくぶん	redacción f, composición f れダクしオン, コンポシしオン	composition カンポズィション
作物 さくもつ	cosecha f コセチャ	crops クラプス
昨夜 さくや	anoche アノチェ	last night ラスト ナイト
桜 さくら	cerezo m せれそ	cherry tree チェリ トリー
(花)	flor del cerezo f フロる デル せれソ	cherry blossoms チェリ ブラソムズ
桜草 さくらそう	primavera f プリマべら	primrose プリムロウズ
桜桃 さくらんぼ	cereza f せれさ	cherry チェリ
探り出す さぐ だ	descubrir デスクブりる	find out ファインド アウト

日	西	英
さくりゃく 策略	intriga *f* イントリガ	plan, plot プラン, プラト
さぐ 探る	sondear ソンデアる	search, look *for* サーチ, ルク
（手探り）	palpar パルパる	feel *for* フィール
（動向を）	sondear ソンデアる	spy スパイ
ざくろ 石榴	granada *f* グらナダ	pomegranate パムグラネト
さけ 鮭	salmón *m* サルモン	salmon サモン
さけ 酒	"sake" *m*, bebidas alcohólicas *fpl* サケ, ベビダス アルコオリカス	*saké*, alcohol サーキ, アルコホール
〜を飲む	beber ベベる	drink ドリンク
さけ 叫ぶ	exclamar エクスクラマる	shout, cry シャウト, クライ
さ 避ける	evitar エビタる	avoid アヴォイド
さ 裂ける	romperse ろンペるセ	split スプリト
さ 下げる	bajar バハる	lower, drop ラウア, ドラプ
さこく 鎖国	aislamiento nacional *m* アイスラミエント ナしオナル	seclusion スィクルージョン
さこつ 鎖骨	clavícula *f* クラビクラ	clavicle クラヴィクル
ざこつ 座骨	isquión *m* イスキオン	ischium イスキアム
〜神経痛	ciática *f* しアティカ	sciatica サイアティカ
ささ 笹	bambú enano *m* バンブ エナノ	bamboo grass バンブー グラス
ささい 些細な	insignificante, trivial インシグニフィカンテ, トりビアル	trifling, trivial トライフリング, トリヴィアル
ささ 支える	sostener, apoyar ソステネる, アポヤる	support, maintain サポート, メインテイン

日	西	英
捧げる	alzar アルさる	lift up リフト アプ
（献上）	ofrecer オフれセる	give, offer ギヴ, オファ
（奉仕）	servir *a* セるビる ア	devote *oneself to* ディヴォウト
細波（さざなみ）	escarceo *m* エスカるセオ	ripples リプルズ
囁く（ささやく）	susurrar ススるる	whisper (ホ)ウィスパ
刺さる（さささる）	clavarse クラバるセ	stick スティク
山茶花（さざんか）	camelia sasanqua *f* カメリア ササンクア	sasanqua サザンカ
差し上げる（さしあげる）	levantar レバンタる	lift up, raise リフト アプ, レイズ
（与える）	dar, ofrecer ダる, オフれセる	give, present ギヴ, プレゼント
挿絵（さしえ）	ilustración *f* イルストラしオン	illustration イラストレイション
挿し木（さしき）	esqueje *m* エスケヘ	cutting カティング
差し込み（さしこみ）	inserción *f* インセるしオン	insertion インサーション
（プラグ）	enchufe *m* エンチュフェ	plug プラグ
（激痛）	dolor agudo *m* ドロる アグド	griping pain グライピング ペイン
差し込む（さしこむ）	meter, insertar メテる, インセるタる	insert インサート
（光が）	penetrar ペネトらる	shine in シャイン イン
（プラグを）	enchufar エンチュファる	plug *in* プラグ
指図（さしず）	instrucciones *fpl* インストるクしオネス	instructions インストラクションズ
～する	ordenar オるデナる	direct, instruct ディレクト, インストラクト
差出人（さしだしにん）	remitente (de una carta) *m,f* れミテンテ（デ ウナ カるタ）	sender, remitter センダ, リミタ

日	西	英
差し引く	descontar *de*	deduct *from*
刺し身	pescado crudo *m*	*sashimi*
査証	visa *f*	visa
座礁する	encallar	run aground
差す	insertar	insert
(傘を)	abrir el paraguas	put up an umbrella
(水を)	echar	pour
刺す	apuñalar	pierce, stab
(蚊・蜂が)	picar	bite, sting
指す	indicar	point *to*
(指名)	nombrar	name, nominate
(碁・将棋を)	jugar *a*	play
射す	penetrar	shine in
授ける	dar	give, grant
サスペンス	suspense *m*	suspense
流離う	vagar	wander
擦る	frotar	rub
座席	asiento *m*	seat
左折する	girar a la izquierda	turn left
挫折する	fracasar	be frustrated

日	西	英
させる	hacer	make
(許可)	dejar	let
誘い	invitación *f*	invitation
(誘惑)	tentación *f*	temptation
誘う	invitar *a*	invite
(促す)	inducir	induce
(誘惑)	tentar	tempt
蠍	escorpión *m*	scorpion
〜座	Escorpio *m*	Scorpius
定める	determinar	decide *on*, fix
座長	presidente(a) *m,f*	chairperson
(劇団などの)	director(a) *m,f*	leader of a troupe
冊	copia *f*	volume, copy
札	papel moneda *m*	bill
〜入れ	cartera *f*	wallet
撮影	fotografía *f*	photographing
〜する	sacar fotos	photograph, film
雑音	ruido *m*	noise
作家	escritor(a) *m,f*	writer, author
サッカー	fútbol *m*	soccer, football

日	西	英
錯覚 (さっかく)	ilusión f イルシオン	illusion イルージョン
雑貨屋 (ざっかや)	droguería f ドロゲリア	variety store ヴァライエティ ストー
さっき	hace poco アセ ポコ	just now ヂャスト ナウ
皐月 (さつき)	azalea f アサレア	azalea アゼイリャ
作曲 (さっきょく)	composición (musical) f コンポシシオン (ムシカル)	composition カンポズィション
〜する	componer música コンポネる ムシカ	compose カンポウズ
殺菌 (さっきん)	desinfección f デシンフェクシオン	sterilization ステリリゼイション
サックス	saxófono m サクソフォノ	sax サクス
雑誌 (ざっし)	revista f れビスタ	magazine マガズィーン
雑種 (ざっしゅ)	cruce m クるセ	crossbreed, hybrid クロースブリード, ハイブリド
殺人 (さつじん)	asesinato m アセシナト	homicide, murder ハミサイド, マーダ
〜犯	homicida m,f オミシダ	homicide, murderer ハミサイド, マーダラ
察する (さっする)	suponer スポネる	guess, imagine ゲス, イマヂン
雑草 (ざっそう)	malas hierbas fpl マラス イエるバス	weeds ウィーヅ
早速 (さっそく)	enseguida エンセギダ	immediately イミーディエトリ
雑談 (ざつだん)	cháchara f チャチャら	gossip, chat ガスィプ, チャト
殺虫剤 (さっちゅうざい)	insecticida m インセクティシダ	insecticide インセクティサイド
雑踏 (ざっとう)	aglomeración f アグロメらシオン	congestion コンヂェスチョン
殺到する (さっとうする)	abalanzarse アバランさるセ	rush ラシュ

■サッカー■ fútbol /アクセソワール/ m.pl.

ワールドカップ　　Copa Mundial /コパ ムンディアル/ f (㊥ World Cup)

サポーター　hincha /インチャ/ m,f (㊥ supporter)

フーリガン　hooligan /ウリガン/ m,f (㊥ hooligan)

キックオフ　saque inicial /サケ イニシアル/ m (㊥ kickoff)

前半　primera mitad /プリメラ ミタド/ f (㊥ first half)

後半　segunda mitad /セグンダ ミタド/ f (㊥ second half)

ロスタイム　tiempo de descuento /ティエンポ デ デスクエント/ m (㊥ loss of time)

ハーフタイム　medio tiempo /メディオ ティエンポ/ m (㊥ half time)

フォワード　delantero(a) /デランテろ(ら)/ m,f (㊥ forward)

ミッドフィルダー　centrocampista /セントろカンピスタ/ m,f (㊥ midfielder)

ディフェンダー　defensa /デフェンサ/ m,f (㊥ defender)

ゴールキーパー　portero(a) /ポるテろ(ら)/ m,f (㊥ goal keeper)

ゴール　meta /メタ/ f (㊥ goal)

パス　pase /パセ/ m (㊥ pass)

ドリブル　regate /れガテ/ m (㊥ dribble)

ヘディング　toque de cabeza /トケ デ カベさ/ m (㊥ heading)

シュート　chut m, disparo /チュト, ディスパろ/ m (㊥ shot)

オーバーヘッドキック　chilena /チレナ/ f (㊥ overhead kick)

ペナルティーキック　panaltí /パナルティ/ (㊥ penalty kick)

コーナーキック　saque de esquina /サケ デ エスキナ/ m (㊥ corner kick)

ハットトリック　"hat trick" /ハト トリク/ m (㊥ hat trick)

イエローカード　tarjeta amarilla /タルヘタ アマリジャ/ f (㊥ yellow card)

レッドカード　tarjeta roja /タルヘタ ろハ/ f (㊥ red card)

オフサイド　fuera de juego /フエら デ フエゴ/ (㊥ offside)

ハンド　mano /マノ/ f (㊥ handling)

日	西	英
ざつ 雑な	descuidado(a) デスクイダド(ダ)	rough, rude ラフ, ルード
ざっぴ 雑費	gastos diversos *mpl* ガストス ディベるソス	miscellaneous expenses ミセレイニアス イクスペンスィズ
さつまいも 薩摩芋	boniato *m* ボニアト	sweet potato スウィート ポテイトウ
ざつむ 雑務	pequeños trabajos *mpl* ペケーニョス トらバホス	small jobs スモール チャブズ
さてい 査定	tasación *f* タサシオン	assessment アセスメント
サディスト	sádico(a) *m,f* サディコ(カ)	sadist サディスト
さと 里	pueblo *m* プエブロ	village ヴィリヂ
(実家)	casa paterna *f* カサ パテるナ	old home オウルド ホウム
(故郷)	tierra natal *f* ティエら ナタル	hometown ホウムタウン
さといも 里芋	colocasia *f* コロカシア	taro ターロウ
さとう 砂糖	azúcar *m* アすカる	sugar シュガ
さどう 茶道	ceremonia de té *f* せれモニア デ テ	tea ceremony ティー セリモニ
さとうきび 砂糖黍	caña de azúcar *f* カニャ デ アすカる	sugarcane シュガケイン
さと 悟る	darse cuenta ダるセ クエンタ	realize, notice リーアライズ, ノウティス
サドル	sillín *m* シジン	saddle サドル
さなぎ 蛹	ninfa *f* ニンファ	chrysalis, pupa クリサリス, ピューパ
サナトリウム	sanatorio *m* サナトリオ	sanatorium サナトーリアム
さは 左派	izquierdista *m,f* イスキエるディスタ	left レフト
さば 鯖	caballa *f* カバジャ	mackerel マクレル

日	西	英
サバイバル	supervivencia *f* スペるビベンシア	survival サヴァイヴァル
さばく 砂漠	desierto *m* デシエるト	desert デザト
さび 錆	orín *m* オリン	rust ラスト
さび 寂しい	triste トリステ	lonely, desolate ロウンリ, デソレト
ざひょう 座標	coordenadas *fpl* コオるデナダス	coordinates コウオーディネツ
さ 錆びる	oxidarse オクシダるセ	rust ラスト
サファイア	zafiro *m* さフィろ	sapphire サファイア
ざぶとん 座布団	almohadón *m*, cojín *m* アルモアドン, コヒン	cushion クション
サフラン	azafrán *m* アさフラン	saffron サフロン
さべつ 差別	discriminación *f* ディスクリミナしオン	discrimination ディスクリミネイション
～する	discriminar ディスクリミナる	discriminate ディスクリミネイト
さほう 作法	educación *f* エドゥカしオン	manners マナズ
サポーター	hincha *m,f* インチャ	supporter サポータ
サボタージュ	sabotaje *m* サボタへ	slowdown スロウダウン
さぼてん 仙人掌	cactus *m* カクトゥス	cactus キャクタス
サボる	holgazanear オルガさネアる	be idle ビ アイドル
さまざま 様々	varios(as), diversos(as) バりオス(アス), ディベるソス(サス)	various, diverse ヴェアリアス, ダイヴァース
さ 冷ます	enfriar エンフりアる	cool クール
(興を)	desilusionar デシルシオナる	spoil *one's* pleasure スポイル プレジャ
さ 覚ます	despertar デスペるタる	awake アウェィク

日	西	英
さまた 妨げる	estorbar, obstaculizar エストるバる, オブスタクリさる	disturb ディスターブ
さまよ 彷徨う	vagar バガる	wander about ワンダ アバウト
サミット	cumbre *f* クンブれ	summit サミト
さむ 寒い	frío(a) フリオ(ア)	cold, chilly コウルド, チリ
さむけ 寒気	escalofrío *m* エスカロフりオ	chill チル
〜がする	sentir escalofríos センティる エスカロフりオス	feel a chill フィール ア チル
さむ 寒さ	frío *m* フリオ	cold コウルド
さめ 鮫	tiburón *m* ティブろン	shark シャーク
さ 冷める	enfriarse エンフリアるセ	cool (down) クール (ダウン)
(興が)	enfriarse エンフリアるセ	cool down クール ダウン
さや 鞘	vaina *f* バイナ	sheath シース
さやいんげん 莢隠元	judía verde *f* フディア ベるデ	green bean グリーン ビーン
ざやく 坐薬	supositorio *m* スポシトりオ	suppository サパズィトーリ
さゆう 左右	derecha *f* e izquierda *f* デれチャ エ イスキエるダ	right and left ライト アンド レフト
さよう 作用	acción *f*, función *f* アクしオン, フンしオン	action, function アクション, ファンクション
〜する	actuar *sobre*, afectar アクトゥアる ソブれ, アフェクタる	act *upon*, affect アクト, アフェクト
さようなら	Adiós. アディオス	Good-bye. グドバイ
さよく 左翼	izquierdia *f* イスキエるダ	left レフト
(主義)	izquierda *f* イスキエるダ	left wing レフト ウィング
(人)	izquierdista *m,f* イスキエるディスタ	left winger レフト ウィンガ

日	西	英
皿 (さら)	plato *m* / プラト	plate, dish / プレイト, ディシュ
再来週 (さらいしゅう)	dentro de dos semanas / デントロ デ ドス セマナス	the week after next / ザ ウィーク アフタ ネクスト
再来年 (さらいねん)	dentro de dos años / デントロ デ ドス アニョス	the year after next / ザ イア アフタ ネクスト
攫う (さらう)	secuestrar / セクエストらる	kidnap / キドナプ
ざらざらの	áspero(a) / アスペろ(ら)	rough, coarse / ラフ, コース
曝す (さらす)	exponer / エクスポネる	expose / イクスポウズ
サラダ	ensalada *f* / エンサラダ	salad / サラド
更に (さらに)	todavía más / トダビア マス	still more, further / スティル モー, ファーザ
サラブレッド	caballo de pura sangre *m* / カバジョ デ プら サングれ	thoroughbred / サロブレド
サラミ	salami *m* / サラミ	salami / サラーミ
サラリーマン	asalariado *m* / アサラリアド	office worker / オフィス ワーカ
さりげない	natural / ナトゥラル	natural, casual / ナチュラル, キャジュアル
猿 (さる)	mono *m* / モノ	monkey, ape / マンキ, エイプ
去る (さる)	irse *de*, abandonar / イるセ デ, アバンドナる	quit, leave / クウィト, リーヴ
笊 (ざる)	cesta de bambú *f* / セスタ デ バンブ	bamboo basket / バンブー バスケト
サルビア	salvia *f* / サルビア	salvia, sage / サルヴィア, セイヂ
サルベージ	salvamento *m* / サルバメント	salvage / サルヴィヂ
サルモネラ菌 (サルモネラきん)	salmonella *f* / サルモネジャ	salmonella germs / サルモネラ ヂャームズ
沢 (さわ)	marisma *f* / マリスマ	swamp, marsh / スワンプ, マーシュ
騒がしい (さわがしい)	ruidoso(a) / るイドソ(サ)	noisy / ノイズィ

日	西	英
騒ぎ	ruido *m*	noise, clamor
（騒動）	alboroto *m*	disturbance
騒ぐ	hacer ruido	make a noise
（騒動）	armar alboroto	make a disturbance
爽やかな	refrescante	refreshing
触る	tocar	touch, feel
酸	ácido *m*	acid
参加	participación *f*	participation
〜者	participante *m,f*	participant
〜する	participar *en*, tomar parte *en*	participate, join
残骸	restos *mpl*	remains, wreckage
三角	triángulo *m*	triangle
〜の	triangular	triangular
山岳地帯	región montañosa *f*	mountainous region
三月	marzo *m*	March
三角形	triángulo *m*	triangle
参観	visita *f*	visit
〜する	visitar	visit, inspect
参議院	Cámera de Consejeros *f*	House of Councilors
三脚	trípode *m*	tripod

日	西	英
ざんぎゃく 残虐な	cruel クルエル	atrocious, brutal アトロウシャス, ブルートル
さんぎょう 産業	industria *f* インドゥストリア	industry インダストリ
～革命	Revolución Industrial *f* れボルしオン インドゥストリアル	Industrial Revolution インダストリアル レヴォルーション
ざんぎょう 残業	horas extras *fpl* オらス エクストらス	overtime work オウヴァタイム ワーク
～する	hacer horas extras アせる オらス エクストらス	work overtime ワーク オウヴァタイム
ざんきん 残金	resto *m* れスト	balance, surplus バランス, サープラス
サングラス	gafas de sol *fpl* ガファス デ ソル	sunglasses サングラスィズ
ざんげ 懺悔	confesión *f*, arrepentimiento *m* コンフェシオン, アれペンティミエント	confession, repentance コンフェション, リペンタンス
さんご 珊瑚	coral *m* コラル	coral カラル
～礁	arrecife coralino *m* アれしフェ コらリノ	coral reef カラル リーフ
さんこう 参考	referencia *f* れフェれンしア	reference レファレンス
ざんこく 残酷な	cruel クルエル	cruel, merciless クルエル, マースィレス
さんじせいげん 産児制限	control de la natalidad *m* コントろル デ ラ ナタリダド	birth control バース カントロウル
さんじゅう 三重の	triple トリプレ	threefold, triple スリーフォウルド, トリプル
さんしょう 参照	referencia *f* れフェれンしア	reference レファレンス
～する	consultar コンスルタる	refer *to* リファー
さんしょくすみれ 三色菫	pensamiento *m* ペンサミエント	pansy パンズィ
ざんしん 斬新な	nuevo(a) ヌエボ (バ)	new, novel ニュー, ナヴェル
さんすう 算数	aritmética *f* アリトメティカ	arithmetic アリスメティク

270

日	西	英
さん 産する	producir プロドゥしる	produce プロデュース
さんせい 賛成	acuerdo *m* アクエるド	approval アプルーヴァル
〜する	estar de acuerdo *con* エスタる デ アクエるド コン	approve *of* アプルーヴ
さんせい 酸性	acidez *f* アしデす	acidity アスィディティ
〜雨	lluvia ácida *f* ジュビア アしダ	acid rain アスィッド レイン
さんそ 酸素	oxígeno *m* オクシヘノ	oxygen アクスィチェン
〜マスク	mascarilla de oxígeno *f* マスカリジャ デ オクシヘノ	oxygen mask アクスィチェン マスク
さんそう 山荘	casa de campo en カサ デ カンポ エン 　la montaña *f* 　ラ モンタニャ	mountain villa マウンティン ヴィラ
さんぞく 山賊	bandolero(a) *m,f* バンドレろ(ら)	bandit バンディト
ざんだか 残高	saldo *m* サるド	balance バランス
サンタクロース	Santa Claus *m*, Papá Noel *m* サンタ クラウス, パパ ノエル	Santa Claus サンタ クローズ
サンダル	sandalias *fpl* サンダリアス	sandals サンダルズ
さんだんと 三段跳び	triple salto *m* トリプレ サルト	triple jump トリプル チャンプ
さんち 産地	centro productor *m* セントろ プロドゥクトる	place of production プレイス オヴ プロダクション
さんちょう 山頂	cima *f* しマ	top of a mountain タプ オヴ ア マウンティン
サンドイッチ	emparedado *m* エンパれダド	sandwich サンドウィチ
ざんねん 残念な	lamentable ラメンタブレ	regrettable リグレタブル
さんばし 桟橋	embarcadero *m* エンバるカデろ	pier ピア
さんぱつ 散髪	corte de pelo *m* コるテ デ ペロ	haircut ヘアカト

日	西	英
さんび 賛美	alabanza f アラバンサ	praise プレイズ
～する	glorificar グロリフィカる	praise プレイズ
さんびか 賛美歌	himno m インノ	hymn ヒム
さんふじんか 産婦人科	tocoginecología f, obstetricia f トコヒネコロヒア, オブステトリしア	obsterics and gynecology オブステトリクス アンド ガイニカロヂィ
さんぶつ 産物	producto m プロドゥクト	product, produce プラダクト, プロデュース
サンプル	muestra f ムエストら	sample サンプル
さんぶん 散文	prosa f プろサ	prose プロウズ
さんぽ 散歩	paseo m パセオ	walk ウォーク
～する	pasear パセアる	take a walk テイク ア ウォーク
さんま 秋刀魚	paparda f パパるダ	saury ソーリ
さんまん 散漫な	distraído(a) ディストらイド(ダ)	loose ルース
さんみ 酸味	acidez f アしデス	acidity アスィディティ
さんみゃく 山脈	cordillera f コるディジェら	mountain range マウンティン レインヂ
さんらん 産卵する	desovar デソバる	lay eggs レイ エグズ
さんらん 散乱する	dispersarse ディスぺるサるセ	be dispersed ビ ディスパースト
さんりんしゃ 三輪車	triciclo m トりしクロ	tricycle トライスィクル
さんれつ 参列する	asistir a アシスティる ア	attend アテンド
さんろく 山麓	base de una montaña f バセ デ ウナ モンタニャ	foot of a mountain フト オヴ ア マウンティン

日	西	英

し, シ

市（し）	ciudad f / しウダド	city, town / スィティ, タウン
死（し）	muerte f / ムエるテ	death / デス
氏（し）	Sr. / セニョる	Mr. / ミスタ
詩（し）	poema m / ポエマ	poetry, poem / ポウイトリ, ポウイム
字（じ）	letra f, carácter m / レトら, カらクテる	letter, character / レタ, キャラクタ
時（じ）	tiempo m / ティエンポ	hour, time / アウア, タイム
痔（じ）	hemorroides fpl / エモろイデス	piles, hemorrhoids / パイルズ, ヘモロイヅ
試合（しあい）	juego m, partido m / フエゴ, パるティド	game, match / ゲイム, マチ
仕上がる（しあがる）	terminarse / テるミナるセ	be completed / ビ カンプリーテド
仕上げる（しあげる）	terminar / テるミナる	finish, complete / フィニシュ, カンプリート
明々後日（しあさって）	dentro de tres días / デントろ デ トれス ディアス	two days after tomorrow / トゥー デイズ アフタ トマロウ
幸せ（しあわせ）	felicidad f / フェリしダド	happiness / ハピネス
～な	feliz / フェリす	happy, fortunate / ハピ, フォーチュネト
辞意（じい）	intención de dimitir f / インテンしオン デ ディミティる	resignation / レズィグネイション
GNP（じーえぬぴー）	producto nacional bruto m / プろドゥクト ナしオナる ブるト	gross national product / グロウス ナショナル プラダクト
CM（しーえむ）	anuncio m, publicidad f / アヌンしオ, プブリしダド	commercial / カマーシャル
飼育（しいく）	cría f / クりア	breeding / ブリーディング
自意識（じいしき）	conciencia de sí mismo(a) f / コンしエンしア デ シ ミスモ(マ)	self-consciousness / セルフカンシャスネス

日	西	英
シーズン	temporada *f* テンポらダ	season スィーズン
シーソー	subibaja *m* スビバハ	seesaw スィーソー
シーツ	sábana *f* サバナ	(bed) sheet (ベド) シート
CD しーでぃー	disco compacto *m*, CD *m* ディスコ コンパクト, せデ	compact disk カンパクト ディスク
〜ロム	CD-ROM *m* せデ-ロン	CD-ROM スィーディーラム
シート	asiento *m* アシエント	seat スィート
(一枚の紙や布)	hoja *f* オハ	sheet *of* シート
〜ベルト	cinturón de seguridad *m* しントゥろン デ セグリダド	seatbelt スィートベルト
ジーパン	(pantalones) vaqueros *mpl* (パンタロネス) バケろス	jeans チーンズ
ジープ	"jeep" *m* ジプ	jeep チープ
シーフード	mariscos *mpl* マリスコス	seafood スィーフード
強いる し	forzar フォるさる	force, compel フォース, コンペル
シール	pegatina *f* ペガティナ	seal スィール
仕入れ しいれ	compra *f* コンプら	stocking スタキング
仕入れる しいれる	comprar コンプらる	stock スタク
子音 しいん	consonante *f* コンソナンテ	consonant カンソナント
シーン	escena *f* エスセナ	scene スィーン
寺院 じいん	templo *m* テンプロ	Buddhist temple ブディスト テンプル
ジーンズ	"jeans" *mpl* ジンス	jeans チーンズ
シェア	participación en el mercado *f* パるティしパしオン エン エル メるカド	share シェア

日	西	英
じえい 自衛	defensa propia *f* デフェンサ プロピア	self-defense セルフ ディフェンス
～隊	Fuerzas Armadas de フエるサス アるマダス デ Autodefensa *fpl* アウトデフェンサ	Self-Defense Force セルフ ディフェンス フォース
しえいの 市営の	municipal ムニシパル	municipal ミューニスィパル
シェービング クリーム	crema de afeitar *f* クれマ デ アフェイタる	shaving cream シェイヴィング クリーム
ジェスチャー	gesto *m* ヘスト	gesture チェスチャ
ジェット機	reactor *m* れアクトる	jet plane チェト プレイン
ジェネレーション	generación *f* へネらしオン	generation チェナレイション
シェパード	pastor alemán *m* パストる アレマン	German shepherd チャーマン シェパド
シェフ	chef *m* チェフ	chef シェフ
シェルター	refugio *m* れフヒオ	shelter シェルタ
しえん 支援	apoyo *m* アポジョ	support サポート
しお 塩	sal *f* サル	salt ソールト
～辛い	salado(a) サラド(ダ)	salty ソールティ
～漬け	salazón *m* サラソン	salted food ソールティド フード
～水	agua salada *f* アグア サラダ	salt water ソールト ウォータ
しお 潮	marea *f* マれア	tide タイド
～風	viento de mar *m* ビエント デ マる	sea breeze スィー ブリーズ
しおどき 潮時	tiempo *m*, hora *f* ティエンポ, オら	time タイム
しおり 栞	marcador (de páginas) *m* マるカドる (デ パヒナス)	bookmark ブクマーク

日	西	英
しお 萎れる	marchitarse マるチタるセ	droop, wither ドループ, ウィザ
しか 鹿	ciervo *m* しエるボ	deer ディア
じか 時価	precio actual *m* プれシオ アクトゥアル	current price カーレント プライス
じが 自我	yo *m* ジョ	self, ego セルフ, イーゴウ
しかい 司会		
～者	moderador(a) *m,f* モデらドる(ら)	chairperson チェアパースン
～する	moderar モデらる	preside *at* プリザイド
しかい 視界	campo *m* カンポ	sight サイト
しがい 市外	suburbios *mpl* スブるビオス	suburb サバーブ
しがいせん 紫外線	luz ultravioleta *f* ルす ウルトらビオレタ	ultraviolet rays アルトラヴァイオレット レイズ
しかえ 仕返しする	vengar ベンガる	revenge *oneself on* リヴェンヂ
しかく 四角	cuadrado *m* クアドらド	square スクウェア
しかく 資格	título *m* ティトゥロ	qualification クワリフィケイション
じかく 自覚	conciencia *f* コンシエンシア	consciousness カンシャスネス
～する	ser consciente *de* セる コンシエンテ デ	be conscious *of* ビ カンシャス
しか 仕掛け	dispositivo *m* ディスポシティボ	device, mechanism ディヴァイス, メカニズム
しかし	pero ペろ	but, however バト, ハウエヴァ
じかせい 自家製の	casero(a) カセろ(ら)	homemade ホウムメイド
じがぞう 自画像	autorretrato *m* アウトれトらト	self-portrait セルフポートレト
しかた 仕方	manera *f* マネら	method, way メソド, ウェイ

日	西	英
仕方がない	no haber más remedio ノ アベる マス れメディオ	cannot help キャナト ヘルプ
四月	abril *m* アブリル	April エイプリル
自活する	mantenerse マンテネるセ	support *oneself* サポート
しがみつく	agarrarse *a* アガるるセ ア	cling *to* クリング
しかも	y, además イ, アデマス	moreover, besides モーロウヴァ, ビサイヅ
自家用車	coche particular *m* コチェ ぱるティクラる	private car プライヴァト カー
叱る	reñir れニる	scold, reprove スコウルド, リプルーヴ
志願	deseo *m* デセオ	desire ディザイア
（申し込み）	solicitud *f* ソリしトゥド	application アプリケイション
～する	desear デセアる	desire, aspire *to* ディザイア, アスパイア
（申し込む）	solicitar ソリしタる	apply *for* アプライ
時間	tiempo *m* ティエンポ	time, hour タイム, アウア
～給	salario por hora *m* サラリオ ぽる オら	time wages タイム ウェイヂズ
指揮	dirección *f* ディれクしオン	command, direction カマンド, ディレクション
～者	director(a) *m,f* ディれクトる(ら)	commander, director カマンダ, ディレクタ
（演奏の）	director(a) *m,f* ディれクトる(ら)	conductor カンダクタ
～する	dirigir ディリヒる	command, direct, conduct カマンド, ディレクト, カンダクト
～棒	batuta *f* バトゥタ	baton バタン
式	ceremonia *f* せれモニア	ceremony セリモニ
（方式）	sistema *m* システマ	method, system メソド, スィスティム

日	西	英
（型）	estilo m エスティロ	style, form スタイル, フォーム
（数式）	fórmula f フォるムラ	expression イクスプレション
時期	tiempo m ティエンポ	time, season タイム, スィーズン
磁気	magnetismo m マグネティスモ	magnetism マグネティズム
敷居	umbral m ウンブらル	threshold スレショウルド
敷石	losa f ロサ	pavement ペイヴメント
敷金	depósito m デポシト	deposit ディパズィト
色彩	color m コロる	color, tint カラ, ティント
式場	sala de ceremonias f サラ デ せれモニアス	hall of ceremony ホール オヴ セリモニ
色素	pigmento m ピグメント	pigment ピグメント
色調	tonalidad f トナリダド	tone トウン
直筆	letra de su puño y letra f レトら デス プニョ イ レトら	autograph オートグラフ
識別	distinción f ディスティンしオン	discrimination ディスクリミネイション
～する	distinguir ディスティンギる	discriminate ディスクリミネイト
色盲	daltonismo m ダルトニスモ	color blindness カラ ブラインドネス
敷物	tapete m タペテ	carpet, rug カーペト, ラグ
子宮	útero m ウテロ	uterus, womb ユーテラス, ウーム
時給	retribución horaria f れトリブしオン オらリア	hourly wage アウアリ ウェイヂ
自給自足	autosuficiencia f アウトスフィしエンしア	self-sufficiency セルフ サフィセンスィ

日	西	英
しきょう 司教	obispo *m* オビスポ	bishop ビショプ
しきょう 市況	estado del mercado *m* エスタド デル メルカド	market マーケト
じきょう 自供	confesión *f* コンフェシオン	voluntary confession ヴァランテリ カンフェション
じぎょう 事業	obra *f* オブら	enterprise, undertaking エンタプライズ, アンダテイキング

■時間■ tiempo /ティエンポ/ *m*

ねん 年	año /アニョ/ *m* (英 year)	
つき 月	mes /メス/ *m* (英 month)	
しゅう 週	semana /セマナ/ *f* (英 week)	
ひ 日	día /ディア/ *m* (英 day)	
じ 時	hora /オら/ *f* (英 hour)	
ふん 分	minuto /ミヌト/ *m* (英 minute)	
びょう 秒	segundo /セグンド/ *m* (英 second)	
ひづけ 日付	fecha /フェチャ/ *f* (英 date)	
ようび 曜日	día de la semana /ディア デ ラ セマナ/ *m* (英 day)	
ごぜん 午前	mañana /マニャナ/ *f* (英 morning)	
ごご 午後	tarde /タルデ/ *f* (英 afternoon)	
あさ 朝	mañana /マニャナ/ *f* (英 morning)	
ひる 昼	día /ディア/ *m* (英 daytime, noon)	
よる 夜	noche /ノチェ/ *f* (英 night)	
よあけ 夜明け	amanecer /アマネせる/ *m* (英 dawn, daybreak)	
ゆうがた 夕方	tarde /タルデ/ *f* (英 evening)	
しんや 深夜	medianoche /メディアノチェ/ *f* (英 midnight)	
きょう 今日	hoy /オイ/ (英 today)	
あす 明日	mañana /マニャナ/ (英 tomorrow)	
あさって 明後日	pasado mañana /パサド マニャナ/ (英 the day after tomorrow)	
きのう 昨日	ayer /アジェる/ (英 yesterday)	
おととい 一昨日	anteayer /アンテアジェる/ (英 the day before yesterday)	

日	西	英
仕切り	mampara *f* マンパら	partition パーティション
資金	fondo *m* フォンド	capital, funds キャピタル, ファンヅ
敷く	poner ポネる	lay, spread レイ, スプレド
軸	eje *m* エへ	axis, shaft アクスィス, シャフト
仕草	ademán *m* アデマン	behavior, gesture ビヘイヴャ, チェスチャ
ジグザグ	zigzag *m* しグさグ	zigzag ズィグザグ
しくじる	fracasar フらカサる	fail フェイル
ジグソーパズル	rompecabezas *m* ろンペカベさス	jigsaw puzzle ヂグソー パズル
仕組み	estructura *f* エストるクトゥら	mechanism メカニズム
シクラメン	ciclamen *m* シクラメン	cyclamen スィクラメン
時雨	llovizna *f* ジョビすナ	early-winter shower アーリ ウィンタ シャウア
時化	temporal *m* テンポらル	stormy weather ストーミ ウェザ
死刑	pena de muerte *f* ペナ デ ムエるテ	capital punishment キャピタル パニシュメント
刺激	estímulo *m* エスティムロ	stimulus, impulse スティミュラス, インパルス
～する	estimular エスティムらる	stimulate, excite スティミュレイト, イクサイト
茂る	crecer frondosamente クれセる フロンドサメンテ	grow thick グロウ スィク
試験	examen *m*, prueba *f* イクサメン, プるエバ	examination, test イグザミネイション, テスト
～管	probeta *f* プろベタ	test tube テスト テューブ
～する	probar プろバる	examine, test イグザミン, テスト
資源	recursos *mpl* れクるソス	resources リソースィズ

日	西	英
じけん 事件	caso *m* カソ	event, incident, case イヴェント, インスィデント, ケイス
じげん 次元	dimensión *f* ディメンシオン	dimension ディメンション
じこ 自己	sí mismo(a) *m,f* シ ミスモ (マ)	self, ego セルフ, エゴウ
じこ 事故	accidente *m* アクシデンテ	accident アクスィデント
じこう 時効	prescripción *f* プれスクリプシオン	prescription プリスクリプション
じこく 時刻	tiempo *m* ティエンポ	time, hour タイム, アウア
〜表	horario *m* オらりオ	timetable, schedule タイムテイブル, スケヂュル
じごく 地獄	infierno *m* インフィエるノ	hell, inferno ヘル, インファーノウ
しごと 仕事	trabajo *m* トらバホ	work ワーク
しこむ 仕込む	surtir スるティる	stock スタク
（教える）	enseñar エンセニャる	train, teach トレイン, ティーチ
しさ 示唆	sugerencia *f* スヘれンしア	suggestion サグヂェスチョン
〜する	sugerir スへりる	suggest サグヂェスト
じさ 時差	diferencia horaria *f* ディフェれンしア オらりア	difference in time ディフレンス イン タイム
〜ぼけ	desfase horario *m* デスファセ オらりオ	jet lag ヂェト ラグ
しさい 司祭	sacerdote *m* サせるドテ	priest プリースト
しさつ 視察	inspección *f* インスペクしオン	inspection インスペクション
〜する	inspeccionar インスペクしオナる	inspect インスペクト
じさつ 自殺	suicidio *m* スイしディオ	suicide スーイサイド
〜者	suicida *m,f* スイしダ	suicide スーイサイド

日	西	英
～する	suicidarse スイシダるセ	commit suicide カミト スーイサイド
資産（しさん）	bienes *mpl* ビエネス	property, fortune プラパティ, フォーチュン
持参（じさん）		
～金	dote *f* ドテ	dowry ダウアリ
～する	traer トらエる	take ... with *one* テイク ウィズ
指示（しじ）	indicaciones *fpl* インディカしオネス	indication インディケイション
～する	indicar インディカる	indicate インディケイト
支持（しじ）	apoyo *m* アポジョ	support, backing サポート, バキング
～する	apoyar アポジャる	support, back up サポート, バク アプ
時事（じじ）	actualidad *f* アクトゥアリダド	current events カーレント イヴェンツ
獅子座（ししざ）	Leo *m* レオ	Lion, Leo ライオン, レオ
資質（ししつ）	cualidades *fpl* クアリダデス	nature, temperament ネイチャ, テンペラメント
事実（じじつ）	hecho *m* エチョ	fact, truth ファクト, トルース
使者（ししゃ）	mensajero(a) *m,f* メンサへろ(ら)	messenger メスィンチャ
支社（ししゃ）	sucursal *f* スクるサル	branch ブランチ
死者（ししゃ）	muerto(a) *m,f* ムエるト(タ)	dead person, the dead デド パースン, ザ デド
磁石（じしゃく）	imán *m* イマン	magnet マグネト
四捨五入する（ししゃごにゅうする）	redondear れドンデアる	round ラウンド
刺繍（ししゅう）	bordado *m* ボるダド	embroidery インブロイダリ
自首する（じしゅする）	entregarse a la policía エントれガルセ ア ラ ポリしア	deliver *oneself* to the police ディリヴァ トゥ ザ ポリース

日	西	英
ししゅつ 支出	gasto *m* ガスト	expenses, expenditure イクスペンスィズ, イクスペンディチャ
じしゅてきな 自主的な	independiente インディペンディエンテ	independent インディペンデント
(自発的)	voluntario(a) ボルンタリオ(ア)	voluntary ヴァランテリ
ししゅんき 思春期	adolescencia *f*, pubertad *f* アドレセンしア, プベるタド	adolescence, puberty アドレセンス, ピューバティ
ししょ 司書	bibliotecario(a) *m,f* ビブリオテカりオ(ア)	librarian ライブレアリアン
じしょ 辞書	diccionario *m* ディクしオナりオ	dictionary ディクショネリ
じじょ 次女	segunda hija *f* セグンダ イハ	second daughter セコンド ドータ
しじょう 市場	mercado *m* メるカド	market マーケット
じじょう 事情	circunstancia *f* しるクンスタンしア	circumstances サーカムスタンスィズ
(理由)	razón *f* らそン	reasons リーズンズ
ししょく 試食	degustación *f* デグスタしオン	sampling, tasting サンプリング, テイスティング
じしょく 辞職	dimisión *f* ディミシオン	resignation レズィグネイション
～する	dimitir ディミティる	resign リザイン
じじょでん 自叙伝	autobiografía *f* アウトビオグらフィア	autobiography オートバイアグラフィ
ししょばこ 私書箱	apartado postal *m* アパるタド ポスタル	post-office box, P.O.B. ポウストオーフィス バクス
しじん 詩人	poeta *m*, poetisa *f* ポエタ, ポエティサ	poet, poetess ポウイト, ポウイテス
じしん 自信	confianza *f* コンフィアンさ	confidence カンフィデンス
じしん 自身	uno(a) mismo(a) *m,f* ウノ(ナ) ミスモ(マ)	self, oneself セルフ, ワンセルフ
じしん 地震	terremoto *m* テれモト	earthquake アースクウェイク

日	西	英
じすい 自炊する	hacer la comida por sí mismo(a) アセる ラ コミダ ポる シ ミスモ(マ)	cook *for oneself* クク
しすう 指数	índice *m* インディセ	index number インデクス ナンバ
しず 静かな	tranquilo(a) トランキロ(ラ)	silent, still, calm サイレント, スティル, カーム
しずく 滴	gota *f* ゴタ	drop ドラプ
しず 静けさ	quietud *f* キエトゥド	silence, stillness サイレンス, スティルネス
システム	sistema *m* システマ	system スィスティム
じすべ 地滑り	deslizamiento de tierras *m* デスリさミエント デ ティエらス	landslip ランドスリプ
しず 静まる	tranquilizarse トランキリさるセ	become quiet, calm down ビカム クワイエト, カーム ダウン
しず 沈む	hundirse ウンディるセ	sink, go down スィンク, ゴウ ダウン
(太陽などが)	ponerse ポネるセ	set セト
(気分が)	deprimirse デプリミるセ	feel depressed フィール ディプレスト
しず 鎮める	sofocar ソフォカる	quell クウェル
しせい 姿勢	postura *f* ポストゥら	posture, pose パスチャ, ポウズ
じせい 自制	dominio de sí mismo(a) *m* ドミニオ デ シ ミスモ(マ)	self-control セルフコントロウル
～する	dominarse ドミナるセ	control *oneself* カントロウル
しせいかつ 私生活	vida privada *f* ビダ プリバダ	private life プライヴェト ライフ
しせき 史跡	lugar histórico *m* ルガる イストりコ	historic site ヒストリク サイト
しせつ 施設	institución *f* インスティトゥしオン	institution インスティテューション
しせん 視線	ojeada *f* オヘアダ	eyes, glance アイズ, グランス

日	西	英
しぜん 自然	naturaleza *f* ナトゥらレさ	nature ネイチャ
～科学	ciencias naturales *fpl* しエンしアス ナトゥらレス	natural science ナチュラル サイエンス
～主義	naturalismo *m* ナトゥらリスモ	naturalism ナチュラリズム
～に	naturalmente ナトゥらルメンテ	naturally ナチュラリ
じぜん 慈善	beneficencia *f* ベネフィせンしア	charity, benevolence チャリティ, ビネヴォレンス
しそ 紫蘇	ajedrea *f* アヘドれア	beefsteak plant ビーフステイク プラント
しそう 思想	pensamiento *m* ペンサミエント	thought, idea ソート, アイディア
じそく 時速	velocidad por hora *f* ベロしダド ポる オら	speed per hour スピード パー アウア
じぞくする 持続する	durar ドゥらる	continue コンティニュー
しそん 子孫	descendientes *mpl* デスセンディエンテス	descendant, posterity ディセンダント, パステリティ
じそんしん 自尊心	amor propio *m* アモる プろピオ	self-respect, pride セルフリスペクト, プライド
した 下	parte inferior *f* パるテ インフェリオる	lower part, bottom ラウア パート, バトム
した 舌	lengua *f* レングア	tongue タング
しだ 羊歯	helecho *m* エレチョ	fern ファーン
したい 死体	cuerpo muerto *m*, cadáver *m* クエるポ ムエるト, カダベる	dead body, corpse デド バディ, コープス
しだい 次第	orden *m* オるデン	order オーダ
～に	gradualmente グらドゥアルメンテ	gradually グラデュアリ
じたい 事態	situación *f* シトゥアしオン	situation スィチュエイション
じたい 辞退	rechazo *m* れチャそ	refusal リフューザル
～する	rechazar れチャさる	decline, refuse ディクライン, レフューズ

日	西	英
時代 (じだい)	período *m* ペリオド	time, period, era タイム, ピアリオド, イアラ
慕う (したう)	sentir cariño *por* センティる カリニョ ポる	yearn *after*, long *for* ヤーン, ローング
下請け (したうけ)	subcontrato *m* スブコントらト	subcontract サブカントラクト
～する	subcontratar スブコントらタる	subcontract サブカントラクト
従う (したがう)	seguir セギる	follow, accompany ファロウ, アカンパニ
(逆らわない)	obedecer オベデセる	obey オベイ
下書き (したがき)	borrador *m* ボらドる	draft ドラフト
下着 (したぎ)	ropa interior *f* ろパ インテりオる	underwear アンダウェア
支度 (したく)	preparativos *mpl* プれパらティボス	preparations プレパレイションズ
～する	preparar プれパらる	prepare *for* プリペア
下拵え (したごしら)	preparación *f* プれパらしオン	preparations プレパレイションズ
下地 (したじ)	base *f* バセ	groundwork グラウンドワーク
親しい (したしい)	íntimo(a) インティモ(マ)	close, familiar クロウス, ファミリア
下敷き (したじき)	cuadrante de escritorio *m* クアドらンテ デ エスクりトりオ	desk pad デスク パド
下調べ (したしらべ)	investigación previa *f* インベスティガしオン プれビア	preliminary inquiry プリリミネリ インクワイアリ
滴る (したたる)	gotear ゴテアる	drop, drip ドラプ, ドリプ
下っ端 (したっぱ)	subalterno(a) *m,f* スバルテるノ(ナ)	underling アンダリング
下取り (したどり)	entrega como parte de pago *f* エントれガ コモ パるテ デ パゴ	trade-in トレイディン
下塗り (したぬり)	primera mano *f* プりメら マノ	undercoating アンダコウティング

日	西	英
したびらめ 舌平目	lenguado *m* レングアド	sole ソウル
したまち 下町	barrio popular *m* バリオ ポプラる	traditional working-class neighborhood トラディショナル ワーキングクラス ネイバフド
したみ 下見	examen previo *m* エクサメン プレビオ	preliminary inspection プリリミネリ インスペクション
じだん 示談	acuerdo extrajudicial *m* アクエるド エクストラフディしアル	private settlement プライヴェト セトルメント
しち 質	empeño *m* エンペニョ	pawn, pledge ポーン, プレヂ
じち 自治	autogobierno *m*, autonomía *f* アウトゴビエるノ, アゥトノミア	self-government, autonomy セルフガヴァンメント, オータノミ
しちがつ 七月	julio *m* フリオ	July ヂュライ
しちめんちょう 七面鳥	pavo *m* パボ	turkey ターキ
しちや 質屋	casa de empeño *f* カサ デ エンペニョ	pawnshop ポーンシャプ
しちゃく 試着する	probarse プロバるセ	try on トライ オン
シチュー	estofado *m* エストファド	stew ステュー
しちょう 市長	alcalde *m*, alcaldesa *f* アルカルデ, アルカルデサ	mayor メイア
しちょうしゃ 視聴者	telespectador(a) *m,f* テレスペクタドる(ら)	TV audience ティーヴィー オーディエンス
しちょうそん 市町村	municipalidad *f* ムニしパリダド	municipalities ミューニスィパリティズ
しつ 質	calidad *f* カリダド	quality クワリティ
じつ 実	verdad *f* ベるダド	truth トルース
（誠意）	buena fe *f* ブエナ フェ	sincerity スィンセリティ
しつう 歯痛	dolor de muelas *m* ドロる デ ムエラス	toothache トゥーセイク

日	西	英
実家(じっか)	casa paterna *f* カサ パテるナ	parents' home ペアレンツ ホウム
失格(しっかく)	descalificación *f* デスカリフィカしオン	disqualification ディスクワリフィケイション
〜する	ser descalificado(a) せる デスカリフィカド(ダ)	be disqualified ビ ディスクワリファイド
しっかりする	hacerse firme アせるセ フィるメ	become strong ビカム ストロング
(元気を出す)	animarse アニマるセ	take courage テイク カーリヂ
質疑応答(しつぎおうとう)	preguntas *fpl* y respuestas *fpl* プれグンタス イ れスプエスタス	questions and answers クウェスチョンズ アンド アンサ
失業(しつぎょう)	desempleo *m* デセンプレオ	unemployment アニンプロイメント
〜者	desempleados *mpl* デセンプレアドス	unemployed アニンプロイド
〜する	perder el trabajo ぺるデる エル トらバホ	lose *one's* job ルーズ チャブ
実業家(じつぎょうか)	industrial *m,f* インドゥストリアル	businessman ビズネスマン
実況中継(じっきょうちゅうけい)	retransmisión en directo *f* れトらンスミシオン エン ディれクト	live broadcast ライヴ ブロードキャスト
漆喰(しっくい)	yeso *m* ジェソ	mortar, plaster モータ, プラスタ
シックな	elegante エレガンテ	chic シーク
湿気(しっけ)	humedad *f* ウメダド	moisture モイスチャ
躾(しつけ)	enseñanza *f* エンセニャンさ	training, discipline トレイニング, ディスィプリン
躾ける(しつける)	educar エドゥカる	train, discipline トレイン, ディスィプリン
実験(じっけん)	experimento *m* エクスペリメント	experiment イクスペリメント
〜室	laboratorio *m* ラボらトリオ	laboratory ラブラトーリ
〜する	experimentar エクスぺリメンタる	experiment イクスペリメント

日	西	英
じつげん 実現	realización *f* れアリさしオン	realization リーアリゼイション
～する	realizar(se) れアリさる(せ)	realize, come true リアライズ, カム トルー
しつこい	insistente インシステンテ	persistent, obstinate パスィステント, アブスティネト
(味が)	pesado(*a*) ペサド(ダ)	heavy ヘヴィ
(色が)	chillón(*ona*) チジョン(ナ)	gaudy ゴーディ
しっこう 失効	revocación *f* れボカしオン	lapse ラプス
じっこう 実行	práctica *f* プらクティカ	practice, execution プラクティス, エクセキューション
～する	llevar a cabo ジェバる ア カボ	carry out, practice キャリ アウト, プラクティス
じっさい 実際	hecho *m* エチョ	fact, reality ファクト, リアリティ
～に	en realidad エン れアリダド	actually, really アクチュアリ, リーアリ
じつざい 実在	existencia *f* エクシステンしア	actual existence アクチュアル イグズィステンス
じっし 実施	práctica *f* プらクティカ	enforcement インフォースメント
～する	ejecutar エヘクタる	enforce インフォース
じっしつ 実質	sustancia *f* ススタンしア	substance サブスタンス
じっしゅう 実習	práctica *f* プらクティカ	practice, training プラクティス, トレイニング
～生	aprendiz(*a*) *m,f* アプれンディす(さ)	trainee トレイニー
じつじょう 実情	situación real *f* シトゥアしオン れアル	actual condition アクチュアル カンディション
しっしん 失神する	desmayarse デスマジャるセ	faint, swoon フェイント, スウーン
じっせき 実績	resultado real *m* れスルタド れアル	results, achievements リザルツ, アチーヴメンツ
じっせん 実践する	practicar プらクティカる	practice プラクティス

日	西	英
失踪する しっそう	desaparecer デサパれせる	disappear ディサピア
質素な しっそ	sencillo(a) センしジョ(ジャ)	plain, simple プレイン, スィンプル
実態 じったい	realidad *f* れアリダド	realities リーアリティズ
実直な じっちょく	honesto(a) オネスト(タ)	honest アネスト
嫉妬 しっと	celos *mpl* セロス	jealousy チェラスィ
〜する	tener celos *de*, envidiar テネる セロスデ, エンビディアる	be jealous *of*, envy ビ チェラス, エンヴィ
湿度 しつど	humedad *f* ウメダド	humidity ヒューミディティ
室内 しつない		
〜楽	música de cámara *f* ムスィカ デ カマら	chamber music チェインバ ミューズィク
〜で	dentro de la casa デントろ デ ラ カサ	indoors インドーズ
ジッパー	cremallera *f* クれマジェら	zipper ズィパ
失敗 しっぱい	fracaso *m* フらカソ	failure フェイリャ
〜する	fracasar フらカサる	fail フェイル
執筆 しっぴつ	redacción *f* れダクしオン	writing ライティング
〜する	escribir, redactar エスクりビる, れダクタる	write ライト
湿布 しっぷ	compresa *f* コンプれサ	compress カンプレス
実物 じつぶつ	cosa real *f* コサ れアル	thing スィング
尻尾 しっぽ	rabo *m* らボ	tail テイル
失望する しつぼう	desilusionarse デシルシオナるセ	be disappointed ビ ディサポインテド
実務 じつむ	ejercicio de un negocio *m* エへるししオ デ ウン ネゴしオ	practical business プラクティカル ビズネス

日	西	英
しつもん 質問	pregunta f プレグンタ	question クウェスチョン
～する	hacer una pregunta アせる ウナ プレグンタ	ask ... a question アスク ア クウェスチョン
じつよう 実用	uso práctico m ウソ プらクティコ	practical use プラクティカル ユース
じつりょく 実力	capacidad f カパしダド	ability アビリティ
～者	poderoso(a) m,f ポデろソ(サ)	influential person インフルエンシャル パースン
しつれい 失礼	falta de educación f ファルタ デ エドゥカしオン	rudeness ルードネス
～な	descortés デスコるテス	rude, impolite ルード, インポライト
じつれい 実例	ejemplo m エヘンプロ	example イグザンプル
しつれん 失恋	desengaño (amoroso) m デセンガニョ (アモろソ)	unrequited love アンリクワイテド ラヴ
～する	tener un desengaño amoroso テネる ウン デセンガニョ アモろソ	be disappointed in love ビ ディサポインティド イン ラヴ
じつわ 実話	caso real m カソ れアル	true story トルー ストーリ
してい 指定	designación f デシグナしオン	designation デズィグネイション
～する	designar デシグナる	appoint, designate アポイント, デズィグネイト
～席	asiento reservado m アシエント れセるバド	reserved seat リザーヴド スィート
してきする 指摘する	indicar インディカる	point out, indicate ポイント アウト, インディケイト
してきな 私的な	privado(a), personal プリバド(ダ), ぺるソナル	private, personal プライヴェト, パーソナル
してつ 私鉄	ferrocarril privado m フェろカりル プリバド	private railroad プライヴェト レイルロウド
してん 支店	sucursal f スクるサル	branch ブランチ
しでん 市電	tranvía f トランビア	streetcar, tram ストリートカー, トラム

日	西	英
辞典	diccionario *m* ディクシオナリオ	dictionary ディクショネリ
自伝	autobiografía *f* アウトビオグらフィア	autobiography オートバイアグラフィ
自転車	bicicleta *f* ビシクレタ	bicycle バイスィクル
使徒	apóstol *m* アポストル	apostle アパスル
指導	dirección *f* ディれクシオン	guidance, direction ガイダンス, ディレクション
～する	dirigir ディリヒる	guide, lead, coach ガイド, リード, コウチ
児童	niño(a) *m,f* ニニョ(ニャ)	child チャイルド
自動詞	verbo intransitivo *m* べるボ イントらンシティボ	intransitive verb イントランスィティヴ ヴァーブ
自動車	coche *m* コチェ	car, automobile カー, オートモビール
～事故	accidente automovilístico *m* アクシデンテ アウトモビリスティコ	car accident カー アクスィデント
自動的に	automáticamente アウトマティカメンテ	automatically オートマティカリ
自動ドア	puerta automática *f* プエるタ アウトマティカ	automatic door オートマティク ドー
自動販売機	máquina vendedora *f* マキナ ベンデドら	vending machine ヴェンディング マシーン
しとやかな	recatado(a) れカタド(ダ)	graceful グレイスフル
品	objeto *m*, cosa *f* オブヘト, コサ	article, goods アーティクル, グヅ
（品質）	calidad *f* カリダド	quality クワリティ
市内		
～に	en la ciudad エン ラ シウダド	in the city イン ザ スィティ
～電話	llamada urbana *f* ジャマダ うるバナ	local call ロウカル コール
品切れ	agotado(a) アゴタド(ダ)	sold out ソウルド アウト

日	西	英
<ruby>萎<rt>しな</rt></ruby>びる	ajarse アハるセ	wither ウィザ
<ruby>品物<rt>しなもの</rt></ruby>	artículo *m* アるティクロ	article, goods アーティクル, グヅ
シナモン	canela *f* カネラ	cinnamon スィナモン
しなやかな	flexible フレクシブレ	flexible フレクスィブル
シナリオ	guión *m* ギオン	scenario, screenplay スィネアリオウ, スクリーンプレイ
<ruby>次男<rt>じなん</rt></ruby>	hijo segundo *m* イホ セグンド	second son セコンド サン
<ruby>死人<rt>しにん</rt></ruby>	muerto(a) *m,f* ムエるト(タ)	dead person, the dead デド パースン, ザ デド
<ruby>辞任<rt>じにん</rt></ruby>	dimisión *f* ディミシオン	resignation レズィグネイション
～する	dimitir ディミティる	resign リザイン
<ruby>死<rt>し</rt></ruby>ぬ	morir モりる	die ダイ
<ruby>地主<rt>じぬし</rt></ruby>	terrateniente *m,f* テらテニエンテ	landowner ランドウナ
<ruby>凌<rt>しの</rt></ruby>ぐ	superar スペらる	endure, bear インデュア, ベア
（切り抜ける）	librarse *de* リブらるセ デ	tide over タイド オウヴァ
（追い越す）	adelantar, rebasar アデランタる, れバサる	exceed, surpass イクスィード, サーパス
<ruby>忍<rt>しの</rt></ruby>ぶ	aguantar, soportar アグアンタる, ソポるタる	endure, bear インデュア, ベア
<ruby>支配<rt>しはい</rt></ruby>	gobierno *m* ゴビエるノ	management, control マニヂメント, カントロウル
～する	regir れヒる	manage, control マニヂ, カントロウル
～<ruby>人<rt>にん</rt></ruby>	gerente *m,f* ヘれンテ	manager マニヂャ
<ruby>芝居<rt>しばい</rt></ruby>	teatro *m* テアトろ	play, drama プレイ, ドラーマ

日	西	英
自白 (じはく)	confesión f コンフェシオン	confession カンフェション
地場産業 (じばさんぎょう)	industria regional f インドゥストリア れヒオナル	local industry ロウカル インダストリ
しばしば	con frecuencia コン フレクエンシア	often オーフン
自発的な (じはつてき)	espontáneo(a) エスポンタネオ (ア)	spontaneous, voluntary スパンテイニアス, ヴァランテリ
始発電車 (しはつでんしゃ)	primer tren m プリメる トれン	first train ファースト トレイン
芝生 (しばふ)	césped m せスペド	lawn ローン
支払い (しはらい)	pago m パゴ	payment ペイメント
支払う (しはらう)	pagar パガる	pay ペイ
暫く (しばらく)	un momento m ウン モメント	for a while フォー ア (ホ) ワイル
(かなりの時間)	un buen rato m ウン ブエン らト	for a long time フォー ア ロング タイム
縛る (しば)	atar アタる	bind バインド
地盤 (じばん)	base f バセ	foundation, base ファウンデイション, ベイス
(土地)	terreno m テれノ	ground グラウンド
(選挙の)	circunscripción f しるクンスクリプしオン	constituency カンスティチュエンスィ
四半期 (しはんき)	trimestre m トリメストれ	quarter クウォータ
市販の (しはん)	en venta エン ベンタ	on the market オン ザ マーケト
慈悲 (じひ)	misericordia f ミセリコるディア	mercy, pity マースィ, ピティ
耳鼻咽喉科 (じびいんこうか)	otorrinolaringología f オトりノラリンゴロヒア	otorhinolaryngology オウトウライノウラリンゴロヂ
字引 (じびき)	diccionario m ディクしオナリオ	dictionary ディクショネリ

294

日	西	英
私費で	a su costa / ア ス コスタ	at *one's* own expense / アト オウン イクスペンス
指標	índice *m* / インディせ	index / インデクス
辞表	dimisión *f* / ディミシオン	resignation / レズィグネイション
持病	enfermedad crónica *f* / エンフェるメダド クロニカ	chronic disease / クラニク ディズィーズ
痺れる	entumecerse / エントゥメせるセ	become numb / ビカム ナム
支部	(oficina) sucursal *f* / (オフィシナ) スクるサル	branch / ブランチ
自負	orgullo *m* / オるグジョ	pride / プライド
渋い	amargo(a) / アマるゴ(ガ)	astringent / アストリンジェント
(好みが)	sobrio(a) / ソブリオ(ア)	quiet, tasteful / クワイエト, テイストフル
飛沫	rociada *f* / ろシアダ	spray / スプレイ
ジプシー	gitano(a) *m,f* / ヒタノ(ナ)	Gypsy / ヂプスィ
しぶしぶ	de mala gana / デ マラ ガナ	reluctantly / リラクタントリ
ジフテリア	difteria *f* / ディフテリア	diphtheria / ディフスィアリア
しぶとい	tenaz / テナす	tenacious, obstinate / テネイシャス, アブスティネト
渋る	no estar dispuesto(a) / ノ エスタる ディスプエスト(タ)	hesitate / ヘズィテイト
自分	uno(a) mismo(a) *m,f* / ウノ(ナ) ミスモ(マ)	self / セルフ
~自身	sí mismo(a) *m,f* / スィ ミスモ(マ)	oneself / ワンセルフ
紙幣	billete (de banco) *m* / ビジェテ (デ バンコ)	bill / ビル
四方	por todas partes / ポる トダス パるテス	every direction / エヴリ ディレクション

日	西	英
しぼう 志望	deseo *m* デセオ	wish, desire ウィシュ, ディザイア
～する	desear デセアる	wish, desire ウィシュ, ディザイア
しぼう 死亡	muerte *f* ムエるテ	death, decease デス, ディスィース
しぼう 脂肪	grasa *f* グらサ	fat, grease ファト, グリース
じほう 時報	señal horaria *f* セニャル オらりア	time signal タイム スィグナル
しほうけん 司法権	poder judicial *m* ポデる フディしアル	jurisdiction ヂュアリスディクション
しぼむ 萎む	marchitarse マるチタるセ	wither, fade ウィザ, フェイド
しぼる 絞[搾]る	estrujar, exprimir エストるハる, エクスプリミる	press, wring, squeeze プレス, リング, スクウィーズ
（金を）	extorsionar エクストるシオナる	extort イクストート
（頭を）	atormentar el cerebro アトるメンタる エル せれブろ	rack *one's* brain ラク ブレイン
しほん 資本	capital *m* カピタル	capital キャピタル
～家	capitalista *m,f* カピタリスタ	capitalist キャピトリスト
～金	capital *m* カピタル	capital キャピタル
～主義	capitalismo *m* カピタリスモ	capitalism キャピトリズム
しま 縞	rayas *fpl* らジャス	stripes ストライプス
しま 島	isla *f* イスラ	island アイランド
しまい 姉妹	hermanas *fpl* エるマナス	sisters スィスタズ
しまう 仕舞う	devolver a su lugar デボルべる ア ス ルガる	put away プト アウェイ
（終える）	terminar テるミナる	put an end *to* プト アン エンド
しまうま 縞馬	cebra *f* せブら	zebra ズィーブラ

日	西	英
字幕 (じまく)	subtítulos *mpl* スブティトゥロス	subtitles サブタイトルズ
始末 (しまつ)	disposición *f* ディスポシしオン	disposal ディスポウザル
(結果)	resultado *m* れスルタド	result リザルト
(事情)	situación *f* シトゥアしオン	circumstances サーカムスタンスィズ
(倹約)	ahorro *m* アオろ	thrift スリフト
閉まる (しまる)	cerrarse せるらセ	shut, be closed シャト, ビ クロウズド
自慢 (じまん)	orgullo *m* オるグジョ	boast, vanity ボウスト, ヴァニティ
～する	enorgullecerse *de* エノるグジェせるセ デ	boast *of*, be proud *of* ボウスト, ビー プラウド
地味な (じみな)	tranquilo(a), discreto(a) トらンキロ(ラ), ディスクれト(タ)	plain, quiet プレイン, クワイエト
シミュレーション	simulación *f* シムラしオン	simulation スィミュレイション
染みる (しみる)	infiltrarse *en* インフィルトらるセ エン	penetrate, soak ペネトレイト, ソウク
市民 (しみん)	ciudadano(a) *m,f* しウダダノ(ナ)	citizen スィティズン
～権	ciudadanía *f* しウダダニア	citizenship スィティズンシプ
事務 (じむ)	trabajo de oficina *m* トらバホ デ オフィしナ	business, affairs ビズネス, アフェアズ
～員	oficinista *m,f* オフィしニスタ	clerk, office worker クラーク, オフィス ワーカ
～所	oficina *f* オフィしナ	office オフィス
～総長	secretario(a) general *m,f* セクれタりオ(ア) ヘネらル	secretary-general セクレテリ チェナラル
～的な	administrativo(a) アドミニストらティボ(バ)	businesslike ビズネスライク
使命 (しめい)	misión *f* ミシオン	mission ミション
指名 (しめい)	nombramiento *m* ノンブらミエント	nomination ナミネイション

日	西	英
～する	nombrar ノンブらる	name, nominate ネイム, ナミネイト
氏名	nombre *m* y apellido *m* ノンブれ イ アペジド	name ネイム
締め切り	límite *m* リミテ	closing クロウズィング
（期日の）	fecha límite *f* フェチャ リミテ	deadline デドライン
締め切る	cerrar せрар	keep closed キープ クロウズド
じめじめした	húmedo(a) ウメド(ダ)	damp, moist ダンプ, モイスト
（陰気な）	melancólico(a) メランコリコ(カ)	melancholy メランカリ
示す	mostrar モストらる	show, indicate ショウ, インディケイト
締め出す	excluir エクスクルイる	shut out シャト アウト
自滅する	perderse ペрデрセ	ruin *oneself* ルーイン
湿る	humedecerse ウメデセрセ	dampen ダンプン
占める	ocupar オクパる	occupy アキュパイ
閉める	cerrar せрар	shut, close シャト, クロウズ
絞める	ajustarse アフスタрセ	tighten タイトン
地面	suelo *m* スエロ	earth, ground アース, グラウンド
霜	helada *f* エラダ	frost フロースト
地元の	local ロカル	local ロウカル
下半期	segunda parte del año (fiscal) *f* セグンダ パрテ デル アニョ (フィスカル)	latter half of year ラタ ハーフ オヴ ザ イア
指紋	huella dactilar *f* ウエジャ ダクティラる	fingerprint フィンガプリント

日	西	英
視野(しや)	vista *f* ビスタ	range of vision レインヂ オヴ ヴィジョン
ジャージー	jersey *m* ヘるセイ	jersey ヂャーズィ
ジャーナリスト	periodista *m,f* ペリオディスタ	journalist ヂャーナリスト
ジャーナリズム	periodismo *m* ペリオディスモ	journalism ヂャーナリズム
シャープペンシル	lápiz portaminas *m* ラピス ポるタミナス	mechanical pencil メキャニカル ペンスル
シャーベット	sorbete *m* ソるベテ	sherbet シャーベット
社員(しゃいん)	empleado(a) *m,f* エンプレアド(ダ)	employee, staff インプロイイー, スタフ
社会(しゃかい)	sociedad *f* ソシエダド	society ソサイエティ
〜学	sociología *f* ソシオロヒア	sociology ソウシィアロヂィ
〜主義	socialismo *m* ソシアリスモ	socialism ソウシャリズム
〜主義者	socialista *m,f* ソシアリスタ	socialist ソウシャリスト
じゃが芋(いも)	patata *f* パタタ	potato ポテイトウ
しゃがむ	ponerse en cuclillas ポネるセ エン ククリジャス	squat down スクワット ダウン
試薬(しやく)	reactivo *m* れアクティボ	reagent リエイヂェント
杓子(しゃくし)	paleta *f* パレタ	ladle レイドル
市役所(しゃくしょ)	ayuntamiento *m* アジュンタミエント	city hall スィティ ホール
蛇口(じゃぐち)	grifo *m* グリフォ	tap, faucet タプ, フォーセト
弱点(じゃくてん)	punto débil *m* プント デビル	weak point ウィーク ポイント
尺度(しゃくど)	medida *f* メディダ	measure, scale メジャ, スケイル

日	西	英
釈放(しゃくほう)	liberación *f* リベらしオン	release, acquittal リリース, アクウィタル
〜する	poner en libertad ポネる エン リベるタド	set ... free セト フリー
釈明(しゃくめい)	explicación *f* エクスプリカしオン	explanation エクスプラネイション
〜する	explicar エクスプリカる	explain イクスプレイン
借家(しゃくや)	casa alquilada *f* カサ アルキラダ	rented house レンテド ハウス
〜人	inquilino(a) *m,f* インキリノ (ナ)	tenant テナント
借用(しゃくよう)	préstamo *m* プれスタモ	borrowing バロウイング
射撃(しゃげき)	disparo *m* ディスパろス	shooting, firing シューティング, ファイアリング
ジャケット	chaqueta *f* チャケタ	jacket ヂャケト
邪険(じゃけん)な	despiadado(a) デスピアダド (ダ)	cruel, hardhearted クルーエル, ハードハーテド
車庫(しゃこ)	garaje *m* ガらへ	garage ガラージ
社交(しゃこう)		
〜界	sociedad *f* ソしエダド	fashionable society ファショナブル ソサイアティ
〜ダンス	baile de salón *m* バイレ デ サロン	social dance ソウシャル ダンス
謝罪(しゃざい)	disculpa *f* ディスクルパ	apology アポロヂィ
〜する	disculparse ディスクルパるセ	apologize アポロヂャイズ
写実主義(しゃじつしゅぎ)	realismo *m* れアリスモ	realism リーアリズム
車掌(しゃしょう)	revisor(a) *m,f* れビソる (ら)	conductor, guard カンダクタ, ガード
写植(しゃしょく)	fotocomposición *f* フォトコンポシしオン	photocomposition フォウトウカンポズィション
写真(しゃしん)	foto *f* フォト	photograph フォウトグラフ

日	西	英
～家	fotógrafo(a) *m,f* フォトグらフォ(ファ)	photographer フォタグラファ
～屋	estudio fotográfico *m* エストゥディオ フォトグらフィコ	photo studio フォウトウ ステューディオウ
ジャズ	"jazz" *m* ジャす	jazz チャズ
ジャスミン	jazmín *m* ハすミン	jasmine チャズミン
写生	bosquejo *m* ボスケホ	sketch スケチ
～する	hacer un esbozo *de* アせる ウン エスボそ デ	sketch スケチ
社説	editorial *m* エディトりアル	editorial エディトーリアル
車線	carril *m* カりル	lane レイン
社宅	casa de la empresa *f* カサ デ ラ エンプれサ	company house カンパニ ハウス
遮断する	interrumpir インテるンピる	intercept インタセプト
鯱	orca *f* オるカ	killer whale キら (ホ)ウェイル
社長	presidente(a) *m,f* プれシデンテ(タ)	president プレズィデント
シャツ	camisa *f* カミサ	shirt シャート
(下着)	prenda interior *f* プれンダ インテりオる	undershirt アンダシャート
借款	crédito *m* クれディト	loan ロウン
ジャッキ	gato *m* ガト	jack チャク
借金	deuda *f* デウダ	debt, loan デト, ロウン
しゃっくり	hipo *m* イポ	hiccup ヒカプ
ジャッジ		
(人)	juez *m,f* フエす	judge チャチ

日	西	英
（判定）	juicio *m* フイシオ	judgment チャヂメント
シャッター	cierre *m* シエれ	shutter シャタ
（カメラの）	obturador *m* オブトゥらドる	shutter シャタ
車道	calzada *f* カルサダ	roadway ロゥドウェイ
煮沸する	hervir エるビる	boil ボイル
しゃぶる	chupar チュパる	suck, suckle サク, サクル
シャベル	pala *f* パラ	shovel シャヴル
写本	manuscrito *m* マヌスクリト	manuscript マニュスクリプト
シャボン玉	burbuja de jabón *f* ブるブハ デ ハボン	soap bubbles ソウプ バブルズ
邪魔	estorbo *m* エストるボ	hindrance, obstacle ヒンドランス, アブスタクル
～する	estorbar エストるバる	disturb, hinder ディスターブ, ヒンダ
～な	molesto(a) モレスト(タ)	obstructive オブストラクティヴ
ジャム	mermelada *f* メるメラダ	jam チャム
斜面	pendiente *f* ペンディエンテ	slope スロウプ
杓文字	paleta パレタ	ladle レイドル
砂利	grava *f* グらバ	gravel グラヴェル
車両	vehículo *m* ベイクロ	vehicles, cars ヴィーイクルズ, カーズ
車輪	rueda *f* るエダ	wheel (ホ)ウィール
洒落	chiste *m* チステ	joke, witticism ヂョウク, ウィティスィズム

日	西	英
しゃれい 謝礼	remuneración f れムネらしオン	remuneration リミューナレイション
しゃれ 洒落た	agudo(a) アグド(ダ)	witty, smart ウィティ, スマート
シャワー	ducha f ドゥチャ	shower シャウア
ジャングル	selva f セルバ	jungle チャングル
シャンデリア	araña f アらニャ	chandelier シャンディリア
ジャンパー	cazadora f カさドら	windbreaker ウィンドブレイカ
シャンパン	champán m チャンパン	champagne シャンペイン
シャンプー	champú m チャンプ	shampoo シャンプー
ジャンボジェット	"jumbo" m ジュンボ	jumbo jet チャンボウ チェト
ジャンル	clase f, género m クラセ, ヘネろ	genre ジャーンル
しゅい 首位	primer puesto m プりメる プエスト	leading position リーディング ポズィション
しゅう 州	estado m, comunidad autónoma f エスタド, コムニダド アウトノマ	state, county ステイト, カウンティ
しゅう 週	semana f セマナ	week ウィーク
じゅう 銃	fusil m フシル	gun ガン
じゆう 自由	libertad f リベるタド	freedom, liberty フリーダム, リバティ
～形	estilo libre m エスティロ リブれ	free-style swimming フリースタイル スウィミング
～席	asiento no reservado m アシエント ノ れセるバド	non-reserved seat ナンリザーヴド スィート
～な	libre リブれ	free, liberal フリー, リベラル
～貿易	comercio libre m コメるしオ リブれ	free trade フリー トレイド

日	西	英
しゅうい 周囲	alrededor *m* アルれデドる	circumference サカムファレンス
（環境）	medio *m* メディオ	surroundings サラウンディングズ
じゅうい 獣医	veterinario(a) *m,f* ベテリナリオ (ア)	veterinarian ヴェテリネアリアン
じゅういちがつ 十一月	noviembre *m* ノビエンブれ	November ノウヴェンバ
しゅうえき 収益	ganancia *f* ガナンしア	profits, gains プラフィッツ, ゲインズ
じゅうおく 十億	mil millones *mpl* ミル ミジョネス	billion ビリョン
しゅうかい 集会	reunión *f* れウニオン	meeting, gathering ミーティング, ギャザリング
しゅうかく 収穫	cosecha *f* コセチャ	crop, harvest クラプ, ハーヴィスト
～する	cosechar コセチャる	harvest, reap ハーヴィスト, リープ
しゅうがくりょこう 修学旅行	viaje de estudios *m* ビアヘ デ エストゥディオス	school trip スクール トリプ
じゅうがつ 十月	octubre *m* オクトゥブれ	October アクトウバ
しゅうかん 習慣	costumbre *f* コストゥンブれ	habit, custom ハビト, カスタム
～的な	habitual アビトゥアル	habitual ハビチュアル
しゅうかんし 週刊誌	revista semanal *f* れビスタ セマナル	weekly ウィークリ
しゅうき 周期	período *m* ぺリオド	cycle, period サイクル, ピアリアド
しゅうぎいん 衆議院	Cámara de Diputados *f* カマら デ ディプタドス	House of Representatives ハウス オヴ レプリゼンタティヴズ
しゅうきゅう 週休	día de fiesta semanal *m* ディア デ フィエスタ セマナル	weekly holiday ウィークリ ハリデイ
しゅうきゅう 週給	paga semanal *f* パガ セマナル	weekly pay ウィークリ ペイ
じゅうきょ 住居	vivienda *f* ビビエンダ	dwelling ドウェリング

日	西	英
しゅうきょう 宗教	religión *f* れリヒオン	religion リリヂョン
じゅうぎょういん 従業員	empleado(a) *m,f* エンプレアド(ダ)	employee, worker インプロイイー, ワーカ
じゅうきんぞく 重金属	metal pesado *m* メタル ペサド	heavy metal ヘヴィ メタル
シュークリーム	bollo de crema *m* ボジョ デ クレマ	cream puff クリーム パフ
しゅうけい 集計する	sumar スマる	total トウタル
しゅうげき 襲撃	ataque *m* アタケ	attack, assault アタク, アソールト
しゅうごう 集合	reunión *f* れウニオン	gathering ギャザリング
(数学)	conjunto *m* コンフント	set セト
～する	reunirse れウニるセ	gather ギャザ
じゅうこうぎょう 重工業	industria pesada *f* インドゥストリア ペサダ	heavy industries ヘヴィ インダストリズ
ジューサー	exprimidor *m* エクスプリミドる	juicer チューサ
しゅうさい 秀才	persona muy inteligente *f* ペるソナ ムイ インテリヘンテ	talented person タレンティド パースン
しゅうざいさん 私有財産	propiedad privada *f* プロピエダド プリバダ	private property プライヴェト プラパティ
しゅうさく 習作	estudio *m* エストゥディオ	study, étude スタディ, エテュード
じゅうさつ 銃殺する	fusilar フシラる	shoot ... dead シュート デド
しゅうし 修士	máster *m* マステる	master マスタ
～課程	maestría *f* マエストリア	master's course マスタズ コース
～号	título de máster *m* ティトゥロ デ マステる	master's degree マスタズ ディグリー
しゅうじ 習字	caligrafía *f* カリグらフィア	penmanship ペンマンシプ

日	西	英
十字(じゅうじ)	cruz f / くるす	cross / クロース
〜架	cruz f / くるす	cross / クロース
〜軍	cruzada f / くるさダ	crusade / クルーセイド
〜路	cruce m / くるせ	crossroads / クロースロウヅ
修辞学(しゅうじがく)	retórica f / れトリカ	rhetorics / レトリクス
重視する(じゅうし)	dar importancia a / ダる インポるタンしア ア	attach importance to / アタチ インポータンス
充実する(じゅうじつ)	enriquecer / エンりケせる	fill up, complete / フィル アプ, カンプリート
終止符(しゅうしふ)	punto m / プント	period / ピアリオド
〜を打つ	poner punto final a / ポネる プント フィナル ア	put a period to / プト ア ピアリオド
収集(しゅうしゅう)	colección f / コレクしオン	collection / カレクション
〜家	coleccionista m,f / コレクしオニスタ	collector / カレクタ
〜する	coleccionar / コレクしオナる	collect / コレクト
収縮(しゅうしゅく)	contracción f / コントらクしオン	contraction / コントラクション
従順な(じゅうじゅん)	obediente / オベディエンテ	obedient / オビーディエント
住所(じゅうしょ)	dirección f / ディれクしオン	address / アドレス
重傷(じゅうしょう)	herida grave f / エりダ グらベ	serious wound / スィリアス ウーンド
就職する(しゅうしょく)	conseguir empleo / コンセギる エンプレオ	find employment / ファインド インプロイメント
囚人(しゅうじん)	preso(a) m,f / プれソ(サ)	prisoner / プリズナ
重心(じゅうしん)	centro de gravedad m / せントろ デ グらベダド	center of gravity / センタ オヴ グラヴィティ

日	西	英
しゅうしんけい 終身刑	cadena perpetua *f* カデナ ぺるペトゥア	life imprisonment ライフ インプリズンメント
ジュース	zumo *m*, jugo *m* すモ, フゴ	juice ヂュース
しゅうせい 習性	hábito *m* アビト	habit ハビト
しゅうせい 修正する	modificar モディフィカる	amend, revise アメンド, リヴァイズ
しゅうせん 終戦	fin de la guerra *m* フィン デ ラ ゲら	end of the war エンド オヴ ザ ウォー
しゅうぜん 修繕	reparación *f* れパらしオン	repair, mending リペア, メンディング
～する	reparar れパらる	repair, mend リペア, メンド
じゅうぞく 従属する	estar subordinado(a) a エスタる スボるディナド(ダ) ア	be subordinate *to* ビ サボーディネト
じゅうたい 渋滞	atasco *m* アタスコ	jam ヂャム
じゅうたい 重体	estado crítico *m* エスタド クリティコ	serious condition スィリアス カンディション
じゅうだい 十代	adolescente *m,f* アドレスセンテ	teens ティーンズ
しゅうたいせい 集大成	colección *f* コレクしオン	compilation カンピレイション
じゅうだい 重大な	importante インポるタンテ	grave, serious グレイヴ, スィリアス
じゅうたく 住宅	vivienda *f* ビビエンダ	house, housing ハウス, ハウズィング
しゅうだん 集団	grupo *m*, masa *f* グるポ, マサ	group, body グループ, バディ
じゅうたん 絨毯	alfombra *f* アルフォンブら	carpet, rug カーペト, ラグ
じゅうだん 縦断する	atravesar longitudinalmente アトらべサる ロンヒトゥディナルメンテ	traverse トラヴァース
しゅうちしん 羞恥心	vergüenza *f* べるグエンさ	sense of shame センス オヴ シェイム
しゅうちゃく 執着	insistencia *f* インシステンしア	attachment アタチメント

日	西	英
～する	insistir *en* インシスティる エン	stick *to* スティク
しゅうちゃくえき 終着駅	terminal *f* テるミナル	terminus, terminal ターミナス, ターミナル
しゅうちゅう 集中	concentración *f* コンセントらしオン	concentration カンセントレイション
～する	concentrar *en* コンセントらる エン	concentrate カンセントレイト
しゅうてん 終点	final de línea *m* フィナル デ リネア	end of a line エンド オヴ ア ライン
しゅうでん 終電	último tren *m* ウルティモ トれン	last train ラスト トレイン
じゅうてん 重点	punto importante *m* プント インポるタンテ	emphasis, importance エンフィスィス, インポータンス
じゅうでん 充電	carga *f* カるガ	charge チャーヂ
～する	cargar カるガる	charge チャーヂ
シュート	chut *m*, disparo *m* チュト, ディスパろ	shot シャト
しゅうと 舅	suegro *m* スエグろ	father-in-law ファーザインロー
しゅうどういん 修道院	monasterio *m*, convento *m* モナステリオ, コンベント	monastery, convent マナステリ, カンヴェント
しゅうどうし 修道士	monje *m* モンヘ	monk マンク
しゅうどうじょ 修道女	monja *f* モンハ	nun, sister ナン, スィスタ
しゅうとく 修[習]得	aprendizaje *m* アプれンディさへ	learning ラーニング
～する	aprender アプれンデる	learn, acquire ラーン, アクワイア
しゅうとめ 姑	suegra *f* スエグら	mother-in-law マザインロー
じゅうなん 柔軟な	elástico(*a*) エラスティコ(カ)	flexible, supple フレクスィブル, サプル
じゅうにがつ 十二月	diciembre *m* ディしエンブれ	December ディセンバ

し

308

日	西	英
じゅうにしちょう 十二指腸	duodeno *m* ドゥオデノ	duodenum デューアディーナム
しゅうにゅう 収入	ingresos *mpl* イングれソス	income インカム
しゅうにん 就任	toma de posesión *f* トマ デ ポセシオン	inauguration イノーギュレイション
しゅうのう 収納	guarda *f* グアるダ	storage ストーリヂ
（金銭などの）	recibo *m* れしボ	receipt リスィート
しゅうは 宗派	secta *f* セクタ	sect セクト
しゅうはすう 周波数	frecuencia *f* フれクエンしア	frequency フリークウェンスィ
じゅうびょう 重病	enfermedad grave *f* エンフェるメダド グらベ	serious illness スィリアス イルネス
しゅうふく 修復する	restaurar れスタウらる	restore リストー
しゅうぶん 秋分	equinoccio de otoño *m* エキノクしオ デ オトニョ	autumnal equinox オータムナル イークウィナクス
じゅうぶん 十分な	bastante バスタンテ	sufficient, enough サフィシェント, イナフ
しゅうへん 周辺	afueras *fpl* アフエらス	circumference サーカムフェレンス
しゅうまつ 週末	fin de semana *m* フィン デ セマナ	weekend ウィーケンド
じゅうみん 住民	habitantes *mpl* アビタンテス	inhabitants, residents インハビタンツ, レズィデンツ
～登録	inscripción en el registro civil *f* インスクリプしオン エン エル れヒストろ しビル	resident registration レズィデント レジストレイション
じゅうやく 重役	ejecutivo(*a*) *m,f* エヘクティボ (バ)	director ディレクタ
じゅうゆ 重油	aceite pesado *m* アせイテ ペサド	heavy oil ヘヴィ オイル
しゅうゆう 周遊	viaje de recreo *m* ビアヘ デ れクれオ	tour, excursion トゥア, イクスカージョン
しゅうよう 収容する	acoger アコヘる	receive リスィーヴ

日	西	英
重要な (じゅうよう)	importante / インポるタンテ	important, principal / インポータント, プリンスィパル
修理 (しゅうり)	reparación f / れパらしオン	repair / リペア
～する	reparar / れパらる	repair, mend / リペア, メンド
終了 (しゅうりょう)	fin m / フィン	end, conclusion / エンド, カンクルージョン
～する	acabar, terminar / アカバる, テるミナる	finish, end, close / フィニシュ, エンド, クロウズ
重量 (じゅうりょう)	peso m / ペソ	weight / ウエイト
～挙げ	halterofilia f / アルテロフィリア	weight lifting / ウエイト リフティング
重力 (じゅうりょく)	gravedad f / グらベダド	gravity, gravitation / グラヴィティ, グラヴィテイション
収録 (しゅうろく)	grabación f / グらバしオン	recording / リコーディング
収賄 (しゅうわい)	soborno m / ソボるノ	corruption, graft / コラプション, グラフト
守衛 (しゅえい)	guardia m,f / グアるディア	guard / ガード
主演 (しゅえん)	papel de protagonista m / パペル デ プロタゴニスタ	leading role / リーディング ロウル
～する	protagonizar / プロタゴニさる	play the leading part / プレイ ザ リーディング パート
～俳優	protagonista m,f / プロタゴニスタ	leading actor / リーディング アクタ
主観 (しゅかん)	subjetividad f / スブヘティビダド	subjectivity / サブチェクティヴィティ
～的な	subjetivo(a) / スブヘティボ(バ)	subjective / サブチェクティヴ
主義 (しゅぎ)	principio m / プリンしピオ	principle, doctrine / プリンスィプル, ダクトリン
修行 (しゅぎょう)	aprendizaje m / アプれンディさへ	apprenticeship / アプレンティスシプ
儒教 (じゅきょう)	confucianismo m / コンフしアニスモ	Confucianism / カンフューシャニズム

日	西	英
じゅぎょう 授業	clase f クラセ	teaching, lesson ティーチング, レスン
じゅく 塾	academia privada f アカデミア プリバダ	private school プライヴェト スクール
しゅくがかい 祝賀会	celebración f セレブらしオン	celebration セレブレイション
じゅくご 熟語	modismo m モディスモ	idiom, phrase, イディオム, フレイズ
しゅくじつ 祝日	día festivo m ディア フェスティボ	public holiday, festival パブリク ハリデイ, フェスティヴァル
しゅくしゃ 宿舎	pensión f ペンシオン	lodging ラヂング
しゅくしょう 縮小	reducción f れドゥクしオン	reduction リダクション
～する	reducir れドゥしる	reduce リデュース
じゅく 熟する	madurar マドゥらる	become ripe, mature ビカム ライプ, マテュア
しゅくだい 宿題	deberes mpl デベれス	homework ホウムワーク
じゅくねん 熟年	edad madura f エダド マドゥら	mature aged マテュア エイジド
しゅくはい 祝杯	brindis m ブリンディス	toast トウスト
しゅくはく 宿泊	hospedaje m オスペダヘ	lodging ラヂング
～する	alojarse アロハるセ	lodge, stay ラヂ, ステイ
～料	hospedaje m オスペダヘ	hotel charges ホウテル チャーヂズ
しゅくふくする 祝福する	bendecir ベンデしる	bless ブレス
じゅくれん 熟練	habilidad f アビリダド	skill スキル
～する	adquirir la habilidad アドキりる ラ アビリダド	become skilled ビカム スキルド
しゅげい 手芸	artesanía f アるテサニア	handicraft ハンディクラフト

日	西	英
しゅけん 主権	soberanía *f* ソベらニア	sovereignty サヴレンティ
じゅけん 受験する	presentarse a un examen プれセンタるセ ア ウン エクサメン	take an examination テイク アン ネグザミネイション
しゅご 主語	sujeto *m* スヘト	subject サブヂクト
しゅこうげい 手工芸	artesanías *fpl* アるテサニアス	handicrafts ハンディクラフツ
しゅさい 主催する	patrocinar パトろしナる	sponsor スパンサ
しゅざい 取材する	reunir datos れウニる ダトス	gather information ギャザ インフォメイション
しゅじゅつ 手術	operación *f* オペらしオン	operation アペレイション
～する	operar オペらる	operate アパレイト
しゅしょう 主将	capit*á*n(*ana*) *m,f* カピタン(ナ)	captain キャプティン
しゅしょう 首相	primer(*a*) ministro(*a*) *m,f* プりメる(ら) ミニストろ(ら)	prime minister プライム ミニスタ
じゅしょう 受賞		
～者	premiado(*a*) *m,f* プれミアド(ダ)	prize winner プライズ ウィナ
～する	recibir un premio れシビる ウン プれミオ	win a prize ウィン ア プライズ
じゅしょう 授賞する	premiar プれミアる	award a prize *to* アウォード ア プライズ
しゅしょく 主食	alimento básico *m* アリメント バシコ	staple food ステイブル フード
しゅじん 主人	cabeza de familia *m* カベさ デ ファミリア	head of a family ヘド オヴ ア ファミリ
(店の)	dueño(*a*) *m,f* ドゥエニョ(ニャ)	proprietor プロプライエタ
(夫)	marido *m* マリド	husband ハズバンド
じゅしん 受信	recepción *f* れセプしオン	reception リセプション
～する	recibir れシビる	receive リスィーヴ

日	西	英
しゅじんこう 主人公	protagonista *m,f* プロタゴニスタ	hero, heroine ヒアロウ, ヘロウイン
しゅせき 首席	primer puesto *m* プリメる プエスト	head ヘド
しゅぞく 種族	tribu *f* トリブ	race, tribe レイス, トライブ
しゅだい 主題	tema *m* テマ	subject, theme サブヂクト, スィーム
じゅたい 受胎	concepción *f* コンセプしオン	conception コンセプション
しゅだん 手段	medios *mpl* メディオス	means, way ミーンズ, ウェイ
しゅちょう 主張	reclamación *f* れクラマしオン	assertion, claim アサーション, クレイム
〜する	insistir *en* インシスティる エン	assert, claim アサート, クレイム
しゅつえん 出演する	actuar アクトゥアる	appear on the stage アピア オン ザ ステイヂ
しゅっか 出荷	envío *m* エンビオ	shipment, forwarding シプメント, フォーワディング
しゅっきん 出勤する	ir a trabajar イる ア トらバハる	go to work ゴウ トゥ ワーク
しゅっけつ 出血	hemorragia *f* エモらヒア	hemorrhage ヘモリヂ
〜する	sangrar サングらる	bleed ブリード
しゅつげん 出現	aparición *f* アパりしオン	appearance アピアランス
〜する	aparecer アパれせる	appear アピア
じゅつご 述語	predicado *m* プれディカド	predicate プレディケト
しゅっこく 出国する	salir del país サリる デル パイス	leave a country リーヴ ア カントリ
しゅっさん 出産	parto *m* パるト	birth, delivery バース, ディリヴァリ
〜する	parir, dar a luz パりる, ダる ア ルす	give birth *to* ギヴ バース

日	西	英
出資 しゅっし	inversión *f* インベるシオン	investment インヴェストメント
出場 しゅつじょう	participación *f* パるティしパしオン	participation パーティスィペイション
〜する	participar *en* パるティしパる エン	participate *in* パーティスィペイト
出身地 しゅっしんち	lugar de nacimiento *m* ルガる デ ナしミエント	home town ホウム タウン
出世 しゅっせ	éxito en la vida *m* エクスィト エン ラ ビダ	success in life サクセス イン ライフ
〜する	tener éxito social テネる エクスィト ソしアル	succeed in life サクスィード イン ライフ
出生率 しゅっせいりつ	índice de natalidad *m* インディせ デ ナタリダド	birthrate バースレイト
出席 しゅっせき	presencia *f* プれセンしア	attendance, presence アテンダンス, プレズンス
〜者	asistente *m,f* アシステンテ	attendance アテンダンス
〜する	asistir *a* アシスティる ア	attend, be present *at* アテンド, ビ プレズント
出張 しゅっちょう	viaje de negocios *m* ビアヘ デ ネゴしオス	business trip ビズネス トリプ
〜する	hacer un viaje de negocios アせる ウン ビアヘ デ ネゴしオス	make a business trip メイク ア ビズネス トリプ
出発 しゅっぱつ	salida *f* サリダ	departure ディパーチャ
〜する	salir サリる	start, depart スタート ディパート
出版 しゅっぱん	publicación *f* ププリカしオン	publication パブリケイション
〜社	editorial *f* エディトリアル	publishing company パブリシング カンパニ
〜する	publicar ププリカる	publish, issue パブリシュ, イシュー
〜物	publicación *f* ププリカしオン	publication パブリケイション
出費 しゅっぴ	gastos *mpl* ガストス	expenses イクスペンスィズ
出力する しゅつりょく	imprimir インプリミる	output アウトプト

日	西	英
しゅと 首都	capital *f* カピタル	capital, metropolis キャピタル, メトロポリス
しゅとう 種痘	vacunación *f* バクナしオン	vaccination ヴァクサネイション
しゅどうけん 主導権	iniciativa *f* イニしアティバ	initiative イニシャティヴ
じゅどうたい 受動態	voz pasiva *f* ボす パシバ	passive voice パスィヴ ヴォイス
しゅどうの 手動の	manual *m* マヌアル	hand-operated, manual ハンド アパレイテド, マニュアル
しゅとくする 取得する	obtener オブテネる	acquire, obtain アクワイア, オブテイン
じゅなん 受難	sufrimientos *mpl* スフリミエントス	sufferings サファリングズ
じゅにゅう 授乳する	dar de mamar ダる デ ママる	nurse, feed ナース, フィード
しゅにん 主任	jefe(*a*) *m,f* ヘフェ(ファ)	chief, head チーフ, ヘド
しゅのう 首脳	jefe(*a*) *m,f* ヘフェ(ファ)	head ヘド
シュノーケル	esnórquel *m* エスノるケル	snorkel スノーケル
しゅび 守備	defensa *f* デフェンサ	defense ディフェンス
しゅひん 主賓	invitado(*a*) de honor *m,f* インビタド(ダ) デ オノる	guest of honor ゲスト オヴ アナ
しゅふ 主婦	ama de casa *f* アマ デ カサ	housewife ハウスワイフ
しゅみ 趣味	pasatiempo *m* パサティエンポ	taste, hobby テイスト, ハビ
じゅみょう 寿命	duración de la vida *f* ドゥらしオン デ ラ ビダ	span of life スパン オヴ ライフ
しゅもく 種目	ítem *m* イテン	item アイテム
(競技の)	prueba *f* プるエバ	event イヴェント
じゅもん 呪文	palabras mágicas *fpl*, conjuro *m* パラブらス マヒカス, コンフろ	spell スペル

日	西	英
しゅやく 主役	papel principal *m* パペル プリンしパル	leading part リーディング パート
しゅよう 腫瘍	tumor *m* トゥモる	tumor テューマ
じゅよう 需要	demanda *f* デマンダ	demand ディマンド
しゅよう 主要な	principal プリンしパル	principal, main プリンスィパル, メイン
ジュラルミン	duraluminio *m* ドゥらルミニオ	duralumin デュアラリュミン
じゅりつ 樹立する	establecer エスタブレせる	establish イスタブリシュ
しゅりゅうだん 手榴弾	granada de mano *f* グらナダ デ マノ	hand grenade ハンド グリネイド
しゅりょう 狩猟	caza *f* カさ	hunting ハンティング
じゅりょうしょう 受領証	recibo *m* れしボ	receipt リスィート
しゅりょく 主力	fuerza principal *f* フエるさ プリンしパル	main force メイン フォース
しゅるい 種類	clase *f* クらセ	kind, sort カインド, ソート
シュレッダー	trituradora *f* トりトゥらドら	shredder シュレダ
しゅろ 棕櫚	palma *f* パルマ	hemp palm ヘンプ パーム
しゅわ 手話	lenguaje de señas *m* レングアヘ デ セニャス	sign language サイン ラングウィチ
じゅわき 受話器	auricular *m* アウりクラる	receiver リスィーヴァ
じゅん 順	orden *m* オるデン	order, turn オーダ, ターン
じゅんい 順位	clasificación *f* クらシフィカしオン	grade, ranking グレイド, ランキング
じゅんえき 純益	beneficio neto *m* ベネフィしオ ネト	net profit ネト プラフィト
しゅんかん 瞬間	momento *m* モメント	moment モウメント

日	西	英
じゅんかん 循環する	circular しるクラる	circulate, rotate サーキュレイト, ロウテイト
じゅんきょう 殉教	martirio *m* マるティりオ	martyrdom マータダム
～者	mártir *m,f* マるティる	martyr マータ
じゅんきん 純金	oro puro *m* オろ プろ	pure gold ピュア ゴウルド
じゅんけつ 純潔	pureza *f* プれさ	purity, chastity ピュアリティ, チャスティティ
じゅんけっしょう 準決勝	semifinales *fpl* セミフィナレス	semifinals セミファイナルズ
じゅんさ 巡査	policía *m,f* ポリしア	police officer ポリース オーフィサ
じゅんじゅんけっしょう 準々決勝	cuartos de final *mpl* クアるトス デ フィナル	quarterfinals クウォータファイナルズ
じゅんじょ 順序	orden *m* オるデン	order オーダ
じゅんしん 純真な	inocente イノセンテ	naive, innocent ナーイーヴ, イノセント
じゅんすい 純粋な	puro(*a*) プろ(ら)	pure, genuine ピュア, チェニュイン
じゅんちょう 順調な	próspero(*a*) プろスペろ(ら)	smooth, favorable スムーズ, フェイヴァラブル
じゅんのう 順応する	adaptarse *a* アダプタるセ ア	adapt *oneself* アダプト
じゅんばん 順番	turno *m* トゥるノ	order, turn オーダ, ターン
じゅんび 準備	preparación *f* プれパらしオン	preparation プレパレイション
～する	preparar プれパらる	prepare プリペア
しゅんぶん 春分	equinoccio de primavera *m* エキノクシオ デ プリマベら	vernal equinox ヴァーナル イークウィナクス
じゅんれい 巡礼	peregrinación *f* ペれグりナしオン	pilgrimage ピルグリミヂ
～者	peregrino(*a*) *m,f* ペれグりノ(ナ)	pilgrim ピルグリム

日	西	英
順路 じゅんろ	ruta f るタ	route ルート
女医 じょい	doctora f, médico f ドクトら, メディコ	woman doctor ウマン ダクタ
省 しょう	ministerio m ミニステリオ	ministry ミニストリ
章 しょう	capítulo m カピトゥロ	chapter チャプタ
賞 しょう	premio m プれミオ	prize, award プライズ, アウォード
使用 しよう	uso m ウソ	use ユース
～する	usar ウサる	use ユーズ
～人	empleado(a) m,f エンプレアド(ダ)	employee インプロイイー
～料	precio de renta m プれシオ デ れンタ	fee フィー
私用 しよう	asuntos privados mpl アスントス プリバドス	private business プライヴェト ビズネス
焼夷弾 しょういだん	bomba incendiaria f ボンバ インセンディアリア	incendiary bomb インセンディエリ バム
上院 じょういん	Cámara Alta f, Senado m カマら アルタ, セナド	Upper House, Senate アパ ハウス, セネト
上映する じょうえいする	dar, poner ダる, ポネる	put on, show プト オン, ショウ
省エネ しょうエネ	ahorro de energía m アオろ デ エネるヒア	energy conservation エナヂ カンサヴェイション
上演する じょうえんする	interpretar インテるプれタる	present プリゼント
消化 しょうか	digestión f ディヘスティオン	digestion ディチェスチョン
～する	digerir ディヘりる	digest ディチェスト
～不良	indigestión f インディヘスティオン	indigestion インディチェスチョン
消火 しょうか	extinción de incendios f エクスティンしオン デ インセンディオス	fire fighting ファイア ファイティング

日	西	英
～器	extintor *m* エクスティントる	extinguisher イクスティングウィシャ
～する	extinguir el fuego エクスティンギる エル フエゴ	put out a fire プト アウト ア ファイア
しょうが 生姜	jengibre *m* ヘンヒブれ	ginger ヂンヂャ
しょうかい 紹介	presentación *f* プれセンタしオン	introduction イントロダクション
～する	presentar プれセンタる	introduce イントロデュース
しょうがい 傷害	herida *f* エリダ	injury インヂュリ
しょうがい 障害	obstáculo *m* オブスタクロ	obstacle アブスタクル
しょうがい 生涯	vida *f* ビダ	lifetime ライフタイム
しょうがくきん 奨学金	beca *f* ベカ	scholarship スカラシプ
しょうがくせい 小学生	alumno(a) de la アルムノ(ナ) デ ラ escuela primaria *m,f* エスクエラ プリマリア	schoolchild スクールチャイルド
しょうがくせい 奨学生	becario(a) *m,f* ベカリオ(ア)	scholar スカラ
しょうがつ 正月	Año Nuevo *m* アニョ ヌエボ	New Year ニュー イア
しょうがっこう 小学校	escuela primaria *f* エスクエラ プリマリア	elementary school エレメンタリ スクール
じょうき 蒸気	vapor *m* バポる	vapor, steam ヴェイパ, スティーム
じょうぎ 定規	regla *f* れグラ	ruler ルーラ
じょうきゃく 乗客	pasajero(a) *m,f* パサへろ(ら)	passenger パセンヂャ
しょうきゅう 昇給	subida salarial *f* スビダ サラリアル	raise レイズ
じょうきゅう 上級の	superior スペりオる	higher, upper ハイヤ, アパ

日	西	英
しょうぎょう 商業	comercio m コメるシオ	commerce カマス
じょうきょう 情[状]況	circunstancia f しるクンスタンしア	situation スィチュエイション
しょうきょくてき 消極的な	negativo(a), pasivo(a) ネガティボ (バ), パシボ (バ)	negative, passive ネガティヴ, パスィヴ
しょうぐん 将軍	general m ヘネラル	general チェナラル
じょうけい 情景	escena f, vista f エスセナ, ビスタ	spectacle, sight スペクタクル, サイト
しょうげき 衝撃	choque m チョケ	shock, impact シャク, インパクト
じょうげ 上下する	subir y bajar スビる イ バハる	rise and fall ライズ アンド フォール
しょうけん 証券	valores mpl バロれス	bill, bond ビル, バンド
しょうげん 証言	testimonio m テスティモニオ	testimony テスティモウニ
～する	atestiguar アテスティグアる	testify テスティファイ
じょうけん 条件	condición f コンディしオン	condition, terms カンディション, タームズ
しょうこ 証拠	prueba f プるエバ	proof, evidence プルーフ, エヴィデンス
しょうご 正午	mediodía m メディオディア	noon ヌーン
しょうこう 将校	oficial m,f オフィしアル	officer オーフィサ
しょうごう 称号	título m ティトゥロ	title タイトル
じょうこう 条項	artículo m, cláusula f アるティクロ, クラウスラ	article アーティクル
しょうこうかいぎしょ 商工会議所	Cámara de Comercio e Industria f カマら デ コメるシオ エ インドゥストリア	Chamber of Commerce チェインバ オヴ カマース
しょうこうねつ 猩紅熱	escarlatina f エスカるラティナ	scarlet fever スカーレト フィーヴァ
じょうこく 上告	apelación f アペラしオン	appeal アピール

日	西	英
しょうさい 詳細	detalles *mpl* デタジェス	details ディテイルズ
〜な	detallado(*a*) デタジャド(ダ)	detailed ディテイルド
じょうざい 錠剤	pastilla *f* パスティジャ	tablet タブレト
しょうさん 硝酸	ácido nítrico *m* アシド ニトリコ	nitric acid ナイトリク アスィド
じょうし 上司	jefe(*a*) *m,f*, superior *m,f* ヘフェ(ファ), スペリオル	superior, boss スピアリア, ボース
しょうじき 正直	honradez *f* オンらデス	honesty アニスティ
〜な	honrado(*a*) オンらド(ダ)	honest アニスト
じょうしき 常識	sentido común *m* センティド コムン	common sense カモン センス
じょうしつ 上質の	de calidad デ カリダド	of fine quality アヴ ファイン クウリティ
しょうしゃ 商社	compañía de comercio *f* コンパニア デ コメるシオ	trading company トレイディング カンパニ
じょうしゃ 乗車		
〜券	billete *m* ビジェテ	ticket ティケト
〜する	subir *a* スビる ア	board, take, get *in* ボード, テイク, ゲト
しょうじゅう 小銃	rifle *m* リフレ	rifle ライフル
しょうしゅう 召集する	convocar コンボカる	convene, call カンヴィーン, コール
(軍隊を)	reunir れウニる	muster, call out マスタ, コール アウト
じょうじゅん 上旬	primeros diez días de mes *mpl* プリメろス ディエす ディアス デ メス	first ten days of a month ファースト テン デイズ オヴ ア マンス
しょうしょ 証書	bono *m* ボノ	bond, deed バンド, ディード
しょうじょ 少女	niña *f* ニニャ	girl ガール
しょうじょう 症状	síntoma *m* シントマ	symptom スィンプトム

日	西	英
しょうじょう 賞状	diploma de honor *m* ディプロマ デ オノる	certificate of merit サティフィケト アヴ メリト
じょうしょう 上昇	subida *f* スビダ	rise, ascent ライズ, アセント
〜する	subir スビる	rise, go up ライズ, ゴウ アプ
しょう 生じる	ocurrir オクりる	happen, take place ハプン, テイク プレイス
しょうしん 昇進する	ser ascendido(a) せる アスセンディド(ダ)	be promoted ビ プロモウテド
しょうすう 小数	decimal *m* デしマル	decimal デスィマル
〜点	coma decimal *f* コマ デしマル	decimal point デスィマル ポイント
しょうすう 少数	minoría *f* ミノリア	minority マイノリティ
じょうず 上手な	bueno(*a*), hábil ブエノ(ナ), アビル	skillful スキルフル
じょうせい 情勢	situación *f* シトゥアしオン	situation スィチュエイション
しょうせつ 小説	novela *f* ノベラ	novel ナヴェル
〜家	novelista *m,f* ノベリスタ	novelist ナヴェリスト
じょうせつ 常設の	permanente ぺるマネンテ	standing, permanent スタンディング, パーマネント
じょうせん 乗船	embarco *m* エンバるコ	embarkation インバーケイション
〜する	embarcarse エンバるカるセ	embark インバーク
しょうぞう 肖像	retrato *m* れトらト	portrait ポートレイト
じょうぞう 醸造	vinificación *f* ビニフィカしオン	vinification ヴィニフィケイション
しょうそく 消息	noticia *f* ノティしア	news ニューズ
しょうたい 招待	invitación *f* インビタしオン	invitation インヴィテイション

日	西	英
～する	invitar インビタる	invite インヴァイト
じょうたい 状態	estado *m* エスタド	state, situation ステイト, スィチュエイション
しょうだくする 承諾する	acceder *a* アクセデる ア	consent, accept カンセント, アクセプト
じょうたつする 上達する	progresar プログれサる	make progress メイク プラグレス
しょうだん 商談	conversaciones comerciales *fpl* コンベるサしオネス コメるしアレス	business talk ビズネス トーク
じょうだん 冗談	broma *f* ブロマ	joke, jest チョウク, チェスト
～半分に	entre bromas y veras エントれ ブロマス イ ベらス	half in joke ハフ イン チョウク
しょうち 承知	consentimiento *m* コンセンティミエント	consent カンセント
～する	consentir コンセンティる	agree, consent アグリー, カンセント
しょうちゅう 焼酎	aguardiente *m* アグアるディエンテ	rough distilled spirits ラフ ディスティルド スピリッツ
じょうちょ 情緒	ambiente *m* アンビエンテ	atmosphere アトモスフィア
（感情）	sentimiento *m* センティミエント	emotion イモウション
しょうちょう 象徴	símbolo *m* シンボロ	symbol スィンボル
～主義	simbolismo *m* シンボリスモ	symbolism スィンボリズム
～する	simbolizar シンボリさる	symbolize スィンボライズ
しょうてん 商店	tienda *f* ティエンダ	store, shop ストー, シャプ
しょうてん 焦点	foco *m* フォコ	focus フォウカス
じょうと 譲渡	transferencia *f* トらンスフェれンしア	transfer トランスファー
～する	transferir トらンスフェりる	transfer トランスファー
しょうどうてき 衝動的な	impulsivo(*a*) インプルシボ (バ)	impulsive インパルスィヴ

日	西	英
上等の (じょうとう)	superior スペリオる	good, superior グド, スピアリア
消毒 (しょうどく)	desinfección f デシンフェクしオン	disinfection ディスインフェクション
～する	desinfectar デシンフェクタる	disinfect ディスインフェクト
～薬	desinfectante m デシンフェクタンテ	disinfectant ディスインフェクタント
衝突 (しょうとつ)	choque m チョケ	collision, clash カリジョン, クラシュ
～する	chocar con チョカる コン	collide with カライド
小児科 (しょうにか)	pediatría f ペディアトリア	pediatrics ピーディアトリクス
～医	pediatra m,f ペディアトら	pediatrician ピーディアトリシャン
鍾乳石 (しょうにゅうせき)	estalactita f エスタラクティタ	stalactite スタラクタイト
商人 (しょうにん)	comerciante m,f コメるしアンテ	merchant マーチャント
証人 (しょうにん)	testigo m,f テスティゴ	witness ウィトネス
承認する (しょうにんする)	aprobar アプろバる	approve, recognize アプルーヴ, レコグナイズ
常任の (じょうにん)	permanente ぺるマネンテ	standing, regular スタンディング, レギュラ
情熱 (じょうねつ)	pasión f パシオン	passion, ardor パション, アーダ
少年 (しょうねん)	muchacho m ムチャチョ	boy ボイ
乗馬 (じょうば)	equitación f エキタしオン	riding ライディング
勝敗 (しょうはい)	victoria f o derrota f ビクトリア オ デろタ	victory or defeat ヴィクトリ オ ディフィート
商売 (しょうばい)	negocio m ネゴしオ	trade, business トレイド, ビズネス
蒸発する (じょうはつ)	evaporarse エバポらるセ	evaporate イヴァポレイト

日	西	英
<ruby>上半身<rt>じょうはんしん</rt></ruby>	torso *m* トルソ	upper half of the body アパ ハフ オヴ ザ バディ
<ruby>消費<rt>しょうひ</rt></ruby>	consumo *m* コンスモ	consumption カンサンプション
〜者	consumidor(a) *m,f* コンスミドる(ら)	consumer カンシューマ
〜する	consumir コンスミる	consume, spend カンシューム, スペンド
〜税	impuesto de consumo *m* インプエスト デ コンスモ	consumption tax カンサンプション タクス
<ruby>商標<rt>しょうひょう</rt></ruby>	marca registrada *f* マるカ れヒストらダ	trademark, brand トレイドマーク, ブランド
<ruby>賞品<rt>しょうひん</rt></ruby>	premio *m* プれミオ	prize プライズ
<ruby>商品<rt>しょうひん</rt></ruby>	mercancía *f* メるカンしア	commodity, goods コマディティ, グツ
〜化する	comercializar コメるしアリさる	commercialize カマーシャライズ
<ruby>上品な<rt>じょうひん</rt></ruby>	refinado(a) れフィナド(ダ)	elegant, refined エリガント, リファインド
<ruby>勝負<rt>しょうぶ</rt></ruby>	competición *f* コンペティしオン	game, match ゲイム, マチ
〜する	competir コンペティる	contest, fight カンテスト, ファイト
<ruby>丈夫な<rt>じょうぶ</rt></ruby>	sano(a), robusto(a) サノ(ナ), ろブスト(タ)	strong, robust ストロング, ロウバスト
<ruby>城壁<rt>じょうへき</rt></ruby>	muralla *f* ムらジャ	castle wall キャスル ウォール
<ruby>小便<rt>しょうべん</rt></ruby>	orina *f* オリナ	urine ユアリン
<ruby>譲歩<rt>じょうほ</rt></ruby>	concesión *f* コンせシオン	concession カンセション
〜する	ceder せデる	concede カンスィード
<ruby>商法<rt>しょうほう</rt></ruby>	derecho mercantil *m* デれチョ メるカンティル	commercial code カマーシャル コウド
<ruby>消防<rt>しょうぼう</rt></ruby>	lucha contra incendios *f* ルチャ コントら インセンディオス	fire fighting ファイア ファイティング
〜士	bombero(a) *m,f* ボンベろ(ら)	fire fighter ファイア ファイタ

日	西	英
～車	coche de bomberos *m* コチェ デ ボンベろス	fire engine ファイア エンヂン
～署	cuartel de bomberos *m* クアるテル デ ボンベろス	firehouse ファイアハウス
じょうほう 情報	información *f* インフォるマしオン	information インフォメイション
しょうほん 抄本	extracto *m* エクストらクト	abstract アブストラクト
じょうまえ 錠前	cerradura *f* せろドゥら	lock ラク
しょうみ 正味の	neto(a) ネト(タ)	net ネト
じょうみゃく 静脈	vena *f* ベナ	vein ヴェイン
じょうむいん 乗務員	miembro de la tripulación *m* ミエンブろ デ ラ トりプラしオン	crew member クルー メンバ
しょうめい 照明	iluminación *f* イルミナしオン	illumination イルーミネイション
しょうめい 証明	prueba *f* プるエバ	proof, evidence プルーフ, エヴィデンス
～書	certificado *m* せるティフィカド	certificate サティフィケト
～する	probar プろバる	prove, verify プルーヴ, ヴェリファイ
しょうめん 正面	frente *m* フれンテ	front フラント
じょうやく 条約	tratado *m* トらタド	treaty, pact トリーティ, パクト
しょうゆ 醤油	salsa de soja *f* サルサ デ ソハ	soy sauce ソイ ソース
しょうよ 賞与	bonificación *f* ボニフィカしオン	bonus ボウナス
しょうよう 商用		
～で	por negocios ポる ネゴしオス	on business オン ビズネス
じょうよう 常用する	usar habitualmente ウサる アビトゥアルメンテ	use habitually ユーズ ハビチュアリ
しょうらい 将来	futuro *m* フトゥろ	future フューチャ

日	西	英
しょうり **勝利**	victoria *f* ビクトリア	victory ヴィクトリ
じょうりく **上陸**	desembarque *m* デセンバルケ	landing ランディング
しょうりつ **勝率**	porcentaje de victorias *m* ポるセンタヘ デ ビクトリアス	winning percentage ウィニング パセンティヂ
しょうりゃく **省略**	omisión *f* オミシオン	omission, abridgment オウミション, アブリヂメント
～する	omitir オミティる	omit, abridge オウミト, アブリヂ
じょうりゅう **上流**	curso superior del río *m* クるソ スペりオる デル りオ	upper stream アパ ストリーム
～階級	clase alta *f* クラセ アルタ	higher classes ハイヤ クラスィズ
じょうりゅう **蒸留**	destilación *f* デスティラしオン	distillation ディスティレイション
～酒	aguardiente *m* アグアるディエンテ	distilled liquor ディスティルド リカ
～する	destilar デスティラる	distill ディスティル
しょうりょう **少量の**	un poco *de* ウン ポコ デ	a little *of* ア リトル
しょうれい **奨励**	fomento *m* フォメント	encouragement インカーリヂメント
～する	fomentar フォメンタる	encourage インカーリヂ
じょうれい **条例**	ordenanza *f* オるデナンさ	regulations, rules レギュレイションズ, ルールズ
じょうれん **常連**	cliente fijo(a) *m,f* クリエンテ フィホ(ハ)	frequenter フリークウェンタ
しょうろう **鐘楼**	campanario *m* カンパナリオ	belfry ベルフリ
しょうろんぶん **小論文**	trabajo *m*, artículo *m* トらバホ, アるティクロ	essay エセイ
ショー	espectáculo *m* エスペクタクロ	show ショウ
じょおう **女王**	reina *f* れイナ	queen クウィーン
ショーウインドー	escaparate *m* エスカパらテ	show window ショウ ウィンドウ

日	西	英
ジョーカー	comodín *m* コモディン	joker ヂョウカ
ジョーク	chiste *m* チステ	joke ヂョウク
ショーツ	pantalones cortos *mpl* パンタロネス コルトス	shorts ショーツ
ショート	cortocircuito *m* コルトしるクイト	short circuit ショート サーキト
〜パンツ	"short" *m* チョるト	short pants ショート パンツ
ショール	chal *m* チャル	shawl ショール
初夏	principio del verano *m* プリンしピオ デル べらノ	early summer アーリ サマ
除外する	excluir エクスクルイる	exclude, except イクスクルード, イクセプト
初学者	principiante *m,f* プリンしピアンテ	beginner ビギナ
書簡	carta *f* カルタ	letter, correspondence レタ, コーレスパンデンス
初期	principio *m* プリンしピオ	first stage ファースト ステイヂ
書記	secretario(a) *m,f* セクれタリオ (ア)	clerk, secretary クラーク, セクレテリ
初級	clase elemental *f* クラセ エレメンタル	beginners' class ビギナズ クラス
除去	eliminación *f* エリミナしオン	removal リムーヴァル
〜する	eliminar エリミナる	remove, eliminate リムーヴ, イリミネイト
助教授	profesor(a) asociado(a) *m,f* プロフェソる (ら) アソしアド (ダ)	assistant professor アスィスタント プロフェサ
ジョギング	"footing" *m* フティン	jogging ヂャギング
〜する	hacer "footing" アせる フティン	jog ヂャグ
職	empleo *m*, trabajo *m* エンプレオ, トらバホ	job, work, position ヂャブ, ワーク, ポズィション

日	西	英
しょく 食あたり	intoxicación alimenticia *f* イントクシカしオン アリメンティしア	food poisoning フード ポイズニング
しょくいん 職員	personal *m* ぺるソナル	staff スタフ
しょくえん 食塩	sal *f* サル	salt ソールト
しょくぎょう 職業	ocupación *f* オクパしオン	occupation オキュペイション
～病	enfermedad profesional *f* エンフェるメダド プろフェシオナル	occupational disease アキュペイショナル ディズィーズ
しょくご 食後	después de la comida デスプエス デ ラ コミダ	after a meal アフタ ア ミール
しょくざい 贖罪	expiación *f* エクスピアしオン	atonement, expiation アトウンメント, エクスピエイション
しょくじ 食事	comida *f* コミダ	meal ミール
しょくじゅ 植樹	plantación (de árboles) *f* プランタしオン (デ アるボレス)	planting プランティング
しょくぜん 食前	antes de la comida アンテス デ ラ コミダ	before a meal ビフォー ア ミール
しょくだい 燭台	candelero *m* カンデレろ	candlestick キャンドルスティク
しょくたく 食卓	mesa de comedor *f* メサ デ コメドる	dining table ダイニング テイブル
しょくちゅうどく 食中毒	intoxicación alimentaria *f* イントクシカしオン アリメンタりア	food poisoning フード ポイズニング
しょくつう 食通	"gourmet" *m,f* グるメ	gourmet グアメイ
しょくどう 食堂	comedor *m* コメドる	dining room ダイニング ルーム
(飲食店)	restaurante *m* れスタウらンテ	eating house イーティング ハウス
～車	vagón restaurante *m* バゴン れスタウらンテ	dining car ダイニング カー
しょくにん 職人	artesano(a) *m,f* アるテサノ(ナ)	workman, artisan ワークマン, アーティザン
しょくば 職場	lugar de trabajo *m* ルガる デ トらバホ	place of work プレイス アヴ ワーク

■職業■ ocupación /オクパシオン/ f

日本語	スペイン語	読み	品詞 (英語)
医者	médico	/メディコ/	m,f (⊛ doctor)
運転手	conductor(a)	/コンドゥクトる(ら)/	m,f (⊛ driver)
エンジニア	ingeniero(a)	/インヘニエろ(ら)/	m,f (⊛ engineer)
会社員	oficinista	/オフィシニスタ/	m,f (⊛ office worker)
写真家	fotógrafo(a)	/フォトグらフォ(ファ)/	m,f (⊛ photographer)
看護師	enfermero(a)	/エンフェるメろ(ら)/	m,f (⊛ nurse)
教員	maestro(a)	/マエストろ(ら)/	m,f (⊛ teacher)
銀行員	empleado(a) de banca	/エンプレアド(ダ)/	m,f (⊛ bank clerk)
警察官	policía	/ポリシア/	m,f (⊛ police officer)
工員	obrero(a) (de una fábrica)	/オブれろ(ら) (デ ウナ ファブリカ)/	m,f (⊛ factory worker)
公務員	funcionario(a)	/フンシオナリオ(ア)/	m,f (⊛ public official)
左官	yesista	/ジェシスタ/	m,f (⊛ plasterer)
商人	comerciante	/コメるシアンテ/	m,f (⊛ merchant)
消防士	bombero(a)	/ボンベろ(ら)/	m,f (⊛ fire fighter)
新聞記者	periodista	/ペリオディスタ/	m,f (⊛ pressman, reporter)
スチュワーデス	azafata	/アサファタ/	f (⊛ flight attendant)
セールスマン	vendedor	/ベンデドる/	m (⊛ salesman)
船員	marinero	/マリネろ/	m (⊛ crew, seaman)
大工	carpintero(a)	/カるピンテろ(ら)/	m,f (⊛ carpenter)
通訳	intérprete	/インテるプれテ/	m,f (⊛ interpreter)
店員	dependiente(a)	/デペンディエンテ(タ)/	m,f (⊛ clerk)
秘書	secretario(a)	/セクれタリオ(ア)/	m,f (⊛ secretary)
美容師	peluquero(a)	/ペルケろ(ら)/	m,f (⊛ beautician)
弁護士	abogado(a)	/アボガド(ダ)/	m,f (⊛ lawyer)
編集者	redactor(a)	/れダクトる(ら)/	(⊛ editor)
薬剤師	farmacéutico(a)	/ファるマセウティコ(カ)/	m,f (⊛ pharmacist)
漁師	pescador(a)	/ペスカドる(ら)/	m,f (⊛ fisherman, fisherwoman)

日	西	英
しょく 食パン	pan de molde *m* パン デ モルデ	bread ブレド
しょくひ 食費	gastos de comida *mpl* ガストス デ コミダ	food expenses フード イクスペンスィズ
しょくひん 食品	alimento *m* アリメント	food フード
～添加物	aditivo alimenticio *m* アディティボ アリメンティしオ	food additives フード アディティヴズ
しょくぶつ 植物	planta *f* プランタ	plant, vegetation プラント, ヴェヂテイション
～園	jardín botánico *m* ハるディン ボタニコ	botanical garden バタニカル ガードン
～学	botánica *f* ボタニカ	botany バタニ
しょくみん 植民	colonización *f* コロニさしオン	colonization カロニゼイション
～する	colonizar コロニさる	colonize カロナイズ
～地	colonia *f* コロニア	colony カロニ
しょくむ 職務	obligación *f* オブリガしオン	duty, work デューティ, ワーク
しょくもつ 食物	alimento *m* アリメント	food フード
しょくよう 食用の	comestible コメスティブレ	for food, edible フォ フード, エディブル
しょくよく 食欲	apetito *m* アペティト	appetite アペタイト
しょくりょう 食糧	alimentos *mpl* アリメントス	food, provisions フード, プロヴィジョンズ
しょくりょうひんてん 食料品店	tienda de comestibles *f* ティエンダ デ コメスティブレス	grocery グロウサリ
じょげん 助言	consejo *m* コンセホ	advice, counsel アドヴァイス, カウンセル
～する	aconsejar アコンセハる	advise, counsel アドヴァイズ, カウンセル
じょこう 徐行する	ir a poca velocidad イる ア ポカ ベロしダド	go slow ゴウ スロウ

日	西	英
しょさい 書斎	despacho *m* デスパチョ	study スタディ
しょざいち 所在地	posición *f*, ubicación *f* ポシしオン、ウビカしオン	location ロウケイション
じょさい 如才ない	hábil アビル	tactful, shrewd タクトフル、シュルード
じょし 女子	mujer *f* ムヘる	girl, woman ガール、ウマン
しょしき 書式	fórmula *f* フォるムラ	form, format フォーム、フォーマト
じょじし 叙事詩	poema épico *m*, epopeya *f* ポエマ エピコ、エポペジャ	epic エピク
じょしゅ 助手	ayudante *m,f* アジュダンテ	assistant アスィスタント
じょじゅつ 叙述	relato *m* れラト	description ディスクリプション
しょじゅん 初旬	primeros diez días de mes *m* プリメろス ディエす ディアス デ メス	first third of a month ファースト サード オヴア マンス
しょじょ 処女	virgen *f* びるヘン	virgin, maiden ヴァーヂン、メイドン
じょじょうし 叙情詩	poesía lírica *f* ポエシア リりカ	lyric リリク
じょじょに 徐々に	gradualmente グらドゥアルメンテ	gradually, slowly グラヂュアリ、スロウリ
しょしんしゃ 初心者	principiante *m,f* プリンしピアンテ	beginner ビギナ
じょすう 序数	número ordinal *m* ヌメろ オるディナル	ordinal オーディナル
じょせい 女性	mujer *f* ムヘる	woman ウマン
しょせき 書籍	libro *m* リブろ	book ブク
じょせつ 序説	introducción *f* イントろドゥクしオン	introduction イントロダクション
じょそう 助走	carrerilla *f* カれリジャ	approach run アプロウチ ラン
しょぞく 所属する	pertenecer *a* ぺるテネせる ア	belong *to* ビローング

日	西	英
所帯 (しょたい)	hogar *m* オガる	household, family ハウスホウルド, ファミリ
除隊する (じょたいする)	quedar libre del servicio militar ケダる リブれ デる せるビしオ ミリタる	get *one's* discharge ゲト ディスチャーヂ
初対面 (しょたいめん)	primer encuentro *m* プリメる エンクエントろ	first meeting ファースト ミーティング
処置 (しょち)	medida *f* メディダ	disposition, measure ディスポズィション, メジャ
(治療)	tratamiento (médico) *m* トらタミエント (メディコ)	treatment トリートメント
～する	disponer ディスポネる	dispose *of* ディスポウズ
(治療)	tratar トらタる	treat トリート
所長 (しょちょう)	director(*a*) *m,f* ディれクトる(ら)	head, director ヘド, ディれクタ
署長 (しょちょう)	jefe(*a*) *m,f* ヘフェ(ファ)	head ヘド
触覚 (しょっかく)	tacto *m* タクト	sense of touch センス オヴ タチ
食器 (しょっき)	vajilla *f* バヒジャ	tableware テイブルウェア
～棚	aparador *m* アパらドる	cupboard カバド
ジョッキ	jarro *m* ハろ	jug, mug チャグ, マグ
ショック	choque *m* チョケ	shock シャク
ショット	lanzamiento *m*, tiro *m* ランサミエント, ティろ	shot シャト
しょっぱい	salado(*a*) サラド(ダ)	salty ソールティ
ショッピング	compras *fpl* コンプらス	shopping シャピング
～センター	centro comercial *m* せントろ コメるしアル	shopping center シャピング センタ
書店 (しょてん)	librería *f* リブれリア	bookstore ブクストー
初等教育 (しょとうきょういく)	enseñanza primaria *f* エンセニャンさ プリマリア	elementary education エレメンタリ エヂュケイション

日	西	英
じょどうし 助動詞	verbo auxiliar *m* ベるボ アウクシリアる	auxiliary verb オーグズィリャリ ヴァーブ
しょとく 所得	ingresos *mpl* イングれソス	income インカム
～税	impuesto sobre la renta *m* インプエスト ソブれ ラ れンタ	income tax インカム タクス
しょばつ 処罰する	castigar カスティガる	punish パニシュ
じょばん 序盤	principio *m* プリンシピオ	early stage アーリ ステイヂ
しょひょう 書評	reseña de un libro *f* れセニャ デ ウン リブろ	book review ブク リヴュー
しょぶん 処分	liquidación *f* リキダしオン	disposal ディスポウザル
（処罰）	castigo *m* カスティゴ	punishment パニシュメント
～する	liquidar リキダる	dispose *of* ディスポウズ
（処罰）	castigar カスティガる	punish パニシュ
じょぶん 序文	prólogo *m* プろロゴ	preface プレフィス
しょほ 初歩	lo básico [fundamental] ロ バシコ [フンダメンタル]	rudiments ルーディメンツ
しょほうせん 処方箋	receta *f* れセタ	prescription プリスクリプション
しょみんてき 庶民的な	popular ポプラる	popular パピュラ
しょめい 署名	firma *f* フィるマ	signature スィグナチャ
～する	firmar フィるマる	sign サイン
じょめい 除名	expulsión *f* エクスプルシオン	expulsion イクスパルション
～する	expulsar エクスプルサる	strike ... off a list ストライク オーフ ア リスト
しょゆう 所有	posesión *f* ポセシオン	possession ポゼション
～権	propiedad *f* プろピエダド	ownership, title オウナシプ, タイトル

日	西	英
～者	dueño(a), poseedor(a) m,f ドゥエニョ（ニャ），ポセェドる(ら)	owner, proprietor オウナ，プラプライエタ
～する	poseer ポセエる	have, possess, own ハヴ，ポゼス，オウン
～物	propiedad f プろピエダド	property プラパティ
女優（じょゆう）	actriz f アクトりス	actress アクトレス
処理（しょり）	procesamiento m プろせサミエント	disposition ディスポズィション
～する	procesar プろせサる	dispose of, treat ディスポウズ，トリート

■食器■ vajillas / バヒジャス / fpl

コップ　vaso / バソ / m (英 glass)

カップ　taza / タさ / f (英 cup)

ティーカップ　taza de té / タさ デ テ / f (英 tea cup)

ソーサー　platillo / プラティジョ / m (英 saucer)

グラス　vaso / バソ / m (英 glass)

ワイングラス　vaso de vino / バソ デ ビノ / m (英 wineglass)

ジョッキ　jarro / ハろ / m (英 jug, mug)

水差し（みずさし）　jarra / ハら / f (英 pitcher)

ティーポット　tetera / テテら / f (英 teapot)

コーヒーポット　cafetera / カフェテら / f (英 coffeepot)

皿（さら）　plato / プラト / m (英 plate, dish)

小皿（こざら）　plato pequeño / プラト ペケニョ / m (英 small plate)

大皿（おおざら）　fuente / フエンテ / f (英 platter)

碗（わん）　cuenco / クエンコ / m (英 rice-bowl)

箸（はし）　palillos / パリジョス / mpl (英 chopsticks)

スプーン　cuchara / クチャら / f (英 spoon)

フォーク　tenedor / テネドる / m (英 fork)

ナイフ　cuchillo / クチジョ / m (英 knife)

ナプキン　servilleta / セるビジェタ / f (英 napkin)

テーブルクロス　mantel / マンテル / m (英 tablecloth)

日	西	英
じょりょく 助力	ayuda f アジュダ	help, aid ヘルプ, エイド
しょるい 書類	documentos mpl, papeles mpl ドクメントス, パペレス	documents, papers ダキュメンツ, ペイパズ
～かばん	cartera f カるテら	briefcase ブリーフケイス
ショルダーバッグ	bolso en bandolera m ボルソ エン バンドレら	shoulder bag ショウルダ バグ
じらい 地雷	mina (terrestre) f ミナ (テれストれ)	mine マイン
しらが 白髪	canas fpl カナス	gray hair グレイ ヘア
しらかば 白樺	abedul m アベドゥル	white birch (ホ)ワイト バーチ
しら 白けさせる	aguar (la fiesta) アグアる (ラ フィエスタ)	chill チル
しらじら 白々しい	descarado(a) デスカらド(ダ)	transparent トランスペアレント
し 知らせ	noticia f ノティしア	notice, information ノウティス, インフォメイション
(前兆)	augurio m アウグりオ	omen, sign オウメン, サイン
し 知らせる	hacer saber, comunicar アせる サベる, コムニカる	inform, tell, report インフォーム, テル, リポート
しらばくれる	hacer como que no se sabe アせる コモ ケ ノ セ サベ	feign ignorance フェイン イグノランス
しらふ 素面	sobriedad f ソブりエダド	soberness ソウバネス
しら 調べ	investigación f インベスティガしオン	investigation インヴェスティゲイション
(楽曲)	tono m トノ	tune テューン
しら 調べる	examinar エクサミナる	examine, check up イグザミン, チェク アプ
しらみ 虱	piojo m ピオホ	louse ラウス
しり 尻	cadera f カデら	hips, buttocks ヒプス, バトクス

日	西	英
知り合い	conocido(a) m,f コノシド(ダ)	acquaintance アクウェインタンス
知り合う	conocerse コノせるセ	get to know ゲト トゥ ノウ
シリーズ	serie f セリエ	series スィリーズ
シリコン	silicio m シリシオ	silicon スィリコン
退く	retroceder れトろセデル	retreat, go back リトリート, ゴウ バク
退ける	rechazar れチャさる	drive back ドライヴ バク
（要求を）	rechazar れチャさる	reject, refuse リチェクト, レフュース
自立	independencia f インデペンデンシア	independence インディペンデンス
～する	hacerse independiente アせるセ インデペンディエンテ	become independent ビカム インディペンデント
私立の	privado(a) プリバド(ダ)	private プライヴェト
市立の	municipal ムニシパル	municipal ミューニスィパル
支流	brazo m ブらそ	tributary, branch トリビュテリ, ブランチ
思慮	pensamiento m, consideración f ペンサミエント, コンシデらシオン	thought, consideration ソート, コンスィダレイション
～深い	prudente プるデンテ	prudent プルーデント
資料	datos mpl ダトス	materials, data マティアリアルズ, デイタ
視力	visión f ビシオン	sight, vision サイト, ヴィジョン
磁力	magnetismo m マグネティスモ	magnetism マグネティズム
シリンダー	cilindro m しリンドろ	cylinder スィリンダ
汁	sopa f ソパ	juice チュース
（スープなど）	caldo m カルド	soup スープ

日	西	英
知る	saber サベる	know ノウ
（学ぶ）	aprender アプれンデる	learn ラーン
（気づく）	darse cuenta de ダるセ クエンタ デ	be aware of ビ アウェア
シルエット	silueta *f* シルエタ	silhouette スィルエト
シルク	seda *f* セダ	silk スィルク
〜ロード	Ruta de la Seda *f* るタ デ ラ セダ	Silk Road スィルク ロウド
印	señal *f* セニャル	mark, sign マーク，サイン
記す	poner por escrito ポネる ポる エスクリト	write down ライト ダウン
司令	mandato *m* マンダト	command コマンド
〜官	comandante *m,f* コマンダンテ	commander コマンダ
〜部	cuartel general *m* クアるテル ヘネラル	headquarters ヘドクウォータズ
辞令	escrito de nombramiento *m* エスクリト デ ノンブらミエント	written appointment リトン アポイントメント
知れ渡る	difundirse ディフンディるセ	be known to all ビ ノウン トゥ オール
試練	prueba *f* プるエバ	trial, ordeal トライアル，オーディール
ジレンマ	dilema *m* ディレマ	dilemma ディレマ
城	castillo *m* カスティジョ	castle キャスル
白	blanco *m* ブランコ	white (ホ)ワイト
白い	blanco(a) ブランコ(カ)	white (ホ)ワイト
（色白）	blanco(a) ブランコ(カ)	fair フェア
素人	aficionado(a) *m,f* アフィシオナド(ダ)	amateur アマター

日	西	英
白黒の（しろくろの）	en blanco y negro エン ブランコ イ ネグロ	black and white ブラク アンド ホワイト
〜フィルム	película en blanco y negro f ペリクラ エン ブランコ イ ネグロ	monochrome film マノクロウム フィルム
じろじろ見る	mirar indiscretamente ミらる インディスクれタメンテ	stare at ステア
シロップ	jarabe m ハらベ	syrup スィラプ
皺（しわ）	arruga f アるガ	wrinkles リンクルズ
（物の）	arruga f アるガ	creases クリースィズ
仕分ける（しわける）	clasificar クラシフィカる	classify, sort クラスィファイ, ソート
仕業（しわざ）	obra f オブら	act, deed アクト, ディード
芯（しん）	centro m, núcleo m セントろ, ヌクレオ	core コー
（蝋燭の）	mecha f メチャ	wick ウィク
（鉛筆の）	mina f ミナ	lead レド
親愛なる（しんあいなる）	querido(a) ケりド(ダ)	dear, beloved ディア, ビらヴェド
真意（しんい）	verdadera intención f ベるダデら インテンしオン	real intention リーアル インテンション
人為的な（じんいてきな）	artificial アるティフィしアル	artificial アーティフィシャル
人員（じんいん）	personal m ぺるソナル	staff スタフ
進化（しんか）	evolución f エボルしオン	evolution エヴォルーション
〜する	evolucionar エボルしオナる	evolve イヴァルヴ
侵害（しんがい）	infracción f インフらクしオン	infringement インフリンヂメント
〜する	infringir インフりンヒる	infringe インフリンヂ
人格（じんかく）	personalidad f ぺるソナリダド	character, personality キャラクタ, パーソナリティ

日	西	英
しんがく 進学する	ingresar *en* (una escuela superior)	go on *to*
しんがた 新型	nuevo tipo *m*	new model
しんがっき 新学期	nuevo curso escolar *m*	new school term
しんかん 新刊	nueva publicación *f*	new publication
しんぎ 審議	discusión *f*	discussion, deliberation
～する	discutir	discuss
しんき 新規の	nuevo(a)	new, fresh
しんきょう 心境	estado mental *m*	frame of mind
しんきろう 蜃気楼	espejismo *m*	mirage
しんきろく 新記録	nueva marca *f*	new record
しんきんかん 親近感	simpatía *f*	affinity
しんぐ 寝具	ropa de cama *f*	bedding
しんくう 真空	vacío *m*	vacuum
～管	tubo de vacío *m*	vacuum tube
ジンクス	gafe *m*, maleficio *m*	jinx
シンクタンク	"think tank" *m*, grupo de expertos *m*	think tank
シングル (ホテルの)	habitación individual *f*	single bed
シングルス	individuales *mpl*	singles
シンクロナイズド スイミング	natación sincronizada *f*	synchronized swimming

日	西	英
しんけい 神経	nervio *m* ネルビオ	nerve ナーヴ
～衰弱	neurastenia *f* ネウらステニア	nervous breakdown ナーヴァス ブレイクダウン
～痛	neuralgia *f* ネウらルヒア	neuralgia ニュアラルヂャ
しんげつ 新月	luna nueva *f* ルナ ヌエバ	new moon ニュー ムーン
しんげん 震源	hipocentro *m* イポセントろ	seismic center サイズミク センタ
じんけん 人権	derechos humanos *mpl* デれチョス ウマノス	human rights ヒューマン ライツ
しんけんな 真剣な	serio(a) セリオ(ア)	serious, earnest スィリアス, アーニスト
じんけんひ 人件費	gastos de personal *mpl* ガストス デ ぺるソナル	personnel expenses パーソネル イクスペンスィズ
しんご 新語	neologismo *m*, palabra nueva *f* ネオロヒスモ, パラブら ヌエバ	new word ニュー ワード
しんこう 信仰	fe *f* フェ	faith, belief フェイス, ビリーフ
～する	tener fe テネる フェ	believe *in* ビリーヴ
しんこう 進行	progreso *m* プろグれソ	progress プラグレス
～する	avanzar アバンさる	progress, advance プログレス, アドヴァンス
しんごう 信号	señal *f* セニャル	signal スィグナル
じんこう 人口	población *f* ポブラしオン	population パピュレイション
じんこう 人工		
～衛星	satélite artificial *m* サテリテ アるティフィしアル	artificial satellite アーティフィシャル サテライト
～呼吸	respiración artificial *f* れスピらしオン アるティフィしアル	artificial respiration アーティフィシャル レスピレイション
～的な	artificial アるティフィしアル	artificial アーティフィシャル
～的に	artificialmente アるティフィしアルメンテ	artificially アーティフィシャリ

日	西	英
しんこきゅう 深呼吸	respiración profunda *f* れスピらしオン プロフンダ	deep breathing ディープ ブリーズィング
しんこく 申告	declaración *f* デクラらしオン	report リポート
〜する	declarar デクラらる	report, declare リポート, ディクレア
しんこく 深刻な	grave グらべ	serious, grave スィリアス, グレイヴ
しんこん 新婚	recién casados *mpl* れしエン カサドス	newlyweds ニューリウェッ
〜旅行	luna de miel *f* ルナ デ ミエル	honeymoon ハニムーン
しんさ 審査	examen *m* エクサメン	examination イグザミネイション
じんざい 人材	persona capacitada *f* ぺるソナ カパしタダ	talented person タレンテド パーソン
しんさつ 診察	examen médico *m* エクサメン メディコ	medical examination メディカル イグザミネイション
〜する	examinar エクサミナる	examine イグザミン
しんし 紳士	caballero *m* カバジェろ	gentleman チェントルマン
じんじ 人事	administración de personal *f* アドミニストらしオン デ ぺるソナル	personnel matters パーソネル マタズ
シンジケート	sindicato *m* シンディカト	syndicate スィンディケト
しんしつ 寝室	dormitorio *m* ドるミトリオ	bedroom ベドルム
しんじつ 真実	verdad *f* べるダド	truth トルース
〜の	verdadero(a) べるダデろ(ら)	true, real トルー, リーアル
しんじゃ 信者	creyente *m,f* クれジェンテ	believer ビリーヴァ
じんじゃ 神社	santuario sintoísta *m* サントゥアりオ シントイスタ	Shinto shrine シントウ シュライン
しんじゅ 真珠	perla *f* ぺるラ	pearl パール

日	西	英
じんしゅ 人種	raza *f* らさ	race レイス
～差別	discriminación racial *f* ディスクリミナしオン らしアル	racial discrimination レイシャル ディスクリミネイション
しんじゅう 心中	doble suicidio *m* ドブレ スイしディオ	double suicide ダブル スーイサイド
～する	cometer doble suicidio コメテる ドブレ スイしディオ	commit suicide together コミト スーイサイド トゲザ
しんしゅつ 進出	avance *m* アバンせ	advance アドヴァンス
～する	avanzar アバンさる	advance アドヴァンス
しんじょう 信条	principios *mpl* プリンしピオス	belief, principle ビリーフ, プリンスィブル
しんしょく 侵食する	erosionar エロシオナる	erode イロウド
しん 信じる	creer クれエる	believe ビリーヴ
（信用）	confiar *en* コンフィアる エン	trust トラスト
しんじん 新人	nueva estrella *f* ヌエバ エストれジャ	new star ニュー スタ
しんすい 浸水する	anegarse アネガるセ	be flooded ビ フラデド
しんせい 申請	solicitud *f* ソリしトゥド	application アプリケイション
～する	solicitar ソリしタる	apply *for* アプライ
しんせい 神聖	santidad *f* サンティダド	sacredness セイクリドネス
～な	santo(a) サント(タ)	holy, sacred ホウリ, セイクレド
じんせい 人生	vida *f* ビダ	life ライフ
しんせいじ 新生児	niño(a) recién nacido(a) *m,f* ニニョ (ニャ) れしエン ナしド (ダ)	newborn baby ニューボーン ベイビ
しんせき 親戚	pariente *m,f* パりエンテ	relative レラティヴ

日	西	英
シンセサイザー	sintetizador *m* シンテティさドる	synthesizer スィンセサイザ
親切	amabilidad *f* アマビリダド	kindness カインドネス
〜な	amable アマブレ	kind カインド
新石器時代	Edad Neolítica *f* エダド ネオリティカ	New Stone Age ニュー ストウン エイヂ
親善	buena voluntad *f* ブエナ ボルンタド	friendship フレンドシプ
新鮮な	fresco(a) フれスコ (カ)	fresh, new フレシュ, ニュー
真相	verdad *f* べるダド	truth トルース
心臓	corazón *m* コらそン	heart ハート
〜病	enfermedad cardíaca *f* エンフェるメダド カるディアカ	heart disease ハート ディズィーズ
〜発作	ataque cardíaco *m* アタケ カるディアコ	heart attack ハート アタク
〜麻痺	paro cardíaco *m* パろ カるディアコ	heart failure ハート フェイリュア
腎臓	riñón *m* リニョン	kidney キドニ
人造の	artificial アるティフィしアル	artificial アーティフィシャル
親族	pariente *m,f* パりエンテ	relative レラティヴ
迅速な	rápido(a) らピド (ダ)	rapid, prompt ラピド, プランプト
身体	cuerpo *m* クエるポ	body バディ
寝台	cama *f* , litera *f* カマ, リテら	bed ベド
〜車	coche cama *m* コチェ カマ	sleeping car スリーピング カー
人体	cuerpo humano *m* クエるポ ウマノ	human body ヒューマン バディ
信託	crédito *m* クれディト	trust トラスト

日	西	英
診断 しんだん	diagnóstico *m* ディアグノスティコ	diagnosis ダイアグノウスィス
～する	diagnosticar ディアグノスティカる	diagnose ダイアグノウズ
陣地 じんち	posición (militar) *f* ポシしオン (ミリタる)	position ポズィション
真鍮 しんちゅう	latón *m* ラトン	brass ブラス
身長 しんちょう	altura *f* アルトゥら	stature スタチャ
慎重な しんちょう	prudente プるデンテ	cautious, prudent コーシャス, プルーデント
新陳代謝 しんちんたいしゃ	metabolismo *m* メタボリスモ	metabolism メタボリズム
心痛 しんつう	preocupación *f* プれオクパしオン	anguish アングウィシュ
陣痛 じんつう	dolores del parto *mpl* ドロれス デル パるト	labor レイバ
進展 しんてん	evolución *f* エボルしオン	development, progress ディヴェロプメント, プラグレス
～する	progresar プログれサる	develop, progress ディヴェロプ, プログレス
神殿 しんでん	santuario *m* サントゥアりオ	shrine シュライン
心電図 しんでんず	electrocardiograma *m* エレクトろカるディオグらマ	electrocardiogram イレクトロウカーディオグラム
震度 しんど	intensidad sísmica *f* インテンシダド シスミカ	seismic intensity サイズミク インテンスィティ
振動 しんどう	vibración *f* ビブらしオン	vibration ヴァイブレイション
～する	vibrar ビブらる	vibrate ヴァイブレイト
人道 じんどう	humanidad *f* ウマニダド	humanity ヒューマニティ
～主義	humanitarismo *m* ウマニタりスモ	humanitarianism ヒューマニテアリアニズム
～的な	humanitario(*a*) ウマニタりオ (ア)	humane ヒューメイン

日	西	英
シンドローム	síndrome *m* シンドロメ	syndrome スィンドロウム
シンナー	disolvente *m*, diluyente *m* ディソルベンテ, ディルジェンテ	thinner スィナ
しんにゅう 侵入	invasión *f* インバシオン	invasion インヴェイジョン
～する	invadir インバディる	invade インヴェイド
しんにゅうせい 新入生	estudiante nuevo(a) *m,f* エストゥディアンテ ヌエボ(バ)	new student ニュー ステューデント
しんにん 信任	confianza *f* コンフィアンさ	confidence カンフィデンス

■人体■ cuerpo humano /クエルポ ウマノ/ *m*

のう 脳	cerebro /せれブロ/ *m* (英 brain)
ほね 骨	hueso /ウエソ/ *m* (英 bone)
きんにく 筋肉	músculo /ムスクロ/ *m* (英 muscles)
けっかん 血管	vaso sanguíneo /バソ サンギネオ/ *m* (英 blood vessel)
どうみゃく 動脈	arteria /アるテリア/ *f* (英 artery)
じょうみゃく 静脈	vena /ベナ/ *f* (英 vein)
しんけい 神経	nervio /ネるビオ/ *m* (英 nerve)
きかんし 気管支	bronquio /ブロンキオ/ *m* (英 bronchus)
しょくどう 食道	esófago /エソファゴ/ *m* (英 gullet)
はい 肺	pulmón /プルモン/ *m* (英 lungs)
しんぞう 心臓	corazón /コらソン/ *m* (英 heart)
い 胃	estómago /エストマゴ/ *m* (英 stomach)
だいちょう 大腸	intestino grueso /インテスティノ グるエソ/ *m* (英 large intestine)
じゅうにしちょう 十二指腸	duodeno /ドゥオデノ/ *m* (英 duodenum)
もうちょう 盲腸 (虫垂)	apéndice /アペンディせ/ *m* (英 appendix)
かんぞう 肝臓	hígado /イガド/ *m* (英 liver)
すいぞう 膵臓	páncreas /パンクれアス/ *m* (英 pancreas)
じんぞう 腎臓	riñón /りニョン/ *m* (英 kidney)

日	西	英
～状	cartas credenciales *fpl* カルタス クレデンしアレス	credentials クリデンシャルズ
～投票	voto de confianza *m* ボト デ コンフィアンさ	vote of confidence ヴォウト オヴ カンフィデンス
しんねん 新年	nuevo año *m* ヌエボ アニョ	new year ニュー イア
しんぱい 心配	preocupación *f* プレオクパしオン	anxiety, worry アングザイエティ, ワーリ
～する	preocuparse *por* プレオクパルセ ポる	be anxious *about* ビ アンクシャス
シンバル	platillos *mpl* プラティジョス	cymbals スィンバルズ
しんぱん 審判	juicio *m* フイしオ	judgment ヂャヂメント
（人）	árbitro(*a*) *m,f* アるビトろ(ら)	umpire, referee アンパイア, レファリー
しんぴ 神秘	misterio *m* ミステリオ	mystery ミスタリ
～的な	misterioso(*a*) ミステリオソ(サ)	mysterious ミスティアリアス
しんぴょうせい 信憑性	credibilidad *f* クレディビリダド	authenticity オーセンティスィティ
しんぴん 新品	nuevo artículo *m* ヌエボ アるティクロ	new article ニュー アーティクル
しんぷ 新婦	novia *f* ノビア	bride ブライド
しんぷ 神父	sacerdote *m* サせるドテ	father ファーザ
じんぶつ 人物	persona *f* ぺるソナ	person, man パースン, マン
（人格）	carácter *m*, personalidad *f* カらクテる, ぺるソナリダド	character, personality キャラクタ, パーソナリティ
（傑物）	personaje destacado *m* ぺるソナヘ デスタカド	man of character マン オヴ キャラクタ
～画	retrato *m* れトらト	portrait ポートレイト
しんぶん 新聞	periódico *m* ぺリオディコ	newspaper, press ニューズペイパ, プレス
～記者	periodista *m,f* ぺリオディスタ	pressman, reporter プレスマン, リポータ

日	西	英
〜社	editora del periódico *f*	newspaper publishing company
じんぶんかがく 人文科学	humanidades *fpl*	humanities
しんぽ 進歩	progreso *m*	progress, advance
〜する	progresar	make progress, advance
〜的な	progresista	advanced, progressive
しんぼう 辛抱	paciencia *f*	patience
〜する	aguantar	endure, bear
じんぼう 人望	popularidad *f*	popularity
しんぽうしゃ 信奉者	devoto(a)	believer, follower
しんぼく 親睦	amistad *f*	friendship
シンポジウム	simposio *m*	symposium
シンボル	símbolo *m*	symbol
しんまい 新米	arroz nuevo *m*	new rice
（初心者）	principiante *m,f*	novice, newcomer
じんましん 蕁麻疹	urticaria *f*	nettle rash, hives
しんみつ 親密な	íntimo(a)	close
じんみゃく 人脈	contactos *mpl*	connections
じんみん 人民	pueblo *m*	people
じんめい 人名	nombre de persona *m*	name of a person

日	西	英
<ruby>尋問<rt>じんもん</rt></ruby>	interrogatorio *m* インテろガトリオ	interrogation インテロゲイション
～する	interrogar インテろガる	question, interrogate クウェスチョン, インテロゲイト
<ruby>深夜<rt>しんや</rt></ruby>	medianoche *f* メディアノチェ	midnight ミドナイト
<ruby>新約聖書<rt>しんやくせいしょ</rt></ruby>	Nuevo Testamento *m* ヌエボ テスタメント	New Testament ニュー テスタメント
<ruby>親友<rt>しんゆう</rt></ruby>	buen(a) amigo(a) *m,f* ブエン(ナ) アミゴ(ガ)	close friend クロウス フレンド
<ruby>信用<rt>しんよう</rt></ruby>	crédito *m* クれディト	confidence, credit カンフィデンス, クレディト
（信頼）	confianza *f* コンフィアンさ	trust トラスト
～する	confiar *en* コンフィアる エン	trust トラスト
<ruby>針葉樹<rt>しんようじゅ</rt></ruby>	conífera *f* コニフェら	conifer カニファ
<ruby>信頼<rt>しんらい</rt></ruby>	confianza *f* コンフィアンさ	reliance, confidence リライアンス, カンフィデンス
～する	confiar コンフィアる	trust, rely トラスト, リライ
<ruby>辛辣な<rt>しんらつ</rt></ruby>	riguroso(a) りグろソ(サ)	biting バイティング
<ruby>心理<rt>しんり</rt></ruby>	(p)sicología *f* シコロヒア	mental state メンタル ステイト
～学	(p)sicología *f* シコロヒア	psychology サイカロヂィ
～学者	(p)sicólogo(a) *m,f* シコロゴ(ガ)	psychologist サイカロヂスト
<ruby>真理<rt>しんり</rt></ruby>	verdad *f* ベるダド	truth トルース
<ruby>侵略<rt>しんりゃく</rt></ruby>	agresión *f* アグれシオン	aggression アグレション
～する	invadir インバディる	invade, raid インヴェイド, レイド
<ruby>診療所<rt>しんりょうじょ</rt></ruby>	clínica *f* クリニカ	clinic クリニック

日	西	英
しんりん 森林	bosque *m* ボスケ	forest, woods フォリスト, ウズ
しんるい 親類	pariente *m,f* パリエンテ	relative レラティヴ
じんるい 人類	especie humana *f* エスペしエ ウマナ	human race ヒューマン レイス
～学	antropología *f* アントろポロヒア	anthropology アンスロパロヂィ
しんろ 進路	camino *m* カミノ	course, way コース, ウェイ
しんろう 新郎	novio *m* ノビオ	bridegroom ブライドグルーム
しんわ 神話	mito *m* ミト	myth, mythology ミス, ミサロヂィ

す, ス

日	西	英
す 酢	vinagre *m* ビナグれ	vinegar ヴィニガ
す 巣	nido *m* ニド	nest ネスト
(ハチの)	colmena *f* コルメナ	beehive ビーハイヴ
(クモの)	telaraña *f* テラらニャ	cobweb カブウェブ
ず 図	figura *f* フィグら	picture, figure ピクチャ, フィギャ
ずあん 図案	diseño *m* ディセニョ	design, sketch ディザイン, スケチ
すいい 水位	nivel de agua *m* ニベル デ アグア	water level ウォタ レヴル
すいい 推移	cambio *m* カンビオ	change チェインヂ
すいえい 水泳	natación *f* ナタしオン	swimming スウィミング
すいおん 水温	temperatura del agua *f* テンペらトゥら デル アグア	water temperature ウォタ テンパラチャ

日	西	英
すいか 西瓜	sandía *f* サンディア	watermelon ウォタメロン
すいがい 水害	inundación *f* イヌンダしオン	flood disaster フラド ディザスタ
す がら 吸い殻	colilla *f* コリジャ	cigarette end スィガレト エンド
すいきゅう 水球	water-polo *m* ワテる-ポロ	water polo ウォタ ポウロウ
すいぎゅう 水牛	búfalo (de agua) *m* ブファロ (デ アグア)	water buffalo ウォタ バファロウ
すいぎん 水銀	mercurio *m* メるクリオ	mercury マーキュリ
すいこう 推敲する	pulir プリる	polish パリシュ
すいこう 遂行する	ejecutar エヘクタる	execute エクセキュート
すいさいが 水彩画	acuarela *f* アクアれラ	watercolor ウォータカラ
すいさんぎょう 水産業	industria pesquera *f* インドゥストリア ペスケラ	fisheries フィシャリズ
すいさんぶつ 水産物	productos marítimos *mpl* プロドゥクトス マリティモス	marine products マリーン プラダクツ
すいじ 炊事	cocina *f* コしナ	cooking クキング
すいしつ 水質	calidad del agua *f* カリダド デル アグア	water quality ウォタ クワリティ
すいしゃ 水車	noria *f* ノリア	water mill ウォタ ミル
すいじゃく 衰弱する	debilitarse デビリタるセ	grow weak グロウ ウィーク
すいじゅん 水準	nivel *m* ニベル	level, standard レヴル, スタンダド
すいしょう 水晶	cristal (de roca) *m* クリスタル (デ ろカ)	crystal クリスタル
すいじょうき 水蒸気	vapor *m* バポる	steam, vapor スティーム, ヴェイパ
すいじょう 水上スキー	esquí acuático *m* エスキ アクアティコ	water-skiing ウォタスキーイング

日	西	英
すいしん 推進する	impulsar インプルサる	drive forward ドライヴ フォーワド
すいせい 水星	Mercurio *m* メるクりオ	Mercury マーキュリ
すいせん 推薦	recomendación *f* れコメンダしオン	recommendation レコモンデイション
～する	recomendar れコメンダる	recommend レコメンド
すいせんべんじょ 水洗便所	retrete de agua corriente *m* れトれテ デ アグア コりエンテ	flush toilet フラシュ トイレト
すいそ 水素	hidrógeno *m* イドろヘノ	hydrogen ハイドロチェン
～爆弾	bomba de hidrógeno *f* ボンバ デ イドろヘノ	hydrogen bomb ハイドロチェン バム
すいそう 水槽	cisterna *f* システるナ	water tank, cistern ウォタ タンク, スィスタン
(熱帯魚などの)	acuario *m* アクアりオ	aquarium アクウェアリアム
すいそうがく 吹奏楽	música de viento *f* ムシカ デ ビエント	wind music ウィンド ミューズィク
すいそく 推測	conjetura *f* コンヘトゥら	guess, conjecture ゲス, カンチェクチャ
～する	hacer una suposición アせる ウナ スポシしオン	guess, conjecture ゲス, カンチェクチャ
すいぞくかん 水族館	acuario *m* アクアりオ	aquarium アクウェアリアム
すいたい 衰退する	decaer デカエる	decline ディクライン
すいちゅうよくせん 水中翼船	hidroala *m* イドロアラ	hydrofoil ハイドロフォイル
すいちょく 垂直な	vertical ベるティカル	vertical ヴァーティカル
～に	verticalmente ベるティカルメンテ	vertically ヴァーティカリ
スイッチ	interruptor *m* インテるプトる	switch スウィチ
すいてい 推定	cálculo *m* カルクロ	presumption プリザンプション

日	西	英
〜する	presumir プれスミる	presume プリジューム
水田（すいでん）	arrozal *m* アろサル	rice field ライス フィールド
水筒（すいとう）	cantimplora *f* カンティンプロら	water bottle, canteen ウォタ バトル, キャンティーン
水道（すいどう）	sistema de abastecimiento de agua *m* システマ デ アバステしミエント デ アグア	water service ウォタ サーヴィス
随筆（ずいひつ）	ensayo *m* エンサジョ	essay エセイ
〜家	ensayista *m,f* エンサジスタ	essayist エセイイスト
水夫（すいふ）	marinero *m* マリネろ	sailor, seaman セイラ, スィーマン
水分（すいぶん）	agua *f* アグア	water, moisture ウォタ, モイスチャ
随分（ずいぶん）	muy ムイ	fairly, extremely フェアリ, イクストリームリ
水平（すいへい）	nivel *m* ニベル	level レヴル
〜線	horizonte *m* オリソンテ	horizon ホライズン
〜の	horizontal オリソンタル	level, horizontal レヴル, ホーリザントル
睡眠（すいみん）	sueño *m* スエニョ	sleep スリープ
〜薬	somnífero *m* ソムニフェろ	sleeping drug スリーピング ドラグ
水面（すいめん）	superficie del agua *f* スペるフィしエ デル アグア	surface of the water サーフィス オヴ ザ ウォタ
水曜日（すいようび）	miércoles *m* ミエるコレス	Wednesday ウェンズディ
推理（すいり）	razonamiento *m* らそナミエント	reasoning リーズニング
〜小説	novela policíaca *f* ノベラ ポリしアカ	detective story ディテクティヴ ストーリ
〜する	deducir デドゥしる	reason, infer リーズン, インファー

日	西	英
すいりょくはつでん 水力発電	generación hidroeléctrica *f* ヘネらしオン イドロエレクトリカ	hydroelectricity ハイドロウイレクトリスィティ
すいれん 睡蓮	nenúfar *m* ネヌファる	water lily ウォタ リリ
すいろ 水路	vía acuática *f* ビア アクアティカ	waterway, channel ウォタウェイ, チャネル
すいろん 推論	deducción *f* デドゥクしオン	reasoning リーズニング
す 吸う	respirar れスピらる	breathe in, inhale ブリーズ イン, インヘイル
（液体を）	chupar チュパる	sip, suck スィプ, サク
（たばこを）	fumar フマる	smoke スモウク
すう 数	número *m* ヌメろ	number, figure ナンバ, フィギャ
すうがく 数学	matemáticas *fpl* マテマティカス	mathematics マセマティクス
すうこう 崇高な	sublime スブリメ	sublime サブライム
すうじ 数字	número *m* ヌメろ	figure, numeral フィギャ, ニューメラル
すうしき 数式	fórmula *f* フォるムラ	expression イクスプレション
ずうずうしい 図々しい	descarado(a) デスカらド(ダ)	impudent, audacious インピュデント, オーデイシャス
スーツ	traje *m* トらへ	suit シュート
～ケース	maleta *f* マレタ	suitcase シュートケイス
すうにん 数人	unas personas *fpl* ウナス ぺるソナス	several men セヴラル メン
すうねん 数年	unos años *mpl* ウノス アニョス	several years セヴラル イアズ
スーパー	super- スぺる-	super- シューパ
～スター	superestrella *m,f* スぺレストれジャ	superstar シューパスター

日	西	英
〜マーケット	supermercado m スペるメるカド	supermarket シューパーマーケト
崇拝する（すうはい）	adorar アドらる	worship, adore ワーシプ, アドー
スープ	sopa f ソパ	soup スープ
末（すえ）	fin m フィン	end エンド
（将来）	futuro m フトゥロ	future フューチャ
スエード	ante m アンテ	suede スウェイド
末っ子（すえこ）	benjamín(ina) m,f ベンハミン (ナ)	youngest child ヤンゲスト チャイルド
据える（すえる）	colocar コロカる	place, lay, set プレイス, レイ, セト
図画（ずが）	pintura f ピントゥら	drawing, picture ドローイング, ピクチャ
スカート	falda f ファルダ	skirt スカート
スカーフ	bufanda f ブファンダ	scarf スカーフ
頭蓋骨（ずがいこつ）	cráneo m クらネオ	skull スカル
スカイダイビング	paracaidismo m パらカイディスモ	skydiving スカイダイヴィング
スカウト	cazatalentos m,f カサタレントス	scout スカウト
素顔（すがお）	rostro sin maquillaje m ろストロ シン マキジャヘ	face without makeup フェイス ウィザウト メイカプ
清々しい（すがすがしい）	refrescante れフレスカンテ	refreshing, fresh リフレシング, フレシュ
姿（すがた）	figura f フィグら	figure, shape フィギャ, シェイプ
図鑑（ずかん）	libro ilustrado m リブロ イルストらド	illustrated book イラストレイテド ブク
スカンク	mofeta f モフェタ	skunk スカンク

■数字■ números /ヌメロス/ *mpl*

基数詞	序数詞
1 uno (⊛ one) ウノ	primero(*a*) (⊛ first) プリメロ (ら)
2 dos (⊛ two) ドス	segundo(*a*) (⊛ second) セグンド (ダ)
3 tres (⊛ three) トれス	tercero(*a*) (⊛ third) テるセろ (ら)
4 cuatro (⊛ four) クアトロ	cuarto(*a*) (⊛ forth) クアるト (タ)
5 cinco (⊛ five) シンコ	quinto(*a*) (⊛ fifth) キント (タ)
6 seis (⊛ six) セイス	sexto(*a*) (⊛ sixth) セクスト (タ)
7 siete (⊛ seven) シエテ	séptimo(*a*) (⊛ seventh) セプティモ (マ)
8 ocho (⊛ eight) オチョ	octavo(*a*) (⊛ eighth) オクタボ (バ)
9 nueve (⊛ nine) ヌエベ	noveno(*a*) (⊛ ninth) ノベノ (ナ)
10 diez (⊛ ten) ディエす	décimo(*a*) (⊛ tenth) デシモ (マ)
11 once (⊛ eleven) オンセ	undécimo(*a*) (⊛ eleventh) ウンデシモ (マ)
12 doce (⊛ twelve) ドセ	duodécimo(*a*) (⊛ twelfth) ドゥオデシモ (マ)
13 trece (⊛ thirteen) トれセ	decimotercero(*a*) (⊛ thirteenth) デシモテるセろ (ら)
14 catorce (⊛ fourteen) カトるセ	decimocuarto(*a*) (⊛ fourteenth) デシモクアるト (タ)
15 quince (⊛ fifteen) キンセ	decimoquinto(*a*) (⊛ fifteenth) デシモキント (タ)
16 dieciséis (⊛ sixteen) ディエシセイス	decimosexto(*a*) (⊛ sixteenth) デシモセクスト (タ)
17 diecisiete (⊛ seventeen) ディエシシエテ	decimoséptimo(*a*) (⊛seventeenth) デシモセプティモ (マ)
18 dieciocho (⊛ eighteen) ディエシオチョ	decimoctavo(*a*) (⊛ eighteenth) デシモクタボ (バ)
19 diecinueve (⊛ nineteen) ディエシヌエベ	decimonoveno(*a*) (⊛nineteenth) デシモノベノ (ナ)
20 veinte (⊛ twenty) ベインテ	vigésimo(*a*) (⊛ twentieth) ビヘシモ (マ)
21 veintiuno (⊛ twenty-one) ベインティウノ	vigesimo(*a*) primero(*a*) ビヘシモ (マ) プリメロ (ら) (⊛ twenty-first)
30 treinta (⊛ thirty) トれインタ	trigésimo(*a*) (⊛ thirtieth) トリヘシモ (マ)
40 cuarenta (⊛ forty) クアれンタ	cuadragésimo(*a*) (⊛ fortieth) クアドラヘシモ (マ)

50	cincuenta (ⓔ fifty) シンクエンタ	quincuagésimo(a) (ⓔ fiftieth) キンクアヘシモ (マ)	
60	sesenta (ⓔ sixty) セセンタ	sexagésimo(a) (ⓔ sixtieth) セクサヘシモ (マ)	
70	setenta (ⓔ seventy) セテンタ	septuagésimo(a) (ⓔ seventieth) セプトゥアヘシモ (マ)	
80	ochenta (ⓔ eighty) オチェンタ	octogésimo(a) (ⓔ eightieth) オクトヘシモ (マ)	
90	noventa (ⓔ ninety) ノベンタ	nonagésimo(a) (ⓔ ninetieth) ノナヘシモ (マ)	
100	ciento, cien (ⓔ a hundred) シエント, シエン	centésimo(a) (ⓔ a hundredth) センテシモ (マ)	
1000	mil (ⓔ a thousand) ミル	milésimo(a) (ⓔ a thousandth) ミレシモ (マ)	

---

1 万 diez mil / ディエス ミル / (ⓔ ten thousand)

10 万 cien mil / シエン ミル / (ⓔ one hundred thousand)

100 万 millón / ミジョン / (ⓔ one million)

1000 万 diez millones / ディエス ミジョネス / (ⓔ ten million)

1 億 cien millones / シエン ミジョネス / (ⓔ one hundred million)

0	cero / セロ / (ⓔ zero)	
2 倍	doble / ドブレ / (ⓔ double)	
3 倍	triple / トリプレ / (ⓔ triple)	
1/2	mitad / ミタド / (ⓔ a half)	
2/3	dos tercios / ドス テルシオス / (ⓔ two thirds)	
2 4/5	dos y cuatro quintos / ドス イ クアトロ キントス / (ⓔ two and four fifths)	
0, 1	cero coma uno / セロ コマ ウノ / (ⓔ point one)	
2, 14	dos coma catorce / ドス コマ カトルセ / (ⓔ two point fourteen)	

日	西	英
隙（すき）	abertura f アベるトゥら	opening, gap オウプニング, ギャプ
（余地）	sitio m シティオ	space, room スペイス, ルーム
杉（すぎ）	cedro japonés m セドロ ハポネス	Japanese cedar チャパニーズ スィーダ
スキー	esquí m エスキ	skiing, ski スキーイング, スキー
好き嫌い（すききらい）	gustos mpl y antipatías fpl グストス イ アンティパティアス	likes and dislikes ライクス アンド ディスライクス
透き通った（すきとおった）	transparente トランスパれンテ	transparent, clear トランスペアレント, クリア
好きな（すきな）	favorito(a) ファボリト(タ)	favorite フェイヴァリト
隙間（すきま）	abertura f アベるトゥら	opening, gap オウプニング, ギャプ
スキムミルク	leche desnatada f レチェ デスナタダ	skim milk スキム ミルク
スキャンダル	escándalo m エスカンダロ	scandal スキャンダル
スキューバダイビング	submarinismo m スブマリニスモ	scuba diving スキューバ ダイヴィング
過ぎる（すぎる）	pasar パサる	pass, go past パス, ゴウ パスト
（時が）	transcurrir トランスクりる	pass, elapse パス, イラプス
（程度を）	ir demasiado lejos イル デマシアド レホス	go too far ゴウ トゥー ファー
（超過）	exceder エクスせデる	be over, exceed ビ オウヴァ, イクスィード
（期限が）	expirar エクスピらる	be out, expire ビ アウト, イクスパイア
頭巾（ずきん）	capucha f カプチャ	hood フド
スキンシップ	contacto físico m コンタクト フィシコ	physical contact フィズィカル カンタクト
スキンダイビング	buceo m ブセオ	skin diving スキン ダイヴィング

日	西	英
<ruby>空<rt>す</rt></ruby>く	hacerse menos atestado(a) アセるセ メノス アテスタド(ダ)	become less crowded ビカム レス クラウディド
(腹が)	tener hambre テネる アンブれ	feel hungry フィール ハングリ
(手が)	estar libre エスタる リブれ	be free ビ フリー
<ruby>直<rt>す</rt></ruby>ぐ	en seguida エン セギダ	at once, immediately アト ワンス, イミーディエトリ
(容易に)	fácilmente ファしルメンテ	easily, readily イーズィリ, レディリ
(まさに)	justo フスト	just, right ヂャスト, ライト
<ruby>掬<rt>すく</rt></ruby>う	sacar サカる	scoop, ladle スクープ, レイドル
<ruby>救<rt>すく</rt></ruby>う	salvar サルバる	help, relieve ヘルプ, リリーヴ
スクーター	escúter m エスクテる	scooter スクータ
スクープ	primicia f プリミしア	scoop スクープ
<ruby>少<rt>すく</rt></ruby>ない	poco(a) ポコ(カ)	few, little フュー, リトル
<ruby>少<rt>すく</rt></ruby>なくとも	por lo menos ポる ロ メノス	at least アト リースト
<ruby>竦<rt>すく</rt></ruby>む	quedarse paralizado(a) ケダるセ ぱらリさド(ダ)	cower, be cramped カウア, ビ クランプト
スクラップ	desechos mpl デセチョス	scrap スクラプ
(切り抜き)	recorte m れコるテ	clipping, cutting クリピング, カティング
～ブック	álbum de recortes m アルブム デ れコるテス	scrapbook スクラプブク
スクランブルエッグ	huevos revueltos mpl ウエボス れブエルトス	scrambled eggs スクランブルド エグズ
スクリーン	pantalla f パンタジャ	screen スクリーン
スクリュー	hélice f エリセ	screw スクルー

日	西	英
優れた	excelente / エクセレンテ	excellent, fine / エクセレント, ファイン
優れる	ser mejor *que* / セる メホる ケ	be better *than*, be superior *to* / ビ ベタ, ビ シュピアリア
スクロール	desplazamiento *m* / デスプラサミエント	scroll / スクロウル
図形	figura *f* / フィグら	figure, diagram / フィギャ, ダイアグラム
スケート	patinaje *m* / パティナヘ	skating / スケイティング
〜靴	patines *mpl* / パティネス	skates / スケイツ
スケール	escala *f* / エスカラ	scale / スケイル
（尺度）	medida *f* / メディダ	scale / スケイル
スケジュール	programa *m* / プログらマ	schedule / スケヂュル
スケッチ	esbozo *m* / エスボそ	sketch / スケチ
透ける	ser transparente / セる トらンスパれンテ	be transparent / ビ トらンスペアレント
スコア	tanteo *m* / タンテオ	score / スコー
〜ボード	marcador *m* / マるカドる	scoreboard / スコーボード
凄い	maravilloso(a) / マらビジョソ(サ)	wonderful, great / ワンダフル, グレイト
（恐ろしい）	horrible / オりブレ	terrible, horrible / テリーブル, ホリブル
少し	un poco / ウン ポコ	a few, a little / ア フュー, ア リトル
過ごす	pasar / パサる	pass, spend / パス, スペンド
スコップ	pala *f* / パラ	scoop, shovel / スクープ, シャヴル
健やかな	sano(a) / サノ(ナ)	healthy / ヘルスィ

日	西	英
すさまじい	terrible テリブレ	dreadful, terrible ドレドフル, テリブル
杜撰な (ずさん)	descuidado(a) デスクイダド(ダ)	careless, slipshod ケアレス, スリプシャド
筋 (すじ)	línea f リネア	line, stripe ライン, ストライプ
(腱)	tendón m テンドン	tendon テンドン
(条理)	razón f, lógica f らそン, ロヒカ	reason, logic リーズン, ラヂク
(話の)	intriga f イントリガ	plot プラト
鮨詰めの (すしづめ)	atestado(a) アテスタド(ダ)	jam-packed ヂャン パクト
筋道 (すじみち)	razón f, lógica f らそン, ロヒカ	reason, logic リーズン, ラヂク
素性 (すじょう)	cuna f, orígenes mpl クナ, オリヘネス	birth, origin バース, オリヂン
煤 (すす)	hollín m オジン	soot スト
鈴 (すず)	cascabel m カスカベル	bell ベル
鱸 (すずき)	lubina f ルビナ	perch パーチ
濯ぐ (すすぐ)	enjuagar エンフアガる	rinse リンス
煤ける (すすける)	cubrirse de hollín クブりるセ デ オジン	become sooty ビカム スティ
涼しい (すずしい)	fresco(a) フれスコ(カ)	cool クール
進む (すすむ)	avanzar アバンさる	go forward ゴウ フォーワド
(進行)	progresar プログれサる	progress プログレス
(時計が)	adelantar アデランタる	gain ゲイン
涼む (すずむ)	tomar fresco トマる フれスコ	enjoy the cool air インヂョイ ザ クール エア

日	西	英
雀(すずめ)	gorrión *m* ゴりオン	sparrow スパロウ
雀蜂(すずめばち)	avispa *f* アビスパ	wasp, hornet ワスプ, ホーネト
勧(すす)める	aconsejar アコンセハる	advise アドヴァイズ
進(すす)める	adelantar アデランタる	advance, push on アドヴァンス, プシュ オン
薦(すす)める	recomendar れコメンダる	recommend レコメンド
鈴蘭(すずらん)	lirio de los valles *m* リリオ デ ロス バジェス	lily of the valley リリ オヴ ザ ヴァリ
啜(すす)る	beber a sorbitos ベベる ア ソるビトス	sip, slurp スィプ, スラープ
(鼻水を)	sorber (los mocos) ソるべる (ロスモコス)	sniff スニフ
裾(すそ)	bajos (de la falda) *mpl* バホス (デ ラ ファルダ)	skirt, train スカート, トレイン
(山の)	falda *f* ファルダ	foot フト
スター	estrella *f* エストれジャ	star スター
スタート	salida *f* サリダ	start スタート
〜ライン	línea de salida *f* リネア デ サリダ	starting line スターティング ライン
スタイリスト	estilista *m,f* エスティリスタ	stylist スタイリスト
スタイル	estilo *m* エスティロ	style スタイル
(容姿)	presencia *f* プれセンしア	figure フィギャ
スタジアム	estadio *m* エスタディオ	stadium ステイディアム
スタジオ	estudio *m* エストゥディオ	studio ステューディオウ
スタッフ	personal *m* ぺるソナル	staff スタフ

日	西	英
スタミナ	fuerza (física) *f* フエるさ (フィシカ)	stamina スタミナ
廃れる	caer en desuso カエる エン デスソ	go out of use ゴウ アウト アヴ ユース
スタンド	tribuna *f*, grada *f* トリブナ, グらダ	stand, bleachers スタンド, ブリーチャズ
（電灯）	lámpara de escritorio *f* ランパら デ エスクリトリオ	desk lamp デスク ランプ
スタンプ	sello *m* セジョ	stamp, postmark スタンプ, ポウストマーク
スチーム	calentador de vapor *m* カレンタドる デ バポる	steam スティーム
スチュワーデス	azafata *f* アさファタ	stewardess ステュアデス
頭痛	dolor de cabeza *m* ドロる デ カベさ	headache ヘデイク
スツール	taburete *m* タブれテ	stool ストゥール
すっかり	todo, completamente トド, コンプれタメンテ	all, entirely オール, インタイアリ
ズック（布地）	lona *f* ロナ	canvas キャンヴァス
酢漬け	encurtido *m* エンクるティド	pickling ピクリング
酸っぱい	ácido(*a*) アしド(ダ)	sour, acid サウア, アスィド
鼈	tortuga de río *f* トるトゥガ デ りオ	soft-shelled turtle ソフトシェルド タートル
ステーキ	filete *m* フィれテ	steak ステイク
ステージ	escenario *m* エスせナリオ	stage ステイヂ
素敵な	magnífico(*a*) マグニフィコ(カ)	great, fine グレイト, ファイン
ステッカー	pegatina *f* ペガティナ	sticker スティカ
ステッキ	bastón *m* バストン	cane ケイン

日	西	英
ステッチ	punto *m* プント	stitch スティチ
ステップ	paso *m* パソ	step ステプ
既(すで)に	ya ジャ	already オールレディ
捨(す)てる	tirar ティらる	throw away, dump スロウ アウェイ, ダンプ
ステレオ	estéreo *m* エステれオ	stereo スティアリオウ
～タイプ	estereotipo *m* エステれオティポ	stereotype ステリオタイプ
ステンドグラス	vidriera *f* ビドリエら	stained glass ステインド グラス
ステンレス	acero inoxidable *m* アせろ イノクシダブレ	stainless steel ステインレス スティール
スト	huelga *f* ウエルガ	strike ストライク
ストーカー	acosador(a) *m,f* アコサドる(ら)	stalker ストーカ
ストーブ	estufa *f* エストゥファ	heater, stove ヒータ, ストウヴ
ストーリー	argumento *m* アるグメント	story ストーリ
ストール	estola *f* エストラ	stole ストウル
ストッキング	medias *fpl* メディアス	stockings スタキングズ
ストック	existencias *fpl* エクシステンしアス	stock スタク
(スキーの)	bastón de esquí *m* バストン デ エスキ	stick スティク
ストップ	alto *m* アルト	stop スタプ
～ウォッチ	cronómetro *m* クろノメトろ	stopwatch スタプワチ
ストライキ	huelga *f* ウエルガ	strike ストライク

す

日	西	英
ストライプ	rayas *fpl* らジャス	stripes ストライプス
ストリッパー	artista de "strip-tease" *f* アルティスタ デ ストリプティス	stripteaser ストリプティーザ
ストリップ	"strip-tease" *m* ストリプティス	strip show, striptease ストリプ ショウ, ストリプティーズ
ストレス	estrés *m* エストれス	stress ストレス
ストレッチ	estiramiento *m* エスティらミエント	stretch ストレチ
ストロー	paja *f* パハ	straw ストロー
ストローク	brazada *f* ブらサダ	stroke ストロウク
ストロボ	"flash" electrónico *m* フラス エレクトろニコ	strobe ストロウブ
砂	arena *f* アれナ	sand サンド
素直な	obediente オベディエンテ	docile, obedient ダスィル, オビーディエント
スナック	merienda *f* メリエンダ	snack (bar) スナク (バー)
スナップ	foto instantánea *f* フォト インスタンタネア	snapshot スナプシャト
(留め金)	cierre *m* しエれ	snap スナプ
則ち	es decir エス デしル	namely, that is ネイムリ, ザト イズ
スニーカー	zapatillas de deporte *fpl* さパティジャス デ デポるテ	sneakers スニーカズ
脛	espinilla *f* エスピニジャ	leg, shin レグ, シン
拗ねる	estar de mal humor エスタる デ マル ウモる	be sulky, be cynical ビ サルキ, ビ スィニカル
頭脳	cerebro *m* せれブろ	brains, head ブレインズ, ヘド
スノーボード	"snowboard" *m* スノウボーる	snowboard スノウボード

日	西	英
スパーク	chispa *f* チスパ	spark スパーク
スパークリングワイン	vino espumoso *m* ビノ エスプモソ	sparkling wine スパークリング ワイン
スパイ	espía *m,f* エスピア	spy, secret agent スパイ, スィークレト エイヂェント
スパイク靴	zapatillas de clavos *fpl* サパティジャス デ クラボス	spiked shoes スパイクト シューズ
スパイス	especia *f* エスペシア	spice スパイス
スパゲッティ	espaguetis *mpl* エスパゲティス	spaghetti スパゲティ
すばしこい	ágil アヒル	nimble, agile ニンブル, アヂル
素肌	piel desnuda *f* ピエル デスヌダ	bare skin ベア スキン
スパナ	llave inglesa *f* ジャベ イングレサ	wrench, spanner レンチ, スパナ
ずば抜けて	extraordinariamente エクストらオルディナリアメンテ	by far, exceptionally バイ ファー, イクセプショナリ
素早い	rápido(*a*) らピド(ダ)	nimble, quick ニンブル, クウィク
素晴らしい	magnífico(*a*) マグニフィコ(カ)	wonderful, splendid ワンダフル, スプレンディド
図版	ilustración *f* イルストらシオン	illustration イラストレイション
スピーカー	altavoz *m* アルタボす	speaker スピーカ
スピーチ	discurso *m* ディスクるソ	speech スピーチ
スピード	velocidad *f* ベロしダド	speed スピード
図表	gráfico *m* グらフィコ	chart, diagram チャート, ダイアグラム
スピン	vuelta *f* ブエルタ	spin スピン
スフィンクス	esfinge *f* エスフィンヘ	sphinx スフィンクス

日	西	英
スプーン	cuchara *f* クチャら	spoon スプーン
スプリンクラー	aspersor *m* アスぺるソる	sprinkler スプリンクラ
スプレー	pulverizador *m* プルべリさドる	spray スプレイ
スペア	repuesto *m* れプエスト	spare, refill スペア, リーフィル
スペイン	España エスパニャ	Spain スペイン
〜語	español *m* エスパニョル	Spanish スパニシュ
〜の	español(a) エスパニョル(ラ)	Spanish スパニシュ
〜料理	comida española *f* コミダ エスパニョラ	Spanish food スパニシュ フード
スペース	espacio *m* エスパしオ	space スペイス
スペード	espada *f* エスパダ	spade スペイド
スペクタクル	espectáculo *m* エスペクタクロ	spectacle スペクタクル
スペクトル	espectro *m* エスペクトろ	spectrum スペクトラム
スペシャリスト	especialista *m,f* エスペしアリスタ	specialist スペシャリスト
すべすべした	suave, liso(a) スアべ, リソ(サ)	smooth, slippery スムーズ, スリパリ
全て	todo トド	everything, all エヴリスィング, オール
〜の	todo(a) トド(ダ)	all, every, whole オール, エヴリ, ホウル
滑る	deslizarse デスリさるセ	slip, slide スリプ, スライド
(スケートで)	patinar パティナる	skate スケイト
(試験に)	suspender ススペンデる	fail an examination フェイル アン ネグザミネイション

日	西	英
(床が)	ser resbaladizo(a) セル れスバラディそ (さ)	be slippery ビ スリパリ
スペル	ortografía f オるトグらフィア	spelling スペリング
スポイト	cuentagotas m クエンタゴタス	syringe スィリンヂ
スポークスマン	portavoz m,f ポるタボす	spokesman スポウクスマン
スポーツ	deporte m デポるテ	sports スポーツ
～マン	deportista m,f デポるティスタ	sportsman, athlete スポーツマン, アスリート
スポットライト	foco m フォコ	spotlight スパトライト
ズボン	pantalones mpl パンタロネス	trousers トラウザズ
～吊り	tirantes mpl ティらンテス	suspenders サスペンダズ
スポンサー	patrocinador m パトロしナドる	sponsor スパンサ
スポンジ	esponja f エスポンハ	sponge スパンヂ
スマートな	elegante エレガンテ	smart, stylish スマート, スタイリシュ
住まい	casa f カサ	house ハウス
(住所)	dirección f ディれクしオン	address アドレス
済ます	acabar con アカバる コン	finish フィニシュ
(間に合わせる)	arreglarse con アれグラるセ コン	do with ドゥ
隅	rincón m りンコン	nook, corner ヌク, コーナ
墨	tinta china f ティンタ チナ	China ink チャイナ インク
炭	carbón (de leña) m カるボン (デ レニャ)	charcoal チャーコウル

■ス포츠■ deporte /デポるテ/ m

体操（たいそう） gimnasia /ヒムナシア/ f (㊥ gymnastics)
新体操（しんたいそう） gimnasia rítmica /ヒムナシア りトミカ/ f (㊥ rhythmic gymnastics)
バレーボール voleibol /ボレイボル/ m (㊥ volleyball)
バスケットボール baloncesto /バロンセスト/ m (㊥ basketball)
ハンドボール balonmano /バロンマノ/ m (㊥ handball)
卓球（たっきゅう） ping-pong /ピンポン/ m (㊥ table tennis)
バドミントン bádminton /バドミントン/ m (㊥ badminton)
水泳（すいえい） natación /ナタレオン/ f (㊥ swimming)
テニス tenis /テニス/ m (㊥ tennis)
スケート patinaje /パティナヘ/ m (㊥ skating)
ラグビー rugby /るグビ/ m (㊥ rugby)
アメリカンフットボール fútbol americano /フトボル アメリカノ/ m (㊥ American football)
野球（やきゅう） béisbol /ベイスボル/ m (㊥ baseball)
サッカー fútbol /フトボル/ m (㊥ soccer, football)
ゴルフ golf /ゴルフ/ m (㊥ golf)
スキー esquí /エスキ/ m (㊥ skiing, ski)
マラソン maratón /マラトン/ m (㊥ marathon)
陸上競技（りくじょうきょうぎ） atletismo /アトレティスモ/ m (㊥ athletic sports)
障害物競争（しょうがいぶつきょうそう） carrera de obstáculos /カれら デ オブスタクロス/ f (㊥ obstacle race)
ハンマー投げ（な） lanzamiento de martillo /ランさミエント デ マるティジョ/ m (㊥ hammer throw)
槍投げ（やりなげ） lanzamiento de jabalina /ランさミエント デ ハバリナ/ m (㊥ javelin throw)
走り幅跳び（はしりはばとび） salto de longitud /サルト デ ロンヒトゥド/ m (㊥ broad jump)
走り高跳び（はしりたかとび） salto de altura /サルト デ アルトゥら/ m (㊥ high jump)
棒高跳び（ぼうたかとび） salto con pértiga /サルト コン ぺるティガ/ m (㊥ pole vault)
自転車競技（じてんしゃきょうぎ） ciclismo /しクリスモ/ m (㊥ bicycle race)
ロードレース carrera en carretera /カれら エン カれテら/ f (㊥ road racing)

日	西	英
済みません	Lo siento. ロ シエント	I'm sorry. アイム サリ
(依頼・呼び掛け)	Oiga. オイガ	Excuse me. イクスキューズ ミ
菫(すみれ)	violeta *f* ビオレタ	violet ヴァイオレト
済む	acabar(se) アカバル(セ)	be finished ビ フィニシュト
住む	vivir ビビる	live リヴ
澄む	aclararse アクラらルセ	become clear ビカム クリア
スムーズな	suave スアベ	smooth スムーズ
スモーカー	fumador(a) *m,f* フマドる(ら)	smoker スモウカ
スモークサーモン	salmón ahumado *m* サルモン アウマド	smoked salmon スモウクト サモン
スモッグ	esmog *m* エスモグ	smog スマグ
李(すもも)	ciruela *f* しるエラ	plum, damson プラム, ダムゾン
スライス	raja *f* らハ	slice スライス
スライド	diapositiva *f* ディアポシティバ	slide スライド
ずらす	mover モベる	shift, move シフト, ムーヴ
(時間を)	retrasar れトらサる	stagger スタガ
スラックス	pantalones *mpl* パンタロネス	slacks スラクス
スラム	suburbio *m* スブるビオ	slum スラム
スラング	jerga *f* へルガ	slang スラング
スランプ	baja forma *f* バハ フォるマ	slump スランプ

日	西	英
すり 掏摸	ratero(a) *m,f* らテろ (ら)	pickpocket ピクパケト
スリーブ	manga *f* マンガ	sleeve スリーヴ
す お 擦り下ろす	moler モレる	grind, grate グラインド, グレイト
す きず 擦り傷	raspadura *f* らスパドゥら	abrasion アブレイジョン
す き 擦り切れる	gastarse ガスタるセ	wear out ウェア アウト
スリット	raja *f* らハ	slit スリト
スリッパ	zapatillas *fpl* さパティジャス	slippers スリパズ
スリップ	derrape *m* デらペ	slip スリプ
(下着)	combinación *f* コンビナしオン	slip スリプ
〜する	resbalar れスバラる	slip, skid スリプ, スキド
スリムな	esbelto(a) エスベルト (タ)	slim スリム
スリル	intriga *f* イントりガ	thrill スリル
す 為る	hacer アせる	do ドゥ
す 擦る	frotar フろタる	rub, chafe ラブ, チェイフ
ずる 狡い	malicioso(a) マリしオソ (サ)	sly スライ
がしこ ずる賢い	astuto(a) アストゥト (タ)	cunning カニング
するど 鋭い	afilado(a) アフィラド (ダ)	sharp, pointed シャープ, ポインテド
やす ずる休み	ausentismo *m* アウセンティスモ	truancy トルーアンスィ
スレート	pizarra *f* ピさら	slate スレイト

日	西	英
擦れ違う	cruzarse クるサるセ	pass each other パス イーチ アザ
ずれる	deslizarse デスリさるセ	shift シフト
（逸脱）	desviarse デスビアるセ	deviate ディーヴィエイト
スローガン	eslogan *m* エスロガン	slogan, motto スロウガン, マトウ
スロープ	rampa *f* らンパ	slope スロウプ
スローモーション	cámara lenta *f* カマら レンタ	slow motion スロウ モウション
スロットマシン	tragamonedas *m* トらガモネダス	slot machine スラト マシーン
座る	sentarse センタるセ	sit down, take a seat スィト ダウン, テイク ア スィート
寸法	medida *f* メディダ	measure, size メジャ, サイズ

せ, セ

日	西	英
背	espalda *f* エスパルダ	back バク
（身長）	altura *f* アルトゥら	height ハイト
姓	apellido *m* アペジド	family name, surname ファミリ ネイム, サーネイム
性	sexo *m* セクソ	sex セクス
生	vida *f* ビダ	life, living ライフ, リヴィング
背	estatura *f* エスタトゥら	height, stature ハイト, スタチャ
税	impuesto *m* インプエスト	tax タクス
誠意	sinceridad *f* シンセりダド	sincerity スィンセリティ
精一杯	con todas las fuerzas コン トダス ラス フエるササ	as hard as possible アズ ハード アズ パスィブル

日	西	英
せいうん 星雲	nebulosa *f* ネブロサ	nebula ネビュラ
せいえん 声援	ánimo *m* アニモ	encouragement インカーリヂメント
〜する	animar アニマる	encourage, cheer インカーリヂ, チア
せいおう 西欧	Europa Occidental *f* エウろパ オクしデンタル	West Europe ウェスト ユアロプ
せいか 成果	resultado *m* れスルタド	result リザルト
せいかい 政界	mundo de la política *m* ムンド デ ラ ポリティカ	political world ポリティカル ワールド
せいかい 正解	solución correcta *f* ソルしオン コ れクタ	correct answer カレクト アンサ
せいかく 性格	carácter *m* カらクテる	character, personality キャラクタ, パーソナリティ
せいがく 声楽	música vocal *f* ムシカ ボカル	vocal music ヴォウカル ミューズィク
せいかくな 正確な	correcto(a) コれクト(タ)	exact, correct イグザクト, カレクト
せいかつ 生活	vida *f* ビダ	life, livelihood ライフ, ライヴリフド
〜する	vivir ビビる	live リヴ
ぜいかん 税関	aduana *f* アドゥアナ	customs カスタムズ
せいかんする 静観する	esperar y ver エスペらる イ べる	wait and see ウェイト アンド スィー
せいき 世紀	siglo *m* シグロ	century センチュリ
せいぎ 正義	justicia *f* フスティしア	justice ヂャスティス
せいきゅう 請求	reclamación *f* れクラマしオン	demand, claim ディマンド, クレイム
〜書	factura *f* ファクトゥら	bill ビル
〜する	pedir ペディる	ask, claim, demand アスク, クレイム, ディマンド

日	西	英
せいぎょ 制御	control *m* コントロる	control カントロウる
～する	controlar コントロらる	control カントロウる
せいきょく 政局	situación política *f* シトゥアしオン ポリティカ	political situation ポリティカる スィチュエイション
ぜいきん 税金	impuesto *m* インプエスト	tax タクス
せいくうけん 制空権	dominio aéreo *m* ドミニオ アエれオ	mastery of the air マスタリ カマンド アヴ ジ エア
せいけい 生計	vida *f* ビダ	living リヴィング
せいけいげか 整形外科	ortopedia *f* オるトペディア	orthopedics オーサピーディクス
せいけつ 清潔な	limpio(a) リンピオ(ア)	clean, neat クリーン, ニート
せいけん 政権	poder político *m* ポデる ポリティコ	political power ポリティカる パウア
せいげん 制限	restricción *f*, limitación *f* れストリクしオン, リミタしオン	restriction, limit リストリクション, リミト
～する	limitar リミタる	limit, restrict リミト, リストリクト
せいこう 成功	éxito *m* エクスィト	success サクセス
～する	tener éxito テネる エクスィト	succeed サクスィード
せいざ 星座	constelación *f* コンステラしオン	constellation カンステレイション
せいさい 制裁	sanción *f* サンしオン	punishment, sanction パニシュメント, サンクション
せいさく・製作 制作・製作	producción *f* プろドゥクしオン	production, manufacture プロダクション, マニュファクチャ
～する	producir プろドゥしる	make, produce メイク, プロデュース
せいさく 政策	política *f* ポリティカ	policy パリスィ
せいさん 生産	producción *f* プろドゥクしオン	production, manufacture プロダクション, マニュファクチャ

日	西	英
〜する	producir プロドゥしる	produce, manufacture プロデュース, マニュファクチャ
〜高	producción total *f* プロドゥクしオン トタル	output アウトプト
せいし 生死	vida *f* y muerte *f* ビダ イ ムエるテ	life and death ライフ アンド デス
せいし 静止	quietud *f* キエトゥド	stillness, repose スティルネス, リポウズ
〜する	parar パらる	rest, stand still レスト, スタンド スティル
せいじ 政治	política *f* ポリティカ	politics パリティクス
〜家	político(a) *m,f* ポリティコ(カ)	statesman, politician ステイツマン, パリティシャン
せいしき 正式な	formal, oficial フォるマル, オフィしアル	formal, official フォーマル, オフィシャル
せいしつ 性質	naturaleza *f* ナトゥらレさ	nature ネイチャ
せいじつ 誠実な	sincero(a) シンせろ(ら)	sincere, honest スィンスィア, アニスト
せいじゃく 静寂	silencio *m* シレンしオ	stillness, silence スティルネス, サイレンス
せいしゅく 静粛	silencio *m* シレンしオ	silence サイレンス
せいじゅく 成熟	madurez *f* マドゥれす	ripeness, maturity ライプネス, マチュアリティ
〜する	madurar マドゥらる	ripen, mature ライプン, マテュア
せいしゅん 青春	juventud *f* フベントゥド	youth ユース
せいしょ 清書	copia limpia *f* コピア リンピア	fair copy フェア カピ
せいしょ 聖書	Biblia *f* ビブリア	Bible バイブル
せいじょう 正常な	normal ノるマル	normal ノーマル
せいじょう 清浄な	puro(a) プろ(ら)	pure, clean ピュア, クリーン

日	西	英
せいしょうねん 青少年	juventud *f* フベントゥド	younger generation ヤンガ ヂェナレイション
せいしょくき 生殖器	órganos genitales *mpl* オるガノス ヘニタレス	sexual organs セクシュアル オーガンズ
せいしょくしゃ 聖職者	eclesiástico(a) *m,f* エクレシアスティコ(カ)	clergyman クラーヂマン
せいしん 精神	espíritu *m* エスピリトゥ	spirit, mind スピリト, マインド
せいじん 成人	adulto(a) *m,f* アドゥルト(タ)	adult, grown-up アダルト, グロウナプ
～する	llegar a la mayoría de edad イェガる ア ラ マジョリア デ エダド	grow up グロウ アプ
せいじん 聖人	santo(a) *m,f* サント(タ)	saint セイント
せいしんかい 精神科医	psiquiatra *m,f* シキアトら	psychiatrist サイカイアトリスト
せいしんびょう 精神病	enfermedad mental *f* エンフェるメダド メンタル	mental disease メンタル ディズィーズ
せいず 製図	borrador de diseño *m* ボらドる デ ディセニョ	drafting, drawing ドラフティング, ドローイング
せいすう 整数	número entero *m* ヌメロ エンテロ	integer インティヂャ
せいせき 成績	calificaciones *fpl* カリフィカしオネス	result, record リザルト, リコード
せいせんしょくりょうひん 生鮮食料品	productos perecederos *mpl* プロドゥクトス ぺれせデロス	perishables ペリシャブルズ
せいぜんと 整然と	en orden エン オるデン	in good order, regularly イン グド オーダ, レギュラリ
せいそう 清掃	limpieza *f* リンピエさ	cleaning クリーニング
せいぞう 製造	fabricación *f* ファブりカしオン	manufacture, production マニュファクチャ, プロダクション
～業	industria fabril *f* インドゥストリア ファブりル	manufacturing industry マニュファクチャリング インダストリ
～する	fabricar ファブりカる	manufacture, produce マニュファクチャ, プロデュース
せいそうけん 成層圏	estratosfera *f* エストらトスフェら	stratosphere ストラトスフィア

376

日	西	英
せいそ 清楚な	arreglado(a), discreto(a) アれグラド(ダ), ディスクれト(タ)	neat ニート
せいぞん 生存	existencia f, supervivencia f エクシステンしア, スぺるビベンしア	existence, life イグズィステンス, ライフ
～する	existir, sobrevivir エクシスティる, ソブれビビる	exist, survive イグズィスト, サヴァイヴ
せいたい 政体	gobierno m ゴビエるノ	government ガヴァンメント
せいたいがく 生態学	ecología f エコロヒア	ecology イーカロヂィ
せいだい 盛大な	grandioso(a) グらンディオソ(サ)	prosperous, grand プラスペラス, グランド
ぜいたく 贅沢	lujo m ルホ	luxury ラクシュリ
～な	de lujo デ ルホ	luxurious ラグジュアリアス
せいち 聖地	tierra santa f ティエら サンタ	sacred ground セイクリド グラウンド
せいちょう 成長	crecimiento m クれしミエント	growth グロウス
～する	crecer クれせる	grow グロウ
せいつう 精通する	conocer bien コノせる ビエン	be familiar *with* ビ ファミリア
せいてき 静的な	estático(a) エスタティコ(カ)	static スタティク
せいてつ 製鉄	siderurgia f シデるるヒア	iron manufacture アイアン マニュファクチャ
せいてん 晴天	buen tiempo m ブエン ティエンポ	fine weather ファイン ウェザ
せいでんき 静電気	electricidad estática f エレクトりしダド エスタティカ	static electricity スタティク イレクトリスィティ
せいと 生徒	alumno(a) m,f アルムノ(ナ)	student, pupil ステューデント, ピューピル
せいど 制度	sistema m システマ	system, institution スィスティム, インスティテューション
せいとう 政党	partido político m パるティド ポリティコ	political party ポリティカル パーティ

日	西	英
せいどう 青銅	bronce *m* ブロンセ	bronze ブランズ
～器時代	edad de bronce *f* エダド デ ブロンセ	Bronze Age ブランズ エイヂ
せいとう 正当な	justo(a) フスト(タ)	just, proper, legal ヂャスト, プロパ, リーガル
せいとうぼうえい 正当防衛	legítima defensa *f* レヒティマ デフェンサ	self-defense セルフディフェンス
せいとん 整頓する	ordenar オルデナる	put in order プト イン オーダ
せいなん 西南	suroeste *m* スろエステ	southwest サウスウェスト
せいねん 青年	joven *m,f* ホベン	young man, youth ヤング マン, ユース
せいねん 成年	mayoría de edad *f* マジョリア デ エダド	adult age アダルト エイヂ
せいねんがっぴ 生年月日	fecha de nacimiento *f* フェチャ デ ナしミエント	date of birth デイト オヴ バース
せいのう 性能	rendimiento *f* れンディミエント	capacity, efficiency カパスィティ, イフィシェンスィ
せいはんたい 正反対	lo exactamente contrario ロ エクサクタメンテ コントらリオ	exact opposite イグザクト アポズィト
せいび 整備	mantenimiento *m* マンテニミエント	maintenance メインテナンス
～する	arreglar アれグラる	arrange, adjust アレインジ, アヂャスト
せいびょう 性病	enfermedad venérea *f* エンフェるメダド ベネれア	venereal disease ヴィニアリアル ディズィーズ
せいひん 製品	producto *m* プロドゥクト	product プラダクト
せいふ 政府	gobierno *m* ゴビエるノ	government ガヴァンメント
せいぶ 西部	occidente *m* オクしデンテ	west ウェスト
せいふく 制服	uniforme *m* ウニフォるメ	uniform ユーニフォーム
せいふく 征服	conquista *f* コンキスタ	conquest カンクウェスト

日	西	英
～する	conquistar コンキスタる	conquer カンカ
せいぶつ 生物	ser vivo [viviente] m セる ビボ [ビビエンテ]	living thing, life リヴィング スィング, ライフ
～学	biología f ビオロヒア	biology バイアロヂィ
せいぶつが 静物画	bodegón m ボデゴン	still life スティル ライフ
せいぶん 成分	ingrediente m イングれディエンテ	ingredient イングリーディエント
せいべつ 性別	distinción de sexo f ディスティンしオン デ セクソ	sex distinction セクス ディスティンクション
せいほうけい 正方形	cuadrado m クアドらド	square スクウェア
せいほく 西北	noroeste m ノろエステ	northwest ノースウェスト
せいほん 製本	encuadernación f エンクアデるナしオン	binding バインディング
せいみつ 精密な	preciso(a) プれしソ(サ)	precise, minute プリサイス, マイニュート
ぜいむしょ 税務署	oficina de impuestos f オフィしナ デ インプエストス	tax office タクス オフィス
せいめい 姓名	nombre m y apellido m ノンブれ イ アペジド	(full) name (フル) ネイム
せいめい 生命	vida f ビダ	life ライフ
～保険	seguro de vida m セグろ デ ビダ	life insurance ライフ インシュアランス
せいめい 声明	declaración f, comunicado m デクラらしオン, コムニカド	declaration, statement デクラレイション, ステイトメント
～文	manifiesto m, declaración f マニフィエスト, デクラらしオン	statement ステイトメント
せいもん 正門	puerta principal f プエるタ プリンしパル	front gate フラント ゲイト
せいやく 制約	restricción f れストリクしオン	restriction, limitation リストリクション, リミテイション
せいやく 誓約	voto m, juramento m ボト, フらメント	oath, pledge オウス, プレヂ

日	西	英
せいよう 西洋	Occidente *m* オクシデンテ	West ウェスト
せいよう 静養する	descansar デスカンサる	take a rest テイク ア レスト
せいり 整理	arreglo *m* アれグロ	arrangement アレインジメント
〜する	arreglar アれグラる	put in order プト イン オーダ
せいり 生理	fisiología *f* フィシオロヒア	physiology フィズィアロヂィ
（月経）	menstruación *f* メンストるアしオン	menstruation, period メンストルエイション, ピアリオド
〜学	fisiología *f* フィシオロヒア	physiology フィズィアロヂィ
ぜいりし 税理士	contable fiscal titulado *m* コンタブレ フィスカル ティトゥラド	licensed tax accountant ライセンスト タクス アカウンタント
せいりつ 成立	formación *f* フォるマしオン	formation フォーメイション
〜する	formarse フォるマるセ	be formed ビ フォームド
ぜいりつ 税率	tasa de impuestos *f* タサ デ インプエストス	tax rates タクス レイツ
せいりょういんりょう 清涼飲料	refresco *m* れフれスコ	soft drink, beverage ソフト ドリンク, ベヴァリヂ
せいりようひん 生理用品	compresa higiénica *f* コンプれサ イヒエニカ	sanitary napkin サニテリ ナプキン
せいりょく 勢力	poder *m* ポデる	influence, power インフルエンス, パウア
せいりょく 精力	energía *f* エネるヒア	energy, vitality エナヂ, ヴァイタリティ
〜的な	enérgico(a) エネるヒコ(カ)	energetic, vigorous エナヂェティク, ヴィゴラス
せいれき 西暦	era cristiana *f* エら クリスティアナ	Christian Era クリスチャン イアラ
せいれつ 整列する	alinearse アリネアるセ	stand in a row スタンド イン ア ロウ
セーター	suéter *m* スエテる	sweater, pullover スウェタ, プロウヴァ

日	西	英
セール	venta de saldo *f* ベンタ デ サルド	sale セイル
セールスマン	vendedor *m* ベンデドる	salesman セイルズマン
せお 背負う	llevar a la espalda ジェバる ア ラ エスパルダ	carry on *one's* back キャリ オン バク
せおよ 背泳ぎ	espalda *f* エスパルダ	backstroke バクストロウク
せかい 世界	mundo *m* ムンド	world ワールド
～遺産	Patrimonio de la Humanidad *m* パトリモニオ デ ラ ウマニダド	World Heritage ワールド ヘリティヂ
～史	historia universal *f* イストリア ウニべるサル	world history ワールド ヒストリ
～的な	mundial ムンディアル	worldwide ワールドワイド
せ 急かす	meter prisa メテる プリサ	expedite, hurry エクスペダイト, ハーリ
せき 咳	tos *f* トス	cough コフ
～をする	toser トセる	cough コフ
せき 席	asiento *m* アシエント	seat スィート
せきがいせん 赤外線	rayos infrarrojos *mpl* らジョス インフらろホス	infrared rays インフラレド レイズ
せきじゅうじ 赤十字	Cruz Roja *f* クるす ろハ	Red Cross レド クロス
せきずい 脊髄	médula espinal *f* メドゥラ エスピナル	spinal cord スパイナル コード
せ た 急き立てる	apresurar アプれスらる	hurry, hasten ハーリ, ヘイスン
せきたん 石炭	carbón *m* カるボン	coal コウル
せきどう 赤道	ecuador *m* エクアドる	equator イクウェイタ
せきど 咳止め	antitós *m* アンティトス	cough remedy コフ レメディ

日	西	英
せきにん 責任	responsabilidad *f* れスポンサビリダド	responsibility リスパンスィビリティ
せきばら 咳払い	carraspeo *m* カらスペオ	cough コフ
せきはんが 石版画	litografía *f* リトグらフィア	lithograph リソグラフ
せきひ 石碑	monumento de piedra *m* モヌメント デ ピエドら	stone monument ストウン マニュメント
せきぶん 積分	integración *f* インテグらしオン	integral calculus インテグラル キャルキュラス
せきめん 赤面する	ruborizarse るボリさるセ	blush ブラシュ
せきゆ 石油	petróleo *m* ペトろレオ	petroleum, oil ピトロウリアム, オイル
せきり 赤痢	disentería *f* ディセンテリア	dysentery ディセンテアリ
セクシーな	"sexy" セクシ	sexy セクスィ
セクハラ	acoso sexual *m* アコソ セクスアル	sexual harassment セクシュアル ハラスメント
せけん 世間	mundo *m* ムンド	world, society ワールド, ソサイエティ
セシウム	cesio *m* セシオ	cesium スィーズィアム
せしゅう 世襲	herencia *f* エれンしア	heredity ヒレディティ
ぜせい 是正する	corregir コれヒる	correct カレクト
せそう 世相	condiciones sociales *fpl* コンディしオネス ソしアレス	social conditions ソウシャル カンディションズ
せぞくの 世俗の	mundano(*a*) ムンダノ(ナ)	worldly ワールドリ
せだい 世代	generación *f* ヘネらしオン	generation ヂェナレイション
せつ 説	opinión *f* オピニオン	opinion オピニオン
（理論）	teoría *f* テオリア	theory スィオリ

日	西	英
ぜつえん 絶縁	ruptura de relaciones *f* るプトゥら デ れラしオネス	breaking the connection ブレイキング ザ カネクション
（電気）	aislamiento *m* アイスラミエント	insulation インシュレイション
〜する	romper las relaciones *con* ろンペる ラス れラしオネス コン	break the connection ブレイク ザ カネクション
（電気）	aislar アイスラる	insulate インシュレイト
せっかい 石灰	cal *f* カル	lime ライム
せっかく 折角	a pesar de sus esfuerzos ア ペサる デ スス エスフエるそス	in spite of all *one's* trouble イン スパイト アヴ オール トラブル
せっかちな	apresurado(*a*) アプれスらド(ダ)	hasty, impetuous ヘイスティ, インペチュアス
せっき 石器	instrumento de piedra *m* インストるメント デ ピエドら	stone implement ストウン インプレメント
〜時代	Edad de Piedra *f* エダド デ ピエドら	Stone Age ストウン エイヂ
せっきょう 説教する	sermonear セるモネアる	preach プリーチ
せっきょく 積極		
〜性	actitud positiva *f* アクティトゥド ポシティバ	positiveness パズィティヴネス
〜的な	positivo(*a*), activo(*a*) ポシティボ (バ), アクティボ (バ)	positive, active パズィティヴ, アクティヴ
せっきん 接近	acercamiento *m* アせるカミエント	approach アプロウチ
〜する	acercarse *a* アせるカるセ ア	approach, draw near アプロウチ, ドロー ニア
セックス	sexo *m* セクソ	sex セクス
せっけい 設計	diseño *m* ディセニョ	plan, design プラン, ディザイン
〜者	diseñador(*a*) *m,f* ディセニャドる (ら)	designer ディザイナ
〜図	diseño *m* ディセニョ	plan, blueprint プラン, ブループリント
〜する	diseñar ディセニャる	plan, design プラン, ディザイン

日	西	英
せっけん 石鹸	jabón *m* ハボン	soap ソウプ
ゼッケン	dorsal *m* ドルサル	player's number プレイアズ ナンバ
せっこう 石膏	yeso *m* ジェソ	gypsum, plaster ヂプサム, プラスタ
ぜっこう 絶交する	romper *con* ろンぺる コン	cut contact *with* カト カンタクト
ぜっこう 絶好の	*el* (*la*) mejor エル (ラ) メホる	best, ideal ベスト, アイディアル
ぜっさん 絶賛する	encomiar エンコミアる	extol イクストウル
せっしゅ 摂取	toma *f* トマ	intake インテイク
～する	tomar トマる	take in テイク イン
せっしょう 折衝	negociación *f* ネゴシアシオン	negotiation ニゴウシエイション
～する	negociar ネゴシアる	negotiate ニゴウシエイト
せっしょく 接触	contacto *m* コンタクト	contact, touch カンタクト, タチ
～する	ponerse en contacto *con* ポネるセ エン コンタクト コン	touch, make contact *with* タチ, メイク カンタクト
せつじょく 雪辱	desquite *m* デスキテ	revenge リヴェンヂ
ぜっしょく 絶食	ayuno *m* アジュノ	fasting, fast ファスティング, ファスト
せっ 接する	tener contacto *con* テネる コンタクト コン	touch, make contact *with* タチ, メイク カンタクト
(隣接)	lindar *con* リンダる コン	adjoin アヂョイン
せっせい 節制	moderación *f* モデらシオン	temperance テンパランス
～する	moderarse モデらるセ	be moderate *in* ビ マダレト
せっせん 接戦	partido reñido *m* パるティド れニド	close game クロウス ゲイム

日	西	英
せつぞく 接続	conexión *f* コネクシオン	connection, joining カネクション, ヂョイニング
～する	conectar コネクタる	join, connect *with* ヂョイン, カネクト
せつぞくし 接続詞	conjunción *f* コンフンしオン	conjunction カンヂャンクション
せったい 接待	agasajo *m* アガサホ	reception, welcome リセプション, ウェルカム
～する	agasajar アガサハる	entertain インタテイン
ぜつだい 絶大な	el(la) máximo(a) エル(ラ) マクシモ(マ)	the greatest, tremendous ザ グレイティスト, トリメンダス
ぜったい 絶対の	absoluto(a) アブソルト(タ)	absolute アブソリュート
せつだん 切断する	cortar コるタる	cut off カト オフ
せっちゃくざい 接着剤	adhesivo *m* アデシボ	adhesive アドヒースィヴ
せっちゅうあん 折衷案	término medio *m* てるミノ メディオ	compromise カンプロマイズ
ぜっちょう 絶頂	apogeo *m* アポヘオ	summit, height サミト, ハイト
せってい 設定	establecimiento *m* エスタブレしミエント	setting up セティング アプ
～する	establecer エスタブレせる	establish, set up イスタブリシュ, セト アプ
せってん 接点	punto de contacto *m* プント デ コンタクト	point of contact ポイント アヴ カンタクト
セット	juego *m* フエゴ	set セト
せつど 節度	moderación *f* モデらしオン	moderation モダレイション
せっとう 窃盗	robo *m* ろボ	theft セフト
せっとく 説得する	convencer コンベンせる	persuade パスウェイド
せっぱく 切迫	urgencia *f* ウるヘンしア	urgency ア〜ヂェンスィ

日	西	英
ぜっぱん **絶版**	edición agotada *f* エディしオン アゴタダ	out of print アウト アヴ プリント
せつび **設備**	equipo *m* エキポ	equipment イクウィプメント
～投資	inversión en maquinaria y equipos *f* インベるシオン エン マキナリア イ エキポス	plant and equipment investment プラント アンド イクウィプメント インヴェストメント
ぜつぼう **絶望**	desesperación *f* デセスペらしオン	despair ディスペア
～する	desesperarse *de* デセスペらるセ デ	despair *of* ディスペア
～的な	desesperado(*a*) デセスペらド(ダ)	desperate デスパレト
せつめい **説明**	explicación *f* エクスプリカしオン	explanation エクスプロネイション
～書	nota explicativa *f* ノタ エクスプリカティバ	explanatory note イクスプラナトーリ ノウト
～する	explicar エクスプリカる	explain イクスプレイン
ぜつめつ **絶滅**	extinción *f* エクスティンしオン	extinction イクスティンクション
～する	extinguirse エクスティンギるセ	become extinct ビカム イクスティンクト
せつやく **節約**	ahorro *m* アオろ	economy, saving イカノミ, セイヴィング
～する	economizar エコノミさる	economize, save イカノマイズ, セイヴ
せつりつ **設立する**	establecer エスタブレせる	establish, found イスタブリシュ, ファウンド
せともの **瀬戸物**	porcelana *f* ポるセラナ	earthenware, china アースンウェア, チャイナ
せなか **背中**	espalda *f* エスパルダ	back バク
ゼネスト	huelga general *f* ウエルガ ヘネラル	general strike ヂェナラル ストライク
せの **背伸びする**	ponerse de puntillas ポネるセ デ プンティジャス	stand on tiptoe スタンド オン ティプトウ
ぜひ **是非**	lo bueno y lo malo ロ ブエノ イ ロ マロ	right and wrong ライト アンド ロング

日	西	英
〜とも	a toda costa ア トダ コスタ	by all means バイ オール ミーンズ
セピア色 (いろ)	color sepia *m* コロる セピア	sepia スィーピア
せびる	pedir con insistencia ペディる コン インシステンしア	tease ティーズ
背広 (せびろ)	traje *m* トらへ	business suit ビズネス スート
背骨 (せぼね)	columna vertebral *f* コルムナ べるテブらル	backbone バクボウン
狭い (せま)	estrecho(*a*) エストれチョ (チャ)	narrow, small ナロウ, スモール
迫る (せま)	acercarse アせるカるセ	approach アプロウチ
(切迫)	ser apremiante セる アプれミアンテ	be on the verge *of* ビ オン ザ ヴァーヂ
(強いる)	exigir エクスィヒる	press, urge プレス, アーヂ
蝉 (せみ)	cigarra *f* しがら	cicada スィケイダ
セミコロン	punto *m* y coma *f* プント イ コマ	semicolon セミコウロン
セミナー	seminario *m* セミナリオ	seminar セミナー
攻める (せ)	atacar アタカる	attack, assault アタク, アソルト
責める (せ)	acusar アクサる	blame, reproach ブレイム, リプロウチ
セメント	cemento *m* セメント	cement スィメント
ゼラチン	gelatina *f* ヘラティナ	gelatin ヂェラティン
ゼラニウム	geranio *m* ヘらニオ	geranium ヂレイニアム
セラピスト	terapeuta *m,f* テらペウタ	therapist セラピスト
セラミック	cerámica *f* せらミカ	ceramics スィラミクス

日	西	英
ゼリー	gelatina f ヘラティナ	jelly ヂェリ
台詞(せりふ)	diálogo m ディアロゴ	speech, dialogue スピーチ, ダイアローグ
セルフサービス	autoservicio m アウトセルビシオ	self-service セルフサーヴィス
セルフタイマー	disparador automático m ディスパラドル アウトマティコ	self-timer セルフタイマ
セルロイド	celuloide m セルロイデ	celluloid セリュロイド
セルロース	celulosa f セルロサ	cellulose セリュロウス
ゼロ	cero m せロ	zero ズィアロウ
セロテープ	cinta de celofán f シンタ デ セロファン	Scotch tape スカチ テイプ
セロハン	celofán m, celo m セロファン, セロ	cellophane セロフェイン
セロリ	apio m アピオ	celery セラリ
世論(せろん)	opinión pública f オピニオン プブリカ	public opinion パブリク オピニオン
世話(せわ)	cuidado m クイダド	care, aid ケア, エイド
～する	cuidar クイダる	take care テイク ケア
千(せん)	mil ミル	thousand サウザンド
栓(せん)	tapón m タポン	stopper, plug スタパ, プラグ
線(せん)	línea f リネア	line ライン
(駅の)	vía f ビア	track トラク
善(ぜん)	bien m ビエン	good, goodness グド, グドネス
膳(ぜん)	mesa f, bandeja f メサ, バンデハ	table, tray テイブル, トレイ

日	西	英
ぜんあく善悪	el bien *m* y el mal *m* エル ビエン イ エル マル	good and evil グド アンド イーヴル
せんい繊維	fibra *f* フィブら	fiber ファイバ
ぜんい善意	buena fe *f* ブエナ フェ	goodwill グドウィル
せんいん船員	tripulación *f*, marinero *m* トリプラしオン, マリネろ	crew, seaman クルー, スィーマン
ぜんいん全員	todos(as) トドス(ダス)	all members オール メンバズ
ぜんえい前衛	vanguardia *f* バングアるディア	advanced guard アドヴァンスト ガード
ぜんかい前回	la última vez *f* ラ ウルティマ ベす	the last time ザ ラスト タイム
せんかん戦艦	acorazado *m* アコらさド	battleship バトルシプ
ぜんき前期	primer periodo *m* プリメる ぺりオド	first term ファースト ターム
せんきょ選挙	elección *f* エレクしオン	election イレクション
〜する	elegir エレヒる	elect イレクト
せんきょうし宣教師	misionero(a) *m,f* ミシオネろ(ら)	missionary ミショネリ
せんくしゃ先駆者	pionero(a) *m,f* ピオネろ(ら)	pioneer パイオニア
せんげつ先月	el mes pasado *m* エル メス パサド	last month ラスト マンス
せんげん宣言	declaración *f* デクららしオン	declaration デクラレイション
〜する	declarar デクららる	declare, proclaim ディクレア, プロクレイム
せんご戦後	posguerra *f* ポスゲら	after the war アフタ ザ ウォー
ぜんご前後	delante y detrás デランテ イ デトらス	front and rear フラント アンド リア
(時間的な)	antes y después アンテス イ デスプエス	before and after ビフォー アンド アフタ

日	西	英
（順序）	orden *m* オルデン	order, sequence オーダ, スィークウェンス
（およそ）	aproximadamente アプロクシマダメンテ	about アバウト
専攻	especialidad *f* エスペしアリダド	special study スペシャル スタディ
～する	especializarse *en* エスペしアリさるせ エン	major *in* メイヂャ
宣告	declaración *f* デクラらしオン	sentence センテンス
～する	declarar デクラらる	sentence センテンス
全国	todo el país *m* トド エル パイス	the whole country ザ ホウル カントリ
～的な	nacional ナしオナル	national ナショナル
センサー	sensor *m* センソる	sensor センサ
戦災	daños de la guerra *mpl* ダニョス デ ラ ゲら	war damage ウォー ダミヂ
洗剤	detergente *m* デテるヘンテ	detergent, cleanser ディターヂェント, クレンザ
前菜	entremeses *mpl* エントれメセス	hors d'oeuvre オー ダーヴル
繊細な	fino(*a*) フィノ(ナ)	delicate デリケト
戦死	muerte en el combate *f* ムエるテ エン エル コンバテ	death in battle デス イン バトル
～者	caídos *mpl* カイドス	the war dead ザ ウォー デド
～する	morir en la guerra モりる エン ラ ゲら	fall in battle フォール イン バトル
先史時代	tiempos prehistóricos *mpl* ティエンポス プれイストりコス	prehistory プリヒストリ
船室	camarote *m* カマろテ	cabin キャビン
先日	el otro día *m* エル オトろ ディア	the other day ジ アザ デイ

せ

日	西	英
ぜんじつ 前日	el día anterior *m* エル ディア アンテリオる	the day before ザ デイ ビフォー
せんしゃ 戦車	carro de combate *m* カろ デ コンバテ	tank タンク
ぜんしゃ 前者	primero(a) *m,f* プリメろ(ら)	former フォーマ
せんしゅ 選手	atleta *m,f*, jugador(a) *m,f* アトレタ, フガドる(ら)	athlete, player アスリート, プレイア
～権	campeonato *m* カンペオナト	championship チャンピオンシプ
せんしゅう 先週	semana pasada *f* セマナ パサダ	last week ラスト ウィーク
ぜんしゅう 全集	obras completas *fpl* オブらス コンプレタス	complete works カンプリート ワークス
せんじゅうみん 先住民	indígenas *mpl* インディヘナス	aborigines アボリヂニーズ
せんしゅつ 選出	elección *f* エレクしオン	election イレクション
～する	elegir エレヒる	elect イレクト
せんじゅつ 戦術	táctica *f* タクティカ	tactics タクティクス
ぜんじゅつの 前述の	dicho(a) ディチョ(チャ)	above-mentioned アバヴメンションド
せんじょう 戦場	campo de batalla *m* カンポ デ バタジャ	battlefield バトルフィールド
せんしょく 染色	tinte *m* ティンテ	dyeing ダイイング
せんしょくたい 染色体	cromosoma *m* クロモソマ	chromosome クロウモソウム
ぜんしん 前進	avance *m* アバンセ	progress, advance プラグレス, アドヴァンス
～する	avanzar アバンさる	advance アドヴァンス
ぜんしん 全身	todo el cuerpo *m* トド エル クエるポ	whole body ホウル バディ
せんしんこく 先進国	país avanzado *m* パイス アバンさド	industrialized countries インダストリアライズド カントリズ

日	西	英
せんす 扇子	abanico *m* アバニコ	folding fan フォウルディング ファン
せんすいかん 潜水艦	submarino *m* スブマリノ	submarine サブマリーン
せんすい 潜水する	sumergirse スメルヒるセ	dive ダイヴ
せんせい 先生	profesor(a) *m,f* プろフェソる(ら)	teacher, instructor ティーチャ, インストラクタ
(医者)	médico *m,f* メディコ	doctor ダクタ
せんせい 宣誓	juramento *m* フらメント	oath オウス
～する	jurar フらる	take an oath, swear テイク アン オウス, スウェア
せんせい 専制	tiranía *f* ティらニア	despotism, autocracy デスパティズム, オータクラスィ
ぜんせい 全盛	apogeo *m* アポヘオ	the height of prosperity ザ ハイト アヴ プラスペリティ
せんせいじゅつ 占星術	astrología *f* アストろロヒア	astrology アストラロヂィ
センセーショナルな	sensacional センサしオナル	sensational センセイショナル
せんせん 戦線	frente *m* フれンテ	front フラント
せんぜん 戦前	período de la preguerra *m* ペリオド デ ラ プれゲら	prewar プリーウォー
ぜんせん 前線	frente *m* フれンテ	front フラント
ぜんぜん 全然	nada, de ninguna manera ナダ, デ ニングナ マネら	not at all ナト アト オール
せんせんしゅう 先々週	hace dos semanas アセ ドス セマナス	the week before last ザ ウィーク ビフォー ラスト
せんぞ 先祖	antepasado *m* アンテパサド	ancestor アンセスタ
せんそう 戦争	guerra *f* ゲら	war ウォー
ぜんそうきょく 前奏曲	preludio *m* プれルディオ	overture, prelude オウヴァチャ, プレリュード

日	西	英
ぜんそく 喘息	asma *f* アスマ	asthma アズマ
センター	centro *m* セントろ	center センタ
ぜんたい 全体	total *m* トタル	whole ホウル
～の	total トタル	whole, general ホウル, チェナラル
せんたく 洗濯	lavado *m* ラバド	wash, laundry ワシュ, ローンドリ
～機	lavadora *f* ラバドら	washing machine ワシング マシーン
～屋	lavandería *f* ラバンデリア	laundry ローンドリ
せんたく 選択	elección *f* エレクしオン	selection, choice スィレクション, チョイス
～する	elegir エレヒる	select, choose スィレクト, チューズ
せんたん 先端	punta *f* プンタ	point, tip ポイント, ティプ
ぜんちし 前置詞	preposición *f* プれポシしオン	preposition プレポズィション
センチメートル	centímetro *m* センティメトろ	centimeter センティミータ
センチメンタルな	sentimental センティメンタル	sentimental センティメンタル
せんちょう 船長	capitán(ana) *m,f* カピタン(ナ)	captain キャプティン
ぜんちょう 前兆	augurio *m*, síntoma *m* アウグりオ, シントマ	omen, sign, symptom オウメン, サイン, スィンプトム
ぜんてい 前提	premisa *f* プれミサ	premise プレミス
せんでん 宣伝	propaganda *f* プろパガンダ	publicity パブリスィティ
～する	anunciar アヌンしアる	advertise アドヴァタイズ
ぜんと 前途	futuro *m* フトゥろ	future, prospects フューチャ, プラスペクツ

日	西	英
せんとう 先頭	cabeza f カベさ	head ヘド
せんとう 銭湯	casa de baños f カサ デ バニョス	public bath パブリク バス
せんどう 扇動	agitación f アヒタしオン	agitation アヂテイション
～する	agitar アヒタる	stir up, agitate スター アプ, アヂテイト
せんどう 船頭	barquero(a) m,f バるケろ(ら)	boatman ボウトマン
せんとうき 戦闘機	caza m カさ	fighter ファイタ
セントラル ヒーティング	calefacción central f カレファクしオン セントらル	central heating セントラル ヒーティング
せんにゅうかん 先入観	prejuicio m プれフイしオ	preconception プリーコンセプション
ぜんにん 善人	buena persona f ブエナ ぺるソナ	good man グド マン
ぜんにんしゃ 前任者	antecesor(a) m,f アンテセソる(ら)	predecessor プレディセサ
せんぬき 栓抜き	sacacorchos m サカコるチョス	corkscrew, bottle opener コークスクルー, バトル オウプナ
ぜんねん 前年	año anterior m アニョ アンテリオる	previous year プリーヴィアス イア
せんねん 専念する	concentrarse en コンセントらるセ エン	devote *oneself to* ディヴォウト
せんのう 洗脳する	lavar el cerebro ラバる エル せれブろ	brainwash ブレインウォーシュ
せんばい 専売	monopolio m モノポリオ	monopoly モナポリ
～特許	patente m パテンテ	patent パテント
せんぱい 先輩	mayor m,f マジョる	senior, elder スィーニア, エルダ
せんばつ 選抜する	seleccionar セレクしオナる	select, pick out スィレクト, ピク アウト
せんばん 旋盤	torno m トるノ	lathe レイズ

394

日	西	英
ぜんはん 前半	primera mitad *f* プリメラ ミタド	first half ファースト ハフ
ぜんぱん 全般	todo *m* トド	whole ホウル
〜の	general ヘネラル	whole ホウル
せんび 船尾	popa *f* ポパ	stern スターン
ぜんぶ 全部	todo *m* トド	all, whole オール, ホウル
せんぷうき 扇風機	ventilador *m* ベンティラドる	electric fan イレクトレク ファン
せんぷくする 潜伏する	ocultarse オクルタるセ	lie hidden ライ ヒドン
ぜんぶん 全文	texto completo *m* テクスト コンプレト	whole sentence ホウル センテンス
せんぽう 先方	la otra parte *f* ラ オトら パるテ	the other party ザ アザ パーティ
ぜんぽうの 前方の	delantero(a) デランテろ(ら)	before, in front of ビフォー, イン フラント アヴ
せんめいな 鮮明な	nítido(a) ニティド(ダ)	clear クリア
ぜんめつする 全滅する	ser aniquilado(a) セる アニキラド(ダ)	be annihilated ビ アナイイレイトデ
せんめんじょ 洗面所	aseo *m* アセオ	lavatory, toilet ラヴァトーリ, トイレト
せんめんだい 洗面台	lavabo *m* ラバボ	washbasin ワシュベイスン
せんもん 専門	especialidad *f* エスペしアリダド	specialty スペシャルティ
〜家	especialista *m,f* エスペしアリスタ	specialist スペシャリスト
〜学校	escuela especializada *f* エスクエラ エスペしアリさダ	special school スペシャル スクール
〜的な	especializado(a) エスペしアリさド(ダ)	special, professional スペシャル, プロフェショナル
ぜんや 前夜	víspera *f* ビスペら	previous night プリーヴィアス ナイト

日	西	英
せんやく 先約	compromiso anterior *m* コンプロミソ アンテリオる	previous engagement プリーヴィアス インゲイヂメント
せんゆう 占有	posesión *f* ポセシオン	possession, occupancy ポゼション, アキュパンスィ
～する	posesionarse ポセシオナるセ	possess, occupy ポゼス, アキュパイ
せんよう 専用	uso exclusivo *m* ウソ エクスクルシボ	exclusive use イクスクルースィヴ ユース
せんりつ 旋律	melodía *f* メロディア	melody メロディ
ぜんりつせん 前立腺	próstata *f* プロスタタ	prostate プラステイト
せんりゃく 戦略	estrategia *f* エストらテヒア	strategy ストラテヂィ
せんりょう 占領	ocupación *f* オクパしオン	occupation アキュペイション
～する	ocupar オクパる	occupy, capture アキュパイ, キャプチャ
ぜんりょう 善良な	bueno(*a*) ブエノ(ナ)	good, virtuous グド, ヴァーチュアス
ぜんりょく 全力	todo lo posible トド ロ ポシブレ	all *one's* strength オール ストレンクス
せんれい 洗礼	bautismo *m* バウティスモ	baptism バプティズム
ぜんれい 前例	precedente *m* プれせデンテ	precedent プレスィデント
せんれん 洗練する	refinar れフィナる	refine リファイン
せんろ 線路	vía (férrea) *f* ビア (フェれア)	railway line レイルウェイ ライン

そ, ソ

日	西	英
そあく 粗悪な	de poca calidad デ ポカ カリダド	of poor quality アヴ プア クワリティ
そ 沿う		
…に沿って	a lo largo *de* ア ロ らるゴ デ	along アロング

日	西	英
そう 添う	acompañar アコンパニャる	accompany アカンパニ
ぞう 象	elefante *m* エレファンテ	elephant エレファント
ぞう 像	imagen *f*, figura *f*, estatua *f* イマヘン, フィグら, エスタトゥア	image, figure, statue イミヂ, フィギャ, スタチュー
そうあん 草案	borrador *m* ボらドる	draft ドラフト
そうい 相異［違］	diferencia *f* ディフェれンしア	difference ディフレンス
ぞうお 憎悪	odio *m* オディオ	hatred ヘイトリド
そうおん 騒音	ruido *m* るイド	noise ノイズ
ぞうか 増加	aumento *m* アウメント	increase インクリース
～する	aumentar アウメンタる	increase インクリース
そうかい 総会	asamblea general *f* アサンブレア ヘネらル	general meeting ヂェナラル ミーティング
そうがく 総額	total *m* トタル	total (amount) トウタル (アマウント)
そうがんきょう 双眼鏡	binoculares *mpl* ビノクラれス	binoculars バイナキュラズ
そうぎ 葬儀	funeral *m* フネらル	funeral フューネラル
ぞうきばやし 雑木林	bosquecillo *m* ボスケしジョ	coppice カピス
そうきん 送金	envío de dinero *m* エンビオ デ ディネろ	remittance リミタンス
～する	enviar el dinero エンビアる エル ディネろ	send money センド マニ
ぞうきん 雑巾	trapo del polvo *m* トらポ デル ポルボ	dustcloth ダストクロース
ぞうげ 象牙	marfil *m* マるフィル	ivory アイヴォリ
そうけい 総計	total *m* トタル	total amount トウタル アマウント

日	西	英
造形美術	artes plásticas *fpl* アルテス プラスティカス	plastic arts プラスティク アーツ
草原	prado *m* プらド	plain, prairie プレイン, プレアリ
倉庫	almacén *m* アルマセン	warehouse ウェアハウス
総合		
〜する	sintetizar シンテティさる	synthesize スィンセサイズ
〜的な	sintético(a) シンテティコ(カ)	synthetic スィンセティク
走行距離	kilometraje *m* キロメトらへ	mileage マイリヂ
相互の	mutuo(a) ムトゥオ(ア)	mutual, reciprocal ミューチュアル, リスィプロカル
荘厳な	solemne ソレムネ	solemn, sublime サレム, サブライム
捜査	investigación *f* インベスティガしオン	investigation, search インヴェスティゲイション, サーチ
〜する	investigar インベスティガる	look for ルク フォー
操作	manejo *m* マネホ	operation アペレイション
〜する	manejar マネハる	operate アペレイト
相殺する	compensar コンペンサる	offset, setoff オフセト, セトーフ
創作	creación *f* クれアしオン	creation クリエイション
〜する	crear クれアる	create クリエイト
捜索する	buscar ブスカる	search *for* サーチ
掃除	limpieza *f* リンピエさ	cleaning クリーニング
〜する	limpiar リンピアる	clean, sweep クリーン, スウィープ
葬式	funeral *m* フネラル	funeral フューネラル

日	西	英
そうじしょく**総辞職**	dimisión general *f* ディミシオン ヘネらル	general resignation ヂェナラル レズィグネイション
そうしゃ**走者**	corredor(a) *m,f* コれドる(ら)	runner ラナ
そうじゅう**操縦**	manejo *m* マネホ	handling ハンドリング
～士	piloto *m,f* ピロト	pilot パイロト
～する	manejar マネハる	handle, operate ハンドル, アペレイト
（飛行機を）	pilotar ピロタる	pilot パイロト
（船を）	navegar ナベガる	steer スティア
そうじゅくな**早熟な**	precoz プれコす	precocious プリコウシャス
そうしゅん**早春**	comienzo de la primavera *m* コミエンそ デ ラ プリマベら	early spring アーリ スプリング
ぞうしょ**蔵書**	biblioteca *f* ビブリオテカ	library ライブラリ
そうしょく**装飾**	decoración *f* デコらシオン	decoration デコレイション
～する	decorar デコらる	adorn, ornament アドーン, オーナメント
そうしん**送信**	trasmisión *f* トらスミシオン	transmission トランスミション
～する	transmitir トらンスミティる	transmit トランスミト
そうしんぐ**装身具**	accesorio *m* アクセソリオ	accessories アクセソリィズ
ぞうぜい**増税**	subida de impuestos *f* スビダ デ インプエストス	tax increase タクス インクリース
そうせつ**創設する**	fundar, crear フンダる, クれアる	found ファウンド
ぞうせん**造船**	construcción naval *f* コンストるクシオン ナバル	shipbuilding シプビルディング
そうぞう**創造**	creación *f* クれアシオン	creation クリエイション

日	西	英
〜する	crear クれアる	create クリエイト
〜的な	creativo(a) クれアティボ (バ)	creative クリエイティヴ
想像	imaginación f イマヒナシオン	imagination イマヂネイション
〜上の	imaginario(a) イマヒナリオ (ア)	imaginary イマヂネリ
〜する	imaginar イマヒナる	imagine イマヂン
騒々しい	ruidoso(a) るイドソ (サ)	noisy, loud ノイズィ, ラウド
相続	herencia f エれンしア	inheritance, succession インヘリタンス, サクセション
〜する	heredar エれダる	inherit, succeed インヘリト, サクスィード
〜税	impuesto sucesorio m インプエスト スせソリオ	inheritance tax インヘリタンス タクス
〜人	heredero(a) m,f エれデろ (ら)	heir, heiress エア, エアレス
相対的な	relativo(a) れラティボ (バ)	relative レラティヴ
壮大な	magnífico(a) マグニフィコ (カ)	magnificent, grand マグニフィセント, グランド
相談	consulta f コンスルタ	consultation カンスルテイション
〜する	consultar con コンスルタる コン	consult with カンサルト
装置	mecanismo m メカニスモ	device, equipment ディヴァイス, イクウィプメント
早朝	temprano por la mañana テンプらノ ポる ラ マニャナ	early in the morning アーリ イン ザ モーニング
贈呈	obsequio m オブセキオ	presentation プリーゼンテイション
騒動	disturbio m ディストゥるビオ	disturbance, confusion ディスターバンス, カンフュージョン
相当		
〜する	corresponder a コれスポンデる ア	suit, be fit for スート, ビ フィト

日	西	英
〜な	considerable コンシデらブレ	considerable, fair コンスィダラブル, フェア
そうなん 遭難	desastre *m* デサストれ	accident, disaster アクスィデント, ディザスタ
(船の)	naufragio *m* ナウフらヒオ	shipwreck シプレク
〜者	víctima *f* ビクティマ	victim, sufferer ヴィクティム, サファラ
そうにゅう 挿入	inserción *f* インセるしオン	insertion インサーション
〜する	insertar インセるタる	insert インサート
そうば 相場	cotización *f* コティサしオン	market price マーケト プライス
(投機)	especulación *f* エスペクラしオン	speculation スペキュレイション
そうび 装備	equipo *m* エキポ	equipment, outfit イクウィプメント, アウトフィト
〜する	equiparse *de* エキパるセ デ	equip *with* イクウィプ
そうふ 送付	envío *m* エンビオ	sending センディング
〜先	destino *m* デスティノ	addressee アドレスィー
〜する	enviar エンビアる	send センド
そうべつかい 送別会	fiesta de despedida *f* フィエスタ デ デスペディダ	farewell party フェアウェル パーティ
そうほう 双方	los dos ロス ドス	both parties ボウス パーティズ
そうむぶ 総務部	departamento de administración general *m* デパるタメント デ アドミニストらしオン ヘネラル	general affairs department ヂェナラル アフェアズ ディパートメント
そうめい 聡明な	inteligente インテリヘンテ	bright, intelligent ブライト, インテリヂェント
ぞうもつ 臓物	menudillos *mpl* メヌディジョス	entrails エントレイルズ
ぞうよぜい 贈与税	impuesto sobre donaciones *m* インプエスト ソブれ ドナしオネス	gift tax ギフト タクス

402

日	西	英
そうりだいじん 総理大臣	primer(a) ministro(a) m,f プリメる(ら) ミニストロ(ら)	Prime Minister プライム ミニスタ
そうりつ 創立	fundación f フンダしオン	establishment イスタブリシュメント
～者	fundador(a) m,f フンダドる(ら)	founder ファウンダ
～する	fundar フンダる	found, establish ファウンド, イスタブリシュ
そうりょ 僧侶	monje(a) budista m,f モンへ(ハ) ブディスタ	priest, bonze プリースト, バンズ
そうりょう 送料	franqueo m フらンケオ	postage, carriage ポウスティヂ, キャリヂ
そうりょうじ 総領事	cónsul general m,f コンスル ヘネらル	consul general カンスル ヂェナラル
そうわ 挿話	episodio m エピソディオ	episode エピソウド
ぞうわい 贈賄	soborno m ソボるノ	bribery ブライバリ
そ 添える	acompañar アコンパニャる	affix, attach アフィクス, アタチ
ソース	salsa f サルサ	sauce ソース
ソーセージ	salchicha f サルチチャ	sausage ソスィヂ
ソーダ	soda f ソダ	soda ソウダ
ぞくご 俗語	argot m アるゴト	slang スラング
そくし 即死	muerte instantánea f ムエるテ インスタンタネア	instant death インスタント デス
～する	morir en el acto モりる エン エル アクト	die on the spot ダイ オン ザ スパト
そくしん 促進	promoción f プろモしオン	promotion プロモウション
～する	promover プろモベる	promote プロモウト
ぞく 属する	pertenecer a ぺるテネせる ア	belong to ビローング

日	西	英
<ruby>即席<rt>そくせき</rt></ruby>の	improvisado(*a*) インプろビサド(ダ)	instant インスタント
ぞくぞくする	tiritar ティりタる	be thrilled *with* ビ スリルド
（寒さで）	sentir escalofrío**s** センティる エスカロフリオス	feel a chill フィール ア チル
<ruby>速達<rt>そくたつ</rt></ruby>	correo urgente *m* コれオ うるヘンテ	special delivery スペシャル ディリヴァリ
<ruby>測定<rt>そくてい</rt></ruby>	medida *f* メディダ	measurement メジャメント
〜する	medir メディる	measure メジャ
<ruby>速度<rt>そくど</rt></ruby>	velocidad *f* ベロしダド	speed, velocity スピード, ヴィラスィティ
〜計	velocímetro *m* ベロしメトろ	speedometer スピダメタ
〜制限	límite de velocidad *m* リミテ デ ベロしダド	speed limit スピード リミト
<ruby>即売<rt>そくばい</rt></ruby>	venta en el lugar *f* ベンタ エン エル ルガる	spot sale スパト セイル
<ruby>束縛<rt>そくばく</rt></ruby>	restricción *f* れストリクしオン	restraint, restriction リストレイント, リストリクション
〜する	restringir, limitar れストリンヒる, リミタる	restrain, restrict リストレイン, リストリクト
<ruby>俗物<rt>ぞくぶつ</rt></ruby>	persona vulgar *f* ぺるソナ ブルガる	vulgar person, snob ヴァルガ パースン, スナブ
<ruby>速報<rt>そくほう</rt></ruby>	últimas noticias *fpl* ウルティマス ノティしアス	prompt report プランプト リポート
<ruby>側面<rt>そくめん</rt></ruby>	lado *m* ラド	side サイド
<ruby>測量<rt>そくりょう</rt></ruby>	medición *f* メディしオン	measurement メジャメント
〜する	medir メディる	measure, survey メジャ, サーヴェイ
<ruby>速力<rt>そくりょく</rt></ruby>	velocidad *f* ベロしダド	speed, velocity スピード, ヴィラスィティ
ソケット	enchufe *m* エンチュフェ	socket サケト

日	西	英
そこ 底	fondo *m* フォンド	bottom バトム
(靴の)	suela *f* スエラ	sole ソウル
そこく 祖国	patria *f* パトリア	motherland, fatherland マザランド, ファーザランド
そこぢから 底力	fuerza real *f* フエルさ れアル	latent power レイテント パウア
そこ 損なう	dañar ダニャる	hurt, harm ハート, ハーム
そざい 素材	material *m* マテリアル	material マティアリアル
そしき 組織	organización *f* オルガニさしオン	organization オーガニゼイション
～する	organizar オルガニさる	organize オーガナイズ
そし 阻止する	detener デテネる	hinder, obstruct ヒンダ, オブストラクト
そしつ 素質	talento *m* タレント	nature, gift ネイチャ, ギフト
そして	y イ	and, then アンド, ゼン
そしょう 訴訟	pleito *m* プレイト	suit, action スート, アクション
～を起こす	poner un pleito *a*, proceder contra ポネる ウン プレイト ア, プろせデる コントら	bring a suit *against* ブリング ア スート
そしょく 粗食	dieta sencilla *f* ディエタ センしジャ	simple diet スィンプル ダイエト
そせん 祖先	antepasado *m* アンテパサド	ancestor アンセスタ
そそ 注ぐ	verter ... *en* べるテる エン	flow ... *into* フロウ
(液体を)	echar ... *en* エチャる エン	pour ... *into* ポー
そそっかしい	descuidado(*a*) デスクイダド(ダ)	careless ケアレス
そそのか 唆す	tentar, seducir テンタる, セドゥしる	tempt, seduce テンプト, スィデュース

日	西	英
育（そだ）つ	crecer クれせる	grow グロウ
育（そだ）てる	criar クリアる	bring up ブリング アプ
（動物を）	criar クリアる	rear, raise リア, レイズ
（植物を）	cultivar クルティバる	cultivate カルティヴェイト
措置（そち）	medidas *fpl* メディダス	measure, step メジャ, ステプ
そちら	ahí アイ	that way, there ザト ウェイ, ゼア
速記（そっき）	taquigrafía *f* タキグらフィア	shorthand ショートハンド
～者	taquígrafo(a) *m,f* タキグらフォ(ファ)	stenographer ステナグらファ
即興（そっきょう）	improvisación *f* インプろビサしオン	improvisation インプロヴィゼイション
卒業（そつぎょう）	graduación *f* グらドゥアしオン	graduation グラヂュエイション
～する	graduarse *en* グらドゥアるセ エン	graduate *from* グラヂュエイト
～生	graduado(a) *m,f* グらドゥアド(ダ)	graduate グラヂュエト
～論文	tesina *f* テシナ	graduation thesis グラヂュエイション スィースィス
ソックス	calcetines *mpl* カルセティネス	socks サクス
そっくり	igual *a* イグアル ア	just like ヂャスト ライク
（全部）	todo トド	all, entirely オール, インタイアリ
そっけない	frío(a) フリオ(ア)	cold, blunt コウルド, ブラント
率直（そっちょく）な	franco(a) フらンコ(カ)	frank, outspoken フランク, アウトスポウクン
そっと	sin hacer ruido, ligeramente シン アせる るイド, リヘらメンテ	quietly, softly クワイエトリ, ソフトリ

日	西	英
ぞっとする	temblar テンブラる	shudder, shiver シャダ, シヴァ
卒論	tesina *f* テシナ	graduation thesis グラヂュエイション スィースィス
袖	manga *f* マンガ	sleeve スリーヴ
ソテー	salteado *m*, sofrito *m* サルテアド, ソフリト	sauté ソーテイ
外	exterior *m* エクステリオる	outside アウトサイド
〜の	de fuera デ フエら	outdoor, external アウトドー, エクスターナル
備える	proveer de プろベエる デ	provide, equip プロヴァイド, イクウィプ
（準備する）	preparar プれパらる	prepare *oneself for* プリペア
ソナタ	sonata *f* ソナタ	sonata ソナタ
その	ese(*a*), es*os*(*as*) エセ(サ), エソス(サス)	that ザト
その上	además アデマス	besides ビサイヅ
その内	pronto プろント	soon スーン
その代わり	en su lugar エン ス ルガる	instead インステド
その後	desde entonces デスデ エントンセス	after that アフタ ザト
その頃	por esos días ポる エソス ディアス	about that time アバウト ザト タイム
その他	etc. (etcétera) エトセテら	and so on アンド ソウ オン
その時	entonces エントンセス	then, at that time ゼン, アト ザト タイム
傍	lado *m* ラド	side サイド
〜に	al lado *de* アル ラド デ	by, beside バイ, ビサイド

日	西	英
そばかす 雀斑	pecas *fpl* ペカス	freckles フレクルズ
そび 聳える	elevarse エレバるセ	tower, rise タウア, ライズ
そふ 祖父	abuelo *m* アブエロ	grandfather グランファーザ
ソファー	sofá *m* ソファ	sofa ソウファ
ソフトウェア	"software" *m* ソフウェる	software ソフトウェア
ソフトクリーム	helado (de cono) *m* エラド (デ コノ)	soft ice cream ソフト アイス クリーム
そふぼ 祖父母	abuelos *mpl* アブエロス	grandparents グランペアレンツ
ソプラノ	soprano *m* ソプらノ	soprano ソプラーノウ
そぶ 素振り	ademán *m* アデマン	air, behavior エア, ビヘイヴァ
そぼ 祖母	abuela *f* アブエラ	grandmother グランマザ
そぼく 素朴な	simple シンプレ	simple, artless スィンプル, アートレス
そまつ 粗末な	pobre ポブれ	coarse, humble コース, ハンブル
そむ 背く	desobedecer デソベデセる	disobey, betray ディスオベイ, ビトレイ
そむ 背ける	apartar アパるタる	avert アヴァート
ソムリエ	sumiller *m,f* スミジェる	sommelier サマリエイ
そ 染める	teñir テニる	dye, color ダイ, カラ
そよかぜ 微風	brisa *f* ブリサ	breeze ブリーズ
そよぐ	temblar テンブラる	rustle, wave ラスル, ウェイヴ
そら 空	cielo *m* しエロ	sky スカイ

日	西	英
<ruby>空豆<rt>そらまめ</rt></ruby>	haba *f* アバ	broad bean ブロード ビーン
<ruby>橇<rt>そり</rt></ruby>	trineo *m* トリネオ	sled, sledge スレド, スレヂ
<ruby>剃る<rt>そ</rt></ruby>	afeitar アフェイタる	shave シェイヴ
それ	eso エソ	it, that イト, ザト
それから	y, después イ, デスプエス	and, since then アンド, スィンス ゼン
それぞれ	respectivamente れスペクティバメンテ	respectively リスペクティヴリ
～の	respectivo(a), de cada uno(a) れスペクティボ(バ), デ カダ ウノ(ナ)	respective, each リスペクティヴ, イーチ
それまで	hasta entonces アスタ エントンセス	till then ティル ゼン
<ruby>逸れる<rt>そ</rt></ruby>	desviarse ディスビアるセ	turn away ターン アウェイ
<ruby>揃う<rt>そろ</rt></ruby>	estar igualado(a) エスタる イグアラド(ダ)	be even ビ イーヴン
（整う）	completarse コンプレタるセ	become complete ビカム カンプリート
（集まる）	juntarse フンタるセ	gather ギャザ
<ruby>揃える<rt>そろ</rt></ruby>	juntar フンタる	make even メイク イーヴン
（まとめる）	completar コンプレタる	complete, collect カンプリート, カレクト
（整える）	ordenar オルデナる	arrange アレインヂ
<ruby>算盤<rt>そろばん</rt></ruby>	ábaco *m* アバコ	abacus アバカス
そわそわする	agitarse アヒタるセ	be nervous ビ ナーヴァス
<ruby>損<rt>そん</rt></ruby>	pérdida *f* ぺるディダ	loss, disadvantage ロス, ディサドヴァンティヂ
～をする	perder ぺるデる	lose ルーズ

日	西	英
そんがい 損害	daño *m* ダニョ	damage, loss ダミヂ, ロス
そんけい 尊敬	respeto *m* れスペト	respect リスペクト
～する	respetar れスペタる	respect, esteem リスペクト, イスティーム
そんげん 尊厳	dignidad *f* ディグニダド	dignity, prestige ディグニティ, プレスティーヂ
そんざい 存在	existencia *f* エクシステンしア	existence イグズィステンス
～する	existir エクシスティる	exist イグズィスト
ぞんざいな	rudo(*a*) るド (ダ)	impolite, rough インポライト, ラフ
そんしつ 損失	pérdida *f* ぺるディダ	loss, disadvantage ロス, ディサドヴァンティヂ
そんぞく 存続	continuación *f* コンティヌアしオン	continuance カンティニュアンス
～する	continuar コンティヌアる	continue コンティニュー
そんだい 尊大な	arrogante アろガンテ	arrogant アロガント
そんちょう 尊重	respeto *m* れスペト	respect, esteem リスペクト, イスティーム
～する	respetar れスペタる	respect, esteem リスペクト, イスティーム
そんちょう 村長	alcalde *m*, alcaldesa *f* アルカルデ, アルカルデサ	village chief ヴィリヂ チーフ
そんな	tal タル	such サチ

日	西	英
た, タ		
田 (た)	arrozal *m* アろさル	rice field ライス フィールド
ターゲット	blanco *m* ブランコ	target ターゲト
ダース	docena *f* ドせナ	dozen ダズン
タートルネック	cuello vuelto *m* クエジョ ブエルト	turtleneck タートルネク
タービン	turbina *f* トゥるビナ	turbine タービン
ターボ	turbo *m* トゥるボ	turbo ターボ
～プロップ	turbopropulsor *m* トゥるボプロプルソる	turboprop ターボプラプ
ターミナル	(estación) terminal *f* (エスタしオン) テるミナル	terminal ターミナル
ターン	giro *m* ヒろ	turn ターン
～テーブル	plato giratorio *m* プラト ヒらトリオ	turntable ターンテイブル
鯛 (たい)	besugo *m* ベスゴ	sea bream スィー ブリーム
台 (だい)	base *f* バセ	stand, pedestal スタンド, ペデスタル
体当たりする (たいあたりする)	lanzarse *contra* ランさるセ コントら	throw *oneself to* スロウ
タイアップ	conexión *f* コネクシオン	tie-up タイアプ
体育 (たいいく)	educación física *f* エドゥカしオン フィシカ	physical education フィズィカル エヂュケイション
～館	gimnasio *m* ヒムナシオ	gymnasium ヂムネイズィアム
第一の (だいいちの)	primero(*a*) プリメろ(ら)	first ファースト
退院する (たいいんする)	ser dado(*a*) de alta セる ダド(ダ) デ アルタ	leave the hospital リーヴ ザ ハスピタル

日	西	英
たいえき 退役	retiro *m* れティロ	retirement リタイアメント
～する	retirarse れティらるセ	retire リタイア
ダイエット	dieta *f* ディエタ	diet ダイエト
～をする	estar a dieta エスタる ア ディエタ	go on a diet ゴウ オン ナ ダイエト
たいおう 対応	correspondencia *f* コれスポンデンしア	correspondence コレスパンデンス
～する	corresponder(se) *a* コれスポンデる(セ) ア	correspond *to* コーレスパンド
ダイオキシン	dioxina *f* ディオクシナ	dioxin ダイアクスィン
たいおん 体温	temperatura *f* テンペらトゥら	temperature テンパラチャ
～計	termómetro *m* テるモメトロ	thermometer セマメタ
たいか 大家	(gran) maestro(*a*) *m,f* (グラン) マエストろ(ら)	great master グレイト マスタ
たいかい 大会	congreso *m* コングれソ	general meeting ヂェナラル ミーティング
たいがい 大概	generalmente ヘネらルメンテ	generally, almost ヂェナラリ, オールモウスト
たいかく 体格	constitución *f* コンスティトゥしオン	physique, build フィズィーク, ビルド
たいがく 退学		
～する	dejar los estudios デハる ロス エストゥディオス	leave school リーヴ スクール
だいがく 大学	universidad *f* ウニべるシダド	university, college ユーニヴァースィティ, カリヂ
～院	curso posgraduado *m* クるソ ポスグらドゥアド	graduate school グラヂュエイト スクール
～生	universitario(*a*) *m,f* ウニべるシタりオ(ア)	university student ユーニヴァースィティ ステューデント
たいき 大気	atmósfera *f* アトモスフェら	air, atmosphere エア, アトモスフィア
～汚染	contaminación atmosférica *f* コンタミナしオン アトモスフェりカ	air pollution エア ポリューション

日	西	英
～圏	atmósfera *f* アトモスフェら	atmosphere アトモスフィア
大規模な	de gran escala デ グらン エスカラ	large-scale ラーヂスケイル
退却	retirada *f* れティらダ	retreat リトリート
～する	retirarse *de* れティらるセ デ	retreat *from* リトリート
耐久性	durabilidad *f* ドゥらビリダド	durability デュアラビリティ
大金	mucho dinero *m* ムチョ ディネろ	a large amount of money ア ラーヂ アマウント アヴ マニ
代金	importe *m* インポるテ	price, cost プライス, コスト
大工	carpintero(*a*) *m,f* カるピンテろ(ら)	carpenter カーペンタ
待遇	trato *m* トらト	treatment トリートメント
～する	tratar トらタる	treat トリート
退屈	aburrimiento *m* アブりミエント	boredom ボーダム
～する	aburrirse *de* アブりるセ デ	get bored *of* ゲト ボード
～な	aburrido(*a*) アブりド(ダ)	boring, tedious ボーリング, ティーディアス
体形	figura *f* フィグら	figure フィギャ
体系	sistema *m* システマ	system スィスティム
台形	trapezoide *m* トらペソイデ	trapezoid トラペゾイド
対決	enfrentamiento *m* エンフれンタミエント	confrontation カンフランテイション
～する	confrontarse *con* コンフろンタるセ コン	confront コンフラント
体験	experiencia *f* エクスペりエンしア	experience イクスピアリエンス
～する	experimentar エクスペりメンタる	experience, go through イクスピアリエンス, ゴウ スルー

日	西	英
たいこ 太鼓	tambor *m* タンボる	drum ドラム
たいこう 対抗する	oponerse *a* オポネるセ ア	oppose, cope *with* オポウズ, コウプ
だいこう 代行する	ejecutar en nombre *de* エヘクタる エン ノンブれ デ	act *for* アクト
たいこく 大国	gran país *m* グラン パイス	great nation グレイト ネイション
だいこん 大根	nabo *m* ナボ	radish ラディシュ
たいざい 滞在	estancia *f* エスタンしア	stay ステイ
～する	quedarse *en* ケダるセ エン	stay ステイ
だいざい 題材	material *m*, tema *m* マテリアル, テマ	subject, theme サブヂクト, スィーム
たいさく 対策	medidas *fpl* メディダス	measures メジャズ
だいさん 第三	tercer*o*(*a*) テるセろ(ら)	third サード
～国	tercera nación *f* テるセら ナしオン	third power サード パウア
たいし 大使	embajador(*a*) *m,f* エンバハドる(ら)	ambassador アンバサダ
～館	embajada *f* エンバハダ	embassy エンバスィ
だいじ 大事	asunto importante *m* アスント インポるタンテ	important matter インポータント マタ
～な	importante インポるタンテ	important, precious インポータント, プレシャス
～にする	cuidar (bien) クイダる (ビエン)	take care *of* テイク ケア
ダイジェスト	resumen *m* れスメン	digest ダイヂェスト
たい 大した	grande グらンデ	great グレイト
(重要)	importante インポるタンテ	important インポータント
たいしつ 体質	constitución *f* コンスティトゥしオン	constitution カンスティテューション

日	西	英
たい **大して**		
〜…でない	no muy ノ ムイ	not very ナト ヴェリ
たいしゃくたいしょうひょう **貸借対照表**	balance *m* バランセ	balance sheet バランス シート
たいしゅう **大衆**	público general *m* プブリコ ヘネラル	general public チェナラル パブリク
たいじゅう **体重**	peso *m* ペソ	weight ウェイト
たいしょう **対照**	contraste *m* コントラステ	contrast, comparison カントラスト, カンパリスン
〜する	contrastar コントラスタる	contrast, compare カントラスト カンペア
たいしょう **対象**	objeto *m* オブヘト	object アブヂクト
たいしょう **大将**	jefe *m* ヘフェ	head, leader, boss ヘド, リーダ, バス
（軍隊の）	capitán general *m* カピタン ヘネラル	general, admiral チェナラル, アドミラル
たいじょう **退場**		
〜する	irse イるセ	leave, exit リーヴ, エグズィト
だいしょう **代償**	compensación *f* コンペンサしオン	compensation カンペンセイション
だいじょうぶ **大丈夫**	seguro(*a*) セグろ(ら)	safe, secure セイフ, スィキュア
たいしょく **退職**	jubilación *f* フビラしオン	retirement リタイアメント
〜する	jubilarse *de* フビラるセ	retire *from* リタイア
たいしん **耐震**		
〜の	antisísmico(*a*) アンティシスミコ(カ)	earthquake-proof アースクウェイクプルーフ
だいじん **大臣**	ministro(*a*) *m,f* ミニストロ(ら)	minister ミニスタ
だいず **大豆**	soja *f* ソハ	soybean ソイビーン
たいすい **耐水の**	impermeable インペるメアブレ	waterproof ウォータプルーフ

日	西	英
たいすう 対数	logaritmo *m* ロガリトモ	logarithm ロガリズム
だいすう 代数	álgebra *f* アルヘブら	algebra アルヂブラ
たいせい 体制	sistema *m* システマ	organization, structure オーガニゼイション, ストラクチャ
たいせい 大勢	situación general *f* シトゥアしオン ヘネらル	general trend ヂェナラル トレンド
たいせいよう 大西洋	(Océano) Atlántico *m* (オセアノ) アトランティコ	Atlantic アトランティク
たいせき 体積	volumen *m* ボルメン	volume ヴァリュム
たいせつ 大切		
～な	importante インポるタンテ	important, precious インポータント, プレシャス
～に	con cuidado コン クイダド	carefully, with care ケアフリ, ウィズ ケア
たいせん 対戦する	jugar un partido *con* フガる ウン パるティド コン	fight *with* ファイト
たいそう 体操	gimnasia *f* ヒンナシア	gymnastics ヂムナスティクス
～選手	gimnasta *m,f* ヒンナスタ	gymnast ヂムナスト
たいだ 怠惰		
～な	perezoso(*a*) ぺれそソ(サ)	lazy レイズィ
だいたい 大体	resumen *m* れスメン	outline, summary アウトライン, サマリ
(およそ)	más o menos マス オ メノス	about アバウト
(一般に)	en general エン ヘネらル	generally ヂェナラリ
だいだいいろ 橙色	color anaranjado *m* コロる アナらンハド	orange オリンヂ
だいたすう 大多数	mayoría *f* マジョりア	a large majority ア ラーヂ マヂョリティ
たいだん 対談	conversación *f* コンべるサしオン	talk トーク

日	西	英
〜する	dialogar *con* ディアロガる コン	have a talk *with* ハヴ ア トーク
大胆な (だいたん)	atrevid*o(a)* アトれビド(ダ)	bold, daring ボウルド, デアリング
台地 (だいち)	meseta *f* メセタ	plateau, tableland プラトウ, テイブルランド
体調 (たいちょう)	estado (físico) *m* エスタド (フィシコ)	physical condition フィズィカル カンディション
〜がいい	estar en buena forma エスタる エン ブエナ フォるマ	be in good shape ビ イン グド シェイプ
隊長 (たいちょう)	capit*án(ana)* *m,f* カピタン(ナ)	commander, captain カマンダ, キャプティン
大腸 (だいちょう)	intestino grueso *m* インテスティノ グるエソ	large intestine ラーヂ インテスティン
タイツ	leotardos *mpl* レオタるドス	tights タイツ
大抵 (たいてい)	generalmente ヘネラルメンテ	generally ヂェナラリ
(大部分)	casi カシ	almost オールモウスト
態度 (たいど)	actitud *f* アクティトゥド	attitude, manner アティテュード, マナ
対等 (たいとう)	igualdad *f* イグアルダド	equality イクワリティ
〜の	igual イグアル	equal, even イークワル, イーヴン
大動脈 (だいどうみゃく)	aorta *f* アオるタ	aorta エイオータ
大統領 (だいとうりょう)	presid*ente(a)* *m,f* プれシデンテ(タ)	president プレズィデント
台所 (だいどころ)	cocina *f* コシナ	kitchen キチン
大都市 (だいとし)	gran ciudad *f* グらン シウダド	big city ビグ スィティ
タイトル	título *m* ティトゥロ	title タイトル
台無しにする (だいなし)	malograr マログらる	ruin, spoil ルーイン, スポイル

日	西	英
ダイナマイト	dinamita f ディナミタ	dynamite ダイナマイト
ダイナミックな	dinámico(a) ディナミコ(カ)	dynamic ダイナミク
第二の	segundo(a) セグンド(ダ)	second セコンド
耐熱の	termorresistente テるモれシステンテ	heatproof ヒートプルーフ
ダイバー	buzo m ブそ	diver ダイヴァ
退廃的な	decadente デカデンテ	decadent デカダント
体罰	castigo corporal m カスティゴ コるポラル	corporal punishment コーポラル パニシュメント

■台所用品■ cocina /コㇲナ/ f

鍋 cacerola /カせろラ/ f (⊛ pan)
圧力鍋 olla a presión /オジャ ア プれシオン/ f (⊛ pressure cooker)
薬缶 tetera /テテら/ f (⊛ kettle)
フライパン sartén /サるテン/ f (⊛ frying pan)
包丁 cuchillo de cocina /クチジョ デ コㇲナ/ m (⊛ kitchen knife)
俎 tajo /タホ/ m (⊛ cutting board)
杓文字 paleta /パレタ/ (⊛ ladle)
ボウル bol /ボル/ m (⊛ bowl)
水切りボール escurridor /エスクりドる/ m (⊛ colander)
計量カップ taza graduada /タさ グらドゥアダ/ f (⊛ measuring cup)
ミキサー licuadora f, batidora /リクアドら, バティドら/ f (⊛ mixer)
調理ばさみ tijeras /ティへラス/ fpl (⊛ poultry shears)
フライ返し espátula /エスパトゥラ/ f (⊛ spatula)
泡立て器 batidor /バティドる/ m (⊛ whisk)

日	西	英
たいはん 大半	mayoría *f* マジョリア	greater part グレイタ パート
たいひ 堆肥	"compost" *m* コンポスト	compost カンポウスト
だいひょう 代表	representante *m,f* れプれセンタンテ	representative レプリゼンタティヴ
～する	representar れプれセンタる	represent レプリゼント
～団	delegación *f* デレガしオン	delegation デリゲイション
～的な	representativo(*a*), típico(*a*) れプれセンタティボ (バ), ティピコ (カ)	representative レプリゼンタティヴ
～取締役	director(*a*) general *m,f* ディれクトる(ら) ヘネらル	representative director レプリゼンタティヴ ディレクタ
タイピン	alfiler de corbata *m* アルフィレる デ コるバタ	tiepin タイピン
ダイビング	buceo *m* ブせオ	diving ダイヴィング
タイプ	tipo *m* ティポ	type タイプ
～ライター	máquina de escribir *f* マキナ デ エスクりビる	typewriter タイプライタ
だいぶ 大分	bastante バスタンテ	very, pretty ヴェリ, プリティ
たいふう 台風	tifón *m* ティフォン	typhoon タイフーン
だいぶぶん 大部分	mayor parte *f* マジョる パるテ	greater part グレイタ パート
たいへいよう 太平洋	Océano Pacífico *m* オセアノ パしフィコ	Pacific Ocean パスィフィク オウシャン
たいへん 大変	muy ムイ	very, extremely ヴェリ, イクストリームリ
～な	grave, serio(*a*) グらベ, セりオ (ア)	serious, grave スィリアス, グレイヴ
(やっかいな)	fastidioso(*a*) ファスティディオソ (サ)	troublesome, hard トラブルサム, ハード
(たいした)	magnífico(*a*) マグニフィコ (カ)	wonderful, splendid ワンダフル, スプレンディド
だいべん 大便	heces *fpl* エせス	feces フィースィーズ

日	西	英
逮捕（たいほ）	detención f デテンシオン	arrest, capture アレスト, キャプチャ
～する	detener デテネる	arrest, capture アレスト, キャプチャ
大砲（たいほう）	cañón m カニョン	gun, cannon ガン, キャノン
待望の（たいぼうの）	largamente esperado(a) らるガメンテ エスぺらド(ダ)	long-awaited ロングアウェイテド
台本（だいほん）	guión m ギオン	playbook プレイブク
（歌劇の）	libreto m リブれト	libretto リブレトウ
（映画の）	guión m ギオン	scenario スィネアリオウ
大麻（たいま）	cáñamo m カニャモ	hemp ヘンプ
（麻薬）	marihuana f マリウアナ	marijuana マリホワーナ
タイマー	temporizador m テンポりサドる	timer タイマ
怠慢（たいまん）	negligencia f ネグリヘンシア	negligence ネグリヂェンス
～な	negligente ネグリヘンテ	negligent ネグリヂェント
タイミング	momento oportuno m モメント オポるトゥノ	timing タイミング
タイム	tiempo m ティエンポ	time タイム
（中断）	tiempo m ティエンポ	time-out タイマウト
（植物）	tomillo m トミジョ	thyme タイム
題名（だいめい）	título m ティトゥロ	title タイトル
代名詞（だいめいし）	pronombre m プロノンブれ	pronoun プロウナウン
タイヤ	neumático m ネウマティコ	tire タイア
ダイヤ	diamante m ディアマンテ	diamond ダイアモンド

日	西	英
(列車の)	horario de ferrocarriles *m* オらりオ デ フェろカりレス	timetable タイムテイブル
ダイヤモンド	diamante *m* ディアマンテ	diamond ダイアモンド
ダイヤル	disco *m* ディスコ	dial ダイアル
太陽(たいよう)	sol *m* ソル	sun サン
代用(だいよう)	sustitución *f* ススティトゥしオン	substitution サブスティテュション
〜する	sustituir ススティトゥイる	substitute *for* サブスティテュート
〜品	sucedáneo *m* スセダネオ	substitute サブスティテュート
平らげる(たい)	comerse コメるセ	eat up イート アプ
平らな(たい)	llano(a) ジャノ(ナ)	even, level, flat イーヴン, レヴル, フラト
代理(だいり)	representante *m,f* れプれセンタンテ	representative, proxy レプリゼンタティヴ, プラクスィ
〜店	agencia *f* アヘンしア	agency エイヂェンスィ
大陸(たいりく)	continente *m* コンティネンテ	continent カンティネント
〜棚	plataforma continental *f* プラタフォるマ コンティネンタル	continental shelf カンティネンタル シェルフ
大理石(だいりせき)	mármol *m* マるモル	marble マーブル
対立(たいりつ)	oposición *f* オポシしオン	opposition アポズィション
〜する	estar opuesto(a) a エスタる オプエスト(タ) ア	be opposed *to* ビ オポウズド
大量(たいりょう)	gran cantidad *f* グらン カンティダド	mass, large quantities マス, ラーヂ クワンティティズ
〜生産	producción en masa *f* プロドゥクしオン エン マサ	mass production マス プロダクション
体力(たいりょく)	fuerza (física) *f* フエるさ (フィシカ)	physical strength フィズィカル ストレンクス
タイル	azulejo *m* アすレホ	tile タイル

日	西	英
ダイレクトメール	publicidad por correo *f* プブリシダド ポル コ㈹オ	direct mail ディレクト メイル
たいわ 対話	diálogo *m* ディアロゴ	dialogue ダイアローグ
〜する	conversar コンベるサる	have a dialogue ハヴ ア ダイアローグ
たいわん 台湾	Taiwán タイワン	Taiwan タイワーン
たう 田植え	trasplante de los plantones de arroz *m* トらスプランテ デ ロス プラントネス デ アろず	rice-planting ライスプランティング
ダウンタウン	centro de la ciudad *m* セントロ デ ラ シウダド	downtown ダウンタウン
ダウンロードする	bajar, descargar バハる, デスカるガる	download ダウンロウド
だえき 唾液	saliva *f* サリバ	saliva サライヴァ
た 絶えず	continuamente コンティヌアメンテ	always, all the time オールウェイズ, オール ザ タイム
た 絶える	extinguirse エクスティンギるセ	cease, die out スィース, ダイ アウト
た 耐える	aguantar アグアンタる	bear, stand ベア, スタンド
(持ちこたえる)	resistir れシスティる	withstand ウィズスタンド
だえん 楕円	óvalo *m*, elipse *f* オバロ, エリプセ	ellipse, oval イリプス, オウヴァル
たお 倒す	derribar デりバる	knock down ナク ダウン
(負かす)	ganar ガナる	defeat, beat ディフィート, ビート
(政府などを)	derrocar デろカる	overthrow オウヴァスロウ
タオル	toalla *f* トアジャ	towel タウエル
たお 倒れる	caer(se) カエる(セ)	fall, break down フォール, ブレイク ダウン
たか 鷹	halcón *m* アルコン	hawk ホーク
たか 高い	alto(a) アルト(タ)	high, tall ハイ, トール

日	西	英
(値段が)	caro(a) カロ(ら)	expensive イクスペンスィヴ
(声が)	alto(a) アルト(タ)	loud ラウド
たがい 互い		
～に	mutuamente ムトゥアメンテ	mutually ミューチュアリ
～の	mutuo(a) ムトゥオ(ア)	mutual ミューチュアル
だかい 打開する	superar スペらる	break ブレイク
たがく 多額	gran suma f グラン スマ	a large sum ア ラーヂ サム
たか 高さ	altura f アルトゥら	height, altitude ハイト, アルティテュード
だがっき 打楽器	instrumento de percusión m インストるメント デ ぺるクシオン	percussion instrument パーカション インストルメント
たか 高まる	subir スビる	rise ライズ
(感情が)	emocionarse エモしオナるセ	get excited ゲト イクサイテド
たか 高める	aumentar アウメンタる	raise レイズ
たがや 耕す	cultivar クルティバる	cultivate, plow カルティヴェイト, プラウ
たから 宝	tesoro m テソろ	treasure トレジャ
たからくじ 宝籤	lotería f ロテリア	public lottery パブリク ラタリ
たかる	concurrir コンクりる	swarm, crowd スウォーム, クラウド
(ゆすり)	extorsionar エクストるシオナル	blackmail ブラクメイル
たき 滝	catarata f カタらタ	waterfall, falls ウォタフォール, フォールズ
たきぎ 薪	leña f レニャ	firewood ファイアウド
タキシード	esmoquin m エスモキン	tuxedo タクスィードウ

日	西	英
焚き火	hoguera *f* オゲら	bonfire バンファイア
妥協	arreglo *m* アれグロ	compromise カンプロマイズ
～する	comprometerse コンプろメテるセ	compromise *with* カンプロマイズ
炊く	cocinar, cocer コシナる, コせる	cook, boil クク, ボイル
焚く	encender el fuego エンセンデる エル フエゴ	make a fire メイク ア ファイア
抱く	abrazar アブらさる	embrace インブレイス
（鳥が卵を）	empollar エンポジャる	sit スィト
卓越した	excelso(a) エクスエルソ(サ)	excellent エクセレント
沢山の	mucho(a) ムチョ(チャ)	many, much メニ, マチ
（十分な）	bastante バスタンテ	enough イナフ
タクシー	taxi *m* タクシ	taxi タクスィ
託児所	guardería *f* グアるデリア	day nursery デイ ナーサリ
宅配	servicio de puerta a puerta *m* セるビシオ デ プエるタ ア プエるタ	door-to-door delivery ドータドー ディリヴァリ
逞しい	robusto(a) ろブスト(タ)	sturdy, stout スターディ, スタウト
巧み	hábil アビル	skillful スキルフル
企む	conspirar コンスピらる	plan, design プラン, ディザイン
蓄[貯]え	reserva *f* れセるバ	store, reserve ストー, リザーヴ
（貯金）	ahorros *mpl* アオろス	savings セイヴィングズ
蓄[貯]える	reservar れセるバる	store, keep ストー, キープ

日	西	英
(貯金)	ahorrar アオらる	save セイヴ
<ruby>竹<rt>たけ</rt></ruby>	bambú *m* バンブ	bamboo バンブー
<ruby>打撃<rt>だげき</rt></ruby>	golpe *m* ゴルペ	blow, shock ブロウ, シャク
<ruby>妥結<rt>だけつ</rt></ruby>	acuerdo *m* アクエルド	agreement アグリーメント
～する	llegar a un acuerdo ジェガる ア ウン アクエルド	reach an agreement リーチ アナグリーメント
<ruby>凧<rt>たこ</rt></ruby>	cometa *f* コメタ	kite カイト
<ruby>蛸<rt>たこ</rt></ruby>	pulpo *m* プルポ	octopus アクトパス
<ruby>多国籍の<rt>たこくせき</rt></ruby>	multinacional ムルティナスィオナル	multinational マルティナショナル
<ruby>多彩な<rt>たさい</rt></ruby>	multicolor ムルティコロる	colorful カラフル
<ruby>打算的な<rt>ださんてき</rt></ruby>	calculador(a) カルクラドる(ら)	calculating キャルキュレイティング
<ruby>出し<rt>だ</rt></ruby>	caldo *m* カルド	broth, stock ブロス, スタク
<ruby>確か<rt>たし</rt></ruby>		
～な	cierto(a), seguro(a) スィエると(タ), セグろ(ら)	sure, certain シュア, サートン
～に	ciertamente スィエるタメンテ	certainly サートンリ
<ruby>確かめる<rt>たし</rt></ruby>	comprobar コンプろバる	make sure *of* メイク シュア
<ruby>足し算<rt>た ざん</rt></ruby>	suma *f* スマ	addition アディション
<ruby>嗜み<rt>たしな</rt></ruby>	gusto *m* グスト	taste テイスト
(素養)	conocimiento *m* コノスィミエント	knowledge ナリヂ
<ruby>駄洒落<rt>だじゃれ</rt></ruby>	chiste tonto *m* チステ トント	cheap joke チープ チョウク
<ruby>打診<rt>だしん</rt></ruby> (医学)	percusión *f* ペるクシオン	percussion パーカション

日	西	英
～する	percutir el pecho ペルクティる エル ペチョ	examine by percussion イグザミン バイ パーカション
（意向を）	tantear タンテアる	sound out サウンド アウト
足す	añadir アニャディる	add アド
出す	sacar サカる	take out テイク アウト
（提出）	presentar プれセンタる	hand in ハンド イン
（発行）	publicar プブリカる	publish パブリシュ
（露出）	exponer エクスポネる	expose イクスポウズ
（手紙などを）	enviar エンビアる	mail, post メイル, ポウスト
多数	mayoría f マジョリア	majority マヂョリティ
～決	decisión por mayoría f デシシオン ポる マジョリア	decision by majority ディスィジョン バイ マヂョリティ
～の	mucho(a) ムチョ(チャ)	numerous, many ニューメラス, メニ
助かる	salvarse サルバるセ	be rescued ビ レスキュード
（助けになる）	servirse セるビるセ	be helped ビ ヘルプト
助ける	ayudar アジュダる	help ヘルプ
（救助）	salvar サルバる	save セイヴ
尋ねる	preguntar プれグンタる	ask アスク
訪ねる	visitar ビシタる	visit ヴィズィト
惰性	inercia f イネるしア	inertia イナーシャ
黄昏	caída del día f カイダ デル ディア	dusk, twilight ダスク, トワイライト
唯	solamente, nada más ソラメンテ, ナダ マス	only, just オウンリ, ヂャスト

日	西	英
～の	simple シンプレ	ordinary オーディネリ
(無料)	gratis グらティス	gratis グラティス
堕胎 (だたい)	aborto provocado *m* アボるト プロボカド	abortion アボーション
唯[只]今 (ただいま)	ya, ahora ジャ, アオら	now ナウ
(すぐに)	en seguida エン セギダ	soon スーン
(挨拶)	¡Hola! He llegado. オラ エ ジェガド	I'm home. アイム ホウム
称える (たた)	elogiar エロヒアる	praise プレイズ
戦い (たたか)	guerra *f* ゲら	war ウォー
(戦闘)	combate *m* コンバテ	battle バトル
(闘争)	pelea *f* ペレア	fight ファイト
戦[闘]う (たたか)	luchar ルチャる	fight ファイト
叩く (たた)	golpear ゴルペアる	strike, hit, knock ストライク, ヒト, ナク
但し (ただし)	pero ペろ	but, however バト, ハウエヴァ
正しい (ただ)	correcto(*a*) コれクト (タ)	right, correct ライト, カレクト
正す (ただ)	corregir コれヒる	correct カレクト
佇む (たたず)	estar de pie エスタる デ ピエ	stand still スタンド スティル
直ちに (ただ)	de inmediato デ インメディアト	at once アト ワンス
畳む (たた)	doblar ドブラる	fold フォウルド
(商売などを)	cerrar せらる	shut, close シャト, クロウズ
漂う (ただよ)	ir a la deriva イる ア ラ デリバ	drift, float ドリフト, フロウト

日	西	英
祟り (たたり)	maldición f マルディしオン	curse カース
爛れる (ただれる)	supurar スプらる	be inflamed ビ インフレイムド
立ち上がる (たちあがる)	levantarse レバンタるセ	stand up スタンド アプ
立ち上げる (たちあげる)	empezar エンペさる	start up スタート アプ
立入禁止 (たちいりきんし)	Prohibido el paso. プロイビド エル パソ	No Admittance. ノウ アドミタンス
太刀魚 (たちうお)	(pez) cinta f (ペす) しンタ	scabbard fish スキャバド フィシュ
立ち聞きする (たちぎきする)	escuchar a hurtadillas エスクチャる ア うるタディジャス	overhear オウヴァヒア
立ち去る (たちさる)	irse イるセ	leave リーヴ
立ち止まる (たちどまる)	pararse パらるセ	stop, halt スタプ, ホールト
立ち直る (たちなおる)	recuperarse れクペらるセ	get over, recover ゲト オウヴァ, リカヴァ
立ち退く (たちのく)	desalojar デサロハる	leave, move out リーヴ, ムーヴ アウト
立場 (たちば)	posición f ポシしオン	standpoint スタンドポイント
駝鳥 (だちょう)	avestruz m アベストるす	ostrich オストリチ
立ち寄る (たちよる)	pasar por パサる ポる	drop by ドラブ バイ
経つ (たつ)	pasar パサる	pass, go by パス, ゴウ バイ
建つ (たつ)	construirse コンストるイるセ	be built ビ ビルト
発つ (たつ)	salir, marcharse サリる, マるチャるセ	start, leave スタート, リーヴ
立つ (たつ)	levantarse レバンタるセ	stand, rise スタンド, ライズ
卓球 (たっきゅう)	ping-pong m ピンポン	table tennis テイブル テニス

日	西	英
脱臼（だっきゅう）	dislocación f ディスロカしオン	dislocation ディスロケイション
〜する	dislocarse ディスロカるセ	have dislocated ハブ ディスロケイテド
脱穀（だっこく）	trilla f トリジャ	threshing スレシング
〜する	trillar トリジャる	thresh スレシュ
だっこする	llevar en los brazos ジェバる エン ロス ブらソス	carry キャリ
脱脂乳（だっしにゅう）	leche desnatada f レチェ デスナタダ	skim milk スキム ミルク
脱脂綿（だっしめん）	algodón hidrófilo m アルゴドン イドろフィロ	absorbent cotton アブソーベント カトン
達者な（たっしゃな）	robusto(a) ろブスト (タ)	healthy ヘルスィ
（上手な）	bueno(a), hábil ブエノ(ナ), アビル	good, skillful グド, スキルフル
ダッシュ	carrera f カれら	dash ダシュ
〜する	lanzarse ランさるセ	dash ダシュ
脱出（だっしゅつ）	escape m エスカペ	escape イスケイプ
〜する	escaparse de エスカパるセ デ	escape from イスケイプ
達する（たっする）	llegar, alcanzar a ジェガる, アルカンさる ア	reach, arrive at リーチ, アライヴ
達成（たっせい）	logro m ログろ	accomplishment アカンプリシュメント
〜する	alcanzar アルカンさる	accomplish, achieve アカンプリシュ, アチーヴ
脱税（だつぜい）	evasión de impuestos f エバスィオン デ インプエストス	tax evasion タクス イヴェイジョン
〜する	hacer fraude tributario アせる フらウデ トリブタりオ	evade a tax イヴェイド ア タクス
脱線（だっせん）	descarrilamiento m デスカりラミエント	derailment ディレイルメント
（話しの）	digresión f ディグれスィオン	digression ダイグレション

日	西	英
～する	descarrillar	be derailed
（話が）	divagar	digress
たった	sólo	only, just
～今	en este mismo momento	just now
脱退する	separarse de	withdraw from
タッチ	toque m	touch
脱腸	hernia f	hernia
手綱	riendas fpl	reins, bridle
竜の落とし子	caballito de mar m	sea horse
脱皮	muda de piel f	ecdysis
タップダンス	claqué m	tap dance
竜巻	remolino m	tornado
脱毛	caída de pelo f	loss of hair
（除毛）	depilación f	depilation
脱落	omisión f	omission
～する	ser omitido(a)	be omitted, fall off
縦	longitud f, largo m	length
盾	escudo m	shield
縦糸	urdimbre f	warp
鬣	crines fpl	mane

日	西	英
縦縞(たてじま)	rayas verticales *fpl* らジャス べルティカレス	vertical stripes ヴァーティカル ストライプス
立て札(たてふだ)	tablero *m* タブレロ	bulletin board ブレティン ボード
建前(たてまえ)	principio *m* プリンしピオ	professed intention プロフェスト インテンション
建物(たてもの)	edificio *m* エディフィしオ	building ビルディング
建てる(たてる)	construir コンストるイる	build, construct ビルド, カンストラクト
(設立)	fundar フンダる	establish, found イスタブリシュ, ファウンド
立てる(たてる)	levantar レバンタる	stand, put up スタンド, プト アプ
(立案)	planificar プラニフィカる	form, make フォーム, メイク
妥当(だとう) ～な	apropiado(a) アプろピアド(ダ)	proper, appropriate プラパ, アプろウプリエト
他動詞(たどうし)	verbo transitivo *m* べるボ トらンシティボ	transitive verb トランスィティヴ ヴァーブ
打倒する(だとうする)	derribar デりバる	defeat ディフィート
たとえ	aunque アウンケ	even if イーヴン イフ
例えば(たとえば)	por ejemplo ぽる, エヘンプロ	for example フォー イグザンプル
例える(たとえる)	comparar *a* コンパらる ア	compare *to* カンペア
辿る(たどる)	seguir セギる	follow, trace ファろウ, トレイス
棚(たな)	estante *m* エスタンテ	shelf, rack シェルフ, ラク
谷(たに)	valle *m* バジェ	valley ヴァリ
だに	garrapata *f* ガらパタ	tick ティク
谷川(たにがわ)	arroyo *m* アろジョ	mountain stream マウンティン ストリーム

日	西	英
他人(たにん)	otro(a) m,f オトろ(ら)	others アザズ
(知らない人)	extraño(a) m,f エクストらニョ(ニャ)	stranger ストレインヂャ
狸(たぬき)	tejón m テホン	raccoon dog ラクーン ドグ
種(たね)	semilla f セミジャ	seed スィード
～蒔き	siembra f シエンブら	sowing, seeding ソウイング, スィーディング
～を蒔く	sembrar センブらる	sow ソウ
楽(たの)しい	divertido(a), alegre ディべるティド(ダ), アレグれ	happy, cheerful ハピ, チアフル
楽(たの)しみ	disfrute m ディスフるテ	pleasure, joy プレジャ, ヂョイ
楽(たの)しむ	disfrutar ディスフるタる	enjoy インヂョイ
頼(たの)み	petición f ペティしオン	request, favor リクウェスト, フェイヴァ
(信頼)	confianza f コンフィアンさ	reliance, trust リライアンス, トラスト
頼(たの)む	pedir ペディる	ask, request アスク, リクウェスト
頼(たの)もしい	digno(a) de confianza ディグノ(ナ) デ コンフィアンさ	reliable リライアブル
(有望な)	prometedor(a) プろメテドる(ら)	promising プろミスィング
束(たば)	manojo m マノホ	bundle, bunch バンドル, バンチ
煙草(たばこ)	tabaco m タバコ	tobacco トバコウ
旅(たび)	viaje m ビアへ	travel, journey トラヴル, ヂャーニ
～立つ	salir de viaje サリる デ ビアへ	start on a journey スタート オン ア ヂャーニ
～人	viajero(a) m,f ビアへろ(ら)	traveler トラヴラ
度々(たびたび)	con frecuencia コン フれクエンしア	often オフン

日	西	英
ダビング	copia *f* コピア	dubbing ダビング
～する	copiar コピアる	dub ダブ
タフな	duro(*a*) ドゥろ(ら)	tough, hardy タフ, ハーディ
タブー	tabú *m* タブ	taboo タブー
だぶだぶの	ancho(*a*) アンチョ(チャ)	loose-fitting ルースフィティング
ダブる	coincidir en parte コインしディる エン パるテ	overlap オウヴァラプ
ダブルの	doble ドブレ	double ダブル
～の服	chaqueta cruzada *f* チャケタ クるさダ	double-breasted coat ダブルブレスティド コウト
ダブルス	dobles *mpl* ドブレス	doubles ダブルズ
多分(たぶん)	probablemente プろバブレメンテ	perhaps, maybe パハプス, メイビ
タペストリー	tapiz *m* タピす	tapestry タピストリ
食(た)べ物(もの)	alimento *m* アリメント	food, provisions フード, プロヴィジョンズ
食(た)べる	comer コメる	eat イート
他方(たほう)	por otra parte ポる オトら パるテ	on the other hand オン ジ アザ ハンド
多忙(たぼう)な	ocupado(*a*) オクパド(ダ)	busy ビズィ
打撲(だぼく)	golpe *m* ゴルペ	bruise ブルーズ
球(たま)	pelota *f*, bola *f* ペロタ, ボラ	ball, bulb ボール, バルブ
玉(たま)	cuenta *f* クエンタ	bead, gem ビード, ヂェム
弾(たま)	bala *f* バラ	ball, shell ボール, シェル

日	西	英
たまご 卵・玉子	huevo *m* ウエボ	egg エグ
～焼き	tortilla *f* トるティジャ	omelet アムレト
たましい 魂	espíritu *m* エスピリトゥ	soul, spirit ソウル, スピリト
だま 騙す	engañar エンガニャる	deceive, cheat ディスィーヴ, チート
だま 黙って	silenciosamente シレンしオサメンテ	silently サイレントリ
（無断で）	sin aviso シン アビソ	without leave ウィザウト リーヴ
たまに	de vez en cuando デ ベす エン クアンド	occasionally オケイジョナリ
たまねぎ 玉葱	cebolla *f* せボジャ	onion アニオン
たま 堪らない	insoportable インソぽるタブレ	unbearable アンベアラブル
（渇望・切望）	morirse *de* モりるセ デ	be anxious *for* ビ アンクシャス

■食べ物■ comida / コミダ / *f*

パエリア　paella / パエリャ / *f* (🇬🇧 paella)

ガスパチョ　gazpacho / ガスパチョ / *m* (🇬🇧 gazpacho)

にんにくのスープ　sopa de ajo / ソパ デ アホ / *f* (🇬🇧 garlic soup)

ウナギの稚魚ニンニク炒め　angulas / アングラス / *fpl* (🇬🇧 elver)

小イカのスミ煮　chipirones en su tinta / チピろネス エン ス ティンタ / *mpl* (🇬🇧 small cuttlefish in its ink)

スペイン風オムレツ　tortilla española / トるティリャ エスパニョラ / *f* (🇬🇧 Spanish omelet)

マリネ　escabeche / エスカベチェ / *m* (🇬🇧 pickling brine)

チョリソ　chorizo / チョリソ / *m* (🇬🇧 chorizo)

なま
生ハム　jamón crudo / ハモン クるド / *m* (🇬🇧 Parma ham)

ようじ
楊枝にさしたつまみ　pincho / ピンチョ / *m* (🇬🇧 bar snack)

カナッペ　canapé / カナペ / *m* (🇬🇧 canapé)

日	西	英
溜まる	acumularse アクムらるセ	accumulate, gather アキューミュレイト, ギャザ
黙る	callarse カジャるセ	become silent ビカム サイレント
ダミーの	falso(a) ファルソ(サ)	dummy ダミ
ダム	presa f プれサ	dam ダム
為		
…の〜の	para パら	for, to フォー, トゥー
〜になる	bueno(a) para ブエノ(ナ) パら	good for, profitable グド フォー, プラフィタブル
駄目		
〜な	inútil イヌティル	useless, no use ユースレス, ノウ ユース
溜め息	suspiro m ススピろ	sigh サイ
〜をつく	suspirar ススピらる	sigh サイ
ダメージ	daño m ダニョ	damage ダミヂ
試す	probar プろバる	try, test トライ, テスト
躊躇い	vacilación f バシラシオン	hesitation ヘズィテイション
躊躇う	vacilar, titubear バシラる, ティトゥベアる	hesitate ヘズィテイト
貯める	amontonar アモントナる	save, store セイヴ, ストー
溜める	acumular, almacenar アクムラる, アルマセナる	accumulate, collect アキューミュレイト, カレクト
保つ	mantener マンテネる	keep キープ
便り	noticia f ノティシア	news ニューズ
(手紙)	carta f カるタ	letter レタ

日	西	英
たよ 頼り	confianza f コンフィアンさ	reliance, confidence リライアンス, カンフィデンス
たよ 頼る	depender de デペンデる デ	rely on, depend on リライ オン, ディペンド オン
たら 鱈	bacalao m バカラオ	cod カド
だらく 堕落	corrupción f コるプしオン	degeneration ディチェナレイション
～する	corromperse コろンペるセ	degenerate ディチェネレイト
だらける	estar perezoso(a) エスタる ぺれそソ(サ)	be lazy ビ レイズィ
だらしない	descuidado(a) デスクイダド(ダ)	untidy, slovenly アンタイディ, スラヴンリ
た 垂らす	suspender ススペンデる	hang down ハング ダウン
(こぼす)	derramar デらマる	drop, spill ドラプ, スピル
タラップ	rampa f らンパ	gangway, ramp ギャングウェイ, ランプ
ダリア	dalia f ダリア	dahlia ダリア
た 足りない	faltar ファルタる	be short of ビ ショート
たりょう 多量に	abundantemente, en abundancia アブンダンテメンテ, エン アブンダンしア	abundantly アバンダントリ
た 足りる	bastar バスタる	be enough ビ イナフ
たる 樽	tonel m トネル	barrel, cask バレル, キャスク
だるい	flojo(a) フロホ(ハ)	feel heavy, be dull フィール ヘヴィ, ビ ダル
たる 弛む	aflojarse アフロハるセ	be loose, slacken ビ ルース, スラクン
だれ 誰	quién キエン	who フー
～か	alguien アルギエン	someone, somebody サムワン, サムボディ

日	西	英
垂れる	colgar コルガる	hang, drop ハング, ドラプ
(滴る)	gotear ゴテアる	drop, drip ドラプ, ドリプ
だれる	decaer デカエる	dull ダル
(退屈)	aburrirse アブりるセ	be bored ビ ボード
タレント	artista *m,f* あるティスタ	personality パーソナリティ
タワー	torre *f* トれ	tower タウア
撓む	doblarse ドブラるセ	bend ベンド
戯れる	divertirse ディベるティるセ	play プレイ
痰	flema *f* フレマ	phlegm, sputum フレム, スピュータム
段	escalón *m* エスカロン	step, stair ステプ, ステア
弾圧	opresión *f* オプれシオン	suppression サプレション
～する	reprimir れプリミる	suppress サプレス
単位	unidad *f* ウニダド	unit ユーニト
(授業の)	crédito *m* クれディト	credit クレディト
単一の	solo(a) ソロ (ラ)	single, sole スィングル, ソウル
担架	camilla *f*, angarillas *fpl* カミジャ, アンガリジャス	stretcher ストレチャ
タンカー	petrolero *m* ペトろレろ	tanker タンカ
段階	etapa *f* エタパ	step, stage ステプ, ステイヂ
断崖	precipicio *m* プれしピしオ	cliff クリフ

日	西	英
だんがん 弾丸	bala *f* バラ	bullet, shell ブレト, シェル
たんき 短期	breve período *m* ブれべ ペリオド	short term ショート ターム
たんきな 短気な	impaciente インパしエンテ	quick-tempered クウィクテンパド
たんきゅう 探究	investigación *f* インベスティガしオン	study, investigation スタディ, インヴェスティゲイション
～する	investigar インベスティガる	study, investigate スタディ, インヴェスティゲイト
たんきょりきょうそう 短距離競走	carrera de velocidad *f* カれら デ ベロしダド	short-distance race ショートディスタンス レイス
タンク	cisterna *f* しステるナ	tank タンク
だんけつ 団結	unión *f* ウニオン	union, cooperation ユーニオン, コウアパレイション
～する	unirse ウニるセ	unite ユーナイト
たんけん 探検	expedición *f* エクスペディしオン	exploration エクスプロレイション
～する	explorar エクスプロらる	explore イクスプロー
だんげん 断言	aserción *f* アセるしオン	assertion アサーション
～する	afirmar アフィダるマる	assert, affirm アサート, アファーム
たんご 単語	palabra *f* パラブら	word ワード
たんこう 炭坑	mina hullera *f* ミナ ウジェら	coal mine コウル マイン
だんごう 談合	componenda *f* コンポネンダ	bid rigging ビド リギング
～する	hacer componenda アせる コンポネンダ	rig a bid リグ ア ビド
ダンサー	bailarín(ina) *m,f* バイラリン(ナ)	dancer ダンサ
たんさん 炭酸	ácido carbónico *m* アしド カるボニコ	carbonic acid カーバニク アスィド

日	西	英
〜ガス	gas carbónico *m* ガス カルボニコ	carbonic acid gas カーボニック アスィド ギャス
〜水	gaseosa *f* ガセオサ	soda water ソウダ ウォタ
男子 (だんし)	hombre *m* オンブれ	boy, man ボイ, マン
短縮 (たんしゅく)	reducción *f* れドゥクしオン	reduction リダクション
〜する	acortar アコるタる	shorten, reduce ショートン, リデュース
単純な (たんじゅんな)	simple シンプレ	plain, simple プレイン, スィンプル
短所 (たんしょ)	defecto *m* デフェクト	shortcoming ショートカミング
誕生 (たんじょう)	nacimiento *m* ナしミエント	birth バース
〜する	nacer ナセる	be born ビ ボーン
〜石	piedra preciosa de nacimiento *f* ピエドら プれしオサ デ ナしミエント	birthstone バースストウン
〜日	cumpleaños *m* クンプレアニョス	birthday バースデイ
箪笥 (たんす)	armario *m* アるマリオ	chest of drawers チェスト オヴ ドローアズ
ダンス	baile *m*, danza *f* バイレ, ダンサ	dancing, dance ダンスィング, ダンス
〜ホール	sala de fiestas *f* サラ デ フィエスタス	dance hall ダンス ホール
淡水 (たんすい)	agua dulce *f* アグア ドゥルセ	fresh water フレシュ ウォタ
単数 (たんすう)	singular *m* シングラる	singular スィンギュラ
男性 (だんせい)	hombre *m* オンブれ	male メイル
胆石 (たんせき)	cálculo biliar *m* カルクロ ビリアる	bilestone バイルストウン
断然 (だんぜん)	sin ninguna duda シン ニングナ ドゥダ	resolutely, firmly レゾルートリ, ファームリ
炭素 (たんそ)	carbono *m* カるボノ	carbon カーボン

日	西	英
<ruby>断層<rt>だんそう</rt></ruby>	falla *f* ファジャ	fault フォルト
<ruby>短大<rt>たんだい</rt></ruby>	universidad de dos años *f* ウニべるシダド デ ドス アニョス	two-year college トゥーイア カリヂ
<ruby>団体<rt>だんたい</rt></ruby>	grupo *m* グるポ	party, organization パーティ, オーガニゼイション
<ruby>段々<rt>だんだん</rt></ruby>	gradualmente グらドゥアルメンテ	gradually グラヂュアリ
<ruby>団地<rt>だんち</rt></ruby>	conjunto urbanístico de apartamentos *m* コンフント うるバニスティコ デ アパるタメントス	housing development ハウズィング ディヴェロプメント
<ruby>短調<rt>たんちょう</rt></ruby>	(tono) menor *m* (トノ) メノる	minor key マイナ キー
<ruby>単調な<rt>たんちょう</rt></ruby>	monótono(a) モノトノ(ナ)	monotonous, dull モナトナス, ダル
<ruby>探偵<rt>たんてい</rt></ruby>	detective *m,f* デテクティベ	detective ディテクティヴ
<ruby>担当<rt>たんとう</rt></ruby>	cargo *m* カるゴ	charge チャーヂ
～する	encargarse *de* エンカるガるセ デ	take charge *of* テイク チャーヂ
<ruby>単独の<rt>たんどく</rt></ruby>	solo(a) ソロ(ラ)	sole, individual ソウル, インディヴィヂュアル
<ruby>旦那<rt>だんな</rt></ruby>	amo *m* アモ	master マスタ
(夫)	marido *m* マリド	husband ハズバンド
<ruby>単なる<rt>たん</rt></ruby>	simple シンプレ	mere, simple ミア, スィンプル
<ruby>単に<rt>たん</rt></ruby>	sólo ソロ	only, merely オウンリ, ミアリ
<ruby>担任<rt>たんにん</rt></ruby>	cargo *m* カるゴ	charge チャーヂ
(先生)	profesor(a) *m,f* プロフェソる(ら)	teacher in charge ティーチャ イン チャーヂ
<ruby>丹念な<rt>たんねん</rt></ruby>	cuidadoso(a) クイダドソ(サ)	careful, elaborate ケアフル, イラボレト

日	西	英
だんねん 断念する	renunciar *a* れヌンしアる ア	give up, abandon ギヴ アプ, アバンドン
たんのう 胆嚢	vesícula biliar *f* ベシクラ ビリアる	gall ゴール
たんのう 堪能		
〜する	estar satisfecho(*a*) con エスタる サティスフェチョ(チャ) コン	be satisfied *with* ビ サティスファイド
〜な	bueno(*a*) ブエノ(ナ)	good, proficient グド, プロフィシェント
たんぱ 短波	onda corta *f* オンダ コるタ	shortwave ショートウェイヴ
たんぱくしつ 蛋白質	proteína *f* プろテイナ	protein プロウティーイン
たんぱく 淡白な	sencillo(*a*) センしジョ(ジャ)	frank, indifferent フランク, インディファレント
（味・色が）	soso(*a*), claro(*a*) ソソ(サ), クラろ(ら)	light, simple ライト, スィンプル
タンバリン	pandereta *f* パンデれタ	tambourine タンブリーン
たんびしゅぎ 耽美主義	esteticismo *m* エステティしスモ	aestheticism エスセティシズム
ダンピング	"dumping" *m* ドゥンピング	dumping ダンピング
ダンプカー	volquete *m* ボルケテ	dump truck ダンプ トラク
たんぺん 短編	cuento corto *m* クエント コるト	short work ショート ワーク
だんぺん 断片	fragmento *m* フらグメント	fragment フラグメント
たんぼ 田圃	arrozal *m* アろサル	rice field ライス フィールド
たんぽ 担保	garantía *f* ガらンティア	security, mortgage スィキュアリティ, モーギヂ
だんぼう 暖房	calefacción *f* カレファクしオン	heating ヒーティング
ダンボール	cartón ondulado *m* カるトン オンドゥラド	corrugated paper コラゲイティド ペイパ
たんぽぽ 蒲公英	diente de león *m* ディエンテ デ レオン	dandelion ダンディライオン

日	西	英
タンポン	tampón *m* タンポン	tampon タンポン
端末	terminal (de ordenador) *m* テルミナル (デ オルデナドる)	terminal ターミナル
断面	sección *f*, fase *f* セクしオン, ファセ	section, phase セクション, フェイズ
弾薬	munición *f* ムニしオン	ammunition アミュニション
男優	actor *m* アクトる	actor アクタ
段落	párrafo *m* パらフォ	paragraph パラグラフ
暖流	corriente cálida *f* コりエンテ カリダ	warm current ウォーム カーレント
弾力	elasticidad *f* エラスティしダド	elasticity イラスティスィティ
鍛錬	entrenamiento *m* エントれナミエント	physical training フィズィカル トレイニング
暖炉	chimenea *f* チメネア	fireplace ファイアプレイス
談話	conversación *f* コンべるサしオン	talk, conversation トーク, カンヴァセイション
～室	sala de reunión *f* サラ デ れウニオン	lounge ラウンヂ

ち, チ

日	西	英
血	sangre *f* サングれ	blood ブラド
チアガール	animadora *f* アニマドら	cheerleader チアリーダ
チアノーゼ	cianosis *f* しアノシス	cyanosis サイアノウスィス
治安	orden público *m* オるデン プブリコ	public peace パブリク ピース
地位	posición *f* ポシしオン	position ポズィション
（階級）	rango *m* らンゴ	rank ランク

日	西	英
地域(ちいき)	región f, zona f れヒオン, ソナ	region, zone リーヂョン, ゾウン
小さい(ちいさい)	pequeño(a) ペケニョ(ニャ)	small, little スモール, リトル
(微細な)	menudo(a) メヌド(ダ)	minute, fine ミニト, ファイン
(幼い)	pequeño(a) ペケニョ(ニャ)	little, young リトル, ヤング
(つまらぬ)	insignificante インシグニフィカンテ	trifling, petty トライフリング, ペティ
チーズ	queso m ケソ	cheese チーズ
チーター	guepardo m ゲパルド	cheetah チータ
チーフ	jefe(a) m,f ヘフェ(ファ)	chief, head チーフ, ヘド
チーム	equipo m エキポ	team ティーム
～ワーク	trabajo en equipo m トラバホ エン エキポ	teamwork ティームワーク
知恵(ちえ)	sabiduría f サビドゥリア	wisdom, intelligence ウィズダム, インテリヂェンス
チェーン	cadena f カデナ	chain チェイン
～ソー	sierra de cadena f シエら デ カデナ	chain saw チェイン ソー
～店	tienda de una cadena f ティエンダ デ ウナ カデナ	chain store チェイン ストー
チェス	ajedrez m アヘドれス	chess チェス
チェック	control m コントろル	check チェク
～する	controlar コントろラル	check チェク
～模様	cuadro m クアドロ	check, checker チェク, チェカ
チェリー	cereza f せれさ	cherry チェリ
チェロ	violoncelo m ビオロンせロ	cello チェロウ

日	西	英
チェンバロ	cémbalo *m* センバロ	cembalo チェンバロウ
ちか 地下	subterráneo *m* スブテらネオ	underground アンダグラウンド
ちか 近い	cercano(a) *a* せるカノ(ナ) ア	near, close *to* ニア, クロウス
ちかい 地階	sótano *m* ソタノ	basement ベイスメント
ちが 違い	diferencia *f* ディフェれンシア	difference ディフレンス
ちが 違いない	deber de ser デベる デ セる	must be マスト ビ
ちがいほうけん 治外法権	jurisdicción extraterritorial *f* フリスディクシオン エクストラテりトリアル	extraterritorial rights エクストラテリトーリアル ライツ
ちか 誓う	jurar フらる	vow, swear ヴァウ, スウェア
ちが 違う	ser diferente *a* セる ディフェれンテ ア	differ *from* ディファ
ちかがい 地下街	centro de compras subterráneo *m* セントろ デ コンプらス スブテらネオ	underground shopping center アンダグラウンド シャピング センタ
ちかく 知覚	percepción *f* ぺるせプシオン	perception パセプション
ちがく 地学	ciencias de la tierra *fpl* シエンシアス デ ラ ティエら	physical geography フィズィカル ヂアグラフィ
ちかごろ 近頃	recientemente れしエンテメンテ	recently リーセントリ
ちかしつ 地下室	sótano *m* ソタノ	basement, cellar ベイスメント, セラ
ちかづ 近付く	acercarse *a* アせるカるセ ア	approach アプロウチ
ちかてつ 地下鉄	metro *m* メトろ	subway サブウェイ
ちかどう 地下道	paso subterráneo *m* パソ スブテらネオ	underpass, subway アンダパス, サブウェイ
ちかみち 近道	atajo *m* アタホ	short cut ショート カト
ちかよ 近寄る	acercarse *a* アせるカるセ ア	approach アプロウチ

日	西	英
ちから 力	poder *m* ポデる	power, energy パウア, エナヂ
(体力)	fuerza (física) *f* フエるさ (フィシカ)	strength, force ストレンクス, フォース
(能力)	capacidad *f* カパしダド	ability, power アビリティ, パウア
ちきゅう 地球	Tierra *f* ティエら	Earth アース
～儀	globo terráqueo *m* グロボ テらケオ	globe グロウブ
ちぎ 千切る	arrancar アらンカる	tear off テア オフ
チキン	pollo *m* ポジョ	chicken チキン
ちく 地区	zona *f*, distrito *m* そナ, ディストリト	district, section ディストリクト, セクション
ちくさん 畜産	ganadería *f* ガナデリア	stockbreeding スタクブリーディング
ちくしょう 畜生	bestia *f* ベスティア	beast ビースト
(人)	bruto(a) *m,f* ブるト(タ)	brute ブルート
(ののしり)	¡Mierda! ミエルダ	Damn it! ダム イト
ちくせき 蓄積	acumulación *f* アクムラしオン	accumulation アキューミュレイション
ちくのうしょう 蓄膿症	empiema *m* エンピエマ	empyema エンピイーマ
ちくび 乳首	pezón *m*, tetilla *f* ペソン, テティジャ	nipple, teat ニプル, ティート
ちけい 地形	relieve *m* れリエベ	landform ランドフォーム
チケット	billete *m* ビジェテ	ticket ティケト
ちこく 遅刻	tardanza *f* タるダンさ	being late ビーイング レイト
～する	llegar tarde *a* ジェガる タるデ ア	be late *for* ビ レイト
ちじ 知事	gobernador(a) *m,f* ゴベるナドる(ら)	governor ガヴァナ

日	西	英
ちしき 知識	conocimiento *m* コノシミエント	knowledge ナリヂ
ちしつ 地質	naturaleza del suelo *f* ナトゥらレさ デル スエロ	soil composition ソイル カンポジション
～学	geología *f* ヘオロヒア	geology ヂアロヂィ
ちじょう 地上	suelo *m* スエロ	ground グラウンド
ちじん 知人	conocido(a) *m,f* コノシド(ダ)	acquaintance アクウェインタンス
ちず 地図	mapa *m* マパ	map, atlas マプ, アトラス
ちせい 知性	intelecto *m* インテレクト	intellect, intelligence インテレクト, インテリヂェンス
ちそう 地層	estrato *m* エストらト	stratum, layer ストレイタム, レイア
ちたい 地帯	zona *f* そナ	zone, region ゾウン, リーヂョン
ち 血だらけの	ensangrentado(a) エンサングれンタド(ダ)	bloody ブラディ
チタン	titanio *m* ティタニオ	titanium タイテイニアム
ちち 乳	leche materna *f* レチェ マテるナ	mother's milk マザズ ミルク
(乳房)	pechos *mpl* ペチョス	breasts ブレスツ
ちち・ちちおや 父・父親	padre *m* パドれ	father ファーザ
ちぢ 縮まる	encogerse エンコへルセ	be shortened ビ ショートンド
ちぢ 縮む	encogerse エンコへルセ	shrink シュリンク
ちぢ 縮める	acortar, abreviar アコるタる, アブれビアる	shorten, abridge ショートン, アブリヂ
ちちゅうかい 地中海	Mar Mediterráneo *m* マる メディテらネオ	Mediterranean Sea メディタレイニアン シー
ちぢ 縮れる	rizarse リさるセ	be curled, wrinkle ビ カールド, リンクル

日	西	英
腟(ちつ)	vagina *f* バヒナ	vagina ヴァ**チャ**イナ
秩序(ちつじょ)	orden *m* オる**デ**ン	order **オ**ーダ
窒素(ちっそ)	nitrógeno *m* ニト**ろ**ヘノ	nitrogen **ナ**イトロヂェン
窒息する(ちっそくする)	asfixiarse アスフィクシ**ア**るセ	be suffocated ビ **サ**フォケイテド
チップ	propina *f* プろ**ピ**ナ	tip **テ**ィプ
知的な(ちてきな)	intelectual インテレクトゥ**ア**ル	intellectual インテ**レ**クチュアル
知能(ちのう)	inteligencia *f* インテリ**ヘ**ンしア	intellect, intelligence **イ**ンテレクト, イン**テ**リヂェンス
ちび (の)	enano(a) エ**ナ**ノ(ナ)	dwarf ド**ウォ**ーフ
(子供)	niño(a) *m,f* **ニ**ニョ(ニャ)	kid **キ**ド
乳房(ちぶさ)	pechos *mpl* **ペ**チョス	breasts **ブ**レスツ
チフス	(fiebre) tifoidea *f* (フィ**エ**ブれ) ティフォイ**デ**ア	typhoid, typhus **タ**イフォイド, **タ**イファス
地平線(ちへいせん)	horizonte *m* オリ**そ**ンテ	horizon ホ**ラ**イズン
地方(ちほう)	región *f* れ**ヒ**オン	locality, country ロウ**キャ**リティ, **カ**ントリ
〜自治	autonomía local *f* アウトノ**ミ**ア ロ**カ**ル	local autonomy **ロ**ウカル オー**タ**ノミ
緻密(ちみつ)	precisión *f* プれし**シ**オン	accuracy, precision **ア**キュラスィ, プリ**スィ**ジョン
〜な	detallado(a) デタ**ジャ**ド(ダ)	minute, fine **ミ**ヌト, **ファ**イン
地名(ちめい)	topónimo *m*, nombre de lugar *m* ト**ポ**ニモ, **ノ**ンブれ デ ル**ガ**る	name of a place **ネ**イム オヴ ア プ**レ**イス
知名度(ちめいど)	celebridad *f* セレブリ**ダ**ド	celebrity スィ**レ**ブリティ
茶(ちゃ)	té *m* **テ**	tea **テ**ィー

日	西	英
チャーターする	fletar フレタる	charter チャータ
ちゃーはん 炒飯	arroz frito (chino) *m* アろス フリト (チノ)	fried rice フライド ライス
チャーミングな	encantador(*a*) エンカンタドる(ら)	charming チャーミング
チャイム	repique (de campanas) *m* れピケ (デ カンパナス)	chime チャイム
ちゃいろ 茶色	marrón *m* マろン	light brown ライト ブラウン
〜の	marrón マろン	light brown ライト ブラウン
ちゃくじつ 着実		
〜な	firme フィるメ	steady ステディ
〜に	firmemente フィるメメンテ	steadily ステディリ
ちゃくしゅ 着手	comienzo *m* コミエンそ	start, commencement スタート, カメンスメント
〜する	ponerse *a* ポネるセ ア	start スタート
ちゃくしょく 着色	coloración *f* コロらしオン	coloring カラリング
〜する	colorear コロれアる	color, paint カラ, ペイント
ちゃくせき 着席する	sentarse センタるセ	sit down スィト ダウン
ちゃくち 着地	aterrizaje *m* アテりさヘ	landing ランディング
〜する	aterrizar, tomar tierra アテりさる, トマる ティエら	land ランド
ちゃくちゃく 着々と	paso a paso パソ ア パソ	steadily ステディリ
ちゃくばら 着払い	envío contra reembolso *m* エンビオ コントら れエンボルソ	collect on delivery, C.O.D. カレクト オン ディリヴァリ
ちゃくよう 着用する	ponerse ポネるセ	wear ウェア
ちゃくりく 着陸	aterrizaje *m* アテりさヘ	landing ランディング

日	西	英
～する	aterrizar アテりさる	land ランド
チャック	cremallera *f* クれマジェら	zipper ズィパ
チャリティー	caridad *f* カリダド	charity チャリティ
チャレンジ	desafío *m*, reto *m* デサフィオ, れト	challenge チャリンヂ
～する	desafiar, retar デサフィアる, れタ	challenge チャリンヂ
茶碗	taza de té *f* タさ デ テ	rice-bowl ライスボウル
チャンス	ocasión *f* オカシオン	chance, opportunity チャンス, アポチューニティ
ちゃんと	formalmente フォるマルメンテ	neatly ニートリ
（正しく）	correctamente コれクタメンテ	properly プラパリ
（間違いなく）	sin falta シン ファルタ	without fail ウィザウト フェイル
チャンネル	canal *m* カナル	channel チャネル
チャンピオン	campeón(*ona*) *m,f* カンペオン(ナ)	champion チャンピオン
中	promedio *m* プろメディオ	average アヴァリヂ
注	notas *fpl* ノタス	notes ノウツ
注意	atención *f* アテンしオン	attention アテンション
（警告）	advertencia *f* アドべるテンしア	caution, warning コーション, ウォーニング
（忠告）	consejo *m* コンセホ	advice アドヴァイス
～する	aconsejar アコンセハる	pay attention *to* ペイ アテンション
（警告）	advertir アドべるティる	warn ウォーン
（忠告）	aconsejar アコンセハる	advise アドヴァイズ

日	西	英
チューインガム	chicle *m* チクレ	chewing gum チューイング ガム
ちゅうおう 中央	centro *m* セントロ	center センタ
～アメリカ	América Central アメリカ セントラル	Central America セントラル アメリカ
ちゅうかい 仲介	mediación *f* メディアしオン	mediation ミーディエイション
～者	intermediario(a) *m,f* インテるメディアりオ (ア)	mediator ミーディエイタ
～する	intermediar *en* インテるメディアる エン	mediate *between* ミーディエイト
ちゅうがえ 宙返り	pirueta *f* ピるエタ	somersault サマソールト
（飛行機の）	rizo *m* りそ	loop ループ
ちゅうがく 中学	escuela secundaria *f* エスクエラ セクンダりア	junior high school チューニア ハイ スクール
～生	estudiante de secundaria *m,f* エストゥディアンテ デ セクンダりア	junior high school student チューニア ハイ スクール ステューデント
ちゅうかりょうり 中華料理	comida china *f* コミダ チナ	Chinese food チャイニーズ フード
ちゅうかん 中間	medio *m* メディオ	middle ミドル
ちゅうきゅうの 中級の	intermedio(a) インテるメディオ (ア)	intermediate インタミーディエト
ちゅうきんとう 中近東	Medio y Próximo Oriente *m* メディオ イ プろクシモ オりエンテ	Middle and Near East ミドル アンド ニア イースト
ちゅうけい 中継	retransmisión *f* れトらンスミシオン	relay リーレイ
～する	retransmitir れトらンスミティる	relay リーレイ
～放送	retransmisión *f* れトらンスミシオン	relay リーレイ
ちゅうこ 中古		
～車	coche de segunda mano *m* コチェ デ セグンダ マノ	used car ユースト カー
～の	de segunda mano デ セグンダ マノ	used, secondhand ユースト, セコンドハンド

日	西	英
ちゅうこく 忠告	consejo *m* コンセホ	advice アドヴァイス
～する	aconsejar アコンセハる	advise アドヴァイズ
ちゅうごく 中国	China チナ	China チャイナ
～語	chino *m* チノ	Chinese チャイニーズ
ちゅうさい 仲裁	arbitración *f* アるビトらしオン	arbitration アービトレイション
～する	arbitrar アるビトらる	arbitrate アービトレイト
ちゅうざい 駐在	estancia *f* エスタンしア	residence レズィデンス
ちゅうし 中止	cese *m* せセ	suspension サスペンション
～する	cesar せサる	stop, suspend スタプ, サスペンド
ちゅうじえん 中耳炎	otitis media *f* オティティス メディア	tympanitis ティンパナイティス
ちゅうじつ 忠実な	fiel フィエル	faithful フェイスフル
ちゅうしゃ 注射	inyección *f* インジェクしオン	injection, shot インヂェクション, シャト
～器	jeringa *f* へリンガ	syringe スィリンヂ
～する	inyectar インジェクタる	inject インヂェクト
ちゅうしゃ 駐車	aparcamiento *m* アパるカミエント	parking パーキング
～禁止	Prohibido aparcar. プロイビド アパるカる	No Parking. ノウ パーキング
～場	aparcamiento *m* アパるカミエント	parking lot パーキング ラト
～する	aparcar アパるカる	park パーク
ちゅうしゃく 注釈	nota *f* ノタ	notes, annotation ノウツ, アノテイション
ちゅうじゅん 中旬	mediados *de mpl* メディアドス デ	middle *of* ミドル

日	西	英
ちゅうしょう 中傷	calumnia *f* カルムニア	slander スランダ
～する	calumniar カルムニアる	speak ill *of* スピーク イル
ちゅうしょう 抽象	abstracción *f* アブストらクしオン	abstraction アブストラクション
～画	pintura abstracta *f* ピントゥら アブストらクタ	abstract painting アブストラクト ペインティング
～的な	abstracto(a) アブストらクト(タ)	abstract アブストラクト
ちゅうしょうきぎょう 中小企業	pequeñas y medianas empresas *fpl* ペケニャス イ メディアナス エンプれサス	smaller enterprises スモーラ エンタプライズィズ
ちゅうしょく 昼食	comida *f* コミダ	lunch ランチ
ちゅうしん 中心	centro *m* セントろ	center, core センタ, コー
～地	centro *m* セントろ	center センタ
ちゅうすう 中枢	centro *m* セントろ	center センタ
ちゅうせい 中世	Época Medieval *f* エポカ メディエバル	Middle Ages ミドル エイヂズ
～の	medieval メディエバル	medieval メディイーヴァル
ちゅうせいし 中性子	neutrón *m* ネウトろン	neutron ニュートラン
ちゅうぜつ 中絶	aborto *m* アボルト	abortion ナボーション
妊娠～する	abortar アボるタる	have an abortion ハヴ アン ナボーション
ちゅうせん 抽選	sorteo *m* ソルテオ	lottery ラタリ
～する	sortear ソルテアる	draw lots *for* ドロー ラツ
ちゅうぞう 鋳造	fundición *f* フンディしオン	casting キャスティング
～する	fundir フンディる	cast, mint キャスト, ミント
ちゅうたい 中退する	dejar los estudios デハる ロス エストゥディオス	dropout, leave school ドラパウト, リーヴ スクール

日	西	英
ちゅうだん 中断	interrupción f インテるプシオン	interruption インタラプション
～する	interrumpir インテるンピる	interrupt インタラプト
ちゅうちょ 躊躇	vacilación f バシラシオン	hesitation ヘズィテイション
～する	vacilar バシラる	hesitate ヘズィテイト
ちゅうと 中途		
～で	a medio camino ア メディオ カミノ	halfway ハフウェイ
ちゅうとう 中東	Medio Oriente m メディオ オリエンテ	Middle East ミドル イースト
ちゅうとうきょういく 中等教育	enseñanza secundaria f エンセニャンさ セクンダリア	secondary education セコンデリ エヂュケイション
ちゅうどく 中毒	envenenamiento m エンベネナミエント	poisoning ポイズニング
～を起こす	intoxicarse イントクシカるセ	be poisoned by ビ ポイズンド
チューナー	sintonizador m シントニさドる	tuner テューナ
チューニング	sintonización f シントニさシオン	tuning テューニング
ちゅうねん 中年	edad media [mediana] f エダド メディア ［メディアナ］	middle age ミドル エイヂ
チューブ	tubo m トゥボ	tube テューブ
ちゅうぼう 厨房	cocina f コシナ	kitchen キチン
ちゅうもく 注目	atención f アテンシオン	notice ノウティス
～する	prestar atención a プれスタる アテンシオン ア	take notice of テイク ノウティス
～の的	centro de atención m せントろ デ アテンシオン	center of attention センタ オヴ アテンション
ちゅうもん 注文	pedido m ペディド	order, request オーダ, リクウェスト
～する	encargar エンカるガる	order オーダ

日	西	英
ちゅうようの 中庸の	moderado(a) モデラド(ダ)	moderate マダレト
ちゅうりつ 中立	neutralidad *f* ネウトラリダド	neutrality ニュートラリティ
～の	neutral ネウトラル	neutral ニュートラル
チューリップ	tulipán *m* トゥリパン	tulip テューリプ
ちゅうりゅう 中流	curso medio *m* クるソ メディオ	midstream ミドストリーム
～階級	clase media *f* クラセ メディア	middle class ミドル クラス
ちゅうわ 中和	neutralización *f* ネウトラリさしオン	neutralization ニュートラリゼイション
～する	neutralizarse ネウトラリさるセ	neutralize ニュートララィズ
ちょう 腸	intestinos *mpl* インテスティノス	intestines インテスティンズ
ちょう 蝶	mariposa *f* マりポサ	butterfly バタフライ
ちょういん 調印	firma *f* フィるマ	signing サイニング
～する	firmar フィるマる	sign サイン
ちょうえき 懲役	prisión con trabajo obligatorio *f* プりシオン コン トらバホ オブリガトりオ	imprisonment インプリズンメント
ちょうえつする 超越する	trascender トらスセンデる	rise above ライズ アバヴ
ちょうおんぱ 超音波	ondas supersónicas *fpl* オンダス スペるソニカス	ultrasound アルトラサウンド
ちょうか 超過	excedente *m* エクスせデンテ	excess イクセス
～する	exceder エクスせデる	exceed イクスィード
ちょうかく 聴覚	(sentido del) oído *m* (センティド デル) オイド	hearing ヒアリング
ちょう 腸カタル	catarro intestinal *m* カタろ インテスティナル	intestinal catarrh インテスティナル カター

日	西	英
ちょうかん 朝刊	periódico de la mañana *m* ペりオディコ デ ラ マニャナ	morning paper モーニング ペイパ
ちょうき 長期	período largo *m* ペりオド らるゴ	long period ロング ピアリオド
～の	a largo plazo ア らるゴ プラそ	long term ロング ターム
ちょうきょう 調教	entrenamiento *m* エントれナミエント	training トレイニング
～する	entrenar エントれナる	train トレイン
ちょうきょり 長距離	larga distancia *f* らるガ ディスタンしア	long distance ロング ディスタンス
～電話	conferencia *f* コンフェれんしア	long-distance call ロングディスタンス コール
ちょうこう 聴講	asistencia *f* アシステンしア	auditing オーディティング
～する	asistir a un curso アシスティる ア ウン クるソ	audit オーディト
～生	oyente *m,f* オジェンテ	auditor オーディタ
ちょうごう 調合	preparación *f* プれパらしオン	mixing, preparation ミクスィング, プレパレイション
～する	preparar プれパらる	prepare, mix プリペア, ミクス
ちょうこうそう 超高層ビル	rascacielos *m* らスカしエロス	skyscraper スカイスクレイパ
ちょうこく 彫刻	escultura *f* エスクルトゥら	sculpture スカルプチャ
～家	escultor(a) *m,f* エスクルトる(ら)	sculptor, carver スカルプタ, カーヴァ
～する	esculpir エスクルピる	sculpture, carve スカルプチャ, カーヴ
ちょうさ 調査	investigación *f* インベスティガしオン	examination イグザミネイション
～する	investigar インベスティガる	examine, investigate イグザミン, インヴェスティゲイト
ちょうし 調子	tono *m* トノ	tune テューン
(拍子)	ritmo *m* りトモ	time, rhythm タイム, リズム

日	西	英
（具合）	estado *m* エスタド	condition カンディション
ちょうしゅ 聴取	escucha *f* エスクチャ	hearing, audition ヒアリング, オーディション
～者	radioyente *m,f* らディオジェンテ	listener リスナ
ちょうしゅう 聴衆	público *m* プブリコ	audience オーディエンス
ちょうしょ 長所	cualidad *f* クアリダド	strong point, merit ストロング ポイント, メリト
ちょうじょ 長女	hija mayor *f* イハ マジョる	oldest daughter オルディスト ドータ
ちょうしょう 嘲笑	ridículo *m*, burla *f* りディクロ, ブるラ	ridicule リディキュール
～する	burlarse *de* ブるラるセ デ	laugh *at*, ridicule ラフ, リディキュール
ちょうじょう 頂上	cima *f* しマ	summit サミット
ちょうしょく 朝食	desayuno *m* デサジュノ	breakfast ブレクファスト
ちょうじん 超人	superhombre *m* スペろンブれ	superman シューパマン
ちょうせい 調整	ajuste *m* アフステ	regulation レギュレイション
～する	ajustar アフスタる	regulate, adjust レギュレイト, アヂャスト
ちょうせつ 調節	ajuste *m* アフステ	regulation, control レギュレイション, カントロウル
～する	ajustar アフスタる	regulate, control レギュレイト, カントロウル
ちょうせん 挑戦	desafío *m* デサフィオ	challenge チャリンヂ
～者	desafiador(a) *m,f* デサフィアドる(ら)	challenger チャレンヂャ
～する	desafiar デサフィアる	challenge チャリンヂ
ちょうせんご 朝鮮語	coreano *m* コれアノ	Korean コリアン

日	西	英
ちょうぞう 彫像	estatua (esculpida) f エスタトゥア（エスクルピダ）	statue スタチュー
ちょうたつ 調達する	proveer プロベエる	supply, provide サプライ, プロヴァイド
ちょう 腸チフス	fiebre tifoidea f フィエブれ ティフォイデア	typhoid タイフォイド
ちょうちょう 町長	alcalde m, alcaldesa f アルカルデ, アルカルデサ	mayor メイア
ちょうちょう 蝶々	mariposa f マリポサ	butterfly バタフライ
ちょうちん 提灯	farolillo m ファろリジョ	paper lantern ペイパ ランタン
ちょうつがい 蝶番	gozne m, bisagra f ゴスネ, ビサグら	hinge ヒンヂ
ちょうてい 調停	mediación f メディアしオン	arbitration アービトレイション
～する	mediar メディアる	arbitrate アービトレイト
ちょうてん 頂点	cima f, cumbre f しマ, クンブれ	peak ピーク
ちょうど 丁度	justo フスト	just, exactly ヂャスト, イグザクトリ
ちょうなん 長男	hijo mayor m イホ マジョる	oldest son オルディスト サン
ちょう 蝶ネクタイ	corbata de lazo f コるバタ デ ラそ	bow tie バウ タイ
ちょうねんてん 腸捻転	torsión intestinal f トるシオン インテスティナル	twist in the intestines トウィスト イン ザ インテスティンズ
ちょうのうりょく 超能力	poderes sobrenaturales mpl ポデれス ソブれナトゥらレス	extrasensory perception, ESP エクストラセンソリ パセプション
ちょうばつ 懲罰	castigo m, sanción f カスティゴ, サンしオン	punishment パニシュメント
ちょうふく 重複	repetición f れペティしオン	repetition レペティション
～する	repetirse れペティるセ	be repeated ビ リピーテド
ちょうへい 徴兵	reclutamiento m れクルタミエント	conscription, draft カンスクリプション, ドラフト

日	西	英
長編	obra larga *f*	long piece
～小説	novela larga *f*	long piece novel
帳簿	libro de cuentas *m*	account book
眺望	vista *f*	view
長方形	rectángulo *m*	rectangle
重宝な	conveniente	handy, convenient
調味料	condimento *m*	seasoning
跳躍	salto *m*	jump
～する	saltar	jump
調理	cocina *f*	cooking
～する	cocinar	cook
調律	afinación *f*	tuning
潮流	corriente (marina) *f*	current, tide
聴力	audición *f*	hearing
朝礼	reunión de mañana *f*	morning gathering
調和	armonía *f*	harmony
～する	armonizar *con*	be in harmony *with*
チョーク	tiza *f*	chalk
貯金	ahorros *mpl*	savings, deposit

日	西	英
〜する	ahorrar アオらる	save セイヴ
直進する	ir derecho イル デれチョ	go straight ahead ゴウ ストレイト アヘド
直接	directamente ディれクタメンテ	directly ディレクトリ
〜税	impuesto directo *m* インプエスト ディれクト	direct tax ディレクト タクス
〜の	directo(a) ディれクト(タ)	direct ディレクト
直線	línea recta [derecha] *f* リネア れクタ [デれチャ]	straight line ストレイト ライン
直腸	recto *m* れクト	rectum レクタム
直通の	directo(a) ディれクト(タ)	direct, nonstop ディレクト, ナンスタプ
直売	venta directa *f* ベンタ ディれクタ	direct sales ディレクト セイルズ
直面する	afrontar アフロンタる	face, confront フェイス, コンフラント
直訳	traducción literal *f* トらドゥクしオン リテらル	literal translation リタラル トランスレイション
直立の	vertical べルティカル	vertical, erect ヴァーティカル, イレクト
直流	corriente directa *f* コりエンテ ディれクタ	direct current, DC ディレクト カーレント
チョコレート	chocolate *m* チョコラテ	chocolate チャコレト
著作権	derechos de autor *mpl* デれチョス デ アウトる	copyright カピライト
著者	autor(a) *m,f* アウトる(ら)	author, writer オーサ, ライタ
貯水池	depósito de agua *m* デポシト デ アグア	reservoir レザヴワー
貯蔵	almacenamiento *m* アルマセナミエント	storage ストーリヂ
〜する	almacenar アルマセナる	store, keep ストー, キープ

日	西	英
ちょちく 貯蓄	ahorros *mpl* アオろス	savings, deposit セイヴィングズ, ディパズィット
〜する	ahorrar アオちる	save セイヴ
ちょっかく 直角	ángulo recto *m* アングロ れクト	right angle ライト アングル
ちょっかん 直感	intuición *f* イントゥイしオン	intuition インテュイション
ちょっかん 直観	intuición *f* イントゥイしオン	intuition インテュイション
〜的な	intuitivo(a) イントゥイティボ(バ)	intuitive インテューイティヴ
チョッキ	chaleco *m* チャレコ	vest ヴェスト
ちょっけい 直径	diámetro *m* ディアメトろ	diameter ダイアメタ
ちょっこう 直行する	ir directamente イる ディれクタメンテ	go direct ゴウ ディレクト
ちょっと	un momento ウン モメント	for a moment フォー ア モウメント
(少し)	un poco ウン ポコ	a little ア リトル
(呼びかけ)	¡Oye!, ¡Oiga! オジェ, オイガ	Hey!, Say! ヘイ, セイ
ちょめい 著名な	célebre, famoso(a) セレブれ, ファモソ(サ)	famous フェイマス
ち 散らかる	estar desparramado(a) エスタる デスパらマド(ダ)	be scattered ビ スキャタド
ち 散らし	folleto *m* フォジェト	leaflet, handbill リーフレト, ハンドビル
ちり 塵	polvo *m* ポルボ	dust, dirt ダスト, ダート
ちり 地理	geografía *f* ヘオグらフィア	geography ヂアグラフィ
ちりがみ 塵紙	pañuelo de papel *m* パニュエロ デ パペル	tissue ティシュー
ちりょう 治療	tratamiento (médico) *m* トらタミエント (メディコ)	medical treatment メディカル トリートメント

日	西	英
～する	tratar トラタる	treat, cure トリート, キュア
散る	dispersarse ディスペるサるセ	scatter, disperse スキャタ, ディスパース
（花が）	caer カエる	fall フォール
賃上げ	aumento de sueldo *m* アウメント デ スエルド	wage increase ウェイヂ インクリース
沈下	hundimiento *m* ウンディミエント	subsidence サブサイデンス
～する	hundirse ウンディるセ	sink スィンク
賃貸しする	alquilar アルキラる	rent, lease レント, リース
賃借りする	alquilar アルキラる	rent, lease レント, リース
賃金	salario *m* サラりオ	wages, pay ウェイヂズ, ペイ
陳述	declaración *f* デクラらシオン	statement ステイトメント
～する	exponer エクスポネる	state ステイト
陳情	petición *f* ペティシオン	petition ピティション
～する	solicitar, hacer petición ソリシタる, アセる ペティシオン	make a petition メイク ア ピティション
鎮静剤	sedante *m* セダンテ	sedative セダティヴ
賃貸	alquiler *m* アルキレる	rent レント
鎮痛剤	analgésico *m* アナルヘシコ	analgesic アナルヂーズィク
沈殿する	sedimentarse セディメンタるセ	settle セトル
チンパンジー	chimpancé *m* チンパンセ	chimpanzee チンパンズィー
沈没	hundimiento *m* ウンディミエント	sinking スィンキング

日	西	英
〜する	hundirse ウンディるセ	sink スィンク
沈黙 (ちんもく)	silencio *m* シレンシオ	silence サイレンス
〜する	callarse カジャるセ	be silent ビ サイレント
陳列 (ちんれつ)	exposición *f* エクスポシシオン	exhibition エクスィビション
〜する	exponer エクスポネる	exhibit, display イグズィビト, ディスプレイ

つ, ツ

日	西	英
ツアー	tour *m* トゥる	tour トゥア
対 (つい)	par *m*, pareja *f* パる, パれハ	pair, couple ペア, カプル
追加 (ついか)	adición *f* アディシオン	addition アディション
〜する	añadir *a* アニャディる ア	add *to* アド
〜の	adicional, suplementario(a) アディシオナル, スプレメンタりオ(ア)	additional アディショナル
追及 (ついきゅう)	investigación *f* インベスティガシオン	questioning クウェスチョニング
〜する	investigar インベスティガる	cross-examine クロースイグザミン
追求 (ついきゅう)	búsqueda *f* ブスケダ	pursuit パシュート
〜する	buscar, perseguir ブスカる, ペるセギる	pursue, seek after パシュー, スィーク アフタ
追究 (ついきゅう)	investigación *f* インベスティガシオン	investigation インヴェスティゲイション
〜する	investigar インベスティガる	investigate インヴェスティゲイト
追試験 (ついしけん)	examen de recuperación *m* エクサメン デ れクペらシオン	supplementary examination サプリメンタリ イグザミネイション
追伸 (ついしん)	postdata *f* ポストダタ	postscript, P.S. ポウストスクリプト

日	西	英
ついせき 追跡	persecución *f* ぺるセクしオン	pursuit, chase パシュート, チェイス
～する	perseguir ぺるセギる	pursue, chase パシュー, チェイス
ついたち 一日	el primero *m* エル プりメろ	first day ファースト デイ
つ 次いで	después デスプエス	next, after that ネクスト, アフタ ザト
ついている	tener suerte テネる スエるテ	be lucky ビ ラキ
ついとう 追悼する	llorar la muerte *de* ジョらる ラ ムエるテ デ	mourn モーン
ついとつ 追突	colisión trasera コリシオン トらセら	rear-end collision リアエンド カリジョン
～する	chocar con el coche por detrás チョカる コン エル コチェ ぽる デトらス	crash into the rear *of* クラシュ イントゥ ザ リア
つい 遂に	por fin ぽる フィン	at last アト ラスト
ついほう 追放	destierro *m* デスティエろ	banishment バニシュメント
～する	desterrar デステらる	banish, expel バニシュ, イクスペル
つい 費やす	gastar ガスタる	spend スペンド
ついらく 墜落	caída *f* カイダ	fall, drop フォール, ドラプ
（乗り物の）	accidente *m* アクしデンテ	crash クラシュ
～する	caerse カエるセ	fall, drop フォール, ドラプ
（飛行機が）	estrellarse エストれジャるセ	crash クラシュ
ツイン		
～の	doble ドブレ	twin トゥィン
～ルーム	habitación doble *f* アビタシオン ドブレ	twin room トゥィン ルーム
つうか 通貨	moneda *f* モネダ	currency カーレンスィ

日	西	英
通過	paso *m*	passing
～する	pasar *por*	pass *by*
通学する	ir a la escuela	go to school
通関	despacho de aduanas *m*	customs clearance
通勤する	desplazarse hasta el trabajo	go to the office
通行	circulación *f*	traffic
～する	pasar	pass
～人	transeúnte *m,f*	passer-by
通商	comercio *m*	commerce, trade
通常	normalmente	usually
～の	habitual	usual, ordinary
通じる	llevar *a*	go *to*, lead *to*
（電話が）	comunicarse *con*	get through *to*
（知る）	conocer, saber	be familiar *with*
通信	correspondencia *f*	communication
～社	agencia de noticias *f*	news agency
～する	comunicarse *con*	communicate *with*
通知	aviso *m*	notice
～する	informar *a*	inform, notify
通帳	libreta de banco *f*	passbook

日	西	英
ツーピース	vestido de dos piezas *m* ベスティド デ ドス ピエサス	two-piece トゥーピース
痛風 (つうふう)	gota *f* ゴタ	gout ガウト
通訳 (つうやく)	intérprete *m,f* インテるプれテ	interpreter インタープリタ
～する	interpretar インテるプれタる	interpret インタープリト
通用する (つうよう)	ser válido(a) セる バリド(ダ)	pass *for*, be in use パス, ビ イン ユース
ツーリスト	turista *m,f* トゥリスタ	tourist トゥアリスト
痛烈 (つうれつ)		
～な	duro(a), violento(a) ドゥろ(ら), ビオレント(タ)	severe, bitter スィヴィア, ビタ
～に	duramente ドゥらメンテ	severely, bitterly スィヴィアリ, ビタリ
通路 (つうろ)	paso *m* パソ	passage, path パスィヂ, パス
～側の席	asiento del pasillo *m* アスィエント デル パスィジョ	aisle seat アイル スィート
通話 (つうわ)	llamada *f* ジャマダ	call コール
杖 (つえ)	bastón *m* バストン	stick, cane スティク, ケイン
使い (つかい)	recado *m* れカド	errand エランド
(人)	recadero(a) *m,f* れカデろ(ら)	messenger メスィンヂャ
使い方 (つかいかた)	modo de empleo *m* モド デ エンプレオ	how to use ハウ トゥー ユース
使いこなす (つかい)	saber manejar サベる マネハる	have a good command ハヴ ア グド カマンド
使う (つかう)	usar ウサる	use, employ ユース, インプロイ
(費やす)	gastar ガスタる	spend スペンド
仕える (つかえる)	servir セるビる	serve サーヴ

日	西	英
束の間の	momentáneo(a) モメンタネオ(ア)	momentary モウメンテリ
掴[捕]まえる	agarrar アガらる	catch キャチ
(逮捕する)	detener デテネる	arrest アレスト
(捕獲する)	capturar カプトゥらる	capture キャプチャ
掴[捕]まる	ser cogido(a) せる コヒド(ダ)	be caught ビ コート
(すがる)	agarrarse a アガらるセ ア	grasp, hold on to グラスプ, ホウルド オン
掴む	coger コヘる	seize, catch スィーズ, キャチ
浸かる	sumergirse スメるヒるセ	be soaked ビ ソウクト
疲れ	cansancio m カンサンしオ	fatigue ファティーグ
疲れる	cansarse カンサるセ	be tired ビ タイアド
月	luna f ルナ	moon ムーン
(暦の)	mes m メス	month マンス
継ぎ	remiendo m れミエンド	patch パチ
次	próximo(a) m,f プろクシモ(マ)	next one ネクスト ワン
～に	después デスプエス	next, secondly ネクスト, セコンドリ
～の	siguiente シギエンテ	next, following ネクスト, ファロウイング
付き合い	relación f れラしオン	association アソウスィエイション
付き合う	tratar トらタる	keep company with キープ カンパニ
(男女が)	salir con サリる コン	go out with ゴウ アウト
突き当たり	final m フィナル	end エンド

日	西	英
突き当たる	chocar *contra* チョカる コントら	run against ラン アゲインスト
突き刺す	clavar クラバる	thrust, pierce スラスト, ピアス
付き添い	asistente *m,f* アシステンテ	attendant, escort アテンダント, エスコート
付き添う	cuidar クイダる	attend *on*, accompany アテンド, アカンパニ
突き出す	sacar サカる	thrust out スラスト アウト
（警察に）	entregar エントれガる	hand over ハンド オウヴァ
継ぎ足す	añadir *a* アニャディる ア	add *to* アド
月々	cada mes カダ メス	every month エヴリ マンス
次々	uno tras otro ウノ トらス オトろ	one after another ワン アフタ アナザ
突き付ける	apuntar アプンタる	point, thrust ポイント, スラスト
突き出る	sobresalir ソブれサリる	stick out, project スティク アウト, プロヂェクト
突き止める	descubrir デスクブりる	find out, trace ファインド アウト, トレイス
月並みな	trivial トりビアル	common カモン
月日	días *mpl*, tiempo *m* ディアス, ティエンポ	days, time デイズ, タイム
付き纏う	no despegarse *de* ノ デスペガるセ デ	follow ... about ファロウ アバウト
継ぎ目	junta *f* フンタ	joint, juncture ヂョイント, ヂャンクチャ
月夜	noche de luna *f* ノチェ デ ルナ	moonlight night ムーンライト ナイト
尽きる	acabarse アカバるセ	be exhausted ビ イグゾーステド
就く		
（仕事に）	colocarse コロカるセ	get a job ゲト ア ヂャブ

日		西	英
	(床に)	meterse en la cama メテルセ エン ラ カマ	go to bed ゴウ トゥ ベド
着く		llegar *a* ジェガル ア	arrive *at* アライヴ
	(席に)	tomar asiento トマル アシエント	take *one's* seat テイク スィート
突く		pinchar, clavar ピンチャル, クラバル	thrust, pierce スラスト, ピアス
付く		pegarse *a* ペガルセ ア	stick *to* スティク
	(接触)	tocar トカル	touch タチ
継ぐ		suceder スセデル	succeed, inherit サクスィード, インヘリト
注ぐ		verter ベルテル	pour ポー
机		escritorio *m*, mesa *f* エスクリトリオ, メサ	desk, bureau デスク, ビュアロウ
尽くす		agotar アゴタル	exhaust イグゾースト
	(尽力)	esforzarse エスフォルサルセ	serve, endeavor サヴ, インデヴァ
償う		compensar コンペンサル	compensate *for* カンペンセイト
鶫		tordo *m* トルド	thrush スラシュ
作り方		manera de hacer *f* マネラ デ アセル	how to make ハウ トゥ メイク
作り話		historia inventada *f* イストリア インベンタダ	made-up story メイドアプ ストーリ
作る		hacer アセル	make メイク
	(創造)	crear クレアル	create クリエイト
	(製造・産出)	fabricar ファブリカル	manufacture, produce マニュファクチャ, プロデュース
	(形成)	formar フォルマル	form, organize フォーム, オーガナイズ
	(建設)	construir コンストルイル	build, construct ビルド, カンストラクト

日	西	英
つくろ**繕う**	remendar れメンダる	repair, mend リペア, メンド
（体裁を）	cubrir クブりる	save セイヴ
つ あ**付け合わせ**	guarnición *f* グアるニしオン	garnish ガーニシュ
つ くわ**付け加える**	añadir アニャディる	add アド
つ こ**付け込む**	aprovecharse de アプろベチャるセ デ	take advantage *of* テイク アドヴァンティヂ
つけもの**漬物**	verduras en salmuera *fpl* べるドゥらス エン サルムエら	pickles ピクルズ
つ**付ける**	poner ポネる	put, attach プト, アタチ
つ**着ける**	ponerse ポネるセ	put on, wear プト オン, ウェア
つ**点ける**	poner, encender ポネる, エンセンデる	light, set fire ライト, セト ファイア
つ**告げる**	decir デしる	tell, inform テル, インフォーム
つごう**都合**	conveniencia *f* コンベニエンしア	convenience カンヴィーニエンス
～のよい	conveniente コンベニエンテ	convenient コンヴィーニエント
つじつま あ**辻褄が会う**	ser coherente con セる コエれンテ	be consistent *with* ビ コンスィステント
つた**蔦**	hiedra *f* イエドら	ivy アイヴィ
つた**伝える**	decir デしる	tell, report テル, リポート
（伝承）	transmitir トらンスミティる	hand down *to* ハンド ダウン
（伝授）	enseñar エンセニャる	teach, initiate ティーチ, イニシエイト
つた**伝わる**	divulgarse ディブルガるセ	be conveyed ビ カンヴェイド
（伝承）	transmitirse de トらンスミティるセ デ	be handed down *from* ビ ハンディド ダウン
（噂が）	difundirse ディフンディるセ	spread, pass スプレド, パス

日	西	英
土 (つち)	tierra *f* ティエら	earth, soil アース, ソイル
培う (つちかう)	cultivar クルティバる	cultivate, foster カルティヴェイト, フォスタ
筒 (つつ)	cilindro *m* しリンドろ	pipe, tube パイプ, テューブ
続き (つづき)	continuación *f* コンティヌアしオン	sequel スィークウェル
突付く (つつく)	picar ピカる	poke *at* ポウク
続く (つづく)	durar ドゥらる	continue, last カンティニュー, ラスト
(後に)	seguir セギる	follow, succeed *to* ファロウ, サクスィード
続ける (つづける)	continuar コンティヌアる	continue カンティニュー
突っ込む (つっこむ)	meter ... *en* メテる エン	thrust ... into スラスト イントゥ
躑躅 (つつじ)	azalea *f* アサレア	azalea アゼイリァ
慎む (つつしむ)	abstenerse *de* アブステネるセ デ	refrain *from* リフレイン
慎ましい (つつましい)	modesto(*a*) モデスト(タ)	modest, humble マディスト, ハンブル
包み (つつみ)	paquete *m* パケテ	package, parcel パキヂ, パースル
包む (つつむ)	envolver *en* エンボルベる エン	wrap, envelop *in* ラプ, インヴェロプ
綴り (つづり)	ortografía *f* オるトグらフィア	spelling スペリング
(書類の)	faja *f* ファハ	file ファイル
綴る (つづる)	deletrear デレトれアる	spell スペル
(綴じる)	archivar アるチバる	bind, file バインド, ファイル
勤め (つとめ)	trabajo *m* トらバホ	business, work ビズネス, ワーク

日	西	英
務め (つとめ)	deber *m* デベる	duty, service デューティ, サーヴィス
勤める (つとめる)	trabajar トらバハる	work ワーク
務める (つとめる)	servir セるビる	serve サーヴ
(演じる)	interpretar インテるプれタる	play, act プレイ, アクト
努める (つとめる)	tratar *de* トらタる デ	try *to* トライ
綱 (つな)	cuerda *f*, soga *f* クエるダ, ソガ	rope ロウプ
～引き	juego de tiro de cuerda *m* フエゴ デ ティろ デ クエるダ	tug of war タグ オヴ ウォー
～渡り	funambulismo *m* フナンブリスモ	ropewalking ロウプウォーキング
繋がる (つながる)	conectarse *con* コネクタるセ コン	be connected with ビ カネクテド ウィズ
繋ぐ (つなぐ)	atar アタる	tie, connect タイ, カネクト
津波 (つなみ)	"tsunami" *m* ツナミ	*tsunami*, tidal wave ツナーミ, タイドル ウェイヴ
常に (つねに)	siempre シエンプれ	always, usually オールワズ, ユージュアリ
抓る (つねる)	pellizcar ペジすカる	pinch, nip ピンチ, ニプ
角 (つの)	cuerno *m* クエるノ	horn ホーン
唾 (つば)	saliva *f* サリバ	spittle, saliva スピトル, サライヴァ
椿 (つばき)	camelia *f* カメリア	camellia カミーリア
翼 (つばさ)	ala *f* アラ	wing ウィング
燕 (つばめ)	golondrina *f* ゴロンドリナ	swallow スワロウ
粒 (つぶ)	grano *m* グらノ	grain, drop グレイン, ドラプ

日	西	英
潰す	aplastar アプラスタる	break, crush ブレイク, クラシュ
(暇・時間を)	matar マタる	waste, kill ウェイスト, キル
呟く	susurrar ススらる	murmur マーマ
瞑る	cerrar せらる	shut, close シャト, クロウズ
潰れる	hundirse ウンディるセ	break, be crushed ブレイク, ビ クラシュド
(破産)	quebrar ケブらる	go bankrupt ゴウ バンクラプト
ツベルクリン	tuberculina f トゥべるクリナ	tuberculin テュバーキュリン
壺	jarra f ハら	jar, pot チャー, パト
(急所)	punto vital m プント ビタル	point ポイント
蕾	brote m ブロテ	bud バド
妻	esposa f エスポサ	wife ワイフ
爪先	punta del pie f プンタ デル ピエ	tiptoe ティプトウ
倹しい	frugal フるガル	frugal フルーガル
躓く	tropezar con トろぺさる コン	stumble スタンブル
摘まみ	pomo m ポモ	knob ナブ
(一つまみ)	una pizca f ウナ ピすカ	a pinch ア ピンチ
(酒の)	tapa f タパ	relish レリシュ
摘まむ	pinchar ピンチャる	pick, pinch ピク, ピンチ
爪楊枝	palillo de dientes m パリジョ デ ディエンテス	toothpick トゥースピク

日	西	英
詰(つ)まらない	sin valor, trivial シン バロル, トリビアル	worthless, trivial ワースレス, トリヴィアル
詰(つ)まり	en fin エン フィン	after all, in short アフタ オール, イン ショート
詰(つ)まる	estar lleno(a) エスタる ジェノ(ナ)	be stuffed ビ スタフト
（充満）	llenarse ジェナるセ	be packed ビ パクト
罪(つみ)（道徳・宗教上の）	pecado *m* ペカド	sin スィン
（犯罪）	delito *m*, crimen *m* デリト, クリメン	crime, offense クライム, オフェンス
〜を犯す	cometer un delito コメテる ウン デリト	commit a crime カミト ア クライム
積(つ)み重(かさ)ねる	amontonar アモントナる	pile up パイル アプ
積(つ)み木(き)	cubos (de madera) *mpl* クボス（デ マデら）	blocks, bricks ブラクス, ブリクス
積(つ)み込(こ)む	cargar カるガる	load ロウド
積(つ)み出(だ)す	expedir エクスペディる	send, forward センド, フォーワド
積(つ)み立(た)てる	ahorrar アオらる	deposit ディパズィト
積(つ)み荷(に)	cargamento *m* カるガメント	load, freight, cargo ロウド, フレイト, カーゴウ
積(つ)む	amontonar アモントナる	pile, lay パイル, レイ
（積載）	cargar カるガる	load ロウド
摘(つ)む	recoger れコへる	pick, pluck ピク, プラク
紡(つむ)ぐ	hilar イラる	spin スピン
爪(つめ)	uña *f* ウニャ	nail, claw ネイル, クロー
〜切り	cortaúñas *m* コるタウニャス	nail clipper ネイル クリパ

日	西	英
詰め合わせ	surtido *m* スルティド	assortment アソートメント
詰め込む	empaquetar *en* エンパケタる エン	pack *with* パク
(知識を)	empollar エンポジャる	cram クラム
冷たい	frío(*a*) フリオ (ア)	cold, chilly コウルド, チリ
詰める	envasar エンバサる	stuff, fill スタフ, フィル
(席を)	moverse モべるセ	make room メイク ルーム
積もり	intención *f* インテンしオン	intention インテンション
積もる	acumularse アクムらるセ	accumulate アキューミュレイト
艶	lustre *m* ルストれ	gloss, luster グロス, ラスタ
梅雨	estación de lluvias *f* エスタしオン デ ジュビアス	rainy season レイニ スィーズン
露	rocío *m* ろしオ	dew, dewdrop デュー, デュードラプ
強い	fuerte フエるテ	strong, powerful ストロング, パウアフル
強気の	agresivo(*a*) アグれシボ (バ)	strong, aggressive ストローング, アグレスィヴ
強さ	fuerza *f* フエるさ	strength ストレンクス
強火	fuego vivo *m* フエゴ ビボ	high flame ハイ フレイム
強まる	hacerse más fuerte アせるセ マス フエるテ	become strong ビカム ストロング
強める	fortalecer フォるタレせる	strengthen ストレンクスン
辛い	penoso(*a*) ペノソ (サ)	hard, painful ハード, ペインフル
連なる	extenderse エクステンデるセ	stretch, run ストレチ, ラン

日	西	英
貫く	penetrar ペネトらる	pierce, penetrate ピアス, ペネトレイト
(目的を)	lograr ログらる	accomplish, achieve アカンプリシュ, アチーヴ
氷柱（つらら）	carámbano m カランバノ	icicle アイスィクル
釣り	pesca f ペスカ	fishing フィシング
～糸	sedal m セダル	line ライン
～竿	caña de pescar f カニャ デ ペスカる	fishing rod フィシング ラド
～針	anzuelo m アンすエロ	fishhook フィシュフク
釣り合い	equilibrio m エキリブリオ	balance バランス
～をとる	equilibrar エキリブらる	balance, harmonize バランス, ハーモナイズ
釣り合う	equilibrarse エキリブらるセ	balance, match バランス, マチ
釣り鐘	campana f カンパナ	temple bell テンプル ベル
吊り革	correa f コれア	strap ストラプ
釣り銭	vuelta f ブエルタ	change チェインヂ
吊り橋	puente colgante m プエンテ コルガンテ	suspension bridge サスペンション ブリヂ
釣る	pescar ペスカる	fish フィシュ
鶴	grulla f グるジャ	crane クレイン
吊るす	colgar コルガる	hang, suspend ハング, サスペンド
鶴嘴（つるはし）	zapapico m さパピコ	pickax ピクアクス
連れ	acompañante m,f アコンパニャンテ	companion カンパニオン

日	西	英
連れ出す	sacar / サカる	take out / テイク アウト
連れて行く	llevar / ジェバる	take / テイク
悪阻	náuseas *fpl* / ナウセアス	morning sickness / モーニング スィクネス

て, テ

日	西	英
手	mano *f*, brazo *m* / マノ, ブらソ	hand, arm / ハンド, アーム
(手段・方法)	medio *m* / メディオ	way, means / ウェイ, ミーンズ
出会う	encontrarse / エンコントらるセ	meet, come across / ミート, カム アクロス
手足	brazos *mpl* y piernas *fpl* / ブらソス イ ピエるナス	hands and feet / ハンヅ アンド フィート
手厚い	cariñoso(a) / カリニョソ(サ)	cordial, warm / コーヂャル, ウォーム
手当て	tratamiento (médico) *m* / トらタミエント (メディコ)	medical treatment / メディカル トリートメント
(給与)	paga *f* / パガ	allowance / アラウアンス
手洗い	cuarto de baño *m* / クアるト デ バニョ	washroom, lavatory / ワシュルム, ラヴァトーリ
提案	sugerencia *f* / スヘれンレア	proposal / プロポウザル
～する	proponer / プロポネる	propose, suggest / プロポウズ, サグヂェスト
ティー	té *m* / テ	tea / ティー
(ゴルフの)	"tee" *m* / ティ	tee / ティー
～カップ	taza de té *f* / タサ デ テ	teacup / ティーカプ
～バッグ	bolsita de té *f* / ボルシタ デ テ	teabag / ティーバグ
～ポット	tetera *f* / テテら	teapot / ティーパト
Tシャツ	camiseta *f* / カミセタ	T-shirt / ティーシャート

日	西	英
ディーゼルエンジン	(motor) diesel *m* (モトる) ディエセル	diesel engine ディーゼル エンヂン
ていいん 定員	capacidad *f* カパシダド	capacity カパスィティ
ていえん 庭園	jardín *m* ハるディン	garden ガードン
ていおう 帝王	emperador *m* エンペらドる	emperor エンペラ
～切開	(operación) cesárea *f* (オペらしオン) せサれア	Caesarean operation スィゼアリアン オペレイション
ていか 定価	precio fijo *m* プれシオ フィホ	fixed price フィクスト プライス
ていかん 定款	estatutos *mpl* エスタトゥトス	articles of association アーティクルズ オヴ アソウスィエイション
ていき 定期	cuenta a plazo fijo *f* クエンタ ア プラそ フィホ	deposit account ディパズィト アカウント
～券	pase *m* パセ	commutation ticket カミュテイション ティケト
～的な	periódico(*a*) ペりオディコ(カ)	regular, periodic レギュラ, ピアリアディク
ていぎ 定義	definición *f* デフィニしオン	definition デフィニション
～する	definir デフィニる	define ディファイン
ていきあつ 低気圧	baja presión atmosférica *f* バハ プれシオン アトモスフェりカ	low atmospheric pressure ロウ アトモスフェリック プレシャ
ていきゅうな 低級な	inferior, vulgar インフェりオる, ブルガる	inferior, low インフィアリア, ロウ
ていきゅうび 定休日	día fijo de descanso *m* ディア フィホ デ デスカンソ	regular holiday レギュラ ハリデイ
ていきょう 提供	oferta *f* オフェるタ	offer オファ
～する	ofrecer オフれセる	offer, supply オファ, サプライ
テイクアウトの	para llevar パら ジェバる	takeout テイカウト
ていけい 提携	asociación *f* アソシアしオン	tie-up タイアプ
～する	asociarse *a* アソシアるセ ア	cooperate *with* コウアペレイト

日	西	英
ていけつあつ 低血圧	baja presión arterial *f* バハ プレシオン アルテリアル	low blood pressure ロウ ブラド プレシャ
ていこう 抵抗	resistencia *f* れシステンしア	resistance リズィスタンス
～する	resistir *a* れシスティる ア	resist, oppose リズィスト, オポウズ
ていこくしゅぎ 帝国主義	imperialismo *m* インペりアリスモ	imperialism インピアリアリズム
ていさい 体裁	apariencia *f* アパリエンしア	appearance アピアランス
ていさつ 偵察	exploración *f* エクスプロらシオン	reconnaissance リカネサンス
～する	explorar エクスプロらる	reconnoiter リーコノイタ
ていし 停止	parada *f* パらダ	stop, suspension スタプ, サスペンション
～する	parar パらる	stop, suspend スタプ, サスペンド
ていじ 定時	hora fijada *f* オら フィハダ	fixed time フィクスト タイム
ていしゃ 停車	parada *f* パらダ	stop スタプ
～する	parar パらる	stop スタプ
ていしゅ 亭主	marido *m* マリド	husband ハズバンド
（主人）	dueño *m* ドゥエニョ	master, host マスタ, ホウスト
ていじゅう 定住する	establecerse エスタブレせるセ	settle セトル
ていしゅつ 提出	presentación *f* プれセンタしオン	presentation プリーゼンテイション
～する	presentar プれセンタる	present, submit プレゼント, サブミト
ていしょう 提唱する	abogar アボガる	advocate, propose アドヴォケイト, プロポウズ
ていしょく 定食	menú (del día) *m* メヌ (デル ディア)	table d'hôte ターブル ドウト

日	西	英
ていすう 定数	número fijo *m* ヌメロ フィホ	fixed number フィクスト ナンバ
（数学）	constante *f* コンスタンテ	constant カンスタント
ディスカウント	descuento *m* デスクエント	discount ディスカウント
ディスク	disco *m* ディスコ	disk ディスク
～ジョッキー	"disc jockey" *m,f* ディスク ジョキ	disk jockey ディスク ヂャキ
ディスコ	discoteca *f* ディスコテカ	disco, discotheque ディスコウ, ディスコテク
ディスプレイ	pantalla *f* パンタジャ	display ディスプレイ
ていせい 訂正	corrección *f* コれクしオン	correction コレクション
～する	corregir コれヒる	correct, revise カレクト, リヴァイズ
ていせつ 定説	teoría establecida *f* テオリア エスタブレしダ	established theory イスタブリシュト スィオリ
ていせん 停戦	cese del fuego *m*, tregua *f* せセ デル フエゴ, トれグア	truce, cease-fire トルース, スィースファイア
ていぞくな 低俗な	vulgar ブルガる	vulgar, lowbrow ヴァルガ, ロウブラウ
ていそ 提訴する	llevar a los tribunales ジェバる ア ロス トりブナレス	file a suit ファイル ア スート
ていたい 停滞	estancamiento *m* エスタンカミエント	slump スランプ
～する	estancarse エスタンカるセ	stagnate スタグネイト
ていたく 邸宅	mansión *f* マンシオン	residence レズィデンス
ていちゃく 定着	estabilidad *f* エスタビリダド	fixing フィクスィング
～する	establecerse エスタブレせるセ	fix フィクス
ていちょうな 丁重な	atento(*a*) アテント(タ)	polite, courteous ポライト, カーティアス
ていちょうな 低調な	inactivo(*a*), bajo(*a*) イナクティボ(バ), バホ(ハ)	inactive, dull イナクティヴ, ダル

日	西	英
ティッシュ	pañuelo de papel *m* パニュエロ デ パペル	tissue ティシュー
ていでん 停電	apagón *m* アパゴン	power failure パウア フェイリュア
ていど 程度	grado *m* グらド	degree, grade ディグリー, グレイド
ていとう 抵当	hipoteca *f* イポテカ	mortgage モーギヂ
〜に入れる	hipotecar イポテカる	mortgage モーギヂ
ディナー	cena *f* せナ	dinner ディナ
ていねい 丁寧		
〜な	(bien) educado(a) (ビエン) エドゥカド(ダ)	polite, courteous ポライト, カーティアス
〜に	con cortesía コン コるテシア	politely, courteously ポライトリ, カーティアスリ
ていねん 定年	(edad de) jubilación *f* (エダド デ) フビラしオン	retirement age リタイアメント エイヂ
ていはく 停泊する	anclar アンクラる	anchor アンカ
ていひょう 定評	reputación *f*, fama *f* れプタしオン, ファマ	established reputation イスタブリシュト レピュテイション
ディフェンス	defensa *f* デフェンサ	defense ディフェンス
ていぼう 堤防	dique *m* ディケ	bank, embankment バンク, インバンクメント
ていめい 低迷する	marchar mal マるチャる マル	be sluggish ビ スラギシュ
ていり 定理	teorema *m* テオれマ	theorem スィオレム
ていりゅうじょ 停留所	parada (de autobús) *f* パらダ (デ アウトブス)	stop スタプ
てい 手入れ	mantenimiento *m* マンテニミエント	maintenance メインテナンス
(警察の)	redada *f* れダダ	police raid ポリース レイド
〜する	cuidar クイダる	take care *of* テイク ケア

日	西	英
ディレクター	director(a) *m,f* ディレクトる(ら)	director ディレクタ
ティンパニー	timbal *m* ティンバル	timpani ティンパニ
テーゼ	tesis *f* テシス	thesis スィースィス
データ	datos *mpl* ダトス	data デイタ
〜ベース	base de datos *f* バセ デ ダトス	data base デイタ ベイス
デート	cita *f* シタ	date デイト
〜する	salir *con* サリる コン	date *with* デイト
テープ	cinta *f* シンタ	tape テイプ
〜レコーダー	grabadora *f* グらバドら	tape recorder テイプ リコーダ
テーブル	mesa *f* メサ	table テイブル
〜クロス	mantel *m* マンテル	tablecloth テイブルクロス
テーマ	tema *m* テマ	theme, subject スィーム, サブヂクト
テールランプ	luz trasera *f* ルス トらセら	taillight テイルライト
手遅れである	ser demasiado tarde セる デマシアド タるデ	be too late ビ トゥー レイト
手掛かり	pista *f* ピスタ	clue, key クルー, キー
手書きの	manuscrito(a) マヌスクリト(タ)	handwritten ハンドリトン
出掛ける	salir サリる	go out ゴウ アウト
手形	letra (de cambio) *f* レトら (デ カンビオ)	note, bill ノウト, ビル
(手の形)	huella de la mano *f* ウエジャ デ ラ マノ	handprint ハンドプリント
手紙	carta *f* カるタ	letter レタ

日	西	英
てがら 手柄	mérito *m* メリト	exploit イクスプロイト
てがる 手軽な	fácil ファしル	easy, light イーズィ, ライト
てき 敵	enemigo(a) *m,f* エネミゴ(ガ)	enemy, opponent エネミ, オポウネント
できあい 溺愛	idolatría *f* イドラトリア	dotage ドウティヂ
～する	idolatrar イドラトらる	dote ドウト
できあ 出来上がる	acabarse アカバるセ	be completed ビ カンプリーテド
てきい 敵意	hostilidad *f* オスティリダド	hostility ハスティリティ
てきおう 適応	adaptación *f* アダプタしオン	adjustment アヂャストメント
～する	adaptarse *a* アダプタるセ ア	adjust *oneself to* アヂャスト
てきかく 的確な	preciso(a), exacto(a) プれしソ(サ), エクサクト(タ)	precise, exact プリサイス, イグザクト
てきごう 適合	conformidad *f* コンフォるミダド	fitness フィトネス
～する	conformarse *con* コンフォるマるセ コン	conform *to* コンフォーム
できごと 出来事	suceso *m* スセソ	event, incident イヴェント, インスィデント
てきし 敵視する	ser hostil セる オスティル	be hostile ビ ハスティル
てきしゅつ 摘出する	extraer エクストらエる	remove, extract リムーヴ, イクストラクト
テキスト	libro de texto *m* リブろ デ テクスト	text テクスト
てき 適する	ser adecuado(a) セる アデクアド(ダ)	fit, suit フィト, スート
てきせい 適性	aptitud *f* アプティトゥド	aptitude アプティテュード
てきせつ 適切な	adecuado(a) アデクアド(ダ)	proper, adequate プラパ, アディクウェト

日	西	英
出来高（できだか）	producción *f* プロドゥクしオン	output, yield アウトプト, イールド
～払いで	según producción セグン プロドゥクしオン	on a piece rate オン ナ ピース レイト
出来立て（できたて）	recién hecho(*a*) れしエン エチョ(チャ)	new ニュー
適当な（てきとう）	adecuado(*a*), conveniente *para* アデクアド(ダ), コンベニエンテ パら	fit *for*, suitable *to, for* フィト, シュータブル
適度の（てきど）	moderado(*a*) モデらド(ダ)	moderate, temperate マダレト, テンペレト
てきぱきと	con diligencia コン ディリヘンしア	promptly プランプトリ
出来物（できもの）	bulto *m* ブルト	swelling, eruption スウェリング, イラプション
適用（てきよう）	aplicación *f* アプリカしオン	application アプリケイション
～する	aplicar アプリカる	apply アプライ
出来る（でき）	poder ポデる	can キャン
（可能）	ser posible セる ポシブレ	be possible ビ パシィブル
（生産・産出）	hacerse アせるセ	be produced ビ プロデュースト
（形成）	formarse フォるマるセ	be made, be formed ビ メイド, ビ フォームド
（生じる）	ocurrir オクりる	be born, form ビ ボーン, フォーム
（能力がある）	ser capaz セる カパす デ	be able, be good ビ エイブル, ビ グド
手際のよい（てぎわ）	diestro(*a*) ディエストろ(ら)	skillful スキルフル
手口（てぐち）	procedimiento *m* プろせディミエント	way, style ウェイ, スタイル
出口（でぐち）	salida *f* サリダ	exit, way out エクスィト, ウェイ アウト
テクニック	técnica *f* テクニカ	technique テクニーク
手首（てくび）	muñeca *f* ムニェカ	wrist リスト

日	西	英
てこ 梃子	palanca *f* パランカ	lever レヴァ
てごころ　くわ 手心を加える	tratar con miramientos *a* トラタる コン ミらミエントス ア	use *one's* discretion ユーズ ディスクレション
てこずる	tener problemas *con* テネる プろブレマス コン	have trouble *with* ハヴ トラブル
てごた 手応えがある	reaccionar れアクしオナる	have effect ハヴ イフェクト
でこぼこ 凸凹な	desigual デシグアル	uneven, bumpy アニーヴン, バンピ
デコレーション	adorno *m* アドるノ	decoration デコレイション
てごろ 手頃な	manejable, razonable マネハブレ, らそナブレ	handy, reasonable ハンディ, リーズナブル
てごわ 手強い	duro(*a*) ドゥろ(ら)	tough, formidable タフ, フォーミダブル
デザート	postre *m* ポストれ	dessert ディザート
デザイナー	diseñador(*a*) *m,f* ディセニャドる(ら)	designer ディザイナ
デザイン	diseño *m* ディセニョ	design ディザイン

■ デザート ■ postre / ポストれ / *m*

リンゴの揚げ菓子　buñuelo de manzana /ブニュエロ デ マンさナ/ (⓶ apple fritter)

パウンドケーキ　bizcocho /ビすコチョ/ (⓶ sponge cake)

米の牛乳プリン　arroz con leche /アろす コン レチェ/ (⓶ rice pudding)

クレープ　crepe /クれペ/ (⓶ crepe)

アイスクリーム　helado /エラド/ (⓶ ice cream)

プリン　flan /フラン/ (⓶ pudding)

スペイン風フレンチトースト　torrija /トりハ/ (⓶ French toast)

チュロ（スペイン風ドーナツ）churros /チュろス/ (⓶ fried dough)

ポルボロン（砂糖菓子）polvorón /ポルボろン/ (⓶ floury sweet made with almonds)

日	西	英
手先(てさき)	dedos *mpl* デドス	fingers フィンガズ
(手下)	subordinado(a) *m,f* スボるディナド(ダ)	pawn ポーン
手探りする(てさぐり)	tentar テンタる	grope グロウプ
手提げ鞄(てさげかばん)	cartera *f* カるテら	briefcase ブリーフケイス
手触り(てざわ)	tacto *m* タクト	touch, feel タチ, フィール
弟子(でし)	alumno(a) *m,f* アルムノ(ナ)	pupil, disciple ピューピル, ディサイプル
手仕事(てしごと)	trabajo manual *m* トらバホ マヌアル	manual work マニュアル ワーク
手下(てした)	subordinado(a) *m,f* スボるディナド(ダ)	follower ファロウア
デジタルの	digital ディヒタル	digital ディヂタル
手品(てじな)	prestidigitación *f* プれスティディヒタしオン	magic tricks マヂク トリクス
出しゃばる(で)	meter las narices *en*, entrometerse *en* メテる ラス ナりせス エン, エントろメテるセ エン	thrust *one's* nose *into* スラスト ノウズ
手順(てじゅん)	procedimiento *m* プろせディミエント	order, process オーダ, プラセス
手錠(てじょう)	esposas *fpl* エスポサス	handcuffs ハンドカフズ
手数(てすう)	molestia *f* モレスティア	trouble トラブル
〜料	comisión *f* コミシオン	commission カミション
デスク	mesa *f* メサ	desk デスク
〜トップ	(ordenador) de escritorio *m* (オるデナドる) デ エスクりトりオ	desk-top デスクタプ
〜ワーク	trabajo de oficinas *m* トらバホ デ オフィしナス	deskwork デスクワーク
テスト	examen *m* エクサメン	test テスト

484

日	西	英
てすり 手摺	pasamanos *m* パサマノス	handrail ハンドレイル
てそう 手相	rayas de la mano *fpl* らジャス デ ラ マノ	lines of the palm ラインズ オヴ ザ パーム
でたらめ 出鱈目	disparate *m* ディスパらテ	nonsense ナンセンス
～な	disparatado(a) ディスパらタド(ダ)	irresponsible イリスパンスィブル
てちがい 手違い	error *m* エろる	mistake ミステイク
てちょう 手帳	agenda *f* アヘンダ	notebook ノウトブック
てつ 鉄	hierro *m* イエろ	iron アイアン
てっかい 撤回する	retractar れトラクタる	withdraw ウィズドロー
てつがく 哲学	filosofía *f* フィロソフィア	philosophy フィラソフィ
～者	filósofo(a) *m,f* フィロソフォ(ファ)	philosopher フィラソファ
てっきょう 鉄橋	puente de ferrocarril *m* プエンテ デ フェろカリル	iron bridge アイアン ブリヂ
てっきん 鉄筋コンクリート	cemento armado *m* セメント アるマド	ferroconcrete フェロウカンクリート
てづくりの 手作りの	hecho(a) a mano エチョ(チャ) ア マノ	handmade ハンドメイド
てつけきん 手付け金	señal *f*, adelanto *m* セニャル, アデラント	earnest money アーニスト マニ
てっこう 鉄鋼	hierro y acero *m* イエろ イ アせろ	iron and steel アイアン アンド スティール
てっこうせき 鉄鉱石	mineral de hierro *m* ミネラル デ イエろ	iron ore アイアン オー
てっこつ 鉄骨	armazón de hierro *m* アるマソン デ イエろ	iron frame アイアン フレイム
デッサン	esbozo *m* エスボそ	sketch スケチ
てったい 撤退	retirada *f* れティラダ	withdrawal ウィズドローアル

日	西	英
〜する	retirarse れティらるセ	withdraw, pull out ウィズドロー, プル アウト
手伝い	ayuda *f* アジュダ	help ヘルプ
（人）	ayudante *m,f*, asistente *m,f* アジュダンテ, アシステンテ	help, assistant ヘルプ, アスィスタント
手伝う	ayudar アジュダる	help, assist ヘルプ, アスィスト
手続き	procedimiento *m* プろセディミエント	procedure プロスィーヂャ
徹底的な	perfecto(a) ぺるフェクト(タ)	thorough, complete サラ, コンプリート
鉄道	ferrocarril *m* フェろカりル	railroad レイルロウド
デッドヒート	empate *m* エンパテ	dead heat デド ヒート
鉄板	plancha de hierro *f* プランチャ デ イエろ	iron plate アイアン プレイト
鉄棒	barra de hierro *f* バら デ イエろ	iron bar アイアン バー
（体操の）	barra fija *f* バら フィハ	horizontal bar ホリザンタル バー
鉄砲	fusil *m*, escopeta *f* フシル, エスコペタ	gun ガン
徹夜	vela *f* ベラ	staying up all night スティング アプ オール ナイト
〜する	velar ベラる	stay up all night スティ アプ オール ナイト
テナー	tenor *m* テノる	tenor テナ
テナント	inquilino(a) *m,f* インキリノ(ナ)	tenant テナント
テニス	tenis *m* テニス	tennis テニス
〜コート	cancha de tenis *f* カンチャ デ テニス	tennis court テニス コート
手荷物	equipaje de mano *m* エキパヘ デ マノ	baggage バギヂ
〜預かり所	consigna *f* コンスィグナ	baggage room バギヂ ルーム

日	西	英
～預かり証	resguardo *m*	claim tag
手拭い	toalla (de mano) *f*	hand towel
テノール	tenor *m*	tenor
手の甲	dorso de la mano *m*	back of the hand
掌・手の平	palma *f*	palm of the hand
デノミネーション	denominación *f*	redenomination
デパート	(grandes) almacenes *mpl*	department store
手配	arreglo *m*	arrangement
～する	arreglar	arrange
手放す	deshacerse *de*	dispose *of*
デビュー	debut *m*	debut
～する	estrenarse	make *one's* debut
手袋	guantes *mpl*	gloves
手ぶらで	con las manos vacías	empty-handed
デフレ	deflación *f*	deflation
手本	modelo *m*	example, model
手間	tiempo *m* y trabajo *m*	time and labor
デマ	rumor infundado [falso] *m*	false rumor
出前	servicio de comida y bebida a domicilio *m*	catering service

日	西	英
手土産(てみやげ)	regalo m れガロ	present プレゼント
出迎える(でむかえる)	salir a recibir サリル ア れしビる	meet, receive ミート, リスィーヴ
デメリット	desventaja f デスベンタハ	demerit ディーメリト
デモ	manifestación f マニフェスタしオン	demonstration デモンストレイション
デモクラシー	democracia f デモクらしア	democracy ディマクラスィ
手許[元]に(てもと)	a mano ア マノ	at hand アト ハンド
デュエット	dúo m ドゥオ	duet デュエト
寺(てら)	templo (budista) m テンプロ (ブディスタ)	temple テンプル
照らす(てらす)	iluminar イルミナる	light, illuminate ライト, イリューミネイト
デラックスな	de lujo デ ルホ	deluxe デルクス
デリケートな	delicado(a) デリカド(ダ)	delicate デリケト
テリトリー	territorio m テりトリオ	territory テリトーリ
照る(てる)	brillar ブリジャる	shine シャイン
出る(でる)	salir サリる	go out ゴウ アウト
(出席・参加)	asistir a アシスティる ア	attend, join アテンド, ヂョイン
(現れる)	aparecer アパれせる	come out, appear カム アウト, アピア
テレックス	télex m テレクス	telex テレクス
テレパシー	telepatía f テレパティア	telepathy テレパスィ
テレビ	televisión f テレビシオン	television テレヴィジョン

日	西	英
～電話	videoteléfono *m* ビデオテレフォノ	videophone ヴィディオフォウン
テレフォンカード	tarjeta telefónica *f* タルヘタ テレフォニカ	telephone card テレフォウン カード
照(て)れる	avergonzarse アベるゴンさるセ	be shy ビ シャイ
テロ	terrorismo *m* テろりスモ	terrorism テラリズム
～リスト	terrorista *m,f* テろりスタ	terrorist テラリスト
テロップ	subtítulo *m* スブティトゥロ	telop テロウプ
手渡(てわた)す	entregar エントれガる	hand ハンド
天(てん)	cielo *m* しエロ	sky スカイ
(天国・神)	Cielo *m* しエロ	Heaven, God ヘヴン, ガド
点(てん)	punto *m* プント	dot, point ダト, ポイント
(点数)	nota *f* ノタ	score, point スコー, ポイント
(品物の数)	pieza *f* ピエさ	piece, item ピース, アイテム
電圧(でんあつ)	voltaje *m* ボルタヘ	voltage ヴォウルティヂ
転移(てんい)	metástasis *m* メタスタシス	metastasis メタスタスィス
～する	extenderse *a* エクステンデるセ ア	metastasize メタスタサイズ
店員(てんいん)	dependiente(a) *m,f* デペンディエンテ (タ)	clerk クラーク
田園(でんえん)	campo *m* カンポ	country カントリ
天下(てんか)	mundo *m* ムンド	world ワールド
点火(てんか)	encendido *m* エンセンディド	ignition イグニション
～する	encender エンセンデる	ignite, light イグナイト, ライト

日	西	英
でんか 電化	electrificación *f* エレクトリフィカしオン	electrification イレクトリフィケイション
てんかい 展開	desarrollo *m* デサろジョ	development ディヴェロプメント
〜する	desarrollar(se) デサろジャる（セ）	develop ディヴェロプ
てんかぶつ 添加物	aditivo *m* アディティボ	additive アディティヴ
てんかん 癲癇	epilepsia *f* エピレプシア	epilepsy エピレプスィ
てんき 天気	tiempo *m* ティエンポ	weather ウェザ
（晴天）	buen tiempo *m* ブエン ティエンポ	fine weather ファイン ウェザ

■電気製品■ electrodomésticos /エレクトろドメスティコス/ *mpl*

れいぼう
冷房 aire acondicionado /アイれ アコンディしオナド/ *m* (㊥ air conditioning)

せんぷうき
扇風機 ventilador /ベンティラドる/ *m* (㊥ electric fan)

だんぼう
暖房 calefacción /カレファクしオン/ *f* (㊥ heating)

ストーブ estufa /エストゥファ/ *f* (㊥ heater, stove)

そうじき
掃除機 aspiradora /アスピらドら/ *f* (㊥ vacuum cleaner)

せんたくき
洗濯機 lavadora /ラバドら/ *f* (㊥ washing machine)

かんそうき
乾燥機 secadora /セカドら/ *f* (㊥ dryer)

ドライヤー secador de pelo /セカドる デ ペロ/ *m* (㊥ hair dryer)

でんとう
電灯 luz eléctrica /るス エレクトりカ/ *f* (㊥ electric light)

れいぞうこ
冷蔵庫 frigorífico /フリゴりフィコ/ *m* (㊥ refrigerator)

れいとうこ
冷凍庫 congelador /コンヘラドる/ *m* (㊥ freezer)

でんし
電子レンジ horno microondas /オるノ ミクろオンダス/ *m* (㊥ microwave oven)

テレビ televisión /テレビシオン/ *f* (㊥ television)

ビデオデッキ vídeo /ビデオ/ *m* (㊥ video tape recorder)

ラジカセ radiocasete /らディオカセテ/ *m* (㊥ boom box)

日	西	英
～予報	pronóstico del tiempo *m* プロノスティコ デル ティエンポ	weather forecast ウェザ フォーキャスト
伝記	biografía *f* ビオグらフィア	biography バイアグラフィ
電気	electricidad *f* エレクトりしダド	electricity イレクトリスィティ
（電灯）	luz eléctrica *f* ルす エレクトりカ	electric light イレクトレク ライト
～洗濯機	lavadora *f* ラバドら	washing machine ワシング マシーン
～掃除機	aspiradora *f* アスピらドら	vacuum cleaner ヴァキュアム クリーナ
電球	bombilla *f* ボンビジャ	electric bulb イレクトレク バルブ
転勤	traslado *m* トらスラド	changing jobs チェインジング チャブズ
～する	ser trasladado(a) セる トらスラダド(ダ)	change jobs チェインヂ チャブズ
典型	tipo *m* ティポ	model, type マドル, タイプ
～的な	típico(a) ティピコ(カ)	typical, ideal ティピカル, アイディアル
点検	revisión *f* れビシオン	inspection, check インスペクション, チェク
～する	inspeccionar インスペクしオナる	inspect, check インスペクト, チェク
電源	fuente de energía eléctrica *f* フエンテ デ エネるヒア エレクトりカ	power supply パウア サプライ
天候	tiempo *m* ティエンポ	weather ウェザ
転向	conversión *f* コンベるシオン	conversion カンヴァーション
～する	convertirse *en* コンベるティるセ エン	be converted *to* ビ コンヴァーテド
電光	luz eléctrica *f* ルす エレクトりカ	flash of lightning フラシュ オヴ ライトニング
転校する	cambiar de escuela カンビアる デ エスクエラ	change *one's* school チェインヂ スクール
天国	cielo *m* しエロ	Heaven, Paradise ヘヴン, パラダイス

日	西	英
でんごん 伝言	mensaje *m* メンサヘ	message メスィヂ
～する	dejar un recado デハる ウン れカド	give a message ギヴ ア メスィヂ
てんさい 天才	genio(a) *m,f* ヘニオ (ア)	genius ヂーニアス
てんさい 天災	calamidad natural *f* カラミダド ナトゥらル	calamity, disaster カラミティ ディザスタ
てんさく 添削	corrección *f* コれクしオン	correction カレクション
～する	corregir コれヒる	correct カレクト
てんし 天使	ángel *m* アンヘル	angel エインジェル
てんじ 展示	exposición *f* エクスポシしオン	exhibition エクスィビション
～会	exposición *f* エクスポシしオン	exhibition, show エクスィビション, ショウ
～する	exhibir エクシビる	exhibit イグズィビト
てんじ 点字	braille *m* ブらイジェ	braille ブレイル
でんし 電子	electrón *m* エレクトロン	electron イレクトラン
～工学	ingeniería electrónica *f* インヘニエリア エレクトろニカ	electronics イレクトラニクス
でんじ 電磁		
～石	electroimán *m* エレクトろイマン	electromagnet イレクトロウマグネト
～波	onda elecrtomagnética *f* オンダ エレクトろマグネティカ	electromagnetic wave イレクトロウマグネティク ウェイヴ
でんしゃ 電車	tren (eléctrico) *m* トれン（エレクトりコ）	electric train イレクトレク トレイン
てんじょう 天井	techo *m* テチョ	ceiling スィーリング
～桟敷	paraíso *m* パらイソ	gallery ギャラり
でんしょう 伝承	tradición *f* トらディしオン	tradition トラディション

日	西	英
てんじょういん 添乗員	guía de grupo (de viaje) *m,f* ギア デ グるポ (デ ビアヘ)	tour conductor トゥア カンダクタ
てんしょく 天職	vocación *f* ボカしオン	vocation ヴォウケイション
てんしょく 転職	cambio de empleo *m* カンビオ デ エンプレオ	job change チャブ チェインヂ
～する	cambiar de profesión カンビアる デ プろフェシオン	change *one's* occupation チェインヂ アキュペイション
でんしん 電信	telégrafo *m* テレグらフォ	telegraphic communication テレグラフィク カミューニケイション
てんすう 点数	puntos *mpl* プントス	marks, score マークス, スコー
てんせいの 天性の	natural ナトゥらル	natural ナチュラル
でんせつ 伝説	leyenda *f* レジェンダ	legend レヂェンド
てんせん 点線	línea punteada *f* リネア プンテアダ	dotted line ダテド ライン
でんせん 伝染	infección *f* インフェクしオン	infection, contagion インフェクション, カンテイヂョン
～する	contagiarse コンタヒアるセ	be infectious ビ インフェクシャス
～病	enfermedad infecciosa *f* エンフェるメダド インフェクしオサ	infectious disease インフェクシャス ディズィーズ
でんせん 電線	línea eléctrica *f* リネア エレクトりカ	electric wire イレクトレク ワイア
てんそうする 転送する	transmitir トらンスミティる	forward フォーワド
てんたい 天体	astro *m* アストろ	heavenly body ヘヴンリ バディ
でんたく 電卓	calculadora (de bolsillo) *f* カルクラドら (デ ボルシジョ)	calculator キャルキュレイタ
でんたつ 伝達	comunicación *f* コムニカしオン	communication カミューニケイション
～する	comunicar コムニカる	communicate コミューニケイト
てんち 天地	el cielo y la tierra エル しエロ イ ラ ティえら	heaven and earth ヘヴン アンド アース

日	西	英
(上と下)	arriba y abajo アリバ イ アバホ	top and bottom タプ アンド バトム
でんち 電池	pila *f* ピラ	electric cell イレクトレク セル
でんちゅう 電柱	poste de electricidad *m* ポステ デ エレクトりしダド	telegraph pole テレグラフ ポウル
てんてき 点滴	instilación *f* インスティラしオン	intravenous drip injection イントラヴィーナス ドリプ インチェクション
テント	tienda (de campaña) *f* ティエンダ (デ カンパニャ)	tent テント
でんとう 伝統	tradición *f* トラディしオン	tradition トラディション
～の	tradicional トラディしオナル	traditional トラディショナル
でんとう 電灯	luz eléctrica *f* ルす エレクトリカ	electric light イレクトレク ライト
でんどう 伝導	conducción *f* コンドゥクしオン	conduction カンダクション
でんどう 伝道	misión *f* ミシオン	mission ミション
てんとうする 転倒する	caer(se) カエる(セ)	fall down フォール ダウン
てんとうむし 天道虫	mariquita *f* マりキタ	ladybug, ladybird レイディバグ, レイディバード
でんねつき 電熱器	calentador eléctrico *m* カレンタドる エレクトリコ	electric heater イレクトレク ヒータ
てんねん 天然	naturaleza *f* ナトゥらレサ	nature ネイチャ
～ガス	gas natural *m* ガス ナトゥラル	natural gas ナチュラル ギャス
～の	natural ナトゥらル	natural ナチュラル
てんねんとう 天然痘	viruela *f* ビるエラ	smallpox スモールパクス
てんのう 天皇	emperador *m* エンペらドル	emperor エンペラ
てんのうせい 天王星	Urano *m* ウらノ	Uranus ユアラナス

日	西	英
でんぱ 電波	onda eléctrica *f* オンダ エレクトリカ	electric wave イレクトレク ウェイヴ
てんぴ 天火	horno *m* オるノ	oven アヴン
てんびき 天引	reducción de antemano *f* れドゥクしオン デ アンテマノ	deduct ディダクト
～する	reducir de antemano れドゥしる デ アンテマノ	deduct ディダクト
でんぴょう 伝票	nota *f* ノタ	slip スリプ
てんびんざ 天秤座	Balanza *f* バランさ	Balance, Libra バランス, ライブラ
てんぷ 添付		
～する	adjuntar アドフンタる	attach アタチ
てんぷく 転覆	vuelco *m* ブエルコ	overturn オウヴァターン
～する	volcarse ボルカるセ	turn over ターン オウヴァ
てんぶん 天分	don *m* ドン	gift ギフト
でんぷん 澱粉	fécula *f* フェクラ	starch スターチ
テンポ	ritmo *m* りトモ	tempo テンポウ
てんぼう 展望	vista *f* ビスタ	view ヴュー
～する	tener una vista *sobre* テネる ウナ ビスタ ソブれ	view ヴュー
でんぽう 電報	telegrama *m* テレグらマ	telegram テレグラム
～を打つ	mandar un telegrama マンダる ウン テレグらマ	send a telegram センド ア テレグラム
てんまつ 顛末	detalle *m* デタジェ	details ディーテイルズ
（事情）	circunstancia *f* しるクンスタンしア	whole circumstances ホウル サーカムスタンスィズ
てんまど 天窓	claraboya *f* クラらボジャ	skylight スカイライト

日	西	英
てんめつ 点滅する	parpadear パルパデアる	blink ブリンク
てんもんがく 天文学	astronomía *f* アストロノミア	astronomy アストロナミ
てんもんだい 天文台	observatorio astronómico *m* オブセるバトリオ アストロノミコ	astronomical observatory アストロナミカル オブザーヴァトリ
てんやく 点訳	transcripción en braille *f* トランスクリプしオン エン ブらイジェ	translation into braille トランスレイション イントゥ ブレイル
てんらく 転落	caída *f* カイダ	fall フォール
〜する	caer カエる	fall フォール
てんらんかい 展覧会	exposición *f* エクスポシしオン	exhibition エクスィビション
でんりゅう 電流	corriente eléctrica *f* コりエンテ エレクトりカ	electric current イレクトレク カーレント
でんりょく 電力	energía eléctrica *f* エネるヒア エレクトりカ	electric power イレクトレク パウア
でんわ 電話	teléfono *m* テレフォノ	telephone テレフォウン
〜局	oficina de telecomunicaciones *f* オフィしナ デ テレコムニカしオネス	telephone exchange テレフォウン イクスチェインヂ
〜交換手	telefonista *m,f* テレフォニスタ	telephone operator テレフォウン アペレイタ
〜する	llamar (por teléfono) ジャマる (ポる テレフォノ)	call コール
〜帳	guía telefónica *f* ギア テレフォニカ	telephone book テレフォウン ブク
〜番号	número de teléfono *m* ヌメロ デ テレフォノ	telephone number テレフォウン ナンバ
〜ボックス	cabina telefónica *f* カビナ テレフォニカ	telephone booth テレフォウン ブース

と, ト

日	西	英
と 戸	puerta *f* プエるタ	door ドー
ど 度	vez *f* ベす	time タイム
(角度・温度)	grado *m* グらド	degree ディグリー

日	西	英
（程度）	grado *m* グらド	degree, extent ディグリー, イクステント
ドア	puerta *f* プエるタ	door ドー
問い	pregunta *f* プれグンタ	question クウェスチョン
問い合わせる	preguntar *por* プれグンタる ポる	inquire インクワイア
砥石	piedra de afilar *f* ピエdrら デ アフィらる	whetstone (ホ)ウェトストウン
ドイツ	Alemania アレマニア	Germany ヂャーマニ
～語	alemán *m* アレマン	German ヂャーマン
トイレ（ット）	servicio *m*, baño *m* セるビシオ, バニョ	toilet トイレト
～ペーパー	papel higiénico *m* パペル イヒエニコ	toilet paper トイレト ペイパ
党	partido *m* パるティド	party パーティ
塔	torre *f* トれ	tower タウア
等	clase *f* クらセ	grade グレイド
（賞）	premio *m* プれミオ	prize プライズ
（など）	etcétera エトセテら	etc エトセトラ
胴	tronco *m* トろンコ	trunk トランク
銅	cobre *m* コブれ	copper カパ
答案（用紙）	papel de examen *m* パペル デ エクサメン	(examination) paper (イグザミネイション) ペイパ
同意	acuerdo *m* アクエるド	agreement アグリーメント
～する	estar de acuerdo *con* エスタる デ アクエるド コン	agree *with*, consent アグリー, カンセント
同位元素	isótopo *m* イソトポ	isotope アイソトウプ

日	西	英
とういつ 統一	unidad f, unificación f ウニダド, ウニフィカしオン	unity, unification ユーニティ, ユーニフィケイション
～する	unificar ウニフィカる	unite, unify ユーナイト, ユーニファイ
どういつ 同一	identidad f イデンティダド	identity アイデンティティ
～の	idéntico(a) イデンティコ(カ)	same, identical セイム, アイデンティカル
とういん 党員	miembro m ミエンブろ	party member パーティ メンバ
どういん 動員	movilización f モビリさしオン	mobilization モウビリゼイション
～する	movilizar モビリさる	mobilize モウビライズ
とうおう 東欧	Europa Oriental f エウろパ オリエンタル	East Europe イースト ユアロプ
どうか 同化	asimilación f アスィミラしオン	assimilation アスィミレイション
～する	asimilarse a アスィミラるセ ア	assimilate to アスィミレイト
どうかく 同格	mismo rango m ミスモ らンゴ	same rank セイム ランク
どうかせん 導火線	mecha f メチャ	fuse フューズ
とうがらし 唐辛子	pimiento rojo m ピミエント ろホ	red pepper レド ペパ
どうかん 同感	acuerdo m アクエるド	agreement アグリーメント
～である	estar de acuerdo con エスタる デ アクエるド コン	agree with アグリー
とうかん 投函する	echar al buzón エチャる アル ブソン	mail a letter メイル ア レタ
とうき 冬期	invierno m インビエるノ	wintertime ウィンタタイム
とうき 投機	especulación f エスペクラしオン	speculation スペキュレイション
とうき 陶器	cerámica f セらミカ	earthenware アースンウェア

日	西	英
とうぎ 討議	discusión f, debate m ディスクシオン	discussion ディスカション
～する	discutir, debatir ディスクティる, デバティる	discuss ディスカス
どうき 動機	motivo m モティボ	motive モウティヴ
どうぎ 動議	moción f モシオン	motion モウション
どうぎご 同義語	sinónimo m シノニモ	synonym スィノニム
とうきゅう 等級	clase f, rango m クラセ, らンゴ	class, rank クラス, ランク
とうぎゅう 闘牛	toreo m, toros mpl トれオ, トろス	bullfight ブルファイト
（牛）	toro m トろ	fighting bull ファイティング ブル
～士	torero(a) m,f トれろ(ら)	bullfighter, matador ブルファイタ, マタドー
～場	plaza de toros f プラサ デ トろス	bullring ブルリング
どうきゅうせい 同級生	compañero(a) m,f コンパニェろ(ら)	classmate クラスメイト
どうぎょう 同業	misma profesión f ミスマ プろフェシオン	same profession セイム プロフェション
とうきょく 当局	autoridades fpl アウトりダデス	authorities オサリティズ
どうきょ 同居する	cohabitar con コアビタる コン	live with リヴ
どうぐ 道具	herramienta f エらミエンタ	tool トゥール
どうくつ 洞窟	cueva f クエバ	cave ケイヴ
とうげ 峠	paso (de montaña) m パソ（デ モンタニャ）	pass パス
どうけ 道化	bufonada f ブフォナダ	buffoonery バフーナリ
～師	payaso(a) m,f パジャソ(サ)	clown, buffoon クラウン, バフーン

日	西	英
とうけい 統計	estadística f エスタディスティカ	statistics スタティスティクス
〜学	estadística f エスタディスティカ	statistics スタティスティクス
とうげい 陶芸	cerámica f せらミカ	ceramics スィラミクス
とうけつ 凍結	congelación f コンヘラしオン	freezing フリーズィング
〜する	helarse, congelar エラるセ, コンヘラる	freeze フリーズ
とうこう 登校		
〜する	ir a la escuela イる ア ラ エスクエラ	go to school ゴウ トゥ スクール
とうごう 統合	integración f インテグらしオン	unity, unification ユーニティ, ユーニフィケイション
〜する	integrar インテグらる	unite, unify ユーナイト, ユーニファイ
どうこう 同行		
〜する	acompañar アコンパニャる	go together ゴウ トゲザ
どうこう 動向	tendencia f テンデンしア	trend, tendency トレンド, テンデンスィ
どうさ 動作	movimiento m モビミエント	action アクション

■闘牛■ corrida de toros /コりダ デ トろス/ f

とうぎゅう
闘牛（牛） toro /トろ/ (⊛ bull)

せいとうぎゅうし
正闘牛士 torero /トれろ/ (⊛ bullfighter)

しょうにんやくとうぎゅうし
証人役闘牛士 testigo /テスティゴ/ (⊛ witness)

ひかげせき
日陰席 sombra /ソンブら/ (⊛ shade)

ひなたせき
日向席 sol /ソル/ (⊛ sun)

しゅやくとうぎゅうし
主役闘牛士 matador /マタドる/ (⊛ matador)

ムレータ（赤い布） muleta /ムレタ/ (⊛ red cape)

ピカドール（槍を刺す闘牛士） picador /ピカドる/ (⊛ picador)

日	西	英
どうさつりょく 洞察力	perspicacia *f* ぺるスピカしア	insight インサイト
とうざよきん 当座預金	cuenta corriente *f* クエンタ コりエンテ	current deposit カーレント ディパズィト
とうさん 倒産	quiebra *f* キエブら	bankruptcy バンクラプトスィ
～する	quebrar ケブらる	go bankrupt ゴウ バンクラプト
どうさん 動産	propiedad mobiliaria *f* プロピエダド モビリアりア	movables ムーヴァブルズ
とうし 凍死		
～する	morir de frío モりる デ フりオ	be frozen to death ビ フロウズン トゥ デス
とうし 投資	inversión *f* インベるシオン	investment インヴェストメント
～家	inversor(a) *m,f* インベるソる(ら)	investor インヴェスタ
～する	invertir *en* インベるティる エン	invest *in* インヴェスト
とうし 闘志	combatividad *f* コンバティビダド	fighting spirit ファイティング スピリト
とうじ 冬至	solsticio de invierno *m* ソルスティシオ デ インビエるノ	winter solstice ウィンタ サルスティス
とうじ 当時	entonces エントンセス	at that time アト ザト タイム
～の	de aquel entonces デ アケル エントンセス	of those days オヴ ゾウズ デイズ
どうし 動詞	verbo *m* ベるボ	verb ヴァーブ
どうし 同士	camarada *f* カマらダ	comrade カムラド
どうじ 同時		
～に	al mismo tiempo アル ミスモ ティエンポ	at the same time アト ザ セイム タイム
～の	simultáne*o(a)* シムルタネオ(ア)	simultaneous サイマルテイニアス
とうじき 陶磁器	cerámica *f* せらミカ	pottery, ceramics パタリ, スィラミクス

日	西	英
どうじだい 同時代の	contemporáneo(a) コンテンポらネオ(ア)	contemporary コンテンポレリ
とうじつ 当日	ese día *m* エセ ディア	on that day オン ザト デイ
どうしつ 同質	homogeneidad *f* オモヘネイダド	homogeneity ホウモチェニーイティ
～の	homogéneo(a) オモヘネオ(ア)	homogeneous ホウモチーニアス
どうして	por qué ポる ケ	why ホワイ
(如何にして)	cómo コモ	how ハウ
どうしても	cueste lo que cueste クエステ ロ ケ クエステ	by all means バイ オール ミーンズ
とうしゃばん 謄写版	mimeografía *f* ミメオグらフィア	mimeograph ミミオグラフ
とうしょ 投書		
～する	mandar una carta マンダる ウナ カるタ	contribute *to* カントリビュト
とうじょう 登場	entrada en escena *f* エントらダ エン エスセナ	entering エンタリング
～する	entrar, aparecer エントらる, アパれセる	enter, appear エンタ, アピア
とうじょう 搭乗	embarque *m* エンバるケ	boarding ボーディング
～ゲート	puerta de embarque *f* プエるタ デ エンバるケ	boarding gate ボーディング ゲイト
～券	tarjeta de embarque *f* タるヘタ デ エンバるケ	boarding pass ボーディング パス
～する	subir *a*, embarcarse *en* スビる ア, エンバるカるセ エン	board ボード
どうじょう 同情	compasión *f* コンパシオン	sympathy スィンパスィ
～する	tener compasión *de* テネる コンパシオン デ	sympathize *with* スィンパサイズ
とうすい 陶酔	arrobamiento *m* アろバミエント	intoxication インタクスィケイション
～する	embriagarse de エンブリアガるセ デ	be intoxicated *with* ビ インタクスィケイテド

日	西	英
どうせ	de todos modos デ トドス モドス	anyway エニウェイ
（結局）	después de todo デスプエス デ トド	after all アフタ オール
とうせい 統制	control *m* コントロル	control, regulation カントロウル, レギュレイション
～する	controlar コントロラる	control, regulate カントロウル, レギュレイト
どうせい 同性	mismo sexo *m* ミスモ セクソ	same sex セイム セクス
どうせい 同棲	vida de pareja *f* ビダ デ パれハ	cohabitation コウハビテイション
～する	amancebarse アマンせバるセ	cohabit *with* コウハビト
とうせん 当選		
～する	ser elegido(a) セる エレヒド(ダ)	be elected ビ イレクテド
（懸賞に）	ganar el premio ガナる エル プれミオ	win the prize ウィン ザ プライズ
とうぜん 当然	naturalmente ナトゥらルメンテ	naturally ナチュラリ
～の	natural ナトゥらル	natural, right ナチュラル, ライト
どうぞ	por favor ポる ファボる	please プリーズ
とうそう 闘争	pelea *f* ペレア	fight, struggle ファイト, ストラグル
どうそう 同窓		
～会	asociación de antiguos alumnos *f* アソシアシオン デ アンティグオス アルムノス	alumni association アラムナイ アソウシエイション
～生	antiguo(a) alumno(a) *m,f* アンティグオ(ア) アルムノ(ナ)	alumnus, alumna アラムナス, アラムナ
どうぞう 銅像	estatua de bronce *f* エスタトゥア デ ブろンセ	bronze statue ブランズ スタチュー
とうだい 灯台	faro *m* ファろ	lighthouse ライトハウス
どうたい 胴体	tronco *m* トろンコ	body, trunk バディ, トランク
（飛行機の）	fuselaje *m* フセラヘ	fuselage フューズラージュ

日	西	英
とうち 統治	dominio *m* ドミニオ	government ガヴァンメント
～する	gobernar ゴベるナる	govern ガヴァン
とうち 倒置	inversión *f* インベるシオン	inversion インヴァーション
～する	invertir インベるティる	invert インヴァート
とうちゃく 到着	llegada *f* ジェガダ	arrival アライヴァル
～する	llegar *a* ジェガる ア	arrive *at* アライヴ
とうちょう 盗聴	escucha clandestina *f* エスクチャ クランデスティナ	wiretapping ワイアタピング
～する	escuchar clandestinamente エスクチャる クランデスティナメンテ	tap タプ
どうちょうする 同調する	simpatizar *con* シンパティさる コン	sympathize *with* スィンパサイズ
とうてい 到底	jamás ハマス	never ネヴァ
どうてん 同点	empate *m* エンパテ	tie タイ
とうと 尊い	respetable れスペタブレ	noble ノウブル
(貴重な)	precioso(a) プれシオソ(サ)	precious プレシャス
とうとう 到頭	al fin アル フィン	at last アト ラスト
どうとう 同等	igualdad *f* イグアルダド	equality イクワリティ
～の	igual イグアル	equal イークワル
どうどう 堂々		
～たる	imponente インポネンテ	stately, magnificent ステイトリ, マグニフィセント
～と	grandiosamente グらンディオサメンテ	with great dignity ウィズ グレイト ディグニティ
どうとく 道徳	moral *f* モラル	morality モラリティ

504

日	西	英
～的な	moral モラル	moral モラルズ
とうなん 東南	sureste *m* スれステ	southeast サウスイースト
～アジア	Sureste de Asia *m* スれステ デ アシア	Southeast Asia サウスイースト エイジャ
とうなん 盗難	robo *m* ろボ	robbery ラバリ
～保険	seguro contra robos *m* セグろ コントら ろボス	burglary insurance バーグラリ インシュアランス
どうにゅう 導入	introducción *f* イントろドゥクしオン	introduction イントロダクション
～する	introducir イントろドゥしる	introduce イントロデュース
とうにょうびょう 糖尿病	diabetes *f* ディアベテス	diabetes ダイアビーティーズ
どうねんぱい 同年輩の	de la misma edad デ ラ ミスマ エダド	of the same age オヴ ザ セイム エイヂ
とうばん 当番	turno *m* トゥるノ	turn ターン
どうはん 同伴	acompañamiento *m* アコンパニャミエント	company カンパニ
～する	acompañar アコンパニャる	bring ブリング
どうはんが 銅版画	pintura de grabado en cobre *f* ピントゥら デ グらバド エン コブれ	drypoint ドライポイント
とうひ 逃避	huida *f* ウイダ	escape イスケイプ
～する	huir *de* ウイる デ	escape *from* イスケイプ
とうひょう 投票	voto *m* ボト	voting ヴォウティング
～者	votante *m,f* ボタンテ	voter ヴォウタ
～する	votar ボタる	vote *for* ヴォウト
～箱	urna *f* ウるナ	ballot box バロト バクス
～用紙	papeleta de votación *f* パペレタ デ ボタしオン	voting paper ヴォウティング ペイパ

日	西	英
とうぶ 東部	este *m* エステ	eastern part イースタン パート
どうふう 同封する	adjuntar アドフンタる	enclose インクロウズ
どうぶつ 動物	animal *m* アニマル	animal アニマル
～園	parque zoológico *m* パるケ そオロヒコ	zoo ズー
～学	zoología *f* そオロヒア	zoology ゾウアロヂィ
～的な	animal アニマル	animal アニマル
とうぶん 当分	de momento デ モメント	for the time being フォー ザ タイム ビーイング
とうぶん 糖分	azúcar *m* アすカる	sugar シュガ
とうぼう 逃亡	fuga *f* フガ	escape イスケイプ
～する	huir *de* ウイる デ	escape *from* イスケイプ
どうほう 同胞	compatriotas *mpl* コンパトリオタス	brethren ブレズレン
とうほく 東北	noreste *m* ノれステ	northeast ノースイースト
どうみゃく 動脈	arteria *f* アるテリア	artery アータリ
～硬化	arteriosclerosis *f* アるテリオスクレろシス	arteriosclerosis アーティアリオウスクレロウスィス
とうみん 冬眠	hibernación *f* イベるナしオン	hibernation ハイバネイション
～する	hibernar イベるナる	hibernate ハイバネイト
とうめい 透明	transparencia *f* トらンスパれンしア	transparency トランスペアレンスィ
～な	transparente トらンスパれンテ	transparent トランスペアレント
どうめい 同盟	alianza *f* アリアンさ	alliance アライアンス
～する	aliarse *con* アリアるセ コン	form an alliance *with* フォーム アン ナライアンス

■動物■ animal /アニマル/ m

<ruby>虎<rt>とら</rt></ruby>	tigre /ティグれ/ m	(⊛ tiger)
<ruby>豹<rt>ひょう</rt></ruby>	leopardo /レオパるド/ m	(⊛ leopard, panther)
<ruby>麒麟<rt>きりん</rt></ruby>	jirafa /ヒらファ/ f	(⊛ giraffe)
<ruby>象<rt>ぞう</rt></ruby>	elefante /エレファンテ/ m	(⊛ elephant)
<ruby>鹿<rt>しか</rt></ruby>	ciervo /しエるボ/ m	(⊛ deer)
<ruby>豚<rt>ぶた</rt></ruby>	cerdo /せるド/ m	(⊛ pig)
<ruby>牛<rt>うし</rt></ruby>	toro /トろ/ m	(⊛ cattle)
<ruby>羊<rt>ひつじ</rt></ruby>	oveja /オベハ/ f	(⊛ sheep)
<ruby>山羊<rt>やぎ</rt></ruby>	cabra /カブら/ f	(⊛ goat)
<ruby>熊<rt>くま</rt></ruby>	oso /オソ/ m	(⊛ bear)
<ruby>駱駝<rt>らくだ</rt></ruby>	camello /カメジョ/ m	(⊛ camel)
<ruby>河馬<rt>かば</rt></ruby>	hipopótamo /イポポタモ/ m	(⊛ hippopotamus)
パンダ	(oso) panda /(オソ) パンダ/ m	(⊛ panda)
コアラ	koala /コアラ/ m	(⊛ koala)
カンガルー	canguro /カンぐろ/ m	(⊛ kangaroo)
<ruby>栗鼠<rt>りす</rt></ruby>	ardilla /アるディジャ/ f	(⊛ squirrel)
<ruby>猿<rt>さる</rt></ruby>	mono /モノ/ m	(⊛ monkey, ape)
ゴリラ	gorila /ゴリラ/ m	(⊛ gorilla)
<ruby>狼<rt>おおかみ</rt></ruby>	lobo /ロボ/ m	(⊛ wolf)
<ruby>狸<rt>たぬき</rt></ruby>	tejón /テホン/ m	(⊛ raccoon dog)
<ruby>狐<rt>きつね</rt></ruby>	zorro /そろ/ m	(⊛ fox)
<ruby>猪<rt>いのしし</rt></ruby>	jabalí /ハバリ/ m	(⊛ wild boar)
<ruby>兎<rt>うさぎ</rt></ruby>	conejo /コネホ/ m	(⊛ rabbit)
<ruby>野兎<rt>のうさぎ</rt></ruby>	liebre /リエブれ/ m	(⊛ hare)
<ruby>鼠<rt>ねずみ</rt></ruby>	rata /らタ/ f	(⊛ rat, mouse)
<ruby>犬<rt>いぬ</rt></ruby>	perro /ペろ/ m	(⊛ dog)
<ruby>猫<rt>ねこ</rt></ruby>	gato /ガト/ m	(⊛ cat)
<ruby>鯨<rt>くじら</rt></ruby>	ballena /バジェナ/ f	(⊛ whale)
<ruby>海豹<rt>あざらし</rt></ruby>	foca /フォカ/ f	(⊛ seal)
<ruby>海豚<rt>いるか</rt></ruby>	delfín /デルフィン/ m	(⊛ dolphin)

と

日	西	英
銅メダル(どう)	medalla de bronce f メダジャ デ ブロンセ	bronze medal ブランズ メドル
当面(とうめん)	de momento デ モメント	for the present フォー ザ プレズント
獰猛な(どうもう)	feroz フェろす	fierce フィアス
玉蜀黍(とうもろこし)	maíz m マイす	corn コーン
灯油(とうゆ)	queroseno m ケろセノ	kerosene ケロスィーン
東洋(とうよう)	Oriente m オリエンテ	East, Orient イースト, オリエント
動揺(どうよう)	agitación f アヒタしオン	agitation アヂテイション
～する	agitarse アヒタるセ	be agitated ビ アヂテイテド
同様(どうよう)		
～の	mismo(a) ミスモ(マ)	similar, like スィミラ, ライク
～に	igualmente イグアルメンテ	in the same way イン ザ セイム ウェイ
道楽(どうらく)	diversión f, pasatiempo m ディベるシオン, パサティエンポ	hobby, pastime ハビ, パスタイム
(放蕩)	disipación f ディシパしオン	dissipation ディスィペイション
道理(どうり)	razón f らソン	reason リーズン
同僚(どうりょう)	colega m,f コレガ	colleague カリーグ
動力(どうりょく)	fuerza motriz f フエるさ モトりす	power パウア
道路(どうろ)	carretera f カれテら	road ロウド
～交通法	Ley de Tráfico f レイ デ トらフィコ	Road Traffic Control Law ロウド トラフィクカントロウル ロー
灯籠(とうろう)	linterna f リンテるナ	lantern ランタン

日	西	英
とうろく 登録	registro m れヒストろ	registration レヂストレイション
〜する	registrar れヒストらる	register, enter *in* レヂスタ, エンタ
とうろん 討論	debate m デバテ	discussion ディスカション
〜する	debatir デバティる	discuss ディスカス
どうわ 童話	cuento de hadas m クエント デ アダス	fairy tale フェアリ テイル
とうわく 当惑	confusión f コンフシオン	embarrassment インバラスメント
〜する	desconcertarse デスコンせるタるセ	be embarrassed ビ インバラスト
とお 遠い	lejano(a) レハノ(ナ)	far, distant ファー, ディスタント
とお 遠くに	lejos レホス	far away ファー アウェイ
とお 遠ざかる	alejarse アレハるセ	go away ゴウ アウェイ
とお 遠ざける	alejar アレハる	keep away キープ アウェイ
とお 通す	hacer pasar アせる パサる	pass through パス スルー
(部屋に)	hacer pasar アせる パサる	show in ショウ イン
トースター	tostador m トスタドる	toaster トウスタ
トースト	tostada f トスタダ	toast トウスト
ドーナツ	rosquilla f ろスキジャ	doughnut ドウナト
トーナメント	torneo m トるネオ	tournament トゥアナメント
ドーピング	dopaje m ドパヘ	doping ドウピイング
とおまわ 遠回しに	con rodeos コン ろデオス	indirectly インディレクトリ
とおまわ 遠回り	rodeo m ろデオ	detour ディートゥア

日	西	英
〜する	dar un rodeo ダル ウン ろデオ	make a detour メイク ア ディートゥア
ドーム	cúpula *f* クプラ	dome ドウム
通り	calle *f* カジェ	road, street ロウド, ストリート
通り掛る	pasar *por* パサる ポル	happen to pass ハプン トゥ パス
通り過ぎる	pasar パサる	pass by パス バイ
通り抜ける	atravesar アトらべサる	pass through パス スルー
通り道	camino カミノ	way ウェイ
通る	pasar パサる	pass パス
都会	ciudad *f* しウダド	city, town スィティ, タウン
蜥蜴	lagarto *m* ラガルト	lizard リザド
解かす	disolver ディソルべる	melt, dissolve メルト, ディザルヴ
梳かす	peinar ペイナる	comb コウム
尖った	puntiagudo(*a*) プンティアグド(ダ)	pointed ポインテド
咎める	reprochar れプロチャる	blame ブレイム
気が〜	sentirse culpable センティるセ クルパブレ	feel guilty フィール ギルティ
時	tiempo *m* ティエンポ	time, hour タイム, アウア
…する〜	cuando クアンド	when (ホ)ウェン
土器	vasija de barro *f* バシハ デ バろ	earthen vessel アースン ヴェセル
どぎつい	estridente エストりデンテ	loud ラウド

日	西	英
どきっとする	asustarse アススタるセ	be shocked ビ シャクド
時々（ときどき）	de vez en cuando デ ベす エン クアンド	sometimes サムタイムズ
どきどきする	latir con fuerza (el corazón) ラティる コン フエるさ (エル コらそン)	beat, throb ビート, スラブ
ドキュメンタリー	documental *m* ドクメンタル	documentary ダキュメンタリ
度胸（どきょう）	valor *m* バロる	courage, bravery カーリヂ, ブレイヴァリ
途切れる（とぎれる）	interrumpirse インテるンビるセ	break, stop ブレイク, スタプ
解く（とく）	desatar デサタる	untie, undo アンタイ, アンドゥー
（解除）	cancelar カンセラる	cancel, release キャンセル, リリース
（問題を）	solucionar ソルしオナる	solve, answer サルヴ, アンサ
得（とく）	ganancia *f* ガナンしア	profit, gains プラフィット, ゲインズ
（有利）	ventaja *f* ベンタハ	advantage, benefit アドヴァンティヂ, ベニフィト
説く（とく）	explicar エクスプリカる	explain イクスプレイン
（説教）	dar un sermón ダる ウン セるモン	preach プリーチ
研ぐ（とぐ）	afilar アフィラる	grind, whet グラインド, (ホ)ウェト
退く（どく）	retroceder れトろセデる	get out of the way ゲト アウト オヴザ ウェイ
毒（どく）	veneno *m* ベネノ	poison ポイズン
～ガス	gas tóxico *m* ガス トクシコ	poison gas ポイズン ギャス
特異（とくい）		
～体質	idiosincrasia *f* イディオシンクらシア	idiosyncrasy イディオスィンクラスィ
～な	singular シングラる	peculiar ピキューリア

日	西	英
とくい 得意	orgullo *m* オルグジョ	pride プライド
（得手）	punto fuerte *m* プント フエるテ	strong point ストローング ポイント
～先	cliente *m,f* クリエンテ	customer, patron カスタマ, ペイトロン
～である	ser fuerte *en* セる フエるテ エン	be good *at* ビ グド
どくがく 独学する	estudiar sin maestro, ser un(a) autodidacta エストゥディアる シン マエストロ, セる ウン(ナ) アウトディダクタ	teach *oneself* ティーチ
とくぎ 特技	especialidad *f* エスペしアリダド	specialty スペシャルティ
どくさい 独裁	dictadura *f* ディクタドゥら	dictatorship ディクテイタシプ
～者	dictador(a) *m,f* ディクタドる(ら)	dictator ディクテイタ
とくさつ 特撮	efectos especiales *mpl* エフェクトス エスペしアレス	special effects スペシャル イフェクツ
とくさんひん 特産品	producto especial *m* プロドゥクト エスペしアル	special product スペシャル プラダクト
どくじ 独自の	original, propio(a) オリヒナル, プロピオ(ア)	original, unique オリヂナル, ユーニーク
どくしゃ 読者	lector(a) *m,f* レクトる(ら)	reader リーダ
とくしゅう 特集	tema de portada *m* テマ デ ポるタダ	feature articles フィーチャ アーティクルズ
とくしゅ 特殊な	especial, particular エスペしアル, パるティクラる	special, unique スペシャル, ユーニーク
どくしょ 読書	lectura *f* レクトゥら	reading リーディング
～する	leer (libros) レエる (リブろス)	read リード
とくしょく 特色	característica *f* カらクテリスティカ	characteristic キャラクタリスティク
どくしん 独身	soltero(a) *m,f* ソルテリア	unmarried person アンマリド パースン

日	西	英
〜の	soltero(a) ソルテロ(ら)	celibate, single セリベト, スィングル
どくぜつ 毒舌	lengua viperina f レングア ビペリナ	spiteful tongue スパイトフル タング
どくせん 独占	monopolio m モノポリオ	monopoly モナポリ
〜する	monopolizar モノポリさる	monopolize モナポライズ
どくそう 独創	originalidad f オリヒナリダド	originality オリヂナリティ
〜的な	original オリヒナル	original オリヂナル
とくそく 督促する	requerir れケりる	press, urge プレス, アーヂ
どくだん 独断で	arbitrariamente アるビトらりアメンテ	on *one's* own judgment オン オウン ヂャヂメント
とくちょう 特徴	característica f, cualidad f カらクテりスティカ, クアリダド	characteristic キャラクタリスティク
とくちょう 特長	mérito m メりト	strong point ストローング ポイント
とくてい 特定の	determinado(a) デテるミナド(ダ)	specific, specified スピスィフィク, スペスィファイド
とくてん 得点	punto m プント	score, runs スコー, ランズ
〜する	ganar puntos ガナる プントス	score スコー
どくとく 独得の	único(a), particular ウニコ(カ), パるティクラる	unique, peculiar ユーニーク, ピキューリア
とく 特に	especialmente エスペしアルメンテ	especially イスペシャリ
とくばい 特売	rebajas fpl れバハス	sale セイル
とくはいん 特派員	corresponsal (especial) m,f コれスポンサル (エスペしアル)	correspondent コレスパンデント
とくべつ 特別の	especial エスペしアル	special, exceptional スペシャル, イクセプショナル
どくへび 毒蛇	serpiente venenosa f せるピエンテ ベネノサ	venomous snake ヴェノマス スネイク

日	西	英
とくめい 匿名	anonimato *m* アノニマト	anonymity アノニミティ
とくゆう 特有の	peculiar *de* ペクリアる デ	peculiar *to* ピキューリア
どくりつ 独立	independencia *f* インデペンデンしア	independence インディペンデンス
～する	independizarse インデペンディさるセ	become independent *of* ビカム インディペンデント
～の	independiente インデペンディエンテ	independent インディペンデント
どくりょく 独力で	por sí mismo(*a*) ポる シ ミスモ(マ)	by *oneself* バイ
とげ 刺	espina *f* エスピナ	thorn, prickle ソーン, プリクル
とけい 時計	reloj *m* れロフ	watch, clock ワチ, クラク
～店	relojería *f* れロヘリア	watch store ワチ ストー
と 解ける	desatarse デサタるセ	get loose ゲト ルース
(問題が)	resolverse れソルべるセ	be solved ビ サルヴド
(疑いが)	disiparse ディシパるセ	be dispelled ビ ディスペルド
と 溶ける	derretirse デれティるセ	melt, dissolve メルト, ディザルヴ
と 遂げる	lograr ログらる	accomplish, complete アカンプリシュ, カンプリート
ど 退ける	rechazar れチャさる	remove リムーヴ
とこ 床	suelo *m*, planta *f* スエロ	floor フロー
(寝床)	cama *f* カマ	bed ベド
どこ	dónde ドンデ	where (ホ) ウェア
どこか	alguna parte *f* アルグナ パるテ	somewhere サム(ホ) ウェア
とこや 床屋	peluquería *f* ペルケリア	barbershop バーバシャプ

日	西	英
所(ところ)	lugar *m* ルガる	place, spot プレイス, スパト
(点)	punto *m* プント	point ポイント
(部分)	parte *f* パるテ	part パート
所々(ところどころ)	aquí y allá アキ イ アジャ	here and there ヒア アンド ゼア
鶏冠(とさか)	cresta *f* クれスタ	crest クレスト
閉ざす(とざす)	cerrar せらる	shut, close シャト, クロウズ
登山(とざん)	montañismo *m* モンタニスモ	mountain climbing マウンティン クライミング
～家	alpinista *m,f* アルピニスタ	mountaineer マウンティニア
～する	practicar el alpinismo プらクティカる エル アルピニスモ	climb クライム
～電車	tren de montaña *m* トれン デ モンタニャ	mountain train マウンティン トレイン
都市(とし)	ciudad *f* しウダド	city スィティ
年(とし)	año *m* アニョ	year イア
(年齢)	edad *f* エダド	age, years エイヂ, イアズ
～を取る	envejecerse エンベへせるセ	grow old グロウ オウルド
年上の(としうえの)	mayor マジョる	older オウルダ
年越し(としこし)	pasar la Noche Vieja パサる ラ ノチェ ビエハ	pass the year パス ザ イア
閉じ込める(とじこめる)	encerrar エンせらる	shut, imprison シャト, インプリズン
閉じ籠もる(とじこもる)	recluirse れクルイるセ	shut *oneself* up シャト アプ
年頃の(としごろの)	casadero(a) カサデろ(ら)	marriageable マリヂャブル

日	西	英
年下の	menor メノる	younger ヤンガ
年月	años *mpl* アニョス	years イアズ
戸締まりする	cerrar las puertas せらる ラス プエるタス	lock the doors ラク ザ ドーズ
土砂	tierra *f* y roca *f* ティエら イ ろカ	earth and sand アース アンド サンド
～崩れ	derrumbamiento de tierras *m* デるンバミエント デ ティエらス	landslide ランドスライド
図書	libros *mpl* リブロス	books ブクス
土壌	suelo *m* スエロ	soil ソイル
泥鰌	locha *f* ロチャ	loach ロウチ
図書館	biblioteca *f* ビブリオテカ	library ライブラリ
年寄り	anciano(a) *m,f* アンシアノ(ナ)	the aged ジ エイヂド
綴じる	archivar アるチバる	bind, file バインド, ファイル
閉じる	cerrar せらる	shut, close シャト, クロウズ
都心	centro de una ciudad *m* セントろ デ ウナ シウダド	center of a city センタ オヴ ア スィティ
土星	Saturno *m* サトゥるノ	Saturn サタン
塗装	pintura *f* ピントゥら	painting, coating ペインティング, コウティング
土葬	entierro *m* エンティエろ	burial ベリアル
～する	enterrar エンテらる	bury ... in the ground ベリ イン ザ グラウンド
土足で	sin descalzarse シン デスカルさるセ	with *one's* shoes on ウィズ シューズ オン
土台	base *f* バセ	foundation, base ファウンデイション, ベイス

日	西	英
途絶(とだ)える	cesar セサる	stop, cease スタプ, スィース
戸棚(とだな)	armario *m* アるマリオ	cabinet, locker キャビネト, ラカ
土壇場(どたんば)	último momento *m* ウルティモ モメント	last moment ラスト モウメント
土地(とち)	terreno *m* テれノ	land ランド
途中(とちゅう)		
〜下車する	interrumpir su viaje en インテるンピる ス ビアヘ エン	stop over *at* スタプ オウヴァ
〜で	en el camino エン エル カミノ	on *one's* way オン ウェイ
どちら	cuál, qué クアル, ケ	which (ホ)ウィチ
(場所)	dónde ドンデ	where (ホ)ウェア
特価(とっか)	precio especial *m* プれしオ エスペしアル	special price スペシャル プライス
読解力(どっかいりょく)	habilidad de lectura *f* アビリダド デ レクトゥら	reading ability リーディング アビリティ
特急(とっきゅう)	(tren) rápido *m* (トレン) らピド	special express スペシャル イクスプレス
特許(とっきょ)	patente *f* パテンテ	patent パテント
ドッキング	acoplamiento *m* アコプラミエント	docking ダキング
〜する	acoplarse アコプラるセ	dock ダク
ドック	dique (de carena) *m* ディケ (デ カれナ)	dock ダク
特訓(とっくん)	formación especial *f* フォるマしオン エスペしアル	special training スペシャル トレイニング
特権(とっけん)	privilegio *m* プリビレヒオ	privilege プリヴィリヂ
ドッジボール	balón prisionero *m* バロン プリシオネロ	dodge ball ダヂ ボール
どっしりした	macizo(a) マしそ(さ)	heavy, dignified ヘヴィ, ディグニファイド

日	西	英
突進 とっしん	embestida *f* エンベスティダ	rush, dash ラシュ, ダシュ
～する	lanzarse *a* ランさるセ ア	rush *at*, dash *at* ラシュ, ダシュ
突然 とつぜん	de repente デ れペンテ	suddenly サドンリ
取っ手 とって	asa *f* アサ	handle, knob ハンドル, ナブ
取って来る とってくる	traer トらエる	bring, fetch ブリング, フェチ
突入する とつにゅう	arremeter アれメテる	rush *into* ラシュ
突破する とっぱ	romper ろンペる	break through ブレイク スルー
突飛な とっぴ	extravagante エクストらバガンテ	extravagant イクストラヴァガント
トッピング	"topping" *m* トピン	topping タピング
トップ	primer puesto *m* プリメる プエスト	top タプ
凸面鏡 とつめんきょう	espejo convexo *m* エスペホ コンベクソ	convex mirror カンヴェクス ミラ
凸レンズ とつ	lente convexa *f* レンテ コンベクサ	convex lens カンヴェクス レンズ
土手 どて	ribera *f* りべら	bank, embankment バンク, インバンクメント
徒弟 とてい	aprendiz(*a*) *m,f* アプれンディす(さ)	apprentice アプレンティス
とても	muy ムイ	very ヴェリ
届く とどく	alcanzar アルカンさる	reach リーチ
(到着)	llegar *a* ジェガる ア	arrive *at* アライヴ
届け とどけ	informe *m* インフォるメ	report, notice リポート, ノウティス
届ける とどける	declarar デクラらる	report *to*, notify リポート, ノウティファイ

日	西	英
(送る)	enviar エンビアる	send, deliver センド, ディリヴァ
とどこお 滞る	estar retrasado(a) エスタる れトらサド(ダ)	be delayed ビ ディレイド
ととの 整う	estar preparado(a) エスタる プれパらド(ダ)	be in good order ビ イン グド オーダ
(準備が)	estar listo(a) エスタる リスト(タ)	be ready ビ レディ
ととの 整える	poner en orden ポネる エン オるデン	put in order プト イン オーダ
(調整)	ajustar *m* アフスタる	adjust, fix アヂャスト, フィクス
(準備)	preparar プれパらる	prepare プリペア
とど 止[留]まる	quedarse ケダるセ	stay, remain ステイ, リメイン
とど 止[留]める	detener デテネる	stop, halt スタプ, ホルト
(保つ)	mantener マンテネる	retain リテイン
とどろ 轟く	tronar トろナる	roar, thunder ロー, サンダ
ドナー	donante *m,f* ドナンテ	donor ドウナ
とな 唱える	recitar れシタる	recite, chant リサイト, チャント
となかい	reno *m* れノ	reindeer, caribou レインディア, キャリブー
となり 隣	casa vecina *f* カサ ベシナ	next door ネクスト ドー
～近所	vecindad *f* ベシンダド	neighborhood ネイバフド
～の	vecino(a) ベシノ(ナ)	next ネクスト
どな 怒鳴る	gritar グリタる	cry, yell クライ, イェル
と かく 兎に角	de todos modos デ トドス モドス	anyway エニウェイ
どの	cuál, qué クアル, ケ	which (ホ) ウィチ

日	西	英
どのくらい	cuánto, cómo クアント, コモ	how ハウ
トパーズ	topacio *m* トパシオ	topaz トウパズ
賭博	juego *m* フエゴ	gambling ギャンブリング
飛ばす	hacer volar アセる ボラる	fly フライ
(省く)	omitir オミティる	skip スキプ
鳶	milano *m* ミラノ	kite カイト
跳び上がる	saltar サルタる	jump up, leap ヂャンプ アプ, リープ
飛魚	pez volador *m* ペす ボラドる	flying fish フライイング フィシュ
飛び降りる	bajar de un salto バハる デ ウン サルト	jump down ヂャンプ ダウン
跳び越える	soltarse ソルタるセ	jump over ヂャンプ オウヴァ
飛び込み	salto (al agua) *m* サルト (アル アグア)	diving, plunge ダイヴィング, プランヂ
飛び込む	tirarse al agua ティらるセ アル アグア	jump *into*, dive *into* ヂャンプ, ダイヴ
飛び出す	saltar *de* サルタる デ	fly out, jump out *of* フライ アウト, ヂャンプ アウト
飛び立つ	echar a volar エチャる ア ボラる	fly away フライ アウェイ
(飛行機が)	despegar デスペガる	take off テイク オフ
飛び散る	esparcirse エスパるしるセ	scatter スキャタ
飛び付く	saltar *a* サルタる ア	jump *at*, fly *at* ヂャンプ, フライ
トピック	tópico *m* トピコ	topic タピク
飛び乗る	subir(se) de un salto スビる(セ) デ ウン サルト	jump *into*, hop ヂャンプ, ハプ

日	西	英
と は 飛び跳ねる	saltar サルタる	hop, jump ハプ, チャンプ
とびら 扉	puerta *f* プエるタ	door ドー
（本の）	portada *f* ポるタダ	title page タイトル ペイヂ
と 跳ぶ	saltar サルタる	jump, leap チャンプ, リープ
と 飛ぶ	volar ボラる	fly, soar フライ, ソー
どぶ 溝	zanja *f*, cuneta *f* サンハ, クネタ	ditch ディチ
とほ 徒歩で	a pie ア ピエ	on foot オン フト
どぼく 土木	obras públicas *fpl* オブらス プブリカス	public works パブリク ワークス
とぼ 惚［恍］ける	hacerse *el* (*la*) inocente アせるセ エル (ラ) イノセンテ	pretend not to know プリテンド ナト トゥ ノウ
とぼ 乏しい	pobre ポブれ	scarce, scanty スケアス, スキャンティ
トマト	tomate *m* トマテ	tomato トマートウ
とまど 戸惑う	desconcertarse デスコンせるタるセ	be at a loss ビ アト ア ロス
と 止まる	pararse パらるセ	stop, halt スタプ, ホールト
と 泊まる	hospedarse オスペダるセ	stay *at* ステイ
とみ 富	riqueza *f* りケサ	wealth ウェルス
と 富む	hacerse rico(*a*) アせるセ りコ (カ)	become rich ビカム リチ
とむら 弔う	hacer duelo *por* アせる ドゥエロ ポる	hold a funeral *for* ホウルド ア フューネラル
と がね 留め金	cierre *m* しエれ	clasp, hook クラスプ, フク
と 止める	parar パらる	stop スタプ

日	西	英
(抑止)	disuadir ディスアディる	hold, check ホウルド, チェク
(禁止)	prohibir プロイビる	forbid, stop フォビド, スタプ
(電気などを)	apagar アパガる	turn off ターン オフ
と 泊める	alojar アロハる	lodge ラジ
と 留める	fijar フィハる	fasten, fix ファスン, フィクス
とも 友	amigo(a) m,f アミゴ(ガ)	friend フレンド
とも 艫	popa f ポパ	stern スターン
とも 灯[点]す	encender エンセンデる	burn, light バーン, ライト
ともだち 友達	amigo(a) m,f アミゴ(ガ)	friend フレンド
ともな 伴う	ir juntos イる フントス	accompany, follow アカンパニ, ファロウ
…を伴って	con コン	with ... ウィズ
とも 共に	ambos アンボス	both ボウス
(一緒に)	junto con フントス コン	with ウィズ
どようび 土曜日	sábado m サバド	Saturday サタディ
とら 虎	tigre m ティグれ	tiger タイガ
どら 銅鑼	gongo m ゴンゴ	gong ゴング
トライ (ラグビーの)	ensayo m エンサジョ	try トライ
~する	anotar un ensayo アノタる ウン エンサジョ	score a try スコー ア トライ
ドライ ~クリーニング	limpieza en seco f リンピエさ エン セコ	dry cleaning ドライ クリーニング

日	西	英
～な	realista れアリスタ	realistic リーアリスティク
トライアングル	triángulo *m* トりアングロ	triangle トライアングル
ドライバー	conductor(*a*) *m,f* コンドゥクトる(ら)	driver ドライヴァ
(ねじ回し)	destornillador *m* デストるニジャドる	screwdriver スクルードライヴァ
(ゴルフの)	madera número uno *f* マデら ヌメろ ウノ	driver ドライヴァ
ドライブ	paseo en coche *m* パセオ エン コチェ	drive ドライヴ
～イン	"drive-in" *m* ドライブイン	drive-in ドライヴイン
ドライヤー	secador de pelo *m* セカドる デ ペロ	drier ドライア
捕える	coger コへる	catch, capture キャチ, キャプチャ
トラクター	tractor *m* トらクトる	tractor トラクタ
トラコーマ	tracoma *m* トらコマ	trachoma トラコウマ
トラック	camión *m* カミオン	truck トラク
(競走路)	pista *f* ピスタ	track トラク
トラブル	problema *m* プろブレマ	trouble トラブル
トラベラーズ チェック	cheque de viajero *m* チェケ デ ビアヘロ	traveler's check トラヴラズ チェク
ドラマ	drama *m* ドらマ	drama ドラーマ
ドラマティックな	dramático(*a*) ドらマティコ(カ)	dramatic ドラマティク
ドラム	tambor *m* タンボる	drum ドラム
トランク	baúl *m* バウル	trunk, suitcase トランク, スートケイス

日	西	英
(車の)	portaequipajes *m* ポルタエキパヘス	trunk トランク
トランクス	calzón *m* カルソン	trunks トランクス
トランジスター	transistor *m* トランシストる	transistor トランズィスタ
トランジット	tránsito *m* トランシト	transit トランスィト
トランプ	naipe *m* ナイペ	cards カーヅ
トランペット	trompeta *f* トロンペタ	trumpet トランペト
トランポリン	trampolín *m* トランポリン	trampoline トランポリン
鳥	ave *f*, pájaro *m* アベ, パハロ	bird バード
取り敢えず	de inmediato デ インメディアト	at once アト ワンス
取り上げる	recoger れコヘる	take up テイク アプ
(奪う)	robar ろバる	take away テイク アウェイ
(採用)	adoptar アドプタる	adopt アダプト
取り扱い	manejo *m* マネホ	handling, treatment ハンドリング, トリートメント
取り扱う	tratar トらタる	handle, treat ハンドル, トリート
トリートメント	acondicionamiento *m* アコンディシオナミエント	treatment トリートメント
取り入れ	cosecha *f* コセチャ	harvest ハーヴィスト
取り入れる	recoger れコヘる	harvest ハーヴィスト
(受け入れる)	adoptar アドプタる	adopt アダプト
取り柄	mérito *m* メリト	merit メリト

日	西	英
執り行う	celebrar せレブらる	perform パフォーム
取り返す	recuperar れクペらる	take back, recover テイク バク, リカヴァ
取り替える	cambiar カンビアる	exchange, replace イクスチェインヂ, リプレイス
取り交わす	intercambiar インテるカンビアる	exchange イクスチェインヂ
取り決め	acuerdo *m* アクエるド	agreement アグリーメント
取り決める	fijar フィハる	arrange, agree *on* アレインヂュ, アグリー
取り組む	trabajar *en* トらバハる エン	tackle タクル
取り消す	cancelar カンセラる	cancel キャンセル
虜	prisionero(*a*) *m,f* プリシオネろ(ら)	captive キャプティヴ
取締役	director(*a*) *m,f* ディれクトる(ら)	director ディレクタ
取り締まる	controlar コントろラる	control, regulate カントロウル, レギュレイト
取り調べ	investigación *f* インベスティガしオン	examination イグザミネイション
取り調べる	investigar インベスティガる	investigate, inquire インヴェスティゲイト, インクワイア
取り出す	sacar サカる	take out テイク アウト
取り立てる	cobrar コブらる	collect カレクト
取り違える	tomar ... por トマる ポる	take ... *for* テイク
トリック	truco *m* トるコ	trick トリク
取り付ける	instalar インスタラる	install インストール
砦	fuerte *m* フエるテ	fortress フォートレス

日	西	英
取り留めのない	incoherente インコエれンテ	incoherent インコウヒアレント
鶏肉	carne de pollo *f* カルネ デ ポジョ	chicken チキン
取り除く	eliminar エリミナる	remove リムーヴ
取引	negocio *m* ネゴしオ	transactions トランサクションズ
～する	negociar *con* ネゴしアる	do business *with* ドゥ ビズネス
ドリブル	regate *m* れガテ	dribble ドリブル
取り分	parte (de las ganancias) *f* パるテ (デ ラス ガナンしアス)	share シェア
取り巻く	rodear ろデアる	surround サラウンド
取り乱す	perturbarse ペるトゥるバるセ	be confused ビ カンフューズド
トリミング	recortes *mpl* れコるテス	trimming トリミング
取り戻す	recobrar れコブらる	take back, recover テイク バク, リカヴァ
取り止める	cancelar カンせラる	cancel, call off キャンセル, コール オフ
トリュフ	trufa *f* トるファ	truffle トラフル
塗料	pintura *f* ピントゥら	paint ペイント
努力	esfuerzo *m* エスフエるそ	effort エファト
～する	hacer esfuerzos アせる エスフエるソス	make an effort メイク アン ネファト
取り寄せる	pedir ペディる	order オーダ
ドリル	taladro *m* タラドろ	drill ドリル
（練習問題）	ejercicios *mpl* エへるししオス	drill ドリル

日	西	英
取り分け	sobre todo, especialmente ソブれ トド エスペシアルメンテ	above all アバヴ オール
取り分ける	separar セパらる	distribute, serve ディストリビュト, サーヴ
ドリンク	bebida *f* ベビダ	drink ドリンク

■ 度量衡 ■ pesos *mpl* y medidas *fpl* /ペソス イ メディダス/

ミリ milímetro /ミリメトろ/ *m* (⊛ millimeter)

センチ centímetro /センティメトろ/ *m* (⊛ centimeter)

メートル metro /メトろ/ *m* (⊛ meter)

キロ kilómetro /キロメトろ/ *m* (⊛ kilometer)

ヤード yarda /ジャるダ/ *f* (⊛ yard)

マイル milla /ミジャ/ *f* (⊛ mile)

平方メートル metro cuadrado /メトろ クアドらド/ *m* (⊛ square meter)

平方キロメートル kilómetro cuadrado /キロメトろ クアドらド/ *m* (⊛ square kilometer)

アール área /アれア/ *f* (⊛ are)

ヘクタール hectárea /エクタれア/ *f* (⊛ hectare)

エーカー acre /アクれ/ *m* (⊛ acre)

グラム gramo /グらモ/ *m* (⊛ gram)

キロ kilo /キロ/ *m* (⊛ kilogram)

オンス onza /オンサ/ *f* (⊛ ounce)

ポンド libra /リブら/ *f* (⊛ pound)

トン tonelada /トネラダ/ *f* (⊛ ton)

立方センチ centímetro cúbico /センティメトろ クビコ/ *m* (⊛ cubic centimeter)

リットル litro /リトろ/ *m* (⊛ liter)

立方メートル metro cúbico /メトろ クビコ/ *m* (⊛ cubic meter)

摂氏 grado centígrado /グらド センティグらド/ *m* (⊛ Celsius)

華氏 grado Fahrenheit /グらド ファれンヘイト/ *m* (⊛ Fahrenheit)

日	西	英
捕[獲]る	coger コヘる	catch, capture キャチ, キャプチャ
採る	adoptar アドプタる	adopt, take アダプト, テイク
（採集）	recoger れコヘる	gather, pick ギャザ, ピク
取る	tomar トマる	take, hold テイク, ホウルド
（受け取る）	recibir れしビる	get, receive ゲト, リスィーヴ
（除去）	eliminar エリミナる	take off, remove テイク オフ, リムーヴ
（盗む）	robar ろバる	steal, rob スティール, ラブ
ドル	dólar *m* ドラる	dollar ダラ
ドル箱	mina de oro *f* ミナ デ オろ	gold mine ゴウルド マイン
どれ	cuál クアル	which (ホ)ウィチ
奴隷	esclavo(a) *m,f* エスクラボ(バ)	slave スレイヴ
トレース	calco *m* カルコ	tracing トレイスィング
トレード	traspaso *m* トらスパソ	trading トレイディング
トレーナー	entrenador(a) *m,f* エントれナドる(ら)	trainer トレイナ
（衣服）	sudadera *f* スダデら	sweat shirt スウェト シャート
トレーニング	entrenamiento *m* エントれナミエント	training トレイニング
トレーラー	remolque *m* れモルケ	trailer トレイラ
ドレス	vestido *m* ベスティド	dress ドレス
ドレッサー	tocador *m* トカドる	dresser ドレサ

日	西	英
ドレッシング	aliño (para ensaladas) *m* アリニョ（パら エンサラダス）	dressing ドレスィング
取れる	sacarse サカるセ	be got ビ ガト
（脱落）	despegarse デスペガるセ	come off カム オフ
（得られる）	producirse プろドゥしるセ	be produced ビ プロデュースド
トレンチコート	trinchera *f* トリンチェら	trench coat トレンチ コウト
泥	barro *m* バろ	mud, dirt マド, ダート
徒労		
〜に終わる	resultar vano(a) れスルタる バノ(ナ)	come to nothing カム トゥ ナスィング
トロッコ	vagoneta *f* バゴネタ	truck トラク
ドロップ	pastilla *f*, caramelo *m* パスティジャ, カらメロ	drop ドラプ
どろどろの	lodoso(a) ロドソ(サ)	muddy, pasty マディ, パスティ
トロフィー	trofeo *m* トろフェオ	trophy トロウフィ
泥棒	ladrón(ona) *m,f* ラドロン(ナ)	thief, burglar スィーフ, バーグラ
トロリーバス	trolebús *m* トロレブス	trolleybus トラリバス
トロンボーン	trombón *m* トロンボン	trombone トランボウン
度忘れする	fallar la memoria ファジャる ラ メモリア	slip from *one's* memory スリプ フラム メモリ
トン	tonelada *f* トネラダ	ton タン
豚カツ	filete de cerdo rebozado *m* フィレテ デ せるド れボさド	pork cutlet ポーク カトレト
鈍感な	torpe トるペ	stupid, dull ステューピド, ダル
団栗	bellota *f* ベジョタ	acorn エイコーン

日	西	英
鈍行(どんこう)	tren ómnibus *m* トレン オムニブス	local train ロウカル トレイン
どんちゃん騒(さわ)ぎ	jolgorio *m* ホルゴリオ	jinks, spree ヂンクス, スプリー
頓珍漢(とんちんかん)な	sin ton ni son, incoherente シン トン ニ ソン, インコヘレンテ	incoherent インコウヒアレント
鈍痛(どんつう)	dolor sordo *m* ドロる ソルド	dull pain ダル ペイン
とんでもない	inesperado(*a*) イネスペラド(ダ)	surprising, shocking サプライズィング, シャキング
（大変な）	terrible テリブレ	awful, terrible オーフル, テリブル
（否定）	¡Claro que no! クラロ ケ ノ	Of course not! オヴ コース ナト
どんな	qué ケ	what (ホ) ワト
どんなに	cuánto クアント	however ハウエヴァ
トンネル	túnel *m* トゥネル	tunnel タネル
丼(どんぶり)	cuenco *m* クエンコ	bowl ボウル
蜻蛉(とんぼ)	caballito del diablo *m* カバジト デル ディアブロ	dragonfly ドラゴンフライ
蜻蛉返(とんぼがえ)り	voltereta *f* ボルテレタ	somersault サマソールト
（行ってすぐ帰る）	ir y volver el mismo día イる イ ボルベる エル ミスモ ディア	quick return クウィク リターン
問屋(とんや)	mayorista *m,f* マジョリスタ	wholesaler ホウルセイラ
貪欲(どんよく)な	avaro(*a*) アバロ(ら)	greedy グリーディ

日	西	英
な, ナ		
な 名	nombre *m* ノンブれ	name ネイム
な 無い	No hay ... ノ アイ	There is no ... ゼア イズ ノウ
(持っていない)	no tener ... ノ テネる	have no ... ハヴ ノウ
ないか 内科	medicina interna *f* メディシナ インテるナ	internal medicine インターナル メディスィン
～医	internista *m,f* インテるニスタ	physician フィズィシャン
ないかく 内閣	gabinete (ministerial) *m* ガビネテ (ミニステリアル)	Cabinet, Ministry キャビネット, ミニストリ
ないこうてき 内向的な	introvertido(*a*) イントろベるティド(ダ)	introverted イントろヴァーテド
ないじゅ 内需	demanda interna [nacional] *f* デマンダ インテるナ [ナシオナル]	domestic demand ドメスティク ディマンド
ないしょ 内緒	secreto *m* セクれト	secret スィークレト
ないしょく 内職	trabajo suplementario *m* トらバホ スプレメンタりオ	side job サイド ヂャブ
ないしん 内心	*su* interior *m* ス インテりオる	*one's* mind, *one's* heart マインド, ハート
ないせい 内政	asuntos internos *mpl* アスントス インテるノス	domestic affairs ドメスティク アフェアズ
ないせん 内戦	guerra civil *f* ゲら スィビル	civil war スィヴィル ウォー
ないぞう 内臓	vísceras *fpl* ビスせらス	internal organs インターナル オーガンズ
ナイター	partido nocturno *m* パるティド ノクトゥるノ	night game ナイト ゲイム
ないてい 内定	decisión oficiosa *f* デシシオン オフィシオサ	unofficial decision アナフィシャル ディスィジョン
ないてき 内的な	interior インテりオる	inner, internal イナ, インターナル
ナイトガウン	camisón *m* カミソン	dressing gown ドレスィング ガウン

日	西	英
ナイトクラブ	club nocturno *m* クルブ ノクトゥるノ	nightclub ナイトクラブ
ナイフ	cuchillo *m* クチジョ	knife ナイフ
ないぶ 内部	interior *m* インテリオる	inside インサイド
ないふくやく 内服薬	medicina interna *f* メディシナ インテるナ	internal medicine インターナル メディスィン
ないふん 内紛	discordia *f* ディスコるディア	internal trouble インターナル トラブル
ないめん 内面	interior *m* インテリオる	inside インサイド
ないよう 内容	contenido *m* コンテニド	contents, substance カンテンツ, サブスタンス
ないらん 内乱	guerra civil *f* ゲら スィビル	civil war スィヴィル ウォー
ナイロン	nailon *m* ナイロン	nylon ナイラン
なえ 苗	plantón *m* プラントン	seedling スィードリング
なおさら 尚更	aún más アウン マス	still more スティル モー
なおざり 等閑にする	descuidar デスクイダる	neglect ニグレクト
なお 直す	corregir コれヒる	correct, reform カレクト, リフォーム
(修理)	reparar れパらる	mend, repair メンド, リペア
なお 治す	curar クらる	cure キュア
なお 直る	corregirse コれヒるセ	be corrected ビ カレクテド
(修理して)	repararse れパらるセ	be repaired ビ リペアド
なお 治る	curarse クらるセ	get well ゲト ウェル
なか 中	interior *m* インテリオる	inside インサイド

日	西	英
〜に	en エン	in, within イン, ウィズィン
なか 仲	relaciones *fpl* れラしオネス	relations リレイションズ
なが 長い	largo(*a*) るるゴ(ガ)	long ロング
ながい 長生きする	vivir muchos años ビビる ムチョス アニョス	live long リヴ ロング
ながいす 長椅子	sofá *m* ソファ	sofa, couch ソウファ, カウチ
なかがいにん 仲買人	corredor(*a*) *m,f* コれドる (ら)	broker ブロウカ
ながぐつ 長靴	botas *fpl* ボタス	boots ブーツ
なが 長さ	longitud *f* ロンヒトゥド	length レンクス
なが 流し	fregadero *m* フれガデろ	sink スィンク
なが 流す	hacer correr アせる コれる	pour, drain ポー, ドレイン
(物を)	flotar フロタる	float フロウト
ながそで 長袖	mangas largas *fpl* マンガス るルガス	long sleeves ロング スリーヴズ
なかたが 仲違いする	reñirse *con* れニるセ コン	quarrel *with* クウォれル
なかなお 仲直り	reconciliación *f* れコンスィリアしオン	reconciliation レコンスィリエイション
〜する	reconciliarse *con* れコンスィリアるセ コン	get reconciled *with* ゲト レコンサイルド
なかなか 中々	bastante バスタンテ	very, quite ヴェリ, クワイト
なかにわ 中庭	patio *m* パティオ	courtyard コートヤード
ながねん 長年	muchos años *mpl* ムチョス アニョス	for years フォー イアズ
なか 半ば	mitad *f* ミタド	half ハフ

日	西	英
長引く ながび	durar mucho ドゥらる ムチョ	be prolonged ビ プロロングド
仲間 なかま	compañero(a) *m,f* コンパニェロ(ら)	friend, comrade フレンド, カムラド
中身 なかみ	contenido *m* コンテニド	contents, substance カンテンツ, サブスタンス
眺め なが	vista *f* ビスタ	view ヴュー
眺める なが	mirar ミらる	see, look at スィー, ルク アト
長持ちする ながも	ser duradero(a) セる ドゥらデろ(ら)	be durable ビ デュアラブル
中指 なかゆび	dedo del corazón *m* デド デル コらソン	middle finger ミドル フィンガ
仲良し なかよ	buen(a) amigo(a) *m,f* ブエン(ナ) アミゴ(ガ)	close friend, chum クロウス フレンド, チャム
流れ なが	flujo *m* フルホ	stream, current ストリーム, カーレント
流れ星 なが ぼし	estrella fugaz *f* エストれジャ フガす	shooting star シューティング スター
流れる なが	correr コれる	flow, run フロウ, ラン
(時が)	pasar, transcurrir パサる, トらンスクりる	pass パス
泣き声 な ごえ	llanto *m* ジャント	cry クライ
鳴き声 な ごえ	grito *m* グリト	twitter トウィタ
泣き虫 な むし	llorón(ona) *m,f* ジョロン(ナ)	crybaby クライベイビ
泣き喚く な わめ	chillar チジャる	scream スクリーム
泣く な	llorar ジョらる	cry, weep クライ, ウィープ
鳴く な	cantar カンタる	cry クライ
(小鳥が)	piar ピアる	sing スィング

日	西	英
(犬が)	ladrar ラドらる	bark バーク
(猫が)	maullar マウジャる	mew ミュー
慰め（なぐさめ）	consuelo *m* コンスエロ	comfort, solace カムファト, サリス
慰める（なぐさめる）	consolar コンソラる	console, comfort カンソウル, カムファト
亡[無]くす（なくす）	perder ぺるデる	lose ルーズ
無くなる（なくなる）	perderse, irse ぺるデるセ, イるセ	get lost ゲト ロスト
(消滅)	desaparecer デサパれセる	disappear ディサピア
(尽きる)	acabarse アカバるセ	run short ラン ショート
殴り合い（なぐりあい）	pelea *f* ペレア	fight ファイト
殴り倒す（なぐりたおす）	derribar a golpes デリバる ア ゴルペス	knock down ナク ダウン
殴る（なぐる）	golpear ゴルペアる	strike, beat ストライク, ビート
嘆かわしい（なげかわしい）	lamentable ラメンタブレ	deplorable ディプローラブル
嘆く（なげく）	lamentar ラメンタる	lament, grieve ラメント, グリーヴ
投げ捨てる（なげすてる）	lanzar ランさる	throw away スロウ アウェイ
投げる（なげる）	tirar ティらる	throw, cast スロウ, キャスト
(放棄)	abandonar アバンドナる	give up ギヴ アプ
仲人（なこうど）	intermediario(a) *m,f* インテるメディアりオ(ア)	matchmaker マチメイカ
和やかな（なごやかな）	pacífico(a) パシフィコ(カ)	peaceful, friendly ピースフル, フレンドリ
名残（なごり）	huella *f*, vestigio *m* ウエジャ, ベスティヒオ	trace, vestige トレイス, ベスティヂ

日	西	英
(別れ)	separación f セパらしオン	parting パーティング
情け	compasión f コンパシオン	sympathy スィンパスィ
(哀れみ)	lástima f ラスティマ	pity ピティ
(慈悲)	misericordia f ミセリコるディア	mercy マースィ
情け無い	miserable ミセらブレ	miserable, lamentable ミザラブル, ラメンタブル
梨	pera f ぺら	pear ペア
成し遂げる	realizar れアリさる	accomplish アカンプリシュ
馴染む	acostumbrarse a アコストゥンブらるセ ア	become attached to ビカム アタチト
ナショナリズム	nacionalismo m ナしオナリスモ	nationalism ナショナリズム
詰る	culpar クルパる	rebuke, blame リビューク, ブレイム
茄子	berenjena f べれンヘナ	eggplant, aubergine エグプラント, オウバジーン
何故	¿por qué? ポるケ	why ホワイ
何故なら	porque, pues ポるケ, プエス	because, for ビコズ, フォー
謎	misterio m ミステリオ	riddle, mystery リドル, ミスタリ
謎々	acertijo m, adivinanza f アせるティホ, アディビナンさ	riddle リドル
鉈	hacha f アチャ	hatchet ハチト
名高い	famoso(a) ファモソ(サ)	famous, well-known フェイマス, ウェルノウン
菜種	semilla de colza f セミジャ デ コルさ	rape レイプ
宥める	tranquilizar トらンキリさる	calm, soothe カーム, スーズ

536

日	西	英
なだらかな	suave スア**ベ**	gentle, fluent **チェ**ントル, **フル**エント
雪崩 (なだれ)	avalancha *f* アバ**ラ**ンチャ	avalanche **ア**ヴァランチ
夏 (なつ)	verano *m* ベ**ラ**ノ	summer **サ**マ
捺印する (なついん)	sellar セ**ジャ**る	seal ス**ィ**ール
懐かしい (なつ)	añorado(*a*) アニョら**ド**(**ダ**)	sweet ス**ウィ**ート
懐かしむ (なつ)	añorar アニョ**ら**る	long *for* **ロ**ング
名付け親 (なづ・おや)	padrino *m*, madrina *f* パド**リ**ノ, マド**リ**ナ	godfather, godmother **ガ**ドファーザ, **ガ**ドマザ
名付ける (なづ)	nombrar ノンブ**ら**る	name, call **ネ**イム, **コ**ール
ナッツ	nuez *f* ヌ**エ**す	nut **ナ**ト
納得 (なっとく)	comprensión *f* コンプれンシ**オ**ン	consent カン**セ**ント
～する	comprender コンプれン**デ**る	consent *to* カン**セ**ント
棗 (なつめ)	azufaifa *f* アす**ファ**イファ	jujube **チュ**ーヂュブ
ナツメグ	nuez moscada *f* ヌ**エ**す モス**カ**ダ	nutmeg **ナ**トメグ
撫子 (なでしこ)	clavellina *f* クラベ**ジ**ナ	pink **ピ**ンク
撫でる (な)	frotar フろ**タ**る	stroke, pat スト**ロ**ウク, **パ**ト
(愛撫)	acariciar アカりし**ア**る	caress カ**レ**ス
等 (など)	etcétera エト**セ**テら	and so on **ア**ンド **ソ**ウ **オ**ン
ナトリウム	sodio *m* **ソ**ディオ	sodium **ソ**ウディアム
斜めの (なな)	oblicuo(*a*) オブ**リ**クオ(ア)	slant, oblique ス**ラ**ント, オブ**リ**ーク

日	西	英
なに 何	¿qué? ケ	what ホワト
（聞き返し）	¿Cómo? コモ	What? ホワト
なに 何か	algo アルゴ	something サムスィング
なにげ 何気ない	involuntario(a) インボルンタりオ(ア)	casual キャジュアル
なに 何より	ante todo アンテ トド	above all アバヴ オール
なの 名乗る	presentarse *como* プレセンタるセ コモ	introduce *oneself as* イントロデュース
なび 靡く	ondear オンデアる	flutter フラタ
（屈する）	ceder *a* セデる ア	yield *to* イールド
ナビゲーター	navegante *m,f* ナベガンテ	navigator ナヴィゲイタ
ナプキン	servilleta *f* セるビジェタ	napkin ナプキン
なふだ 名札	tarjeta *f* タるヘタ	name tag ネイム タグ
ナフタリン	naftalina *f* ナフタリナ	naphthalene ナフサリーン
なぶ 嬲る	burlarse *de* ブるラるセ デ	tease ティーズ
なべ 鍋	cacerola *f* カセろラ	pan パン
なまあたた 生暖かい	templado(a) テンプラド(ダ)	uncomfortably warm アンカムフォタブリ ウォーム
なまいき 生意気な	descarado(a) デスカらド(ダ)	insolent, saucy インソレント, ソースィ
なまえ 名前	nombre *m* ノンブれ	name ネイム
なまぐさ 生臭い	(olor *m*) a pescado (オロる) ア ペスカド	fishy フィシ
なま もの 怠け者	persona perezosa *f* ぺるソナ ぺれソサ	lazy person レイズィ パースン

日	西	英
なま 怠ける	ser perezoso(a) セる ぺれソソ(サ)	be idle ビ アイドル
なまこ 海鼠	cohombro de mar *m* コオンブロ デ マる	sea cucumber スィー キューカンバ
なまず 鯰	siluro *m* シルろ	catfish キャトフィシュ
なまなま 生々しい	vivo(a) ビボ(バ)	fresh, vivid フレシュ, ヴィヴィド
なまぬる 生温い	tibio(a) ティビオ(ア)	lukewarm ルークウォーム
なま 生の	crudo(a) クるド(ダ)	raw ロー
なま 生ビール	cerveza de barril *f* せるべさ デ バりル	draft beer ドラフト ビア
なまほうそう 生放送	emisión en vivo *f* エミシオン エン ビボ	live broadcast ライヴ ブロードキャスト
なまもの 生物	alimento no cocinado アリメント ノ コシナド	uncooked food アンククト フード
なまり 鉛	plomo *m* プロモ	lead レド
なみ 波	ola *f* オラ	wave ウェイヴ
なみき 並木	fila de árboles *f* フィラ デ アるボレス	roadside trees ロウドサイド トリーズ
なみだ 涙	lágrima *f* ラグリマ	tears ティアズ
～を流す	derramar lágrimas デらマる ラグリマス	shed tears シェド ティアズ
なみ 並の	ordinario(a) オるディナリオ(ア)	ordinary, common オーディネリ, カモン
なみはず 並外れた	extraordinario(a) エクストらオるディナリオ(ア)	extraordinary イクストローディネリ
なめくじ 蛞蝓	babosa *f* バボサ	slug スラグ
なめ がわ 鞣し革	cuero curtido *m* クエろ クるティド	leather レザ
なめ 鞣す	curtir クるティる	tan タン

日	西	英
滑(なめ)らかな	liso(a), suave リソ(サ), スアベ	smooth スムーズ
舐(な)める	lamer ラメる	lick, lap リク, ラプ
(侮る)	menospreciar メノスプれしアる	despise ディスパイズ
納屋(なや)	granero *m* グらネロ	barn, shed バーン, シード
悩(なや)ます	preocupar, molestar プれオクパる, モレスタる	torment, worry トーメント, ワーリ
悩(なや)み	preocupación *f* プれオクパしオン	anxiety, worry アングザイエティ, ワーリ
悩(なや)む	preocuparse *de* プれオクパるセ デ	suffer *from* サファ
習(なら)う	aprender アプれンデる	learn ラーン
慣(なら)らす	acostumbrar *a* アコストゥンブらる ア	accustom アカストム
鳴(な)らす	tocar トカる	sound, ring サウンド, リング
並(なら)ぶ	ponerse en fila ポネるセ エン フィラ	line up ライン アプ
並(なら)べる	alinear アリネアる	arrange アレインジュ
(列挙)	enumerar エヌメらる	enumerate イニューマレイト
習(なら)わし	costumbre *f* コストゥンブれ	custom カスタム
成(な)り金(きん)	nuevo(a) rico(a) *m,f* ヌエボ(バ) りコ(カ)	upstart アプスタート
成(な)り立(た)ち	formación *f* フォるマしオン	formation フォーメイション
(起源)	origen *m* オリヘン	origin オリヂン
成(な)り行(ゆ)き	curso *m* クるソ	course コース
成(な)る	hacerse アせるセ	become ビカム

日	西	英
(変わる)	convertirse *en* コンベるティるセ エン	turn *into* ターン
…するように~	comenzar *a* コメンさる ア	begin to ビギン トゥー
生る	dar fruto ダる フるト	grow, bear グロウ, ベア
鳴る	sonar ソナる	sound, ring サウンド, リング
ナルシスト	narcisista *m,f* ナるしシスタ	narcissist ナースィスィスト
成る可く	lo más … posible ロ マス … ポシブレ	as … as possible アズ アズ ポシブル
成る程	verdaderamente ベるダデらメンテ	indeed インディード
ナレーション	narración *f* ナらシオン	narration ナレイション
ナレーター	narrador(*a*) *m,f* ナらドる (ら)	narrator ナレイタ
馴れ馴れしい	demasiado familiar デマシアド ファミリアる	familiar ファミリア
慣れる	acostumbrarse *a* アコストゥンブらるセ ア	get used *to* ゲト ユーストゥ
縄	soga *f* ソガ	rope ロウプ
縄跳び	salto de la comba *m* サルト デ ラ コンバ	jump rope ヂャンプ ロウプ
縄張り	territorio *m* テりトリオ	territory テリトーリ
南欧	Europa del Sur エウろパ デル スる	Southern Europe サザン ユアロプ
難解な	difícil ディフィしル	difficult ディフィカルト
南極	Polo Sur *m* ポロ スる	South Pole サウス ポウル
南京豆	cacahuete *m* カカウエテ	peanut ピーナト
南京虫	chinche *m* チンチェ	bedbug ベドバグ

日	西	英
なんこう 軟膏	pomada f ポマダ	ointment オイントメント
なんじ 何時	¿qué hora? ケ おら	what time, when (ホ)ワト タイム, (ホ)ウェン
なんせい 南西	suroeste m スろエステ	southwest サウスウェスト
ナンセンス	disparate m ディスパらテ	nonsense ナンセンス
なんたいどうぶつ 軟体動物	molusco m モルスコ	mollusc マラスク
なんちょう 難聴	dificultad para oír f ディフィクルタド パら オイる	difficulty in hearing ディフィカルティ イン ヒアリング
なん 何と	cómo コモ	what, how ホワト, ハウ
なんとう 南東	sureste m, sudeste m スれステ, スデステ	southeast サウスイースタ
なんぱ 難破	naufragio m ナウフらヒオ	wreck レク
～する	naufragar ナウフらがる	be wrecked ビ レクド
ナンバー	número m ヌメろ	number ナンバ
～プレート	placa de matrícula f プラカ デ マトりクラ	license plate ライセンス プレイト
ナンバーワン	número uno m ヌメろ ウノ	Number 1 ナンバ ワン
なんびょう 難病	enfermedad incurable f エンフェるメダド グらべ	incurable disease インキュアラブル ディズィーズ
なんぴょうよう 南氷洋	Océano Antártico m オセアノ アンタるティコ	Antarctic Ocean アンタークティク オウシャン
なんぶ 南部	sur m スる	southern part サザン パート
なんべい 南米	América del Sur アメリカ デル スる	South America サウス アメリカ
なんぼく 南北	norte m y sur m ノるテ イ スる	north and south ノース アンド サウス
なんみん 難民	refugiado(a) m,f れフヒアド(ダ)	refugees レフュチーズ

日	西	英
に, ニ		
に 荷	carga *f* カるガ	load ロウド
にあ 似合う	caer (sentar) bien *a* カエる(センタる) ビエン ア	become, suit ビカム, シュート
にあ 荷揚げ	descarga *f* デスカるガ	unloading アンロウディング
ニアミス	casi una colisión *f* カシ ウナ コリシオン	near miss ニア ミス
ニーズ	necesidad *f*, demanda *f* ネセシダド, デマンダ	necessity, need ニセスィティ, ニード
に き 煮え切らない	indeciso(*a*) インデソ(サ)	vague ヴァーグ
(不決断)	irresoluto(*a*) イれソルト(タ)	irresolute イレゾルート
に 煮える	hervir エるビる	boil ボイル
にお 匂い	olor *m* オロる	smell, odor スメル, オウダ
にお 臭う	apestar アペスタる	stink スティンク
にお 匂う	oler オレる	smell スメル
にかい 二階	primer piso *m* プリメる ピソ	second floor セコンド フロー
にが 苦い	amargo(*a*) アマるゴ(ガ)	bitter ビタ
に 逃がす	dejar libre *a* デハる リブれ ア	let go, set free レト ゴウ, セト フリー
(取り逃がす)	dejar escapar *a* デハる エスカパる ア	let ... escape, miss レト イスケイプ, ミス
にがつ 二月	febrero *m* フェブれろ	February フェブルエリ
にがて 苦手である	ser débil *en* セる デビル エン	be weak *in* ビ ウィーク

日	西	英
苦々しい	desagradable デサグらダブレ	unpleasant アンプレザント
膠	cola *f* コラ	glue グルー
苦笑い	sonrisa amarga *f* ソンリサ アマるガ	bitter smile ビタ スマイル
〜する	sonreír amargamente ソンれイる アマるガメンテ	smile bitterly スマイル ビタリ
面皰	grano *m* グらノ	pimple ピンプル
賑やかな	alegre アレグれ	crowded クラウディド
（活気のある）	animado(*a*) アニマド(ダ)	lively ライヴリ
握る	agarrar アガらる	grasp グラスプ
賑わう	estar muy concurrido(*a*) エスタる ムイ コンクりド(ダ)	be crowded ビ クラウディド
肉	carne *f* カるネ	flesh, meat フレシュ, ミート
憎い	odioso(*a*) オディオソ(サ)	hateful, detestable ヘイトフル, ディテスタブル
肉眼	a simple vista ア シンプレ ビスタ	naked eye ネイキド アイ
憎しみ	odio *m* オディオ	hatred ヘイトリド
肉親	consanguíneo(*a*) *m,f* コンサンギネオ(ア)	near relatives ニア レラティヴズ
肉体	cuerpo *m* クエるポ	body, flesh バディ, フレシュ
〜労働	trabajo físico *m* トらバホ フィシコ	physical labor フィズィカル レイバ
肉離れ	desgarro muscular *m* デスガろ ムスクラる	torn muscle トーン マスル
憎む	odiar オディアる	hate ヘイト
肉屋	carnicería *f* カるニセりア	meat shop ミート シャプ

日	西	英
憎らしい	odioso(a) オディオソ(サ)	hateful, detestable ヘイトフル, ディテスタブル
荷車	carro *m* カろ	cart カート
逃げる	huir, escapar ウイル, エスカパる	run away, escape ラン アウェイ, イスケイプ
濁す	enturbiar エントゥるビアる	make ... muddy メイク マディ
言葉を〜	hablar ambiguamente アブラる アンビグアメンテ	speak ambiguously スピーク アンビギュアスリ

に

■ 肉 ■ carne / カるネ / *f*

牛肉	carne de vaca / カるネ デ バカ / *f* (🇺🇸 beef)
子牛の肉	carne de ternera / カるネ デ テるネら / *f* (🇺🇸 veal)
豚肉	carne de cerdo / カるネ デ せるド / *f* (🇺🇸 pork)
鶏肉	carne de pollo / カるネ デ ポジョ / *f* (🇺🇸 chicken)
羊の肉	carnero / カるネろ / *m* (🇺🇸 ram)
挽肉	carne picada / カるネ ピカダ / *f* (🇺🇸 ground meat)
赤身	carne magra / カるネ マグら / *f* (🇺🇸 lean)
ロース	lomo / ロモ / *m* (🇺🇸 sirloin)
リブロース	costado / コスタド / *m* (🇺🇸 loin)
ヒレ肉	filete / フィレテ / *m* (🇺🇸 fillet)
サーロイン	solomillo / ソロミジョ / *m* (🇺🇸 sirloin)
タン	lengua / レングア / *f* (🇺🇸 tongue)
レバー	hígado / イガド / *m* (🇺🇸 liver)
鶏の股肉	pierna / ピエるナ / *f* (🇺🇸 leg)
ささ身	pechuga / ペチュガ / *f* (🇺🇸 white meat)
ハム	jamón / ハモン / *m* (🇺🇸 ham)
生ハム	jamón crudo / ハモン クるド / *m* (🇺🇸 Parma ham)
ソーセージ	salchicha / サルチチャ / *f* (🇺🇸 sausage)
ベーコン	beicon / ベイコン / *m* (🇺🇸 bacon)
サラミ	salami / サラミ / *m* (🇺🇸 salami)

日	西	英
ニコチン	nicotina *f* ニコティナ	nicotine ニコティーン
にこにこする	sonreír ソンれイる	smile, beam スマイル、ビーム
にこやかな	risueño(*a*) りスエニョ (ニャ)	cheerful, smiling チアフル、スマイリング
<ruby>濁<rt>にご</rt></ruby>る	enturbiarse エントゥるビアるセ	become muddy ビカム マディ
<ruby>二酸化炭素<rt>にさんかたんそ</rt></ruby>	dióxido de carbono *m* ディオクシド デ かるボノ	carbon dioxide カーボン ダイアクサイド
<ruby>西<rt>にし</rt></ruby>	oeste *m* オエステ	west ウェスト
～半球	hemisferio occidental *m* エミスフェりオ オクしデンタル	Western Hemisphere ウェスタン ヘミスフィア
<ruby>虹<rt>にじ</rt></ruby>	arco iris *m* アるコ イリス	rainbow レインボウ
<ruby>錦<rt>にしき</rt></ruby>	brocado *m* ブロカド	brocade ブロウケイド
<ruby>虹鱒<rt>にじます</rt></ruby>	trucha arco iris *f* トるチャ アるコ イリス	rainbow trout レインボウ トラウト
<ruby>滲<rt>にじ</rt></ruby>む	correrse コれるセ	blot ブラト
<ruby>二重の<rt>にじゅう</rt></ruby>	doble ドブレ	double, dual ダブル、デュアル
<ruby>鰊<rt>にしん</rt></ruby>	arenque *m* アれンケ	herring ヘリング
ニス	barniz *m* バるニす	varnish ヴァーニシュ
<ruby>偽<rt>にせ</rt></ruby>		
～の	falso(*a*) ファルソ(サ)	imitation イミテイション
～物	imitación *f* イミタしオン	imitation, counterfeit イミテイション、カウンタフィト
<ruby>二世<rt>にせい</rt></ruby>	segunda generación *f* セグンダ ヘネらしオン	second generation セコンド ヂェナレイション
<ruby>尼僧<rt>にそう</rt></ruby>	monja *f* モンハ	nun, sister ナン、スィスタ

日	西	英
日時 (にちじ)	fecha *f* y hora *f* フェチャ イ オら	time, date タイム, デイト
日常の (にちじょうの)	cotidiano(*a*) コティディアノ(ナ)	daily デイリ
日没 (にちぼつ)	puesta de sol *f* プエスタ デ ソル	sunset サンセト
日夜 (にちや)	día *m* y noche *f* ディア イ ノチェ	night and day ナイト アンド デイ
日曜大工 (にちようだいく)	bricolaje *m* ブリコラへ	do-it-yourself ドゥーイトユアセルフ
日曜日 (にちようび)	domingo *m* ドミンゴ	Sunday サンディ
日用品 (にちようひん)	necesidades cotidianas *fpl* ネセシダデス コティディアナス	daily necessaries デイリ ネセセリズ
日課 (にっか)	tarea diaria *f* タれア ディアリア	daily work デイリ ワーク
日刊 (にっかん)	diario *m* ディアリオ	daily デイリ
日記 (にっき)	diario *m* ディアリオ	diary ダイアリ
日給 (にっきゅう)	jornal *m* ホるナル	day's wage デイズ ウェイヂ
ニックネーム	apodo *m* アポド	nickname ニクネイム
荷造り (にづくり)	embalaje *m* エンバラへ	packing パキング
〜する	empacar エンパカる	pack パク
ニッケル	níquel *m* ニケル	nickel ニクル
日光 (にっこう)	luz solar *f* ルす ソラる	sunlight, sunshine サンライト, サンシャイン
日誌 (にっし)	diario *m* ディアリオ	diary, journal ダイアリ, ヂャーナル
日射病 (にっしゃびょう)	insolación *f* インソラしオン	sunstroke サンストロウク
日食 (にっしょく)	eclipse solar *m* エクリプセ ソラる	solar eclipse ソウラ イクリプス

日	西	英
日数（にっすう）	número de días *m* ヌメロ デ ディアス	number of days ナンバ オヴ デイズ
日程（にってい）	programa del día *m* プログラマ デル ディア	day's program デイズ プログラム
ニットウエア	artículos de punto *mpl* アるティクロス デ プント	knitwear ニトウェア
日当（にっとう）	jornal *m* ホるナル	daily allowance デイリ アラウアンス
煮詰める（につめる）	espesar por cocción エスペサる ポる コクしオン	boil down ボイル ダウン
二等（にとう）	segunda clase *f* セグンダ クラセ	second class セコンド クラス
二等分（にとうぶん）	bisección *f* ビセクしオン	halve ハヴ
ニトログリセリン	nitroglicerina *f* ニトログリせりナ	nitroglycerine ナイトロウグリセリン
担う（になう）	asumir アスミる	carry, bear キャリ, ベア
二倍（にばい）	doble *m* ドブレ	double ダブル
二番（にばん）	segundo *m* セグンド	number two ナンバ トゥー
ニヒルな	nihilista ニイリスタ	nihilistic ナイイリスティク
鈍い（にぶい）	torpe, lento(*a*) トるペ, レント(タ)	dull, blunt ダル, ブラント
（刃物が）	desafilado(*a*) デサフィラド(ダ)	blunt ブラント
荷札（にふだ）	etiqueta *f* エティケタ	tag タグ
日本（にほん）	Japón ハポン	Japan チャパン
～海	Mar del Japón *m* マる デル ハポン	Sea of Japan スィー オヴ チャパン
～語	japonés *m* ハポネス	Japanese チャパニーズ
～酒	sake *m* サケ	*sake* サーキ

日	西	英
〜人	japonés(esa) m,f ハポネス(サ)	Japanese チャパニーズ
〜料理	cocina japonesa f コシナ ハポネサ	Japanese cooking チャパニーズ クキング
荷物（にもつ）	equipaje m エキパヘ	baggage バギヂ
にやにやする	sonreír a solas ソンれイる ア ソラス	grin グリン
入院する（にゅういん）	hospitalizarse オスピタリさるセ	enter hospital エンタ ハスピタル
入荷（にゅうか）	llegada de mercancías f ジェガダ デ メるカンしアス	arrival of goods アライヴァル オヴ グヅ
〜する	llegar ジェガる	arrive アライヴ
入会（にゅうかい）	ingreso イングれソ	admission アドミション
〜する	ingresar en イングれサる エン	join ヂョイン
入学（にゅうがく）	ingreso m イングれソ	entrance エントランス
〜金	derechos de matrícula mpl デれチョス デ マトリクラ	entrance fee エントランス フィー
〜する	ingresar イングれサる	enter a school エンタ ア スクール
乳癌（にゅうがん）	cáncer de pecho m カンせる デ ペチョ	breast cancer ブレスト キャンサ
乳牛（にゅうぎゅう）	vaca lechera f バカ レチェら	milch cow ミルチ カウ
入金（にゅうきん）	dinero recibido m ディネろ れしビド	money received マニ リスィーヴド
入国（にゅうこく）	entrada f エントらダ	entry into a country エントリ イントゥ ア カントリ
〜管理	inmigración f インミグらしオン	immigration イミグレイション
〜する	entrar en el país エントらる エン エル パイス	enter a country エンタ ア カントリ
入札（にゅうさつ）	licitación f リしタしオン	bid, tender ビド, テンダ
〜する	hacer una licitación por アせる ウナ リしタしオン ポる	bid, tender ビド, テンダ

日	西	英
にゅうさんきん 乳酸菌	lactobacteria *f* ラクトバクテリア	lactic acid bacteria ラクティク アスィド バクティアリア
にゅうし 入試	examen de admisión *m* エクサメン デ アドミシオン	entrance examination エントランス イグザミネイション
にゅうしゃ 入社する	entrar en una compañía エントらる エン ウナ コンパニア	join a company チョイン ア カンパニ
にゅうしゅ 入手する	adquirir アドキりる	get, acquire ゲト, アクワイア
にゅうじょう 入場	entrada *f* エントらダ	entrance エントランス
～券	billete de entrada *m* ビジェテ デ エントらダ	admission ticket アドミション ティケト
～する	entrar *en* エントらる エン	enter, get *in* エンタ, ゲト
～料	derechos de entrada *mpl* デれチョス デ エントらダ	admission fee アドミション フィー
ニュース	noticias *fpl* ノティシアス	news ニューズ
～キャスター	locutor(a) *m,f* ロクトる(ら)	newscaster ニューズキャスタ
～速報	noticia de última hora *f* ノティシア デ ウルティマ オら	news flash ニューズ フラシュ
にゅうせいひん 乳製品	productos lácteos *mpl* プロドゥクトス ラクテオス	dairy products デアリ プラダクツ
にゅうとう 乳頭	pezón *m* ペソン	nipple ニプル
ニュートラルの	neutral ネウトらル	neutral ニュートラル
ニューフェイス	cara nueva *f* カら ヌエバ	new face ニュー フェイス
にゅうもん 入門する	hacerse discípulo(a) *de* アせるセ ディスしプロ(ラ) デ	become a pupil *of* ビカム ア ピュープル
にゅうよく 入浴する	bañarse バニャるセ	take a bath テイク ア バス
にゅうりょく 入力	entrada *f* エントらダ	input インプト
～する	entrar エントらる	input インプト
にょう 尿	orina *f* オリナ	urine ユアリン

日	西	英
〜毒症	uremia f ウレミア	uremia ユアリーミア
にょうぼう 女房	mujer f ムヘる	wife ワイフ
にら 韮	puerro m プエろ	leek リーク
にら 睨む	mirar fijamente ミらる フィハメンテ	glare at グレア
にりゅう 二流	segunda clase f セグンダ クラセ	second-rate セコンドレイト
に 似る	parecerse a ぱれせるセ ア	resemble リゼンブル
に 煮る	cocer コせる	boil, cook ボイル, クク
にれ 楡	olmo m オルモ	elm エルム
にわ 庭	jardín m ハるディン	garden, yard ガードン, ヤード
にわ あめ 俄か雨	chubasco m チュバスコ	shower シャウア
にわとり 鶏	gallo m, gallina f, pollo m ガジョ, ガジナ, ポジョ	fowl, chicken ファウル, チキン
〜小屋	gallinero m ガジネロ	coop, henhouse クープ, ヘンハウス
にんか 認可する	autorizar アウトりさる	authorize オーソライズ
にんき 人気	popularidad f ポプラりダド	popularity パピュラリティ
〜のある	popular ポプラる	popular パピュラ
にんぎょ 人魚	sirena f シれナ	mermaid マーメイド
にんぎょう 人形	muñeca f ムニェカ	doll ダル
〜劇	función de títeres f フンシオン デ ティテれス	puppet show パペト ショウ
にんげん 人間	ser humano m せる ウマノ	human being ヒューマン ビーイング

日	西	英
にんしき 認識	reconocimiento *m* れコノしミエント	recognition レコグニション
～する	reconocer れコノせる	recognize レコグナイズ
にんじょう 人情	corazón *m* コらソン	human nature ヒューマン ネイチャ
にんしん 妊娠	embarazo *m* エンバらソ	conception カンセプション
～する	quedarse embarazada ケダるセ エンバらさダ	conceive カンスィーヴ
にんじん 人参	zanahoria *f* さナオりア	carrot キャロト
にんずう 人数	número *m* ヌメろ	number ナンバ
にんそう 人相	fisonomía *f*, facciones *fpl* フィソノミア, ファクしオネス	physiognomy フィズィアグノミ
にんたい 忍耐	paciencia *f* パсィエンсィア	patience ペイシェンス
～する	aguantar アグアンタる	be patient *with* ビ ペイシェント
にんてい 認定する	convalidar コンバリダる	authorize, recognize オーソライズ, レコグナイズ
にんにく 大蒜	ajo *m* アホ	garlic ガーリク
にんぷ 妊婦	embarazada *f* エンバらさダ	pregnant woman プレグナント ウマン
にんむ 任務	deber *m* デベる	duty, office デューティ, オフィス
にんめい 任命	nombramiento *m* ノンブらミエント	appointment アポイントメント
～する	nombrar ノンブらる	appoint アポイント

ぬ, ヌ

日	西	英
ぬいぐるみ 縫いぐるみ	juguete de trapo *m* フゲテ デ トらポ	stuffed toy スタフト トイ
ぬ め 縫い目	costura *f* コストゥら	seam スィーム

日	西	英
縫ぬう	coser コセる	sew, stitch ソウ, スティチ
ヌード	desnudo *m* デスヌド	nude ニュード
糠ぬか	salvado de arroz *m* サルバド デ アろす	rice bran ライス ブラン
泥濘ぬかるみ	barro *m* バろ	mud マド
抜ぬきん出でる	sobresalir, distinguirse ソブれサリる, ディスティンギるセ	surpass, excel サーパス, イクセル
抜ぬく	sacar サカる	pull out プル アウト
（除く）	quitar キタる	remove リムーヴ
（省く）	suprimir スプリミる	omit, skip オウミト, スキプ
（追い抜く）	adelantar アデランタる	outrun アウトラン
脱ぬぐ	quitarse, desnudarse キタるセ, デスヌだるセ	put off プト オフ
拭ぬぐう	limpiar(se) リンピアる(セ)	wipe ワイプ
脱ぬけ殻がら	muda *f* ムダ	cast-off skin キャストーフ スキン
抜ぬける	salir サリる	come off カム オフ
（脱退）	retirarse れティらるセ	leave, withdraw リーヴ, ウィズドロー
主ぬし	señor *m*, dueño(a) *m,f* セニョる, ドゥエニョ(ニャ)	master, owner マスタ, オウナ
盗ぬすみ	robo *m* ろボ	theft セフト
盗ぬすむ	robar ろバる	steal, rob スティール, ラブ
（剽窃）	copiar, plagiar コピアる, プラヒアる	plagiarize プレイヂアライズ
布ぬの	tela *f* テラ	cloth クロス

日	西	英
沼(ぬま)	pantano *m* パンタノ	marsh, bog マーシュ, バグ
濡(ぬ)らす	mojar(se) モハル(セ)	wet, moisten ウェト, モイスン
塗(ぬ)る	pintar ピンタる	paint ペイント
（薬などを）	aplicar アプリカる	apply アプライ
温(ぬる)い	tibio(*a*) ティビオ(ア)	tepid, lukewarm テピド, ルークウォーム
濡(ぬ)れる	mojarse モハるセ	get wet ゲト ウェト

ね, ネ

日	西	英
根(ね)	raíz *f* らイス	root ルート
値上(ねあ)がり	subida *f* スビダ	rise in price ライズ イン プライス
値上(ねあ)げする	aumentar el precio アウメンタる エル プれシオ	raise the price レイズ ザ プライス
値打(ねう)ち	valor *m* バロる	value, merit ヴァリュ, メリト
ネームバリュー	celebridad *f* セレブりダド	celebrity スィレブリティ
ネオン	neón *m* ネオン	neon ニーアン
ネガ	negativo *m* ネガティボ	negative ネガティヴ
願(ねが)い	deseo *m* デセオ	wish, desire ウィシュ, ディザイア
願(ねが)う	desear, querer デセアる, ケれる	wish ウィシュ
寝(ね)かす	acostar アコスタる	put to bed プト トゥ ベド
（横にする）	acostar アコスタる	lay down レイ ダウン

554

日	西	英
(熟成・発酵)	madurar マドゥらる	mature, age マチュア, エイヂ
葱（ねぎ）	puerro *m*, cebolleta *f* プエろ, セボジェタ	leek リーク
値切る（ねぎる）	regatear れガテアる	bargain バーギン
ネクタイ	corbata *f* コるバタ	necktie, tie ネクタイ, タイ
ネグリジェ	camisón *m* カミソン	night gown ナイト ガウン
猫（ねこ）	gato *m* ガト	cat キャト
寝言を言う（ねごとをいう）	hablar en sueños アブらる エン スエニョス	talk in *one's* sleep トーク イン スリープ
寝込む（ねこむ）	quedarse dormido(a) ケダるセ ドるミド(ダ)	fall asleep フォール アスリープ
(病気で)	caer en cama カエる エン カマ	be ill in bed ビ イル イン ベド
寝転ぶ（ねころぶ）	tumbarse トゥンバるセ	lie down ライ ダウン
値下がり（ねさがり）	baja de precio *f* バハ デ プれしオ	fall in price フォール イン プライス
値下げ（ねさげ）	rebaja *f* れバハ	reduction リダクション
〜する	rebajar れバハる	reduce the price リデュース ザ プライス
螺子（ねじ）	tornillo *m* トるニジョ	screw スクルー
〜回し	destornillador *m* デストるニジャドる	screwdriver スクルードライヴァ
捻る（ねじる）	torcer トるセる	twist, turn トウィスト, ターン
寝過ごす（ねすごす）	quedarse dormido(a) ケダるセ ドるミド(ダ)	oversleep オウヴァスリープ
鼠（ねずみ）	rata *f* らタ	rat, mouse ラト, マウス
寝たきり老人（ねたきりろうじん）	anciano(a) encamado(a) *m,f* アンしアノ(ナ) エンカマド(ダ)	bedridden old person ベドリドン オウルド パーソン

ね

日	西	英
妬む（ねたむ）	envidiar エンビディアる	be jealous *of*, envy ビ チェラス, エンヴィ
値段（ねだん）	precio *m* プれシオ	price プライス
熱（ねつ）	calor *m*, fiebre *f* カロる, フィエブれ	heat, fever ヒート, フィーヴァ
熱意（ねつい）	entusiasmo *m* エントゥシアスモ	zeal, eagerness ズィール, イーガネス
ネッカチーフ	pañuelo (para el cuello) *m* パニュエロ（パら エル クエジョ）	neckerchief ネカチフ
熱気球（ねつききゅう）	globo de aire caliente *m* グロボ デ アイれ カリエンテ	hot-air balloon ホッテア バルーン
熱狂（ねっきょう）	entusiasmo *m* エントゥシアスモ	enthusiasm インスユーズィアズム
～する	entusiasmarse エントゥシアスマるセ	get excited ゲト イクサイテド
～的な	entusiasta エントゥシアスタ	enthusiastic インスユーズィアスティク
根付く（ねづく）	arraigar アらイガる	take root テイク ルート
ネックレス	collar *m* コジャる	necklace ネクリス
熱心な（ねっしんな）	fervoroso(a) フェるボロソ(サ)	eager, ardent イーガ, アーデント
熱する（ねっする）	calentar カレンタる	heat ヒート
熱帯（ねったい）	zona tropical *f* ソナ トろピカル	Torrid Zone トリド ゾウン
～の	tropical トろピカル	tropical トラピカル
熱中する（ねっちゅうする）	estar absorbido(a) en エスタる アブソるビド(ダ) エン	be absorbed *in* ビ アブソーブド
ネット	red *f* れド	net ネト
～サーフィン	navegación por la red *f* ナベガしオン ポる ラ れド	net-surfing ネトサーフィング
～ワーク	red *f* れド	network ネトワーク

日	西	英
熱湯（ねっとう）	agua hirviendo *f*	boiling water
熱病（ねつびょう）	fiebre *f*	fever
根強い（ねづよい）	profundamente arraigado(*a*)	deep-rooted
熱烈な（ねつれつな）	ardiente	passionate, ardent
ネパール	Nepal	Nepal
ねばねばの	pegajoso(*a*)	sticky
粘り（ねばり）	pegajosidad *f*	stickiness
粘り強い（ねばづよい）	perseverante	tenacious, persistent
粘る（ねばる）	pegarse	be sticky
（根気よく）	persistir	persevere
値引き（ねびき）	descuento *m*	discount
～する	descontar	discount
寝袋（ねぶくろ）	saco de dormir *m*	sleeping-bag
寝不足（ねぶそく）	falta de sueño *f*	want of sleep
値札（ねふだ）	etiqueta (del precio) *f*	price tag
寝坊（ねぼう）	dormilón(*ona*) *m,f*	late riser
～する	levantarse tarde	get up late
寝惚ける（ねぼける）	estar medio dormido(*a*)	be half asleep
寝巻（ねまき）	pijama *m*	pajamas

日	西	英
ねまわ 根回しする	preparar el terreno プレパらる エル テれノ	lay the groundwork レイ ザ グラウンドワーク
ねむ 眠い	tener sueño テネる スエニョ	be sleepy ビ スリーピ
ねむけ 眠気	sueño *m* スエニョ	drowsiness ドラウズィネス
ねむ 眠り	sueño *m* スエニョ	sleep スリープ
ねむ 眠る	dormir ドるミる	sleep スリープ
ねら 狙い	puntería *f* プンテリア	aim エイム
ねら 狙う	apuntar *a* アプンタる ア	aim *at* エイム
ね はみが 練り歯磨き	pasta dentífrica *f* パスタ デンティフりカ	toothpaste トゥースペイスト
ね 寝る	dormir ドるミる	sleep スリープ
(寝床に入る)	irse a la cama イるセ ア ラ カマ	go to bed ゴウ トゥベド
(横になる)	acostarse アコスタるセ	lie down ライ ダウン
ね 練る	amasar アマサる	knead ニード
(文章などを)	elaborar エラボらる	polish パリシュ
ねん 年	año *m* アニョ	year イア
ねんい 念入りな	cuidadoso(a) クイダドソ(サ)	careful, deliberate ケアフル, ディリバレイト
ねんがじょう 年賀状	tarjeta de Año Nuevo *f* タるヘタ デ アニョ ヌエボ	New Year's card ニュー イアズ カード
ねんがっぴ 年月日	fecha *f* フェチャ	date デイト
ねんかん 年鑑	anuario *m* アヌアりオ	almanac オールマナク
ねんかん 年間の	anual アヌアル	annual, yearly アニュアル, イアリ

日	西	英
ねんきん 年金	pensión *f* ペンシオン	pension, annuity パーンスィアン, アニュイティ
ねんげつ 年月	tiempo *m*, años *mpl* ティエンポ, アニョス	time, years タイム, イアズ
ねんこうじょれつ 年功序列	orden de antigüedad *m* オルデン デ アンティグエダド	seniority スィニオリティ
ねんざ 捻挫する	torcerse トるせるセ	sprain スプレイン
ねんしゅう 年収	ingresos anuales *mpl* イングれソス アヌアレス	annual income アニュアル インカム
ねんじゅう 年中	todo el año *m* トド エル アニョ	all the year オール ザ イア
ねんしゅつ 捻出する	arreglárselas ア れグラるセラス	manage to rise マニヂ トゥ ライズ
ねんしょう 燃焼	combustión *f* コンブスティオン	combustion カンバスチョン
～する	quemarse ケマるセ	burn バーン
ねんすう 年数	años *mpl* アニョス	years イアズ
ねんだい 年代	generación *f* ヘネらしオン	age, era エイヂ, イアラ
ねんちゃく 粘着	adherencia *f* アデれンレア	adhesion アドヒージョン
ねんちゅうぎょうじ 年中行事	evento anual *m* エベント アヌアル	annual event アニュアル イヴェント
ねんちょう 年長の	mayor, más viej*o(a)* マジョル, マス ビエホ(ハ)	senior スィーニア
ねんど 粘土	arcilla *f* アるシジャ	clay クレイ
ねんぱい 年配の	de mediana edad デ メディアナ エダド	elderly, middle-aged エルダリ, ミドルエイヂド
ねんぴょう 年表	tabla cronológica *f* タブラ クろノロヒカ	chronological table クラノラヂカル テイブル
ねんぽう 年俸	salario anual *m* サラりオ アヌアル	annual salary アニュアル サラリ
ねんまつ 年末	fin de año *m* フィン デ アニョ	end of the year エンド オヴ ザ イア

日	西	英
ねんりき 念力	poder mental *m* ポデる メンタル	willpower ウィルパウア
ねんりょう 燃料	combustible *m* コンブスティブレ	fuel フュエル
ねんりん 年輪	anillos *mpl* アニジョス	annual ring アニュアル リング
ねんれい 年齢	edad *f* エダド	age エイヂ

の, ノ

ノイローゼ	neurosis *f* ネウロシス	neurosis ニュアロウスィス
のう 脳	cerebro *m* せれブろ	brain ブレイン
～溢血	hemorragia cerebral *f* エモらヒア せれブらル	cerebral hemorrhage セリーブラル ヘモリヂ
のうえん 農園	granja *f* グらンハ	farm, plantation ファーム, プランテイション
のうか 農家	casa de granjero *f* カサ デ グらンへロ	farmhouse ファームハウス
のうがく 農学	agricultura *f* アグリクルトゥら	agriculture アグリカルチャ
のうき 納期	fecha de entrega *f* フェチャ デ エントれガ	delivery date ディリヴァリ デイト
（金の）	fecha de pago *f* フェチャ デ パゴ	date of payment デイト オヴ ペイメント
のうぎょう 農業	agricultura *f* アグリクルトゥら	agriculture アグリカルチャ
のうぐ 農具	aperos de labranza *mpl* アペロス デ ラブらンさ	farming tool ファーミング トゥール
のうげいかがく 農芸化学	agroquímica *f* アグロキミカ	agricultural chemistry アグリカルチュラル ケミストリ
のうこう 農耕	agricultura *f* アグリクルトゥら	farming ファーミング
のうさんぶつ 農産物	productos agrícolas *mpl* プロドゥクトス アグリコラス	farm produce ファーム プロデュース
のうしゅくする 濃縮する	concentrar コンセントらる	concentrate カンセントレイト

560

日	西	英
のうじょう 農場	granja *f* グらンハ	farm ファーム
のうしんとう 脳震盪	conmoción cerebral *f* コンモしオン せれブルル	concussion of the brain カンカション オヴ ザ ブレイン
のうぜい 納税	pago de impuestos *m* パゴ デ インプエストス	payment of taxes ペイメント オヴ タクスィズ
のうそっちゅう 脳卒中	apoplejía *f* アポプレヒア	apoplexy アポプレクスィ
のうそん 農村	poblado agrícola *m* ポブラド アグリコラ	farm village ファーム ヴィリヂ
のうたん 濃淡	claro y oscuro *m* クラロ イ オスクロ	light and shade ライト アンド シェイド
のうち 農地	tierras de labranza *fpl* ティエらス デ ラブらンさ	agricultural land アグリカルチュラル ランド
のうど 濃度	densidad *f* デンシダド	density デンスィティ
のうどう 能動		
～態	voz activa *f* ボす アクティバ	active voice アクティヴ ヴォイス
～的な	activo(*a*) アクティボ(バ)	active アクティヴ
のうにゅう 納入する	abastecer アバステせる	deliver ディリヴァ
ノウハウ	habilidad técnica *f* アビリダド テクニカ	know-how ノウハウ
のうひん 納品する	entregar エントれガる	deliver ディリヴァ
のうみん 農民	agricultor(*a*) *m,f* アグリクルトる(ら)	peasant, farmer ペザント, ファーマ
のうむ 濃霧	niebla densa *f* ニエブラ デンサ	dense fog デンス フォグ
のうやく 農薬	agroquímicos *mpl* アグろキミコス	agricultural chemicals アグリカルチュラル ケミカルズ
のうりつ 能率	eficacia *f* エフィカレア	efficiency イフィシェンスィ
～的な	eficiente エフィしエンテ	efficient イフィシェント

日	西	英
のうりょく 能力	capacidad *f* カパシダド	ability, capacity アビリティ, カパスィティ
ノーコメント	Sin comentarios. シン コメンタりオス	No comment. ノウ カメント
ノート	cuaderno *m* クアデるノ	notebook ノウトブク
のが 逃す	dejar escapar デハる エスカパる	let go, set free レト ゴウ, セト フリー
(取り損なう)	fallar ファジャる	fail to catch フェイル トゥ キャチ
のが 逃れる	huir ウイる	escape, get off イスケイプ, ゲト オフ
(避ける)	evitar エビタる	avoid アヴォイド
のき 軒	alero *m* アレろ	eaves イーヴズ
のこぎり 鋸	sierra *f* シエら	saw ソー
のこ 遺す	legar レガる	bequeath ビクウィーズ
のこ 残す	dejar デハる	leave behind, save リーヴ ビハインド, セイヴ
のこ 残り	resto *m* れスト	rest レスト
のこ 残る	quedarse ケダるセ	stay, remain ステイ, リメイン
ノズル	tobera *f* トベら	nozzle ナズル
の 載せる	colocar コロカる	put, set プト, セト
(積む)	cargar *en* カるガる エン	load *on* ロウド
(記載)	apuntar アプンタる	record, publish リコード, パブリシュ
の 乗せる	cargar, recoger カるガる, れコヘる	give a lift, pick up ギヴ ア リフト, ピク アプ
のぞ 除く	quitar キタる	remove リムーヴ

日	西	英
(除外)	excluir エクスクルイる	exclude, omit イクスクルード, オウミット
のぞ 覗く	mirar, asomar ミらる, アソマる	peep ピープ
のぞ 望み	deseo *m* デセオ	wish, desire ウィシュ, ディザイア
(期待)	expectativa *f* エクスペクタティバ	hope, expectation ホウプ, エクスペクテイション
(見込み)	esperanza *f* エスペらんさ	prospect, chance プラスペクト, チャンス
のぞ 望む	querer, desear ケれる, デセアる	want, wish ワント, ウィシュ
(期待)	esperar エスペらる	hope, expect ホウプ, イクスペクト
のち 後		
〜に	después デスプエス	afterward, later アフタワド, レイタ
〜ほど	más tarde マス タるデ	later レイタ
ノック	llamada a la puerta *f* ジャマダ ア ラ プエるタ	knock ナク
〜する	llamar a la puerta ジャマる ア ラ プエるタ	knock ナク
ノックアウト	"knock out" *m* ノカウト	knockout ナカウト
の と 乗っ取る	apoderarse *de* アポデらるセ デ	take over テイク オウヴァ
(飛行機を)	secuestrar セクエストらる	hijack ハイヂャク
のっぽ	persona muy alta *f* ペるソナ ムイ アルタ	tall person トール パースン
のど 喉	garganta *f* ガるガンタ	throat スロウト
のどか 長閑な	sereno(*a*) セれノ(ナ)	peaceful, quiet ピースフル, クワイエト
ののし 罵る	insultar インスルタる	insult インサルト
の 延ばす	alargar アラるガる	lengthen, extend レンクスン, イクステンド

日	西	英
(延期)	prorrogar プろろガる	put off, delay プト オフ, ディレイ
の伸ばす	prolongar プろロンガる	lengthen, stretch レンクスン, ストレチ
(まっすぐにする)	enderezar エンデれさる	straighten ストレイトン
(才能を)	desarrollar デサろジャる	develop ディヴェロプ
のはら野原	campo *m* カンポ	fields フィールヅ
の伸び伸びと	a su aire ア ス アイれ	free and easy フリー アンド イーズィ
の延びる	aplazarse アプラさるセ	be put off ビ プト オフ
(距離が)	prolongarse プろロンガるセ	be prolonged ビ プろロングド
の伸びる	alargarse アラるガるセ	extend, stretch イクステンド, ストレチ
(発展・成長)	desarrollarse デサろジャるセ	develop, grow ディヴェロプ, グロウ
ノブ	pomo (de una puerta) *m* ポモ (デ ウナ プエるタ)	knob ナブ
の延べ	número total *m* ヌメろ トタル	total トウタル
の述べる	expresar エクスプれサる	tell, state テル, ステイト
のぼせる	marearse マれアるセ	be flushed ビ フラシュド
(夢中)	estar ensimismado(a) en エスタる エンシミスマド(ダ) エン	be crazy *about* ビ クレイズィ
のぼ上[昇]り	subida *f* スビダ	rise, ascent ライズ, アセント
のぼ昇る	subir スビる	rise ライズ
(昇進)	ascender アスセンデる	be promoted ビ プろモウテド
のぼ上る	ascender アスセンデる	go up ゴウ アプ

日	西	英
(ある数量に)	alcanzar *a* アルカンさる ア	amount *to*, reach アマウント, リーチ
登(のぼ)る	subir, escalar スビる, エスカらる	climb クライム
蚤(のみ)	pulga *f* プルガ	flea フリー
飲(の)み薬(ぐすり)	medicina de vía oral *f* メディしナ デ ビア オらル	internal medicine インターナル メディスィン
飲(の)み込(こ)む	tragar トらガる	swallow スワロウ
(理解)	entender エンテンデる	understand アンダスタンド
ノミネートする	nombrar ノンブらる	nominate ナミネイト
飲(の)み干(ほ)す	beberse ベベるセ	gulp down ガルプ ダウン
飲(の)み水(みず)	agua potable *f* アグア ポタブレ	drinking water ドリンキング ウォタ
飲(の)み物(もの)	bebida *f* ベビダ	drink, beverage ドリンク, ベヴァリヂ
飲(の)み屋(や)	bar *m*, taberna *f* バる, タベるナ	tavern, bar タヴァン, バー
飲(の)む	beber ベベる	drink, take ドリンク, テイク
糊(のり)	pegamento *m* ペガメント	paste, starch ペイスト, スターチ
乗(の)り遅(おく)れる	perder ペるデる	miss ミス
(時代に)	quedarse desfasado(*a*) ケダるセ デスファサド(ダ)	be left behind ビ レフト ビハインド
乗(の)り換(か)え	transbordo *m* トランスボるド	change チェインヂ
乗(の)り換(か)える	cambiar カンビアる	change チェインヂ
乗組員(のりくみいん)	tripulante *m,f* トリプランテ	crew クルー
乗(の)り越(こ)す	pasarse パサるセ	pass パス

■飲み物■ bebida /ベビダ/ f

水　　agua /アグア/ f (🇺🇸 water)
ミネラルウォーター　agua mineral /アグア ミネラル/ f (🇺🇸 mineral water)
炭酸水（たんさんすい）　agua gaseosa /アグア ガセオサ/ f (🇺🇸 soda water)
コーラ　cola /コラ/ f (🇺🇸 coke)
ジュース　zumo m, jugo /スモ, フゴ/ m (🇺🇸 juice)
レモネード　limonada /リモナダ/ f (🇺🇸 lemonade)
ミルク　leche /レチェ/ f (🇺🇸 milk)
コーヒー　café /カフェ/ m (🇺🇸 coffee)
エスプレッソコーヒー　espreso /エスプれソ/ m (🇺🇸 espresso)
カフェオレ　café con leche /カフェ コン レチェ/ m (🇺🇸 café au lait)
カプチーノ　capuchino /カプチノ/ m (🇺🇸 cappuccino)
アイスコーヒー　café helado /カフェ エラド/ (🇺🇸 iced coffee)
紅茶（こうちゃ）　té (inglés) /テ (イングレス)/ m (🇺🇸 tea)
ミルクティー　té con leche /テ コン レチェ/ (🇺🇸 tea with milk)
レモンティー　té con limón /テ コン リモン/ (🇺🇸 tea with lemon)
アイスティー　té helado /テ エラド/ (🇺🇸 iced tea)
ココア　cacao m, chocolate /カカオ, チョコラテ/ m (🇺🇸 cocoa)
シードル　sidra /シドら/ f (🇺🇸 cider)
ハーブティー　infusión /インフシオン/ f (🇺🇸 herb tea)
アルコール　alcohol /アルコル/ m (🇺🇸 alcohol)
赤（あか）ワイン　vino tinto /ビノ ティント/ m (🇺🇸 red wine)
白（しろ）ワイン　vino blanco /ビノ ブランコ/ m (🇺🇸 white wine)
ロゼワイン　vino rosado /ビノ ろサド/ m (🇺🇸 rosé)
ビール　cerveza /せるべさ/ f (🇺🇸 beer)
生（なま）ビール　cerveza de barril /せるべさ デ バリル/ f (🇺🇸 draft beer)
ウイスキー　"whisky" /ウィスキ/ m (🇺🇸 whiskey)
シャンパン　champán /チャンパン/ m (🇺🇸 champagne)
カクテル　cóctel /コクテル/ m (🇺🇸 cocktail)
食前酒（しょくぜんしゅ）　aperitivo /アペリティボ/ m (🇺🇸 apéritif)
食後酒（しょくごしゅ）　digestivo /ディヘスティボ/ m (🇺🇸 digestif)
コニャック　coñac /コニャク/ m (🇺🇸 cognac)

日	西	英
乗り場	parada *f*, andén *m* パラダ, アンデン	stop, platform スタプ, プラトフォーム
乗り物	vehículo *m* ベイクロ	vehicle ヴィーイクル
載る	salir サリる	be mentioned ビ メンションド
乗る	tomar トマる	get on ゲト オン
(乗り物に)	subir a スビる ア	ride, take ライド, テイク
ノルマ	cantidad asignada de trabajo *f* カンティダド アシグナダ デ トらバホ	assignment アサインメント
呪い	maldición *f* マルディしオン	curse カース
呪う	maldecir マルデしる	curse カース
鈍間な	lerdo(a) れルド(ダ)	stupid, dull ステューピド, ダル
暢気な	tranquilo(a) トらンキロ(ラ)	easy, carefree イーズィ, ケアフリー
のんびり		
～する	estar tranquilo(a) エスタる トらンキロ(ラ)	feel at ease フィール アト イーズ
～と	tranquilamente トらンキラメンテ	free from care フリー フラム ケア
ノンフィクション	no ficción *f* ノ フィクしオン	nonfiction ナンフィクション

日	西	英

は, ハ

歯 (は)	diente *m* — ディエンテ	tooth — トゥース
刃 (は)	filo *m*, hoja *f* — フィロ, オハ	edge, blade — エヂ, ブレイド
葉 (は)	hoja *f* — オハ	leaf — リーフ
場 (ば)	lugar *m* — ルガる	place, field — プレイス, フィールド
バー	bar *m* — バる	bar — バー
(高跳びなどの)	listón *m* — リストン	bar — バー
場合 (ばあい)	caso *m* — カソ	case, occasion — ケイス, オケイジョン
パーキング	aparcamiento *m* — アパるカミエント	parking — パーキング
把握する (はあくする)	comprender — コンプれンデる	grasp — グラスプ
バーゲン	saldos *mpl* — サルドス	bargain sale — バーギン セイル
バーコード	código de barras *m* — コディゴ デ バらス	bar code — バー コウド
パーサー	sobrecargo *m,f* — ソブれカるゴ	purser — パーサ
バージョン	versión *f* — ベるシオン	version — ヴァージョン
パーセント	por ciento *m* — ポる シエント	percent — パセント
パーソナリティー	personalidad *f* — ペるソナリダド	personality — パーソナリティ
バーター取引 (とりひき)	comercio de trueque *m* — コメるシオ デ トるエケ	barter — バータ
バーチャルな	virtual — ビるトゥアル	virtual — ヴァーチュアル
パーティー	fiesta *f* — フィエスタ	party — パーティ

568

は

日	西	英
バーテン	barman *m* バるマン	bartender, barman バーテンダ, バーマン
ハート	corazón *m* コらソン	heart ハート
ハード		
〜ウェア	"hardware" *m* ハるウェる	hardware ハードウェア
〜な	duro(*a*) ドゥロ(ら)	hard ハード
パート	trabajo por horas *m* トらバホ ポる オらス	part-time パートタイム
〜タイマー	empleado(*a*) por horas *m,f* エンプレアド(ダ) ポる オらス	part-timer パートタイマ
バードウォッチング	observación de aves *f* オブセるバシオン デ アベス	bird watching バード ワチング
パートナー	compañero(*a*) *m,f* コンパニェろ(ら)	partner パートナ
ハードル	valla *f* バジャ	hurdle ハードル
〜競走	carrera de vallas *f* カれら デ バジャス	hurdle race ハードル レイス
バーナー	mechero *m* メチェろ	burner バーナ
ハーフ	medio *m* メディオ	half ハフ
ハーブ	hierba medicinal *f* イエるバ メディシナル	herb ハーブ
ハープ	arpa *f* アるパ	harp ハープ
バーベキュー	barbacoa *f* バるバコア	barbecue バービキュー
バーボン	"bourbon" *m* ブるボン	bourbon ブアボン
パーマ	permanente *f* ぺるマネンテ	permanent パーマネント
ハーモニー	armonía *f* アるモニア	harmony ハーモニ
ハーモニカ	armónica *f* アるモニカ	harmonica ハーマニカ

は

日	西	英
灰(はい)	ceniza f セニサ	ash アシュ
肺(はい)	pulmón m プルモン	lung ラング
胚(はい)	embrión m エンブリオン	embryo エンブリオウ
倍(ばい)	doble m ドブレ	twice, double トワイス, ダブル
パイ	tarta f タるタ	pie, tart パイ, タート
バイアスロン	biatlón m ビアトロン	biathlon バイアスロン
灰色(はいいろ)	gris m グリス	gray グレイ
～の	gris グリス	gray グレイ
ハイウェイ	autovía f, autopista f アウトビア, アウトピスタ	expressway イクスプレスウェイ
背泳(はいえい)	natación de espalda f ナタしオン デ エスパルダ	backstroke バクストロウク
ハイエナ	hiena f イエナ	hyena ハイイーナ
肺炎(はいえん)	pulmonía f プルモニア	pneumonia ニュモウニア
煤煙(ばいえん)	humo m ウモ	smoke, soot スモウク, スト
バイオ	bio- ビオ-	bio- バイオウ
～テクノロジー	biotecnología f ビオテクノロヒア	biotechnology バイオウテクナロヂィ
パイオニア	pionero(a) m,f ピオネろ(ら)	pioneer パイオニア
バイオリン	violín m ビオリン	violin ヴァイオリン
ハイカー	excursionista m,f エクスクるシオニスタ	hiker ハイカ
媒介(ばいかい)	mediación f メディアしオン	mediation ミーディエイション

日	西	英
～する	mediar メディアる	mediate ミーディエイト
肺活量（はいかつりょう）	capacidad pulmonar *f* カパしダド プルモナる	breathing capacity ブリーズィング カパスィティ
肺癌（はいがん）	cáncer de pulmón *m* カンせる デ プルモン	lung cancer ラング キャンサ
排気ガス（はいき）	gas de escape *m* ガス デ エスカペ	exhaust gas イグゾースト ギャス
廃棄物（はいきぶつ）	desecho *m* デセチョ	waste ウェイスト
廃墟（はいきょ）	ruinas *fpl* るイナス	ruins ルーインズ
黴菌（ばいきん）	microbio *m* ミクろビオ	bacteria, germ バクティアリア, ヂャーム
ハイキング	excursión (a pie) *f* エクスクるシオン (ア ピエ)	hiking ハイキング
バイキング	vikingo(a) *m,f* ビキンゴ(ガ)	Viking ヴァイキング
～料理	bufé libre *m* ブフェ リブれ	smorgasbord, buffet スモーガスボード, ブァフェイ
バイク	moto *f* モト	motorbike モウタバイク
配偶者（はいぐうしゃ）	cónyuge *m,f* コンジュヘ	spouse スパウズ
背景（はいけい）	fondo *m* フォンド	background バクグラウンド
（舞台の）	telón de foro *m* テロン デ フォろ	setting セティング
肺結核（はいけっかく）	tuberculosis *f* トゥべルクロシス	tuberculosis テュバーキュロウスィス
敗血症（はいけつしょう）	septicemia *f* セプティセミア	septicemia セプティスィーミア
背後（はいご）	espalda *f* エスパルダ	back, rear バク, リア
灰皿（はいざら）	cenicero *m* せニせろ	ashtray アシュトレイ
廃止（はいし）	abolición *f* アボリしオン	abolition アボリション

日	西	英
～する	abolir アボリる	abolish, repeal アバリシュ, リピール
歯医者（はいしゃ）	dentista *m,f* デンティスタ	dentist デンティスト
媒酌（ばいしゃく）		
～する	arreglar un casamiento アれグラる ウン カサミエント	arrange a marriage アレインヂ ア マリヂ
～人	mediador(a) *m,f* メディアドる(ら)	go-between ゴウビトウィーン
ハイジャック	secuestro (de avión) *m* セクエストロ (デ アビオン)	hijack ハイヂャク
～する	secuestrar セクエストらる	hijack ハイヂャク
買収（ばいしゅう）	adquisición *f* アドキシしオン	purchase パーチェス
～する	comprar コンプらる	purchase パーチェス
（買収）	sobornar ソボるナる	bribe ブライブ
売春（ばいしゅん）	prostitución *f* プろスティトゥしオン	prostitution プラスティテューション
～する	prostituirse プろスティトゥイるセ	prostitute *oneself* プラスティテュート
～婦	prostituta *f* プろスティトゥタ	prostitute プラスティテュート
賠償（ばいしょう）	compensación *f* コンペンサしオン	reparation, compensation レパレイション, カンペンセイション
～する	compensar コンペンサる	compensate カンペンセイト
配色（はいしょく）	combinación de colores *f* コンビナしオン デ コロれス	color scheme カラ スキーム
排水（はいすい）	drenaje *m* ドれナヘ	drainage ドレイニヂ
排斥（はいせき）	expulsión *f* エクスプルシオン	exclusion イクスクルージョン
～する	expulsar エクスプルサる	exclude イクスクルード
排泄（はいせつ）	excreción *f* エクスクれしオン	excretion イクスクリーション
～する	evacuar エバクアる	excrete イクスクリート

日	西	英
～物	excrementos *mpl* エクスクれメントス	excrement エクスクレメント
はいせん 敗戦	derrota *f* デろタ	defeat ディフィート
ハイソックス	calcetines largos *mpl* カルせティネス らるゴス	knee socks ニー サクス
はいた 歯痛	dolor de muelas *m* ドロる デ ムエラス	toothache トゥーセイク
ばいたい 媒体	medio *m* メディオ	medium ミーディアム
はいたつ 配達	reparto *m*, distribución *f* れパルト, ディストリブしオン	delivery ディリヴァリ
～する	repartir, distribuir れパルティる, ディストリブイる	deliver ディリヴァ
はいたてき 排他的な	exclusivo(a) エクスクルシボ(バ)	exclusive イクスクルースィヴ
バイタリティー	vitalidad *f* ビタリダド	vitality ヴァイタリティ
はいち 配置	disposición *f* ディスポシしオン	arrangement アレインジメント
～する	disponer ディスポネる	arrange, dispose アレインジ, ディスポウズ
ハイテク	alta tecnología *f* アルタ テクノロヒア	high tech ハイ テク
ばいてん 売店	puesto *m* プエスト	stall, stand ストール, スタンド
バイト	trabajo por horas *m* トらバホ ポる オらス	part-time job パートタイム ヂャブ
はいとう 配当	dividendo *m* ディビデンド	dividend ディヴィデンド
ばいどく 梅毒	sífilis *f* シフィリス	syphilis スィフィリス
パイナップル	piña *f* ピニャ	pineapple パイナプル
ばいばい 売買	compraventa *f* コンプらベンタ	dealing ディーリング
～する	comprar y vender コンプらる イ ベンデる	deal *in* ディール

は

日	西	英
バイパス	desvío *m* デスビオ	bypass バイパス
ハイヒール	zapatos de tacón alto *mpl* サパトス デ タコン アルト	high-heeled shoes ハイヒールド シューズ
肺病(はいびょう)	tuberculosis *f* トゥベるクロシス	tuberculosis テュバーキュロウスィス
配布(はいふ)	reparto *m* れパルト	distribution ディストリビューション
～する	repartir れパルティる	distribute ディストリビュート
パイプ	tubo *m* トゥボ	pipe パイプ
パイプオルガン	órgano de tubos *m* オるガノ デ トゥボス	pipe organ パイプ オーガン
廃物(はいぶつ)	material de desecho *m* マテリアル デ デセチョ	waste materials ウェイスト マティアリアルズ
パイプライン	oleoducto *m* オレオドゥクト	pipeline パイプライン
ハイフン	guión *m* ギオン	hyphen ハイフン
敗北(はいぼく)	derrota *f* デろタ	defeat ディフィート
～する	ser vencido(a) セる ベンシド(ダ)	be defeated ビ ディフィーテド
ハイヤー	coche de alquiler *m* コチェ デ アルキレる	hired car ハイアド カー
バイヤー	comprador(a) *m,f* コンプらドる(ら)	buyer バイア
配役(はいやく)	reparto (de papeles) *m* れパルト (デ パペレス)	cast キャスト
俳優(はいゆう)	actor *m*, actriz *f* アクトる, アクトりス	actor, actress アクタ, アクトレス
配慮(はいりょ)	atenciones *fpl* アテンシオネス	consideration カンスィダレイション
～する	tener en cuenta テネる エン クエンタ	take into consideration テイク イントゥ カンスィダレイション
入る(はい)	entrar *en* エントらる エン	enter, go in エンタ, ゴウ イン
（加入）	abonarse アボナるセ	join ヂョイン

日	西	英
(収容できる)	tener cabida para テネる カビダ ぱら	accommodate アカモデイト
配列(はいれつ)	colocación f コロカしオン	arrangement アレインジメント
パイロット	piloto m,f ピロト	pilot パイロト
～ランプ	piloto m ピロト	pilot lamp パイロト ランプ
バインダー	carpeta f カるペタ	binder バインダ
這う(は)	arrastrarse アらストらるセ	crawl, creep クロール, クリープ
パウダー	polvo m ポルボ	powder パウダ
バウンド	rebote m れボテ	bound バウンド
～する	dar botes ダる ボテス	bound バウンド
蠅(はえ)	mosca f モスカ	fly フライ
生える(は)	crecer クれセる	grow, come out グロウ, カム アウト
墓(はか)	tumba f トゥンバ	grave, tomb グレイヴ, トゥーム
馬鹿(ばか)	tonto(a) m,f トント (タ)	fool フール
～な	tonto(a), estúpido(a) トント (タ), エストゥピド (ダ)	foolish フーリシュ
破壊(はかい)	destrucción f デストるクしオン	destruction ディストラクション
～する	destruir デストるイる	destroy ディストロイ
葉書(はがき)	postal f ポスタル	postal card ポウスタル カード
剥がす(は)	desprender デスプれンデる	tear, peel テア, ピール
博士(はかせ)	doctorado m ドクトらド	doctorate ダクタレト
(人)	doctor(a) m,f ドクタる(ら)	doctor ダクタ

日	西	英
はかど 捗る	progresar, avanzar プログレさる, アバンさる	make progress メイク プラグレス
はかな 儚い	efímero(a), vano(a) エフィメロ(ら), バノ(ナ)	transient, vain トランシェント, ヴェイン
はかば 墓場	cementerio *m* セメンテリオ	graveyard グレイヴヤード
ばかばか 馬鹿馬鹿しい	ridículo(a) absurdo(a) リディクロ(ラ), アブスるド(ダ)	ridiculous, absurd リディキュラス, アブサード
はがゆ 歯痒い	estar impaciente エスタる インパしエンテ	be impatient ビ インペイシェント
はか 計らう	procurar プロクらる	manage, arrange マニヂ, アレインヂ
はかり 秤	balanza *f* バランさ	balance, scales バランス, スケイルズ
はか う 量り売り	venta al peso *f* ベンタ アル ペソ	sale by measure セイル バイ メジャ
はか 計る	medir メディる	measure, weigh メジャ, ウェイ
はか 図る	planear プラネアる	plan, attempt プラン, アテンプト
バカンス	vacaciones *fpl* バカしオネス	vacation ヴェイケイション
はき 破棄	cancelación *f* カンせらしオン	cancellation キャンセレイション
（判決の）	casación *f* カサしオン	reversal リヴァーサル
～する	cancelar カンせラる	cancel キャンセル
（判決を）	revocar れボカる	reverse リヴァース
は け 吐き気	náuseas *fpl* ナウセアス	nausea ノーズィア
はきもの 履物	calzado *m* カルさド	footwear フトウェア
はきゅう 波及する	extenderse エクステンデるセ	spread, influence スプレド, インフルエンス
はきょく 破局	catástrofe *f* カタストろフェ	catastrophe カタストロフィ

日	西	英
掃く	barrer バれる	sweep, clean スウィープ, クリーン
吐く	escupir エスクピる	spit スピト
（へどを）	vomitar ボミタる	vomit ヴァミト
履く	ponerse, calzar ポネるセ, カルさる	put on, wear プト オン, ウェア
剝ぐ	arrancar アらンカる	bark, skin バーク, スキン
麦芽	malta f マルタ	malt モルト
迫害	persecución f ぺるセクシオン	persecution パーセキューション
～する	perseguir ぺるセギる	persecute パースィキュート
歯茎	encía f エンシア	gums ガムズ
爆撃	bombardeo m ボンバるデオ	bombing バミング
～機	bombardero m ボンバるデろ	bomber バマ
～する	bombardear ボンバるデアる	bomb バム
白菜	col china f コル チナ	Chinese cabbage チャイニーズ キャビヂ
白紙	papel en blanco m パペル エン ブランコ	blank paper ブランク ペイパ
博士課程	curso de doctorado m クるソ デ ドクトらド	doctor's course ダクタズ コース
博士号	título de doctor(a) m ティトゥロ デ ドクトる(ら)	doctorate ダクタレト
伯爵	conde m コンデ	count カウント
拍手する	aplaudir アプラウディる	clap *one's* hands クラプ ハンヅ
白書	libro blanco m リブろ ブランコ	white book ホワイト ブク

日	西	英
<ruby>白状<rt>はくじょう</rt></ruby>	confesión *f* コンフェシオン	confession カンフェション
〜する	confesar コンフェサる	confess カンフェス
<ruby>薄情<rt>はくじょう</rt></ruby>な	frío(*a*) フリオ(ア)	coldhearted コウルドハーテド
<ruby>白人<rt>はくじん</rt></ruby>	blanco(*a*) *m,f* ブランコ(カ)	white ホワイト
<ruby>漠然<rt>ばくぜん</rt></ruby>		
〜と	vagamente バガメンテ	vaguely ヴェイグリ
〜とした	vago(*a*), impreciso(*a*) バゴ(ガ), インプれしソ(サ)	vague, obscure ヴァーグ, オブスキュア
<ruby>莫大<rt>ばくだい</rt></ruby>な	enorme, inmenso(*a*) エノるメ, インメンソ(サ)	vast, immense ヴァスト, イメンス
<ruby>爆弾<rt>ばくだん</rt></ruby>	bomba *f* ボンバ	bomb バム
<ruby>白鳥<rt>はくちょう</rt></ruby>	cisne *m* しスネ	swan スワン
バクテリア	bacteria *f* バクテリア	bacterium バクティアリアム
<ruby>爆破<rt>ばくは</rt></ruby>する	volar ボラる	blast ブラスト
<ruby>白髪<rt>はくはつ</rt></ruby>	canas *fpl* カナス	white hair ホワイト ヘア
<ruby>爆発<rt>ばくはつ</rt></ruby>	explosión *f* エクスプロシオン	explosion イクスプろウジョン
(火山の)	erupción *f* エるプシオン	eruption イラプション
〜する	explotar エクスプロタる	explode イクスプろウド
(火山が)	entrar en erupción エントらる エン エるプシオン	erupt イラプト
<ruby>博物学<rt>はくぶつがく</rt></ruby>	historia natural *f* イストリア ナトゥらル	natural history ナチュラル ヒストリ
<ruby>博物館<rt>はくぶつかん</rt></ruby>	museo *m* ムセオ	museum ミューズィアム
<ruby>白墨<rt>はくぼく</rt></ruby>	tiza *f* ティさ	chalk チョーク

日	西	英
はくらんかい 博覧会	exposición *f* エクスポシしオン	exposition エクスポズィション
はぐるま 歯車	rueda dentada *f* るエダ デンタダ	cogwheel, gear カグ(ホ)ウィール, ギア
はけ 刷毛	brocha *f* ブロチャ	brush ブラシュ
は 禿げ	calvicie *f* カルビしエ	baldness ボールドネス
はげ 激しい	violento(*a*), intenso(*a*) ビオレント(タ), インテンソ(サ)	violent, intense ヴァイオレント, インテンス
はげたか 禿鷹	buitre *m* ブイトれ	vulture ヴァルチャ
バケツ	cubo *m* クボ	pail, bucket ペイル, バケト
はげ 励ます	animar アニマる	encourage インカーリヂ
はげ 励む	trabajar mucho トらバハる ムチョ	work hard ワーク ハード
ば もの 化け物	monstruo *m* モンストるオ	bogy, monster ボウギ, マンスタ
は 禿げる	quedarse calvo(*a*) ケダるセ カルボ(バ)	become bald ビカム ボールド
は 剥げる	desconcharse デスコンチャるセ	come off カム オフ
はけん 派遣	envío *m* エンビオ	dispatch ディスパチ
～する	enviar エンビアる	send, dispatch センド, ディスパチ
はこ 箱	caja *f* カハ	box, case バクス, ケイス
はこ 運ぶ	transportar トらンスポるタる	carry キャリ
バザー	venta benéfica *m* ベンタ ベネフィカ	charity bazaar チャリティ バザー
バザール	bazar *m* バさる	bazaar バザー
はさ 挟まる	estar atrapado(*a*) *en* エスタる アトらパド(ダ) エン	get caught *in* ゲト カート

日	西	英
<ruby>鋏<rt>はさみ</rt></ruby>	tijeras *fpl* ティヘらス	scissors スィザズ
<ruby>挟む<rt>はさむ</rt></ruby>	meter, insertar メテる, インセるタる	put, hold プト, ホウルド
<ruby>破産<rt>はさん</rt></ruby>	quiebra (financiera) *f* キエブら (フィナンしエら)	bankruptcy バンクラプトスィ
〜する	quebrar ケブらる	go bankrupt ゴウ バンクラプト
<ruby>橋<rt>はし</rt></ruby>	puente *m* プエンテ	bridge ブリヂ
<ruby>端<rt>はし</rt></ruby>	extremo *m* エクストれモ	end, tip エンド, ティプ
(縁)	borde *m* ボるデ	edge, corner エヂ, コーナ
<ruby>箸<rt>はし</rt></ruby>	palillos *mpl* パリジョス	chopsticks チャプスティクス
<ruby>恥<rt>はじ</rt></ruby>	vergüenza *f* べるグエンさ	shame シェイム
〜をかく	deshonrarse デソンらるセ	be put to shame ビ プト トゥ シェイム
<ruby>麻疹<rt>はしか</rt></ruby>	sarampión *m* サらンピオン	measles ミーズルズ
<ruby>艀<rt>はしけ</rt></ruby>	barcaza *f* バるカさ	barge バーヂ
<ruby>梯子<rt>はしご</rt></ruby>	escalera (de mano) *f* エスカれら (デ マノ)	ladder ラダ
〜車	camión de bomberos カミオン デ ボンベろス con escala extensible *m* コン エスカら エクステンシブレ	ladder truck ラダ トラク
<ruby>始まる<rt>はじ</rt></ruby>	empezar エンペさる	begin, start ビギン, スタート
<ruby>初め<rt>はじ</rt></ruby>	principio *m* プリンしピオ	beginning ビギニング
<ruby>初めて<rt>はじ</rt></ruby>	por primera vez ポる プりメら べス	for the first time フォー ザ ファースト タイム
<ruby>初めての<rt>はじ</rt></ruby>	primero(a) プりメろ(ら)	first ファースト

日	西	英
始める	empezar エンペさる	begin, start, open ビギン, スタート, オウプン
馬車	carruaje *m* カるアヘ	carriage キャリヂ
パジャマ	pijama *m* ピハマ	pajamas パチャーマズ
馬術	hípica *f*, doma *f* イピカ, ドマ	horsemanship ホースマンシプ
派出所	puesto de policía *m* プエスト デ ポリしア	police box ポリース バクス
場所	lugar *m* ルガる	place, site プレイス, サイト
(余地)	sitio *m* シティオ	room, space ルーム, スペイス
柱	pilar *m* ピラる	pillar, post ピラ, ポウスト
〜時計	reloj de pared *m* れロフ デ パれド	(wall) clock (ウォール) クラク
バジリコ	albahaca *f* アルバアカ	basil バズィル
走り高跳び	salto de altura *m* サルト デ アルトゥら	high jump ハイ チャンプ
走り幅跳び	salto de longitud *m* サルト デ ロンヒトゥド	broad jump ブロード チャンプ
走る	correr コれる	run, dash ラン, ダシュ
恥じる	avergonzarse アベるゴンさるセ	be ashamed ビ アシェイムド
蓮	loto *m* ロト	lotus ロウタス
バス	autobús *m* アウトブス	bus バス
(風呂)	baño *m* バニョ	bath バス
(音楽)	bajo *m* バホ	bass バス
パス	pase *m* パセ	pass パス

日	西	英
〜する	pasar パサる	pass パス
恥ずかしい	vergonzoso(a) べるゴンそソ(サ)	shameful シェイムフル
(きまりがわるい)	ser bochornoso(a) せる ボチョるノソ(サ)	be ashamed ビ アシェイムド
辱める	deshonrar デソンらる	humiliate, insult ヒューミリエイト, インサルト
ハスキーな	ronco(a) ろンコ(カ)	husky ハスキ
バスケット	cesta f せスタ	basket バスケト
〜ボール	baloncesto m バロンせスト	basketball バスケトボール
外す	quitarse キタるせ	take off, remove テイク オフ, リムーヴ
(ボタンを)	desabrochar デサブろチャる	unbutton アンバトン
(席を)	retirarse れティらるせ	leave リーヴ
パスタ	pasta f パスタ	pasta パースタ
バスタオル	toalla de baño f トアジャ デ バニョ	bath towel バス タウェル
バス停	parada del autobús f パらダ デル アウトブス	bus stop バス スタプ
パステル	pastel m パステル	pastel パステル
バスト	busto m ブスト	bust バスト
パスポート	pasaporte m パサポるテ	passport パスポート
弾み	impulso m インプルソ	bound, momentum バウンド, モウメンタム
弾む	rebotar れボタる	bounce, bound バウンス, バウンド
(調子づく)	animarse アニマるせ	become lively ビカム ライヴリ
パズル	rompecabezas m ろンペカベサス	puzzle パズル

日	西	英
バスルーム	baño *m* バニョ	bathroom バスルム
外(はず)れ	número no premiado *m* ヌメロ ノ プれミアド	blank ブランク
(町の)	afueras *fpl* アフエらス	suburbs サバーブズ
外(はず)れる	soltarse ソルタるセ	come off カム オフ
(当たらない)	no acertar ノ アせるタる	miss, fail ミス, フェイル
バスローブ	bata de baño *f* バタ デ バニョ	bathrobe バスロウブ
パスワード	contraseña *f* コントらセニャ	password パスワード
派生(はせい)	derivación *f* デりバしオン	derivation デりヴェイション
〜する	derivarse *de* デりバるセ デ	derive *from* ディライヴ
パセリ	perejil *m* ぺれヒル	parsley パースリ
パソコン	ordenador personal *m* オるデナドる ぺるソナル	personal computer パーソナル カンピュータ
破損(はそん)	daño *m* ダニョ	damage ダミヂ
〜する	sufrir daños スフりる ダニョス	be damaged ビ ダミヂド
旗(はた)	bandera *f* バンデら	flag, banner フラグ, バナ
肌(はだ)	piel *f* ピエル	skin スキン
バター	mantequilla *f* マンテキジャ	butter バタ
パターン	modelo *m* モデロ	pattern パタン
機織(はたお)り	tejido *m* テヒド	weaving ウィーヴィング
(人)	tejedor(*a*) *m,f* テへドる(ら)	weaver ウィーヴァ
裸(はだか)	desnudez *f* デスヌデす	nakedness ネイキドネス

日	西	英
〜の	desnudo(a) デスヌド(ダ)	naked ネイキド
肌着 (はだぎ)	ropa interior f ろパ インテリオる	underwear アンダウェア
畑 (はたけ)	campo m カンポ	field, farm フィールド, ファーム
肌寒い (はだざむい)	fresco(a) フれスコ(カ)	chilly チリ
裸足 (はだし)	descalzo m デスカルそ	bare feet ベア フィート
〜で	descalzado(a) デスカルさド(ダ)	barefoot ベアフト
果たす (は)	realizar れアリさる	realize, carry out リアライズ, キャリ アウト
(成就)	lograr ログらる	achieve アチーヴ
二十歳 (はたち)	veinte años mpl ベインテ アニョス	twenty years old トゥエンティ イアズ オウルド
畑地 (はたち)	campo m カンポ	fields, farm フィールヅ, ファーム
バタフライ	estilo mariposa m エスティろ マりポサ	butterfly stroke バタフライ ストロウク
はためく	ondear オンデアる	flutter フラタ
働き (はたら)	trabajo m トらバホ	work, labor ワーク, レイバ
(活動)	actividad f アクティビダド	action, activity アクション, アクティヴィティ
(機能)	función f フンしオン	function ファンクション
(功績)	mérito m メりト	achievement アチーヴメント
働く (はたら)	trabajar トらバハる	work ワーク
(作用)	actuar en アクトゥアる エン	act on アクト
鉢 (はち)	tazón m タそン	bowl, pot ボウル, パト
蜂 (はち)	abeja f アベハ	bee ビー

日	西	英
～の巣	panal *m* パナル	beehive, honeycomb ビーハイヴ, ハニコウム
～蜜	miel *f* ミエル	honey ハニ
罰(ばつ)	castigo *m* カスティゴ	punishment パニシュメント
八月(はちがつ)	agosto *m* アゴスト	August オーガスト
爬虫類(はちゅうるい)	reptiles *mpl* れプティレス	reptiles レプタイルズ
波長(はちょう)	longitud de onda *f* ロンヒトゥド デ オンダ	wavelength ウェイヴレンクス
罰(ばつ)	castigo *m* カスティゴ	punishment, penalty パニシュメント, ペナルティ
発育(はついく)	crecimiento *m* クれしミエント	growth グロウス
～する	crecer クれせる	grow グロウ
発音(はつおん)	pronunciación *f* プロヌンしアしオン	pronunciation プロナンスィエイション
～する	pronunciar プロヌンしアる	pronounce プロナウンス
薄荷(はっか)	menta *f* メンタ	peppermint ペパミント
発芽(はつが)	germinación *f* へるミナしオン	germination チャーミネイション
二十日鼠(はつかねずみ)	ratón *m* らトン	mouse マウス
発揮(はっき)	demostración *f* デモストらしオン	display, show ディスプレイ, ショウ
～する	demostrar デモストらる	display, show ディスプレイ, ショウ
はっきり	claramente クラらメンテ	clearly クリアリ
～する	ponerse claro(a) ポネるセ クラろ(ら)	become clear ビカム クリア
白金(はっきん)	platino *m* プラティノ	platinum プラティナム

日	西	英
罰金（ばっきん）	multa f ムルタ	fine ファイン
パッキング	empaquetado m エンパケタド	packing パキング
バック	parte trasera [posterior] f パるテ トらセら [ポステリオる]	back, rear バク, リア
（背景）	fondo m フォンド	background バクグラウンド
（後援）	patrocinio m パトろシニオ	backing, support バキング, サポート
～アップ	apoyo m, respaldo m アポジョ, れスパルド	backup バカプ
バッグ	bolso m ボルソ	bag バグ
発掘（はっくつ）	excavación f エクスカバしオン	excavation エクスカヴェイション
～する	desenterrar デセンテら る	excavate エクスカヴェイト
抜群の（ばつぐんの）	destacado(a) デスタカド(ダ)	outstanding アウトスタンディング
パッケージ	empaque m エンパケ	package パキヂ
白血球（はっけっきゅう）	glóbulo blanco m グロブロ ブランコ	white blood cell ホワイト ブラド セル
白血病（はっけつびょう）	leucemia f レウせミア	leukemia ルーキーミア
発見（はっけん）	descubrimiento m デスクブリミエント	discovery ディスカヴァリ
～する	descubrir デスクブり る	discover, find out ディスカヴァ, ファインド アウト
発言（はつげん）	palabras fpl, declaración f パラブらス, デクラらシオン	utterance アタランス
～する	hablar アブラる	speak スピーク
初恋（はつこい）	primer amor m プリメる アモる	first love ファースト ラヴ
発行（はっこう）	emisión f エミシオン	publication, issue パブリケイション, イシュー
～する	emitir エミティる	publish, issue パブリシュ, イシュー

日	西	英
～部数	tirada *f* ティらダ	circulation サーキュレイション
発散(はっさん)	emisión *f* エミシオン	emission イミション
～する	emitir エミティる	emit イミト
バッジ	pin *m* ピン	badge バヂ
発射(はっしゃ)	disparo *m* ディスパろ	firing ファイアリング
～する	disparar ディスパらる	fire, shoot ファイア, シュート
発車(はっしゃ)	salida *f* サリダ	departure ディパーチャ
～する	salir *de* サリる デ	leave, start リーヴ, スタート
発信(はっしん)	envío *m* エンビオ	transmission トランスミション
～する	enviar エンビアる	transmit トランスミト
～人	remitente *m,f* れミテンテ	sender センダ
バッシング	vapuleo *m* バプレオ	bashing バシング
～する	vapulear バプレアる	bash バシュ
抜粋(ばっすい)	extracto *m* エクストらクト	extract エクストラクト
～する	extractar エクストらクタる	extract イクストラクト
発(はっ)する	dar, emitir ダる, エミティる	give off, emit ギヴ オフ, イミト
(声を)	pronunciar プろヌンシアる	utter アタ
罰(ばっ)する	castigar カスティガる	punish パニシュ
ハッスルする	trabajar mucho トらバハる ムチョ	hustle ハスル
発生(はっせい)	aparición *f* アパりシオン	outbreak, birth アウトブレイク, バース

日	西	英
～する	ocurrir オクりる	occur オカー
発送	envío *m* エンビオ	sending センディング
～する	enviar エンビアる	send センド
飛蝗	saltamontes *m* サルタモンテス	grasshopper グラスハパ
発達	desarrollo *m* デサろジョ	development ディヴェロプメント
～する	desarrollarse デサろジャるセ	develop, advance ディヴェロプ, アドヴァンス
発注	pedido *m* ペディド	order オーダ
～する	hacer un pedido *de* アせる ウン ペディド デ	order オーダ
パッチワーク	"patchwork" *m* パチウォる	patchwork パチワーク
バッテリー	batería *f* バテリア	battery バタリ
発展	desarrollo *m* デサろジョ	development ディヴェロプメント
～する	desarrollarse デサろジャるセ	develop ディヴェロプ
～途上国	país en vías de desarrollo パイス エン ビアス デ デサろジョ	developing country ディヴェロピング カントリ
発電		
～機	dinamo *m* ディナモ	dynamo ダイナモウ
～所	central eléctrica *f* セントらル エレクトリカ	power plant パウア プラント
～する	generar electricidad ヘネらる エレクトりしダド	generate electricity ヂェネレイト イレクトリスィティ
発動機	motor *m* モトる	motor モウタ
ハットトリック	"hat trick" *m* ハト トりク	hat trick ハト トりク
発破	demolición por dinamita *f* デモリしオン ポる ディナミタ	blast ブラスト
発売	venta *f* ベンタ	sale セイル

日	西	英
〜する	poner en venta ポネる エン ベンタ	put on sale プト オン セイル
ハッピーエンド	final feliz *m* フィナル フェリす	happy ending ハピ エンディング
発表	anuncio *m* アヌンしオ	announcement アナウンスメント
(刊行)	publicación *f* ププリカしオン	publication パブリケイション
(研究などの)	presentación *f* ぷれセンタしオン	presentation プリーゼンテイション
〜する	anunciar アヌンしアる	announce アナウンス
(刊行)	publicar ププリカる	publish パブリシュ
(研究などを)	presentar ぷれセンタる	present プレゼント
発病する	ponerse [caer] enfermo(a) ポネるセ [カエる] エンフェるモ(マ)	get sick ゲト スィク
発泡酒	bebida efervescente *f* ベビダ エフェるベスセンテ	sparkling alcohol スパークリング アルコホール
発明	invención *f* インベンしオン	invention インヴェンション
〜する	inventar インベンタる	invent, devise インヴェント, ディヴァイズ
パテ	masilla *f* マシジャ	putty パティ
果てしない	sin fin シン フィン	endless エンドレス
派手な	llamativo(a) ジャマティボ(バ)	gay, showy ゲイ, ショウイ
パテント	patente *f* パテンテ	patent パテント
鳩	paloma *f* パロマ	pigeon, dove ピヂョン, ダヴ
罵倒する	vituperar ビトゥペらる	denounce ディナウンス
パトカー	coche patrulla *m* コチェ パトるジャ	squad car スクワド カー
パドック	"paddock" *m* パドク	paddock パドク

は

日	西	英
波止場(はとば)	embarcadero m エンバルカデロ	wharf, pier (ホ)ウォーフ, ピア
バドミントン	bádminton m バドミントン	badminton バドミントン
パトロール	patrulla f パトるジャ	patrol パトロウル
～カー	coche patrulla m コチェ パトるジャ	squad car スクワド カー
～する	patrullar パトるジャる	patrol パトロウル
パトロン	patrocinador(a) m,f パトろシナドる(ら)	patron ペイトロン
バトン	testigo m テスティゴ	baton バタン
花(はな)	flor f フロる	flower フラウア

■花■ flor /フロる/ f (⊛ flower)

蒲公英(たんぽぽ) diente de león /ディエンテ デ レオン/ m (⊛ dandelion)
菜の花(なのはな) flor de colza /フロる デ コルサ/ f (⊛ rape blossoms)
紫陽花(あじさい) hortensia /オるテンシア/ f (⊛ hydrangea)
薔薇(ばら) rosa /ろサ/ f (⊛ rose)
向日葵(ひまわり) girasol /ヒラソル/ m (⊛ sunflower)
朝顔(あさがお) dondiego (de día) /ドンディエゴ (デ ディア)/ m (⊛ morning glory)
百合(ゆり) azucena /アスセナ/ f (⊛ lily)
菖蒲(あやめ) lirio /リリオ/ m (⊛ flag, iris)
菊(きく) crisantemo /クリサンテモ/ m (⊛ chrysanthemum)
椿(つばき) camelia /カメリア/ f (⊛ camellia)
水仙(すいせん) narciso /ナるシソ/ m (⊛ narcissus)
蘭(らん) orquídea /オるキデア/ f (⊛ orchid)
鈴蘭(すずらん) lirio de los valles /リリオ デ ロス バジェス/ m (⊛ lily of the valley)
菫(すみれ) violeta /ビオレタ/ f (⊛ violet)

日	西	英
はな 鼻	nariz *f* ナリス	nose ノウズ
はなし 話	conversación *f* コンベるサしオン	talk, conversation トーク, カンヴァセイション
（物語）	historia *f* イストリア	story ストーリ
はな あ 話し合い	conversación *f* コンベるサしオン	talk, discussion トーク, ディスカション
はな あ 話し合う	conversar *con* コンベるサる コン	talk *with*, discuss *with* トーク, ディスカス
はな ず 話し好きな	hablador(*a*) アブラドる(ら)	talkative トーカティヴ
はな 放す	soltar ソルタる	free, release フリー, リリース
はな 離す	separar セパらる	separate, detach セパレイト ディタチ
はな 話す	hablar アブラる	speak, talk スピーク トーク
はなたば 花束	ramo de flores *m* らモ デ フロれス	bouquet ブーケイ
はなぢ 鼻血	hemorragia nasal *f* エモらヒア ナサル	nosebleed ノウズブリード
バナナ	plátano *m* プラタノ	banana バナナ
はな あな 鼻の穴	orificios nasales *mpl* オリフィシオス ナサレス	nostril ナストリル
はなは 甚だしい	grave グらベ	gross グロウス
はなばな 華々しい	brillante ブリジャンテ	brilliant ブリリアント
はなび 花火	fuegos artificiales *mpl* フエゴス あるティフィしアれス	fireworks ファイアワークス
はな 花びら	pétalo *m* ペタロ	petal ペタル
はなみず 鼻水	moco *m* モコ	snivel スニヴル
はなむこ 花婿	novio *m* ノビオ	bridegroom ブライドグルーム

日	西	英
鼻持ちならない	repugnante れプグナンテ	stinking スティンキング
花模様	diseño de flores *m* ディセニョ デ フロレス	floral pattern フローラル パタン
花屋	floristería *f* フロリステリア	flower shop フラウア シャプ
（人）	florista *m,f* フロリスタ	florist フロリスト
華やかな	espléndido(*a*) エスプレンディド(ダ)	gorgeous, bright ゴーチャス, ブライト
花嫁	novia *f* ノビア	bride ブライド
離れる	separarse [apartarse] de セパらるセ[アパるタるセ] デ	leave, go away *from* リーヴ, ゴウ アウェイ
花輪	corona de flores *f* コロナ デ フロれス	wreath リース
（装飾用の）	guirnalda *f* ギるナルダ	garland ガーランド
はにかむ	ser tímido(*a*) セる ティミド(ダ)	be shy ビ シャイ
パニック	pánico *m* パニコ	panic パニク
バニラ	vainilla *f* バイニジャ	vanilla ヴァニラ
羽	pluma *f* プルマ	feather, plume フェザ, プルーム
（翼）	ala *f* アラ	wing ウィング
ばね	muelle *m* ムエジェ	spring スプリング
ハネムーン	luna de miel *f* ルナ デ ミエル	honeymoon ハニムーン
跳ねる	saltar サルタる	leap, jump リープ, チャンプ
（泥・水が）	salpicar サルピカる	splash スプラシュ
パネル	panel *m* パネル	panel パネル

日	西	英
パノラマ	panorama *m* パノラマ	panorama パノラマ
はは 母	madre *f* マドれ	mother マザ
はば 幅・巾	anchura *f* アンチュら	width, breadth ウィドス, ブレドス
パパ	papá *m* パパ	dad, papa ダド, パーパ
パパイヤ	papaya *f* パパジャ	papaya パパイア
ははおや 母親	madre *f* マドれ	mother マザ
ははかた 母方	lado maternal *m* ラド マテるナル	mother's side マザズ サイド
は 羽ばたく	aletear アレテアる	flutter, flap フラタ, フラプ
はばつ 派閥	facción *f* ファクしオン	faction ファクション
はばと 幅跳び	salto de longitud *m* サルト デ ロンヒトゥド	broad jump ブロード チャンプ
はばひろ 幅広い	ancho(*a*) アンチョ(チャ)	wide, broad ワイド, ブロード
はば 阻む	impedir インペディる	prevent *from*, block プリヴェント, ブラク
ババロア	gelatina bávara *f* ヘラティナ ババら	Bavarian cream ババリアン クリーム
パビリオン	pabellón *m* パベジョン	pavilion パヴィリオン
パフェ	postre helado *m* ポストれ エラド	parfait パーフェイ
パフォーマンス	espectáculo *m* エスペクタクロ	performance パフォーマンス
はぶ 省く	suprimir スプリミる	omit, exclude オウミト, イクスクルード
(削減)	reducir れドゥしる	save, reduce セイヴ, リデュース
ハプニング	suceso inesperado *m* スセソ イネスペらド	happening ハプニング

日	西	英
は 歯ブラシ	cepillo de dientes *m* セピジョ デ ディエンテス	toothbrush トゥースブラシュ
パプリカ	pimentón dulce *m* ピメントン ドゥルセ	paprika パプリカ
はま 浜	playa *f* プラジャ	beach, seashore ビーチ, スィーショー
はまき 葉巻	puro *m* プロ	cigar スィガー
はまぐり 蛤	almeja *f* アルメハ	clam クラム
はまべ 浜辺	playa *f* プラジャ	beach, seashore ビーチ, スィーショー
は 嵌まる	encajar *en* エンカハる エン	fit *into* フィト
はみが 歯磨き	pasta de dientes *f* パスタ デ ディエンテス	toothpaste トゥースペイスト
ハミング	canturreo *m* カントゥれオ	humming ハミング
ハム	jamón *m* ハモン	ham ハム
ハムスター	hámster *m* ハンステる	hamster ハムスタ
はめつ 破滅	ruina *f* るイナ	ruin, destruction ルーイン, ディストラクション
～する	perderse ペるデるセ	be ruined ビ ルーインド
は 嵌める	encajar エンカハる	put in, set プト イン, セト
(着用)	ponerse ポネるセ	wear, put on ウェア, プト オン
(騙す)	engañar エンガニャる	entrap, cheat イントラプ, チート
ばめん 場面	escena *f* エスセナ	scene スィーン
はも 鱧	congrio *m* コングリオ	pike conger パイク カンガ
はもの 刃物	cuchillo *m* クチジョ	edged tool エヂド トゥール

日	西	英
破門(はもん)	expulsión *f* エクスプルシオン	expulsion イクスパルション
〜する	excomulgar エクスコムルガる	expel イクスペル
波紋(はもん)	onda *f* オンダ	ripple リプル
早(はや)い	temprano(*a*) テンプらノ(ナ)	early アーリ
速(はや)い	rápido(*a*) らピド(ダ)	quick, fast クウィク, ファスト
早起(はやお)きする	madrugar マドるガる	get up early ゲト アプ アーリ
早(はや)く	temprano テンプらノ	early, soon アーリ, スーン
速(はや)く	rápidamente らピダメンテ	quickly, fast クウィクリ, ファスト
早口言葉(はやくちことば)	trabalenguas *m* トらバレングアス	tongue twister タング トウィスタ
速(はや)さ	rapidez *f* らピデす	quickness, speed クウィクネス, スピード
林(はやし)	bosque *m* ボスケ	forest, wood フォリスト, ウド
生(は)やす	dejar crecer デハる クれセる	grow, cultivate グロウ, カルティヴェイト
早寝(はやね)する	acostarse temprano アコスタるセ テンプらノ	go to bed early ゴウ トゥ ベド アーリ
早(はや)めに	un poco antes ウン ポコ アンテス	early, in advance アーリ, イン アドヴァンス
早(はや)める	adelantar アデランタる	quicken, hasten クウィクン, ヘイスン
流行(はや)る	ponerse de moda ポネるセ デ モダ	be in fashion, be popular ビ イン ファション, ビ パピュラ
(繁盛)	prosperar プろスペらる	be prosperous ビ プらスペラス
(病気などが)	propagarse プろパガるセ	be prevalent ビ プれヴァレント
腹(はら)	vientre *m* ビエントれ	belly ベリ

日	西	英
（腸）	intestinos *mpl* インテスティノス	bowels バウエルズ
（胃）	estómago *m* エストマゴ	stomach スタマク
薔薇（ばら）	rosa *f* ろサ	rose ロウズ
バラード	balada *f* バラダ	ballade バラード
払い戻し（はらいもどし）	reembolso *m*, devolución *f* れエンボルソ, デボルしオン	repayment, refund リペイメント, リファンド
払い戻す（はらいもどす）	devolver (el dinero) デボルべる (エル ディネろ)	refund, repay リファンド, リペイ
払う（はらう）	pagar パガる	pay ペイ
（埃を）	limpiar el polvo リンピアる エル ポルボ	dust ダスト
バラエティ	variedades *fpl* バリエダデス	variety ヴァライエティ
腹黒い（はらぐろい）	malvado(a) マルバド(ダ)	wicked, malicious ウィキド, マリシャス
パラシュート	paracaídas *m* パらカイダス	parachute パラシュート
晴らす（はらす）	disipar ディシパる	dispel ディスペル
（うさを）	divertirse ディベるティるセ	divert ディヴァート
（恨みを）	vengar ベンガる	revenge *oneself* リヴェンヂ
ばらす	desmontar デスモンタる	take to pieces テイク トゥ ピースィズ
（暴露）	divulgar ディブルガる	disclose, expose ディスクロウズ, イクスポウズ
パラソル	quitasol *m* キタソル	parasol パラソル
パラドックス	paradoja *f* パらドハ	paradox パラダクス
ばらばらの	separado(a) セパらド(ダ)	separate, scattered セパレイト, スキャタド
パラフィン	parafina *f* パらフィナ	paraffin パラフィン

日	西	英
パラボラ(アンテナ)	antena parabólica アンテナ ぱらボリカ	parabolic antenna パラボリック アンテナ
ばら撒く	dispersar ディスぺルサる	scatter スキャタ
パラリンピック	Paralimpiadas *fpl* ぱらリンピアダス	Paralympics パラリンピクス
腸	intestinos *mpl* インテスティノス	bowels, intestines バウエルズ, インテスティンズ
(動物の)	vísceras *fpl* ビスせらス	entrails エントレイルズ
バランス	equilibrio *m* エキリブリオ	balance バランス
針	aguja *f* アグハ	needle ニードル
(釣り針)	anzuelo *m* アンすエロ	hook フク
(時計の)	manilla *f* マニジャ	hand ハンド
バリウム	bario *m* バリオ	barium ベアリアム
バリエーション	variación *f* バリアしオン	variation ヴェアリエイション
針金	alambre *m* アランブれ	wire ワイア
張り紙	cartel *m* カるテル	bill, poster ビル, ポウスタ
バリカン	maquinilla para cortar el pelo *f* マキニジャ ぱら コるタる エル ペロ	hair clippers ヘア クリパズ
馬力	caballo *m* カバジョ	horsepower ホースパウア
張り切る	ser vigoroso(a) セる ビゴろソ(サ)	be vigorous ビ ヴィゴラス
バリケード	barricada *f* バりカダ	barricade バリケイド
張り出す	fijar フィハる	put up, post プト アプ, ポウスト
磔	crucifixión *f* クるしフィクシオン	crucifixion クルースィフィクシオン

日	西	英
バリトン	barítono m バリトノ	baritone バリトウン
針鼠(はりねずみ)	erizo m エリそ	hedgehog ヘヂホグ
春(はる)	primavera f プリマべら	spring スプリング
張(は)る	poner ポネる	stretch, extend ストレチ, イクステンド
（覆う）	cubrir クブリる	cover カヴァ
貼(は)る	pegar ペガる	stick, put on スティク, プト オン
遥(はる)か		
～な	lejano(a) レハノ(ナ)	distant, far-off ディスタント, ファーロフ
～に	a lo lejos ア ロ レホス	far, far away ファー, ファー ラウェイ
（ずっと）	mucho ムチョ	much マチ
バルコニー	balcón m バルコン	balcony バルコニ
遥々(はるばる)	desde muy lejos デスデ ムイ レホス	all the way *from* オール ザ ウェイ
バルブ	válvula f バルブラ	valve ヴァルヴ
パルプ	pulpa f プルパ	pulp パルプ
晴(は)れ	buen tiempo m ブエン ティエンポ	fine weather ファイン ウェザ
バレエ	"ballet" m バレ	ballet バレイ
ハレー彗星(すいせい)	cometa de Halley m コメタ デ ハレイ	Halley's comet ハリズ カメト
パレード	desfile m, cabalgata f デスフィレ, カバルガタ	parade パレイド
バレーボール	voleibol m ボレイボル	volleyball ヴァリボール
破裂(はれつ)	reventón m れベントン	explosion イクスプロウジョン

日	西	英
〜する	reventar(se) れベンタる(セ)	explode, burst イクスプロウド, バースト
パレット	paleta *f* パレタ	palette パレト
腫れ物 (はれもの)	hinchazón *f* インチャソン	swelling, boil スウェリング, ボイル
バレリーナ	bailarina *f* バイラリナ	ballerina バレリーナ
腫れる (はれる)	hincharse インチャるセ	become swollen ビカム スウォウルン
晴れる (はれる)	despejar デスペハる	clear up クリア アプ
(容疑が)	disiparse ディシパるセ	be cleared ビ クリアド
ばれる	descubrirse デスクブりるセ	be exposed, come out ビ イクスポウズド, カム アウト
破廉恥な (はれんちな)	desvergonzado(*a*) デスべるゴンサド(ダ)	infamous, shameless インフェマス, シェイムレス
バロック	barroco *m* バろコ	Baroque バロウク
パロディー	parodia *f* パろディア	parody パロディ
バロメーター	barómetro *m* バろメトろ	barometer バラミタ
パワー	poder *m* ポデる	power パウア
判 (はん)	sello (personal) *m* セジョ (ぺるソナル)	seal, stamp スィール, スタンプ
半 (はん)	medio *m* メディオ	half ハフ
晩 (ばん)	tarde *f* タるデ	evening, night イーヴニング, ナイト
パン	pan *m* パン	bread ブレド
範囲 (はんい)	ámbito *m* アンビト	limit, sphere リミト, スフィア
反意語 (はんいご)	antónimo *m* アントニモ	antonym アントニム

日	西	英
繁栄 (はんえい)	prosperidad *f* プロスペリダド	prosperity プラスペリティ
〜する	prosperar プロスペらる	be prosperous ビ プラスペラス
版画 (はんが)	grabado *m* グらバド	print, woodcut プリント, ウドカト
ハンガー	percha *f* ペるチャ	hanger ハンガ
繁華街 (はんかがい)	calle comercial *f* カジェ コメるしアル	busy street ビズィ ストリート
半額 (はんがく)	mitad de precio *f* ミタド デ プれしオ	half the price ハフ ザ プライス
ハンカチ	pañuelo *m* パニュエロ	handkerchief ハンカチフ
バンガロー	cabaña (de montaña) *f* カバニャ (デ モンタニャ)	bungalow バンガロウ
反感 (はんかん)	antipatía *f* アンティパティア	antipathy アンティパスィ
反逆 (はんぎゃく)	rebelión *f* れベリオン	rebellion リベリオン
〜する	rebelarse れベラるセ	rebel リベル
半球 (はんきゅう)	hemisferio *m* エミスフェりオ	hemisphere ヘミスフィア
反響 (はんきょう)	eco *m* エコ	echo エコウ
〜する	repercutir れペるクティる	echo, resound エコウ, リザウンド
パンク	pinchazo *m* ピンチャそ	puncture パンクチャ
番組 (ばんぐみ)	programa *m* プログらマ	program プロウグラム
ハングリーな	hambriento(a) アンブりエント(タ)	hungry ハングリ
半径 (はんけい)	radio *m* らディオ	radius レイディアス
反撃 (はんげき)	contraataque *m* コントらアタケ	counterattack カウンタアタケ

日	西	英
〜する	contraatacar コントらアタカる	strike back ストライク バク
判決(はんけつ)	juicio *m* フイしオ	judgment チャヂメント
半月(はんげつ)	media luna *f* メディア ルナ	half-moon ハフムーン
番犬(ばんけん)	perro guardián *m* ぺろ グアるディアン	watchdog ワチドグ
判子(はんこ)	sello personal *m* セジョ ぺるソナル	seal, stamp スィール, スタンプ
反語(はんご)	ironía *f*, sarcasmo *m* イろニア, サるカスモ	irony アイアロニ
反抗(はんこう)	resistencia *f* れシステンしア	resistance レズィスタンス
〜する	resistir れシスティる	resist, oppose リズィスト, オポウズ
番号(ばんごう)	número *m* ヌメろ	number ナンバ
万国の(ばんこくの)	internacional, mundial インテるナしオナル, ムンディアル	international インタナショナル
犯罪(はんざい)	delito *m* デリト	crime クライム
〜者	delincuente *m,f* デリンクエンテ	criminal クリミナル
万歳(ばんざい)	vivas *fpl* ビバス	cheers チアズ
ハンサムな	guapo グアポ	handsome ハンサム
反作用(はんさよう)	reacción *f* れアクしオン	reaction リアクション
晩餐(ばんさん)	cena *f* せナ	dinner ディナ
判事(はんじ)	juez(*a*) *m,f* フエす(さ)	judge チャヂ
パンジー	pensamiento *m* ペンサミエント	pansy パンズィ
反射(はんしゃ)	reflexión *f* れフレクシオン	reflection, reflex リフレクション, リーフレクス

日	西	英
～する	reflejar(se) れフレハる(セ)	reflect リフレクト
はんじゅくたまご 半熟卵	huevo pasado por agua *m* ウエボ パサド ポる アグア	soft-boiled egg ソフトボイルド エグ
はんじょう 繁盛する	prosperar プロスペらる	be prosperous ビ プラスペラス
バンジョー	banjo *m* バンホ	banjo バンチョウ
はんしょく 繁殖	reproducción *f* れプロドゥクしオン	propagation プラパゲイション
～する	reproducirse れプロドゥしるセ	propagate プラパゲイト
ハンスト	huelga de hambre *f* ウエルガ デ アンブれ	hunger strike ハンガ ストライク
パンスト	medias pantis *fpl* メディアス パンティス	pantihose パンティホウズ
はん 半ズボン	pantalones cortos *mpl* パンタロネス コるトス	shorts, knee pants ショーツ, ニー パンツ
はん 反する	ser contrario(*a*) *a* セる コントらりオ(ア) ア	be contrary *to* ビ カントレリ
はんせい 反省	reflexión *f* れフレクシオン	reflection リフレクション
～する	reflexionar *sobre* れフレクシオナる ソブれ	reflect on リフレクト オン
はんせん 帆船	velero *m* ベレろ	sailer セイラ
ハンセン病	lepra *f* レプら	Hansen's disease ハンセンズ ディズィーズ
ばんそう 伴奏	acompañamiento *m* アコンパニャミエント	accompaniment アカンパニメント
～する	acompañar アコンパニャる	accompany アカンパニ
ばんそうこう 絆創膏	esparadrapo *m* エスパらドらポ	plaster プラスタ
はんそく 反則	violación de las reglas *f* ビオラしオン デ ラス れグラス	foul ファウル
はんそで 半袖	mangas cortas *fpl* マンガス コるタス	short sleeves ショート スリーヴズ

日	西	英
パンダ	(oso) panda *m* (オソ) パンダ	panda パンダ
ハンター	cazador(a) *m,f* カサドル(ら)	hunter ハンタ
反対(はんたい)	oposición *f* オポシレオン	opposite, contrary アポズィト, カントレリ
(抵抗・異議)	objeción *f* オブヘレオン	opposition, objection アポズィション, オブヂェクション
～側	otro lado *m* オトロ ラド	opposite side アポズィト サイド
～する	oponerse *a* オポネるセ ア	oppose, object *to* オポウズ, アブヂクト
バンタム級(きゅう)	peso gallo *m* ペソ ガジョ	bantamweight バンタムウェイト
パンタロン	pantalón *m* パンタロン	pantaloons パンタルーンズ
判断(はんだん)	juicio *m* フイしオ	judgment ヂャヂメント
～する	juzgar フスガる	judge ヂャヂ
番地(ばんち)	número de terreno *m* ヌメろ デ テれノ	street number ストリート ナンバ
範疇(はんちゅう)	categoría *f* カテゴリア	category キャティゴーリ
パンツ	calzoncillos *mpl* カルソンしジョス	briefs, shorts ブリーフス, ショーツ
(ズボン)	pantalones *mpl* パンタロネス	pants パンツ
判定(はんてい)	juicio *m* フイしオ	judgment, decision ヂャヂメント, ディスィジョン
～する	juzgar フスガる	judge ヂャヂ
パンティー	bragas *fpl* ブらガス	panties パンティズ
～ストッキング	medias pantis *fpl* メディアス パンティス	pantihose パンティホウズ
ハンディキャップ	"handicap" *m* ハンディカプ	handicap ハンディキャプ
斑点(はんてん)	mancha *f* マンチャ	spot, speck スパト, スペク

日	西	英
バンド	cinturón *m* セントゥロン	strap, belt ストラプ, ベルト
（楽隊）	banda *f* バンダ	band バンド
半島	península *f* ペニンスラ	peninsula ペニンシュラ
半導体	semiconductor *m* セミコンドゥクトる	semiconductor セミコンダクタ
ハンドバッグ	bolso *m* ボルソ	handbag, purse ハンドバグ, パース
ハンドブック	manual *m* マヌアル	handbook ハンドブク
ハンドボール	balonmano *m* バロンマノ	handball ハンドボール
パントマイム	pantomima *f* パントミマ	pantomime パントマイム
ハンドル		
（自動車の）	volante *m* ボランテ	wheel (ホ)ウィール
（自転車の）	manillar *m* マニジャる	handlebar ハンドルバー
半日	medio día *m* メディオ ディア	half a day ハフ ア デイ
犯人	autor(a) (del crimen) *m,f* アウトる(ら) (デル クリメン)	offender, criminal オフェンダ, クリミナル
番人	guardia *m,f* グアるディア	watch, guard ワチ, ガード
晩年	últimos años *mpl* ウルティモス アニョス	last years ラスト イアズ
反応	reacción *f* れアクシオン	reaction, response リアクション, リスパンス
～する	reaccionar *a* れアクシオナる ア	react *to*, respond *to* リアクト, リスパンド
万能の	todopoderoso(*a*) トドポデロソ(サ)	almighty オールマイティ
バンパー	parachoques *m* パらチョケス	bumper バンパ

日	西	英
ハンバーガー	hamburguesa *f* アンブルゲサ	hamburger ハンバーガ
ハンバーグステーキ	hamburguesa *f* アンブルゲサ	hamburg steak ハンバーグ ステイク
販売	venta *f* ベンタ	sale セイル
～する	vender ベンデる	sell, deal *in* セル, ディール
万博	exposición universal *f* エクスポシしオン ウニべるサル	Expo エクスポウ
反発	repulsión *f* れプルシオン	repulsion リパルション
～する	rechazar れチャさる	repulse, repel リパルス, リペル
半端な	incompleto(a) インコンプレト(タ)	odd アド
反復	repetición *f* れペティしオン	repetition レペティション
～する	repetir れペティる	repeat リピート
パンプス	zapatos de salón *mpl* サパトス デ サロン	pumps パンプス
万物	todo lo creado トド ロ クれアド	all things オール スィングズ
パンフレット	folleto *m* フォジェト	pamphlet, brochure パンフレト, ブロウシュア
半分	mitad *f* ミタド	half ハフ
ハンマー	martillo *m* マるティジョ	hammer ハマ
～投げ	lanzamiento de martillo *m* ランさミエント デ マるティジョ	hammer throw ハマ スロウ
反目	rivalidad *f* りバリダド	antagonism アンタゴニズム
ハンモック	hamaca *f* アマカ	hammock ハモク
パン屋	panadería *f* パナデリア	bakery ベイカリ
（人）	panadero(a) *m,f* パナデろ(ら)	baker ベイカ

日	西	英
はんらん 反乱	rebelión f れベリオン	revolt リヴォウルト
～を起こす	rebelarse *contra* れベラるセ コントら	rebel *against* レブル
はんらん 氾濫	inundación f イヌンダしオン	flood フラド
～する	inundarse, desbordarse イヌンダるセ, デスボるダるセ	flood, overflow フラド, オウヴァフロウ
はんれい 凡例	nota preliminar f ノタ プれリミナる	explanatory notes イクスプラナトーリ ノウツ
はんろん 反論	objeción f オブヘしオン	refutation レフュテイション
～する	objetar オブヘタる	argue *against* アーギュー

ひ, ヒ

日	西	英
ひ 火	fuego m フエゴ	fire ファイア
ひ 日	sol m ソル	sun, sunlight サン, サンライト
(時間)	día m ディア	day, date デイ, デイト
び 美	belleza f ベジェさ	beauty ビューティ
ひあい 悲哀	pena f ペナ	sadness サドネス
ピアス	pendientes de "piercing" mpl ペンディエンテ デ ピるしン	pierced earrings ピアスト イアリングズ
ひあ 日当たりのよい	soleado(a) ソレアド(ダ)	sunny サニ
ピアニスト	pianista m,f ピアニスタ	pianist ピアニスト
ピアノ	piano m ピアノ	piano ピアーノウ
ヒアリング	audición f アウディしオン	listening comprehension リスニング カンプリヘンション

日	西	英
（公聴会）	audiencia pública *f* アウディエンしア ププリカ	hearing ヒアリング
ピーアールする	hacer publicidad *de* アせる ププリしダド デ	do publicity ドゥー パブリスィティ
ピーカー	vaso de precipitados *m* バソ デ プれしピタドス	beaker ビーカ
贔屓 (ひいき)	favor *m* ファボる	favor フェイヴァ
～する	favorecer ファボれセる	favor フェイヴァ
ピーク	punto culminante *m* プント クルミナンテ	peak ピーク
美意識 (びいしき)	estética *f* エステティカ	sense of beauty センス オヴ ビューティ
ビーズ	cuenta *f* クエンタ	beads ビーヅ
ヒーター	calentador *m* カレンタドる	heater ヒータ
ビー玉 (だま)	canicas *fpl* カニカ	marbles マーブルズ
ビーチ	playa *f* プラジャ	beach ビーチ
秀でる (ひいでる)	aventajar アベンタハる	excel イクセル
ビーナス	Venus *f* ベヌス	Venus ヴィーナス
ピーナッツ	cacahuete *m* カカウエテ	peanut ピーナト
ビーバー	castor *m* カストる	beaver ビーヴァ
ビーフ	carne de vaca (ternera) *f* カるネ デ バカ (テるネら)	beef ビーフ
～シチュー	estofado de (carne de) vaca *m* エストファド デ (カるネ デ) バカ	beef stew ビーフ ステュー
～ステーキ	bistec *m* ビステク	beefsteak ビーフステイク

日	西	英
ピーマン	pimiento verde *m* ピミエント べるデ	green pepper グリーン ペパ
ビール	cerveza *f* せルべさ	beer ビア
ヒーロー	héroe *m* エロエ	hero ヒアロウ
冷え込む	ponerse muy frío(a) ポネるセ ムイ フリオ(ア)	get very cold ゲト ヴェリ コウルド
冷え性である	ser friolero(a) セる フリオレロ(ら)	have poor blood circulation ハヴ プア ブラド サーキュレイション
冷えた	frío(a) フリオ(ア)	cold コウルド
冷える	enfriarse エンフリアるセ	get cold ゲト コウルド
ピエロ	payaso(a) *m,f* パジャソ(サ)	pierrot ピエロウ
鼻炎	inflamación nasal *f* インフラマしオン ナサル	nasal inflammation ネイザル インフラメイション
ビオラ	viola *f* ビオラ	viola ヴァイオラ
被害	daño *m* ダニョ	damage ダミヂ
～者	víctima *f* ビクティマ	sufferer, victim サファラ, ヴィクティム
控え	nota *f* ノタ	copy, duplicate カピ, デュープリケト
（ノート）	cuaderno *m* クアデるノ	note ノウト
（備え）	reserva *f* れセるバ	reserve リザーヴ
控え目な	moderado(a) モデラド(ダ)	moderate マダレト
日帰り旅行	viaje de un día *m* ビアへ デ ウン ディア	day trip デイ トリプ
控える	abstenerse *de*, moderar アブステネるセ デ, モデらる	refrain *from* リフレイン
（書き留める）	anotar アノタる	write down ライト ダウン

日	西	英
(待機する)	esperar エスペらる	wait ウェイト
ひかく 比較	comparación f コンパらしオン	comparison カンパリスン
〜する	comparar コンパらる	compare カンペア
びがく 美学	estética f エステティカ	aesthetics エスセティクス
ひかげ 日陰	sombra f ソンブら	shade シェイド
ひがさ 日傘	sombrilla f ソンブリジャ	sunshade, parasol サンシェイド, パラソル
ひがし 東	este エステ	east イースト
〜側	lado este ラド エステ	east side イースト サイド
〜半球	hemisferio oriental m エミスフェリオ オリエンタル	Eastern Hemisphere イースタン ヘミスフィア
ぴかぴかする	lustroso(a) ルストろソ(サ)	glitter, twinkle グリタ, トウィンクル
ひかり 光	luz f ルす	light, ray ライト, レイ
ひか 光る	brillar ブリジャる	shine, flash シャイン, フラシュ
ひ 引かれる	estar atraído(a) por エスタる アトらイド(ダ) ポる	be charmed by ビ チャームド
ひかん 悲観	pesimismo m ペシミスモ	pessimism ペスィミズム
〜する	ser pesimista セる ペシミスタ	be pessimistic ビ ペスィミスティク
〜的な	pesimista ペシミスタ	pessimistic ペスィミスティク
ひがん 彼岸	semana del equinoccio f セマナ デル エキノクシオ	equinoctial week イークウィナクシャル ウィーク
びがんじゅつ 美顔術	tratamiento facial m トらタミエント ファしアル	beauty culture ビューティ カルチャ
ひ あ 引き上[揚]げる	levantar レバンタる	pull up プル アプ

日	西	英
(値段を)	subir スビる	raise レイズ
(戻る)	volver ボルベる	return リターン
率いる	llevar ジェバる	lead, conduct リード, カンダクト
引き受ける	encargarse de エンカるガるセ デ	undertake アンダテイク
(受託)	aceptar アセプタる	accept アクセプト
引き起こす	causar カウサる	raise レイズ
(惹起)	causar, provocar カウサる, プろボカる	cause コーズ
引き換え	cupón m クポン	exchange イクスチェインヂ
引き返す	volver atrás ボルベる アトらス	return リターン
引き換える	intercambiar インテるカンビアる	exchange イクスチェインヂ
蟇	sapo m サポ	toad トウド
引き金	gatillo m ガティジョ	trigger トリガ
引き裂く	desgarrar デスガらる	tear up テア アプ
引き下げる	reducir れドゥしる	pull down プル ダウン
(値段を)	rebajar れバハる	reduce リデュース
引き算	resta f れスタ	subtraction サブトラクション
〜する	restar de れスタる デ	subtract from サブトラクト
引き潮	bajamar f バハマる	ebb tide エブ タイド
引き締める	apretar アプれタる	tighten タイトン

日	西	英
引き摺る	arrastrar アらストらる	trail, drag トレイル, ドラグ
引き出し	cajón *m* カホン	drawer ドローア
(預金の)	retirada *f* れティらダ	withdrawal ウィズドローアル
引き出す	sacar サカる	draw out ドロー アウト
(預金を)	retirar れティらる	withdraw ウィズドロー
引き立てる	favorecer ファボれセる	favor フェイヴァ
引き継ぐ	suceder スセデる	succeed *to* サクスィード
(人に)	entregar エントれガる	hand over ハンド オウヴァ
引き付ける	atraer アトらエる	attract アトラクト
引き続き	seguidamente セギダメンテ	continuously カンティニュアスリ
引き留[止]める	detener デテネる	keep, stop キープ, スタプ
引き取る	retirar れティらる	receive リスィーヴ
ビギナー	principiante *m,f* プリンしピアンテ	beginner ビギナ
ビキニ	bikini *m* ビキニ	bikini ビキーニ
挽き肉	carne picada *f* カるネ ピカダ	minced meat ミンスト ミート
轢き逃げ	delito de fuga y abandono de デリト デ フガ イ アバンドノ デ una víctima atropellada *m* ウナ ビクティマ アトろペジャダ	hit and run ヒト アンド ラン
引き抜く	sacar サカる	pull out プル アウト
引き延[伸]ばす	ensanchar エンサンチャる	stretch ストレチ

日	西	英
(写真を)	ampliar アンプリアる	enlarge インラーヂ
引き払う	dejar, irse de デハる, イるセ デ	move out ムーヴ アウト
卑怯な	cobarde コバるデ	mean, foul ミーン, ファウル
引き分け	empate m エンパテ	draw, drawn game ドロー, ドローン ゲイム
引き渡す	entregar エントれガる	hand over, deliver ハンド オウヴァ, ディリヴァ
引く	tirar ティらる	pull, draw プル, ドロー
(注意などを)	llamar (la atención) ジャマる (ラ アテンしオン)	attract アトラクト
(辞書を)	consultar コンスルタる	consult カンサルト
(差し引く)	descontar デスコンタる	deduct ディダクト
(電話などを)	instalar インスタラる	install インストール
弾く	tocar トカる	play プレイ
轢く	atropellar アトろペジャる	run over, hit ラン オウヴァ, ヒト
低い	bajo(a) バホ(ハ)	low ロウ
(背が)	bajo(a) バホ(ハ)	short ショート
卑屈な	servil セるビル	servile サーヴァル
ピクニック	"picnic" m ピクニク	picnic ピクニク
びくびくする	tener miedo de, estar asustado(a) de テネる ミエド デ, エスタる アススタド(ダ) デ	be scared of ビ スケアド
羆	oso pardo m オソ パるド	brown bear ブラウン ベア
ピクルス	encurtidos mpl エンクるティドス	pickles ピクルス

日	西	英
日暮れ	puesta de sol *f* プエスタ デ ソル	evening, dusk イーヴニング, ダスク
髭	barba *f* バるバ	mustache マスタシュ
（あご・頬の）	barba *f* バるバ	beard ビアド
（頬の）	patillas *fpl* パティジャス	whiskers (ホ)ウィスカズ
～を剃る	afeitar アフェイタる	shave シェイヴ
悲劇	tragedia *f* トらヘディア	tragedy トラヂェディ
卑下する	humillarse ウミジャるセ	humble *oneself* ハンブル
秘訣	secreto *m* セクれト	secret スィークレト
否決する	rechazar れチャさる	reject リヂェクト
庇護	protección *f* プロテクしオン	protection プロテクション
～する	proteger プロテヘる	protect プロテクト
飛行	vuelo *m* ブエロ	flight フライト
～機	avión *m* アビオン	airplane, plane エアプレイン, プレイン
～場	aeropuerto *m* アエロプエルト	airport, airfield エアポト, エアフィールド
～船	aeronave *f* アエロナベ	airship エアシプ
尾行	seguimiento *m* セギミエント	following ファロウイング
～する	seguir セギる	follow ファロウ
非公式の	no oficial ノ オフィしアル	unofficial, informal アナフィシャル, インフォーマル
非合法の	ilegal イレガル	illegal イリーガル
被告	acusado(a) *m,f* アクサド(ダ)	defendant, the accused ディフェンダント, ジ アキューズド

日	西	英
被雇用者 ひこようしゃ	empleado(a) *m,f* エンプレアド(ダ)	employee インプロイイー
日頃 ひごろ	usualmente ウスアルメンテ	usually ユージュアリ
膝 ひざ	rodilla *f* ろディジャ	knee, lap ニー, ラプ
ビザ	visado *m* ビサド	visa ヴィーザ
ピザ	pizza *f* ピッツァ	pizza ピーツァ
被災者 ひさいしゃ	víctima *f* ビクティマ	sufferer サファラ
庇 ひさし	alero *m* アレろ	eaves イーヴズ
（帽子の）	visera *f* ビセら	visor ヴァイザ
日差し ひざし	sol *m* ソル	sunlight サンライト
久し振りに ひさしぶりに	después de mucho tiempo デスプエス デ ムチョ ティエンポ	after a long time アフタ ア ロング タイム
跪く ひざまずく	arrodillarse アろディジャるセ	kneel down ニール ダウン
悲惨な ひさんな	calamitoso(a) カラミトソ(サ)	miserable, wretched ミザラブル, レチド
肘 ひじ	codo *m* コド	elbow エルボウ
肘掛け椅子 ひじかけいす	sillón *m* シジョン	armchair アームチェア
菱形 ひしがた	rombo *m* ろンボ	rhombus, lozenge ランバス, ラズィンチ
ビジネス	negocios *mpl* ネゴしオス	business ビズネス
～マン	hombre de negocios *m* オンブれ デ ネゴしオス	businessman ビズネスマン
柄杓 ひしゃく	cucharón (de madera) *m* クチャろン (デ マデら)	dipper, ladle ディパ, レイドル
比重 ひじゅう	peso específico *m* ペソ エスペしフィコ	specific gravity スピスィフィク グラヴィティ

日	西	英
びじゅつ 美術	bellas artes *fpl* ベジャス アるテス	art, fine arts アート, ファイン アーツ
～館	museo de bellas artes *m* ムセオ デ ベジャス アるテス	art museum アート ミューズィアム
ひじゅん 批准	ratificación *f* らティフィカしオン	ratification ラティフィケイション
～する	ratificar らティフィカる	ratify ラティファイ
ひしょ 秘書	secretario(a) *m,f* セクれタりオ(ア)	secretary セクレテリ
ひじょう 非常	emergencia *f* エメるヘンしア	emergency イマーヂェンスィ
～階段	escalera de incendios *f* エスカレら デ インセンディオス	emergency staircase イマーヂェンスィ ステアケイス
～口	salida de emergencia *f* サリダ デ エメるヘンしア	emergency exit イマーヂェンスィ エクスィト
～な	extraordinario(a) エクストらオるディナりオ(ア)	unusual アニュージュアル
～に	muy ムイ	very, unusually ヴェり, アニュージュアり
びしょう 微笑	sonrisa *f* ソンりサ	smile スマイル
ひじょうきんの 非常勤の	a tiempo parcial, no numerario(a) ア ティエンポ ぱるスィアル, ノ ヌメらりオ(ア)	part-time パートタイム
ひじょうしき 非常識な	absurdo(a) アブスるド(ダ)	absurd, unreasonable アブサード, アンリーズナブル
ひじょう 非情な	cruel クるエル	heartless ハートレス
ひしょち 避暑地	centro veraniego *m* セントろ べらニエゴ	summer resort サマ リゾート
びしょ濡れの	empapado(a) エンパパド(ダ)	wet through ウェト スルー
ビジョン	visión *f* ビスィオン	vision ヴィジョン
びじん 美人	mujer hermosa *f* ムヘる エるモサ	beauty ビューティ
ひすい 翡翠	jade *m* ハデ	jade チェイド

日	西	英
ビスケット	galleta *f* ガジェタ	biscuit ビスキト
ヒステリー	histeria *f* イステリア	hysteria ヒスティアリア
ヒステリックな	histérico(a) イステリコ(カ)	hysterical ヒステリカル
ピストル	pistola *f* ピストラ	pistol ピストル
ピストン	émbolo *m* エンボロ	piston ピストン
ひずむ 歪む	deformarse, curvarse デフォみマルセ, クルバルセ	be warped ビ ウォープト
びせいぶつ 微生物	microbio *m* ミクロビオ	microorganism マイクロウオーガニズム
ひそ 砒素	arsénico *m* アルセニコ	arsenic アースニク
ひそう 悲壮 〜な	patético(a) パテティコ(カ)	pathetic, grievous パセティク, グリーヴァス
ひぞう 脾臓	bazo *m* バソ	spleen スプリーン
ひそ 密かな	secreto(a) セクレト(タ)	secret, private スィークレト, プライヴェト
ひだ 襞	pliegue *m* プリエゲ	fold フォウルド
ひたい 額	frente *f* フレンテ	forehead フォヘド
ひた 浸す	remojar れモハる	soak *in*, dip *in* ソウク, ディプ
ビタミン	vitamina *f* ビタミナ	vitamin ヴァイタミン
ひだり 左	izquierda *f* イすキエるダ	left レフト
〜側	lado izquierdo *m* ラド イすキエるド	left side レフト サイド
〜に曲がる	doblar a la izquierda ドブラる ア ラ イすキエるダ	turn left ターン レフト

日	西	英
悲痛な（ひつう）	doloroso(a) ドロソ(サ)	grievous, sorrowful グリーヴァス, サロウフル
引っ掛かる（ひっか）	engancharse en エンガンチャるセ エン	get caught in ゲト コート
引っ掻く（ひっか）	arañar アらニャる	scratch スクラチ
引っ掛ける（ひっか）	enganchar エンガンチャる	hang ハング
筆記（ひっき）		
～試験	examen escrito m エクサメン エスクリト	written examination リトン イグザミネイション
～する	escribir エスクりビる	write down ライト ダウン
棺（ひつぎ）	ataúd m アタウド	coffin コフィン
引っ繰り返す（ひっくりかえ）	volcar ボルカる	overturn オウヴァターン
引っ繰り返る（ひっくりかえ）	volcarse ボルカるセ	overturn オウヴァターン
（倒れる）	caer(se) カエる(セ)	fall over フォール オウヴァ
びっくりする	sorprenderse ソるプレンデるセ	be surprised ビ サプライズド
日付（ひづけ）	fecha f フェチャ	date デイト
ピッケル	piolet m ピオレト	ice-ax アイス アクス
引っ越し（ひっこ）	mudanza f ムダンサ	moving ムーヴィング
引っ越す（ひっこ）	mudarse ムダるセ	move, remove ムーヴ, リムーヴ
引っ込む（ひっこ）	retirarse れティらるセ	retire リタイア
引っ込める（ひっこ）	retirar れティらる	take back テイク バク
ピッコロ	flautín m フラウティン	piccolo ピコロウ

日	西	英
羊(ひつじ)	oveja *f* オベハ	sheep シープ
必死の(ひっしの)	desesperado(*a*) デセスペらド(ダ)	desperate デスパレト
必修の(ひっしゅうの)	obligatorio(*a*) オブリガトリオ(ア)	compulsory カンパルソリ
必需品(ひつじゅひん)	artículos de necesidad *mpl* アるティクロス デ ネセシダド	necessaries ネセセリズ
必須の(ひっすの)	indispensable インディスペンサブレ	indispensable インディスペンサブル
筆跡(ひっせき)	letra *f* レトら	handwriting ハンドライティング
ひっそりと	tranquilamente トらンキラメンテ	quietly クワイエトリ
ひったくる	quitar キタる	snatch スナチ
ヒッチハイク	autostop *m* アウトストプ	hitchhike ヒチハイク
ピッチャー	lanzador(*a*) *m,f* ランさドる(ら)	pitcher ピチャ
（水差し）	jarra *f* ハら	pitcher ピチャ
匹敵する(ひってきする)	igualarse *a* イグアらるセ ア	be equal *to* ビ イークワル
逼迫する(ひっぱくする)	ser alarmante セる アらるマンテ	be pressed ビ プレスト
引っ張る(ひっぱる)	tirar ティらる	stretch ストレチ
ヒップ	caderas *fpl* カデらス	hip ヒプ
蹄(ひづめ)	casco *m* カスコ	hoof フーフ
必要(ひつよう)	necesidad *f* ネセシダド	necessity, need ニセスィティ, ニード
〜な	necesario(*a*) ネセサリオ(ア)	necessary ネセセリ
ビデ	bidé *m* ビデ	bidet ビーディ

日	西	英
否定	negación *f* ネガしオン	negation ニゲイション
～する	negar ネガる	deny ディナイ
ビデオ	vídeo *m* ビデオ	video ヴィディオウ
～テープ	cinta de vídeo *f* シンタ デ ビデオ	videotape ヴィディオウテイプ
美的な	estético(a) エステティコ(カ)	aesthetic エスセティク
日照り	sequía *f* セキア	drought ドラウト
秘伝	secreto *m* セクれト	secret スィークレト
人	persona *f* ぺるソナ	person パーソン
(男)	hombre *m* オンブれ	man マン
(女)	mujer *f* ムへる	woman ウマン
(人類)	especie humana *f* エスペしエ ウマナ	mankind マンカインド
(他人)	otro(a) *m,f* オトろ(ら)	others, other people アザズ, アザ ピープル
酷い	horrible オりブレ	cruel, terrible クルエル, テリブル
一息	un respiro *m* ウン れスピろ	breath ブレス
～で	de un tirón デ ウン ティろン	at a breath アト ア ブレス
人影	figura humana *f* フィグら ウマナ	shadow, figure シャドウ, フィギャ
人柄	personalidad *f* ぺるソナリダド	character キャラクタ
一切れ	un pedazo *m* ウン ペダそ	a piece *of* ア ピース
美徳	virtud *f* ビるトゥド	virtue ヴァーチュー
一口	un bocado *m* ウン ボカド	a mouthful ア マウスフル

日	西	英
(飲み物)	un trago *m* ウン トらゴ	a gulp ア ガルプ
(出資など)	una cuota *f* ウナ クオタ	a share ア シェア
ひどけい 日時計	reloj de sol *m* れロホ デ ソル	sundial サンダイアル
ひとこと 一言	una (sola) palabra *f* ウナ (ソラ) パラブら	a word ア ワード
ひとごみ 人込み	aglomeración *f* アグロめらしオン	crowd クラウド
ひとごろ 人殺し	asesinato *m* アセシナト	murder マーダ
(人)	asesino(a) *m,f* アセシノ(ナ)	murderer マーダラ
ひとさ ゆび 人差し指	índice *m* インディセ	forefinger フォーフィンガ
ひと 等しい	ser igual *a* セる イグアル ア	be equal *to* ビ イークワル
ひとじち 人質	rehén *m* れエン	hostage ハスティヂ
ひとそろ 一揃い	un juego *m* ウン フエゴ	a set ア セト
ひと 人だかり	muchedumbre *f* ムチェドゥンブれ	crowd クラウド
ひと 一つ	uno(a) *m,f* ウノ(ナ)	one ワン
ひとで 海星	estrella de mar *f* エストれジャ デ マる	starfish スターフィシュ
ひとで 人手		
(他人の力)	ayuda *f* アジュダ	help, hand ヘルプア, ハンド
(働き手)	mano de obra *f* マノ デ オブら	hand ハンド
ひとどお おお 人通りの多い	con mucho tráfico コン ムチョ トらフィコ	busy ビスィ
ひとなつ 人懐っこい	amistoso(a) アミストソ(サ)	amiable エイミアブル
ひとな 人並みの	ordinario(a) オるディナリオ(ア)	ordinary, average オーディネリ, アヴァリヂ

日	西	英
ひとびと 人々	gente *f* ヘンテ	people, men ピープル, メン
ひとまえ 人前で	en público エン プブリコ	in public イン パブリク
ひとみ 瞳	pupila *f* プピラ	pupil ピューピル
ひとみし 人見知りする	extrañar a los desconocidos エクストらニャる ア ロス デスコノしドス	be shy ビ シャイ
ひとめ 一目で	a primera vista ア プりメら ビスタ	at a glance アト ア グランス
ひとやす 一休み	descanso *m* デスカンソ	rest, break レスト, ブレイク
ひとり 一人	uno(a) *f* ウノ(ナ)	one ワン
〜で	solo(a) ソロ(ラ)	alone, by oneself アロウン, バイ ワンセルフ
〜ぼっちで	solo(a) ソロ(ラ)	alone アロウン
独り言を言う	hablar para sí アブらル パら シ	talk to *oneself* トーク トゥ
ひとり 一人っ子	hijo(a) único(a) *m,f* イホ(ハ) ウニコ(カ)	only child オウンリ チャイルド
ひとりよ 独り善がり	satisfacción de sí mismo *f* サティスファクしオン デ シ ミスモ	self-satisfaction セルフサティスファクション
ひな 雛	cría (de ave) *f* クリア (デ アベ)	chick チク
ひなぎく 雛菊	margarita *f* マるガリタ	daisy デイズィ
ひなた 日向で	al sol アル ソル	in the sun イン ザ サン
ひな 鄙びた	rural るらル	rural ルアラル
ひなん 避難	evacuación *f* エバクアしオン	refuge, shelter レフューヂ, シェルタ
〜する	refugiarse *en* れフヒアるセ エン	take refuge *in, from* テイク レフューヂ
ひなん 非難	crítica *f* クリティカ	blame, censure ブレイム, センシュア

日	西	英
〜する	criticar クリティカる	blame, accuse ブレイム, アキューズ
ビニール	vinilo *m* ビニロ	vinyl ヴァイニル
〜ハウス	invernadero *m* インベるナデロ	plastic greenhouse プラスティック グリーンハウス
皮肉(ひにく)	ironía *f*, sarcasmo *m* イロニア, さるカスモ	sarcasm, irony サーキャズム, アイアロニ
〜な	irónico(a) イロニコ(カ)	sarcastic, ironical サーキャスティク, アイラニカル
泌尿器(ひにょうき)	órganos urinarios *mpl* オるガノス ウリナリオス	urinary organs ユアリネリ オーガンズ
否認(ひにん)	negativa *f* ネガティバ	denial ディナイアル
〜する	negar ネガる	deny ディナイ
避妊(ひにん)	anticoncepción *f* アンティコンセプしオン	contraception カントラセプション
微熱(びねつ)	fiebre ligera *f* フィエブれ リへラ	slight fever スライト フィーヴァ
捻る(ひねる)	torcer トるセる	twist, twirl トウィスト, トワール
日の入り(ひのいり)	puesta de sol *f* プエスタ デ ソル	sunset サンセト
日の出(ひので)	salida de sol *f* サリダ デ ソル	sunrise サンライズ
火鉢(ひばち)	brasero *m* ブらセロ	brazier ブレイジャ
火花(ひばな)	chispas *fpl* チスパス	spark スパーク
雲雀(ひばり)	alondra *f* アロンドら	lark ラーク
批判(ひはん)	crítica *f* クリティカ	criticism クリティスィズム
〜する	criticar クリティカる	criticize クリティサイズ
非番(ひばん)	día de descanso *m* ディア デ デスカンソ	off duty オフ デューティ

日	西	英
ひび 輝	grieta f グリエタ	chap チャプ
ひび 罅	fisura f フィスら	crack クラク
ひび 響き	sonido m, resonancia f ソニド, れソナンしア	sound サウンド
ひび 響く	sonar ソナる	sound, resound サウンド, リザウンド
（影響）	influir en インフルイる エン	influence on インフルエンス
ひひょう 批評	crítica f クリティカ	criticism, comment クリティスィズム, カメント
〜する	criticar クリティカる	criticize, comment on クリティサイズ, カメント
ひふ 皮膚	piel f ピエル	skin スキン
〜科	dermatología f デるマトロヒア	dermatology デーマタロディ
ビフテキ	filete m フィレテ	beefsteak ビーフステイク
ひぶん 碑文	inscripción f インスクリプしオン	inscription インスクリプション
ひぼう 誹謗	insulto m インスルト	slander スランダ
〜する	calumniar カルンニアる	slander スランダ
びぼう 美貌	belleza f ベジェサ	beauty ビューティ
ひぼん 非凡な	extraordinario(a) エクストらオるディナりオ(ア)	exceptional イクセプショナル
ひま 暇	tiempo m, ocio m ティエンポ, オしオ	time, leisure タイム, リージャ
〜な	libre リブれ	free, not busy フリー, ナト ビズィ
ひまご 曾孫	biznieto(a) m,f ビスニエト(タ)	great-grandchild グレイト グランチャイルド
ひまわり 向日葵	girasol m ヒらソル	sunflower サンフラウア

日	西	英
ひまん 肥満	obesidad *f* オベシダド	obesity オウビースィティ
びみ 美味	buen sabor *m* ブエン サボる	delicacy デリカスィ
ひみつ 秘密	secreto *m* セクれト	secret スィークレト
〜の	secreto(a) セクれト(タ)	secret スィークレト
びみょうな 微妙な	delicado(a) デリカド(ダ)	subtle, delicate サトル, デリケト
ひめ 姫	princesa *f* プリンせサ	princess プリンセス
ひめい 悲鳴	grito *m* グリト	scream, cry スクリーム, クライ
〜を上げる	gritar lastimeramente グリタる ラスティメらメンテ	scream, cry スクリーム, クライ
ひめん 罷免	destitución *f* デスティトゥしオン	dismissal ディスミサル
〜する	destituir デスティトゥイる	dismiss ディスミス
ひも 紐	cordón *m* コるドン	string, cord ストリング, コード
ひもと 火元	origen de un fuego *m* オリヘン デ ウン フエゴ	origin of a fire オリヂン オヴ ア ファイア
ひ 冷やかす	gastar una broma ガスタる ウナ ブロマ	banter, tease バンタ, ティーズ
ひゃく 百	cien *m* しエン	hundred ハンドリド
ひやく 飛躍	salto *m* サルト	leap, jump リープ, ヂャンプ
〜する	saltar サルタる	leap, jump リープ, ヂャンプ
ひゃくしょう 百姓	agricultor(a) *m,f* アグリクルトる(ら)	farmer ファーマ
ひゃくにちぜき 百日咳	tos ferina *f* トス フェリナ	whooping cough (ホ)ウーピング コフ
ひゃくにちそう 百日草	zinnia *f* レンニア	zinnia ズィニア

日	西	英
ひゃくまん 百万	millón *m* ミジョン	million ミリオン
びゃくや 白夜	noche blanca *f* ノチェ ブランカ	night with the midnight sun ナイト ウィズ ザ ミドナイト サン
ひや 日焼け	bronceado *m*, quemadura de sol *f* ブロンセアド, ケマドゥら デ ソル	sunburn, suntan サンバーン, サンタン
～する	ponerse moreno(a) ポネるセ モれノ(ナ)	get sunburnt ゲト サンバーント
～止め	crema solar *f* クれマ ソラる	sunscreen サンスクリーン
ヒヤシンス	jacinto *m* ハしント	hyacinth ハイアスィンス
ひ 冷やす	enfriar エンフりアる	cool, ice クール, アイス
ひゃっかじてん 百科事典	enciclopedia *f* エンしクロペディア	encyclopedia エンサイクロウピーディア
ひゃっかてん 百貨店	grandes almacenes *mpl* グらンデス アルマセネス	department store ディパートメント ストー
ひやといろうどうしゃ 日雇労働者	jornalero(a) *m,f* ホるナレろ(ら)	day laborer デイ レイバラ
ビヤホール	cervecería *f* せるベせりア	beer hall ビア ホール
ひ 冷ややかな	indiferente インディフェれンテ	cold, indifferent コウルド, インディファレント
ひゆ 比喩	tropo *m* トろポ	figure of speech フィギャ アヴ スピーチ
（隠喩）	metáfora *f* メタフォら	metaphor メタファ
～的な	figurado(a) フィグらド(ダ)	figurative フィギュラティヴ
ヒューズ	fusible *m* フしブレ	fuse フューズ
ヒューマニズム	humanismo *m* ウマニスモ	humanism ヒューマニズム
ピューレ	puré *m* プれ	puree ピュレイ
ビュッフェ	bufé *m* ブフェ	buffet バフェト

日	西	英
ひよう 費用	gasto *m* ガスト	cost コスト
ひょう 票	voto *m* ボト	vote ヴォウト
ひょう 表	tabla *f* タブラ	table, diagram テイブル, ダイアグラム
ひょう 豹	leopardo *m* レオパルド	leopard, panther レパド, パンサ
ひょう 雹	granizo *m* グらニそ	hail ヘイル
びよう 美容	tratamiento de belleza *m* トらタミエント デ ベジェさ	beauty treatment ビューティ トリートメント
〜院	peluquería *f* ペルケリア	beauty salon ビューティ サラン
びょう 秒	segundo *m* セグンド	second セコンド
びょういん 病院	hospital *m* オスピタル	hospital ハスピタル
ひょうか 評価	evaluación *f* エバルアしオン	evaluation イヴァリュエイション
〜する	evaluar エバルアる	evaluate イヴァリュエイト
ひょうが 氷河	glaciar *m* グらシアる	glacier グレイシャ
びょうがいちゅう 病害虫	insecto dañino *m* インセクト ダニオ	vermin, pest ヴァーミン, ペスト
びょうき 病気	enfermedad *f* エンフェるメダド	sickness, disease スィクネス, ディズィーズ
〜になる	enfermar エンフェるマる	get ill ゲト イル
ひょうぎかい 評議会	consejo *m* コンセホ	council カウンスィル
ひょうきんな 剽軽な	gracioso(a) グらしオソ(サ)	facetious, funny ファスィーシャス, ファニ
ひょうけつ 票決	decisión por votación *f* デしシオン ポる ボタしオン	vote ヴォウト
びょうけつ 病欠	baja por enfermedad *f* バハ ポる エンフェるメダド	sick leave スィク リーヴ

■病院■ hospital /オスピタル/ m (㊤ hospital)

救急病院（きゅうきゅうびょういん） hospital de urgencias /オスピタル デ ウるヘンしアス/ m (㊤ emergency hospital)

総合病院（そうごうびょういん） policlínica /ポリクリニカ/ f (㊤ general hospital)

医者（いしゃ） médico /メディコ/ m,f (㊤ doctor)

看護師（かんごし） enfermero(a) /エンフェるメろ(ら)/ m,f (㊤ nurse)

レントゲン技師（ぎし） radiólogo(a) /らディオロゴ(ガ)/ m,f (㊤ radiographer)

薬剤師（やくざいし） farmacéutico(a) /ファるマセウティコ(カ)/ m,f (㊤ pharmacist, druggist)

患者（かんじゃ） paciente /パしエンテ/ m,f (㊤ patient, case)

病人（びょうにん） enfermo(a) /エンフェるモ(マ)/ m,f (㊤ sick person)

怪我人（けがにん） persona herida /ぺるソナ エリダ/ f (㊤ injured person)

診療室（しんりょうしつ） sala de consulta /サラ デ コンスルタ/ f (㊤ consulting room)

手術室（しゅじゅつしつ） quirófano /キろファノ/ m (㊤ operating room)

病棟（びょうとう） pabellón de hospital /パベジョン デ オスピタル/ m (㊤ ward)

病室（びょうしつ） sala (de enfermos) /サラ (デ エンフェるモス)/ f (㊤ sickroom)

薬局（やっきょく） farmacia /ファるマしア/ f (㊤ drugstore)

内科（ないか） medicina interna /メディしナ インテるナ/ f (㊤ internal medicine)

外科（げか） cirugía /しるヒア/ f (㊤ surgery)

歯科（しか） odontología /オドントロヒア/ f (㊤ dental surgery)

眼科（がんか） oftalmología /オフタルモロヒア/ f (㊤ ophthalmology)

産婦人科（さんふじんか） tocoginecología /トコヒネコロヒア/ f (㊤ obsterics and gynecology)

小児科（しょうにか） pediatría /ペディアトリア/ f (㊤ pediatrics)

耳鼻咽喉科（じびいんこうか） otorrinolaringología /オトりノラリンゴロヒア/ f (㊤ otorhinolaryngology)

整形外科（せいけいげか） ortopedia /オるトペディア/ f (㊤ orthopedics)

レントゲン radiografía /らディオグらフィア/ f (㊤ X rays)

■病気■ enfermedad /エンフェるメダド/ f(® sickness, disease)

赤痢 disentería /ディセンテリア/ f(® dysentery)

コレラ cólera /コれラ/ f(® cholera)

チフス fiebre tifoidea /フィエブれ ティフォイデア/ f(® typhoid, typhus)

マラリア malaria /マラリア/ f(® malaria)

ジフテリア difteria /ディフテリア/ f(® diphtheria)

結核 tuberculosis /トゥベるクロシス/ f(® tuberculosis)

エイズ SIDA (Síndrome de Inmunodeficiencia Adquirida) /シダ（シンドロメ デ インムノデフィしエンしア アドキリダ）/ f(® AIDS(acquired immunodeficiency syndrome

アルツハイマー病 enfermedad de Alzheimer /エンフェるメダド デ アルセイメる/ (® Alzheimer's disease)

麻疹 sarampión /サランピオン/ m(® measles)

風邪 resfriado /れスフリアド/ m(® cold, flu)

おたふく風邪 paperas /パペらス/ fpl(® mumps)

癌 cáncer /カンせる/ m(® cancer)

頭痛 dolor de cabeza /ドロる デ カベさ/ m(® headache)

生理痛 dolor menstrual /ドロる メンストるアル/ m(® menstrual pain)

食中毒 intoxicación alimentaria /イントクシカしオン アリメンタリア/ f(® food poisoning)

盲腸炎 apendicitis /アペンディしティス/ f(® appendicitis)

腹痛 dolor de estómago /ドロる デ エストマゴ/ m(® stomachache)

ストレス estrés /エストれス/ m(® stress)

虫歯 caries /カリエス/ f(® decayed tooth)

捻挫 esguince /エスギンせ/ m(® sprain)

骨折 fractura /フらクトゥら/ f(® fracture)

打撲 golpe /ゴルペ/ m(® bruise)

脱臼 dislocación /ディスロカしオン/ f(® dislocation)

高血圧 hipertensión /イペるテンシオン/ f(® high blood pressure)

糖尿病 diabetes /ディアベテス/ f(® diabetes)

脳梗塞 infarto cerebral /インファるト セれブらル/ m(® cerebral infarction)

日	西	英
ひょうげん 表現	expresión *f* エクスプれシオン	expression イクスプレション
～する	expresar エクスプれサる	express イクスプレス
びょうげんきん 病原菌	microbio *m* ミクろビオ	disease germ ディズィーズ チャーム
ひょうご 標語	eslogan *m* エスロガン	slogan スロウガン
ひょうさつ 表札	letrero de una puerta *m* レトれろ デ ウナ プエるタ	doorplate ドープレイト
ひょうざん 氷山	iceberg *m* イセベるグ	iceberg アイスバーグ
ひょうし 表紙	tapa *f* タパ	cover カヴァ
ひょうじ 表示	indicación *f* インディカしオン	indication インディケイション
～する	indicar インディカる	indicate インディケイト
びようし 美容師	peluquero(a) *m,f* ペルケろ(ら)	beautician ビューティシャン
ひょうしき 標識	señal *f* セニャル	sign, mark サイン, マーク
びょうしつ 病室	sala (de enfermos) *f* サラ (デ エンフェるモス)	sickroom, ward スィクルーム, ウォード
びょうしゃ 描写	descripción *f* デスクリプしオン	description ディスクリプション
～する	describir デスクリビる	describe ディスクライブ
びょうじゃくな 病弱な	enfermizo(a) エンフェるミそ(さ)	sickly スィクリ
ひょうじゅん 標準	estándar *m* エスタンダる	standard スタンダド
～語	lengua estándar *f* レングア エスタンダる	standard language スタンダド ラングウィチ
～的な	estándar エスタンダる	standard, normal スタンダド, ノーマル
ひょうじょう 表情	expresión *f* エクスプれシオン	expression イクスプレション

日	西	英
びょうしょう 病床	cama de (un) enfermo *f* カマ デ (ウン) エンフェるモ	sickbed スィクベド
～についている	estar en cama エスタる エン カマ	be ill in bed ビ イル イン ベド
びょうじょう 病状	estado (de la enfermedad) *m* エスタド (デ ラ エンフェるメダド)	condition カンディション
ひょうしょう 表彰する	galardonar ガラるドナる	commend, honor カメンド, アナ
びょうしん 秒針	segundero *m* セグンデろ	second hand セコンド ハンド
ひょうせつ 剽窃	plagio *m* プラヒオ	plagiarism プレイヂアリズム
ひょうたん 瓢箪	calabaza *f* カラバサ	gourd グアド
ひょうてき 標的	blanco *m* ブランコ	target ターゲト
びょうてき 病的な	enfermizo(a) エンフェるミそ(さ)	morbid モービド
ひょうてん 氷点	punto de congelación *m* プント デ コンヘラしオン	freezing point フリーズィング ポイント
びょうどう 平等	igualdad *f* イグアルダド	equality イクワリティ
～の	igual イグアル	equal イークワル
びょうにん 病人	enfermo(a) *m,f* エンフェるモ(マ)	sick person スィク パースン
ひょうはく 漂白	blanqueo *m* ブランケオ	bleaching ブリーチング
～剤	lejía *f* レヒア	bleach ブリーチ
～する	blanquear ブランケアる	bleach ブリーチ
ひょうばん 評判	reputación *f* れプタしオン	reputation レピュテイション
ひょうほん 標本	espécimen *m* エスペしメン	specimen, sample スペスィメン, サンプル
ひょうめい 表明	manifestación *f* マニフェスタしオン	manifestation マニフェステイション

日	西	英
〜する	manifestar マニフェスタる	manifest マニフェスト
ひょうめん 表面	superficie *f* スぺルフィしエ	surface サーフェス
〜張力	tensión superficial *f* テンシオン スぺルフィしアル	surface tension サーフィス テンション
びょうりがく 病理学	patología *f* パトロヒア	pathology パサロヂィ
ひょうりゅう 漂流	deriva *f* デリバ	drift ドリフト
〜する	derivarse デリバるセ	drift ドリフト
ひょうろん 評論	crítica *f* クリティカ	criticism, review クリティスィズム, リヴュー
〜家	crítico(a) *m,f* クリティコ(カ)	critic, reviewer クリティク, リヴューア
ひよく 肥沃な	fértil フェるティル	fertile ファーティル
びよく 尾翼	plano de cola *m* プラノ デ コラ	tail of a plane テイル オヴ ア プレイン
ひよ 日除け	toldo *m* トルド	sunshade サンシェイド
ひよこ 雛	cría (de ave) *f* クリア (デ アベ)	chick チク
ビラ	volante *m* ボランテ	bill, handbill ビル, ハンドビル
ひらおよ 平泳ぎ	natación a braza *f* ナタしオン ア ブらさ	breast stroke ブレスト ストロウク
ひら 開く	abrir アブリる	open オウプン
(開始)	comenzar コメンさる	open, start オウプン, スタート
ひら 開ける	civilizarse しビリさるセ	be civilized ビ スィヴィライズド
(発展)	desarrollarse デサろジャるセ	develop ディヴェロプ
(広がる)	extenderse エクステンデるセ	spread, open スプレド, オウプン
ひら 平たい	llano(a) ジャノ(ナ)	flat, level フラト, レヴル

ひ

日	西	英
ピラニア	piraña f ピらニャ	piranha ピラニア
ピラフ	(arroz) pilaf m (アろス) ピラフ	pilaf ピラーフ
ピラミッド	pirámide f ピらミデ	pyramid ピラミド
平目(ひらめ)	platija f プラティハ	flatfish フラトフィシュ
閃く(ひらめく)	brillar ブリジャる	flash, gleam フラシュ, グリーム
ピリオド	punto m プント	period ピアリオド
比率(ひりつ)	proporción f プろポるしオン	ratio レイシオウ
ビリヤード	billar m ビジャる	billiards ビリアヅ
肥料(ひりょう)	fertilizante m フェるティリさンテ	fertilizer, manure ファーティライザ, マニュア
昼(ひる)	día m ディア	daytime, noon デイタイム, ヌーン
蛭(ひる)	sanguijuela f サンギフエラ	leech リーチ
ビル	edificio m エディフィしオ	building ビルディング
ピル	píldora f ピルドら	pill ピル
翻る(ひるがえる)	agitarse アヒタるセ	flutter フラタ
昼御飯(ひるごはん)	almuerzo m アルムエるそ	lunch ランチ
ビルディング	edificio m エディフィしオ	building ビルディング
昼寝(ひるね)	siesta f シエスタ	afternoon nap アフタヌーン ナプ
〜する	dormir la siesta ドるミる ラ シエスタ	have a nap ハヴ ア ナプ
昼間(ひるま)	día m ディア	daytime デイタイム

日	西	英
ひるやす 昼休み	descanso del mediodía *m* デスカンソ デル メディオディア	noon recess ヌーン リセス
ひれ 鰭	aleta *f* アレタ	fin フィン
ひれい 比例	proporción *f* プロぽるしオン	proportion プロポーション
〜する	estar proporcionado(a) a エスタル プロぽるしオナド(ダ) ア	be in proportion *to* ビ イン プロポーション
ひれつ 卑劣な	vil ビル	mean ミーン
にく ヒレ肉	filete *m* フィレテ	fillet フィレト
ひろ 広い	ancho(a) アンチョ(チャ)	wide, broad ワイド, ブロード
ヒロイン	heroína *f* エロイナ	heroine ヘロウイン
ひろ 拾う	recoger れコへる	pick up ピク アプ
ひろうえん 披露宴	banquete de boda *m* バンケテ デ ボダ	wedding banquet ウェディング バンクウィト
ビロード	terciopelo *m* テるしオペロ	velvet ヴェルヴェト
ひろ 広がる	extenderse エクステンデるセ	extend, expand イクステンド, イクスパンド
ひろ 広げる	extender エクステンデる	extend, enlarge イクステンド, インラーヂ
ひろ 広さ	extensión *f* エクステンシオン	extent エクステント
ひろば 広場	plaza *f* プラさ	open space オウプン スペイス
ひろま 広間	sala *f* サラ	hall, saloon ホール, サルーン
ひろ 広まる	extenderse エクステンデるセ	spread スプレド
ひろ 広める	extender エクステンデる	spread スプレド
びわ 枇杷	níspero *m* ニスペロ	loquat ロウクワト

日	西	英
ひん 品	elegancia *f* エレガンしア	elegance エリガンス
びん 瓶	jarra *f* ハら	bottle バトル
びん 便	vuelo *m* ブエロ	flight フライト
ピン	alfiler *m* アルフィレる	pin ピン
ひんい 品位	dignidad *f* ディグニダド	dignity ディグニティ
びんかん 敏感な	sensible *a* センシブレ ア	sensitive *to* センスィティヴ
ピンク	rosa *f* ろサ	pink ピンク
ひんけつ 貧血	anemia *f* アネミア	anemia アニーミア
ひんこん 貧困	pobreza *f* ポブれサ	poverty パヴァティ
ひんし 品詞	parte de la oración *f* パるテ デ ラ オらしオン	part of speech パート ヴ スピーチ
ひんしつ 品質	calidad *f* カリダド	quality クワリティ
ひんし 瀕死の	moribundo(*a*) モリブンド(ダ)	dying ダイイング
ひんじゃく 貧弱な	débil デビル	poor, meager プア, ミーガ
ひんしゅ 品種	especie *f* エスペしエ	kind, variety カインド, ヴァライエティ
びんしょう 敏捷な	ágil アヒル	agile アヂル
ピンセット	pinzas *fpl* ピンサス	tweezers トウィーザズ
びんせん 便箋	papel de escribir *m* パペル デ エスクリビる	letter paper レタ ペイパ
ピンチ	crisis *f* クリシス	pinch ピンチ

日	西	英
ビンテージ	vendimia *f* ベンディミア	vintage ヴィンティヂ
ヒント	pista *f* ピスタ	hint ヒント
頻度(ひんど)	frecuencia *f* フれクエンしア	frequency フリークウェンスィ
ピント	enfoque *m* エンフォケ	focus フォウカス
ピンナップ	"pin-up" *m,f* ピナプ	pinup ピナプ
ピン撥(は)ね	tajada *f* タハダ	kickback, rake-off キクバク, レイコフ
頻繁(ひんぱん)		
～な	frecuente フれクエンテ	frequent フリークウェント
～に	frecuentemente フれクエンテメンテ	frequently フリークウェントリ
貧乏(びんぼう)	pobreza *f* ポブれさ	poverty パヴァティ
～な	pobre ポブれ	poor プア
ピンぼけの	desenfocado(a) デセンフォカド(ダ)	out of focus アウト アヴ フォウカス

ふ, フ

日	西	英
部(ぶ)	departamento *m* デパるタメント	section セクション
(本の)	ejemplar *m* エヘンプラる	copy カピ
ファーストフード	comida rápida *f* コミダ らピダ	fast food ファスト フード
歩合(ぶあい)	porcentaje *m* ポるセンタヘ	rate, percentage レイト, パセンティヂ
無愛想(ぶあいそう)な	poco amable ポコ アマブレ	unsociable アンソウシャブル
ファイト	combatividad *f* コンバティビダド	fighting spirit ファイティング スピリット

日	西	英
ファイル	archivo *m* アるチボ	file ファイル
ファインダー	visor *m* ビソる	viewfinder ヴューファインダ
ファインプレー	buen juego *m* ブエン フエゴ	fine play ファイン プレイ
ファウル	falta *f* ファるタ	foul ファウル
ファクシミリ	facsímil *m* ファクシミる	facsimile ファクスィミリ
ファゴット	fagot *m* ファゴト	bassoon バスーン
ファジーな	confuso(*a*) コンフソ(サ)	fuzzy ファズィ
ファシスト	fascista *m,f* ファスしスタ	fascist ファシスト
ファシズム	fascismo *m* ファスしスモ	fascism ファシズム
ファスナー	cremallera *f* クれマジェら	fastener ファスナ
ぶあつ 分厚い	voluminoso(*a*) ボるミノソ(サ)	thick スィク
ファックス	fax *m* ファクス	fax ファクス
ファッション	moda *f* モダ	fashion ファション
ファミコン	videojuego *m* ビデオフエゴ	video game ヴィディオウ ゲイム
ファン	fan *m,f*, aficionado(*a*) ファン, アフィシオナド(ダ)	fan ファン
ふあん 不安	inquietud *f* インキエトゥド	uneasiness アニーズィネス
～な	inquieto(*a*) インキエト(タ)	uneasy, anxious アニーズィ, アンクシャス

日	西	英
ふあんてい 不安定	inestabilidad *f* イネスタビリダド	instability インスタビリティ
～な	inestable イネスタブレ	unstable アンステイブル
ファンデーション	base de maquillaje *f* バセ デ マキジャヘ	foundation ファウンデイション
ファンファーレ	fanfarria *f* ファンファリア	fanfare ファンフェア
ブイ	boya *f* ボジャ	buoy ブーイ
フィアンセ	prometido(a) *m,f* プろメティド(ダ)	fiancé(e) フィアーンセイ
フィート	pie *m* ピエ	feet フィート
フィーリング	sentimiento *m* センティミエント	feeling フィーリング
フィールド	campo *m* カンポ	field フィールド
～ワーク	trabajo de campo *m* トらバホ デ カンポ	fieldwork フィールドワーク
フィギュアスケート	patinaje artístico *m* パティナヘ アるティスティコ	figure skating フィギャ スケイティング
フィクション	ficción *f* フィクしオン	fiction フィクション
ふいご 鞴	fuelle *m* フエジェ	bellows ベロウズ
ふいちょう 吹聴する	pregonar プれゴナる	announce, trumpet アナウンス, トランペト
ふいっち 不一致	desacuerdo *m* デサクエるド	disagreement ディサグリーメント
フィットネスクラブ	club de gimnasia *m* クルブ デ ヒンナシア	fitness center フィトネス センタ
ふい 不意の	repentino(a) れペンティノ(ナ)	sudden, unexpected サドン, アニクスペクティド
フィルター	filtro *m* フィルトろ	filter フィルタ

日	西	英
フィルム	película f ペリクラ	film フィルム
ふうあつ 風圧	presión del viento f プれシオン デル ビエント	wind pressure ウィンド プレシャ
ふうか 風化	erosión f エロシオン	weathering ウェザリング
～する	eflorescerse エフロれスせるセ	weather ウェザ
フーガ	fuga f フガ	fugue フューグ
ふうが 風変わりな	raro(a) ろロ(ら)	curious キュアリアス
ふうき 風紀	moral pública f モらル ププリカ	discipline ディスィプリン
ふうきり 封切	estreno m エストれノ	release リリース
ブーケ	ramo m らモ	bouquet ブーケイ
ふうけい 風景	paisaje m パイサヘ	scenery スィーナリ
～画	paisaje m パイサヘ	landscape ランスケイプ
ふうさ 封鎖	bloqueo m ブロケオ	blockade ブラケイド
～する	bloquear ブロケアる	blockade ブラケイド
ふうさい 風采	presencia f プれセンしア	appearance アピアランス
ふうし 風刺	sátira f サティら	satire サタイア
～する	satirizar サティりさる	satirize サタライズ
ふうしゃ 風車	molino de viento m モリノ デ ビエント	windmill ウィンドミル
ふうしゅう 風習	costumbre f コストゥンブれ	customs カスタムズ
ふうしん 風疹	rubéola f るベオラ	rubella ルベラ

日	西	英
ふうせん 風船	globo *m* グロボ	balloon バルーン
ふうそく 風速	velocidad del viento *f* ベロシダド デル ビエント	wind velocity ウィンド ヴィラスィティ
ふうぞく 風俗	costumbres *fpl* コストゥンブれス	customs, manners カスタムズ, マナズ
ふうちょう 風潮	tendencia *f* テンデンしア	stream ストリーム
ブーツ	botas *fpl* ボタス	boots ブーツ
ふうど 風土	clima *m* クリマ	climate クライメト
ふうとう 封筒	sobre *m* ソブれ	envelope エンヴェロウプ
ふうひょう 風評	rumor *m* るモる	rumor ルーマ
ふうふ 夫婦	matrimonio *m* マトリモニオ	couple カプル
ふうみ 風味	sabor delicado *m* サボる デリカド	flavor, taste フレイヴァ, テイスト
ブーム	auge *m* アウヘ	boom ブーム
ブーメラン	bumerán *m* ブメらン	boomerang ブーマラング
ふうりょく 風力	fuerza del viento *f* フエるさ デル ビエント	force of the wind フォース オヴ ザ ウィンド
プール	piscina *f* ピスしナ	swimming pool スウィミング プール
ふうん 不運	mala suerte *f* マラ スエるテ	bad luck バド ラク
～な	desafortunad*o(a)* デサフォるトゥナド(ダ)	unlucky アンラキ
ふえ 笛	pito *m* ピト	whistle ホウィスル
（横笛）	flauta *f* フラウタ	flute フルート
フェイント	finta *f* フィンタ	feint フェイント

日	西	英
フェーン現象	fenómeno de "foehn" *m* フェノメノ デ フォエン	foehn phenomenon フェイン フィナメノン
フェザー級	peso pluma *m* ペソ プルマ	featherweight フェザウェイト
フェスティバル	festival *m* フェスティバル	festival フェスティヴァル
フェミニスト	feminista *m,f* フェミニスタ	feminist フェミニスト
フェミニズム	feminismo *m* フェミニスモ	feminism フェミニズム
フェリー	"ferry" *m* フェリ	ferry フェリ
増える	aumentar アウメンタる	increase インクリース
フェルト	fieltro *m* フィエルトろ	felt フェルト
フェンシング	esgrima *f* エスグリマ	fencing フェンスィング
フェンス	valla *f* バジャ	fence フェンス
無遠慮な	sin reservas シン れセるバス	rude ルード
フォアグラ	"foie-gras" *m* フォアグら	foie gras フワー グラー
フォーク	tenedor *m* テネドる	fork フォーク
フォーマット	formato *m* フォるマト	format フォーマト
フォーム	forma *f* フォるマ	form フォーム
フォーラム	foro *m* フォろ	forum フォーラム
フォルマリン	formalina *f* フォるマリナ	formalin フォーマリン

640

日	西	英
フォワード	delantero(a) *m,f* デランテろ(ら)	forward フォーワド
ふおん 不穏な	inquietante インキエタンテ	threatening スレトニング
ふか 孵化	incubación *f* インクバしオン	incubation インキュベイション
～する	incubar インクバる	hatch ハチ
ぶか 部下	subordinado(a) *m,f* スボるディナド(ダ)	subordinate サブオーディネト
ふか 深い	profundo(a) プロフンド(ダ)	deep, profound ディープ, プロファウンド
ふかい 不快な	incómodo(a) インコモド(ダ)	unpleasant アンプレザント
ふかかい 不可解な	incomprensible インコンプれンシブレ	incomprehensible インカンプリヘンスィブル
ふかけつ 不可欠な	indispensable インディスペンサブレ	indispensable インディスペンサブル
ふか 深さ	profundidad *f* プろフンディダド	depth デプス
ぶかっこう 不格好な	mal hecho(a) マル エチョ(チャ)	unshapely アンシェイプリ
ふかのう 不可能な	imposible インポシブレ	impossible インパスィブル
ふかんぜん 不完全	imperfeción *f* インぺるフェクしオン	imperfection インパーフェクション
～な	imperfecto(a) インぺるフェクト(タ)	imperfect インパーフィクト
ふき 蕗	tusilago *m* トゥシラゴ	coltsfoot コウルツフト
ぶき 武器	arma *f* アるマ	arms, weapon アームズ, ウェポン
ふ か 吹き替え	doblaje *m* ドブラへ	stand-in スタンディン
ふきげん 不機嫌な	de mal humor デ マル ウモる	bad-tempered バドテンパド
ふきそ 不起訴	no procesamiento *m* ノ プろせサミエント	non-prosecution ノンプラスィキューション

日	西	英
ふきそく 不規則な	irregular イれグラる	irregular イレギュラ
ふ　だ 吹き出す	brotar ブロタる	spout スパウト
（笑い出す）	echarse a reír エチャるセ　ア　れイる	burst out laughing バースト　アウト　ラフィング
ふきつ 不吉な	de mal agüero デ　マル　アグエろ	ominous アミナス
ふ　でもの 吹き出物	sarpullido m サるプジド	pimple ピンプル
ぶきみ 不気味な	misterioso(a) ミステリオソ(サ)	weird, uncanny ウィアド, アンキャニ
ふきゅう 普及	divulgación f ディブルガしオン	spread, diffusion スプレド, ディフュージョン
～する	divulgarse ディブルガるセ	spread, diffuse スプレド, ディフューズ
ふきょう 不況	depresión f デプれシオン	depression, slump ディプレション, スランプ
ぶきよう 不器用な	torpe トるペ	clumsy, awkward クラムズィ, オークワド
ふきん 付近	vecindad f ベシンダド	neighborhood ネイバフド
ふきんこう 不均衡	desequilibrio m デセキリブリオ	imbalance インバランス
ふ 拭く	enjugar エンフガる	wipe ワイプ
ふ 吹く	soplar ソプラる	blow ブロウ
（大言する）	fanfarronear ファンファろネアる	talk big トーク　ビグ
ふく 服	ropa f ろパ	clothes クロウズズ
ふぐ 河豚	pez globo m ペす　グロボ	globefish グロウブフィシュ
ふくいん 復員	desmovilización f デスモビリさしオン	demobilization ディーモウビリゼイション
ふくいんしょ 福音書	Evangelio m エバンヘリオ	Gospels ガスペルズ

日	西	英
ふくえき 服役する	cumplir su condena クンプリる ス コンデナ	serve *one's* term サーヴ ターム
ふくげん 復元	restitución *f* れスティトゥしオン	restoration レストレイション
～する	restituir れスティトゥイる	restore リストー
ふくごう 複合	complejo *m* コンプレホ	complex カンプレクス
～の	compuesto(a) コンプエスト(タ)	compound カンパウンド
ふくざつ 複雑な	complejo(a) コンプレホ(ハ)	complicated カンプリケイテド
ふくさよう 副作用	efecto secundario *m* エフェクト セクンダリオ	side effect サイド イフェクト
ふくさんぶつ 副産物	subproducto *m* スブプろドゥクト	by-product バイプロダクト
ふくし 副詞	adverbio *m* アドべルビオ	adverb アドヴァーブ
ふくし 福祉	bienestar *m* ビエネスタる	welfare ウェルフェア
ふくじ 服地	tejido *m* テヒド	cloth クロス
ふくしゃ 複写	copia *f* コピア	duplication デュープリケイション
～する	copiar コピアる	copy, duplicate カピ, デュープリケト
ふくしゅう 復習	repaso *m* れパソ	review リヴュー
～する	repasar れパサる	review リヴュー
ふくしゅう 復讐	venganza *f* べンガンサ	revenge リヴェンヂ
～する	vengar べンガる	revenge *on* リヴェンヂ
ふくじゅう 服従する	obedecer オベデせる	obey, submit *to* オベイ, サブミト
ふくすう 複数	plural *m* プルらル	plural プルアラル

日	西	英
ふくせい 複製	reproducción *f* れプロドゥクしオン	reproduction リープロダクション
ふくそう 服装	vestido *m* ベスティド	dress, clothes ドレス, クロウズズ
ふくだい 副題	subtítulo *m* スブティトゥロ	sub-title サブタイトル
ふくつう 腹痛	dolor de estómago *m* ドろル デ エストマゴ	stomachache スタマケイク
ふくびき 福引き	rifa *f* りファ	lottery ラタリ
ふくまく 腹膜	peritoneo *m* ペりトネオ	peritoneum ペリトニーアム
～炎	peritonitis *f* ペりトニティス	peritonitis ペリトナイティス
ふく 含む	contener コンテネる	contain, include カンテイン, インクルード
ふく 含める	incluir インクルイる	include インクルード
ふくめん 覆面	máscara *f* マスカら	mask マスク
ふくよう 服用		
～する	tomar medicina トマる メディしナ	take medicine テイク メディスィン
～量	dosis *f* ドシス	dose ドウス
ふく こ 膨らし粉	levadura en polvo *f* レバドゥら エン ポルボ	baking powder ベイキング パウダ
ふく はぎ 脹ら脛	pantorrilla *f* パントりジャ	calf キャフ
ふく 脹[膨]らます	hinchar, inflar インチャる, インフラる	swell スウェル
ふく 脹[膨]らむ	hincharse インチャるセ	swell スウェル
ふくり 複利	interés compuesto *m* インテれス コンプエスト	compound interest カンパウンド インタレスト
ふく 膨れる	hincharse インチャるセ	swell スウェル

日	西	英
ふくろ 袋	bolsa f ボルサ	bag, sac バグ, サク
ふくろう 梟	lechuza f レチュサ	owl アウル
ふくろこうじ 袋小路	callejón sin salida m カジェホン シン サリダ	blind alley ブラインド アリ
ふくわじゅつ 腹話術	ventriloquia f ベントりロキア	ventriloquism ヴェントリロクウィズム
ふけいき 不景気	recesión f れセシオン	depression ディプレション
ふけいざい 不経済な	antieconómico(a) アンティエコノミコ(カ)	uneconomical アンイーコナミカル
ふけつ 不潔な	sucio(a) スシオ(ア)	unclean, dirty アンクリーン, ダーティ
ふ 老ける	hacerse viejo(a) アせるセ ビエホ(ハ)	grow old グロウ オウルド
ふこう 不幸	desgracia f デスグらシア	unhappiness アンハピネス
～な	infeliz, desgraciado(a) インフェリす, デスグらシアド(ダ)	unhappy アンハピ
ふごう 符号	señal f セニャル	sign サイン
ふごうかく 不合格	fracaso m フらカソ	failure フェイリュア
ふこうへい 不公平	injusticia f インフスティシア	partiality パーシアリティ
～な	injusto(a) インフスト(タ)	unfair, partial アンフェア, パーシャル
ふごうり 不合理な	irracional, poco razonable イらシオナル, ポコ らそナブレ	unreasonable アンリーズナブル
ふさ 房	fleco m フレコ	tuft, tassel タフト, タセル
(果実の)	racimo m らシモ	bunch バンチ
ブザー	timbre m ティンブれ	buzzer バザ
ふざい 不在	ausencia f アウセンシア	absence アブセンス

日	西	英
ふさ 塞がる	estar bloqueado(a) エスタる ブロケアド(ダ)	be closed ビ クロウズド
(部屋・席などが)	llenarse ジェナるセ	be occupied ビ アキュパイド
ふさく 不作	mala cosecha f マラ コセチャ	bad harvest バド ハーヴィスト
ふさ 塞ぐ	cerrar せるる	close, block クロウス, ブラク
(占める)	ocupar オクパる	occupy アキュパイ
ふざける	bromear ブロメアる	joke, jest ヂョウク, ヂェスト
ぶさほう 無作法な	descortés デスコるテス	rude ルード
ふさわ 相応しい	apropiado(a) アプろピアド(ダ)	suitable, becoming シュータブル, ビカミング
ふし 節	articulación f アるティクラしオン	joint, knuckle ヂョイント, ナクル
(木・板の)	nudo m ヌド	knot, gnarl ナト, ナール
(歌の)	melodía f メロディア	tune, melody テューン, メロディ
ふじ 藤	glicina f グリしナ	wistaria ウィステアリア
ふしぎ 不思議	maravilla f, misterio m マらビジャ, ミステリオ	wonder, mystery ワンダ, ミスタリ
～な	misterioso(a), extraño(a) ミステリオソ(サ), エクストらニョ(ニャ)	mysterious, strange ミスティアリアス, ストレインヂ
ふしぜん 不自然な	no natural ノ ナトゥらル	unnatural アンナチャラル
ふしちょう 不死鳥	fénix m フェニス	phoenix フィーニクス
ぶじ 無事に	en paz, sano(a) y salvo(a) エン ぱす, サノ(ナ) イ サルボ(バ)	safely セイフリ
ふじみ 不死身の	invulnerable インブルネらブレ	immortal イモータル
ふじゆう 不自由な	incómodo(a) インコモド(ダ)	inconvenient インコンヴィーニェント

646

日	西	英
ふじゅうぶん 不十分な	insuficiente インスフィしエンテ	insufficient インサフィシェント
ぶしょ 部署	puesto m プエスト	post ポウスト
ふしょう 負傷	herida f エリダ	wound ウーンド
～者	herido(a) m,f エリド(ダ)	injured person インヂャド パースン
～する	herirse エりるセ	be injured ビ インヂャド
ぶしょう 不[無]精な	descuidado(a) デスクイダド(ダ)	lazy レイズィ
ふしょく 腐食	corrosión f コろシオン	corrosion カロウジョン
～する	descomponerse デスコンポネるセ	corrode コロウド
ぶじょく 侮辱	insulto m インスルト	insult インサルト
～する	insultar インスルタる	insult インサルト
ふしん 不信	desconfianza f デスコンフィアンさ	distrust ディストラスト
ふじん 夫人	esposa f エスポサ	wife ワイフ
ふじん 婦人	mujer f ムヘる	woman, lady ウマン, レイディ
ふしんせつ 不親切な	poco amable ポコ アマブレ	unkind アンカインド
ふしんにん 不信任	desconfianza f デスコンフィアンさ	nonconfidence ナンカンフィデンス
ぶすい 無粋な	poco elegante ポコ エレガンテ	inelegant イネリガント
ふせい 不正	injusticia f インフスティしア	injustice インヂャスティス
～な	injusto(a) インフスト(タ)	unjust, foul アンヂャスト, ファウル
ふせいかく 不正確	inexactitud f イネクサクティトゥド	inaccuracy イナキュラスィ

日	西	英
〜な	inexacto(a) イネクサクト(タ)	inaccurate イナキュレト
ふせ 防ぐ	defender, proteger デフェンデる, プロテヘる	defend, protect ディフェンド, プロテクト
(防止)	prevenir プれベニる	prevent プリヴェント
ふ 伏せる	poner boca abajo ポネる ボカ アバホ	turn down ターン ダウン
(隠す)	esconder エスコンデる	conceal カンスィール
ぶそう 武装	armamento *m* アるマメント	armaments アーマメンツ
〜解除	desarme *m* デサるメ	disarmament ディサーメント
〜する	armar アるマる	arm アーム
ふそく 不足	escasez *f* エスカセす	want, lack ワント, ラク
〜する	estar escaso(a) de, faltar エスタる エスカソ(サ) デ, ファルタる	be short *of*, lack ビ ショート, ラク
ふそくの 不測の	imprevisto(a) インプれビスト(タ)	unforeseen アンフォースィーン
ふぞくの 付属の	anexo(a) アネクソ(サ)	attached アタチト
ふた 蓋	tapa *f* タパ	lid リド
ふだ 札	etiqueta *f* エティケタ	label, tag レイベル, タグ
ぶた 豚	cerdo *m* せるド	pig ピグ
ぶたい 舞台	escenario *m* エスせナりオ	stage スティヂ
ふたご 双子	mellizos *mpl* メジソス	twins トウィンズ
ふたしかな 不確かな	incierto(a) インしエると(タ)	uncertain アンサートン
ふたたび 再び	otra vez オトら ベす	again, once more アゲィン, ワンス モー

日	西	英
ぶたにく 豚肉	carne de cerdo *f* カルネ デ せルド	pork ポーク
ふたり 二人	dos personas *fpl* ドス ぺルソナス	two persons トゥー パースンズ
〜部屋	habitación con dos camas *f* アビタしオン コン ドス カマス	twin room トウィン ルーム
ふたん 負担	carga *f* カるガ	burden バードン
〜する	pagar, contribuir パガる, コントりブイる	bear, share ベア, シェア
ふだん 普段		
〜着	ropa de diario *f* ろパ デ ディアりオ	casual wear キャジュアル ウェア
〜の	habitual アビトゥアる	usual ユージュアル
〜は	normalmente ノるマルメンテ	usually ユージュアリ
ふち 縁	borde *m* ボるデ	edge, brink エヂ, ブリンク
ふち 斑	mancha *f* マンチャ	spots スパツ
ふちゅうい 不注意	descuido *m* デスクイド	carelessness ケアレスネス
〜な	descuidado(a) デスクイダド(ダ)	careless ケアレス
ぶちょう 部長	director(a) *m,f* ディれクトる(ら)	director ディレクタ
ふつう 普通		
〜選挙	sufragio universal *m* スフらヒオ ウニべるサル	universal suffrage ユーニヴァーサル サフリヂ
〜の	común コムン	usual, general ユージュアル, ヂェネラル
〜は	normalmente ノるマルメンテ	usually ユージュアリ
〜預金	cuenta de ahorro *f* クエンタ デ アオろ	ordinary deposit オーディネリ ディパズィト
ぶっか 物価	precios *mpl* プれしオス	prices プライスィズ
ふっかつ 復活	resurgimiento *m* れスるヒミエント	revival リヴァイヴァル

日	西	英
～祭	Pascua *f*	Easter
～する	resurgir	revive
ぶつかる	golpearse	hit, strike
復旧	restauración *f*	restoration
～する	restaurar	be restored
仏教	budismo *m*	Buddhism
～徒	budista *m,f*	Buddhist
ぶつける	tirar *a*	throw *at*
（衝突）	golpear *contra*	bump *against*
復興	restauración *f*	reconstruction
～する	restaurar	reconstruct
不都合	incoveniencia *f*	inconvenience
復刻	reproducción *f*	reproduction
～する	reproducir	reproduce
物質	materia *f*	matter, substance
～的な	material	material
プッシュホン	teléfono de teclas *m*	push-button telephone
物色する	buscar	look *for*
弗素	flúor *m*	fluorine
仏像	estatua de Buda *f*	Buddhist image

日	西	英
ぶっそう 物騒な	peligroso(a) ペリグろソ(サ)	dangerous デインヂャラス
ぶったい 物体	objeto m オブヘト	object, thing アブヂクト, スィング
ふっとう 沸騰	ebullición f, hervor m エブジしオン, エるボる	boiling ボイリング
～する	hervir エるビる	boil ボイル
フットライト	candilejas fpl カンディレハス	footlights フトライツ
フットワーク	juego de piernas m フエゴ デ ピエるナス	footwork フトワーク
ぶつぶつ言う	murmurar ムるムらる	murmur マーマ
（文句を言う）	quejarse de ケハるセ デ	grumble グランブル
ぶつぶつこうかん 物々交換	trueque m トるエケ	barter バータ
～する	trocar トろカる	barter バータ
ぶつり 物理	física f フィシカ	physics フィズィクス
～学者	físico(a) m,f フィシコ(カ)	physicist フィズィスィスト
ふで 筆	pincel m ピンセル	writing brush ライティング ブラシュ
ふてい 不定		
～冠詞	artículo indeterminado m アるティクロ インデテるミナド	indefinite article インデフィニト アーティクル
～詞	infinitivo m インフィニティボ	infinitive インフィニティヴ
～の	indefinido(a) インデフィニド(ダ)	indefinite インデフィニト
ブティック	"boutique" f ブティク	boutique ブーティーク
プディング	pudín m プディン	pudding プディング
ふてきとう 不適当な	inadecuado(a) イナデクアド(ダ)	unsuitable アンスュータブル

日	西	英
ふと	de repente デ れペンテ	suddenly, by chance サドンリ, バイ チャンス
太い	grueso(a) グるエソ(サ)	big, thick ビグ, スィク
(声が)	resonante れソナンテ	deep ディープ
不当	injusticia f インフスティしア	injustice インチャスティス
～な	injusto(a) インフスト(タ)	unjust アンチャスト
葡萄	uva f ウバ	grapes グレイプス
～酒	vino m ビノ	wine ワイン
不動産	bienes raíces mpl, inmobiliaria f ビエネス らイせス, インモビリアリア	real estate リーアル イステイト
懐	pecho m ペチョ	breast ブレスト
(懐中・財布)	bolsillo m ボルシジョ	pocket, purse パケト, パース
太さ	grosor m グろソル	thickness スィクネス
太字	letra gruesa f レトら グるエサ	bold type ボウルド タイプ
太股	muslo m ムスロ	thigh サイ
太[肥]る	engordar エンゴるダる	grow fat グロウ ファト
布団	futón m フトン	futon フータン
鮒	carpín m カるピン	crucian carp クルーシアン カープ
船積み	embarque m エンバるケ	shipment シプメント
船乗り	marinero m マリネろ	sailor セイラ
船便で	por vía marítima ポる ビア マリティマ	by surface mail バイ サーフィス メイル

日	西	英
ふなよ 船酔い	mareo (en los viajes por mar) m マれオ (エン ロス ビアヘス ポる マる)	seasickness スィースィクネス
ぶなん 無難な	seguro(a) セグろ(ら)	safe, pretty good セイフ, プリティ グド
ふにんしょう 不妊症	esterilidad f エステリリダド	sterility ステリリティ
ふね 船・舟	barco m, bote m バるコ, ボテ	boat, ship ボウト, シプ
ふねんせいの 不燃性の	ininflamable イニンフラマブレ	nonflammable ナンフラマブル
ふはい 腐敗	putrefacción f プトれファクしオン	putrefaction ピュートレファクション
(精神の)	corrupción f コるプしオン	corruption カラプション
〜する	pudrirse プドりるセ	rot ラト
ぶひん 部品	pieza f ピエさ	parts パートツ
ふぶき 吹雪	tormenta de nieve f トるメンタ デ ニエベ	snowstorm スノウストーム
ぶぶん 部分	parte f パるテ	part パート
ふへい 不平	descontento m デスコンテント	dissatisfaction ディスサティスファクション
〜を言う	quejarse de ケハるセ デ	grumble グランブル
ぶべつ 侮蔑	desprecio m デスプれしオ	contempt コンテンプト
ふへん 普遍	universalidad f ウニべるサリダド	universality ユーニヴァーサリティ
〜的な	universal ウニべるサル	universal ユーニヴァーサル
ふべん 不便	incomodidad f インコモディダド	inconvenience インコンヴィーニェンス
〜な	incómodo(a) インコモド(ダ)	inconvenient インコンヴィーニェント
ふぼ 父母	padres mpl パドれス	parents ペアレンツ

日	西	英
ふほう 不法な	ilegal イレガル	unlawful アンローフル
ふまん 不満	descontento *m* デスコントント	discontent ディスコントント
～な	descontento(*a*) デスコントント(タ)	discontented ディスコンテンテド
ふみきり 踏切	paso a nivel *m* パソ ア ニベル	crossing クロスィング
ふ　だい 踏み台	banqueta *f* バンケタ	footstool フトストゥール
（手段）	trampolín *m* トランポリン	stepping-stone ステピングストウン
ふみんしょう 不眠症	insomnio *m* インソンニオ	insomnia インサムニア
ふ 踏む	pisar ピサる	step, tread ステプ，トレド
（手続きなどを）	proceder プロセデる	go through ゴウ スルー
ふめい 不明な	incierto(*a*) インしエルト(タ)	unknown アンノウン
ふめいよ 不名誉	deshonra *f* デソンら	dishonor ディスアナ
～な	deshonroso(*a*) デソンろソ(サ)	dishonorable ディサナラブル
ふめいりょう 不明瞭な	poco claro(*a*) ポコ クラろ(ら)	not clear ナト クリア
ふもう 不毛な	estéril エステリル	sterile ステリル
ふもと 麓	pie *m* ピエ	foot フト
ぶもん 部門	sección *f* セクしオン	section セクション
ふ 増やす	aumentar アウメンタる	increase インクリース
ふゆ 冬	invierno *m* インビエるノ	winter ウィンタ
ふゆかい 不愉快な	desagradable デサグらダブレ	disagreeable ディサグリーアブル

日	西	英
扶養(ふよう)	mantenimiento *m* マンテニミエント	support サポート
～家族	familia que mantener *f* ファミリア ケ マンテネる	dependent ディペンデント
～する	mantener マンテネる	support サポート
舞踊(ぶよう)	danza *f* ダンさ	dance ダンス
不用(ふよう)な	innecesario(*a*) インネせサりオ(ア)	unnecessary アンネセサリ
フライ	fritura *f* フリトゥら	fry フライ
フライ級(きゅう)	peso mosca *m* ペソ モスカ	flyweight フライウェイト
フライト	vuelo *m* ブエロ	flight フライト
プライド	orgullo *m* オるグジョ	pride プライド
プライバシー	intimidad *f*, privacidad *f* インティミダド, プりバしダド	privacy プライヴァスィ
フライパン	sartén *f* サるテン	frying pan フライイング パン
プライベートな	privado(*a*) プリバド(ダ)	private プライヴェト
プライムレート	tasa preferencial *f* タサ プれフェれンしアル	prime rate プライム レイト
フライング	salida en falso *f* サリダ エン ファルソ	false start フォールス スタート
ブラインド	persiana *f* ぺるシアナ	blind ブラインド
ブラウス	blusa *f* ブルサ	blouse ブラウズ
ブラウン管(かん)	tubo de rayos catódicos *m* トゥボ デ らヨス カトディコス	cathode-ray tube キャソウドレイ テューブ
プラカード	pancarta *f* パンカるタ	placard プラカード

ふ

日	西	英
プラグ	enchufe *m* エンチュフェ	plug プラグ
ぶら下がる	colgar(se) コルガる(セ)	hang, dangle ハング, ダングル
ぶら下げる	colgar コルガる	hang, suspend ハング, サスペンド
ブラシ	cepillo *m* セピジョ	brush ブラシュ
ブラジャー	sujetador *m*, sostén *m* スヘタドる, ソステン	brassiere, bra ブラズィア, ブラー
プラス	más *m* マス	plus プラス
フラスコ	matraz *m* マトらす	flask フラスク
プラスチック	plástico *m* プラスティコ	plastic プラスティク
フラストレーション	frustración *f* フるストらしオン	frustration フラストレイション
ブラスバンド	banda de música *f* バンダ デ ムシカ	brass band ブラス バンド
プラズマ	plasma *m* プラスマ	plasma プラズマ
プラタナス	(árbol del) plátano *m* (アるボル デル) プラタノ	plane tree プレイン トリー
プラチナ	platino *m* プラティノ	platinum プラティナム
ぶらつく	vagar バガる	walk about ウォーク アバウト
ブラックリスト	lista negra *f* リスタ ネグら	blacklist ブラクリスト
フラッシュ	"flash" *m* フラス	flashlight フラシュライト
プラットホーム	andén *m* アンデン	platform プラトフォーム

日	西	英
プラネタリウム	planetario *m* プラネタリオ	planetarium プラニテアリアム
ぶらぶらする	balancear バランセアる	swing, dangle スウィング, ダングル
（さまよう）	vagar バガる	wander ワンダ
（怠ける）	ser perezoso(a) せる ぺれそソ(サ)	be lazy ビ レイズィ
フラミンゴ	flamenco *m* フラメンコ	flamingo フラミンゴウ
プラム	ciruela *f* しるエラ	plum プラム
フラメンコ	flamenco *m* フラメンコ	flamenco フラメンコウ
プラモデル	maqueta de plástico *f* マケタ デ プラスティコ	plastic toy-model kit プラスティク トイマドル キト

■フラメンコ■ flamenco / フラメンコ / *m*

歌い手　cantaor(a) / カンタオる (ら) / (英 singer)

踊り手　bailaor(a) / バイラオる (ら) / (英 dancer)

歌　cante / カンテ / (英 song)

踊り　baile / バイレ / (英 dance)

ギター　guitarra / ギタら / (英 guitar)

中間の速度の曲　alegría / アレグリア / (英 alegría)

カスタネット　castañuela / カスタニュエラ / (英 castanet)

扇子　abanico / アバニコ / (英 fan)

靴　zapatos / サパトス / (英 shoes)

手拍子　palmas / パルマス / (英 handclap)

ステップ　paso / パソ / (英 step)

オレ！（かけ声）　¡Ole! / オレ / (英 Ole!)

靴音でリズムを刻む技法　zapateado / サパテアド / (英 tap)

タブラオ（フラメンコを見せる店）tablao / タブラオ / (英 flamenco bar)

日	西	英
フラン	franco m フらンコ	franc フランク
プラン	plan m プラン	plan プラン
ブランク	vacío m バしオ	blank ブランク
プランクトン	plancton m プランクトン	plankton プランクトン
ぶらんこ	columpio m コルンピオ	swing, trapeze スウィング, トラピーズ
フランス	Francia フらンしア	France フランス
〜語	francés m フらンセス	French フレンチ
〜の	francés(esa) フらンセス(サ)	French フレンチ
〜料理	plato francés m プらト フらンセス	French food フレンチ フード
プランター	sembradora f センプらドら	planter プランタ
フランチャイズ	franquicia f フらンキしア	franchise フランチャイズ
ブランデー	brandy m ブらンディ	brandy ブランディ
ブランド	marca f マるカ	brand ブランド
プラント	planta f プらンタ	plant プラント
不利(ふり)	desventaja f デスベンタハ	disadvantage ディサドヴァンテイヂ
〜な	desfavorable デスファボらブレ	disadvantageous ディサドヴァンテイヂャス
鰤(ぶり)	"buri" m ブリ	yellowtail イェロウテイル
フリーザー	congelador m コンヘラドる	freezer フリーザ

日	西	英
プリーツ	pliegue *m* プリエゲ	pleat プリート
フリーの	libre リブれ	free フリー
ブリーフ	slip *m* スリプ	briefs ブリーフス
ブリーフケース	cartera *f* カるテら	briefcase ブリーフケイス
フリーランサー	"free-lance" *m,f* フリランス	freelance フリーランス
不利益(ふりえき)	desventaja *f* デスベンタハ	disadvantage ディサドヴァンティヂ
振替(ふりかえ)	transferencia postal *f* トらンスフェれンシア ポスタル	transfer トランスファー
振り返る(ふりかえる)	volverse *a* ボルべるセ ア	look back *at, upon* ルク バク
ブリキ	hojalata *f* オハラタ	tinplate ティンプレイト
振り子(ふりこ)	péndulo *m* ペンドゥロ	pendulum ペンヂュラム
振り込む(ふりこむ)	transferir *a* トらンスフェりる ア	transfer *to* トランスファー
プリズム	prisma *m* プりスマ	prism プリズム
プリペイド	prepagado(*a*) プれパガド(ダ)	prepaid プリーペイド
プリマドンナ	diva *f* ディバ	prima donna プリーマ ダナ
振り向く(ふりむく)	volverse *a* ボルべるセ ア	turn *to*, look back ターン, ルク バク
不良(ふりょう)	delincuente juvenil *m,f* デリンクエンテ フベニル	juvenile delinquent ヂューヴィナイル ディリンクウェント
～な	malo(*a*) マロ(ラ)	bad バド
武力(ぶりょく)	fuerza militar *f* フエるさ ミリタる	military power ミリテリ パウア

日	西	英
フリル	volante *m* ボランテ	frill フリル
ふりん 不倫	adulterio *m* アドゥルテリオ	adultery アダルタリ
プリン	flan *m* フラン	pudding プディング
プリンス	príncipe *m* プリンしペ	prince プリンス
プリンセス	princesa *f* プリンせサ	princess プリンセス
プリンター	impresora *f* インプれソラ	printer プリンタ
プリント	copia *f*, impreso *m* コピア, インプれソ	copy, print カピ, プリント
～アウト	salida impresa *f* サリダ インプれサ	printout プリンタウト
ふ 降る	caer カエる	fall フォール
雨が～	Llueve. ジュエベ	It rains. イト レインズ
雪が～	Nieva. ニエバ	It snows. イト スノウズ
ふ 振る	agitar アヒタる	shake, wave シェイク, ウェイヴ
ふる 古い	viejo(*a*), antiguo(*a*) ビエホ(ハ), アンティグオ(ア)	old, ancient オウルド, エインシェント
ブルー	azul アすル	blue ブルー
～カラー	obrero(*a*) *m,f* オブれろ(ら)	blue-collar worker ブルーカラ ワーカ
ブルース	"blues" *m* ブルス	blues ブルーズ
フルーツ	fruta *f* フるタ	fruit フルート
フルート	flauta *f* フラウタ	flute フルート

日	西	英
ブルーベリー	arándano *m* アらンダノ	blueberry ブルーベリ
震える	temblar テンブラる	tremble, shiver トレンブル, シヴァ
プルオーバー	"pullover" *m* プロべル	pullover プロウヴァ
古臭い	anticuado(a) アンティクアド(ダ)	old-fashioned オウルドファションド
フルコース	cubierto *m* クビエると	full-course dinner フルコース ディナ
故郷	tierra natal *f* ティえら ナタル	home, hometown ホウム, ホウム タウン
ブルジョア	burgués(esa) *m,f* ブるゲス(サ)	bourgeois ブアジュワー
（階級）	burguesía *f* ブるゲシア	bourgeoisie ブアジュワーズィー
ブルゾン	chaqueta *f* チャケタ	blouson ブルーサン
ブルドーザー	"bulldozer" *m* ブルドせる	bulldozer ブルドウザ
ブルドッグ	"buldog" *m* ブルドグ	bulldog ブルドグ
プルトニウム	plutonio *m* プルトニオ	plutonium プルートゥニアム
古本	libro usado *m* リブろ ウサド	used book ユースト ブク
振る舞う	portarse ポるタるセ	behave ビヘイヴ
古めかしい	pasado(a) de moda パサド(ダ) デ モダ	old-fashioned オウルドファションド
震わせる	sacudir サクディる	shake, tremble *with* シェイク, トレンブル
無礼な	descortés デスコるテス	impolite, rude インポライト, ルード
プレー	juego *m* フエゴ	play プレイ

日	西	英
～オフ	"play off" *m* プレイ オフ	play-off プレイオフ
ブレーキ	freno *m* フれノ	brake ブレイク
～をかける	echar el freno エチャる エル フれノ	put on the brake プト オン ザ ブレイク
プレート	placa *f* プらカ	plate プレイト
プレーボーイ	"playboy" *m*, donjuán *m* プレイボイ, ドンフアン	playboy プレイボイ
フレーム	marco *m* マるコ	frame フレイム
プレーヤー	jugador(a) *m,f* フガドる(ら)	player プレイア
ブレーン	cerebro *m* せれブろ	brains ブレインズ
ブレザー	"blazer" *m* ブレイせる	blazer ブレイザ
プレス	presión *f* プれシオン	press プレス
（報道機関）	prensa *f* プれンサ	press プレス
フレスコ画	fresco *m* フれスコ	fresco フレスコウ
ブレスレット	pulsera *f* プルせら	bracelet ブレイスレト
プレゼンテーション	presentación *f* プれセンタしオン	presentation プリーゼンテイション
プレゼント	regalo *m* れガロ	present プレズント
～する	regalar れガラる	present プリゼント
プレタポルテ	"prêt-à-porter" *m* プれタポるテる	prêt-à-porter プレターポティ
フレックスタイム	horario flexible *m* オらりオ フレクシブレ	flextime フレクスタイム

日	西	英
プレッシャー	presión f プレシオン	pressure プレシャ
プレハブ	prefabricación f プレファブリカシオン	prefabrication プリーファブリケイション
〜住宅	vivienda prefabricada f ビビエンダ プレファブリカダ	prefabricated house プリーファブリケイテド ハウス
プレミアム	premio m プレミオ	premium プリーミアム
触れる	tocar トカる	touch タチ
（言及）	mencionar メンシオナる	mention メンション
不連続	discontinuidad f ディスコンティヌイダド	discontinuity ディスコンティニューイティ
フレンチドレッシング	aliño a la francesa m アリニョ ア ラ フらンセサ	French dressing フレンチ ドレスィング
ブレンド	mezcla f メすクラ	blending ブレンディング
風呂	baño m バニョ	bath バス
〜に入る	tomar un baño トマる ウン バニョ	take a bath テイク ア バス
プロ	profesional m,f プろフェシオナル	pro プロウ
〜の	profesional プろフェシオナル	pro プロウ
フロア	suelo m スエロ	floor フロー
ブロイラー	parrilla f パりジャ	broiler ブロイラ
ブローカー	corredor(a) m,f コれドる(ら)	broker ブロウカ
ブローチ	broche m ブろチェ	brooch ブロウチ
付録	suplemento m スプレメント	supplement サプリメント

日	西	英
プログラマー	programador(a) *m,f* プログらマドる(ら)	programmer プロウグラマ
プログラミング	programación *f* プログらマしオン	programming プロウグラミング
プログラム	programa *m* プログらマ	program プロウグラム
プロジェクト	proyecto *m* プロジェクト	project プロチェクト
プロセス	proceso *m* プロせソ	process プラセス
プロダクション	producción *f* プロドゥクしオン	production プロダクション
ブロック	bloque *m* ブロケ	block ブラク
フロックコート	levita *f* レビタ	frock coat フラク コウト
ブロッコリー	brócoli *m* ブろコリ	broccoli ブラコリ
プロット	argumento *m* あるグメント	plot プラト
フロッピー	"floppy" *m* フロピ	floppy フラピ
プロテクター	protector *m* プロテクトる	protector プロテクタ
プロテスタント	protestantismo *m* プロテスタンティスモ	Protestantism プラティスタンティズム
(信者)	protestante *m,f* プロテスタンテ	Protestant プラティスタント
プロデューサー	productor(a) *m,f* プロドゥクトる(ら)	producer プロデューサ
プロバイダー	proveedor *m* プロベエドる	provider プロヴァイダ
プロパン	propano *m* プロパノ	propane プロウペイン

日	西	英
プロフィール	perfil *m* ペるフィル	profile プロウファイル
プロペラ	hélice *f* エリせ	propeller プロペラ
プロポーション	proporción *f* プろポるしオン	proportion プロポーション
プロポーズ	propuesta *f* プろプエスタ	proposal プロポウザル
〜する	pedir matrimonio *a* ペディる マトリモニオ ア	propose marriage *to* プロポウズ マリヂ
ブロマイド	foto *f* フォト	bromide ブロウマイド
プロムナード	paseo *m* パセオ	promenade プラメネイド
プロモーション	promoción *f* プろモしオン	promotion プロモウション
プロモーター	promotor(a) *m,f* プろモトる(ら)	promoter プロモウタ
プロレス	lucha libre profesional *f* ルチャ リブれ プろフェシオナル	professional wrestling プロフェショナル レスリング
プロレタリア	proletario(a) *m,f* プろレタりオ(ア)	proletarian プロウレテアリアン
プロローグ	prólogo *m* プろロゴ	prologue プロウログ
ブロンズ	bronce *m* ブろンせ	bronze ブランズ
フロント	recepción *f* れせプしオン	front desk フラント デスク
〜ガラス	parabrisas *m* パらブリサス	windshield ウィンシールド
ブロンド	pelo rubio *m* ペロ るビオ	blonde ブランド
ふわ 不和	discordia *f* ディスコるディア	discord ディスコード

ふ

日	西	英
ふわた 不渡り（手形）	(letra) devuelta f レトら デブエルタ	dishonored bill ディスアナード ビル
ふん 分	minuto m ミヌト	minute ミヌト
ふん 糞	heses fpl, excrementos mpl エセス, ミエるダ, エクスクれメントス	feces, excrements フィースィーズ, エクスクレメンツ
ぶん 文	oración f オらしオン	sentence センテンス
ふんいき 雰囲気	ambiente m アンビエンテ	atmosphere アトモスフィア
ふんか 噴火	erupción f エるプしオン	eruption イラプション
～する	hacer erupción アせる エるプしオン	erupt イラプト
ぶんか 文化	cultura f クルトゥら	culture カルチャ
～的な	cultural クルトゥらル	cultural カルチャラル
ふんがい 憤慨	indignación f インディグナしオン	indignation インディグネイション
～する	indignarse de インディグナるセ デ	be indignant at ビ インディグナント
ぶんかい 分解	descomposición f デスコンポシしオン	decomposition ディーカンポズィション
～する	descomponerse デスコンポネるセ	resolve into, decompose リザルヴ, ディーコンポウズ
ぶんがく 文学	literatura f リテらトゥら	literature リテラチャ
～の	literario(a) リテらりオ(ア)	literary リタレリ
ぶんかつ 分割	división f ディビシオン	division ディヴィジョン
～する	dividir ディビディる	divide ディヴァイド
～払い	pago a plazos m パゴ ア プらソス	installment plan インストールメント プラン
ふんきゅう 紛糾する	complicarse コンプリカるセ	become complicated ビカム カンプリケイテド
ぶんぎょう 分業	reparto laboral m れパるト ラボらル	division of labor ディヴィジョン アヴ レイバ

666

日	西	英
ぶんげい **文芸**	artes *mpl* y literatura *f* アるテス イ リテらトゥら	arts and literature アーツ アンド リテラチャ
ぶんけん **文献**	documentos *mpl* ドクメントス	literature, documents リテラチャ, ダキュメンツ
～学	filología *f* フィロロヒア	philology フィラロヂィ
ぶんこ **文庫**	biblioteca *f* ビブリオテカ	library ライブラリ
～本	libro de bolsillo *m* リブろ デ ボルシジョ	pocket book パケト ブク
ぶんご **文語**	lenguaje literario *m* レングアヘ リテラりオ	literary language リタレアリ ラングウィヂ
ふんさい **粉砕する**	triturar トりトゥらる	smash, crush スマシュ, クラシュ
ぶんし **分子**	molécula *f* モレクラ	molecule マレキュール
(数学)	numerador *m* ヌメらドる	numerator ニューマレイタ
(一部の者)	elemento *m* エレメント	element エレメント
ふんしつ **紛失**	pérdida *f* ぺるディダ	loss ロス
～する	perder ぺるデる	lose ルーズ
～物	objeto perdido *m* オブヘト ぺるディド	lost article ロスト アーティクル
ぶんしょ **文書**	documento *m*, papeles *mpl* パペレス	document ダキュメント
ぶんしょう **文章**	escrito *m* エスクりト	writing ライティング
ふんすい **噴水**	fuente *f* フエンテ	fountain ファウンティン
ぶんすいれい **分水嶺**	divisoria de aguas *f* ディビソりア デ アグアス	watershed ウォタシェド
ぶんすう **分数**	fracción *f* フらクしオン	fraction フラクション
ぶんせき **分析**	análisis *m* アナりシス	analysis アナリスィス
～する	analizar アナりさる	analyze アナライズ

日	西	英
ふんそう 紛争	conflicto *m* コンフリクト	conflict カンフリクト
ぶんたい 文体	estilo *m* エスティロ	style スタイル
ぶんたん 分担	contribución *f* コントリブシオン	share シェア
〜する	compartir コンパるティる	share シェア
ぶんちん 文鎮	pisapapeles *m* ピサパペレス	paperweight ペイパウェイト
ぶんつう 文通	correspondencia *f* コれスポンデンシア	correspondence コレスパンデンス
〜する	escribirse エスクりビるセ	correspond コレスパンド
ぶんどき 分度器	transportador *m* トらンスポるタドる	protractor プロトラクタ
ぶんぱい 分配	distribución *f* ディストリブシオン	distribution ディストリビューション
〜する	distribuir ディストリブイる	distribute ディストリビュート
ぶんぴ 分泌	secreción *f* セクれシオン	secretion スィクリーション
ぶんぷ 分布	distribución *f* ディストリブシオン	distribution ディストリビューション
〜する	estar distribuido(*a*) エスタる ディストリブイド(ダ)	be distributed ビ ディストリビューテド
ふんべつ 分別	prudencia *f* プるデンシア	discretion, good sense ディスクレション, グド センス
ぶんべん 分娩	parto *m* パるト	childbirth チャイルドバース
〜する	dar a luz ダる ア ルす	be delivered *of* ビ ディリヴァド
ぶんぼ 分母	denominador *m* デノミナドる	denominator ディナミネイタ
ぶんぽう 文法	gramática *f* グらマティカ	grammar グラマ
ぶんぼうぐ 文房具	artículos de papelería *mpl* アるティクロス デ パペレリア	stationery ステイショネリ
〜店	papelería *f* パペレリア	stationery store ステイショネリ ストー

■文房具■ artículos de papelería /アるティクロス デ パペレリア/ mpl (🇺🇸 stationery)

鉛筆 lápiz /ラピす/ m (🇺🇸 pencil)

万年筆 pluma (estilográfica) /プルマ（エスティログらフィカ）/ f (🇺🇸 fountain pen)

ボールペン bolígrafo /ボリグらフォ/ m (🇺🇸 ball-point pen)

シャープペンシル lápiz portaminas /ラピす ポるタミナス/ m (🇺🇸 mechanical pencil)

消しゴム borrador /ボらドる/ m (🇺🇸 eraser, rubber)

インク tinta /ティンタ/ f (🇺🇸 ink)

コンパス compás /コンパス/ m (🇺🇸 compasses)

絵の具 colores mpl, pinturas /コロれス, ピントゥらス/ fpl (🇺🇸 paints, colors)

クレヨン crayola /クらジョラ/ f (🇺🇸 crayon)

クレパス pastel /パステル/ m (🇺🇸 pastel crayon)

色鉛筆 lápiz de color /ラピス デ コロる/ m (🇺🇸 color pencil)

パレット paleta /パレタ/ f (🇺🇸 palette)

ノート cuaderno /クアデるノ/ m (🇺🇸 notebook)

スケッチブック bloc de dibujos /ブロク デ ディブホス/ (🇺🇸 sketchbook)

手帳 agenda /アヘンダ/ f (🇺🇸 notebook)

日記帳 diario /ディアりオ/ m (🇺🇸 diary)

原稿用紙 papel cuadriculado /パペル クアドりクラド/ (🇺🇸 manuscript paper)

ルーズリーフ cuaderno de hojas sueltas /クアデるノ デ オハス スエルタス/ m (🇺🇸 loose-leaf notebook)

葉書 postal /ポスタル/ f (🇺🇸 postal card)

便箋 papel de escribir /パペル デ エスクりビる/ m (🇺🇸 letter paper)

封筒 sobre /ソブれ/ m (🇺🇸 envelope)

バインダー carpeta /カるペタ/ f (🇺🇸 binder)

糊 pegamento /ペガメント/ m (🇺🇸 paste, starch)

画鋲 chincheta /チンチェタ/ f (🇺🇸 thumbtack)

セロテープ cinta de celofán /シンタ デ セロファン/ f (🇺🇸 Scotch tape)

クリップ clip /クリプ/ m (🇺🇸 clip)

ホッチキス grapadora /グらパドら/ f (🇺🇸 stapler)

日	西	英
ふんまつ 粉末	polvo *m* ポルボ	powder パウダ
ぶんみゃく 文脈	contexto *m* コンテクスト	context カンテクスト
ふんむき 噴霧器	pulverizador *m* プルベりさドる	spray スプレイ
ぶんめい 文明	civilización *f* しビリさしオン	civilization スィヴィリゼイション
ぶんや 分野	campo *m* カンポ	field, line フィールド, ライン
ぶんり 分離	separación *f* セパらしオン	separation セパレイション
～する	separar セパらる	separate セパレイト
ぶんりょう 分量	cantidad *f* カンティダド	quantity クワンティティ
ぶんるい 分類	clasificación *f* クラシフィカしオン	classification クラスィフィケイション
～する	clasificar クラシフィカる	classify クラスィファイ
ぶんれつ 分裂	división *f* ディビシオン	split, division スプリト, ディヴィジョン
～する	dividirse ディビディるセ	split スプリト

へ, ヘ

日	西	英
へ 屁	pedo *m* ペド	wind ウィンド
ヘア	pelo *m* ペロ	hair ヘア
～スタイル	peinado *m* ペイナド	hairstyle ヘアスタイル
～トニック	tónico (capilar) *m* トニコ (カピラる)	hair tonic ヘア タニク
～ネット	redecilla *f* れデしジャ	hairnet ヘアネト
～ピース	postizo *m* ポスティそ	hairpiece ヘアピース

日	西	英
～ピン	horquilla *f* オルキジャ	hairpin ヘアピン
～ブラシ	cepillo para el pelo *m* セピジョ パラ エル ペロ	hairbrush ヘアブラシ
ペア	pareja *f* パレハ	pair ペア
ベアリング	cojinete *m* コヒネテ	bearing ベアリング
へい 塀	tapia *f* タピア	wall, fence ウォール, フェンス
へいえき 兵役	servicio militar *m* セルビシオ ミリタる	military service ミリテリ サーヴィス
へいおん 平穏な	tranquilo(*a*) トらンキロ(ラ)	calm カーム
べいか 米価	precio del arroz *m* プれシオ デル アろス	price of rice プライス オヴ ライス
へいかい 閉会	clausura *f* クラウスら	closing クロウズィング
～する	clausurar クラウスらる	close クロウズ
へいがい 弊害	mal efecto *m* マル エフェクト	evil, abuse イーヴル, アビューズ
へいき 兵器	armas *fpl* アるマス	arms, weapon アームズ, ウェポン
～庫	arsenal *m* アるセナル	arsenal アースィナル
へいき 平気	calma *f* カルマ	composure カンポウジャ
～な	indiferente インディフェれンテ	calm カーム
へいきん 平均	promedio *m* プろメディオ	average アヴァリヂ
～する	promediar プろメディアる	average アヴァリヂ
～台	barra de equilibrio *f* バら デ エキリブリオ	balance beam バランス ビーム
へいげん 平原	llanura *f* ジャヌら	plain プレイン

日	西	英
へいこう 平行		
～している	paralelo(a) a パラレロ(ラ) ア	parallel to パラレル
～四辺形	paralelogramo m パラレログらモ	parallelogram パラレラグラム
～線	líneas paralelas fpl リネアス パらレラス	parallel lines パラレル ラインズ
～棒	barras paralelas fpl バらス パらレラス	parallel bars パラレル バーズ
へいこう 平衡	equilibrio m エキリブリオ	equilibrium イークウィリブリアム
へいごう 併合	anexión f アネクシオン	absorption アブソープション
～する	anexionar アネクシオナる	absorb アブソーブ
へいこう 閉口する	sentirse molesto(a) por センティるセ モレスト(タ) ポる	be embarrassed by ビ インバラスト
へいこうゆにゅう 並行輸入	importación paralela f インポるタしオン パらレラ	parallel import パラレル インポート
へいさ 閉鎖	cierre m しエれ	closing クロウズィング
～する	cerrar せらる	close クロウズ
へいし 兵士	soldado m,f ソルダド	soldier ソウルヂャ
へいじつ 平日	día entre semana m ディア エントれ セマナ	weekday ウィークデイ
へいじょう 平常の	habitual アビトゥアル	normal ノーマル
へいぜん 平然		
～と	tranquilamente トらンキラメンテ	calmly カームリ
～とした	tranquilo(a) トらンキロ(ラ)	calm, cool カーム, クール
へいたい 兵隊	soldado m,f ソルダド	soldier ソウルヂャ
(軍隊)	ejército m エへるしト	army アーミ
へいち 平地	terreno llano m テれノ ジャノ	flat ground フラト グラウンド

日	西	英
へいてん 閉店	cierre *m* しエれ	closing クロウズィング
～する	cerrar せるる	close クロウズ
へいねつ 平熱	temperatura normal *f* テンペらトゥら ノるマル	normal temperature ノーディネリ テンパラチャ
へいねん 平年	año normal *m* アニョ ノるマル	ordinary year オーディネリ イア
へいふく 平服	ropa informal *f* るパ インフォるマル	plain clothes プレイン クロウズズ
へいほう 平方	cuadrado *m* クアドらド	square スクウェア
～キロメートル	kilómetro cuadrado *m* キロメトろ クアドらド	square kilometer スクウェア キロミータ
～根	raíz cuadrada *f* らイす クアドらダ	square root スクウェア ルート
～メートル	metro cuadrado *m* メトろ クアドらド	square meter スクウェア ミータ
へいぼん 平凡な	común コムン	common, ordinary カモン, オーディネリ
へいめん 平面	plano *m* プラノ	plane プレイン
へいや 平野	llanura *f* ジャヌら	plain プレイン
へいわ 平和	paz *f* パす	peace ピース
～な	apacible アパしブレ	peaceful ピースフル
ペイント	pintura *f* ピントゥら	paint ペイント
ベーカリー	panadería *f* パナデリア	bakery ベイカリ
ベーキングパウダー	levadura en polvo *f* レバドゥら エン ポルボ	baking powder ベイキング パウダ
ベーコン	beicon *m* ベイコン	bacon ベイコン
ページ	página *f* パヒナ	page ペイヂ

日	西	英
ベージュ	"beige" m ベイス	beige ベイジュ
ベース	base f バセ	base ベイス
（音楽）	bajo m バホ	bass バス
ペース	ritmo m リトモ	pace ペイス
ベースアップ	subida salarial f スビダ サラリアル	raise in wages レイズ イン ウェイヂズ
ペースト	pasta f パスタ	paste ペイスト
ペースメーカー	marcapasos m マルカパソス	pacemaker ペイスメイカ
ペーパーバック	libro en rústica m リブロ エン るスティカ	paperback ペイパバク
ベール	velo m ベロ	veil ヴェイル
壁画 (へきが)	mural m ムらル	mural ミュアラル
僻地 (へきち)	lugar lejano [remoto] m ルガル レハノ [れモト]	remote place リモウト プレイス
ヘクタール	hectárea f エクタれア	hectare ヘクテア
ベクトル	vector m ベクトる	vector ヴェクタ
凹む (へこ)	hundirse ウンディるセ	be dented, sink ビ デンテド, スィンク
凹んだ (へこ)	hundido(a) ウンディド(ダ)	dented デンテド
舳先 (へさき)	proa f プろア	prow プラウ
ペシミスト	pesimista m,f ペシミスタ	pessimist ペスィミスト

日	西	英
ベスト	lo mejor ロ メホる	best ベスト
（衣服の）	chaleco *m* チャレコ	vest ヴェスト
ペスト	peste *f* ペステ	plague プレイグ
ベストセラー	libro superventas *m* リブろ スペるベンタス	best seller ベスト セラ
臍(へそ)	ombligo *m* オンブリゴ	navel ネイヴェル
下手(へた)な	torpe トるペ	clumsy, poor クラムズィ, プア
隔(へだ)たり	distancia *f* ディスタンしア	distance ディスタンス
（差異）	diferencia *f* ディフェれンしア	difference ディフレンス
隔(へだ)たる	estar lejos *de* エスタる レホス デ	be away *from* ビ アウェイ
隔(へだ)てる	separar セパらる	partition パーティション
ペダル	pedal *m* ペダル	pedal ペドル
ペチコート	enaguas *fpl* エナグアス	petticoat ペティコウト
別館(べっかん)	anexo *m* アネクソ	annex アネクス
別居(べっきょ)する	vivir separado(*a*) ビビる セパらド(ダ)	live separately ライヴ セパレトリ
別荘(べっそう)	casa de campo *f* カサ デ カンポ	villa ヴィラ
ベッド	cama *f* カマ	bed ベド
〜カバー	colcha *f* コルチャ	bedspread ベドスプレド
ペット	animal doméstico *m* アニマル ドメスティコ	pet ペト

日	西	英
ヘッドホン	auriculares *mpl* アウリクラれス	headphone ヘドフォウン
ヘッドライト	faro *m* ファろ	headlight ヘドライト
別に	aparte アパるテ	apart アパート
（取り立てて）	en particular エン パるティクラる	in particular イン パティキュラ
別の	otro(*a*) オトろ(ら)	different, another ディフレント, アナザ
別々の	separado(*a*) セパらド(ダ)	separate, respective セパレイト, リスペクティヴ
諂い	adulación *f* アドゥラしオン	flattery フラタリ
諂う	adular, halagar アドゥラる, アラガる	flatter フラタ
別離	separación *f* セパらしオン	separation セパレイション
ヘディング	cabezazo *m* カベさそ	heading ヘディング
ベテラン	veterao(*a*) *m,f*, experto(*a*) *m,f* ベテらノ(ナ), エクスペるト(タ)	veteran, expert ヴェテラン, エクスパート
ペテン	engaño *m* エンガニョ	fraud フロード
へどろ	lodo residual *m* ロド れシドゥアル	colloidal sediment カロイドル セディメント
ペナルティー	penalti *m* ペナルティ	penalty ペナルティ
～エリア	área de penalti *f* アれア デ ペナルティ	penalty area ペナルティ エアリア
～キック	penalti *m* ペナルティ	penalty kick ペナルティ キク
ペニシリン	penicilina *f* ペニしリナ	penicillin ペニスィリン
ペニス	pene *m* ペネ	penis ピーニス

日	西	英
ベニヤ板 (いた)	contrachapado *m* コントらチャパド	plywood プリウド
ペパーミント	menta *f* メンタ	peppermint ペパミント
蛇 (へび)	serpiente *f* セるピエンテ	snake, serpent スネイク, サーペント
ヘビー級 (きゅう)	peso pesado *m* ペソ ペサド	heavyweight ヘヴィウェイト
へま	metedura de pata *f* メテドゥら デ パタ	blunder, goof ブランダ, グーフ
ヘモグロビン	hemoglobina *f* エモグロビナ	hemoglobin ヒーモグロウビン
部屋 (へや)	cuarto *m*, habitación *f* クアるト, アビタしオン	room ルーム
減らす (へ)	reducir れドゥしる	decrease, reduce ディークリース, リデュース
ベランダ	terraza *f* テらさ	veranda ヴェランダ
縁 (へり)	borde *m* ボるデ	edge, border エヂ, ボーダ
ヘリウム	helio *m* エリオ	helium ヒーリアム
ペリカン	pelícano *m* ペリカノ	pelican ペリカン
謙[遜]る (へりくだ)	humillarse ウミジャるセ	be humble ビ ハンブル
ヘリコプター	helicóptero *m* エリコプテろ	helicopter ヘリカプタ
ヘリポート	helipuerto *m* エリプエるト	heliport ヘリポート
経る (へ)	pasar パサる	pass, go by パス, ゴウ バイ
減る (へ)	disminuir ディスミヌイる	decrease, diminish ディークリース, ディミニシュ
ベル	campana *f* カンパナ	bell ベル

日	西	英
ヘルツ	hertz *m* エルス	hertz ハーツ
ベルト	cinturón *m* シントゥろン	belt ベルト
～コンベアー	transbordador de correa *m* トランスボるダドる デ コれア	belt conveyor ベルト カンヴェイア
ヘルニア	hernia *f* エるニア	hernia ハーニア
ヘルメット	casco *m* カスコ	helmet ヘルメト
ベレー帽 _{ぼう}	boina *f* ボイナ	beret ベレイ
ヘロイン	heroína *f* エろイナ	heroin ヘロウイン
辺 _{へん}	vecindad *f* ベシンダド	neighborhood ネイバフド
（図形の）	lado *m* ラド	side サイド
便 _{べん}	servicio *m* セるビシオ	convenience カンヴィーニェンス
（大便）	excrementos *mpl* エクスクれメントス	bowel movement バウエル ムーヴメント
弁 _{べん}	válvula *f* バルブラ	valve ヴァルヴ
ペン	pluma *f* プルマ	pen ペン
変圧器 _{へんあつき}	transformador *m* トランスフォるマドる	transformer トランスフォーマ
変化 _{へんか}	cambio *m* カンビオ	change チェインヂ
～する	cambiar カンビアる	change チェインヂ
弁解 _{べんかい}	disculpa *f* ディスクルパ	excuse イクスキューズ
～する	disculparse ディスクルパるセ	explain, excuse *oneself* イクスプレイン, イクスキューズ
変革 _{へんかく}	cambio *m* カンビオ	change, reform チェインヂ, リフォーム

日	西	英
〜する	cambiar / カンビアる	change / チェインヂ
返還	devolución f / デボルしオン	return / リターン
〜する	devolver / デボルべる	return / リターン
便器	taza f / タさ	toilet / トイレト
便宜	comodidad f / コモディダド	convenience / カンヴィーニェンス
ペンキ	pintura f / ピントゥら	paint / ペイント
返却	devolución f / デボルしオン	return / リターン
〜する	devolver / デボルべる	return / リターン
勉強	estudio m / エストゥディオ	study, work / スタディ, ワーク
〜する	estudiar / エストゥディアる	study, work / スタディ, ワーク
編曲	arreglo m, adaptación f / アれグロ, アダプタしオン	arrangement / アレインジメント
〜する	arreglar, adaptar / アれグラる, アダプタる	arrange / アレインジ
ペンギン	pingüino m / ピングイノ	penguin / ペングウィン
偏見	prejuicio m / プれフイしオ	prejudice, bias / プレヂュディス, バイアス
弁護	defensa f / デフェンサ	defense / ディフェンス
〜士	abogado(a) m,f / アボガド(ダ)	lawyer, barrister / ローヤ, バリスタ
〜する	abogar / アボガる	plead, defend / プリード, ディフェンド
変更	cambio m / カンビオ	change / チェインヂ
〜する	cambiar / カンビアる	change, alter / チェインヂ, オルタ
返済	devolución f / デボルしオン	repayment / リペイメント

日	西	英
へんさん 編纂	compilación *f* コンピラしオン	compilation カンピレイション
～する	compilar コンピラる	edit, compile エディト, コンパイル
へんじ 返事	contestación *f* コンテスタしオン	answer, reply アンサ, リプライ
～をする	contestar コンテスタる	answer, reply アンサ, リプライ
へんしつきょう 偏執狂	monomanía *f* モノマニア	monomania マノメイニア
（人）	monomaníaco(a) *m,f* モノマニアコ(カ)	monomaniac マノメイニアク
へんしゅう 編集	redacción *f* れダクしオン	editing エディティング
～者	redactor(a) *m,f* れダクトる (ら)	editor エディタ
～する	redactar れダクタる	edit エディト
～長	redactor(a) jefe *m,f* れダクトる (ら)　ヘフェ	editor in chief エディタ イン チーフ
べんじょ 便所	cuarto de baño *m* クアると デ バニョ	lavatory, toilet ラヴァトーリ, トイレト
べんしょう 弁償	compensación *f* コンペンサしオン	reparation レパレイション
～する	indemnizar インデンニさる	pay ペイ
へんしょく 変色	cambio de color *m* カンビオ デ コロる	change of color チェインヂ オヴ カラ
～する	descolorarse デスコロらるセ	discolor ディスカラ
ペンション	pensión *f* ペンシオン	pension パーンスィアン
へんじん 変人	persona excéntrica *f* ぺるソナ エクスセントりカ	eccentric person イクセントリク パースン
ベンジン	bencina *f* ベンシナ	benzine ベンズィーン
へんずつう 偏頭痛	jaqueca *f* ハケカ	migraine マイグレイン

日	西	英
へんせい 編成	formación *f* フォるマシオン	formation フォーメイション
〜する	formar フォるマる	form, organize フォーム, オーガナイズ
べんぜつ 弁舌	elocuencia *f* エロクエンしア	eloquence エロクウェンス
へんそう 変装	disfraz *m* ディスフらす	disguise ディスガイス
〜する	disfrazarse *de* ディスフらさるセ デ	disguise *oneself as* ディスガイス
ペンダント	colgante *m* コルガンテ	pendant ペンダント
ベンチ	banco *m* バンコ	bench ベンチ
ペンチ	alicates *mpl* アリカテス	pincers ピンサズ
へんどう 変動	cambio *m* カンビオ	change チェインヂ
（物価などの）	fluctuación *f* フルクトゥアシオン	fluctuations フラクチュエイションズ
べんとう 弁当	comida preparada en una caja *f* コミダ プれパらダ エン ウナ カハ	lunch ランチ
へんとうせん 扁桃腺	amígdalas *fpl* アミグダラス	tonsils タンスィルズ
〜炎	amigdalitis *f* アミグダリティス	tonsillitis タンスィライティス
へん 変な	raro(*a*) らろ(ら)	strange, peculiar ストレインヂ, ピキューリア
ペンネーム	pseudónimo *m* セウドニモ	pen name ペン ネイム
べんぴ 便秘	estreñimiento *m* エストれニミエント	constipation カンスティペイション
〜する	estreñirse エストれニるセ	be constipated ビ カンスティペイテド
へんぴ 辺鄙な	remoto(*a*) れモト(タ)	remote リモウト
へんぴん 返品	mercancía devuelta *f* メるカンしア デブエルタ	returned goods リターンド グヅ

日	西	英
〜する	devolver デボルベる	return リターン
ペンフレンド	amigo(a) por correspondencia *m,f* アミゴ(ガ) ポる コれスポンデンしア	pen pal ペン パル
変貌（へんぼう）	transfiguración *f* トらンスフィグらしオン	transfiguration トらンスフィギュレイション
〜する	transfigurarse トらンスフィグらるセ	undergo a complete change アンダゴウ ア コンプリート チェインジ
便利な（べんりな）	conveniente コンベニエンテ	convenient カンヴィーニェント
弁論（べんろん）	debate público *m* デバテ プブリコ	discussion, debate ディスカション, ディベイト

ほ, ホ

日	西	英
帆（ほ）	vela *f* ベラ	sail セイル
穂（ほ）	espiga *f* エスピガ	ear イア
保安（ほあん）	seguridad *f* セグリダド	security スィキュアリティ
補遺（ほい）	suplemento *m* スプレメント	supplement サプリメント
保育所（ほいくしょ）	guardería *f* グアるデリア	day nursery デイ ナーサリ
ボイコット	boicot *m* ボイコト	boycott ボイカト
〜する	boicotear ボイコテアる	boycott ボイカト
ボイスレコーダー	caja negra *f* カハ ネグら	voice recorder ヴォイス リコーダ
ホイッスル	pito *m* ピト	whistle ホウィスル
ボイラー	caldera (de vapor) *f* カルデら (デ バポる)	boiler ボイラ
母音（ぼいん）	vocal *f* ボカル	vowel ヴァウエル

日	西	英
拇印(ぼいん)	huella digital *f* ウエジャ ディヒタル	thumb impression サム インプレション
ポイント	punto *m* プント	point ポイント
方(ほう)	dirección *f* ディれクしオン	direction, side ディレクション, サイド
法(ほう)	derecho *m* デれチョ	law, rule ロー, ルール
(方法)	modo *m* モド	method, way メソド, ウェイ
棒(ぼう)	palo *m* パロ	stick, rod スティク, ラド
法案(ほうあん)	proyecto de ley *m* プロジェクト デ レイ	bill ビル
方位(ほうい)	dirección *f* ディれクしオン	direction ディレクション
法医学(ほういがく)	medicina forense *f* メディしナ フォれンセ	legal medicine リーガル メディスィン
防衛(ぼうえい)	defensa *f* デフェンサ	defense ディフェンス
～する	defender デフェンデる	defend ディフェンド
放映(ほうえい)する	televisar テレビサる	telecast テレキャスト
貿易(ぼうえき)	comercio exterior *m* コメるしオ エクステリオる	trade, commerce トレイド, カマス
～する	comerciar コメるしアる	trade *with* トレイド
望遠鏡(ぼうえんきょう)	telescopio *m* テレスコピオ	telescope テレスコウプ
望遠(ぼうえん)レンズ	teleobjetivo *m* テレオブヘティボ	telephoto lens テレフォウトウ レンズ
法王(ほうおう)	Papa *m* パパ	Pope ポウプ
防音(ぼうおん)の	insonorizado(a) インソノりさド(ダ)	soundproof サウンドプルーフ
放火(ほうか)	incendio provocado *m* インセンディオ プロボカド	arson アーソン

日	西	英
～する	provocar un incendio プロボカる ウン インセンディオ	set fire セト ファイア
ぼうか 防火	prevención de incendios f プれベンしオン デ インセンディオス	fire prevention ファイア プリヴェンション
ほうかい 崩壊	derrumbamiento m デるンバミエント	collapse カラプス
～する	derrumbarse デるンバるセ	collapse カラプス
ぼうがい 妨害	obstáculo m オブスタクロ	obstruction オブストラクション
～する	impedir インペディる	disturb, hinder ディスターブ, ヒインダ
ほうがく 方角	dirección f ディれクしオン	direction ディレクション
ほうかご 放課後	después de la clase デスプエス デ ラ クラセ	after school アフタ スクール
ぼうかん 傍観		
～者	espectador(a) m,f エスペクタドる(ら)	onlooker アンルカ
～する	mirar como espectador(a) ミらる コモ エスペクタドる(ら)	look on ルク オン
ほうがんな 砲丸投げ	lanzamiento de peso m ランサミエント デ ペソ	shot put シャト プト
ほうき 箒	escoba f エスコバ	broom ブルム
ほうきゅう 俸給	paga f パガ	pay, salary ペイ, サラリ
ぼうぎょ 防御	defensa f デフェンサ	defense ディフェンス
～する	defender デフェンデる	defend, protect ディフェンド, プロテクト
ぼうくうごう 防空壕	refugio antiaéreo m れフヒオ アンティアエれオ	air-raid shelter エアレイド シェルタ
ぼうくん 暴君	tirano m ティらノ	tyrant タイアラント
ほうげん 放言	palabras inconsideradas fpl パラブらス インコンシデらダス	unreserved talk アンリザーヴド トーク
ほうげん 方言	dialecto m ディアレクト	dialect ダイアレクト

日	西	英
ぼうけん 冒険	aventura *f* アベントゥら	adventure アドヴェンチャ
〜する	correr un riesgo コрれる ウン りエスゴ	run the risk ラン ザ リスク
ぼうげん 暴言	palabras violentas *fpl* パラブらス ビオレンタス	abusive words アビュースィヴ ワーヅ
ほうけん 封建		
〜制	feudalismo *m* フェウダリスモ	feudalism フューダリズム
〜的な	feudal フェウダル	feudal フューダル
ほうこう 方向	dirección *f* ディれクスィオン	direction ディレクション
ぼうこう 暴行	violencia *f* ビオレンしア	violence, outrage ヴァイオレンス, アウトレイヂ
ほうこく 報告	informe *m* インフォрメ	report リポート
〜する	informar インフォрマる	report, inform リポート, インフォーム
ぼうさい 防災	prevención de desastres *f* プれベンスィオン デ デサストれス	prevention of disasters プリヴェンション オヴ ディザスタズ
ほうさく 豊作	buena cosecha *f* ブエナ コセチャ	good harvest グド ハーヴィスト
ほうさん 硼酸	ácido bórico *m* アしド ボりコ	boric acid ボーリク アスィド
ほうし 奉仕	servicio *m* セрビしオ	service サーヴィス
〜する	servir セрビる	serve サーヴ
ぼうし 帽子	sombrero *m* ソンブれロ	hat, cap ハト, キャプ
ほうしき 方式	forma *f*, método *m* フォрマ, メトド	form, method フォーム, メソド
ほうしゃ 放射	radiación *f* らディアスィオン	radiation レイディエイション
〜する	emitir エミティる	radiate レイディエイト
〜線	rayos radiactivos *mpl* らジョス らディアクティボス	radiant rays レイディアント レイズ

日	西	英
～能	radiactividad *f* らディアクティビダド	radioactivity レイディオウアクティヴィティ
ほうしゅう 報酬	honorarios *mpl* オノらりオス	remuneration リミューナレイション
ほうしん 方針	política *f*, principio *m* ポリティカ, プリンしピオ	course, policy コース, パリスィ
ほうじん 法人	persona jurídica *f* ぺるソナ フりディカ	juridical person デュアリディカル パースン
ぼうすい 防水の	impermeable インぺるメアブレ	waterproof ウォタプルーフ
ほうせき 宝石	joya *f* ホジャ	jewel デューエル
ぼうぜん 茫然と	atontadamente アトンタダメンテ	blankly ブランクリ
ほうそう 包装	envoltura *f* エンボルトぅら	wrapping ラピング
～する	envolver エンボルべる	wrap ラプ
ほうそう 放送	radiodifusión *f* らディオディフシオン	broadcast ブロードキャスト
～局	emisora *f* エミソら	broadcasting station ブロードキャスティング ステイション
～する	transmitir por radio トらンスミティる ポる らディオ	broadcast ブロードキャスト
ぼうそう 暴走		
～する	correr desenfrenadamente コれる デセンフれナダメンテ	drive recklessly ドライヴ レクレスリ
～族	banda de motociclistas *f* バンダ デ モトしクリスタス	hot-rodder ハトラダ
ほうそく 法則	ley *f* レイ	law, rule ロー, ルール
ほうたい 包帯	venda *f* ベンダ	bandage バンディヂ
～をする	vendar ベンダる	bandage, dress バンディヂ, ドレス
ぼうだい 膨大な	enorme エノるメ	enormous, huge イノーマス, ヒューヂ
ぼうたかと 棒高跳び	salto con pértiga *m* サルト コン ぺるティガ	pole vault ポウル ヴォールト

日	西	英
ほうち 放置する	dejar デハる	leave ... alone, neglect リーヴ アロウン, ニグレクト
ぼうちゅうざい 防虫剤	insecticida *m* インセクティシダ	insecticide インセクティサイド
ほうちょう 包丁	cuchillo de cocina *m* クチジョ デ コしナ	kitchen knife キチン ナイフ
ぼうちょう 膨張	dilatación *f* ディラタしオン	expansion イクスパンション
～する	dilatarse ディラタるセ	expand, swell イクスパンド, スウェル
ほう お 放って置く	dejar solo(*a*) デハる ソロ(ラ)	neglect, leave ... alone ニグレクト, リーヴ アロウン
ほうてい 法廷	juzgado *m* フsガド	court コート
ほうていしき 方程式	ecuación *f* エクアしオン	equation イクウェイション
ほうてきな 法的な	legal レガル	legal リーガル
ほうどう 報道	información *f* インフォるマしオン	news, report ニューズ, リポート
～する	informar インフォるマる	report, inform リポート, インフォーム
ぼうどう 暴動	revuelta *f* れブエルタ	riot ライオト
ぼうとく 冒涜	profanación *f* プろファナしオン	profanity プロファニティ
～する	profanar プろファナる	profane プラフェイン
ほうにん 放任	no intervención *f* ノ インテるベンしオン	noninterference ノンインタフィアレンス
～する	dejar デハる	leave リーヴ
ぼうはてい 防波堤	rompeolas *m* ろンペオラs	breakwater ブレイクウォータ
ぼうはん 防犯	prevención de crímenes *f* プれベンしオン デ クリメネs	crime prevention クライム プリヴェンション
ほうび 褒美	recompensa *f* れコンペンサ	reward リウォード

日	西	英
ほうふ 抱負	ambición *f* アンビしオン	ambition アンビション
ぼうふう 暴風	tormenta *f* トるメンタ	storm, gale ストーム, ゲイル
～雨	tormenta *f* トるメンタ	storm, rainstorm ストーム, レインストーム
ぼうふうりん 防風林	bosque de protección ボスケ デ プロテクしオン contra el viento *m* コントら エル ビエント	windbreak ウィンドブレイク
ほうふくする 報復する	tomar represalias トマる れプれサリアス	retaliate リタリエイト
ぼうふざい 防腐剤	antiséptico *m* アンティセプティコ	preservative プリザーヴァティヴ
ほうふな 豊富な	rico(a), abundante リコ(カ), アブンダンテ	rich, abundant リチ, アバンダント
ほうべん 方便	recurso *m* れクるソ	expedient イクスピーディエント
ほうほう 方法	modo *m* モド	way, method ウェイ, メソド
ほうぼく 放牧	pastoreo *m* パストれオ	pasturage パスチャリヂ
～する	pastorear パスとれアる	pasture パスチャ
ほうまんな 豊満な	exuberante エクスべらンテ	plump プランプ
ほうむだいじん 法務大臣	Ministro(a) de Justicia *m,f* ミニストろ(ら) デ フスティしア	Minister of Justice ミニスタ アヴ ヂャスティス
ほうむる 葬る	enterrar エンテらる	bury ベリ
ぼうめい 亡命	asilo político *m* アシロ ポリティコ	political asylum ポリティカル アサイラム
～する	exiliarse *en* エクシリアるセ エン	seek refuge *in* スィーク レフューヂ
ほうめん 方面		
（方向）	dirección *f* ディれクシオン	direction ディレクション
（局面）	aspecto *m* アスペクト	aspect アスペクト

日	西	英
宝物（ほうもつ）	tesoro *m* テソろ	treasure トレジャ
訪問（ほうもん）	visita *f* ビシタ	visit, call ヴィズィット, コール
～する	visitar ビシタる	visit ヴィズィット
～販売	venta puerta a puerta *f* ベンタ プエるタ ア プエるタ	door-to-door selling ドータドー セリング
抱擁する（ほうよう）	abrazar アブらさる	embrace インブレイス
暴落（ぼうらく）	brusca caída *f* ブルスカ カイダ	heavy fall ヘヴィ フォール
～する	bajar en picado バハる エン ピカド	fall heavily フォール ヘヴィリ
暴利（ぼうり）	beneficios excesivos *mpl* ベネフィしオス エクスせシボス	excessive profits イクセスィヴ プラフィッツ
放り出す（ほうりだす）	arrojar fuera アろハる フエら	throw out スロウ アウト
（放棄）	abandonar アバンドナる	abandon アバンドン
法律（ほうりつ）	ley *f* レイ	law ロー
放り投げる（ほうりなげる）	tirar ティらる	throw, toss スロウ, トス
謀略（ぼうりゃく）	trama *f* トらマ	plot プラト
放流（ほうりゅう）	salida (de agua) *f* サリダ （デ アグア）	discharge ディスチャーヂ
～する（魚を）	poblar ポブラる	stock スタク
暴力（ぼうりょく）	violencia *f* ビオレンしア	violence ヴァイオレンス
～団	grupo mafioso *m* グるポ マフィオソ	gang ギャング
ボウリング	bolos *mpl* ボロス	bowling ボウリング
放る（ほうる）	tirar ティらる	throw, toss スロウ, トス

日	西	英
ボウル	bol *m* ボル	bowl ボウル
法令	ley *f*, ordenanza *f* レイ, オルデナンさ	law, ordinance ロー, オーディナンス
亡霊	fantasma *m* ファンタスマ	ghost ゴウスト
菠薐草	espinaca *f* エスピナカ	spinach スピニチ
放浪	vagabundeo *m* バガブンデオ	wandering ワンダリング
～する	vagar バガる	wander ワンダ
琺瑯	esmalte *m* エスマルテ	enamel イナメル
吠える	ladrar ラドらる	bark, howl, roar バーク, ハウル, ロー
頬	mejilla *f* メヒジャ	cheek チーク
ボーイ	camarero *m* カマれろ	waiter, bellboy ウェイタ, ベルボイ
～フレンド	amigo *m*, novio *m* アミゴ, ノビオ	boyfriend ボイフレンド
ポーカー	póker *m* ポケる	poker ポウカ
ボーキサイト	bauxita *f* バウクシタ	bauxite ボークサイト
ホース	manguera *f* マンゲら	hose ホウズ
ポーズ	pose *f* ポセ	pose ポウズ
～をとる	posar ポサる	pose ポウズ
ポーター	maletero *m* マレテろ	porter ポータ
ポータブルの	portátil ポるタティル	portable ポータブル

日	西	英
ボート	bote *m* ボテ	boat ボウト
ポートレート	retrato *m* れトらト	portrait ポートレイト
ボーナス	bonificación *f* ボニフィカしオン	bonus ボウナス
ホープ	promesa *f* プろメサ	hope ホウプ
頰紅 (ほおべに)	colorete *m* コロれテ	rouge ルージュ
頰骨 (ほおぼね)	pómulos *mpl* ポムロス	cheekbones チークボウンズ
ホーム	hogar *m* オガる	home ホウム
（駅の）	andén *m* アンデン	platform プラトフォーム
ホームシック	añoranza del hogar *f* アニョらンさ デル オガる	homesickness ホウムスィクネス
～になる	añorar su hogar アニョらる ス オガる	get homesick ゲト ホウムスィク
ホームステイ	estancia en casa *f* エスタンしア エン カサ	homestay ホウムステイ
ホームページ	página "web" *f* パヒナ ウェブ	home-page ホウムペイヂ
ホームルーム	clase del curso *f* クラセ デル クるソ	homeroom ホウムルーム
ホームレス	persona sin hogar *f* ぺるソナ シン オガる	homeless ホウムレス
ボーリング	perforación *f* ぺるフォらしオン	boring ボーリング
ホール	sala *f* サラ	hall ホール
（ゴルフの）	hoyo *m* オジョ	hole ホウル
～インワン	hoyo en un golpe *m* オジョ エン ウン ゴルペ	hole in one ホウル イン ワン

日	西	英
ボール	pelota *f* ペロタ	ball ボール
ポール	pértiga *f* ぺるティガ	pole ポゥル
ボール紙 (がみ)	cartón *m* カłトン	cardboard カードボード
ボールペン	bolígrafo *m* ボリグらフォ	ball-point pen ボールポイント ペン
捕獲 (ほかく)	captura *f* カプトゥら	capture キャプチャ
～する	capturar カプトゥらる	capture キャプチャ
暈す (ぼか)	hacer borroso(*a*) アセる ボろソ(サ)	shade off シェイド オフ
外に (ほか)	además アデマス	besides, else ビサイヅ, エルス
外の (ほか)	otro(*a*) オトロ(ら)	another, other アナザ, アザ
朗らかな (ほが)	alegre アレグれ	cheerful チアフル
保管 (ほかん)	depósito *m* デポシト	storage ストーリヂ
～する	guardar グアるダる	keep, store キープ, ストー
簿記 (ぼき)	contabilidad *f* コンタビリダド	bookkeeping ブキーピング
ボキャブラリー	vocabulario *m* ボカブラリオ	vocabulary ヴォウキャビュレリ
補給 (ほきゅう)	suministro *m* スミニストロ	supply サプライ
～する	suministrar スミニストらる	supply, replenish サプライ, リプレニシュ
募金 (ぼきん)	colecta *f* コレクタ	fund raising ファンド レイズィング
僕 (ぼく)	yo ジョ	I, me アイ, ミ
北欧 (ほくおう)	Europa del Norte *f* エウろパ デル ノるテ	Northern Europe ノーザン ユアロプ

日	西	英
ボクサー	boxeador(a) *m,f* ボクセアドる(ら)	boxer バクサ
ぼくし 牧師	pastor *m* パストる	pastor, parson パスタ, パーソン
ぼくじょう 牧場	prado *m*, pradera *f* プらド, プらデら	pasture, ranch パスチャ, ランチ
ボクシング	boxeo *m* ボクセオ	boxing バクスィング
ほくせい 北西	noroeste *m* ノろエステ	northwest ノースウェスト
ぼくそう 牧草	hierba *f* イエるバ	grass グラス
～地	pasto *f*, pradera *f* パスト, プらデら	pasture, meadow パスチャ, メドウ
ぼくちく 牧畜	ganadería *f* ガナデリア	stock farming スタク ファーミング
ほくとう 北東	noreste *m* ノれステ	northeast ノースイースト
ほくとしちせい 北斗七星	Septentrión *m* セプテントりオン	Big Dipper ビグ ディパ
ほくぶ 北部	norte *m* ノるテ	northern part ノーザン パート
ぼくめつ 撲滅	exterminación *f* エクステるミナスィオン	extermination エクスターミネイション
～する	exterminar エクステるミナる	exterminate イクスターミネイト
ほくろ 黒子	lunar *m* ルナる	mole モウル
ほげい 捕鯨	pesca de ballenas *f* ペスカ デ バジェナス	whale fishing ホウェイル フィシング
～船	ballenero *m* バジェネろ	whaler ホウェイラ
ぼけい 母系	lado materno *m* ラド マテるノ	maternal line マターナル ライン
ほけつ 補欠	suplente *m,f* スプレンテ	substitute サブスティテュート
ポケット	bolsillo *m* ボルシジョ	pocket パケト

日	西	英
惚(ぼ)ける	chochear / チョチェアる	grow senile / グロウ スィーナイル
保健(ほけん)	salud *f* / サルド	health, hygiene / ヘルス, ハイヂーン
保険(ほけん)	seguro *m* / セグろ	insurance / インシュアランス
〜会社	compañía de seguros *f* / コンパニア デ セグろス	insurance company / インシュアランス カンパニ
〜金	cantidad asegurada *f* / カンティダド アセグらダ	insurance money / インシュアランス マニ
〜を掛ける	asegurar / アセグらる	insure / インシュア
保護(ほご)	protección *f* / プろテクしオン	protection / プろテクション
〜色	color protector *m* / コロる プろテクトる	protective coloration / プろテクティヴ カラレイション
〜する	proteger / プろテヘる	protect / プろテクト
〜貿易主義	proteccionismo *m* / プろテクしオニスモ	protectionism / プろテクショニズム
歩行(ほこう)	andar *m* / アンダる	walk / ウォーク
〜者	peat*ón*(*ona*) *m,f* / ペアトン(ナ)	walker, pedestrian / ウォーカ, ペデストリアン
母校(ぼこう)	alma máter *m* / アルマ マテる	alma mater / アルマ メイタ
母国(ぼこく)	país natal *m* / パイス ナタル	mother country / マザ カントリ
誇(ほこ)り	orgullo *m* / オるグジョ	pride / プライド
誇(ほこ)る	enorgullecerse *de* / エノるグジェせるセ デ	be proud *of* / ビ プらウド
綻(ほころ)びる	descoserse / デスコせるセ	be rent / ビ レント
星(ほし)	estrella *f* / エストれジャ	star / スター
ポジ	positivo *m* / ポシティボ	positive / パズィティヴ

日	西	英
欲しい	querer, desear ケれる, デセアる	want, wish *for* ワント, ウィシュ
星占い	astrología *f* アストロロヒア	horoscope ホロスコウプ
欲しがる	querer ケれる	want, wish *for* ワント, ウィシュ
干し草	heno *m* エノ	hay ヘイ
穿る	escarbar エスカるバる	pick ピク
(詮索)	sonsacar ソンサカる	pry *into* プライ
干し葡萄	(uva) pasa *f* (ウバ) パサ	raisins レイズンズ
保釈	libertad provisional bajo fianza *f* リべるタド プロビシオナル バホ フィアンさ	bail ベイル
～金	fianza *f* フィアンさ	bail ベイル
保守	conservadurismo *m* コンセるバドゥリスモ	conservatism カンサーヴァティズム
～的な	conservador(*a*) コンセるバドる(ら)	conservative コンサーヴァティヴ
補習	clase complementaria *f* クラセ コンプレメンタリア	extra lessons エクストラ レスンズ
補充	suplemento *m* スプレメント	supplement サプリメント
～する	suplir スプリる	supplement サプリメント
募集	convocatoria *f* コンボカトリア	invitation インヴィテイション
(寄付などの)	solicitación *f* ソリしタしオン	collection カレクション
～する	convocar コンボカる	invite インヴァイト
(寄付などを)	hacer una colecta アせる ウナ コレクタ	collect カレクト
補助	ayuda *f* アジュダ	assistance アスィスタンス
～する	ayudar アジュダる	assist アスィスト

日	西	英
ほしょう 保証	garantía *f* ガランティア	guarantee ギャランティー
～書	garantía *f* ガランティア	written guarantee リトン ギャランティー
～する	garantizar ガランティさる	guarantee, assure ギャランティー, アシュア
～人	fiador(*a*) *m,f*, garante *m,f* フィアドる(ら), ガランテ	guarantor, surety ギャラントー, シュアティ
ほしょく 補色	colores complementarios *mpl* コロれス コンプレメンタりオス	complementary colors カンプリメンタリ カラズ
ほ 乾[干]す	secar セカる	dry, air ドライ, エア
（池などを）	desecar デセカる	drain ドレイン
ボス	jefe *m* ヘフェ	boss ボス
ポスター	cartel *m* カるテル	poster ポウスタ
ホステス	anfitriona *f* アンフィトりオナ	hostess ホウステス
ホスト	anfitrión *m* アンフィトりオン	host ホウスト
ポスト	buzón *m* ブソン	mailbox メイルバクス
ホスピス	residencia para enfermos れシデンしア パら エンフェるモス desahuciados *f* デサウしアドス	hospice ハスピス
ぼせい 母性	maternidad *f* マテるニダド	motherhood マザフド
ほそ 細い	fino(*a*) フィノ(ナ)	thin, small スィン, スモール
ほそう 舗装	pavimento *m* パビメント	pavement ペイヴメント
～する	pavimentar パビメンタる	pave ペイヴ
ほそく 補足	complemento *m* コンプレメント	supplement サプリメント

日	西	英
〜する	complementar コンプレメンタる	supplement サプリメント
細長い	largo(a) y delgado(a) らるゴ(ガ) イ デルガド(ダ)	long and slender ロング アンド スレンダ
保存	conservación f コンセるバシオン	preservation プレザヴェイション
〜する	conservar コンセるバる	preserve, keep プリザーヴ, キープ
ポタージュ	potaje m ポタへ	potage ポウタージュ
母胎	seno materno m セノ マテるノ	mother's womb マザズ ウーム
菩提樹	tilo m ティロ	linden リンデン
帆立貝	venera f, vieira f ベネら, ビエイら	scallop スカロプ
蛍	luciérnaga f ルシエるナガ	firefly ファイアフライ
ボタン	botón m ボトン	button バトン
墓地	tumba f トゥンバ	graveyard グレイヴヤード
歩調	paso m パソ	pace, step ペイス, ステプ
勃起	erección f エれクシオン	erection イレクション
〜する	entrar en erección エントらる エン エれクシオン	erect イレクト
発起人	proponedor(a) m,f プろポネドる(ら)	promoter プロモウタ
北極	Polo Norte m ポロ ノるテ	North Pole ノース ポウル
〜圏	Círculo Polar Ártico m シるクロ ポラる アるティコ	Arctic Circle アークティク サークル
〜星	estrella polar del Norte f エストれジャ ポラる デル ノるテ	polestar ポウルスター
ホック	corchete m コるチェテ	hook フク

日	西	英
ホッケー	"hockey" *m* ホケイ	hockey ハキ
発作(ほっさ)	ataque *m* アタケ	fit, attack フィト, アタク
～的な	impulsivo(*a*) インプルシボ(バ)	fitful フィトフル
没収(ぼっしゅう)	confiscación *f* コンフィスカしオン	confiscation カンフィスケイション
～する	confiscar コンフィスカる	confiscate カンフィスケイト
没(ぼっ)する	hundirse ウンディるセ	sink スィンク
発足(ほっそく)	inauguración *f* イナウグらしオン	inauguration イノーギュレイション
ホッチキス	grapadora *f* グらパドら	stapler ステイプラ
ポット	tetera *f* テテら	pot パト
（魔法瓶）	termo *m* テるモ	thermos サーモス
没頭(ぼっとう)	abstracción *f* アブストらクしオン	devotion ディヴォウション
～する	estar absorto(*a*) en エスタる アブソルト(タ) エン	be absorbed *in* ビ アブソーブド
ほっとする	suspirar aliviado(*a*) ススピらる アリビアド(ダ)	feel relieved フィール リリーヴド
ホットドッグ	perrito caliente *m* ペりト カリエンテ	hot dog ハト ドグ
ホットニュース	última noticia *f* ウルティマ ノティしア	hot news ハト ニューズ
ホットライン	teléfono rojo *m* テレフォノ ろホ	hot line ハト ライン
ポップコーン	palomitas (de maíz) *fpl* パロミタス （デ マイす）	popcorn パプコン
ポップス	música pop *f* ムシカ ポプ	pop music パプ ミューズィク

日	西	英
ぼつらく 没落	caída f カイダ	ruin, fall ルーイン, フォール
～する	decaer デカエる	be ruined ビ ルーインド
ボディーガード	guardaespaldas m,f グアるダエスパルダス	bodyguard バディガード
ボディーチェック	cacheo m カチェオ	body search バディ サーチ
ボディービル	culturismo m クルトゥリスモ	body building バディ ビルディング
ホテル	hotel m オテル	hotel ホウテル
ほて 火照る	arder アるデる	feel hot フィール ハト
ほど 程	grado m グらド	degree ディグリー
（限度）	límite m リミテ	bounds, limit バウンツ, リミト
ほどう 舗道	pavimento m パビメント	paved road ペイヴド ロウド
ほどう 歩道	acera f アせら	sidewalk サイドウォーク
～橋	pasarela f パサれラ	footbridge フトブリヂ
ほど 解く	desatar デサタる	untie, unfasten アンタイ, アンファスン
ほとけ 仏	Buda m ブダ	Buddha ブダ
ほどこ 施す	dar ダる	give ギヴ
（行う）	hacer アせる	do ドゥー
ほととぎす 時鳥	cuclillo m ククリジョ	cuckoo ククー
ほとり 辺	cerca f せるカ	by, near バイ, ニア
ボトル	botella f ボテジャ	bottle バトル

日	西	英
ほとん 殆ど	casi カシ	almost, nearly オールモウスト, ニアリ
（否定）	apenas アペナス	hardly ハードリ
ポニーテール	cola de caballo f コラ デ カバジョ	ponytail ポウニテイル
ぼにゅう 母乳	leche materna f レチェ マテるナ	mother's milk マザズ ミルク
ほにゅうどうぶつ 哺乳動物	mamífero m マミフェロ	mammal ママル
ほね 骨	hueso m ウエソ	bone ボウン
ほねお 骨折り	fatigas fpl ファティガス	pains ペインズ
ほねぐ 骨組み	esqueleto m, estructura f エスケレト, エストるクトゥら	frame, structure フレイム, ストラクチャ
ほねやす 骨休め	descanso m デスカンソ	rest レスト
ほのお 炎・焔	llama f ジャマ	flame フレイム
ほの 仄かな	débil デビル	faint フェイント
ほの 仄めかす	insinuar インシヌある	hint, suggest ヒント, サグチェスト
ホバークラフト	aerodeslizador m アエロデスリさドる	Hovercraft ハヴァクラフト
ほばしら 帆柱	mástil m マスティル	mast マスト
ポピュラーな	popular ポプラる	popular パピュラ
ボブスレー	"bobsleigh" m ボブスレイ	bobsleigh バブスレイ
ポプラ	álamo m アラモ	poplar パプラ
ほへい 歩兵	infante m インファンテ	infantry インファントリ

日	西	英
保母 (ほぼ)	maestra de guardería infantil *f*	nurse
微笑ましい (ほほえ)	enternecedor(*a*)	pleasing
微笑み (ほほえ)	sonrisa *f*	smile
微笑む (ほほえ)	sonreír *a*	smile *at*
ポマード	gomina *f*	pomade
褒める (ほ)	elogiar	praise
ホモ	homosexualidad *f*	homosexuality
(人)	homosexual *m,f*	homosexual
ぼやく	quejarse *de*	complain
ぼやける	volverse borroso(*a*)	grow dim
保養 (ほよう)	reposo *m*	rest
〜地	estación *f*	health resort
法螺 (ほら)		
(貝)	caracola *f*, tritón *m*	triton
(大言)	exageración *f*	brag, boast
〜吹き	cuentista *m,f*	brag, boaster
〜を吹く	exagerar	talk big
鯔 (ぼら)	mújol *m*	gray mullet
洞穴 (ほらあな)	cueva *f*	cave

日	西	英
ボランティア	voluntario(a) *m,f* ボルンタリオ(ア)	volunteer ヴァランティア
堀(ほり)	foso *m* フォソ	moat, ditch モウト, ディチ
ポリープ	pólipo *m* ポリポ	polyp パリプ
ポリエステル	poliéster *m* ポリエステる	polyester パリエスタ
ポリエチレン	polietileno *m* ポリエティレノ	polyethylene パリエスィリーン
ポリオ	poliomielitis *f* ポリオミエリティス	polio ポウリオウ
ポリシー	política *f* ポリティカ	policy パリスィ
掘(ほ)り出(だ)し物(もの)	ganga *f* ガンガ	find ファインド
掘(ほ)り出(だ)す	desenterrar デセンテラる	dig out ディグ アウト
ポリ袋(ぶくろ)	bolsa de plástico *f* ボルサ デ プラスティコ	poly bag パリ バグ
保留(ほりゅう)する	reservar れセるバる	reserve リザーヴ
ボリューム	volumen *m* ボルメン	volume ヴァリュム
捕虜(ほりょ)	prisionero(a) (de guerra) *m,f* プリシオネろ(ら) (デ ゲら)	prisoner プリズナ
掘(ほ)る	cavar カバる	dig, excavate ディグ, エクスカヴェイト
彫(ほ)る	grabar グらバる	carve, engrave カーヴ, イングレイヴ
ぼる	cobrar demasiado コブらる デマシアド	charge high チャーヂ ハイ
ボルト	tornillo *m* トるニジョ	bolt ボウルド
(電圧)	voltaje *m* ボルタへ	volt ヴォウルト

日	西	英
ポルトガル	Portugal ぽるトゥガル	Portugal ポーチュガル
〜語	portugués *m* ぽるトゥゲス	Portuguese ポーチュギーズ
ポルノ	pornografía *f* ぽるノグらフィア	pornography ポーナグラフィ
ホルマリン	formol *m* フォるモル	formalin フォーマリン
ホルモン	hormona *f* オるモナ	hormone ホーモウン
ホルン	trompa *f* トろンパ	horn ホーン
ほ 惚れる	enamorarse *de* エナモらるセ デ	fall in love *with* フォール イン ラヴ
ぼろ 襤褸	trapo *m* トらポ	rags ラグズ
ポロシャツ	polo *m* ポロ	polo shirt ポウロウ シャート
ほろ苦い	ligeramente amargo(a) リヘらメンテ アマるゴ(ガ)	slightly bitter スライトリ ビタ
ほろ 亡[滅]びる	arruinarse アるイナるセ	fall, perish フォール, ペリシュ
ほろ 亡[滅]ぼす	arruinar アるイナる	ruin, destroy ルーイン, ディストロイ
ぼろぼろの	raído(a) らイド(ダ)	ragged ラギド
ほん 本	libro *m* リブろ	book ブク
ぼん 盆	bandeja *f* バンデハ	tray トレイ
ほんかくてき 本格的な	real, genuino(a) れアル, ヘヌイノ(ナ)	real, genuine リーアル, ヂェニュイン
ほんかん 本館	edificio principal *m* エディフィしオ プりンしパル	main building メイン ビルディング
ほんき 本気 〜で	seriamente セりアメンテ	seriously スィリアスリ

日	西	英
～の	serio(*a*) セリオ(ア)	serious スィリアス
ほんきょち 本拠地	base *f* バセ	base ベイス
ほんしつ 本質	esencia *f* エセンしア	essence エセンス
(哲学で)	substancia *f* スブスタンしア	substance サブスタンス
～的な	esencial エセンしアル	essential イセンシャル
ほんしゃ 本社	casa matriz *f* カサ マトりす	head office ヘド オフィス
ほんしょう 本性	naturaleza ナトゥらレさ	nature ネイチャ
ほんしん 本心	verdadera intención *f* ベるダデら インテンしオン	real intention リーアル インテンション
ぼんじん 凡人	mediocre *m,f* メディオクれ	mediocre person ミーディオウカ パースン
ほんせき 本籍	domicilio legal *m* ドミしリオ レガル	registered domicile レヂスタド ダミサイル
ほんそう 奔走する	esforzarse エスフォるさるセ	make efforts メイク エファツ
ほんたい 本体	cuerpo (principal) *m* クエるポ (プリンしパル)	main body メイン バディ
ほんだな 本棚	estantería *f* エスタンテリア	bookshelf ブクシェルフ
ぼんち 盆地	cuenca *f* クエンカ	basin ベイスン
ほんてん 本店	sede *f* セデ	head office ヘド オフィス
ほんど 本土	tierra firme *f* ティエら フィるメ	mainland メインランド
ポンド	libra *f* リブら	pound パウンド
ほんとう 本当	realidad *f* れアリダド	truth トルース
～に	verdaderamente, realmente ベるダデらメンテ, れアルメンテ	truly, really トルーリ, リーアリ

ほ

日	西	英
〜の	verdadero(a), real	true, real
本人 (ほんにん)	interesado(a) m,f	person in question
本音 (ほんね)	intención verdadera f	true mind
ボンネット	cofia f	bonnet
(自動車の)	capó m	hood, bonnet
ほんの	solamente, nada más	just, only
本能 (ほんのう)	instinto m	instinct
〜的な	instintivo(a)	instinctive
ほんのり	ligeramente	faintly
本場 (ほんば)	cuna de f	home of
本部 (ほんぶ)	sede f	head office
ポンプ	bomba f	pump
本文 (ほんぶん)	texto m	text
ボンベ	bombona f	gas cylinder
本名 (ほんみょう)	nombre verdadero m	real name
本命 (ほんめい)	favorito(a) m,f	favorite
本物の (ほんもの)	auténtico(a)	genuine
本屋 (ほんや)	librería f	bookstore

日	西	英
ほんやく 翻訳	traducción *f* トらドゥクしオン	translation トランスレイション
〜家	traductor(a) *m,f* トらドゥクトる(ら)	translator トランスレイタ
〜する	traducir *a* トらドゥしる ア	translate *into* トランスレイト
ぼんやりした	vago(a) バゴ(ガ)	dim, vague ディム, ヴァーグ
（呆然とした）	distraído(a) ディストらイド(ダ)	absent-minded アブセントマインデド
〜と	vagamente バガメンテ	dimly, vaguely ディムリ, ヴェイグリ
（呆然と）	distraídamente ディストらイダメンテ	absent-mindedly アブセントマインデドリ
ほんらい 本来は	originalmente オリヒナルメンテ	originally オリヂナリ
ほんろん 本論	tema principal *m* テマ プりンしパル	main subject メイン サブヂクト

日	西	英

ま, マ

間(ま)	espacio *m* / エスパしオ	space, room / スペイス, ルーム
（時間的）	tiempo *m* / ティエンポ	time, interval / タイム, インタヴァル
マーガリン	margarina *f* / マるガリナ	margarine / マーチャリン
マーク	marca *f* / マるカ	mark / マーク
～する	marcar / マるカる	mark / マーク
マーケット	mercado *m* / メるカド	market / マーケト
マーケティング	"marketing" *m* / マるケティン	marketing / マーケティング
麻雀(まーじゃん)	"mah-jong" *m* / マホン	mah-jong / マーチャング
マージン	margen *m* / マるヘン	margin / マーヂン
マーマレード	mermelada de naranja *f* / メるメラダ デ ナらンハ	marmalade / マーマレイド
枚(まい)	hoja *f* / オハ	sheet, piece / シート, ピース
毎(まい)	cada / カダ	every, each / エヴリ, イーチ
毎朝(まいあさ)	cada mañana / カダ マニャナ	every morning / エヴリ モーニング
マイク	micrófono *m* / ミクろフォノ	microphone / マイクロフォウン
マイクロバス	microbús *m* / ミクろブス	minibus / ミニバス
マイクロフィルム	microfilme *m* / ミクろフィルメ	microfilm / マイクロウフィルム
迷子(まいご)	niño(a) perdido(a) *m,f* / ニニョ (ニャ) ぺるディド(ダ)	stray child / ストレイ チャイルド
舞(ま)い込(こ)む	venir inesperadamente / べニる イネスぺらダメンテ	come unexpectedly / カム アニクスペクティドリ

日	西	英
毎時(まいじ)	a cade hora / ア カダ オら	every hour / エヴリ ナウア
毎週(まいしゅう)	cada semana / カダ セマナ	every week / エヴリ ウィーク
埋葬(まいそう)	entierro *m* / エンティエろ	burial / ベリアル
〜する	enterrar / エンテらる	bury / ベリ
埋蔵(まいぞう)	entierro *m* / エンティエろ	burial / ベリアル
〜する	enterrar / エンテらる	bury / ベリ
毎月(まいつき)	todos los meses *mpl* / トドス ロス メセス	every month / エヴリ マンス
マイナーな	sin importancia / シン インポるタンシア	minor / マイナ
マイナス	menos / メノス	minus / マイナス
毎日(まいにち)	cada día *m* / カダ ディア	every day / エヴリ デイ
毎年(まいねん)	cada año *m* / カダ アニョ	every year / エヴリ イア
毎晩(まいばん)	cada noche *f* / カダ ノチェ	every evening / エヴリ イーヴニング
マイペースで	a su ritmo / ア ス りトモ	at *one's* own pace / アト オウン ペイス
マイホーム	su propia casa *f* / ス プろピア カサ	own house / オウン ハウス
マイル	milla *f* / ミジャ	mile / マイル
マイルドな	suave / スアベ	mild / マイルド
舞う(まう)	bailar / バイラる	dance / ダンス
真上に(まうえに)	justo encima / フスト エンシマ	right above / ライト アバヴ
マウス	ratón *m* / らトン	mouse / マウス

日	西	英
マウンテンバイク	bicicleta de montaña f ビシクレタ デ モンタニャ	mountain bike マウンティン バイク
前	delantera f, frente m デランテら, フれンテ	front フラント
～に	anteriormente アンテリオるメンテ	before, ago ビフォー, アゴウ
～の	delantero(a) デランテろ(ら)	front, former フラント, フォーマ
前足	pata delantera f パタ デランテら	forefoot フォーフト
前売り		
～券	entrada de venta anticipada f エントらダ デ ベンタ アンティシパダ	advance ticket アドヴァンス ティケト
～する	vender con anticipación ベンデる コン アンティシパシオン	sell in advance セル イン アドヴァンス
前書き	prólogo m プろロゴ	preface プレフィス
前掛け	delantal m デランタル	apron エイプロン
前髪	flequillo m フレキジョ	forelock フォーラク
前金	anticipo m アンティシポ	advance アドヴァンス
前歯	diente delantero m ディエンテ デランテろ	front tooth フラント トゥース
前払い	adelanto m アデラント	advance payment アドヴァンス ペイメント
前向きの	positivo(a) ポシティボ(バ)	positive パズィティヴ
前以て	de antemano デ アンテマノ	beforehand ビフォーハンド
任せる	encargar エンカるガる	leave, entrust リーヴ, イントラスト
曲がり角	esquina f エスキナ	corner コーナ
曲がる	girar ヒらる	bend, curve ベンド, カーヴ
(道を)	doblar a ドブラる ア	turn to ターン

日	西	英
マカロニ	macarrones *mpl* マカろネス	macaroni マカロウニ
薪	leña *f* レニャ	firewood ファイアウド
巻き尺	cinta (de medir) *f* シンタ (デ メディる)	tape measure テイプ メジャ
紛らわしい	confuso(a) コンフソ(サ)	confusing カンフューズィング
紛れる	estar confuso(a)[confundido(a)] エスタる コンフソ(サ) [コンフンディド(ダ)]	be confused ビ カンフューズド
(気が)	distraerse *con* ディストらエるセ コン	be diverted *by* ビ ディヴァーテド
幕	cortina *f* コるティナ	curtain カートン
(芝居)	acto *m*, telón *m* アクト, テロン	act, curtain アクト, カートン
巻く	enrollar エンろジャる	roll ロウル
撒く	derramar デらマる	sprinkle, scatter スプリンクル, スキャタ
蒔く	sembrar センブらる	sow ソウ
幕間	intermedio *m* インテるメディオ	intermission インタミション
秣	forraje *m* フォらへ	fodder ファダ
マグニチュード	magnitud *f* マグニトゥド	magnitude マグニテュード
マグネシウム	magnesio *m* マグネシオ	magnesium マグニーズィアム
マグマ	magma *m* マグマ	magma マグマ
枕	almohada *f* アルモアダ	pillow ピロウ
捲る	pasar パサる	turn up ターン ナプ
まぐれ	chiripa *f* チリパ	fluke フルーク

日	西	英
鮪(まぐろ)	atún *m* アトゥン	tuna テューナ
負(ま)け	derrota *f* デろタ	defeat ディフィート
負(ま)ける	perder ペるデる	be defeated, lose ビ ディフィーテド, ルーズ
(値段を)	hacer una rebaja アせる ウナ れバハ	reduce リデュース
曲(ま)げる	doblar ドブラる	bend ベンド
孫(まご)	nieto(*a*) *m,f* ニエト(タ)	grandchild グランチャイルド
真心(まごころ)	sinceridad *f* シンセリダド	sincerity スィンセリティ
まごつく	aturdirse アトゥるディるセ	be embarrassed ビ インバラスト
誠(まこと)・真	verdad *f* ベるダド	truth トルース
(真心)	sinceridad *f* シンセリダド	sincerity スィンセリティ
マザコン	complejo de Edipo *m* コンプレホ デ エディポ	mother complex マザ カンプレクス
摩擦(まさつ)	rozamiento *m*, fricción *f* ろさミエント, フリクしオン	friction フリクション
〜する	friccionar フリクしオナる	rub ラブ
正(まさ)に	justo フスト	just, exactly ヂャスト, イグザクトリ
勝(まさ)[優]る	superar スペらる	be superior *to* ビ シュピアリア
マジック	magia *f* マヒア	magic マヂク
呪(まじな)い	maldición *f* マルディしオン	charm, spell チャーム, スペル
真面目(まじめ)な	serio(*a*) セリオ(ア)	serious スィリアス
魔術(まじゅつ)	magia *f* マヒア	magic マヂク

日	西	英
〜師	mago(a) *m,f* マゴ(ガ)	magician マヂシャン
魔女	bruja *f* ブるハ	witch ウィチ
混[交]じる	mezclarse *con* メすクラるセ コン	be mixed *with* ビ ミクスト
交わる	cruzarse クるさるセ	cross クロス
鱒	trucha *f* トるチャ	trout トラウト
増す	aumentar アウメンタる	increase インクリース
麻酔	anestesia *f* アネステシア	anesthesia アニススィージャ
不味い	malo(a) マロ(ラ)	not good ナト グド
(拙い)	malo(a) マロ(ラ)	poor プア
(得策でない)	no prudente ノ プるデンテ	unwise アンワイズ
マスカット	uva moscatel *f* ウバ モスカテル	muscat マスカト
マスカラ	rímel *m* リメル	mascara マスキャラ
マスク	mascarilla *f* マスカりジャ	mask マスク
マスコット	mascota *f* マスコタ	mascot マスコト
マスコミ	comunicación de masas *f* コムニカしオン デ マサス	mass communication マス コミュニケイション
貧しい	pobre ポブれ	poor プア
マスター	patrón(ona) *m,f* パトろン(ナ)	master マスタ
〜キー	llave maestra *f* ジャベ マエストら	master key マスタ キー
マスタード	mostaza *f* モスタさ	mustard マスタド

日	西	英
マスト	mástil *m* マスティル	mast マスト
益々	cada vez más, más y más カダ ベス マス, マス イ マス	more and more モー アンド モー
マスメディア	medios de comunicación メディオス デ コムニカしオン (de masas) *mpl* (デ マサス)	mass media マス ミーディア
ませた	precoz プれコす	precocious プリコウシャス
混[交]ぜる	mezclar メすクラる	mix, blend ミクス, ブレンド
マゾ	masoquismo *m* マソキスモ	masochism マソキズム
(人)	masoquista *m,f* マソキスタ	masochist マソキスト
股	entrepierna *f* エントれピエるナ	crotch クラチ
又	otra vez オトら ベす	again アゲイン
(その上)	además アデマス	moreover, besides モーロウヴァ, ビサイヅ
…も〜	también タンビエン	too, also トゥー, オールソウ
未だ	todavía, aún トダビア, アウン	yet, still イェト, スティル
跨る	cabalgar *sobre* カバルガる ソブれ	mount マウント
跨ぐ	pasar por encima *de* パサる ポる エンシマ デ	step over, cross ステプ オウヴァ, クロス
股下	entrepierna *f* エントれピエるナ	inside leg インサイド レグ
待たせる	hacer esperar アセる エスペらる	keep waiting キープ ウェイティング
瞬く	parpadear パるパデアる	wink, blink ウィンク, ブリンク
マタニティードレス	vestido de embarazada *m* ベスティド デ エンバらさダ	maternity wear マターニティ ウェア

日	西	英
<ruby>又<rt>また</rt></ruby>は	o オ	or オー
<ruby>斑<rt>まだら</rt></ruby>	manchas *fpl* マンチャ	spots スパッツ
<ruby>街<rt>まち</rt></ruby>	ciudad *f* シウダッド	town, city タウン, スィティ
<ruby>待合室<rt>まちあいしつ</rt></ruby>	sala de espera *f* サラ デ エスペら	waiting room ウェイティング ルーム
<ruby>待ち合わせる<rt>まちあ</rt></ruby>	citarse *con* しタるセ コン	wait *for* ウェイト
<ruby>間近<rt>まぢか</rt></ruby>	cerca せるカ	nearby ニアバイ
<ruby>間違い<rt>まちが</rt></ruby>	equivocación *f* エキボカしオン	mistake, error ミステイク, エラ
(過失)	falta *f* ファルタ	fault, slip フォルト, スリプ
<ruby>間違える<rt>まちが</rt></ruby>	equivocar エキボカる	make a mistake メイク ア ミステイク
(取り違える)	tomar *por* トマル ポる	take *for* テイク
<ruby>街角<rt>まちかど</rt></ruby>	esquina de la calle *f* エスキナ デ ラ カジェ	street corner ストリート コーナ
<ruby>待ち遠しい<rt>まちどお</rt></ruby>	esperar con ilusión エスペらる コン イルシオン	be looking forward *to* ビ ルキング フォーワド
<ruby>町並み<rt>まちな</rt></ruby>	calles *fpl* y casas *fpl* カジェス イ カサス	houses on the street ハウズィズ オン ザ ストリート
<ruby>松<rt>まつ</rt></ruby>	pino *m* ピノ	pine パイン
<ruby>待つ<rt>ま</rt></ruby>	esperar エスペらる	wait ウェイト
<ruby>末裔<rt>まつえい</rt></ruby>	descendiente *m,f* デセンディエンテ	descendant ディセンダント
<ruby>真っ赤な<rt>まっか</rt></ruby>	rojo(*a*) ardiente ろホ (ハ) アるディエンテ	bright red ブライト レド
<ruby>末期<rt>まっき</rt></ruby>	fase final *f* ファセ フィナル	end, last stage エンド, ラスト ステイヂ
<ruby>真っ暗な<rt>まっくら</rt></ruby>	completamente oscuro(*a*) コンプレタメンテ オスクろ(ら)	pitch-dark ピチダーク

日	西	英
真っ黒な	completamente negro(a) コンプレタメンテ ネグロ(ら)	deep-black ディープブラク
睫毛	pestaña f ペスタニャ	eyelashes アイラシズ
マッサージ	masaje m マサへ	massage マサージ
～する	dar un masaje ダる ウン マサへ	massage マサージ
真っ青な	azul vivo(a) アすル ビボ(バ)	deep blue ディープ ブルー
(顔の色が)	pálido(a) パリド(ダ)	pale ペイル
真っ先に	ante todo アンテ トド	first of all ファースト オヴ オール
マッシュルーム	champiñón m チャンピニョン	mushroom マシュルム
真っ白な	blanquísimo(a) ブランキシモ(マ)	snow-white スノウホワイト
真っ直ぐ		
～な	derecho(a) デれチョ(チャ)	straight ストレイト
～に	derecho デれチョ	straight ストレイト
全く	totalmente トタルメンテ	quite, entirely クワイト, インタイアリ
(本当に)	realmente れアルメンテ	really, truly リーアリ, トルーリ
(否定で)	nada ナダ	at all アト オール
末端	final m フィナル	end エンド
マッチ	fósforo m フォスフォろ	match マチ
(試合)	juego m, partida f フエゴ, パるティダ	match マチ
マット	esterilla f エステリジャ	mat マト
～レス	colchón m コルチョン	mattress マトレス

日	西	英
松葉杖(まつばづえ)	muleta *f* ムレタ	crutches クラチズ
松脂(まつやに)	resina de pino *f* れシナ デ ピノ	pine resin パイン レズィン
祭り(まつり)	festival *m* フェスティバル	festival フェスティヴァル
まで	hasta アスタ	to, as far as トゥー, アズ ファー アズ
(時)	hasta アスタ	till, until ティル, アンティル
的(まと)	blanco *m* ブランコ	mark, target マーク, ターゲト
窓(まど)	ventana *f* ベンタナ	window ウィンドウ
〜枠	marco de ventana *m* マるコ デ ベンタナ	window frame ウィンドウ フレイム
窓口(まどぐち)	ventanilla *f* ベンタニジャ	window ウィンドウ
纏まる(まとまる)	reunirse れウニるセ	be collected ビ カレクテド
纏め(まとめ)	resumen *m* れスメン	summary サマリ
纏める(まとめる)	reunir れウニる	collect, get together カレクト, ゲト トゲザ
(整える)	ordenar おるデナる	adjust, arrange アヂャスト, アレインジュ
(解決する)	solucionar ソルしオナる	settle セトル
間取り(まどり)	plano de una casa プラノ デ ウナ カサ	layout of a house レイアウト アヴ ア ハウス
微睡む(まどろむ)	dormitar ドるミタる	take a nap テイク ア ナプ
マナー	modales *mpl* モダレス	manners マナズ
俎(まないた)	tajo *m* タホ	cutting board カティング ボード
眼差し(まなざし)	mirada *f* ミらダ	look ルク

日	西	英
真夏	pleno verano *m* プレノ べらノ	midsummer ミドサマ
学ぶ	aprender アプれンデる	learn, study ラーン, スタディ
マニア	maníaco(a) *m,f* マニアコ(カ)	maniac メイニアク
間に合う	llegar a tiempo ジェガる ア ティエンポ	be in time *for* ビ イン タイム
（満たす）	satisfacer サティスファせる	answer, be enough アンサ, ビ イナフ
間に合わせ	arreglo provisional *m* ア れグロ プろビシオナル	makeshift メイクシフト
間に合わせる	arreglárselas con ア れグラるセラス コン	make... do メイク ドゥ
マニキュア	manicura *f* マニクら	manicure マニキュア
マニュアル	manual *m* マヌアル	manual マニュアル
免れる	escapar エスカパる	escape イスケイプ
（回避）	evitar エビタる	avoid, evade アヴォイド, イヴェイド
間抜けな	estúpido(a) エストゥピド(ダ)	stupid, silly ステューピド, スィリ
真似	imitación *f* イミタしオン	imitation イミテイション
～する	imitar イミタる	imitate, mimic イミテイト, ミミク
マネージャー	gerente *m,f* へれンテ	manager マニチャ
マネキン	maniquí *m* マニキ	manikin マニキン
招く	invitar インビタる	invite インヴァイト
（招来）	traer, introducir トらエる, イントろドゥしる	cause コーズ
疎らな	ralo(a) らロ (ラ)	scattered スキャタド

日	西	英
麻痺	parálisis f ぱらリシス	paralysis パラリスィス
～する	paralizarse ぱらりさるセ	be paralyzed ビ パラライズド
真昼	mediodía m メディオディア	midday, noon ミドイデイ, ヌーン
マフィア	mafia f マフィア	Mafia マーフィア
眩しい	deslumbrante デスルンブらンテ	glaring, dazzling グレアリング, ダズリング
瞼	párpado m パるパド	eyelid アイリド
真冬	pleno invierno m プレノ インビエるノ	midwinter ミドウィンタ
マフラー	bufanda f ブファンダ	muffler マフラ
魔法	magia f マヒア	magic マヂク
マホガニー	caoba f カオバ	mahogany マハガニ
幻	fantasma m ファンタスマ	phantom ファントム
継子	hijastro(a) m,f イハストロ(ら)	stepchild ステプチャイルド
ままごと遊び ～をする	jugar a las casitas フガる ア ラス カシタス	play house プレイ ハウス
継母	madrastra f, madre adoptiva f マドらストら, マドれ アドプティバ	stepmother ステプマザ
真水	agua fresca f アグア フれスカ	fresh water フレシュ ウォタ
蝮	víbora f ビボら	viper ヴァイパ
豆	legumbre f レグンブれ	bean ビーン
摩滅する	desgastarse デスガスタるセ	be defaced ビ ディフェイスド
間も無く	pronto プろント	soon スーン

日	西	英
まも 守り	defensa *f* デフェンサ	defense ディフェンス
まも 守る	defender デフェンデる	defend, protect ディフェンド, プロテクト
まやく 麻薬	droga *f* ドろガ	narcotic, drug ナーカティク, ドラグ
〜中毒	toxicomanía *f* トクシコマニア	drug addiction ドラグ アディクション
まゆ 眉	ceja *f* セハ	eyebrow アイブラウ
〜墨	lápiz de cejas *m* ラピス デ セハス	eyebrow pencil アイブラウ ペンスル
まよ 迷う	vacilar バシラる	hesitate ヘズィテイト
道に〜	perderse ぺるデるセ	lose *one's* way ルーズ ウェイ
まよなか 真夜中	medianoche *f* メディアノチェ	midnight ミドナイト
マヨネーズ	mayonesa *f* マジョネサ	mayonnaise メイオネイズ
マラソン	maratón *m* マらトン	marathon マラソン
マラリア	malaria *f* マラりア	malaria マレアリア
まり 鞠	pelota *f* ペロタ	ball ボール
マリーナ	puerto deportivo *m* プエるト デポるティボ	marina マリーナ
マリネ	adobo *m* アドボ	marinade マリネイド
マリファナ	marijuana *f* マリフアナ	marijuana マリ (ホ) ワーナ
まる 丸	círculo *m* シるクロ	circle, ring サークル, リング
まる 円[丸]い	redondo(a) れドンド (ダ)	round, circular ラウンド, サーキュラ
まるくび 丸首	cuello redondo *m* クエジョ れドンド	round-neck ラウンドネク

日	西	英
まるた 丸太	tronco *m* トロンコ	log ログ
まるで	completamente コンプレタメンテ	completely, quite カンプリートリ, クワイト
まるまる 丸々とした	regordete*(a)* れゴるデテ (タ)	plump プランプ
まる 丸みのある	redondeado*(a)* れドンデアド (ダ)	roundish ラウンディシュ
まるやね 丸屋根	cúpula クプラ	dome ドウム
まれ 稀		
〜な	raro*(a)* らろ (ら)	rare レア
〜に	raramente ららメンテ	rarely, seldom レアリ, セルドム
まわ 回す	dar vueltas だる ブエルタス	turn, spin ターン, スピン
(順に渡す)	pasar パサる	pass パス
(転送)	reenviar れエンビアる	forward フォーワド
まわた 真綿	seda floja *f* セダ フロハ	floss フロス
まわ 回[周]り	circunferencia *f* しるクンフェれンしア	circumference サカムファレンス
(付近)	vecindad *f* ベしンダド	neighborhood ネイバフド
まわ みち 回り道	rodeo *m* ろデオ	detour ディートゥア
まわ 回る	girar ヒらる	turn round, spin ターン ラウンド, スピン
(循環)	circular しるクらる	circulate サーキュレイト
まん 万	diez mil ディエす ミル	ten thousand テン サウザンド
まんいち 万一	por si acaso ポる シ アカソ	by any chance バイ エニ チャンス
まんいん 満員		
(掲示)	Completo コンプレト	House Full ハウス フル

日	西	英
〜である	estar completo(a) エスタる コンプレト(タ)	be full ビ フル
蔓延する	propagarse プロパガるセ	spread スプレド
漫画	historieta f イストリエタ	cartoon, comics カートゥーン, カミクス
満開の	en plena floración エン プレナ フロらシオン	in full bloom イン フル ブルーム
マンガン	manganeso m マンガネソ	manganese マンガニーズ
満期	vencimiento m ベンシミエント	expiration エクスピレイション
〜になる	vencer ベンせる	expire イクスパイア
満喫する	gozar ゴさる	enjoy fully インチョイ フリ
万華鏡	caleidoscopio m カレイドスコピオ	kaleidoscope カライドスコウプ
満月	luna llena f ルナ ジェナ	full moon フル ムーン
マンゴー	mango m マンゴ	mango マンゴウ
満場一致で	por unanimidad ポる ウナニミダド	unanimously ユーナニマスリ
マンション	piso m ピソ	condominium カンドミニアム
慢性の	crónico(a) クろニコ(カ)	chronic クラニク
満足	satisfacción f サティスファクしオン	satisfaction サティスファクション
〜する	estar satisfecho(a) con エスタる サティスフェチョ(チャ) コン	be satisfied *with* ビ サティスファイド
〜な	satisfactorio(a) サティスファクトりオ(ア)	satisfactory サティスファクトリ
満潮	marea alta f マれア アルタ	high tide ハイ タイド
満点	resultado máximo m れスルタド マクシモ	perfect mark パーフィクト マーク

日	西	英
マント	capa f カパ	mantle, cloak マントル, クロウク
マンドリン	mandolina f マンドリナ	mandolin マンドリン
真ん中	centro m セントロ	center センタ
マンネリ	rutina f るティナ	mannerism マナリズム
万年筆	pluma (estilográfica) f プルマ (エスティログらフィカ)	fountain pen ファウンティン ペン
万引きする	hurtar en la tienda ウるタる エン ラ ティエンダ	shoplift シャプリフト
満腹する	estar satisfecho(a) エスタる サティスフェチョ(チャ)	have eaten enough ハヴ イートン イナフ
万遍なく	por todas partes ポる トダス パるテス	evenly イーヴンリ
(もれなく)	sin excepción シン エクスセプしオン	without exception ウィザウト イクセプション
マンホール	boca de alcantarilla f ボカ デ アルカンタリジャ	manhole マンホウル
万歩計	podómetro m ポドメトロ	pedometer ピダメタ
マンモス	mamut m マムト	mammoth マモス

み, ミ

日	西	英
実	fruto m フるト	fruit, nut フルート, ナト
身	cuerpo m クエるポ	body バディ
見飽きる	cansarse de ver カンサるセ デ べる	be sick of seeing ビ スィク オヴ スィーイング
見上げる	mirar hacia arriba ミらる アしア アりバ	look up at, to ルク アプ
見合わせる	mirarse ミらるセ	look at each other ルク アト イーチ アザ
(延期)	aplazar, prorrogar アプラさる, プろろガる	put off プト オフ

日	西	英
ミーティング	reunión f れウニオン	meeting ミーティング
木乃伊(みいら)	momia f モミア	mummy マミ
見失う(みうしな)	perder de vista ぺるデる デ ビスタ	miss ミス
身内(みうち)	pariente m,f, familia f パりエンテ, ファミリア	relatives レラティヴズ
見栄(みえ)	ostentación f オステンタしオン	show, vanity ショウ, ヴァニティ
見える(みえ)	ver, verse べる, べルセ	see, be seen スィー, ビ スィーン
(…のように)	parecer パれセる	look, seem ルク, スィーム
見送る(みおく)	despedir デスペディる	see off スィー オフ
見落とす(みお)	no darse cuenta de ノ ダるセ クエンタ デ	overlook, miss オウヴァルク, ミス
見下ろす(みお)	mirar (hacia) abajo ミらる (アしア) アバホ	look down ルク ダウン
未解決の(みかいけつ)	no resuelto(a), sin solucionar ノ れスエルト(タ), シン ソルしオナる	unsolved アンサルヴド
未開の(みかい)	primitivo(a) プリミティボ(バ)	primitive, uncivilized プリミティヴ, アンスィヴィライズド
見返り(みかえ)	recompensa f れコンペンサ	rewards リウォーヅ
味覚(みかく)	gusto m グスト	taste, palate テイスト, パレト
磨く(みが)	pulir プリる	polish, brush パリシュ, ブラシュ
(技能を)	perfeccionar ぺるフェクしオナる	improve, train インプルーヴ, トレイン
見掛け(みか)	apariencia f アパりエンしア	appearance アピアランス
味方(みかた)	amigo(a) m,f, aliado(a) m,f アミゴ(ガ), アリアド(ダ)	friend, ally フレンド, アライ
三日月(みかづき)	luna creciente f ルナ クれしエンテ	crescent クレセント

日	西	英
蜜柑 (みかん)	mandarina f マンダリナ	mandarin マンダリン
未完成の (みかんせい)	inacabado(a), incompleto(a) イナカバド(ダ), インコンプレト(タ)	unfinished, incomplete アンフィニシュト, インコンプリート
幹 (みき)	tronco m トロンコ	trunk トランク
右 (みぎ)	derecha f デレチャ	right ライト
右腕 (みぎうで)	brazo derecho m ブらソ デレチョ	right arm ライト アーム
ミキサー	licuadora f, batidora f リクアドら, バティドら	mixer ミクサ
見苦しい (みぐるしい)	feo(a) フェオ(ア)	unsightly, ugly アンサイトリ, アグリ
(恥ずべき)	indecente インデセンテ	indecent インディーセント
ミクロン	micrón m ミクロン	micron マイクラン
見事な (みごとな)	admirable アドミらブレ	beautiful, fine ビューティフル, ファイン
見込み (みこみ)	esperanza f エスペらンさ	prospect プラスペクト
(有望)	promesa f プロメサ	promise, hope プラミス, ホウプ
(可能性)	posibilidad f ポシビリダド	possibility パシィビリティ
未婚の (みこん)	soltero(a) ソルテろ(ら)	unmarried, single アンマリド, スィングル
ミサ	misa f ミサ	mass マス
ミサイル	misil m ミシル	missile ミスィル
岬 (みさき)	cabo m カボ	cape ケイプ
短い (みじかい)	corto(a), breve コるト(タ), ブれベ	short, brief ショート, ブリーフ
惨めな (みじめな)	miserable ミセらブレ	miserable ミザラブル

日	西	英
みじゅく 未熟な	inmaduro(a) インマドゥロ(ら)	unripe アンライプ
(技能が)	inexperto(a) イネクスぺルト(タ)	immature イマテュア
みし 見知らぬ	desconocido(a) デスコノしド(ダ)	strange, unfamiliar ストレインヂ, アンファミリア
ミシン	máquina de coser f マキナ デ コセる	sewing machine ソウイング マシーン
ミス	Srta. (señorita) f セニョリタ	Miss ミス
(誤り)	error m エろる	mistake ミステイク
みず 水	agua f アグア	water ウォタ
みずあ 水浴び	baño m バニョ	bathe ベイズ
みずあめ 水飴	almíbar m アルミバる	millet jelly ミレト ヂェリ
みすい 未遂の	intentado(a) インテンタド(ダ)	attempted アテンプティド
みずいろ 水色	azul claro m アすル クラろ	light blue ライト ブルー
みずうみ 湖	lago m ラゴ	lake レイク
みずがめざ 水瓶座	Acuario m アクアりオ	Aquarius アクウェアリアス
みずか 自ら	personalmente ぺるソナルメンテ	personally, in person パーソナリ, イン パーソン
みずぎ 水着	bañador m バニャドる	swimming suit スウィミング スート
みずくさ 水臭い	reservado(a) れセるバド(ダ)	reserved, cold リザーヴド, コウルド
みずさ 水差し	jarra f ハら	pitcher ピチャ
みずしょうばい 水商売	mundo de los bares m ムンド デ ロス バれス	entertaining trade エンタテイニング トレイド
み し 見ず知らずの	desconocido(a) デスコノしド(ダ)	strange ストレインヂ

日	西	英
水玉模様 (みずたまもよう)	lunares *mpl* ルナレス	polka dots ポゥルカ ダッツ
水溜まり (みずた)	charco *m* チャるコ	pool, puddle プール, パドル
水っぽい (みず)	aguado(a) アグアド(ダ)	watery, diluted ウォタリ, ダイリューテド
ミステリー	misterio *m* ミステリオ	mystery ミスタリ
見捨てる (みす)	abandonar アバンドナる	abandon アバンドン
水脹れ (みずぶく)	ampolla *f* アンポジャ	blister ブリスタ
ミスプリント	errata de imprenta *f* エらタ デ インプれンタ	misprint ミスプリント
水辺 (みずべ)	orilla *f* オリジャ	waterside ウォタサイド
水疱瘡 (みずぼうそう)	varicela *f* バりセラ	chicken pox チキン パクス
みすぼらしい	pobre ポブれ	shabby シャビ
瑞々しい (みずみず)	fresco(a) フれスコ(カ)	fresh フレシュ
水虫 (みずむし)	pie de atleta *m* ピエ デ アトレタ	water eczema ウォタ エクスィマ
店 (みせ)	tienda *f* ティエンダ	store, shop ストー, シャプ
未成年 (みせいねん)	minoría de edad *f* ミノリア デ エダド	minority マイノリティ
見せ掛け (みせか)	simulación *f* シムラスィオン	show, pretense ショウ, プリテンス
〜の	fingido(a) フィンヒド(ダ)	make-believe メイクビリーヴ
見せ掛ける (みか)	disimular ディシムラる	pretend, feign プリテンド, フェイン
見せびらかす (みせ)	exhibir エクスィビる	show off ショウ オフ
店開き (みせびら)	inauguración *f* イナウグらスィオン	opening オウプニング

日	西	英
みせもの 見世物	espectáculo *m* エスペクタクロ	show ショウ
み 見せる	mostrar モストらる	show, display ショウ, ディスプレイ
みぞ 溝	cuneta *f* クネタ	ditch, gutter ディチ, ガタ
（隔たり）	distancia *f* ディスタンしア	gap ギャプ
みぞおち 鳩尾	epigastrio *m* エピガストリオ	pit ピト

■店■ tienda /ティエンダ/ *f* (⊛ store, shop)

やおや
八百屋 tienda de verduras y frutas /ティエンダ デ ベるドゥらス イ フるタス/ *f* (⊛ vegetable store)

はなや
花屋 floristería /フロリステリア/ *f* (⊛ flower shop)

さかなや
魚屋 pescadería /ペスカデリア/ *f* (⊛ fish shop)

にくや
肉屋 carnicería /カルニせリア/ *f* (⊛ meat shop)

さかや
酒屋 licorería /リこれリア/ *f* (⊛ liquor store)

パンや
パン屋 panadería /パナデリア/ *f* (⊛ bakery)

くすりや
薬屋 farmacia /ファるマレア/ *f* (⊛ pharmacy)

くつや
靴屋 zapatería /サパテリア/ *f* (⊛ shoe store)

ほんや
本屋 librería /リブれリア/ *f* (⊛ book store)

ざっかや
雑貨屋 droguería /ドロゲリア/ *f* (⊛ variety store)

とけいや
時計屋 relojería /れロヘリア/ *f* (⊛ watch store)

とこや
床屋 peluquería /ペルケリア/ *f* (⊛ barbershop)

クリーニング店 lavandería /ラバンデリア/ (⊛ laundry)

たばこや
煙草屋 tabaquería /タバケリア/ *f* (⊛ tabacconist's)

ケーキや
ケーキ屋 pastelería /パステレリア/ *f* (⊛ pastry shop)

がんぐてん
玩具店 juguetería /フゲテリア/ *f* (⊛ toy shop)

かぐや
家具屋 tienda de muebles /ティエンダ デ ムエブレス/ *f* (⊛ furniture store)

ふるほんや
古本屋 librería de viejo /リブれリア デ ビエホ/ *f* (⊛ secondhand bookstore)

日	西	英
見損なう	perder la ocasión de ver	fail to see
(評価を誤る)	juzgar mal	misjudge
見初める	enamorarse de ... a primera vista	fall in love *with*... at first sight
霙	aguanieve *f*	sleet
見出し	titular *m*	heading
～語	entrada *f*	entry, headword
満たす	llenar	fill
(満足させる)	satisfacer	satisfy
乱す	perturbar	throw into disorder
乱れる	desordenarse	be out of order
道	camino *m*	way, road
見違える	tomar *por*	take *for*
道草を食う	entretenerse en el camino	loiter about on the way
道順	itinerario *m*	route, course
道標	señal de tráfico *f*	guide, signpost
未知数	incógnita *f*	unknown quantity
道程	distancia *f*	distance
導く	conducir	lead, guide
満ちる	llenarse *de*	be filled *with*

日	西	英
(潮が)	subir la marea スビる ラ マれア	rise, flow ライズ, フロウ
みつ 蜜	miel *f* ミエル	honey ハニ
みっかい 密会	reunión secreta *f* れウニオン セクれタ	clandestine meeting クランデスティン ミーティング
み 見つかる	ser encontrado(*a*) セる エンコントらド(ダ)	be found ビ ファウンド
みつげつ 蜜月	luna de miel *f* ルナ デ ミエル	honeymoon ハニムーン
見つける	encontrar エンコントらる	find, discover ファインド, ディスカヴァ
みっこう 密航	travesía clandestina *f* トらベシア クランデスティナ	secret passage スィークレト パスィヂ
みっこく 密告	denuncia *f* デヌンしア	tip-off, tip ティポーフ, ティプ
～する	denunciar デヌンしアる	inform *against* インフォーム
みっしつ 密室	cuarto cerrado *m* クアると せらド	secret room スィークレト ルーム
みっしゅう 密集する	apiñarse アピニャるセ	crowd クラウド
みっせつ 密接な	estrecho(*a*), íntimo(*a*) エストれチョ (チャ), インティモ(マ)	close, intimate クロウス, インティメイト
みつど 密度	densidad *f* デンシダド	density デンスィティ
みっともない	feo(*a*) フェオ(ア)	disgraceful ディスグレイスフル
みつにゅうこく 密入国	entrada ilegal en un país *f* エントらダ イレガル エン ウン パイス	illegal entry into a country イリーガル エントリ イントゥ ア カントリ
みつばい 密売	venta clandestina *f* ベンタ クランデスティナ	illicit sale イリスィト セイル
みつばち 蜜蜂	abeja *f* アベハ	bee ビー
みっぺい 密閉する	cerrar herméticamente せらる エるメティカメンテ	close up クロウズ アプ
みつ 見詰める	mirar fijamente ミらる フィハメンテ	gaze *at* ゲイズ

日	西	英
見積もり	estimación *f* エスティマシオン	estimate エスティメイト
見積もる	calcular カルクラる	estimate エスティメイト
密約	promesa secreta *f* プロメサ セクレタ	secret understanding スィークレト アンダスタンディング
密輸	contrabando *m* コントらバンド	smuggling スマグリング
〜する	contrabandear コントらバンデアる	smuggle スマグル
密漁・密猟	pesca [caza] furtiva *f* ペスカ [カさ] フるティバ	poaching ポウチング
〜する	pescar [cazar] furtivamente ペスカる [カさる] フるティバメンテ	poach ポウチ
密林	bosque cerrado *m* ボスケ せらド	dense forest デンス フォリスト
未定の	indeterminado(a) インデテるミナド(ダ)	undecided アンディサイデド
未踏の	inexplorado(a) イネクスプろラド(ダ)	unexplored アニクスプロード
見通し	perspectiva *f* ペるスペクティバ	prospect プラスペクト
認める	reconocer れコノせる	recognize レコグナイズ
(承認)	aprobar アプろバる	accept, acknowledge アクセプト, アクナリヂ
緑	verde *m* ベるデ	green グリーン
見取り図	croquis *m* クろキス	sketch スケチ
ミドル級	peso medio *m* ペソ メディオ	middleweight ミドルウェイト
見とれる	contemplar encantado(a) コンテンプラる エンカンタド(ダ)	look admiringly *at* ルク アドマイアリングリ
皆	todos(as) トドス(ダス)	all オール
見直す	mirar ... otra vez ミらる オトら ベす	look at... again ルク アト アゲイン

日	西	英
（再検討）	reexaminar れエクサミナる	reexamine リーイグザミン
み 見なす	tomar *por* トマる ポる	think of... *as* スィンク オヴ
みなと 港	puerto *m* プエрто	harbor, port ハーバ, ポート
みなみ 南	sur *m* スる	south サウス
～アメリカ	América del Sur *f* アメリカ デル スる	South America サウス アメリカ
～側	lado sur *m* ラド スる	south side サウス サイド
～十字星	Cruz del Sur *f* クるす デル スる	Southern Cross サザン クロス
～半球	hemisferio austral *m* エミスフェリオ アウストрал	Southern Hemisphere サザン ヘミスフィア
みなもと 源	fuente *f* フエンテ	source ソース
みなら 見習い	entrenamiento práctico *m* エントれナミエント プラクティコ	apprenticeship アプレンティスシプ
（人）	aprendiz(a) *m,f* アプれンディす(さ)	apprentice アプレンティス
～期間	período de aprendizaje *m* ペりオド デ アプれンディさへ	probationary period プロウベイショナリ ピアリオド
みなら 見習う	aprender *de* アプれンデる デ	learn, imitate ラーン, イミテイト
みなり 身形	aspecto *m* アスペクト	dress, appearance ドレス, アピアランス
みな 見慣れた	familiar ファミリアる	familiar ファミリア
みにく 見難い	difícil de ver ディフィしル デ べる	hard to see ハード トゥ スィー
みにく 醜い	feo(a) フェオ(ア)	ugly アグリ
ミニスカート	minifalda *f* ミニファルダ	mini ミニ
ミニチュア	miniatura *f* ミニアトゥら	miniature ミニアチャ
ミニマム	mínimo *m* ミニモ	minimum ミニマム

み

日	西	英
見抜く	adivinar アディビナる	see through スィー スルー
峰	pico *m* ピコ	peak, top ピーク, タプ
（刃の）	canto *m* カント	back バク
ミネラル	mineral *m* ミネらル	mineral ミナラル
〜ウォーター	agua mineral *f* アグア ミネらル	mineral water ミナラル ウォタ
身の上	circunstancias *fpl* しるクンスタンしアス	circumstances サーカムスタンスィズ
未納の	no pagado(*a*), impagado(*a*) ノ パガド（ダ）, インパガド（ダ）	unpaid アンペイド
見逃す	dejar escapar デハる エスカパる	overlook オウヴァルク
（黙認）	hacer la vista gorda *a* アせる ラ ビスタ ゴるダ ア	connive *at* カナイヴ
身代金	rescate *m* れスカテ	ransom ランソム
身の回り品	efectos personales *mpl* エフェクトス ぺルソナレス	belongings ビローンギングズ
実る	madurar マドゥらる	ripen ライプン
（実を結ぶ）	dar fruto ダる フるト	bear fruit ベア フルート
見晴らし	vista *f* ビスタ	view ヴュー
〜台	mirador *m* ミらドる	lookout ルカウト
見張る	guardar グアるダる	watch ワチ
身振り	gesto *m* ヘスト	gesture ヂェスチャ
身分	posición *f*, estado social *m* ポシしオン, エスタド ソしアル	social status ソウシャル ステイタス
〜証明書	carné de identidad *m* カるネ デ イデンティダド	identity card アイデンティティ カード

日	西	英
未亡人 (みぼうじん)	viuda f ビウダ	widow ウィドウ
見本 (みほん)	muestra f ムエストら	sample サンプル
~市	feria de muestras f フェリア デ ムエストらス	trade fair トレイド フェア
見舞い (みまい)	visita f ビシタ	inquiry インクワイアリ
見舞う (みまう)	hacer una visita アせる ウナ ビシタ	visit ヴィズィト
見守る (みまもる)	observar オブセるバる	keep *one's* eyes *on* キープ アイズ
見回す (みまわす)	mirar alrededor [en torno] ミらる アルれデドる [エン トるノ]	look about ルク アバウト
未満 (みまん)	menos de メノス デ	under, less than アンダ, レス ザン
耳 (みみ)	oreja f, oído m オれハ, オイド	ear イア
耳掻き (みみかき)	mondaorejas m モンダオれハス	earpick イアピク
蚯蚓 (みみず)	lombriz f ロンブりス	earthworm アースワーム
木菟 (みみずく)	búho m ブオ	horned owl ホーンド アウル
耳たぶ (みみ)	lóbulo de la oreja m ロブロ デ ラ オれハ	lobe ロウブ
未明 (みめい)	antes de amanecer アンテス デ アマネせる	before daybreak ビフォー デイブレイク
身元 (みもと)	identidad f イデンティダド	identity アイデンティティ
脈 (みゃく)	pulso m プルソ	pulse パルス
(脈動)	pulsación f プルサしオン	pulsation パルセイション
(希望)	esperanza f エスペらンさ	promise, hope プラミス, ホウプ
土産 (みやげ)	(regalo de) recuerdo m (れガロ デ) れクエるド	souvenir スーヴニア

日	西	英
みやこ 都	capital *f* カピタル	capital キャピタル
（都市）	ciudad *f* シウダド	city, town スィティ, タウン
ミュージカル	musical *m* ムシカル	musical ミューズィカル
ミュージシャン	músico(a) *m,f* ムシコ(カ)	musician ミューズィシャン
みょうぎ 妙技	proeza *f* プロエサ	wonderful skill ワンダフル スキル
みょうごにち 明後日	pasado mañana パサド マニャナ	day after tomorrow デイ アフタ トマロウ
みょうじ 苗[名]字	apellido *m* アペジド	family name, surname ファミリ ネイム, サーネイム
みょうじょう 明星	lucero del alba *m*, Venus *m* ルせろ デル アルバ, ベヌス	Venus ヴィーナス
みょう 妙な	extraño(a) エクストらニョ(ニャ)	strange ストレインヂ
みょうにち 明日	mañana マニャナ	tomorrow トマロウ
みょうばん 明礬	alumbre *m* アルンブれ	alum アラム
みょうみ 妙味	encanto *m* エンカント	charm, beauty チャーム, ビューティ
みょうれい 妙齢の	en la flor de la vida エン ラ フロる デ ラ ビダ	young, blooming ヤング, ブルーミング
みらい 未来	futuro *m* フトゥろ	future フューチャ
ミリグラム	miligramo *m* ミリグらモ	milligram ミリグラム
ミリメートル	milímetro *m* ミリメトろ	millimeter ミリミータ
みりょう 魅了する	encantar エンカンタる	fascinate ファスィネイト
みりょく 魅力	encanto *m* エンカント	charm チャーム
〜的な	atractivo(a) アトらクティボ(バ)	charming チャーミング

734

日	西	英
見る	ver / べる	see, look at / スィー, ルク
(世話)	cuidar / クイダる	look after / ルク アフタ
ミルク	leche f / レチェ	milk / ミルク
～セーキ	batido de leche m / バティド デ レチェ	milk shake / ミルク シェイク
ミレニアム	milenio m / ミレニオ	millennium / ミレニアム
未練	apego m / アペゴ	attachment, regret / アタチメント, リグレト
見分ける	distinguir de / ディスティンギる デ	distinguish from / ディスティングウィシュ
見渡す	verse / べるセ	look out over / ルク アウト
民意	voluntad del pueblo f / ボルンタド デル プエブロ	public opinion / パブリク オピニオン
民営	administración privada f / アドミニストらしオン プリバダ	private management / プライヴェト マニヂメント
民間の	privado(a) / プリバド(ダ)	private, civil / プライヴェト, スィヴィル
ミンク	visón m / ビソン	mink / ミンク
民芸品	artesanía popular f / アるテサニア ポプラる	folk-art article / フォウクアート アーティクル
民事訴訟	proceso civil m / プろセソ しビル	civil action / スィヴィル アクション
民衆	público m / プブリコ	people / ピープル
民主化	democratización f / デモクらティさしオン	democratization / ディマクラティゼイション
民宿	casa de huéspedes f / カサ デ ウエスペデス	tourist home / トゥアリスト ホウム
民主主義	democracia f / デモクらしア	democracy / ディマクラスィ
民俗	folclore m / フォルクロれ	folk customs / フォウク カスタムズ

日	西	英
みんぞく 民族	raza *f* らさ	race, nation レイス, ネイション
～自決	autodeterminación racial *f* アウトデテるミナシオン らしアル	racial self-determination レイシャル セルフディターミネイション
～性	característica racial *f* カらクテリスティカ らしアル	racial characteristics レイシャル キャラクタリスティクス
ミント	menta *f* メンタ	mint ミント
みんぽう 民法	derecho civil *m* デれチョ しビル	civil law スィヴィル ロー
みんよう 民謡	canción tradicional *f* カンしオン トらディしオナる	folk song フォウク ソング
みんわ 民話	cuento popular *m* クエント ポプラる	folk tale フォウク テイル

む, ム

日	西	英
む 無	nada *f* ナダ	nothing ナスィング
むいしき 無意識に	inconscientemente インコンスしエンテメンテ	unconsciously アンカンシャスリ
むいちもん 無一文の	sin un centavo シン ウン センタボ	penniless ペニレス
むいみ 無意味な	insignificante インシグニフィカンテ	meaningless ミーニングレス
ムード	ambiente *m* アンビエンテ	mood ムード
むえき 無益な	inútil イヌティル	futile フューティル
むがい 無害な	inofensivo(a) イノフェンシボ(バ)	harmless ハームレス
む あ 向かい合う	estar cara a cara エスタる カら ア カら	face フェイス
む がわ 向かい側	lado opuesto *m* ラド オプエスト	opposite side アポズィト サイド
む 向かう	dar a ダる ア	face, look *on* フェイス, ルク
(進む)	avanzar *a* アバンさる ア	go *to*, leave *for* ゴウ, リーヴ

日	西	英
むか 迎える	recibir れしビる	meet, welcome ミート, ウェルカム
むかし 昔	tiempos antiguos *mpl* ティエンポス アンティグオス	old times オウルド タイムズ
(かつて)	mucho antes ムチョ アンテス	long ago ロング アゴウ
むかつく	sentir náuseas センティる ナウセアス	feel sick フィール スィク
(腹が立つ)	sentir repugnancia センティる れプグナンしア	get disgusted ゲト ディスガスティド
むかで 百足	ciempiés *m* しエンピエス	centipede センティピード
むかんけい 無関係な	ajeno(a) アヘノ(ナ)	irrelevant イレレヴァント
むかんしん 無関心	indiferencia *f* インディフェれンしア	indifference インディファレンス
む 向き	dirección *f* ディれクしオン	direction ディレクション
…〜の	para パら	for フォー
むぎ 麦	trigo *m* トリゴ	wheat ホウィート
(大麦)	cebada *f* セバダ	barley バーリ
むきげん 無期限の	ilimitado(a) イリミタド(ダ)	indefinite インデフィニト
む だ 剥き出しの	descubierto(a) デスクビエルト(タ)	bare, naked ベア, ネイキド
むきちょうえき 無期懲役	cadena perpetua *f* カデナ ぺるペトゥア	life imprisonment ライフ インプリズンメント
むきぶつ 無機物	materia inorgánica *f* マテリア イノるガニカ	inorganic matter イノーギャニク マタ
むきりょく 無気力な	inerte イネるテ	inactive, lazy イナクティヴ, レイズィ
むぎわら 麦藁	paja *f* パハ	straw ストロー
むきん 無菌の	aséptico(a) アセプティコ(カ)	germ-free チャームフリー

日	西	英
向く	mirar *hacia* ミらる アレア	turn *to* ターン
(適する)	ser adecuado(*a*) [apropiado(*a*)] セる アデクアド(ダ) [アプろピアド(ダ)]	suit スート
剥く	pelar, mondar ペラる, モンダる	peel, pare ピール, ペア
報いる	recompensar れコンペンサる	reward *for* リウォード
無口な	callado(*a*) カジャド(ダ)	taciturn, silent タスィターン, サイレント
椋鳥	estornino *m* エストるニノ	starling スターリング
むくむ	hincharse インチャるセ	swell スウェル
無形の	inmaterial インマテリアル	intangible インタンヂブル
向ける	dirigir *a* ディりヒる ア	turn *to*, direct *to* ターン, ディレクト
無限の	infinito(*a*) インフィニト(タ)	infinite インフィニト
婿	yerno *m* ジェるノ	bridegroom ブライドグルーム
向こう	lado opuesto *m* ラド オプエスト	opposite side アポズィト サイド
(先方)	parte contraria *f* パるテ コントらリア	other party アザ パーティ
無効	nulidad *f* ヌリダド	invalidity インヴァリディティ
〜の	nulo(*a*) ヌロ(ラ)	invalid インヴァリド
向こう脛	espinilla *f* エスピニジャ	shin シン
向こう見ずな	atrevido(*a*) アトれビド(ダ)	reckless レクレス
無国籍の	sin nacionalidad, apátrida シン ナしオナリダド, アパトりダ	stateless ステイトレス
無言	silencio *m* シレンしオ	silence サイレンス

日	西	英
むざい 無罪	inocencia *f* イノセンシア	innocence イノセンス
むざん 無惨な	miserable, cruel ミセらブレ, クるエル	miserable, cruel ミザラブル, クルエル
むし 虫	insecto *m* インセクト	insect インセクト
(みみずなど)	gusano *m* グサノ	worm ワーム
む あつ 蒸し暑い	sofocante ソフォカンテ	sultry サルトリ
むしくだ 虫下し	vermífugo *m* べるミフゴ	vermifuge ヴァーミフューヂ
むし 無視する	ignorar イグノらる	ignore イグノー
むじつ 無実	inocencia *f* イノセンシア	innocence イノセンス
～の	inocente イノセンテ	innocent イノセント
むじ 無地の	liso(*a*), sin dibujo リソ(サ), シン ディブホ	plain プレイン
むしば 虫歯	caries *f* カリエス	decayed tooth ディケイド トゥース
むしば 蝕む	minar ミナる	spoil, affect スポイル, アフェクト
むじひ 無慈悲な	despiadado(*a*) デスピアダド(ダ)	merciless マースィレス
むしめがね 虫眼鏡	lupa *f* ルパ	magnifying glass マグニファイイング グラス
むじゃき 無邪気な	ingenuo(*a*) インヘヌオ(ア)	innocent イノセント
むじゅん 矛盾	contradicción *f* コントらディクしオン	contradiction カントラディクション
～する	contradecirse *con* コントらデしるセ コン	be inconsistent *with* ビ インコンスィステント
むじょう 無常	mutabilidad *f* ムタビリダド	mutability ミュータビリティ
むじょうけん 無条件の	incondicional インコンディしオナル	unconditional アンコンディショナル

日	西	英
無情な(むじょうな)	insensible インセンシブレ	heartless, cold ハートレス, コウルド
無償の(むしょうの)	gratuito(a) グラトゥイト(ダ)	gratis, voluntary グラティス, ヴァランテリ
無色の(むしょくの)	sin color シン コロる	colorless カラレス
無職の(むしょくの)	desocupado(a) デソクパド(ダ)	without occupation ウィザウト アキュペイション
毟る(むしる)	arrancar アらンカる	pluck, pick プラク, ピク
寧ろ(むしろ)	más bien マス ビエン	rather らザ
無神経な(むしんけいな)	insensible インセンシブレ	insensible インセンスィブル
無尽蔵の(むじんぞうの)	inagotable イナゴタブレ	inexhaustible イニグゾースティブル
無人島(むじんとう)	isla deshabitada f イスラ デサビタダ	desert island デザト アイランド
無心に(むしんに)	inocentemente イノセンテメンテ	innocently イノセントリ
無神論(むしんろん)	ateísmo m アテイスモ	atheism エイスィイズム
蒸す(むす)	cocer al vapor コせる アル バポる	steam スティーム
無数の(むすうの)	innumerable インヌメらブレ	innumerable イニューマラブル
難しい(むずかしい)	difícil ディフィシル	difficult, hard ディフィカルト, ハード
息子(むすこ)	hijo m イホ	son サン
結び付く(むすびつく)	unirse con ウニるセ コン	be tied up with ビ タイド アプ
結び目(むすびめ)	nudo ヌド	knot ナト
結ぶ(むすぶ)	atar アタる	tie, bind タイ, バインド
(繋ぐ)	unir ... con ウニる コン	link ... with リンク

日	西	英
(契約を)	concluir コンクルイる	make, conclude メイク, カンクルード
むすめ 娘	hija *f* イハ	daughter ドータ
むせいげん 無制限の	sin límites シン リミテス	free, unrestricted フリー, アンリストリクティド
むせきにん 無責任	irresponsabilidad *f* イれスポンサビリダド	irresponsibility イリスパンスィビリティ
～な	irresponsable イれスポンサブレ	irresponsible イリスパンスィブル
む 噎せる	ahogarse *con* アオガるセ コン	be choked *by, with* ビ チョウクド
むせん 無線	radiocomunicación *f* らディオコムニカしオン	wireless ワイアレス
むだ 無駄	desperdicio *m* デスペるディしオ	waste ウェイスト
～な	inútil イヌティル	useless, futile ユースレス, フューティル
むだぼね お 無駄骨を折る	hacer esfuerzos vanos アせる エスフエルそス バノス	make vain efforts メイク ヴェイン エファツ
むだん 無断で	sin aviso シン アビソ	without notice ウィザウト ノウティス
むたんぽ 無担保で	sin garantía シン ガらンティア	without security ウィザウト スィキュアリティ
むち 無知な	ignorante イグノらンテ	ignorant イグノラント
むちゃ 無茶な	irrazonable イらそナブレ	unreasonable アンリーズナブル
むちゅう 夢中である	estar absorto(a) *en* エスタる アブソルト(タ) エン	be absorbed *in* ビ アブソーブド
むちんじょうしゃ 無賃乗車をする	viajar sin billete ビアハる シン ビジェテ	steal a ride スティール ア ライド
むてんか 無添加の	sin aditivos シン アディティボス	additive-free アディティヴフリー
むとんちゃく 無頓着な	descuidado(a) デスクイダド(ダ)	indifferent インディファレント
むな 虚[空]しい	vacío(a) バしオ(ア)	empty, vain エンプティ, ヴェイン

日	西	英
むね 胸	pecho *m* ペチョ	breast, chest ブレスト, チェスト
～焼け	ardor de estómago *m* アルドル デ エストマゴ	heartburn ハートバーン
むのう 無能	incompetencia *f* インコンペテンシア	incompetence インカンピテンス
～な	incompetente インコンペテンテ	incompetent インカンピテント
むのうやくの 無農薬の	orgánico(a) オルガニコ(カ)	organic オーギャニク
むふんべつ 無分別な	imprudente インプるデンテ	imprudent インプルーデント
むほう 無法な	injusto(a) インフスト(タ)	unjust, unlawful アンヂャスト, アンロフル
むぼう 無謀な	temerario(a) テメらリオ(ア)	reckless レクレス
むほん 謀叛	rebelión *f* れベリオン	rebellion リベリオン
むめい 無名の	desconocido(a) デスコノシド(ダ)	nameless, unknown ネイムレス, アンノウン
むゆうびょう 夢遊病	sonambulismo *m* ソナンブリスモ	somnambulism サムナンビュリズム
むら 村	pueblo *m* プエブロ	village ヴィリヂ
むら 群がる	reunirse れウニるセ	crowd, flock クラウド, フラク
むらさき 紫	color púrpura *m* コロる プるプら	purple, violet パープル, ヴァイオレト
むり 無理な	irrazonable イらソナブレ	unreasonable アンリーズナブル
(不可能)	imposible インポシブレ	impossible インパスィブル
むりょう 無料の	gratuito(a) グらトゥイト(タ)	free フリー
むりょく 無力な	impotente インポテンテ	powerless パウアレス
むれ 群	grupo *m* グるポ	group, crowd グループ, クラウド

日	西	英
_{むろん} 無論	naturalmente ナトゥらルメンテ	of course アヴ コース

め, メ

日	西	英
_め 芽	brote *m* ブろテ	bud バド
_め 目	ojo *m* オホ	eye アイ
_{めあたら} 目新しい	nuevo(*a*) ヌエボ(バ)	novel, new ナヴェル, ニュー
_{めあ} 目当て	objeto *m* オブヘト	aim エイム
(目印)	marca *f* マるカ	guide ガイド
_{めい} 姪	sobrina *f* ソブリナ	niece ニース
_{めいあん} 名案	buena idea *f* ブエナ イデア	good idea グド アイディア
_{めいおうせい} 冥王星	Plutón *m* プルトン	Pluto プルートウ
_{めいが} 名画	cuadro célebre *m* クアドろ セレブれ	famous picture フェイマス ピクチャ
(映画)	película excelente *f* ペリクラ エクセレンテ	good film グド フィルム
_{めいかい} 明快な	claro(*a*) クラろ(ら)	clear, lucid クリア, ルースィド
_{めいかく} 明確な	preciso(*a*) プれシソ(サ)	clear, accurate クリア, アキュレト
_{めいがら} 銘柄	marca *f* マるカ	brand, description ブランド, ディスクリプション
_{めいぎ} 名義	nombre *m* ノンブれ	name ネイム
_{めいきょく} 名曲	pieza musical famosa *f* ピエさ ムシカル ファモサ	famous piece of music フェイマス ピース オヴ ミューズィク
_{めいさい} 明細	detalles *mpl* デタジェス	details ディーテイルズ

日	西	英
めいさく 名作	obra excelente *f* オブら エクスせレンテ	masterpiece マスタピース
めいし 名刺	tarjeta (de visita) *f* タるヘタ（デ ビシタ）	visiting card ヴィズィティング カード
めいし 名詞	nombre *m* ノンブれ	noun ナウン
めいしょ 名所	lugar famoso *m* ルガる ファモソ	noted place ノウティド プレイス
めいしょう 名称	nombre *m* ノンブれ	name, appellation ネイム, アペレイション
めい 命じる	ordenar オるデナる	order オーダ
めいしん 迷信	superstición *f* スペるスティしオン	superstition シューパスティション
めいじん 名人	maestro(a) *m,f* マエストろ(ら)	master, expert マスタ, エクスパート
めいせい 名声	fama *f* ファマ	fame, reputation フェイム, レピュテイション
めいそう 瞑想	meditación *f* メディタしオン	meditation メディテイション
めいちゅう 命中する	acertar アせるタる	hit ヒト
めいにち 命日	aniversario (de *su* muerte) *m* アニべるサりオ（デス ムエるテ）	anniversary of *a person's* death アニヴァーサリ オヴ デス
めいはく 明白な	claro(a) クラろ(ら)	clear, evident クリア, エヴィデント
めいぶつ 名物	producto especial *m* プろドゥクト エスペしアル	special product スペシャル プラダクト
めいぼ 名簿	lista (de nombres) *f* リスタ（デ ノンブれス）	list of names リスト オヴ ネイムズ
めいめい 銘々	cada uno(a) カダ ウノ(ナ)	each, everyone イーチ, エヴリワン
めいよ 名誉	honor *m* オノる	honor アナ
～毀損	difamación *f* ディファマしオン	libel, slander ライベル, スランダ
めいりょう 明瞭な	claro(a) クラろ(ら)	clear, plain クリア, プレイン

日	西	英
めい 滅入る	desanimarse デサニマるセ	feel depressed フィール ディプレスト
めいれい 命令	orden *f* オるデン	order, command オーダ, カマンド
～する	ordenar オるデナる	order オーダ
めいろ 迷路	laberinto *m* ラベリント	maze メイズ
めいろう 明朗な	alegre アレグれ	cheerful, bright チアフル, ブライト
めいわく 迷惑	molestia *f* モレスティア	trouble, nuisance トラブル, ニューソンス
～する	ser molestado(a) por セる モレスタド(ダ) ポる	be troubled *with, by* ビ トラブルド
～をかける	molestar モレスタる	trouble, bother トラブル, バザ
めうえ 目上	mayor *m,f* マジョる	superiors シュピアリアズ
めうし 雌牛	vaca *f* バカ	cow カウ
メーカー	compañía fabricante *f* コンパニア ファブりカンテ	maker メイカ
メーキャップ	maquillaje *m* マキジャヘ	makeup メイカプ
メーター	metro *m* メトろ	meter ミータ
メートル	metro *m* メトろ	meter ミータ
～法	sistema métrico *m* システマ メトりコ	metric system メトリク スィスティム
メーンストリート	calle principal *f* カジェ プりンしパル	main street メイン ストリート
めかく 目隠し	venda *f* ベンダ	blindfold ブラインドフォウルド
めかけ 妾	concubina *f* コンクビナ	mistress ミストレス
め さ 目が覚める	despertarse デスペるタるセ	wake up ウェイク アプ

日	西	英
目方 (めかた)	peso *m* ペソ	weight ウェイト
メカニズム	mecanismo *m* メカニスモ	mechanism メカニズム
眼鏡 (めがね)	gafas *fpl* ガファス	glasses グラスィズ
メガヘルツ	megahercio *m* メガエるしオ	megahertz メガヘーツ
メガホン	megáfono *m* メガフォノ	megaphone メガフォウン
女神 (めがみ)	diosa *f* ディオサ	goddess ガデス
めきめき	a ojos vistas ア オホス ビスタス	remarkably リマーカブリ
芽キャベツ (めキャベツ)	coles de Bruselas *fpl* コレス デ ブるセラス	Brussels sprouts ブラスルズ スプラウツ
目薬 (めぐすり)	colirio *m* コリりオ	eye lotion アイ ロウション
目配せ (めくばせ)	guiño *m* ギニョ	wink ウィンク
恵まれる (めぐまれる)	estar bendecido(a) con エスタる ベンデしド(ダ) コン	be blessed *with* ビ ブレスィド
恵み (めぐみ)	bendición *f* ベンディしオン	blessing ブレスィング
(恩恵)	favor *m* ファボる	favor フェイヴァ
巡らす (めぐらす)	rodear ろデアる	surround サラウンド
捲る (めくる)	pasar パサる	turn over ターン オウヴァ
巡る (めぐる)	recorrer れコれる	travel around トラヴル アラウンド
目指す (めざす)	aspirar a アスピらる ア	aim *at* エイム
目覚ましい (めざましい)	notable ノタブレ	remarkable リマーカブル
目覚まし時計 (めざましどけい)	despertador *m* デスペるタドる	alarm clock アラーム クラク

日	西	英
めざ 目覚める	despertarse デスペるタるセ	awake アウェイク
めし 飯	comida *f* コミダ	meal ミール
（米飯）	arroz cocido *m* アろす コしド	rice ライス
めした 目下	inferior *m,f* インフェりオる	inferiors インフィアリアズ
めしべ 雌蕊	pistilo *m* ピスティロ	pistil ピスティル
めじるし 目印	marca *f* マるカ	sign, mark サイン, マーク
めす 雌	hembra *f* エンブら	female フィーメイル
めずら 珍しい	raro(*a*) ろろ(ら)	rare, novel レア, ナヴェル
めずら 珍しがる	estar curioso(*a*) *de* エスタる クりオソ(サ) デ	be curious *about* ビ キュアリアス
めだ 目立つ	llamar la atención ジャマる ラ アテンしオン	be conspicuous ビ カンスピキュアス
めだま 目玉	globo ocular *m* グロボ オクラる	eyeball アイボール
〜商品	artículo de reclamo *m* アるティクロ デ れクラモ	loss leader ロス リーダ
〜焼き	huevo frito *m* ウエボ フリト	sunny-side up サニサイド アプ
メダル	medalla *f* メダジャ	medal メドル
メタン	metano *m* メタノ	methane メセイン
めちゃくちゃ 滅茶苦茶な	irrazonable, sin pies ni cabeza イらそナブレ, シン ピエス ニ カベさ	absurd アブサード
メチルアルコール	alcohol metílico アルコオル メティリコ	methyl alcohol メスィル アルコホル
メッカ	La Meca *f* ラ メカ	Mecca メカ
めっき 鍍金	chapado *m* チャパド	plating プレイティング

日	西	英
〜する	chapear チャペアる	plate, gild プレイト, ギルド
目付き	mirada *f* ミラダ	eyes, look アイズ, ルク
メッセージ	mensaje *m* メンサヘ	message メスィヂ
メッセンジャー	recadero(a) *m,f*, mensajero(a) *m,f* れカデろ(ら), メンサヘろ(ら)	messenger メスィンヂャ
滅多に	(muy) pocas veces (ムイ) ポカス べセス	seldom, rarely セルドム, レアリ
滅亡	caída *f* カイダ	ruin, destruction ルーイン, ディストラクション
〜する	caer カエる	be ruined ビ ルーインド
メディア	medios (de comunicación) *mpl* メディオス (デ コムニカしオン)	media ミーディア
目出度い	feliz フェリす	good, happy グド, ハピ
目処	perspectiva *f* ぺるスペクティバ	prospect プラスペクト
メドレー	popurrí *m* ポプリ	medley メドリ
メニュー	menú *m* メヌ	menu メニュー
瑪瑙	ágata *f* アガタ	agate アゲト
芽生え	germinación *f* へるミナしオン	sprout スプラウト
芽生える	brotar ブろタる	sprout スプラウト
目眩い	mareo *m* マれオ	dizziness ディズィネス
〜がする	marearse マれアるセ	be dizzy ビ ディズィ
目まぐるしい	rápido(a) らピド(ダ)	bewildering, rapid ビウィルダリング, ラピド
メモ	nota *f* ノタ	memo メモウ

め

日	西	英
目盛り	escala *f* エスカラ	graduation グラヂュエイション
メモリー	memoria *f* メモリア	memory メモリ
目安	idea *f* イデア	standard, aim スタンダド, エイム
目脂	legaña *f* レガニャ	eye mucus アイ ミューカス
メリーゴーラウンド	tiovivo *m* ティオビボ	merry-go-round メリゴウラウンド
減り込む	hundirse ウンディるセ	sink スィンク
メリット	ventaja *f* ベンタハ	merit メリト
メルヘン	cuento de hadas *m* クエント デ アダス	fairy tale フェアリ テイル
メレンゲ	merengue *m* メれンゲ	meringue メラング
メロディー	melodía *f* メロディア	melody メロディ
メロドラマ	melodrama *m*, telenovela *f* メロドらマ, テレノベラ	melodrama メロドラーマ
メロン	melón *m* メロン	melon メロン
芽を出す	brotar ブロタる	bud バド
綿	algodón *m* アルゴドン	cotton カトン
面	cara *f* カら	mask マスク
（表面）	superficie *f* スペるフィしエ	face フェイス
（側面）	lado *m* ラド	aspect, side アスペクト, サイド
免疫	inmunidad *f* インムニダド	immunity イミューニティ
面会	entrevista *f* エントれビスタ	interview インタヴュー

日	西	英
～する	tener una entrevista テネル ウナ エントれビスタ	meet, see ミート, スィー
めんきょ 免許	permiso *m* ぺるミソ	license ライセンス
～証	licencia *f* リせンしア	license ライセンス
めんく 面食らう	estar aturdido(a) por エスタる アトゥるディド(ダ) ポる	be bewildered *by* ビ ビウィルダド
めんしき 面識	conocimiento *m* コノしミエント	acquaintance アクウェインタンス
めんじょ 免除	exención *f* エクセンしオン	exemption イグゼンプション
～する	dispensar ディスペンさる	exempt イグゼンプト
めんじょう 免状	diploma *m*, certificado *m* ディプロマ, せるティフィカド	diploma, license ディプロウマ, ライセンス
めんしょくする 免職する	despedir デスペディる	dismiss ディスミス
メンス	menstruación *f* メンストるアしオン	period ピアリオド
めん 面する	dar *a* ダる ア	face, look フェイス, ルク
めんぜい 免税	exención de impuestos *f* エクセンしオン デ インプエストス	tax exemption タクス イグゼンプション
～店	tienda libre de impuestos *f* ティエンダ リブれ デ インプエストス	duty-free shop デューティフリー シャプ
～品	artículo libre de impuestos *m* アるティクロ リブれ デ インプエストス	tax-free articles タクスフリー アーティクルズ
めんせき 面積	extensión *f* エクステンシオン	area エアリア
めんせつ 面接	entrevista *f* エントれビスタ	interview インタヴュー
～試験	entrevista *f* エントれビスタ	personal interview パーソナル インタヴュー
めんだん 面談	charla cara a cara *f* チャるラ カら ア カら	talk, interview トーク, インタヴュー
メンテナンス	mantenimiento *m* マンテニミエント	maintenance メインテナンス

日	西	英
めんどう 面倒	molestia f モレスティア	trouble トラブル
～な	molesto(a) モレスト(タ)	troublesome, difficult トラブルサム, ディフィカルト
めんどり 雌鳥	gallina f, pájaro hembra m ガジナ, パハろ エンブら	hen ヘン
メンバー	miembro m ミエンブろ	member メンバ
めんみつ 綿密な	minucioso(a) ミヌしオソ(サ)	close, minute クロウス, マイニュート
めんもく 面目	honor m オノる	honor, credit アナ, クレディト
めんるい 麺類	fideos mpl フィデオス	noodles ヌードルズ

も, モ

日	西	英
も 喪	luto m ルト	mourning モーニング
もう	ahora アオら	now ナウ
(既に)	ya ジャ	already オールレディ
(まもなく)	pronto プろント	soon スーン
もう 儲かる	ganar ガナる	be profitable ビ プラフィタブル
もう 儲け	beneficio f ベネフィしオ	profit, gains プラフィト, ゲインズ
もう 儲ける	beneficiarse ベネフィしアるセ	make a profit, gain メイク ア プラフィト, ゲイン
もう あ 申し合わせ	convenio m コンベニオ	agreement アグリーメント
もう い 申し入れ	proposición f プろポシしオン	proposition プラボズィション
もう こ 申し込み	solicitud f ソリしトゥド	request リクウェスト
(予約などの)	subscripción f スブスクリプしオン	subscription サブスクリプション

日	西	英
申し込む	solicitar ソリシタる	apply *for, to* アプライ
（予約などを）	subscribir スブスクリビる	book, subscribe ブク, サブスクライブ
申し立てる	declarar デクラらる	state, allege ステイト, アレヂ
申し出る	ofrecer オフれせる	offer, propose オファ, プロポウズ
猛獣	bestia feroz *f* ベスティア フェろす	fierce animal フィアス アニマル
盲信	fe ciega *f* フェ しエガ	blind belief ブラインド ビリーフ
〜する	creer ciegamente クれエる しエガメンテ	believe blindly ビリーヴ ブラインドリ
もうすぐ	pronto プロント	soon スーン
もう少し	algo más アルゴ マス	some more サム モー
猛然と	con furor コン フろる	fiercely フィアスリ
妄想	manía *f* マニア	delusion ディルージョン
盲腸	intestino ciego *m* インテスティノ しエゴ	appendix アペンディクス
〜炎	apendicitis *f* アペンディしティス	appendicitis アペンディサイティス
盲導犬	perro guía *m* ペろ ギア	seeing-eye dog スィーイングアイ ドグ
猛毒	veneno muy potente *m* ベネノ ムイ ポテンテ	deadly poison デドリ ポイズン
毛髪	pelo *m* ペロ	hair ヘア
毛布	manta *f* マンタ	blanket ブランケト
網膜	retina *f* れティナ	retina レティナ
盲目	ceguera *f* せゲら	blindness ブラインドネス

日	西	英
〜の	ciego(a) シエゴ(ガ)	blind ブラインド
もうれつ 猛烈な	violento(a) ビオレント(タ)	violent, furious ヴァイオレント, フュアリアス
もうろう 朦朧とした	confuso(a) コンフソ(サ)	dim, indistinct ディム, インディスティンクト
も 燃え尽きる	quemarse por completo ケマるセ ポる コンプレト	burn out バーン ナウト
も 燃える	quemarse ケマるセ	burn, blaze バーン, ブレイズ
モーター	motor m モトる	motor モウタ
〜ボート	motora f モトら	motorboat モウタボウト
モード	moda f モダ	fashion ファション
もがく	forcejear フォるセヘアる	struggle, writhe ストラグル, ライズ
もくげき 目撃		
〜者	testigo m,f テスティゴ	eyewitness アイウィトネス
〜する	presenciar プれセンシアる	see, witness スィー, ウィトネス
もくざい 木材	madera f マデら	wood, lumber ウド, ランバ
もくじ 目次	índice m インディセ	contents カンテンツ
もくせい 木星	Júpiter m フピテる	Jupiter チュピタ
もくぞう 木造の	de madera デ マデら	wooden ウドン
もくたん 木炭	carbón (vegetal) m カルボン (ベヘタル)	charcoal チャーコウル
もくちょう 木彫	tallado en madera m タジャド エン マデら	wood carving ウド カーヴィング
もくてき 目的	objeto m オブヘト	purpose パーパス

日	西	英
〜地	destino *m* デスティノ	destination デスティネイション
黙認する	consentir tácitamente コンセンティる タしタメンテ	give a tacit consent ギヴ ア タスィト カンセント
木馬	caballo de madera *m* カバジョ デ マデら	wooden horse ウドン ホース
木版画	xilografía *f* シログらフィア	woodcut ウドカト
黙秘権	derecho a guardar silencio *m* デれチョ ア グアるダる シレンしオ	right of silence ライト オヴ サイレンス
目標	meta *f* メタ	mark, target マーク, ターゲト
黙々と	en silencio エン シレンしオ	silently サイレントリ
木曜日	jueves *m* フエベス	Thursday サーズディ
土竜	topo *m* トポ	mole モウル
潜る	bucear ブセアる	dive ダイヴ
目録	lista *f* リスタ	list, catalog リスト, キャタローグ
模型	modelo *m* モデロ	model マドル
モザイク	mosaico *m* モサイコ	mosaic モウゼイイク
もし	si シ	if イフ
文字	letra *f* レトら	letter レタ
もしもし	¡Oiga! オイガ	Hello! ヘロウ
模写	copia *f* コピア	copy カピ
もじゃもじゃの	peludo(*a*) ペルド(ダ)	shaggy シャギ
モスリン	muselina *f* ムセリナ	muslin マズリン

日	西	英
模造 (もぞう)	imitación *f* イミタしオン	imitation イミテイション
凭せ掛ける (もたせかける)	apoyar ... *contra* アポジャる コントら	rest ... *against* レスト
齎す (もたらす)	traer トらエる	bring ブリング
凭れる (もたれる)	apoyarse *en, contra* アポジャるセ エン, コントら	lean *on, against*, rest リーン, レスト
モダンな	moderno(*a*) モデるノ(ナ)	modern マダン
持ち上げる (もちあげる)	levantar レバンタる	lift, raise リフト, レイズ
持ち味 (もちあじ)	sabor propio *m* サボる プろピオ	peculiar flavor ピキューリア フレイヴァ
(特色)	característica *f* カらクテりスティカ	characteristic キャラクタリスティク
持ち歩く (もちあるく)	llevarse ジェバるセ	carry about キャリ アバウト
用いる (もちいる)	usar ウサる	use ユーズ
持ち帰る (もちかえる)	llevar(se) a casa ジェバる(セ) ア カサ	bring... home ブリング ホウム
持ち堪える (もちこたえる)	resistir れシスティる	hold on, endure ホウルド オン, インデュア
持ち込む (もちこむ)	llevar consigo ジェバる コンシゴ	carry *in* キャリ
持ち逃げする (もちにげする)	huir *con* ウイる コン	go away *with* ゴウ アウェイ
持ち主 (もちぬし)	propietario(*a*) *m,f* プろピエタりオ(ア)	owner オウナ
持ち運ぶ (もちはこぶ)	llevar ジェバる	carry キャリ
持ち物 (もちもの)	pertenencias *fpl* ペるテネンしアス	belongings ビローンギングズ
(所有物)	propiedad *f* プろピエダド	property プラパティ
勿論 (もちろん)	por supuesto ポる スプエスト	of course アヴ コース

日	西	英
持つ	tener テネる	hold ホウルド
（携帯）	llevar ジェバる	have ハヴ
（所有）	poseer ポセエる	have, possess ハヴ, ポゼス
木管楽器	instrumento (musical) de viento de madera *m* インストるメント (ムシカル) デ ビエント デ マデら	woodwind ウドウインド
木琴	xilófono *m* シロフォノ	xylophone ザイロフォウン
勿体ぶる	darse importancia ダるセ インポるタンシア	give *oneself* airs ギヴ エアズ
持って来る	traer トらエる	bring, fetch ブリング, フェチ
持って行く	llevar ジェバる	take, carry テイク, キャリ
もっと	más マス	more モー
モットー	lema *m* レマ	motto マトウ
最も	el (la) más エル(ラ) マス	most モウスト
尤もな	razonable らそナブレ	reasonable, natural リーズナブル, ナチュラル
専ら	exclusivamente エクスクルシバメンテ	chiefly, mainly チーフリ, メインリ
縺れる	enredarse エンれダるセ	be tangled ビ タングルド
弄ぶ	jugar *con* フガる コン	play *with* プレイ
持て成す	festejar フェステハる	entertain エンタテイン
持て囃す	elogiar エロヒアる	talk much *about* トーク マチ
モデム	módem *m* モデン	modem モウデム

日	西	英
持(も)てる	ser popular *entre* せる ポプラる エントれ	be popular *among* ビ パピュラ
モデル	modelo *m* モデロ	model マドル
〜チェンジ	cambio de modelo *m* カンビオ デ モデロ	model changeover マドル チェインヂョウヴァ
〜ハウス	casa piloto *f* カサ ピロト	model house マドル ハウス
元(もと)	origen *m* オリヘン	origin オリヂン
（基礎）	cimiento *m* しミエント	foundation ファウンデイション
戻(もど)す	devolver デボルべる	return リターン
（吐く）	vomitar ボミタる	throw up, vomit スロウ アプ, ヴァミト
元栓(もとせん)	llave de paso *f* ジャベ デ パソ	main cock メイン カク
基(もと)づく	venir *de* べニる デ	come *from* カム
（根拠）	basarse *en* バサるセ エン	be based *on* ビ ベイスト
元手(もとで)	capital *m* カピタル	capital, fund キャピタル, ファンド
求(もと)める	pedir ペディる	want ワント
（要求）	reclamar れクラマる	ask, demand アスク, ディマンド
（捜す）	buscar ブスカる	look *for* ルク
元々(もともと)	desde el principio デスデ エル プリンしピオ	originally オリヂナリ
（生来）	por naturaleza ポる ナトゥらレサ	by nature バイ ネイチャ
戻(もど)る	volver ボルべる	return, come back リターン, カム バク
（引き返す）	dar vuelta ダる ブエルタ	turn back ターン バク
モニター	monitor *m* モニトる	monitor マニタ

日	西	英
もの 者	persona *f* ぺるソナ	person パースン
もの 物	cosa *f* コサ	thing, object スィング, アブヂェクト
ものおき 物置	almacén *m* アルマセン	storeroom ストールーム
ものおと 物音	ruido *m* るイド	noise, sound ノイズ, サウンド
ものがたり 物語	historia *f* イストリア	story ストーリ
モノクロの	monocromático(*a*) モノクロマティコ(カ)	monochrome マノクロウム
ものご 物乞い	mendicidad *f* メンディシダド	begging ベギング
(人)	mendigo(*a*) *m,f* メンディゴ(ガ)	beggar ベガ
ものごと 物事	cosas *fpl* コサス	things スィングズ
ものさ 物差し	regla *f* れグラ	rule, measure ルール, メジャ
ものし 物知り	persona instruida *f* ぺるソナ インストるイダ	learned man ラーニド マン
ものず 物好きな	curioso(*a*) クリオソ(サ)	curious キュアリアス
ものすご 物凄い	terrible テりブレ	terrible, horrible テリブル, ホリブル
(素晴らしい)	magnífico(*a*) マグニフィコ(カ)	wonderful, great ワンダフル, グレイト
ものた 物足りない	no estar satisfecho(*a*) con ノ エスタる サティスフェチョ(チャ) コン	be not satisfied *with* ビ ナト サティスファイド
ものほ 物干し	tendedero *m* テンデデろ	clothesline クロウズズライン
ものまね 物真似	imitación *f* イミタシオン	mimicry ミミクリ
〜をする	imitar イミタる	take off テイク オーフ
モノレール	monoraíl *m* モノらイル	monorail マノレイル

日	西	英
モノローグ	monólogo *m* モノロゴ	monolog マノログ
物分かりのよい	comprensivo(*a*) コンプレンシボ(バ)	sensible センスィブル
モバイルの	móvil モビル	mobile モウビル
最早	ya ジャ	already, now オールレディ, ナウ
模範	ejemplo *m*, modelo *m* エヘンプロ, モデロ	example, model イグザンプル, マドル
喪服	ropa de luto *f* ろパ デ ルト	mourning dress モーニング ドレス
模倣	imitación *f* イミタしオン	imitation イミテイション
～する	imitar イミタる	imitate イミテイト
樅	abeto *m* アベト	fir ファー
紅葉	arce *m* アるセ	maple メイプル
(葉)	hojas enrojecidas *fpl* オハス エンろヘしダス	red leaves レド リーヴズ
揉む	masajear, dar masaje *a* マサヘアる, ダる マサヘ ア	rub, massage ラブ, マサージ
揉め事	roce *m* ろセ	trouble トラブル
揉める	tener problemas テネる プロブレマス	get into trouble ゲト イントゥ トラブル
木綿	algodón *m* アルゴドン	cotton カトン
股	muslo *m* ムスロ	thigh サイ
桃	melocotón *m* メロコトン	peach ピーチ
靄	neblina *f* ネブリナ	haze, mist ヘイズ, ミスト
萌やし	gérmenes de soja *mpl* へるメネス デ ソハ	bean sprout ビーン スプラウト

日	西	英
燃やす	quemar ケマる	burn バーン
模様	diseño *m* ディセニョ	pattern, design パタン, ディザイン
催す	celebrar せレブらる	hold, give ホウルド, ギヴ
(感じる)	sentir センティる	feel フィール
最寄りの	cercano(a) せるカノ(ナ)	nearby ニアバイ
貰う	recibir れしビる	get, receive ゲト, リスィーヴ
…して〜	pedir ペディる	have *a person do* ハヴ
洩[漏]らす	dejar salir デハる サリる	leak リーク
(秘密を)	filtrar フィルトらる	let out, leak レト アウト, リーク
モラル	moral *f* モラル	morals モラルズ
森	bosque *m* ボスケ	woods, forest ウッヅ, フォリスト
盛る	amontonar アモントナる	pile up パイル アプ
(食べ物を)	servir ... en abundancia セるビる エン アブンダンしア	dish up ディシュ アプ
モルタル	mortero *m* モるテロ	mortar モータ
モルヒネ	morfina *f* モるフィナ	morphine モーフィーン
モルモット	conejillo de Indias *m* コネヒジョ デ インディアス	guinea pig ギニ ピグ
洩[漏]れる	escaparse エスカパるセ	leak, come through リーク, カム スルー
(秘密が)	filtrarse フィルトらるセ	leak out リーク アウト
脆い	frágil フらヒル	fragile フラヂル

日	西	英
もん 紋	blasón *m* ブラソン	family crest ファミリ クレスト
もん 門	puerta *f* プエルタ	gate ゲイト
もんく 文句	palabras *fpl* パラブらス	expression, phrase イクスプレション, フレイズ
（不平）	queja *f* ケハ	complaint カンプレイント
～を言う	quejarse *de* ケハるセ デ	complain *about* コンプレイン
もんげん 門限	hora límite de volver a la casa *f* オら リミテ デ ボルべる ア ラ カサ	curfew カーフュー
もんしょう 紋章	escudo de armas *m* エスクド デ アるマス	crest クレスト
モンタージュ	montaje *m* モンタへ	montage マンタージュ
もんだい 問題	pregunta *f*, problema *m* プれグンタ, プろブレマ	question, problem クウェスチョン, プラブレム
もんもう 文盲	analfabetismo *m* アナルファベティスモ	illiteracy イリタラスィ
（人）	analfabeto(*a*) *m,f* アナルファベト(タ)	illiterate イリタレト

日	西	英

や, ヤ

矢	flecha *f* / フレチャ	arrow / アロウ
野営する	acampar *en* / アカンパる エン	make camp / メイク キャンプ
八百長をする	amañar un partido / アマニャる ウン パるティド	fix a game / フィクス ア ゲイム
八百屋	tienda de verduras y frutas *f* / ティエンダ デ べるドゥらス イ フるタス	vegetable store / ヴェヂタブル ストー
野外で	al aire libre / アル アイれ リブれ	in the open-air / イン ジ オウプネア
やがて	pronto / プロント	soon / スーン
(いつか)	algún día / アルグン ディア	some time / サム タイム
喧しい	ruidoso(a) / るイドソ(サ)	noisy, clamorous / ノイズィ, クラモラス
夜間	noche *f* / ノチェ	night, nighttime / ナイト, ナイトタイム
薬缶	tetera *f* / テテら	kettle / ケトル
山羊	cabra *f* / カブら	goat / ゴウト
焼き魚	pescado asado *m* / ペスカド アサド	grilled fish / グリルド フィシュ
焼き付け	positivado *m* / ポシティバド	printing / プリンティング
焼き肉	carne a la brasa *f* / カるネ ア ラ ブらサ	roast meat / ロウスト ミート
焼き増し	copia *f* / コピア	extra print / エクストラ プリント
焼き餅	celos *mpl* / セロス	jealousy / ヂェラスィ
〜を焼く	tener celos *de* / テネる セロス デ	be jealous *of* / ビ ヂェラス
野球	béisbol *m* / ベイスボル	baseball / ベイスボール

日	西	英
やきん 夜勤	servicio nocturno *m* セるビシオ ノクトゥるノ	night duty ナイト デューティ
や 焼く	quemar ケマる	burn, bake バーン, ベイク
やく 役	puesto *m*, función *f* プエスト, フンシオン	post, position ポウスト, ポズィション
（任務）	deber *m* デベる	duty, service デューティ, サーヴィス
（劇の）	papel *m* パペル	part, role パート, ロウル
〜に立つ	servir セるビる	be useful ビ ユースフル
やく 約	más o menos マス オ メノス	about アバウト
やく 訳	traducción *f* トらドゥクしオン	translation トランスレイション
やくいん 役員	directivo(a) *m,f* ディれクティボ(バ)	officer, official オフィサ, オフィシャル
やくがく 薬学	farmacia *f* ファるマしア	pharmacy ファーマスィ
やくご 訳語	traducción *f* トらドゥクしオン	translation トランスレイション
やくざ	"yakuza" *m*, mafioso(a) *m,f* ジャクさ, マフィオソ(サ)	gangster, hoodlum ギャングスタ, フードラム
やくざいし 薬剤師	farmacéutico(a) *m,f* ファるマせウティコ(カ)	pharmacist, druggist ファーマスィスト, ドラギスト
やくしゃ 役者	actor *m*, actriz *f* アクトる, アクトリス	actor, actress アクタ, アクトレス
やくしょ 役所	oficina pública *f* オフィしナ プブリカ	public office パブリック オフィス
やくしん 躍進する	desarrollarse rápidamente デサろジャるセ らピダメンテ	make progress メイク プラグレス
やく 訳す	traducir *a* トらドゥしる ア	translate *into* トランスレイト
やくそう 薬草	hierba medicinal *f* イエるバ メディしナル	medicinal herb メディスィナル ハーブ
やくそく 約束	promesa *f* プろメサ	promise プラミス

日	西	英
～する	prometer プロメテる	promise プラミス
～手形	pagaré m パガれ	promissory note プラミソーリ ノウト
やくだ 役立つ	ser útil ウティル	be useful ビ ユースフル
やくにん 役人	funcionario(a) m,f フンしオナりオ(ア)	government official ガヴァンメント オフィシャル
やくば 役場	ayuntamiento m アジュンタミエント	town office タウン オフィス
やくひん 薬品	medicamento m メディカメント	medicines メディスィンズ
やくみ 薬味	especia f エスペしア	spice スパイス
やくめ 役目	oficio m オフィしオ	duty デューティ
やくわり 役割	papel m パペル	part, role パート, ロウル
やけい 夜景	paisaje nocturno m パイサヘ ノクトゥるノ	night view ナイト ヴュー
やけど 火傷	quemadura f ケマドゥら	burn バーン
～する	quemarse ケマるセ	burn, get burnt バーン, ゲト バーント
や 焼ける	quemarse ケマるセ	be burnt ビ バーント
(肉・魚などが)	asarse アサるセ	be roasted, be broiled ビ ロウステド, ビ ブロイルド
やこうせい 夜行性の	nocturno(a) ノクトゥるノ(ナ)	nocturnal ナクターナル
やこうとりょう 夜光塗料	pintura luminosa f ピントゥら ルミノサ	luminous paint ルーミナス ペイント
やこうれっしゃ 夜行列車	tren nocturno m トれン ノクトゥるノ	night train ナイト トレイン
やさい 野菜	verduras fpl べるドゥらス	vegetables ヴェヂタブルズ
やさ 易しい	fácil ファしル	easy, plain イーズィ, プレイン

| 日 | 西 | 英 |

■野菜■ verduras /べるドゥらス/ *fpl* (英 vegetables)

胡瓜(きゅうり) pepino /ペピノ/ *m* (英 cucumber)
茄子(なす) berenjena /べれンヘナ/ *f* (英 eggplant, aubergine)
人参(にんじん) zanahoria /サナオリア/ *f* (英 carrot)
大根(だいこん) nabo /ナボ/ *m* (英 radish)
じゃが芋(いも) patata /パタタ/ *f* (英 potato)
南瓜(かぼちゃ) calabaza /カラバサ/ *f* (英 pumpkin)
牛蒡(ごぼう) bardana /バるダナ/ *f* (英 burdock)
波稜草(ほうれんそう) espinaca /エスピナカ/ *f* (英 spinach)
葱(ねぎ) cebolleta /セボジェタ/ *f* (英 leek)
玉葱(たまねぎ) cebolla /セボジャ/ *f* (英 onion)
莢隠元(さやいんげん) judía verde /フディア べるデ/ *f* (英 green bean)
大蒜(にんにく) ajo /アホ/ *m* (英 garlic)
玉蜀黍(とうもろこし) maíz /マイす/ *m* (英 corn)

トマト tomate /トマテ/ *m* (英 tomato)
ピーマン pimiento verde /ピミエント べるデ/ *m* (英 green pepper)
キャベツ col /コル/ *f* (英 cabbage)
レタス lechuga /レチュガ/ *f* (英 lettuce)
アスパラガス espárrago /エスパらゴ/ *m* (英 asparagus)
カリフラワー coliflor /コリフロる/ *f* (英 cauliflower)
ブロッコリー brócoli /ブろコリ/ *m* (英 broccoli)
セロリ apio /アピオ/ *m* (英 celery)
パセリ perejil /ぺれヒル/ *m* (英 parsley)
グリーンピース guisantes /ギサンテス/ *mpl* (英 pea)
ズッキーニ calabacín /カラバセン/ *m* (英 zucchini)
アーティチョーク alcachofa /アルカチョファ/ (英 artichoke)
エシャロット chalote /チャロテ/ *m* (英 shallot)
クレソン berro /べろ/ *m* (英 watercress)

日	西	英
優(やさ)しい	amable アマブレ	gentle, kind ヂェントル, カインド
椰子(やし)	palmera *f* パルméら	palm パーム
〜の実	coco *m* ココ	coconut コウナット
野次(やじ)	abucheo *m* アブチェオ	catcall キャトコール
〜を飛ばす	abuchear アブチェアる	hoot, catcall フート, キャトコール
養(やしな)う (養育)	criar クりアる	bring up ブリング アプ
(扶養)	mantener マンテネる	support, keep サポート, キープ
野獣(やじゅう)	fiera *f* フィエら	wild beast ワイルド ビースト
野次(やじ)る	abuchear アブチェアる	hoot, catcall フート, キャトコール
矢印(やじるし)	flecha *f* フレチャ	arrow アロウ
野心(やしん)	ambición *f* アンビしオン	ambition アンビション
〜的な	ambicioso(a) アンビしオソ(サ)	ambitious アンビシャス
安(やす)い	barato(a) バらト(タ)	cheap, inexpensive チープ, イニクスペンスィヴ
易(やす)い	fácil ファしル	easy イージ
…しやすい	ser propenso(a) a セる プろペンソ(サ) ア	be apt *to* ビ アプト
安売(やすう)り	rebaja *f* れバハ	bargain sale バーギン セイル
安月給(やすげっきゅう)	sueldo bajo *m* スエルド バホ	small salary スモール サラリ
安(やす)っぽい	ordinario(a) オるディナりオ(ア)	cheap, flashy チープ, フラシ
安値(やすね)	precio asequible *m* プれしオ アセキブレ	low price ロウ プライス
休(やす)み	descanso *m* デスカンソ	rest レスト

日	西	英
(休日)	día de fiesta *m* ディア デ フィエスタ	holiday, vacation ハリデイ, ヴェイケイション
やすむ 休む	descansar デスカンサる	rest レスト
(欠席)	no asistir a ノ アシスティる ア	be absent *from* ビ アブセント
やすらかな 安らかな	apacible アパシブレ	peaceful, quiet ピースフル, クワイエト
やすらぎ 安らぎ	paz del alma *f* パス デル アルマ	peace ピース
やすり 鑢	lima *f* リマ	file ファイル
やせいの 野生の	salvaje サルバへ	wild ワイルド
やせた 痩せた	delgado(*a*) デルガド(ダ)	thin, slim スィン, スリム
(土地が)	estéril エステリル	poor, barren プア, バレン
やせる 痩せる	adelgazar アデルガさる	become thin ビカム スィン
(土地が)	hacerse estéril アせるセ エステリル	become sterile ビカム ステリル
やそう 野草	maleza *f* マレさ	wild grass ワイルド グラス
やたい 屋台	puesto *m* プエスト	stall, stand ストール, スタンド
やたらに 矢鱈に	al azar アル アさる	at random アト ランダム
(過度に)	excesivamente エクせシバメンテ	excessively イクセスィヴリ
やちょう 野鳥	ave silvestre *f* アベ シルベストれ	wild bird ワイルド バード
やちん 家賃	alquiler (de casa) *m* アルキレる (デ カサ)	rent レント
やつ 奴	ese individuo *m* エセ インディビドゥオ	fellow, chap フェロウ, チャプ
やっかいな 厄介な	fastidioso(*a*) ファスティディオソ(サ)	troublesome, annoying トラブルサム, アノイイング

日	西	英
やっきょく 薬局	farmacia f ファるマしア	drugstore ドラグストー
や つ しごと 遣っ付け仕事	chapuza f チャプさ	rough-and-ready work ラフアンレディ ワーク
や つ 遣っ付ける	derrotar デろタる	beat, defeat ビート, ディフィート
やっと	por fin ポる フィン	at last アト ラスト
(かろうじて)	a duras penas ア ドゥらス ペナス	barely ベアリ
やつれる	estar rendido(a) エスタる れンディド(ダ)	be worn out ビ ウォーン アウト
やど 宿	alojamiento m アロハミエント	hotel, inn ホウテル, イン
やと ぬし 雇い主	patrón(ona) m,f パトろン(ナ)	employer インプロイア
やと 雇う	contratar コントらタる	employ インプロイ
やとう 野党	partido de la oposición m パるティド デ ラ オポシしオン	opposition party アポズィション パーティ
やどちょう 宿帳	registro del hotel m れヒストロ デル オテル	hotel register ホウテル レヂスタ
やどや 宿屋	hostal m オスタル	inn, hotel イン, ホウテル
やなぎ 柳	sauce m サウせ	willow ウィロウ
やに 脂	resina f れシナ	resin レズィン
(たばこの)	alquitrán m アルキトらン	tar タール
やぬし 家主	casero(a) m,f カセろ(ら)	owner オウナ
やね 屋根	tejado m テハド	roof ルーフ
～裏	desván m デスバン	garret, attic ギャレト, アティク
～瓦	teja f テハ	roof tile ルーフ タイル

日	西	英
や 矢張り	también タンビエン	too, also トゥー、オールソウ
（依然として）	todavía トダビア	still スティル
（結局）	después de todo デスプエス デ トド	after all アフタ オール
やばん 野蛮な	bárbaro(a) バるバろ(ら)	barbarous, savage バーバラス、サヴィチ
やぶ 藪	maleza f マレさ	bush ブシュ
やぶ 破る	romper ろンペる	tear;break テア；ブレイク
やぶ 破れる	romperse ろンペるセ	be torn;be broken ビ トーン；ビ ブロウクン
やぶ 敗れる	ser vencido(a) [derrotado(a)] セる ベンシド(ダ) ［デろタド(ダ)］	be beaten ビ ビートン
やぼう 野望	ambición f アンビしオン	ambition アンビション
やぼ 野暮な	tosco(a) トスコ(カ)	senseless センスレス
やま 山	monte m, montaña f モンテ、モンタニャ	mountain マウンティン
やまい 病	enfermedad f エンフェるメダド	disease ディズィーズ
やまかじ 山火事	incendio forestal m インセンディオ フォれスタル	forest fire フォリスト ファイア
やま 疾しい	remorder la conciencia れモるデる ラ コンしエンしア	feel guilty フィール ギルティ
やまねこ 山猫	gato montés m ガト モンテス	wildcat ワイルドキャト
やまのぼ 山登り	montañismo m モンタニスモ	mountaineering マウンティニアリング
～をする	ir de montaña イる デ モンタニャ	climb a mountain クライム ア マウンテン
やまびこ 山彦	eco m エコ	echo エコウ
やみ 闇	oscuridad f オスクリダド	darkness ダークネス

日	西	英
闇雲に (やみくもに)	al azar アル アさる	at random, rashly アト ランダム, ラシュリ
止む (やむ)	cesar セさる	stop, be over スタプ, ビ オウヴァ
止める (やめる)	dejar デハる	stop, end スタプ, エンド
辞める (やめる)	abandonar, dejar de アバンドナる, デハる デ	resign, leave リザイン, リーヴ
(退職)	jubilarse フビラるセ	retire リタイア
寡婦 (やもめ)	viuda f ビウダ	widow ウィドウ
守宮 (やもり)	geco m ヘコ	gecko ゲコウ
稍 (やや)	un poco ウン ポコ	a little, somewhat ア リトル, サム(ホ)ワト
ややこしい	complicado(a) コンプリカド(ダ)	complicated カンプリケイテド
槍 (やり)	lanza f ランさ	spear, lance スピア, ランス
遣り甲斐のある (やりがいのある)	que merece la pena ケ メれせ ラ ペナ	worthwhile ワース(ホ)ワイル
遣り損なう (やりそこなう)	fracasar フらカサる	fail フェイル
遣り遂げる (やりとげる)	llevar a cabo ジェバる ア カボ	accomplish アカンプリシュ
遣り直す (やりなおす)	rehacer れアせる	try again トライ アゲイン
槍投げ (やりなげ)	lanzamiento de jabalina m ランさミエント デ ハバリナ	javelin throw ヂャヴェリン スロウ
遣り抜く (やりぬく)	llevar a cabo ジェバる ア カボ	carry through キャリ スルー
遣る (やる)	dar ダる	give ギヴ
(行かせる)	enviar エンビアる	send センド
(する)	hacer アせる	do ドゥ

日	西	英
やる気	ganas *fpl*, motivación *f* ガナス, モティバしオン	will, drive ウィル, ドライヴ
柔らかい	blando(a) ブランド(ダ)	soft, tender ソフト, テンダ
和らぐ	ablandarse アブランダるセ	soften ソフン
(苦痛などが)	calmarse カルマるセ	lessen レスン
(心が)	ablandarse アブランダるセ	calm down カーム ダウン
和らげる	ablandar アブランダる	soften ソフン
(苦痛などを)	calmar カルマる	allay, ease アレイ, イーズ
(心を)	ablandar アブランダる	soothe, calm スーズ, カーム
やんちゃな	travieso(a) トらビエソ(サ)	naughty ノーティ

ゆ, ユ

日	西	英
湯	agua caliente *f* アグア カリエンテ	hot water ハト ウォタ
唯一の	único(a) ウニコ(カ)	only, unique オウンリ, ユーニーク
遺言	última voluntad *f* ウルティマ ボルンタド	will ウィル
優位	ventaja *f* ベンタハ	advantage アドヴァンティヂ
有意義な	significativo(a) シグニフィカティボ(バ)	significant スィグニフィカント
憂鬱な	melancólico(a), deprimido(a) メランコリコ(カ), デプリミド(ダ)	melancholy, gloomy メランカリ, グルーミ
有益な	útil ウティル	useful, beneficial ユースフル, ベニフィシャル
優越感	sentimiento de superioridad *m* センティミエント デ スペリオリダド	sense of *one's* own superiority センス オヴ オウン シュピアリオリティ
遊園地	parque de atracciones *m* パるケ デ アトらクしオネス	amusement park アミューズメント パーク

日	西	英
ゆうかい 誘拐	secuestro *m*, rapto *m* セクエストロ, らプト	abduction アブダクション
（子供の）	secuestro *m* セクエストロ	kidnapping キドナピング
～する	secuestrar セクエストらる	kidnap, abduct キドナプ, アブダクト
ゆうがい 有害な	nocivo(*a*) ノしボ(バ)	bad, harmful バド, ハームフル
ゆうかしょうけん 有価証券	valores *mpl* バロれス	valuable securities ヴァリュアブル スィキュアリティズ
ゆうがた 夕方	tarde *f* タるデ	evening イーヴニング
ゆうが 優雅な	elegante エレガンテ	graceful, elegant グレイスフル, エリガント
ユーカリ	eucalipto *m* エウカリプト	eucalyptus ユーカリプタス
ゆうかん 夕刊	periódico vespertino *m* ぺりオディコ ベスペるティノ	evening paper イーヴニング ペイパ
ゆうかん 勇敢な	valiente バリエンテ	brave, courageous ブレイヴ, カレイヂャス
ゆうき 勇気	valentía *f*, valor *m* バレンティア, バロる	courage, bravery カーリヂ, ブレイヴァリ
～のある	valiente バリエンテ	courageous カレイヂャス
ゆうぎ 遊戯	juego *m* フエゴ	play, game プレイ, ゲイム
ゆうきゅうきゅうか 有給休暇	vacaciones pagadas *fpl* バカしオネス パガダス	paid holiday ペイド ハリデイ
ゆうぐう 優遇	trato de favor *m* トらト デ ファボる	favor フェイヴァ
～する	tratar bien トらタる ビエン	treat warmly トリート ウォームリ
ゆうげんがいしゃ 有限会社	sociedad limitada *f* ソしエダド リミタダ	incorporated company インコーポレイティド カンパニ
ゆうけんしゃ 有権者	electrado *m* エレクトらド	electorate イレクトレト
ゆうこう 友好	amistad *f* アミスタド	friendship フレンシプ
～関係	relaciones amistosas *fpl* れラしオネス アミストサス	friendly relations *with* フレンドリ リレイションズ

日	西	英
～国	país amigo *m* パイス アミゴ	friendly nation フレンドリ ネイション
有効	validez *f*, eficacia *f* バリデス, エフィカしア	validity ヴァリディティ
～な	válido(a), eficaz バリド(ダ), エフィカす	valid, effective ヴァリド, イフェクティヴ
融合	fusión *f* フシオン	fusion フュージョン
～する	fusionarse フシオナるセ	fuse フューズ
ユーザー	usuario(a) *m,f* ウスアりオ(ア)	user ユーザ
有罪	culpabilidad *f* クルパビリダド	guilt ギルト
～の	culpable クルパブレ	guilty ギルティ
有志	voluntario(a) *m,f* ボルンタりオ(ア)	volunteer ヴァランティア
融資	financiación *f* フィナンしアしオン	financing フィナンスィング
～する	financiar フィナンしアる	finance フィナンス
優秀な	excelente エクセれンテ	excellent エクセレント
優勝	victoria *f* ビクトりア	victory ヴィクトリ
～する	ganar el campeonato ガナる エル カンペオナト	win a championship ウィン ア チャンピオンシプ
友情	amistad *f* アミスタド	friendship フレンシプ
夕食	cena *f* せナ	supper, dinner サパ, ディナ
友人	amigo(a) *m,f* アミゴ(ガ)	friend フレンド
融通	flexibilidad *f* フレクシビリダド	flexibility フレクスィビリティ
（金の）	financiación *f* フィナンしアしオン	finance フィナンス
～する	prestar プれスタる	lend レンド

日	西	英
ユースホステル	albergue juvenil *m* アルベるゲ フベニル	youth hostel ユース ハステル
ゆうせい 優勢な	dominante ドミナンテ	superior, predominant シュピアリア, プリダミナント
ゆうせん 優先	prioridad *f* プリオリダド	priority プライアリティ
～する	tener prioridad テネる プリオリダド	have priority ハヴ プライオーリティ
ゆうぜん 悠然と	tranquilamente トランキラメンテ	composedly カンポウズィドリ
ゆうせんほうそう 有線放送	emisión por cable *f* エミシオン ポる カブレ	wired radio system ワイアド レイディオウ スィステム
ゆうそう 郵送		
～する	enviar por correo エンビアる ポる コれオ	send by mail センド バイ メイル
～料	franqueo フらンケオ	postage ポウスティヂ
ゆうそう 勇壮な	bravo(a) ブらボ(バ)	brave, heroic ブレイヴ, ヒロウイク
ユーターンする	dar la vuelta ダる ラ ブエルタ	take a U-turn テイク ア ユーターン
ゆうたいけん 優待券	billete de cortesía *m* ビイェテ デ コるテシア	complimentary ticket カンプリメンタリ ティケト
ゆうだい 雄大な	grande グらンデ	grand, magnificent グランド, マグニフィセント
ゆうだち 夕立	chubasco *m* チュバスコ	shower シャウア
ゆうどう 誘導	guía *f*, inducción *f* ギア, インドゥクしオン	leading, induction リーディング, インダクション
～する	dirigir ディりヒる	lead リード
ゆうどく 有毒な	tóxico(a) トクシコ(カ)	poisonous ポイズナス
ユートピア	utopía *f* ウトピア	Utopia ユートウピア
ゆうのう 有能な	competente コンペテンテ	able, capable エイブル, ケイパブル
ゆうはつ 誘発する	provocar プろボカる	cause コーズ

日	西	英
夕日 (ゆうひ)	sol del atardecer *m*	setting sun
優美な (ゆうび)	elegante, gracioso(a)	graceful, elegant
郵便 (ゆうびん)	correo *m*	mail, post
〜受け	buzón *m*	letter box
〜為替	giro postal *m*	money order
〜局	correos *mpl*	post office
〜貯金	ahorro postal *m*	post-office saving
〜番号	código postal *m*	zip code
〜物	correspondencia *f*	mail matter
〜ポスト	buzón *m*	mailbox
ユーフォー	OVNI *m*	UFO
裕福な (ゆうふく)	rico(a)	rich, wealthy
昨夜 (ゆうべ)	anoche	last night
雄弁 (ゆうべん)	elocuencia *f*	eloquence
〜な	elocuente	eloquent
有望な (ゆうぼう)	prometedor(a)	promising, hopeful
遊牧民 (ゆうぼくみん)	nómadas *mpl*	nomad
遊歩道 (ゆうほどう)	paseo *m*	promenade
有名な (ゆうめい)	célebre	famous, well-known
ユーモア	humor *m*	humor

日	西	英
ユーモラスな	humorístico(a) ウモリスティコ(カ)	humorous ヒューマラス
夕焼け	resplandor de la puesta de sol *m* れスプランドる デ ラ プエスタ デ ソル	evening glow イーヴニング グロウ
夕闇	anochecer *m* アノチェせる	dusk, twilight ダスク, トワイライト
猶予	prórroga *f*, gracia *f* プろろガ, グらしア	delay, grace ディレイ, グレイス
～期間	período de gracia *m* ぺリオド デ グらしア	grace period グレイス ピアリアド
遊覧		
～船	barco de recreo *m* バるコ デ れクれオ	pleasure boat プレジャ ボウト
～バス	autocar *m* アウトカる	sight-seeing bus サイトスィーイング バス
有利な	favorable ファボらブレ	advantageous アドヴァンテイヂャス
優良な	bueno(a) ブエノ(ナ)	superior, excellent シュピアリア, エクセレント
有料の	de pago デ パゴ	pay ペイ
有力な	fuerte, poderoso(a) フエるテ, ポデろソ(サ)	strong, powerful ストロング, パウアフル
幽霊	fantasma *m* ファンタスマ	ghost ゴウスト
ユーロ	euro *m* エウろ	Euro ユアロ
誘惑	tentación *f* テンタしオン	temptation テンプテイション
～する	tentar, seducir テンタる, セドゥしる	tempt, seduce テンプト, スィデュース
床	suelo *m* スエロ	floor フロ〜
愉快な	agradable, alegre アグらダブレ, アレグれ	pleasant, cheerful プレザント, チアフル
歪む	torcerse トるせるセ	be distorted ビ ディストーテド
歪める	desfigurar デスフィグらる	distort, bend ディストート, ベンド

日	西	英
ゆき 雪	nieve *f* ニエベ	snow スノウ
～が降る	Nieva. ニエバ	It snows. イト スノウズ
ゆくえ 行方	paradero *m* パらデロ	whereabouts (ホ)ウェアアバウツ
～不明の	desaparecido(a) デサパれしド(ダ)	missing ミスィング
ゆげ 湯気	vapor *m* バポる	steam, vapor スティーム, ヴェイパ
ゆけつ 輸血	transfusión de sangre *f* トらンスフシオン デ サングれ	blood transfusion ブラド トランスフュージョン
～する	hacer una transfusión de sangre アセる ウナ トらンスフシオン デ サングれ	transfuse blood トランスフューズ ブラド
ゆさぶる 揺さぶる	sacudir サクディる	shake, move シェイク, ムーヴ
ゆしゅつ 輸出	exportación *f* エクスポるタしオン	export エクスポート
～国	país exportador *m* パイス エクスポるタドる	exporting country エクスポーティング カントリ
～する	exportar エクスポるタる	export エクスポート
ゆす 濯ぐ	enjuagar エンフアガる	rinse リンス
ゆすり 強請	extorsión *f* エクストらシオン	blackmail ブラクメイル
ゆず う 譲り受ける	heredar エれダる	take over テイク オウヴァ
ゆす 強請る	extorsionar エクストらシオナる	extort, blackmail イクストート, ブラクメイル
ゆず 譲る	dar, ceder ダる, セデる	hand over, give ハンド オウヴァ, ギヴ
(売る)	vender ベンデる	sell セル
(譲歩)	conceder コンセデる	concede *to* カンスィード
ゆせい 油性の	oleaginoso(a) オレアヒノソ(サ)	oily オイリ
ゆそう 輸送	transporte *m* トらンスポるテ	transport トランスポート

日	西	英
〜する	transportar トランスポるタる	transport, carry トランスポート, キャリ
豊かな	abundante アブンダンテ	abundant, rich アバンダント, リチ
委ねる	confiar コンフィアる	entrust *with* イントラスト
ユダヤ		
〜教	judaísmo フダイスモ	Judaism チューダイズム
〜人	judío(a) *m,f* フディオ(ア)	Jew チュー
油断	descuido *m* デスクイド	carelessness ケアレスネス
〜する	descuidarse デスクイダるセ	be off *one's* guard ビ オフ ガード
癒着	adherencia *f* アデれンシア	adhesion アドヒージョン
〜する	adherirse *a* アデりるセ ア	adhere *to* アドヒア
ゆっくり	despacio デスパシオ	slowly スロウリ
茹で卵	huevo pasado por agua *m* ウエボ パサド ポる アグア	boiled egg ボイルド エグ
茹でる	hervir エるビる	boil ボイル
油田	yacimiento petrolífero *m* ジャシミエント ペトろリフェろ	oil field オイル フィールド
ゆとり	margen *m* マるヘン	room ルーム
(気持ちの)	tranquilidad *f* トらンキリダド	leisure リージャ
ユニット	unidad *f* ウニダド	unit ユーニト
ユニバーシアード	Universíada *f* ウニベるシアダ	Universiade ユーニヴァースィアード
ユニフォーム	uniforme *m* ウニフォるメ	uniform ユーニフォーム
輸入	importación *f* インポるタシオン	import インポート

日	西	英
～する	importar インポるタる	import インポート
ゆび 指	dedo *m* デド	finger フィンガ
（足の）	dedo *m* デド	toe トウ
ゆびわ 指輪	anillo *m* アニジョ	ring リング
ゆみ 弓	arco *m* アるコ	bow バウ
ゆめ 夢	sueño *m* スエニョ	dream ドリーム
ゆらい 由来	origen *m* オリヘン	origin オリヂン
～する	proceder *de* プロセデる デ	originate *in* オリヂネイト
ゆり 百合	azucena *f* アすセナ	lily リリ
ゆ いす 揺り椅子	mecedora *f* メセドら	rocking chair ラキング チェア
ゆ かご 揺り籠	cuna *f* クナ	cradle クレイドル
ゆりかもめ 百合鴎	gaviota *f* ガビオタ	laughing gull ラフィング ガル
ゆる 緩い	flojo(*a*) フロホ(ハ)	loose ルース
（規制が）	poco severo(*a*) ポコ セベろ(ら)	lenient リーニエント
ゆ 揺るがす	estremecer エストれメセる	shake, swing シェイク, スウィング
ゆる 許し	permiso *m* ペるミソ	permission パミション
ゆる 許す	permitir ペるミティる	allow, permit アラウ, パミト
（容赦する）	perdonar ペるドナる	forgive, pardon フォギヴ, パードン
ゆる 緩む	aflojar(*se*) アフロハる(セ)	loosen ルースン
（気が）	relajarse れラハるセ	relax リラクス

日	西	英
緩める	aflojar アフロハる	loosen, unfasten ルースン, アンファスン
(速度を)	reducir la velocidad れドゥしる ラ ベロしダド	slow down スロウ ダウン
緩やかな	lento(a) レント(タ)	loose ルース
(傾斜が)	suave スアベ	gentle ヂェントル
揺れ	temblor *m* テンブロる	shaking シェイキング
揺れる	temblar テンブラる	shake, sway シェイク, スウェイ
湯沸し器	calentador de agua *m* カレンタドる デ アグア	water heater ウォータ ヒータ

よ, ヨ

日	西	英
世	mundo *m* ムンド	world ワールド
(時代)	edad *f* エダド	age エイヂ
夜明け	amanecer *m* アマネせる	dawn, daybreak ドーン, デイブレイク
～前	antes de amanecer アンテス デ アマネせる	before dawn ビフォー ドーン
酔い	borrachera *f* ボらチェラ	drunkenness ドランクンネス
(船の)	mareo (en el barco) *m* マれオ (エン エル バるコ)	seasickness スィースィクネス
(車の)	mareo (en el coche) *m* マれオ (エン エル コチェ)	carsickness カースィクネス
(飛行機の)	mareo (en el avión) *m* マれオ (エン エル アビオン)	airsickness エアスィクネス
良[善]い	bueno(a) ブエノ(ナ)	good グド
余韻	reverberación *f*, resonancia *f* れベるベらしオン, れソナンしア	reverberations リヴァーバレイションズ
酔う	emborracharse エンボらチャるセ	get drunk ゲト ドランク

日	西	英
船に〜	marearse en el barco マれアるセ エン エル バるコ	get seasick ゲト スィースィク
車に〜	marearse en el coche マれアるセ エン エル コチェ	get carsick ゲト カースィク
飛行機に〜	marearse en el avión マれアるセ エン エル アビオン	get airsick ゲト エアスィク
よう 用	asunto *m* アスント	business ビズネス
ようい 用意	preparativos *mpl* プれパらティボス	preparations プレパレイションズ
〜する	preparar プれパらる	prepare プリペア
ようい 容易な	fácil ファしル	easy, simple イーズィ, スィンプル
よういん 要因	factor *m* ファクタる	factor ファクタ
ようえき 溶液	solución *f* ソルしオン	solution ソルーション
ようかい 溶解する	disolverse ディソルべるセ	melt メルト
ようがん 溶岩	lava *f* ラバ	lava ラーヴァ
ようき 容器	envase *m* エンバセ	receptacle リセプタクル
ようぎ 容疑	sospecha *f* ソスペチャ	suspicion サスピション
〜者	sospechoso(*a*) *m,f* ソスペチョソ(サ)	suspect サスペクト
ようき 陽気な	alegre アレグれ	cheerful, lively チアフル, ライヴリ
ようきゅう 要求	reclamación *f* れクラマしオン	demand, request ディマンド, リクウェスト
〜する	reclamar れクラマる	demand, require ディマンド, リクワイア
ようぐ 用具	herramienta *f* エらミエンタ	tools トゥールズ
ようけい 養鶏	avicultura *f* アビクルトゥら	poultry farming ポウルトリ ファーミング

日	西	英
ようけん 用件	asunto *m* アスント	business ビズネス
ようご 用語	término *m* テルミノ	wording ワーディング
（語彙）	vocabulario *m* ボカブラリオ	vocabulary ヴォウキャビュレリ
（術語）	palabra técnica *f*, terminología *f* パラブら テクニカ, テるミノロヒア	term, terminology ターム, テーミナロディ
ようさい 要塞	fuerte *m*, fortaleza *f* フエるテ, フォるタレさ	fortress フォートレス
ようさん 養蚕	sericultura *f* セリクルトゥら	sericulture セリカルチャ
ようし 用紙	formulario *m*, papel en blanco *m* フォるムラりオ, パペル エン ブランコ	form フォーム
ようし 養子	niño(a) adoptado(a) *m,f* ニニョ（ニャ） アドプタド(ダ)	adopted child アダプテド チャイルド
ようじ 幼児	niño(a) pequeño(a) *m,f* ニニョ（ニャ） ペケニョ(ニャ)	baby, child ベイビ, チャイルド
ようじ 用事	asunto *m* アスント	business ビズネス
ようしき 様式	estilo *m* エスティロ	mode, style モウド, スタイル
ようしゃ 容赦する	perdonar ぺるドナる	pardon, forgive パードン, フォギヴ
ようじょ 養女	hija adoptiva *f* イハ アドプティバ	adopted daughter アダプティド ドータ
ようしょく 養殖	cultivo *m* クルティボ	cultivation カルティヴェイション
～する	cultivar クルティバる	cultivate, raise カルティヴェイト, レイズ
ようじん 要人	persona importante *f* ぺるソナ インポるタンテ	important person インポータント パースン
ようじん 用心	cuidado *m* クイダド	attention アテンション
～する	andar con cuidado アンダる コン クイダド	be careful *of, about* ビ ケアフル
ようす 様子	estado *m*, situación *f* エスタド, シトゥアしオン	state of affairs ステイト オヴ アフェアズ

日	西	英
(外見)	aspecto *m* アスペクト	appearance アピアランス
(態度)	actitud *f* アクティトゥド	attitude アティテュード
(兆候)	indicio *m* インディシオ	sign, indication サイン, インディケイション
ようする 要する	necesitar ネセシタる	require, need リクワイア, ニード
ように 要するに	en breve エン ブれベ	in short イン ショート
ようせい 要請	demanda *f* デマンダ	demand, request ディマンド, リクウェスト
～する	demandar デマンダる	demand ディマンド
ようせき 容積	capacidad *f* カパシダド	capacity, volume カパスィティ, ヴァリュム
ようせつ 溶接	soldadura *f* ソルダドゥら	welding ウェルディング
～する	soldar ソルダる	weld ウェルド
ようそ 要素	elemento *m*, factor *m* エレメント, ファクトる	element, factor エレメント, ファクタ
ようそう 様相	cariz *m* カりす	aspect, phase アスペクト, フェイズ
ようだい 容体	estado *m* エスタド	condition カンディション
ようちえん 幼稚園	jardín de infancia *m* はるディン デ インファンシア	kindergarten キンダガートン
ようち 幼稚な	infantil インファンティル	childish チャイルディシュ
ようちゅう 幼虫	larva *f* ラるバ	larva ラーヴァ
ようつう 腰痛	lumbago *m* ルンバゴ	lumbago ランベイゴウ
ようてん 要点	esencia *f* エセンシア	point, gist ポイント, ヂスト
ようと 用途	uso *m* ウソ	use, purpose ユース, パーパス

日	西	英
ようとん 養豚	cría de puercos *f* クリア デ プエルコス	pig-farming ピグファーミング
ようねん 幼年	primera infancia *f* プリメラ インファンシア	early childhood アーリ チャイルドフド
ようばい 溶媒	disolvente *m* ディソルベンテ	solvent サルヴェント
ようび 曜日	día de la semana *m* ディア デ ラ セマナ	day デイ
ようふ 養父	padre adoptivo *m* パドれ アドプティボ	foster father フォスタ ファーザ
ようふく 洋服	ropa *f* ろパ	clothes, dress クロウズズ, ドレス
ようぶん 養分	alimento *m* アリメント	nourishment ナーリシュメント
ようぼ 養母	madre adoptiva *f* マドれ アドプティバ	foster mother フォスタ マザ
ようほう 養蜂	apicultura *f* アピクルトゥら	apiculture エイピカルチャ
ようぼう 容貌	presencia *f* プれセンシア	looks ルクス
ようもう 羊毛	lana *f* ラナ	wool ウル

■ 曜日 ■ día de la semana /ディア デ ラ セマナ/ *m* (英 day)

にちようび
日曜日 domingo /ドミンゴ/ *m* (英 Sunday)
げつようび
月曜日 lunes /ルネス/ *m* (英 Monday)
かようび
火曜日 martes /マるテス/ *m* (英 Tuesday)
すいようび
水曜日 miércoles /ミエるコれス/ *m* (英 Wednesday)
もくようび
木曜日 jueves /フエベス/ *m* (英 Thursday)
きんようび
金曜日 viernes /ビエルネス/ *m* (英 Friday)
どようび
土曜日 sábado /サバド/ *m* (英 Saturday)
しゅう
週 semana /セマナ/ *f* (英 week)
しゅうまつ
週末 fin de semana /フィン デ セマナ/ *m* (英 weekend)
へいじつ
平日 día entre semana /ディア エントれ セマナ/ *m* (英 weekday)

日	西	英
ようやく 要約	resumen *m* れスメン	summary サマリ
～する	resumir れスミる	summarize サマライズ
ようや 漸く	por fin ポる フィン	at last アト ラスト
ようりょう 要領	punto esencial *m* プント エセンしアル	point, gist ポイント, ヂスト
ようりょくそ 葉緑素	clorofila *f* クロロフィラ	chlorophyll クローラフィル
ようれい 用例	ejemplo *m* エヘンプロ	example イグザンプル
ヨーグルト	yogur *m* ジョグる	yoghurt ヨウガト
ヨード	yodo *m* ジョド	iodine アイオダイン
～チンキ	tintura de yodo *f* ティントゥら デ ジョド	tincture of iodine ティンクチャ オヴ アイオダイン
ヨーロッパ	Europa エウろパ	Europe ユアロプ
～共同体	Comunidad Europea *f* コムニダド エウろペア	European Community ユアロピーアン カミューニティ
～連合	Unión Europea *f* ウニオン エウろペア	European Union ユアロピーアン ユーニョン
よか 余暇	ocio *m* オしオ	leisure リージャ
ヨガ	yoga *f* ジョガ	yoga ヨウガ
よかん 予感	presentimiento *m* プれセンティミエント	presentiment プリゼンティメント
～する	presentir プれセンティる	have a hunch ハヴ ア ハンチ
よき 予期する	anticipar アンティしパる	anticipate アンティスィペイト
よきん 預金	depósito *m* デポスィト	savings, deposit セイヴィングズ, ディパズィト
～する	depositar デポスィタる	deposit money *in* ディパズィト マニ
よく 欲	deseo *m* デセオ	desire ディザイア

日	西	英
良く	bien ビエン	well ウェル
(十分に)	bastante バスタンテ	fully, well フリ, ウェル
(しばしば)	con frecuencia コン フレクエンシア	often, frequently オフン, フリークウェントリ
よくあさ 翌朝	mañana siguiente *f* マニャナ シギエンテ	next morning ネクスト モーニング
よくあつ 抑圧	opresión *f* オプれシオン	oppression オプレション
～する	oprimir オプリミる	oppress オプレス
よくげつ 翌月	mes siguiente *m* メス シギエンテ	next month ネクスト マンス
よくしつ 浴室	(cuarto de) baño *m* (クアるト デ) バニョ	bathroom バスルム
よくじつ 翌日	día siguiente *m* ディア シギエンテ	next day ネクスト デイ
よくせい 抑制する	frenar フれナる	control カントロウル
よくそう 浴槽	bañera *f* バニェら	bathtub バスタブ
よくねん 翌年	año siguiente *m* アニョ シギエンテ	next year ネクスト イア
よくば 欲張り	avaro(a) *m,f* アバろ(ら)	greedy person グリーディ パースン
～な	avaro(a) アバろ(ら)	greedy グリーディ
よくぼう 欲望	codicia *f* コディしア	desire, ambition ディザイア, アンビション
よくよう 抑揚	entonación *f* エントナしオン	intonation イントウネイション
よくりゅう 抑留	detención *f* デテンしオン	detention ディテンション
よけい 余計な	sobrante ソブらンテ	excessive, surplus イクセスィヴ, サープラス
(不必要な)	innecesario(a) インネセサりオ(ア)	unnecessary アンネスィセリ

日	西	英
避[除]ける	esquivar エスキバる	avoid アヴォイド
予言	predicción *f* プレディクしオン	prediction プリディクション
～者	profeta *m*, profetisa *f* プロフェタ, プロフェティサ	prophet プラフェト
～する	predecir プレデしる	predict, foretell プリディクト, フォーテル
予見する	prever プレべる	foresee フォースィー
横	lado *m* ラド	side サイド
（幅）	anchura *f* アンチュら	the width ザ ウィドス
予行	ensayo *m* エンサジョ	rehearsal リハーサル
横顔	perfil *m* ぺるフィル	profile プロウファイル
横切る	atravesar アトらベサる	cross クロス
予告	anuncio previo *m* アヌンしオ プれビオ	previous notice プリーヴィアス ノウティス
～する	avisar previamente アビサる プれビアメンテ	announce beforehand アナウンス ビフォーハンド
汚す	ensuciar エンスしアる	soil, stain ソイル, ステイン
横たえる	tenderse テンデるセ	lay down レイ ダウン
（身を）	acostarse アコスタるセ	lie down ライ ダウン
横たわる	tumbarse トゥンバるセ	lie down ライ ダウン
横目で見る	mirar de soslayo ミらる デ ソスラジョ	cast a glance キャスト ア グランス
汚れ	suciedad *f* スしエダド	dirt, stain ダート, ステイン
汚れる	ensuciarse エンスしアるセ	become dirty ビカム ダーティ

日	西	英
よさん 予算	presupuesto *m* プれスプエスト	budget バヂェト
～を立てる	presupuestar プれスプエスタる	make a budget メイク ア バヂェト
よしゅう 予習	preparación *f* プれパらしオン	preparation プレパレイション
～する	preparar la lección プれパらる ラ レクシオン	prepare *one's* lessons プリペア レスンズ
よじ 捩る	torcer トるセる	twist トウィスト
よしん 余震	réplica (sísmica) *f* れプリカ（シスミカ）	aftershock アフタショク
よ 止す	dejar デハる	stop スタプ
よ 寄せる	aproximar アプロクシマる	draw up ドロー アプ
（脇へ動かす）	apartar アパるタる	put aside プト アサイド
よせん 予選	(prueba) eliminatoria *f* （プるエバ）エリミナトりア	preliminary contest プリリミネリ カンテスト
よそ 余所	otro sitio *m* オトロ シティオ	another place アナザ プレイス
よそう 予想	expectativa *f* エクスペクタティバ	expectation エクスペクテイション
～する	prever プれべる	expect, anticipate イクスペクト, アンティスィペイト
よそお 装う	vestirse ベスティるセ	wear ウェア
（ふりをする）	fingir フィンヒる	pretend プリテンド
よそく 予測	predicción *f* プれディクシオン	prediction プリディクション
～する	prever プれべる	forecast フォ〜キャスト
よそみ 余所見する	mirar a un lado ミらる ア ウン ラド	look away ルク アウェイ
よそもの 余所者	extraño(a) *m,f* エクストらニョ(ニャ)	stranger ストレインヂャ

よ

日	西	英
よそよそしい	frío(a) フリオ(ア)	cold コウルド
(無関心な)	indiferente インディフェれンテ	indifferent インディファレント
よだれ 涎	baba f ババ	slaver スラヴァ
よち 余地	sitio m シティオ	room, space ルーム, スペイス
よ かど 四つ角	cruce m クるせ	crossing クロスィング
よっきゅう 欲求	deseo m デセオ	desire ディザイア
ヨット	velero m ベレろ	yacht ヤト
よ ばら 酔っ払い	borracho(a) m,f ボらチョ (チャ)	drunk ドランク
よ ばら 酔っ払う	emborracharse エンボらチャるセ	get drunk ゲト ドランク
よてい 予定	plan m, programa m プラン, プろグらマ	plan, program プラン, プロウグラム
よとう 与党	partido en el poder m パるティド エン エル ポデる	Government party ガヴァンメント パーティ
よどお 夜通し	toda la noche f トダ ラ ノチェ	all night オール ナイト
よど 淀む	estancarse エスタンカるセ	be stagnant ビ スタグナント
よなか 夜中に	a medianoche ア メディアノチェ	at midnight アト ミドナイト
よ なか 世の中	mundo m ムンド	world ワールド
よはく 余白	espacio m エスパしオ	blank, space ブランク, スペイス
よび 予備	reserva f れセるバ	reserve, spare リザーヴ, スペア
〜の	de reserva デ れセるバ	reserve, spare リザーヴ, スペア
よ か 呼び掛ける	llamar ジャマる	call コール

日	西	英
呼び鈴	timbre *m* ティンブれ	ring, bell リング, ベル
呼ぶ	llamar ジャマる	call コール
(招く)	invitar *a* インビタル ア	invite *to* インヴァイト
(称する)	llamar, nombrar ジャマる, ノンブらル	call, name コール, ネイム
余分な	sobrante ソブらンテ	extra, surplus エクストラ, サープラス
予報	predicción *f* プれディクシオン	forecast フォーキャスト
予防	prevención *f* プれベンシオン	prevention プリヴェンション
～する	prevenir プれベニる	prevent *from* プリヴェント
～注射	inyección preventiva *f* インジェクシオン プれベンティバ	preventive injection プリヴェンティヴ インヂェクション
蘇る	revivir れビビる	revive リヴァイヴ
読み物	lectura *f*, libro *m* レクトゥら, リブろ	reading リーディング
読む	leer レエる	read リード
嫁	novia *f* ノビア	bride ブライド
(妻)	mujer *f* ムヘる	wife ワイフ
(息子の妻)	nuera *f* ヌエら	daughter-in-law ドータインロー
予約	reserva *f* れセるバ	reservation レザヴェイション
～する	reservar れセるバる	reserve, book リザーヴ, ブク
余裕	lugar *m* ルガる	room ルーム
(時間)	tiempo libre *m* ティエンポ リブれ	time to spare タイム トゥ スペア
(金銭)	dinero *m* ディネろ	money to spare マニ トゥ スペア

日	西	英
寄り掛かる	apoyarse *contra*	lean *against*
(頼る)	depender *de*	depend *on*
寄り添う	arrimarse a	draw close
寄り道する	acercarse	stop on *one's* way
依る	estar basado(a) *en*	be based *on*
因る	deberse *a*	be due *to*
寄る	acercarse	approach
(脇へ)	ponerse a un lado	step aside
(立ち寄る)	pasar *por*	call *at, on*
夜	noche *f*	night
鎧	armadura *f*	armor
鎧戸	contraventana *f*	shutter
喜ばす	agradar	please, delight
喜び	placer *m*	joy, delight
喜ぶ	alegrarse	be glad, be pleased
よろめく	tambalearse	stagger
世論	opinión pública *f*	public opinion
弱い	débil	weak
(身体が)	delicado(a)	poor *in*, delicate

日	西	英
（気が）	tímido(a) ティミド(ダ)	timid ティミド
（光などが）	tenue テヌエ	feeble, faint フィーブル, フェイント
よわ 弱さ	debilidad f デビリダド	weakness ウィークネス
よわ 弱まる	volverse débil, debilitarse ボルべるセ デビル, デビリタるセ	weaken ウィークン
よわ 弱み	punto débil m プント デビル	weak point ウィーク ポイント
よわむし 弱虫	cobarde m,f コバるデ	coward カウアド
よわ 弱める	debilitar デビリタる	weaken, enfeeble ウィークン, インフィーブル
よわ 弱る	debilitarse デビリタるセ	grow weak グロウ ウィーク
（困る）	tener problemas テネる プロブレマス	be worried ビ ワーリド

ら, ラ

ラード	manteca de cerdo f マンテカ デ せルド	lard ラード
ラーメン	fideos chinos mpl フィデオス チノス	Chinese noodles チャイニーズ ヌードルズ
らいう 雷雨	tormenta con truenos y lluvia f トるメンタ コン トるエノス イ ジュビア	thunderstorm サンダストーム
らいうん 雷雲	nubarrón m ヌバろン	thundercloud サンダクラウド
ライオン	león m レオン	lion ライオン
らいげつ 来月	mes próximo m メス プろクシモ	next month ネクスト マンス
らいしゅう 来週	semana próxima f セマナ プろクシマ	next week ネクスト ウィーク
らいせ 来世	otro mundo m オトろ ムンド	next world ネクスト ワールド
ライセンス	licencia f リせンしア	license ライセンス

日	西	英
ライター	encendedor *m* エンセンデドる	lighter ライタ
らいちょう 雷鳥	perdiz blanca *f* ぺるディす ブランカ	ptarmigan ターミガン
ライト (明かり)	luz *f* ルす	light ライト
ライト級	peso ligero *m* ペソ リへろ	lightweight ライトウェイト
ライトバン	ranchera *f* らンチェら	van, station wagon ヴァン, ステイション ワゴン
らいにち 来日する	venir a Japón ベニる ア ハポン	visit Japan ヴィズィット ヂャパン
らいねん 来年	año próximo *m* エル アニョ プろクシモ	next year ネクスト イア
ライバル	rival *m,f* りバル	rival ライヴァル
らいひん 来賓	invitado(a) *m,f* インビタド(ダ)	guest ゲスト
ライブの	en directo エン ディれクト	live ライヴ
ライフスタイル	estilo de vida *m* エスティロ デ ビダ	lifestyle ライフスタイル
ライブラリー	biblioteca *f* ビブリオテカ	library ライブラリ
ライフル	rifle *m* りフレ	rifle ライフル
ライフワーク	trabajo de toda la vida *m* トらバホ デ トダ ラ ビダ	lifework ライフワーク
むぎ ライ麦	centeno *m* センテノ	rye ライ
らいめい 雷鳴	trueno *m* トるエノ	roll of thunder ロウル オヴ サンダ
ライラック	lila *f* リラ	lilac ライラク
らいれき 来歴	historia *f* イストリア	history ヒストリ
(起源)	origen *m* オリヘン	origin オリヂン

日	西	英
(経歴)	historial *m*	career
楽園（らくえん）	paraíso *m*	paradise
落書き（らくがき）	"graffiti" *m*, pintada *f*	scribble, graffiti
〜する	garabatear, hacer pintadas	scribble
落伍する（らくご）	rezagarse	drop out
落差（らくさ）	altura (de caída) *f*	gap
落札する（らくさつ）	rematar	make a successful bid
落選する（らくせん）	ser derrotado(a)	be defeated
駱駝（らくだ）	camello *m*	camel
落第する（らくだい）	suspender	fail
落胆する（らくたん）	desanimarse	be discouraged
楽天的な（らくてんてき）	optimista	optimistic
楽な（らく）	fácil	easy
(安楽な)	cómodo(a)	comfortable
酪農（らくのう）	industria lechera *f*	dairy
〜家	lechero(a) *m,f*	dairy farmer
ラグビー	"rugby" *m*	rugby
落葉（らくよう）	hojas caídas *fpl*	fallen leaves
〜樹	árbol de hoja caduca *m*	deciduous tree

日	西	英
らくらい 落雷	caída de un rayo f カイダ デ ウン らジョ	thunderbolt サンダボウルト
ラケット	raqueta f らケタ	racket ラケト
ラザニア	lasaña f ラサニャ	lasagna ラザーニア
ラジウム	radio m らディオ	radium レイディアム
ラジエーター	radiador m らディアドる	radiator レイディエイタ
ラジオ	radio f らディオ	radio レイディオウ
ラジカセ	"radiocassette" m らディオカセト	boom box ブーム バクス
ラジコン	teledirección f テレディれクシオン	radio control レイディオウ カントロウル
らしんばん 羅針盤	brújula f ブるフラ	compass カンパス
ラスト	lo último ロ ウルティモ	the last ザ ラスト
ラズベリー	frambuesa f フらンブエサ	raspberry ラズベリ
らせん 螺旋	espiral m エスピらル	spiral スパイアラル
らたい 裸体の	desnudo(a) デスヌド(ダ)	naked, nude ネイキド, ニュード
らち 拉致する	llevarse a la fuerza ジェバるセ ア ラ フエるさ	take away テイク アウェイ
ラッカー	laca f ラカ	lacquer ラカ
らっかさん 落下傘	paracaídas m パらカイダス	parachute パラシュート
らっか 落下する	caerse カエるセ	drop, fall ドラプ, フォール
らっかせい 落花生	cacahuete m カカウエテ	peanut ピーナト
らっかん 楽観 〜する	ser optimista セる オプティミスタ	be optimistic ビ アプティミスティク

795

ら

日	西	英
～的な	optimista オプティミスタ	optimistic アプティミスティク
ラッキーな	afortunado(a) アフォるトゥナド(ダ)	lucky ラキ
らっきょう 辣韭	chalota f チャロタ	shallot シャラト
ラッコ	nutria marina f ヌトリア マリナ	sea otter スィー アタ
ラッシュアワー	hora punta f オら プンタ	rush hour ラシュ アウア
らっぱ 喇叭	corneta f コるネタ	trumpet, bugle トランペト, ビューグル
ラップ	papel de envolver transparente m パペル デ エンボルベる トらンスパれンテ	wrap ラプ
（音楽）	música "rap" f ムシカ らプ	rap music ラプ ミューズィク
ラップタイム	tiempo de una vuelta m ティエンポ デ ウナ ブエルタ	lap time ラプ タイム
らつわん 辣腕の	muy hábil ムイ アビル	shrewd, able シュルード, エイブル
ラテン		
～語	latín m ラティン	Latin ラティン
～の	latino(a) ラティノ(ナ)	Latin ラティン
らば 騾馬	mula f ムラ	mule ミュール
ラブシーン	escena de amor f エスせナ デ アモる	love scene ラヴ スィーン
ラフな	tosco(a) トスコ(カ)	rough ラフ
ラブレター	carta de amor f カるタ デ アモる	love letter ラヴ レタ
ラベル	etiqueta f エティケタ	label レイベル
ラベンダー	lavanda f ラバンダ	lavender ラヴィンダ
ラム	cordero m コるデろ	lamb ラム

日	西	英
（ラム酒）	ron *m* ろン	rum ラム
ラリー	"rally" *m* らリ	rally ラリ
らん 欄	espacio *m* エスパしオ	column カラム
らん 蘭	orquídea *f* オるキデア	orchid オーキド
らんおう 卵黄	yema *f* ジェマ	yolk ヨウク
らんがい 欄外	margen *m* マるヘン	margin マーヂン
ランキング	clasificación *f* クラシフィカしオン	ranking ランキング
ランク	categoría *f* カテゴりア	rank ランク
らんざつ 乱雑な	desordenado(*a*) デソるデナド(ダ)	disorderly ディスオーダリ
らんし 乱視	astigmatismo *m* アスティグマティスモ	astigmatism アスティグマティズム
ランジェリー	lencería *f* レンせりア	lingerie ランジェリー
らんそう 卵巣	ovario *m* オバりオ	ovary オウヴァリ
ランチ	comida *f* コミダ	lunch ランチ
らんとう 乱闘	refriega *f* れフりエガ	confused fight カンフューズド ファイト
ランドセル	mochila (escolar) *f* モチラ （エスコラる）	satchel サチェル
ランドリー	lavandería *f* ラバンデりア	laundry ローンドリ
ランナー	corredor(*a*) *m,f* コれドる (ら)	runner ラナ
ランニング	carrera *f* カれら	running ラニング
らんぱく 卵白	clara *f*, albumen *m* クラら，アルブメン	albumen アルビューメン

日	西	英
ランプ	lámpara *f* ランパら	lamp ランプ
らんぼう 乱暴	violencia *f* ビオレンしア	violence ヴァイオレンス
〜する	emplear la violencia エンプレアル ラ ビオレンしあ	do violence ドゥ ヴァイオレンス
〜な	violento(a) ビオレント(タ)	violent, rough ヴァイオレント, ラフ
らんよう 濫用する	abusar *de* アブさる デ	abuse アビューズ

り, リ

日	西	英
リアリズム	realismo *m* れアリスモ	realism リーアリズム
リアルタイム	tiempo real *m* ティエンポ れアル	real time リーアル タイム
リアルな	real れアル	real リーアル
リーグ	liga *f* リガ	league リーグ
〜戦	liga *f* リガ	league series ザ リーグ スィアリーズ
リース	arriendo *m* アりエンド	lease リース
リーダー	líder *m,f* リデル	leader リーダ
〜シップ	liderazgo *m* リデらすゴ	leadership リーダシプ
リードする	llevar la delantera ジェバる ラ デランテら	lead リード
リール	carrete (de pesca) *m* カれテ (デ ペスカ)	reel リール
りえき 利益	beneficios *mpl* ベネフィしオス	profit, return プラフィト, リターン
りか 理科	ciencia *f* しエンしア	science サイエンス
りかい 理解	entendimiento *m* エンテンディミエント	comprehension カンプリヘンション

日	西	英
～する	entender エンテンデる	understand アンダスタンド
りがい 利害	interés *m* インテレス	interests インタレスツ
りきがく 力学	dinámica *f* ディナミカ	dynamics ダイナミクス
りきせつ 力説する	subrayar スブらジャる	emphasize エンファサイズ
リキュール	licor *m* リコる	liqueur リカー
りきりょう 力量	capacidad *f* カパシダド	ability アビリティ
りく 陸	tierra *f* ティエら	land ランド
リクエスト	petición *f* ペティしオン	request リクウェスト
りくぐん 陸軍	ejército (de tierra) *m* エへるシト (デ ティエら)	army アーミ
りくじょうきょうぎ 陸上競技	atletismo *m* アトレティスモ	athletic sports アスレティク スポーツ
りくち 陸地	tierra *f* ティエら	land ランド
りくつ 理屈	razón *f* らソン	reason, logic リーズン, ラヂク
リクライニング シート	asiento reclinable *m* アシエント れクリナブレ	reclining seat リクライニング スィート
りくろ 陸路で	por tierra ポる ティエら	by land バイ ランド
りけん 利権	derecho *m*, concesión *f* デれチョ, コンセシオン	rights, concessions ライツ, カンセションズ
りこ 利己		
～主義	egoísmo *m* エゴイスモ	selfishness セルフィシュネス
～的な	egoísta エゴイスタ	egoistic イーゴウイスティク
りこう 利口な	listo(a), inteligente リスト(タ), インテリヘンテ	clever, bright クレヴァ, ブライト
リコール	destitución *f* デスティトゥシオン	recall リコール

日	西	英
（欠陥車の）	retirada *f* れティらダ	recall リコール
〜する	destituir, retirar デスティトゥイる, れティらる	recall リコール
りこん 離婚	divorcio *m* ディボるシオ	divorce ディヴォース
〜する	divorciarse ディボるシアるセ	divorce ディヴォース
リサイクル	reciclaje *m* れシクラヘ	recycling リーサイクリング
リサイタル	recital *m* れシタル	recital リサイタル
りざや 利鞘	margen (de beneficio) *m* マるヘン（デ ベネフィシオ）	margin マーヂン
りさん 離散する	dispersarse ディスペるサるセ	be scattered ビ スキャタド
りし 利子	interés *m* インテれス	interest インタレスト
りじ 理事	director(a) *m,f* ディれクトる(ら)	director, manager ディレクタ, マニヂャ
りじゅん 利潤	beneficio *m* ベネフィシオ	profit, gain プラフィト, ゲイン
りしょく 利殖	ganancia *f* ガナンシア	money-making マニメイキング
りす 栗鼠	ardilla *f* アるディジャ	squirrel スクワーレル
リスク	riesgo *m* りエスゴ	risk リスク
リスト	lista *f* リスタ	list リスト
リストラ	reestructuración *f* れエストるクトゥらシオン	restructuring リーストラクチャリング
リズミカルな	rítmico(a) りトミコ(カ)	rhythmical リズミカル
リズム	ritmo *m* りトモ	rhythm リズム
りせい 理性	razón *f* らソン	reason リーズン

日	西	英
〜的な	racional らしオナル	rational ラショナル
理想(りそう)	ideal *m* イデアル	ideal アイディアル
〜郷	utopía *f* ウトピア	Utopia ユートウピア
〜主義	idealismo *m* イデアリスモ	idealism アイディアリズム
〜的な	ideal イデアル	ideal アイディアル
リゾート	centro turístico *m* セントロ トゥリスティコ	resort リゾート
利息(りそく)	interés *m* インテれス	interest インタレスト
リチウム	litio *m* リティオ	lithium リスィアム
律儀な(りちぎな)	concienzudo(a) コンスィエンすド(ダ)	honest アニスト
理知的な(りちてき)	intelectual インテレクトゥアル	intellectual インテレクチュアル
率(りつ)	tasa *f* タサ	rate レイト
(百分率)	porcentaje *m* ポルセンタヘ	percentage パセンティヂ
陸橋(りっきょう)	paso elevado *m* パソ エレバド	viaduct ヴァイアダクト
立候補(りっこうほ)	candidatura *f* カンディダトゥら	candidacy キャンディダスィ
〜者	candidato(a) *m,f* カンディダト(タ)	candidate キャンディデイト
〜する	presentarse como candidato プれセンタるセ コモ カンディダト	run for ラン フォー
立証する(りっしょうする)	probar プロバる	prove プルーヴ
立身出世(りっしんしゅっせ)	éxito en la vida *m* エクスィト エン ラ ビダ	success in life サクセス イン ライフ
立像(りつぞう)	estatua *f* エスタトゥア	statue スタチュー

日	西	英
りったい 立体	sólido *m* ソリド	solid サリド
～交差	paso de desnivel *m* パソ デ デスニベル	grade separation グレイド セパレイション
～的な	tridimensional トリディメンシオナル	three-dimensional スリー ディメンショナル
りっちじょうけん 立地条件	condiciones de situación *fpl* コンディしオネス デ シトゥアしオン	conditions of location コンディションズ オヴ ロウケイション
リットル	litro *m* リトろ	liter リータ
りっぱ 立派な	excelente エクスせレンテ	excellent, splendid エクセレント, スプレンディド
りっぽう 立法	legislación *f* レヒスラしオン	legislation レヂスレイション
～権	potestad legislativa *f* ポテスタド レヒスラティバ	legislative power レヂスレイティヴ パウア
りっぽう 立方	cubo *m* クボ	cube キューブ
～根	raíz cúbica *f* らイす クビカ	cube root キューブ ルート
～体	cubo *m* クボ	cube キューブ
～メートル	metro cúbico *m* メトろ クビコ	cubic meter キュービク ミータ
りてん 利点	ventaja *f* ベンタハ	advantage アドヴァンティヂ
りとう 離島	isla perdida *f* イスラ ぺるディダ	isolated island アイソレイティド アイランド
リトグラフ	litografía *f* リトグらフィア	lithograph リソグラフ
しけんし リトマス試験紙	tira de ph *f*, papel de tornasol *m* ティら デ ペアチェ, パペル デ トるナソル	litmus paper リトマス ペイパ
リニアモーターカー	tren de motor lineal *m* トれン デ モトる リネアル	linear motorcar リニア モウタカー
りにゅうしょく 離乳食	comida para bebés *f* コミダ ぱら ベベス	baby food ベイビ フード
りねん 理念	filosofía *f* フィロソフィア	idea アイディア

日	西	英
リハーサル	ensayo *m* エンサジョ	rehearsal リハーサル
理髪	corte de pelo *m* コルテ デ ペロ	haircut ヘアカト
～店	peluquería *f* ペルケリア	barbershop バーバシャプ
リハビリ	rehabilitación *f* れアビリタしオン	rehabilitation リハビリテイション
利払い	pago del interés *m* パゴ デル インテれス	interest payment インタレスト ペイメント
離反する	separarse *de* セパらるセ デ	be estranged *from* ビ イストレインヂド
リビングルーム	sala de estar *f* サラ デ エスタる	living room リヴィング ルーム
リフォームする	reformar れフォるマる	remodel リーマドル
理不尽な	irrazonable イらそナブレ	unreasonable アンリーズナブル
リフト	telesilla *m* テレシジャ	chair lift チェア リフト
（スキー場）	telesquí *m* テレスキ	ski lift スキー リフト
リベート	reembolso *m* れエンボルソ	rebate リーベイト
離別	separación *f* セパらしオン	separation セパレイション
～する	separarse セパらるセ	separate セパレイト
リベラルな	liberal リベらル	liberal リベラル
リポート	informe *m* インフォるメ	report リポート
リボン	cinta *f* シンタ	ribbon リボン
利回り	rendimiento *m* れンディミエント	yield イールド
リムジン	limusina *f* リムシナ	limousine リムズィーン
裏面	dorso *m* ドるソ	back バク

日	西	英
リモコン	mando a distancia *m* マンド ア ディスタンしア	remote control リモウト カントロウル
りゃく 略	omisión *f* オミシオン	omission オウミション
りゃくご 略語	abreviatura *f* アブれビアトゥら	abbreviation アブリヴィエイション
りゃくしき 略式の	informal インフォるマル	informal インフォーマル
りゃく 略す	abreviar アブれビアる	abridge, abbreviate アブリヂ, アブリーヴィエイト
（省く）	omitir, suprimir オミティる, スプリミる	omit オウミト
りゃくだつ 略奪する	saquear サケアる	plunder, pillage プランダ, ピリヂ
りゅう 竜	dragón *m* ドらゴン	dragon ドラゴン
りゆう 理由	razón *f* らソン	reason, cause リーズン, コーズ
りゅういき 流域	cuenca *f* クエンカ	valley, basin ヴァリ, ベイスン
りゅうい 留意する	prestar atención *a* プれスタる アテンしオン ア	pay attention *to* ペイ アテンション
りゅうがく 留学	estudio en el extranjero *m* エストゥディオ エン エル エクストらンへろ	studying abroad スタディング アブロード
～する	estudiar en el extranjero エストゥディアる エン エル エクストらンへろ	study abroad スタディ アブロード
～生	estudiante extranjero(a) *m,f* エストゥディアンテ エクストらンへろ(ら)	foreign student フォリン ステューデント
りゅうかん 流感	gripe *f* グリペ	influenza インフルエンザ
りゅうこう 流行	moda *f* モダ	fashion, vogue ファション, ヴォウグ
（病気・思想などの）	difusión *f* ディフシオン	prevalence プレヴァレンス
～歌	canción popular *f* カンしオン ポプらる	popular song パピュラ ソング
～する	estar de moda エスタる デ モダ	be in fashion ビ イン ファション

日	西	英
りゅうさん 硫酸	ácido sulfúrico *m* アしド スルフリコ	sulfuric acid サルフュアリク アスィド
りゅうざん 流産	aborto *m* アボるト	abortion アボーション
～する	abortar アボるタる	have a miscarriage ハヴ ア ミスキャリヂ
りゅうし 粒子	partícula *f* パるティクラ	particle パーティクル
りゅうしゅつ 流出する	salirse サリるセ	flow out フロウ アウト
りゅうせい 隆盛	prosperidad *f* プろスペりダド	prosperity プラスペリティ
りゅうせんけい 流線型の	aerodinámico(a) アエろディナミコ(カ)	streamlined ストリームラインド
りゅうちょう 流暢に	con fluidez コン フルイデす	fluently フルエントリ
りゅうつう 流通	circulación *f* しるクラしオン	circulation サーキュレイション
（物流）	distribución *f* ディストリブしオン	distribution ディストリビューション
～する	circular しるクラる	circulate サーキュレイト
りゅうどう 流動	fluctuación *f* フルクトゥアしオン	fluctuation フラクチュエイション
～する	fluctuar フルクトゥアる	flow フロウ
～的な	fluctuante フルクトゥアンテ	fluid フルーイド
りゅうにゅう 流入する	afluir *a* アフルイる ア	flow in フロウ イン
りゅうねん 留年する	repetir el curso れペティる エル クるソ	remain in the same class リメイン イン ザ セイム クラス
りゅうは 流派	escuela *f* エスクエラ	school スクール
リューマチ	reumatismo *m* れウマティスモ	rheumatism ルーマティズム
リュックサック	mochila *f* モチラ	rucksack ラクサク

日	西	英
りょう 漁	pesca *f* ペスカ	fishing フィシング
りょう 寮	residencia (de estudiantes) *f* れシデンしア (デ エストゥディアンテス)	dormitory ドーミトーリ
りょう 猟	caza *f* カさ	hunting, shooting ハンティング, シューティング
りょう 量	cantidad *f* カンティダド	quantity クワンティティ
りよう 理容	corte de pelo *m* コるテ デ ペロ	haircut ヘアカト
～師	peluquero(*a*) *m,f* ペルケろ(ら)	hairdresser ヘアドレサ
りよう 利用	uso *m* ウソ	usage ユースィヂ
～する	usar ウサる	use, utilize ユーズ, ユーティライズ
りょういき 領域	campo *m* カンポ	domain ドウメイン
りょうかい 了解	entendimiento *m* エンテンディミエント	understanding アンダスタンディング
～する	consentir コンセンティる	understand アンダスタンド
りょうがえ 両替	cambio *m* カンビオ	exchange イクスチェインヂ
～する	cambiar *en* カンビアる	change, exchange *into* チェインヂ, イクスチェインヂ
りょうが する 陵駕する	superar スペらる	surpass サーパス
りょうがわ 両側に	a ambos lados ア アンボス ラドス	on both sides オン ボウス サイヅ
りょうきん 料金	precio *m* プれしオ	charge, fee チャーヂ, フィー
りょうくう 領空	espacio aéreo (territorial) *m* エスパしオ アエれオ (テりトりアル)	airspace エアスペイス
りょうこう 良好な	bueno(*a*) ブエノ(ナ)	good グド
りょうし 漁師	pescador *m* ペスカドる	fisherman フィシャマン

日	西	英
りょうし 猟師	cazador *m* カさドる	hunter ハンタ
りょうじ 領事	cónsul *m,f* コンスル	consul カンスル
～館	consulado *m* コンスラド	consulate カンスレト
りょうしき 良識	sentido común *m* センティド コムン	good sense グド センス
りょうじゅう 猟銃	escopeta *f* エスコペタ	hunting gun ハンティング ガン
りょうしゅうしょ 領収書	recibo *m* れしボ	receipt リスィート
りょうしょう 了承	consentimiento *m* コンセンティミエント	consent カンセント
～する	consentir コンセンティる	consent コンセント
りょうじょく 凌辱	insulto *m* インスルト	insult インサルト
(性的)	violación *f* ビオラしオン	violation, rape ヴァイオレイション, レイプ
～する	insultar, violar インスルタる, ビオラる	insult, violate インサルト, ヴァイオレイト
りょうしん 両親	padres *mpl* パドれス	parents ペアレンツ
りょうしん 良心	conciencia *f* コンスィエンスィア	conscience カンシェンス
りょうせいの 良性の	benigno(a) ベニグノ(ナ)	benign ビナイン
りょうせいるい 両生類	anfibio *m* アンフィビオ	amphibia アンフィビア
りょうて 両手	dos manos *fpl* ドス マノス	both hands ボウス ハンヅ
りょうど 領土	territorio *m* テりトリオ	territory テリトーリ
りょうはんてん 量販店	hipermercado *m* イペるメるカド	volume retailer ヴァリュム リーテイラ
りょうほう 両方	amb*os*(*as*) *mpl* アンボス(バス)	both ボウス

日	西	英
りょうめん 両面	ambos lados *mpl* アンボス　ラドス	both sides ボウス　サイヅ
りょうよう 療養	tratamiento médico *m* トらタミエント　メディコ	medical treatment メディカル　トリートメント
〜する	convalecer コンバレせる	recuperate リキューパレイト
りょうり 料理	cocina *f* コしナ	cooking クキング
〜する	cocinar コしナる	cook クク
〜店	restaurante *m* れスタウらンテ	restaurant レストラント
りょうりつ 両立する	ser compatible *con* せる　コンパティブレ　コン	be compatible *with* ビ　カンパティブル
りょかく 旅客	viajero(a) *m,f* ビアへろ(ら)	traveler トラヴラ
（乗客）	pasajero(a) *m,f* パサへろ(ら)	passenger パセンヂャ
〜機	avión de pasajeros *m* アビオン　デ　パサへロス	passenger plane パセンヂャ　プレイン
りょかん 旅館	hotel tradicional japonés *m* オテル　トらディしオナル　ハポネス	hotel, inn ホウテル、イン
りょくちゃ 緑茶	té verde *m* テ　べるデ	green tea グリーン　ティ—
りょけん 旅券	pasaporte *m* パサポるテ	passport パスポート
りょこう 旅行	viaje *m* ビアへ	travel, trip トラヴル、トリプ
〜社	agencia de viajes *f* アヘンしア　デ　ビアヘス	travel agency トラヴル　エイヂェンスィ
〜する	viajar ビアハる	travel トラヴル
りょひ 旅費	gastos de viaje *mpl* ガストス　デ　ビアへ	traveling expenses トラヴリング　イクスペンスィズ
リラックス	relajación *f* れラハしオン	relaxation リーラクセイション
〜する	relajarse れラハるセ	relax リラクス

日	西	英
りりく 離陸 デスペゲ	despegue *m*	takeoff テイコーフ
～する デスペガる	despegar	take off テイク オフ
りりつ 利率	tipo de interés *m* ティポ デ インテれス	rate of interest レイト オヴ インタレスト
リレー	carrera de relevos *f* カれら デ れレボス	relay リーレイ
りれきしょ 履歴書	currículum vítae *m* クりクルン ビタエ	curriculum vitae カリキュラム ヴィータイ
りろん 理論	teoría *f* テオリア	theory スィオリ
～的な	teórico(a) テオリコ(カ)	theoretical スィオレティカル
りん 燐	fósforo *m* フォスフォロ	phosphorus ファスフォラス
りんかく 輪郭	contorno *m* コントるノ	outline アウトライン
りんぎょう 林業	silvicultura *f* シルビクルトゥら	forestry フォリストリ
リンク	pista de patinaje *f* ピスタ デ パティナへ	skating rink スケイティング リンク
リング	"ring" *m* リング	ring リング
（指輪）	anillo *m* アニジョ	ring リング
りんご 林檎	manzana *f* マンサナ	apple アプル
りんこく 隣国	país vecino *m* パイス ベシノ	neighboring country ネイバリング カントリ
りんじ 臨時の	temporal テンポラル	temporary, special テンポレリ, スペシャル
りんじゅう 臨終	muerte *f*, lecho de muerte *m* ムエルテ, レチョ デ ムエるテ	death, deathbed デス, デスベド
りんしょう 臨床の	clínico(a) クリニコ(カ)	clinical クリニカル
りんじん 隣人	vecino(a) *m,f* ベシノ(ナ)	neighbor ネイバ

日	西	英
リンスする	enjuagar エンフアガる	rinse リンス
隣接の（りんせつ）	contiguo(a) コンティグオ(ア)	neighboring, adjacent ネイバリング, アヂェイセント
リンチ	linchamiento m リンチャミエント	lynch リンチ
輪転機（りんてんき）	rotativa f ろタティバ	rotary press ロウタリ プレス
輪廻（りんね）	metempsicosis f メテンシコシス	metempsychosis メテンプスィコウスィス
リンネル	lino m リノ	linen リネン
リンパ	linfa f リンファ	lymph リンフ
～腺	glándula linfática f グランドゥラ リンファティカ	lymph gland リンフ グランド
倫理（りんり）	ética f エティカ	ethics エスィクス
～的な	ético(a) エティコ(カ)	ethical, moral エスィカル, モラル

る, ル

日	西	英
類（るい）	clase f クラセ	kind, sort カインド, ソート
類型（るいけい）	tipo m ティポ	type, pattern タイプ, パタン
類語（るいご）	sinónimo m シノニモ	synonym スィノニム
類似（るいじ）	semejanza f セメハンサ	resemblance リゼンブランス
～する	semejarse a セメハるセ ア	resemble リゼンブル
類推する（るいすい）	razonar por analogía らそナる ポる アナロヒア	infer インファー
累積（るいせき）	acumulación f アクムラしオン	accumulation アキューミュレイション
～する	acumularse アクムラるセ	accumulate アキューミュレイト

日	西	英
れ, レ		
例（れい）	ejemplo *m* エヘンプロ	example イグザンプル
礼（れい）	reverencia *f* れベれンシア	bow, salutation バウ, サリュテイション
（礼儀）	cortesía *f* コるテシア	etiquette, manners エティケト, マナズ
（感謝）	agradecimiento *m* アグらデシミエント	thanks サンクス
レイアウト	disposición *f* ディスポシしオン	layout レイアウト
霊園（れいえん）	cementerio *m* セメンテりオ	cemetery セミテリ
レイオフ	despido temporal *m* デスピド テンポらル	lay-off レイオーフ
零下（れいか）	bajo cero バホ せろ	below zero ビロウ ズィアロウ
例外（れいがい）	excepción *f* エクスせプしオン	exception イクセプション
霊感（れいかん）	inspiración *f* インスピらしオン	inspiration インスピレイション
冷気（れいき）	(aire) frío *m* （アイれ） フリオ	chill, cold チル, コウルド
礼儀（れいぎ）	cortesía *f* コるテシア	etiquette, manners エティケト, マナズ
冷却する（れいきゃく）	refrigerar れフリヘらる	cool クール
霊柩車（れいきゅうしゃ）	coche fúnebre *m* コチェ フネブれ	hearse ハース
冷遇する（れいぐう）	tratar fríamente トらタる フリアメンテ	treat coldly トリート コウルドリ
冷酷な（れいこく）	cruel クるエル	cruel クルエル
霊魂（れいこん）	alma *f* アルマ	soul ソウル

日	西	英
ルーキー	jugador(a) novato(a) *m,f* フガドる(ら) ノバト(タ)	rookie ルキ
ルーズな	relajado(a) れラハド(ダ)	loose ルース
ルーズリーフ	cuaderno de hojas sueltas *m* クアデるノ デ オハス スエルタス	loose-leaf notebook ルースリーフ ノウトブック
ルーツ	raíces *fpl* らイせス	roots ルーツ
ルート	ruta *f*, vía *f* るタ, ビア	route, channel ルート, チャネル
(平方根)	raíz cuadrada *f* らいす クアドらダ	root ルート
ルーペ	lupa *f* ルパ	loupe ループ
ルームメイト	compañero(a) de habitación *m,f* コンパニェろ(ら) デ アビタしオン	roommate ルームメイト
ルール	regla *m* れグラ	rule ルール
ルーレット	ruleta *f* るレタ	roulette ルーレト
るす 留守	ausencia *f* アウせンしア	absence アブセンス
～にする	no estar en casa ノ エスタる カサ	be out ビ アウト
～番	guardia de casa *f* グアるディア デ カサ	caretaking ケアテイキング
(人)	guardia de casa *m,f* グアるディア デ カサ	caretaker ケアテイカ
～電話	contestador automático *m* コンテスタドる アウトマティコ	answerphone アンサフォウン
ルネッサンス	Renacimiento *m* れナしミエント	Renaissance ザ レネサーンス
ルビー	rubí *m* るビ	ruby ルービ
ルポルタージュ	reportaje *m* れポるタヘ	reportage リポーティヂ
ルンバ	rumba *f* るンバ	rumba ランバ

日	西	英
レジャー	ocio *m* オシオ	leisure リージャ
レジュメ	resumen *m* れスメン	résumé レズュメイ
レズ	lesbiana *f* レスビアナ	lesbian レズビアン
レストラン	restaurante *m* れスタウらンテ	restaurant レストラント
レスリング	lucha *f* ルチャ	wrestling レスリング
レセプション	recepción *f* れせプしオン	reception リセプション
レタス	lechuga *f* レチュガ	lettuce レティス
列	línea *f* リネア	line, row, queue ライン, ラウ, キュー
〜を作る	hacer cola アせる コラ	form a line フォーム ア ライン
劣悪な	malo(a) マロ(ラ)	inferior, poor インフィアリア, プア
レッカー車	grúa *f* グるア	wrecker レカ
列挙する	enumerar エヌめらる	enumerate イニューメレイト
列車	tren *m* トれン	train トレイン
レッスン	clase *f* クラセ	lesson レスン
列席する	asistir *a* アシスティる ア	attend アテンド
レッテル	etiqueta *f* エティケタ	label レイベル
列島	archipiélago *m* アるチピエラゴ	islands アイランヅ
レディー	dama *f* ダマ	lady レイディ
レトリック	retórica *f* れトリカ	rhetoric レトリク

れ

日	西	英
レトロな	retrospectivo(a) れトロスペクティボ (バ)	retrospective レトロスペクティヴ
レバー	hígado m イガド	liver リヴァ
(取っ手)	asa f アサ	lever レヴァ
レパートリー	repertorio m れペるトリオ	repertory レパートリ
レフェリー	árbitro(a) m,f アるビトろ(ら)	referee レファリー
レベル	nivel m ニベル	level レヴル
レポーター	reportero(a) m,f れポるテろ (ら)	reporter リポータ
レポート	informe m インフォるメ	report リポート
レモネード	limonada f リモナダ	lemonade レモネイド
レモン	limón m リモン	lemon レモン
レリーフ	relieve m れリエベ	relief リリーフ
恋愛 れんあい	amor m アモる	love ラヴ
～結婚	casamiento por amor m カサミエント ポる アモる	love match ラヴ マチ
～をする	enamorarse de エナモらるセ デ	fall in love with フォール イン ラヴ
煉瓦 れんが	ladrillo m ラドリジョ	brick ブリク
連休 れんきゅう	días festivos consecutivos mpl ディアス フェスティボス コンセクティボス	consecutive holidays カンセキュティヴ ハリデイズ
錬金術 れんきんじゅつ	alquimia f アルキミア	alchemy アルケミ
連携 れんけい	cooperación f コオペらシオン	cooperation, tie-up コウアパレイション, タイアプ
連結 れんけつ	acoplamiento m アコプラミエント	connection カネクション

日	西	英
～する	conectar コネクタる	connect コネクト
連合	unión *f* ウニオン	union ユーニョン
～する	unirse ウニるセ	be united ビ ユナイテド
連行する	llevar ジェバる	take *to* テイク
蓮根	rizoma de loto *m* りそマ デ ロト	lotus root ロウタス ルート
連鎖	cadena *f* カデナ	chain, link チェイン, リンク
～反応	reacción en cadena *f* れアクしオン エン カデナ	chain reaction チェイン リアクション
連載	serial *m* セりアル	serial publication スィリアル パブリケイション
レンジ	horno *m* オるノ	range レインヂ
電子～	horno microhondas *m* オるノ ミクロオンダス	microwave oven マイクロウェイヴ アヴン
連日	día tras día ディア トラス ディア	every day エヴリ デイ
練習	ejercicios *mpl* エへるししオス	practice, exercise プラクティス, エクササイズ
～する	practicar プらクティカる	practice, train プラクティス, トレイン
レンズ	lente *f* レンテ	lens レンズ
連想	asociación de ideas *f* アソしアしオン デ イデアス	association アソウスィエイション
～する	asociar *con* アソしアる コン	associate *with* アソウシエイト
連続	sucesión *f* スせしオン	continuation カンティニュエイション
～する	continuar コンティヌアる	continue カンティニュー
連帯	solidaridad *f* ソリダりダド	solidarity サリダリティ
～感	conciencia de solidaridad *f* コンしエンしア デ ソリダりダド	sense of solidarity センス オヴ サリダリティ

日	西	英
～保証人	cofiador(a) *m,f* コフィアドる(ら)	joint surety ヂョイント シュアティ
レンタカー	coche de alquiler *m* コチェ デ アルキレる	rent-a-car レンタカー
レンタル	alquiler *m* アルキレる	rental レンタル
レントゲン	radiografía *f* らディオグらフィア	X rays エクス レイズ
連邦	federación *f* フェデらしオン	federation フェデレイション
連盟	liga *f* リガ	league リーグ
連絡	conexión *f*, contacto *m* コネクシオン, コンタクト	liaison, contact リエイゾーン, カンタクト
～する	comunicarse *con* コムニカるセ コン	connect *with* カネクト
連立	coalición *f* コアリシオン	coalition コウアリション
～政権	gobierno coalicionista *m* ゴビエるノ コアリシオニスタ	coalition government コウアリション ガヴァンメント

ろ, ロ

日	西	英
炉	horno *m* オるノ	fireplace ファイアプレイス
原子～	reactor nuclear *m* れアクトる ヌクレアる	nuclear reactor ニュークリア リアクタ
櫓	remo *m* れモ	oar オー
ロイヤリティー	derechos de autor *mpl* デれチョス デ アウトる	royalty ロイアルティ
蝋	cera *f* セら	wax ワクス
聾唖者	sordomudo(a) *m,f* ソるドムド(ダ)	deaf-mute デフミュート
廊下	pasillo *m* パシジョ	corridor コリダ
老化	envejecimiento *m* エンベヘシミエント	senility スィニリティ

日	西	英
～する	envejecer エンベヘせる	age エイヂ
老眼（ろうがん）	presbicia f プれスビしア	presbyopia プレズビオウピア
老朽化した（ろうきゅうかした）	desgastado(a) デスガスタド(ダ)	old, decrepit オウルド, ディクレピト
老後（ろうご）	tercera edad f テるセら エダド	old age オウルド エイヂ
牢獄（ろうごく）	cárcel f カるセル	prison, jail プリズン, チェイル
労災（ろうさい）	accidente laboral m アクしデンテス ラボらル	workmen's accident ワークメンズ アクスィデント
労使（ろうし）	empresarios mpl y empleados mpl エンプれサリオス イ エンプレアドス	labor and management レイバ アンド マニヂメント
老人（ろうじん）	anciano(a) m,f アンしアノ(ナ)	old man (woman) オウルド マン
老衰（ろうすい）	decrepitud f デクれピトゥド	senility スィニリティ
蝋燭（ろうそく）	vela f ベラ	candle キャンドル
労働（ろうどう）	trabajo m トらバホ	labor, work レイバ, ワーク
～組合	sindicato m シンディカト	labor union レイバ ユーニオン
～災害	accidentes laborales mpl アクしデンテス ラボらレス	labor accident レイバ アクスィデント
～時間	horas de trabajo fpl オらス デ トらバホ	working hours ワーキング アウアズ
～者	trabajador(a) m,f トらバハドる(ら)	laborer, worker レイバラ, ワーカ
～する	trabajar トらバハる	labor, work レイバ, ワーク
～争議	conflicto laboral m コンフリクト ラボらル	labor dispute レイバ ディスピュート
～力	mano de obra f マノ デ オブら	manpower, labor マンパウア, レイバ
朗読（ろうどく）	lectura en voz alta f レクトゥら エン ボす アルタ	reading リーディング
～する	leer en voz alta レエる エン ボす アルタ	read, recite リード, リサイト

日	西	英
蝋人形 (ろうにんぎょう)	muñeca de cera *f* ムニェカ デ せら	wax doll ワクス ダル
老年 (ろうねん)	vejez *f* ベヘす	old age オウルド エイヂ
狼狽する (ろうばいする)	perder la cabeza ペるデる ラ カベさ	be upset ビ アプセト
浪費 (ろうひ)	desperdicio *m* デスペるディしオ	waste ウェイスト
〜する	malgastar マルガスタる	waste ウェイスト
労力 (ろうりょく)	trabajo *m* トらバホ	pains, trouble ペインズ, トラブル
老齢 (ろうれい)	vejez *f* ベヘす	old age オウルド エイヂ
ローション	loción *f* ロしオン	lotion ロウション
ロース	lomo *m* ロモ	sirloin サーロイン
ロースト	asado *m* アサド	roast ロウスト
〜ビーフ	carne de ternera asada *f* カるネ デ テるネら アサダ	roast beef ロウスト ビーフ
ロータリー	rotonda *f* ろトンダ	rotary, roundabout ロウタリ, ラウンダバウト
〜エンジン	motor rotativo *m* モトる ろタティボ	rotary engine ロウタリ エンヂン
ローテーション	turno *m* トゥるノ	rotation ロウテイション
ロードショー	estreno *m* エストれノ	road show ロウド ショウ
ロープ	cuerda *f* クエるダ	rope ロウプ
〜ウエイ	teleférico *m* テレフェりコ	ropeway ロウプウェイ
ローラースケート	patinaje de ruedas *m* パティナヘ デ るエダス	roller skating ロウラ スケイティング
ロールキャベツ	repollo relleno *m* れポジョ れジェノ	stuffed cabbage スタフト キャビヂ

日	西	英
ローン	préstamo *m* プれスタモ	loan ロウン
ろか 濾過する	filtrar フィルトらる	filter フィルタ
ろくおん 録音	grabación *f* グらバしオン	recording リコーディング
～する	grabar グらバる	record, tape リコード, テイプ
ろくが 録画	grabación en vídeo *f* グらバしオン エン ビデオ	videotape recording ヴィディオウテイプ リコーディング
～する	grabar グらバる	record リコード
ろくがつ 六月	junio *m* フニオ	June チューン
ろくしょう 緑青	cardenillo *m* カるデニジョ	green rust グリーン ラスト
ろくまく 肋膜	pleura *f* プレウら	pleura プルアラ
～炎	pleuritis *f* プレウリティス	pleurisy プルアリスィ
ろくろ 轆轤	torno *m* トるノ	potter's wheel パタズ (ホ)ウィール
ロケーション	rodaje de exteriores *m* ろダヘ エクステリオれス	location ロウケイシон
ロケット	cohete *m* コエテ	rocket ラケト
ろこつ 露骨な	ostensivo(a) オステンシボ(バ)	plain, blunt プレイン, ブラント
ろじ 路地	calleja *f* カジェハ	alley, lane アリ, レイン
ロシア	Rusia *f* るシア	Russia ラシャ
～語	ruso *m* るソ	Russian ラシャン
ロジック	lógica *f* ロヒカ	logic ラヂク
ろしゅつ 露出	revelación *f* れベラしオン	exposure イクスポウジャ
～する	revelar れベラる	expose イクスポウズ

日	西	英
ロス	pérdida *f* ぺるディダ	loss ロス
ろせん 路線	línea *f* リネア	route, line ルート, ライン
～図	mapa de ruta *m* マパ デ るタ	route map ルート マプ
ロッカー	armario *m* アるマリオ	locker ラカ
ロッキングチェア	mecedora *f* メセドら	rocking chair ラキング チェア
ロッククライミング	escalada en roca *f* エスカラダ エン ろカ	rock-climbing ラククライミング
ロックンロール	(música) "rock and roll" *m* (ムシカ) ろカンろル	rock'n'roll ラクンロウル
ろっこつ 肋骨	costilla *f* コスティジャ	rib リブ
ロッジ	cabaña (de montaña) *f* カバニャ (デ モンタニャ)	lodge ラヂ
ろてん 露店	puesto *m* プエスト	stall, booth ストール, ブース
ろば 驢馬	burro(a) *m,f* ブろ(ら)	ass, donkey アス, ダンキ
ロビー	vestíbulo *m* ベスティブロ	lobby ラビ
ロブスター	langosta *f* ランゴスタ	lobster ラブスタ
ロボット	robot *m* ろボト	robot ロウボト
ロマン しゅぎ 主義	romanticismo *m* ろマンティシスモ	romanticism ロウマンティスィズム
ロマンス	romance *m* ろマンセ	romance ロウマンス
ロマンチスト	romántico(a) *m,f* ろマンティコ(カ)	romanticist ロウマンティスィスト
ろめんでんしゃ 路面電車	tranvía *f* トランビア	streetcar ストリートカー
ろんぎ 論議	discusión *f* ディスクシオン	discussion, argument ディスカション, アーギュメント

日	西	英
〜する	discutir	discuss, argue *about*
論拠（ろんきょ）	argumento *m*	basis of an argument
ロングセラー	artículo de "best-seller" durante mucho tiempo *m*	longtime seller
ロングラン	larga permanencia *f*	long run
論じる（ろん）	discutir	discuss, argue
論争（ろんそう）	discusión *f*	dispute, controversy
〜する	discutir	argue, dispute
論点（ろんてん）	punto en cuestión *m*	point at issue
論文（ろんぶん）	artículo *m*, tesis *f*	essay, thesis
論理（ろんり）	lógica *f*	logic
〜学	lógica *f*	logic
〜的な	lógico(a)	logical

わ, ワ

日	西	英
輪（わ）	círculo *m*	circle, ring
和（わ）	suma *f*	sum
（調和）	armonía *f*	harmony
（平和）	paz *f*	peace
ワープロ	procesador de textos *m*	word processor
ワールドカップ	Copa Mundial *f*	World Cup

日	西	英
ワイシャツ	camisa *f* カミサ	shirt シャート
猥褻な (わいせつ)	obsceno(a) オブスセノ(ナ)	obscene, indecent オブスィーン, インディーセント
ワイパー	limpiaparabrisas *m* リンピアパらブリサス	wiper ワイパ
ワイヤー	alambre *m* アランブれ	wire ワイア
賄賂 (わいろ)	soborno *m* ソボるノ	bribery, bribe ブライバリ, ブライブ
ワイン	vino *m* ビノ	wine ワイン
和音 (わおん)	acorde *m* アコるデ	harmony ハーモニ
若い (わか)	joven ホベン	young ヤング
和解する (わかい)	reconciliarse *con* れコンシリアるセ	be reconciled *with* ビ レコンサイルド
若返る (わかがえ)	rejuvenecerse れフベネせるセ	grow younger グロウ ヤンガ
若さ (わか)	juventud *f* フベントゥド	youth ユース
沸かす (わ)	hervir エるビる	boil ボイル
若葉 (わかば)	hojas tiernas [nuevas] *fpl* オハス ティエるナス ［ヌエバス］	young leaves ヤング リーヴズ
我が儘な (わがまま)	egoísta エゴイスタ	selfish, willful セルフィシュ, ウィルフル
若者 (わかもの)	joven *m,f* ホベン	young man ヤング マン
分からず屋 (わ) (や)	persona obstinada *f* ぺるソナ オブスティナダ	blockhead ブラクヘド
分かり難い (わ) (にく)	difícil de entender ディフィシル デ エンテンデる	hard to understand ハード トゥー アンダスタンド
分かり易い (わ) (やす)	fácil de entender ファシル デ エンテンデる	easy, simple イーズィ, スィンプル
分かる (わ)	entender エンテンデる	understand, realize アンダスタンド, リアライズ

わ

日	西	英
わか 別れ	separación *f* セパらシオン	parting, farewell パーティング, フェアウェル
わ 分かれる	divergir *de* ディベるヒる デ	branch off *from* ブランチ オーフ
（区分）	dividirse *en* ディビディるセ エン	be divided *into* ビ ディヴァイデド
わか 別れる	separarse *de* セパらるセ デ	part *from* パート
わかわか 若々しい	juvenil フベニル	young and fresh ヤング アンド フレシュ
わき 脇	lado *m* ラド	side サイド
わき　した 脇の下	axila *f* アクシラ	armpit アームピト
わきばら 脇腹	costado *m* コスタド	side サイド
わきみち 脇道	desviación *f* デスビアシオン	bypath バイパス
わきやく 脇役	papel secundario *m* パペル セクンダりオ	supporting player サポーティング プレイア
わ 沸く	hervir エるビる	boil ボイル
わ 湧く	manar マナる	gush, flow ガシュ, フロウ
わく 枠	marco *m* マるコ	frame, rim フレイム, リム
（範囲）	ámbito *m* アンビト	framework, limit フレイムワーク, リミト
わくせい 惑星	planeta *m* プラネタ	planet プラネト
ワクチン	vacuna *f* バクナ	vaccine ヴァクスィン
わけ 訳	razón *f*, causa *f* らソン, カウサ	reason, cause リーズン, コーズ
わ　まえ 分け前	parte *f* パるテ	share シェア
わ 分ける	dividir ディビディる	divide, part ディヴァイド, パート

日	西	英
(分離)	separar セパらる	separate, part セパレイト, パート
(区別)	diferenciar ディフェれンしアる	classify クラスィファイ
(分配)	distribuir ディストりブイる	distribute, share ディストリビュト, シェア
輪ゴム	gomilla f ゴミジャ	rubber band ラバ バンド
ワゴン	carrito m カりト	wagon ワゴン
(自動車)	furgoneta f フるゴネタ	station wagon ステイション ワゴン
技	técnica f テクニカ	performance パフォーマンス
業	obra f オブら	act, work アクト, ワーク
わざと	a propósito ア プろポシト	on purpose オン パーパス
山葵	mostaza verde japonesa f モスタさ ベるデ ハポネサ	horseradish ホースラディシュ
災い	desgracia f デスグらしア	misfortune ミスフォーチョン
(災難)	desastre m デサストれ	disaster ディザスタ
鷲	águila f アギら	eagle イーグル
和室	sala a la japonesa f サら ア ら ハポネサ	Japanese-style room ヂャパニーズスタイル ルーム
話術	arte de hablar m アるテ デ アブらる	art of talking アート オヴ トーキング
和食	comida japonesa f コミダ ハポネサ	Japanese food ヂャパニーズ フード
僅かな	un poco de ウン ポコ デ	a few, a little ア フュー, ア リトル
煩わしい	molesto(a) モレスト(タ)	troublesome トラブルサム
煩わす	molestar モレスタる	trouble トラブル

日	西	英
わす 忘れっぽい	ser olvidadizo(a) セる オルビダディそ(さ)	have a poor memory ハヴ ア プア メモリ
わす もの 忘れ物	objeto olvidado *m* オブヘト オルビダド	thing left behind スィング レフト ビハインド
〜をする	olvidar オルビダる	forget, leave フォゲト, リーヴ
わす 忘れる	olvidar オルビダる	forget フォゲト
わせい 和声	armonía *f* アるモニア	harmony ハーモニ
ワセリン	vaselina *f* バセリナ	Vaseline ヴァセリーン
わた 綿	algodón *m* アルゴドン	cotton カトン
わだい 話題	tema *m* テマ	topic タピク
わだかま 蟠り	resentimiento *m* れセンティミエント	resentment リゼントメント
わたくし 私	yo ジョ	I, myself アイ, マイセルフ
〜の	mi, mío ミ, ミオ	my マイ
わたし 私たち	nosotros(as) ノソトろス(らス)	we ウィー
〜の	nuestro(a) ヌエストろ(ら)	our アウア
わた 渡す	entregar エントれガる	hand ハンド
(引き渡す)	entregar エントれガる	hand over, surrender ハンド オウヴァ, サレンダ
わだち 轍	rodada *f* ろダダ	rut, track ラト, トラク
わた どり 渡り鳥	ave migratoria *f* アベ ミグらトリア	migratory bird マイグラトーリ バード
わた 渡る	pasar パサる	cross, go over クロス, ゴウ オウヴァ
ワックス	cera *f* せら	wax ワクス

日	西	英
ワット	vatio *m* バティオ	watt ワト
わな 罠	cepo *m* セポ	trap トラプ
〜を掛ける	poner trampa ポネル トランパ	set a trap セト ア トラプ
わに 鰐	cocodrilo *m* ココドリロ	crocodile, alligator クラカダイル, アリゲイタ
わび 侘しい	solitario(*a*) ソリタリオ(ア)	lonely ロウンリ
(みすぼらしい)	pobre ポブれ	poor, miserable プア, ミザラブル
わ 詫びる	disculparse ディスクルパるセ	apologize アパロヂャイズ
わふう 和風の	de estilo japonés デ エスティロ ハポネス	Japanese ヂャパニーズ
わふく 和服	vestido japonés *m* ベスティド ハポネス	Japanese clothes ヂャパニーズ クロウズズ
わへいこうしょう 和平交渉	negociaciones de paz *fpl* ネゴしアしオネス デ パす	peace negotiation ピース ニゴウシエイション
わめ 喚く	gritar グリタる	give a cry ギヴ ア クライ
わやく 和訳	traducción al japonés *f* トらドゥクしオン アル ハポネス	Japanese translation ヂャパニーズ トランスレイション
〜する	traducir al japonés トらドゥしる アル ハポネス	translate into Japanese トランスレイト イントゥ ヂャパニーズ
わら 藁	paja *f* パハ	straw ストロー
わら 笑い	risa *f* りサ	laugh, laughter ラフ, ラフタ
〜話	chiste *m* チステ	funny story ファニ ストーリ
わら 笑う	reír れイる	laugh ラフ
わら 笑わせる	hacer reír アせる れイる	make laugh メイク ラフ
(滑稽)	gracioso(*a*) グらしオソ(サ)	ridiculous, absurd リディキュラス, アブサード

日	西	英
割合	proporción *f* プロポルしオン	rate, ratio レイト, レイシオウ
割り当て	asignación *f* アシグナしオン	assignment アサインメント
割り当てる	asignar アシグナる	assign アサイン
割り勘にする	pagar a escote パガる ア エスコテ	go Dutch ゴウ ダチ
割り込む	colarse コラるセ	cut in カト イン
割り算	división *f* ディビシオン	division ディヴィジョン
割引	descuento *m* デスクエント	discount ディスカウント
〜する	hacer un descuento アせる ウン デスクエント	make a discount メイク ア ディスカウント
割り引く	rebajar れバハる	discount, reduce ディスカウント, リデュース
割り増し	extra *m* エクストら	premium プリーミアム
〜料金	suplemento *m* スプレメント	extra charge エクストラ チャーヂ
割る	romper ろンペる	break, crack ブレイク, クラク
（分割）	dividir *en* ディビディる エン	divide *into* ディヴァイド
（裂く）	romper ろンペる	split, chop スプリト, チャプ
悪い	malo(a) マロ(ラ)	bad, wrong バド, ロング
悪賢い	astuto(a) アストゥト(タ)	cunning, sly カニング, スライ
悪口	maledicencia *f* マレディセンしア	abuse アビュース
〜を言う	hablar mal *de* アブラる マル デ	speak ill *of* スピーク イル
ワルツ	vals *m* バルス	waltz ウォールツ

わ

日	西	英
悪者 (わるもの)	malo(a) *m,f* マロ(ラ)	bad guy, villain バド ガイ, ヴィリン
悪酔いする (わるよい)	sentirse mal por beber en exceso センティるセ マル ポる ベべる エン エクスせソ	get sick from drink ゲト スィク フラム ドリンク
割れ目 (われめ)	grieta *f* グリエタ	crack, split クラク, スプリト
割れる (われる)	romperse ろンペるセ	break ブレイク
（裂ける）	romperse ろンペるセ	crack, split クラク, スプリト
我々 (われわれ)	nosotros(as) ノソトろス(らス)	we, ourselves ウィー, アウアセルヴズ
湾 (わん)	bahía *f* バイア	bay, gulf ベイ, ガルフ
湾岸 (わんがん)	costa *f* コスタ	coast コウスト
湾曲する (わんきょくする)	encorvarse エンコるバるセ	curve, bend カーヴ, ベンド
腕章 (わんしょう)	brazalete *m* ブらサレテ	arm band アーム バンド
腕白な (わんぱくな)	travieso(a) トらビエソ(サ)	naughty ノーティ
ワンピース	vestido (de una pieza) *m* ベスティド （デ ウナ ピエさ）	dress, one-piece ドレス, ワンピース
ワンマン	dictador(a) *m,f* ディクタドる(ら)	dictator, autocrat ディクテイタ, オートクラト
腕力 (わんりょく)	fuerza física *f* フエるサ フィシカ	physical strength フィズィカル ストレンクス

日常会話表現

あいさつ........	831	電話.............	843
お礼を言う......	833	道を尋ねる........	843
謝る............	833	交通機関の利用.....	844
肯定・同意.......	834	食事.............	845
否定・拒否.......	834	買い物............	848
尋ねる...........	835	トラブル..........	850
問い返す.........	837	助けを求める......	850
許可・依頼.......	838	苦情を言う........	851
紹介............	839	宿泊.............	852
誘う............	840	病院・薬局........	853
感情・好み.......	840	時刻・日にち・曜日・月・季節	
約束・予約.......	842	....	855

■あいさつ■

●おはようございます.
Good morning.
Buenos días.
ブエノス ディアス

●こんにちは.
Good afternoon.
Buenas tardes.
ブエナス タルデス

●こんばんは.
Good evening.
Buenas noches.
ブエナス ノチェス

●おやすみなさい.
Good night.
Buenas noches.
ブエナス ノチェス

●はじめまして.
How do you do? / Nice to meet you.
Mucho gusto.
ムチョ グスト

●お元気ですか.
How are you?
¿Cómo está usted?
コモ エスタ ウステド

●調子はどう？
How are you doing?
¿Qué tal?
ケ タル

●（親しい人に）やあ.
Hello. / Hi!
¡Hola!
オラ

●元気です。あなたは？
I'm fine. And you?
Estoy bien, ¿y usted?
エストイ ビエン イ ウステド

日常会話

- まあどういうこともなくやってます.
  Nothing to complain about.
  Nada de particular.
  ナダ デ パルティクラる

- まあまあです.
  So-so.
  Estoy así así.
  エストイ アシ アシ

- お久しぶりです.
  I haven't seen you for a long time.
  ¡Cuánto tiempo sin verle!
  クアント ティエンポ シン べるレ

- 会えてうれしいです.
  Nice [Good] to see you.
  Me alegro de verle a usted.
  メ アレグろ デ べるレ ア ウステド

- またいつかお会いしたいです.
  I hope to see you again sometime.
  Me gustaría verle un día.
  メ グスタリア べるレ ウン ディア

- また明日.
  See you tomorrow.
  Hasta mañana.
  アスタ マニャナ

- また近いうちに.
  See you soon.
  Hasta pronto.
  アスタ プろント

- じゃあまたあとで.
  See you later.
  Hasta luego.
  アスタ ルエゴ

- よい1日を!
  Have a nice day!
  ¡Que tenga un buen día!
  ケ テンガ ウン ブエン ディア

- よい週末を!
  Have a nice weekend!
  ¡Que tenga un buen fin de semana!
  ケ テンガ ウン ブエン フィン デ セマナ

- どうぞ, よい旅を!
  Have a nice trip!
  ¡Buen viaje!
  ブエン ビアヘ

- あなたもね!
  You too! / The same to you!
  Igualmente.
  イグアルメンテ

- さようなら.
  Good-bye. / See you.
  Adiós.
  アディオス

- バイバイ.
  Bye-bye.
  Chao.
  チャオ

■お礼を言う■

- ありがとう．
Thank you. / Thanks.
Gracias.
グラしアス

- どうもありがとう．
Thanks a lot.
Muchas gracias.
ムチャス グラしアス

- どうもありがとうございます．
Thank you very much.
Se lo agredezco mucho.
セ ロ アグれデすコ ムチョ

- いろいろとお世話になりました．
Thank you for everything.
Gracias por todo.
グラしアス ポる トド

- ご親切にありがとう．
Thank you for your kindness.
Gracias por su amabilidad.
グラしアス ポる ス アマビリダド

- おみやげをありがとう．
Thank you for the present.
Gracias por el regalo.
グラしアス ポる エル れガロ

- お礼の申し上げようもありません．
I can't thank you enough.
No encuentro palabras para agradecérselo.
ノ エンクエントロ パラブらス パら アグらデせるセロ

- どういたしまして．
You are welcome.
No hay de qué.
ノ アイ デ ケ

- こちらこそ．
The pleasure is mine. / My pleasure.
El placer es mío.
エル プらせる エス ミオ

■謝る■

- ごめんなさい．
Excuse me.
Lo siento.
ロ シエント

- どうもすみません．
Excuse me. / Pardon me!
Disculpe. / Perdón.
ディスクルペ / ぺるドン

- だいじょうぶですか．
Are you all right?
¿Está bien?
エスタ ビエン

- だいじょうぶです．
That's all right.
Estoy bien.
エストイ ビエン

- 気にしなくていいです．
  Don't worry about it.
  No se preocupe por eso.
  ノ セ プれオクペ ポる エソ

- 遅れてすみません．
  Sorry [I'm sorry], I'm late.
  Lo siento, he llegado tarde.
  ロ シエント エ ジェガド タるデ

- 待たせてすみません．
  I'm sorry to have kept you waiting.
  Siento haberle hecho esperar.
  シエント アべるレ エチョ エスぺらる

■肯定・同意■

- はい（そうです）．
  Yes.
  Sí.
  シ

- そのとおりです．
  That's right. / Exactly!
  Eso es. / Exactamente.
  エソ エス / エクサクタメンテ

- そうだと思います．
  I think so.
  Creo que sí.
  クれオ ケ シ

- わかりました．
  I understand.
  Entendido.
  エンテンディド

- 了解！
  OK!
  De acuerdo.
  デ アクエるド

- まったく同感です．
  I quite agree.
  Estoy totalmente de acuerdo.
  エストイ トタルメンテ デ アクエるド

- 喜んで！
  I'd love to. / I'll be glad to.
  Con mucho gusto.
  コン ムチョ グスト

- いいですよ．
  All right.
  Muy bien.
  ムイ ビエン

- 時と場合によります．
  That depends.
  Eso depende.
  エソ デペンデ

■否定・拒否■

- いいえ．
  No.
  No.
  ノ

- いいえ，結構です．
  No, thank you.
  No, gracias.
  ノ グらしアス

- もう十分です.
  That's enough.
  Es suficiente.
  エス スフィしエンテ

- それは別の問題です.
  That's another matter [thing].
  Eso es otra cosa.
  エソ エス オトら コサ

- 知りません.
  I don't know.
  No sé.
  ノ セ

- そうは思いません.
  I don't think so.
  No lo creo.
  ノ ロ クれオ

- 今は忙しいのです.
  I'm busy now.
  Ahora estoy ocupado(a).
  アオら エストイ オクパド(ダ)

- 急いでいますので.
  I'm in a hurry.
  Tengo prisa.
  テンゴ プリサ

- 先約があります.
  I have an appointment.
  Tengo un compromiso.
  テンゴ ウン コンプろミソ

■尋ねる■

- すみませんが….
  Excuse me, but ...
  Disculpe, pero ...
  ディスクルペ ペろ

- ちょっとお尋ねしたいのですが.
  May I ask you a question?
  ¿Puedo hacerle una pregunta?
  プエド アせるレ ウナ プれグンタ

- 最寄りの駅はどこですか.
  Where is the nearest station?
  ¿Dónde está la estación más próxima?
  ドンデ エスタ ラ エスタしオン マス プろクシマ

- マルティンさんではありませんか.
  Aren't you Mr. Martin?
  ¿No es usted el Sr. Martín?
  ノ エス ウステド エル セニョる マるティン

- 私を覚えていらっしゃいますか.
  Do you remember me?
  ¿Se acuerda de mí?
  セ アクエるダ デ ミ

日常会話

- お名前はなんとおっしゃいますか．
  May I have your name please?
  ¿Podría decirme su nombre, por favor?
  ポドリア デしるメ ス ノンブれ ポる ファボる

- お名前は？
  What's your name?
  ¿Cómo se llama?
  コモ セ ジャマ

- お名前をもう一度お願いします．
  What was the name again?
  Su nombre otra vez, por favor.
  ス ノンブれ オトら ベす ポる ファボる

- お名前はどう書きますか．
  How do you spell your name?
  ¿Cómo se escribe su nombre?
  コモ セ エスクりベ ス ノンブれ

- どこからいらしたのですか．
  Where are you from?
  ¿De dónde es usted?
  デ ドンデ エス ウステド

- お仕事は何をなさっていますか．
  What do you do?
  ¿A qué se dedica?
  ア ケ セ デディカ

- これは何ですか．
  What's this?
  ¿Qué es esto?
  ケ エス エスト

- なぜですか．
  Why?
  ¿Por qué?
  ポる ケ

- それはどういう意味ですか．
  What does that mean?
  ¿Qué quiere decir eso?
  ケ キエれ デしる エソ

- 何時まで開いていますか．
  Until what time are you open?
  ¿Hasta qué hora está abierto?
  アスタ ケ オら エスタ アビエるト

- それはどこにあるのですか．
  Where is it?
  ¿Dónde está?
  ドンデ エスタ

- この席は空いていますか.
  Is this seat taken?
  ¿Está libre este asiento?
  エスタ リブれ エステ アシエント

- いいレストランを教えてくれませんか.
  Could you recommend a good restaurant?
  ¿Podría recomendarme un buen restaurante?
  ポドリア れコメンダるメ ウン ブエン れスタウらンテ

- トイレはどこですか.
  Where is the restroom?
  ¿Dónde está el servicio(baño)?
  ドンデ エスタ エル せるビシオ(バニョ)

■問い返す■

- なに？
  What?
  ¿Cómo?
  コモ

- え，何ですって？
  Pardon?
  ¿Perdón?
  ぺるドン

- 何て言いました？
  What did you say? / I beg your pardon? / Excuse me?
  ¿Qué decía? /¿Perdón?
  ケ デシア / ぺるドン

- もう一度おっしゃってください.
  Could you say that again, please?
  ¿Podría decírmelo otra vez, por favor?
  ポドリア デシるメロ オトら べす ポる ファボる

- よく聞こえません.
  I can't hear you.
  No le oigo bien.
  ノ レ オイゴ ビエン

- お話がよくわかりませんでした.
  I didn't catch you.
  No le he entendido bien.
  ノ レ エ エンテンディド ビエン

- ほんと？
  Really?
  ¿De veras?
  デ べらス

- 本気かい？
  Are you serious?
  ¿En serio?
  エン セリオ

- ちょっと待って.
  Wait a minute.
  Espera un momento.
  エスペら ウン モメント

- なるほど.
  Well, I see.
  Ya veo.
  ジャ べオ

■許可・依頼■

● たばこを吸っていいですか．
Do you mind if I smoke?
¿Le importa que fume?
レ インポルタ ケ フメ

● これをもらってもいいですか．
May I have this?
¿Puedo quedarme con esto?
プエド ケダるメ コン エスト

● お願いがあるのですが．
Can I ask you a favor?
¿Me podría hacer un favor?
メ ポドリア アせる ウン ファボる

● お願いだから［悪いけど］…して．
Could you do me a favor and ...?
¿Podrías hacerme el favor de ...?
ポドリアス アせるメ エル ファボる デ

● ちょっと２，３分いいですか．
Can you spare me a few minutes?
¿Tiene un par de minutos?
ティエネ ウン パる デ ミヌトス

● ここで写真を撮ってもいいですか．
Is it all right to take pictures here?
¿Se puede sacar fotos aquí?
セ プエデ サカる フォトス アキ

● 写真を撮っていただけませんか．
Could you please take a photo of me?
¿Puede sacarme una foto?
プエデ サカるメ ウナ フォト

● 中に入ってもいいですか．
May I go inside?
¿Puedo entrar?
プエド エントらる

● ここに書いてください．
Could you write that down?
Escríbalo aquí, por favor.
エスクりバロ アキ ポる ファボる

● 急いでください．
Please hurry.
Dese prisa.
デセ プりサ

- 砂糖を取ってください.
  Could you pass me the sugar?
  Páseme el azúcar, por favor.
  パセメ エル あすカる ぽる ふァボる

- もう少しゆっくり話してください.
  Speak more slowly, please.
  Hable más despacio, por favor.
  アブレ マス デスパレオ ぽる ふァボる

- 会社へ電話してください.
  Call me at the office, please.
  Llámeme a la oficina, por favor.
  ジャメメ ア ラ オフィしナ ぽる ふァボる

- 書類をファックスしてくれませんか.
  Would you fax that document, please?
  ¿Podría enviarme el documento por fax?
  ポドりア エンビアるメ エル ドクメント ぽる ファクス

- メールで連絡してもらえますか.
  Could you send me a message by e-mail?
  ¿Podría enviarme un mensaje por correo electrónico?
  ポドりア エンビアるメ ウン メンサヘ ぽる コ糺オ エレクトろニコ

■紹介■

- 私は田中昭夫です.
  My name is Akio Tanaka.
  Me llamo Akio Tanaka.
  メ ジャモ アキオ タナカ

- 日本から来ました.
  I'm from Japan.
  Soy de Japón.
  ソイ デ ハポン

- 友人の田中君を紹介します.
  Can I introduce my friend Tanaka?
  Le presento a mi amigo, Tanaka.
  レ プれセント ア ミ アミゴ タナカ

- こちらは斎藤さんの奥さんです.
  This is Mrs. Saito.
  Esta es la esposa del Sr. Saito.
  エスタ エス ラ エスポサ デル セニョる サイト

- 学生［看護師］です.
  I am a student [nurse].
  Soy estudiante [enfermera].
  ソイ エストゥディアンテ［エンフェるメら］

日常会話

- 銀行［コンピュータ会社］に勤めています．
  I work in a bank [for a computer firm].
  Trabajo en un banco [una compañía de informática].
  トラバホ エン ウン バンコ ［ウナ コンパニア デ インフォるマティカ］

- こちらへは休暇で来ました．
  I am on vacation here.
  Estoy aquí de vacaciones.
  エストイ アキ デ バカしオネス

- 仕事で来ています．
  I am here on business.
  Estoy aquí de negocios.
  エストイ アキ デ ネゴしオス

■誘う■

- 映画に行きませんか．
  Shall we go to the movies.
  ¿Vamos a ver una película?
  バモス ア べる ウナ ペリクラ

- コーヒーでも飲みませんか．
  Would you like a cup of coffee?
  ¿Vamos a tomar un café?
  バモス ア トマる ウン カフェ

- いっしょに行きませんか．
  Won't you come along?
  ¿Vamos juntos?
  バモス フントス

- あなたもどうですか．
  How about you?
  ¿Se anima usted también?
  セ アニマ ウステド タンビエン

- はい，もちろん．
  Yes, I'd love to.
  Sí, claro que sí.
  シ クラろ ケシ

- ぜひうちにいらしてください．
  Please come to visit me.
  Por favor, venga a visitarnos.
  ポる ファボる ベンガ ア ビシタるノス

■感情・好み■

- 来てくれるとうれしいのですが．
  I'd be glad [happy] if you could come.
  Me gustaría que usted pudiera venir.
  メ グスタリア ケ ウステド プディエら ベニる

- 楽しかった．
  I've had a good time.
  Lo he pasado muy bien.
  ロ エ パサド ムイ ビエン

- わあ，おいしい．
  How delicious!
  ¡Qué rico!
  ケ リコ

- すばらしい！
  Wonderful! / Fantastic!
  ¡Magnífico!
  マグニフィコ

- 感動しました．
  That's very moving.
  Estoy emocionado(a).
  エストイ エモシオナド(ダ)

- 信じられません．
  I can't believe it!
  No me lo puedo creer.
  ノ メ ロ プエド クれエる

- どうしよう．
  What shall [should] I do?
  ¿Qué hago?
  ケ アゴ

- 寂しいです．
  I'm lonely.
  Me siento solo(a).
  メ シエント ソロ(ラ)

- 怖いです．
  I'm scared.
  Tengo miedo.
  テンゴ ミエド

- 残念です．
  That's too bad.
  Es una lástima.
  エス ウナ ラスティマ

- 気に入りました．
  I like it.
  Me gusta.
  メ グスタ

- すごい！
  Great! / Terrific!
  ¡Estupendo!
  エストゥペンド

- おもしろい．
  What fun!
  ¡Qué divertido!
  ケ ディベるティド

- わくわくします．
  I'm so excited.
  Estoy muy ilusionado(a)
  エストイ ムイ イルシオナド(ダ)

- 驚きました．
  What a surprise!
  ¡Qué sorpresa!
  ケ ソるプれサ

- 悲しいです．
  I feel sad.
  Estoy triste.
  エストイ トリステ

- 心配です．
  I'm worried.
  Estoy preocupado(a).
  エストイ プれオクパド(ダ)

- 気に入りません．
  I don't like it.
  No me gusta.
  ノ メ グスタ

■約束・予約■

● いつお会いしましょうか.
When shall we meet?
¿Cuándo podemos vernos?
クアンド ポデモス べるノス

● 5時でご都合はいかがでしょうか.
Would 5 o'clock be a convenient time to meet?
¿Le viene bien a las cinco?
レ ビエネ ビエン ア ラス シンコ

● 何曜日がいいですか.
What day will suit you?
¿Qué día de la semana le viene bien?
ケ ディア デ ラ セマナ レ ビエネ ビエン

● 金曜日はいかがでしょうか.
How about Friday?
¿Qué tal el viernes?
ケ タル エル ビエるネス

● 私はそれで結構です.
That suits me fine.
Me viene bien.
メ ビエネ ビエン

● レストランに電話して席を予約したら？
Why don't you call the restaurant and reserve a table?
¿Por qué no llamamos al restaurante para reservar una mesa?
ポる ケ ノ ジャマモス アル れスタウらンテ パら れセるバる ウナ メサ

● お約束ですか.
Do you have an appointment?
¿Tiene cita?
ティエネ シタ

● 予約が必要ですか.
Is an appointment necessary?
¿Es necesaria una cita?
エス ネセサリア ウナ シタ

● 4時に歯医者の予約があります.
I've got a dental appointment at 4 o'clock.
Tengo una cita con el dentista a las 4(cuatro).
テンゴ ウナ シタ コン エル デンティスタ ア ラス クアトろ

■電話■

●もしもし,ペレスさんはいらっしゃいますか.
Hello. Is Mr. Perez there?
Oiga, ¿está el Sr. Pérez?
オイガ エスタ エル セニョる ぺれす

●私は田中と申します.
My name is Tanaka.
Soy Tanaka. / Me llamo Tanaka.
ソイ タナカ / メ ジャモ タナカ

●ブランコさんをお願いしたいのですが.
May I speak to Mr. Blanco?
¿Podría hablar con el Sr. Blanco?
ポドリア アブラる コン エル セニョる ブランコ

●何番におかけですか.
What number are you calling?
¿A qué número está llamando?
ア ケ ヌメろ エスタ ジャマンド

●そのままでお待ちください.
Please hold (the line).
Espere un momento, por favor.
エスペれ ウン モメント ポる ファボる

●ただ今ほかの電話に出ております.
She is on another line right now.
Ahora está comunicando en otra línea.
アオら エスタ コムニカンド エン オトら リネア

●電話があったことをお伝えください.
Please tell her I called.
Dígale que le he llamado, por favor.
ディガレ ケ レ エ ジャマド ポる ファボる

●あとでこちらからかけなおします.
I'll call you back later.
Voy a llamarle de nuevo.
ボイ ア ジャマるレ デ ヌエボ

■道を尋ねる■

●…はどこでしょうか.
Where's ...?
¿Dónde está ...?
ドンデ エスタ

●ここはどこでしょうか.
Where am I?
¿Dónde estamos?
ドンデ エスタモス

●…に行きたいのですが.
I'd like to go to ...
Quisiera ir a ...
キシエら イる ア

- ●この道は市庁舎へ行きますか.
  Does the street lead to City Hall?
  ¿Esta calle lleva al Ayuntamiento?
  エスタ カジェ ジェバ アル アジュンタミエント

- ●ここから遠いですか.
  Is it far from here?
  ¿Está lejos de aquí?
  エスタ レホス デ アキ

- ●歩いて行けますか.
  Can I walk there?
  ¿Se puede ir andando?
  セ プエデ イる アンダンド

- ●すぐそこですよ.
  It's only a short distance.
  Está muy cerca.
  エスタ ムイ せるカ

- ●ここからだとかなりありますよ.
  It's quite a distance from here.
  Está bastante lejos de aquí.
  エスタ バスタンテ レホス デ アキ

■交通機関の利用■

- ●地下鉄の駅はどこですか.
  Where is the subway station?
  ¿Dónde está la estación de metro?
  ドンデ エスタ ラ エスタしオン デ メトろ

- ●切符売り場はどこですか.
  Where is the ticket office?
  ¿Dónde está la taquilla?
  ドンデ エスタ ラ タキジャ

- ●この電車は…に止まりますか.
  Does this train stop at...?
  ¿Este tren para en ...?
  エステ トれン ぱら エン

- ●どこで乗り換えるのですか.
  At which station do I transfer?
  ¿En qué estación tengo que cambiar de tren?
  エン ケ エスタしオン テンゴ ケ カンビアる デ トれン

- ●どこで降りたらいいですか.
  Where should I get off?
  ¿Dónde tengo que bajar?
  ドンデ テンゴ ケ バハる

- ●タクシー乗り場はどこですか.
  Where can I get a taxi?
  ¿Dónde puedo tomar un taxi?
  ドンデ プエド トマル ウン タクシ

- ●…ホテルまでお願いします.
  To the Hotel ..., please.
  Al Hotel ..., por favor.
  アル オテル ポル ファボル

- ●いくらですか.
  How much is the fare?
  ¿Cuánto es?
  クアント エス

- ●おつりは取っておいてください.
  Keep the change.
  Quédese con el cambio.
  ケデセ コン エル カンビオ

- ●トレドまで2枚ください.
  Two tickets to Toledo, please.
  Dos billetes para Toledo, por favor.
  ドス ビジェテス パラ トレド ポル ファボル

- ●片道です/往復です.
  One way, please. / Round-trip, please.
  De ida, por favor. / De ida y vuelta, por favor.
  デ イダ ポル ファボル／デ イダ イ ブエルタ ポル ファボル

■食事■

- ●夕食はふだんは何時ごろですか.
  When do you usually eat dinner?
  ¿A qué hora suele usted cenar?
  ア ケ オラ スエレ ウステド セナル

- ●お昼は何を食べようか.
  What shall we eat for lunch?
  ¿Qué vamos a comer?
  ケ バモス ア コメル

- ●食事に行きませんか.
  Shall we go and eat together?
  ¿Vamos a comer juntos?
  バモス ア コメル フントス

- ●中華料理なんかどうですか.
  How about Chinese dishes?
  ¿Qué tal la comida china?
  ケ タル ラ コミダ チナ

- ●ごちそうしますよ．
  I'll treat you.
  Le invito.
  レ インビト

- ●サラダを召し上がってください．．
  Help yourself to the salad.
  Sírvase la ensalada.
  シルバセ ラ エンサラダ

- ●スープの味はいかがですか．
  What do you think of the soup?
  ¿Qué tal le parece la sopa?
  ケ タル レ パれせ ラ ソパ

- ●たいへんおいしかったです，ごちそうさま．
  The meal was delicious, thank you.
  La comida ha sido muy rica, gracias.
  ラ コミダ ア シド ムイ リカ グらしアス

- ●気に入ってもらえてうれしいです．
  I'm glad you like it.
  Me alegro de que le haya gustado.
  メ アレグロ デ ケ レ アジャ グスタド

- ●コーヒーはブラック［甘いの］がいいです．
  I'd like my coffee black [sweet].
  Quiero un café solo [con azúcar].
  キエロ ウン カフェ ソロ ［コン アスカる］

- ●この店は食べ物はおいしく値段も手ごろだよ．
  The food in this restaurant is good and the prices aren't bad.
  La comida en este restaurante es buena y el precio es razonable.
  ラ コミダ エン エステ れスタウらンテ エス ブエナ イ エル プれしオ エス らそナブレ

- ●7時に予約をしました．
  I have a reservation for seven o'clock.
  Tengo una reserva a las siete.
  テンゴ ウナ れセるバ ア ラス シエテ

- ●メニューを見せてください．
  Could I have a menu, please.
  ¿Podría ver la carta, por favor?
  ポドリア べる ラ カるタ ポる ファボる

- ●お勧めはなんですか．
  What do you recommend?
  ¿Qué plato me recomienda usted?
  ケ プラト メ れコミエンダ ウステド

- この店の自慢料理は何ですか.
  What's your specialty?
  ¿Cuál es la especialidad de la casa?
  クアル エス ラ エスペシアリダド デ ラ カサ

- ハム・ソーセージの盛り合わせをください.
  I'd like a saussage plate, please.
  Un plato de embutidos, por favor.
  ウン プラト デ エンブティドス ポる ファボる

- 魚［肉］のほうにします.
  I'd like the fish [meat].
  Voy a pedir el pescado [la carne].
  ボイ ア ペディる エル ペスカド［ラ カるネ］

- ステーキの焼き具合はどのようにしましょうか.
  How would you like your steak?
  ¿Cómo quiere el bistec?
  コモ キエれ エル ビステク

- ミディアム［レア, ウェルダン］にしてください.
  Medium [Rare, Well-done], please.
  Medio [Poco, Muy] asado, por favor.
  メディオ［ポコ, ムイ］アサド ポる ファボる

- ミックスサラダもください.
  I'd like a mixed salad too, please.
  Deme una ensalada mixta también, por favor.
  デメ ウナ エンサラダ ミクスタ タンビエン ポる ファボる

- ワインをグラスでください.
  A glass of wine, please.
  Un vaso de vino, por favor.
  ウン バソ デ ビノ ポる ファボる

- デザートには何がありますか.
  What do you have for dessert?
  ¿Qué hay de postre?
  ケ アイ デ ポストれ

- 私はアイスクリームにします.
  I'd like some ice-cream.
  Voy a pedir un helado.
  ボイ ア ペディる ウン エラド

- お勘定をお願いします.
  Check, please.
  La cuenta, por favor.
  ラ クエンタ ポる ファボる

- クレジットカードでお願いします.
  By credit card, please.
  Con tarjeta, por favor.
  コン タるヘタ ポる ファボる

- テイクアウトでハンバーガー２個をお願いします．
  Two hamburgers to go, please.
  Dos hamburguesas para llevar, por favor.
  ドス アンブるゲサス ぱら ジェバる ぽる ファボる

- ホットドッグとオレンジジュースをください．
  A hot dog and an orange juice, please.
  Un perrito caliente y un zumo de naranja, por favor.
  ウン ぺりト カリエンテ イ ウン すモ デ ナランハ ぽる ファボる

- スモール［ミディアム，ラージ］をお願いします．
  A small [medium, large], please.
  Pequeño [Medio, Grande], por favor.
  ペケニョ ［メディオ グらンデ］ ぽる ファボる

- ここで食べます．
  I'll eat it here.
  Voy a comer aquí.
  ボイ ア コメる アキ

- 持ち帰ります．
  I'd like this to go, please.
  Es para llevar, por favor.
  エス ぱら ジェバる ぽる ファボる

■買い物■

- いらっしゃいませ．
  May I help you?
  Buenos días. ¿En qué puedo servirle?
  ブエノス ディアス エン ケ プエド セるビるレ

- ちょっと見ているだけです．
  I'm just looking, thank you.
  Sólo estoy mirando, gracias.
  ソロ エストイ ミらンド グらしアス

- …はありますか．
  Do you have ...?
  ¿Tiene ...?
  ティエネ

- あれを見せてくださいますか．
  Could you show me that one, please?
  ¿Puede mostrarme aquél, por favor?
  プエデ モストらるメ アケル ぽる ファボる

- ほかのを見せてくださいますか．
  Could you show me another one, please?
  ¿Puede mostrarme otros, por favor?
  プエデ モストらるメ オトろス ぽる ファボる

- サイズがわかりません.
  I don't know my size.
  No sé qué talla tengo.
  ノ セ ケ タジャ テンゴ

- 素材はなんですか.
  What kind of fabric is this?
  ¿De qué está hecho?
  デ ケ エスタ エチョ

- 色違いのものはありますか.
  Do you have another color?
  ¿Lo tiene de otro color?
  ロ ティエネ デ オトろ コロる

- 違うデザインはありますか.
  Do you have another style?
  ¿Lo tiene de otro modelo?
  ロ ティエネ デ オトろ モデロ

- 試着してもいいですか.
  Can I try this on?
  ¿Me lo puedo probar?
  メ ロ プエド プろバる

- ぴったりです.
  It fits me perfectly!
  Me sienta muy bien.
  メ シエンタ ムイ ビエン

- ちょっときつい [ゆるい] です.
  It's a bit tight [loose].
  Es un poco pequeño [grande].
  エス ウン ポコ ペケニョ [グらンデ]

- これをください.
  I'll take this, please.
  Me quedo con este.
  メ ケド コン エステ

- いくらですか.
  How much (is it)?
  ¿Cuánto es?
  クアント エス

- 気に入りましたが値段がちょっと高すぎます.
  I like it but the price is a bit too high.
  Me gusta, pero el precio es un poco caro.
  メ グスタ ペロ エル プれしオ エス ウン ポコ カロ

- まけてもらえますか.
  Can you give me a discount?
  ¿Me hace un descuento?
  メ アせ ウン デスクエント

- 紙袋をいただけますか.
  Could I have a paper bag?
  ¿Me da una bolsa de papel?
  メ ダ ウナ ボルサ デ パペル

日常会話

■トラブル■

● ちょっと困っています.
I have a problem.
Tengo un problema.
テンゴ ウン プロブレマ

● パスポートをなくしました.
I lost my passport.
He perdido el pasaporte.
エ ペルディド エル パサポルテ

● 部屋に鍵を忘れました.
I've locked myself out.
He dejado olvidada la llave dentro de la habitación.
エ デハド オルビダダ ラ ジャベ デントロ デ ラ アビタシオン

● 財布をすられました.
I've been pickpocketed.
Me han robado la cartera.
メ アン ろバド ラ カルテラ

● かばんを盗まれました.
Someone has stolen my bag.
Me han robado el maletín.
メ アン ろバド エル マレティン

● これを通りで拾いました.
I found this on the street.
He encontrado esto en la calle.
エ エンコントラド エスト エン ラ カジェ

● 警察はどこですか.
Where is the police station?
¿Dónde está la comisaría?
ドンデ エスタ ラ コミサリア

● 道に迷いました.
I think I got lost.
Me he perdido.
メ エ ペルディド

■助けを求める■

● 助けて！
Help!
¡Socorro!
ソコろ

● どろぼう！
Thief!
¡Ladrón!
ラドロン

● お医者さんを呼んで！
Call a doctor!
¡Llame un médico!
ジャメ ウン メディコ

● 火事だ！
Fire!
¡Fuego!
フエゴ

● おまわりさん！
Police!
¡Policía!
ポリシア

- 救急車を！
  Get an ambulance!
  ¡Llame una ambulancia!
  ジャメ ウナ アンブランしア

- 交通事故です！
  There's been an accident!
  ¡Ha ocurrido un accidente!
  ア オクりド ウン アクレデンテ

■苦情を言う■

- 計算が間違っています．
  This calculation is wrong.
  La cuenta está mal.
  ラ クエンタ エスタ マル

- 話が違います．
  That's not what you said.
  Esto no es lo que usted había dicho.
  エスト ノ エス ロ ケ ウステド アビア ディチョ

- これは火が通っていません．
  This isn't cooked.
  No está cocinado.
  ノ エスタ コシナド

- スープがしょっぱ過ぎます．
  The soup is a bit too salty.
  La sopa está demasiado salada.
  ラ ソパ エスタ デマシアド サラダ

- これは注文していません．
  I didn't order this.
  Yo no he pedido esto.
  ジョ ノ エ ペディド エスト

- 頼んだものがまだきません．
  Our order hasn't arrived yet.
  Lo que hemos pedido todavía no ha llegado.
  ロ ケ エモス ペディド トダビア ノ ア ジェガド

- 値段が高すぎます．
  The bill is too much.
  El precio es demasiado caro.
  エル プれシオ エス デマシアド カロ

- お湯が出ません．
  There isn't any hot water.
  No hay agua caliente.
  ノ アイ アグア カリエンテ

- シャワーが出ません．
  The shower doesn't work.
  La ducha no funciona.
  ラ ドゥチャ ノ フンシオナ

- この部屋はうるさいです．
  This room is too noisy.
  Esta habitación es demasiado ruidosa.
  エスタ アビタしオン エス デマシアド るイドサ

■宿泊■

- 1泊100ユーロ以下のホテルを紹介してください．
  Could you recommend a hotel less than 100 euros per night?
  ¿Podría recomendarme un hotel de menos de 100(cien) euros por día?
  ポドリア れコメンダるメ ウン オテル デ メノス デ しエン エウろス ぽる ディア

- 今晩は部屋はありますか．
  Do you have a room for the night?
  ¿Tiene una habitación para esta noche?
  ティエネ ウナ アビタしオン ぱら エスタ ノチェ

- ツインをお願いします．
  A twin room, please.
  Una habitación doble, por favor.
  ウナ アビタしオン ドブレ ぽる ファボる

- バス［シャワー］付きの部屋をお願いします．
  I'd like a room with a bath [shower].
  Una habitación con baño [ducha], por favor.
  ウナ アビタしオン コン バニョ ［ドゥチャ］ ぽる ファボる

- 眺めのいい部屋をお願いします．
  I'd like a room with a nice view.
  Me gustaría una habitación con una buena vista.
  メ グスタリア ウナ アビタしオン コン ウナ ブエナ ビスタ

- 1泊です／2［3］泊です．
  One night. / Two [Three] nights.
  Una noche. / Dos [Tres] noches.
  ウナ ノチェ ／ ドス ［トれス］ ノチェス

- 朝食は付いてますか．
  Is a breakfast included?
  ¿El desayuno está incluido?
  エル デサジュノ エスタ インクルイド

- 木村です．チェックインをお願いします．
  I'd like to check in. My name is Kimura.
  Me gustaría registrarme. Mi nombre es Kimura.
  メ グスタリア れヒストらるメ ミ ノンブれ エス キムら

- 日本から予約しました．
  I made a reservation in Japan.
  Hice la reserva desde Japón.
  イセ ラ れセルバ デスデ ハポン

- 部屋を見せてください．
  Please show me the room.
  Por favor, enséñeme la habitación.
  ポる ファボる エンセニェメ ラ アビタしオン

- もっと静かな部屋はありますか．
  Do you have any quieter rooms?
  ¿Tiene una habitación más tranquila?
  ティエネ ウナ アビタしオン マス トらンキラ

- この部屋にします．
  I'll take this room.
  Voy a quedarme en esta habitación.
  ボイ ア ケダるメ エン エスタ アビタしオン

- クレジットカードは使えますか．
  Can I use a credit card?
  ¿Puedo pagar con tarjeta?
  プエド パガる コン タるヘタ

- 朝食はどこでできますか．
  Where can I have breakfast?
  ¿Dónde puedo tomar el desayuno?
  ドンデ プエド トマる エル デサジュノ

- チェックアウトは何時ですか．
  What time is check-out?
  ¿A qué hora tengo que dejar la habitación?
  ア ケ オら テンゴ ケ デハる ラ アビタしオン

■病院・薬局■

- この近くに病院［薬局］はありますか．
  Is there a hospital [drugstore] near here?
  ¿Hay un hospital [una farmacia] cerca de aquí?
  アイ ウン オスピタル ［ウナ ファるマしア］ せるカ デ アキ

- 病院に連れて行ってください．
  Please take me to a hospital.
  Por favor lléveme a un hospital.
  ポる ファボる ジェベメ ア ウン オスピタル

- 日本語の話せる医師はいますか．
  Is there a Japanese-speaking doctor?
  ¿Hay algún médico que hable japonés?
  アイ アルグン メディコ ケ アブレ ハポネス

- ●気分が悪いのですが．
  I don't feel well.
  Me siento mal.
  メ シエント マル

- ●胃が痛みます．
  My stomach hurts.
  Me duele el estómago.
  メ ドゥエレ エル エストマゴ

- ●頭［喉］が痛いです．
  I have a headache [a sore throat].
  Tengo dolor de cabeza [garganta].
  テンゴ ドロる デ カベさ［ガるガンタ］

- ●ここがとても痛いんです．
  It hurts a lot here.
  Aquí me duele mucho.
  アキ メ ドゥエレ ムチョ

- ●咳がひどいんです．
  I'm coughing a lot.
  Tengo mucha tos.
  テンゴ ムチャ トス

- ●目に何か入りました．
  I have something in my eye.
  Tengo algo en el ojo.
  テンゴ アルゴ エン エル オホ

- ●やけどをしました．
  I've burned myself.
  Me he quemado.
  メ エ ケマド

- ●下痢をしています．
  I have diarrhea.
  Tengo diarrea.
  テンゴ ディア㔟ア

- ●熱があります．
  I have a fever.
  Tengo fiebre.
  テンゴ フィエブれ

- ●けがをしました．
  I've injured myself.
  Me he hecho una herida.
  メ エ エチョ ウナ エリダ

- ●風邪薬をください．
  I'd like some medicine for a cold, please.
  Deme una medicina para el catarro, por favor.
  デメ ウナ メディシナ パら エル カタろ ポる ファボる

- ●頭痛薬はありますか．
  Do you have medicine for a headache?
  ¿Tiene alguna medicina para el dolor de cabeza?
  ティエネ アルグナ メディシナ パら エル ドロる デ カベさ

- ●眠くならないのにしてください．
  I'd like something that won't make me sleepy.
  Me gustaría algo para mantenerme despierto(a).
  メ グスタリア アルゴ パら マンテネるメ デスピエるト(タ)

- 便秘の薬をください.
  I'd like a laxative, please.
  Deme un laxante, por favor.
  デメ ウン ラクサンテ ポる ファボる

- 私はアレルギー体質です.
  I have allergies.
  Soy alérgico(a).
  ソイ アレるヒコ(カ)

- 1日に何回飲むのですか.
  How many times a day should I take this?
  ¿Cuántas veces al día tengo que tomar esto?
  クアンタス ベセス アル ディア テンゴ ケ トマる エスト

■時刻・日にち・曜日・月・季節■

- (今) 何時ですか.
  What time is it (now)?
  ¿Qué hora es (ahora)?
  ケ オら エス アオら

- 2時です.
  It's two o'clock.
  Son las 2(dos).
  ソン ラス ドス

- 3時を回ったところです.
  It's just after three (o'clock).
  Son las 3(tres) y pico.
  ソン ラス トれス イ ピコ

- 1時半です.
  Half past one.
  Es la una y media.
  エス ラ ウナ イ メディア

- 4時15分です.
  Quarter past four. / Four fifteen.
  Son las 4(cuatro) y cuarto.
  ソン ラス クアトろ イ クアるト

- 6時10分前です.
  Ten to six.
  Son las 6(seis) menos 10(diez).
  ソン ラス セイス メノス ディエす

- 私の時計は少し遅れて[進んで]います.
  My watch is a little slow [fast].
  Mi reloj está un poco atrasado [adelantado].
  ミ れロホ エスタ ウン ポコ アトらサド [アデランタド]

- 今日は何日ですか.
  What's the date today?
  ¿Qué día es hoy?
  ケ ディア エス オイ

- 4月18日です．
  It's April 18th.
  Hoy es el día 18(dieciocho) de abril.

- こちらへは3月2日に来ました．
  I got here on 2nd of March.
  Llegué aquí el día 2(dos) de marzo.

- 今日は何曜日ですか．
  What day (of the week) is it today?
  ¿Qué día (de la semana) es hoy?

- 火曜です．
  Tuesday.
  Es martes.

- 彼とは木曜日に会います．
  I'll meet him on Thursday.
  Le voy a ver el jueves.

- 先週の金曜日は大雪でした．
  We had heavy snow last Friday.
  Nevó mucho el viernes pasado.

- 5月（の上旬）にブリュッセルへ発ちます．
  I'll leave for Brussels in [at the beginning of] May.
  Voy a partir para Bruselas en [a principios de] mayo.

- 好きな季節はいつですか．
  Which season do you like?
  ¿Qué estación del año le gusta más?

- 春［秋］が好きです．
  I like spring [fall].
  Me gusta la primavera [el otoño].

- 冬にはスキーに行きます．
  I go skiing in [during] winter.
  Voy a esquiar en invierno.

西日英
辞典

ESPAÑOL-JAPONÉS-INGLÉS

A, a

a/ア/前(英at, on, to)…に, まで, …を, …で, …ずつ, …に対して ¶ir a España スペインに行く, querer a María マリアを愛する, a las cinco 5時に, a la puerta ドアのところで a la …(形容詞の女性)…風に, …式に a la(s) ……時に a lo …のように al …(不定詞)…のとき, …したとき

abajo/アバホ/副(英below, downstairs)下に, 階下で,(坂・川などを)下って

abandonar/アバンドナる/他(英abandon, leave)放棄する, 捨てる, 去る, やめる —se 再 身をゆだねる

abandono/アバンドノ/男(英abandonment)放棄, 自堕落

abarcar/アバるカる/他(英embrace)抱く, 囲む, 含む, 見渡す

abastecimiento/アバステシミエント/男(英supplying)供給, 糧食

abasto/アバスト/男(英supply)食料品の供給[補給]; 多量, 豊富 ¶darse abasto 十分に用が足りる

abatir/アバティる/他(英demolish)倒す, 降ろす, 撃ち落とす —se 再 倒される, 落胆する

abecé/アベセ/男(英ABC, alphabet)アルファベット, 初歩

abeja/アベハ/女(英bee)〔昆〕ミツバチ(蜜蜂)

abertura/アベるトゥら/女(英opening)穴, 開ける[開く]こと, 率直さ,〔地理〕狭間, 入り江

abierto(a)/アビエるト(タ)/形(英open)開いている, 覆い[屋根・囲い]のない, 広々とした, 公開の, 率直な, 明白な

abismo/アビスモ/男(英abyss)深淵,(二者間の)距離,(悲しみなどの)どん底, 地獄

abnegación/アブネガしオン/女(英abnegation)自己犠牲

abogado(a)/アボガド(ダ)/男,女(英lawyer)〔法〕弁護士, 主唱者

abonar/アボナる/他(英pay)払う,〔農〕肥料を施す, 保証する, 購読を申し込む —se 再 加入する,〔商〕(貸方に[en])記入される

abono/アボノ/男(英subscription, payment)予約申し込み, 支払い, 定期券,〔農〕肥料,〔農〕(地味を)肥すこと, 保証

abordar/アボるダる/他(英tackle)(仕事・困難などに)立ち向かう, 近づく

aborrecer/アボれせる/他(英hate)憎む, あきあきさせる

abrazar/アブらさる/他(英embrace)抱く, 囲む,(主義・信仰などを)奉ずる, 含む —se 再 抱き合う

abrazo/アブらそ/男(英embrace)抱擁, 抱きしめること

abreviar/アブれビアる/他(英shorten, abridge)縮める, 要約する, 急ぐ, 略語にする —自 急ぐ

abrigar/アブリガる/他(英shelter)守る, 暖かくする,(考え・感情などを)持つ, 避難する

abrigo/アブリゴ/男(英overcoat)〔衣〕オーバー, 避難所, 防寒, 保護

abril/アブリル/男(英April)4月

abrir/アブりる/他(英open)開ける, 開始する —自 開く,(…に[a])向いている, 開かれる, 心を開く, 晴れる

abrochar/アブろチャる/他(英button)(ボタン[ホック]を)留める

abrumar/アブるマる/他(英embarrass)当惑させる, 圧倒する

absolutamente/アブソルタメンテ/副(英absolutely)まったく, 絶対的に —間 いや

absoluto(a)/アブソルト(タ)/形(英absolute)絶対の, 無制約の,〔政〕絶対主義の

absorber/アブソるべる/他(英absorb)吸収する, 注意を奪う, 使い尽くす —se 再 吸収される, 夢中になる

abstenerse/アブステネるセ

abstracto(a) /アブストラクト(タ)/ 形 (㊥ abstract) 抽象的な, (㊎) 抽象(派)の, 理論的な ¶en abstracto 抽象的に, 抽象して

absurdo(a) /アブスるド(ダ)/ 形 (㊥ absurd) ばかげた, 不条理の ― 男 ばかばかしさ, 不条理

abuelo(a) /アブエロ(ラ)/ 男, 女 (㊥ grandfather, grandmother) 祖父, 祖母

abultar /アブるタる/ 他 (㊥ exaggerate) かさばらせる ― 自 かさばる

abundancia /アブンダンスィア/ 女 (㊥ abundance) 豊富, 裕福

abundante /アブンダンテ/ 形 (㊥ abundant) 豊富な, 多い

abundar /アブンダる/ 自 (㊥ abound) 豊富にある, 富む, 賛同する

aburrido(a) /アブりド(ダ)/ 形 (㊥ boring) 退屈な, 退屈している

aburrimiento /アブりミエント/ 男 (㊥ boredom) 退屈

aburrir /アブりる/ 他 (㊥ bore) 退屈させる ― **se** 再 退屈する

abusar /アブサる/ 自 (㊥ abuse) (…を[de]) 悪[乱]用する, 使い過ぎる, ひどく扱う, (女性に)乱暴する

abuso /アブソ/ 男 (㊥ abuse) 悪用, 乱用, 使い過ぎ, (弱い立場の人を)ひどく扱うこと

acá /アカ/ 副 (㊥ here, over here) ここへ, 今まで, この世に, こちらで

acabado(a) /アカバド(ダ)/ 形 (㊥ finished) 完全な, すり切れた, (…した[de不定詞]) ばかりの

acabar /アカバる/ 他 (㊥ finish) (…を[con]) 終える, 使い果たす, (物を)壊す ― 自 終わる, 壊す, (…した[de不定詞]) ばかりである, (結局) …になる, (…し[de不定詞]) 終える, 死ぬ

academia /アカデミア/ 女 (㊥ academy) 学会, 専門学校, 協会, アカデミー

académico(a) /アカデミコ(カ)/ 形 (㊥ academic) 学会の, 大学の, (専門)学校の, 学問の, 伝統的な ― 男, 女 アカデミー会員

acariciar /アカりしアる/ 他 (㊥ caress) 愛撫する, (希望を)抱く

acarrear /アカれアる/ 他 (㊥ carry) 運ぶ, 引き起こす

acaso /アカソ/ 副 (㊥ perhaps, maybe) たぶん, 偶然に ¶por si acaso もしもの場合に, 万が一のために si acaso 万一, [付加的に] もしかしたら…かもしれないが

acceder /アクセデる/ 自 (㊥ accede) 同意する, 到達する, [コンピュータ] アクセスする ― **se** 再 通じている

acceso /アクセソ/ 男 (㊥ access) 接近, 入口, [医] (病気の)発作, (人の)近づきやすさ, [コンピューター] アクセス

accesorio(a) /アクセソりオ(ア)/ 形 (㊥ accessory) 付属の ― 男 [機] 付属品, [衣] (服装の)アクセサリー

accidental /アクシデンタル/ 形 (㊥ accidental) 偶然の, 本質的でない, 臨時の

accidente /アクシデンテ/ 男 (㊥ accident) 事故, 思いがけない出来事, 土地の起伏

acción /アクシオン/ 女 (㊥ action) 行動, 作用, [演] 演技, [商] 証券, 株式 ― 間[映] スタート!

aceite /アセイテ/ 男 (㊥ oil) 油, オリーブ油, 石油

aceituna /アセイトゥナ/ 女 (㊥ olive) オリーブの実

acelerar /アセレらる/ 他 (㊥ accelerate, speed up) 速める ― 自 アクセルを踏む ― **se** 再 急ぐ

acento /アセント/ 男 (㊥ accent) アクセント(記号), (言葉の)なまり, 強調点, 抑揚, 特徴

acentuar /アセントゥアる/ 他 (㊥ accent) [文法] アクセントを置く, アクセント符号をつける, 強調する ― **se** 再 [文法] アクセントが置かれている, 強調される

aceptable /アセプタブレ/ 形 (㊥ acceptable) 受け入れられる

aceptación /アセプタしオン/ 女 (㊥ acceptance) 受け入れること, 賛同, 評判

aceptar /アセプタる/ 他 (㊥ accept) 受け取る, 賛同する, 引き受ける

acera /アせら/ 女 (㊥ sidewalk) 歩道

acerca /アせるカ/ 副 (㊥ about) (…に [de]) ついて

acercar /アせるカる/ 他 (㊥ bring nearer) (…に [a]) 近づける, 手渡す, (人を) 車で送る, **—se** 再 (…に [a]) 近づく, 立ち寄る

acero /アせろ/ 男 (㊥ steel) 鋼鉄

acertar /アせるタる/ 他 (㊥ hit) 当てる, (答え・方法が) わかる, 見つける, たまたま (…[a 不定詞]) する, (… [a, al, en 不定詞][現在分詞]するのが) 正しい, 〔過去形で〕…してよかった

achacar /アチャカる/ 他 (㊥ impute) (罪を) (…の [a]) せいにする

achaque /アチャケ/ 男 (㊥ ailment, complaint) (軽い) 病気, 口実, 短所, (女性の) 生理, 妊娠, 脅迫

ácido(a) /アしド(ダ)/ 形 (㊥ sour, acid) すっぱい, 〔化〕酸の, 辛らつな, 不機嫌な **—** 男 〔化〕酸, 麻薬

acierto /アしエらト/ 男 (㊥ right answer) 的中, 成功, 慎重さ, 能力, 偶然

aclaración /アクらしオン/ 女 (㊥ explanation) 解明, 説明, 明らかにすること

aclarar /アクらラる/ 他 (㊥ make clear) 明らかにする, 薄める, (洗濯物を) ゆすぐ **—** 自 空が晴れ上がる, 夜が明ける

acoger /アコへる/ 他 (㊥ welcome) もてなす, 受け入れる, 保護する **—se** 再 避難する, (…に [a, en]) 頼る

acogida /アコヒダ/ 女 (㊥ welcome) もてなし, 評判, 受け入れ, 保護, 避難所

acometer /アコメテる/ 他 (㊥ attack) 襲う, 企てる, 不意に襲う

acomodar /アコモダる/ 他 (㊥ place) (…に [en]) 配置する, 整える, 調整する, はめる, 適応 [順応] させる, 和解させる **—** 自 気に入る **—se** 再 すわる, 順応する, 泊まる, 就職する

acompañar /アコンパニャる/ 他 (㊥ accompany, go with) 同行する, 添える, 付随する, 同情する, 続く, 調和する, 〔楽〕伴奏する **—** 自 付随する **—se** 再 同じ行動をとる, 〔楽〕合わせて歌う [演奏する]

aconsejar /アコンセハる/ 他 (㊥ advise) 助言する **—se** 再 (…に [con]) 意見を聞く

acontecer /アコンテせる/ 自 (㊥ happen, occur) 起こる, 事態になる **—** 男 出来事

acontecimiento /アコンテしミエント/ 男 (㊥ event) 出来事, 行事

acordar /アコるダる/ 他 (㊥ agree) 協定する, 決心する, 調和させる, 思い出させる, 〔楽〕調子を合わせる, 〔絵〕色調を合わせる **—** 自 (…と [con]) 一致する **—se** 再 覚えている, 一致する « Si mal no me acuerdo, … 私の記憶違いでなければ…

acostar /アコスタる/ 他 (㊥ lay, put to bed) 寝かせる, 横にする, 近づける, 〔海〕(船を) 横付けにする **—** 自 (岸に [a]) 着く **—se** 再 寝る, 横になる, (異性と [con]) 寝る

acostumbrado(a) /アコストゥンブらド(ダ)/ 形 (㊥ customary, usual) 習慣的な, 慣れた

acostumbrar /アコストゥンブらる/ 他 (㊥ accustom) 習慣づける **—** 自 (…の [不定詞]) 習慣をもつ **—se** 再 慣れる, 習慣をつける, 流行する

acrecentar /アクれセンタる/ 他 (㊥ increase) 増やす, 昇進させる

acreditar /アクれディタる/ 他 (㊥ accredit) 信じる, 〔商〕(貸方勘定に [en]) 記入する, 証明する, 保証する, 評判を与える, 許可する **—se** 再 評判を得る, 信用を得る

acta /アクタ/ 女 (㊥ record) 議事録, 証明書, 文書, 公文書, 〔~

actitud /アクティトゥド/ 囡 (㊥ attitude) 態度, 姿勢

actividad /アクティビダド/ 囡 (㊥ activity) 活動

activo(a) /アクティボ(バ)/ 形 (㊥ active) 活動的な, (現に) 活動中の, 効き目のある

acto /アクト/ 男 (㊥ act) 行い, 〔演〕幕, 儀式, 〔法〕法令

actor /アクトる/ 男 (㊥ actor) 〔演〕〔映〕俳優 **—, tora** 男, 囡 行為者, 〔法〕原告 **—** 形 〔法〕原告の

actriz /アクトりす/ 囡 (㊥ actress) 〔演〕女優

actuación /アクトゥアしオン/ 囡 (㊥ performance) 〔演〕演技, 行為, 活躍, 〔~es〕〔法〕訴訟手続き

actual /アクトゥアル/ 形 (㊥ present, modern) 現在の, 今話題となっている

actualidad /アクトゥアリダド/ 囡 (㊥ present) 現在, 話題性, ニュース

actualmente /アクトゥアルメンテ/ 副 (㊥ at present) 現在は

actuar /アクトゥアる/ 自 (㊥ act) 作用する, 行動する, 〔演〕演技する

acudir /アクディる/ 自 (㊥ go, come) 行く, 援助を求める, 集まってくる, 訴える, 相談に行く, 助けに向かう, (一時期に) 起こる

acuerdo /アクエるド/ 男 (㊥ agreement) 一致, 協定, 調和, 決心, 記憶, 意識 ¶ De acuerdo. 承知しました, 賛成です, オーケー de acuerdo con …に同意して ponerse de acuerdo 同意する

acumular /アクムラる/ 他 (㊥ accumulate) ためる, 蓄積する **— se** 再 たまる

acusación /アクサしオン/ 囡 (㊥ accusation) 非難, 〔法〕(…の〔por〕) 容疑, 〔法〕告発, 〔法〕検察

acusar /アクサる/ 他 (㊥ blame) 非難する, 〔法〕告発する, 見せる, 通知する **— se** 再 告白する, 明らかになる

adaptación /アダプタしオン/ 囡 (㊥ adaptation) 順応, 改造, 改作, 翻案, 脚色, 編曲

adaptar /アダプタる/ 他 (㊥ adapt) 適合させる, 取り付ける, 改造 [改作・翻案・脚色・編曲]する **— se** 再 適合する, 適応する, 合う

adecuado(a) /アデクアド(ダ)/ 形 (㊥ appropriate) 適当な

adecuar /アデクアる/ 他 (㊥ adapt) (…に [a]) 適合させる

adelantar /アデランタる/ 他 (㊥ advance) 進める, (仕事を) はかどらせる, 追い越す, 前払いする, 得をする **—** 自 進む, 進歩する, 得る, 早く行く, 抜く

adelante /アデランテ/ 副 (㊥ further, ahead, forward) 前へ, 後で **—** 間 お入り！, 進め！

adelanto /アデラント/ 男 (㊥ advance) 前進, 進歩, 発明品, 〔商〕前払い, (時計の) 進み, (競争の) 優位

adelgazar /アデルガさる/ 他 (㊥ make thin) 細くする, (体重を) 減らす, 細く見せる, 切り詰める

ademán /アデマン/ 男 (㊥ gesture) 身振り, 合図, 〔~es〕行儀

además /アデマス/ 副 (㊥ besides,) そのうえ, 加えて

adentro /アデントろ/ 副 (㊥ inside) 中に [で・へ], 奥に入り込んで, さあ歌って！〔踊って！〕

adherir /アデりる/ 他 (㊥ stick) くっつく **— se** 再 (…に [a]) くっつく, (…に [a]) 従う, (…に [a]) 賛成する

adición /アディしオン/ 囡 (㊥ addition) 付け足すこと, 付け加えたもの, 〔数〕足し算

adicional /アディしオナル/ 形 (㊥ additional) 追加の

adiós /アディオス/ 間 (㊥ Good-bye) さようなら

adivinanza /アディビナンさ/ 囡(㊥ riddle) なぞなぞ

adivinar /アディビナる/ 他 (㊥ divine) (未来を) 占う, 見抜く, (謎を) 解く, (遠くを) うかがう, 予想される

adivino(a) /アディビノ(ナ)/ 男囡 (㊥ fortune-teller) 占い師

adjetivo / アドヘティボ / 男 (英 adjective) 〔文法〕形容詞

adjunto(a) / アドフント(タ) / 形 (英 enclosed) 同封された, 補佐の, 付加の — 副 同封して

administración / アドミニストらしオン / 女 (英 management) 管理, 行政, 行政機関, 執行, 〔医〕(薬の) 投与

administrar / アドミニストらる / 他 (英 administer) 管理する, 〔宗〕(秘跡を) 授ける, 〔医〕(薬を) 与える, (打撃を) 与える, 施行する, 施す — **se** 再 薬を飲む

administrativo(a) / アドミニストらティボ(バ) / 形 (英 administrative) 管理・事務・行政の — 男, 女 事務職員

admirable / アドミらブレ / 形 (英 admirable) 賞賛に値する

admiración / アドミらしオン / 女 (英 admiration) 感嘆, 賞賛, 驚き, 〔文法〕感嘆符

admirador(a) / アドミらドる(ら) / 男, 女 (英 admirer) 賞賛者, 思いを寄せる人 — 形 賞賛する

admirar / アドミらる / 他 (英 admire) 感嘆する, 感心して眺める, 驚かせる — **se** 再 驚嘆する, (…を [de que 接続法]) 不思議に思う

admisión / アドミシオン / 女 (英 admission) 入場, 入場料, 認めること

admitir / アドミティる / 他 (英 admit) (場所等に [en]) 入れる, (…を [que 直説法]) 認める, (…を [que 接続法]) 許す, 余地を与える, 収容できる, 仮定する — **se** 再 許される

adolescencia / アドレスセンしア / 女 (英 adolescence) 青年期

adolescente / アドレスセンテ / 形 (英 adolescent) 青年期の — 男女 青年

adonde / アドンデ / 副 (関係副詞) (英 to where) (…する) ところへ, 〔場所を示して〕(…する) ところに

adónde / アドンデ / 副 (疑問副詞) (英 to where) どこへ

adoptar / アドプタる / 他 (英 adopt) (計画・方針などを) 採用する, 養子 [養女] にする, (国籍を) とる, (習慣を) つける — **se** 再 採用される

adoración / アドらしオン / 女 (英 worship) 〔宗〕参拝, 崇敬, 熱愛

adorar / アドらる / 他 (英 worship) 〔宗〕崇 (あが) める, 熱愛する

adornar / アドるナる / 他 (英 decorate) 飾る, (人の) 品位を高める, (物語などを) 潤色する — **se** 再 (身を) 飾る, 飾られる

adorno / アドるノ / 男 (英 decoration) 飾り, 〔~s〕〔植〕ホウセンカ

adquirir / アドキりる / 他 (英 acquire) 獲得する, 買う, (知識・名声などを) 得る, (習慣などを) 身につける

adquisición / アドキシしオン / 女 (英 acquisition) 獲得, 習得

adrede / アドれデ / 副 (英 on purpose) わざと, わざわざ (そのために)

aduana / アドゥアナ / 女 (英 custom house) 税関, 〔遊び〕すごろくの一種

adular / アドゥラる / 他 (英 flatter, adulate) 追従 (ついしょう) する, 喜ばせる

adulterio / アドゥルテりオ / 男 (英 adultery) 不倫, 姦通

adulto(a) / アドゥルト(タ) / 形 (英 adult) 成人の, 成熟した — 男, 女 成人, 大人, 〔動物〕成体

adverbio / アドベるビオ / 男 (英 adverb) 〔文法〕副詞

adversario(a) / アドベるサりオ(ア) / 形 (英 opposing) 敵の — 男, 女 敵

advertencia / アドベるテンしア / 女 (英 warning) 忠告, 注意

advertir / アドベるティる / 他 (英 advise, warn) 忠告する, 指摘する, 気がつく — **se** 再 気づく

aéreo(a) / アエれオ(ア) / 形 (英 aerial) 空中の, 空気の, 軽やかな, 〔軍〕空軍の

aeródromo / アエろドろモ / 男 (英 aerodrome) 飛行場

aeropuerto / アエろプエるト / 男 (英 airport) 空港

afable / アファブレ / 形 (英

affable) 優しい, 愛想がよい

afán /アファン/ 男 (® enthusiasm) 熱意, 切望

afectar /アフェクタる/ 他 (® affect, damage) 襲う, 悲しませる, 関与する, 気取る, ふりをする ― 自 (…に [a]) 影響する, かかわる ― **se** 再 感動する, 気持ちが動転する

afectísimo(a) /アフェクティシモ(マ)/ 形 (® Yours sincerely) ¶ Suyo(a) afectísimo(a) 敬具

afecto /アフェクト/ 男 (® affection) 愛情, 感情 ―, **ta** 形 愛情深い, 好きな, 親愛なる, (仕事・義務などを [a]) 負うべき, (病気に [de]) かかった ― **se** 再 自分のひげをそる

afectuoso(a) /アフェクトゥオソ(サ)/ 形 (® affectionate) 愛情深い

afeitar /アフェイタる/ 他 (® shave) …のひげをそる, 飾る, [闘牛] (牛の角の先を) 削る, 刈り込む, 化粧する

afición /アフィしオン/ 女 (® fondness, liking) 愛情, 好み, [集合的に] ファン, 熱中

aficionado(a) /アフィしオナド(ダ)/ 形 (® amateur) アマチュアの, 好きな ― 男, 女 愛好家, アマチュア, [とくに] 闘牛の愛好家

aficionar /アフィしオナる/ 他 (® make keen) 好きにさせる ― **se** 再 好きになる

afilar /アフィらる/ 他 (® sharpen) 研ぐ ― **se** 再 細くなる, やせる

afín /アフィン/ 形 (® similar) 似た, 関連した, 近接の

afirmación /アフィるマしオン/ 女 (® affirmation) 断言, 肯定

afirmar /アフィるマる/ 他 (® affirm) 肯定する, 確約する, 取りつける ― **se** 再 (自分の立場を [en]) 守る, しっかりと立つ

afligir /アフリヒる/ 他 (® afflict) 苦しめる, 悩ます ― **se** 再 深く悲しむ

aflojar /アフロハる/ 他 (® loosen) 緩める, [こっけいに] (金を) 渡す ― **se** 再 緩む, 怠ける, (自分が身につけているものを) ゆるめる, 関心を失う

afortunadamente /アフォるトゥナダメンテ/ 副 (® fortunately) 幸運にも

afortunado(a) /アフォるトゥナド(ダ)/ 形 (® fortunate) 幸運な), 成功した, [海] 嵐の

África /アフリカ/ 固 (® Africa) [地名] アフリカ

africano(a) /アフリカノ(ナ)/ 形 (® African) アフリカ(人)の ― 男, 女 アフリカ人

afuera /アフエら/ 副 (® outside, out) 外に [で], 表に, 郊外で ― 女 [~s] 郊外

agachar /アガチャる/ 他 (® lower, bow) (体・頭を) かがめる ― **se** 再 かがむ, 負ける, 身を隠す

agarrar /アガらる/ 他 (® grasp, seize) つかむ, 押さえる, 取る, (病気に) かかる, 理解する ― 自 [植] 根をおろす, くっつく ― **se** 再 (…に [a, de]) つかまる, 焦げつく, (つかみあいの) けんかをする, とりつく

agencia /アヘンしア/ 女 (® agency) 代理店, 通信社, 支店, 代理業務

agente /アヘンテ/ 男女 (® agent) [商] 代理業者, 警官, 情報員, 事務官, [文法] 動作主, 元になる力 ― 形 作用する, [文法] 動作主の

ágil /アヒル/ 形 (® agile) 軽快な, 敏捷 (びんしょう) な

agitado(a) /アヒタド(ダ)/ 形 (® rough) 荒れる, 激しい, 心配した, 興奮した

agitar /アヒタる/ 他 (® wave, shake) 振る, 撹拌 (かくはん) する, (水面を) 波だてる, 扇動する, 心をかき乱す, (激しく) 揺れる, 心配する

aglomeración /アグロメらしオン/ 女 (® crowd, multitude) 群衆, 塊 (かたまり) になる [する] こと

agobiar /アゴビアる/ 他 (® oppress) 打ちのめす, 煩わす, 曲げる ― **se** 再 打ちひしがれる, 苦しむ

agosto /アゴスト/ 男 (® August) 8月

agotar /アゴタる/ 他 (® exhaust) 使い果たす, 疲れさせる, (忍耐などを) すっかり

なくさせる，空になる，売り切れになる ━ se 再 尽きる，なくなる，疲れ果てる

agradable /アグらダブレ/ 形 (英 pleasant, agreeable) 快い, 楽しい

agradar /アグらダる/ 自 (英 please) 気に入る ━ se 再 楽しむ

agradecer /アグらデせる/ 他 (英 thank) 感謝する ━ se 再 喜ばれる

agradecido(a) /アグらデしド(ダ)/ 形 (英 grateful, obliged) 感謝している

agradecimiento /アグらデしミエント/ 男 (英 gratitude) 感謝(の気持ち)

agrado /アグらド/ 男 (英 taste, liking) 好み, 喜び, 愛想のよさ

agrandar /アグらンダる/ 他 (英 enlarge) 大きくする, 誇張する, 大きく見せる ━ se 再 大きくなる

agrario(a) /アグらリオ(ア)/ 形 (英 agrarian, land) 耕地の, 農地に関する

agregar /アグれガる/ 他 (英 incorporate) 併合する, 加える, 配属する ━ se 再 参加する, 加えられる

agrícola /アグリコラ/ 形 (英 agricultural) 農業の

agricultor(a) /アグリクルトる(ら)/ 男, 女 (英 farmer) 農民

agricultura /アグリクルトゥら/ 女 (英 agriculture) 農業

agrio(a) /アグリオ(ア)/ 形 (英 sour, bitter) すっぱい, 辛辣(しんらつ)な ━ 男 酸味, [~s] 柑橘(かんきつ)類

agrupación /アグるパしオン/ 女 (英 grouping) 集まる(集める)こと, 組み分け, 集まり, [集合的に] 集まった人々

agrupar /アグるパる/ 他 (英 group) 集める, 組み分けする ━ se 再 集まる

agua /アグア/ 女 (英 water) 水, (植物・果物の) 汁, [~s] 雨, 雨漏り, [~s] 涙, [~s] (布・金属などの) つや, [~s] [海] 海

aguantar /アグアンタる/ 他 (英 bear, stand) 我慢する, しっかりと持っている, (息・笑いを) 止める, 長持ちする

aguardar /アグアるダる/ 他 (英 wait) 待つ, 待ち受ける, 時間を与える

aguardiente /アグアるディエンテ/ 男 (英 liquor) [飲] 焼酎

agudo(a) /アグド(ダ)/ 形 (英 sharp) 鋭い, 鋭敏な, 鼻をつく, 高い, [医] 急性の, [数] 鋭角の, [文法] アクセントが最後の音節にある

águila /アギラ/ 女 (英 eagle) [鳥] ワシ(鷲)

aguja /アグハ/ 女 (英 needle) 針, 注射針, (時計の) 針, (針のように) とがっているもの, [海] 羅針盤

agujero /アグへろ/ 男 (英 hole) 穴, 欠損, 針職人, 針入れ

ah /ア/ 間 (英 ah!, oh!) ああ!, ええ?, 何ですか?

ahí /アイ/ 副 (英 there) そこに[で] ¶ de ahí que ... (接続法) その結果…となる ... o por ahí [口語] …かそのくらい por ahí その辺で, そこら, すぐそこで

ahogar /アオガる/ 他 (英 suffocate) 窒息させる, 絞め殺す, [一般に] 苦しめる, (火・音を) 消す, (感情・声などを) 抑える, 抑止する, おぼれさせる ━ se 再 溺死する, 窒息する, 消える

ahora /アオら/ 副 (英 now) 今, このごろは, すぐに, 今しがた, さて, 一方… ¶ ahora ..., ahora ...…したり~したり, ときには…ときには… ahora mismo 今すぐ, ちょうど今 por ahora 今のところ…, さし当たって

ahorita /アオリタ/ 副 (英 right now) [中南米] 今すぐに

ahorrar /アオらる/ 他 (英 save) (金を) 蓄える, (…の出費を) 節約する, (危険・困難を) 避ける ━ 自 節約する, 金を貯める ━ se 再 節約する, …せずにすます, (危険・困難を [de]) 避ける, 努力などを惜しむ

ahorro /アオろ/ 男 (英 saving) 貯蓄, 節約

aire /アイれ/ 男 (英 air) 空気, 空中, 風, 様子, 航空, [楽] 歌, 優雅さ ¶ al aire libre 戸外で tomar el aire 外に出て空気

を吸う，散歩する

aislar /アイスラる/ 他 (㊎ isolate) 孤立させる，[電] 絶縁される — **se** 再 孤立する，絶縁される，離される

ajedrez /アヘドれす/ 男 (㊎ chess) チェス

ajeno(a) /アヘノ(ナ)/ 形 (㊎ somebody else's) 他人の，無縁の，知らないで，不適当な，ない，(…に [a]) 無関係の

aji /アヒ/ 男 [ラ米] トウガラシ

ajo /アホ/ 男 (㊎ garlic) [植] ニンニク

ajustar /アフスタる/ 他 (㊎ fit) 適合させる，調整する，取り決める，しっかり締める，調停する，[商] (勘定を) 清算する，[印] 製版する，(打撃を) 加える — **se** 再 一致する，従う，合意する，身につけるものを締める

al /アル/ 前 (㊎ to the) 前置詞 a と定冠詞 el の融合形 ¶ al +不定詞 …する時，…した時

ala /アラ/ 女 (㊎ wing) (鳥・飛行機・風車などの) 翼 (つばさ)，[衣] (帽子の) つば，党派，[建] (建物などの) 翼

alabanza /アラバンサ/ 女 (㊎ praise) 賞賛，自慢

alabar /アラバる/ 他 (㊎ praise) ほめる

alambre /アランブれ/ 男 (㊎ wire) 針金

alameda /アラメダ/ 女 (㊎ promenade) ポプラ並木通り，[一般に] 並木道，ポプラ林

álamo /アラモ/ 男 (㊎ poplar) [植] ポプラ

alargar /アラるガる/ 他 (㊎ lengthen) 長くする，延期する，(手足などを) 伸ばす，(人に [a]) 取ってあげる

alarma /アラるマ/ 女 (㊎ alarm) 警報，警戒，驚き

alarmante /アラるマンテ/ 形 (㊎ alarming) 警戒すべき

alarmar /アラるマる/ 他 (㊎ alarm) 警報を発する，驚かす — **se** 再 驚く

Alaska /アラスカ/ 固 (㊎ Alaska) [地名] アラスカ

alba /アルバ/ 女 (㊎ dawn, daybreak) 夜明け

Albania /アルバニア/ 固 (㊎ Albania) [地名] アルバニア

alberca /アルベるカ/ 女 (㊎ reservoir, tank) 貯水池，[メキシコ] プール

albergue /アルベるゲ/ 男 (㊎ lodging, lodge) 宿泊，避難所，(動物の住む) ほら穴

álbum /アルブム/ 男 (㊎ album) アルバム，文学 [音楽・名画] 選集

alcalde /アルカルデ/ 男 (㊎ mayor) 市長，行政長官，トランプ遊びの一種

alcaldesa /アルカルデサ/ 女 (㊎ mayoress) 女性の市長 [町長・村長]，市長 [町長・村長] の妻

alcance /アルカンセ/ 男 (㊎ range, arm's length) 範囲，[〜s] 見通し，追いつくこと，[軍] 射程距離 ¶ al alcance de …の届く所に dar alcance a …に届く，追いつく

alcanzar /アルカンさる/ 他 (㊎ catch up with) 追いつく，届く，完成する，手を伸ばして取る，理解する — 自 (…するに [a 不定詞]) 足りる，(…[a 不定詞]) できる，届く — **se** 再 理解できる，一緒になる

alcázar /アルカさる/ 男 (㊎ king's palace) 王宮，城塞，[海] 船楼

alcoba /アルコバ/ 女 (㊎ bedroom, alcove) 寝室

alcohol /アルコオル/ 男 (㊎ alcohol) [飲] アルコール飲料，アルコール

alcohólico(a) /アルコオリコ(カ)/ 形 (㊎ alcoholic) アルコール性の，[医] アルコール中毒の — 男，女 [医] アルコール中毒 (患者)

aldea /アルデア/ 女 (㊎ village, hamlet) 村

aldeano(a) /アルデアノ(ナ)/ 形 (㊎ village) 村の，いなかの — 男，女 いなか者

alegrar /アレグらる/ 他 (㊎ make happy) 喜ばせる，活気づける — **se** 再 喜ぶ

alegre /アレグれ/ 形 (㊎ merry, joyful) 愉快な，喜んでいる，明るい，[estar 〜] ほろ酔い気分の，みだらな，向こう見ずな

alegremente /アレグれメンテ/ 副 (㊎ merrily) 愉快に，楽

alegría /アレグリア/ 女 (⊛ happiness, merriment) 愉快, 上機嫌, 明るさ ¶ con alegría 喜んで, 大喜びで, 嬉しそうに

alejar /アレハる/ 他 (⊛ remove to a distance) 遠ざける, (考えなどを) 捨てる ━ se 再 遠ざかる, 疎遠になる

alemán(ana) /アレマン (ナ)/ 形 (⊛ German) ドイツ (人・語) の, 女 ドイツ人 ━ 男 ドイツ語

Alemania /アレマニア/ 固 (⊛ Germany) 〔地名〕ドイツ

alentar /アレンタる/ 他 (⊛ encourage) 激励する, (…を [不定詞]) 勧める, (気持・感情を) 引き起こす, 呼吸する, (病気から) 回復する

alerta /アレるタ/ 女 (⊛ alert) 警報 ━ 副 警戒している

alfabeto /アルファベト/ 男 (⊛ alphabet) アルファベット, 字母

alfiler /アルフィレる/ 男 (⊛ pin) ピン, 留め針

alfombra /アルフォンブら/ 女 (⊛ carpet) 絨毯 (じゅうたん)

alga /アルガ/ 女 (⊛ alga, seaweed) 〔植〕海草

álgebra /アルヘブら/ 女 (⊛ algebra) 〔数〕代数学

algo /アルゴ/ 代 (⊛ something) 何か, いくらか ━ 男 かなりのもの

algodón /アルゴドン/ 男 (⊛ cotton) 綿 (わた), 〔衣〕木綿, 〔料〕綿菓子

alguien /アルギエン/ 代 (⊛ someone, anyone) ある人, ひとかどの人物

alguno(a) /アルグノ (ナ)/ 形 (⊛ a, a certain) 何かの, いくらかの, 〔否定文で名詞の後で〕何も…ない, かなり, 適度の 《男性単数名詞の前では→algún》 ━ 代 (不定代名詞) 〔人をさす〕誰か

alianza /アリアンさ/ 女 (⊛ alliance, union) 同盟, 契約, 姻戚関係, 結婚 〔婚約〕指輪

aliar /アリアる/ 他 (⊛ ally) (2者を) 同盟させる, 結ぶ ━ se 再 同盟する, 縁組する, 結ぶ

aliento /アリエント/ 男 (⊛ breath) 呼吸, 息, 〔しばしば~s〕勇気づけるもの

aligerar /アリへらる/ 他 (⊛ lighten) 軽くする, (苦痛などを) 軽くする, 短くする, 速める, 身を軽くする, 急ぐ ━ 自 急ぐ ━ se 再 軽くなる

alimentación /アリメンタシオン/ 女 (⊛ food, nutrition) 〔集合的に〕食料, 食料供給, 給水

alimentar /アリメンタる/ 他 (⊛ feed) 食料を与える, (感情を) あおる, (機械に) (原料・燃料を [con, de]) 送る ━ 自 栄養になる ━ se 再 生きる

alimento /アリメント/ 男 (⊛ food) 食物, (精神の) 糧 (かて), 栄養, 燃料

aliviar /アリビアる/ 他 (⊛ alleviate) 楽にする, (病気を) 治す, 軽くする ━ se 再 病気が治る

allá /アジャ/ 副 (⊛ there, over there) あそこに [で], かなたに, 昔, 死後に

allanar /アジャナる/ 他 (⊛ smooth) 〈土地などを〉平らにする

allí /アジ/ 副 (⊛ there) あそこで [に], その時

alma /アルマ/ 女 (⊛ soul, spirit) 霊魂, 人, 主役, 活発さ, 中心, 生命, 〔建〕足場, (銃の) 空洞部分, (刀・刃物の) つか ¶ con toda el alma 心から

almacén /アルマセン/ 男 (⊛ warehouse; department store) 倉庫, 〔おもに grandes ~es〕〔商〕デパート, 〔商〕卸売店, (連発銃の) 弾倉

almanaque /アルマナケ/ 男 (⊛ almanac) 暦 (こよみ)

almendra /アルメンドら/ 女 (⊛ almond) 〔植〕アーモンド

almirante /アルミらンテ/ 男 (⊛ admiral) 〔軍〕海軍大将

almohada /アルモアダ/ 女 (⊛ pillow) 枕 (まくら), クッション

almorzar /アルモるзаる/ 自 (⊛ lunch) 昼食をとる ━ 他 昼食に食べる

almuerzo /アルムエるそ/ 男 (⊛ lunch) 昼食, 軽食, 〔地方によって〕朝食

aló /アロ/ 感 (⊛ hello) もしもし (電話で)

alojamiento/アロハミエント/男(⊗ lodging)宿泊(施設)

alojar/アロハる/他(⊗ house, lodge)泊める,(空いている所に[en])置く —**se**再泊まる

alquilar/アルキらる/他(⊗ rent, hire, charter)借りる,貸す —**se**再貸し出される,仕事をする

alquiler/アルキれる/男(⊗ renting)賃貸し(料),賃借り

alrededor/アルれデドる/副(⊗ around, round)まわりに[を] —男[~es]郊外,周囲 ¶ alrededor de …およそ…,約…,ほとんど…

altar/アルタる/男(⊗ altar)祭壇

alterar/アルテらる/他(⊗ alter, change)変える,動揺させる,乱す,(真実を)ゆがめる —**se**再変わる,動揺する,乱れる

alternar/アルテるナる/他(⊗ alternate)交替する,交互にする

alternativo(a)/アルテるナティボ(バ)/形(⊗ alternating)交替の,交互の,代替できる

altitud/アルティトゥド/女(⊗ height)高さ,海抜

alto(a)/アルト(タ)/形(⊗ high, tall)高い,上の,立て長の,上流の,前期の —副上の方に[で],大きな声[音]で¶ dar de alta (医師が)全快を証明する en alto 高い所で,高い所へ向かって lo alto 一番高い所,頂上 pasar por alto 大目に見る,見逃す por lo alto ざっと,おおざっぱに por todo lo alto 豪華に,盛大に

altura/アルトゥら/女(⊗ height)高さ,身長,高所,水準¶ a estas alturas 今になって,今ごろは,この時点で,現在のところ a la altura de …の位置で

aludir/アルディる/自(⊗ allude)(…を[a])ほのめかす,言及する,記載する

alumbrar/アルンブらる/他(⊗ illuminate, light)照らす,生む,啓発する,(子を)生む,ぶつ,出産する

aluminio/アルミニオ/男(⊗ aluminum)[化]アルミニウム

alumno(a)/アルムノ(ナ)/男,女(⊗ pupil)生徒,弟子

alusión/アルシオン/女(⊗ allusion, mention)言及

alzar/アルさる/他(⊗ raise)上げる,建てる,(高く)上げる,高くする —**se**再上がる,立ち上がる,高くそびえる,建てられる,背く

ama/アマ/女(⊗ lady of the house)主婦,乳母,(女性の)所有者,(聖職者・独身者の)家政婦

amabilidad/アマビリダド/女(⊗ kindness)親切,優しさ

amable/アマブレ/形(⊗ kind)親切な,愛すべき

amablemente/アマブレメンテ/副(⊗ kindly)親切に

amanecer/アマネせる/自(⊗ dawn, break)夜が明ける,目覚める,現れる —男夜明け,始まり

amante/アマンテ/男女(⊗ love, mistress)愛人,恋人,愛好家

amar/アマる/他(⊗ love)愛する,望む

amargo(a)/アマるゴ(ガ)/形(⊗ bitter)苦(にが)い,つらい,無愛想な,苦しんでいる —男苦み

amargura/アマるぐら/女(⊗ affliction)苦しさ,苦(にが)み

amarillo(a)/アマりジョ(ラ)/形(⊗ yellow)黄色の,黄色人種の —男黄色

Amazonas/アマソナス/固(⊗ Amazon)[地名]アマゾン川

ambición/アンビシオン/女(⊗ ambition)野心,大望

ambiente/アンビエンテ/男(⊗ environment)環境,(好意的な・良い)雰囲気,大気,活気

ambiguo(a)/アンビグオ(ア)/形(⊗ ambiguous)曖昧(あいまい)な

ámbito/アンビト/男(⊗ ambit)区域,分野

ambos(as)/アンボス(バス)/形(⊗ both)両方の —代両方とも

ambulancia/アンブランしア/女(⊗ ambulance)救急車

amenaza/アメナさ/女(⊗

amenazar ▶

threat, menace) 脅迫
amenazar/アメナさる/他 (㉓ threaten) 脅(おど)す, 前兆を示す ━自 今にも起こりそうである, (…すると言って[不定詞])脅す
ameno(a)/アメノ(ナ)/形 (㉓ pleasant) 心地よい, おもしろみのある
América/アメリカ/固 (㉓ America) [地名] アメリカ
americano(a)/アメリカノ(ナ)/形 (㉓ American) アメリカ大陸の, アメリカ合衆国の, アメリカ成金の ━男, 女 アメリカ大陸の人, アメリカ合衆国人
amigo(a)/アミゴ(ガ)/男, 女 (㉓ friend) 友, 恋人, 愛人 ━形 親しい, 好む, 恵み深い, [軍]味方の ¶ hacerse amigo 友人になる
amistad/アミスタド/女 (㉓ friendship) 友情, [～es] 友達 ¶ hacer amistad con ……と親しくなる
amo/アモ/男 (㉓ owner) 所有者, 主人, 家長, 支配する人, 権力者
amontonar/アモントナる/他 (㉓ pile together) 積み上げる, 集める, (人・動物を) 詰め込む ━se 再 山積みになる
amor/アモる/男 (㉓ love) 愛, (異性に対する) 愛, 恋人, 恋愛, 丹青
amoroso(a)/アモロソ(サ)/形 (㉓ loving, affectionate, amorous) 愛情深い, 穏やかな
amparar/アンパらる/他 (㉓ protect) 保護する ━se 再 身を守る, 保護[援助]を求める
amparo/アンパろ/男 (㉓ protection) 保護, 保護物, 避難場所
ampliación/アンプリアしオン/女 (㉓ expansion) 拡大, [建] (家の)増築, [写]引き伸ばし, 敷衍(ふえん)
ampliar/アンプリアる/他 (㉓ enlarge) 広げる, [写] 引き伸ばす
amplio(a)/アンプリオ(ア)/形 (㉓ ample, wide) 広い, ゆったりした, 広い, 広範な
amplitud/アンプリトゥド/女 (㉓ amplitude) 広さ, スペース, [物]振幅
amueblar/アムエブらる/他 (㉓ furnish) (家・部屋に) 家具をおく[備える]
análisis/アナリシス/男 (㉓ analysis) 分析, [医]検査, 分析的研究, [数] 解析
analizar/アナリさる/他 (㉓ analyze) 分析する, [医]検査する
anatomía/アナトミア/女 (㉓ anatomy)[医]解剖学, 解剖, (動植物・人体などの)組織, 詳細な検査
ancho(a)/アンチョ(チャ)/形 (㉓ wide, broad) 広い, 厚い, ゆったりとした, だぶだぶの, のびのびとした
anciano(a)/アンしアノ(ナ)/男, 女 (㉓ old man, old woman) 老人 ━形 老いた
ancla/アンクら/女 (㉓ anchor) 錨(いかり)
Andalucía/アンダルしア/固 (㉓ Andalusia) [地名] アンダルシア
andaluz(a)/アンダルす(さ)/形 (㉓ Andalusian) アンダルシアの, アンダルシア方言の ━男, 女 アンダルシアの人 ━男 アンダルシア方言
andar/アンダる/自 (㉓ walk) 歩く, 散歩をする, 行く, 動く, (…で[形容詞・副詞]) ある, (…[現在分詞])している
andén/アンデン/男 (㉓ railway platform) (駅の)プラットホーム, 歩道, 桟橋
Andes/アンデス/固 (㉓ Andes) [地名] アンデス山脈
andino(a)/アンディノ(ナ)/形 (㉓ Andean) アンデス山脈の ━男, 女 アンデス人
Andorra/アンドら/固 (㉓ Andorra) [地名] アンドラ
anécdota/アネクドタ/女 (㉓ anecdote) 逸話
ángel/アンヘル/男 (㉓ angel) 天使
angosto(a)/アンゴスト(タ)/形 (㉓ narrow, close) 幅の狭い
ángulo/アングロ/男 (㉓ angle) 角(かく), 隅(すみ), (物を見る)角度, [映]アングル
angustia/アングスティア/女

(㊎ anguish) 苦悶, 不安

anhelo /アネロ/ 男 (㊎ yearning) 憧 (あこが) れ

anillo /アニジョ/ 男 (㊎ ring) 指輪, 〔一般に〕輪, とぐろ巻き, ドーナツ形, 闘牛場の砂場

animación /アニマシオン/ 女 (㊎ animation) 賑 (にぎ) わい, 生き生きしていること, 〔映〕動画

animado(a) /アニマド(ダ)/ 形 (㊎ animate) 生命のある, 生気のある, 愉快な, 鼓舞された, 〔映〕動画の

animal /アニマル/ 男 (㊎ animal) 動物, けだもの ― 形 動物の, 動物的な, 乱暴な

animar /アニマる/ 他 (㊎ vitalize) にぎやかにする, (…するように [a 不定詞]) 誘う, 元気づける, 生命を吹き込む ― **se** 再 (…[a 不定詞]) する気になる, 元気を出す

ánimo /アニモ/ 男 (㊎ spirit) 気分, 元気, 意志, 勇気

animoso(a) /アニモソ(サ)/ 形 (㊎ spirited) 元気のある, 勇敢な

aniversario /アニべるサリオ/ 男 (㊎ anniversary) 記念祭 [日], 年忌

anoche /アノチェ/ 副 (㊎ last night) 昨晩

anochecer /アノチェセる/ 自 (㊎ get dark) 夜になる, 夜をむかえる ― 男 日没, 黄昏 (たそがれ)

anónimo(a) /アノニモ(マ)/ 形 (㊎ anonymous) 作者不明の, 〔商〕株式会社の, 有名でない ― 男 作者不明 (の著作), 匿名の手紙 [電話], 匿名氏

anormal /アノるマル/ 形 (㊎ abnormal) 異常な, 〔医〕精神障害の

anotar /アノタる/ 他 (㊎ annotate, comment) (本などに) 注釈をつける, 書き留める, 記帳する, 〔スポーツ〕得点する

ansia /アンシア/ 女 (㊎ anxiety, anguish) 心配, 〔ときに~s〕切望, [~s] 苦しみ, [~s] 吐き気

ansiar /アンシアる/ 他 (㊎ yearn for) 切望する, 無性 (むしょう) に (…[不定詞]) したい

ansiedad /アンシエダド/ 女 (㊎ anxiety) 心配, 熱望

Antártida /アンタるティダ/ 固 (㊎ Antarctica) [la ~] 〔地名〕南極大陸

ante /アンテ/ 前 (㊎ in front of, before) …を前にして, …の前に, …と比べて, …よりも前に ¶ ante las cámaras de televisión テレビカメラを前にして ante todo まずはじめに, 第一に; 何よりも優先して

anteayer /アンテアジェる/ 副 (㊎ the day before yesterday) 一昨日

antecedente /アンテセデンテ/ 男 (㊎ background) 経歴, 前歴, 〔文法〕(関係詞の) 先行詞

antelación /アンテラシオン/ 女 (㊎ previousness) (時間・順序などで) 先立つこと ¶ con antelación 前もって

antemano /アンテマノ/ 副 (㊎ in advance) ¶ de antemano 事前に, あらかじめ, 前もって

anteojos /アンテオホス/ 男 (㊎ eyeglasses) 眼鏡, 双眼鏡

antepasado(a) /アンテパサド(ダ)/ 形 (㊎ past) 過ぎ去った, 過去の, より以前の ― 男 [~s] 先祖, 祖先

anterior /アンテリオる/ 形 (㊎ previous) 前の, 前にある, 前面の, 以前の

anteriormente /アンテリオるメンテ/ 副 (㊎ previously) (時間が) 前に, 先立って, 前の部分に

antes /アンテス/ 副 (㊎ before, previously) 以前に, 昔は, (…より [de 不定詞] [de que 接続法]) 前に, 以前に, むしろ ¶ antes de [que] nada 何よりもまず, とにかく

anticipación /アンティシパシオン/ 女 (㊎ anticipation) 先行, 〔商〕前金

anticipar /アンティシパる/ 他 (㊎ anticipate) 繰り上げる, 予想する, 早める

anticuado(a) /アンティクアド(ダ)/ 形 (㊎ antiquated) 古くなった

antiguamente /アンティグアメンテ/ 副 (㊎ in other times)

antigüedad/アンティグエダド/女(® antiquity) 古さ, 古代, 在職期間, [~es] 骨董(こっとう)品 昔は

antiguo(a)/アンティグオ(ア)/形(® old) 古い, 昔の, 古参の, 卒業生の, 前の

antillano(a)/アンティジャノ(ナ)/形(® Antillean) アンティル諸島の — 男,女 アンティル諸島の人

Antillas/アンティジャス/固(® Antilles)〔地名〕アンティル諸島

antipatía/アンティパティア/女(® dislike) 反感

antipático(a)/アンティパティコ(カ)/形(® unpleasant) 感じの悪い, 嫌いな

antojo/アントホ/男(® whim, fancy) 気まぐれ, (急な)衝動, [とくに] 妊婦が示す変わった嗜好, あざ

antología/アントロヒア/女(® anthology) アンソロジー

antropología/アントろポロヒア/女(® anthropology) 人類学

anual/アヌアル/形(® annual) 一年毎の, 一年の, 年刊の

anular/アヌラる/他(® cancel) 取り消す, 影を薄くさせる, 相殺する — **se** 再 取り消される, すべてを諦める, 力が奪われる

anunciar/アヌンしアる/他(® tell, announce) 知らせる, 広告をする, 告げる — **se** 再 知らされる, 予想される

anuncio/アヌンしオ/男(® announcement) 発表, 広告, 前触れ

añadidura/アニャディドゥら/女(® addition) 付加, 量り売りのおまけ ¶ por ~ その上

añadir/アニャディる/他(® add) 加える, つけ加えて言う — **se** 再 加わる

año/アニョ/男(® year) 年, 学年, …歳, [~s] 何年もの間

apagar/アパガる/他(® put out, extinguish) (火を)消す, (電気・スイッチを)切る, (…の色を)あせさせる, (空腹・興奮・怒りなどを)静める

aparato/アパらト/男(® set, device) 装置, 電話器, 〔解〕器官, 華やかさ, 飛行機

aparcamiento/アパるカミエント/男(® parking) 駐車, 駐車場

aparcar/アパるカる/他(® park) 駐車する

aparecer/アパれせる/自(® appear) 現れる, 出る, 公になる, 見つかる, 見える — **se** 再 (人の前に [a, ante]) 現れる

aparentar/アパれンタる/他(® feign) ふりをする, 様子である

aparente/アパれンテ/形(® apparent) 見せかけの, 明らかな, 見栄えのする, かっこうがよい

aparentemente/アパれンテメンテ/副(® apparently) (実際はともかく) 見たところは

aparición/アパりしオン/女(® appearance) 現れること, 出版, 幻影

apariencia/アパりエンしア/女(® appearance) 外見, 見かけ, 容貌(ようぼう), 豪華さ, [~s] 気配

apartamento/アパるタメント/男(® apartment, flat) アパート, マンション

apartar/アパるタる/他(® remove, put aside) 別にする, 引き離す, (別にして) 取っておく, (注意・視線などを) そらす — **se** 再 離れる

aparte/アパるテ/副(® aside) 別にして, 離れて, その上, ほかに, (…de) 別にすれば, 〔演〕傍白(ぼうはく)で — 男 傍白, (別の) 段落

apasionado(a)/アパシオナド(ダ)/形(® passionate) 情熱的な, 大変熱心な — 男,女 熱烈なファン

apasionar/アパシオナる/他(® stir, excite) 熱中させる — **se** 再 熱中する

apelar/アペラる/自(® appeal) 〔法〕上訴 [控訴] する, (助け・同情などを [a]) 求める, (世話・武力などに [a]) 訴える

apellido/アペジド/男(® surname) 姓

apenar/アペナる/他(®

grieve) 悲しませる **—se** 再 (…を [de]) 悲しむ

apenas /アペナス/ 副 (㊛ hardly, scarcely) ほとんど…ない, 〔数量を示す語句の前で〕かろうじて…, やっと **—接** …するやいなや

aperitivo /アペリティボ/ 男 (㊛ apéritif) アペリチフ, 食前酒

apertura /アペルトゥラ/ 女 (㊛ opening, beginning) 開くこと, すき間, 開放

apetecer /アペテセる/ 自 (㊛ feel like) ほしがらせる, (…[不定詞]) したくさせる

apetito /アペティト/ 男 (㊛ appetite) 食欲, 願望

apetitoso(a) /アペティトソ(サ)/ 形 (㊛ appetizing) 食欲をそそる, 〔口語〕〔比喩〕心をそそる

aplaudir /アプラウディる/ 他 (㊛ applaud) 拍手喝采(かっさい)する, 賞賛する

aplauso /アプラウソ/ 男 (㊛ applause) 拍手

aplazar /アプラさる/ 他 (㊛ postpone, adjourn) 延期する, 落第させる

aplicación /アプリカしオン/ 女 (㊛ application) 適用, (薬などを [de]) 塗ること, 〔衣〕アップリケ, 飾り

aplicado(a) /アプリカド(ダ)/ 形 (㊛ diligent) 勤勉な

aplicar /アプリカる/ 他 (㊛ apply) 当てる, (法則などを) 適用する, 帰属させる **—se** 再 適用される, 精を出す, 当てられる, (自分の体に) つける [貼る]

apoderar /アポデらる/ 他 (㊛ empower) 権限を与える **—se** 再 (…を [de]) 奪う, つかむ

apodo /アポド/ 男 (㊛ nickname) あだ名

aportación /アポるタしオン/ 女 (㊛ contribution) 貢献, 分担 (金)

aportar /アポるタる/ 他 (㊛ provide) もたらす, 寄与する, (持参金を) 持ってくる

apostar /アポスタる/ 他 (㊛ bet) (金を) 賭(か)ける **—(se)** 自(再) (金を) 賭ける

apóstol /アポストル/ 男 (㊛ apostle) 使徒《キリストの12人の弟子》,(政策・主義などの) 主唱者

apoyar /アポジャる/ 他 (㊛ lean, rest) 支える,(人・主義などを) 支持する, 証拠とする **—自** 支えられている **—se** 再 寄り掛かる, 頼りにする, 証拠 [裏付け] とする, 支えられている

apoyo /アポジョ/ 男 (㊛ support) 支えとなるもの, 支える [支えられる] こと, 支持, 裏付け

apreciable /アプれしアブレ/ 形 (㊛ appreciable) 目に見えるほどの, かなりの, 立派な

apreciación /アプれしアしオン/ 女 (㊛ appreciation) 評価

apreciar /アプれしアる/ 他 (㊛ appreciate) 大事にする, 評価する,(人の好意などを) ありがたく思う, 認識する

aprecio /アプれしオ/ 男 (㊛ esteem) 尊敬, 評価, 関心

aprender /アプれンデる/ 他 (㊛ learn) 学ぶ, 覚える, 知る **—自** (…を [a 不定詞]) 学ぶ **—se** 再 習う

aprendiz(a) /アプれンディす(さ)/ 男, 女 (㊛ apprentice) 徒弟, 初心者

aprendizaje /アプれンディさへ/ 男 (㊛ learning) 習得, 徒弟の身分 [年季], 見習い期間

apresurado(a) /アプれスらド(ダ)/ 形 (㊛ hurried, hasty) せきたてられている **—男, 女** あわて者

apresurar /アプれスらる/ 他 (㊛ hurry) せかす, 速める, 急いで (… [a, en 不定詞]) する

apretar /アプれタる/ 他 (㊛ squeeze, tighten) (強く) 押す, 握りしめる, 強いる, 厳しくする, 締めつける, (手を) 握る, 急がせる **—自** ひどくなる, きつくなる **—se** 再 詰まる

aprisa /アプリサ/ 副 (㊛ quickly) 速く, すぐに

aprobación /アプろバしオン/ 女 (㊛ approval) 賛成, 合格

aprobado(a) /アプろバド(ダ)/ 形 (㊛ passed) 合格した, 承認された **—男** (成績の) 可

aprobar /アプろバる/ 他 (㊛

approve)〔行為・計画などを〕認める, 合格させる, (試験に)合格する ━ 自 (試験に [en]) 合格する

apropiado(a) /アプロピアド(ダ)/ 形 (㊦ appropriate) 適当な

aprovechar /アプロベチャる/ 他 (㊦ take advantage of) 利用する, 開発する ━ 自 役に立つ, 機会を利用する, 進歩する ━ **se** 再 (…を [de]) 利用する, 機会をつかまえる, (女性の体に [de]) さわる

aproximadamente /アプロクシマダメンテ/ 副 (㊦ approximately) おおよそ…

aproximar /アプロクシマる/ 他 (㊦ bring nearer) 近づける, 手渡す ━ **se** 再 (…に [a]) 近づく

aptitud /アプティトゥド/ 女 (㊦ aptitude) 適性, 適合性

apto(a) /アプト(タ)/ 形 (㊦ suitable) 向いた, 適した

apuesta /アプエスタ/ 女 (㊦ bet) 賭け

apuntar /アプンタる/ 他 (㊦ aim) (銃などを) 向ける, 書き留める, 指す, 指摘する, 鋭くする, 賭ける, 固定する, 〔スポーツ〕得点する ━ 自 明ける, 狙う, (… [a 不定詞]) しようとする, 始まる ━ **se** 再 (…に [en]) 参加する, 会員になる, 入学する, 〔スポーツ〕得点する

apunte /アプンテ/ 男 (㊦ note) ノート, 書き留め, 〔絵〕スケッチ, 賭け金

apurado(a) /アプらド(ダ)/ 形 (㊦ hard up, needy) 貧乏な, 急いでいる, 窮地にある, 正確な

apurar /アプらる/ 他 (㊦ use up) (最後まで) 使い尽くす, 苦しめる, 責めたてる, 徹底的に調べる, せきたてる, 浄化する ━ 自 我慢できないほどひどい ━ **se** 再 心配する, 急ぐ, (…に [por 不定詞]) 努める

apuro /アプろ/ 男 (㊦ embarrassment) 困惑, 苦難, 大急ぎ

aquel(aquella) /アケル(ジャ)/ 形 (㊦ that) あの

aquél(aquélla) /アケル(ジャ)/ 代 (㊦ that one) あれ

aquellos(as) /アケジョス(ジャス)/ 形 (㊦) ⇒ aquel

aquéllos(as) /アケジョス(ジャス)/ 代 (㊦) ⇒ aquél

aquí /アキ/ 副 (㊦ here) ここで [に, へ]

árabe /アらべ/ 形 (㊦ Arabian) アラビア (人・語) の ━ 男女 アラビア人 ━ 男 アラビア語

Arabia /アらビア/ 固 (㊦ Arabia) 〔地名〕アラビア

Aragón /アらゴン/ 固 (㊦ Aragon) 〔地名〕アラゴン

araña /アらニャ/ 女 (㊦ spider) 〔昆〕クモ (蜘蛛), シャンデリア

arañar /アらニャる/ 他 (㊦ scratch) ひっかく, 〔比喩〕こする, (金・物を) かき集める, (弦楽器を) かき鳴らす ━ **se** 再 (自分の体を) ひっかく

arar /アらる/ 他 (㊦ plow, plough) 〔農〕耕す, しわを寄せる

arbitrar /アるビトらる/ 他 (㊦ arbitrate) 〔法〕仲裁[調停]する, 〔スポーツ〕審判する, (手段を) 見つける, (寄付・金を) 集める

arbitrario(a) /アるビトらりオ(ア)/ 形 (㊦ arbitrary) 任意の, 独断的な

árbitro /アるビトろ/ 男 (㊦ umpire, referee) レフェリー, 〔スポーツ〕審判員, 仲裁者, 権威者

árbol /アるボル/ 男 (㊦ tree) 木, 樹木

arca /アるカ/ 女 (㊦ chest) 箱, 金庫, 棺 (ひつぎ)

arcaico(a) /アるカイコ(カ)/ 形 (㊦ archaic) 古代の, 古風な

archipiélago /アるチピエラゴ/ 男 (㊦ archipelago) 多島海

archivo /アるチボ/ 男 (㊦ archive) 記録[公文書]保管所, 書類用キャビネット, 〔集合的に〕公文書, 文書, 〔コンピューター〕ファイル

arco /アるコ/ 男 (㊦ arch) 〔建〕アーチ, 弓, アーチ型, 〔数〕弧, 〔電〕アーク, 〔楽〕(楽器の) 弓, (樽 (たる) の) たが

arder /アるデる/ 自 (㊦ burn) 燃える, 燃えるような感じがする, (激しい思いに [en]) 駆ら

ardiente /アルディエンテ/ 形 (英 ardent) [比喩] 情熱的な, 燃えている, 燃えるような色の

ardilla /アルディジャ/ 女 (英 squirrel) [動] リス, 機敏な人

ardor /アルドる/ 男 (英 heat) 酷暑, (体の) 熱, 紅潮, 熱情

área /アれア/ 女 (英 area) 地域, 範囲, [スポーツ] エリア, 面積, アール

arena /アれナ/ 女 (英 sand) 砂, 砂地, [闘牛] 闘牛場, [~s] [医] (腎臓などの) 結石, (古代ローマの) 闘技場, [一般に] 試合場

Argentina /アるヘンティナ/ 固 (英 Argentine) [地名] アルゼンチン

argentino(a) /アるヘンティノ(ナ)/ 形 (英 Argentinean) アルゼンチン (人) の, 銀のような ― 男,女 アルゼンチン人

argumento /アるグメント/ 男 (英 argument) 論点, 要旨

árido(a) /アりド(ダ)/ 形 (英 arid) 乾燥した, 不毛の, 無味乾燥な

aristocracia /アリストクらしア/ 女 (英 aristocracy) [集合的に] 貴族, [政] 貴族政治, [集合的に] 一流の人々

aristócrata /アリストクらタ/ 男女 (英 aristocrat) 貴族, [政] 貴族政治主義者, 一流の人

aristocrático(a) /アリストクらティコ(カ)/ 形 (英 aristocratic) 貴族の, [政] 貴族政治の

arma /アるマ/ 女 (英 arms, weapon) 武器, [比喩] 対抗手段, [~s] [軍] 軍

armada /アるマダ/ 女 (英 navy, fleet) [軍] 海軍, [軍] 艦隊

armamento /アるマメント/ 男 (英 armament) 軍備, 兵器

armar /アるまる/ 他 (英 arm) 武装させる, (…を [de, con]) 備えさせる, 備える, 引き起こす, (銃に) 弾丸を込める, 用意する ― 自 合う ― se 再 武装する, 持つ, (騒ぎが) 起こる

armario /アるマりオ/ 男 (英 wardrobe) 洋服だんす, 戸棚

armonía /アるモニア/ 女 (英 harmony) 調和, [楽] ハーモニー

armónico(a) /アるモニコ(カ)/ 形 (英 harmonic) 調和した, [楽] 和音の

armonioso(a) /アるモニオソ(サ)/ 形 (英 harmonious) 調和した, 耳に快い, 仲の良い

aroma /アろマ/ 男 (英 aroma, perfume) 芳香, (食品の) 味と香り

aromático(a) /アろマティコ(カ)/ 形 (英 aromatic) 芳香がある

arqueología /アるケオロヒア/ 女 (英 archaeology) 考古学

arqueológico(a) /アるケオロヒコ(カ)/ 形 (英 archaeological) 考古学の

arqueólogo(a) /アるケオロゴ(ガ)/ 男,女 (英 archaeologist) 考古学者

arquitecto(a) /アるキテクト(タ)/ 男,女 (英 architect) 建築家

arquitectura /アるキテクトゥら/ 女 (英 architecture) 建築 (学), [集合的に] 建築物

arrabal /アらバル/ 男 (英 outskirts) 町 [村] はずれ, 郊外

arraigar /アらイガる/ 自 (英 take root) [植] 根づく, 定住する, 根を下ろす

arrancar /アらンカる/ 他 (英 uproot) 引き抜く, はがす, 奪う, (無理に) 引き出す, (自動車の) エンジンをかける, 引き起こす ― 自 かかる, 発車する, 襲いかかる, 発している, 原因となっている, (…し [a 不定詞]) 始める, 逃げる ― se 再 去る, 突然 (… [a 不定詞]) する

arranque /アらンケ/ 男 (英 beginning) 始め, (激情などの) 爆発

arrastrar /アらストらる/ 他 (英 pull, drag) 引く, 無理やり連れて行く, 運び去る

arrebatar /アれバタる/ 他 (英 snatch) 奪い取る, 吹き飛ばす, 心を奪う, 破る, 激怒させる

arreglado(a) /アれグらド(ダ)/ 形 (英 neat, tidy) 整頓された, 準備ができた, 片づいた, 規則正しい, 適度の, 従った

arreglar /アれグらる/ 他 (英

arreglo arrange, set out) 整える, 片づける, 修理する, 取り決める, 支度をする, (問題を) 解決する, 〔楽〕編曲する, 〔文学〕(作品を) 脚色する, 〔料〕調味する, **— se** 再 身支度する, 直る, 何とかやって行く, 合意に達する

arreglo /アれグロ/ 男 (英 repair) 調整, 打ち合わせ, 化粧, 解決, 〔楽〕編曲

arremeter /アれメテる/ 他 (英 attack) 襲う

arrepentimiento /アれペンティミエント/ 男 (英 regret) 後悔

arrepentirse /アれペンティるセ/ 自 (英 repent) 後悔する

arrestar /アれスタる/ 他 (英 arrest) 逮捕する

arriba /アりバ/ 副 (英 up, upwards) 上で [に, へ], 上の階で [へ], 先述の, (流れの) 上流へ [に], 高い地位へ [に] **—** 間 …万歳! ¶ de arriba 上から, 上層部から de ... (para) arriba…か, それ以上の

arriesgar /アリエスガる/ 他 (英 risk) 敢えてする **— se** 再 危険を冒す

arrimar /アりマる/ 他 (英 bring closer) 近づける, もたせ掛ける **— se** 再 (…に [a]) 近づく, 寄り掛かる, 集まる, 頼りにする

arrogante /アろガンテ/ 形 (英 arrogant) 横柄な, 見事な, 勇敢な

arrojar /アろハる/ 他 (英 throw, drop) 投げる, (人を) 追い出す, 吐く, (計算の結果) …となる **— se** 再 飛び込む, 飛びかかる, 思い切って (…[a 不定詞]) する

arroyo /アろジョ/ 男 (英 stream, brook) 小川, (道端の) 下水, 流れ

arroz /アろす/ 男 (英 rice) 米, 〔料〕飯, 〔植〕イネ (稲)

arruga /アるガ/ 女 (英 wrinkle) (顔・皮膚・布・服の) しわ

arruinar /アるイナる/ 他 (英 destroy) 破滅させる, 破産させる, 破滅する

arte /アるテ/ 男 (英 art) 芸術, 美術, 術, 人工, 〔~ s〕学芸

artesano(a) /アるテサノ(ナ)/ 男, 女 (英 craftsman) 職人

ártico(a) /アるティコ(カ)/ 形 (英 Arctic) 北極の

artículo /アるティクロ/ 男 (英 article) 記事, 物品, 〔文法〕冠詞, (辞書の) 見出し, 〔法〕条項

artificial /アるティフィしアル/ 形 (英 artificial) 人造の, 不自然な

artista /アるティスタ/ 男女 (英 artist) 芸術家, 芸能人, 名人

artístico(a) /アるティスティコ(カ)/ 形 (英 artistic) 芸術的な, 趣 (おもむき) のある, 芸術の

asado(a) /アサド(ダ)/ 形 (英 roast) 焼いた **—** 男 焼き肉

asaltar /アサルタる/ 他 (英 assault) 襲う, 浮かぶ, 激しく攻める

asalto /アサルト/ 男 (英 assault) 襲撃, 〔スポーツ〕(ボクシングなどの) ラウンド

asamblea /アサンブレア/ 女 (英 assembly) 会議, 集会, 〔政〕国会, 〔軍〕集合 (の合図)

asar /アサる/ 他 (英 roast) 〔料〕(肉などを) 焼く, とても熱い, いらいらさせる, 焼ける

ascender /アスセンデる/ 自 (英 ascend) 上がる, (上がって) 数字 [金額] になる, 昇進する **—** 他 昇進させる

ascendiente /アスセンディエンテ/ 形 (英 ascending) 上って行く **—** 男 先祖

ascenso /アスセンソ/ 男 (英 ascent) 上昇, 昇進, 登山

ascensor /アスセンソる/ 男 (英 lift, elevator) エレベーター

asco /アスコ/ 男 (英 disgust) 嫌悪, 反感, ひどいもの, ひどい汚れ, 吐き気

asegurar /アセグらる/ 他 (英 assure) 保証する, (しっかり) 固定する, 保険をかける, 確実にする **— se** 再 確かめる, 保険をかける, よくなる

asemejar /アセメハる/ 他 (英 make alike) (…に [a]) 似せる **— (se)** 自(再) (…に [a]) 似る

asentar /アセンタる/ 他 (英 place) (職・地位に [en]) つかせる, 設ける, 着席させる, 定住させる, 固定させる **— se** 再 位置する, 落ち着く,

asentir /アセンティる/ 自 (㊥ assent) 同意する, うなずく

asesinar /アセシナる/ 他 (㊥ assassinate) 暗殺する, (計画的に) 殺害する

asesino(a) /アセシノ(ナ)/ 男, 女 (㊥ assassin) 暗殺者

asfalto /アスファルト/ 男 (㊥ asphalt) アスファルト

así /アシ/ 副 (㊥ so, in this way) このように ― 形 このような ¶ así de ... (形容詞) それほど… Así es. そのとおりだ 《肯定の返事》

Asia /アシア/ 固 (㊥ Asia) 〔地名〕アジア

asiático(a) /アシアティコ(カ)/ 形 (㊥ Asian) アジアの ― 男, 女 アジア人

asiduo(a) /アシドゥオ(ア)/ 形 (㊥ assiduous) 根気のよい

asiento /アシエント/ 男 (㊥ seat, chair) 席, 座席 ¶ tomar asiento 席につく

asignar /アシグナる/ 他 (㊥ assign) 指定する, 任命する

asignatura /アシグナトゥら/ 女 (㊥ subject) (学校の) 学科, 科目

asilo /アシロ/ 男 (㊥ home) 収容施設, 保護, 避難

asimilar /アシミラる/ 他 (㊥ assimilate) 消化吸収する, 合体させる, 〔音声〕(音を) 同化する ― se 再 同化する, 似ている, 消化吸収する

asimismo /アシミスモ/ 副 (㊥ also, too) 同様に, 同じに

asir /アシる/ 他 (㊥ grasp) つかむ ― se 再 (…に [a, de]) つかまる

asistencia /アシステンしア/ 女 (㊥ attendance) 出席, 〔集合的に〕出席者, 付き添い

asistente /アシステンテ/ 男女 (㊥ assistant) 助手, (~s) 出席者, 援助している

asistir /アシスティる/ 他 (㊥ assist) 助ける, 看護する, 味方である, 随行する ― 自 出席する, 参加する, 居合わせる

asno /アスノ/ 男 (㊥ donkey) 〔動〕ロバ, ばか者

asociación /アソしアしオン/ 女 (㊥ association) 協会, 関連, 連想

asociar /アソしアる/ 他 (㊥ associate) 仲間に加える, 連想する ― se 再 連合する, 交際する, 共に分かち合う, 思い出される

asomar /アソマる/ 他 (㊥ put out) (外へ) 出す ― 自 現れる ― se 再 のぞく, 姿を見せる, 目を通す

asombrar /アソンブらる/ 他 (㊥ surprise) 驚かせる, 陰にする ― se 再 (…に [de]) 驚く, 恐がる

asombro /アソンブろ/ 男 (㊥ surprise, amazement) 驚嘆, 激しい驚き, 恐ろしいもの

asombroso(a) /アソンブろソ(サ)/ 形 (㊥ amazing) 驚くべき

aspecto /アスペクト/ 男 (㊥ look, appearance) 外観, 健康状態, (問題の) 見方, 〔文法〕〔言〕相

áspero(a) /アスペろ(ら)/ 形 (㊥ rough) ざらざらした

aspiración /アスピらしオン/ 女 (㊥ hope, ambition) 野望, 呼吸, 〔機〕吸引, 〔音声〕気 (息) 音, 〔楽〕息つぎ

aspirar /アスピらる/ 他 (㊥ inhale) 吸う, (…を [a]) 熱望する

aspirina /アスピリナ/ 女 (㊥ aspirin) 〔医〕アスピリン

asqueroso(a) /アスケろソ(サ)/ 形 (㊥ revolting, nasty) 不快な, 汚い, 下劣な

astro /アストろ/ 男 (㊥ heavenly body) 天体, 〔比喩〕スター

astrología /アストろロヒア/ 女 (㊥ astrology) 占星学 (術)

astronauta /アストろナウタ/ 男女 (㊥ astronaut) 宇宙飛行士

astronomía /アストろノミア/ 女 (㊥ astronomy) 天文学

astronómico(a) /アストろノミコ(カ)/ 形 (㊥ astronomical) 天文学の, 〔比喩〕天文学的な

astucia /アストゥしア/ 女 (㊥ cunning) 抜け目なさ

Asturias /アストゥリアス/ 固 〔地名〕アストゥリアス

astuto(a) /アストゥト(タ)/ 形 (㊥ cunning) 抜け目のない, 機敏な

asumir /アスミる/ 他 (㊥ assume) (役目などを) 引き

受ける, (様子を) 帯びる, 仮定する

asunto /アスント/ 男 (㊥ matter, issue) 事, 事務, (小説の) 主題

asustar /アススタる/ 他 (㊥ horrify) 脅す, びっくりさせる, (驚かして) 追い払う ― **se** 再 ([…を [de, por]) 恐がる, 驚く

atacar /アタカる/ 他 (㊥ attack) 攻撃する, 冒す, (激しく) 非難する, (仕事に) 取り組む

atajo /アタホ/ 男 (㊥ shortcut) 近道, 一連, (家畜の) 小さな群れ, [軽蔑的に] グループ, 分割

ataque /アタケ/ 男 (㊥attack) 攻撃, [医] 発作, [比喩] ヒステリー, (激しい) 非難, [比喩] 突然生じること, (仕事の) 着手

atar /アタる/ 他 (㊥ tie, bind) 結ぶ, くくる, 拘束する, 関連させる ― **se** 再 (自分の靴・服のひもを) 結ぶ, 拘束される, しがみつく

atardecer /アタるデせる/ 自 (㊥ get dark) 夕方になる ― 男 夕方

ataúd /アタウド/ 男 (㊥coffin) 棺

atención /アテンしオン/ 女 (㊥ attention) 注意, 世話, 尊敬, 仕事, [軍] 気をつけ!, [映] 用意!

atender /アテンデる/ 他 (㊥ take care of) 付き添う, 治療する, 接客する, (忠告などを) 聞く, (要求などを) 受け入れる, 待つ ― 自 注意を払う, (電話などに [a]) 答える, (…という [por]) 名前のする

atento(a) /アテント(タ)/ 形 (㊥ attentive, kind) 丁寧な, 注意深い

atenuar /アテヌアる/ 他 (㊥ attenuate) 和らげる ― **se** 再 和らぐ, 弱まる

aterrizar /アテりさる/ 自 (㊥ land) [空] 着陸する

aterrorizar /アテろりさる/ 他 (㊥ terrify) 恐れさせる ― **se** 再 恐れる

atinar /アティナる/ 自 (㊥ be right) 正しい判断をする, 偶然発見する, (… [a 不定詞]) できる, 的に当たる

atizar /アティさる/ 他 (㊥ poke) (火を) かきたてる

Atlántico(a) /アトランティコ(カ)/ 形 (㊥ Atlantic) 大西洋の, アトラス山脈の

atlas /アトラス/ 男 (㊥ atlas) 地図帳, 図解書

atleta /アトレタ/ 男女 (㊥ athlete) [スポーツ] 運動選手, [比喩] 体のがっちりした人

atlético(a) /アトレティコ(カ)/ 形 (㊥ athletic) [スポーツ] 運動競技 [選手] の, 運動選手らしい

atmósfera /アトモスフェら/ 女 (㊥ atmosphere) 大気, (ある場所の) 空気, 雰囲気, [物] 気圧 (単位)

atómico(a) /アトミコ(カ)/ 形 (㊥ atomic) 原子の

átomo /アトモ/ 男 (㊥ atom) [物] [化] 原子, [否定文で] 少しも (…ない)

atracción /アトらクしオン/ 女 (㊥ attraction) 魅力, [物] 引力

atractivo(a) /アトらクティボ(バ)/ 形 (㊥ attractive) 人を引きつける, [物] 引力のある ― 男 魅力

atraer /アトらエる/ 他 (㊥ attract) 引きつける ― **se** 再 (…の注意・関心などを [a]) 引く

atrás /アトらス/ 副 (㊥behind, at the back) 後ろに [へ], 遅れて, (時間的に) 前に

atrasar /アトらサる/ 他 (㊥ delay, postpone) 遅らせる

atravesar /アトらべサる/ 他 (㊥ cross, pass through) 横切る, 突き抜ける, 時期にある, 横に渡す ― **se** 再 横になる

atreverse /アトれベるセ/ 自 (㊥ dare) 思い切って (… [a 不定詞]) する, 思い切ったことを言う, 勇気を持つ

atrevimiento /アトれビミエント/ 男 (㊥boldness) 大胆さ, あつかましい言動

atribuir /アトりブイる/ 他 (㊥ attribute) …の性質があるとする, (結果を) (…の [a]) せいにする, (作品などを) (…の [a]) 作と考える

atropellar /アトロペジャる/ 他 (英 run over) (人を) ひく, 無視する ― **se** 再 あわてふためく

atroz /アトろす/ 形 (英 atrocious) 残虐な, とても苦しい, とてもひどい

atún /アトゥン/ 男 (英 tuna fish) [魚] マグロ, [料] ツナ

audaz /アウダす/ 形 (英 audacious) 大胆不敵な, ずうずうしい

auditorio /アウディトりオ/ 男 (英 auditorium) 講堂, 聴衆

auge /アウヘ/ 男 (英 peak, climax) 頂点, ブーム

aula /アウラ/ 女 (英 classroom) 教室, 宮殿

aumentar /アウメンタる/ 他 (英 increase, augment) 増やす, 拡大する ― **se** 再 増える

aumento /アウメント/ 男 (英 increase) 増加, 拡大

aun /アウン/ 副 (英 even) …でさえ, …であっても

aún /アウン/ 副 (英 still, yet) (今でも) まだ, [比較級を強めて] なおいっそう

aunque /アウンケ/ 接 (英 although) (実際に) (…だ [直説法]) けれども, たとえ (…[接続法]) でも, [追加・補足的に] とは言っても

auricular /アウりクラる/ 形 (英 auricular) [解] 耳の ― 男 受話器, ヘッドホン

aurora /アウろら/ 女 (英 aurora, dawn) 夜明け, オーロラ, [比喩] 黎明 (れいめい) 期

ausencia /アウセンしア/ 女 (英 absence) 欠席, 無いこと, 上の空

ausente /アウセンテ/ 形 (英 absent) いない, 離れている

austero(a) /アウステろ(ら)/ 形 (英 austere) 質素な, 厳しい

Australia /アウストらリア/ 固 (英 Australia) [地名] オーストラリア

australiano(a) /アウストらリアノ(ナ)/ 形 (英 Australian) オーストラリア(人)の ― 男, 女 オーストラリア人

Austria /アウストりア/ 固 (英 Austria) [地名] オーストリア

austriaco(a) /アウストりアコ(カ)/ 形 (英 Austrian) オーストリア(人)の ― 男, 女 オーストリア人

auténtico(a) /アウテンティコ(カ)/ 形 (英 authentic) 真正の, [法] 認証された

auto /アウト/ 男 (英 automobile) 自動車

autobús /アウトブス/ 男 (英 bus) バス

autocar /アウトカる/ 男 (英 bus, coach) 長距離バス, 観光バス

automáticamente /アウトマティカメンテ/ 副 (英 automatically) 自動的に, 無意識で

automático(a) /アウトマティコ(カ)/ 形 (英 automatic) 自動式の, 無意識的な ― 男 [衣] スナップ

automatización /アウトマティさしオン/ 女 (英 automation) 自動操作 [制御]

automatizar /アウトマティさる/ 他 (英 automatize) 自動化する

automóvil /アウトモビル/ 男 (英 automobile) 自動車 ― 形 自動の, 自動車の

autonomía /アウトノミア/ 女 (英 autonomy) 自治(体)

autónomo(a) /アウトノモ(マ)/ 形 (英 autonomous) [政] 自治権のある

autopista /アウトピスタ/ 女 (英 freeway, super highway) 高速道路

autor(a) /アウトる(ら)/ 男, 女 (英 author) 著者, 犯人, 張本人, 創始者

autoridad /アウトりダド/ 女 (英 authority) 権限, 当局, 権威, 典拠

autoritario(a) /アウトりタりオ(ア)/ 形 (英 authoritarian) 権力の

autorización /アウトりさしオン/ 女 (英 authorization) 公認, 許可, 授権, 委任状

autorizar /アウトりさる/ 他 (英 authorize) 認定する, 権限を与える, (正当と) 認める, 権威を持たせる

autoservicio /アウトセるビしオ/ 男 (英 self-service) セルフサービス

auxiliar /アウクシリアる/ 形 (英

auxilio ▶

assistant) 補助の, 〔文法〕助動詞の ― 男〔文法〕助動詞

auxilio /アウクシリオ/ 男 (⊛ help, aid) 援助, 助けになるもの

avance /アバンセ/ 男 (⊛ advance) 前進, 進歩, 予告, 前払い, 暗示, 予算案, 〔映〕予告編

avanzar /アバンさる/ 自 (⊛ advance) 進む, 進歩する, 進行する, ― 他 進歩させる, (仕事を) はかどらせる, (時間・目標などを) 早める, 昇進させる, (金を) 前払いする

ave /アベ/ 女 (⊛ bird) 鳥

avenida /アベニダ/ 女 (⊛ avenue) 大通り, 増水, 出水

avenir /アベニる/ 他 (⊛ reconcile, conciliate) 和解させる ― 自 起こる ― **se** 再 意見が一致する, 従う, 調和する

aventura /アベントゥら/ 女 (⊛ adventure) 冒険, (冒険的な) 恋愛

aventurar /アベントゥらる/ 他 (⊛ venture) 危険にさらす, 〔比喩〕試みに持ち出す ― **se** 再 思いきって進む, 思いきって(… [a 不定詞]) する

avergonzar /アベるゴンさる/ 他 (⊛ shame) 恥をかかせる, 困惑させる ― **se** 再 恥じる

avería /アベりア/ 女 (⊛ breakdown) 故障

averiado(a) /アベりアド(ダ)/ 形 (⊛ damaged) 故障した

averiar /アベりアる/ 他 (⊛ break down) 故障させる, 損害を与える ― **se** 再 故障する

averiguar /アベりグアる/ 他 (⊛ investigate) 調査する, 調べる

aviación /アビアしオン/ 女 (⊛ aviation) 飛行, 〔軍〕空軍

ávido(a) /アビド(ダ)/ 形 (⊛ avid) 貪欲 (どんよく) な, 熱心な

avión /アビオン/ 男 (⊛ plane) 飛行機

avisar /アビサる/ 他 (⊛ notify) 知らせる, 警告する

aviso /アビソ/ 男 (⊛ announcement) 知らせ, 警告, 広告

ay /アイ/ 間 (⊛ ouch!) あっ!, ああ!, かわいそうだ! ― 男 悲しみ [苦しみ] の声

ayer /アジェる/ 副 (⊛ yesterday) きのう (は), 〔比喩〕過去

ayuda /アジュダ/ 女 (⊛ help, aid, assistance) 助け, 助けになる人

ayudante /アジュダンテ/ 男女 (⊛ assistant) 助手, 店員

ayudar /アジュダる/ 他 (⊛ help) 手伝う, (困っている人を) 助ける ― 自 役立つ ― **se** 再 助け合う, 用いる, (自分で) 努力する

ayuntamiento /アジュンタミエント/ 男 (⊛ city hall) 市庁舎, 市議会

azafata /アさファタ/ 女 (⊛ stewardess) スチュワーデス, (女性の) 接待係, 女官

azar /アさる/ 男 (⊛ chance) 偶然, 不慮の出来事

azote /アそテ/ 男 (⊛ whip, lash) 鞭 (むち), 天災, (波・風の) 激しい打ちつけ

azotea /アそテア/ 女 (⊛ flat roof) 〔建〕屋上

azteca /アステカ/ 形 (⊛ Aztec) アステカ族 [文化・語] の ― 男, 女 アステカ人 ― 男 アステカ族

azúcar /アすカる/ 男 (⊛ sugar) 砂糖

azufre /アすフれ/ 男 (⊛ sulfur) 〔化〕イオウ

azul /アすル/ 形 (⊛ blue) 青い ― 男 青

azulejo /アすレホ/ 男 (⊛ glazed tile) タイル

B, b

baba /ババ/ 女 (⊛ slaver) よだれ

bah /バ/ 間 (⊛ bah!) ふん!

bahía /バイア/ 女 (⊛ bay) 〔地理〕湾

bailar /バイらる/ 自 (⊛ dance) 踊る, 揺れる, 回る

bailarín(a) /バイラリン(ナ)/ 男, 女 (⊛ dancer) ダンサー, バレリーナ

baile /バイレ/ 男 (⊛ dance) 踊

り，ダンスパーティー，〔楽〕舞踏曲，数字の逆記入

baja/バハ/ 囡 (㊞ fall, drop) 降下，退会［者］，〔軍〕死傷，引쬐

bajar/バハる/ 自 (㊞ go down, sink) 下がる，降りる，弱まる，引く，降りる，下げる **—se** 再 降りる，かがむ，パンクする

bajo/バホ/ 前 (㊞ under)…の下に，…の支配を受けて，…未満で¶ diez grados bajo cero 零下10度

bajo(a)/バホ(ハ)/ 形 (㊞ low, lower) 低い，1階の，下品な，(値段が)安い，後期の，下流の —男 1階，低地，〔楽〕チェロ，〔楽〕バス，〔しばしば～s〕〔衣〕下着，〔衣〕(ズボン・スカートの)裾 (すそ)

bala/バら/ 囡 (㊞ bullet) 弾丸

balance/バらンセ/ 男 (㊞ balance sheet) 〔商〕(貸借の)差し引き，結果(の報告)，比較検討，揺れ

balanza/バらンサ/ 囡 (㊞ balance) 天秤(てんびん)，比較，〔商〕収支，〔B～〕〔天〕天秤座

Balcanes/バルカネス/ 固 (㊞ Balkans) 〔地名〕バルカン諸国

balcón/バルコン/ 男 (㊞ balcony) 〔建〕バルコニー，見晴らし台

balde/バルデ/ 男 (㊞ in vain) ¶ en balde 無駄に，…したが無駄である

ballena/バジェナ/ 囡 (㊞ whale) 〔動〕クジラ(鯨)，〔B～〕〔天〕鯨座

ballet/バレ/ 男 (㊞ ballet) バレエ，バレエ団，〔楽〕バレエ曲

balón/バロン/ 男 (㊞ ball) ボール，〔とくに〕サッカーボール，気球，球形のもの，風船

baloncesto/バロンセスト/ 男 (㊞ basketball) 〔スポーツ〕バスケットボール

bambú/バンブ/ 男 (㊞ bamboo) 〔植〕タケ(竹)

banana/バナナ/ 囡 (㊞ banana) バナナ

banco/バンコ/ 男 (㊞ bank) 銀行，貯えておく所，ベンチ，(教会などの)座席，作業台［机］，〔海〕(海中の)堆(たい)，〔海〕魚群，〔法〕陪審席，〔地〕地層

banda/バンダ/ 囡 (㊞ band) 〔楽〕楽団，一団，群，側，〔スポーツ〕サイドライン，〔衣〕帯，帯［縞］状のもの

bandeja/バンデハ/ 囡 (㊞ tray) 盆(ぼん)，大皿，(トランクなどの)仕切り板

bandera/バンデら/ 囡 (㊞ flag, banner) 旗，〔軍〕一隊

banquete/バンケテ/ 男 (㊞ banquet) 宴会，ご馳走

bañador/バニャドる/ 男 (㊞ swimsuit) 水着

bañar/バニャる/ 他 (㊞ bathe) 入浴させる，浸す［漬ける］，(岸などを)洗う，いっぱいに注ぐ，覆う **—se** 再 入浴する，海水浴に行く

bañista/バニスタ/ 男囡 (㊞ bather) 水浴者，湯治客

baño/バニョ/ 男 (㊞ bath) 入浴，浴室，浴槽，トイレ，温泉場，上塗り，〔料〕かぶせパン

bar/バる/ 男 (㊞ bar) バー

baraja/バらハ/ 囡 (㊞ cards) トランプ

barajar/バらハる/ 他 (㊞ nominate) (名前・数字を)挙げる，(トランプ札を)切る

barato(a)/バらト(タ)/ 形 (㊞ cheap) 安い **—**副 安く，安っぽく

barba/バるバ/ 囡 (㊞ beard) 顎(あご)ひげ，〔植〕ひげ根，(紙の)繊維，顎

barbaridad/バるバりダド/ 囡 (㊞ outrage, atrocity) 野蛮，ひどいこと，大変な数［量］¶ ¡Qué barbaridad! 何とひどい！，まあ，あきれた！，すごい！《驚き・不快を表す》

barbarie/バるバりェ/ 囡 (㊞ barbarism) 野蛮

bárbaro(a)/バるバろ(ら)/ 形 (㊞ barbarous) 残忍な，下品な，野蛮な，すごい，蛮族，粗野な人¶ ¡Qué bárbaro! 〔口語〕何とひどい！，まあ，あきれた！，すごい！《驚き・不快を表す》

barbero(a)/バるベろ(ら)/ 男，囡 (㊞ barber) 床屋 **—**形 理髪用の

barbudo(a)/バるブド(ダ)/ 形 (㊞ bearded) ひげをはやした

barca/バるカ/ 囡 (㊞ boat) 小舟

Barcelona/バルセロナ/固(㊚ Barcelona)[地名]バルセロナ

barco/バルコ/男(㊚ ship, boat)船，船舶(せんぱく)

barniz/バルニス/男(㊚ varnish)ニス，うわべ(の飾り)，(焼物の)上薬(うわぐすり)

barómetro/バロメトロ/男(㊚ barometer)[気象]気圧計，[一般に]指標

barra/バら/女(㊚ bar)棒，[料]棒型パン，棒線，(酒類・料理などの)売り場，[スポーツ](体操の)棒，てこ，[法](法廷と傍聴人席の)仕切り，グループ，[地理]砂州

barraca/バらカ/女(㊚ hut, cabin)小屋，(巡業の劇団などの)興行地，家畜小屋，[軍]兵舎，材木倉庫

barrer/バれる/他(㊚ sweep)掃く，(掃くように)運び去る，(床・地面を)引きずる

barrera/バれら/女(㊚ barrier)障壁，[比喩]障害，[比喩]壁，[闘牛]最前列席，[軍]バリケード

barrio/バリオ/男(㊚ district)(行政上の)地区，[一般に]…地域，町内(の人々)

barro/バろ/男(㊚ mud)泥，粘土，陶器，つまらない物，[比喩]泥，失敗

barroco(a)/バろコ(カ)/形(㊚ baroque)[美][楽]バロック様式の，装飾過剰の ─男[建][美]バロック様式，[楽]バロック音楽，装飾過剰

basar/バさる/他(㊚ base)(…に[en])基礎を置く ─se 再 基礎が築かれる[置かれる]

base/バセ/女(㊚ base)土台，基礎，[軍]基地，[スポーツ](野球の)塁，[数]基線 ─形(無変化)基本の¶ a base de …によって，en base a ……によって，…によると

básico(a)/バシコ(カ)/形(㊚ basic)基礎の

basílica/バシリカ/女(㊚ basilica)[宗]聖堂，教会堂

bastante/バスタンテ/形(㊚ enough)十分な，かなりの ─副 十分に

bastar/バスタる/自(㊚ be sufficient)十分である，(…すれば[con 不定詞])足りる，もうたくさんである ─se 再自分でまかなう¶ ¡Basta! もうたくさんだ！，もうやめてくれ！

basto(a)/バスト(タ)/形(㊚ coarse, rough)粗末な，粗野な

bastón/バストン/男(㊚ stick, cane)杖，指揮棒，権力

basura/バスら/女(㊚ trash)ごみ，ごみ箱，[比喩]くだらないもの

bata/バタ/女 ガウン，上っぱり

batalla/バタジャ/女(㊚ battle)[軍]戦闘

batata/バタタ/女(㊚ sweet potato)[植]サツマイモ

batería/バテリア/女(㊚ battery)[電]電池，[集合的に][軍]砲台，[軍]砲撃，一列に並んだもの，[楽]打楽器，[演](舞台の)フットライト

batir/バティる/他(㊚ beat)(棒などで)打つ，負かす，(金属などを)打ち延ばす，[料](卵などを)よくかき混ぜる，(羽などを)上下に動かす

baúl/バウル/男(㊚ trunk)(大型)トランク，[車]トランク，(大きな)おなか

bautismo/バウティスモ/男(㊚ baptism)[宗]洗礼(式)，命名(式)

bautizar/バウティさる/他(㊚ baptize)[宗]洗礼を行なう，名をつける，(酒を)(水を混ぜて)薄める，(人に)水をかける

bebé/ベベ/男女(㊚ baby)赤ちゃん

beber/ベべる/他(㊚ drink)(液体を)飲む，[比喩](知識を)吸収する，[比喩](注意深く)見る ─自酒を飲む，乾杯する，飲む ─se 再飲んでしまう

bebida/ベビダ/女(㊚ drink)飲物，飲むこと

beca/ベカ/女(㊚ scholarship)奨学金

béisbol/ベイスボル/男(㊚ baseball)[スポーツ]野球

belga/ベルガ/形(㊚ Belgian)ベルギー(人)の ─男女 ベルギー人

Bélgica/ベルヒカ/固(㊚ Belgium)ベルギー

belleza/ベジェさ/女(㊚ beauty)美しさ，美しい人，

美容

bello(a) /ベジョ(ジャ)/ 形 (㊊ beautiful) 美しい, 立派な

bendecir /ベンデしる/ 他 (㊊ bless) [宗] 祝福する

bendición /ベンディしオン/ 女 (㊊ blessing) [宗] 神の恵み, [一般に] 祝福, 食前の祈り, 有難い物[事]

bendito(a) /ベンディト(タ)/ 形 (㊊ holy) [宗] 神聖な, 祝福された, ありがたい, お人好しの

beneficiar /ベネフィしアる/ 他 (㊊ benefit) [3人称で] 役に立つ ━ **(se)** 自 (再) (…で[con]) 利益を得る, (…を[de]) 利用する

beneficio /ベネフィしオ/ 男 (㊊ benefit) [商] 利益, 親切(な行い), 慈善的な催し, 利点, (土地の) 開発, [宗] 聖職禄, 屠殺

berenjena /ベれンヘナ/ 女 (㊊ eggplant) [植] ナス

Berlín /ベるリン/ 固 (㊊ Berlin) [地名] ベルリン

besar /ベさる/ 他 (㊊ kiss) キスする

beso /ベそ/ 男 (㊊ kiss) キス

bestia /ベスティア/ 女 (㊊ beast) (四つ足の) 獣, 家畜 ━ 男女 ひどい人

Biblia /ビブリア/ 女 (㊊ Bible) 聖書

biblioteca /ビブリオテカ/ 女 (㊊ library) 図書館, (個人の) 書斎, (個人の) 蔵書, 本棚, …文庫

bibliotecario(a) /ビブリオテカリオ(ア)/ 男,女 (㊊ librarian) 図書館員

bicho /ビチョ/ 男 (㊊ bug) 虫, 人, 小動物, [闘牛] 牛

bicicleta /ビしクレタ/ 女 (㊊ bicycle) 自転車

bien /ビエン/ 副 (㊊ well) 上手に), 元気である, 十分である, [~形容詞・副詞] かなり ━ 間 よろしい! ━ 男 善, 利益, [~es] 家財, [~es] 商品 ¶ ir bien 都合がよい más bien むしろ no bien …するやいなや o bien または tener a bien ... (不定詞) …してくださる

bienestar /ビエネスタる/ 男 (㊊ welfare) 福祉, 楽, 幸福, 生活の豊かさ

bienvenida /ビエンベニダ/ 女 (㊊ welcome) 歓迎

bienvenido(a) /ビエンベニド(ダ)/ 形 (㊊ welcome) 歓迎されている ━ 間 ようこそ!

bigote /ビゴテ/ 男 (㊊ mustache) 口ひげ(髭), [~s] (動物の) ひげ

billar /ビジャる/ 男 (㊊ billiards) ビリヤード, 玉突き室

billete /ビジェテ/ 男 (㊊ ticket) 切符, 紙幣

biografía /ビオグらフィア/ 女 (㊊ biography) 伝記

biología /ビオロヒア/ 女 (㊊ biology) 生物学

biológico(a) /ビオロヒコ(カ)/ 形 (㊊ biological) 生物学(上) の

bizcocho /ビすコチョ/ 男 (㊊ sponge cake) [料] カステラ, 素焼の器, [海] (保存用) 乾パン

blanco(a) /ブランコ(カ)/ 形 (㊊ white) 白い ━ 男 白, (書き込みのない) 空所, 的 (まと) ━ 男,女 白人 ¶ dejar en blanco 何も書かないでおく

blancura /ブランクら/ 女 (㊊ whiteness) 白さ, 潔癖

blando(a) /ブランド(ダ)/ 形 (㊊ soft) やわらかい, [比喩] 優しい, 穏やかな, 弱い

blandura /ブランドゥら/ 女 (㊊ softness) 柔軟さ, 優しさ, 穏やかさ, 優柔不断

bloque /ブロケ/ 男 (㊊ block) (木・石などの) 大きな塊 (かたまり), ブロック, (大きな建物の) 一棟, 一組, [政] 圏, はぎ取り帳

blusa /ブルサ/ 女 (㊊ blouse) [衣] ブラウス, [衣] 作業衣

bobo(a) /ボボ(バ)/ 形 (㊊ silly) 愚かな ━ 男,女 愚か者, [愛情をこめて] おばかさん ━ 男 [演] 道化役

boca /ボカ/ 女 (㊊ mouth) (人・動物の) 口, [~s] 河口, 銃口, 出入り口

bocadillo /ボカディジョ/ 男 (㊊ sandwich) [料] ボカディージョ《小型のフランスパンのサンドイッチ》, 午前のおやつ, [中南米] グアバやココナツの菓子, (漫

画の）吹き出し
boda／ボダ／囡（英 wedding）結婚式, 結婚記念日
bodega／ボ デ ガ／囡（英 pantry）食料貯蔵室, ワイン貯蔵室［所］, ワイン醸造所, ぶどう酒店
bola／ボラ／囡（英 ball）玉,〔一般に〕球状（のもの）, 嘘（うそ）,〔技〕ボールベアリング, 靴墨（くつずみ）
boletín／ボレティン／男（英 bulletin）（官庁の）公報, 小新聞,（学会などの）会報, 申し込み用紙, 切符
boleto／ボレト／男（英 ticket）〔中南米〕切符,〔中南米〕入場券, 宝くじ券,［一般に］券
bolígrafo／ボリグらフォ／男（英 ball-point pen）ボールペン
Bolivia／ボリビア／固（英 Bolivia）［地名］ボリビア
boliviano(a)／ボリビアノ(ナ)／形（英 Bolivian）ボリビア（人）の ―男,囡 ボリビア人
bollo／ボジョ／男 ロールパン, 菓子, パン, こぶ, へこみ
bolsa／ボルサ／囡（英 bag）袋, バッグ, 財布,〔商〕株,〔解〕包
bolsillo／ボルシジョ／男（英 pocket）〔衣〕ポケット, 所持金, 財布
bolso／ボ ル ソ／男（英 handbag）ハンドバッグ, 手さげ袋〔鞄〕, 財布
bomba／ボンバ／囡（英 bomb）〔軍〕爆弾,〔比喩〕大ニュース
bombardear／ボンバるデアる／他（英 bombard）〔軍〕砲撃する, 爆破する,〔比喩〕攻める
bombero／ボンベろ／男（英 fireman）消防士, ポンプ係
bombilla／ボンビジャ／囡（英 bulb）〔電〕電球,（マテ茶の）パイプ, おたま,〔海〕（船上の）灯, 小型ポンプ
bondad／ボンダ ド／囡（英 kindness）親切,（質・人柄の）良さ
bondadoso(a)／ボンダドソ(サ)／形（英 kind）(…に［con］) 親切な
bonísimo(a)／ボニシモ(マ)／形 とてもよい
bonito(a)／ボニト(タ)／形（英 pretty, nice）かわいらしい, かなりの
bordar／ボ る ダ る／他（英 embroider）〔衣〕（布に）刺繡（ししゅう）する, 仕上げる
borde／ボるデ／男（英 edge, brim）へり,（道の）端,〔衣〕（布・着物の）縁, 岸辺,〔海〕舷の上縁
bordo／ボ る ド／男（英 on board）¶ a bordo 船上に, 機内に
borracho(a)／ボらチョ(ア)／形（英 drunk）（酒に）酔った, 酒飲みの, 夢中になって
borrador／ボらドーる／男 草稿, 下書き, 黒板消し
borrar／ボらる／他（英 erase）消す, 薄くする, やめる
borroso(a)／ボろソ(サ)／形（英 blurred）ぼんやりした, 濁った,〔印〕不鮮明な
bosque／ボスケ／男（英 forest）森,〔比喩〕もじゃもじゃの髭（ひげ）
bostezar／ボステさる／自（英 yawn）あくびをする
bota／ボ タ／囡（英 boot）〔~s〕長靴
botánico(a)／ボタニコ(カ)／形（英 botanical）植物の ―男,囡 植物学者 ―囡 植物学
bote／ボテ／男（英 rowboat）ボート
botella／ボテジャ／囡（英 bottle）瓶（びん）, ボンベ
botón／ボトン／男（英 button）〔衣〕（服の）ボタン,（ベルなどの）押しボタン, つまみ,〔植〕芽, おまわり
bóveda／ボベダ／囡（英 vault）〔建〕（アーチ形の）天井,〔建〕地下貯蔵室, 地下納骨室
boxeador／ボクセアドる／男（英 boxer）ボクサー
boxeo／ボ ク セ オ／男（英 boxing）ボクシング
Brasil／ブらシル／固（英 Brazil）［地名］ブラジル
brasileño(a)／ブらシレニョ(ニャ)／形（英 Brazilian）ブラジル（人）の ―男,囡 ブラジル人
bravo(a)／ブらボ(バ)／形（英 brave）勇敢な, どうもうな, 野生の, すばらしい, 自慢げな, 乱暴な, 辛い ―男 喝采, ブラボー！

brazo/ブラそ/男(英arm)腕(うで), [~s][比喩]人手, 腕木, アーム

Bretaña/ブれタニャ/固(英Great Britain)[地名]Gran~グレート・ブリテン《英国のイングランド、ウェールズ、スコットランド》

breve/ブれべ/形(英brief, short)短い, 手短かな

brevedad/ブれベダド/女(英brevity, briefness)短さ, 簡潔さ

brillante/ブリジャンテ/形(英brilliant)光輝く, 立派な ー男(ブリリアンカットの)ダイアモンド

brillar/ブリジャる/自(英shine)輝く, [比喩](優れているので)際立つ

brillo/ブリジョ/男(英shine, sheen)光, 華々しさ, [写]つやのある仕上がり

brincar/ブリンカる/自(英skip, jump)飛び跳ねる, 感情を激しく表す

brindar/ブリンダる/自(英toast)祝杯をあげる ー他差し出す ー**se**再(…を[a不定詞])申し出る

brindis/ブリンディス/男(英toast)乾杯

brisa/ブリサ/女(英breeze)そよ風

británico(a)/ブリタニコ(カ)/形(英British)英国(人)の ー男,女英国人

broma/ブロマ/女(英joke)冗談, いたずら ¶ de [en] broma 冗談のつもりで, ふざけて

bromear(se)/ブロメアる(セ)/自(再)(英joke, jest)冗談を言う

bronce/ブロンせ/男(英bronze)ブロンズ, ブロンズ像, (メダルの)銅

brotar/ブロタる/自(英sprout, bud)[植]芽[つぼみ]を出す, 流れ出る

brote/ブロテ/男(英bud)[植]芽, [比喩]発生

bruja/ブルハ/女(英witch, sorceress)魔女, 醜い老婆

bruscamente/ブるスカメンテ/副(英abruptly, suddenly)不意に, ぶっきらぼうに

brusco(a)/ブるスコ(カ)/形(英abrupt, sudden)不意の, ぶっきらぼうの

brutal/ブるタル/形(英brutal)乱暴な, ひどい, 急な

bruto(a)/ブるト(タ)/形(英brutal, coarse)野蛮な, 総体の, 馬鹿な, 生の

Buda/ブダ/固(英Buddha)[東洋人名]仏陀(ぶった)

budismo/ブディスモ/男(英Buddhism)[宗]仏教

budista/ブディスタ/形(英Buddhist)[宗]仏教徒の ー男女[宗]仏教徒

buen形 ⇒ bueno

bueno(a)/ブエノ(ナ)/形(英good)《男性単数名詞の前でbuenとなる》よい, ためになる, 親切な, 上手な, とても親しい, うまい, 役立つ, 十分な, お人よしの ー間よろしい!, ところで, まあ!, ー男,女よい人, 善人 ¶ hacer bueno [3人称単数形]よい天気である

Buenos Aires/ブエノス アイれス/固(英Buenos Aires)[地名]ブエノスアイレス

buey/ブエイ/男(英bullock, ox)[動](去勢された)雄ウシ(牛)

bufanda/ブファンダ/女(英muffler, scarf)[衣]マフラー

bullir/ブジる/自(英boil)沸く

bulto/ブルト/男(英luggage, package)荷物, こぶ

buque/ブケ/男(英ship)(大きな)船

burla/ブるラ/女(英gibe, jeer)ばかにすること, 冗談

burlar/ブるラる/他(英evade)うまくかわす, 騙(だま)す, からかう ー**se**再(…を[de])ばかにする

burro(a)/ブろ(ら)/男,女(英donkey)[動]ロバ, [比喩]馬鹿者, [技]木(こ)びき台

bus/ブス/男(英bus, autobus)バス

busca/ブスカ/女(英search)捜索, 狩猟隊, ポケベル

buscar/ブスカる/他(英look for)探す, 求める, 迎えに行く ー**se**再求められる, 求人する

búsqueda/ブスケダ/女(英search, hunt)探すこと

busto /ブスト/ 男 (㊥bust) 胸像, 上半身

butaca /ブタカ/ 女 (㊥seat) 〔演〕(劇場などの) シート, 肘(ひじ)かけ椅子, (劇場などの) 入場券

buzón /ブソン/ 男 (㊥mailbox) 郵便箱, 水門, 栓, 大きな口

C, c

cabal /カバル/ 形 (㊥complete, total) 完全な, 正確な, 申し分ない

cabalgar /カバルガる/ 自 (㊥ride) 馬に乗る, 股がる

caballería /カバジェリア/ 女 (㊥mount) 乗用馬, 〔軍〕騎兵隊, 騎士道, 騎士団

caballero /カバジェろ/ 男 (㊥gentleman) 男の方, 紳士

caballo /カバジョ/ 男 (㊥horse) 〔動〕ウマ (馬), 馬力, (チェスの) ナイト

cabaña /カバニャ/ 女 (㊥cabin, hut) 小屋, 〔集合的に〕家畜

cabello /カベジョ/ 男 (㊥hair) 髪の毛, 〔植〕トウモロコシのひげ

caber /カベる/ 自 (㊥fit, hold) (場所に [en, por]) 入る, (…が [不定詞] [que 接続法]) 可能である, 栄誉・満足・責任がかかる

cabeza /カベさ/ 女 (㊥head) (人・動物の) 頭, (物の) 頭部, 最上位, 〔比喩〕長, 頭領, 頭数(あたまかず), (テープレコーダー・ビデオの) ヘッド

cabina /カビナ/ 女 (㊥box, booth) 仕切った場所 [部屋], (飛行機の) 操縦室, 〔海〕(船の) キャビン

cable /カブレ/ 男 (㊥cable) 太綱, 電報, (電話・電力などの) ケーブル

cabo /カボ/ 男 (㊥end) 端, 〔地理〕岬, 〔軍〕(陸軍) 兵長 ¶ al cabo しまいに, ついに al cabo de …の後に, …の端に de cabo a rabo 端から端まで, 全部

cabra /カブら/ 女 (㊥goat) 〔動〕ヤギ (山羊)

cacahuete /カカウエテ/ 男 (㊥peanut) 〔植〕ピーナツ

cacharro /カチャろ/ 男 (㊥dish, vase) 皿, がらくた

cacho /カチョ/ 男 (㊥piece, bit) 一片, 角 (つの)

cacique /カしケ/ 男 (㊥local political boss) (地方の) ボス, 〔比喩〕暴君, 酋長

cada /カダ/ 形 (㊥every, each) それぞれの, 〔数詞とともに副詞的に〕毎…, 〔感嘆文で〕すごい ¶ cada cual [uno, una] 各人, それぞれ, めいめい cada día más 日に日にますます cada vez más... 次第に, だんだん

cadáver /カダベる/ 男 (㊥corpse, body) 死体

cadena /カデナ/ 女 (㊥chain) 鎖, ひと続き, 系列, 〔比喩〕束縛, (テレビ局の) チャンネル

cadera /カデら/ 女 (㊥hip) 腰, 臀部 (でんぶ)

caer /カエる/ 自 (㊥fall) 落ちる, 倒れる, 死ぬ, 失脚する, 垂れる

café /カフェ/ 男 (㊥coffee) 〔飲〕コーヒー, カフェー, コーヒー色, 〔植〕コーヒーの木

cafetería /カフェテリア/ 女 (㊥snack bar) カフェー, 喫茶店

caída /カイダ/ 女 (㊥fall, falling) 落ちること, 低下, 没落, 下り坂

caja /カハ/ 女 (㊥box, case) 箱, レジ

cajero(a) /カへろ(ら)/ 男, 女 (㊥cashier) (食堂などの) 会計係

cajón /カホン/ 男 (㊥drawer) (たんす・机などの) 引出し, 大箱, 店, 棚

calabacín /カラバしン/ 男 (㊥zucchini) ズッキーニ

calabaza /カラバさ/ 女 (㊥squash, pumpkin) 〔植〕カボチャ, 〔植〕ヒョウタン, うすのろ, ひじ鉄

calamar /カラマる/ 男 (㊥squid) 〔動〕イカ

calandria /カランドリア/ 女 (㊥lark) 〔鳥〕ヒバリ (雲雀), 〔機〕カレンダー, 〔機〕踏み車

calcetín /カルセティン/ 男 (㊥socks) 〔衣〕(短い) 靴下

calcular /カルクラる/ 他 (㊥

cálculo /カルクロ/ 男 (英 calculation) 計算, 推定, 〔数〕計算, 〔~s〕〔医〕結石

caldera /カルデラ/ 女 (英 boiler) 〔機〕ボイラー

caldo /カルド/ 男 (英 broth, bouillon) 〔料〕(肉・魚・野菜などの) スープ

calefacción /カレファクシオン/ 女 (英 heating) (建物の) 暖房 (装置), 加熱 (作用)

calendario /カレンダリオ/ 男 (英 calendar) カレンダー, 暦法, 年中行事表

calentar /カレンタる/ 他 (英 heat, warm) 熱する, 興奮させる, 〔スポーツ〕準備運動させる

calidad /カリダド/ 女 (英 quality) 質, (人の) 品性, 資格, ¶ en calidad de …として, …の資格で

cálido(a) /カリド(ダ)/ 形 (英 warm, hot) 暑い, (人・態度・気持ちの) 温かい

caliente /カリエンテ/ 形 (英 hot, warm) 熱い, 暖かい, 熱烈な, 性的に興奮した

calificación /カリフィカシオン/ 女 (英 mark, grade) 成績, 評価, 資格, 形容

calificar /カリフィカる/ 他 (英 qualify) みなす, (試験の) 点数をつける, 〔文法〕修飾する — **se** 再 評価される

callado(a) /カジャド(ダ)/ 形 (英 silent, quiet) 沈黙を守る, 打ち解けない

callar(se) /カジャる(セ)/ 自(再) (英 keep quiet) 黙る, 静まる

calle /カジェ/ 女 (英 street) 通り, (家の中に対して) 外, 町内の人々, (道路の) 車線, 〔スポーツ〕(陸上・水泳の) コース

callejón /カジェホン/ 男 (英 alley) 細道, 〔闘牛〕柵と最前列の間の廊下

calma /カルマ/ 女 (英 calm) 静けさ, 平静, 〔海〕凪 (なぎ), (病気などの) 小康 (しょうこう) (状態), 不振

calmar /カルマる/ 他 (英 calm down) 静める, (痛みを) 和らげる, 凪 (な) ぐ — **se** 再 静まる, 穏やかになる

calor /カロる/ 男 (英 warmth) 熱さ, 熱, (感情の) 熱烈さ, 体温, 紅潮, (雰囲気などの) 暖かさ, 〔物〕熱 ¶ hacer calor 〔3人称単数形〕暑い

calumnia /カルムニア/ 女 (英 calumny) 中傷

caluroso(a) /カルロソ(サ)/ 形 (英 hot) 熱い, 暖かい

calvo(a) /カルボ(バ)/ 形 (英 bald) はげた, 木 〔葉〕 のない, すり切れた

calzado(a) /カルサド(ダ)/ 形 (英 with shoes on) [estar ~] 靴を履いた — 男 〔~s〕〔集合的に〕靴

cama /カマ/ 女 (英 bed) ベッド, (動物の) 巣, (動物の) 一腹の子, 層 ¶ hacer la cama ベッドの用意をする, ベッドメーキングする ir(se) a la cama 寝る

cámara /カマら/ 女 (英 camera) 〔写〕〔映〕カメラ, 部屋, 会議所, 議院, (タイヤの) チューブ

camarada /カマらダ/ 男女 (英 comrade) 〔軍〕戦友, (共産党などの) 党員, 仲間, 同志

camarera /カマれら/ 女 (英 waitress) ウェートレス, 女官, 女中頭

camarero /カマれろ/ 男 (英 waiter) ボーイ, (王の) 付き人

camarón /カマろン/ 男 (英 shrimp) 〔動〕エビ

cambiar /カンビアる/ 他 (英 change) 変える, 交換する, (金を) 両替する, 着替えさせる — 自 変わる — **se** 再 変わる, 着替える, 転居する

cambio /カンビオ/ 男 (英 change) 変化, 小銭, 取り替え, 〔商〕貿易, 〔商〕為替相場 [レート], (自動車の) ギア, 〔商〕両替, 乗り換え

camello /カメジョ/ 男 (英 camel) 〔動〕ラクダ, 麻薬密売者

caminar /カミナる/ 自 (英 walk) 歩く, 行く, 〔比喩〕(…[a]) に向かう — 他 (距離を) 歩く

caminata /カミナタ/ 女 (英 long walk) (長い) 散歩, 道のり

camino /カミノ/ 男 (英 way, road) 道, 道のり, 〔比喩〕道

camión/カミオン/男(㊥ truck, lorry)トラック, [メキシコ]バス

camionero(a)/カミオネろ(ら)/男,女(㊥ truck driver)トラック運転手

camioneta/カミオネタ/女(㊥ van)小型トラック

camisa/カミサ/女(㊥ shirt)[衣]ワイシャツ

camiseta/カミセタ/女(㊥ undershirt)[衣]シャツ, (ラグビー・サッカーなどの)チームシャツ, Tシャツ

campamento/カンパメント/男(㊥ camp, camping)キャンプ, [軍]野営

campana/カンパナ/女(㊥ bell)鐘(かね)

campaña/カンパニャ/女(㊥ campaign)運動, [軍]軍事行動, 平野, 野

campanario/カンパナりオ/男(㊥ belfry)鐘楼(しょうろう)

campanilla/カンパニジャ/女(㊥ hand bell)小さい鈴

campeón(ona)/カンペオン(ナ)/男,女(㊥ champion)[スポーツ]優勝者, [比喩](主義・主張の)擁護者, (戦争の)英雄

campeonato/カンペオナト/男(㊥ championship)選手権, 優勝

campesino(a)/カンペシノ(ナ)/男,女(㊥ peasant)農夫, 田舎の人 ─ 形 農夫の, 野の

campo/カンポ/男(㊥country)いなか, 野, [農]畑, 場所, (研究・活動の)分野, [スポーツ]競技場, [物]場, [軍]陣地

cana/カナ/女(㊥ white hair)しらが

Canadá/カナダ/固(㊥ Canada)[地名]カナダ

canadiense/カナディエンセ/形(㊥ Canadian)カナダ(人)の ─ 男女 カナダ人

canal/カナル/男(㊥ canal)運河, [地理](広い)海峡, (テレビの)チャンネル, [一般に]溝(みぞ), [建](屋根の)雨どい

Canarias/カナリアス/固(㊥ Canaries)[Islas ~][地名]カナリア諸島

canasta/カナスタ/女(㊥ basket)かご, バスケット

cancelar/カンせらる/他(㊥ cancel)(約束・決定などを)取り消す, [中南]全部支払う

cáncer/カンせる/男[医]癌(がん)(cancer), [比喩]がん, [C~][天]かに座, 巨蟹(きょかい)宮

cancha/カンチャ/女(㊥ ground, field)[スポーツ]グランド, [スポーツ]ゲレンデ, [スポーツ]コート, (競馬場などの)コース, 闘鶏場, 空き地

canción/カンしオン/女(㊥ song)歌, [詩](中世の)詩

candidato(a)/カンディダト(タ)/男,女(㊥ candidate)候補者

cándido(a)/カンディド(ダ)/形(㊥ ingenuous)純真な, [軽蔑的に]単純な, 白い

cangrejo/カングれホ/男(㊥ crab)[動]カニ(蟹), [動]ザリガニ, [C~][天]かに座

cano(a)/カノ(ナ)/形(㊥ white, grey)白い

canoa/カノア/女(㊥ canoe)カヌー, 軽ボート

cansado(a)/カンサド(ダ)/形(㊥ tired)疲れた, 疲れさせる, あきた, 退屈な

cansancio/カンサンしオ/男(㊥ fatigue, tiredness)疲労, 退屈

cansar/カンサる/他(㊥ tire)疲れさせる, あきあきさせる ─ **se** 再 疲れる, あきあきする

cantante/カンタンテ/男女(㊥ singer)[楽]歌手

cantar/カンタる/他(㊥sing)(→主な動詞の活用 p.1043)[楽]歌う, [比喩]歌う, 吹聴する, (詩を)朗読する, 大きな声で(節をつけて)言う, [宗](ミサを)とり行なう ─ 自[楽]歌を歌う, 鳴く, 音を立てる, 白状する ─ 男[楽]歌, 俗謡

cantidad/カンティダド/女(㊥ quantity)量, 金額, たくさん

canto/カント/男(㊥ song, singing)[楽]歌, 称賛, [詩]詩

caña/カニャ/女(㊥ cane)[植](サトウキビなどの)茎, (細長い)コップ, 生ビール(のコップ), [植]アシ(葦)

cañón/カニョン/男(㊥

cannon)〔軍〕大砲，銃身，パイプ，管

caos/カオス/[男]([英] chaos) 無秩序，カオス，〔聖〕(天地創造前の) 混沌

capa/カ パ/[女]([英] cloak, cape)〔衣〕(袖なしの) 外套(がいとう)，〔比喩〕仮面，層

capacidad/カパしダド/[女]([英] capacity) 収容力，才能，〔法〕資格

capaz/カパす/[形]([英] capable) 能力がある，有能な，収容力がある

capilla/カ ピ ジャ/[女]([英] chapel)〔宗〕(付属) 礼拝堂，〔宗〕聖歌隊，〔衣〕頭巾 (ずきん)

capital/カ ピ タ ル/[女]([英] capital) 首都，〔ラ米〕大文字 **—** [男]〔商〕〔経〕資本 **—** [形] 最も重要な，死刑の，〔ラ米〕大文字の

capitalismo/カピタリスモ/[男]([英] capitalism)〔政〕〔経〕資本主義

capitalista/カピタリスタ/[形]([英] capitalist)〔政〕〔経〕資本主義の **—** [男女]〔商〕資本家，〔政〕〔経〕資本主義者

capitán(*ana*)/カピタン (ナ)/[男女]([英] captain)〔海〕船長，〔軍〕陸軍大尉，海軍大佐，〔スポーツ〕キャプテン，(あるグループの) 指導者

capítulo/カピトゥロ/[男]([英] chapter) (本・論文などの) 章，〔比喩〕重要な一区切り，(修道会・騎士団などの) 総会，契約

capricho/カプりチョ/[男]([英] whim, fancy) 気まぐれ，(奇抜な) 飾り，〔絵〕空想的な作品，〔楽〕カプリッチョ

caprichoso(*a*)/カプりチョソ (サ)/[形]([英] capricious) 気まぐれな，幻想的な

captar/カ プ タ る/[他]([英] understand) 把握する，(注意などを) 引く，つかむ，(信頼などを) 得る

cara/カら/[女]([英] face) 顔，顔つき，表面，厚かましさ，様子，(硬貨の) 表(おもて) **—** [副] 向かって **—** [男] ずうずうしい人 ¶ de cara a ...…に向けて，…を目指して，…のために

Caracas/カらカス/[固]([英] Caracas)〔地名〕カラカス

caracol/カらコル/[男]([英] snail)〔動〕カタツムリ，(カタツムリの) 殻，螺旋 (らせん) 形，〔解〕(内耳の) かたつむり管，(額にかかる) 巻き毛，〔スポーツ〕(馬術で) 半旋回

carácter/カらクテる/[男]([英] character) (人の) 性格，性質，文字，気骨，(小説・劇などの) 登場人物，印 ¶ con carácter de ...…の資格で，…として

característica/カらクテりスティカ/[女]([英] characteristic) 特質，〔数〕(対数の) 指標

característico(*a*)/カらクテりスティコ (カ)/[形]([英] characteristic) 特有の

caracterizar/カらクテりさる/[他]([英] portray) 描く [表現する]，特性を記述する **— se** [再] (…によって [por]) 特徴づけられる

caramba/カらンバ/[間]([英] gosh!) おや！，まあ！

caramelo/カらメロ/[男]([英] candy) キャンデー，〔料〕カラメル

caravana/カらバナ/[女]([英] caravan) (砂漠の) 隊商，(旅をする) 一隊，トレーラー

carbón/カるボン/[男]([英] coal) 石炭，炭

carcajada/カるカハダ/[女]([英] burst of laughter) 高笑い，爆笑

cárcel/カ る せ ル/[女]([英] prison, jail) 刑務所，〔比喩〕閉じこめられた場所，監禁，〔技〕締め金，〔建〕(水門の) 溝

carecer/カ れ せ る/[自]([英] lack) (…が [de]) 不足している

carga/カるガ/[女]([英] loading) 荷積み，装填 (そうてん)，積み荷，重さ，(精神的な) 負担，(経済的な) 負担，税，詰め替え用品，〔軍〕〔スポーツ〕突撃

cargar/カるガる/[他]([英] load) (車・船などに) (荷を [de]) 積む，詰め込む，中味を入れる，〔電〕(電池を) 充電する，容量がある，(代金・料金などを) 請求する，(義務・責任・仕事などを) 負わせる，悩ませる，**—** [自] 乗っている，負担をかける，負う **— se** [再] いっぱいになる，こわす，殺す，落第させる，曇る，

cargo ▶

引き受ける，うんざりする
cargo/カルゴ/男(㊀ post)職務，地位，費用，責任，[~s]非難，[商]借金，[海]貨物船，荷積み ¶ a cargo de ……を預かって，…の責任を持って，…を管理して
Caribe/カリベ/固(㊀ Caribbean Sea) Mar ~ [地名]カリブ海
caricia/カリシア/女(㊀ caress, stroke)なでること，優しく触れること
caridad/カリダド/女(㊀ charity)(他人への)思いやり，(貧しい者への)慈善，慈善団体，キリスト教的愛
cariño/カリニョ/男(㊀ love, affection)愛，気をつかうこと，[~s](仕事への)熱意，愛撫
cariñoso(a)/カリニョソ(サ)/形(㊀ affectionate, nice)優しい，愛情のこもった
carnaval/カルナバル/男(㊀ carnival)謝肉祭，カーニバル
carne/カルネ/女(㊀ meat)[料]肉，(果物などの)身，(人・動物の)肉，肉体
carné/カルネ/男(㊀ identity card)証明書，会員証
carnicería/カルニセリア/女(㊀ butcher's shop)肉屋，大虐殺，大量の裁き，屠殺場
caro(a)/カロ(ら)/形(㊀ expensive)高価な，高い
carpintero(a)/カルピンテロ(ら)/男(㊀ carpenter)大工，指物(さしもの)師
carrera/カれら/女(㊀ race)[スポーツ]競走，走ること，[比喩]競争，経歴，(学習の)課程
carretera/カれテら/女(㊀ highway)幹線道路，街道
carro/カろ/男(㊀ cart)荷馬車，[中南米]自動車
carta/カルタ/女(㊀ letter)手紙，証明書，[遊び]トランプ(の札)，[料]メニュー，憲章
cartel/カルテル/男(㊀ poster)ポスター
cartera/カルテら/女(㊀ wallet, purse)札入れ，鞄(かばん)，書類入れ
cartero(a)/カルテろ(ら)/男(㊀ mailman)郵便配達人[集配人]
cartón/カルトン/男(㊀ cardboard)厚紙，免状，ケース，[絵](厚紙に施す)下絵
casa/カサ/女(㊀ house)家，家庭，家系，(特別な目的のための)建物，…場，商社，宿泊，[スポーツ]ホームグランド
casado(a)/カサド(ダ)/形(㊀ married)結婚した ― 男,女既婚者
casamiento/カサミエント/男(㊀ marriage)結婚
casar/カサる/他(㊀ marry)結婚させる，[宗]結婚式を行なう，調和させる ― 自調和する，合う ― **se** 再結婚する
cascada/カスカダ/女(㊀ waterfall)滝
cascar/カスカる/他(㊀ crack, break)割る，一生懸命勉強する，ぶつ ― **se** 再割れる
cáscara/カスカら/女(㊀ shell, husk)殻(から)，(果物などの)皮 ― 間[~s]ああ！
casco/カスコ/男(㊀ helmet)ヘルメット，町の中心地区，(馬の)蹄(ひづめ)，瓶(びん)，(こわれた)かけら，[軽蔑的に]頭，頭蓋骨，ヘッドホーン
casi/カシ/副(㊀ almost, nearly)ほとんど，もう少しで…するところだった
casino/カシノ/男(㊀ club)クラブ，カジノ
caso/カソ/男(㊀ case)場合，事情，立場，機会，大事な点，(犯罪などの)事件，[医]病気，[文法]格 ¶ en cualquier [todo] caso いずれにしても en el caso de …の場合には en todo caso いずれにしても hacer al caso 関連がある，当てはまる hacer caso a [de] …を考慮する，気にかける poner por caso 仮定する，推量する
casta/カスタ/女(㊀ lineage, descent)血統，階級制，一族，(動物などの)種
castaña/カスタニャ/女(㊀ chestnut)[植]クリ(栗)の実
castañuela/カスタニュエラ/女(㊀ castanet)[楽]カスタネット
castellano(a)/カステジャノ(ナ)/形(㊀ Castilian)カスティーリャ(人)の ― 男,女

カスティーリャ人 ― 男 [言] (スペイン語の) カスティーリャ方言

castigar /カスティガる/ 他 (㊀ punish) 罰する, 損害を与える, [スポーツ] (反則者に) 罰則を適用する, 苦しめる

castigo /カスティゴ/ 男 (㊀ punishment, penalty) 処罰, 悩みの種, [スポーツ] ペナルティー, 損害, (文章の) 訂正

Castilla /カスティジャ/ 固 (㊀ Castile) [地名] カスティーリャ

Castilla y León /カスティジャイ レオン/ 固 (㊀Castilla) [地名] カスティーリャ・イ・レオン《スペインの自治州》

Castilla-La Mancha /カスティジャ-ラ マンチャ/ 固 (㊀ Castilla-La Mancha) [地名] カスティーリャ・ラ・マンチャ《スペインの自治州》

castillo /カスティジョ/ 男 (㊀ castle) 城

castizo(a) /カスティそ(さ)/ 形 (㊀ pure, true) 真の, 正しい, 純血の

casual /カスアル/ 形 (㊀ casual) 偶然の, [文法] 格の

casualidad /カスアリダド/ 女 (㊀ chance, accident) 偶然, 偶然の出来事

catalán(ana) /カタラン(ナ)/ 形 (㊀ Catalan) カタルーニャ (人・語) の ― 男, 女 カタルーニャ人 ― 男 カタルーニャ語

catálogo /カタロゴ/ 男 (㊀ catalog) カタログ

Cataluña /カタルニャ/ 固 (㊀ Catalonia) [地名] カタルーニャ

catarata /カタらタ/ 女 (㊀ waterfall, cataract) [地理] (大きな) 滝, [~s] [医] 白内障, [気象] 大雨

catarro /カタろ/ 男 風邪

catástrofe /カタストろフェ/ 女 (㊀ catastrophe) 大災害, [比喩] 大きな悲しみ, [比喩] ひどい出来ばえ

catedral /カテドらル/ 女 (㊀ cathedral) [宗] (キリスト教の) 大聖堂, [一般に] 大寺院 ― 形 [宗] 大聖堂の

catedrático(a) /カテドらティコ(カ)/ 男, 女 (㊀ professor) 大学教授 ― 形 教授の

categoría /カテゴりア/ 女 (㊀ class) 等級, [哲] [論] 範疇 (はんちゅう)

categórico(a) /カテゴりコ(カ)/ 形 (㊀ categorical) 断言的な, 範疇に属する

catolicismo /カトリしスモ/ 男 (㊀ Catholicism) [宗] カトリック教

católico(a) /カトリコ(カ)/ 形 (㊀ Catholic) [宗] カトリック教の ― 男, 女 カトリック教徒

catorce /カトるせ/ 数 (㊀ fourteen) 14

caucho /カウチョ/ 男 (㊀ rubber) ゴム

caudillo /カウディジョ/ 男 (㊀ leader, boss) 指導者

causa /カウサ/ 女 (㊀ cause) 原因, (正当な) 理由, 大義, [法] 訴訟 ¶ a causa de …… という理由で, …のために

causar /カウサる/ 他 (㊀ cause) 引き起こす, 原因となる

cautivo(a) /カウティボ(バ)/ 男, 女 (㊀ captive) 捕虜, (恋・恐怖などの) とりこ ― 形 捕らわれた

cavar /カバる/ 他 (㊀ dig) 掘る, (井戸などを) 堀り抜く[下げる] ― 自 探求する, 黙想する

caza /カさ/ 女 (㊀ hunting) 狩り, 狩猟, (狩りの) 獲物, [比喩] 迫害, [比喩] 探求

cazar /カさる/ 他 (㊀ hunt) 狩る, [比喩] つかまえる, だまして取る, [比喩] 秘密を見つける

cazuela /カスエラ/ 女 (㊀ casserole) [料] 鍋 (なべ), [料] 煮込み料理.

cebolla /せボジャ/ 女 (㊀ onion) [植] タマネギ, [植] 球根, (シャワーなどの) 散水口

ceder /せデる/ 他 (㊀ give, cede) 譲る

cedro /せドろ/ 男 (㊀ cedar) [植] スギ (杉)

cédula /せドゥラ/ 女 (㊀ document) 書類, 票

cegar /せガる/ 他 (㊀ blind) 目を見えなくする, [比喩] 盲目にする ― se 再 判断力を失う, (…に [de]) 目がくらむ

ceja /せハ/ 女 (㊀ eyebrow) 眉 (まゆ), (物の) 突き出た部分, (本の) 縁 (ふち), [楽] (ギターなどの) カポタスト

celda /せルダ/ 女 (㊀ cell) (刑

務所の) 独房, (修道院の) 独居室, ハチ (蜂) の巣の穴

celebración /セレブらしオン/ 囡 (英 celebration) 祝賀, (会の) 開催

celebrar /セレブらる/ 他 (英 celebrate) 開催する, (式を挙げて) (物事を) 祝う, 称(たた)える, (会議を) 開く, 喜ぶ, [宗] (ミサを) 行う, なる ― 再 開催される

célebre /セレブれ/ 形 (英 famous, celebrated) 有名な, 面白い

celo /セロ/ 男 (英 jealousy) 嫉妬, 熱心, (動物の) 発情期

celoso(a) /セロソ(サ)/ 形 (英 jealous) 嫉妬深い, 熱心な, 油断[抜け目]ない

célula /セルラ/ 囡 (英 cell) [生] 細胞

cementerio /セメンテリオ/ 男 (英 cemetery) (共同) 墓地, [比喩] 廃棄物置き場

cemento /セメント/ 男 (英 cement) セメント, [建] コンクリート, 接合材

cena /セナ/ 囡 (英 supper) 夕食, 晩餐(ばんさん)会

cenar /セナる/ 自 (英 have supper) 夕食をとる ― 他 夕食に…を食べる

cenicero /セニセろ/ 男 (英 ashtray) 灰皿

ceniza /セニサ/ 囡 (英 ash) 灰, [~s] 遺骨, 灰色

censo /センソ/ 男 (英 census) 人口調査, [集合的に] 選挙民, 地代, 税, (古代ローマの) 人頭税, 負担

censura /センスら/ 囡 (英 censorship) 検閲, 非難

centavo /センタボ/ 男 (英 one hundredth) センターボ, [否定文で] 一銭も, セント, 100分の1

centenar /センテナる/ 男 (英 hundred) 100個のまとまり, 百年祭

centenario(a) /センテナリオ(ア)/ 形 (英 centenarian) 100歳の ― 男, 囡 100歳 (以上) の人 ― 男 百年祭

centésimo(a) /センテシモ(マ)/ 形 (英 one hundredth) 100番目の, 100分の1の ― 男, 囡 100番目の人[物], 100分の1

centígrado(a) /センティグらド(ダ)/ 形 (英 centigrade) 摂氏の

centímetro /センティメトろ/ 男 (英 centimeter) センチメートル

céntimo(a) /センティモ(マ)/ 形 (英 hundredth) 100分の1の ― 男 センティモ《ユーロの100分の1》, [否定文で] 一銭も

central /セントらル/ 形 (英 central) 中心の, 中心となる ― 囡 本社, 発電所, 工場, [電] 配電盤

centrar /セントらる/ 他 (英 center) 集中させる, 焦点を合わせる ― se 再 集まる, 慣れる

céntrico(a) /セントりコ(カ)/ 形 (英 central) 中心の

centro /セントろ/ 男 (英 center) 中心, 施設, 繁華街, [スポーツ] (球技の) 中堅, [スポーツ] センタリング, [政] 中道 (派)

Centroamérica /セントろアメリカ/ 固 (英 Central America) [地名] 中米

centroamericano(a) /セントろアメリカノ(ナ)/ 形 (英 Central American) 中央アメリカの ― 男, 囡 中央アメリカの人

cepillo /セピジョ/ 男 (英 brush) ブラシ, [技] かんな, 献金箱

cera /セら/ 囡 (英 wax) ろう, ろう状のもの, 蜜ろう, 耳あか

cerca /セるカ/ 副 (英 near) (…の [de]) 近くに [で], ほとんど… ― 男 [~s] 前景 ¶ de cerca 近くから, 間近に

cercano(a) /セるカノ(ナ)/ 形 (英 near, close) 近い, 近親の, およその

cerdo /セるド/ 男 (英 pig) [動] ブタ (豚), [比喩] うす汚い人

cerebro /セれブろ/ 男 (英 brain) 脳, 優れた頭脳の持ち主, [解] 大脳

ceremonia /セれモニア/ 囡 (英 ceremony) 儀式, 社交上の儀礼, ぎょうぎょうしさ

cereza /セれサ/ 囡 (英 cherry) [植] サクランボ

cerilla /セりジャ/ 囡 (英

match) マッチ
cero / せろ / 男 (㊀ zero) 零, ゼロの数字, (温度計などの) 零度, [las ~] (時間の) 零時, 無 — 形 ゼロの
cerquita / せるキタ / 副 (㊀ very near) すぐ近くに
cerrado(a) / せらド(ダ) / 形 (㊀ closed) 閉められた, 強情な, 暗い, 濃い, 急の, きわだった, [音声] 閉じた
cerradura / せらドゥら / 女 (㊀ closing) 錠
cerrar / せらる / 他 (㊀ close) 閉じる, (店などを) 閉める, 終わらせる, 密集させる — 自 閉じる, 閉店する, 終わる **— se** 再 閉まる
cerro / せろ / 男 (㊀ hill) 丘, (動物の) 背骨
certeza / せるテサ / 女 (㊀ certainty) 確実性, 正確さ
certidumbre / せるティドゥンブれ / 女 ⇒ certeza.
certificado / せるティフィカド / 男 (㊀ certificate) 証明書, 書留郵便
certificar / せるティフィカる / 他 (㊀ certify) 証明する, (郵便物を) 書留にする
cervecería / せるべせりア / 女 (㊀ beer saloon) ビヤホール, ビール工場
cerveza / せるべサ / 女 (㊀ beer) [飲] ビール
cesar / せサる / 自 (㊀ stop, cease) やむ, (…を [de 不定詞]) やめる, 退く, やめる¶ sin cesar 休むことなく, 引続き
césped / せスペド / 男 (㊀ turf) 芝生 (しばふ), [植] シバ (芝)
cesta / せスタ / 女 (㊀ basket) かご, [スポーツ] セスタ, [スポーツ] (バスケットボール) バスケット
cesto / せスト / 男 (㊀ basket) (大) かご
chal / チャル / 男 (㊀ shawl) [衣] 肩掛け
chalé / チャレ / 男 (㊀ chalet) [建] 別荘
chaleco / チャレコ / 男 (㊀ vest) [衣] チョッキ
champán / チャンパン / 男 (㊀ champagne) [飲] シャンペン
champiñón / チャンピニョン / 男 マッシュルーム
champú / チャンプ / 男 (㊀ shampoo) シャンプー
chapa / チャパ / 女 (㊀ plate, plywood) 薄板, 札 (ふだ)
chaqueta / チャケタ / 女 (㊀ jacket) [衣] 上着, ジャケット
charco / チャるコ / 男 (㊀ puddle) 水たまり
charla / チャるラ / 女 (㊀ chat, talk) おしゃべり, 談話
charlar / チャるラる / 自 (㊀ chat) 雑談する, ぺちゃくちゃしゃべる
Checo(a) / チェコ(カ) / 形 (㊀ Czech) チェコ (人・語) の — 男,女 チェコ人 — 男 [言] チェコ語
Checoslovaquia / チェコスロバキア / 固 (㊀ Czechoslovakia) [地名] (旧) チェコスロバキア
cheque / チェケ / 男 (㊀ check) [商] 小切手
chica / チカ / 女 (㊀ girl) 女の子, [愛情をこめて] あの娘 (こ), 小銭, お手伝い
chico / チコ / 男 (㊀ boy) 男の子, 息子, [愛情をこめて] あいつ **— ca** 形 小さな
chile / チレ / 男 [中南米] トウガラシ
Chile / チレ / 固 (㊀ Chile) [地名] チリ
chileno(a) / チレノ(ナ) / 形 (㊀ Chilean) チリ (人) の — 男,女 チリ人
chillar / チジャる / 自 (㊀ scream, shriek) 金切り声を上げる, きしむ, 大声で言う, やじる, [比喩] 目につく
chimenea / チメネア / 女 (㊀ chimney) 煙突, 暖炉
China / チナ / 固 (㊀ China) [地名] 中国
chino(a) / チノ(ナ) / 形 (㊀ Chinese) 中国 (人・語) の — 男,女 中国人 — 男 [言] 中国語, わけのわからない言葉
chiquillo(a) / チキジョ(ジャ) / 男,女 (㊀ child, kid) 子供 — 形 子供じみた
chispa / チスパ / 女 (㊀spark) 火花, 輝き, 雨粒, [おもに否定文で] わずか (のもの), (才気などの) ひらめき, 酒酔い
chiste / チステ / 男 (㊀ joke, funny story) 笑い話, 冗談事

chistoso(a) /チストソ(サ)/ 形 (㊥ funny, witty) おもしろい, [皮肉に] 変な ― 男, 女 おかしな人

chocar /チョカる/ 自 (㊥ collide) 衝突する, 意見を異にする, 驚かせる, いらいらさせる, [軍] 戦闘する, (手を) 握る, ぶつける ― **se** 再 衝突する

chocolate /チョコラテ/ 男 (㊥ chocolate) チョコレート, [飲] ココア, チョコレート色 ― 形 チョコレート色の

chófer /チョフェる/ 男 (㊥ chauffeur) 運転手

choque /チョケ/ 男 (㊥ collision) ぶつかること, (精神的な) 打撃, (衝突・爆発などの) 衝撃, [医] ショック (症)

chorizo /チョりそ/ 男 チョリソ《ソーセージの一種》

chorro /チョろ/ 男 (㊥ jet) (水の) ほとばしり, ジェット, [一般に] [比喩] あふれること

choza /チョさ/ 女 (㊥ shanty) (丸太) 小屋

chuleta /チュレタ/ 女 (㊥ chop) [料] (骨付きの) あばら肉, [口語] [比喩] 平手打ち

chupar /チュパる/ 他 (㊥ suck) 吸う, 吸収する, (あめ・指などを) しゃぶる, [比喩] (財産などを) 奪う, 時を過ごす, やせ細る

churro /チュろ/ 男 (㊥ fluke) [料] チューロ

cicatriz /しカトりす/ 女 (㊥ scar) [医] (皮膚の) 傷跡, 心の傷

ciclo /レクロ/ 男 (㊥ cycle) ひと巡り (の時間), (同じ主題の) 連続講演, [映] 連続上映, [文学] (同じ主題の) 一群の史詩 [伝説], 一時代, [物] 周波

ciego(a) /レエゴ(ガ)/ 形 (㊥ blind) 盲目の, [比喩] 盲目的な, [比喩] 見る目のない, 夢中の, 塞 (ふさ) がれた, [解] 盲腸の ― 男, 女 盲人, [解] 盲腸

cielo /レエロ/ 男 (㊥ sky) 空, [しばしば～s] 天国, 神, すばらしい物, 天気, [建] 天井

cien /レエン/ 数 (㊥ one hundred) 100 (複数扱い, cientoが名詞やmilの前で語尾が脱落した形) ⇒ ciento

ciencia /レエンしア/ 女 (㊥ science) 科学, [とくに] 自然科学, 知識

científico(a) /レエンティフィコ(カ)/ 形 (㊥ scientific) 科学の, (自然) 科学上の, (科学的に) 厳密な ― 男, 女 科学者

ciento /レエント/ 数 (㊥ one hundred) 100

cierre /レえれ/ 男 (㊥ closing) 閉めること, 閉店, 終止, [衣] ファスナー, 締め切り, 留め金, [車] チョーク

ciertamente /レエるタメンテ/ 副 (㊥ certainly) 確かに

cierto(a) /レエると(タ)/ 形 (㊥ certain) 確かである, 確信している, [名詞の後で] 確かな, [名詞の前で] (あまり多くではないが) ある程度の, [名詞の前で] ある… ― 副 確かに

ciervo(a) /レエるボ(バ)/ 男, 女 (㊥ deer) [動] シカ (鹿)

cifra /レフら/ 女 (㊥ figure, number) 数字, 暗号, 数, 要約

cigarrillo /レガりジョ/ 男 (㊥ cigarette) 紙巻きタバコ

cigarro /レガろ/ 男 (㊥ cigar) 葉巻きタバコ, 紙巻きタバコ

cigüeña /レグエニャ/ 女 (㊥ stork) [鳥] コウノトリ

cilindro /レリンドろ/ 男 (㊥ cylinder) 円筒, [機] シリンダー, [印] ローラー

cima /レマ/ 女 (㊥ summit, top) (山などの) 頂上, 絶頂, (木の) こずえ

cimiento /レミエント/ 男 (㊥ foundation) [建] (建物の) 基礎, [比喩] (考えなどの) 根拠

cinco /レンコ/ 数 (㊥ five) 5

cincuenta /レンクエンタ/ 数 (㊥ fifty) 50

cine /レネ/ 男 (㊥ cinema) [映] 映画館, [映] 映画

cinta /レンタ/ 女 (㊥ ribbon, braid) リボン, 帯状のもの, [衣] バンド, [映] フィルム, テープ, (歩道の) 縁石

cintura /レントゥら/ 女 (㊥ waist) 腰, [衣] (服の) 胴部

cinturón /レントゥロン/ 男 (㊥ belt) [衣] ベルト, (ある特色を持った) 地帯

ciprés /レプれス/ 男 (㊥ cypress) [植] イトスギ (糸杉)

circo /レるコ/ 男 (㊥ circus)

サーカス，サーカスのリング，（古代ローマの）円形劇場

circuito／しるクイト／男（英 circuit）一周，[電]回路，[スポーツ]（自動車レースなどの）コース，（道路・鉄道の）環状道路

circulación／しるクラしオン／女（英 circulation）循環，交通（量），（新聞・雑誌の）発行部数

circular／しるクラる／自（英 circulate）循環する，（知らせなどが）伝わる，（人が）通行する

círculo／しるクロ／男（英 circle）円，仲間，周期，[地理]緯度（圏），[スポーツ]サークル

circunstancia／しるクンスタンしア／女（英 circumstance）事情，条件，[法]理由

ciruela／しるエラ／女（英 plum）[植]セイヨウスモモ

cirugía／しるヒア／女（英 surgery）[医]外科

cirujano(a)／しるハノ(ナ)／男，女（英 surgeon）[医]外科医

cisne／しスネ／男（英 swan）[鳥]ハクチョウ（白鳥），[el C～][天]白鳥座

cita／しタ／女（英 appointment）（会合・面会などの）約束，引用，デート

citar／しタる／他（英 arrange to meet）会う約束をする，[法]召喚する，引用する，（…のことを）話す ― **se** 再会う約束をする，引用される

ciudad／しウダド／女（英 city, town）都市，町

Ciudad de México／しウダド デ メヒコ／固（英 Mexico City）[地名]メキシコシティー

ciudadano(a)／しウダダノ(ナ)／形（英 civic, city）町の ― 男，女（英 citizen）国民，町民

civil／しビル／形（英 citizen）国民の，市民（間）の，[軍]（軍人に対して）文官の

civilización／しビリさしオン／女（英 civilization）文明，文明社会，文明化

civilizar／しビリさる／他（英 civilize）文明国[社会]にする，洗練する ― **se** 再文明国[社会]になる，洗練される

claramente／クらラメンテ／副（英 clearly）はっきりと

claridad／クラリダド／女（英 brightness, light）明るさ，（説明・思想などの）明晰さ，光っているもの

claro(a)／クラろ(ら)／形（英 bright）明るい，はっきりとした，澄みきった，（色が）薄い，まばらな，希薄な，晴れた

clase／クラセ／女（英 class）授業，クラス，教室，（同じような性質の）部類，（乗り物などの）等級，（社会の）階級，上流，[生]（分類の）綱（こう）

clásico(a)／クラシコ(カ)／形（英 classic）古典の ― 男，女古典の作家[芸術家]

clasificación／クラシフィカしオン／女（英 classification）分類，[スポーツ]リーグ，順位

clasificar／クラシフィカる／他（英 classify）分類する ― **se** 再順位となる，[スポーツ]資格を得る

cláusula／クラウスラ／女（英 clause）（契約・法律の）箇条，[文法]節

clausura／クラウスら／女（英 closure）閉鎖，閉会，（修道院での）隠遁

clavar／クラバる／他（英 stick）（釘・杭などを）打ち込む，（釘で）打ちつける[留める]，[比喩]（視線・注意などを）注ぐ

clave／クラべ／女（英 key, clue）（問題・謎を解く）鍵，暗号

clavel／クラベル／男（英 carnation）[植]カーネーション

clavo／クラボ／男（英 nail, stud）釘（くぎ），鋲（びょう），[植]チョウジ（丁字）の木，[医]うおのめ，吹出物，[比喩]頭痛の種，[比喩]借金

cliente／クリエンテ／男女（英 customer, client）[商]（商店などの）お客，（医者の）患者，（弁護士の）依頼人

clima／クリマ／男（英 climate）気候，（気候からみた）地方

clínica／クリニカ／女（英 clinic）[医]医院，[医]臨床医学，[医]検査室

club／クルブ／男（英 club）クラブ

cobarde／コバるデ／形（英

cobardía /コバルディア/ 女 (愚 cowardice) 臆病 (おくびょう), 卑怯 (ひきょう)

cobijar /コビハる/ 他 (愚 shelter) 保護する, (考えを) 抱く, 隠す, 宿泊させる ━ **se** 再 (雨・風を [de]) 避ける, 避難する, 身をつつむ

cobrar /コブらる/ 他 (愚 earn, get paid) 稼ぐ, (…を) 集金する, (感情を) 持つ, 得る

cobre /コブれ/ 男 (愚 copper) [化] 銅

cobro /コブろ/ 男 (愚 collection) (金などの) 徴収, (給料の) 受け取り

cocer /コせる/ 他 (愚 boil) [料] 煮る, 焼く ━ 自 煮立つ

coche /コチェ/ 男 (愚 car) 自動車, [鉄] 車両, (運搬用の) 車, 馬車

cochino(a) /コチノ(ナ)/ 男, 女 (愚 pig) [動] ブタ (豚), [比喩] うす汚い人, 汚ない

cocina /コシナ/ 女 (愚 kitchen) 台所, [料] 料理

cocinar /コシナる/ 自 (愚 meddle) 料理する ━ 他 料理する

cocinero(a) /コシネろ(ら)/ 男, 女 (愚 cook) コック, (前に形容詞をつけて) 料理が…の人

coco /ココ/ 男 (愚 coconut) [植] ココヤシ (の実), [比喩] 頭, 鬼

cocodrilo /ココドりロ/ 男 (愚 crocodile) [動] ワニ

codicia /コディしア/ 女 (愚 greed) 欲, 熱望

código /コディゴ/ 男 (愚 code) [法] 法, 規則 (集), 暗号

codo /コド/ 男 (愚 elbow) 肘 (ひじ), (動物の) 前足の膝, (道・川などの) 曲がり角, (パイプの) 屈曲部分,

coetáneo(a) /コエタネオ(エア)/ 形 (愚 contemporary) (…と [a]) 同時代の ━ 男, 女 同時代の人

coger /コへる/ 他 (愚 get hold of, take) つかむ, 勝手に使う, 捕らえる, (乗り物に) 乗る, (病気などに) かかる, [中南米] 性交する

cohete /コエテ/ 男 (愚 rocket) ロケット, 打ち上げ花火

cohibir /コイビる/ 他 (愚 intimidate) ものおじさせる ━ **se** 再 ものおじする

coincidencia /コインしデンしア/ 女 (愚 coincidence) 偶然の一致, (偶然の) 出会い, 一致, 事が同時に起こること

coincidir /コインしディる/ 自 (愚 coincide) 同時に起こる, 一致する, 意見を同じくする

cojín /コヒン/ 男 (愚 cushion, pillow) クッション

cojo(a) /コホ(ハ)/ 形 (愚 lame) 足 [脚] の不自由な, 脚がぐらぐらする, [比喩] 不完全な, [比喩] 偏 (かたよ) った

col /コル/ 女 (愚 cabbage) [植] キャベツ

cola /コラ/ 女 (愚 tail) (動物の) 尾, 尾部, 列, [衣] (長い) すそ

colaboración /コラボらしオン/ 女 (愚 collaboration) 共同, 協力, 寄稿

colaborar /コラボらる/ 自 (愚 collaborate) 共同して働く, 協力する, 寄稿する

colar /コラる/ 他 (愚 strain, filter) (液体を) 濾 (こ) す, ごまかして通す, さらす, 洗濯する, [鉱] 鋳造する, しみこむ, ワインを飲む ━ **se** 再 (列に [en]) 割り込む

colchón /コルチョン/ 男 (愚 mattress) マットレス, ふとん

colección /コレクしオン/ 女 (愚 collection) 収集品, [衣] コレクション, 叢書

coleccionar /コレクしオナる/ 他 (愚 collect) 集める

colectivo(a) /コレクティボ(バ)/ 形 (愚 collective) 集合的な, [文法] 集合名詞の ━ 男 バス, 乗り合いタクシー, 集団

colega /コレガ/ 男女 (愚 colleague) 同僚, 同じ官職 [職務] の人, 友人

colegial /コレヒアル/ 形 (愚 collegiate) 学校の [に関する] ━ **(a)** 男, 女 生徒, [口語] [比喩] 未熟者

colegio /コレヒオ/ 男 (愚 school) 学校, (特殊な) 専門学校, 団体

cólera /コレら/ 囡 (㊍anger) 怒り ― 男 [医] コレラ

colgar /コルガる/ 他 (㊍hang up) 掛ける, [比喩] つるし首にする, [比喩] 落第させる, (受話器などを) 置く ― 自 掛かる, 電話を切る ― **se** 再 ぶら下がる

colina /コリナ/ 囡 (㊍hill) 丘

collar /コジャる/ 男 (㊍necklace) ネックレス, (犬などの) 首輪, (動物の) 首の回りの変色部, [機] 環

colmar /コルマる/ 他 (㊍fill) 一杯にする, 浴びせる, 圧倒する

colmo /コルモ/ 男 (㊍overflow) 山盛り, 頂, 全盛 ― **ma** 形 充満している, あふれんばかりの ¶ para colmo その上, さらに悪いことには ser el colmo 我慢の限界を越える, あんまりだ

colocación /コロカしオン/ 囡 (㊍position, laying) 配置, 職業

colocar /コロカる/ 他 (㊍place, put) 置く, 仕事に就かせる, (いやなことを) 押しつける, [商] 投資する, 結婚させる ― **se** 再 就職する, (位置に [en]) つく, 酒に酔う

Colombia /コロンビア/ 固 (㊍Colombia) [地名] コロンビア

colombiano(a) /コロンビアノ(ナ)/ 形 (㊍Colombian) コロンビア (人) の ― 男, 囡 コロンビア人

colonia /コロニア/ 囡 (㊍colony) 植民地, [集合的に] 移民, …人街, [生] 生活, (都市の) …区

colonial /コロニアル/ 形 (㊍colonial) 植民地の, [美] コロニアル様式の, [商] 海外からの

coloquial /コロキアル/ 形 (㊍colloquial) 口語 (体) の

color /コロる/ 男 (㊍color) 色, 絵の具, (皮膚の) 色, [比喩] 傾向, [~ es] 旗, 声の調子, 精彩

colorado(a) 形 赤い, 色がついた

columna /コルムナ/ 囡 (㊍column) [建] 円柱, (新聞の) 欄, 支え, [軍] 縦隊, 縦の行, 山

coma /コマ/ 囡 (㊍comma) コンマ, 小数点

comarca /コマるカ/ 囡 (㊍area, region) 地域

combate /コンバテ/ 男 (㊍combat) [軍] 戦闘, [一般に] 戦い

combatir /コンバティる/ 他 (㊍combat) 戦う, 立ち向かう ― **(se)** 自(再) 戦う, 奮闘する

combinación /コンビナしオン/ 囡 (㊍combination) 結合, [衣] (女性の) スリップ, [化] 化合, [数] 組合せ, 計画, (交通の) 接続

combinar /コンビナる/ 他 (㊍arrange) 結合する, 調整する, 調和させる, [化] 化合させる ― 自 調和する ― **se** 再 結合する, [化] 化合する

combustible /コンブスティブレ/ 形 (㊍combustible) 燃える ― 男 (㊍fuel) 燃料

comedia /コメディア/ 囡 (㊍play) [演] [文学] 演劇 (作品), [とくに] [演] (黄金世紀の) 演劇, 喜劇

comedor /コメドる/ 男 (㊍dining room) 食堂

comentar /コメンタる/ 他 (㊍comment on) 論評する

comentario /コメンタりオ/ 男 (㊍comment, commentary) 解説, 論評, [~ s] うわさ

comenzar /コメンさる/ 他 (㊍start, begin) 始める ― 自 始まる, (…し [a 不定詞]) 始める

comer /コメる/ 他 (㊍eat) (→ 主な動詞の活用 p.1043) 食べる, [とくに] 昼食に食べる ― 自 食べる, 昼食をとる ― 自 食べつくす

comercial /コメるしアル/ 形 (㊍commercial) 商業的な, 商業の, 買物の ― 男 商店, (テレビ・ラジオの) コマーシャル

comerciante /コメるしアンテ/ 男女 (㊍merchant) [商] 商人, [商] 店主 ― 形 [軽蔑的に] 計算高い

comercio /コメるしオ/ 男 (㊍commerce, trade) 商業, [集合的に] 店

comestible /コメスティブレ/ 形 (㊍edible) 食べられる ― 男 [~ s] 食料品

cometa /コメタ/ 男 (㊍comet)

cometer

〔天〕彗星（すいせい）━ 女（® kite）〔遊び〕凧（たこ）

cometer/コメテる/他（® commit）（罪・過ちなどを）犯す

cómico(a)/コミコ(カ)/形（® comic）〔演〕喜劇の、こっけいな ━ 男, 女（® comedian）〔演〕喜劇俳優、おかしな人

comida/コミダ/女（® meal, eating）食事、昼食、食べ物

comienzo/コミエンそ/男（® beginning, start）初め

comilla/コミジャ/女（® quotation marks）〔ふつうは～s〕引用符《"…"の記号》

comisaría/コミサリア/女（® police station）警察署

comisión/コミスィオン/女（® commission）〔商〕手数料、委員会、(任務などの) 委任

comité/コミテ/男（® committee）委員会、〔全体として〕委員

como/コモ/接（® as）…なので、…のように ¶ Como estoy cansado, quiero dormir. 私は疲れているので寝たい ━ 副 約…、（…不定詞）する…、…の方法は…である ¶ como si …（接続法過去）あたかも…であるかのように…する como si …（接続法過去完了）あたかも…であったかのように…する hacer como que …（直説法）…のふりをする

cómo/コモ/副（® how）どのように、〔反語的に〕どうして…なことがあろうか、なぜ、どのように…（不定詞）すべきか、〔感嘆文で〕どんなに…なことか ━ 間 何だって！、何ですか ━ 男 方法 ¶ ¿A cómo?《疑問》いくら

comodidad/コモディダド/女（®comfort, convenience）快適さ

cómodo(a)/コモド(ダ)/形（® comfortable）心地よい、使いやすい、のんきな

compacto(a)/コンパクト(タ)/形（® compact）ぎっしり詰まった

compadecer/コンパデせる/他（® pity）気の毒に思う ━ **se** 再（…を [de] ）気の毒に思う

compañero(a)/コンパニェろ(ら)/男, 女（® mate）仲間、仕事仲間、(一組の) 片方、話相手、同棲している相手

compañía/コンパニア/女（® company）会社、仲間、同伴、〔宗〕宗派、〔演〕一座

comparable/コンパらブレ/形（® comparable）（…に [a]）比べられる

comparación/コンパらスィオン/女（® comparison）比較

comparar/コンパらる/他（® compare）比較する、たとえる ━ **se** 再 比べられる

compartir/コンパるティる/他（® share）分け合う、（意見・感情を）同じくする

compás/コンパス/男（® compass）〔技〕コンパス、〔楽〕拍子、〔技〕羅針盤

compasión/コンパシオン/女（® compassion）同情

compensar/コンペンさる/他（® compensate）（損失などを）償（つぐな）う、（努力に）報いる ━ **se** 再（…の [de] ）埋め合わせをする、相殺される

competencia/コンペテンスィア/女（® competition, rivalry）競争、能力、権能

competente/コンペテンテ/形（® competent）能力のある、〔法〕権限のある

competición/コンペティスィオン/女（® competition）試合、競争

competir/コンペティる/自（® compete）競争する、競う ━ **se** 再 競争する

complacer/コンプラせる/他（® please）喜ばせる、うれしく思う

complejo(a)/コンプレホ(ハ)/形（® complicated）複雑な、いろいろな要素から成る ━ 男 コンビナート、複合体

completamente/コンプレタメンテ/副（® completely）完全に

completar/コンプレタる/他（® complete）完了する ━ **se** 再 補い合う

completo(a)/コンプレト(タ)/形（® complete）完全な、完璧（かんぺき）な、満員の、全食つきの ¶ por completo 完全に

complicado(a) /コンプリカド(ダ)/ 形 (㊥ complicated) 複雑な, 難しい, 関連した

complicar /コンプリカる/ 他 (㊥ complicate) 複雑にする, 巻き込む **—se** 再 複雑になる, 巻き込まれている ¶ complicarse la vida やっかいなことを引き起こす

componente /コンポネンテ/ 形 (㊥ component) 構成している **—** 男 成分, (機械の) 部品

componer /コンポネる/ 他 (㊥ compose) 構成する, (文・詩などを) 作る, 作曲する, 静める, 飾る, 用意する, 直す, 〔印〕 (活字を) 組む, 〔料〕 味つけする **—se** 再 成る, 準備する

comportamiento /コンポるタミエント/ 男 (㊥ behavior) ふるまい, 行動

comportar /コンポるタる/ 他 (㊥ involve) 伴う, 我慢する

composición /コンポシしオン/ 女 (㊥ composition) 構成, 作文, 〔楽〕〔美〕〔文学〕作品, 〔楽〕作詞, 〔印〕(活字の) 組み, 構成物, 〔医〕混合薬, 〔文法〕(語の) 合成

compositor(a) /コンポシトる(ら)/ 男, 女 (㊥ composer) 〔楽〕作曲家, (馬の) 調教師

compra /コンプら/ 女 (㊥ shopping) 買物, 買った物 ¶ ir [salir] de compras 買物に行く

comprar /コンプらる/ 他 (㊥ buy) 買う, 〔比喩〕買収する **—se** 再 自分のために買う

comprender /コンプれンデる/ 他 (㊥ understand) わかる, 含む, 理解される ¶ hacerse comprender 自分の言うことをわかってもらう

comprensión /コンプれンシオン/ 女 (㊥ understanding) 理解

comprobar /コンプろバる/ 他 (㊥ check, confirm) 確かめる, 証明する

comprometer /コンプろメテる/ 他 (㊥ endanger) 危険にさらす, (…する [a 不定詞]) 立場に置く, 巻き込む, 裁定を委託する, 買う **—se** 再 (…する [a 不定詞]) 約束をする, (…に [en]) かかわる, 身を危うくする

compromiso /コンプろミソ/ 男 (㊥ pledge, commitment) 誓約, (会合などの) 約束

compuesto(a) /コンプエスト(タ)/ 形 (㊥ compound) 合成の, 身なりをきちんとした, 修理した, 行儀がよい

computador /コンプタドる/ 男 (㊥ computer) 〔中南米〕コンピュータ **— (dora)** 形 計算 (のため) の

computadora /コンプタドら/ 女 (㊥ computer) 〔中南米〕コンピュータ

común /コムン/ 形 (㊥ common) 普通の, 共通の, 公共の, 〔軽蔑的に〕品のない, 〔軽蔑的に〕ありふれた ¶ en común 共通に, 共同で, 共同の fuera de lo común 並み外れた por lo común 一般に, 普通は

comunicación /コムニカしオン/ 女 (㊥ communication) コミュニケーション, (情報・意見などの) 伝達, 通信, 交通 (機関), (学会での) 発表 ¶ en comunicación con ... …と連絡して

comunicar /コムニカる/ 他 (㊥ communicate) (情報・意見などを) 伝達する, 移す **—** 自 連絡する, つなぐ, 話し中である **—se** 再 連絡する, 通じあう, 広がる

comunidad /コムニダド/ 女 (㊥ community) 共同体, 共通

comunismo /コムニスモ/ 男 (㊥ communism) 〔政〕共産主義

comunista /コムニスタ/ 形 (㊥ communist) 〔政〕共産主義(者)の **—** 男女 〔政〕共産主義者

con /コン/ 前 (㊥ with) …と (一緒に), …を持った, …で, …に, …すれば, …であっても, …と比べれば ¶ con Pedro ペドロと一緒に, con cámara カメラを持って con lo ... (形容詞・副詞) que ... とても…なのに

concebir /コンセビる/ 他 (㊥ conceive) (子を) 宿す, (考え・恨みなどを) 心に抱く, 想像する, (計画などを) 立てる **—** 自 子を宿す, 考える

conceder /コンセデる/ 他 (㊥ concede) (権利・特権・価値などを) 与える, (…を [que 接

concentrar/コンセントらる/他(英 concentrate)(注意・努力などを)集中させる,集める,(液体を)濃縮する ―**se** 再 集中する,心を集中する,濃くなる,〔スポーツ〕合宿する

concepción/コンセプしオン/女(英 conception)概念,妊娠,〔C~〕〔宗〕処女懐胎

concepto/コンセプト/男(英 concept)概念,考え,評価,〔商〕品目 ¶en [por] concepto de ….…代として

concertar/コンセるタる/他(英 bring together, reconcile)一致させる,手はずを決める,(条約などを)結ぶ,合わせる ―自 意見が合う,和解する,〔文法〕一致[呼応]する) ―**se** 再 一致する

concesión/コンセシオン/女(英 concession)譲歩,(政府の与える)権利,(賞の)授与,租借地

concha/コンチャ/女(英 shell)貝殻,(カメなどの)甲羅(こうら),入り江

conciencia/コンしエンしア/女(英 conscience)良心,意識,度量

concierto/コンしエるト/男(英 concert)〔楽〕音楽会,〔楽〕協奏曲,(意見などの)一致

conciliar/コンしリアる/他(…と[con])和解させる

conciso(a)/コンしソ(サ)/形 簡潔な

concluir/コンクルイる/他(英 conclude)結論を下す,結末をつける,決める ―自 終わる ―**se** 再 終わる

conclusión/コンクルシオン/女(英 conclusion)結論,終わり

concordancia/コンコるダンしア/女(英 agreement)一致,〔文法〕(性・数・格・人称などの)一致,〔楽〕和声

concordar/コンコるダる/他(英 reconcile)(争いなどを)和解させる,〔文法〕(性・数・格・人称などを)一致させる ―(se)自 一致する,賛成する,〔文法〕一致する

concretamente/コンクれタメンテ/副(英 concretely)具体的に,特に,正確に

concretar/コンクれタる/他(英 make concrete)具体化する,明確に記す,制限する ―自 はっきりさせる ―**se** 再 制限する,具体化する

concreto(a)/コンクれト(タ)/形(英 concrete)具体的な,特定の ―男〔ラ米〕コンクリート

concurrido(a)/コンクりド(ダ)/形(英 crowded)人が集まる

concurrir/コンクりる/自(英 meet)(…に[a])集まる,(…に[a])出席する,同時に起こる

concurso/コンクるソ/男(英 contest)コンテスト,採用試験

conde/コンデ/男(英 count, earl)伯爵,〔~s〕伯爵夫妻

condecorar/コンデコらる/他(英 decorate)勲章を授ける

condenar/コンデナる/他(英 condemn, sentence)〔法〕(有罪と)宣告する,非難する,(穴・戸を)塞ぐ,悩ます,いらいらする,自責する

condensar/コンデンサる/他(英 condense)圧縮する,(密度を)濃くする ―**se** 再〔3人称で〕密度が濃くなる

condesa/コンデサ/女(英 countess)伯爵夫人

condición/コンディしオン/女(英 condition)条件,状態,(周囲の)状況,性格,素質,身分

condicional/コンディしオナル/形(英 conditional)条件つきの,〔文法〕条件の ―男〔文法〕条件法

condimento/コンディメント/男(英 condiment, seasoning)調味料

conducir/コンドゥしる/他(英 lead)導く,(車などを)運転する,伝える ―**se** 再 ふるまう

conducta/コンドゥクタ/女(英 conduct, behavior)行い,運営

conductor(a)/コンドゥクトる(ら)/男,女(英 driver)運転手,操縦者,指揮者,(バスの)車掌,(オーケストラの)指揮者 ―男〔電〕〔物〕伝導体

conectar/コネクタる/他(英

connect) つなぐ **— se** [再] つながる
conejo/コネホ/ [男] ([英]rabbit)〔動〕ウサギ（兎）
conexión/コネクシオン/ [女] ([英] connection) 関係,〔~ es〕縁故,（船・列車などの）乗継ぎ
conferencia/コンフェれンしア/ [女] ([英] conference) 協議, 講演, 長距離電話
confesar/コンフェサる/ [他] ([英] confess) 自白する, 告白する,〔宗〕（罪を）懺悔（ざんげ）する **— se** [再] 告解する, 自白する
confesión/コンフェシオン/ [女] ([英] confession) 自白,〔宗〕懺悔（ざんげ),〔宗〕（信仰の）告白
confianza/コンフィアンさ/ [女] ([英] confidence) 信頼, 自信, 親しみ,〔~ s〕なれなれしさ¶ con confianza 親しく, 気がねなく
confiar/コンフィアる/ [他] ([英] confide)（信頼して）任せる,（秘密などを）打ち明ける **—** [自] 信頼する, 確信する **— se** [再] 自信を持つ, 任せる,（秘密を）打ち明ける, 身をゆだねる
confidencial/コンフィデンしアル/ [形] ([英] confidential) 内密の
confirmación/コンフィるマしオン/ [女] ([英] confirmation) 確認
confirmar/コンフィるマる/ [他] ([英] confirm) 確かめる
conflicto/コンフリクト/ [男] ([英] conflict) 争い,（意見・利害などの）衝突, 板ばさみ
conformar/コンフォるマる/ [他] ([英] conform) 適合させる, 和解させる, 形づくる **—** [自] 同意する **— se** [再] あきらめる, 応ずる
conforme/コンフォるメ/ [形] ([英] in agreement) 賛成している, 満足している, あきらめてがまんしている **—** [副]（…に[a]）従った **—** [接] …のように, …に従って, …するとすぐに
confortable/コンフォるタブレ/ [形] ([英] comfortable) 心地よい, 快適な
confundir/コンフンディる/ [他] ([英] confuse)（…と[con]）混同する, 困惑させる, ぼやけさせる, 混ぜる **— se** [再] まじり合う, 間違える, ぼやける, とまどう
confusión/コンフシオン/ [女] ([英] confusion) 混同, 混乱, 誤解, 困惑
confuso(a)/コンフソ(サ)/ [形] ([英] confused) 混乱した, はっきりしない
congelado(a)/コンヘラド(ダ)/ [形] ([英] frozen) 冷凍の, 凍（こお）った
congelar/コンヘラる/ [他] ([英] freeze) 凍（こお）らせる **— se** [再] 凍る, 凍（こご）える
congregar/コングれガる/ [他] ([英] congregate)（人を）集める **— se** [再]（人が）集まる
congreso/コングれソ/ [男] ([英] congress)〔政〕国会,（正式な専門家による）会議
conjetura/コンヘトゥら/ [女] ([英] conjecture) 推測, 推量
conjugación/コンフガしオン/ [女] ([英] conjugation)〔文法〕（動詞の）活用, 結合,〔生〕（生殖細胞の）接合
conjugar/コンフガる/ [他] ([英] conjugate)〔文法〕（動詞を）活用[変化]させる,（…と[con]）結合させる **— se** [再]〔文法〕活用する
conjunción/コンフンしオン/ [女] ([英] conjunction)〔文法〕接続詞
conjunto(a)/コンフント(タ)/ [形] ([英] joint) 共同の **—** [男] 集合, 全体,〔楽〕アンサンブル,〔衣〕（婦人服の）アンサンブル,〔数〕集合
conmemorar/コンメモらる/ [他] ([英] commemorate)（祝辞・儀式をもって）記念する **— se** [再]〔3人称で〕祝われる
conmigo/コンミゴ/ [前] ([英] with me) 私と（ともに）
conmoción/コンモしオン/ [女] ([英] shock, commotion)（心の）動揺, 騒動, 地震
conmover/コンモべる/ [他] ([英] move) 心を動揺させる, 揺らす **— se** [再] 心を動かす
conocer/コノせる/ [他] ([英] know) 知っている,（理解して）知る,（場所に）行ったことがある,（異性を）知る **— se** [再] 知り合いになる,（自分自身を）知る, わかる

conocido(a) /コノシド(ダ)/ 形 (＊ known, well-known) 知られた ― 男, 女 知人

conocimiento /コノシミエント/ 男 (＊ knowledge) 知識, 意識, 賢明さ, 知人, つきあい, 身分証明書

conque /コンケ/ 接 (＊ so) そこで, [文頭で] では…

conquista /コンキスタ/ 女 (＊ conquest) 征服, 女性をくどき落とすこと, [C～][史] スペインによるアメリカ大陸の征服

conquistador /コンキスタドる/ 男 (＊ conqueror) 征服者, 色男 ―(**dora**) 形 征服者の[らしい]

conquistar /コンキスタる/ 他 (＊ conquer) (国・敵・山などを) 征服する, 勝ち取る, 気持ちをつかむ

consagrar /コンサグらる/ 他 (＊ consecrate) [宗] (ミサで) (パンとぶどう酒を) 聖別化する, [比喩] (身を) 捧げる, 奉納 [献納] する, [一般に] 捧げる ― **se** 再 (自分の身を) 捧げる, (自分の地位を) 確立する, 認められる

consciente /コンスしエンテ/ 形 (＊ conscious) 気づいて, 意識のある, 責任感のある

consecuencia /コンセクエンしア/ 女 (＊ consequence) 結果, (結果・影響などの) 重要さ, (言行・思想などの) 一貫性

conseguir /コンセギる/ 他 (＊ obtain) 得る, (努力の結果) (…が [不定詞][que 接続法]) できる, 成就する

consejero(a) /コンセヘろ(ら)/ 男, 女 (＊ adviser) 忠告者, 顧問官, 閣僚

consejo /コンセホ/ 男 (＊ advice) 忠告, 会議, 指示

consenso /コンセンソ/ 男 (＊ consensus) (意見などの) 一致

consentimiento /コンセンティミエント/ 男 (＊ consent) 同意 (すること), 同意書

consentir /コンセンティる/ 他 (＊ consent to) 許す, (子供を) 甘やかす ― 自 (…に [(en) que 接続法]) 同意する

conserva /コンセるバ/ 女 (＊ canned food) 缶詰, 保存

conservación /コンセるバしオン/ 女 (＊ preservation) 保存, (資源・環境の) 保護, (建物の) 維持, 節約

conservador(a) /コンセるバドる(ら)/ 形 (＊ conservative) [政] 保守的な ― 男, 女 [政] 保守主義者

conservar /コンセるバる/ 他 (＊ keep, preserve) 保つ, とっておく, (習慣などを) 続ける, 保存する ― **se** 再 若さを保つ

considerable /コンシデらブレ/ 形 (＊ considerable) かなりの, 考慮 [注目] に値する

considerablemente /コンシデらブレメンテ/ 副 (＊ considerably) かなり

consideración /コンシデらしオン/ 女 (＊ consideration) よく考えること, 考慮, 思いやり, 注目

considerar /コンシデらる/ 他 (＊ consider) よく考える, 思う, (…だと [名詞・形容詞]) 思う, 考慮に入れる, 敬う ― **se** 再 思われる, 自らを (…と [形容詞・名詞]) 思う

consigna /コンシグナ/ 女 (＊ checkroom) (駅の) 手荷物一時預かり所, 標語, [軍] 訓令

consigo /コンシゴ/ 前 (＊ with oneself) 自分自身と, 身につけて

consiguiente /コンシギエンテ/ 形 (＊ consequent) 必然的な, 結果として生ずる ― 男 結果 ¶ por consiguiente よって, その結果…, したがって, それゆえに

consistencia /コンシステンしア/ 女 (＊ consistence) 堅さ, 内容

consistente /コンシステンテ/ 形 (＊ firm, solid) 堅い, 成る, 濃い

consistir /コンシスティる/ 自 (＊ consist) (…に [en]) 成る, …で [成り立っている], 存する

consolar /コンソラる/ 他 (＊ console) 慰 (なぐさ) める

consolidar /コンソリダる/ 他 (＊ consolidate) 固める ― **se** 再 固まる

consomé /コンソメ/ 男 コン

ソメ（スープ）
conspirar /コンスピらる/ 自 (㊀ conspire) 陰謀を企てる, 重なって結果になる
constancia /コンスタンシア/ 女 (㊀ perseverance) 根気, 証拠, 恒常性, 志操堅固, 記録, 証明書
constante /コンスタンテ/ 形 (㊀ constant) 絶えず続く, 不変の, 根気のある, 忠実な ― 女 不変のもの, 〔数〕〔物〕定数
constantemente /コンスタンテメンテ/ 副 (㊀ constantly) 一定して
constar /コンスタる/ 自 (㊀ be clear) 明らかである, 載せられている, 成る
constitución /コンスティトゥシオン/ 女 (㊀ constitution) 〔政〕憲法, 構成, 設立, 体格, 規約
constitucional /コンスティトゥシオナル/ 形 (㊀ constitutional) 〔政〕憲法の, 体格の
constituir /コンスティトゥイる/ 他 (㊀ constitute) 構成する, 制定する ― **se** 再 なる, 構成される
construcción /コンストるクシオン/ 女 (㊀ construction) 建設, 建造物, 〔文法〕構文, 仕組み
constructivo(a) /コンストるクティボ(バ)/ 形 (㊀ constructive) 建設的な, 構成的な
construir /コンストるイる/ 他 (㊀ construct) 建設する, 組み立てる, 構成する ― **se** 再 組み立てられる
consuelo /コンスエロ/ 男 (㊀ consolation) 慰 (なぐさ) め
cónsul /コンスル/ 男 (㊀ consul) 領事
consulado /コンスラド/ 男 (㊀ consulate) 領事館
consulta /コンスルタ/ 女 (㊀ consultation) 相談, 参照, 診察
consultar /コンスルタる/ 他 (㊀ consult) 相談する, (辞書を) 引く, (専門家などに[a]) 意見を聞く ― 自 相談する
consumidor(a) /コンスミド

る(ら)/ 男, 女 (㊀ consumer) 消費者
consumir /コンスミる/ 他 (㊀ consume) 消費する, 疲れさせる, 消滅させる, 身が細る思いをさせる ― **se** 再 消費させる, 身を焼く [焦がす], くたくたになる
consumo /コンスモ/ 男 (㊀ consumption) 消費, 消費高 [額]
contacto /コンタクト/ 男 (㊀ contact) 触れること, (人と人の) 触れ合い ¶ ponerse en contacto con … …と連絡をとる
contado(a) /コンタド(ダ)/ 形 (㊀ rare, uncommon) 〔ser ~〕まれな, 数えた ¶ al contado 現金で
contagiar /コンタヒアる/ 他 (㊀ infect) (病気を) 感染させる ― **se** 再 〔3人称で〕感染する, (病気に [de]) 感染する
contagio /コンタヒオ/ 男 (㊀ contagion) 〔医〕接触伝染
contagioso(a) /コンタヒオソ(サ)/ 形 (㊀ contagious, infectious) 伝染性の, 〔比喩〕うつりやすい
contaminación /コンタミナシオン/ 女 (㊀ contamination, pollution) 汚染, 堕落
contaminar /コンタミナる/ 他 (㊀ contaminate) 汚す, 汚染する, 移す, (原文を) 改悪する, 〔比喩〕堕落させる ― **se** 再 汚れる
contar /コンタる/ 他 (㊀ count) (→主な動詞の活用 p.1043) 数える, 数 [勘定] に入れる, 話す, 思う ― 自 数を数える, 当てにする, 考慮に入れる, 数 [勘定] に入る, 重要である, (…を [con]) 備える ― **se** 再 話である, 入る [入っている], 語られる
contemplar /コンテンプラる/ 他 (㊀ contemplate) 見つめる, 考慮する, 沈思黙考する, (人を) 大事に扱う ― 自 熟考する ― **se** 再 見られる, (鏡で) 自分を見る, (互いに) 見つめ合う
contemporáneo(a) /コンテンポらネオ(ア)/ 形 (㊀ contemporary) 現代の, その当時の ― 男, 女 同時代の人 [も

contener/コンテネる/他（㊧ contain）（内に）含む，（感情などを）抑える，持ちこたえる，意味する ━**se** 再 含まれる，自制する

contenido/コンテニド/男（㊧ content）内容，中味，〔言〕意味 ━**(a)** 形 自制した

contentar/コンテンタる/他（㊧ content）満足させる ━**se** 再 満足する，がまんする，和解する

contento(a)/コンテント（タ）/形（㊧ content）満足した ━男 うれしさ

contestación/コンテスタしオン/女（㊧ answer, reply）答え，口論，〔法〕（被告の）反訴

contestar/コンテスタる/自（㊧ answer）答える，返事を書く，（電話に [a]）出る，口答えする ━他 答える，返事を書く，反論する

contexto/コンテクスト/男（㊧ context）文脈，（事件などの）背景

contigo/コンティゴ/前＋代（㊧ with you）君[あなた]と（一緒に）

contiguo(a)/コンティグオ（ア）/形（㊧ contiguous）隣接する

continental/コンティネンタル/形（㊧ continental）大陸の

continente/コンティネンテ/男（㊧ continent）〔地理〕大陸，態度，表情，容器

continuación/コンティヌアしオン/女（㊧ continuation）続く[続ける]こと，（話などの）続き

continuamente/コンティヌアメンテ/副（㊧ continuously）絶えず，頻繁に

continuar/コンティヌアる/他（㊧ continue）続ける，（中途からまた）継続する ━自 続く，（…し〔現在分詞〕）続ける，引き続き（…〔形容詞〕）である，い続ける，延びている

continuidad/コンティヌイダド/女（㊧ continuity）連続（状態）

continuo(a)/コンティヌオ（ア）/形（㊧ continuous）切れ目なく続く，〔電〕直流の

contorno/コントるノ/男（㊧ outline, contour）輪郭線，〔~s〕郊外

contra/コントら/前（㊧ against）…に対して，…に（向けて），…に逆らって，…に反して，…に備えて，…にもたれて ¶ contra el enemigo 敵に対して ━女 難点，反対（の意見） ━男 反対 ¶ en contra de ……に逆らって，…とは逆に

contrabando/コントらバンド/男（㊧ contraband）密輸

contradecir/コントらデしる/他（㊧ contradict）否定する，矛盾する ━**se** 再 矛盾する

contradicción/コントらディクしオン/女（㊧ contradiction）矛盾，反対

contraer/コントらエる/他（㊧ contract）（病気などに）かかる，（関係・親交などを）結ぶ，（筋肉などを）引き締める，（顔・眉を）しかめる，契約する，縮小する，限る ━**se** 再 限られる，ゆがむ，引き締まる，専念する

contrariedad/コントらりエダド/女（㊧ obstacle）障害，不快の気持ち，災害

contrario(a)/コントらりオ（ア）/形（㊧ contrary）反対の，害のある，対立する，不運な ¶ de lo contrario そうでなければ

contraste/コントらステ/男（㊧ contrast）対照 ¶ en contraste con ……と対照的に，…とは著しく違って

contratar/コントらタる/他（㊧ contract）契約する

contratiempo/コントらティエンポ/男（㊧ mishap）あいにくな出来事

contrato/コントらト/男（㊧ contract）（売買などの）契約（書）

contribución/コントりブしオン/女（㊧ contribution）貢献，寄付，税金，分担金，寄稿

contribuir/コントりブイる/自（㊧ contribute）貢献する，（…に [a]）寄与する，寄付する，原因となる，納税する

control/コントろル/男（㊧ control）統制，抑制，検査所，統制手段，検査

controlar/コントろらる/他（㊧

**control) 統制する，制御する，(感情などを) 抑える，〔一般に〕抑える，検査する ━ se 再 自分の欲望 [感情] を抑える

convencer/コンベンせる/ 他 (㊥ convince) 納得させる，説得する，満足させる ━ 自 納得させる ━ se 再 納得する

convención/コンベンしオン/ 女 (㊥ convention) 世間のしきたり，(政治・宗教などの) 大会，協定

conveniente/コンベニエンテ/ 形 (㊥ convenient) 便利な

convenio/コンベニオ/ 男 (㊥ agreement) 協定

convenir/コンベニる/ 自 (㊥ be convenient) 都合がよい，適している，一致する，(… [不定詞] [que 接続法]) したほうがよい ━ 他 同意する ━ se 再 (互いに) 意見が一致する

convento/コンベント/ 男 (㊥ convent)〔宗〕修道院

conversación/コンべるサしオン/ 女 (㊥ conversation) 会話，〔ふつうは~ es〕会談

conversar/コンべるサる/ 自 (㊥ chat) 会話する，会談する，〔軍〕旋回する

convertir/コンべるティる/ 他 (㊥ turn) 変える，〔宗〕改宗させる ━ se 再 変わる，改宗する

convicción/コンビクしオン/ 女 (㊥ conviction) 確信

convidar/コンビダる/ 他 (㊥ invite) 招待する，誘う，提供する ━ se 再 招待なしに出席する

convivencia/コンビベンしア/ 女 (㊥ cohabitation) 共同生活

convivir/コンビビる/ 自 (㊥ live together, cohabit) 一緒に住む，同棲する，共存する

convocar/コンボカる/ 他 (㊥ convoke) 呼び出す，(コンテスト・競争試験の) 開催を発表する

cooperación/コオぺらしオン/ 女 (㊥ cooperation) 協力

copa/コパ/ 女 (㊥ cup, glass) カップ，グラス，酒，〔スポーツ〕優勝杯，(帽子の) 山，木のてっぺん

copia/コピア/ 女 (㊥ copy) 写し

copiar/コピアる/ 他 (㊥ copy) 写す，真似する，カンニングする，書き留める

copioso(a)/コピオソ(サ)/ 形 (㊥ copious) 豊富な

coqueta/コケタ/ 形 (㊥ coquettish) なまめかしい ━ 女 男たらし，姿見つきの化粧台

coraje/コらへ/ 男 (㊥ anger, rage) 怒り，勇気

coral/コらル/ 男 (㊥ coral)〔動〕サンゴ

Corán/コらン/ 男 (㊥ Koran)〔宗〕コーラン

corazón/コらソン/ 男 (㊥ heart) 心，〔解〕心臓，愛情，勇気，中心，ハート形，(トランプの) ハートの札，愛する人，中指

corbata/コるバタ/ 女 (㊥ tie, necktie)〔衣〕ネクタイ

corcho/コるチョ/ 男 (㊥ cork) コルク，(瓶の) コルク栓，(コルク製の) 浮き，(ミツバチの) 巣箱

cordel/コるデル/ 男 (㊥ thin rope, cord) 縄

cordero/コるデろ/ 男 (㊥ mutton)〔料〕子羊の肉，(一歳未満の) 子羊

cordial/コるディアル/ 形 (㊥ cordial) 心からの，〔医〕強壮する

cordillera/コるディジェら/ 女 (㊥ mountain range)〔地理〕山脈

Córdoba/コるドバ/ 固 (㊥ Córdoba)〔地名〕コルドバ

cordón/コるドン/ 男 (㊥ string, ribbon) ひも，〔電〕コード，(警察・軍隊による) 非常 (警戒) 線，〔解〕帯

Corea/コれア/ 固 (㊥ Korea)〔地名〕¶ Corea del Norte 北朝鮮《朝鮮民主主義人民共和国》，Corea del Sur 南朝鮮《大韓民国，韓国》

coro/コろ/ 男 (㊥ chorus)〔楽〕合唱団，〔楽〕合唱曲，(歌の) 合唱部，合唱，〔宗〕(教会の) 聖歌隊

corona/コろナ/ 女 (㊥ crown) 冠 (かんむり)，王位，〔医〕歯冠，栄冠，花冠，頭，(聖像の) 後光，〔天〕(太陽・月の周りの) 光冠，〔宗〕(冠形の) 剃髪 (ていはつ)

coronar/コロナる/他(㊥ crown)王位につかせる，栄冠を与える，頂にのせる，(歯に)歯冠をかぶせる，最後を飾る，完成する **—se** 再 上につける，頂点に達する，戴冠する

coronel/コロネる/男(㊥ colonel)〔軍〕大佐

corporación/コるポらしオン/女(㊥ corporation)法人

corporal/コるポらる/形(㊥ corporal, bodily)身体の **—** 男〔宗〕聖餐布(せいさんふ)

corral/コるる/男(㊥ yard, pen, corral)(農家に隣接する)庭，〔演〕(16世紀の劇場用の)中庭，(魚をとるための)川のせき，〔比喩〕汚い場所［部屋］

corrección/コれクしオン/女(㊥ correction)訂正，正しいこと，こらしめ，礼儀

correcto(a)/コれクト(タ)/形(㊥ correct)正しい，礼儀正しい，当を得た

corredor(a)/コれドる(ら)/男,女(㊥ runner)〔スポーツ〕走者，〔商〕仲買人

corregir/コれヒる/他(㊥ correct)(間違いを)訂正する，〔印〕校正する，欠点を直すために叱る，(機械などを)調整する **—se** 再 自分の過ちを直す，直る

correo/コれオ/男(㊥ post)郵便，〔集合的に〕郵便物，〔おもに～s〕郵便局

correr/コれる/自(㊥ run)走る，流れる，過ぎて行く，急ぐ，吹く **—** 他 (距離・道などを)走る，動かす，(カーテンなどを)引く，(鍵などを)掛ける，(運命・危険などに)会う，(馬・犬・車などを)走らせる，(獲物などを)追う，(ボタン・ジッパーなどを)外す

correspondencia/コれスポンデンしア/女(㊥ correspondence)文通，〔集合的に〕手紙類，一致，(交通機関の)乗り換え

corresponder/コれスポンデる/自(㊥ return, repay)(親切・思い・愛情に[a])報いる，相当する，担当［仕事］である，ものである，ふさわしい，一致する，取り分となる **—se** 再 対応する，愛し合う

correspondiente/コれスポンディエンテ/形(㊥ corresponding)一致する，それぞれの，(学会などの)通信係の，適当な

corresponsal/コれスポンサる/男女(㊥ correspondent)(新聞社などの)通信員，(商社などの)海外駐在員

corrida/コりダ/女(㊥ bullfight)〔闘牛〕闘牛

corriente/コりエンテ/形(㊥ running)流れている，普通の，現在の，現在通用している，流れるような **—** 女 (空気・水などの)流れ，気流，〔電〕電流，時勢の流れ **—** 男 今月，今年

corromper/コろンペる/他(㊥ corrupt)(品性などを)堕落させる，腐らせる，買収する，うんざりさせる **—se** 再 堕落する

corrupción/コるプしオン/女(㊥ corruption)買収，腐敗，堕落

cortar/コるタる/他(㊥ cut)切る，削除する，分ける，止める，妨げる，(鉛筆を)削る，(肌を)刺す，(トランプの札を)切る，〔スポーツ〕(ボールを)カットする **—se** 再 切れる，(切って)けがをする，(髪を)切ってもらう，(自分の…を)切る，当惑する

corte/コるテ/女(㊥ court)宮廷，〔C～〕議会，王都，〔集合的に〕廷臣(たち)，法廷

cortés/コるテス/形(㊥ courteous)礼儀正しい

cortesía/コるテシア/女(㊥ courtesy)礼儀(正しさ)，丁重な行為［言葉］，敬称，〔商〕支払い猶予期間，〔印〕章末の空白

cortina/コるティナ/女(㊥ curtain)カーテン，幕状のもの，天蓋，岸壁

corto(a)/コると(タ)/形(㊥ short)短い，内気な，不足している，足りない **—** 男〔映〕短編映画

cosa/コサ/女(㊥ thing)物，〔漠然と〕こと，〔～s〕持ち物

cosecha/コセチャ/女(㊥ harvest)〔農〕(穀物の)収穫，考え出したもの，(努力・行為の)結果

cosechar／コセチャる／他（㊥ harvest）〔農〕取り入れる,（行為の結果を）手に入れる

coser／コセる／他（㊥ sew）縫う, とじる ━ 自 縫い物をする ━ **se** 再〔比喩〕くっついている

costa／コスタ／女（㊥ coast）海岸

Costa Rica／コスタ リカ／固（㊥ Costa Rica）〔地名〕コスタリカ

costar／コスタる／他（㊥ cost）（費用・労力などが）かかる,（人に[a]）（貴重なものを）犠牲にさせる,（…が[不定詞]）難しい

costarricense／コスタりセンセ／形（㊥ Costa Rican）コスタリカ（人）の ━ 男女 コスタリカ人

coste／コステ／男（㊥ cost, price）費用

costilla／コスティジャ／女（㊥ rib）〔解〕肋骨（ろっこつ）,〔料〕あばら骨付きの肉

costo／コスト／男（㊥ cost）費用

costoso(a)／コストソ（サ）／形（㊥ expensive）高価な, 多くの犠牲を払う

costumbre／コストゥンブれ／女（㊥ custom）（社会の）風習,（個人の）習慣

costura／コストゥら／女（㊥ sewing）〔衣〕裁縫,〔衣〕縫い目,〔衣〕洋裁

cotidiano(a)／コティディアノ（ナ）／形（㊥ daily, everyday）毎日の

cotización／コティさしオン／女（㊥ quotation）〔経〕相場

creación／くれアしオン／女（㊥ creation）創造, 創造物,〔C～〕（神の）創造

crear／くれアる／他（㊥ create）（新しい物・独創的な物を）作り出す, 創造する, 創設する

crecer／くれせる／自（㊥ grow）育つ, 生える, 発達する, 増える, 増水する

crecimiento／くれしミエント／男（㊥ increase）成長, 満ちること,（川の）増水

crédito／くれディト／男（㊥ credit）信用,〔商〕つけ,〔商〕資産, 信用状, 名声,（授業の）単位,（映画・出版物の）クレジット, 謝辞

creencia／くれエンしア／女（㊥ belief）信じていること, 所信,〔宗〕信仰, 信条

creer／くれエる／他（㊥ think）思う, 考える, 信じる, 信仰する, 存在を信じる, 思う, 価値を信じる, 信頼する ━ **se** 再 信じる, 自分が…だと思う

crema／くれマ／女（㊥cream）〔料〕クリーム,〔一般に〕クリーム（状のもの）, エリート

cremallera／くれマジェら／女（㊥ zipper）〔衣〕チャック

crepúsculo／くれプスクロ／男（㊥ twilight, dusk）薄明り,〔比喩〕晩年

criado(a)／クりアド（ダ）／男,女（㊥ maid, servant）お手伝いさん, 使用人,〔bien～〕━ 形 しつけがよい,〔mal～〕しつけが悪い

criar／クりアる／他（㊥ bring up）（子供を）育てる, 授乳する,（動物を）飼育する,（虫などを）寄せる, 生（は）やす,（植物を）育てる,（ブドウ酒を）ねかす,（希望などを）持つ ━ 自 子を産む ━ **se** 再 成長する

criatura／クりアトゥら／女（㊥ child, kid）子供, 被造物, 生き物, 赤子

crimen／クりメン／男（㊥ crime）罪, 良くないこと

criminal／クりミナル／形（㊥ criminal）犯罪の,〔法〕刑事上の ━ 男女 犯罪者

crío／クりオ／男（㊥ child, kid）子供

criollo(a)／クりオジョ（ジャ）／男,女（㊥ Creole）クリオーリョ《中南米に生まれたスペイン人》━ 形 クリオーリョの

crisantemo／クりサンテモ／男（㊥ chrysanthemum）〔植〕キク（菊）

crisis／クりシス／女（㊥ crisis）危機,〔医〕（病気の）峠,（重大な）分かれ目, 金づまり

cristal／クりスタル／男（㊥ crystal）結晶, ガラス,〔～es〕窓, レンズ, 鏡

cristianismo／クりスティアニスモ／男（㊥ Christianity）〔宗〕キリスト教,〔宗〕〔集合的に〕キリスト教徒

cristiano(a) /クリスティアノ(ナ)/ 形 (英 Christian) [宗] キリスト教の, 水の入っていない ¶ hablar en ～[こっけいに] (わかりやすい) スペイン語で話す

Cristo /クリスト/ 固 (英 Christ) イエス・キリスト

criterio /クリテリオ/ 男 (英 criterion) (批判・判断の) 基準, 識別, 意見

crítica /クリティカ/ 女 (英 criticism) 批評, [一般に] 批判, あら捜し, [集合的に] 批評家

criticar /クリティカる/ 他 (英 criticize) 批判する, 批評する, あらを捜す ━自 悪口を言う, 批判する

crítico(a) /クリティコ(カ)/ 男,女 (英 critical, critic) 批評家 ━形 批評の, 危機の, (病気が) 重篤の

crónica /クロニカ/ 女 (英 chronicle) 年代記, (新聞の) 記事, 新聞

crónico(a) /クロニコ(カ)/ 形 (英 chronic) [医] (病気が) 慢性の, 長期にわたる

cruce /クるせ/ 男 (英 intersection) (道路の) 交差点, 横断, 横断歩道, (電話の) 混線

crudo(a) /クるド(ダ)/ 形 (英 raw, crude) 生 (なま) の, 加工していない, 未熟な, 厳しい, どぎつい, 残酷な, 粗野な, 生成りの, 消化しにくい, 熟していない, [estar ～] 二日酔いの

cruel /クるエル/ 形 (英 cruel) 残酷な, 苦痛を与える

crueldad /クるエルダド/ 女 (英 cruelty) 残酷さ, 残虐行為

crujir /クるヒる/ 自 (英 creak) キーキー鳴る, こすれる

cruz /クるす/ 女 (英 cross) 十字形, [宗] 十字架, [比喩] 苦しみ, ×印, (故人を示す) 十字架

cruzado(a) /クるさド(ダ)/ 形 (英 crossed) 十文字に置いた, 雑種の, [衣] 両前の

cruzar /クるさる/ 他 (英 cross) 横切る, (言葉・意見・挨拶を) 交わす, (異種と [con]) 交配させる, [経] (小切手を) 線引きにする, 交差する, 横に線などを引く ━自 [衣] 前があう, 交わる, 行き交う, [海] 巡航する, 出会う, 行き違いになる, (腕・足を [de]) 組む, (互いに) やり取りする ━再 (…と [con]) すれ違う

cuaderno /クアデるノ/ 男 (英 notebook) ノート

cuadra /クアドら/ 女 (英 stable) 馬小屋, [ラ米] 街区 [集合的に] (ある厩舎に属する) 馬, [比喩] 汚い住居, (病院や兵舎の) 大部屋

cuadrado(a) /クアドらド(ダ)/ 形 (英 square) 四角の, [数] 2 乗の, 角ばった, 完全な ━男 四角形, [数] 2 乗, 直定規

cuadro /クアドろ/ 男 (英 picture) 絵, 図, (悲しい・ひどい) 光景, [全体として] 職員, 板, 正方形, (絵の) 額 (がく), (窓などの) 枠, [演] (劇の) 場

cual /クアル/ 代 (関係代名詞) (英 which) …である…, …する…

cuál /クアル/ 代 (疑問代名詞) (英 what) 何, [一般動詞とともに] どれ, [～不定詞] どちらに…すべきか, [感嘆文で] 何と ¶ ¿Cuál es tu dirección? 君の住所は？ ¿Cuál te gusta más? どちらが好き？

cualidad /クアリダド/ 女 (英 quality) 質, 特質, (人の) 品性

cualquier /クアルキエる/ 形 (不定形容詞) (英 any) cualquiera が名詞の前で変化した形⇒ cualquiera.

cualquiera /クアルキエら/ 形 (英 any) どんな…でも, 平凡な ━代 どんな人 [もの] でも, [感嘆文で] 誰が…などするだろうか, 取るに足らない人, [una ～] 売春婦 ¶ en cualquier caso いずれにしても, とにかく

cuando /クアンド/ 接 (英 when) …するとき (には) ¶ Cuando viajo a Madrid, siempre visito el Museo de Prado. 私はマドリードに旅行するときはいつもプラド美術館を訪れます aun cuando…であっても cuando más [mucho] 多くても…, 遅くても cuando menos [poco] 少なくとも…

cuándo /クアンド/ 副 (英 when) いつ ¶ ¿Cuándo empieza el concurso? コンテストはいつ始まりますか？

cuanto(a) /クアント(タ)/ 形

(㊙as many [much] as)…する限りの…《関係詞》¶ Ella compró cuantos CDs del cantante había. 彼女はその歌手のCDをあるだけ全部買った ━副! できる限り…《強調》¶ Cuanto antes, mejor. 早ければ早いほどよい unos cuantos いくつかの, 数人の

cuánto(a) /クアント(タ)/ 代 (㊙ how many [much]) いくつ, いくら, どれだけ ¶ ¿Cuántos euros tienes? 君は何ユーロ持っているの？

cuarenta /クアれンタ/ 数 (㊙ forty) 40 (の)

cuartel /クアるテル/ 男 (㊙ quarter) 軍宿舎

cuarto(a) /クアるト(タ)/ 形 (㊙ fourth) 4番目の, 4分の1の ━男 4番目の人[物] ━男 部屋, 15分, 4分の1, 〔天〕弦, 〔おもに~s〕金, 先祖, 賃貸アパート[マンション]

cuatro /クアトろ/ 数 (㊙four) 4 (の)

cuatrocientos(as) /クアトろしエントス(タス)/ 数 (㊙ four hundred) 400 (の) ━男

Cuba /クバ/ 固 (㊙ Cuba)〔地名〕キューバ

cubano(a) /クバノ(ナ)/ 形 (㊙ Cuban) キューバ(人)の ━男, 女 キューバ人

cubierta /クビエるタ/ 女 (㊙ cover) 覆(おお)い, (本の)表紙, 〔海〕(船の)デッキ, 〔比喩〕見せかけ, 〔建〕屋根, (タイヤの)被覆, 封筒

cubierto(a) /クビエるト(タ)/ 形 (㊙ covered) 覆われた, いっぱいの, 〔気象〕雲で覆われた, ふさがった, 帽子をかぶった, 着た, (レストランの)定食, 〔全体として〕(食事のときの)一人前の食器, 覆い

cubo /クボ/ 男 (㊙ bucket, pail) バケツ, 桶(おけ), (車輪の)こしき, 水車用貯水池, (時計の)ぜんまい箱, (城の)円塔

cubrir /クブリる/ 他 (㊙ cover) 覆(おお)う, 隠す, (ある距離を)行く, (費用・損失などを)払う, (空きを)埋める, 〔軍〕勝たせる, 取材する, 雨あられと注ぐ, (水の中で)背が届かない ━se 再 隠れる, 身を覆う, (自分の体を)包む, (帽子などを)かぶる, いっぱいになる, 埋まる, 〔気象〕雲で覆われる

cuchara /クチャら/ 女 (㊙ spoon) スプーン, 〔料〕おたま

cuchillo /クチジョ/ 男 (㊙ knife) ナイフ, (ナイフのように)尖ったもの, 〔衣〕三角ぎれ, 〔海〕三角帆, 〔建〕破風(はふ), (イノシシなどの)下顎の牙(きば), すきま風

cuello /クエジョ/ 男 (㊙ neck) 首, 〔衣〕襟(えり), 〔比喩〕首の形をしたもの [部分], 首の肉

cuenca /クエンカ/ 女 (㊙ basin) 〔地理〕盆地, 谷, (木の)椀(わん), 〔解〕(目の)くぼみ, 〔鉱物〕鉱床

cuenta /クエンタ/ 女 (㊙ count, counting) 数えること, 〔商〕勘定(書), 〔商〕(銀行などの)取り引き, 仕事, 数珠玉, 数に入ること, 〔スポーツ〕(ボクシングの)カウント ¶ darse cuenta …に[de]気づく echar cuentas 計算する tener en cuenta 考慮に入れる

cuento /クエント/ 男 (㊙ story, tale) 物語, (子供のための)おとぎ話, 作り話, 噂(うわさ)話, 数えること, 面倒なこと, 笑い話

cuerda /クエるダ/ 女 (㊙ rope) 縄, 〔楽〕(楽器の)弦, (時計の)ねじ

cuerdo(a) /クエるド(ダ)/ 形 (㊙ wise, prudent) 賢明な, (人が)正気の ━男, 女 正気の人, 賢明な人

cuerno /クエるノ/ 男 (㊙ horn) (動物・カタツムリなどの)角(つの)

cuero /クエろ/ 男 (㊙ leather) なめし革, 皮, (ぶどう酒を入れる)革袋, むち, 皮膚 ¶ en cuero(s) 裸の(で)

cuerpo /クエるポ/ 男 (㊙ body) 体, 胴体, 物体, 〔集合的に〕一団, 部分, 〔衣〕(衣服の)胴の部分, (物の)本体, 死体

cuervo /クエるボ/ 男 (㊙ crow) 〔鳥〕カラス

cuesta /クエスタ/ 女 (㊙ slope) 坂

cuestión /クエスティオン/ 女 (㊙ matter, question) 問題, 口論, 尋問

cueva /クエバ/ 女 (英 cave) ほら穴, [比喩] 悪者の巣窟, 地下室

cuidado /クイダド/ 男 (英 care) 用心, 心配, 管理, 世話, 気をつけて！ ¶ con cuidado 注意深く, 慎重に tener [poner] cuidado 注意する, 用心する

cuidadoso(a) /クイダドソ(サ)/ 形 (英 careful) 注意深い, 念入りな, 心配な

cuidar /クイダる/ 他 (英 look after, care for) 世話をする ━ 自 世話をする, (…になるように [de que 接続法]) 気をつける, 気をつける ━ se 再 体を大事にする, 専念する, 気にかける

culo /クロ/ 男 (英 bottom) 尻(しり), 底, 底に残ったもの, 肛門

culpa /クルパ/ 女 (英 fault) (過失の) 責任, 誤り

culpable /クルパブレ/ 形 (英 guilty) 有罪の, 身に覚えのある, 犯罪の, 男,女 犯人, (過失の) 責任者

cultivar /クルティバる/ 他 (英 cultivate) [農] (土地を) 耕す, [農] (作物を) 栽培する, (才能・品性・習慣などを) 養う, (親交を) 深める ━ se 再 栽培される, 教養を高める

cultivo /クルティボ/ 男 (英 growing, farming, cultivation) [農] 耕すこと, [生] 培養, 養成, 育成

culto /クルト/ 男 (英 cult, worship) [宗] 信仰, 崇拝 ━ ,ta 形 教養 [学問] のある, 学術的な, 気取った, [農] 耕された, [文法] 教養語の

cultura /クルトゥら/ 女 (英 culture) 文化, 教養, 修養

cultural /クルトゥらル/ 形 (英 cultural) 文化の, 教養の

cumbre /クンブれ/ 女 (英 summit, top) (山などの) 頂上, 絶頂, [政] (政府の) 首脳, (先進国) 首脳会談

cumpleaños /クンプレアニョス/ 男 (英 birthday) 誕生日, 誕生パーティー

cumplido(a) /クンプリド(ダ)/ 形 (英 fulfilled, complete) 果たした, 完全な, 丁寧な, 大きい, 賛辞, 進物

cumplir /クンプリる/ 他 (英 do, carry out) (命令・計画などを) 実行する, (約束を) 守る, (年を) とる, (…にとって) 都合がよい, (法律・規則などを) 守る, (兵役・服役などを) 終える, (条件を [con]) 満たす, (規則・法規を [con]) 守る, 礼儀 [義理] を尽くす ━ se 再 実現する, 期限になる, (時が) …になる

cuna /クナ/ 女 (英 cradle) (赤ん坊の) ゆりかご, (文化・民族などの) 搖籃 (ようらん) の地, 家系, 幼年時代, 養護施設

cundir /クンディる/ 自 (英 spread) 広がる, ふくれる, はかどる

cuñado(a) /クニャド(ダ)/ 男,女 (英 brother [sister] -in-law) 義理の兄弟 [姉妹]

cuota /クオタ/ 女 (英 fee, subscription) 料金, 割り当て, 分割払い込み金

cura /クら/ 男 (英 priest) 司祭 ━ 女 治療, 治癒

curar /クらる/ 他 (英 cure) [医] 治療する, (乾燥・薫製・塩漬けなどにして) 保存する, (皮を) なめす ━ se 再 [医] 治る

curiosidad /クりオシダド/ 女 (英 curiosity) 好奇心, [〜es] 骨董 (こっとう) 品, 珍しい物, 入念さ

curioso(a) /クりオソ(サ)/ 形 (英 curious) 好奇心の強い, (…[por 不定詞]) …したがる, [悪い意味で] 詮索好きな, 好奇心をそそる, 気を遣う, きれい好きな

curso /クるソ/ 男 (英 course) (学習の) 課程, 学年, (時などの) 経過, (進む) 方向, (貨幣などの) 流通

curva /クるバ/ 女 (英 curve) 曲線, 曲がった箇所 [部分], [〜s] 体の線

cuyo(a) /クジョ(ジャ)/ 形 (英 whose) それの, その人の ¶ En un lugar de la Mancha, de cuyo nombre no quiero acordarme 名前を思い出したくないラマンチャのある村で…《ドンキホーテの冒頭》

D, d

dado(a) /ダド(ダ)/ 形 (英 addicted, dice) (…に [a]) ふけった, …と仮定して ― 男 さいころ

dama /ダマ/ 女 (英 lady) 婦人, 淑女, [~s] チェッカー, (チェスの) クィーン, (女王・王女の) 侍女

danés(a) /ダネス(サ)/ 形 (英 Dane, Danish) デンマーク (人・語) の ― 男,女 デンマーク人 ― 男 デンマーク語

danza /ダンサ/ 女 (英 dance) 踊り, 舞踊曲, 舞踊団, [比喩] ごたごた, 事

danzar /ダンさる/ 自 (英 dance) 踊る ― 他 (踊りを) 踊る

dañar /ダニャる/ 他 (英 damage, spoil) 損害を与える, 傷つける

dañino(a) /ダニノ(ナ)/ 形 (英 harmful) 有害な

daño /ダニョ/ 男 (英 harm) 害, 痛み, 病気

dar /ダる/ 他 (英 give) 与える, (喜び・苦痛などを) 与える, 手渡す, 示す, 催す, (ある動作を) する, ぶつ, (時を) 打つ, (音を) たてる, 産む ¶ dado que … (直説法) なので, …を考慮に入れれば; …と (接続法) 仮定すれば dar igual (a …) (…に) とってかまわない, どちらでもよい ― se 再 起こる, 生産される

dato /ダト/ 男 (英 data) データ, 資料, 証拠 (書類)

de /デ/ 前 (英 of, from, about) …の, …から, …について ¶ la casa de José ホセの家, de Madrid a Sevilla マドリードからセビリアへ, hablar de la política 政治について話す

debajo /デバホ/ 副 (英 underneath) 下に [で]

debate /デバテ/ 男 (英 debate) 討議

debatir /デバティる/ 他 (英 debate) 討議する ― se 再 討議される, あがく

deber /デベる/ (英 must) (…[不定詞]) しなければならない, [否定文で] …してはならない, …のはずである, [過去未来形] …すべきでしょう ¶ Debemos decir la verdad. 私たちは本当のことを言わなくてはいけない ― 他 借りがある, 恩を受けている, (義務などを) 当然尽くすべきである, [受動態で] 原因はある ― 自 …のはずである ― se 再 尽くす義務がある, (…の [a]) せいである, ものである ― 男 義務, [~es] 宿題, [~es] 仕事, [商] 負債

debido(a) /デビド(ダ)/ 形 (英 proper, right) 適切な ¶ debido a …のために

débil /デビル/ 形 (英 weak) 弱い, 弱まっている, かすかな, [音声] 弱勢の ― 男女 障害者, 病弱の人

debilidad /デビリダド/ 女 (英 weakness) 弱さ, [比喩] 弱点, 熱中

debilitar /デビリタる/ 他 (英 weaken) 弱くする ― se 再 弱くなる

década /デカダ/ 女 (英 decade) 10年間, 10日

decadencia /デカデンシア/ 女 (英 decadence) 衰え, 衰退

decadente /デカデンテ/ 形 (英 decadent) 退廃的な ― 男女 退廃的な人, デカダン派の芸術家

decaer /デカエる/ 自 (英 decline) 降する, 減少する, 悪くなる, 低下する, 衰える, 元気がなくなる

decena /デセナ/ 女 (英 ten) 10, 10くらい

decente /デセンテ/ 形 (英 decent) きちんとした, 上品な

decepción /デセプシオン/ 女 (英 disappointment) 失望, がっかりさせる物 [人]

decidido(a) /デシディド(ダ)/ 形 (英 determined) 堅く決心して, (…する [a 不定詞]) 決心をしている, 決定した

decidir /デシディる/ 他 (英 decide) 決める, (…しようと [不定詞]) 決心する ― 自 (…に [por]) 決める ― se 再 決定する, (…しようと [a, por 不定詞]) 決心する

décimo(a) /デシモ(マ)/ 形 (英 tenth) 第10の, 10分の1の ― 男 10番目の人 [物], 10分

の1, (宝くじの) 10分の1券

decir/デしる/他(⊗ say, tell) 言う, (…するように [que 接続法]) 言う, 教える, 書いてある, 呼ぶ, 表す, (詩を) 朗読する ━ se 再…と言われる, 自分自身に言い聞かせる, …という話だ ━ 男 言い方, (~ es) 噂 ¶ a decir verdad 実は, 本当のことを言えば, 正直に申しますと

decisión/デシオン/女(⊗ decision) 決定, 決断力

decisivo(a)/デシシボ(バ)/形(⊗ decisive) 決定的な, 断固とした

declaración/デクららシオン/女(⊗ declaration) 宣言, (税関でおこなう課税品の) 申告, 告白, 判定, [法] 証拠, 述べること

declarar/デクららる/他(⊗ declare) 宣告する, 断言する, (税関で) (課税品の) 申告をする, [法] 判決を下す ━ 自 (法廷で) 供述する, 宣言する, 告白する ━ se 再 (自分が…だと) 告白する, 愛情を告白する, 生ずる, 宣言する

declinar/デクリナる/自(⊗ decline) 衰える, 下に傾く, 沈む, わきへそれる, [文法] (名詞・形容詞などを) 語形変化させる, 断る

decoración/デコらシオン/女(⊗ decoration) 装飾, 装飾品, [演] 舞台装置

decorar/デコらる/他(⊗ decorate) 飾る, (家の) 内装をする, 勲章をつける

decorativo(a)/デコらティボ(バ)/形(⊗ decorative) 飾りの

decreto/デクれト/男(⊗ decree) 法令

dedicar/デディカる/他(⊗ dedicate) (…のために [a]) 捧(さ)げる, (時間などを) あてる, [宗] 奉納する, (著書などを) 献呈する ━ se 再 専念する

dedo/デド/男(⊗ finger, toe) (手・足の) 指

deducir/デドゥしる/他(⊗ deduce, infer) 推論する, 控除する ━ se 再 推論される

defecto/デフェクト/男(⊗ defect) 欠陥, 不足

defender/デフェンデる/他(⊗ defend) (危険・攻撃から [contra, de]) 守る, 弁護する, (論文審査で) 陳述する ━ se 再 (自分の) 身を守る, まあまあうまくやれる

defensa/デフェンサ/女(⊗ defense) 防御, 防御物, 弁護, [法] 被告側, [集合的に] [スポーツ] 守備 (側) ━ 男女 [スポーツ] フルバック (の選手)

deficiencia/デフィしエンシア/女(⊗ deficiency, lack) 不足, 欠点

deficiente/デフィしエンテ/形(⊗ deficient) 不足した, 欠点のある

déficit/デフィりト/男(⊗ deficit) [商] 欠損, 不足

definición/デフィニしオン/女(⊗ definition) 定義, [技] (レンズ・テレビなどの) 解像力

definido(a)/デフィニド(ダ)/形(⊗ definite) 明確な, [文法] 限定の, 一定の

definir/デフィニる/他(⊗ define) 定義する, 明示する, (絵などの) 仕上げをする ━ se 再 定義される, 自分の立場 [考え] を明らかにする

definitivamente/デフィニティバメンテ/副(⊗ definitively) 決定的に

definitivo(a)/デフィニティボ(バ)/形(⊗ definitive) 決定的な

deformar/デフォるマる/他(⊗ twist, warp) ゆがめる, 不格好にする, [美] デフォルメする

deforme/デフォるメ/形(⊗ distorted) ゆがんだ, 醜い, 奇形の

defraudar/デフらウダる/他(⊗ defraud) だまし取る, 失望させる

dejar/デハる/他(⊗ leave) 定義する, 明示する, (絵などの) 開ける, 去る, 貸す

del/デル/前(⊗ of the) 前置詞 de と定冠詞 el の融合形

delantal/デランタル/男(⊗ apron) エプロン

delante/デランテ/副(⊗ in front, ahead) 前に [で]

delantero(a)/デランテろ(ら)/形(⊗ front) 正面の, [スポーツ]

(サッカーなどの) フォワードの ― 男女 [スポーツ] (サッカーなどの) フォワード (の選手)

delegación /デレガシオン/ 女 (㊥ delegation) 代表団, 代表の任命 [派遣], 事務所

deleite /デレイテ/ 男 (㊥ delight) 喜び

delfín /デルフィン/ 男 (㊥ dolphin) [動] イルカ

delgado(a) /デルガド(ダ)/ 形 (㊥ thin) やせた, 細い, 薄い

deliberación /デリベらシオン/ 女 (㊥ deliberation) 熟慮

delicadeza /デリカデさ/ 女 (㊥ gentleness) 思いやり, 優美さ, 微妙なこと, 繊細さ, 感じやすさ, 礼儀正しさ

delicado(a) /デリカド(ダ)/ 形 (㊥ delicate) 微妙な, 繊細な, 感じやすい, 難しい, 礼儀正しい, 優美な, 鋭い

delicia /デリシア/ 女 (㊥ pleasure) 喜び

delicioso(a) /デリシオソ(サ)/ 形 (㊥ delicious) おいしい, 楽しい, 魅力のある

delincuente /デリンクエンテ/ 男女 (㊥ delinquent) 犯罪者

delirio /デリりオ/ 男 (㊥ delirium) [医] 精神錯乱, 狂喜

delito /デリト/ 男 (㊥ crime) [法] 犯罪 (行為)

demanda /デマンダ/ 女 (㊥ demand) [商] 需要, 要求, 質問, 事業

demandar /デマンダる/ 他 (㊥ demand) 要求する, [法] 告訴する, 尋ねる

demás /デマス/ 形 (㊥ other) 他の

demasiado(a) /デマシアド(ダ)/ 形 (㊥ too many, too much) あまりに多くの ― 副 あまりに, あまりに多く

demente /デメンテ/ 形 (㊥ insane) 発狂した ― 男,女 狂人

democracia /デモクらシア/ 女 (㊥ democracy) [政] 民主主義, 民主主義国

demócrata /デモクらタ/ 形 (㊥ democratic) [政] 民主主義の, [政] (米国の) 民主党の ― 男女 [政] 民主主義者, [政] (米国で) 民主党員

democrático(a) /デモクらティコ(カ)/ 形 (㊥ democratic) [政] 民主主義の

demonio /デモニオ/ 男 (㊥ devil) 悪魔, [~s] [疑問詞の後で] 一体, [比喩] 鬼 ― 間 [俗] ちくしょう!

demora /デモら/ 女 (㊥ delay) 遅れ, 待ち時間

demostración /デモストらシオン/ 女 (㊥ demonstration) 証明, 実演, 表情

demostrar /デモストらる/ 他 (㊥ show) 示す, 証明する ― **se** 再 示される

denominación /デノミナシオン/ 女 (㊥ name) 名, 団体, 命名

denominar /デノミナる/ 他 (㊥ name) 命名する ― **se** 再 …という名である

denso(a) /デンソ(サ)/ 形 (㊥ dense) 密集した, 中味が詰まった

dentista /デンティスタ/ 男女 (㊥ dentist) 歯科医

dentro /デントろ/ 副 (㊥ inside) 中に [で], 屋内に [で] ¶ dentro de poco すぐに, やがて

denuncia /デヌンシア/ 女 (㊥ accusation) [法] 告発

denunciar /デヌンシアる/ 他 (㊥ denounce, report) (公然と) 非難する, [法] 告訴する

departamento /デパるタメント/ 男 (㊥ department) 部門, (大学の) 学科, 仕切り, [鉄] (列車の) コンパートメント, (中南米・フランスの) 県, アパート

dependencia /デペンデンシア/ 女 (㊥ dependence) 依存, [建] 付属建築物, 従属, (事務所の) 部, 支店, [集合的に] 雇われ人

depender /デペンデる/ 自 (㊥ depend) (…を [de]) 頼りにする, (物事が) (…に [de]) よる, (…に [de]) 属している ¶ (Eso) depende. 場合による, そのときの事情による

dependiente /デペンディエンテ/ 形 (㊥ dependent) (…に [de]) 従属する, (… [de]) 次第の ― 男 男子店員 ― 男, 女 被扶養者

deporte /デポるテ/ 男(⊛ sport) スポーツ

deportista /デポるティスタ/ 男女(⊛ sportsman, sportswoman) 運動好きな人

deportivo(a) /デポるティボ (バ)/ 形(⊛ sports, sporty) スポーツの

depositar /デポシタる/ 他(⊛ deposit, place) 置く, (希望などを) 託す, 貯金する, 堆積させる ー**se** 再 堆積する

depósito /デポシト/ 男(⊛ deposit) 貯金, 貯蔵所, (液体の) タンク, 寄託, 堆積物

depresión /デプれシオン/ 女(⊛ depression) 〔経〕不況, 落胆, 沈下

deprisa /デプリサ/ 副(⊛ quickly, hurriedly) 急いで

depurar /デプらる/ 他(⊛ purify) 浄化する, 洗練する, 一掃する ー**se** 再 清くなる

derecha /デれチャ/ 女(⊛ right) 右, 〔政〕右翼, 右手, 〔スポーツ〕ライト ¶ a la derecha 右側に¦ a la derecha de ...の右側に¦ no dar una a derechas 間違いばかりする

derecho(a) /デれチョ(ア)/ 形(⊛ right) 右の, まっすぐな, ちゃんと立った, 正しい, 〔政〕右派の ー 男 (...する [a 不定詞]) 権利, (...する [a 不定詞]) 資格 ¶ mano derecha 〔比喩〕右腕, 片腕

derivar /デりバる/ 他(⊛ direct, divert) (...へ [a]) 向ける, (...から [de]) 引き出す, 〔文法〕(語を) 派生させる, (水を) 引く, 〔数〕微分する ー **(se)** 自(再) (...から [de]) 出る, 〔文法〕(...に [de]) 由来する, 〔海〕航路を外す [それる]

derramar /デらマる/ 他(⊛ spill) こぼす, まき散らす, (知らせ・噂を) 広める ー**se** 再 こぼれる, まき散る

derretir /デれティる/ 他(⊛ melt) 溶かす, 〔比喩〕消費する

derribar /デりバる/ 他(⊛ demolish) (建物などを) 取り壊す, 打ち倒す, 〔軍〕撃墜する, 〔比喩〕(政府・指導者を) 倒す, 落とす ー**se** 再 倒れる

derrota /デろタ/ 女(⊛ defeat) 敗北, 失敗

derrotar /デろタる/ 他(⊛ defeat) (試合・戦いで) 負かす, 壊す

derrumbar /デるンバる/ 他(⊛ knock down) 打ち壊す ー**se** 再 くずれる

desabrochar /デサブろチャる/ 他(⊛ unfasten) ボタン [ホック] をはずす ー**se** 再 (洋服を) ゆるめる, 〔比喩〕(気持ちを) 打ち明ける

desafiar /デサフィアる/ 他(⊛ challenge) 挑戦する, 立ち向かう

desafío /デサフィオ/ 男(⊛ challenge) 挑戦, 〔比喩〕難題, 戦い, 決闘

desagradable /デサグらダブレ/ 形(⊛ unpleasant) 不快な

desaparecer /デサパれセる/ 自(⊛ disappear) 消える

desaparición /デサパりシオン/ 女(⊛ disappearance, vanishing) 見えなくなること, 失踪

desarmar /デサるマる/ 他(⊛ disarm) 武器を取り上げる, 分解する ー**se** 再 分解される, 〔軍〕武器を捨てる

desarme /デサるメ/ 男(⊛ disarmament) 軍縮, 〔軍〕武装解除, (機械の) 分解

desarrollado(a) /デサろジャド(ダ)/ 形(⊛ developed) 発展した

desarrollar /デサろジャる/ 他(⊛ develop) 発達させる, 開発する, 発育させる, (能力などを) 伸ばす ー**se** 再 発達する, 実現する, (議論などを) 展開する, (巻いた物・閉じた物を) 開く, 展開する, 発育する, 起こる

desarrollo /デサろジョ/ 男(⊛ development) 進展, 発達, (議論・事件などの) 展開, (女性の) 初潮

desastre /デサストれ/ 男(⊛ disaster) (突然の) 大災害, 〔口語〕ひどい代物, ひどい人, 〔軍〕敗北

desatar /デサタる/ 他(⊛ untie, undo) 解く, 放つ, 解明する, 溶かす, (怒りなどを) 噴出させる ー**se** 再 ほどける, (自分の身につけているものを) 外す, したい放題にする, 勃発 (ぼっぱつ) する

desayunar /デサジュナる/ 自 (англ have breakfast) 朝食をとる ― 他 朝食に食べる ― **se** 再 朝食をとる

desayuno /デサジュノ/ 男 (англ breakfast) 朝食

desbordar /デスボるダる/ 自 (англ overflow) (…で [de]) いっぱいである, (川などが) 氾濫する

descalzo(a) /デスカルそ(さ)/ 形 (англ barefoot) 裸足の

descansar /デスカンさる/ 自 (англ rest) 休む, 眠る, 安心する[している], 載っている, 当てにする ― 他 休ませる, (苦しみを) 話す, もたれかからせる ― **se** 再 頼りにする, 休む

descanso /デスカンソ/ 男 (англ rest, break) 休み, 休暇, [スポーツ] (サッカーなどの) ハーフタイム, 安静, 支え, [建] (階段の) 踊り場, トイレ

descarga /デスカるガ/ 女 (англ unloading) 荷を降ろすこと, [電] 放電

descargar /デスカるガる/ 他 (англ unload, discharge) (車・船などの) 荷を降ろす, (銃を) 発射する, (感情などを) 発散させる, (重荷・責任を [de]) 除く, (銃から) 弾丸を抜く, (カメラから) フィルムを出す, (液体・気体を) 排出する, [電] 放電させる ― **se** 再 (責任・義務を [de]) 免れる, なくなる, (苦しみなどを [de]) 解放される, 当り散らす

descendencia /デスセンデンしア/ 女 (англ descendents) [集合的に] 子孫

descender /デスセンデる/ 自 (англ descend) 下(くだ)る, 系統を引く, 降格する ― 他 下る, 降ろす

descolgar /デスコルガる/ 他 (англ take down) (掛けてあるものを) 外す, (受話器を) とる

descomponer /デスコンポネる/ 他 (англ decompose, split up) 分解する, 壊す, 狼狽させる, 腐らせる, 仲たがいさせる ― **se** 再 壊(こわ)れる, 腐る, 消化不良をおこす, 分解される, 怒る

desconocer /デスコノせる/ 他 (англ not to know) 知らない, 見違える, 否定する

desconocido(a) /デスコノしド(ダ)/ 形 (англ unknown, strange) 知られていない

descontar /デスコンタる/ 他 (англ discount) 〔商〕 割引する, 引く

descontento(a) /デスコンテント(タ)/ 形 (англ discontent) 不満のある ― 男, 女 不機嫌な人 ― 男 不満

describir /デスクりビる/ 他 (англ describe) …の様子を述べる, (図形・線を) 描く

descripción /デスクりプしオン/ 女 (англ description) 叙述, 作図

descubierto(a) /デスクビエるト(タ)/ 形 (англ exposed) 覆いのない, 晴れわたった, 帽子をかぶらない, 露呈された, 草木のない

descubrimiento /デスクブりミエント/ 男 (англ discovery) 発見, 気づくこと, 除幕(式)

descubrir /デスクブりる/ 他 (англ discover) 発見する, 覆い[ふた]を取る, (陰謀・秘密などを) 暴露する, 見せる, 眺める ― **se** 再 見つかる, 帽子をとる, 〔比喩〕 脱帽する, 明らかになる, 姿を見せる, 心を打ち明ける, 明るくなる

descuento /デスクエント/ 男 (англ discount) 〔商〕 値引き, 控除(額)

descuidado(a) /デスクイダド(ダ)/ 形 (англ neglected) 荒れた, 無頓着な, 油断をした ― 男, 女 だらしない人, 油断をした人

descuidar /デスクイダる/ 他 (англ neglect) おろそかにする, 注意をそらす ― 自 心配しない ― **se** 再 おろそかにする, 注意しない, 気にかけない, 自分の体を大切にしない

descuido /デスクイド/ 男 (англ carelessness, negligence) 不注意, 放心状態, だらしなさ, うっかりした間違い

desde /デスデ/ 前 (англ from) …から, …以上, …から ¶ desde ayer 昨日から desde que …… (の時) から

desdeñar /デスデニャる/ 他 (англ

desdén ▶

scorn) 軽蔑する, 関心を示さない, 問題にしない ━ **se** 再 さげすむ

desdén/デスデン/ 男 (㊥ disdain, scorn) 軽蔑, 冷淡

desdicha/デスディチャ/ 女 (㊥ misfortune) 不運

deseable/デセアブレ/ 形 (㊥ desirable) 望ましい

desear/デセアる/ 他 (㊥ want, desire) 欲する, 望む, (…を [que接続法]) 望む, (…を [不定詞]) したいと思う

desechar/デセチャる/ 他 (㊥ throw away) 捨てる, 避ける, 拒絶する

desembarcar/デセンバるカる/ 他 (㊥ disembark) (海) (人を) 上陸させる, (空) (飛行機から) 降ろす ━ 自 (海) 上陸する, (空) (飛行機から) 降りる

desempatar/デセンパタる/ 他 (㊥ break the tie) 決勝戦をする, 決勝点を入れる, 決戦投票をする

desempeñar/デセンペニャる/ 他 (㊥ carry out, fulfill) 実行する, (演) (映) (役柄を) 演じる, (質に入れた物を) 買い戻す, (商) 債務を済ます ━ **se** 再 (自分の債務を [de]) 済ます

desenvolver/デセンボルべる/ 他 (㊥ unwrap) 開く, 広げる, (包んだ物を) 開ける, (議論などを) 発展させる, (商売・事業を) 拡張する ━ **se** 再 自活する, うまくやる, うまくいく

deseo/デセオ/ 男 (㊥ desire) (強い) 願い, 欲望

deseoso(a)/デセオソ(サ)/ 形 (㊥ eager) 望んでいる, 物欲しげな

desesperación/デセスペらシオン/ 女 (㊥ despair) 絶望, 捨てばち, 必死の努力

desesperadamente/デセスペらダメンテ/ 副 (㊥ desperately) 必死になって

desesperado(a)/デセスペらド(ダ)/ 形 (㊥ desperate) 絶望的な, 必死の, 自暴自棄の ━ 男, 女 絶望した人

desesperar/デセスペらる/ 他 (㊥ make despair) 失望させる, いらいらさせる ━ **(se)**

自 (再) 望みを失う, 自暴自棄になる

desfile/デスフィレ/ 男 (㊥ parade, procession) 行進, [一般に] 列 (をなすこと)

desgastar/デスガスタる/ 他 (㊥ wear away) すり減らす, 疲れさせる ━ **se** 再 すり減る, 力がなくなる

desgracia/デスグらシア/ 女 (㊥ misfortune) 不運 ¶ por desgracia 不運にも, 不幸にも, 残念なことに

desgraciadamente/デスグらシアダメンテ/ 副 (㊥ unfortunately) 不幸にも, みじめに

desgraciado(a)/デスグらシアド(ダ)/ 形 (㊥ unfortunate, unhappy) 不幸な, みじめな, 魅力のない, 適切でない ━ 男, 女 不幸な人, [軽蔑的に] 恥さらし, [軽蔑的に] いくじなし

deshacer/デサセる/ 他 (㊥ destroy) 壊す, (結び目を) ほどく, 溶かす, (軍) 壊滅させる, 無効にする

desierto(a)/デシエると(タ)/ 形 (㊥ deserted, uninhabited) 人の住まない, (地理) 荒野の, 人のいない, 該当者 [当選者] がいない

designar/デシグナる/ 他 (㊥ designate, appoint) 指名する, 名づける, 取り決める, 企てる

desigual/デシグアル/ 形 (㊥ unequal) 等しくない, ふぞろいの, 平らでない, (気象) 変わりやすい, 気まぐれな

desilusión/デシルシオン/ 女 (㊥ disappointment) 失望

deslizar/デスリさる/ 他 (㊥ slide) 滑らせる, するりと入れる, さりげなく言う, (秘密などを) うっかり口走る, 滑るように動く ━ **se** 再 滑る, いつのまにか過ぎる, くぐり抜ける, 忍びこむ

deslumbrar/デスルンブらる/ 他 (㊥ dazzle) 目をくらませる, [比喩] 眩惑 (げんわく) する ━ **se** 再 目がくらむ

desmayar/デスマジャる/ 他 (㊥ make faint) 失神させる ━ 自 元気をなくす ━ **se** 再 失神する

desmayo/デスマジョ/ 男 (㊥ faint) 気絶, [比喩] 落胆

desnivel/デスニベル/ 男 (㊥ unevenness) 平らでないこと, くぼ地

desnudar/デスヌダる/ 他 (㊥ undress) 裸にする, むき出しにする, はぐ, 捨てる

desnudo(a)/デスヌド(ダ)/ 形 (㊥ naked, undressed, nude) 裸の, 覆いのない, 葉がない, 金がない, ありのままの ― 男 [美] 裸体画

desorden/デソるデン/ 男 (㊥ disorder) 混乱, [ふつうは~ es] (社会的な) 不穏, [医] (心・身体の) 不調

desordenado(a)/デソるデナド(ダ)/ 形 (㊥ muddled, disordered) [estar ~] 混乱した, [ser ~] 不節制の

despachar/デスパチャる/ 他 (㊥ settle, dispatch) 処理する, (客の) 用事を聞く, 派遣する, 解雇する, [商] 売る, [商] 発送する, [遠回しに] 殺す, 急ぐ ― se 再 済ませる, 平らげる, 心おきなく話す

despacho/デスパチョ/ 男 (㊥ office) 事務所, 店, (電話・電報による) 通知, 外交文書, 処理, 解雇

despacio/デスパしオ/ 副 (㊥ slowly) ゆっくりと

despedida/デスペディダ/ 女 (㊥ good-bye, farewell) 別れ, 送別会, 解雇

despedir/デスペディる/ 他 (㊥ say good-bye to) 別れを告げる, 解雇する, 発する, 外へ投げ出す ― se 再 別れを告げる, やめる

despegar/デスペガる/ 他 (㊥ unstuck) はがす ― 自 [航空] 発進する ― se 再 はがれる, つながりを断つ

despejado(a)/デスペハド(ダ)/ 形 (㊥ clear) 晴れた, 広々とした, さえた, 自信をもった, すっかり目覚めている, (視界に) さえぎるものがない

despejar/デスペハる/ 他 (㊥ vacate, clear) (場所を) 空席にする, 頭をすっきりさせる, 明らかにする, (邪魔物などを [de]) 取り除く ― 自 [気象] 空が晴れる, どく ― se 再 頭

をすっきりさせる, はっきりする, 熱が引く, 自信 [確信] をもつ

desperdiciar/デスペるディしアる/ 他 (㊥ waste) 無駄に使う, (機会を) 失う, (忠告などを) 気にとめない

desperdicio/デスペるディしオ/ 男 (㊥ rubbish) 浪費

despertador/デスペるタドる/ 男 (㊥ alarm clock) 目覚し時計

despertar/デスペるタる/ 他 (㊥ wake up) 目を覚まさせる, (感情・思いを) かき立てる, (欲望・興味などを) そそる, (精神的に) 目覚めさせる ― (se) 自 目覚める ― 男 目覚め

despierto(a)/デスピエるト(ダ)/ 形 (㊥ awake) 目が覚めている, 頭のよい

desplazar/デスプラさる/ 他 (㊥ move) 移す, 追いやる ― se 再 移動する

desplegar/デスプレガる/ 他 (㊥ unfold) (折り畳んだものを) 広げる, (能力を) 発揮する ― se 再 (折り畳んだ物が) 広がる

despojar/デスポハる/ 他 (㊥ deprive) [法] (所有権を [de]) 取り上げる ― se 再 (…を [de]) はぎ取る

despreciar/デスプれしアる/ 他 (㊥ despise) 軽蔑する, (申し出・提案・親切などを) 拒絶する, 無視する

desprecio/デスプれしオ/ 男 (㊥ scorn, disdain) 軽蔑, 軽くあしらうこと

desprender/デスプれンデる/ 他 (㊥ remove, detach) 取り外す, (蒸気・においなどを) 発する ― se 再 離れる, 手放す, 推論される, 免れる, 散る, 発する

después/デスプエス/ 副 (㊥ afterwards, later) 後で, (…[de 不定詞・過去分詞構文]) してから, 後に

destacado(a)/デスタカド(ダ)/ 形 (㊥ distinguished) 著名な, 目立つ, 高位の

destacar/デスタカる/ 他 (㊥ make stand out, underline) 際立たせる, 名誉を与える, [軍] (部隊・兵を) 分遣する ― se

destapar ▶

再 きわ立つ

destapar /デスタパる/ 他 (⊛ uncork) ふた [栓] をとる, 覆いをする ― **se** 再 ふた [栓] がとれる, 服を脱ぐ

desterrar /デステらる/ 他 (⊛ banish) (国外に [a]) 追放する, 追い払う, (習慣を) 禁止する ― **se** 再 亡命する

destierro /デスティエろ/ 男 (⊛ exile) (国外への) 追放, [比喩] 人里離れた場所

destinar /デスティナる/ 他 (⊛ assign) 当てる, 任命する, (荷物などを) 送る, 運命づける ― **se** 再 仕事につく

destinatario(a) /デスティナタりオ(ア)/ 男,女 (⊛ addressee) 受信人, 販売受託者

destino /デスティノ/ 男 (⊛ destiny, fate) 運, 目的地, (郵便物の) 宛先 (あてさき), 仕事, 用途

destreza /デストれさ/ 女 (⊛ skill) 巧みさ

destrozar /デストろさる/ 他 (⊛ smash) 打ち壊す, [比喩] ショックを与える, [比喩] ぶちこわす ― **se** 再 破壊される, (体を) 傷つける, ショックを受ける

destrucción /デストるクレオン/ 女 (⊛ destruction) 破壊, 滅亡

destructivo(a) /デストるクティボ(バ)/ 形 (⊛ destructive) 破壊的な

destruir /デストるイる/ 他 (⊛ destroy) 破壊する, 台無しにする ― **se** 再 破壊される, [数] 相殺される

desván /デスバン/ 男 (⊛ attic) [建] 屋根裏 (部屋)

desventaja /デスベンタハ/ 女 (⊛ disadvantage, handicap) 不利な立場, (勝者との) 差

desvergüenza /デスべるグエンさ/ 女 (⊛ impudence, cheek) ずうずうしさ, 恥ずかしいこと [言葉]

desviación /デスビアレオン/ 女 (⊛ diversion, detour) 回り道, (正しい進路・標準から) それること, [比喩] (規則からの) 逸脱, [医] (骨などの) 位置がずれること

desviar /デスビアる/ 他 (⊛ divert, deflect) そらす, (計画などを [de]) 思いとどませる ― **se** 再 (正しい進路・標準から [de]) それる

detallar /デタジャる/ 他 (⊛ relate) 詳しく話す, [商] 小売りする

detalle /デタジェ/ 男 (⊛ detail) 細かい点, 親切, 要点

detención /デテンレオン/ 女 (⊛ arrest) 逮捕, 引き止める [られる] こと, 止めること, 遅れ

detener /デテネる/ 他 (⊛ stop, detain) 止める, 引き留める, 逮捕する ― **se** 再 (立ち) 止まる, つくづく考える

deteriorar /デテりオらる/ 他 (⊛ damage) 損害を与える ― **se** 再 低下する

determinación /デテるミナレオン/ 女 (⊛ determination) 決心, 決断力

determinado(a) /デテるミナド(ダ)/ 形 (⊛ specific, particular) 一定の, 決定された, 堅く決心した, [文法] 定…

determinar /デテるミナる/ 他 (⊛ determine) 決める, (…する [不定詞]) 決心をする, (…する [a 不定詞]) 決心をさせる, 特定する ― **se** 再 決められる

detestar /デテスタる/ 他 (⊛ hate, detest) ひどく嫌う

detrás /デトらス/ 副 (⊛ behind) 後ろに [へ]

deuda /デウダ/ 女 (⊛ debt) 借金, 恩義, [宗] 罪

devolver /デボルベる/ 他 (⊛ return) 返す, (前の状態に [a]) 戻す, 報いる, [スポーツ] (球を) 打ち返す, (食べ物を) 吐く

devorar /デボらる/ 他 (⊛ devour) むさぼり食う, [比喩] むさぼり読む

día /ディア/ 男 (⊛ day) 日, 昼間, 祝日, 空, [~s] 時代, [~s] 一生 ¶ otro día いつか, そのうち todo el día 一日中 todos los días 毎日 un día de estos 近いうちに, 近々

diablo /ディアブロ/ 男 (⊛ devil, demon) 悪魔, [比喩] 悪魔のような人, [~s] [疑問詞の後で] 一体, おや!

dialecto /ディアレクト/ 男 (⊛ dialect) 方言

diálogo/ディアロゴ/男（㊦ dialogue）対話,〔文学〕(小説などの) 対話の部分,〔映〕〔演〕台詞（せりふ）

diamante/ディアマンテ/男（㊦ diamond）ダイヤモンド,〔技〕ガラス切り,〔トランプ〕ダイヤ（の札）

diario(a)/ディアリオ(ア)/形（㊦ daily）毎日の ━男 新聞, 日記, ニュース, 一日の出費 ¶ a diario 毎日, 日々 de diario ふだん着の, 日常の

dibujar/ディブハる/他（㊦ draw, sketch）(絵・図を) 描く,（文章で）描写する

dibujo/ディブホ/男（㊦ drawing, sketch）絵, 模様, 漫画, 輪郭, 設計図

diccionario/ディクしオナりオ/男（㊦ dictionary）辞書, 辞典

dicho(a)/ディチョ(チャ)/形（㊦ the said）[名詞の前で] 前述の ━男 ことわざ, ことば

dichoso(a)/ディチョソ(サ)/形（㊦ happy）幸せな, 幸運な,[名詞の前で]〔皮肉に〕ひどい

diciembre/ディしエンブれ/男（㊦ December）12月

dictado/ディクタド/男（㊦ dictation）書き取り, 口述

dictador(a)/ディクタドる(ら)/男, 女（㊦ dictator）〔政〕独裁者,〔比喩〕ワンマンな人,（古代ローマ共和制期の）独裁執政官

dictadura/ディクタドゥら/女（㊦ dictatorship）〔政〕独裁政治,〔比喩〕専横

dictar/ディクタる/他（㊦ dictate）書き取らせる, 宣言する, 助言する,（授業・講演を）する

diecinueve/ディエしヌエベ/数（㊦ nineteen）19 (の)

dieciocho/ディエしオチョ/数（㊦ eighteen）18 (の)

dieciséis/ディエしセイス/数（㊦ sixteen）16 (の)

diecisiete/ディエしシエテ/数（㊦ seventeen）17 (の)

diente/ディエンテ/男（㊦ tooth）歯,（くし・のこぎりなどの）歯, 1かけら

dieta/ディエタ/女（㊦ diet）ダイエット, 食餌（しょくじ）療法,〔しばしば D~〕(日本・デンマークなどの) 国会,〔~s〕報酬

diez/ディエす/数（㊦ ten）10 (の)

diferencia/ディフェれンしア/女（㊦ difference）違い, 意見の相違, 差

diferenciar/ディフェれンしアる/他（㊦ differentiate）区別する, 見分ける, 差別する

diferente/ディフェれンテ/形（㊦ different）違った,[複数名詞の前で] いろいろな ━副 別に, 違うように

diferir/ディフェりる/他（㊦ defer）延ばす ━自 異なる

difícil/ディフィしル/形（㊦ difficult）難しい,（…は[que接続法]）ありそうにない,（…[de不定詞]）しにくい

difícilmente/ディフィしルメンテ/副（㊦ hardly）ありそうになく, やっとのことで

dificultad/ディフィクルタド/女（㊦ difficulty）難しさ, 難局, 障害,〔しばしば~s〕反対, 不和 ¶ con dificultad やっとのことで

difundir/ディフンディる/他（㊦ diffuse）まき散らす,（知識・うわさなどを）広める ━se 再 広がる

difunto(a)/ディフント(タ)/形（㊦ late）亡くなった ━男, 女 死者, 亡くなった人

difusión/ディフシオン/女（㊦ propagation）普及, 流布,（病気の）蔓延（まんえん）, 放送, 散布

difuso(a)/ディフソ(サ)/形（㊦ diffuse）拡散した, 散漫な

digerir/ディヘりる/他（㊦ digest）(食物を) 消化する,〔比喩〕(意味などを) よく理解する,〔比喩〕がまんする

digestión/ディヘスティオン/女（㊦ digestion）消化,〔比喩〕理解

dignidad/ディグニダド/女（㊦ dignity）気品, 威厳, 高官

digno(a)/ディグノ(ナ)/形（㊦ worthy）値する, 価値のある, 相応の

dilatar/ディラタる/他（㊦ dilate, expand）広げる, 延期する ━se 再 延(の)びる, 広がる, 散漫になる

dilema/ディレマ/男（㊦

diligente /ディリヘンテ/ 形 (㊥ diligent) 勤勉な, (仕事が [en]) 早い

dimensión /ディメンシオン/ 女 (㊥ dimension) 寸法, [~es] 範囲, [数] [物] 次元

dimitir /ディミティる/ 自 (㊥ resign) (…を [de]) 辞職する

Dinamarca /ディナマるカ/ 固 (㊥ Denmark) [地名] デンマーク

dinámico(a) /ディナミコ(カ)/ 形 (㊥ dynamic) 動的な, [比喩] 精力的な

dinamismo /ディナミスモ/ 男 (㊥ dynamism) 活力, [哲] 力動説

dinamita /ディナミタ/ 女 (㊥ dynamite) ダイナマイト

dinero /ディネろ/ 男 (㊥ money) 金 (かね), 富, 貨幣,

dios /ディオス/ 男 (㊥ God) [D~] (キリスト教・ユダヤ教の) 神, [d~] (キリスト教・ユダヤ教以外の) 神¶ ¡Dios mío! まあ, ええっ, ああ困った, 大変だ, 何ということか gracias a Dios おかげさまで ¡Por Dios! お願いですから

diosa /ディオサ/ 女 (㊥ goddess) 女神

diploma /ディプロマ/ 男 (㊥ diploma) (学位・資格の) 免状

diplomacia /ディプロマしア/ 女 (㊥ diplomacy) 外交, 外交的手腕, [集合的に] 外交団

diplomático(a) /ディプロマティコ(カ)/ 形 (㊥ diplomatic) 外交の, [比喩] 外交手腕のある —男, 女 外交官, 外交家

diputado(a) /ディプタド(ダ)/ 男, 女 (㊥ representative, congressman) 議員

dique /ディケ/ 男 (㊥ dike) [海] 堤防, [海] ドック, [地] 岩脈

dirección /ディれクしオン/ 女 (㊥ direction) 方向, 住所, 操縦, 管理部, 管理, [演] 演出

directamente /ディれクタメンテ/ 副 (㊥ directly) 直接に, 率直に, まっすぐ

directo(a) /ディれクト(タ)/ 形 (㊥ direct) 直接の, 一直線の, 直行する, 率直な

director(a) /ディれクトる(ら)/ 男, 女 (㊥ director, principal) 局長, (学校の) 校長, [映] [演] (映画・演劇・ラジオ・テレビ番組などの) 監督者, 指導者, (新聞社の) 編集長, 所長, 会長

dirigente /ディリヘンテ/ 形 (㊥ directing, ruling) 指導する —男女 指導者, マネージャー

dirigir /ディリヒる/ 他 (㊥ direct) 指導する, [軍] 指図する, [楽] (オーケストラを) 指揮する, [演] (映画・演劇・テレビ番組などを) 監督する, (注意・視線・言葉などを) 向ける, (乗り物を) 運転する, 道を教える, (手紙などを) あてる, (企業を) 経営する, (新聞を) 編集する —se 再 (…へ [a]) 向かう, 話しかける, 手紙を書く, 向く, 経営される

disciplina /ディスィプリナ/ 女 (㊥ discipline) 訓練, 規律, 学問 (分野), 懲戒, [~s] むち

discípulo(a) /ディスィプロ(ラ)/ 男, 女 (㊥ disciple) 弟子, (主義・考え方などの) 信奉者

disco /ディスコ/ 男 (㊥record, disc) レコード (盤), (平らな) 円盤 (状のもの), [スポーツ] 円盤

discoteca /ディスコテカ/ 女 (㊥record, disc) レコード(盤), (平らな) 円盤 (状のもの), [スポーツ] 円盤

discreción /ディスクれしオン/ 女 (㊥ discretion) 思慮分別, 機知¶ a (la) discreción de ...…の意のままに

discreto(a) /ディスクれト(タ)/ 形 (㊥ discreet) 思慮のある, 適度の, 地味な, 分離した, [数] 不連続の —男, 女 思慮深い人

discriminación /ディスクりミナしオン/ 女 (㊥ discrimination) 差別, 区別

discriminar /ディスクりミナる/ 他 (㊥ discriminate) 差別する, 区別する

disculpa /ディスクルパ/ 女 (㊥ excuse) 言い訳, 容赦

disculpar /ディスクルパる/ 他 (㊥ excuse) 許す, 言い訳をする —se 再 謝る, (…を [de 不定詞]) 辞退する

discurso /ディスクるソ/ 男 (㊥

speech) 演説, 論説, 思考, (時の) 流れ

discusión/ディスクシオン/ [女] ([英] discussion) 議論, 論争

discutir/ディスクティる/ [他] ([英] discuss) 論じ合う, 異議を唱える **—** [自] (…について [de]) 言い争う

diseñador(*a*)/ディセニャドる(ら)/ [男],[女] ([英] designer) 〔衣〕デザイナー, 〔建〕設計者

diseñar/ディセニャる/ [他] ([英] design) 設計する, 下図 [図案] を作る, 〔絵〕素描 [スケッチ] をする

diseño/ディセニョ/ [男] ([英] design) 図, 下絵, 設計図, あらまし

disfraz/ディスフらす/ [男] ([英] disguise) 変装, 偽装

disfrazar/ディスフらさる/ [他] ([英] disguise) 変装させる **— se** [再] (…に [de]) 変装する

disfrutar/ディスフるタる/ [自] ([英] have the benefit) 享受する, 楽しむ, 持つ **—** [他] 楽しむ, 持つ

disgustar/ディスグスタる/ [他] ([英] displease, annoy) 不機嫌にする **— se** [再] 立腹する, 争う

disgusto/ディスグスト/ [男] ([英] displeasure) 不快, 怒り, けんか, 不幸, 悲しみ ¶ a disgusto 不快で, 不満で, 不機嫌で

disimular/ディシムラる/ [他] ([英] dissemble) (性格・行為・感情・欠点などを) 隠す, 容赦する, 変装する

disminuir/ディスミヌイる/ [他] ([英] diminish, lower) 減らす **— (se)** [自]([再]) 減る

disolver/ディソルべる/ [他] ([英] dissolve) 溶かす, (議会などを) 解散する, (契約などを) 解消する, 分解する, 消滅させる **— se** [再] 溶ける, 解散する, 解消する, 衰える, 分解する

disparar/ディスパらる/ [他] ([英] shoot) (銃・弾丸などを) 発射する, 〔スポーツ〕投げる **—** [自] 撃つ, (変なことを) 言い出す, 〔写〕シャッターを切る **— se** [再] 発射される, 暴発する, 飛び出す

disparate/ディスパらテ/ [男] ([英] silly thing, blunder) ばかげたこと [話・行い]

dispersar/ディスペるサる/ [他] ([英] disperse) 散らす, 分散させる **— se** [再] 分散する

disperso(*a*)/ディスペるソ(サ)/ [形] ([英] dispersed) 散在する

disponer/ディスポネる/ [他] ([英] arrange) 配列する, 整える, 命令する, 配置につける **—** [自] 持つ, 使う, 始末する **— se** [再] 配置につく

disponible/ディスポニブレ/ [形] ([英] available) 利用できる, 空席の

disposición/ディスポシしオン/ [女] ([英] disposition) 処置, 自由に使用できること, 才能, 配置, 〔法〕法, (体・心の) 状態, 意向, 〔~ es〕準備

dispuesto(*a*)/ディスプエスト(タ)/ [形] ([英] ready) 準備 [支度] のできた, (いつでも) 喜んで (…[a 不定詞]) する, 頭のよい

disputa/ディスプタ/ [女] ([英] dispute) 論争

disputar/ディスプタる/ [他] ([英] dispute) 論争する, 得ようと争う, 〔スポーツ〕(試合を) 行なう, 争う **— se** [再] (互いに) 争う, 論議される, 〔スポーツ〕行なわれる

distancia/ディスタンしア/ [女] ([英] distance) 距離, 差, (時間の) 隔たり, 遠慮

distanciar/ディスタンしアる/ [他] ([英] separate) 引き離す, 遠ざける **— se** [再] (…から [de]) 遠ざかる, (…と [de]) 疎遠になる

distante/ディスタンテ/ [形] ([英] distant) 遠い, よそよそしい

distar/ディスタる/ [自] ([英] be away) 離れている, ほど遠い

distinción/ディスティンしオン/ [女] ([英] distinction) 区別, 栄誉, 厚遇, はっきりしていること, (区別するための) 特徴 ¶ hacer distinciones 差別する, 特別扱いする sin distinción de ...…の区別なく

distinguido(*a*)/ディスティンギド(ダ)/ [形] ([英] distinguished) 著名な, 上品な

distinguir/ディスティンギる/

D

distinto(a) ►

他(⑱ distinguish) 区別する, 特別に扱う, 授与する, 目印をつける ━自 ものを見分ける ━se 再 見分けられる, はっきりと目に見える, 有名になる

distinto(a) /ディスティント(タ)/ 形 (⑱ distinct) 違った, 別の, はっきりした, 〔複数名詞の前で〕いろいろな

distracción /ディストらクシオン/ 女 (⑱ inattention) 不注意, 気晴らし

distraer /ディストらエる/ 他 (⑱ distract) 心〔注意〕をそらす, 楽しませる, 盗む, ━se 再 心をそらす, 暇つぶしをする, 楽しむ

distraído(a) /ディストらイド(ダ)/ 形 (⑱ absent-minded) ぼんやりした, 楽しい

distribución /ディストリブシオン/ 女 (⑱ distribution) 分配, 配達, 分布, 供給

distribuir /ディストリブイる/ 他 (⑱ distribute) 配る, 配達する, 配置する, 供給する, 割り当てる, (賞を) 与える, 分布する

distrito /ディストリト/ 男 (⑱ district) 地区

diversidad /ディベるシダド/ 女 (⑱ diversity) 多様性, 相違(点)

diversión /ディベるシオン/ 女 (⑱ recreation, distraction) 楽しみ, 〔軍〕牽制

diverso(a) /ディベるソ(サ)/ 形 (⑱ diverse) 別種の, 〔複数名詞の前で〕多くの

divertido(a) /ディベるティド(ダ)/ 形 (⑱ amusing) 面白い, 楽しい

divertir /ディベるティる/ 他 (⑱ amuse, entertain) 楽しませる, 注意をそらせる ━se 再 (…を [con, en, 現在分詞]) 楽しむ

dividir /ディビディる/ 他 (⑱ divide) 分割する, 分離する, 〔数〕割る, 分配する, 分裂させる, 分類する ━se 再 分かれる, 割れる

divino(a) /ディビノ(ナ)/ 形 (⑱ divine) 神の, すばらしい

división /ディビシオン/ 女 (⑱ division) 分けること, 分けられたもの, 分けるもの, 意見の相違, 〔軍〕師団, 〔数〕割り算, 〔文法〕ハイフン

divorciar /ディボるシアる/ 他 (⑱ divorce) 離婚させる, 引き離す ━se 再 離婚する, 引き離される

divorcio /ディボるシオ/ 男 (⑱ divorce) 離婚, 分離

divulgar /ディブルガる/ 他 (⑱ divulge, disclose) (秘密・事を) 漏らす, 普及する

doblar /ドブラる/ 他 (⑱ bend) 曲げる, (紙・布などを) 折り畳む, 2倍にする, (角(かど)を) 曲がる, 〔映〕吹替えをする ━自 曲がる, 2倍になる, 二役をつとめる, (弔いの) 鐘が鳴る, 屈する ━se 再 曲がる, 体を曲げる, 方向が変わる, 屈服する

doble /ドブレ/ 形 (⑱ double) 二重の, 2倍の, あいまいな, (言行に) 裏表のある, (布が) 厚い ━副 2倍に, 二人で ━男 2倍の数 (量), 複写, 生き写しの人, 〔映〕代役, 〔~s〕〔スポーツ〕(テニス・卓球などの) ダブルス (の試合), 〔飲〕ダブル, 折り目, 鐘の音

doce /ドセ/ 数 (⑱ twelve) 12(の)

docena /ドセナ/ 女 (⑱ dozen) ダース

docente /ドセンテ/ 形 (⑱ teaching, educational) 教える ━男女 教師

dócil /ドシル/ 形 (⑱ docile) 素直な

doctor(a) /ドクトる(ら)/ 男, 女 (⑱ doctor) 医者, 博士

doctrina /ドクトリナ/ 女 (⑱ doctrine) 教義, 学説, 知識, 〔宗〕教理問答

documental /ドクメンタル/ 男 (⑱ documentary) 〔映〕記録映画

documento /ドクメント/ 男 (⑱ document) 文書, 証書, 史料

dogmatismo /ドグマティスモ/ 男 (⑱ dogmatism) 独断論, 〔集合的に〕教義, 主義

dólar /ドラる/ 男 (⑱ dollar) ドル

doler /ドレる/ 自 (⑱ ache, hurt) 痛む, 心が痛む ━se 再 苦しむ, 後悔する

dolor /ドロる/ 男 (㊥ pain) (肉体的な) 痛み, 〔比喩〕(精神的) 苦痛

doloroso(a) /ドロロソ(サ)/ 形 (㊥ painful) 痛い, 心が痛む

doméstico(a) /ドメスティコ(カ)/ 形 (㊥ domestic) 家庭の, 国内の, 飼いならされた

domicilio /ドミしリオ/ 男 (㊥ residence, home) 住居, 住所

dominar /ドミナる/ 他 (㊥ dominate) 支配する, (…の中で) 優勢である, そびえる, 抑制する, 支配する, 修得する, (感情を) 抑える ― 自 優勢になる, 支配する

domingo /ドミンゴ/ 男 (㊥ Sunday) 日曜日, 〔宗〕安息日(日曜日)

dominicano(a) /ドミニカノ(ナ)/ 形 (㊥ Dominican) ドミニカ共和国の ― 男, 女 ドミニカ人

dominio /ドミニオ/ 男 (㊥ dominion, power) 支配, 権威, 優位, 修得, (感情などの) 抑制, 領土, 分野, 〔法〕所有権

don /ドン/ 男 (㊥ Don) …様《男性の名前につける敬称》

donar /ドナる/ 他 (㊥ donate) 寄贈する

donativo /ドナティボ/ 男 (㊥ donation) 寄付

donde /ドンデ/ 副 (㊥ where) …である…, …である場所で〔へ〕, 〔次に不定詞をつけて〕…すべき(場所) ¶ Esta es la casa donde nació el escritor. これは作家が生まれた家です ― 前 …の所で

dónde /ドンデ/ 副 (㊥where) どこで, 〔不定詞を従えて〕どこで…すべきか ¶ ¿Dónde está la estación? 駅はどこですか?

dondequiera /ドンデキエら/ 副 (㊥ anywhere) どこにでも

doña /ドニャ/ 女 (㊥ Doña) …様《女性の名前につける敬称》

dorado(a) /ドらド(ダ)/ 形 (㊥ golden) 金の, 〔比喩〕(金のように) 貴重な, 金めっきの ― 男 金箔, 金製品

dorar /ドらる/ 他 (㊥ gild) 金[金箔] をかぶせる, 〔比喩〕粉飾する, 〔料〕こんがりと焼く

dormir /ドるミる/ 自 (㊥ sleep) (→主な動詞の活用 p.1044) 眠る, 泊まる, 不活発である, 〔遠回しに〕(異性と [con]) 寝る, (昼寝などを) する, 麻酔をかける, 眠くする ― **se** 再 眠り込む, (足などが) しびれる, うかうかする

dormitorio /ドるミトリオ/ 男 (㊥ bedroom) 寝室, 学生寮

dos /ドス/ 数 (㊥ two) 2 (の)

doscientos(as) /ドスしエントス(タス)/ 数 (㊥ two hundred) 200 (の)

dotar /ドタる/ 他 (㊥ endow) (…を [con]) 寄付する, 与える, (…を [de]) 装備する, (娘に) 結婚持参金を与える ― **se** 再 (…を [de]) 持つ

dote /ドテ/ 男 (㊥ dowry) (娘の) 結婚持参金

dragón /ドらゴン/ 男 (㊥ dragon) 竜, 〔動〕トビトカゲ

drama /ドらマ/ 男 (㊥ drama) 〔演〕劇 (作品)

dramático(a) /ドらマティコ(カ)/ 形 (㊥ dramatic) 劇の, 〔比喩〕劇的な, 〔比喩〕芝居がかった

droga /ドろガ/ 女 (㊥ drug) 麻薬, 薬剤

ducha /ドゥチャ/ 女 (㊥ shower) シャワー

duchar /ドゥチャる/ 他 (㊥ give a shower to) 水を浴びせる, 〔医〕注水する ― **se** 再 シャワーを浴びる

duda /ドゥダ/ 女 (㊥ doubt) 疑い, 疑問, 迷い ¶ fuera de duda 間違いなく poner … en duda …を疑問に思う sin duda 疑いなく, 確かに

dudar /ドゥダる/ 他 (㊥ doubt) 疑う ― 自 疑う, 迷う, (…するのを [en不定詞]) ためらう

dudoso(a) /ドゥドソ(サ)/ 形 (㊥ doubtful) 疑いを抱いている, 疑わしい, ためらっている, 怪しい

duelo /ドゥエロ/ 男 (㊥ grief, sorrow) 喪, 深い悲しみ

duende /ドゥエンデ/ 男 (㊥ goblin) 悪魔, (フラメンコの) 不思議な魅力

dueña /ドゥエニャ/ 女 (㊥ owner, mistress) 女主人

dueño /ドゥエニョ/ 男 (㊥ master, owner) (男の) 主人 ― **ña** 男, 女 支配する人

dulce /ドゥルセ/ 形 (㊥ sweet) 甘い, 快い, やさしい, [料] 砂糖煮

dulzura /ドゥルすら/ 女 (㊥ sweetness) 甘いこと, 優しさ, 快さ

duplicar /ドゥプリカる/ 他 (㊥ duplicate) 二重[2倍]にする, 複写する ― **se** 再 二重[2倍]になる, 複写される

duque /ドゥケ/ 男 (㊥ duke) 公爵

duración /ドゥらしオン/ 女 (㊥ duration) 長さ

duradero(a) /ドゥらデろ(ら)/ 形 (㊥ durable, lasting) 永続性のある, 耐久性のある

durante /ドゥらンテ/ 前 (㊥ during) …の間(ずっと), …の期間 ¶ durante las vacaciones de verano 夏休みの間

durar /ドゥらる/ 自 (㊥ last) 続く, 長持ちする, 耐える

dureza /ドゥれさ/ 女 (㊥ hardness) 堅い[硬い]こと, 厳しさ, 強情, 困難, 耳障り

duro(a) /ドゥろ(ら)/ 形 (㊥ hard, tough) 固い, 難しい, 熱心な, 激しい, 厳しい, 頑丈な, 我慢強い, いかつい, 硬質の ― 副 熱心に, ひどく, しっかりと, 我慢強く

E, e

e /エ/ 接 (㊥ and) (i, hiの前で) …と… ⇒ y

echar /エチャる/ 他 (㊥ throw) 投げる, 出す, 生やす, 入れる, 追い出す, (鍵などを)かける, (負担を)かける, せいにする, …をする ¶ echar de menos …が(い)なくて寂しく思う ― 自 (…し[a不定詞])始める, 行く, 進む ― **se** 再 倒れる, 身を投げ出す

eclipse /エクリプセ/ 男 (㊥ eclipse) [天文] (太陽・月の) 食, [比喩] (栄誉・名声などの) 失墜

eco /エコ/ 男 (㊥ echo) こだま, [比喩] 反響, [楽] エコー

economía /エコノミア/ 女 (㊥ economy) [経] 経済, 経済学, 節約, 貯え

económico(a) /エコノミコ(カ)/ 形 (㊥ economic) [経] 経済の, 経済的な, [経] 経済学の

economizar /エコノミさる/ 他 (㊥ economize, save) 経済的に使用する, 節約する

ecuador /エクアドる/ 男 (㊥ equator) [しばしばE~] [地理] 赤道

Ecuador /エクアドる/ 固 (㊥ Ecuador) [地名] エクアドル

ecuatoriano(a) /エクアトりアノ(ナ)/ 形 (㊥ Ecuadorian) エクアドル(人)の ― 男,女 エクアドル人

edad /エダド/ 女 (㊥ age) 年齢, 時代, 世代

edición /エディしオン/ 女 (㊥ edition) (本・雑誌・新聞などの)版, (本の) 編集, 出版, 出版社, (大会・祭典などの) 回

edificar /エディフィカる/ 他 (㊥ build) 建てる, [比喩] 築き上げる ― **se** 再 建造される

edificio /エディフィしオ/ 男 (㊥ building) 建築物, ビル

editar /エディタる/ 他 (㊥ publish) 出版する, 編集する

editor(a) /エディトる(ら)/ 男,女 発行者, (㊥ editor) 編集者

editorial /エディトりアル/ 形 (㊥ publishing) 出版の, (新聞の) 社説の, 編集の ― 女 出版社

educación /エドゥカしオン/ 女 (㊥ education) 教育, しつけ, 教育学

educar /エドゥカる/ 他 (㊥ educate) 教育する, 養成する, しつける, (動物を)調教する ― **se** 再 教育を受ける

efectivamente /エフェクティバメンテ/ 副 (㊥ really, in fact) 確かに ― 間 その通りだ

efectivo(a) /エフェクティボ(バ)/ 形 (㊥ effective) 効果のある, 実際の, 現金の ― 男 現金 ¶ pagar en efectivo 現金で払う

efecto /エフェクト/ 男 (㊥ effect) 結果, 効果, (薬などの) 効き目, 印象, 衝撃, [~s] 品, 財産, 用途, [スポーツ] (ボール

にかける)スピン¶en efecto 実際, 確かに; その通り

efectuar/エフェクトゥアる/ 他(㊧ effect, carry out)行う — **se** 再 行われる

eficacia/エフィカしア/ 女(㊧ efficacy)効果, 効き目, 能率, 効力, 能力

eficaz/エフィカす/ 形(㊧ efficient)効果のある, 有能な

egipcio(a)/エヒプしオ(ア)/ 形(㊧ Egyptian)エジプト(人) の — 男,女 エジプト人

Egipto/エヒプト/ 固(㊧ Egypt)〔地名〕エジプト

egoísmo/エゴイスモ/ 男(㊧ egoism)利己主義

egoísta/エゴイスタ/ 男女(㊧ egoist)利己主義者 — 形 利己主義の

eh/エ/ 間(㊧ eh!, hey!)やあ!, ねえ!

eje/エへ/ 男(㊧ axle, shaft)軸, 〔比喩〕軸, 〔比喩〕中心人物, 〔el E~〕〔世ього〕(第二次世界大戦の)枢軸国

ejecutar/エヘクタる/ 他(㊧ execute)(命令・計画などを)実行する, (法律を)実施する, 処刑する, 〔楽〕演奏する, 〔演〕演技する

ejemplar/エヘンプラる/ 形(㊧ exemplary)模範的な, 見せしめの — 男 (印刷物の) …部, 見本

ejemplo/エヘンプロ/ 男(㊧ example)(典型的な)例, 手本, 見本, 見せしめ¶por ejemplo たとえば

ejercer/エへрセる/ 他(㊧ practice)従事する, (影響・作用を)与える, (権力を)行使する — 自 働いている

ejercicio/エへрしсіо/ 男(㊧ exercise)(体の)運動, 練習, 練習問題, テスト, (会計)年度, (体・精神力・権力などを)働かす[使う]こと, 従事

ejército/エへるしト/ 男(㊧ army)軍隊, 〔軍〕陸軍, 〔比喩〕大勢

el/エル/ 冠(㊧ the)定冠詞

El Salvador/エル サルバドる/ 固(㊧ El Salvador)〔地名〕エルサルバドル

él/エル/ 代(㊧ he, it)彼, 〔前置詞の後で〕それ

elaboración/エラボらсіон/ 女(㊧ elaboration)作成, 加工, 考案

elaborar/エラボらる/ 他(㊧ elaborate)作る, 作成する, (文章・考案などを)練る

elección/エレクсіон/ 女(㊧ election)〔政〕選挙, 選択

electricidad/エレクトリсіダド/ 女(㊧ electricity)電気, 電気代〔料〕

eléctrico(a)/エレクトリコ(カ)/ 形(㊧ electric)電気の, 電気で動く

electrónico(a)/エレクトрониコ(カ)/ 形(㊧ electronic)電子の, 電子工学の

elefante(a)/エレファンテ(エア)/ 男,女(㊧ elephant)〔動〕ゾウ(象)

elegancia/エレガンсіア/ 女(㊧ elegance)優雅, 上品なことば〔作法〕

elegante/エレガンテ/ 形(㊧ elegant)優雅な, 粋な, 簡潔で的確な — 男女 上品な人

elegir/エレヒる/ 他(㊧ elect)選ぶ, 選出する

elemental/エレメンタル/ 形(㊧ elemental)基本の, 初歩の, 明らかな

elemento/エレメント/ 男(㊧ element)要素, (学問の)初歩, メンバー, やつ, 〔~s〕自然の猛威, 〔化〕元素, 〔電〕電池

elevar/エレバる/ 他(㊧ raise)上げる, (建物を)建てる, 昇進させる, (名声などを)高める — **se** 再 上がる, そびえる, 達する, うぬぼれる, 出世する

eliminar/エリミナる/ 他(㊧ eliminate)除く, (予選で)失格にする

ella/エジャ/ 代(㊧ she)彼女

ellas/エジャス/ 代(㊧ they)彼女たち

ello/エジョ/ 代(㊧ it)それ

ellos/エジョス/ 代(㊧ they)彼ら

elocuente/エロクエンテ/ 形(㊧ eloquent)雄弁な, 表現力のある

elogio/エロヒオ/ 男(㊧ praise, eulogy)称賛

emancipar/エマンсіパる/ 他(㊧ emancipate)解放する — **se** 再 自由の身になる

embajada/エンバハダ/女(⑧ embassy)大使館,〔集合的に〕大使館員

embajador(a)/エンバハドる(ら)/男,女(⑧ ambassador)大使

embalse/エンバルセ/男(⑧ dam)ダム

embarazar/エンバらさる/他(⑧ hinder)妊娠させる,邪魔する,困惑させる,どぎまぎする— **se** 妊娠する,困惑する

embarcar/エンバるカる/他(⑧ embark)〔海〕乗船させる,船に積む — **(se)** 自(再)〔海〕船に乗り込む

embargo/エンバるゴ/男(⑧ seizure)〔法〕差し押え,不消化 ¶ sin embargo しかしながら,それにもかかわらず

embarque/エンバるケ/男(⑧ loading, shipment)荷積み,乗船

emborrachar/エンボらチャる/他(⑧ make drunk)(酒で)酔わせる — **se** 再 酔う

embutido/エンブティド/男(⑧ sausage)〔料〕ソーセージ

emergencia/エメるヘンレア/女(⑧ emergency)緊急,出現

emigración/エミグらスィオン/女(⑧ emigration)(他国への)移住,〔集合的に〕移民,〔生物学〕(鳥・魚の)移動

emigrante/エミグらンテ/男女(⑧ emigrant)(他国への)移民 — 形 移民の,移動する

emigrar/エミグらる/自(⑧ emigrate)(他国へ)移動する,(鳥・魚の)渡る

eminente/エミネンテ/形(⑧ eminent)優れた,(場所が)高い

Emiratos Árabes Unidos /エミらトス あらベス ウニドス/固(⑧ United Arab Emirates)〔地名〕アラブ首長国連邦

emisión/エミスィオン/女(⑧ transmission, broadcasting)〔放送〕(ラジオ・テレビの)放送,(切手・書類などの)発行,(光・熱などの)放射

emisora/エミソら/女(⑧ broadcasting station)〔放送〕放送局

emitir/エミティる/他(⑧ broadcast)〔放送〕放送する,発行する,(考えなどを)伝える,(光・熱・煙・香りなどを)放射する,(票を)投じる

emoción/エモスィオン/女(⑧ emotion)感動,(強い)感情

emocional/エモスィオナル/形(⑧ emotional)感情の,感動しやすい

emocionante/エモスィオナンテ/形(⑧ moving)感動的な

emocionar/エモスィオナる/他(⑧ move, touch)感動させる,興奮させる — **se** 再 感動する

empanada/エンパナダ/女(⑧ turnover)〔料〕エンパナーダ《肉・野菜を入れたパイ》

empaquetar/エンパケタる/他(⑧ pack)荷造りをする,〔比喩〕詰め込む

empeñar/エンペニャる/他(⑧ pawn)抵当に入れる,(生命・名誉を)かける,巻き込む — **se** 再 固執する,借金を作る

empeño/エンペニョ/男(⑧ pledging, pawn)質入れ,抵当,固執,努力,目的

empeorar/エンペオらる/他(⑧ worsen)悪化させる — **(se)** 自(再)悪化する

emperador/エンペらドる/男(⑧ emperor)皇帝,(日本の)天皇

emperatriz/エンペらトりす/女(⑧ empress)女帝,皇后

empezar/エンペサる/他(⑧ begin, start)始める — 自 始まる,(… [a不定詞])しだす

empleado(a)/エンプレアド(ダ)/男,女(⑧ employee)従業員,雇われ人

emplear/エンプレアる/他(⑧ employ)雇う,用いる,(時間・能力などを)利用する — **se** 再 仕事につく,使われる

empleo/エンプレオ/男(⑧ employment)雇うこと,仕事,使用

emprender/エンプれンデる/他(⑧ undertake)企てる

empresa/エンプれサ/女(⑧ company)企業,企て,(盾などの)印

empresario(a)/エンプれサり

オ(ア)/ [男],[女] ([英] employer) 雇主，事業主
empujar/エンプハる/ [他] ([英] push) 押す，〔比喩〕強要する，〔比喩〕駆り立てる，〔比喩〕(事を) 押し進める
empujón/エンプホン/ [男] ([英] push) 一押し，〔比喩〕奮発，〔比喩〕進捗 (しんちょく)
empuñar/エンプニャる/ [他] ([英] seize, grip) つかむ，〔比喩〕(地位・職を) 得る
en/エン/ [前] ([英] in, on) …で，…の上に［で・へ］，…の中へ［に］，…に，…以内に，…後に，…を着て，…に乗って ¶ José está en casa. ホセは家にいます El vaso está en la mesa. コップはテーブルの上にあります
enamorado(a)/エナモらド(ダ)/ [形] ([英] in love) 恋愛中の，愛好する — [男],[女] 恋人，愛好者
enamorar/エナモらる/ [他] ([英] win the heart of) 好きにさせる，求愛する **— se** [再] 恋する
enano(a)/エナノ(ナ)/ [形] ([英] dwarf) 小型の，〔軽蔑的に〕背が低い — [男],[女] 小人，〔軽蔑的に〕小さな人
encabezar/エンカベさる/ [他] ([英] head) 先頭に立つ，指揮する
encaje/エンカヘ/ [男] ([英] lace) 〔衣〕レース編み，適合，はめ込み
encaminar/エンカミナる/ [他] ([英] make one's way) 道を教える，指導する，指図する，(注意・視線などを) 向ける **— se** [再] 進む
encantado(a)/エンカンタド(ダ)/ [形] ([英] delighted) 喜んだ［で］，うっとりした — [間] 初めまして，どうぞよろしく
encantador(a)/エンカンタドる(ら)/ [形] ([英] charming, enchanting) 魅惑的な — [男],[女] 魅惑者，魔術師
encantar/エンカンタる/ [他] ([英] love) 大好きである，喜ばせる，魔法にかける
encanto/エンカント/ [男] ([英] charm) 魅力，喜び，魔法
encargado(a)/エンカるガド(ダ)/ [形] ([英] in charge) 引き受けている — [男],[女] 係，代理人，マネージャー
encargar/エンカるガる/ [他] ([英] entrust) (仕事を) ゆだねる，注文する **— se** [再] (仕事を［de］) 引き受ける
encargo/エンカるゴ/ [男] ([英] order) 仕事，〔～s〕使い，責任
encendedor/エンセンデドる/ [男] ([英] lighter) ライター，点火器
encender/エンセンデる/ [他] ([英] light) 火をつける，(明かりを) つける，(顔を) 明るくする，引き起こす **— se** [再] 火がつく，赤らむ
encendido(a)/エンセンディド(ダ)/ [形] ([英] lit) ついている，〔比喩〕火のような
encerrar/エンセらる/ [他] ([英] lock in) しまう，閉じこめる，囲む，含む，(危険・困難などを) 伴う **— se** [再] 閉じこもる，囲まれている，含まれている
enchufar/エンチュファる/ [他] ([英] connect, plug in) 〔電〕(プラグなどを) つなぐ，〔比喩〕コネを使って採用する
enchufe/エンチュフェ/ [男] ([英] socket, plug, point) 〔電〕プラグ，〔機〕接合部，コネ
enciclopedia/エンしクロペディア/ [女] ([英] encyclopedia) 百科事典
encierro/エンしエろ/ [男] ([英] retreat) 閉居，閉じこめる［こもる］こと，監禁，牢，〔闘牛〕エンシエロ《牛を闘牛場に追い込むこと》
encima/エンしマ/ [副] ([英] above, on top) 上に［へ］，身につけて，加えて ¶ por encima ざっと，あまり身を入れないで
encoger/エンコへる/ [他] ([英] shrink) 縮 (ちぢ) める，〔比喩〕ひるませる — [自] (恐れ・痛みなどで) ひるむ，縮こまる **— se** [再] 縮む
encomendar/エンコメンダる/ [他] ([英] entrust) ゆだねる，〔史〕(インディオを) 委託する **— se** [再] 頼る
encontrar/エンコントらる/ [他] ([英] find) 見つける，(たまたま) 出会う，探し出す，(未知のことを) 発見する，(…だと［形容詞・副詞］) 知る **— se** [再]

ある, (…の[形容詞・副詞])状態である, (…に[con])会う[ぶつかる]

encrucijada /エンクるしハダ/ 女(⊗ crossroads) 四つ辻, [比喩](人生・方針などの)分かれ道

encuadernar /エンクアデるナる/ 他(⊗ bind) 製本する

encubrir /エンクブりる/ 他(⊗ hide) 秘密にする, (犯人を)かばう, 隠す

encuentro /エンクエントろ/ 男(⊗ meeting) 会, 出会い, 発見, 衝突, [スポーツ] 試合

encuesta /エンクエスタ/ 女(⊗ opinion poll, survey) アンケート, 調査, (警察の) 聞き込み捜査

endurecer /エンドゥれセる/ 他(⊗ harden) 堅くする, 強くする ━se 再 堅くなる, 強くなる

enemigo(a) /エネミゴ(ガ)/ 男,女(⊗ enemy) 敵, 害となるもの ━形 [軍] 敵の, [一般に] 敵の, 嫌いな

enemistad /エネミスタド/ 女 (⊗ enmity) 敵意

energía /エネるヒア/ 女(⊗ energy) エネルギー, [比喩] 元気

enérgico(a) /エネるヒコ(カ)/ 形(⊗ energetic) 強い, エネルギッシュな

enero /エネろ/ 男(⊗ January) 1月

enfadado(a) /エンファダド(ダ)/ 形(⊗ angry) 怒った

enfadar /エンファダる/ 他 (⊗ make angry) 怒らせる ━se 再 怒る

enfado /エンファド/ 男(⊗ annoyance) 怒り

énfasis /エンファシス/ 男(⊗ emphasis) 強調

enfermar /エンフェるマる/ 他(⊗ make ill) 病気にする ━自 病気になる

enfermedad /エンフェるメダド/ 女(⊗ disease)[医]病気の, (精神・道徳などの) 不健全

enfermero(a) /エンフェるメろ(ら)/ 男,女(⊗ nurse) 看護師

enfermizo(a) /エンフェるミそ(さ)/ 形(⊗ sickly, weakly) 病身の

enfermo(a) /エンフェるモ(マ)/ 形(⊗ sick) 病気の ━男,女 病人

enfocar /エンフォカる/ 他(⊗ focus) 焦点を合わせる, 光をあてる, (問題を) 取り上げる, (注意などを) 集中させる ━自 焦点を合わせる

enfoque /エンフォケ/ 男(⊗ focusing) 焦点(を合わせること)

enfrentar /エンフれンタる/ 他 (⊗ face) (事件などに) 直面する ━se 再 (…に[a]) 敵対する

enfrente /エンフれンテ/ 副(⊗ in front) 正面に[で], 向いに, 反対して

enfriar /エンフりアる/ 他 (⊗ cool) [比喩] 冷たくする ━(se) 自(再) 冷える

enganchar /エンガンチャる/ 他(⊗ hook) (釣り針[かぎ針]に) 引っかける, [軍] 募兵する ━se 再 (…に[en]) 引っかかる

engañar /エンガニャる/ 他(⊗ deceive) だます ━se 再 誤る, 自分にうそをつく

engañoso(a) /エンガニョソ(サ)/ 形(⊗ deceptive, misleading) 人を欺く, うその

engordar /エンゴるダる/ 自(⊗ get fat) 太る, 金をもうける ━他 太らせる

enhorabuena /エノらブエナ/ 間(⊗ Congratulations) おめでとう(ございます)! ━女 祝いのことば ━副 神の御加護で, よい時に

enigma /エニグマ/ 男(⊗ enigma) 謎(なぞ)

enigmático(a) /エニグマティコ(カ)/ 形(⊗ enigmatic) 謎(なぞ)のような

enlace /エンラせ/ 男(⊗ relationship) つながり, 連結, (交通機関の) 連絡, 結婚, (秘密組織などの) 連絡員

enlazar /エンラさる/ 他(⊗ connect) つなぐ ━自 つながる, 関係する ━se 再 つながる, 姻戚関係になる, 関係がある

enmendar /エンメンダる/ 他 (⊗ correct) (間違いを) 訂

正する，（欠点などを）直す ― **se** 再 正しくなる，改める
enmienda /エンミエンダ/ 女 (㊥ correction) (間違いの) 訂正，修正案，悔い改め，補償
enojado(a) /エノハド(ダ)/ 形 (㊥ angry) 怒った
enojar /エノハる/ 他 (㊥ make angry) 怒らせる ― **se** 再 怒る
enojo /エノホ/ 男 (㊥ anger) 怒り，不快
enorme /エノるメ/ 形 (㊥ enormous) 非常に大きい，並外れた
enormidad /エノるミダド/ 女 (㊥ hugeness) 巨大さ，ひどさ
enredar /エンれダる/ 他 (㊥ tangle) もつれさせる，〔比喩〕紛糾させる，〔比喩〕問題を起こす，〔比喩〕巻き込む ― **se** 再 もつれる，紛糾する，（…に [en]）巻き込まれる
enredo /エンれド/ 男 (㊥ mess, trouble) 混乱，いたずら，（糸などの）もつれ，〔比喩〕（小説などの複雑な）筋，〔~s〕道具類，愛人関係
enriquecer /エンリケせる/ 他 (㊥ enrich) 豊かにする，金持ちにする ― (se) 自(再) 豊かになる，金持ちになる
ensalada /エンサラダ/ 女 (㊥ salad) 〔料〕サラダ
ensanchar /エンサンチャる/ 他 (㊥ widen) 広くする，伸ばす
ensayar /エンサヤる/ 他 (㊥ test, try) 試す，〔演〕下稽古する，練習する，リハーサルする，〔鉱〕（鉱石を）試金する，（動物を）訓練する
ensayo /エンサヨ/ 男 (㊥ test) テスト，練習，〔文学〕随筆，〔演〕（演技の）リハーサル，〔スポーツ〕トライ
enseguida /エンセギダ/ 副 (㊥ at once) すぐに
enseñanza /エンセニャンさ/ 女 (㊥ teaching, education) 教育，教訓
enseñar /エンセニャる/ 他 (㊥ teach) 教える，見せる，示す
ensuciar /エンスしアる/ 他 (㊥ dirty) 汚す ― **se** 再 （自分の体を）汚す，汚れる，自分を落としめる

entablar /エンタブらる/ 他 (㊥ begin) (話・けんかなどを) 始める，（関係を）結ぶ，板を張る，（訴訟を）起こす
entender /エンテンデる/ 他 (㊥ understand) 理解する ― 自 わかる，知識がある ― **se** 再 理解し合う，…ということになっている，関係を持つ
entendido(a) /エンテンディド(ダ)/ 形 (㊥ informed, expert) (…に [en]) 造詣が深い，理解された ― 男, 女 専門家，通（つう）
entendimiento /エンテンディミエント/ 男 (㊥ understanding) 理解 (力)，知力，判断力，分別
enterar /エンテらる/ 他 (㊥ inform) 知らせる ― **se** 再 知る，気づく，注意する
entero(a) /エンテろ(ら)/ 形 (㊥ whole) 全体の，完全な，まるごとの，まる… ¶ por entero すっかり，全部
enterrar /エンテらる/ 他 (㊥ bury) 埋める，埋葬する，〔比喩〕〔こっけいに〕（…より）長生きする，〔比喩〕忘れる
entidad /エンティダド/ 女 (㊥ organization, body) 組織，〔比喩〕重要性，本質，実体
entierro /エンティエろ/ 男 (㊥ burial) 埋葬，埋もれた宝
entonación /エントナしオン/ 女 (㊥ intonation) 〔音声〕イントネーション，〔比喩〕思い上がり
entonces /エントンセス/ 副 (㊥ then) その時，それから，それなら ― 男 その時，その当時
entrada /エントラダ/ 女 (㊥ entrance) 入口，玄関，入ること，加入，始まり，入場券，収入，〔集合的に〕入場者，頭金，〔料〕アントレ
entrar /エントらる/ 自 (㊥ enter, begin) 入る，加わる，始める ― 他 入れる，攻める，侵入する
entre /エントれ/ 前 (㊥ between, among) …の間に[で，の]，…から，…の中で，…の内に[で]，…と…とで，…やら…やらで，…割る… ¶ entre los dos países 両国間に，entre tú y yo 君と僕で

entre nosotros ここだけの話だが

entrega/エントれガ/女(英 handing over)手渡すこと,配達,献身,降伏

entregar/エントれガる/他(英 give, hand over)渡す,配達する,ゆだねる ー**se**再 投降する,(…に [a]) 没頭する,ふける

entremés/エントれメス/男(英 hors d'oeuvre, appetizer)〔料〕オードヴル,〔演〕幕間の演芸

entrenador(a)/エントれナドる(ら)/男,女(英 trainer, coach)〔スポーツ〕コーチ,トレーナー

entrenamiento/エントれナミエント/男(英 training)トレーニング,訓練,練習

entrenar/エントれナる/他(英 train)訓練する ー**se**再 練習する

entretanto/エントれタント/副(英 meanwhile)その間に

entretener/エントれテネる/他(英 entertain)楽しませる,注意をそらす,だます,時間を奪う,遅らせる,(空腹などを)紛らわす ー**se**再(…で [en 不定詞][現在分詞])楽しむ,時間をつぶす,長居する

entretenido(a)/エントれテニド(ダ)/形(英 entertaining)おもしろい

entretenimiento/エントれテニミエント/男(英 entertainment)娯楽,気晴らし

entrevista/エントれビスタ/女(英 interview)会見,インタビュー

entrevistar/エントれビスタる/他(英 interview)面接する,インタビューする ー**se**再(…と [con]) 会談する

entusiasmo/エントゥシアスモ/男(英 enthusiasm)熱中

entusiasta/エントゥシアスタ/形(英 enthusiastic)熱烈な ー男女 熱狂者

enumeración/エヌめらシオン/女(英 enumeration)数え上げること,目録

enumerar/エヌめらる/他(英 enumerate)列挙する,数え

envejecer/エンベヘセる/他(英 age)老(ふ)けさせる,年をとる,〔比喩〕古くなる

enviar/エンビアる/他(英 send)送る,派遣する,伝える

envidia/エンビディア/女(英 envy)ねたみ

envidiable/エンビディアブレ/形(英 enviable)うらやましい

envidiar/エンビディアる/他(英 envy)うらやむ

envidioso(a)/エンビディオソ(サ)/形(英 jealous)ねたみ深い,うらやましがる

envío/エンビオ/男(英 sending)送ること,手紙,派遣

envolver/エンボルベる/他(英 wrap)包む ー**se**再 くるまる,身を包む

épico(a)/エピコ(カ)/形(英 epic)〔詩〕叙事詩の

epidemia/エピデミア/女(英 epidemic)〔医〕流行病,〔比喩〕(悪いことの)流行

episodio/エピソディオ/男(英 episode)(小説・劇などの)挿話

época/エポカ/女(英 epoch, age, era)時代,時期,昔,期間

equilibrar/エキリブらる/他(英 balance)つり合いを保たせる ー**se**再 つり合う

equilibrio/エキリブりオ/男(英 balance)つり合い

equipaje/エキパヘ/男(英 luggage)手荷物(類)

equipo/エキポ/男(英 team)チーム,装備

equivalente/エキバレンテ/形(英 equivalent)同等の ー男 同等物

equivaler/エキバレる/自(英 be equivalent)(…に [a]) 相当する

equivocación/エキボカシオン/女(英 mistake)誤り

equivocado(a)/エキボカド(ダ)/形(英 wrong, mistaken)誤った

equivocar/エキボカる/他(英 mistake)思い違いする,間違えさせる ー**se**再 間違える,(人を [con]) 誤解する

era/エら/女(英 era)紀元,時代,〔地〕紀

erótico(a) /エロティコ(カ)/ 形 (英 erotic) エロティックな, 性愛の, 好色の

errar /エるる/ 他 (英 miss) 誤る ― 自 誤る, さまよう

erróneo(a) /エろネオ(ア)/ 形 (英 erroneous) 誤った

error /エろる/ 男 (英 error) 誤り, 考え違い, [数] 誤差

erudito(a) /エるディト(タ)/ 形 (英 erudite) 学問のある ― 男, 女 学者

esbelto(a) /エスベルト(タ)/ 形 (英 slender) 細長い

esbozo /エスボそ/ 男 (英 sketch) [絵] スケッチ, あらすじ

escabeche /エスカベチェ/ 男 (英 marinade) [料] マリネード, [料] マリネード漬けの魚 [肉]

escala /エスカラ/ 女 (英 scale) (地図などの) 縮尺, 規模, 段階, [空] 途中降機地, [海] 寄港地, はしご, [楽] 音階

escalera /エスカレら/ 女 (英 staircase, stairway) 階段, はしご段 ¶ ～ mecánica エスカレーター

escalofrío /エスカロフリオ/ 男 (英 shiver) [おもに～s] 悪寒

escalón /エスカロン/ 男 (英 step, stair) (階段の) 1段, (進度などの) 段

escándalo /エスカンダロ/ 男 (英 scandal) 醜聞, 騒ぎ, (…の) 恥, 中傷, [一般に] 騒ぎ

escapada /エスカパダ/ 女 (英 quick trip) [比喩] (ちょっとした) 遠出, [比喩] 外出, 脱出

escapar /エスカパる/ 自 (英 escape) 逃げる, 逃れる ― 他 (馬を) 走らせる ― se 再 逃げる, 家出をする, 見逃される, 思わずもらす, 漏れる

escaparate /エスカパらテ/ 男 (英 window) ショーウインドー, ショーケース

escape /エスカペ/ 男 (英 leak) (ガス・水などの) 漏れ, [機] 排気, 逃亡

escarcha /エスカるチャ/ 女 (英 frost) [気象] 霜

escasez /エスカセす/ 女 (英 scarcity, lack) 不足, 貧乏

escaso(a) /エスカソ(サ)/ 形 (英 scarce, very little) 不足した, やっと…

escena /エスセナ/ 女 (英 stage) [演] 舞台, [映] [演] 場, [演] 劇, (事件などの) 現場, [比喩] 大げさな場面

escenario /エスセナりオ/ 男 (英 stage, scenery) [演] (劇場の) 舞台, [比喩] 現場

esclavo(a) /エスクラボ(バ)/ 男, 女 (英 slave) 奴隷, とりこ ― 形 隷属した, とりことなった, 忠実な

escoba /エスコバ/ 女 (英 broom) 箒 (ほうき), [植] エニシダ

escocer /エスコせる/ 自 (英 smart, sting) うずく, [比喩] 感情を害する, 炎症を起こす

escoger /エスコヘる/ 他 (英 choose) 選ぶ

escolar /エスコラる/ 形 (英 school) 学校の ― 男女 生徒

escolta /エスコルタ/ 女 (英 escort) 護衛

escombro /エスコンブろ/ 男 (英 debris) 瓦礫 (がれき)

esconder /エスコンデる/ 他 (英 hide) 隠す, [比喩] 秘める, 秘密にする, かばう ― se 再 隠れる, [比喩] いなくなる

escopeta /エスコペタ/ 女 (英 shotgun) 銃

escorpión /エスコるピオン/ 男 (英 scorpion) [昆] サソリ, [魚] カサゴ, [E ～] [天] さそり座

escribir /エスクリビる/ 他 (英 write) (文字・文章などを) 書く ― 自 文字 (など) を書く, 文章を書く, 手紙を書く, 書ける ― se 再 綴 (つづ) る, 手紙を交わす

escrito(a) /エスクリト(タ)/ 形 (英 written) 書かれた, 書面での ― 男 文書, 文学作品, 手紙

escritor(a) /エスクリトる(ら)/ 男, 女 (英 writer) 作家, 筆者

escritura /エスクリトゥら/ 女 (英 handwriting) 書くこと, 筆跡, 表記法, [法] 証書, 書き物, 勘定書, [la E ～] 聖書

escuchar /エスクチャる/ 他 (英 listen to) (注意して) 聞く, (忠告などに) 耳を貸す

escudo /エスクド/ 男 (英 shield) 盾 (たて), 盾形の紋章, [比喩] 口実

escuela /エスクエラ/ 女 (英

esculpir ▶

school) 学校, 授業, 〔集合的に〕学校の生徒, (大学の) 学部

esculpir /エスクルピる/ 他 (㊙ sculpture) 彫刻する

escultor(a) /エスクルトる(ら)/ 男, 女 (㊙ sculptor, sculptress) 〔美〕彫刻家

escultura /エスクルトゥら/ 女 (㊙ sculpture) 〔美〕彫刻

ese(a) /エセ(サ)/ 形 (㊙ that) その

ése(a) /エセ(サ)/ 代 (㊙ that one) それ

esencia /エセンしア/ 女 (㊙ essence) 本質, 香水, (蒸留して採った) 精, 〔化〕精油

esencial /エセンしアル/ 形 (㊙ essential) 本質の, 重要な, 不可欠な, 精の

esfera /エスフェら/ 女 (㊙ sphere) 球, (活動・知識・勢力の) 範囲

esforzar /エスフォるさる/ 他 (㊙ strengthen) 無理にやる, 強くする, 励ます ━ se 再 努力する

esfuerzo /エスフエるそ/ 男 (㊙ effort) 努力

eslavo(a) /エスラボ(バ)/ 形 (㊙ Slav) スラブ (人) の ━ 男, 女 スラブ人 ━ 男 〔言〕スラブ語派

esmeralda /エスメらルダ/ 女 (㊙ emerald) 〔鉱物〕エメラルド, エメラルド色

esmero /エスメろ/ 男 (㊙ care) 細心の注意, きちんとしていること

eso /エソ/ 代 (㊙ it, that) それ ¶ a eso de …時ごろに por eso だから, そうなので, その理由で

esos(as) /エソス(サス)/ 形 ⇒ ese

ésos(as) /エソス(サス)/ 代 ⇒ ése

espacial /エスパしアル/ 形 (㊙ space) 宇宙の, 空間的な

espacio /エスパしオ/ 男 (㊙ space) 空間, (大気圏外の) 宇宙空間, 余地, 空欄, (場所の) 間隔, 行間, 距離, ゆとり

espada /エスパダ/ 女 (㊙ sword) 刀, 剣

espalda /エスパルダ/ 女 (㊙ back) 背, 〔比喩〕後ろ

espantar /エスパンタる/ 他 (㊙ frighten) 怖がらせる, 追い払う ━ se 再 怖がる, 逃げ出す

espanto /エスパント/ 男 (㊙ fright) (突然の) 恐怖, 恐ろしい物, 恐ろしい形相

espantoso(a) /エスパントソ(サ)/ 形 (㊙ frightening, frightful) ひどい, 恐ろしい

España /エスパニャ/ 固 (㊙ Spain) 〔地名〕スペイン

español(a) /エスパニョル(ラ)/ 形 (㊙ Spanish, Spaniard) スペイン (人・語) の ━ 男, 女 スペイン人 ━ 男 スペイン語

esparcir /エスパるしる/ 他 (㊙ scatter) ばらまく, 〔比喩〕(知識・うわさなどを) 広める, 〔比喩〕気分を晴らす, 広がる, 楽しむ

espárrago /エスパらゴ/ 男 (㊙ asparagus) 〔植〕アスパラガス

especial /エスペしアル/ 形 (㊙ special) 特別の, 独特の, 専門の, 臨時の ━ 男 特殊な人[物], 特電 ¶ en especial とくに, とりわけ

especialidad /エスペしアリダド/ 女 (㊙ specialty) 専攻, 名物, 特色, 得意

especialista /エスペしアリスタ/ 男女 (㊙ specialist) 専門家

especializar /エスペしアリさる/ 他 (㊙ specialize) 特殊化する ━ se 再 (…を [en]) 専門とする, 特殊化する, 限定される

especialmente /エスペしアルメンテ/ 副 (㊙ specially) 特別に, とくに

especie /エスペしエ/ 女 (㊙ kind, sort) 種類, 〔生〕種 (しゅ)

específico(a) /エスペしフィコ(カ)/ 形 (㊙ specific) 明確な, 特有の ━ 男 〔医〕特効薬

espectáculo /エスペクタクロ/ 男 (㊙ show, entertainment) ショー, 人目につく行為, 壮観

espectador(a) /エスペクタドる(ら)/ 男, 女 (㊙ spectator) 見物人, 傍観者.

espejo /エスペホ/ 男 (㊙ mirror) 鏡, 〔比喩〕(実物・実情どおりに) 反映するもの, 〔比喩〕模範

espera /エスペら/ 女 (㊙ wait, waiting) 待つこと

esperanza/エスペらンさ/ 囡 (㊥ hope) 希望

esperar/エスペらる/ 他 (㊥ wait for) 待つ, 期待する, 望む

espeso(a)/エスペソ(サ)/ 形 (㊥ dense) 密な, 濃い, 厚い

espía/エスピア/ 囡 (㊥ spy) スパイ

espiga/エスピガ/ 囡 (㊥ ear, spike) 〔植〕(麦などの) 穂

espina/エスピナ/ 囡 (㊥ thorn) とげ, (魚の) 骨 ¶ ～ dorsal 脊柱, 背骨

espinaca/エスピナカ/ 囡 (㊥ spinach) 〔植〕ホウレンソウ

espíritu/エスピリトゥ/ 男 (㊥ spirit) 精神, 霊魂, 幽霊, 活気

espiritual/エスピリトゥアル/ 形 (㊥ spiritual) 精神(上)の, 宗教的な ━ 男 〔楽〕黒人霊歌

espléndido(a)/エスプレンディド(ダ)/ 形 (㊥ splendid) 壮麗な, 豊富な, 気前のよい

esponja/エスポンハ/ 囡 (㊥ sponge) スポンジ

espontáneo(a)/エスポンタネオ(ア)/ 形 (㊥ spontaneous) 自発的な, 気取らない, 率直な, 〔生〕自然発生の ━ 男, 囡〔闘牛〕飛び入り

esposa/エスポサ/ 囡 (㊥ wife) 妻, 〔～s〕手錠

esposo/エスポソ/ 男 (㊥ husband) 夫

espuma/エスプマ/ 囡 (㊥ foam, froth) 泡 (あわ), (スープなどの) あく

esqueleto/エスケレト/ 男 (㊥ skeleton) 〔解〕骨格, 骨組み, 〔比喩〕骨子, 〔比喩〕骸骨のような人

esquema/エスケマ/ 男 (㊥ outline) 図式, 概略

esquí/エスキ/ 男 (㊥ skiing) 〔スポーツ〕スキー, 〔～s〕〔スポーツ〕スキー用の板

esquiador(a)/エスキアドる(ら)/ 男, 囡 (㊥ skier) スキーヤー

esquiar/エスキアる/ 自 (㊥ ski) 〔スポーツ〕スキーをする

esquina/エスキナ/ 囡 (㊥ corner) 曲がり角, (サッカーなどの) コーナー

estabilidad/エスタビリダド/ 囡 (㊥ stability) 安定性, (意志の) 強固さ

estable/エスタブレ/ 形 (㊥ stable) 安定した, しっかりした, 〔化〕分解〔変化〕しにくい

establecer/エスタブレせる/ 他 (㊥ establish) 設立する, (習慣・先例・名声・関係などを) 確立する, (記録を) 作る, 定める ━ se 再 身を落ち着ける, 身を立てる, 確立する

establecimiento/エスタブレしミエント/ 男 (㊥ establishment) 設立, 施設, 定住地

estación/エスタしオン/ 囡 (㊥ station) 〔鉄〕駅, 季節, (建物・施設として) 署, 放送局, (ある特定の) 時期, 保養地

estadio/エスタディオ/ 男 (㊥ stadium) 〔スポーツ〕スタジアム

estadística/エスタディスティカ/ 囡 (㊥ statistic) 統計, 統計学

estado/エスタド/ 男 (㊥ state) 状態, 国家, 州

Estados Unidos/エスタドス ウニドス/ 固 (㊥ United States) 〔地名〕アメリカ合衆国

estadounidense/エスタドウニデンセ/ 形 (㊥ American) アメリカ合衆国の ━ 男囡 アメリカ合衆国人

estallar/エスタジャる/ 自 (㊥ explode) 爆発する, 勃発する, パンクする

estampa/エスタンパ/ 囡 (㊥ print, picture) 版画, 〔印〕印刷, 〔比喩〕外見, 足跡, 像, 典型, 〔宗〕聖人の肖像画

estampilla/エスタンピジャ/ 囡 (㊥ rubber-stamp) スタンプ印, 封印, 〔ラ米〕切手

estancar/エスタンカる/ 他 停滞させる, せき止める ━ se 再 停滞する, よどむ

estancia/エスタンしア/ 囡 (㊥ stay) 滞在, 〔農〕大農園, 〔建〕邸宅

estanco/エスタンコ/ 男 (㊥ stamp store) (専売品の) 売店

estanque/エスタンケ/ 男 (㊥ pond) 池, 貯水池

estante/エスタンテ/ 男 (㊥ shelf) 棚 (たな), 本棚, (機械な

estantería ▶

どの）支持部, 定住した
estantería/エスタンテリア/女(英book case) 本棚, 戸棚
estar/エスタる/自(英be, stay)(→主な動詞の活用 p.1042)(状態が…で) ある, 準備ができている(…に[en]) いる・ある, (…現在分詞) している, (…に[過去分詞] なっている ¶Estoy cansado. 私は疲れています ¿Dónde estás? 君はどこにいるの？ ¡Está bien! よろしい, わかった
estatua/エスタトゥア/女(英statue) 像, [比喩] 無表情な人
estatura/エスタトゥら/女(英stature) 身長
este/エステ/男(英east) 東, 東洋, [政] 東欧 ─形 東の
este(a)/エステ(タ)/形(英this) この
éste(a)/エステ(タ)/代(英this one) これ
estéreo/エステれオ/男(英stereo) ステレオ(再生装置), ステレオレコード[テープ] ─形 ステレオの
estéril/エステりル/形(英sterile) 不毛の, 不妊の, [比喩] 役に立たない, 寡作の, 無菌の
estético(a)/エステティコ(カ)/形(英aesthetic) 芸術的な, 美術的な, 美の, 美容の ─男,女 美学者
estilo/エスティロ/男(英style) 様式, 文体, 優雅さ, [スポーツ] スタイル, [文法] 話法, 尖筆
estimado(a)/エスティマド(ダ)/形(英dear) 親愛なる
estimar/エスティマる/他(英esteem) 尊敬する, (…の価値あるものと) 考える, (…の値段を) 見積る, 好きである ─se 再 (互いに) 尊敬しあう, 評価される
estimular/エスティムラる/他(英stimulate) 刺激する, 励ます
estímulo/エスティムロ/男(英stimulus) 刺激, 激励, 誘因
estirar/エスティらる/他(英stretch) 引き伸ばす, (手足を) 伸ばす, 引き延ばす ─se 再 手足を伸ばす, (引っぱって) 伸びる, 広がる, (長々と) 横になる
esto/エスト/代(英this) これ, このこと
estómago/エストマゴ/男(英stomach) [解] 胃, [一般に] 腹部
estorbar/エストるバる/他(英hinder) 妨げる ─自 邪魔になる
estorbo/エストるボ/男(英hindrance) 妨害
estornudar/エストるヌダる/自(英sneeze) くしゃみをする
estos(as)/エストス(タス)/形 ⇒ este
éstos(as)/エストス(タス)/代 ⇒ éste
estrato/エストらト/男(英stratum) 層, 地層
estrechar/エストれチャる/他(英make narrower) 細くする, 締めつける, (関係を) 結ぶ, 抱き締めた ─se 再 狭くなる, 場所を詰める, 強まる, (身につけているものを) きつくする, 倹約する
estrecho(a)/エストれチョ(チャ)/形(英narrow) 幅が狭い, 窮屈な, 心の狭い, 親しい, 堅苦しい, けちけちしている, 詰まった
estrella/エストれジャ/女(英star) 星, [映][演] スター, 星形
estremecer/エストれメセる/他(英shake) 震わせる, [比喩] 震撼させる, 震える
estrenar/エストれナる/他(英use for the first time, premiere) 初めて使う[着る], [演](劇の) 初演を行なう ─se 再 デビューする, [演] 封が切られる
estreno/エストれノ/男(英premiere) [映][演] 初日, [映][演] デビュー, (物を) 初めて使うこと
estrés/エストれス/男(英stress) ストレス
estricto(a)/エストリクト(タ)/形(英strict) 厳しい, 厳密な
estropear/エストろペアる/他(英damage) 傷める, だめにする
estructura/エストらクトゥら/女(英structure) 構造, 建築物
estructural/エストらクトゥらル/形(英structural) 構造の
estrujar/エストるハる/他(英

squeeze) 絞る，しいたげる

estuche /エストゥチェ/ 男 (㊤ case) 箱，ケース，セット

estudiante /エストゥディアンテ/ 男女 (㊤ student) 学生

estudiantil /エストゥディアンティル/ 形 (㊤ student) 学生の

estudiar /エストゥディアる/ 他 (㊤ study) 勉強する，(詳しく) 調べる ━自 勉強する，学生である

estudio /エストゥディオ/ 男 (㊤ study) 勉強，研究，学問，書斎，ワンルームマンション，[写][映][放送] スタジオ，[楽] 練習曲，[絵] 習作，(芸術家の) 仕事場

estudioso(a) /エストゥディオソ(ナ)/ 形 (㊤ studious) 学問に励む ━男，女 学者

estufa /エストゥファ/ 女 (㊤ stove) ストーブ

estupendo(a) /エストゥペンド(ダ)/ 形 (㊤ wonderful) すばらしい，驚くべき ━間 すごい

estúpido(a) /エストゥピド(ダ)/ 形 (㊤ stupid) ばかな，くだらない ━男，女 ばかな人，うぬぼれ屋

etapa /エタパ/ 女 (㊤ stage) 段階，旅程

etcétera /エトせテら/ 女 (㊤ etc)…など

eternamente /エテるナメンテ/ 副 (㊤ eternally) 永遠に

eternidad /エテるニダド/ 女 (㊤ eternity) 永遠，[口語][比喩] 非常に長い時間，来世

eterno(a) /エテるノ(ナ)/ 形 (㊤ eternal) 永遠の，[比喩] 果てしない

ético(a) /エティコ(カ)/ 形 (㊤ ethical) 道徳上の

etiqueta /エティケタ/ 女 (㊤ etiquette) 礼儀作法，ラベル

étnico(a) /エトニコ(カ)/ 形 (㊤ ethnic) 民族の

euro /エウろ/ 男 (㊤ euro) ユーロ《ヨーロッパ連合の公式貨幣単位》

Europa /エウろパ/ 固 (㊤ Europe) [地名] ヨーロッパ

europeo(a) /エウろペオ(エア)/ 形 (㊤ European) ヨーロッパの，ヨーロッパ風の ━男，女 ヨーロッパ人

evadir /エバディる/ 他 (㊤ evade) 避ける ━se 再 (…から [de]) 逃げる

evaluación /エバルアしオン/ 女 (㊤ evaluation) 評価，見積もり

evaluar /エバルアる/ 他 (㊤ evaluate) 評価する，見積もる

evangelio /エバンヘリオ/ 男 (㊤ gospel) [宗] 福音，[比喩] 真実

evaporar /エバポらる/ 他 (㊤ evaporate) 蒸発させる，消費する ━se 再 [3人称で] 蒸発する，[比喩][皮肉に] 消えてなくなる

evento /エベント/ 男 (㊤ event) イベント，出来事

evidencia /エビデンしア/ 女 (㊤ evidence) 証拠，明白，確実，形跡

evidente /エビデンテ/ 形 (㊤ evident) 明白な

evidentemente /エビデンテメンテ/ 副 (㊤ evidently) 明らかに，明白に

evitar /エビタる/ 他 (㊤ avoid) 避ける ━se 再 …しなくてもよいようにする，(互いに) 避ける

evocar /エボカる/ 他 (㊤ evoke, recall) (感情・記憶などを) 呼び覚ます，思い出させる，(死者の霊などを) 呼び出す

evolución /エボルしオン/ 女 (㊤ evolution) 進化，発展，[~es] 旋回

evolucionar /エボルしオナる/ 自 (㊤ evolve) 進化する，発展する，旋回する，[軍] (戦略的に) 展開 [転進] する

ex /エクス/ 形 (無変化) (㊤ ex, former) もとの… ━男女 [口語] 前の恋人

exactamente /エクサクタメンテ/ 副 (㊤ exactly) 正確に，ちょうど ━間 そうです

exactitud /エクサクティトゥド/ 女 (㊤ exactness, accuracy) 正確さ

exacto(a) /エクサクト(タ)/ 形 (㊤ exact) 正確な，厳密な，きちょうめんな

exageración /エクサヘらしオン/ 女 (㊤ exaggeration) 大げさ

exagerar /エクサヘらる/ 他 (㊤

exaggerate) 大げさに言う［考える］, やりすぎる, 使いすぎる

exaltar／エクサルタる／他（㊍ exalt）身分[位]を上げる,［比喩］称揚する ― **se** 再 興奮する

examen／エクサメン／男（㊍ examination）試験, 検査,［医］診察,［法］尋問

examinar／エクサミナる／他（㊍ examine）調べる, 診察する,（学生などに）（学科の[de]）試験をする,［法］尋問する ― **se** 再 試験を受ける

excavar／エクスカバる／他（㊍ excavate）掘る, 発掘する

exceder／エクスせデる／他（㊍ exceed）越す ― 自（…を[a]）上回る

excelente／エクスせレンテ／形（㊍ excellent）優れた

excepción／エクスせプしオン／女（㊍ exception）例外, 除くこと

excepcional／エクスせプしオナル／形（㊍ exceptional）特別に優れた, 例外的な

excepto／エクスせプト／前（㊍ except）…を除いて（は）

exceptuar／エクスせプトゥアる／他（㊍ except）除く ― **se** 再 除かれる

excesivo(a)／エクスせシボ(バ)／形（㊍ excessive）過度の

exceso／エクスせソ／男（㊍ excess）超過（分）, 過度,[~ s]不節制

excitar／エクスしタる／他（㊍ excite）興奮させる,（感情などを）起こさせる,（神経などを）刺激する ― **se** 再 興奮する

excluir／エクスクルイる／他（㊍ exclude）締め出す

exclusivo(a)／エクスクルシボ(バ)／形（㊍ exclusive）独占的な, 唯一の, 排他的な

excursión／エクスクるシオン／女（㊍ excursion, trip）小旅行, 散歩

excusa／エクスクサ／女（㊍ excuse）言い訳,[~ s]わび（の言葉）

excusar／エクスクサる／他（㊍ excuse）許す, 弁解する ― **se** 再 わびる, 言い訳をする

exento(a)／エクセント(タ)／形（㊍ exempt）（…を[de]）免れた

exhibición／エクシビしオン／女（㊍ exhibition）（人の前で）見せること, 展示, 誇示, 展覧会, 出品物

exhibir／エクシビる／他（㊍ exhibit）展示する, 誇示する,［映］上映する,［法］（証拠物件として）提出する,（人前に）姿を見せる

exigencia／エクシヘンしア／女（㊍ exigency, demand）要求, 急迫, 必要なもの（こと）

exigente／エクシヘンテ／形（㊍ demanding, exigent）（多くを）要求する

exigir／エクシヒる／他（㊍ demand）（権利として）要求する, 要する,（努力を）強いる

exilio／エクシリオ／男（㊍ exile）亡命,（国外への）追放

existencia／エクシステンしア／女（㊍ existence）存在, 生存,[しばしば~ s]［商］在庫

existente／エクシステンテ／形（㊍ existing）存在する,［商］（商品が）在庫の

existir／エクシスティる／自（㊍ exist）存在する, 生存する

éxito／エクシト／男（㊍ success）成功, ヒット作品［製品］,（試験などの）合格

exótico(a)／エクソティコ(カ)／形（㊍ exotic）外国産の, 一風変わった

expandir／エクスパンディる／他（㊍ expand）広げる,（議論などを）発展させる,（噂・ニュースなどを）広める ― **se** 再 広がる

expansión／エクスパンシオン／女（㊍ expansion）拡張, 気分転換,（感情などの）吐露

expedición／エクスペディしオン／女（㊍ expedition）探検, 発送, 手早いこと

expedir／エクスペディる／他（㊍ dispatch）発達する, 発行する

experiencia／エクスぺりエンしア／女（㊍ experience）経験, 実験

experimentar／エクスペりメンタる／他（㊍ experiment）実験する, 感じる, 経験する

experimento／エクスペりメント／男（㊍ experiment）実験

experto(a) /エクスペルト(タ)/ 形 (㊥ expert) 熟練した, 専門家の ━ 男, 女 専門家

explicación /エクスプリカしオン/ 女 (㊥ explanation) 説明, 弁明

explicar /エクスプリカる/ 他 (㊥ explain) 説明する, 教える, 弁明する ━ **se** 再 説明する, わかってもらう, 理解する, 弁明する

exploración /エクスプロらしオン/ 女 (㊥ exploration) 探検, (実地の) 調査, [技] 走査, (問題などの) 探求, [医] (外科的な) 精密検査, スキャン

explorar /エクスプロらる/ 他 (㊥ explore) 探検する, (問題などを) 探求する, [軍] 偵察する

explosión /エクスプロシオン/ 女 (㊥ explosion) 爆発

explosivo(a) /エクスプロシボ(バ)/ 形 (㊥ explosive) 爆発性の; 爆発的な ━ 男 爆発物

explotación /エクスプロタしオン/ 女 (㊥ exploitation) 開発, [比喩] 搾取, 設備

explotar /エクスプロタる/ 他 (㊥ exploit) (天然資源を) 開発 [開拓] する, 利己的に利用する, 経営する

exponer /エクスポネる/ 他 (㊥ expound, explain) (詳しく) 説明する, 示す, (日光・風雨などに [a]) さらす, (身体を) (危険などに [a]) さらす, (秘密などを) 暴露する, [写] 露光する, (商品などを) 陳列する ━ **se** 再 (…に [a]) 身をさらす, 危険を冒す

exportación /エクスポるタしオン/ 女 (㊥ exportation) 輸出 (品)

exportador(a) /エクスポるタドる(ら)/ 形 (㊥ exporting) 輸出する, ━ 男, 女 輸出業者.

exportar /エクスポるタる/ 他 (㊥ export) 輸出する

exposición /エクスポシしオン/ 女 (㊥ exposition) 展覧会, 説明, (商品の) 展示, (光・風などに) さらすこと, [写] 露光, (危険・攻撃などに) 身をさらすこと

exprés /エクスプレス/ 形 (㊥ express, expresso) [鉄] 急行の, [飲] (コーヒーが) エスプレッソの, 圧力釜の ━ 男 [飲] エスプレッソ・コーヒー

expresar /エクスプれサる/ 他 (㊥ express) 表現する, 示す, (符号で) 表す, 述べられている ━ **se** 再 自分の考えを述べる

expresión /エクスプれシオン/ 女 (㊥ expression) (言葉などによる) 表現, 言い回し, 表情, [~es] 挨拶, [数] 式

expresivo(a) /エクスプれシボ(バ)/ 形 (㊥ expressive) 表現 [表情] に富む, 情愛の深い

expreso(a) /エクスプれソ(サ)/ 形 (㊥ express) 明示された, [鉄] 急行の, 表現された, 急使 ━ 男 (㊥ express) [鉄] 急行列車

expuesto(a) /エクスプエスト(タ)/ 形 (㊥ exposed) さらされた

expulsar /エクスプルサる/ 他 (㊥ eject, expel) 追放する, 追い出す, 吐き出す

expulsión /エクスプルシオン/ 女 (㊥ expulsion) 追放, 排出

exquisito(a) /エクスキシト(タ)/ 形 (㊥ exquisite) おいしい, 優雅な, きわめて見事な

extender /エクステンデる/ 他 (㊥ extend) 拡張する, (手足などを) 伸ばす, 広げる, (書類などを) 発行する, (期間を) 延ばす ━ **se** 再 広がる, 長々としゃべる, 寝そべる

extensión /エクステンシオン/ 女 (㊥ extent, extension) 広がり, (電話の) 内線, 面積, [論] 外延, 広げる [広がる] こと, 延長コード, 延長, 長さ

extenso(a) /エクステンソ(サ)/ 形 (㊥ extensive) 広大な, 広範囲にわたる

exterior /エクステリオる/ 形 (㊥ exterior) 外側の, 外国の ━ 男 外部, (物事の) 表面, 外国, [~es] [映] 屋外シーン

externo(a) /エクステるナ(ナ)/ 形 (㊥ external) 外部の, 対外的な, 外用の, (寄宿生に対して) 通学の, 外面的な ━ 男, 女 通学生

extinguir /エクスティンギる/ 他 (㊥ extinguish) (明かり・火などを) 消す ━ **se** 再 消え

extintor(a) /エクスティントる(ら)/ 形 (㊥ extinguishing) (火を)消す ― 男 消火器

extirpar /エクスティるパる/ 他 (㊥ uproot) 根こそぎにする，〔医〕摘出［切除］する

extra /エクストら/ 形 (㊥ extraordinary) 特別の ― 男 (㊥ extra) 臨時手当 ― 男，女 エキストラ

extraer /エクストらエる/ 他 (㊥ extract) 引き抜く，抽出する，〔数〕(根を)求める，〔鉱〕採掘する，抜粋する

extranjero(a) /エクストらンヘろ(ら)/ 形 (㊥ foreign) 外国の ― 男，女 外国人 ― 男 外国

extrañar /エクストらニャる/ 他 (㊥ surprise) 不思議に思わせる，慣れていない，ない［いない］ので寂しく思う ― 自 ［不定詞］不思議だ［変である］ ― **se** 再 不思議に思う

extraño(a) /エクストらニョ(ニャ)/ 形 (㊥ strange) 奇妙な，あやしい，見たことのない，外部の，無関係の ― 男，女 知らない人，(ある場所に)初めて来た人，変わり者

extraordinario(a) /エクストらオるディナりオ(ア)/ 形 (㊥ extraordinary) 異常な，特別の，驚くべき ― 男 号外，特別のこと［もの］，至急便

extravagante /エクストらバガンテ/ 形 (㊥ extravagant) 突飛な

extremado(a) /エクストれマド(ダ)/ 形 (㊥ extreme) 極端な，申し分ない

extremo(a) /エクストれモ(マ)/ 形 (㊥ extreme) 極端な，過激な，いちばん端の ― 男 極端，先（さき）

F, f

fábrica /ファブりカ/ 女 (㊥ factory, plant) 工場

fabricar /ファブりカる/ 他 (㊥ manufacture) 製作する，〔比喩〕(財産を)築く，〔比喩〕(うそなどを)作り上げる

fábula /ファブラ/ 女 (㊥ fable) 寓話（ぐうわ），作り話，伝説，うわさ話

fabuloso(a) /ファブロソ(サ)/ 形 (㊥ fabulous) 架空の，〔比喩〕法外な

fachada /ファチャダ/ 女 (㊥ façade) (建物の)正面，外見，(書物の)とびら

fácil /ファシル/ 形 (㊥ easy) 簡単な，気楽な，こだわらない，(…が［que 接続法］)ありそうだ，ふしだらな ― 副 容易に

facilidad /ファシリダド/ 女 (㊥ easiness) 容易さ

facilitar /ファシリタる/ 他 (㊥ facilitate) 容易にする，供給する，仲介する

fácilmente /ファシルメンテ/ 副 (㊥ easily) 容易に

factor /ファクトる/ 男 (㊥ factor) 要因，〔商〕代理人，〔数〕因数，〔生〕遺伝因子

factura /ファクトゥら/ 女 (㊥ bill) 〔商〕請求書，〔商〕送り状，仕立て

facultad /ファクルタド/ 女 (㊥ faculty) 能力，(大学の)学部，〔全体として〕(大学の)学部教員，権限，(身体の)機能

faena /ファエナ/ 女 (㊥ work, job) 仕事，作業，操業

faja /ファハ/ 女 (㊥ band) 〔衣〕帯，〔一般に〕帯，地帯，〔衣〕コルセット

falda /ファルダ/ 女 (㊥ skirt) 〔衣〕スカート，〔地理〕(山の)ふもと，(女性の)ひざ，〔~s〕〔比喩〕女性，〔料〕腹部の肉

fallar /ファジャる/ 他 (㊥ fail, miss) 失敗する，失望させる ― 自 衰える，崩れる，失敗する

fallecer /ファジェせる/ 自 (㊥ die) 亡くなる

fallecimiento /ファジェしミエント/ 男 (㊥ death) 死亡

fallo /ファジョ/ 男 (㊥ failure) 失敗，間違い

falso(a) /ファルソ(サ)/ 形 (㊥ false) 偽りの，本物でない，見せかけの，間違った，不実の，不適切な ― 男，女 うそつき ― 男 〔裁〕裏地

falta /ファルタ/ 女 (㊥ lack) 欠乏，欠点，誤り，(過失の)責任，欠席，無作法，〔スポーツ〕反則，必要 ¶ hacer falta 必要である，

faltar /ファルタる/ 自 (英 be lacking) 足りない, 必要である, 外れる, 残っている, 欠席する, (人を [a]) 裏切る, (任務・仕事を [a]) 果たさない

falto(a) /ファルト(タ)/ 形 (英 lacking [in]) (…が [de]) 不足している

fama /ファマ/ 女 (英 fame) 名声, 評判

familia /ファミリア/ 女 (英 family) 家族, 一族, 家柄, (共通の祖先から出た) 一族, 〔言〕語族

familiar /ファミリアる/ 形 (英 family) 家族の, (人に [a]) よく知られている, 親しい ― 男 家族 (の一員)

famoso(a) /ファモソ(サ)/ 形 (英 famous) 有名な

fantasía /ファンタシア/ 女 (英 fantasy) 空想, 気まぐれ, 〔楽〕幻想曲, 〔衣〕ファンシー

fantasma /ファンタスマ/ 男 (英 ghost) 幽霊, 幻

fantástico(a) /ファンタスティコ(カ)/ 形 (英 fantastic) 空想的な, すばらしい, 風変わりな

farmacéutico(a) /ファるマセウティコ(カ)/ 形 (英 pharmaceutical) 薬品の ― 男, 女 (英 pharmacist) 薬剤師

farmacia /ファるマアリア/ 女 (英 pharmacy) 薬局, 薬学, (大学の) 薬学部

faro /ファろ/ 男 (英 lighthouse) 灯台, 〔車〕〔鉄〕(機関車・自動車などの) ヘッドライト, 信号灯

farol /ファろル/ 男 (英 streetlamp) 街灯

fascinante /ファスしナンテ/ 形 (英 fascinating) うっとりする

fascinar /ファスしナる/ 他 (英 fascinate) 魅了する

fase /ファセ/ 女 (英 phase) 段階, 相

fastidiar /ファスティディアる/ 他 (英 annoy) いらいらさせる, だめにする ― se 再 うんざりする, がまんする, だめになる

fastidio /ファスティディオ/ 男 (英 bother) 不快, 迷惑

fatal /ファタル/ 形 (英 fatal) 致命的な, 運命の, ひどい, 不幸な ― 副 ひどく

fatiga /ファティガ/ 女 (英 fatigue) 疲れ, 疲労

fatigar /ファティガる/ 他 (英 tire) 疲れさせる

favor /ファボる/ 男 (英 favor) 好意 ¶ por ～ どうぞ

favorable /ファボらブレ/ 形 (英 favorable) 好都合な, 好意的な

favorecer /ファボれせる/ 他 (英 favor) 好意を示す, 有利 [好都合] である, 似合う, 支持する, (好意で) (…をして) あげる

favorito(a) /ファボりト(タ)/ 形 (英 favorite) お気に入りの, 人気のある ― 男, 女 お気に入りの人 [物], (最有力の) 優勝候補, 寵臣 (ちょうしん)

fe /フェ/ 女 (英 faith) 信頼, 〔しばしば F ～〕〔宗〕信仰, 信念

febrero /フェブれろ/ 男 (英 February) 2月

fecha /フェチャ/ 女 (英 date) 日付, 期日, 今, 日

federación /フェデらしオン/ 女 (英 federation) 連邦, 連邦政府, 連盟

federal /フェデらル/ 形 (英 federal) 〔政〕連邦の, 〔政〕連邦政府の ― 男女 〔政〕連邦主義者

felicidad /フェリしダド/ 女 (英 happiness) 幸福 ― 間 〔～ es〕おめでとう

felicitación /フェリしタしオン/ 女 (英 congratulation) 祝い, 祝いの手紙 [葉書], ほめことば

felicitar /フェリしタる/ 他 (英 congratulate) 祝う, ほめる

feliz /フェリす/ 形 (英 happy) 幸福な

felizmente /フェリすメンテ/ 副 (英 happily) 幸福に, 幸いにも

femenino(a) /フェメニノ(ナ)/ 形 (英 feminine) 女性の, 女性らしい, 〔文法〕女性の, 〔動〕雌の

fenomenal /フェノメナル/ 形 (英 phenomenal) 自然現象の, 〔口語〕すごい

fenómeno /フェノメノ/ 男 (英

phenomenon)現象,すごい人

feo(a)／フェオ(ア)／形（英 ugly）醜い,不快な,険悪な,卑劣な

feria／フェリア／女（英 fair）定期市,博覧会,祭り

feroz／フェろす／形（英 fierce）獰猛(どうもう)な,〔比喩〕ものすごい,ひどい

ferrocarril／フェろカりル／男（英 railroad）鉄道

fértil／フェるティル／形（英 fertile）肥えた,〔比喩〕豊かな,繁殖力のある

fervor／フェるボる／男（英 fervor）熱意

festejar／フェステハる／他（英 celebrate）祝う,もてなす,(女性に)言い寄る,むち打つ,祝われる

festejo／フェステホ／男（英 public festivities）祭り,もてなし,(女性を)くどくこと

festival／フェスティバル／男（英 festival）(定期的な一連の)催し物

fiar／フィアる／他（英 guarantee）保証する,(秘密などを)打ち明ける,〔商〕掛け売りする ― 自 信じる,〔商〕掛売りをする ― se 再 信じる,〔商〕掛売りされる

fibra／フィブら／女（英 fiber）繊維,〔比喩〕根性

ficción／フィクしオン／女（英 fiction）〔文学〕フィクション,作り話

ficha／フィチャ／女（英 chip）(ゲーム用の)チップ,代用貨幣,玉,(ドミノなどの)こま,(ホテルの)宿帳,カード,〔スポーツ〕選手契約

fidelidad／フィデリダド／女（英 fidelity, faithfulness）忠実さ,正確さ

fideo／フィデオ／男（英 noodle）〔料〕麺,ヌードル

fiebre／フィエブれ／女（英 fever）〔医〕(病気の)熱,〔医〕熱病,〔比喩〕熱中

fiel／フィエル／形（英 faithful）忠実な,正確な,貞節な

fiera／フィエら／女（英 animal）野獣,〔比喩〕凝り屋,〔比喩〕怒り狂った人,〔闘牛〕牛,〔比喩〕ひどい人

fiesta／フィエスタ／女（英 party）パーティー,祝日,祭り,〔宗〕聖日,式,楽しいこと,〔~s〕喜ばせること

figura／フィグら／女（英 figure）(人の)姿,人物,大人物,形,(彫刻・絵画などの)人物像,様子,〔演〕役,〔修〕比喩,(トランプの)絵札,(チェスの)駒(こま),〔スポーツ〕フィギュア

figurar／フィグらる／他（英 represent）表す,ふりをする,重要な人物である,(会合・新聞などに)出る ― se 再 想像する

fijar／フィハる／他（英 fix）固定する,貼る,決定する,(目・心などを)じっと向ける ― se 再 固定される,注目する,見る,残る

fijo(a)／フィホ(ハ)／形（英 fixed）固定した,決まった,正社員の,定住した,決定した

fila／フィら／女（英 row, line）(人物・席などの)列,憎しみ,〔~s〕〔軍〕隊,党派

filete／フィレテ／男（英 fillet）〔料〕ヒレ肉

Filipinas／フィリピナス／固（英 Philippines）〔地名〕フィリピン

filipino(a)／フィリピノ(ナ)／形（英 Philippine, Filipino）フィリピン(人)の ― 男,女 フィリピン人

filo／フィロ／男（英 cutting edge）(かみそり・刀などの)刃

filosofía／フィロソフィア／女（英 philosophy）哲学,人生観

filosófico(a)／フィロソフィコ(カ)／形（英 philosophic）哲学(上)の

filósofo(a)／フィロソフォ(ファ)／男,女（英 philosopher）哲学者,哲人 ― 形 哲学の

filtro／フィルトろ／男（英 filter）濾過(ろか)器[装置],〔写〕フィルター,(たばこの)フィルター

fin／フィン／男（英 end）終わり,端,最期,目的,限度 ¶ a fines de ...（時期が）…の終わりに al fin 最後に,とうとう,結局 por fin とうとう,やっと

final／フィナル／形（英 final）最後の,最終的な,〔文法〕目的の ― 男 終わり,(物語などの)終わり,死,〔楽〕終楽章 ¶ al

final 最後に，結局
finalizar /フィナリさる/ 他 (⊛ conclude) 終える ━ 自 終わる
finalmente /フィナルメンテ/ 副 (⊛ finally) 最後に，最終的には
financiero(a) /フィナンしエろ(ら)/ 形 (⊛ financial) 〔政〕財政上の，〔商〕金融の ━ 男, 女 財政家
finca /フィンカ/ 女 (⊛ farm) 〔農〕農場，所有地
fingir /フィンヒる/ 他 (⊛ pretend) …であるふりをする
finlandés(a) /フィンランデス(サ)/ 形 (⊛ Finnish) フィンランド(人・語)の ━ 男, 女 フィンランド人 ━ 男 〔言〕フィンランド語
Finlandia /フィンランディア/ 固 (⊛ Finland) 〔地名〕フィンランド
fino(a) /フィノ(ナ)/ 形 (⊛ fine) すばらしい,細かい,鋭い,きゃしゃな,上品な
firma /フィるマ/ 女 (⊛ signature, signing) 署名，商会，会社
firmar /フィるマる/ 他 (⊛ sign) 署名する
firme /フィるメ/ 形 (⊛ steady) しっかりとした，きっぱりとした，堅い
firmeza /フィるメさ/ 女 (⊛ firmness) 堅さ
física /フィシカ/ 女 (⊛ physics) 物理学
físico(a) /フィシコ(カ)/ 形 (⊛ physical) 物理学(上)の，身体の，物質的な，自然界の ━ 男, 女 物理学者
fisonomía /フィソノミア/ 女 (⊛ aspect) 顔立ち，人相，人相学
flaco(a) /フラコ(カ)/ 形 (⊛ thin, lean) やせた，弱い，乏しい，不得意の，不十分の ━ 男 弱点，悪癖
flamenco(a) /フラメンコ(カ)/ 形 (⊛ Flamenco) 〔楽〕フラメンコの，フランドル[フランダース]の ━ 男 フラメンコ，フラマン語, 〔鳥〕フラミンゴ
flan /フラン/ 男 (⊛ pudding) 〔料〕プリン
flauta /フラウタ/ 女 (⊛ flute) 〔楽〕フルート
flecha /フレチャ/ 女 (⊛ arrow) 矢
flexible /フレクシブレ/ 形 (⊛ flexible) 曲がりやすい，〔比喩〕柔軟な，〔比喩〕融通性のある ━ 男 〔電〕コード
flojo(a) /フロホ(ハ)/ 形 (⊛ slack, loose) 緩い，怠惰な，弱い，不景気な，だらしのない，のろい，元気のない，苦手な ━ 男, 女 怠け者
flor /フロる/ 女 (⊛ flower) 〔植〕花，開花，最も美しい[よい]部分
florecer /フロれせる/ 自 (⊛ flower) 花が咲く，〔比喩〕栄える，花開く ━ **se** 再 かびが生える
florero /フロれろ/ 男 (⊛ vase) 花びん
florista /フロリスタ/ 男女 (⊛ florist) 〔人をさして〕花屋，造花職人[販売者]
floristería /フロリステリア/ 女 (⊛ flower) 花屋
flota /フロタ/ 女 (⊛ fleet) 〔海〕艦隊，〔海〕〔集合的に〕(一国の)保有船数，〔比喩〕群れ
flotar /フロタる/ 自 (⊛ float) 浮く，(風に)なびく，広まる，さまよい歩く，漂う
fluido(a) /フルイド(ダ)/ 形 (⊛ fluid, fluent) 流れる，流暢(りゅうちょう)な
foco /フォコ/ 男 (⊛ focus) 〔物〕〔写〕焦点，〔比喩〕(興味・暴風・地震などの)中心，〔演〕スポットライト，電球
folclore /フォルクロれ/ 男 (⊛ folklore) 民俗(学)
folclórico(a) /フォルクロりコ(カ)/ 形 (⊛ folkloric) 民俗の，民俗学の
folleto /フォジェト/ 男 (⊛ pamphlet) パンフレット
fomentar /フォメンタる/ 他 (⊛ foster, encourage) 育成する
fonda /フォンダ/ 女 (⊛ inn) 旅館，居酒屋
fondo /フォンド/ 男 (⊛ bottom) 底，後ろ，(模様に対して)地(じ)，〔商〕〔経〕資金，本性，本質，深さ，(建物などの)奥行き
fontanero(a) /フォンタネろ(ら)/ 男, 女 (⊛ plumber) 水道屋
forastero(a) /フォらステろ

forjar /フォルハル/ 他 (㊥ forge) 〔比喩〕(嘘などを) つくり上げる, 〔比喩〕(富などを) 築く

forma /フォルマ/ 女 (㊥ shape) 形, 姿, (内容に対して) 形式, やり方, 〔～s〕礼儀

formación /フォルマシオン/ 女 (㊥ formation) 構成, しつけ, 〔軍〕隊形, 組成物, 形, 〔スポーツ〕フォーメーション

formal /フォルマル/ 形 (㊥ formal) 形の, フォーマルな, 正式の, 〔比喩〕信用できる, 品行方正な, 行儀がよい, 格式ばった, 整然とした

formar /フォルマル/ 他 (㊥ form) 形作る, 組織する, (人物・能力・品性などを) 形成する, しつける, (考えを) 持つ

formidable /フォルミダブレ/ 形 (㊥ formidable) 恐るべき, ものすごい

fórmula /フォルムラ/ 女 (㊥ formula) 習慣, 方式, 決まった言い方, 〔数〕公式, 〔化〕化学式

forro /フォろ/ 男 (㊥ lining) 〔衣〕裏張り, 表装

fortaleza /フォルタレサ/ 女 (㊥ fortress, stronghold) 〔軍〕砦, 精力, 堅忍不抜

fortuna /フォルトゥナ/ 女 (㊥ fortune) 幸運, 運, 富, 〔しばしば la F～〕運命[幸運]の女神, 〔海〕〔気象〕時化 (しけ)

forzar /フォルさる/ 他 (㊥ force) 強いる, 無理に入る, 力ずくで…する, 暴力を加える

forzoso(a) /フォルそソ(サ)/ 形 (㊥ inevitable) 避けることができない, 義務の

fósforo /フォスフォろ/ 男 (㊥ match) マッチ, 〔化〕燐 (りん)

foto /フォト/ 女 (㊥ photo, photograph) 〔写〕写真

fotocopia /フォトコピア/ 女 (㊥ photocopy) コピー

fotografía /フォトグらフィア/ 女 (㊥ photograph) 〔写〕写真(術)

fotógrafo(a) /フォトグらフォ(ファ)/ 男, 女 (㊥ photographer) 写真家

fracasar /フらカさる/ 自 (㊥ fail) 失敗する, 〔海〕(船が) 破壊される

fracaso /フらカソ/ 男 (㊥ failure) 失敗, 落後者

frágil /フらヒル/ 形 (㊥ fragile) 壊れやすい, 虚弱な, 〔比喩〕はかな, 〔比喩〕意志の弱い

fragmento /フらグメント/ 男 (㊥ fragment) 破片, (文学作品などの) 一部分

fraile /フらイレ/ 男 (㊥ friar, monk) 〔宗〕修道士

francamente /フらンカメンテ/ 副 (㊥ frankly) 率直に (言うと)

francés(esa) /フらンセス(サ)/ 形 (㊥ French) フランス(人・語)の, 男, 女 フランス人 男 〔言〕フランス語

Francia /フらンシア/ 固 (㊥ France) 〔地名〕フランス

franco(a) /フらンコ(カ)/ 形 (㊥ frank) 率直な, 無税の, 明らかな, 〔世〕フランク族の, 〔言〕フランク語 副 免れて

franqueza /フらンケサ/ 女 (㊥ frankness) 率直, 親密さ, 寛大

frase /フらセ/ 女 (㊥ phrase) 句, ことばづかい, 〔文法〕文, 〔楽〕楽句

fraude /フらウデ/ 男 (㊥ fraud) 〔法〕詐欺行為, 欺瞞 (ぎまん)

fray /フらイ/ 男 (㊥ brother) 修道士

frecuencia /フれクエンシア/ 女 (㊥ frequency) 頻度, 回数, 〔物〕周波数, しばしば起こること ¶ con frecuencia しばしば, たびたび, 頻繁 (ひんぱん) に

frecuentar /フれクエンタる/ 他 (㊥ frequent) しばしば訪れる

frecuente /フれクエンテ/ 形 (㊥ frequent) たびたびの

frecuentemente /フれクエンテメンテ/ 副 (㊥ frequently) たびたび

fregar /フれガる/ 他 (㊥ rub, wash up) こする, 洗う, 磨 (みが) く

freír /フれイる/ 他 (㊥ fry) 〔料〕油で揚げる [いためる], 〔比喩〕悩ます ━ se 再 〔比喩〕(暑さで) 悩まされる, 〔料〕揚がる

frenar /フれナる/ 他 (㊥ brake)

ブレーキをかける ━━ 自 ブレーキをかける ━━ se 再 (自分を)抑える

frenético(a) /フレネティコ(カ)/ 形 (㊥ frenetic) 熱狂的な, 逆上した

freno /フレノ/ 男 (㊥ brake) ブレーキ, [比喩] 妨害, (くつわの) はみ

frente /フレンテ/ 男 (㊥ front) 前部, 先頭, [軍][政] 前線, [気象] 前線 ━━ 女 額 (ひたい), [比喩] 顔 (…に [a]) 面して ¶ en frente 前に

fresa /フレサ/ 女 (㊥ strawberry) [植] イチゴ (苺) ━━ 形 いちご色の

fresco(a) /フレスコ(カ)/ 形 (㊥ fresh) 新鮮な, 涼しい, 冷たい, 鮮明な, 生き生きした, さわやかな, [比喩] ずうずうしい, 平然とした, 塗り立ての ━━ 男 新鮮な空気, 涼しさ, [絵] フレスコ画, [ラ米] 冷たい飲物

frescura /フレスクら/ 女 (㊥ coolness) 涼しさ, 新鮮さ, ずうずうしさ, 平然とした様子

frialdad /フリアルダド/ 女 (㊥ coldness) 冷たさ, [比喩] 冷淡さ

frigorífico /フリゴリフィコ/ 男 (㊥ refrigerator) 冷蔵庫

frío(a) /フリオ(ア)/ 形 (㊥ cold) 寒い, 冷たい, 冷静な, [医] 風邪, 冷たさ

frito(a) /フリト(タ)/ 形 (㊥ fried) [料] 揚げた, うんざりした, 失敗した ━━ 男 [料] フライ

frontera /フロンテら/ 女 (㊥ frontier) 国境, [一般に] 境, [比喩] 限界, [建] 正面

fronterizo(a) /フロンテリそ(さ)/ 形 (㊥ frontier) 国境の

frotar /フろタる/ 他 (㊥ rub) こする ━━ se 再 (自分の手などを) こする

frustrar /フるストらる/ 他 (㊥ frustrate) (計画を) 失敗させる, 失望させる ━━ se 再 失敗する, 外れる

fruta /フるタ/ 女 (㊥ fruit) 果物

fruto /フるト/ 男 (㊥ fruit) [植] 果実, 木の実, [比喩] 結実

fuego /フエゴ/ 男 (㊥ fire) 火, 火事, [軍] 砲火, (燃えるような) 熱情, [医] 炎症 ━━ 間 火事だ！, [軍] 撃て！

fuente /フエンテ/ 女 (㊥ spring) 泉, 噴水, [比喩] 原因, [比喩] (情報などの) 出所, [料] 大皿, [宗] (教会の) 洗礼盤, 水飲み器

fuera /フエら/ 副 (㊥ out) 外に, よそで, 範囲外で, (…[de]) 以外に, 外国で, [スポーツ] 相手の本拠地で ━━ 間 出て行け！, …をなくせ！

fuerte /フエるテ/ 形 (㊥ strong) 強い, 強力な, 激しい, 得意な ━━ 副 強く, 大きな声で, たっぷりと ━━ 男 同形 得意なところ, 砦 (とりで) ━━ 男女 強者

fuerza /フエるさ/ 女 (㊥ force) 力, 影響力, [軍] 軍, 勢力

fuga /フガ/ 女 (㊥ escape, flight) 逃亡, (ガス・水などの) 漏れ, [楽] フーガ

fugarse /フガるセ/ 自 (㊥ flee) 逃げる, 消え失せる

fugaz /フガす/ 形 (㊥ fleeting) つかの間の

fulano(a) /フラノ(ナ)/ 男, 女 (㊥ so-and-so) 某氏

fumar /フマる/ 他 (㊥ smoke) (タバコを) 吸う ━━ 自 タバコを吸う ━━ se 再 (タバコを) 吸う, (授業を) さぼる, むだ使いする

función /フンシオン/ 女 (㊥ function) 機能, 職務, [演] 公演, 宴会, [数] 関数, [軍] 戦闘

funcionar /フンシオナる/ 自 (㊥ function, operate) 機能する, 役目を果たす

funcionario(a) /フンシオナリオ(ア)/ 男, 女 (㊥ official, functionary) 役人

fundación /フンダシオン/ 女 (㊥ foundation) 設立, 財団, 組織

fundamental /フンダメンタル/ 形 (㊥ fundamental) 基礎の

fundamento /フンダメント/ 男 (㊥ foundation, basis) 基礎, [~s] 初歩

fundar /フンダる/ 他 (㊥ found) 設立する, [比喩] 根拠をおく, (建物などを) 基礎の上におく ━━ se 再 (…に [en]) 基づく

fundir /フンディる/ 他 (㊥

fúnebre /フネブれ/ 形 (㊥ funeral) 葬式の

funeral /フネらル/ 男 (㊥ funeral) 葬式 ━ 形 葬式の

furia /フりア/ 女 (㊥ fury) 激しい怒り, (天候・病気・戦争などの) 激しさ, 激情

furioso(a) /フりオソ(サ)/ 形 (㊥ furious) 怒り狂う, [比喩] 猛烈な

furor /フろル/ 男 (㊥ furor) 激しい怒り, 熱狂

fusil /フシル/ 男 (㊥ gun, rifle) [軍] 銃

fusilar /フシラる/ 他 (㊥ shoot) 銃殺する

fusión /フシオン/ 女 (㊥ fusion) 溶解, 融合, [比喩] [商] 合同

fútbol /フトボル/ 男 (㊥ soccer) [スポーツ] サッカー

futuro(a) /フトゥろ(ら)/ 形 (㊥ future) 未来の ━ 男, 女 婚約者 ━ 男 未来, 前途

G, g

gabardina /ガバるディナ/ 女 (㊥ raincoat) [衣] コート

gabinete /ガビネテ/ 男 (㊥ government) [政] 内閣

gafa /ガファ/ 女 (㊥ glasses)[~s] めがね

gala /ガラ/ 女 (㊥ full-dress) 盛装, 花形, 優雅

galardonar /ガラるドナる/ 他 (㊥ award) (賞を [con] 与える, 報いる

galería /ガレリア/ 女 (㊥ gallery) 画廊, [~s] デパート, (美術品などの) 陳列品, [演] 天井桟敷, [集合的に] (芝居の) 観客, 廊下

Galicia /ガリシア/ 固 (㊥ Galicia) [地名] ガリシア

gallardo(a) /ガジャるド(ダ)/ 形 (㊥ gallant, valiant) さっそうとした, 優雅な, [比喩] 高潔な

gallego(a) /ガジェゴ(ガ)/ 形 (㊥ Galician) ガリシア(人・語)の ━ 男, 女 ガリシア人, (中南米の) スペイン人の移住者 ━ 男 ガリシア語

galleta /ガジェタ/ 女 (㊥ biscuit) [料] ビスケット, [料] 堅パン, 平手打ち

gallina /ガジナ/ 女 (㊥ hen) [鳥] メンドリ(雌鶏) ━ 男女 [比喩] 臆病者

gallo /ガジョ/ 男 (㊥ cock) [鳥] ニワトリ (鶏), [スポーツ], ボス, うぬぼれた人

gana /ガナ/ 女 (㊥ wish, desire) 願い, [おもに~s] 食欲

ganadería /ガナデリア/ 女 (㊥ cattle, livestock) [集合的に] 家畜, 牧畜業

ganado /ガナド/ 男 (㊥ cattle, livestock) [集合的に] 家畜

ganancia /ガナンシア/ 女 (㊥ gain) [商] 利益, [~s] 収入

ganar /ガナる/ 他 (㊥ earn) 稼ぐ, (戦い・勝負などに) 勝つ, 達する, (名声などを) 得る, (人の心・考えなどを) つかむ ━ 自 勝つ, 進歩する, 稼ぐ ━ se 再 (名声・評判を) 得る, 稼ぐ

gancho /ガンチョ/ 男 (㊥ hook) かぎ, フック

garaje /ガらへ/ 男 (㊥ garage) ガレージ, (自動車の) 修理工場

garantía /ガランティア/ 女 (㊥ guarantee) [商] 保証, 保証となるもの, 担保

garantizar /ガらンティさる/ 他 (㊥ guarantee) 保証する

garbanzo /ガるバンそ/ 男 (㊥ chickpea) [植] エジプト豆

garganta /ガるガンタ/ 女 (㊥ throat) のど, [地理] 峡谷, (瓶などの) 細くなったところ, (滑車などの) 溝

gas /ガス/ 男 (㊥ gas) ガス

gasa /ガサ/ 女 (㊥ gauze) ガーゼ, [衣] うすぎぬ

gaseoso(a) /ガセオソ(サ)/ 形 (㊥ gaseous) 気体の, 炭酸ガスの入った

gasolina /ガソリナ/ 女 (㊥ gasoline) ガソリン

gasolinera /ガソリネら/ 女 (㊥ gas station) ガソリンスタンド

gastar /ガスタる/ 他 (㊥ spend) (金を) 使う, 使い果たす, 擦り切れるまで使う [着

る〕, むだに使う, (時間を)費やす, 消耗させる, (冗談などを)言う **— se** 再 消耗する,(だんだん)なくなる

gasto /ガスト/ 男 (英 expense, spending) 支出, 費用のかかるもの[こと], 手当金, 〔電〕〔機〕消費量

gato(a) /ガト(タ)/ 男, 女 (英 cat) ネコ(猫) **—** 男〔技〕ジャッキ

gaucho(a) /ガウチョ(チャ)/ 形 (英 gaucho) ガウチョの **—** 男 ガウチョ

gaviota /ガビオタ/ 女 (英 seagull, gull) 〔鳥〕カモメ (鷗)

gemelo(a) /ヘメロ(ラ)/ 形 (英 twin) 双子の, 対になった **—** 男 〔~ s〕双眼鏡, 〔~ s〕〔衣〕カフスボタン, 〔~ s〕双生児, 対になったものの１つ

gemido /ヘミド/ 男 (英 groan) うなり声

gemir /ヘミる/ 自 (英 moan, groan) うめく, うなる

generación /ヘネらシオン/ 女 (英 generation) 世代

general /ヘネらル/ 形 (英 general) 一般の, (専門的でなく) 一般的な, 概略の, 〔医〕全身の **—** 男 〔軍〕将軍 ¶ en [por lo]general 一般に

generalizar /ヘネらリさる/ 他 (英 generalize) 概括して言う, 普及させる **— se** 再 〔3人称で〕一般化する, 〔3人称で〕広がる

generalmente /ヘネらルメンテ/ 副 (英 generally) 一般に

genérico(a) /ヘネりコ(カ)/ 形 (英 generic) 概括的な, 属の, 〔文法〕総称的な, 〔文法〕性の

género /ヘネろ/ 男 (英 sort, type) 種類, ジャンル, やり方, 〔商〕物品, 〔文法〕性

generosidad /ヘネろシダド/ 女 (英 generosity) 寛大さ, 気前のよさ

generoso(a) /ヘネろソ(サ)/ 形 (英 generous) 寛大な, 気前のよい, たくさんの

genial /ヘニアル/ 形 (英 of genius) 天才の, 〔比喩〕すばらしい

genio /ヘニオ/ 男 (英 genius) 天才, 〔比喩〕才能, 気分, 性格

gente /ヘンテ/ 女 (英 people) 人々, 〔個別的に〕人, 家族 〔~ s〕国民, 大衆

gentileza /ヘンティレさ/ 女 (英 kindness) 親切, 丁重, 上品

geografía /ヘオグらフィア/ 女 (英 geography) 地理 (学)

geográfico(a) /ヘオグらフィコ(カ)/ 形 (英 geographic) 地理 (学) の

geógrafo(a) /ヘオグらフォ(ファ)/ 男, 女 (英 geographer) 地理学者

geología /ヘオロヒア/ 女 (英 geology) 地質 (学)

geológico(a) /ヘオロヒコ(カ)/ 形 (英 geological) 地質 (学) の

geólogo(a) /ヘオロゴ(ガ)/ 男, 女 (英 geologist) 地質学者

geometría /ヘオメトリア/ 女 (英 geometry) 〔数〕幾何学

geométrico(a) /ヘオメトリコ(カ)/ 形 (英 geometric) 〔数〕幾何学の

gerente /ヘれンテ/ 男女 (英 manager) マネージャー, 経営者

germánico(a) /ヘるマニコ(カ)/ 形 (英 Germanic) ゲルマン民族〔語〕の, ドイツ人の

germen /ヘるメン/ 男 (英 germ) 〔比喩〕芽生え, 胚芽, 病原菌

gestión /ヘスティオン/ 女 (英 management) 経営, 管理, 措置

gesto /ヘスト/ 男 (英 gesture) 身ぶり, 様子, (親切などの) 行為, 〔演〕しぐさ

gigante /ヒガンテ/ 男 (英 giant) 巨人の, 傑出した人, (お祭りのパレード用の) 大人形

gigantesco(a) /ヒガンテスコ(カ)/ 形 (英 gigantic) 巨大な

gimnasia /ヒンナシア/ 女 (英 gymnastics) 〔スポーツ〕体操

gimnasio /ヒンナシオ/ 男 (英 gymnasium) 体育館, 中学校

girar /ヒらる/ 自 (英 rotate) 回る, 曲がる, 主題とする, およそある **—** 他 回す, 為替で送る, 〔商〕(手形を) 振り出す

girasol /ヒらソル/ 男 (英 sunflower) 〔植〕ヒマワリ (向日葵)

giro /ヒろ/ 男 (英 turn) 回転, (情

勢の)変化,表現,〔商〕為替
gitano(a) /ヒタノ(ナ)/ 男,女 (英 gypsy) ロマ (ジプシー) ― 形 ロマ (ジプシー) の
global /グロバル/ 形 (英 global) 広範な, 世界的な, 塊の
globo /グロボ/ 男 (英 globe) 球, 気球, 風船, 地球, 地球儀
gloria /グロリア/ 女 (英 glory) 栄光, 誇りとなるもの, 偉人, 大きな喜び, 〔G～〕〔宗〕天国, 天上の栄光, 栄華, 後光
glorioso(a) /グロリオソ(サ)/ 形 (英 glorious) 栄光ある, 荘厳な
gobernador(a) /ゴベるナドる(ら)/ 男,女 (英 governor) 〔政〕知事, (官庁・学校・銀行などの) 長官, 統治者 ― 形 統治の
gobernante /ゴベるナンテ/ 形 (英 ruling) 〔政〕統治する ― 男,女 〔政〕統治者
gobernar /ゴベるナる/ 他 (英 govern) 治める, 管理する, 抑制する, 操縦する
gobierno /ゴビエるノ/ 男 (英 government) 〔政〕政府, 〔政〕政治, 管理, 指針, 操作
gol /ゴる/ 男 (英 goal) ゴール, 得点
golf /ゴるフ/ 男 (英 golf) ゴルフ
golfo /ゴるフォ/ 男 (英 gulf, bay) 〔地理〕湾
golondrina /ゴロンドリナ/ 女 (英 swallow) 〔鳥〕ツバメ (燕)
golosina /ゴロシナ/ 女 (英 delicacy) おいしい物, 望み
golpe /ゴるペ/ 男 (英 blow) 殴打, (精神的) 打撃, 突然の出来事, (話などの) やま, 衝突, 一陣の風, (感情などの) 激発
golpear /ゴるペアる/ 他 (英 hit) 打つ, 殴る
goma /ゴマ/ 女 (英 rubber) ゴム, 輪ゴム, 消しゴム, 〔植〕ゴムの木
gordo(a) /ゴるド(ダ)/ 形 (英 fat) 太った, ふくれた, 厚い, 大変な, 大当りの, 肉太の ― 男,女 太った人 ― 男 一等賞, 〔料〕脂肪
gordura /ゴるドゥら/ 女 (英 fatness) 肥満, 油脂
gorra /ゴら/ 女 (英 cap) 〔衣〕帽子
gorrión /ゴりオン/ 男 (英 sparrow) 〔鳥〕スズメ (雀)
gorro /ゴろ/ 男 (英 cap) (縁とひさしのない) 帽子, ボンネット
gota /ゴタ/ 女 (英 drop) (雨などの) しずく, ほんの少しの量, 〔比喩〕〔一般に〕ほんの少し, 〔医〕痛風
gotear /ゴテアる/ 自 (英 drip) (液が) したたる, 〔気象〕雨がポツポツ降る, 少しずつ与える
gótico(a) /ゴティコ(カ)/ 形 (英 gothic) ゴシック様式の, 〔史〕ゴート族の ― 男 ゴシック様式, 〔史〕〔言〕ゴート語, 〔印〕ゴチック体 (活字)
gozar /ゴさる/ 自 (英 enjoy) (…を [con, den] 楽しむ, (よいもの・有利なものを [de]) 持っている ― 他 楽しむ, (よいもの・有利なものを) 持っている
gozo /ゴそ/ 男 (英 joy) 喜ばしいこと, 嬉しいこと, 喜び
grabar /グらバる/ 他 (英 record) 録音する, 彫る, 〔比喩〕(心・記憶などに [en]) 刻み込む ― se 再 〔比喩〕(心に) 焼きつく, 録音される, 彫られる
gracia /グらしア/ 女 (英 grace) 優美さ, 美点, おかしみ, 冗談, 親切, 〔政〕支払い猶予, 〔宗〕神の恵み, 〔宗〕神への感謝
gracias /グらしアス/ 間 (英 thanks) ありがとう gracias a... ……のおかげで
gracioso(a) /グらしオソ(サ)/ 形 (英 funny) 面白い, 魅力ある, 好意による ― 男,女 道化役
grado /グらド/ 男 (英 degree) 程度, (温度計・角度・経緯度の) 度, 学年
graduar /グらドゥアる/ 他 (英 regulate) 調節する, 進級させる, 卒業させる, 目盛りをつける ― se 再 卒業する, 〔軍〕階級を受ける
gráfico(a) /グらフィコ(カ)/ 形 (英 graphic) 図面の図表 ― 男 図表, グラフ, 線図
gramática /グらマティカ/ 女 (英 grammar) 文法 (書)
gramatical /グらマティカル/ 形 (英 grammatical) 文法の
gramático(a) /グらマティコ(カ)/ 形 (英 grammatical) 文法の, ― 男,女 文法家

gramo／グラモ／男（英 gram）グラム

gran／グラン／形 ⇒ grande

Granada／グラナダ／固（英 Granada）〔地名〕グラナダ

grande／グランデ／形（英 big, large）（単数名詞の前で gran となる）大きい，重要な，偉大な，豪華な，すごい，年上の ― 男 大公，大物，大国

grandeza／グランデサ／女（英 greatness）大きいこと，偉大なこと

grano／グラノ／男（英 grain）穀物，（穀物・ブドウなどの）一粒，にきび

grasa／グラサ／女（英 fat）（肉の）脂肪，グリス

gratis／グラティス／副（英 gratis, free）無料で ― 形 無料の

grato(a)／グラト(タ)／形（英 pleasant, pleasing）気持ちのよい，（手紙で）ありがたい…，好意的な

gratuito(a)／グラトゥイト(タ)／形（英 free）無料の，いわれのない

grave／グラベ／形（英 grave）重大な，〔医〕重傷の，威厳のある，低音の，〔文法〕終わりから2番目の音節にアクセントがある

gravedad／グラベダド／女（英 seriousness）重大さ，重いこと，荘重さ，〔物〕重力

Grecia／グレしア／固（英 Greece）〔地名〕ギリシャ

griego(a)／グリエゴ(ガ)／形（英 Greek）ギリシャ（人・語）の ― 男,女 ギリシャ人 ― 男〔言〕ギリシャ語

grifo／グリフォ／男（英 faucet）蛇口，〔G～〕〔ギ神〕グリフィン

gripe／グリペ／女（英 flu）〔医〕インフルエンザ

gris／グリス／形（英 gray）灰色の，〔比喩〕薄暗い

gritar／グリタる／自（英 shout）叫ぶ，罵声（ばせい）を浴びせる

grito／グリト／男（英 shout）（大声の）叫び，（動物の）鳴き声

grosero(a)／グロセろ(ら)／形（英 rude）粗野な，粗末な，ひどい

grueso(a)／グルエソ(サ)／形（英 thick）ぶ厚い，太い，粗野な，〔海〕〔気象〕荒れた，重い，主要部分，〔軍〕主力

gruñir／グるニる／自（英 grunt）（豚が）ブーブー鳴く，（犬などが）怒ってうなる

grupo／グるポ／男（英 group）グループ

guante／グアンテ／男（英 glove）手袋，〔スポーツ〕（野球・ボクシングの）グラブ

guapo(a)／グアポ(パ)／形（英 handsome, pretty）ハンサムな，かわいい，きれいな ― 男,女 美男，美女

guarda／グアるダ／男女（英 guard）番人，護衛，森林警備員

guardar／グアるダる／他（英 keep）保管［保存］する，（ある状態を）保つ，（感情・思い出などを）持ち続けている，守る，（秘密などを）隠しておく ― se 再（自分のために）取っておく，身を守る，（…を［de 不定詞］）しないようにする，しまう

guardia／グアるディア／女（英 guard）見張り，警備隊，当直，〔スポーツ〕ガード ― 男 衛兵，警官，（個人または団体の）護衛

Guatemala／グアテマラ／固（英 Guatemala）〔地名〕グアテマラ

guatemalteco(a)／グアテマルテコ(カ)／形（英 Guatemalan）グアテマラ（人）の ― 男,女 グアテマラ人

gubernamental／グベるナメンタル／形（英 governmental）〔政〕政府の

guerra／ゲら／女（英 war）戦争，（武力によらない）戦い，やっかいなこと

guerrero(a)／ゲれろ(ら)／形（英 warlike, martial）戦争の，好戦的な ― 男,女 兵士

guerrilla／ゲリジャ／女（英 guerrilla band）〔軍〕ゲリラ部隊，〔軍〕ゲリラ戦

guía／ギア／男女（英 guide）案内者，指導者 ― 女（旅行・美術館などの）案内書，〔鉄〕時刻表，指ценを，電話帳，〔機〕誘導装置

guiar／ギアる／他（英 guide）案内する，導く，管理する，運転する ― se 再 生活［行動］す

る

Guinea Ecuatorial/ギネア エクアトリアル/固(英 Equatorial Guinea)〔地名〕赤道ギニア

guión/ギオン/男(英 outline)概略,〔映〕台本,ハイフン

guisante/ギサンテ/男(英 pea)〔植〕エンドウ(豆)

guisar/ギサる/他(英 cook)〔料〕煮込む,〔料〕シチューにする,〔比喩〕用意する

guiso/ギソ/男(英 dish)〔料〕料理,〔料〕煮込み料理

guitarra/ギタら/女(英 guitar)〔楽〕ギター

guitarrista/ギタりスタ/男女(英 guitarist)〔楽〕ギター奏者

gusano/グサノ/男(英 worm)〔昆〕(足のない)虫,毛虫,うじ

gustar/グスタる/自(英 like)…が好きだ,満足させる,〔過去未来形で〕…を(…[不定詞])したい,楽しむ ¶ Me gusta esta música. 私はこの音楽が好きです —他 味わう,経験する

gusto/グスト/男(英 taste)味,趣味,喜び,楽しみ ¶ con (mucho) gusto 喜んで dar gusto 喜ばせる,楽しませる Mucho gusto. 初めまして,どうぞよろしく

gustoso(a)/グストソ(サ)/形(英 glad)喜んだ,おいしい,楽しい

H, h

haba/アバ/女(英 broad bean)〔植〕ソラマメ,(虫の)刺し傷

Habana/アバナ/固(英 Havana)〔La ~〕〔地名〕ハバナ

haber/アベる/他(英 have, has)(→主な動詞の活用 p.1044)(直説法・現在・3人称・単数で「存在」を表すときは hay)〔過去分詞とともに〕…した ¶ Hoy he trabajado mucho. 私は今日たくさん働いた —自…がある ¶ No hay tiempo. 時間がありません haber que ...(不定詞)…しなければならない

hábil/アビル/形(英 skillful)技量のある,適した,〔法〕(法定の)資格ある

habilidad/アビリダド/女(英 skill)技量,(特殊な)技能,(何かをする)能力,〔法〕権利

habitación/アビタしオン/女(英 room)部屋,住むこと,〔生〕(動物の)生息地

habitante/アビタンテ/男女(英 inhabitant)住民,〔~s〕人口

habitar/アビタる/他(英 inhabit, live in)住む —自 住む

hábito/アビト/男(英 habit)(個人の)癖,〔宗〕〔衣〕法衣

habitual/アビトゥアル/形(英 habitual)習慣的な,ふだんの

habla/アブラ/女(英 speech)話すこと,言語,方言

hablador(a)/アブラドる(ら)/形(英 talkative)おしゃべりな,うわさ好きな,—男,女 おしゃべり,うわさ好きな人

hablar/アブラる/自(英 speak)話す,話をする,表す,伝える,うわさをする,つき合う —他(言葉を)話す,語りかける,話す,(心の中などを)伝える **—se** 再 話し合う,話される

hacer/アせる/他(英 make, do)(→主な動詞の活用 p.1045)作る,する,行う,(…に[形容詞][que 接続法])する,(…[不定詞])させる,…前に ¶ Ayer hice mucho ejercicio. 私は昨日たくさん運動をした,Esto me hace pensar mucho. このことは私に多くを考えさせる,Llegamos aquí hace una semana. 私たちは1週間前にこちらに到着しました —自〔気象〕天候が…である ¶ Hoy hace buen tiempo. 今日はよい天気です **—se** 再…になる,…に変わる,(自分のために)作る,作られる

hacha/アチャ/女(英 ax)斧(おの)

hacia/アしア/前(英 toward)…に向かって,…のあたりに[で],…に,…のころに ¶ mirar hacia arriba 上を見る

hacienda/アしエンダ/女(英 farm, ranch)農場,財産,財務,大農園

Haití/アイティ/ 固 (🔤 Haiti)〔地名〕ハイチ

halagar/アラガる/ 他 (🔤 please) 喜ばせる, 優しくする, こびへつらう

hallar/アジャる/ 他 (🔤 find) 見つける, (なくしたものを) 捜し出す, (調べて) 知る ━ **se** 再 …である [いる]

hallazgo/アジャすゴ/ 男 (🔤 discovery) (偶然の) 発見, 見つけた物

hamaca/アマカ/ 女 (🔤 hammock) ハンモック, デッキチェア

hambre/アンブれ/ 女 (🔤 hunger) 空腹, 飢え, 〔比喩〕熱望

hambriento(a)/アンブリエント(タ)/ 形 (🔤 hungry) 飢えた, 熱望する ━ 男, 女 腹をすかした人

hamburguesa/アンブるゲサ/ 女 (🔤 hamburger) ハンバーガー

harina/アリナ/ 女 (🔤 flour) 〔料〕小麦粉, 〔一般に〕粉

harto/アるト/ 形 (🔤 full, satiated) 腹いっぱいの, うんざりした ━ 副 とても

hasta/アスタ/ 前 (🔤 until) …まで, …さえも, …もの¶ hasta hoy 今日まで hasta que …まで (は)

hay/アイ/ ⇒ haber

haz/アす/ 男 (🔤 bundle, bunch) 束, 〔物〕光線, 〔農〕穂の束

hazaña/アサニャ/ 女 (🔤 feat, deed) 手柄, 業績

hebreo(a)/エブれオ(ア)/ 形 (🔤 Hebrew) ヘブライ (人・語) の ━ 男, 女 ヘブライ人 ━ 男 〔言〕ヘブライ語

hecho(a)/エチョ(ア)/ 形 (🔤 made) 出来上がった, 成熟した, (… [en]) 製の, …になって, 〔料〕よく焼けた ━ 男 事実, 現実, 〔一般に〕こと¶ de hecho 実際に; 事実上の el hecho de que … …ということ

hegemonía/エヘモニア/ 女 (🔤 hegemony) (特に同盟諸国内における) 支配権

helado(a)/エラド(ダ)/ 形 (🔤 frozen) 凍った, 〔比喩〕とても冷たい, 〔料〕冷たくした ━ 男 アイスクリーム

helar/エラる/ 他 (🔤 freeze) 凍らせる, 〔農〕冷害を起こす, (食べ物などを) 冷凍する, 〔比喩〕(資本・物価・賃金などを) 凍結する ━ 自 氷が張る, 凍るほど寒く感ずる, 霜で枯れる

helicóptero/エリコプテろ/ 男 (🔤 helicopter) ヘリコプター

hembra/エンブら/ 女 (🔤 female) (動物の) 雌, 〔技〕(部品の) 凹型 ━ 形 女の, 〔技〕凹型の

henchir/エンチる/ 他 (🔤 swell) 詰め込む, いっぱいにする ━ **se** 再 (…で [de]) ふくらむ

heredar/エれダる/ 他 (🔤 inherit) (財産などを) 相続する, 〔比喩〕(遺伝によって) (性格などを) 受け継ぐ ━ 自 遺産を相続する

herencia/エれンしア/ 女 (🔤 inheritance) 相続, 相続財産, 〔生〕遺伝

herida/エリダ/ 女 (🔤 injury, wound) 負傷, 〔比喩〕(精神的な) 痛手

herido(a)/エリド(ダ)/ 形 (🔤 injured, wounded) けがをした, 〔比喩〕感情を害した

herir/エリる/ 他 (🔤 wound) 傷つける, (人の感情を) 害する, ぶつかる, 苦痛を与える ━ **se** 再 けがをする, 〔比喩〕(精神的に) 傷つく

hermana/エるマナ/ 女 (🔤 sister) 姉, 妹, 〔宗〕(女性の) 同一の宗派の人, 〔宗〕修道女, 〔比喩〕対の片方

hermano/エるマノ/ 男 (🔤 brother) 兄, 弟, [~ s] 兄弟, 〔宗〕修道士

hermoso(a)/エるモソ(サ)/ 形 (🔤 beautiful) 美しい, すばらしい

hermosura/エるモスら/ 女 (🔤 beauty) 美しさ, 美しい人

héroe/エろエ/ 男 (🔤 hero) (男性の) 英雄

heroico(a)/エろイコ(カ)/ 形 (🔤 heroic) 英雄的な, 大胆な, 堂々とした

heroína/エろイナ/ 女 (🔤 heroine) (女性の) 英雄 [偉人], (劇・映画・小説などの) 女主

人公，ヘロイン（麻薬）
heroísmo/エロイスモ/男（㊊heroism）英雄的行為
herramienta/エらミエンタ/女（㊊tool）道具，工具
hervir/エるビる/自（㊊boil）沸く，[料]煮える ━他（液体を）沸かす，[料]煮る
hervor/エるボる/男（㊊fervor）[比喩]熱情，沸騰
hielo/イエロ/男（㊊ice）氷
hierba/イエるバ/女（㊊grass）草，牧草，雑草，草地，[植]草本，薬草，マテ茶
hierro/イエろ/男（㊊iron）[化]鉄，鉄分，[比喩]刃物，烙印，[~s]手かせ
hígado/イガド/男（㊊liver）[解]肝臓，[料]（食用としての）肝（きも），[~s]勇気
higiene/イヒエネ/女（㊊hygiene）衛生（状態），衛生学
higiénico(a)/イヒエニコ(カ)/形（㊊hygienic）衛生（学）の，衛生的な
higo/イゴ/男（㊊fig）[植]イチジク
hija/イハ/女（㊊daughter）娘，嫁
hijo/イホ/男,女（㊊son）息子，[~s]子供たち，…出身の人，娘の夫，[~s]…の子
hilo/イロ/男（㊊thread）[衣]糸,（糸のように）細いもの,（話などの）筋，線，麻製品
himno/イムノ/男（㊊anthem）国歌，[宗]賛美歌，賛歌
hinchar/インチャる/他（㊊swell）膨らませる,（強さ・量などを）増大させる，[比喩]誇張させる
　━se 再 膨れる，やりすぎる，自慢する，増水する
hipermercado/イペるメるカド/形（㊊hypermarket）大型スーパーマーケット
hipócrita/イポクリタ/形（㊊hypocritical）偽善的な ━男女 偽善者
hipoteca/イポテカ/女（㊊mortgage）[商]抵当
hipótesis/イポテシス/女（㊊hypothesis）仮説,（単なる）推測
hispánico(a)/イスパニコ(カ)/形（㊊Hispanic, Spanish）スペイン系の，スペイン語圏の ━男，女 スペイン語圏の人
Hispanoamérica/イスパノアメリカ/固（㊊Spanish America）[地名]スペイン語圏アメリカ
hispanoamericano(a)/イスパノアメリカノ(ナ)/形（㊊Spanish American）スペイン語圏アメリカの，スペインとアメリカ大陸の
historia/イストリア/女（㊊history）歴史（学），歴史の本,（架空の）物語，お話
historiador(a)/イストリアドる(ら)/男，女（㊊historian）歴史家[学者]
histórico(a)/イストリコ(カ)/形（㊊historical）歴史の，歴史上に実在する，歴史的に有名な
hogar/オガる/男（㊊home）家庭，故郷，炉,（台所の）かまど
hoguera/オゲら/女（㊊bonfire）たき火，[史]火あぶりの刑，[比喩]激情
hoja/オハ/女（㊊leaf）葉,（本・ノートの）一枚,（刃物の）刃
hola/オラ/間（㊊hello, hi）やあ，もしもし!
Holanda/オランダ/固（㊊Holland）オランダ
holandés(esa)/オランデス(サ)/形（㊊Dutch）オランダ（人・語）の ━男，女 オランダ人 ━男 オランダ語
hombre/オンブれ/男（㊊man）男,（男性の）大人，男らしい男，人，人類 ━間 おや!，まあ!
hombro/オンブろ/男（㊊shoulder）（体の）肩，[~s]両肩の部分，[比喩]（責任を負う）双肩（そうけん）
homenaje/オメナヘ/男（㊊homage）敬意,（封建時代の）忠誠の誓い,（敬意の印としての）贈り物，記念論文集
homicidio/オミしディオ/男（㊊homicide）殺人
hondo(a)/オンド(ダ)/形（㊊deep）深い，[比喩]心の底からの ━男 深さ，底
hondura/オンドゥら/女（㊊depth）深いこと
Honduras/オンドゥらス/固

(㊛Honduras)〔地名〕ホンジュラス

hondureño(a) /オンドゥれニョ(ニャ)/ 形 (㊛Honduran) ホンジュラス(人)の ― 男,女 ホンジュラス人

honestidad /オネスティダド/ 女 (㊛honesty) 正直, (女性の)節操

honesto(a) /オネスト(タ)/ 形 (㊛honest) 正直な, きちんとした, 率直な, 下品でない

hongo /オンゴ/ 男 (㊛mushroom, fungus)〔植〕キノコ(茸), きのこ雲,〔医〕菌状腫

honor /オノる/ 男 (㊛honor) 名誉, 名声, 敬意

honorable /オノらブレ/ 形 (㊛honorable) 尊敬すべき, 名誉[光栄]ある, 高貴な

honra /オンら/ 女 (㊛honor) 名誉, 貞節, 光栄,〔～s〕葬儀

honrado(a) /オンらド(ダ)/ 形 (㊛honest) 正直な, 名誉を受ける, 率直な, 立派な

honrar /オンらる/ 他 (㊛honor) 名誉[光栄]を与える, 名誉になる ― **se** 再 (…を[con, de]) 光栄に思う

hora /オら/ 女 (㊛hour) 1時間, 時刻, (授業の) 時限, 1時間の行程, (…する[した])時, 予約の時間

horario /オらりオ/ 男 (㊛time table) 時刻表, (学校の) 時間割

horizontal /オりソンタル/ 形 (㊛horizontal) 水平な, 平面の ― 女〔数〕水平線

horizonte /オりソンテ/ 男 (㊛horizon) 地平線, 水平線

hormiga /オるミガ/ 女 (㊛ant)〔昆〕アリ(蟻)

hormigón /オるミゴン/ 男 (㊛concrete)〔建〕コンクリート

hornillo /オるニジョ/ 男 (㊛burner) (ガスレンジの) バーナー

horno /オるノ/ 男 (㊛oven) オーブン,〔技〕窯(かま), かまど, パン屋,〔比喩〕(蒸し)暑い場所

horrible /オりブレ/ 形 (㊛horrible) (ぞっとするほど)いやな, 恐ろしい

horror /オろる/ 男 (㊛horror) ぞっとするほどいやなもの[人], 惨事, (ぞっとするような)恐れ

horroroso(a) /オろろソ(サ)/ 形 (㊛horrible) 恐ろしい,〔口語〕〔比喩〕ものすごい,〔比喩〕醜い

hosco(a) /オスコ(カ)/ 形 (㊛surly, sullen) 不機嫌な, 陰気な

hospedaje /オスペダヘ/ 男 (㊛lodging) 宿泊, 下宿代, 貸間

hospedar /オスペダる/ 他 (㊛lodge) 泊める ― **se** 再 泊まる

hospital /オスピタル/ 男 (㊛hospital) 病院

hostal /オスタル/ 男 (㊛inn, hostelry) 宿屋

hostil /オスティル/ 形 (㊛hostile) 敵対的な

hostilidad /オスティリダド/ 女 (㊛hostility) 敵意

hotel /オテル/ 男 (㊛hotel) ホテル

hoy /オイ/ 副 (㊛today) 今日(は) ― 男 今日

hoyo /オジョ/ 男 (㊛hole) (地面の小さな) 穴,〔スポーツ〕(ゴルフ) ホール, 墓穴, あばた

hueco(a) /ウエコ(カ)/ 形 (㊛hollow) うつろの,〔比喩〕〔軽蔑的に〕中身のない, うつろに響く,〔比喩〕得意な, ふわふわした ― 男 へこみ, (木の幹・岩の) 穴, 空いた時間, すき間

huelga /ウエルガ/ 女 (㊛strike) ストライキ

huella /ウエジャ/ 女 (㊛footprint, track) 足跡,〔一般に〕跡, (階段の) 踏み板

huérfano(a) /ウエるファノ(ナ)/ 男,女 (㊛orphan) 孤児 ― 形 孤児の

huerta /ウエるタ/ 女 (㊛large vegetable garden, orchard)〔農〕(大きな) 野菜畑, 果樹園

huerto /ウエると/ 男 (㊛vegetable garden, orchard)〔農〕野菜畑, 果樹園

hueso /ウエソ/ 男 (㊛bone) 骨,〔～s〕遺骨, (果物の) 芯, 厳しい先生, たいへんな仕事

huésped(a) /ウエスペド(ダ)/ 男,女 (㊛guest) 客, 主人役, 宿屋の主人

huevo /ウエボ/ 男 (㊛egg) た

まご (卵)

huida /ウイダ/ 女 (英 flight, escape) 逃走

huir /ウィる/ 自 (英 flee, escape) 逃げる ― 他 避ける

humanidad /ウマニダド/ 女 (英 humanity) 人間性, 慈愛, 〔集合的に〕人, 〔~es〕人文学

humanismo /ウマニスモ/ 男 (英 humanism) ヒューマニズム, 人文学

humano(a) /ウマノ(ナ)/ 形 (英 human) 人間の, 人間的な, 人情のある, 人道的な ― 男 人間

humedad /ウメダド/ 女 (英 humidity) 湿気

húmedo(a) /ウメド(ダ)/ 形 (英 humid) 湿気のある, 〔気象〕雨の多い, ぬれた

humildad /ウミルダド/ 女 (英 humility) 謙遜, (生まれの) 卑しさ

humilde /ウミるデ/ 形 (英 humble) 低い, つつましい, 貧しい ― 男女 貧しい人, (身分の) 低い人

humillante /ウミジャンテ/ 形 (英 humiliating) 屈辱的な

humillar /ウミジャる/ 他 (英 humiliate) 恥をかかせる, 卑しめる, ― se 再 (…に[ante]) 謙遜する

humo /ウモ/ 男 (英 smoke) 煙, 湯気, 〔~s〕〔比喩〕高慢, 〔比喩〕家

humor /ウモる/ 男 (英 humor) ユーモア, (一時的な) 気分, 性格, 〔解〕(血液・リンパ液などの) 体液

humorístico(a) /ウモリスティコ(カ)/ 形 (英 humoristic) ユーモアのある

hundido(a) /ウンディド(ダ)/ 形 (英 sunken) へこんだ

hundimiento /ウンディミエント/ 男 (英 sinking) 沈むこと, 下落, つぶれること, 落盤

hundir /ウンディる/ 他 (英 sink) 沈める, 打ち込む, 〔比喩〕没落させる ― se 再 沈む, 没頭する, 沈下する, 低下する

húngaro(a) /ウンガろ(ら)/ 形 (英 Hungarian) ハンガリー (人・語) の ― 男,女 ハンガリー人 ― 男〔言〕ハンガリー語

Hungría /ウングリア/ 固 (英 Hungary) 〔地名〕ハンガリー

huracán /ウらカン/ 男 (英 hurricane) 〔気象〕ハリケーン, 〔比喩〕暴れ者

hurtar /ウるたる/ 他 (英 cheat) だます, 量をごまかす ― se 再 (…を[a]) 逃れる

hurto /ウるト/ 男 (英 theft, stealing) 盗み, 盗難物

I, i

Iberia /イベリア/ 固 (英 Iberia) 〔地名〕イベリア《スペインとポルトガルを含む》

ibérico(a) /イベリコ(カ)/ 形 (英 Iberian) イベリアの

Iberoamérica /イベロアメリカ/ 固 (英 Ibero-America) 〔地名〕イベロアメリカ《スペイン語・ポルトガル語圏のアメリカ大陸》

iberoamericano(a) /イベろアメリカノ(ナ)/ 形 (英 Ibero-American) イベロアメリカの ― 男,女 イベロアメリカ人

ida /イダ/ 女 (英 going) 行き, 出発

idea /イデア/ 女 (英 idea) 考え, 着想, アイデア, 予感, 意見, 意図, 適性, (小説などの) 構想

ideal /イデアル/ 形 (英 ideal) 理想的な, 想像上の, 観念論的な ― 男 理想

idealismo /イデアリスモ/ 男 (英 idealism) 理想主義, 〔哲〕観念論

idealista /イデアリスタ/ 男女 (英 idealist) 理想主義者

idéntico(a) /イデンティコ(カ)/ 形 (英 identical) 同一の, 同様の

identidad /イデンティダド/ 女 (英 identity) 同一であること, 同一人 [同~物] であること

identificar /イデンティフィカる/ 他 (英 identify) 見分ける, 特定する ~ (se) 自(再) (…と[con]) 同じものとなる, 自分であることを証明する, 一体感を持つ

idioma /イディオマ/ 男 (英 language) 言語, 国語, 用語

idiota /イディオタ/ 男女 (英

stupid, idiotic)〔軽蔑的に〕ばか
ídolo/イドロ/男(㊧idol)偶像, アイドル
idóneo(a)/イドネオ(ア)/形(㊧suitable)適切な, ふさわしい
iglesia/イグレシア/女(㊧church)〔宗〕(キリスト教の)教会
ignorancia/イグノらンしア/女(㊧ignorance)無知
ignorante/イグノらンテ/形(㊧ignorant)無知の, 知らない, 礼儀知らずの ━ 男女 無知な人
ignorar/イグノらる/他(㊧not to know)知らない, 無視する
igual/イグアル/形(㊧the same, equal)同じ, どちらでもかまわない, 平らな, そのような, 平等な, 平均した, 一様な ━ 副 同様に, 〔文языで〕…かも知れない ━ 男 同じもの, 比べるもの ━ 男女 同輩 ¶ al igual que …と同じように
igualar/イグアラる/他(㊧equal)匹敵する, 平らにする, 平等にする, 同一視する, 等しくする ━ 自〔スポーツ〕同点になる, 等しい ━ se 再 等しい, 対等になる, 平らになる
igualdad/イグアルダド/女(㊧equality)等しいこと, 均一, 対等の地位〔立場〕, 同じこと
igualmente/イグアルメンテ/副(㊧equally)等しく, 平等に, それと同様に ━ 間 こちらこそ
ilegal/イレガル/形(㊧illegal)不法な
iluminar/イルミナる/他(㊧illuminate)照らす, 〔比喩〕(顔などを)明るくする
ilusión/イルシオン/女(㊧illusion, hope)幻影, 錯覚, (実現したいと思っている)夢, うれしいこと
ilusionar/イルシオナる/他(㊧fascinate)〔夢〕を抱かせる, 錯覚を起こさせる ━ (se)自(再)(…に[con])夢を抱く, 喜ぶ
ilustración/イルストらシオン/女(㊧illustration)(本などの)挿絵(さしえ), 啓発
ilustrar/イルストらる/他(㊧illustrate)(本などに)挿絵(さしえ)を入れる, 説明する, 教育する, 有名にする ━ se 再 学ぶ, 有名になる
ilustre/イルストれ/形(㊧illustrious)傑出した
imagen/イマヘン/女(㊧image)(絵・彫刻などの)像, イメージ, 姿,〔映〕〔放送〕映像,〔修〕比喩
imaginación/イマヒナしオン/女(㊧imagination)想像力, 想像, 妄想
imaginar/イマヒナる/他(㊧imagine)想像する, 考えつく ━ se 再 心に描く
imaginario(a)/イマヒナリオ(ア)/形(㊧imaginary)想像(上)の
imán/イマン/男(㊧magnet)磁石,〔比喩〕魅力
imbécil/インベしル/男女(㊧imbecile)〔軽蔑的に〕低能者,〔医〕痴愚 ━ 形〔軽蔑的に〕低能な
imitación/イミタしオン/女(㊧imitation)まね, にせ物
imitar/イミタる/他(㊧imitate)まねる, 模造する, 似せる ━ 自 似る
impaciencia/インパしエンしア/女(㊧impatience)短気, いらだち
impaciente/インパしエンテ/形(㊧impatient)短気な, (…[por 不定詞])したくてたまらない
impacto/インパクト/男(㊧impact)衝突, 影響, 着弾
impedimento/インペディメント/男(㊧impediment)妨害, 支障
impedir/インペディる/他(㊧obstruct)妨げる, (…を[不定詞][que 接続法])できないようにする, 防ぐ
imperativo(a)/インペらティボ(バ)/形(㊧imperative)命令の, 緊急な,〔文法〕命令(法)の,〔~s〕(回避できない)緊急事態
imperfecto(a)/インペるフェクト(タ)/形(㊧imperfect)不完全な,〔文法〕未完了の
imperial/インペりアル/形(㊧imperial)帝王の, 王者にふさわしい

imperio/インペリオ/男(英 empire)帝国,〔政〕帝政

impermeable/インペるメアブレ/形(英 waterproof)防水の ━男(英 raincoat)〔衣〕レインコート

ímpetu/インペトゥ/男(英 drive, vigor)勢い

implacable/インプラカブレ/形(英 implacable)無情な,妥協しない

implicar/インプリカる/他(英 implicate)(…に[en])巻き込む,含意する ━se 再(…に[en])巻きこまれる

imponente/インポネンテ/形(英 imposing)堂々とした,すばらしい

imponer/インポネる/他(英 impose)課す,威圧する,(感情を)起こさせる,命じる,貯金する,…のせいにする,与える,教える,恐怖を引き起こす,偉大である ━se 再 必要である,(自分に)強いる,支配する,勝利する

importación/インポるタしオン/女(英 importation)輸入

importador(a)/インポるタドる(ら)/形(英 importing)輸入の ━男,女(英 importer)輸入業者

importancia/インポるタンしア/女(英 importance)重要性

importante/インポるタンテ/形(英 important)重要な,有力な,かなりの,いばった

importar/インポるタる/他(英 import)輸入する,持ち込む,迷惑である,〔否定文で〕かまわない,関わりがある ━自 重要である

imposibilidad/インポシビリダド/女(英 impossibility)不可能(性)

imposibilitar/インポシビリタる/他(英 prevent)不可能にする,無力にする ━se 再(肢体が)不自由になる

imposible/インポシブレ/形(英 impossible)不可能な,とても起こりえない,手がつけられない

imprenta/インプれンタ/女(英 printing)〔印〕印刷,〔印〕印刷所,出版,〔印〕(一回の)印刷部数,〔写〕焼き付け

imprescindible/インプれスしンディブレ/形(英 essential)欠くことのできない,必要不可欠な

impresión/インプれシオン/女(英 impression)印象,感じ,〔印〕印刷,押印,〔写〕焼き付け

impresionante/インプれシオナンテ/形(英 impressive)印象的な,驚くべき

impresionar/インプれシオナる/他(英 move, touch)感銘を与える,印象を与える,〔写〕露出する,〔技〕録音する

impreso(a)/インプれソ(サ)/形(英 printed)印刷された ━男 印刷物,書き込み用紙

impresor(a)/インプれソる(ら)/男,女(英 printer)〔印〕印刷工 ━女〔印〕印刷機,〔コンピューター〕プリンター,〔写〕焼き付け器

imprevisto(a)/インプれビスト(タ)/形(英 unexpected)予見できない

imprimir/インプリミる/他(英 print)〔印〕(書物などを)印刷する,〔比喩〕刻みつける,〔写〕焼き付ける,(型・模様などを)押しつける,〔比喩〕印象を与える,伝える ━se 再 印象づけられる,(心に)銘記する

impropio(a)/インプろピオ(ア)/形(英 unsuited, unsuitable)不適当な,正しくない

imprudencia/インプるデンしア/女(英 imprudence)軽率さ

imprudente/インプるデンテ/形(英 imprudent)軽率な

impuesto/インプエスト/男(英 tax)税,重い負担

impulsar/インプルサる/他(英 impel)押し進める,促す

impulso/インプルソ/男(英 impulse)衝撃,推進,(心の)衝動,押し,〔電〕インパルス

inagotable/イナゴタブレ/形(英 inexhaustible)無尽蔵の,疲れを知らない

inauguración/イナウグらしオン/女(英 inauguration)開会(式),落成(式),就任(式)

inaugurar/イナウグらる/他(英 inaugurate)落成式[就任

式・発会式]を行う ━ se 再[3人称で]開始される

inca/インカ/男女(® Incaic, Inca) インカの人, [l ~]インカ(文明)

incapacidad/インカパしダド/女(® incapacity) 不能, できないこと, 不具, [法] 無能力

incapaz/インカパす/形(® incapable) …ができない, 無能の, [法] 資格がない

incendiar/インセンディァる/他(® set) 火をつける ━ se 再 火がつく

incendio/インセンディオ/男(® fire) 火災

incertidumbre/インセるティドゥンブれ/女(® uncertainty) 疑い, 不定

incesante/インセサンテ/形(® incessant) 絶え間のない

incidente/インしデンテ/男(® incident) 出来事, 事件, (劇・小説中の)挿話 ━ 形 偶発的な, [物] 落下の

incierto(a)/インしエるト(タ)/形(® uncertain) 不確実な, 確信のない, 不安定の

incitar/インしタる/他(® incite) 刺激する

inclinación/インクリナしオン/女(® inclination) 傾き, (頭などを) 下げること, 好み, 傾くこと

inclinar/インクリナる/他(® incline) 傾ける, (人を [a]) …したい [a 不定詞]) 気にさせる ━ 自 傾く ━ se 再 傾く, (… [a, por 不定詞]) したい気がする

incluido(a)/インクルイド(ダ)/形(® included) 含まれた, 同封された

incluir/インクルイる/他(® include) 含む

incluso/インクルソ/副(® including, even) …でさえ

incoherente/インコへれンテ/形(® incoherent) 一貫性のない

incomodidad/インコモディダド/女(® uncomfortableness) 不便

incómodo(a)/インコモド(ダ)/形(® uncomfortable) 心地のよくない, 気持ちの落ち着かない, 困った

incomparable/インコンパらブレ/形(® incomparable) 比較できない, 比類のない

incompleto(a)/インコンプレト(タ)/形(® incomplete) 不完全な

inconsciente/インコンスしエンテ/形(® unconscious) (…に [de]) 気がつかない, 意識を失った, 無意識の

inconveniencia/インコンベニエンしア/女(® inconvenience) 不都合, 不便(なもの), 横柄なふるまい [ことば], 不適当

inconveniente/インコンベニエンテ/男(® trouble, difficulty) 不都合, 適切でない, 礼儀 [作法] にかなっていない

incorporar/インコるポらる/他(® incorporate) 編入する, 起き上がらせる ━ se 再 合体する, 参加する, 起き上がる

incorrecto(a)/インコれクト(タ)/形(® incorrect) 不正確な, 無礼な

increíble/インクれイブレ/形(® incredible, unbelievable) 信じられない, 非常な

inculto(a)/インクルト(タ)/形(® uneducated) 教養のない, [農] (土地が) 未耕作の ━ 男,女 無教養の人

indagar/インダガる/他(® investigate) 調べる, 研究する

indeciso(a)/インデしソ(サ)/形(® irresolute) 優柔不断な, まだ決めていない, まだ決まらない

indefinido(a)/インデフィニド(ダ)/形(® indefinite) 不定の, 無期限の

indemnización/インデムニさしオン/女(® indemnification) 賠償 (金)

indemnizar/インデムニさる/他(® indemnify) 賠償する

independencia/インデペンデンしア/女(® independence) 独立

independiente/インデペンディエンテ/形(® independent) 独立の, 自活している, 頼らない, [政] 無党派の

India/インディア/ [固] ([英] India) インド
Indias/インディアス/ [固] ([英] Indies)〔史〕インディアス,〔~ Occidentales〕〔地名〕西インド諸島,〔~ Orientales〕〔地名〕東インド諸島
indicación/インディカしオン/ [女] ([英] indication) 指示, 指導, 提案, ヒント,〔おもに~ es〕説明
indicado(*a*)/インディカド(ダ)/ [形] ([英] indicated) 指示された, 適した
indicar/インディカる/ [他] ([英] indicate) 指し示す, (…の兆しを) 見せる, (…するようにと [que 接続法]) 指示する, 表示する
I
índice/インディせ/ [男] ([英] index) 目次, 索引, 指数,〔解〕人さし指
indicio/インディしオ/ [男] ([英] sign, trace) 徴候, 手がかり
indiferencia/インディフェれンしア/ [女] ([英] indifference) 無関心, 重要でないこと
indiferente/インディフェれンテ/ [形] ([英] indifferent) 無関心な, 重要でない, どっちにもつかない ― [男女] 無関心な人
indignar/インディグナる/ [他] ([英] infuriate) 怒らせる ― **se** [再] 怒る
indigno(*a*)/インディグノ(ナ)/ [形] ([英] unworthy) (…に [de]) 値しない, 卑しむべき
indio(*a*)/インディオ(ア)/ [形] ([英] Indian) インディオの, インド(人)の ― [男], [女] インディオ, インド人
indirecto(*a*)/インディれクト(タ)/ [形] ([英] indirect) 間接の, 率直でない, まっすぐでない,〔文法〕間接の
indiscreto(*a*)/インディスクれト(タ)/ [形] ([英] indiscreet) 無思慮な, 無遠慮な ― [男], [女] 軽率な人
indispensable/インディスペンサブレ/ [形] ([英] indispensable) 欠かせない
individual/インディビドゥアル/ [形] ([英] individual) 個々の, 個人の, シングルの ― [男]〔スポーツ〕(テニスなどの) シングルス
individualismo/インディビドゥアリスモ/ [男] ([英] individualism) 個人主義
individualista/インディビドゥアリスタ/ [男女] ([英] individualist) 個人主義者 ― [形] 個人主義的な
individuo/インディビドゥオ/ [男] ([英] individual) 個人,〔軽蔑的に〕(信用できない) 人物, 会員, 自分自身
índole/インドレ/ [女] ([英] nature) 性質, 種類
indudable/インドゥダブレ/ [形] ([英] indubitable) 確かな
industria/インドゥストりア/ [女] ([英] industry) 産業,〔全体として〕産業界, 工場,〔集合的に〕生産物, 器用, 勤勉
industrial/インドゥストりアル/ [形] ([英] industrial) 産業の ― [男女] 実業家
inédito(*a*)/イネディト(タ)/ [形] ([英] unpublished) 未刊の, 世に知られていない
inesperado(*a*)/イネスペらド(ダ)/ [形] ([英] unexpected, unforeseen) 予期しない
inevitable/イネビタブレ/ [形] ([英] inevitable) 避けられない
inexperto(*a*)/イネクスペるト(タ)/ [形] ([英] inexperienced) 経験のない, 不器用な
infancia/インファンしア/ [女] ([英] infancy) 幼少,〔比喩〕初期,〔集合的に〕子供
infantil/インファンティル/ [形] ([英] infantile) 子供の, 子供らしい
infarto/インファるト/ [男] ([英] infarct)〔医〕梗塞 (こうそく), 心筋梗塞
infección/インフェクしオン/ [女] ([英] infection)〔医〕感染, 伝染
infectar/インフェクタる/ [他] ([英] infect)〔医〕感染する ― **se** [再] 化膿する, 感染する
infeliz/インフェりす/ [形] ([英] unhappy) 不幸な, 人のよい ― [男女] 不幸な人, お人よし
inferior/インフェりオる/ [形] ([英] inferior) 劣った, 下級の, 下の, 少ない ― [男女] 目下の者
inferioridad/インフェりオりダド/ [女] ([英] inferiority) 劣っていること
infiel/インフィエル/ [形] ([英]

unfaithful) 不誠実な, 不貞な, [宗] 不信心の, 不正確な

infierno/インフィエるノ/ 男 (® hell) 地獄, [比喩] この世の地獄

infinidad/インフィニダド/ 女 (® infinity) 無限

infinitivo(a)/インフィニティボ (バ)/ 形 (® infinitive) [文法] 不定詞の ― 男 [文法] 不定詞

infinito(a)/インフィニト(タ)/ 形 (® infinite) 限りない ― 男 [数] 無限大, 虚空 ― 副 大変に

inflación/インフラしオン/ 女 (® inflation) [経] インフレ(ーション), 膨張, 得意

inflar/インフラる/ 他 (® inflate) (空気・ガスなどで)膨らませる, [比喩] (誇り・満足で [con]) 得意がらせる, [比喩] 誇張する, 得意になる, いっぱい食べる

influencia/インフルエンしア/ 女 (® influence) 影響 (力), 影響力のある人 [もの]

influir/インフルイる/ 自 (® have an influence) (…に [en]) 影響を及ぼす

influjo/インフルホ/ 男 (® influence) 影響(力), [海] 満潮, 衝撃

información/インフォるマしオン/ 女 (® information) 情報, 報道, 案内, 知識, 調査, [法] 予審, データ

informado(a)/インフォるマド (ダ)/ 形 (® informed) 事情に通じている

informar/インフォるマる/ 他 (® inform) 通知する, 特徴づける ― 自 教える, 告げ口する, 報告する, [法] 論告する ― **se** 再 問い合わせる, 知る

informática/インフォるマティカ/ 女 (® computer science) 情報科学

informe/インフォるメ/ 男 (® report) (公式な) 報告

infusión/インフシオン/ 女 (® tea) (煎じ) 茶

ingeniería/インヘニエりア/ 女 (® engineering) 工学, 工学技術の駆使 [成果]

ingeniero(a)/インヘニエろ(ら)/ 男,女 (® engineer) 技師, エンジニア

ingenio/インヘニオ/ 男 (® ingenuity) 発明の才, ユーモア, 製糖工場, [人をさして] 天才, 器具, [軍] 兵器, [技] 裁断機

ingenioso(a)/インヘニオソ(サ)/ 形 (® witty) 機知に富んだ, 器用な

ingenuo(a)/インヘヌオ(ア)/ 形 (® naive, ingenuous) 純真な ― 男,女 純真な人

Inglaterra/イングラテら/ 固 (® England) [地名] イギリス, [地名] イングランド

inglés(esa)/イングレス(サ)/ 形 (® English) イギリス (人)の, 英語の ― 男,女 イギリス人 ― 男 [言] 英語

ingratitud/イングらティトゥド/ 女 (® ingratitude) 忘恩

ingrato(a)/イングらト(タ)/ 形 (® disagreeable, unpleasant) 不愉快な, (… に [con], para]) 恩知らずの ― 男,女 恩知らずな人

ingresar/イングれさる/ 自 (® enter) 入る, 入院する, 入金される (金を) 入れる ― **se** 再 兵役に入る, 入会する

ingreso/イングれソ/ 男 (® admission, entrance) 入ること, 入金, [おもに~ s] 収入, 入学

inhumano(a)/イヌマノ(ナ)/ 形 (® inhuman) 非人間的な, ひどい

inicial/イニしアル/ 形 (® initial) 初めの, 語頭の ― 女 (語頭の) 頭文字

iniciar/イニしアる/ 他 (® begin) 始める, 手ほどきをする, 仲間に入れる ― **se** 再 始まる

iniciativa/イニしアティバ/ 女 (® initiative) 主導権, (新しいことを始める) 能力

injusticia/インフスティしア/ 女 (® injustice) 不法, 不正

injusto(a)/インフスト(タ)/ 形 (® unjust) 不正な, 不公平な

inmediatamente/インメディアタメンテ/ 副 (® immediately) 直ちに, 直接に

inmediato(a)/インメディアト(タ)/ 形 (® immediate) すぐさま, 直接の, すぐ隣の ¶ **de inmediato** ただちに, すぐさま

inmensidad /インメンシダド/ 女 (㊟ immensity) 広大

inmenso(a) /インメンソ(サ)/ 形 (㊟ immense) 広大な, すばらしい

inmigración /インミグラしオン/ 形 (㊟ immigration) (他国からの) 移住

inmigración /インミぐらしオン/ 形 (㊟ immigration) (他国からの) 移住

inmigrante /インミぐらンテ/ 形 (㊟ immigrant) (他国からの) 移民

inmoral /インモらル/ 形 (㊟ immoral) 不道徳な, (性的に) 不純な

inmortal /インモるタル/ 形 (㊟ immortal) 不死の ━男女 不死の人, 不朽の名声を持つ人

inmóvil /インモビル/ 形 (㊟ motionless, immobile) 動かしがたい, 不動の

inmueble /インムエブれ/ 男 (㊟ immovable) 〔～ s〕不動産

innegable /インネガブれ/ 形 (㊟ undeniable) 否定〔否認〕しがたい

innovación /インノバしオン/ 女 (㊟ innovation) 革新

innovar /インノバる/ 他 (㊟ innovate) 革新する

innumerable /インヌメらブれ/ 形 (㊟ innumerable) 数えきれない

inocencia /イノセンしア/ 女 (㊟ innocence) 無罪, 天真爛漫

inocente /イノセンテ/ 形 (㊟ innocent) 無罪の, 無害な, 天真爛漫な, 単純な ━男女 無邪気な人

inofensivo(a) /イノフェンシボ(バ)/ 形 (㊟ inoffensive) 害にならない

inolvidable /イノルビダブれ/ 形 (㊟ unforgettable) 忘れられない

inquietante /インキエタンテ/ 形 (㊟ worrying) 不安にさせる

inquietar /インキエタる/ 他 (㊟ worry) 気をもませる ━**se** 再 悩む

inquieto(a) /インキエト(タ)/ 形 (㊟ restless) 落ち着かない, 不安な, 新しいことをはじめたがる

inquietud /インキエトゥド/ 女 (㊟ worry, anxiety) 心配, 心配事, 落ち着かないこと

inquisición /インキシしオン/ 女 (㊟ Inquisition) (異端審理の) 宗教裁判 (所), 調査

inscribir /インスクリビる/ 他 (㊟ inscribe) (文字・記号などを) 刻む, 登録する, 記録する ━**se** 再 登録する, 含まれる

inscripción /インスクリプしオン/ 女 (㊟ enrollment) 記載, 入会, 銘

insecticida /インセクティしダ/ 男 (㊟ insecticide) 殺虫剤

insecto /インセクト/ 男 (㊟ insect) 昆虫, 〔軽蔑的に〕〔人をさして〕虫けら

inseguridad /インセグりダド/ 女 (㊟ uncertainty) 不安, 危険性, 不安定

inseguro(a) /インセグろ(ら)/ 形 (㊟ insecure) 不安定な, 不確実な, 安全でない

insignificante /インシグニフィカンテ/ 形 (㊟ insignificant) 重要でない, 意味のない, わずかな

insinuación /インシヌアしオン/ 女 (㊟ insinuation) 思わせぶり

insinuar /インシヌアる/ 他 (㊟ insinuate) 遠まわしに言う ━**se** 再 (…に [a]) 取り入る

insistente /インシステンテ/ 形 (㊟ insistent) 強要する

insistir /インシスティる/ 自 (㊟ insist) 強く主張する, 言い張る, (…を [en que 接続法] [en 不定詞]) 強く要求する, 強調する

insoportable /インソポるタブれ/ 形 (㊟ unbearable) 耐えられない

inspección /インスペクしオン/ 女 (㊟ inspection) 検査, 検査所 [室]

inspeccionar /インスペクしオナる/ 他 (㊟ inspect) 検査する

inspector(a) /インスペクトる(ら)/ 男, 女 (㊟ inspector) 検査官 [係], 警部

inspiración /インスピらしオン/ 女 (㊟ inspiration) インスピレーション, 励まし (となる

inspirar/インスピらる/他(㊥ inspire) 着想を与える，(感動・考えなどを) 吹き込む，啓示を与える，(息を) 吸う ― **se**再 着想［ひらめき］を得る

instalación/インスタラしオン/女(㊥ installation) 据え付け，設備，施設

instalar/インスタらる/他(㊥ install) (設備などを) 取り付ける，着席させる，就任させる，開設する ― **se**再(…に［en］) 落ちつく，就任する

instantáneo(a)/インスタンタネオ(エア)/形(㊥ instant) 即席の，即時の

instante/インスタンテ/男(㊥ instant) 瞬間 ¶ al instante 今すぐ

instintivo(a)/インスティンティボ(バ)/形(㊥ instinctive) 本能的な

instinto/インスティント/男(㊥ instinct) 本能，直感，天性

institución/インスティトゥしオン/女(㊥ institution) 施設，学会，有名な人，設立，〔~ es〕慣例

instituto/インスティトゥト/男(㊥ institute) 学院，研究所，中学校，高校，規定

instrucción/インストるクしオン/女(㊥ instruction) 教育，〔~ es〕指図

instruir/インストるイる/他(㊥ instruct) 教える，通知する，〔スポーツ〕コーチをする，〔法〕予審をする ― **se**再 学ぶ

instrumental/インストるメンタル/形(㊥ instrumental)〔楽〕楽器の，器械に関する，〔法〕証書の，〔集合的に〕器械，〔文法〕具格

instrumento/インストるメント/男(㊥ instrument) 道具，〔楽〕楽器，〔法〕証書

insuficiente/インスフィエンテ/形(㊥ insufficient) 不十分な，不適当な ― 男 不合格

insultar/インスルタる/他(㊥ insult) ののしる

insulto/インスルト/男(㊥ insult) 侮辱

insurgente/インスるヘンテ/形(㊥ insurgent) 反乱を起こした ― 男女 反乱者，暴徒

insurrección/インスれクしオン/女(㊥ insurrection) 反乱

intacto(a)/インタクト(タ)/形(㊥ intact) 手をつけていない，触れられていない

integración/インテグらしオン/女(㊥ integration) 統合，〔コンピューター〕集積化，集積回路，〔数〕積分〔法〕

integral/インテグらル/形(㊥ integral) 全体の，〔数〕積分の，無精白の ― 女〔数〕積分

integrante/インテグらンテ/形(㊥ integral) (要素として) 不可欠の，全体を構成する

integrar/インテグらる/他(㊥ make up) 構成する，(部分・要素を) 全体にまとめる，返済する，〔数〕積分する ― **se**再 同化する

íntegro(a)/インテグろ(ら)/形(㊥ whole, entire, integral) 完全な，正直な

intelectual/インテレクトゥアル/形(㊥ intellectual) 知的な ― 男女 知識人

inteligencia/インテリヘンしア/女(㊥ intelligence) 知能，情報，(互いの) 了承

inteligente/インテリヘンテ/形(㊥ intelligent) 利口な，理知的な，賢明な ― 男女 利口な人

intención/インテンしオン/女(㊥ intention) 意図，〔法〕故意

intensamente/インテンサメンテ/副(㊥ intensely) 強く，とても

intensidad/インテンシダド/女(㊥ intensity) 強烈さ

intensificar/インテンシフィカる/他(㊥ intensify) 強める ― **se**再 強くなる

intensivo(a)/インテンシボ(バ)/形(㊥ intensive) 集中的な，徹底的な，集約的な，〔文法〕強意の

intenso(a)/インテンソ(サ)/形(㊥ intense) 強烈な，激しい

intentar/インテンタる/他(㊥ intend to) …しようと思う，試みる

intento/インテント/男(㊥ intent) 目的，試み

intercambiar/インテるカンビアる/他(㊥ exchange) (相互に) 交換する

intercambio /インテるカンビオ/ 男 (⊕ exchange) 交換

interés /インテれス/ 男 (⊕ interest) 興味, 面白み, 利害(関係), 利益, 〔商〕利息

interesado(a) /インテれサド(ダ)/ 形 (⊕ interested) 興味を持った, 利害関係を持つ, 打算的な 男,女 関心のある人, 打算的な人

interesante /インテれサンテ/ 形 (⊕ interesting) 興味のある, おもしろい

interesar /インテれサる/ 他 (⊕ interest) 興味を起こさせる, 関係させる ― 自 重要である ― **se** 再 (…に [en, por]) 関心がある

interferir /インテるフェりる/ 他 (⊕ interfere) 邪魔をする ― 自 干渉する

interior /インテりオる/ 形 (⊕ interior) 内部の, 奥地の, 国内の, 内面的な, 下着の ― 男 内部, 室内, 〔政〕内政, 内地, 心の内面, 〔スポーツ〕インサイド・フォワード, [~ es] 内職

intermediario(a) /インテるメディアりオ(ア)/ 男,女 (⊕ intermediary) 仲介者, 〔商〕仲買人

intermedio(a) /インテるメディオ(ア)/ 形 (⊕ intermediate) 中間の ― 男 〔演〕〔映〕幕間 (まくあい) 〔楽〕間奏曲

internacional /インテるナシオナル/ 形 (⊕ international) 国際的な ― 男 〔スポーツ〕国際試合, 国際試合出場選手

interno(a) /インテるノ(ナ)/ 形 (⊕ internal) 内部の, 国内の, 寄宿生の, 〔医〕内服の, 内科の ― 男,女 〔医〕(病院の) インターン, 寄宿生

interponer /インテるポネる/ 他 (⊕ interpose) 間にはさむ [置く], 介在させる, 〔法〕控訴する, 起こる

interpretación /インテるプれタシオン/ 女 (⊕ interpretation) 解釈, 翻訳, 〔楽〕演奏, 〔演〕演出

interpretar /インテるプれタる/ 他 (⊕ interpret) 解釈する, 通訳する, 〔楽〕演奏する

intérprete /インテるプれテ/ 男女 (⊕ interpreter) 通訳者, 解釈者, 〔楽〕演奏者, 〔演〕役者

interrogación /インテろガシオン/ 女 (⊕ questioning, interrogation) 質問, 〔文法〕疑問

interrogar /インテろガる/ 他 (⊕ question) 質問する

interrumpir /インテるンピる/ 他 (⊕ interrupt) 邪魔をする, (人の話に) 口をはさむ, 中断する ― **se** 再 中断する

interrupción /インテるプシオン/ 女 (⊕ interruption) 中断

intervalo /インテるバロ/ 男 (⊕ interval) 間隔, (性質などの) 差異, 〔楽〕音程

intervención /インテるベンシオン/ 女 (⊕ intervention) 介入, 調停, 関与, 会計検査, 〔医〕手術

intervenir /インテるベニる/ 自 (⊕ participate) (…に [en]) 干渉する, 仲裁する ― 他 手術する

intimidad /インティミダド/ 女 (⊕ intimacy) 親密さ, 私生活, 〔集合的に〕家族

íntimo(a) /インティモ(マ)/ 形 (⊕ intimate) 親密な, 内心の ― 男,女 親しい人

intolerante /イントレらンテ/ 形 (⊕ intolerant) 寛容でない, 狭量な

intriga /イントりガ/ 女 (⊕ intrigue) 陰謀, 〔文学〕〔演〕(芝居・小説などの) 筋

introducción /イントろドゥクシオン/ 女 (⊕ introduction) 序論, 入門, 取り入れること, 〔楽〕序奏, 紹介, 加入

introducir /イントろドゥシる/ 他 (⊕ introduce) 取り入れる, 導き入れる, 持ち込む, 差し込む, 入れる, 紹介する, (学問・技術などに [a]) 手引きする ― **se** 再 入る, 受け入れられる

intuición /イントゥイシオン/ 女 (⊕ intuition) 直感

intuitivo(a) /イントゥイティボ(バ)/ 形 (⊕ intuitive) 直観的な

inundación /イヌンダシオン/ 女 (⊕ inundation) 大水, 〔比喩〕充満

inundar/イヌンダる/他(⊛ inundate, flood)氾濫する, [比喩]いっぱいにする ━ **se** 再 氾濫する, あふれる

inútil/イヌティル/形(⊛ useless)無益な, 役に立たない, (身体が [de]) 不自由な ━ 男女 [軽蔑的に] 役立たず(の人)

invadir/インバディる/他(⊛ invade)侵略する, [比喩]押し寄せる, 襲う, (権利などを)侵害する

inválido(a)/インバリド(ダ)/形(⊛ invalid) [医] 肢体が不自由な, [法] (法的に) 無効な ━ 男, 女 身体障害者, [軍] 傷病兵

invasión/インバシオン/女(⊛ invasion)侵入, 氾濫

invasor(a)/インバソる(ら)/形(⊛ invading)侵入する ━ 男, 女 侵略者 [国]

invencible/インベンシブレ/形(⊛ invincible)負かしがたい, 克服しがたい

invención/インベンシオン/女(⊛ invention)発明, でっちあげ, 発見

inventar/インベンタる/他(⊛ invent)発明する, でっちあげる ━ **se** 再 発明される, (自分で) 作る

invento/インベント/男(⊛ invention)発明(品)

inventor(a)/インベントる(ら)/男, 女(⊛ inventor)発明者

inverosímil/インベロシミル/形(⊛ improbable)ありそうもない

inverso(a)/インベるソ(サ)/形(⊛ inverse, inverted)逆の

invertir/インベるティる/他(⊛ invert, change)逆さにする, [商] 投資する, (時間を) 費やす

investigación/インベスティガシオン/女(⊛ investigation, research)調査, 研究

investigar/インベスティガる/他(⊛ investigate) (細かく)調査する, 研究する

invierno/インビエるノ/男(⊛ winter)冬, [中南米] 雨期

invisible/インビシブレ/形(⊛ invisible)目に見えない, 表面に出ない

invitación/インビタシオン/女(⊛ invitation)招待, 招待状, おごり

invitado(a)/インビタド(ダ)/男, 女(⊛ guest)客 ━ 形 招待された, おごられた

invitar/インビタる/他(⊛ invite)招待する, 誘う, おごる ━ 自 おごる

involuntario(a)/インボルンタリオ(ア)/形(⊛ involuntary)不本意の, 無意識の

inyección/インジェクシオン/女(⊛ injection) [医] 注射, [機] 噴射, 投入

inyectar/インジェクタる/他(⊛ inject) [医] 注射する

ir/イる/自(⊛ go) (→主な動詞の活用p.1045) 行く, (…しようと [a 不定詞]) している, (…しに [a 不定詞]) 行く, 過ぎ去る ¶ Voy a España. 私はスペインに行きます. ¿Vas a estudiar? 君は勉強するの? ━ **se** 再 行ってしまう, なくなる, もれる, すべる

ira/イら/女(⊛ wrath, anger, ire)激怒, 怒り

Irán/イらン/固(⊛ Iran) [地名]イラン

iraní/イらニ/形(⊛ Iranian)イラン (人) の, イラン [ペルシャ] 語の ━ 男女 イラン人 ━ 男 [言] イラン [ペルシャ] 語

Irak/イらク/固(⊛ Iraq) [地名]イラク

iraquí/イらキ/形(⊛ Iraqi)イラク (人) の ━ 男女 イラク人

irlandés(esa)/イるランデス(サ)/形(⊛ Irish)アイルランド (人・語) の ━ 男, 女 アイルランド人 ━ 男 アイルランド語

Irlanda/イるランダ/固(⊛ Ireland) [地名]アイルランド

ironía/イろニア/女(⊛ irony)皮肉

irónico(a)/イろニコ(カ)/形(⊛ ironic)皮肉な ━ 男, 女 皮肉っぽい人

irracional/イらシオナル/形(⊛ irrational)不合理な

irregular/イれグラる/形(⊛ irregular)不規則な, ふぞろいの, 正式でない, 規律のない, [文法] 不規則な

irregularidad/イれグラリダ

irresponsabilidad ▶

ド/女(㊧ irregularity)不規則, 不正

irresponsabilidad/イれスポンサビリダド/女(㊧ irresponsibility)無責任(な行為)

irresponsable/イれスポンサブレ/形(㊧ irresponsible)当てにならない, 信頼できない, いい加減な, 無責任な, 責任のない ━ 男女 無責任な人

irritación/イリタしオン/女(㊧ irritation)いらだたせること, 〔医〕刺激(状態)

irritar/イリタる/他(㊧ irritate)いらいらさせる, 〔医〕刺激する ━ **se** 再 いらいらする, 刺激される

isla/イスラ/女(㊧ island)〔地理〕島

islam/イスラン/男(㊧ Islam)イスラム教, 〔全体として〕イスラム教徒

Islandia/イスランディア/固(㊧ Iceland)〔地名〕アイスランド

Israel/イスラエル/固(㊧ Israel)〔地名〕イスラエル

israelí/イスラエリ/形(㊧ Israeli)イスラエル(人)の ━ 男女 イスラエル人

Italia/イタリア/固(㊧ Italy)〔地名〕イタリア

italiano(a)/イタリアノ(ナ)/形(㊧ Italian)イタリア(人・語)の ━ 男女 イタリア人 ━ 男〔言〕イタリア語

itinerario/イティネラりオ/男(㊧ itinerary)旅程, 行程

izquierda/イスキエるダ/女(㊧ left)左, 左手, 〔スポーツ〕(ボクシングで)サウスポー, 〔政〕左翼, 〔スポーツ〕(野球で)レフト

izquierdo(a)/イスキエるド(ダ)/形(㊧ left)左の, 〔政〕左翼の ━ 男女 左利きの人

J, j

ja/ハ/間(㊧ Ha, ha, ha)ハハ! 《笑い声》

jabón/ハボン/男(㊧ soap)せっけん, 叱ること

jactarse/ハクタるセ/自(㊧ boast)(…を[de])自慢する

Jamaica/ハマイカ/固(㊧ Jamaica)〔地名〕ジャマイカ

jamás/ハマス/副(㊧ never)決して…しない[でない], 今まで…ない, 今までに

jamón/ハモン/男(㊧ ham)〔料〕ハム

Japón/ハポン/固(㊧ Japan)日本

japonés(esa)/ハポネス(サ)/形(㊧ Japanese)日本(人・語)の ━ 男女 日本人 ━ 男〔言〕日本語

jardín/ハるディン/男(㊧ garden)庭, 公園, (家庭)菜園, 〔スポーツ〕(野球)外野

jardinero(a)/ハるディネろ(ら)/男, 女(㊧ gardener)庭師, 〔スポーツ〕(野球の)外野手

jarra/ハら/女(㊧ pitcher)水差し, (ビールの)ジョッキ

jarro/ハろ/男(㊧ jar, pitcher)水差し(取っ手が1つの)ジョッキ

jarrón/ハロン/男(㊧ vase)花瓶, 壺, 飾り瓶

jaula/ハウラ/女(㊧ cage)鳥かご, (捕虜・囚人の)収容所, (赤ん坊・幼児用の)囲い

jefe(a)/ヘフェ(ファ)/男, 女(㊧ chief, superior)(職場などの)長, 親分, 支配人, 〔比喩〕だんな

jerarquía/へらるキア/女(㊧ hierarchy)序列, 等級, 高位

jerárquico(a)/へらるキコ(カ)/形(㊧ hierarchical)序列的な

jerez/へレス/男(㊧ sherry)シェリー酒

jersey/へるセイ/男(㊧ sweater, jersey)〔衣〕セーター

Jesucristo/ヘスクリスト/固(㊧ Jesus Christ)イエス・キリスト

Jesús/ヘスス/固(㊧ Jesus)イエス(キリスト), 〔男性の名〕ヘスス ━ 間 お大事に

jinete(a)/ヒネテ(タ)/男, 女(㊧ horseman)騎手 ━ 男〔軍〕騎兵, 〔動〕純血種の馬

jirafa/ヒラファ/女(㊧ giraffe)〔動〕キリン

Jordania/ホるダニア/固(㊧ Jordan)〔地名〕ヨルダン

jornada/ホるナダ/女(㊧ day's work, working day)1日の

仕事（時間），1日の道のり

jornal /ホルナル/ 男 (英 day's wage) (1日の) 賃金, (1日の) 仕事

jornalero(a) /ホルナレロ(ら)/ 男, 女 (英 day laborer) 日雇い (農業) 労働者

jota /ホタ/ 女 (英 jota) J, jの文字名, ホタ《アラゴン地方の民俗舞踊》

joven /ホベン/ 形 (英 young) 若い, 年下の, 若々しい, 新しい ― 男女 若者

joya /ホジャ/ 女 (英 jewel) 宝石, (時計の) 石

joyería /ホジェリア/ 女 (英 jeweler's) 宝石店, [集合的に] 宝石 (類)

joyero(a) /ホジェロ(ら)/ 男, 女 (英 jeweler) [人をさして] 宝石商 ― 男 宝石箱

jubilación /フビラシオン/ 女 (英 retirement) (定年) 退職, 年金, 歓喜

jubilar /フビラる/ 他 (英 retire) 退職させる, [比喩] 捨てる, 喜ぶ ― se 再 退職する ― 形 [宗] (ユダヤ教の) 聖年の

júbilo /フビロ/ 男 (英 joy, jubilation) 大喜び

judía /フディア/ 女 (英 bean) [植] インゲンマメ

judicial /フディシアル/ 形 (英 judicial) [法] 司法の

judío(a) /フディオ(ア)/ 男, 女 (英 Jew) ユダヤ人, [宗] ユダヤ教徒, ― 形 ユダヤ (人) の, 強欲な人

juego /フエゴ/ 男 (英 game, play) 遊び, ゲームの道具, [スポーツ] 試合, 勝負事, プレー, そろい, (勝負事などの) 手

jueves /フエベス/ 男 (英 Thursday) 木曜日

juez /フエす/ 男女 (英 judge) [法] 裁判官, [スポーツ] (競技などの) 審判員, 鑑定家

jugador(a) /フガドる(ら)/ 男, 女 (英 player) [スポーツ] 競技者, ばくち打ち

jugar /フガる/ 自 (英 play) 遊ぶ, [スポーツ] (競技・試合を [a]) する, 勝負事をする, いじくる ― 他 (競技・勝負事・遊びなどを) する, 賭ける, 使う, (いたずらなどを) する ― se 再 危険にさらす, 賭ける

jugo /フゴ/ 男 (英 juice) [飲] ジュース, 内容, [料] (果物・野菜・肉などの) 汁

jugoso(a) /フゴソ(サ)/ 形 (英 juicy) 水分の多い, [比喩] 実のある

juguete /フゲテ/ 男 (英 toy) おもちゃ, [比喩] 慰みもの

juicio /フイしオ/ 男 (英 judgment) 判断, 判断力, [法] 裁判

julio /フリオ/ 男 (英 July) 7月
junio /フニオ/ 男 (英 June) 6月

junta /フンタ/ 女 (英 meeting) 会議, [機] 接合部, [スペイン史] 地方評議会

juntar /フンタる/ 他 (英 join) 結合する, 集める, 召集する ― se 再 いっしょになる, 参加する, 一緒に暮らす

junto(a) /フント(タ)/ 形 (英 joined) いっしょの ― 副 いっしょに, (…の [a]) そばに

jurado(a) /フラド(ダ)/ 男 (英 jury) [法] 陪審員, 審査員 ― 形 誓った

juramento /フラメント/ 男 (英 oath) 誓い, 呪い

jurar /フらる/ 他 (英 swear) 誓う ― 自 ののしる

jurídico(a) /フリディコ(カ)/ 形 (英 legal, juridical) [法] 法律の

justamente /フスタメンテ/ 副 (英 precisely) 正確に ― 間 まさにその通り (です)

justicia /フスティしア/ 女 (英 justice) 正義, 裁判, [抽象的に] 警察

justificar /フスティフィカる/ 他 (英 justify) 正当化する, (勘定を) 合わせる ― se 再 (自分自身の) 弁明をする

justo(a) /フスト(タ)/ 形 (英 just) 公正な, もっともな, 締まった, ちょうどの, ぎりぎりの ― 副 ちょうど, ようやく ― 男 正義漢

juvenil /フベニル/ 形 (英 juvenile) 少年 [少女] の

juventud /フベントゥド/ 女 (英 youth) 青年時代, 若さ, [集合的に] 若い人 (たち)

juzgado /フスガド/ 男 (英 court, tribunal) [法] 法廷, [法]

裁判所の管轄範囲
juzgar/フサガる/他（英 judge）〔法〕（人・事件を）裁く，判断する，審判する

K, k

kilo/キロ/男（英 kilogram, kilo）キログラム
kilogramo/キログらモ/男（英 kilogram）キログラム
kilómetro/キロメトろ/男（英 kilometer）キロメートル
kilovatio/キロバティオ/男（英 kilowatt）〔電〕キロワット
kiosko/キオスコ/男（英 kiosk）キオスク
Kuwait/クワイト/固（英 Kuwait）〔地名〕クウェート
kuwaití/クワイティ/形（英 Kuwaiti）クウェート（人）の ― 男女 クウェート人

L, l

la/ラ/代（英 her）彼女を，あなたを，それを ― 冠 定冠詞・女性単数⇒ el
La Paz/ラ パス/固（英 La Paz）〔地名〕ラパス
laberinto/ラベりント/男（英 labyrinth）迷路
labio/ラビオ/男（英 lip）唇,（話す器官としての）口，縁（ふち），傷口，〔解〕陰唇
labor/ラボる/女（英 labor）仕事，編み物，〔農〕農事
laboratorio/ラボらトリオ/男（英 laboratory）実験室［所］，視聴覚室,（薬品・化学製品などの）製作所
laborioso(a)/ラボりオソ（サ）/形（英 difficult, laborious）骨の折れる，勤勉な
labrador(a)/ラブらドる（ら）/男，女（英 farmer）農民
labrar/ラブらる/他（英 carve, cut）細工する，〔農〕（土地を）耕す，刺繍（ししゅう）する,〔比喩〕引き起こす
ladera/ラ デ ら/女（英 hillside）〔地理〕傾斜地
lado/ラド/男（英 side）側（がわ）,（人の）そば，場所，方面,（問題などの）側面,（血統の）関係，わき腹，川の岸，〔スポーツ〕サイド，〔数〕（三角形などの）辺
ladrar/ラドらる/自（英 bark）ほえる，〔比喩〕どなりたてる ― 他（…と言って）どなる
ladrido/ラドリド/男（英 bark）ほえ声，どなり声，悪口
ladrillo/ラドリジョ/男（英 brick, tile）煉瓦（れんが），かたまり
ladrón(ona)/ラドロン（ナ）/男，女（英 thief）泥棒,（愛情をこめて）いたずらっ子 ― 男〔電〕二又［三又］ソケット
lago/ラゴ/男（英 lake）湖,（公園の）人工池
lágrima/ラグりマ/女（英 tear）涙,〔~s〕悲しみ
laguna/ラ グ ナ/女（英 lagoon）〔地理〕潟（かた），空白
laico(a)/ライコ(カ)/形（英 lay, laical）俗人の ― 男女〔宗〕平信徒
lamentable/ラメンタブレ/形（英 lamentable）悲しい
lamentar/ラメンタる/他（英 regret）残念に思う，嘆く，嘆き悲しむ
lamer/ラメる/他（英 lick）なめる,〔比喩〕包む,〔比喩〕（岸を）洗う
lámina/ラ ミ ナ/女（英 lamina, plate）図版，薄版，画，薄片
lámpara/ランぱら/女（英 lamp）ランプ，明り，電灯
lamparilla/ランパりジャ/女（英 small lamp）小さいランプ，常夜灯
lana/ラナ/女（英 wool）羊毛，〔~s〕（ぼさぼさの）髪，下層の人,〔ラ米〕お金
lance/ランセ/男（英 incident, throw）出来事，投げること
lancha/ランチャ/女（英 boat）〔海〕小型船
langosta/ランゴスタ/女（英 lobster）〔動〕ロブスター,〔昆虫〕イナゴ
langostino/ランゴスティノ/男（英 prawn）〔動〕クルマエビ
lanza/ランサ/女（英 lance, spear）〔軍〕槍（やり）,（車の）梶棒（かじぼう）
lanzamiento/ランサミエント/

[男] ([英] throwing) 投げること, 打ち上げること, 世に出すこと, 〔海〕進水

lanzar / ランさる / [他] ([英] throw) 投げる, (声・悲鳴などを) 出す, (視線を) 向ける, 〔比喩〕(製品を) 売り出す, 投下する, 放つ, (葉・花を) 出す, 〔スポーツ〕(ボールを) 投げる **— se** [再] 飛びかかる, 飛び込む, (…に [a]) 突進する, 〔比喩〕突然 (…[a 不定詞]) する, あわてる, 〔比喩〕(事業を [a]) 始める

lápiz / ラピす / [男] ([英] pencil) 鉛筆, 鉛筆状のもの

largo(a) / ラるゴ(ガ) / [形] ([英] long) 長い, 背が高い, 気前のよい **—** [間] 出て行け! ¶ a lo largo de ……に沿って, …を伝って

las / ラス / [代] ([英] them) 彼女たちを, あなたたちを, それらを **—** [冠] 定冠詞・女性複数⇒ el

láser / ラセる / [女] ([英] laser) レーザー

lástima / ラスティマ / [女] ([英] pity) 残念なこと, 悲惨な状態, 哀れみ ¶ ¡Qué lástima! それは残念だ!

lastimar / ラスティマる / [他] ([英] hurt) 傷つける, (物を) 破損する, (人の感情を) 害する **— se** [再] 傷つく, 嘆く

lastimoso(a) / ラスティモソ(サ) / [形] ([英] pitiful, piteous) 哀れな, もったいない

lata / ラタ / [女] ([英] can) 缶, やっかいなこと, ブリキ (板)

latido / ラティド / [男] ([英] beating) (心臓の) 鼓動

látigo / ラティゴ / [男] ([英] whip) むち (鞭)

latín / ラティン / [男] ([英] Latin) 〔言〕ラテン語

latino(a) / ラティノ(ナ) / [形] ([英] Latin) 〔言〕ラテン語の, ラテン民族の, ラテンアメリカの **—** [男], [女] ラテン人, ラテン系の人, ラテンアメリカ人

Latinoamérica / ラティノアメりカ / [固] ([英] Latin America) ラテンアメリカ

latinoamericano(a) / ラティノアメりカノ(ナ) / [形] ([英] Latin American) ラテンアメリカ (人の **—** [男], [女] ラテンアメリカ人

latir / ラティる / [自] ([英] beat) 鼓動する, 隠されている, ほえる

latitud / ラティトゥド / [女] ([英] latitude) 〔地理〕緯度

lavabo / ラバボ / [男] ([英] washroom) 〔遠回しに〕化粧室, 洗面器 [台]

lavado / ラバド / [男] ([英] washing) 洗うこと, 髪洗い

lavadora / ラバドら / [女] ([英] washing machine) 洗濯機

lavandería / ラバンデりア / [女] ([英] laundry) クリーニング店

lavar / ラバる / [他] ([英] wash) (手・体などを) 洗う, (汚名を) そそぐ **—** [自] 洗える **— se** [再] (自分の体・手・顔などを) 洗う

lazo / ラそ / [男] ([英] knot) 結び目, リボン, 〔比喩〕(人と人の) 結びつき, (牛・馬を捕らえるための) 投げ縄, (道の) カーブ

le / レ / [代] ([英] him, her, you,it) 彼に, 彼女に, あなたに, それに

leal / レアル / [形] ([英] loyal) 忠実な **—** [男女] 忠実な人, 忠臣

lealtad / レアルタド / [女] ([英] loyalty) 忠実さ, 忠誠

lección / レクしオン / [女] ([英] lesson) 学課, (教科書の) 課, 教訓, 経験

leche / レチェ / [女] ([英] milk) 〔飲〕牛乳, 乳状の液 **—** [間] 〔俗〕ええい!

lecho / レチョ / [男] ([英] bed) 〔格式〕ベッド, 海底

lechuga / レチュガ / [女] ([英] lettuce) 〔植〕レタス, 〔衣〕ひだ襟 (えり)

lector(a) / レクトる(ら) / [男], [女] ([英] reader) 読者, 講師

lectura / レクトゥら / [女] ([英] reading) 読書, 読み物, 教養, 〔コンピューター〕読み取り

leer / レエる / [他] ([英] read) 読む, 読んで理解する, (心・顔色などを) 読みとる, 講釈する, 解釈する, 〔コンピューター〕読み取る **—** [自] 読書する

legal / レガル / [形] ([英] legal) 合法的な, まじめな

legalidad / レガリダド / [女] ([英] legality) 合法性

legítimo(a) / レヒティモ(マ) / [形] ([英] legitimate) 合法の, 本物の, 摘出の

legumbre / レグンブれ / [女] ([英]

lejanía ▶

legume)〔植〕豆類，野菜
lejanía／レハニア／女（㊧ distance）遠景，距離
lejano(a)／レハノ(ナ)／形（㊧ distant, remote）遠い
lejía／レヒア／女（㊧ bleach）漂白剤
lejos／レホス／副（㊧ far）遠くに，遠くに，(… ㊧ [de]) どころか ¶ a lo lejos 遠くに，離れたところに
lema／レマ／男（㊧ motto）標語，モットー
lengua／レングア／女（㊧ language）言語，舌，〔料〕タン，〔比喩〕炎，(鐘の) 舌，〔地理〕岬
lenguaje／レングアヘ／男（㊧ language）言語，用語，話し方
lentamente／レンタメンテ／副（㊧ slowly）ゆっくりと
lente／レンテ／女（㊧ lens）レンズ，片眼鏡
lentitud／レンティトゥド／女（㊧ slowness）遅いこと
lento(a)／レント(タ)／形（㊧ slow）遅い，弱い
leña／レニャ／女（㊧ wood, firewood）まき，〔スポーツ〕ラフプレー，殴打
león／レオン／男（㊧ lion）〔動〕ライオン，〔ラ米〕〔動〕ピューマ
les／レス／代（㊧ them, you）彼らに，彼女らに，あなたたちに，それらに
lesión／レシオン／女（㊧ injury）けが，(名誉・感情などを) 傷つけること
lesionar／レシオナる／他（㊧ injure）負傷させる，〔比喩〕損害を与える **—se** 再 負傷する，損害を受ける
letra／レトら／女（㊧ letter）文字，〔~s〕文学，字句，〔楽〕歌詞
letrero／レトれろ／男（㊧ sign）標識，看板，ラベル
levantar／レバンタる／他（㊧ raise）起こす，建てる，取り除く，引き起こす，(禁止などを) 解く，(書類を) 作成する **—se** 再 立つ，終わる，奪う，出る，建設される，生じる
leve／レベ／形（㊧ light, slight）軽い，弱い
ley／レイ／女（㊧ law）〔法〕〔全体

として〕法，(科学・哲学上の) 法則，規則，〔比喩〕忠誠 (心)，(金・銀の) 品質
leyenda／レジェンダ／女（㊧ legend）伝説，〔文学〕伝説文学，(メダル・貨幣などの) 銘，(地図・図表などの) 凡例 (はんれい)
liar／リアる／他（㊧ tie, band）結ぶ，巻く，巻き込む，〔比喩〕紛糾させる **—se** 再 (… に [en]) くるまる，紛糾する，くくられる，巻き込まれる，関係を持つ
libanés(esa) 形（㊧ Lebanese）レバノン(人)の **—** 男,女 レバノン人
Líbano 固（㊧ Lebanon）レバノン
liberal／リベらル／形（㊧ liberal）〔政〕自由主義の，心の広い，自由な，一般教育 [教養] の **—** 男女 自由主義者
liberalismo／リベらリスモ／男（㊧ liberalism）〔政〕自由 [進歩・改進] 主義
liberar／リベらる／他（㊧ liberate, free）(奴隷・束縛の状態から) 自由にする，免除する
libertad／リベるタド／女（㊧ freedom, liberty）自由，奔放さ，釈放，気安さ
libertar／リベるタる／他（㊧ liberate）(奴隷・束縛の状態から) 自由にする，(…を [de]) 免除する **—se** 再 自由の身になる，(…を [de]) 免れる
libra／リブら／女（㊧ pound）ポンド《重量・貨幣の単位》
librar／リブらる／他（㊧ save, relieve）救う，〔商〕(手形などを) 振り出す，戦端を開く **—** 自 休日になる **—se** 再 免れる，捨てる
libre／リブれ／形（㊧ free）自由な，自由に (… [de, para 不定詞]) できる，手が空いた，空いた，(危険・邪魔などが [de]) ない，無料の
librería／リブれリア／女（㊧ book store）書店，書棚
librero(a)／リブれろ(ら)／男（㊧ bookseller）〔人を指して〕書籍販売業者 **—** 男 本棚
libro／リブろ／男（㊧ book）本，(本の) 巻，(切手・小切手などの) とじ込み帳

licencia/リセンしア/ 囡 (㊎ license, permission) 免許, (過度の) 自由, 学士号, 〔軍〕休暇, 〔文法〕破格, 〔軍〕除隊

licenciado(a)/リセンしアド(ダ)/ 形 (㊎ licensed) 学士号を取得した, 免許を受けた ― 男, 囡 学士

lícito(a)/リしト(タ)/ 形 (㊎ licit, lawful) 正当な, 〔法〕合法の

licor/リコる/ 男 (㊎ liqueur) 〔飲〕リキュール

líder/リデる/ 男囡 (㊎ leader) 指導者, 先頭に立つ人

liebre/リエブれ/ 囡 (㊎ hare) 〔動〕野ウサギ

lienzo/リエンそ/ 男 (㊎ linen) 亜麻布,〔絵〕画布, ハンカチ,〔建〕(建物の) 面

liga/リガ/ 囡 (㊎ league) 同盟, 〔スポーツ〕リーグ, 連盟

ligar/リガる/ 他 (㊎ tie, bind) (ひも・網などで) 結ぶ, 合わせる, 関係〔関連〕させる, 拘束する ― 自 (異性を [con]) ハントする ― se 再 同盟を結ぶ, 拘束される

ligero(a)/リヘろ(ら)/ 形 (㊎ light) 軽い, 軽快な, 容易な, 気軽な, 軽々しい, 〔飲〕(栄養分・アルコール分の) 少ない ― 副 軽く, 軽装で, 速く

lima/リマ/ 囡 (㊎ file) やすり (をかけること),〔比喩〕洗練

Lima/リマ/ 固 (㊎ Lima) 〔地名〕リマ

limitación/リミタしオン/ 囡 (㊎ limitation) 限定

limitar/リミタる/ 他 (㊎ limit) 制限する ― 自 隣接する ― se 再 限る

límite/リミテ/ 男 (㊎ limit, ceiling) 限り, 制限, 局限 ― 形 制限の

limón/リモン/ 男 (㊎ lemon) 〔植〕レモン, レモン色 ― 形 レモン色の

limonada/リモナダ/ 囡 (㊎ lemonade) 〔飲〕レモネード

limosna/リモスナ/ 囡 (㊎ alms) 施し物, 〔比喩〕わずかな金

limpiar/リンピアる/ 他 (㊎ clean) 掃除する, 洗濯する, 追い払う ― 自 清潔になる, (歯を) 磨く

limpieza/リンピエさ/ 囡 (㊎ cleaning) 掃除, 清潔, 純粋, 正直

limpio(a)/リンピオ(ア)/ 形 (㊎ clean) 清潔な, (道徳的に) 清らかな, 正味の

linaje/リナへ/ 男 (㊎ lineage) 血統, 種 (しゅ)

lindar/リンダる/ 自 (㊎ adjoin) (…と [con]) 隣接する

lindo(a)/リンド(ダ)/ 形 (㊎ pretty, lovely) かわいらしい, すばらしい,〔皮肉に〕結構な

línea/リネア/ 囡 (㊎ line) 線, (電話・電気の) 線, 列, (文章・詩の) 行, (列車・バスなどの) 路線, 方針, 輪郭

lineal/リネアル/ 形 (㊎ lineal) 線状の

lingüista/リングイスタ/ 男囡 (㊎ linguist) 言語学者

lingüística/リングイスティカ/ 囡 (㊎ linguistics) 言語学

lingüístico(a)/リングイスティコ(カ)/ 形 (㊎ linguistic) 言語(学)の

lino/リノ/ 男 (㊎ flax) 〔植〕アマ (亜麻),〔衣〕リンネル

lío/リオ/ 男 (㊎ muddle) 〔口語〕混乱, 〔口語〕問題, 包み

liquidación/リキダしオン/ 囡 (㊎ clearance sale) 〔商〕在庫一掃セール,〔商〕清算,〔経〕債務返済

liquidar/リキダる/ 他 (㊎ sell off) 〔商〕見切り売りする,〔商〕全部支払う,〔経〕(負債などを) 清算する

líquido(a)/リキド(ダ)/ 形 (㊎ liquid) 液体の ― 男 液体

lírico(a)/リリコ(カ)/ 形 (㊎ lyric) 〔詩〕叙情的な ― 男, 囡 〔詩〕叙情詩人

liso(a)/リソ(サ)/ 形 (㊎ flat) 滑らかな, 平らな, 飾りのない, まっすぐの

lista/リスタ/ 囡 (㊎ list) 表,〔料〕メニュー,〔衣〕縞 (しま)

listo(a)/リスト(タ)/ 形 (㊎ ready) 用意のできた, 利口な

literario(a)/リテらリオ(ア)/ 形 (㊎ literary) 文学の

literatura/リテらトゥら/ 囡 (㊎ literature) 文学,〔集合的に〕文献 (類)

litoral/リトらル/ 形 (㊎ littoral) 沿岸の ― 男 沿岸地

litro/リトロ/男(英 liter) リットル

llama/ジャマ/女(英 flame, llama) 炎, [中米][動] リャマ

llamada/ジャマダ/女(英 call) 電話をかけること, 呼ぶこと, (神の) お召し, 召集

llamar/ジャマる/他(英 attract) 呼ぶ, (声・文書・電話などで) 呼び寄せる, 電話する, (注意などを) 引く — 自 電話をかける, 呼び鈴を鳴らす, 呼ぶ — se 再 …という名前である

llano(a)/ジャノ(ナ)/形(英 flat) 平らな, 自然な, 率直な, [文法] 終わりから2番目の音節にアクセントのある — 男 [地理] 平原

llanto/ジャント/男(英 weeping) 泣くこと, 涙, 葬送歌

llanura/ジャヌら/女(英 plain) [地理] 平地

llave/ジャベ/女(英 key) 鍵(かぎ), (問題・なぞなどを解く) 鍵, スパナ, (水道などの) 蛇口

llegada/ジェガダ/女(英 arrival) 到着

llegar/ジェガる/自(英 arrive) 到着する, 達する, 来る, 十分にある, (…する [a 不定詞]) ようになる

llenar/ジェナる/他(英 fill) 満たす, (場所・空間を) いっぱいにする, (人を) 満たす, 記入する, 満足させる, 満腹にする — 自 満ちる, 腹を満たす — se 再 いっぱいになる

lleno(a)/ジェノ(ナ)/形(英 full) いっぱいの, 腹いっぱいの, たっぷりした, 力強い — 男 満員, 完成, 満月

llevar/ジェバる/他(英 carry) (物を) 持って [乗せて] 行く, (身に着けて) 持ち運ぶ, 連れて行く, 導く, 指揮する, (時を) 過ごす, もたらす, 持つ, 保っている, (…歳) 年上である

llorar/ジョらる/自(英 cry, weep) 泣く — 他 悲しむ

llover/ジョべる/自(英 rain) 雨が降る, 雨のように降る [降りかかる]

lluvia/ジュビア/女(英 rain) 降雨量, 雨, シャワー

lluvioso(a)/ジュビオソ(サ)/形(英 rainy) 雨の

lo/ロ/代(英 him, you, it) 彼を, あなたを, それを — 冠 …なもの, [~過去分詞] …したこと, [~所有形容詞] …のもの, [~形容詞(句)] …の場所, [~名詞] …であること ¶ lo importante 大切なこと, lo pasado 過ぎたこと, lo alto 高いところ, lo ocupado 忙しいこと lo de …のこと lo …(形容詞変化形) que どんなに…であるのか 《強調》 lo que 《関係代名詞》 …のこと lo cual 《関係代名詞》 そのこと, それ

lobo/ロボ/男(英 wolf) [動] オオカミ (狼)

local/ロカル/形(英 local) その土地の, 場所の, [医] 局部[所]的な — 男 (建物の中の) 場所, [商] 店舗, 本部

localidad/ロカリダド/女(英 locality) ある場所, 予約席, 座席券

locamente/ロカメンテ/副(英 madly) 狂ったように

loco(a)/ロコ(カ)/形(英 mad, crazy) 気が狂った, 興奮した, 夢中になった, とてつもない, 腹を立てた — 男, 女 狂人

locura/ロくら/女(英 madness) 狂気, 熱狂

lodazal/ロダさル/男(英 quagmire) 泥地

lodo/ロド/男(英 mud) 泥, ぬかるみ

lógica/ロヒカ/女(英 logic) 論理(学), 筋道

lógico(a)/ロヒコ(カ)/形(英 logical) 論理的な, 当然の, 論理学(上)の

lograr/ログらる/他(英 get, obtain) 得る, (…[不定詞]) できるようになる [し遂げる], (…に [que接続法]) なるようにする — se 再 成功する

lomo/ロモ/男(英 back) (動物の) 背, [料] (豚などの) 背肉, (本の) 背

Londres/ロンドれス/固(英 London) [地名] ロンドン

longitud/ロンヒトゥド/女(英 length) (距離・寸法の) 長さ, [地理] 経度

los/ロス/代(英 them) 彼らを, あなたたちを, それらを — 冠

定冠詞・男性複数⇒ el

lotería/ロテリア/囡(英 lottery)宝くじ

lucha/ルチャ/囡(英 fight)戦い, 論争, 格闘, 〔スポーツ〕レスリング

luchar/ルチャる/自(英 fight)戦う, (…しようと[por 不定詞])奮闘する

lucir/ルしる/自(英 shine, give off light)輝く, (優れているので)目立つ, やりがいがある, 明るくなる, 着飾る, 照らす ━ **se** 再 着飾る, 抜きん出る

luego/ルエゴ/副(英 afterwards, later)後で, それから, すぐに ¶ desde luego もちろん, 確かに luego de...(…の[不定詞])後で

lugar/ルガる/男(英 place)場所, 座席, 地域, (特定の)個所, 地位, 立場, 余地, 順位 ¶ en primer lugar まず第一に tener lugar 起きる, 生じる, 行なわれる, 催される

lujo/ルホ/男(英 luxury)ぜいたく, たくさん ¶ de lujo 豪華な

lujoso(a)/ルホソ(サ)/形(英 luxurious)ぜいたくな

luminoso(a)/ルミノソ(サ)/形(英 luminous)光を発する, 明解な

luna/ルナ/囡(英 moon)〔天〕月, 鏡, (ショーウィンドーなどの)ガラス

lunar/ルナる/形(英 lunar)月の ━男(英 mole)ほくろ

lunes/ルネス/男(英 Monday)月曜日

luto/ルト/男(英 mourning)喪(も), 喪服, 悲嘆

luz/ルす/囡(英 light)光, 〔電〕明かり, 日光, 昼間, 電気, 〔~es〕知識, 火, 見解, 〔建〕窓, 手本

M, m

maca/マカ/囡(英 bruise)(果物などの)傷み, (布地などの)しみ, 欠点

maceta/マせタ/囡(英 flowerpot)植木鉢, 〔技〕(石工の)ハンマー

machacar/マチャカる/他(英 crunch)押しつぶす, くどくどと繰り返す, もみくちゃにする, (敵などを)粉砕する, 気持ちをくじく, 調べつくす ━ 自 繰り返し学習する, くどくど言う, 金[時間]を使う

macho/マチョ/形(英 male)〔動〕〔植〕オス(雄)の, 〔技〕凸型の, 男らしい, 強い, ━男 オス(雄), 〔技〕(部品の)オス, 〔電〕プラグ, たくましい男

macizo(a)/マしそ(さ)/形(英 solid)中身のある, 頑丈な, 塊(かたまり), 〔地理〕山塊, 〔建〕ビル群

madera/マデら/囡(英 wood)木材, 才能

madre/マドれ/囡(英 mother)母, 〔比喩〕本源

Madrid/マドリド/固(英 Madrid)〔地名〕マドリード

madrileño(a)/マドリレニョ(ニャ)/形(英 Madrilenian)マドリードの ━男,囡 マドリードの人

madrina/マドリナ/囡(英 godmother)教母, (女性の)保護者, 支柱

madrugada/マドるガダ/囡(英 early morning)早朝, 夜半すぎ, 早起き

madrugador(a)/マドるガド(ら)/形(英 early riser)早起きの ━男,囡 早起きの人

madrugar/マドるガる/自(英 get up early)早起きする, 〔比喩〕機先を制する

madurar/マドゥらる/他(英 mature, ripen)成熟させる, 熟考する ━ **(se)** 自(再) 熟す

maduro(a)/マドゥろ(ら)/形(英 mature, ripe)熟した, 十分に発達[発育]した, 中年の

maestra/マエストら/囡(英 teacher, school mistress)女の先生

maestría/マエストリア/囡(英 mastery)熟練, 教職の資格, (大学院の)修士課程

maestro/マエストろ/男(英 teacher)教師, 師, 大音楽家, 〔闘牛〕闘牛士

magia/マヒア/囡(英 magic)魔法, 不思議な力

mágico(a) /マヒコ(カ)/ 形 (㊥ magic) 魔法の, 心を奪うような

magisterio /マヒステリオ/ 男 (㊥ teaching) 教えること, [集合的に] (初等教育の) 教師

magnético(a) /マグネティコ(カ)/ 形 (㊥ magnetic) 磁石の, 磁気の

magnífico(a) /マグニフィコ(カ)/ 形 (㊥ magnificent) 壮大な, すばらしい ― 間 それはすばらしい!

magnitud /マグニトゥド/ 女 (㊥ magnitude) 大きさ, 寸法, 偉大さ, [天] (恒星の) 等級, (地震の) マグニチュード

Mahoma /マオマ/ 固 (㊥ Mohammed) [東洋人名] マホメット [ムハンマド]

mahometano(a) /マオメタノ(ナ)/ 形 (㊥ Mohammedan) マホメットの, イスラム教の ― 男,女 [宗] マホメット教徒

mahometismo /マオメティスモ/ 男 (㊥ Mohammedanism) [宗] イスラム教

maíz /マイス/ 男 (㊥ corn) [植] トウモロコシ

majestad /マヘスタド/ 女 (㊥ majesty) 陛下, 威厳

majo(a) /マホ(ハ)/ 形 (㊥ nice) すてきな, だてな, ― 男,女 すてきな人

mal /マル/ 形 (㊥ ill, badly, evil) maloの語尾短縮形 ⇒ malo ― 副 (一時的に) かげんが悪い, ほとんど…ない, 不快で ― 男, 病気, 害, 不幸, 災難, [比喩] (精神・道徳などの) 不健全, (社会の) 悪弊

maldad /マルダド/ 女 (㊥ badness) 悪さ, 邪悪

maldito(a) /マルディト(タ)/ 形 (㊥ damn) いまいましい, 呪われた ― 男,女 いまいましい人, 悪魔

malentendido /マレンテンディド/ 男 (㊥ misunderstanding) 誤解

maleta /マレタ/ 女 (㊥ suitcase) スーツケース

maletero /マレテロ/ 男 (㊥ porter) ポーター, [車] トランク

maletín /マレティン/ 男 (㊥ briefcase) アタッシュケース, 小型旅行かばん

malgastar /マルガスタる/ 他 (㊥ waste) 浪費する

malicia /マリシア/ 女 (㊥ malice) 悪意, [~s] 疑い, 狡猾, 邪悪

malicioso(a) /マリシオソ(サ)/ 形 (㊥ malicious) 悪意のある, ずるい, みだらな ― 男,女 悪意のある人

malo(a) /マロ(ラ)/ 形 (㊥ bad) (男性単数名詞の前でmalとなる) 悪い, 劣った, まずい, 不適当な, 病気の, 天気が悪い ― 男,女 悪者

maltratar /マルトらタる/ 他 (㊥ maltreat) 虐待する, 傷を与える

malvado(a) /マルバド(ダ)/ 形 (㊥ wicked, evil) 邪悪な ― 男,女 悪党

mamá /ママ/ 女 (㊥mummy, mum) ママ, お母さん

mamar /ママる/ 自 (㊥ suck) 乳を吸う [飲む] ― 他 (㊥ suck) 吸う, 飲み込む, 幼児期から覚える [身につける], 酔っぱらう

Managua /マナグア/ 固 (㊥ Managua) [地名] マナグア

manantial /マナンティアル/ 形 (㊥ spring) 泉の ― 男 泉

mancha /マンチャ/ 女 (㊥ stain) 汚れ, しみ, 汚点, 斑点, あざ, [天] (太陽の) 黒点

manchar /マンチャる/ 他 (㊥ stain) 汚す ― **se** 再 (自分の体 [服] を) 汚す, 傷がつく

mandamiento /マンダミエント/ 男 (㊥ command) 命令, [宗] 戒律, [法] 令状

mandar /マンダる/ 他 (㊥ order) 命令する, 注文する, 指揮する, 送る

mandato /マンダト/ 男 (㊥ order) 命令, 在任期間, 委任

mando /マンド/ 男 (㊥ command) 命令, [機] 駆動 [装置], リモコン

manejar /マネハる/ 他 (㊥ handle) (道具などを) 扱う, (事業などを) 経営する, 使う, [ラ米] (自動車を) 運転する ― 他 [ラ米] 車を運転する ― **se** 再 自由に体を動かす, 自分の問題を処理する

manejo/マネホ/男(㊥ handling)取り扱い,〔比喩〕管理,如才のなさ,策略,(車の)運転

manera/マネら/女(㊥ manner)方法,態度,〔おもに~s〕行儀,風習,流儀,種類 ¶ a *su* manera …の流儀で,…の気に入るように de ninguna manera《否定語》決して…でない；とんでもない de tal manera que ……のように de todas maneras いずれにしても,とにかく

manga/マンガ/女(㊥sleeve)〔衣〕(服の)袖(そで),ホース,排水管

mango/マンゴ/男(㊥ handle)ハンドル,〔植〕マンゴー(の実)

manía/マニア/女(㊥ mania)熱狂,〔医〕躁(そう)病,(変な)習慣,嫌悪

maníaco(a)/マニアコ(カ)/形(㊥ maniac)マニアの 一男,女マニア

manifestación/マニフェスタシオン/女(㊥demonstration)〔政〕デモ,明示,〔政〕声明

manifestar/マニフェスタる/他(㊥ manifest)明らかにする,表明する 一**se** 再〔政〕意思表示を行なう,自分の意見を言う

manifiesto(a)/マニフィエスト(タ)/形(㊥ manifest)明白な,はっきりと述べられた 一男 宣言(書)

maniobra/マニオブら/女(㊥ handling, operation)操作,〔比喩〕計略,〔軍〕大演習,〔海〕船舶操縦術,〔海〕(船の)索具

manipular/マニプらる/他(㊥ manipulate)操作する,〔比喩〕巧みに扱う[処理する]

mano/マノ/女(㊥ hand)手,(動物の)前足,〔比喩〕人手,〔比喩〕支配,〔比喩〕(援助の)手,〔トランプ〕持ち札,〔遊〕先手,仕事,手腕,〔スポーツ〕ハンドリング

manso(a)/マンソ(サ)/形(㊥ gentle)温和な,飼い慣らされた,穏やかな

manta/マンタ/女(㊥ blanket)毛布,一面に覆う物,ぶつこと,〔魚〕マンタ

manteca/マンテカ/女 grease)〔料〕ラード

mantel/マンテル/男(㊥ tablecloth)テーブルクロス

mantener/マンテネる/他(㊥ maintain)(ある状態に[形容詞][副詞])保ち続ける,維持する,支える,扶養する,主張する 一**se** 再 生計を立てる,生きる,(ある状態の[形容詞][副詞])ままでいる,(その場に[en])居残る

mantenimiento/マンテニミエント/男(㊥ maintenance)維持,メンテナンス,扶養,生活費,主張,支持,食品

mantequilla/マンテキジャ/女(㊥料)〔料〕バター

manto/マント/男(㊥ mantle, cloak)〔衣〕マント,〔比喩〕覆うもの,〔衣〕礼服,〔衣〕肩掛け,〔建〕(暖炉の)マントルピース,〔鉱物〕地層,鉱層,〔地〕マントル

manual/マヌアル/形(㊥ manual)手動の,手の,扱いやすい 一男 マニュアル,教科書

manuscrito/マヌスクリト/男(㊥ manuscript)手稿,写本 一, ta 形 手で書かれた

manzana/マンサナ/女(㊥ apple)〔植〕リンゴ,(建物の)一区画

mañana/マニャナ/副(㊥ tomorrow)明日,将来 一男 朝,午前

mapa/マパ/男(㊥ map)地図

máquina/マキナ/女(㊥ machine)機械,自動車,飛行機,機関車,カメラ,機構

maquinaria/マキナリア/女(㊥ machinery)〔集合的に〕機械

mar/マる/男(㊥ sea)〔地理〕海,〔地理〕内海,波,大量

maratón/マらトン/男(㊥ marathon)〔スポーツ〕マラソン競技,〔一般に〕耐久競技

maravilla/マらビジャ/女(㊥ marvel)驚くべきこと,〔植〕キンセンカ,〔植〕ヒマワリ

maravilloso(a)/マらビジョソ(サ)/形(㊥ marvelous)驚くべき,すばらしい

marca/マるカ/女(㊥ mark)印,〔商〕(商品の)銘柄,〔スポーツ〕記録,得点,評点,(感化の)

跡, 烙印 (らくいん)

marcar /マるカる/ 他 (⊛ mark) 印 [記号] をつける, 表示する, (ダイヤルを) 回す, 烙印を押す, 〔スポーツ〕(得点を) 入れる

marcha /マるチャ/ 女 (⊛ march) 歩み, 行進, 〔楽〕行進曲, 進行, 出発, スピード, 〔車〕ギア, お祭り騒ぎ, のり

marchar /マるチャる/ 自 (⊛ go, walk) 行く, 営業活動する, 働く, 〔軍〕進軍する ― **se** 再 行ってしまう

marco /マるコ/ 男 (⊛ frame) 枠 (わく), 額縁, 場, 枠組み, マルク《ドイツの旧貨幣》, 〔スポーツ〕ゴールポスト

marear /マれアる/ 他 (⊛ annoy, bother) いらいらさせる, 乗り物酔いさせる, めまいを起こさせる ― **se** 再 乗り物に酔う

mareo /マれオ/ 男 (⊛ sickness, nausea) 乗り物酔い, 吐き気, うるさがらせること

marfil /マるフィル/ 男 (⊛ ivory) 象牙 (ぞうげ), 象牙色, 象牙細工, 〔植〕ゾウゲヤシ ― 形 象牙色の

margen /マるヘン/ 男 (⊛ margin) 余白, 余裕, 許容範囲, 〔商〕利ざや, 縁 (ふち), 機会

marido /マリド/ 男 (⊛ husband) 夫

marinero /マリネろ/ 男 (⊛ sailor) 〔海〕船員, 〔軍〕水兵

marino(a) /マリノ(ナ)/ 形 (⊛ marine) 〔海〕海の, 〔海〕海運業の, 〔海〕船舶の ― 男 〔海〕船員, 〔軍〕水兵

mariposa /マリポサ/ 女 (⊛ butterfly) 〔昆〕チョウ (蝶), 〔昆〕ガ (蛾), 〔スポーツ〕バタフライ

marisco /マリスコ/ 男 (⊛ seafood) 〔料〕(骨のない) 魚介類

marisquería /マリスケリア/ 女 (⊛ shellfish restaurant) シーフードレストラン

marítimo(a) /マリティモ(マ)/ 形 (⊛ maritime) 〔海〕海の, 海上の

mármol /マるモル/ 男 (⊛ marble) 大理石

marqués /マるケス/ 男 (⊛ marquis) 侯爵

marrón /マろン/ 形 (⊛ brown) 褐色の ― 男 褐色

marroquí /マろキ/ 形 (⊛ Moroccan) モロッコ (人) の ― 男女 モロッコ人 ― 男 モロッコ革

Marruecos /マるエコス/ 固 (⊛ Morocco) 〔地名〕モロッコ

martes /マるテス/ 男 (⊛ Tuesday) 火曜日

martillo /マるティジョ/ 男 (⊛ hammer) 槌 (つち), ハンマー

mártir /マるティる/ 男女 (⊛ martyr) 〔宗〕殉教者, 〔比喩〕〔一般に〕犠牲者

marzo /マるそ/ 男 (⊛ March) 3月

mas /マス/ 接 (⊛ but) しかし

más /マス/ 形 (⊛ more) より多くの, これ [それ] 以上の ― 副 (mucho の比較級) (…より [que]) もっと (多く), さらに…, むしろ…, 〔定冠詞・所有形容詞をつけて〕最も… ¶ No tengo más dinero. 私はこれ以上お金がありません Este libro es más interesante que ése. この本はそれより面白い de más 余分に, 余計に lo más (＋形容詞) いちばん…なこと lo más (形容詞・副詞) posible できるだけ…で más bien … むしろ… más o menos… おおよそ, ほぼ más que nunca 今まで以上に, かつてなく no más (不定詞) …するとすぐに

masa /マサ/ 女 (⊛ mass) 塊 (かたまり), 大衆, 〔料〕こね粉, 全体, 〔建〕モルタル, 〔物〕質量

masaje /マサヘ/ 男 (⊛ massage) マッサージ

máscara /マスカら/ 女 (⊛ mask) 仮面, 防毒マスク, 〔スポーツ〕マスク, 仮装, 〔比喩〕口実, 〔~s〕仮装パーティー

mascota /マスコタ/ 女 (⊛ mascot) マスコット

masculino(a) /マスクリノ(ナ)/ 形 (⊛ masculine, male) 男性の, 男らしい

masticar /マスティカる/ 他 (⊛ chew) (食べ物を) よく噛む, 〔比喩〕よく考える

matanza /マタンさ/ 女 (⊛ slaughter) 虐殺, 屠殺, 〔集合

的に〕豚の生産品

matar／マタる／[他]（[英] kill）殺す,（時間を）つぶす, ひどく苦しめる,（空腹を）紛らわす,（火を）消す,（輝き・色を）落とす,（切手に）消印を押す, **— se** [再] 自殺する,（事故・災害・戦争などで [en]）死ぬ,〔比喩〕一生懸命（… [por 不定詞]）する

mate／マテ／[男]（[英] mate）マテ茶

matemática／マテマティカ／[女]（[英] mathematics）〔数〕数学

matemático(a)／マテマティコ（カ）／[形]（[英] mathematical）〔数〕数学(上)の, 正確な **—** [男],[女] 数学者

materia／マテリア／[女]（[英] material）物質, 原料, 事柄, 成分,（書物・演説などの）内容, 教科

material／マテリアル／[形]（[英] material）物質の, 実際の, 実体のある, 肉体的な, 物質主義的な **—** [男] 原料, 資料,〔集合的に〕用具, 革,〔印〕原稿

materialismo／マテりアリスモ／[男]（[英] materialism）唯物論［主義］, 物質主義, 実利主義

materialista／マテりアリスタ／[形]（[英] materialistic）唯物論的な, 物質主義的な, 実利主義的な **—** [男女] 唯物論者

maternidad／マテるニダド／[女]（[英] maternity）母であること,〔医〕産科

materno(a)／マテるノ（ナ）／[形]（[英] maternal, motherly）母の, 母方の

matiz／マティす／[男]（[英]shade, hue）色合い,（意味の）ニュアンス

matrícula／マトりクラ／[女]（[英] matriculation）入学手続き,（自動車の）ナンバープレート, 登録者数

matricular／マトりクラる／[他]（[英] register）入学させる, 登録する **— se** [再] 入学手続きをする,（自分を）登録する

matrimonial／マトりモニアル／[形]（[英] marital）結婚の

matrimonio／マトりモニオ／[男]（[英] marriage）結婚, 夫婦, 結婚式, 夫婦関係

máximo(a)／マクシモ（マ）／[形]（[英] maximum）最高の **—** [男] 最大限,〔数〕極大 ¶ como máximo せいぜい, 最大限, 多くて

maya／マジャ／[男女]（[英]Mayan）マヤ族 **—** [形] マヤの

mayo／マジョ／[男]（[英] May）5月

mayor／マジョる／[形]（[英] bigger, larger）年上の,〔定冠詞をつけて〕最大の, 成人した, 老齢の, 主な,〔楽〕長調の **—** [男女] 成人, 目上の人, 長,〔軍〕司令官

mayoría／マジョりア／[女]（[英] majority）大多数, 多数党,（得票の）過半数, 年長

mayúsculo(a)／マジュスクロ（ラ）／[形]（[英] capital）大文字の, 大きな

me／メ／[代]（[英] me）私を［に］

mecánico(a)／メカニコ（カ）／[形]（[英] mechanical）機械の, 機械的な **—** [男] 整備士, 運転手

mecanismo／メカニスモ／[男]（[英] mechanism）メカニズム,〔機〕装置, 機械作用

mecanizar／メカニさる／[他]（[英] mechanize）機械化する

medalla／メダジャ／[女]（[英] medal）メダル, 勲章

media／メディア／[女]（[英] half; stocking）30分,〔おもに～s〕〔衣〕ストッキング,〔数〕平均,〔スポーツ〕ハーフバック

mediación／メディアしオン／[女]（[英] mediation）仲裁

mediado(a)／メディアド（ダ）／[形]（[英] halfway）半分の ¶ a mediados de...…の中ごろに, …の中旬に

mediano(a)／メディアノ（ナ）／[形]（[英] medium）中くらいの, 並の, 平凡な

medianoche／メディアノチェ／[女]（[英] midnight）真夜中

mediante／メディアンテ／[前]（[英] by means of, using）…を使って, …のおかげで ¶ entenderse mediante gestos 身振りで理解し合う

mediar／メディアる／[自]（[英] be）（…の [entre]）間にある, 仲介に立つ,（…に [en]）介入する

M

medicamento／メディカメント／男（英 medicament）〔医〕薬
medicina／メディしナ／女（英 medicine）〔医〕薬,〔医〕医学,〔医〕医術
médico(a)／メディコ（カ）／男, 女（英 doctor, physician）医師 — 形 医学の
medida／メディダ／女（英 measurement, measure）対策，大きさ，程度，測定 ¶ a medida que ...…するに従って
medieval／メディエバル／形（英 medieval）中世（風）の
medio(a)／メディオ（ア）／形（英 half）半分の，中間の，普通の，中等の，〔比喩〕多くの，中央の — 男 中央，半分，〔おもに～s〕方法，〔～s〕資産，サークル，環境，中指，〔スポーツ〕ハーフ
mediocre／メディオクれ／形（英 mediocre）〔軽蔑的に〕平凡な，良くも悪くもない
mediodía／メディオディア／男（英 midday, noon）正午，南
medir／メディる／他（英 measure）測る，よく考える，評価する — 自 寸法が…である — **se** 再 争う，抑制する
meditación／メディタしオン／女（英 meditation）瞑想（めいそう），沈思黙考
meditar／メディタる／自（英 meditate）瞑想（めいそう）する，深く考える — 他 計画する，熟考する
mediterráneo(a)／メディテらネオ（ア）／形（英 Mediterranean）地中海の，内陸の ¶ Mar M～〔地名〕地中海
mejicano(a)／メヒカノ（ナ）／形 ⇒ mexicano
Méjico／メヒコ／固 ⇒ México
mejilla／メヒジャ／女（英 cheek）頬（ほお）
mejor／メホる／形（英 better）よりよい，〔定冠詞・所有形容詞をつけて〕最もよい — 副 より上手に，むしろ… ¶ a lo mejor もしかすると，たぶん
mejora／メホら／女（英 improvement）改良
mejorar／メホらる／他（英 improve）改善する，〔医〕（病気を）直す — **se** 再 よくなる
mejoría／メホリア／女（英 improvement）〔医〕（病状の）回復，改善
melancolía／メランコリア／女（英 melancholy）憂鬱（ゆううつ）
melancólico(a)／メランコリコ（カ）／形（英 melancholic）ふさぎこんだ
melocotón／メロコトン／男（英 peach）〔植〕モモ（桃）
melodía／メロディア／女（英 melody）〔楽〕メロディー
melón／メロン／男（英 melon）〔植〕メロン，ばか
memoria／メモりア／女（英 memory）記憶，〔コンピューター〕メモリー，レポート，〔～s〕思い出（の記），論文，明細書
mención／メンしオン／女（英 mention）話に出すこと，言及，記述
mencionar／メンしオナる／他（英 mention）話に出す，名をあげる
mendigo(a)／メンディゴ（ガ）／男, 女（英 beggar）乞食（こじき）
menear／メネアる／他（英 move, shake）（からだ・頭・手足などを）動かす，（尾・尻などを）振る，かき回す，経営する，急ぐ，腰を振る
menester／メネステる／男（英 need, necessity）必要，〔おもに～es〕従事,〔～es〕生理的欲求,〔～es〕道具
menor／メノる／形（英 smaller, lesser）より小さい，より若い，〔定冠詞をつけて〕いちばん小さい［少ない］，ごくわずかの，いちばん年下の，最年少の，未成年の，重要でない，〔楽〕短調の — 男女 年下の人，未成年
menos／メノス／副（英 less）より少なく…，〔形容詞とともに〕…でない，〔定冠詞がついて〕いちばん少なく ¶ Trabajo menos que él. 私は彼ほど働かない echar de menos…がないのをさびしく思う，por lo menos 少なくとも — 前…を除いて，引く，〔時間の表現〕…分前 — 男（単複同形）短所，少数，〔数〕マイナス記号
mensaje／メンサヘ／男（英 message）ことづけ，（公式な）意見書，メッセージ,〔宗〕（神の）

お告げ
mensajero(a)/メンサヘロ(ら)/男,女(㊟ messenger)使いの者 ー 形 使いの

mensual/メンスアル/形(㊟ monthly)毎月の、1月あたり…

mental/メンタル/形(㊟ mental)精神の、精神病の、心の中で行なう

mentalidad/メンタリダド/女(㊟ mentality)精神性、考え方

mente/(メンテ/女(㊟ mind)心、想像、意向

mentir/メンティる/自(㊟ lie)嘘(うそ)をつく

mentira/メンティら/女(㊟ lie)嘘(うそ)

mentiroso(a)/メンティろソ(サ)/形(㊟ lying)嘘(うそ)をついている、人を欺く ー 男,女 嘘つき

menú/メヌ/男(㊟ menu)メニュー、献立表、(日替り)定食

menudo(a)/メヌド(ダ)/形(㊟ tiny)小さい、すごい、厳密な、くだらない ー 男 小銭、[~s][料]くず肉‖a menudo しばしば、頻繁に

mercado/メるカド/男(㊟ market)[商]市場(いちば)、[商][経]販路、[商]売買、マーケット

mercancía/メるカンシア/女(㊟ merchandise)[商]商品、取り引き

mercantil/メるカンティル/形(㊟ mercantile)[商]商業の

merced/メるセド/女(㊟ mercy)恩恵、慈悲、好意

merecer/メれセる/他(㊟ deserve, merit)値する、値打ちがある、達成する ー 自 感謝[賞賛]を受けるに値する ー **se** 再 値する

merendar/メれンダる/自(㊟ have an afternoon snack)(午後の)おやつ[軽食]を食べる ー 他 (午後の)おやつ[軽食]に食べる ー **se** 再 [比喩]獲得する

meridional/メりディオナル/形(㊟ meridional)南部の

merienda/メりエンダ/女(㊟ afternoon snack)(午後の)おやつ、(ピクニックの)食事、昼食、ピクニック

mérito/メりト/男(㊟ merit)長所、手柄

mermelada/メるメラダ/女(㊟ marmalade)[料]マーマレード

mero(a)/メろ(ら)/形(㊟ mere)ほんの、まさにその…、本当に

mes/メス/男(㊟ month)月、1か月(間)、月給

mesa/メサ/女(㊟ table)テーブル、仕事台、机、[比喩]食卓、委員会、[地理]台地

meseta/メセタ/女(㊟ plateau)[地理]高原、台地、(階段の)踊り場

mesón/メソン/男(㊟ inn, tavern, hostelry)居酒屋 ー 男 [物]中間子

mestizo(a)/メスティそ(さ)/男,女(㊟ half-breed)混血、混血児 メスティーソ、[生]交雑種 ー 形 混血の、[生]交雑種の

meta/メタ/女(㊟ goal)(努力などの)目標、[スポーツ]ゴール

metal/メタル/男(㊟ metal)金属、金属元素、[比喩]金(かね)、金属音、性質

metálico(a)/メタリコ(カ)/形(㊟ metallic)金属の、かん高い ー 男 現金、硬貨

meter/メテる/他(㊟ put)入れる、仕事につかせる、巻き込む、引き起こす、(服を)つめる、ぶつ ー **se** 再 入る、隠れる、行く、(手足などを)入れる、(…に[en])なる、首をつっ込む、かまう、陥る、夢中になる

método/メトド/男(㊟ method)(組織立った)方法、筋道、教則本、教授法

metro/メトろ/男(㊟ subway, meter)[鉄]地下鉄、メートル、巻き尺、定規、[詩]韻律

metrópoli/メトろポリ/女(㊟ metropolis)(国・州などの)中心都市、(植民地に対し)宗主国、[宗]大司教管区

mexicano(a)/メヒカノ(ナ)/形(㊟ Mexican)メキシコ(人)の ー 男,女 メキシコ人

México/メヒコ/固(㊟ Mexico)[地名]メキシコ

mezcla/メスクラ/女(㊥ mixing)混ぜること，混合したもの，〔建〕モルタル，〔映〕ミキシング

mezclar/メスクラる/他(㊥ mix)混ぜる，いっしょにする，(人を)巻き込む ― **se** 再 混ざる，(人と[con])交わる，口を出す

mezquino(a)/メスキノ(ナ)/形(㊥ mean)卑劣な，けちな，不運な，つまらない，貧しい，貧乏人

mi/ミ/形(㊥ my)〔名詞の前で〕私の

mí/ミ/代(㊥ me)〔前置詞の後で〕私

micrófono/ミクろフォノ/男(㊥ microphone)マイク，マイクロホン

microscopio/ミクろスコピオ/男(㊥ microscope)顕微鏡

miedo/ミエド/男(㊥ fear)恐れ，不安

miedoso(a)/ミエドソ(サ)/形(㊥ fearful)臆病な，恐れている

miel/ミエル/女(㊥ honey)はちみつ(蜂蜜)

miembro/ミエンブろ/男(㊥ member)(団体・組織の)一員，〔解〕手足(の1本)，〔遠回しに〕ペニス，〔数〕(等式の)辺

mientras/ミエントらス/接(㊥ meanwhile, while)…している間に，…するかぎり，〔対比を示す〕…の一方で… ― 副 その間に ¶ mientras ... (比較級)…すればするほど，ますます～になる mientras tanto その間に，そうこうするうちに

miércoles/ミエるコレス/男(㊥ Wednesday)水曜日

mierda/ミエるダ/女(㊥ shit)〔俗語〕ひどい代物，糞(くそ)，不潔なもの，くそったれ ― 間 〔俗語〕くそっ！

miga/ミガ/女(㊥ crumb)(柔らかい)パンの中身，(パンなどの)小片，〔比喩〕中身，〔比喩〕かくされた真実

mil/ミル/数(㊥one thousand) 1000(の)

milagro/ミラグろ/男(㊥ miracle)奇跡

milagroso(a)/ミラグろソ(サ)/形(㊥ miraculous)奇跡的な

milímetro/ミリメトろ/男(㊥ millimeter)ミリメートル

militar/ミリタる/形(㊥ military)〔軍〕軍の ― 男〔軍〕兵士 ― 自 活動する，〔軍〕軍務につく

militarismo/ミリタリスモ/男(㊥ militarism)〔政〕軍国主義，軍人精神

milla/ミジャ/女(㊥ mile)マイル，海里

millón/ミジョン/男(㊥ one million)100万

millonario(a)/ミジョナリオ(ア)/男,女(㊥ millionaire)百万長者 ― 形 大金持ちの

mimar/ミマる/他(㊥pamper, indulge)甘やかす，かわいがる，〔演〕パントマイムで演じる，振りをつける

mimoso(a)/ミモソ(サ)/形(㊥ pampered, spoiled)甘やかされた，甘やかす

mina/ミナ/女(㊥ mine)鉱山，〔軍〕地雷，〔比喩〕(知識・情報などの)豊かな源，(鉛筆の)芯(しん)，掘り出し物，〔ラ米〕女の子

mineral/ミネらル/形(㊥ mineral)鉱物(性)の ― 男 鉱物，〔比喩〕鉱物などの)泉

minería/ミネリア/女(㊥ mining industry)鉱業，採掘，〔集合的に〕(一国・一地域の)鉱山

minero(a)/ミネろ(ら)/男,女(㊥ miner)鉱山労働者 ― 形 鉱山の

minifalda/ミニファルダ/女(㊥ miniskirt)〔衣〕ミニスカート

mínimo(a)/ミニモ(マ)/形(㊥ minimum)最小の ― 男 最小 ¶ como mínimo〔口語〕少なくとも，せめて

ministerio/ミニステリオ/男(㊥ ministry)省，大臣の職[地位]，〔宗〕(聖職者の)職務

ministro(a)/ミニストろ(ら)/男,女(㊥ minister)大臣，公使，〔宗〕司祭

minoría/ミノリア/女(㊥ minority)少数，少数集団，未成年(の時期)

minucioso(a)/ミヌシオソ(サ)/形(㊥ meticulous)非常に注意深い，詳細な

minúsculo(a)/ミヌスクロ

(ラ)／形（英 minuscule）小文字（書体）の, きわめて小さい

minuto／ミヌト／男（英 minute）1分, 少しの間 **—, ta** 小さな

mío(a)／ミオ(ア)／形（英 mine）〔名詞の後で〕私の,〔定冠詞をつけて〕私のもの ¶ los míos 私の家族

miope／ミオペ／形（英 myopic）〔医〕近視(性)の **—** 男女〔医〕近視の人

mira／ミら／女（英 aim, object）目的, 見通し,〔軍〕(銃などの)照準器,〔技〕水準測桿(そくかん)〔建〕望楼

mirada／ミらダ／女（英 look, glance）見ること, 目つき

mirador／ミらドる／男（英 observatory）展望台

mirar／ミらる／他（英 look, watch）(注意して) 見る, 気をつける, 調べる **—** 自 注意する, 世話をする, 向いている, 考える, 考慮する, (…になるように [a que接続法]) 確かめる **—se** 再 自分の姿を見る, (互いに) 見合う, よく考える

misa／ミサ／女（英 Mass）〔宗〕ミサ,〔楽〕ミサ曲

miserable／ミセらブレ／形（英 miserable）哀れな, あさましい, みじめな気持ちにさせる **—** 男女 ろくでなし, けちん坊

miseria／ミセりア／女（英 misery）みじめさ, 不幸,〔比喩〕わずかな物［金］, けちなこと

misericordia／ミセりコるディア／女（英 mercy, compassion）慈悲, とどめ(の剣)

misión／ミシオン／女（英 mission）使節,〔宗〕伝道団, 伝道所,(派遣される者の)使命, 天職

misionero(a)／ミシオネろ(ら)／男, 女（英 missionary）伝道師 **—** 形〔宗〕伝道の

mismo(a)／ミスモ(マ)／形（英 same）同一の, 同じ,〔名詞の後で〕…自身,〔名詞の前で〕まさに…, 前に述べた, この **—** 副 まさに…, たとえば… **—** 代 同じ人 [物] ¶ al mismo tiempo 同時に dar lo mismo どちらでもよい, かまわない lo mismo que…　…と同じように

misterio／ミステリオ／男（英 mystery）神秘, 秘密

misterioso(a)／ミステリオソ(サ)／形（英 mysterious）神秘的な

mitad／ミタド／女（英 half）半分,〔スポーツ〕(競技などの)前半, 真中(の部分)

mitin／ミティン／男（英 meeting）(政治的な)会合, 集会

mito／ミト／男（英 myth）神話,〔比喩〕架空のこと［物〕,〔比喩〕根拠のない考え[意見]

mitología／ミトロヒア／女（英 mythology）〔集合的に〕神話, 神話学

mixto(a)／ミクスト(タ)／形（英 mixed）混ざり合った, 混合した, 男女混合の,〔楽〕混声の, 共学の, 混血の

mochila／モチら／女（英 rucksack）リュックサック

moda／モダ／女（英 fashion）流行 ¶ a la moda 流行して, 流行の, はやりの estar de moda 流行している

modelo／モデロ／男（英 model）(自動車・服装などの)型, モデル, 模範 **—** 男女 (画家・彫刻などの) モデル **—** 形 模範の

moderado(a)／モデらド(ダ)／形（英 moderate）適度な, 穏健な

moderno(a)／モデるノ(ナ)／形（英 modern）近代の, 現代的な

modestia／モデスティア／女（英 modesty）謙遜, 控えめ

modesto(a)／モデスト(タ)／形（英 modest）謙遜した, 控えめな, しとやかな

modificar／モディフィカる／他（英 modify）修正する, 緩和する,〔文法〕修飾する

modista／モディスタ／男女（英 dressmaker）ドレスメーカー

modo／モド／男（英 manner, way）方法, 態度,〔ともに~s〕行儀, 流儀,〔文法〕法,〔楽〕施法, 注意深さ ¶ a su modo 自己流で, …のやり方で de todos modos いずれにしても, とにかく

mojado(a)／モハド(ダ)／形（英 wet）ぬれた

mojar /モハる/ 他 (⑧ wet) ぬらす, 浸す, ずぶぬれにする ━ **se** 再 ぬれる

molde /モルデ/ 男 (⑧ mold) 鋳型, モデル, [印] 組み版

moler /モレる/ 他 (⑧ grind, mill) (穀物などを)挽(ひ)く, [比喩] 疲れさせる, うんざりさせる, 痛めつける

molestar /モレスタる/ 他 (⑧ annoy) いらいらさせる, 悩ます, 邪魔になる ━ 自 邪魔になる ━ **se** 再 (…を [por]) 悩む, (…に [por]) 腹を立てる, 気をつかう, わざわざ (… [en 不定詞]) する

molestia /モレスティア/ 女 (⑧ bother) 面倒, [医] 不快感

molesto(a) /モレスト(タ)/ 形 (⑧ troublesome) やっかいな, 不快な, 怒った

molino /モリノ/ 男 (⑧ windmill) 風車, 水車, ひき割り器, 粉挽(ひ)き場, [比喩] うるさい人

momento /モメント/ 男 (⑧ moment) 瞬間, 時機, 機会 ¶ a cada momento しょっちゅう, ひっきりなしに al momento すぐに, もうじき de momento 今のところは, さしあたって, 目下のところ en un momento 今すぐに por el momento 今のところは

monarca /モナるカ/ 男 (⑧ monarch) 君主

monarquía /モナるキア/ 女 (⑧ monarchy) [政] 君主制

monasterio /モナステリオ/ 男 (⑧ monastery) (大) 修道院

moneda /モネダ/ 女 (⑧ money) 貨幣, 硬貨, 富

monedero /モネデろ/ 男 (⑧ purse) 財布, 小銭入れ

monja /モンハ/ 女 (⑧ nun) [宗] 修道女

monje /モンヘ/ 男 (⑧ monk) [宗] 修道士, 世捨て人

mono /モノ/ 男 (⑧ monkey, ape) [動] サル(猿), [衣] 胸当て付きズボン, 他人のまねをする人, おどけ者, (トランプの) ジョーカー, 変な絵, 醜い男 ━ **,na** 形 かわいい

monopolio /モノポリオ/ 男 (⑧ monopoly) [経] 独占(権), ひとり占め

monotonía /モノトニア/ 女 (⑧ monotony) 単調さ

monótono(a) /モノトノ(ナ)/ 形 (⑧ monotonous) 単調な

monstruo /モンストるオ/ 男 (⑧ monster) 怪物, 巨大なもの [動物], 極悪非道な人, 第一人者 ━ 形 大変な, すごい

monstruoso(a) /モンストるオソ(サ)/ 形 (⑧ monstrous) [比喩] とんでもない, 怪物のような, 極悪非道の

montaña /モンタニャ/ 女 (⑧ mountain) [地理] 山, [~s] [地理] …山脈, 山のように大きなもの, 山積み

montañismo /モンタニスモ/ 男 (⑧ mountaineering) 登山

montañoso(a) /モンタニョソ(サ)/ 形 (⑧ mountainous) 山の, 山の多い

montar /モンタる/ 他 (⑧ ride, mount, get on) 乗る, 乗せる, 備える, (仕事・事業を) 始める, (宝石を) はめ込む, 交尾する, [演] 舞台にのせる, 陳列する, [映] (映画を) 編集する ━ 自 乗る, 重要である, 重なる ━ **se** 再 乗る

monte /モンテ/ 男 (⑧ mountain) [地理] 山, [地理] …山, [~es] [地理] 山脈, (トランプの) 山, 田舎

Montevideo /モンテビデオ/ 固 (⑧ Montevideo) [地名] モンテビデオ

montón /モントン/ 男 (⑧ heap, pile) 山積み, [比喩] たくさん

monumental /モヌメンタル/ 形 (⑧ monumental) 記念の, たいへんな, とてつもない

monumento /モヌメント/ 男 (⑧ monument) (人・出来事などの) 記念碑, 遺跡, 記念すべき業績

moral /モらル/ 形 (⑧ moral) 道徳の, 純潔な, 精神的な ━ 女 道徳, (軍隊・国民の) 士気, 倫理

morder /モるデる/ 他 (⑧ bite) かむ, 辛辣(しんらつ)なことを言う, はさむ, 少しずつ減らす ━ **se** 再 (自分の体の一部を) かむ

moreno(a) /モれノ(ナ)/ 形

morir/モりる/[自]((die))(→主な動詞の活用p.1045) 死ぬ,[比喩]終わる,[比喩]さめる **—se**[再] 死ぬ,死ぬ思いである,死にそうになる

morisco(a)/モりスコ(カ)/[男][女]((Morisco))モリスコ《キリスト教徒治下のスペインに住んだモーロ人》**—**[形]モリスコの

moro(a)/モろ(ら)/[男][女]((Moor))モーロ人,イスラム教徒,[軽蔑的に]北アフリカの人,モロ族,(フィリピンの)モロ族の

mortal/モるタル/[形]((mortal))死すべき,命取りになる

mosca/モスカ/[女]((fly))[昆]ハエ(蝿)

Moscú/モスク/[固]((Moscow))[地名]モスクワ

mosquito/モスキト/[男]((mosquito))[昆]カ(蚊)

mostaza/モスタさ/[女]((mustard))[料]からし,[植]カラシナ

mostrador/モストらドる/[男]((counter))カウンター,(時計などの)文字盤

mostrar/モストらる/[他]((show))見せる,(気持ち・感情などを)表す,(道などを)教える,示す,展示する **—se**[再] 現れる,姿を見せる,出席する,(…のように[形容詞][名詞])見える

motivar/モティバる/[他]((motivate))動機を与える,引き起こす,理由を説明する

motivo/モティボ/[男]((motive))動機,理由,[文学][美][楽]主題

moto/モト/[女]((motorbike))オートバイ

motor(a)/モトる(ら)/[男]((motor))[機]エンジン,[機]モーター,原動力 **—**[形]モーターで動く,推進力となる

mover/モベる/[他]((move))動かす,移動させる,感動させる,かき混ぜる **—se**[再] 動く,移動する,行動する,心が動かされる,動き出す

móvil/モビル/[形]((movable))動く,移動の **—**[男]携帯電話¶teléfono móvil 携帯電話

movimiento/モビミエント/[男]((movement))運動,交通,身ぶり,感情の変化,(世間・時代などの)動向,[経](物価・相場などの)動き

moza/モさ/[女]((young girl))女の子,給仕女,愛人

mozo/モそ/[男]((young boy))若者,給仕,下男,(ホテルの)ボーイ,(駅の)ポーター,赤帽

muchacha/ムチャチャ/[女]((girl))女の子,お手伝いさん

muchacho/ムチャチョ/[男]((boy))男の子,若者,召使い

muchedumbre/ムチェドゥンブれ/[女]((crowd))群衆,群れ

muchísimo(a)/ムチシモ(マ)/[形]((a lot of))非常に多くの **—**[副]非常に

mucho(a)/ムチョ(ア)/[形]((many, much))多くの,大きな,[比較級の前で]ずっと,長い,大変な,[単数で]多くの **—**[代]多くの人[物],長い間,あまりのこと,大したもの[こと] **—**[副]たくさん,[比較級の前で]はるかに¶como mucho 多くても,せいぜい

mudanza/ムダンさ/[女]((move))引っ越し,転居,変化

mudar/ムダる/[他]((move))…の場所を変える,着替えさせる **—**[自]変わる,(羽・表皮などを[de])変える **—se**[再] 着替える,引っ越しする,変わる,声変わりする,転向する

mudo(a)/ムド(ダ)/[形]((dumb))口のきけない,無声の,白紙の,[言][文法]無音の

mueble/ムエブレ/[男]((piece of furniture))家具 **—**[形]動産の,動かせる

mueca/ムエカ/[女]((grimace))おどけ顔

muela/ムエラ/[女]((molar))[解]奥歯,[技]石臼(いしうす)

muelle/ムエジェ/[男]((spring, wharf))[機]ばね,[海]波止場

muerte/ムエるテ/[女]((death))死,破滅

muerto(a)/ムエるト(タ)/[形]

(㊤ dead) 死んだ, 〔比喩〕 死ぬほどに, 活動を停止した, 弾まない, 廃(すた)れた, 殺された ― 男 死体, 〔比喩〕面倒な仕事, 〔比喩〕とても退屈な人

muestra/ムエストら/ 女 (㊤ sample) 見本, サンプル, 証明

mujer/ムへる/ 女 (㊤ woman) 女, 妻, 愛人, おやまあ!

mulo/ムロ/ 男 (㊤ mule) 〔動〕ラバ, 頑固者

multa/ムルタ/ 女 (㊤ fine) 罰金, 違反切符

múltiple/ムルティプレ/ 形 (㊤ multiple) 多様な, 複合の

multiplicar/ムルティプリカる/ 他 (㊤ multiply) (数・量を)増やす, 〔数〕かける, 多重にする ― **se** 再 増える, 馬力をかける

multitud/ムルティトゥド/ 女 (㊤ multitude) (人・物の) 多数, 大衆

mundial/ムンディアル/ 形 (㊤ worldwide) 世界的な

mundo/ムンド/ 男 (㊤ world) 世界, 〔集合的に〕世界中の人たち, 世の中, 〔宗〕俗界¶todo el mundo 皆, 全員; 世界中

munición/ムニシオン/ 女 (㊤ ammunition) 〔軍〕軍需品

municipal/ムニシパル/ 形 (㊤ municipal) 市の

municipio/ムニシピオ/ 男 (㊤ municipality) 市, 市当局

muñeca/ムニェカ/ 女 (㊤ doll) 人形, かわいい女の子, 手首

muralla/ムらジャ/ 女 (㊤ wall, rampart) 城壁

murciélago/ムるしエラゴ/ 男 (㊤ bat) 〔動〕コウモリ

murmullo/ムるムジョ/ 男 (㊤ murmur) かすかな音, つぶやき

murmurar/ムるムらる/ 自 (㊤ gossip) ぶつぶつ不平を言う, 低い〔かすかな〕音を立てる

muro/ムろ/ 男 (㊤ wall) 壁, (石・れんが・板などの) 塀, 壁に似た物

músculo/ムスクロ/ 男 (㊤ muscle) 筋肉, 〔おもに~s〕腕力

museo/ムセオ/ 男 (㊤ museum) 美術館, 博物館

música/ムシカ/ 女 (㊤ music) 〔楽〕音楽, 〔楽〕楽団, 〔比喩〕〔皮肉に〕騒音

musical/ムシカル/ 形 (㊤ musical) 〔楽〕音楽の, 音楽的な ― 男 〔楽〕〔映〕〔演〕ミュージカル

músico(a)/ムシコ(カ)/ 男, 女 (㊤ musician) 〔楽〕音楽家 ― 形 〔楽〕音楽の

muslo/ムスロ/ 男 (㊤ thigh) 太腿(もも)

musulmán(a)/ムスルマン(ナ)/ 男, 女 (㊤ Mussulman) 〔宗〕イスラム教徒 ― 形 〔宗〕イスラム教の

mutuo(a)/ムトゥオ(ア)/ 形 (㊤ mutual) お互いの

muy/ムイ/ 副 (㊤ very, quite) 〔形容詞・副詞を修飾して〕非常に, たいへん (…[de]) らしい

N, n

nabo/ナボ/ 男 (㊤ turnip) 〔植〕カブ (蕪), ダイコン (大根)

nacer/ナせる/ 自 (㊤ be born) (→主な動詞の活用 p.1045) 生まれる, 〔比喩〕現れる, 〔比喩〕はじまる, 〔比喩〕のぼる

nacimiento/ナシミエント/ 男 (㊤ birth) 出生, 生まれ, (事物の) 出現, 〔宗〕ベレン《キリスト降誕の図〔場面〕を表した人形飾り》

nación/ナシオン/ 女 (㊤ nation) 国, (国家を構成する)国民, 民族

nacional/ナシオナル/ 形 (㊤ national) 国の, 国民の, 国立の, 国内の, 全国的な ― 男女〔軍〕(スペイン内戦時の)国民軍の兵士

nacionalidad/ナシオナリダド/ 女 (㊤ nationality) 国籍, 国民であること, 自治州

nada/ナダ/ 代 (㊤ nothing) 何も (…ない), 何でもないこと ― 副 すこしも…ない ― 名 無 ― 間 そうですねえ, いいや ¶ De nada. どういたしまして (礼を言われたときの返事) dentro de nada 今すぐ nada más ...(不定詞) …するとすぐに nada más ただ…だけ

nadar/ナダる/ 自 (㊤ swim)

nadie/ナディエ/代(＠nobody) 誰も(…ない), つまらない者

naipe/ナイペ/男(＠playing card) トランプ

naranja/ナランハ/女(＠orange)[植]オレンジ ━━男 オレンジ色 ━━形 オレンジ色の

narciso/ナルシソ/男(＠narcissus)[植]スイセン(水仙)

nariz/ナリす/女(＠nose) 鼻, 目の前, 嗅覚, 好奇心

narración/ナらしオン/女(＠narration) 叙述, [文学]物語

narrar/ナらる/他(＠narrate) 物語る

nata/ナタ/女(＠cream)[料]乳脂, 浮きかすの薄い膜, [比喩]精華

natación/ナタしオン/女(＠swimming) 泳ぎ, [スポーツ]水泳

natal/ナタル/形(＠natal) 出生地の, 出生の

nativo(a)/ナティボ(バ)/形(＠native) 生まれ故郷の, 土着の, 生まれつきの, 自然のままの ━━男,女 先住民, 現地の人

natural/ナトゥラル/形(＠natural) 自然の, 当然の, 生まれつきの, 気取っていない, (…[de]) 生まれの, 庶生の, 実物そっくりの, [楽]ナチュラルの

naturaleza/ナトゥらレさ/女(＠nature) 自然, 性質, 生まれ

naturalidad/ナトゥらリダド/女(＠naturalness) 自然さ

naturalmente/ナトゥらルメンテ/副(＠naturally) もちろん, 生来, 自然に, 自然の法則で

naufragar/ナウフらガる/自(＠be shipwrecked)[海]難破する, [比喩]失敗する

náufrago(a)/ナウフらゴ(ガ)/男,女(＠shipwrecked)[海]難破した人 ━━形[海]難破した

navaja/ナバハ/女(＠razor) かみそり, (折り畳み式)ナイフ, [比喩]毒舌, [貝]マテガイ

naval/ナバル/形(＠naval)[海]船の, [軍]海軍の

nave/ナベ/女(＠ship)[海](大きな)船, [空]飛行船, 宇宙船, [宗][建](聖堂の)ネープ

navegación/ナベガしオン/女(＠navigation)[海][空]航海, [海]航海学[術], [空]航空術

navegador/ナベガドる/男(＠browser)[コンピュータ]ブラウザー

navegante/ナベガンテ/男(＠navigator)[海]航海者, [空]航空士

navegar/ナベガる/自(＠navigate)[海]航海する, [空]飛行する, [コンピュータ]ネットサーフィンをする ━━他[海][空](船・航空機を)操縦する, [海](海・川)航行する, [空](空を)飛行する

Navidad/ナビダド/女(＠Christmas) クリスマス, クリスマスの季節, [宗]キリストの降誕, 年(とし)

neblina/ネブリナ/女(＠fog, mist) かすみ, もや, [比喩]理解を妨げるもの

necesariamente/ネセサりアメンテ/副(＠necessarily) 必然的に, [否定文で]必ずしも(…ない)

necesario(a)/ネセサりオ(ア)/形(＠necessary) 必要な, (…が[不定詞][que接続法])必要である, 必然的な

necesidad/ネセシダド/女(＠necessity) 必要, 必要な物[こと], 困っていること, 必然(性), [〜es]用足し, 飢え

necesitar/ネセシタる/他(＠need) 必要である, (…する[不定詞][que接続法])必要がある ━━自 必要とする ━━se 再 必要とされている, 募集する

necio(a)/ネしオ(ア)/形(＠silly, foolish) ばかな ━━男,女 愚か者

negar/ネガる/他(＠deny) 否定する, (要求を)拒む, 手を切る, 禁じる ━━se 再 断わる, 背を向ける

negativo(a)/ネガティボ(バ)/形(＠negative) 消極的な, 否定の, [文法]否定の, [数]負の, [医]陰性の, [写]陰画の, [電]負の ━━男[写]陰画

negociación/ネゴしアしオン/

negociar ▶

女(㊁ negotiation) 交渉, 〔商〕商談, 業務

negociar /ネゴシアる/ 他(㊁ negotiate) 取り決める,〔商〕(手形などを)金に換える ━自 取り引きする, 交渉する, 仕事をする

negocio /ネゴシオ/ 男(㊁ business) 業務, 職業, 取り引き, 企業,〔商〕交渉, 用事, 店

negro(a) /ネグロ(ら)/ 形(㊁ black) 黒い,(皮膚の色の)黒い, 不吉な, 腹を立てた, 汚れた, 腹黒い ━男,女 黒人

nene(a) /ネネ(ナ)/ 男,女(㊁ baby) 赤ん坊 ━間

Nepal /ネパル/ 固(㊁ Nepal) 〔地名〕ネパール

nervio /ネるビオ/ 男(㊁ nerve) 〔解〕神経, 神経過敏,〔比喩〕気力, 資力,〔植〕葉脈

nervioso(a) /ネるビオソ(サ)/ 形(㊁ nervous) 神経質な, 興奮しやすい,〔解〕神経の

neto(a) /ネト(タ)/ 形(㊁ net) 正味の, はっきりした, 純の

neutral /ネウトらル/ 形(㊁ neutral) 中立の,〔機〕ニュートラルの ━男 中立国,〔機〕(ギアなどの)ニュートラル

neutro(a) /ネウトろ(ら)/ 形(㊁ neutral) 中性の, はっきりしない,〔政〕中立の

nevada /ネバダ/ 女(㊁ snowfall)〔気象〕降雪

nevar /ネバる/ 自(㊁ snow)〔気象〕雪が降る ━他 白くする

nevera /ネベら/ 女(㊁ refrigerator) 冷蔵庫,〔比喩〕とても寒い場所

ni /ニ/ 接(㊁ neither nor) …も…ない ¶ No come ni carne ni pescado. 彼は肉も魚も食べない ━副 …さえも…ない ¶ Ni idea.〔口語〕さあ, まったくわからない ni siquiera …さえも…ない

Nicaragua /ニカらグア/ 固(㊁ Nicaragua)〔地名〕ニカラグア共和国

nicaragüense /ニカらグエンセ/ 形(㊁ Nicaraguan) ニカラグア(人)の ━男女 ニカラグア人

nido /ニド/ 男(㊁ nest) 巣, 巣の中のもの, 巣のような場所

niebla /ニエブら/ 女(㊁ fog, mist)〔気象〕霧(きり),〔比喩〕不鮮明,〔医〕片雲

nieto(a) /ニエト(タ)/ 男,女(㊁ grandson) 孫,〔一般に〕子孫

nieve /ニエベ/ 女(㊁ snow)〔気象〕雪,〔比喩〕白い部分, アイスクリーム

ninguno(a) /ニングノ(ナ)/ 形(㊁ no, not any) 何の(…も…ない)《男性単数名詞の前でningúnとなる》 ━代 誰も(…ない), 誰も…ない ¶ de ninguna manera《否定語》決して…ない

niña /ニニャ/ 女(㊁ girl) 女の子,〔解〕瞳(ひとみ)

niñez /ニニェす/ 女(㊁ childhood, infancy) 幼年時代,〔比喩〕初期, 子供らしい行為

niño /ニニョ/ 男(㊁ boy) 男の子, 赤ん坊, 子供, 若造

nivel /ニベル/ 男(㊁ level) 水平,(文化・学問・技術などの)水準, レベル,〔技〕水準器

nivelar /ニベらる/ 他(㊁ level) 平らにする, バランスよくする ━se 再 平らになる, 平均化する, 同程度になる

no /ノ/ 副(㊁ no) いいえ, …でない, …しないで, 不…, …ではないですか, ¶ ¿Eres estudiante? -No, no soy estudiante. 君は学生?—いいえ, 私は学生ではありません ━男 否定, 反対

noble /ノブレ/ 形(㊁ noble) 気高い, 堂々とした, 貴族の, 腐食しない ━男女 貴族

nobleza /ノブレさ/ 女(㊁ nobility)〔集合的に〕貴族(階級), 高貴の生まれ [身分], 気高さ

noche /ノチェ/ 女(㊁ night) 夜,〔比喩〕暗闇 ¶ por la noche 夜に

Nochebuena /ノチェブエナ/ 女(㊁ Christmas Eve) クリスマスイブ

Nochevieja /ノチェビエハ/ 女(㊁ New Year's Eve) 大みそかの夜

noción /ノしオン/ 女(㊁ slight knowledge)(初歩的な)知識, 概念

nocturno(a) /ノクトゥるノ(ナ)/ 形(㊁ nocturnal) 夜の,〔動〕夜行性の,〔植〕夜開く

—男〔楽〕夜想曲

nombramiento/ノンブらミエント/ 男 (英 appointment) 指名, 辞令

nombrar/ノンブらる/ 他 (英 appoint) 任命する, 名を挙げる, 名づける

nombre/ノンブれ/ 男 (英 name) 名, 評判, 〔文法〕名詞

nordeste/ノるデステ/ 男 (英 northeast) 北東 —形 北東の

nórdico(a)/ノるディコ(カ)/ 形 (英 Nordic) 北欧の, 〔スポーツ〕ノルディックの, 北の

norma/ノるマ/ 女 (英 rule, norm) 規範, 標準

normal/ノるマル/ 形 (英 normal) 標準の, 普通の

normalidad/ノるマリダド/ 女 (英 normality) 正常

normalmente/ノるマルメンテ/ 副 (英 normally) ふつうは, 正常に

noroeste/ノろエステ/ 男 (英 northwest) 北西 —形 北西の

norte/ノるテ/ 男 (英 north) 北, 目標, 〔比喩〕手引き, 〔天〕北極星, 〔気象〕北風

Norteamérica/ノるテアメリカ/ 固 (英 North America) 〔地名〕北アメリカ《しばしばアメリカ合衆国を指す》

norteamericano(a)/ノるテアメリカノ(ナ)/ 形 (英 American) アメリカ合衆国(人)の, 北米の —男,女 アメリカ合衆国人, 北米の人

Noruega/ノるエガ/ 固 (英 Norway) 〔地名〕ノルウェー

noruego(a)/ノるエゴ(ガ)/ 形 (英 Norwegian) ノルウェー(人・語)の —男,女 ノルウェー人 —男〔言〕ノルウェー語

nos/ノス/ 代 (英 us) 私たちを[に]

nosotros(as)/ノソトロス(ラス)/ 代 (英 we) 私たち

nostalgia/ノスタルヒア/ 女 (英 nostalgia) 郷愁, 懐しさ

nota/ノタ/ 女 (英 grade, mark) 覚え書き, 短い手紙, 注, 気配, 勘定書, 評点, 注目

notable/ノタブレ/ 形 (英 notable) 注目に値する, 有名な —男,女 有名人, (成績評価の) 良 (りょう)

notar/ノタる/ 他 (英 note, notice) 気づく, 感じる, (…だ〔形容詞〕) と思う〔感じる〕, 書き留める, 批判する —se 再 感じられる, 見られる

notario(a)/ノタリオ(ア)/ 男 (英 notary public) 公証人

noticia/ノティしア/ 女 (英 news) ニュース, 知らせ, 消息, 知識

notorio(a)/ノトリオ(ア)/ 形 (英 famous, well-known) 有名な, 明白な

novato(a)/ノバト(タ)/ 男 (英 novice, beginner) 新入生, 初心者

novecientos(as)/ノベしエントス(タス)/ 数 (英 nine hundred) 900(の)

novedad/ノベダド/ 女 (英 newness) 新しいこと, ニュース, 変化, 事故, 〔～es〕最新流行の品

novela/ノベラ/ 女 (英 novel) 〔文学〕小説, 〔比喩〕作り話

novelista/ノベリスタ/ 男女 (英 novelist) 〔文学〕小説家

noveno(a)/ノベノ(ナ)/ 形 (英 ninth) 9番目の, 9分の1の

noventa/ノベンタ/ 数 (英 ninety) 90(の)

noviembre/ノビエンブれ/ 男 (英 November) 11月

novio(a)/ノビオ(ア)/ 男 (英 boyfriend, lover) 恋人, 婚約者, 花婿〔嫁〕

nube/ヌベ/ 女 (英 cloud) 〔気象〕雲, 〔比喩〕塊, 〔比喩〕暗い陰, (大理石などの) 曇り, 目のかすみ

nublado(a)/ヌブラド(ダ)/ 形 (英 cloudy, overcast) 〔気象〕曇った —男〔気象〕雲, 〔比喩〕暗い影

nublar/ヌブラる/ 他 (英 cloud) 曇らせる, 〔比喩〕暗くする, 〔比喩〕(記憶などを) 曖昧にする —se 再 空が曇る, 曇る

nuca/ヌカ/ 女 (英 nape) 首すじ, 後頭部

nuclear/ヌクレアる/ 形 (英 nuclear) 〔物〕原子核の, 〔生〕細胞核の, 核の

núcleo/ヌクレオ/ 男 (英 nucleus) 核, 〔生〕細胞核, 〔物〕原子核, 〔植〕(果実の) 種

nudo/ヌド/ 男 (英 knot) 結び目, (幹・板の) 節(ふし), 合流点,

難点, [航海] ノット, 飾り結び, (筋肉を締めたときなどの) こぶ, 中央

nuera /ヌ エ ら/ 女 (㊀ daughter-in-law) 息子の妻, 嫁

nuestro(a) /ヌエストロ(ら)/ 形 (㊀ our) 私たちの, [定冠詞をつけて] 私たちのもの

nueve /ヌエベ/ 数 (㊀ nine) 9 (の)

nuevo(a) /ヌエボ(バ)/ 形 (㊀ new) 新しい, 今度の, まだ慣れていない, 改まった, 変わった ¶ de nuevo もう一度, 新たに, 再び

nuez /ヌエす/ 女 (㊀ walnut) [植] クルミ, [一般に] 木の実, [解] のどぼとけ

nulo(a) /ヌ ロ (ラ) / 形 (㊀ worthless, useless) 価値のない, 存在しない, 無効な

número /ヌ メ ろ / 男 (㊀ number) 数, 総数, 数字, (部屋・電話などの) 番号, サイズ, (雑誌の) 号数, [文法] 数 (すう), 番組 (の一つ) ¶ sin número 無数の, 数多くの

numeroso(a) /ヌメろソ(サ)/ 形 (㊀ numerous) 多数の

nunca /ヌンカ/ 副 (㊀ never) 決して…ない, 一度も…ない, かつて ¶ más que nunca かつてないほど nunca más [jamás] 《否定語》二度と…ない

nutrición /ヌトりしオン/ 女 (㊀ nutrition) 栄養 (摂取)

nutritivo(a) /ヌトリティボ(バ)/ 形 (㊀ nutritious) 滋養分のある

O, o

o /オ/ 接 (㊀ or) …か…, …すなわち…, …であろうと…であろうと ¶ hoy o mañana 今日または明日 Hasta mañana. それではまたあした, あしたまで (さようなら) o sea ... すなわち…, つまり…

obedecer /オベでせる/ 他 (㊀ obey) 言うことに従う ― 自 (…が [a]) 原因である

obediencia /オベディエンしア/ 女 (㊀ obedience) 服従

obediente /オベディエンテ/ 形 (㊀ obedient) 従順な

obispo /オ ビ ス ポ / 男 (㊀ bishop) [宗] (ローマカトリック教会の) 司教, (英国国教会などの) 主教

objeción /オブヘしオン/ 女 (㊀ objection) 反対, 異議

objetar /オブヘタる/ 他 (㊀ object) 反対する ― se 再 反対する

objetivo(a) /オブヘティボ(バ)/ 形 (㊀ objective) 客観的な, [文法] 目的語の ― 男 目的

objeto /オ ブ ヘ ト / 男 (㊀ object) 物, 目的, [文法] 目的語, (動作・感情の) 対象, 主題

obligación /オブリガしオン/ 女 (㊀ obligation) 義務, 恩義, [商] 債務

obligar /オブリガる/ 他 (㊀ oblige) 強制する, 力を入れる ― se 再 義務を負う

obligatorio(a) /オブリガトりオ(ア)/ 形 (㊀ obligatory) 義務の

obra /オブら/ 女 (㊀ work) 仕事, 作品, 芸術作品, (土木) 工事, (仕事の) やり方, [宗] (神の) 業 (わざ)

obrar /オブらる/ 自 (㊀ act) 行動する, 効く, 排便する, 細工する

obrero(a) /オブれろ(ら)/ 男, 女 (㊀ laborer) 労働者 ― 形 労働 (者) の

obsequiar /オブセキアる/ 他 (㊀ give) (…を [con]) 贈呈する

obsequio /オブセキオ/ 男 (㊀ gift) 贈り物

observación /オブセるバしオン/ 女 (㊀ observation) 観察, 意見, 遵守

observar /オブセるバる/ 他 (㊀ observe) 観察する, (意見・考えとして) 述べる, (命令・法律・規則・慣習などを) 守る ― se 再 観察される

observatorio /オブセるバトりオ/ 男 (㊀ observatory) 観測所, 天文台

obsesión /オブセシオン/ 女 (㊀ obsession) 強迫現象, 悩み

obstáculo /オブスタクロ/ 男 (㊀ obstacle) 障害

obstante /オブスタンテ/ 副 (㊀

nevertheless) ¶ no obstante しかしながら，それにもかかわらず，やはり
obtener/オブテネる/[他]([英] obtain) 得る，達成する，抽出する **— se** [再] 得られる，抽出される，生じる
ocasión/オカシオン/[女]([英] occasion) 機会，買い得品，理由
ocasionar/オカシオナる/[他]([英] occasion) 引き起こす
ocaso/オカソ/[男]([英] decline, fall)〔比喩〕衰退，日没，西
occidental/オクしデンタル/[形]([英] western, west) 西の，西洋人
occidente/オクしデンテ/[男]([英] west) 西部，〔O～〕西洋
oceánico(a)/オセアニコ(カ)/[形]([英] oceanic) 大洋の，オセアニアの
océano/オセアノ/[男]([英] ocean) 大洋，〔比喩〕広がり
ochenta/オチェンタ/[数]([英] eighty) 80 (の)
ocho/オチョ/[数]([英] eight) 8 (の)
ochocientos(as)/オチョしエントス(タス)/[数]([英] eight hundred) 800 (の)
ocio/オしオ/[男]([英] leisure) 暇，レジャー，無為
ocioso(a)/オしオソ(サ)/[形]([英] idle, lazy) 仕事をしていない，無駄な
octavo(a)/オクタボ(バ)/[形]([英] eighth) 第8の，8分の1の **—** [男] 8番目の人［物］，8分の1，〔印〕八折り判
octubre/オクトゥブれ/[男]([英] October) 10月
oculista/オクリスタ/[男女]([英] oculist) 眼科医
ocultar/オクルタる/[他]([英] hide) 隠す，〔比喩〕秘密にする **— se** [再] 隠れる
oculto(a)/オクルト(タ)/[形]([英] hidden) 秘密の，隠された，神秘の
ocupación/オクパしオン/[女]([英] occupation) 職業，占有，〔軍〕占領
ocupado(a)/オクパド(ダ)/[形]([英] busy) 忙しい，ふさがった
ocupar/オクパる/[他]([英] occupy)（場所・建物・地位などを）占める，（時間を）費やす，居住する，占有する，〔軍〕占領する，仕事を与える，専念させる **— se** [再] 仕事をする，（…の［de］）世話をする，（…を［de］）扱う
ocurrencia/オクれンしア/[女]([英] idea) 思いつき，出来事，こっけい
ocurrir/オクりる/[自]([英] occur) 起こる **— se** [再] 考えが浮かぶ，ふと思いつく
odiar/オディアる/[他]([英] hate) 憎む
odio/オディオ/[男]([英] hatred, hate) 憎しみ
odioso(a)/オディオソ(サ)/[形]([英] hateful, odious) 憎むべき
oeste/オエステ/[男]([英] west) 西，〔しばしばO～〕（アメリカ合衆国の）西部，〔気象〕西風 **—** [形] 西の，〔気象〕西からの
ofender/オフェンデる/[他]([英] offend) 気を悪くする，不快な感じを与える，危害を加える **— se** [再] 怒る
ofensa/オフェンサ/[女]([英] insult) 侮辱，他人の感情を傷つけること，〔法〕罪
ofensivo(a)/オフェンシボ(バ)/[形]([英] offensive) しゃくにさわる，攻撃的な
oferta/オフェるタ/[女]([英] offer) 提供，申し出，特売品，供給
oficial/オフィしアル/[形]([英] official) 公務上の，官庁の **—** [男]〔軍〕士官，熟練工，事務員，公務員
oficialmente/オフィしアルメンテ/[副]([英] officially) 公には，公式に
oficina/オフィしナ/[女]([英] office) 事務所，（官庁の）…局
oficinista/オフィしニスタ/[男女]([英] office worker) 会社（事務）員
oficio/オフィしオ/[男]([英] occupation) 職業，機能，〔宗〕聖務，公文書
oficioso(a)/オフィしオソ(サ)/[形]([英] semiofficial) 半公式の，勤勉な
ofrecer/オフれせる/[他]([英] offer) 提供する，（神に［a］）捧げる，約束する，示す，提示する，催す，値をつける **— se**

ofrecimiento ▶

再 身を捧げる，(…しようと [a, para, de不定詞]) 申し出る，現れる，浮かぶ

ofrecimiento /オフレしミエント/ 男 (㊧offer) 申し出

oh /オ/ 間 (㊧oh!) おお！

oído /オイド/ 男 (㊧ear) 〔解〕耳，聴覚，音感

oír /オイる/ 他 (㊧hear) 聞こえる，聞く，(うわさなどで) 伝え聞く，〔宗〕(ミサに) 出る **— se** 再 聞こえる

ojalá /オハラ/ 間 (㊧I hope) そうでありますように！，どうか (…に [que接続法]) なりますように！

ojo /オホ/ 男 (㊧eye) 〔解〕目，注目，観察力，〔比喩〕目の形をしたもの，視力，〔比喩〕(台風の) 中心，橋桁の間

ola /オラ/ 女 (㊧wave) 波

oler /オレる/ 他 (㊧smell) においをかぐ，かぎ回る，感づく **—** 自 におう，臭い [悪臭] がする，においをかぐ，〔比喩〕気味がある **— se** 再 におう，感じられる，気づく

olímpico(a) /オリンピコ(カ)/ 形 (㊧Olympic) 〔スポーツ〕オリンピックの，オリュンピア競技祭の ¶ Juegos Olímpicos 〔スポーツ〕国際オリンピック競技

olivo /オリボ/ 男 (㊧olive) 〔植〕オリーブの木

olla /オジャ/ 女 (㊧saucepan) 〔料〕鍋 (なべ)，

olor /オロる/ 男 (㊧smell) 臭い，嗅覚 (きゅうかく)，気配

oloroso(a) /オロろソ(サ)/ 形 (㊧odorous) 芳香のある

olvidar /オルビダる/ 他 (㊧forget) 忘れる，置き忘れる，気にしない，怠る **— se** 再 (…を [de]) 忘れる，忘れられる

olvido /オルビド/ 男 (㊧forgetting) 忘れること，手ぬかり，忘却

omisión /オミシオン/ 女 (㊧forgetfulness) 怠慢，省略

omitir /オミティる/ 他 (㊧omit) 省略する，(… [不定詞]) し忘れる，(うっかりして) 抜かす

once /オンせ/ 数 (㊧eleven) 11 (の)

onda /オンダ/ 女 (㊧wave) 波，〔物〕(熱・光・音・電気などの) 波，流行，(髪の) ウェーブ

opaco(a) /オパコ(カ)/ 形 (㊧opaque) 不透明な，鈍い，〔比喩〕暗い

ópera /オペら/ 女 (㊧opera) 〔楽〕歌劇，オペラハウス

operación /オペらシオン/ 女 (㊧operation) 作用，〔医〕手術，〔商〕経営，〔軍〕作戦，〔法〕(法令などの) 施行，〔数〕演算

operar /オペらる/ 他 (㊧operate) 手術をする，生む，操作する **—** 自 〔商〕営業活動をする，効く，〔軍〕作戦をする，行動する **— se** 再 手術を受ける，動く，生じる

opinar /オピナる/ 他 (㊧think, opine) 意見を言う，考える **—** 自 考える

opinión /オピニオン/ 女 (㊧opinion) (個人の) 意見，評価

oponer /オポネる/ 他 (㊧oppose) 反対する，向い合わせる **— se** 再 (…に [a]) 反対する，(互いに) 敵対する，対立する

oportunidad /オポるトゥニダド/ 女 (㊧opportunity) 機会，チャンス，適切さ

oportuno(a) /オポるトゥノ(ナ)/ 形 (㊧opportune) 時宜を得た，機知のある

oposición /オポシしオン/ 女 (㊧opposition) 反対，〔政〕野党，〔~ es〕採用試験

opresión /オプれシオン/ 女 (㊧oppression) 圧迫

oprimir /オプりミる/ 他 (㊧press) 押す，きつすぎる，圧迫する

optativo(a) /オプタティボ(バ)/ 形 (㊧optative) 選択の (できる)

óptico(a) /オプティコ(カ)/ 形 (㊧optic) 眼の，光学の，**—** 男, 女 眼鏡商

optimismo /オプティミスモ/ 男 (㊧optimism) 楽天主義

optimista /オプティミスタ/ 男女 (㊧optimist) 楽天主義者 **—** 形 楽天主義の

opuesto(a) /オプエスト(タ)/ 形 (㊧opposed) 反対の，対立する，反対側の

oración /オらシオン/ 女 (㊧prayer) 祈り，〔文法〕文，演説

orador(a) /オらドる(ら)/ 男, 女

(愛 orator, speaker) 演説者

oral /オラル/ 形 (愛 oral) 口頭の, [医] 口の, [医] 内服の

orden /オルデン/ 男 (愛 order) (前後の) 順, 整頓 (せいとん), (社会などの) 秩序, 等級, 種類 ── 女 命令, [宗] 修道会

ordenador /オルデナドる/ 男 (愛 computer) コンピュータ

ordenar /オルデナる/ 他 (愛 put in order) 整頓する, 命令する, 向ける ── se 再 整理される

ordinario(a) /オルディナリオ(ア)/ 形 (愛 ordinary) 普通の, 平凡な

oreja /オれハ/ 女 (愛 ear) 耳

orgánico(a) /オるガニコ(カ)/ 形 (愛 organic) 有機体[物]の, 有機的な, [化] 有機の

organismo /オるガニスモ/ 男 (愛 organization) 組織, [集合的に] 器官, [生] 有機体

organización /オるガニさしオン/ 女 (愛 organization) 組織(体), 組織化

organizar /オるガニさる/ 他 (愛 organize) 組織する, (会などを) 取りまとめる, 系統だてる ── se 再 組織される, 起こる

órgano /オるガノ/ 男 (愛 organ) (体の) 器官, (政治・情報などの) 機関, [楽] オルガン, (政府・政党の) 機関紙, 装置

orgullo /オるグジョ/ 男 (愛 pride) 誇り, うぬぼれ

orgulloso(a) /オるグジョソ(サ)/ 形 (愛 proud) 誇りに思う, 自尊心のある, うぬぼれた

orientación /オリエンタしオン/ 女 (愛 orientation, direction) 方向づけ, [比喩] 性向, 方位, [海] 帆を整えること

oriental /オリエンタル/ 形 (愛 Oriental) 東の, 東洋の ── 男女 東洋人

orientar /オリエンタる/ 他 (愛 orient) 向きを (方位に [a, hacia]) 合わせる, 導く ── se 再 (…へ [a]) 向かう, 自己の立場 [位置] を見定める

oriente /オリエンテ/ 男 (愛 east) 東, [気象] 東風, [O～] [地名] 東洋

origen /オリヘン/ 男 (愛 origin) 起源, 生まれ, 原産地, 原因, [数] 原点

original /オリヒナル/ 形 (愛 original) 最初の, 独創的な, 奇抜な, 出身の ── 男 原本

originalidad /オリヒナリダド/ 女 (愛 originality) 独創力[性], 目新しさ

orilla /オリジャ/ 女 (愛 shore) 岸, 川岸, 端, (物などの) 耳, 歩道, 道端 ── 副 近くに

oro /オろ/ 男 (愛 gold) 金 (きん), 黄金

orquesta /オるケスタ/ 女 (愛 orchestra) [楽] オーケストラ

ortografía /オるトグらフィア/ 女 (愛 orthography) 正しいつづり [スペル], [文法] 文字論

os /オス/ 代 (愛 you) 君たちを(に)

oscurecer /オスクれセる/ 他 (愛 darken) 暗くする, 輝きを失わせる, 覆い隠す, 混乱させる, (物事を) わかりにくくする ── se 再 暗くなる

oscuridad /オスクリダド/ 女 (愛 darkness) 暗さ, 不分明, 無名

oscuro(a) /オスクろ(ら)/ 形 (愛 dark) 暗い, はっきりしない, [気象] 曇った, [比喩] 暗い, 疑わしい, 人目につかない ── 男 [絵] 陰影

oso /オソ/ 男 (愛 bear) クマ (熊), [比喩] 毛深い男

ostentar /オステンタる/ 他 (愛 show off) 見せびらかす, 持つ

ostentoso(a) /オステントソ(サ)/ 形 (愛 ostentatious) 仰々しい, 壮大な

otoño /オトニョ/ 男 (愛 fall, autumn) 秋

otorgar /オトるガる/ 他 (愛 grant, give) 授与する

otro(a) /オトろ(ら)/ 形 (愛 other) ほかの, もう1人の, 反対の, 違う, さらに, [冠詞がついて] 以前の…, [冠詞がないとき] いつか将来の, 第二の, すっかり変わった ── 代 他の物, [unoと対応して] もう一方の人 [物] ── 間 もう一度 (して ください) ¶ una cosa es …, y otra (cosa)es ….と…とは別の事である, 違う

oveja /オベハ/ 女 (愛 sheep)

oxígeno ▶

〔動〕ヒツジ(羊), 雌ヒツジ

oxígeno /オクシヘノ/ 男 (㊥ oxygen) 〔化〕酸素

oyente /オジェンテ/ 男女 (㊥ hearer, listener) 聞き手

ozono /オソノ/ 男 (㊥ ozone) オゾン

P, p

pabellón /パベジョン/ 男 (㊥ pavilion) 大型テント, 会場, 別館, 〔建〕パビリオン

pacer /パセる/ 自 (㊥ pasture) (家畜が) 牧草を食う ━他 (家畜に) 牧草をやる

paciencia /パシエンシア/ 女 (㊥ patience) 忍耐, がんばり ━間 がまんしてください!

paciente /パシエンテ/ 形 (㊥ patient) 我慢強い ━男女 患者, 〔言〕被動作主

pacífico(a) /パシフィコ(カ)/ 形 (㊥ peaceful) 平和な, 静かな

pacto /パクト/ 男 (㊥ pact, agreement) 条約, 協定

padecer /パデセる/ 他 (㊥ suffer) (苦痛・罪などを) 受ける, (損害・敗北などを) 被る, 耐える ━自 苦しむ, (病気に [de]) かかる, (痛手・損害・罰を [de]) 受ける

padre /パドれ/ 男 (㊥ father) 父, 〔~s〕両親, 創始者, 〔宗〕神父, 〔P~〕〔宗〕天の父, 〔~s〕先祖

padrino /パドりノ/ 男 (㊥ godfather) 教父, 保護者

paella /パエジャ/ 女 (㊥ paella) 〔料〕パエーリャ

pagar /パガる/ 他 (㊥ pay) (俸給・賃金・代金などを) 支払う, 報いる, 償 (つぐな) う ━自 支払いをする, 罰を受ける, 引き合う ━se 再 自負する, 満足する

página /パヒナ/ 女 (㊥ page) ページ, 〔比喩〕出来事, 〔比喩〕時期

pago /パゴ/ 男 (㊥ payment) 支払い, 報い

país /パイス/ 男 (㊥ country) 国, 祖国

paisaje /パイサヘ/ 男 (㊥ landscape) 景色, 〔絵〕風景画

paisano(a) /パイサノ(ナ)/ 男, 女 (㊥ compatriot) 同国人, (軍人・警官に対して) 一般市民, いなか者

paja /パハ/ 女 (㊥ straw) わら, ストロー

pájaro /パハろ/ 男 (㊥ bird) 鳥, 〔比喩〕ずるい人

Pakistán /パキスタン/ 固 (㊥ Pakistan) 〔地名〕パキスタン

pala /パラ/ 女 (㊥ shovel) シャベル, 〔スポーツ〕ラケット, (短い幅広の) かい, (プロペラの) 羽, 〔料〕しゃもじ

palabra /パラブら/ 女 (㊥ word) 語, 言葉, 約束, 発言の権利, 〔否定文で〕一言も (…ない)

palacio /パラシオ/ 男 (㊥ palace) 宮殿, 官邸, 豪華な建物

palanca /パランカ/ 女 (㊥ lever) 〔機〕てこ, 〔比喩〕(有利な) 縁故, 〔スポーツ〕飛び板

paleta /パレタ/ 女 (㊥ palette) 〔絵〕(えのぐ用の) パレット, (小さな) シャベル, (左官などの) こて, 水かき

pálido(a) /パリド(ダ)/ 形 (㊥ pale) 顔色が悪い, 薄い, 精彩を欠く

palillo /パリジョ/ 男 (㊥ toothpick) つま楊子, (食事に用いる) はし, 〔衣〕(レース) の編み棒, (太鼓の) ばち

palma /パルマ/ 女 (㊥ palm) 手のひら, 〔~s〕拍手, 〔植〕ヤシ

palo /パロ/ 男 (㊥ stick, pole) 棒, 棒で打つこと, 木材, (トランプで) 同じ種類のカード, 〔海〕帆柱, 柄, 〔スポーツ〕スティック

paloma /パロマ/ 女 (㊥ pigeon, dove) 〔鳥〕ハト (鳩), 〔比喩〕おとなしい人

palpitar /パルピタる/ 自 (㊥ palpitate) 鼓動する, 〔比喩〕躍動する, どきどきする ━se 再 予感がする

pampa /パンパ/ 女 (㊥ Pampas) パンパ地方 ━形 パンパの

pan /パン/ 男 (㊥ bread) 〔料〕パン, 〔比喩〕〔一般に〕食料, ひと塊 (かたまり), 〔料〕こね粉

panadería /パナデリア/ 女 パ

ン店

Panamá/パナマ/ 固 (㉓Panama) 〔地名〕パナマ

panameño(a)/パナメニョ(ニャ)/ 形 (㉓Panamanian) パナマ(人)の ━ 男, 女 パナマ人

panorama/パノラマ/ 男 (㉓panorama) パノラマ,〔比喩〕(問題などの) 広範囲な調査

pantalla/パンタジャ/ 女 (㉓screen) ついたて,〔映〕スクリーン,(テレビ・コンピューターの) 画面,(ランプ・電灯・スタンドなどの) かさ,日除け

pantalón/パンタロン/ 男 (㉓trousers, slacks)〔衣〕ズボン

pantano/パンタノ/ 男 (㉓marsh) 沼地,〔比喩〕窮地,ダム

paño/パニョ/ 男 (㉓cloth) 服地,羊毛,ふきん,ぞうきん,〔~s〕衣類

pañuelo/パニュエロ/ 男 (㉓handkerchief) ハンカチ,〔衣〕スカーフ

papa/パパ/ 女 (㉓potato)〔ラ米〕〔植〕ジャガイモ,〔料〕かゆ

Papa/パパ/ 男 (㉓Pope)〔宗〕ローマ法王〔教皇〕

papá/パパ/ 男 (㉓daddy) パパ,〔~s〕パパとママ

papel/パペル/ 男 (㉓paper) 紙,〔おもに~es〕書類,役割,〔演〕役,〔商〕紙幣,証券

papelería/パペレリア/ 女 (㉓stationer's) 文房具店,〔集合的に〕紙

paquete/パケテ/ 男 (㉓packet) 小さな包み,包み

par/パる/ 男 (㉓pair, couple) 一組,二人一組,〔おもに否定文で〕対等の物,〔数〕偶数,同じ ¶ un par de ...《不定数》2つばかりの…

para/パら/ 前 (㉓for)…のために[の],…へ,…に,…にしては,…して(その結果) … ¶ trabajar para vivir 生きるために働く para qué《疑問副詞》何のために…なのですか？

parada/パらダ/ 女 (㉓stop) 停留所

parado(a)/パらド(ダ)/ 形 (㉓stopped) 止まった,失業中の,休業中の,のろい,〔ラ米〕立っている

paradoja/パらドハ/ 女 (㉓paradox) 逆説

paraguas/パらグアス/ 男 (㉓umbrella) 傘 (かさ)

Paraguay/パらグアイ/ 固 (㉓Paraguay)〔地名〕パラグアイ

paraguayo(a)/パらグアジョ(ジャ)/ 形 (㉓Paraguayan) パラグアイ(人)の ━ 男, 女 パラグアイ人

paraíso/パらイソ/ 男 (㉓paradise) 天国,〔比喩〕楽園,〔演〕天井桟敷

paralelo(a)/パらレロ(ラ)/ 形 (㉓parallel) 平行の,相等しい,対比する ━ 男 匹敵するもの,比較,〔地理〕緯線

parálisis/パらリシス/ 女 (㉓paralysis)〔医〕(完全) 麻痺 (まひ),〔比喩〕麻痺状態

paralizar/パらリさる/ 他 (㉓paralyze) 麻痺 (まひ) させる ━ se 再 麻痺する

parar/パらる/ 他 (㉓stop) 止める,やめさせる,(注意などを) おく,(ある状態に〔形容詞・副詞〕) する,準備する,賭ける,立てる,中断する,滞在する,結果がなる ━ se 再 止まる,〔ラ米〕立つ,起床する

parasol/パらソル/ 男 (㉓parasol) パラソル

parcial/パるしアル/ 形 (㉓partial) 一部分の,不公平な,党派の

parcialmente/パるしアルメンテ/ 副 (㉓partially) 部分的に,えこひいきをして

pardo(a)/パるド(ダ)/ 形 (㉓dark, grey) (空・天気が) 曇った,(声が) 単調な,褐色の

parecer/パれせる/ 自 (㉓seem, look)…のように見える ━ se 再 (…に [a]) 似る ━ 男 意見,外見 ¶ al parecer 見たところ

parecido(a)/パれしド(ダ)/ 形 (㉓like, alike) (…に [a]) 似た

pared/パれド/ 女 (㉓wall)〔建〕〔解〕(部屋などの) 壁,〔建〕塀,〔比喩〕絶壁,〔比喩〕障壁

pareja/パれハ/ 女 (㉓couple, pair) 組,ペア,(ダンスの) 相手,(対・組になる) 一方,(動物の) つがい

paréntesis/パれンテシス/ 女

([英] parenthesis) かっこ, 〔比喩〕 合い間
pariente / パりエンテ / [男女] ([英] relative) 親類
parir / パりる / [他] ([英] bear) (動物が) 産む
París / パりス / [固] ([英] Paris) 〔地名〕 パリ
parlamento / パるラメント / [男] ([英] parliament) 〔政〕 議会, 交渉, 演説, 〔演〕 長広舌
paro / パろ / [男] ([英] unemployment, stoppage) 失業, 操業停止, 停止
párpado / パるパド / [男] ([英] eyelid) まぶた
parque / パるケ / [男] ([英] park) 公園, (車などの) 置き場, ベビーサークル
párrafo / パらフォ / [男] ([英] paragraph) 段落, パラグラフ
parroquia / パろキア / [女] ([英] parish church) 〔集合的に〕 教区教会, 〔宗〕 教会区, 〔集合的に〕 教区民
parte / パるテ / [女] ([英] part) 部分, 場所, (書物の) 部, 役目, (全体をいくつかに) 等分した部分, 分け前, (論争・競技・契約などの一方の) 側 ― [男] 報告¶
¿De parte de quién? どちら様でしょうか《電話で》 en parte 一部は, 部分的に, 少しは
participación / パるティしパしオン / [女] ([英] participation) 参加, 〔商〕 割り当て, 通知, (当りくじの) 分券, 〔スポーツ〕 エントリー
participar / パるティしパる / [自] ([英] participate) 参加する, 共有する, 分配を受ける ― [他] 知らせる
particular / パるティクラる / [形] ([英] particular) 格別の, 特有の, 個人の, 特定の ― [男] 件, 個人
particularmente / パるティクラるメンテ / [副] ([英] particularly) 特に, 個々に
partida / パるティダ / [女] ([英] departure) 出発, 〔スポーツ〕 ゲーム, 一組の人, 証明書, 〔商〕 項目, 〔商〕 1回の委託貨物, やり口
partidario(a) / パるティダりオ(ア) / [男], [女] ([英] supporter, follower) 味方, 〔軍〕 ゲリラ兵 ― [形] 味方した
partido / パるティド / [男] ([英] party) 党派, 味方, 支持, 〔政〕 政党, 〔スポーツ〕 試合, 縁組, 〔スポーツ〕 チーム, 地区, 髪の分け目, 利益, 方策
partir / パるティる / [他] ([英] divide) 分割する, 分配する, 割る, 〔比喩〕 (心などを) 引き裂く ― [自] 出発する
pasado(a) / パサド(ダ) / [形] ([英] past) 過ぎ去った, 過ぎたばかりの, 古くなった, 過去の ― [男] 過去
pasaje / パサヘ / [男] ([英] passage) 通行, 航海, 旅費, (乗り物の) 切符, 〔集合的に〕 乗客, 文の一節, 〔楽〕 (楽曲の) 一節
pasajero(a) / パサヘろ(ら) / [男], [女] ([英] passenger) 乗客 ― [形] 通過する, たくさん人が通る, 渡り鳥の
pasaporte / パサポるテ / [男] ([英] passport) パスポート
pasar / パサる / [自] ([英] pass) 通る, 立ち寄る, 消え去る, 起こる, 変わる, 越える, (…し [a 不定詞]) 始める, (世間に) 通る, 我慢する ― **se** [再] 過ぎる, 終わる
pasatiempo / パサティエンポ / [男] ([英] pastime, amusement) 娯楽
Pascua / パスクア / [女] ([英] Easter) 〔宗〕 復活祭, 〔宗〕 降誕祭, 〔宗〕 公現祭, 〔宗〕 過越しの祝い
pase / パセ / [男] ([英] pass) 通行 [入場] 許可証, 認可状, 通行, 許可, 定期券, (トランプで) パス
pasear / パセアる / [他] ([英] take for a walk) 散歩に連れて行く, 巡らせる, あちこち移動させる ― **(se)** [自]([再]) 散歩する, 一回りする, 動き回る
paseo / パセオ / [男] ([英] walk) 散歩, 散歩道
pasillo / パシジョ / [男] ([英] corridor) 廊下, 〔演〕 小劇
pasión / パシオン / [女] ([英] passion) 熱情, 熱中, 熱愛の対象, 恋情, 〔宗〕 キリストの受難
pasivo(a) / パシボ(バ) / [形] ([英] passive) 受け身の, 〔文法〕 受け身の, 受給の, 逆らわない

P

—男〔商〕債務

paso/パソ/男(㊥ step)歩み，歩きぶり，足跡，〔比喩〕(成功などへの)一歩，足音，通ること，横断，小道，(時の)流れ，〔おもに~s〕〔比喩〕手続き，〔比喩〕進歩 ¶ paso a paso 一歩ずつ，少しずつ

pasta/パスタ/女(㊥ pasta)〔料〕生地(きじ)，〔料〕パイ，〔~s〕〔料〕パスタ，(水と混ぜた)練り物，革表紙

pastel/パステル/男(㊥ cake, pie)〔料〕ケーキ，パイ

pastilla/パスティジャ/女(㊥ tablet)トローチ，ドロップ，〔医〕錠剤

pastor(a)/パストる(ら)/男，女(㊥ shepherd)羊飼い —男〔宗〕(プロテスタントの)牧師

pata/パタ/女(㊥ leg, paw)(動物・家具の)足，〔こけいに〕(人の)足，〔衣〕(ポケットの)ふた

patata/パタタ/女(㊥potato)〔植〕ジャガイモ

patente/パテンテ/形(㊥ obvious)明らかな，特許の，特許証，〔車〕ナンバープレート

paterno(a)/パテるノ(ナ)/形(㊥ paternal)父の，父方の

patético(a)/パテティコ(カ)/形(㊥ pathetic)哀れを誘う

patinar/パティナる/自(㊥ skate)〔スポーツ〕スケートをする，〔車〕スリップする，〔比喩〕失敗する

patio/パティオ/男(㊥ patio)〔建〕中庭，〔演〕平土間席

pato/パト/男(㊥ duck)〔鳥〕アヒル

patria/パトりア/女(㊥ mother land)祖国，生まれ故郷

patrimonio/パトりモニオ/男(㊥ patrimony)(世襲)財産，歴史的遺産

patriota/パトりオタ/形(㊥ patriotic)愛国の —男女 愛国者

patriótico(a)/パトりオティコ(カ)/形(㊥ patriotic)愛国の

patrón(ona)/パトろン(ナ)/男，女(㊥ landlord, landlady)親方，所有者，経営者，主人，〔宗〕守護聖人〔聖女〕—男 型，パタン

patrulla/パトるジャ/女(㊥ patrol)巡回，巡視隊，一隊

pausa/パウサ/女(㊥ pause)休止，遅いこと，〔楽〕休止(符)

pausado(a)/パウサド(ダ)/形(㊥ slow, calm)ゆっくりとした

pavo/パボ/男(㊥ turkey)〔鳥〕シチメンチョウ(七面鳥)

pavor/パボる/男(㊥ terror, fear)恐怖

pavoroso(a)/パボろソ(サ)/形(㊥ fearful)恐ろしい

paz/パス/女(㊥ peace)平和，平穏，講和，治安

peatón(ona)/ペアトン(ナ)/男，女(㊥ pedestrian)歩行者

peatonal/ペアトナル/形(㊥ pedestrian)歩行者の

pecado/ペカド/男(㊥ sin)(道徳・宗教上の)罪

pecar/ペカる/自(㊥ sin)(宗教上・道徳上の)罪を犯す，度を越す，誤ちを犯す

pecho/ペチョ/男(㊥ chest)胸，勇気

peculiar/ペクリアる/形(㊥ peculiar)妙な，独得の

peculiaridad/ペクリアりダド/女(㊥ peculiarity)特色

pedagogía/ペダゴヒア/女(㊥ pedagogy)教育学

pedagógico(a)/ペダゴヒコ(カ)/形(㊥ pedagogic)教育学的な

pedagogo(a)/ペダゴゴ(ガ)/男，女(㊥ pedagogue)教師，家庭教師，教育学者

pedazo/ペダソ/男(㊥piece)かけら，一片

pedido/ペディド/男(㊥ order)〔商〕注文，要求

pedir/ペディる/他(㊥ ask for)(物・助けなどを)求める，(人に[a])(…を[que 接続法])頼む，注文する，必要とする，〔商〕売り値をつける

pegamento/ペガメント/男(㊥ glue)接着剤

pegar/ペガる/他(㊥ stick)(のりなどで)くっつける，つける，貼る，(動作を)する，(大声などを)出す，(病気・習慣を)移す —se 再 くっつく，こげつく，移る

peinado/ペイナド/男(㊥

peinar ▶

hairstyle) ヘアスタイル
—,da 形 [estar ~] 櫛 (くし)
ですいた
peinar /ペイナる/ 他 (㊥ comb)
髪をとかす, かきわけて探す
—se 再 (自分の) 髪をとか
す
peine /ペイネ/ 男 (㊥ comb) 櫛
(くし)
pelar /ペらる/ 他 (㊥ peel) (野
菜・果物の) 皮をむく, (動物の)
皮をはぐ, (鳥の) 羽をむしる,
(金品を) 奪う, 髪を切る, こ
き下ろす **—se** 再 (自分の)
皮がむける, 逃げる, (自分の)
髪を切る
pelea /ペレア/ 女 (㊥ battle,
fight) けんか, 戦闘
pelear /ペレアる/ 自 (㊥ fight)
けんかする, 奮闘する, 戦う
—se 再 けんかする
película /ペリクラ/ 女 (㊥
movie) 映画, [写][映] フィル
ム, 薄膜
peligro /ペリグろ/ 男 (㊥
danger) 危険
peligroso(a) /ペリグろソ(サ)/
形 (㊥ dangerous) 危険な
pelo /ペロ/ 男 (㊥ hair) 髪の毛,
(1本の) 毛, (動物の) 毛, わ
ずか
pelota /ペロタ/ 女 (㊥ ball) 玉,
[スポーツ] ハイアライ, [~s]
睾丸
peluquería /ペルケリア/ 女
(㊥ barber's) 理髪店, 美容院
peluquero(a) /ペルケろ(ら)/
男, 女 (㊥ barber) 理髪師, 美
容師
pena /ペナ/ 女 (㊥ sorrow) 悲
しみ, 残念, 困難, [法] 刑,
恥ずかしさ, [ラ米] 内気
pendiente /ペンディエンテ/
形 (㊥ pending) 懸案の, 注意
を払っている, たれ下がって,
坂道の, ペンダント **—** 女 坂
道
penetración /ペネトらシオン/
女 (㊥ penetration) 浸透, [比
喩] 透徹
penetrar /ペネトらる/ 他 (㊥
penetrate) 突き通す, [比喩] (人
の心・意味・意図などを) 見抜く,
[比喩] 入り込む, [比喩] 染み
る **—** 自 染み通る, 貫通する,
入り込む **—se** 再 理解する,
分け入る

península /ペニンスラ/ 女 (㊥
peninsula) 半島
peninsular /ペニンスラる/ 形
(㊥ peninsular) 半島の, [とくに]
イベリア半島の, スペイン本国
の **—** 男, 女 半島の人, [とくに]
イベリア半島の人, スペイン本
国の人
penoso(a) /ペノソ(サ)/ 形 (㊥
distressing, sad) 悲しい, つ
らい
pensamiento /ペンサミエン
ト/ 男 (㊥ thought) 思考, 思想,
格言, [植] パンジー
pensar /ペンサる/ 他 (㊥
think) (→主な動詞の活用 p.1046)
思う, 考える, (…しようと [不
定詞]) 思う **—** 自 考える
pensativo(a) /ペンサティボ
(バ)/ 形 (㊥ pensive) 思いに沈
んだ
pensión /ペンシオン/ 女 (㊥
pension) 年金, 旅館, 下宿代
peña /ペニャ/ 女 (㊥ rock) 岩山,
岩, サークル
peón /ペオン/ 男 (㊥ laborer)
日雇い労働者, [農] 農夫
peor /ペオる/ 形 (㊥ worse,
the worst) いっそう悪い, [定
冠詞をつけて] もっとも悪い
— 副 もっと悪く, もっとひど
く
pepino /ペピノ/ 男 (㊥
cucumber) キュウリ
pequeño(a) /ペケニョ(ニャ)/
形 (㊥ small, little) 小さい,
わずかな, 年少の **—** 男, 女 子
供
pera /ペら/ 女 (㊥ pear) [植]
西洋ナシ (梨)
percha /ペるチャ/ 女 (㊥
hanger) 衣服掛け, えもん掛
け
percibir /ペるシビる/ 他 (㊥
perceive) 知覚する, (給料
などを) 受け取る, わかる
—se 再 知覚される
perder /ペるデる/ 他 (㊥ lose)
(→主な動詞の活用 p.1046) 失う, (戦
い・勝負などに) 負ける, 取り
逃がす, 無駄にする, 乗り遅
れる **—** 自 負ける, 悪くなる,
損をする, 減少する **—se** 再
道に迷う, なくなる, 堕落する,
見逃す, 無駄になる, 自制心を
失う
perdición /ペるディシオン/ 女

(®ruin)破滅

pérdida /ペルディダ/ 女 (® loss) 損失, 死, むだ使い, 漏れ, 減損, [軍] 死傷者 (数)

perdón /ペルドン/ 男 (® pardon) 許し, (落ちた) 熱いろう ― 間 もう一度言ってください

perdonar /ペルドナる/ 他 (® excuse, pardon) 許す

perdurar /ペルドゥらる/ 自 (® last subsist) 耐久力がある

perecer /ぺれせる/ 自 (® perish) 死ぬ ― **se** 再 とても (…[por 不定詞]) したがる

peregrinación /ぺれグリナしオン/ 女 (® pilgrimage) [宗] 巡礼の旅, 旅行, [比喩] 人生の行路

peregrinar /ぺれグリナる/ 自 (® goon) 巡礼する, [比喩] 人生を歩む

peregrino(a) /ぺれグリノ(ナ)/ 男, 女 (® pilgrim) 巡礼者 ― 形 巡礼する, 旅行 [巡業・移動・行脚] する, 移動する, 妙な

pereza /ぺれさ/ 女 (® laziness, sloth) 怠惰, 緩慢

perezoso(a) /ぺれソソ(サ)/ 形 (® lazy) 怠惰な, 動きがゆったりとした ― 男, 女 怠け者 ― 男 [動] ナマケモノ

perfección /ぺルフェクしオン/ 女 (® perfection) 完全, 完全に仕上げること, [宗] 完徳

perfeccionar /ぺルフェクしオナる/ 他 (® perfect) 完成する ― **se** 再 完全なものにする

perfectamente /ぺルフェクタメンテ/ 副 (® perfectly) 完全に, 全く ― 間 その通り, よろしい

perfecto(a) /ぺルフェクト(タ)/ 形 (® perfect) 完全な, 最適の, まったくの, [文法] 完了の

perfil /ぺルフィル/ 男 (® profile) 横顔, 外形, (細い) 筆法, (人物・作品の) 特徴, 断面図

perforar /ぺルフォらる/ 他 (® perforate) 穴をあける

perfume /ぺルフメ/ 男 (® perfume) 香水, (よい) 香り

periferia /ぺリフェりア/ 女 (® periphery) 近郊, 周囲

periódico /ぺリオディコ/ 男 (® newspaper) 新聞, 定期刊行物

periodismo /ぺリオディスモ/ 男 (® journalism) ジャーナリズム, 新聞・雑誌界

periodista /ぺリオディスタ/ 男女 (® journalist) ジャーナリスト

período /ぺリオド/ 男 (® period) 時, 周期, [医] 月経 (期間), [地] 紀, [文法] 文

perjudicar /ぺルフディカる/ 他 (® injure) 害する

perla /ぺルラ/ 女 (® pearl) 真珠

permanecer /ぺルマネセる/ 自 (® remain) …のままでいる, 滞在する

permanencia /ぺルマネンしア/ 女 (® stay) 逗留(とうりゅう), 永久

permanente /ぺルマネンテ/ 形 (® permanent) 永久的な, 常時の ― 女 パーマネント

permiso /ぺルミソ/ 男 (® permission) 許可書, 免状, 許可, [軍] 一時休暇 ¶ ¡Con permiso! 失礼します《場を離れるときや人の前を通るとき》

permitir /ぺルミティる/ 他 (® permit) 許す, (…を [不定詞]) 可能にする ― **se** 再 許される, 自分に許す, 勝手に (…[不定詞]) する

pero /ぺろ/ 接 (® but) …であるが…, しかし ― 男 反対, 難点

perpetuo(a) /ぺルペトゥオ(ア)/ 形 (® perpetual) 永久的な, 終身の

perplejo(a) /ぺルプレホ(ハ)/ 形 (® perplexed) [estar ~]困った

perro /ぺろ/ 男 (® dog) イヌ (犬), くだらないやつ, 忠実な人, がんこな人

persa /ぺルサ/ 形 (® Persian) ペルシャ (人・語) の ― 男女 ペルシャ人 ― 男 [言] ペルシャ語

persecución /ぺルセクしオン/ 女 (® persecution) 迫害, 追跡, (目的の) 追求

perseguir /ぺルセギる/ 他 (® pursue) 追跡する, (目的を) 追い求める, (しつこく) 付き

persistente /ペるシステンテ/ 形 (® persistent) 頑固な

persistir /ペるシスティる/ 自 (® persist) (自分の考えなどを [en]) あくまでも通す, 続く

persona /ペるソナ/ 女 (® person) 人, 人物, [文法]人称

personaje /ペるソナヘ/ 男 (® personage) 名士, [文学][演]登場人物

personal /ペるソナル/ 形 (® personal) 個人的な, 本人の, [文法]人称の — 男 [全体として]職員, 人事, [集合的に]人々

personalidad /ペるソナリダド/ 女 (® personality) 個性, 人格, 有名人, [〜es]人物評

personalmente /ペるソナルメンテ/ 副 (® in person) 自ら, 自分としては, 個人的に

perspectiva /ペるスペクティバ/ 女 (® outlook) 視野, 将来の見込み, 遠景, [絵]遠近画法

persuadir /ペるスアディる/ 他 (® persuade) 説き伏せる —**se** 再 納得する

pertenecer /ペるテネせる/ 自 (® belong) (…の [a]) ものである, 役目である

perteneciente /ペるテネしエンテ/ 形 (® pertaining) (…に [a]) 属する

perturbar /ペるトゥるバる/ 他 (® disturb) (かき)乱す, 動揺させる —**se** 再 気持ちが動転する

Perú /ペる/ 固 (® Peru) [地名]ペルー

peruano(a) /ペるアノ(ナ)/ 形 (® Peruvian) ペルー (人) の — 男, 女 ペルー人

pesadilla /ペサディジャ/ 女 (® nightmare) 悪夢, [比喩]恐ろしいこと [経験]

pesado(a) /ペサド(ダ)/ 形 (® heavy) 重い, やっかいな, 退屈な, しつこい, 陰気な, 鈍い, つらい

pesar /ペサる/ 自 (® be heavy) 重い, 重さが…である, 強い影響を与える, 重要性がある — 他 目方を量る, [比喩](比べて)検討する — 男 悲しみ, 難儀, 残念 **a pesar de …** …にもかかわらず, …をものともせずに

pesca /ペスカ/ 女 (® fishing) 釣り, [海]漁業, [集合的に]魚, [海]漁獲(高)

pescado /ペスカド/ 男 (® fish) [料]魚

pescador(a) /ペスカドる(ら)/ 男, 女 (® fisher) [海]釣り人 — 形 [海]釣りの — 男 [魚]アンコウ

pescar /ペスカる/ 他 (® fish) (魚を)捕える, うまく捕える, (病気に)かかる, わかる — 自 漁をする

peseta /ペセタ/ 女 (® peseta) ペセタ《スペインの旧貨幣》

pesimismo /ペシミスモ/ 男 (® pessimism) 悲観主義.

pesimista /ペシミスタ/ 男女 (® pessimist) 厭世 [悲観] 主義者 — 形 厭世的な

pésimo(a) /ペシモ(マ)/ 形 (® very bad) とても悪い

peso /ペソ/ 男 (® weight) 重さ, [比喩]重み, [比喩]重荷, ペソ《メキシコ, アルゼンチンなどの貨幣の単位》

pestaña /ペスタニャ/ 女 (® eyelash) まつげ, [衣] (裾 (すそ) などの) ふさべり, [衣]縁, [技]フランジ

petición /ペティしオン/ 女 (® request, demand) 依頼, 請願書

petróleo /ペトろレオ/ 男 (® petroleum, oil) 石油

pez /ペす/ 男 (® fish) 魚

pianista /ピアニスタ/ 男女 (® pianist) [楽]ピアニスト

piano /ピアノ/ 男 (® piano) [楽]ピアノ

picado(a) /ピカド(ダ)/ 形 (® pinked, perforated) 刺した, つついた, [料]挽(ひ)いた, 虫に食われた, 虫歯の, 腹を立てた, 酸っぱくなった, 荒れた — 男 [料]挽(ひ)き肉料理, (飛行機などの)急降下

picante /ピカンテ/ 形 (® hot, piquant) ピリッとする, 痛快な, [比喩]辛辣さ

picar /ピカる/ 他 (® bite, peck) つまむ, つつく, 刺す — 自 辛い, ひりひりする

pico /ピコ/ 男 (® corner) 角 (け

み)，少し，つるはし，〔鳥〕くちばし，とがったもの，口，(先のとがった) 山

pie/ピエ/ 男 (㊙ foot) 足,(物の) 下の部分，フィート，1本，歩み

piedad/ピエダド/ 女 (㊙ pity) 哀れみ，〔宗〕信心，〔宗〕ピエタ

piedra/ピエドら/ 女 (㊙ stone) 石，〔気象〕雹 (ひょう)，〔医〕結石

piel/ピエル/ 女 (㊙ skin) 皮膚，なめし革

pierna/ピエるナ/ 女 (㊙ leg) 脚 (あし)，〔料〕脚の肉，〔衣〕脚部

pieza/ピエさ/ 女 (㊙ piece) 部品，芸術作品，当て布，(布の) 一反，(紙の) 一巻き，(チェスなどの) 駒，部屋

pijama/ピハマ/ 男 (㊙ pajamas)〔衣〕パジャマ

pila/ピら/ 女 (㊙ battery) 蓄電池，積み重ね

píldora/ピルドら/ 女 (㊙ pill) 丸薬，ピル，悪い知らせ

piloto/ピロト/ 男 (㊙ pilot) (航空機の) パイロット，〔車〕テールランプ，〔海〕(船の) 水先 (案内) 人，指導者

pimienta/ピミエンタ/ 女 (㊙ pepper)〔料〕コショウ (胡椒)

pimiento/ピミエント/ 男 (㊙ green pepper)〔植〕ピーマン，〔料〕〔植〕トウガラシ，〔料〕パプリカ

pincel/ピンセル/ 男 (㊙ paintbrush)〔絵〕絵筆,〔比喩〕画法

pinchar/ピンチャる/ 他 (㊙ prick) (とがった物で) ちくりと刺す,〔比喩〕悩ます，つつく，(タイヤを) パンクさせる，そのかす，注射する ━ **se** 再 刺さる，パンクする

ping-pong/ピンポン/ 男 (㊙ table tennis, ping-pong)〔スポーツ〕ピンポン

pino/ピノ/ 男 (㊙ pine)〔植〕マツ (松)

pintar/ピンタる/ 他 (㊙ paint) ペンキを塗る,〔絵〕絵をかく，様子を話す ━ 自 絵をかく，色づく

pintor(a)/ピントる (ら) / 男, 女 (㊙ painter) 絵かき,〔人を指して〕ペンキ屋

pintoresco(a)/ピントれスコ (カ) / 形 (㊙ picturesque) 絵のような，個性に富む

pintura/ピントゥら/ 女 (㊙ picture) 絵，ペンキ,〔比喩〕叙述

piña/ピニャ/ 女 (㊙ pineapple)〔植〕パイナップル,〔植〕松かさ

pío(a)/ピオ (ア) / 形 (㊙ pious) 信心深い，情け深い

pionero(a)/ピオネろ (ら) / 男, 女 (㊙ pioneer) 開拓者

pipa/ピパ/ 女 (㊙ pipe) (刻みタバコの) パイプ，(ブドウ酒の) 樽，ヒマワリの種 (たね),〔一般に〕(スイカ・メロンなどの) 種

pirámide/ピらミデ/ 女 (㊙ pyramid) ピラミッド,〔数〕角錐 (かくすい)

pirata/ピらタ/ 男 (㊙ pirate)〔海〕海賊，著作権侵害者 ━ 形 著作権侵害の,〔海〕海賊の

piropo/ピろポ/ 男 (㊙ compliment) (男性が女性に言う) お世辞

pisar/ピサる/ 他 (㊙ tread) 踏む，上を歩く，奪う，つがう，踏みにじる ━ 自 〔比喩〕歩く

piscina/ピスしナ/ 女 (㊙ pool) プール，養魚池

piso/ピソ/ 男 (㊙ floor, apartment) (建物の) 階，アパート，マンション

pista/ピスタ/ 女 (㊙ trail, track) (人・動物の) 跡,〔空〕滑走路,〔スポーツ〕リンク,〔車〕高速道路，(サーカスの) リング

pistola/ピストら/ 女 (㊙ pistol) ピストル，スプレー

pito/ピト/ 男 (㊙ whistle)〔車〕クラクション，警笛

pizarra/ピさら/ 女 (㊙ blackboard) 黒板，石板

placa/プらカ/ 女 (㊙ plate) 金属板，飾り板，表札，札，(車の) ナンバープレート，バッジ,〔地〕プレート

placer/プらセる/ 男 (㊙ pleasure) 喜び，楽しみ

plaga/プらガ/ 女 (㊙ plague) 災難,〔比喩〕不快なはびこったもの

plan/プラン/ 男 (㊙ plan) 計画,〔悪い意味で〕態度，構想，楽しみ，

デート, 〔医〕食餌療法, 図面, 水準

plancha/プランチャ/ [女] ([英] iron, ironing) アイロン, (金属などの) 板, 大失敗, 〔印〕版

planchar/プランチャる/ [他] ([英] iron) アイロンをかける

planeta/プラネタ/ [男] ([英] planet) 〔天〕惑星

plano(a)/プラノ(ナ)/ [形] ([英] flat) 平面の, 平らな — [男] 市街地図, 平面図, 平面

planta/プランタ/ [女] ([英] plant) 植物, 階, プラント, 足の裏, 外見, 人員の配置, 〔農〕畑, 図面, 計画, 足の位置 [構え]

plantar/プランタる/ [他] ([英] plant) (植物を) 植える, しっかりと据える, (げんこつを) 食らわす, 追い出す, (良くないことを) 押しつける, 待ちぼうけを食らわせる — **se** [再] しっかりと立つ, (短時間で) 着いている, 着る

plantear/プランテアる/ [他] ([英] raise, pose) (問題などを) 提出する, 企てる, 設置する

plástico(a)/プラスティコ(カ)/ [形] ([英] plastic) プラスチック製の, 〔美〕美術造形の, 表現力のある, 〔医〕形成の — [男] プラスチック

plata/プラタ/ [女] ([英] silver) 銀, 〔ラ米〕お金(かね), 銀製品

Plata/プラタ/ [固] ([英] Plata) 〔地名〕ラプラタ川, ラプラタ地方, 〔地名〕〔La ~〕ラプラタ市

plátano/プラタノ/ [男] ([英] banana) 〔植〕バナナ, 〔植〕プラタナス

plática/プラティカ/ [女] ([英] conversation, chat, talk) 会話, おしゃべり

platicar/プラティカる/ [自] ([英] chat, talk) 会話する, おしゃべりをする — [他] 討議する

plato/プラト/ [男] ([英] plate, dish) 皿, 料理, 食事

playa/プラジャ/ [女] ([英] beach) 浜, 用地

plaza/プラさ/ [女] ([英] square) (市内の) 広場, 市場(いちば), 席, 場所, 職, 砦, 町

plazo/プラそ/ [男] ([英] period, term) 期日, 期間, 締切りの時間

plegar/プレガる/ [他] ([英] fold) (紙・布・傘などを) 折り畳む — **se** [再] 屈服する

pleito/プレイト/ [男] ([英] lawsuit) 〔法〕訴訟, けんか

plenamente/プレナメンテ/ [副] ([英] fully) 十分に

plenitud/プレニトゥド/ [女] ([英] prime) 絶頂, 十分

pleno(a)/プレノ(ナ)/ [形] ([英] at the height of) 〔名詞の前で〕まさに…の, 十分な, (トトカルチョなどで) 全部を当てること

pliego/プリエゴ/ [男] ([英] sheet) (折った) 紙, 手紙

pliegue/プリエゲ/ [男] ([英] fold, pleat) 〔衣〕プリーツ, ひだ, (ひじの) 内側

plomo/プロモ/ [男] ([英] lead) 〔鉱物〕鉛(なまり), 〔~ s〕〔電〕ヒューズ, 退屈な人 (もの), しつこい人, (鉛の) おもり, 測鉛, 弾丸

pluma/プルマ/ [女] ([英] pen) ペン, 羽毛, 〔比喩〕文体

plural/プルらル/ [形] ([英] plural) 複数の, 〔文法〕複数の — [男] 複数, 〔文法〕複数形

población/ポブラしオン/ [女] ([英] population) 人口, 〔全体として〕住民, 市町村, (ある地域の) 個体数, 移住

poblar/ポブラる/ [他] ([英] populate, people) 人を住ませる, (土地に) (動物を [de]) 生息させる, (木を [de]) 植える, 住む — [自] 植民地を作る — **se** [再] (人口などが) 増える, 茂る

pobre/ポブれ/ [形] ([英] poor) 貧しい, 乏しい, 〔名詞の前で〕哀れな, やせた, 下手な, 質の悪い, 〔名詞の前で〕見下げ果てた, 少ない — [男女] 貧しい人, 哀れな人, 乞食(こじき)

pobreza/ポブれさ/ [女] ([英] poverty) 貧乏, 欠乏, 卑しさ

poco(a)/ポコ(カ)/ [形] ([英] little, few) 少しの…しか, 〔unos ~〕いくつかの — [副] 少ししか…しない, 〔un ~〕少し (は) — [男] 少し ¶ poco a poco 少しずつ por poco .... もう少しで…(しそうだった)

podar/ポダる/ [他] ([英] prune, trim) 枝を刈る, 剪定をする

poder/ポデる/ [動] ([英] can) (→

主な動詞の活用 p.1046）（…する [不定詞]）ことができる, (…[不定詞]) してもよい, [疑問文で] …していただけますか, (…で[不定詞]) ありうる ¶ Ahora no puedo jugar contigo. 今私は君と遊べない ― 男 力, 権力, [政] 政権, [法] (法律で定められた) 権限, 所有, 軍事力, 強国 ¶ no poder menos que (+不定詞) (…[不定詞]) しないわけにはいかない no poder ser ありえない, そんなはずはない ¿Se puede? 入ってよろしいですか

poderoso(a) /ポデロソ(サ)/ 形 (英 powerful) 強力な, 効き目のある

podrir /ポドリる/ 他 ⇒ pudrir.

poema /ポエマ/ 男 (英 poem) 詩

poesía /ポエシア/ 女 (英 poetry) [文学] 詩, [比喩] 詩的な情緒, [文学] [集合的に] (ジャンルとしての) 詩

poeta /ポエタ/ 男 (英 poet) (男性の) 詩人, 詩的才能のある人

poético(a) /ポエティコ(カ)/ 形 (英 poetic) [詩] 詩の, 詩的な

poetisa /ポエティサ/ 女 (英 poetess) 女流詩人

polaco(a) /ポラコ(カ)/ 形 (英 Polish) ポーランド (人・語) の ― 男, 女 ポーランド人 ― 男 [言] ポーランド語

polémico(a) /ポレミコ(カ)/ 形 (英 polemic) 議論の

policía /ポリシア/ 女 (英 police) 警察, 礼儀 (正しさ) ― 男女 警官

política /ポリティカ/ 女 (英 politics) [政] 政治, [政] 政策, 政治学, [比喩] 策略, 礼儀

político(a) /ポリティコ(カ)/ 形 (英 political) [政] 政治の, 義理の, 政治活動をする, 社交的な, 礼儀正しい

pollo /ポジョ/ 男 (英 chick, chicken) [料] 鶏肉, [鳥] 若い鶏, [鳥] 若鳥, [比喩] 子供, 若い人

polo /ポロ/ 男 (英 pole) [地理] (地球の) 極, (注目の) 的, 正反対, [電] 電極, 地域, [料] 棒つきキャンデー

Polonia /ポロニア/ 固 (英 Poland) [地名] ポーランド

polvo /ポルボ/ 男 (英 dust) ほこり, [~s] パウダー, 粉末

pólvora /ポルボら/ 女 (英 gunpowder) 火薬, 花火, [比喩] 不機嫌, 熱烈

polvoriento(a) /ポルボリエント(タ)/ 形 (英 dusty) ほこりっぽい

poncho /ポンチョ/ 男 (英 poncho) [衣] ポンチョ, [軍] 軍人用外套

poner /ポネる/ 他 (英 put) (→主な動詞の活用 p.1046) 置く, (問題などを) 出す, つぎ込む, 着せる, (装置・機械を) 動かす, (ある状態に [形容詞]) する, (苦痛・試練などに [a]) あわせる, (…の [形容詞]) 表情をする, (仕事・行動などに [de]) つかせる, 出す, 書きつける, [映] [演] 上映する, 上演する, (卵を) 産む ― 自 卵を産む ― 再 (…に [形容詞・副詞]) なる, 着る, 座る, 位置する, (…し [a 不定詞]) 始める, 落ちる, 電話に出る

popular /ポプらる/ 形 (英 popular) 人気のある, 大衆向きの, 民衆の

poquito /ポキト/ 副 (英 a little bit) ほんの少し ― 男 [un~] ほんの少しのもの ―, ta 形 ほんの少しの

por /ポる/ 前 (英 by, for) …で, …によって, …に, …(あたり)で, …を通って, …の代わりに ¶ por avión 飛行機で, pasear por el parque 公園を散歩する por entre …の間を通って, …を通して por mucho [más] que … (直説法) たくさん…するが por (mucho [más]) ... que … (接続法) どんなに…しても por si (acaso) ... もしや…と思って si no fuera por ... …がなかったら

porcentaje /ポるセンタへ/ 男 (英 percentage) 百分率

porción /ポるしオン/ 女 (英 portion) ある量, 部分, 分け前

porque /ポるケ/ 接 (英 because) なぜならば (… [直説法]) である, [否定語とともに] (… [接続法]) だからといって (…なのではない) ¶ Hoy no trabajo, porque es domingo. 今日は仕事をしません. 日曜だからです

porqué / ポ る ケ / [男] ([英] reason) 理由

portada / ポ る タ ダ / [女] ([英] cover) 表紙, (本の) 扉 (とびら), 〔建〕正面

portarse / ポるタるセ / [再] ([英] behave) ふるまう

portátil / ポるタティル / [形] ([英] portable) 持ち運びのできる

portorriqueño(a) / ポるトりケニョ (ニャ) / [形] ([英] Puerto Rican) プエルトリコの ― [男], [女] プエルトリコ人

Portugal / ポるトゥガル / [固] ([英] Portugal) 〔地名〕ポルトガル

portugués(esa) / ポるトゥゲス (サ) / [形] ([英] Portuguese) ポルトガル (人・語) の ― [男] ポルトガル語

porvenir / ポるベニる / [男] ([英] future) 前途, 未来

posada / ポサダ / [女] ([英] inn) 宿屋, 旅館

poseer / ポ セ エ る / [他] ([英] possess) (物などを) 所有する, (性質・能力などが) ある, 取りつく

posesión / ポセシオン / [女] ([英] possession) 持っていること, 所有物, 職務, (ある考えなどに) 取り憑 (つ) かれること

posibilidad / ポシビリダド / [女] ([英] possibility) 可能性

posible / ポ シ ブ レ / [形] ([英] possible) 可能な, (…が [que 接続法]) 起こり [あり] うる, できる限りの ― [男] 〔~s〕財産 ¶ lo antes posible できるだけ早く lo más ... (形容詞・副詞) posible できるだけ…

posición / ポシしオン / [女] ([英] position) 位置

positivo(a) / ポシティボ (バ) / [形] ([英] positive) 肯定的な, 積極的な, 〔数〕〔電〕正の, 〔医〕陽性の ― [男] 〔写〕陽画

postal / ポ ス タ ル / [形] ([英] postal) 郵便の ― [女] (絵) はがき

posterior / ポステりオる / [形] ([英] posterior) 後の

postre / ポ ス ト れ / [男] ([英] dessert) 〔料〕デザート ¶ a la postre 結局, 最終的に

postrero(a) / ポストれろ (ら) / [形] ([英] last, final) 最後の

postura / ポストゥら / [女] ([英] posture) 姿勢

potencia / ポテンしア / [女] ([英] power) 力, 強国

potencial / ポテンしアル / [形] ([英] potential) 可能性のある, 動力の, 〔文法〕可能を表す

potente / ポ テ ン テ / [形] ([英] powerful) 強力な, 巨大な

pozo / ポそ / [男] ([英] well) 井戸, 〔比喩〕宝庫, 〔地理〕泉

práctica / プらクティカ / [女] ([英] practice) 練習 ¶ en la práctica 実際には, 事実上は

prácticamente / プらクティカメンテ / [副] ([英] practically) 実際上は

practicar / プらクティカる / [他] ([英] practice) 練習する, 実行する, (穴・通路を) 作る

práctico(a) / プらクティコ (カ) / [形] ([英] practical) 現実的な, 実用的な, 経験を積んだ, (名目はともかく) 実質上の, 実行 [実現] 可能な ― [男] 〔海〕水先案内

pradera / プ らデら / [女] ([英] meadow) 牧草地, 大草原

prado / プらド / [男] ([英] meadow) 牧草地, 遊歩道

precaución / プれカウしオン / [女] ([英] precaution) 用心

precedente / プれせデンテ / [男] ([英] precedent) 先例 ― [形] 先立つ

preceder / プれせデる / [自] ([英] proceed) (時・順序などで) 先に来る, (地位・重要性などで) 優先する

precio / プれしオ / [男] ([英] price) 〔商〕値段, 〔~s〕〔経〕(諸) 物価, 代償, 懸賞金, 価値

precioso(a) / プれしオソ (サ) / [形] ([英] precious) 高価な, すばらしい, かわいい

precipitar / プれしピタる / [他] ([英] hasten) 急がせる, (ある状態へ [a]) 陥れる, 投げる, 〔化〕沈殿させる ―**se** [再] 飛び込む, 急ぐ

precisamente / プれしサメンテ / [副] ([英] precisely) ちょうど, 正確に, 特に

precisar / プれしサる / [他] ([英] specify) 詳しく記す, 必要と

precisión /プレシシオン/ 囡(英 precision) 正確, 必要, [~es] 詳細

preciso(a) /プレシソ(サ)/ 形 (英 necessary) 必要な, (きわめて)正確な, まさにその[この], はっきりした

predicar /プレディカル/ 他 (英 preach) [宗] (信仰や道徳を)説教する

predilecto(a) /プレディレクト(タ)/ 形 (英 favorite) (…に[de]) お気に入りの

predominar /プレドミナル/ 自 (英 predominate) 優勢である, 支配する, すぐれる

predominio /プレドミニオ/ 男 (英 predominance) 優越

preferencia /プレフェレンシア/ 囡 (英 preference) 好むこと, ひいき, 優先, [商] (貿易上の) 特恵

preferente /プレフェレンテ/ 形 (英 preferential) 優遇された, 好ましい

preferible /プレフェリブレ/ 形 (英 preferable) (…よりも[a]) 好ましい

preferir /プレフェリル/ 他 (英 prefer) (…よりも[a]) (…のほうを)好む[選ぶ], どちらかと言えば (…[不定詞]) したい, しのぐ

pregunta /プレグンタ/ 囡 (英 question) 質問

preguntar /プレグンタル/ 他 (英 ask) (人に[a]) (物事を)尋ねる ー自 (人を[por]) 尋ねる ーse 再 …であろうかと思う

prejuicio /プレフイシオ/ 男 (英 prejudice) 偏見, 先入観

premiar /プレミアル/ 他 (英 award a prize to) 賞を与える, ほめたたえる, [商] 割増金をつける

premio /プレミオ/ 男 (英 prize) 賞, 受賞者, (競争・努力などで手に入れられる)価値ある物, [商] 割増金

prenda /プレンダ/ 囡 (英 article of clothing) [衣] 衣類, (愛情などの)印, [商] 担保(物), [~s] 長所

prender /プレンデル/ 他 (英 arrest) 逮捕する, つかむ, おさえる, (火を)つける, (明かりを)つける ーse 再 引っかかる, 火がつく, 着飾る

prensa /プレンサ/ 囡 (英 press) 新聞, [印] 印刷機, [機] 圧搾(あっさく)機

preocupación /プレオクパシオン/ 囡 (英 worry) 心配, 関心事, 先入観

preocupado(a) /プレオクパド(ダ)/ 形 (英 worried) 心配した

preocupar /プレオクパル/ 他 (英 worry) (…を[de, por]) 心配させる ーse 再 (…を[de, por]) 心配する

preparación /プレパラシオン/ 囡 (英 preparation) 準備, 学識, 調製(法), 予習

preparar /プレパラル/ 他 (英 prepare) 準備をする, 支度をする, 訓練する, 予習する, 作製する ー自 準備する ーse 再 準備[用意]をする

preposición /プレポシシオン/ 囡 (英 preposition) [文法] 前置詞

presa /プレサ/ 囡 (英 dam) ダム, えじき

prescindir /プレスシンディル/ 自 (英 do without) (… [de]) なしですます, (…を [de]) やめる

presencia /プレセンシア/ 囡 (英 presence) (ある場所に)居合わせること, 出席, 様子, 人前

presenciar /プレセンシアル/ 他 (英 witness, attend) 目撃する, 出席する

presentación /プレセンタシオン/ 囡 (英 introduction) 紹介, 提出, 外見, 展示, 舞台装置

presentar /プレセンタル/ 他 (英 introduce) 紹介する, 差し出す, 見せる, 表明する, (問題・困難などを) 起こす, 贈呈する ーse 再 (会などに [en]) 出席する, 生じる, 自己紹介する, (…に [形容詞・副詞]) 見える, 見せかける, 志願する, [演] [放送] [映] 上演される

presente /プレセンテ/ 男 (英 present) 現在, 今 ー形 出席

している，現在の ― 男女 出席者 ¶ tener presente 忘れないでいる，銘記する

presentimiento/プレセンティミエント/男（英 presentiment）予感

presentir/プレセンティル/他（英 have a feeling）予感する

presidente(a)/プレシデンテ(ダ)/男（英 president）大統領，社長，議長

presidir/プレシディル/他（英 preside）主宰する，議長となる，支配する

presión/プレシオン/女（英 pressure）圧力，押すこと，強制，[医]血圧，[気象]気圧

preso(a)/プレソ(サ)/形（英 imprisoned）収監された，(感情・考えに)捕らわれた ― 男,女 捕虜，囚人

préstamo/プレスタモ/男（英 lending）ローン，借金，借用，貸付

prestar/プレスタル/他（英 lend）貸す，与える ― 自 伸びる，(金を)貸す，役に立つ ― **se** 再（親切に）（…を[a 不定詞]）申し出る

prestigio/プレスティヒオ/男（英 prestige）名声，魔力

prestigioso(a)/プレスティヒオソ(サ)/形（英 prestigious）名声[信望・令名・権威]のある

presumido(a)/プレスミド(ダ)/形（英 pretentious）うぬぼれている ― 男,女 うぬぼれた人

presumir/プレスミル/他（英 presume）推定する ― 自（自分を…であると[de]）思う

presupuesto/プレスプエスト/男（英 budget）予算，動機，仮定

pretender/プレテンデル/他（英 seek, try for）（…[不定詞][que 接続法]）しようとする，ねらう，主張する，ふりをする，求愛する

pretexto/プレテクスト/男（英 pretext）口実

prevalecer/プレバレセル/自（英 prevail）支配的である

prevención/プレベンシオン/女（英 prevention）防ぐこと，先入観，用意

prevenido(a)/プレベニド(ダ)/形（英 well-prepared）用意周到な

prevenir/プレベニル/他（英 prepare）用意する，防ぐ，警告する，予防する ― **se** 再 用意する，予防する

previo(a)/プレビオ(ア)/形（英 previous）先の，[名詞の前で]…をした後に

prima/プリマ/女（英 cousin, premium）従姉妹，賞金，[宗]朝課，[商]保険料

primario(a)/プリマリオ(ア)/形（英 primary）初歩の，根本の，第一(番)の

primavera/プリマベら/女（英 spring）春，青春期

primero(a)/プリメろ(ら)/形（英 first）第1の，最初の，最も重要な，以前の ― 男,女 第1日，1番目の人[もの]，(競技の)第1位 ― 副 最初に，1番目に，1位で，前に

primitivo(a)/プリミティボ(バ)/形（英 primitive）原始の，最初の ― 男,女 原始人

primo/プリモ/男（英 cousin）従兄弟，[比喩]ばか ― **,ma** 形 原料の，[数]素数の，第1の

princesa/プリンセサ/女（英 princess）王女，妃殿下

principal/プリンシパル/形 principal, main）最も重要な，[建] ― 男[建]（建物の）1階，社長，[商]元手

principalmente/プリンシパルメンテ/副（英 principally）主として

príncipe/プリンシペ/男（英 prince）王子 ― 形 初版の

principiante/プリンシピアンテ/男女（英 novice, beginner）初心者

principio/プリンシピオ/男（英 start, beginning）始め，[おもに~s]（生活・行動などの）主義，[~s]初歩，(根本の)原理，[料]アントレ，[~s]節操 ¶ a principios de …の初めに al principio 初めに，最初は en principio 原則的に(は)，大体において(は)

priori/プリオリ/副 a priori（英 a priori）演繹(えんえき)的に，先験的に

prisa/プリサ/ [女] ([英] haste, hurry) 急ぎ, 急ぐこと ¶de prisa 急いで darse prisa 急ぐ meter prisa a ...…を急がせる, せかす

prisión/プリシオン/ [女] ([英] prison) 刑務所, 〔法〕投獄, 捕らえること, 〔～es〕足［手］かせ

prisionero(a)/プリシオネろ(ら)/ [男],[女] ([英] prisoner) (戦争などの) 捕虜, 人質, 囚人, 〔比喩〕自由を奪われた人［動物］

privado(a)/プリバド(ダ)/ [形] ([英] private) 私的な, 私立の, 内密の, (…が [de]) ない, 公職についていない, 夢中の — [男],[女] 寵臣 (ちょうしん)

privilegio/プリビレヒオ/ [男] ([英] privilege) 特典, (個人的な) 恩典

probabilidad/プろバビリダド/ [女] ([英] probability, chance) 見込み, 〔数〕確率

probable/プろバブレ/ [形] ([英] probable) たぶん…になりそうである, ありそうな, 証明できる

probablemente/プろバブレメンテ/ [副] ([英] probably) たぶん

probar/プろバる/ [他] ([英] try) 試す, 試用する, 食べる, 証明する — **se** [再] 試着する

problema/プろブレマ/ [男] ([英] problem) (解答・解決を必要とする) 問題, 故障

problemático(a)/プろブレマティコ(カ)/ [形] ([英] problematic) 問題のある

procedencia/プろせデンしア/ [女] ([英] origin) 発端, 出発地, 〔法〕正当性

procedente/プろせデンテ/ [形] ([英] proceeding) (…に [de]) 由来する, (… [de]) 発の, 〔法〕正当な

proceder/プろせデる/ [自] ([英] proceed) 生ずる, 取りかかる, 適切である, 続ける, 〔法〕(法律上の手続きをとる, ふるまう, 行動する

proceso/プろせソ/ [男] ([英] process) 過程, 〔法〕訴訟 (手続き), 期間, 製法

proclamar/プろクラマる/ [他] ([英] proclaim) 宣言する, 歓呼の声を上げて迎える, 即位させる — **se** [再] (自分が) …であると宣言する

procurar/プろクらる/ [他] ([英] try, endeavor) 試みる, 与える, 都合する — **se** [再] (自分のために) 得る

prodigio/プろディヒオ/ [男] ([英] prodigy) 非凡, 驚異

producción/プろドゥクしオン/ [女] ([英] production) 生産, 〔演〕〔映〕〔放送〕制作, 作品

producir/プろドゥしる/ [他] ([英] produce) (物を) 生産する, 産み出す, (劇・映画を) 制作する, (感情・病気などを) 起こさせる, (本などを) 書く — **se** [再] 現れる, 生産される, 説明する

productivo(a)/プろドゥクティボ(バ)/ [形] ([英] productive) 生産的な, (土地が) 肥えた

producto/プろドゥクト/ [男] ([英] product) 産物, (努力などの) 結果, 〔商〕利益, 〔数〕積

profesión/プろフェシオン/ [女] ([英] profession) 職業, 〔宗〕(信仰の) 告白

profesional/プろフェシオナル/ [形] ([英] professional) 職業上の, 本職の — [男女] 本職の人, 〔スポーツ〕プロ

profesor(a)/プろフェソる(ら)/ [男],[女] ([英] teacher) 教師, (大学の) 教授, 教員

profeta/プろフェタ/ [男] ([英] prophet) 予言者

profundamente/プろフンダメンテ/ [副] ([英] profoundly) 深く, 心の底から

profundidad/プろフンディダド/ [女] ([英] depth, profundity) 深さ

profundizar/プろフンディさる/ [他] ([英] deepen) 深くする, (知識などを) 深める

profundo(a)/プろフンド(ダ)/ [形] ([英] deep) 深い, 心の底からの, 低い, 深遠な, 大きい, 海

programa/プろグらマ/ [男] ([英] program) 〔映〕〔演〕プログラム, 〔放送〕番組, 計画, 〔政〕(政党の) 綱領, 授業計画, 〔コンピューター〕プログラム

progresar/プろグれサる/ [自] ([英] progress) 進歩する, 前進する

P

progresivo(a) /プログれシボ(バ)/ 形(㊥ progressive) 前進する, 〔政〕進歩的な, 累進的な, 〔文法〕進行(形)の

progresivo(a) /プログれシボ(バ)/ 形(㊥ progressive) 前進する, 〔政〕進歩的な, (税などが)累進的な, 〔文法〕進行(形)の

progreso /プログれソ/ 男(㊥ progress) 進歩, 前進

prohibición /プロイビしオン/ 女(㊥ prohibition) 禁止

prohibir /プロイビる/ 他(㊥ prohibit) 禁止する, (人に [a])(…するのを [不定詞] [que接続法]) 禁ずる ━ **se** 再 禁止される

prójimo /プろヒモ/ 男(㊥ fellowman) 同胞

prólogo /プろロゴ/ 男(㊥ prologue) プロローグ, 〔演〕序幕, 〔比喩〕前触れ

prolongación /プロロンガしオン/ 女(㊥ prolongation) 延長(線)

prolongar /プロロンガる/ 他(㊥ prolong) 延長する ━ **se** 再 長引く

promedio /プロメディオ/ 男(㊥ average) 平均, 中央

promesa /プロメサ/ 女(㊥ promise) 約束, (前途・将来の)見込み

prometer /プロメテる/ 他(㊥ promise) 約束する, (よいことが)できる見込みがある ━ 自 有望である ━ **se** 再 婚約する, 信じる

promover /プロモベる/ 他(㊥ promote) 促進する, (職員などを)昇進させる, 引き起こす

pronombre /プロノンブれ/ 男(㊥ pronoun) 〔文法〕代名詞

pronóstico /プロノスティコ/ 男(㊥ forecast) 〔気象〕天気予報, 予測

pronto(a) /プろント(タ)/ 形(㊥ quick, rapid) 早い ━ 副 早く, すぐに

pronunciación /プロヌンしアしオン/ 女(㊥ pronunciation) 発音

pronunciar /プロヌンしアる/ 他(㊥ pronounce) (単語・文を)発音する, 宣言する ━ **se** 再 言明する, 〔3人称で〕発音される

propaganda /プロパガンダ/ 女(㊥ advertising) 宣伝

propagar /プロパガる/ 他(㊥ propagate) 普及させる, 繁殖させる ━ **se** 再 (一般に)広がる

propiamente /プロピアメンテ/ 副(㊥ strictly) 厳密に(言うと)

propiedad /プロピエダド/ 女(㊥ property) 財産, 所有権, 適切さ, 特性, 本物らしさ

propietario(a) /プロピエタりオ(ア)/ 男(㊥ owner, proprietor) 持ち主, 経営者, 地主

propina /プロピナ/ 女(㊥ tip) チップ

propio(a) /プロピオ(ア)/ 形(㊥ own) 自分自身の, 〔名詞の前で〕…自身, 特有の, 同じ, 適切な, まさにその, 〔文法〕固有の ━ 男 使いの者

proponer /プロポネる/ 他(㊥ propose) (人に [a]) (…を [名詞] [不定詞]) 提案する, 計画する, (人を) 推薦する ━ **se** 再 決める, 決心する

proporción /プロポるしオン/ 女(㊥ proportion) (大きさ・数量などの)割合, 釣り合い, [~es] 大きさ, 部分, 機会, [~es] 重要性, 〔数〕比例 ¶ en proporción a [con] …に比例して

proporcionar /プロポるしオナる/ 他(㊥ proportion) 釣り合わせる, 供給する ━ **se** 再 獲得する, 釣り合う

proposición /プロポシしオン/ 女(㊥ proposition) 提案, 〔論〕〔数〕命題, 〔文法〕節, 〔数〕定理

propósito /プロポシト/ 男(㊥ purpose) 目的

propuesta /プロプエスタ/ 女(㊥ proposal) 提案, 案, 計画

prosa /プろサ/ 女(㊥ prose) 散文

proseguir /プロセギる/ 他(㊥ proceed) (仕事などを)続ける ━ 自 (…を [con]) 続ける

prosperar /プロスペらる/ 自(㊥ prosper) 繁栄する, 成功する

prosperidad /プロスペりダド/ 女(㊥ prosperity) 繁栄

próspero(a) /プロスペロ(ラ)/ 形 (英 prosperous) 繁栄している, 順調な

protagonista /プロタゴニスタ/ 男女 (英 protagonist) 〔演〕〔映〕主役, 〔映〕〔文学〕主人公

protección /プロテクシオン/ 女 (英 protection) 保護, 保護する物〔人〕

proteger /プロテヘる/ 他 (英 protect) (危険・敵などから[de, contra]) 守る, 保護する —**se** 再 身を守る

proteína /プロテイナ/ 女 (英 protein) 〔化〕蛋白(たんぱく)質

protesta /プロテスタ/ 女 (英 protest) 抗議

protestante /プロテスタンテ/ 男女 (英 protestant) 〔宗〕プロテスタント

protestar /プロテスタる/ 自 (英 protest) 抗議する, 文句を言う, 主張する

provecho /プロベチョ/ 男 (英 profit) (金銭的な) 利益, ためになること, 進歩

provechoso(a) /プロベチョソ(サ)/ 形 (英 profitable) 有利な

proveer /プロベエる/ 他 (英 provide) (人に) (…を [de]) 供給する, 〔法〕申し渡す, 解決する —**se** 自 世話をする (…を [de]) 用意する

proverbio /プロベるビオ/ 男 (英 proverb) ことわざ

provincia /プロビンシア/ 女 (英 province) 州, 地方

provocar /プロボカる/ 他 (英 provoke) 怒らせる, (怒り・笑いなどを) 起こさせる, (男の) 気を引こうとする, …したい気にさせる, 吐き気をもよおさせる

provocativo(a) /プロボカティボ(バ)/ 形 (英 provocative) なまめかしい, (人を) 怒らせる

próximo(a) /プロクシモ(マ)/ 形 (英 next) 次の, 近い

proyección /プロジェクシオン/ 女 (英 projection) 〔映〕映写, 発射, 普及, 投影

proyectar /プロジェクタる/ 他 (英 project) (映画・スライドなどを) 映写する, (影・音・光・熱などを) 投げかける, 計画する, 投げ出す, (考え・想像などを) 向ける, (図を) 引く

proyecto /プロジェクト/ 男 (英 project) 計画, 〔技〕設計 (図)

proyector /プロジェクタる/ 男 (英 projector) 〔映〕映写機

prudencia /プるデンシア/ 女 (英 prudence) 思慮, 慎重さ

prudente /プるデンテ/ 形 (英 prudent) 慎重な, 適度の

prueba /プるエバ/ 女 (英 proof) 証明, 試み, 試食, 試飲, 試着, 試用, テスト

psicología /シコロヒア/ 女 (英 psychology) 心理学, (個人・集団の) 心理

psicológico(a) /シコロヒコ(カ)/ 形 (英 psychological) 心理学上の, 心理的な

psicólogo(a) /シコロゴ(ガ)/ 男 (英 psychologist) 心理学者

psíquico(a) /シキコ(カ)/ 形 (英 psychic) 精神の, 心的な

publicación /プブリカシオン/ 女 (英 publication) 出版, 発表

publicar /プブリカる/ 他 (英 publish) 出版する, 発表する

publicidad /プブリシダド/ 女 (英 advertising) 〔商〕宣伝, 知れ渡っていること, 広報

público(a) /プブリコ(カ)/ 形 (英 public) 社会一般の, 公の, だれでも知っている, 公務の — 男 公衆, 〔集合的に〕観衆, 視聴者, 読者 ¶ en público 公然と, 人前で

pudor /プドる/ 男 (英 modesty) 節度, 恥, 純潔

pudrir /プドりる/ 他 (英 rot, putrefy) 腐らせる, 〔比喩〕不愉快にさせる —**se** 再 腐る, 〔比喩〕いらいらする

pueblo /プエブロ/ 男 (英 town, village) (小さな) 町, 村, 国民, 民衆, 民族

puente /プエンテ/ 男 (英 bridge) 橋, 〔海〕船〔艦〕橋, 飛石連休の間の日も休みにすること

puerco(a) /プエるコ(カ)/ 男 (英 pig, swine) 〔動〕ブタ (豚), 〔料〕豚肉, 薄汚い人 — 形 汚い, 卑劣な

pueril /プエリる/ 形 (英 puerile) 子供っぽい

puerta /プエるタ/ 女 (英 door) 〔建〕ドア, 〔建〕門, 〔比喩〕門戸, 〔スポーツ〕ゴール

puerto/プエルト/男(㊧ port) 港, [地理] 峠
Puerto Rico/プエルトリコ/固(㊧ Puerto Rico) [地名] プエルトリコ
puertorriqueño(a)/プエルトリケニョ(ニャ)/形(㊧ Puerto Rican) プエルトリコの ― 男,女 プエルトリコ人
pues/プエス/接(㊧ since) なぜならば…, そうならば ― 間 そうですね, ええと
puesto(a)/プエスト(タ)/形(㊧ placed) 置かれた, 着た ― 男 職, 持ち場, 順位, 席, 室 ¶ puesta del sol 日没
pulga/プルガ/女(㊧ flea) [昆] ノミ, 小さな独楽(こま)
pulmón/プルモン/男(㊧ lung) [解] 肺
pulsera/プルセら/女(㊧ bracelet) 腕輪, 時計用バンド
pulso/プルソ/男(㊧ pulse) 脈, 手先が確かなこと, [比喩] 慎重, 手首, 腕相撲
punta/プンタ/女(㊧ point, tip) (鉛筆・剣などの) 先, 釘(くぎ), 少しのもの [こと], [地理] 岬, (牛の) 角(つの), 酸味, ペン先
punto/プント/男(㊧ point, dot) 点, 時点, 段階, [衣] 縫い目, (目盛りの) 度, (成績・競技などの) 点数, 終止符, 方位, 水玉, タクシー乗り場, [印] (活字の) ポイント ¶ desde el punto de vista (+形容詞男性形) …の観点から見て en punto ちょうど estar en su punto ちょうど出来上がっている hasta cierto punto ある程度まで punto de vista 見方, 観点 punto por punto ひとつひとつ, 逐一
puntual/プントゥアる/形(㊧ punctual) 時間を守る, 正確な, 点の ― 副 時間通りに
puño/プニョ/男(㊧ fist) 握りこぶし, ひと握り, ハンドル, (武器の) 柄(え), [衣] 袖口(そでぐち), [~s] [比喩] 力 ¶ de puño y letra 自筆の
puramente/プらメンテ/副(㊧ purely) まったく, 単に, 純粋に
pureza/プれさ/女(㊧ purity) 汚れのないこと, 純潔, 清浄, 純粋さ, (ことばなどの) 純正さ
purificar/プリフィカる/他(㊧ purify) 浄化する, 清潔にする ― **se** 再 浄化する
puro(a)/プろ(ら)/形(㊧ pure) 純粋の, 清潔な, 純然たる, [名詞の前で] まったくの, 純粋の ¶ de puro … (形容詞変化形) [口語] あまりに…なので ― 男 葉巻き (タバコ)

Q, q

que/ケ/接(㊧ that) …のこと, …すること, …より ¶ Sé que es verdad. 私はそれが本当だということを知っている ― 代 (関係代名詞) …である…, …である (ような) …, そしてそれは…, [~不定詞] …すべき… ¶ Mira estas fotos que he sacado en Cuba. キューバで私が撮った写真を見て el que… …ということ el que, la que, los que, las que, lo que (関係代名詞) …である…
qué/ケ/代(疑問代名詞)(㊧ what) 何 ― 形 (疑問形容詞)(無変化) 何の, どのような ¶ ¿Qué vas a comprar? 君は何を買うの? ¿Qué libro vas a leer? 君は何の本を読もうとしているの? qué tal (疑問副詞) どう, どのような
quebrantar/ケブらンタる/他(㊧ break) (固い物を) 壊す, 弱らせる, (法律・約束などを) 破る, 無理に開ける, ひどく苦しませる ― **se** 再 壊れる, 弱る
quebrar/ケブらる/自(㊧ go bankrupt) [商] 倒産する, こわれる, 仲たがいをする, 弱る, 失敗する ― 他 (固い物を) 壊す, (困難を) 克服する, (体を) 曲げる
quedar/ケダる/自(㊧ remain, stay) 居残る, 残る, (…の [形容詞・副詞]) 状態である, (これから先のこととして) 残っている, ある, これから (… [por 不定詞]) しなければならない, (…に [en 不定詞] [en que]) 決める, 会う約束を

レーダー

radiante/らディアンテ/ 形 (㊥ radiant) 光〔熱〕を放つ, [estar ~]〔比喩〕輝いている

radical/らディカル/ 形 (㊥ radical)〔政〕過激な, 根本的な,〔数〕根の,〔化〕基の,〔植〕根の,〔言〕語根の ━ 男女 急進論者

radio/らディオ/ 女 (㊥ radio) ラジオ(放送), ラジオ(受信機), 無線電信 ━ 男 半径,〔ラ米〕ラジオ(受信機),(車輪の)スポーク,〔化〕ラジウム

raíz/らイす/ 女 (㊥ root) (植物の)根,〔比喩〕根源,〔数〕根,〔言〕〔文法〕語根 ¶ a raíz de …… によって, …の後で, …の近くで

rama/らマ/ 女 (㊥ branch) (木の)枝,〔比喩〕部門,〔比喩〕分家,〔地理〕(山脈の)支脈, (川の)支流,〔気象〕支脈

ramo/らモ/ 男 (㊥ bouquet) 花束, 分野, 小枝, 部門

rana/らナ/ 女 (㊥ frog)〔動〕カエル(蛙)

rancho/らンチョ/ 男 (㊥ ranch, farm)〔ラ米〕牧場,〔ラ米〕農場

rancio(a)/らンしオ(ア)/ 形 (㊥ rancid, stale) 腐った, (家系が)古い, 古風な, (ぶどう酒が)年代物の

rango/らンゴ/ 男 (㊥ rank) 地位

rapaz/らパす/ 形 (㊥ rapacious) 強欲な, 盗癖のある,〔鳥〕〔動〕他種の動物を捕って食う

rápidamente/らピダメンテ/ 副 (㊥ rapidly) 速く

rapidez/らピデす/ 女 (㊥ rapidity) 急速

rápido(a)/らピド(ダ)/ 形 (㊥ rapid) 速い ━ 副 速く ━ 男〔鉄〕急行列車,〔~s〕急流

rareza/られさ/ 女 (㊥ oddity) 風変わり, まれなこと

raro(a)/らろ(ら)/ 形 (㊥ rare) まれな, 奇妙な

rascacielos/らスカしエロス/ 男 (㊥ skyscraper) 超高層ビル

rascar/らスカる/ 他 (㊥ scratch) ひっかく, こすり落とす ━ **se** 再 (自分の体を) かく

rasgar/らスガる/ 他 (㊥ tear) 裂く, (ギターなどを) かき鳴らす ━ **se** 再 裂ける

rasgo/らスゴ/ 男 (㊥ feature) 特徴, 顔のつくり (の一つ), [~s] 顔だち, 立派な行い, 線

rastro/らストロ/ 男 (㊥ trace)〔比喩〕跡, 熊手,〔R~〕フリーマーケット, のみの市

rata/らタ/ 女 (㊥ rat)〔動〕ネズミ, 雌ネズミ

rato/らト/ 男 (㊥ while) しばらくの間, 時間

ratón/らトン/ 男 (㊥ mouse)〔動〕ネズミ(鼠),〔コンピュータ〕マウス

raya/らジャ/ 女 (㊥ line) 線, 髪の分け目,〔衣〕(ズボンの)折り目,〔印〕ダッシュ, 縞(しま), 境, 限界

rayar/らジャる/ 他 (㊥ scratch) ひっかく, 線を引く

rayo/らジョ/ 男 (㊥ ray) 光線,〔気象〕雷,〔比喩〕動作の敏捷な人,〔機〕(車輪の) スポーク,〔比喩〕突然の不幸

raza/らさ/ 女 (㊥ race) 人種, (生物の) 種類

razón/らそン/ 女 (㊥ reason) 理由, 分別, 言いつけ,〔数〕比例, 比率

razonable/らそナブレ/ 形 (㊥ reasonable) 理性のある, 手ごろな, 道理に合った, ほどよい

razonamiento/らそナミエント/ 男 (㊥ reasoning) 思考

razonar/らそナる/ 自 (㊥ reason) (…を [con]) 説きつける, (理性を働かせて) 考える ━ 他 論証する

reacción/れアクしオン/ 女 (㊥ reaction) 反応,〔政〕(社会的な)反動,〔医〕(薬の) 副作用,〔物〕反作用

reaccionar/れアクしオナる/ 自 (㊥ react) (…に [a]) 反応する

reactor/れアクトる/ 男 (㊥ jet) 原子炉,〔空〕ジェットエンジン,〔空〕ジェット機

real/れアル/ 形 (㊥ real, royal) 実在の, 本当の;王の, 王立の

realidad/れアリダド/ 女 (㊥ reality) 現実性, 現実, 現実味, 本当, 真実 ¶ en realidad 実際は, 実は, 本当は

realismo/れアリスモ/ 男 (㊥

する, 止まる ━ se 再 残る, (…の［形容詞］状態になる, (…を［con］) もらっておく, ある, (…し［現在分詞］続ける, 静まる

quehacer/ケアセる/ 男 仕事, 用事

queja/ケハ/ 女 (英 complaint) 不平, (苦痛・悲しみの) うめき, 〔商〕クレーム

quejarse/ケハるセ/ 再 (英 complain) 不平を言う, (苦痛・悲しみで) うめく

quemadura/ケマドゥら/ 女 (英 burn) やけど

quemar/ケマる/ 他 (英 burn) 燃やす, 焼き焦がす, 照りつける, ヒリヒリさせる ━ se 再 燃える, やけどする, 焼く

querer/ケれる/ 他 (英 want) (→主な動詞の活用p.1047) 欲する, (…［不定詞］) したい, (…を［que 接続法］) 望む, 愛する, 〔疑問文で〕…してくれますか, (大いに) 好む, 今にも (…［不定詞］) しそう ¶ ¿Quieres participar? 君は参加したい? Te quiero mucho. 君がとても好きだ querer decir…の意味である

querido(a)/ケりド(ダ)/ 形 (英 dear) 親愛なる ━ 男, 女 愛人, かわいい人

queso/ケソ/ 男 (英 cheese) 〔料〕チーズ

quiebra/キエブら/ 女 (英 break) 破壊, 裂け目, 害, 〔商〕破産

quien/キエン/ 代 (関係代名詞) (英 who, whom)…である…, そしてそれは…, …である人, …である (ような) 人 ¶ La persona por quién pregunta usted no está aquí. あなたがお尋ねの人はここにいません

quién/キエン/ 代 (疑問代名詞) (英 who) 誰 ¶ ¿Quién es? 誰ですか Quién sabe. 〔口語〕さあ, わからない

quienquiera/キエンキエら/ 代 (英 whoever)…する［…である］人はだれでも

quieto(a)/キエト(タ)/ 形 (英 still) おとなしい, 動かない, 音のしない, 落ち着いた ━ 間 動くな!

quietud/キエトゥド/ 女 (英 stillness) 静けさ, 不動

química/キミカ/ 女 (英 chemistry) 化学

químico(a)/キミコ(カ)/ 形 (英 chemical) 化学の ━ 男, 女 化学者

quince/キンセ/ 数 (英 fifteen) 15(の)

quiniela/キニエラ/ 女 (英 football pools) サッカー賭博(とばく)

quinientos(as)/キニエントス(タス)/ 数 (英 five hundred) 500(の)

quinto(a)/キント(タ)/ 形 (英 fifth) 5番目の, 5分の1の ━ 男 5番目の人［物］, 5分の1, 〔軍〕召集兵

quiosco/キオスコ/ 男 (英 kiosk) 売店

quitar/キタる/ 他 (英 remove) 取り去る, 脱がせる, とり去る, (苦痛などを) 取り除く, 減じる, 妨げる, 移す ━ 自 黙る ━ se 再 脱(ぬ)ぐ, なくなる, やめる, 立ち退く

quitasol/キタソル/ 男 (英 parasol, sunshade) 日よけ

Quito/キト/ 固 (英 Quito) 〔地名〕キト

quizá/キさ/ 副 (英 perhaps, maybe) たぶん

R, r

rabia/らビア/ 女 (英 rage) 激しい怒り, 〔医〕狂犬病

rabo/らボ/ 男 (英 tail) (動物の) 尾, 〔比喩〕尾部, 〔比喩〕〔衣〕すそ

racial/らシアル/ 形 (英 racial) 人種 (上) の

racimo/らシモ/ 男 (英 cluster) 房, 〔植〕総状花序

ración/らシオン/ 女 (英 helping) 〔料〕1盛り, 配給量

racional/らシオナル/ 形 (英 rational) 理性のある, 合理的な, 〔数〕有理の

racismo/らシスモ/ 男 (英 racialism) 人種差別

racista/らシスタ/ 男女 (英 racialist) 人種差別者 ━ 形 人種差別の

radar/らダる/ 男 (英 radar)

realism) 〔芸術〕写実主義，現実主義，〔哲〕実在論
realista/ れアリスタ/ [男女] ([英] realist) 現実主義者，実在論者，〔芸術〕写実主義者 — [形] 現実主義の，〔芸術〕写実派の，〔哲〕実在論的な
realización/ れアリさしオン/ [女] ([英] realization) (希望・計画などの) 実現，作品，〔商〕(財産などの) 現金化
realizar/ れアリさる/ [他] ([英] realize, carry out) 実行する，(希望・計画などを) 実現する，〔商〕現金に換える **—se** [再] 実現される，自己を実現する
realmente/ れアルメンテ/ [副] ([英] really) 本当に，まったく
rebaja / れバハ/ [女] ([英] discount) 割引き
rebajar/ れバハる/ [他] ([英] lower) 〔商〕(価格・程度・品位などを) 下げる，少なくする，低くする，弱める **—se** [再] へり下る
rebaño/ れバニョ/ [男] ([英] flock) 〔集合的に〕家畜 (の群れ)，〔集合的に〕〔宗〕カトリック教徒 [信者]
rebelde/ れベルデ/ [形] ([英] rebellious) 反逆した，〔比喩〕手に負えない — [男女] 反逆者
rebeldía/ れベルディア/ [女] ([英] rebelliousness) 反逆心があること，〔法〕出廷拒否
rebelión/ れベリオン/ [女] ([英] rebellion) 反乱
rebozar/ れボさる/ [他] ([英] muffle) 包む，〔料〕(食品に) 衣をつける **—se** [再] 覆う
rebozo/ れボそ/ [男] ([英] wrap)〔ラ米〕〔衣〕ベール，ごまかし
recado/ れカド/ [男] ([英] message) 伝言，〔~s〕買い物，よろしくとの挨拶，使い，(一式の) 道具，贈り物，馬具
recelar/ れせらる/ [他] ([英] suspect) おそれる，疑う — [自] 疑う
receloso(a)/ れせロソ(サ)/ [形] ([英] distrustful) 疑い深い，心配そうな
recepción/ れせプしオン/ [女] ([英] reception) 歓迎会，(ホテル・会社などの) 受付け，(客などを) 迎え入れること，受け取ること，入会，〔放送〕受信
receta/ れせタ/ [女] ([英] prescription) 〔医〕処方箋，レシピ
recetar/ れせタる/ [他] ([英] prescribe) (薬・療法などを) 処方 [指示] する
rechazar/ れチャさる/ [他] ([英] refuse) 断る，追い払う，はじく
rechazo/ れチャそ/ [男] ([英] refusal) 拒絶，否定，はね返り
recibimiento/ れしビミエント/ [男] ([英] welcome) 応接，〔建〕控えの間，受け取ること
recibir/ れしビる/ [他] ([英] receive) 受け取る，受け入れる，迎える，診察する，容れる — [自] 面会する **—se** [再] 資格を取る，大学を卒業する
recibo/ れしボ/ [男] ([英] receipt) 受領書，領収書，受け取ること，受け入れ
recién/ れしエン/ [副] ([英] just) (…した [過去分詞]) ばかりの
reciente/ れしエンテ/ [形] ([英] recent) 近ごろの，新鮮な
recientemente/ れしエンテメンテ/ [副] ([英] recently) 最近
recinto / れしント/ [男] ([英] precincts) (寺院の) 境内，囲い地
recio(a)/ れしオ(ア)/ [形] ([英] strong, robust) 強い，猛烈な，大きい
recíproco(a)/ れしプろコ(カ)/ [形] ([英] reciprocal) 相互の，互恵的な，〔数〕相反の
recitar / れしタる/ [他] ([英] recite) 朗唱する
reclamación/ れクラマしオン/ [女] ([英] claim) (権利としての) 要求，苦情
reclamar/ れクラマる/ [他] ([英] claim, demand) 要求する，必要とする，〔法〕(犯罪者などを) 召喚する — [自] 抗議する
reclinable/ れクリナブレ/ [形] ([英] reclining) (椅子が) 倒れる，リクライニングの
reclinar/ れクリナる/ [他] ([英] lean) もたせかける，傾ける **—se** [再] 寄りかかる
recobrar/ れコブらる/ [他] ([英] recover) 取り戻す，生き返らせる，(損失を) 償う **—se** [再]

R

意識を回復する，(…を [de]) 取り戻す

recoger /れコへる/ 他 (英 pick up) 拾う，集める，(果物を) 摘む，迎えに行く

recomendable /れコメンダブレ/ 形 (英 advisable) 推薦できる

recomendación /れコメンダしオン/ 女 (英 recommendation) 推薦，忠告

recomendar /れコメンダる/ 他 (英 recommend) 推薦する，(…するように [不定詞] [que 接続法]) 勧める，ゆだねる

recompensa /れコンペンサ/ 女 (英 recompense) 返報，償い

recompensar /れコンペンサる/ 他 (英 recompense) 報いる

reconciliar /れコンシリアる/ 他 (英 reconcile) 和解させる — **se** 再 和解する

reconocer /れコノせる/ 他 (英 recognize) (誰 [何] であるか) わかる，(事実として) 認める，(法律的に) 認める，調べる，(功績などを) 認める，顔見知りであいさつする，[軍] 偵察する — **se** 再 (…であると) わかる，認められる，自分が…であると認める

reconocimiento /れコノシミエント/ 男 (英 recognition) (人や物が誰 [何] であるか) わかること，認識，承認，診察，感謝，[軍] 偵察

reconquista /れコンキスタ/ 女 (英 reconquest) 奪回，回復，[R~] [史] レコンキスタ

reconstrucción /れコンストるクしオン/ 女 (英 reconstruction) 再建

reconstruir /れコンストるイる/ 他 (英 reconstruct) 再建する

récord /れコるド/ 男 (英 record) 記録；[スポーツ] 競技記録

recordar /れコるダる/ 他 (英 remember) 覚えている，思い出す，(物事が) 思い出させる，記念する — **(se)** 自 (再) 覚えている

recorrer /れコれる/ 他 (英 tour, go) 旅行する，歩き回る，巡る

recorrido /れコりド/ 男 (英 route) (旅行の) 距離，旅

recortar /れコるタる/ 他 切り抜く

recorte /れコるテ/ 男 (英 cutting) 切断，切り取ったもの

recrear /れクれアる/ 他 (英 entertain, amuse) 気晴らしをさせる，再生する — **se** 再 ([現在分詞]) 気晴らしをする

recreo /れクれオ/ 男 (英 recreation) 休養，(学校の) 休み時間

rectangular /れクタングラる/ 形 (英 rectangular) 長方形の，[数] 直角の

rectángulo(a) /れクタングロ(ラ)/ 形 (英 rectangular) 長方形の — 男 長方形

recto(a) /れクト(タ)/ 形 (英 straight) まっすぐな，本来の，[解] 直腸

rector(a) /れクトる(ら)/ 形 (英 principal, main) 主な，推進する — 男, 女 学長，[比喩] 指導者

recuerdo /れクエるド/ 男 (英 memory) 思い出，おみやげ，「よろしく」との伝言

recuperar /れクペらる/ 他 (英 recover) 回復する，(再利用するため) 回収する — **se** 再 健康を取り戻す，回復する，立ち直る

recurrir /れクりる/ 自 (英 appeal) (…に [a]) 頼る，[法] 上訴する，戻る

recurso /れクるソ/ 男 (英 resource) 資産，方法，嘆願書，[法] 上訴

red /れド/ 女 (英 net) 網，網状の組織，[商] (店舗などの) チェーン，[比喩] わな

redacción /れダクしオン/ 女 (英 writing) 執筆，作文，編集，編集室

redactar /れダクタる/ 他 (英 write) [一般に] 書く，編集する

redactor(a) /れダクトる(ら)/ 男, 女 (英 writer) 記者，編集者

redondo(a) /れドンド(ダ)/ 形 (英 round) 丸い，丸々とした，ぐるっと回る，完全な，端数のない，大体の，断固とした

reducción /れドゥクしオン/ 女 (英 reduction) 縮小

reducir /れドゥしる/ 他 (英

reduce) 少なくする，(ある状態に [a]) する

referencia /れフェレンシア/ 囡 (㊥ reference) 参照，言及，(人物・身元などの) 照会

referente /れフェレンテ/ 形 (㊥ concerning) (…に [a]) 関する

referir /れフェりる/ 他 (㊥ refer) 話す，参照する，関係づける ━ **se** 再 言及する，関係する

refinar /れフィナる/ 他 (㊥ refine) 〔技〕精製する，上品にする

reflejar /れフレハる/ 他 (㊥ reflect) (光・熱を) 反射する，(考えなどを) 反映する ━ **(se)** 自(再) (光などが) 反射する，(…に [en]) 表れる

reflejo(a) /れフレホ(ハ)/ 形 (㊥ reflected) 反射した [された]，反射作用の ━ 男 反射，反射運動

reflexión /れフレクシオン/ 囡 (㊥ reflection) よく考えること，反射，映ったもの

reforma /れフォるマ/ 囡 (㊥ reform) 改革，改装，[la R〜] [世史] 宗教改革

reformar /れフォるマる/ 他 (㊥ reform) 改革する，作り直す，改装する ━ **se** 再 行いを改める

refrán /れフらン/ 男 (㊥ proverb) ことわざ，(諺)

refresco /れフレスコ/ 男 (㊥ soft drink) [飲] 清涼飲料水，(軽い) 飲食物

refrigerador /れフりへらドる/ 男 (㊥ refrigerator) 冷蔵庫，[機] 冷却装置

refugiarse /れフヒアるセ/ 再 (㊥ take refuge) 逃げこむ，避難する

refugio /れフヒオ/ 男 (㊥ shelter, refuge) 避難所，避難，頼みとなる物 [人]，隠れ家

regalar /れガラる/ 他 (㊥ present) (贈り物を) 贈る，楽しませる ━ **se** 再 楽しむ

regalo /れガロ/ 男 (㊥ present) 贈り物，楽しみ，ごちそう

regañar /れガニャる/ 自 (㊥ quarrel) けんか [口論] する，不平を言う，割れる ━ 他 叱る，小言を言う

regar /れガる/ 他 (㊥ water) 〔植〕水をかける，〔農〕(土地を) 灌漑 (かんがい) する，まき散らす，ぬらす

regatear /れガテアる/ 他 (㊥ haggle over) 値切る，かわす，避ける ━ 自 値段の駆け引きをする

régimen /れヒメン/ 男 (㊥ regime) [政] 制度，体制，方法，[医] 摂生，[文法] (前置詞などの) 支配

región /れヒオン/ 囡 (㊥ region) 地方，領域，[解] (体の) 部位

regional /れヒオナル/ 形 (㊥ regional) 地方的な，地域の

regir /れヒる/ 他 (㊥ govern) (国・国民を) 治める，支配する ━ 自 適用される，[技] 動く ━ **se** 再 従う

registrar /れヒストらる/ 他 (㊥ search) 検査する，登録する，示す，録音する ━ **se** 再 登録する，報告される

registro /れヒストろ/ 男 (㊥ register) 登録簿，登録，検査，[楽] 声域，(時計の) 調節つまみ

regla /れグラ/ 囡 (㊥ rule) 規則，習慣，物差し，標準，指示，[数] 式，(女性の) 生理 ¶ por regla general 一般に，ふつう

reglamento /れグラメント/ 男 (㊥ rule) 規則，取り締まり，条令

regocijar /れゴシハる/ 他 (㊥ delight) 喜ばせる ━ **se** 再 喜ぶ

regocijo /れゴシホ/ 男 (㊥ joy) 大喜び

regresar /れグれさる/ 自 (㊥ return) (元の場所へ [a]) 帰る

regreso /れグれソ/ 男 (㊥ return) 帰り

regular /れグラる/ 形 (㊥ regular) 規則的な，普通の，あまり良くない，定期的な，正式の，[スポーツ] レギュラーの ━ 他 規則に合わせる，[技] 調節する ━ 副 まあまあの，あまり良くなく

regularidad /れグラりダド/ 囡 (㊥ regularity) 規則正しさ，一定なこと，正規

rehabilitación /れアビリタ

rehabilitar ▶

レオン/ 囡 (愛 rehabilitation)〔医〕リハビリテーション, 再建, 回復, 社会復帰

rehabilitar/れアビリタる/ 他 (愛 rehabilitate) 復職 [復位・復権] させる, 社会復帰させる **— se** 再 復職 [復位・復権] する, 社会復帰する

reina/れイナ/ 囡 (愛 queen) 女王, 王妃,〔昆〕女王蜂, (トランプ・チェスの) クイーン

reinar/れイナる/ 自 (愛 reign) 君臨する, 優勢である

reino/れイノ/ 男 (愛 kingdom) 王国, …界, 分野, (キリスト教の) 神の国

reír/れイる/ 他 (愛 laugh at) 笑う **— se** 再 (…を [de]) 笑う, あざ笑う

reiteración/れイテらしオン/ 囡 (愛 reiteration) 繰り返し

reiterar/れイテらる/ 他 (愛 reiterate) 繰り返す **— se** 再 〔3人称で〕繰り返される, 繰り返して述べる

reja/れハ/ 囡 (愛 grille) 格子

rejilla/れヒジャ/ 囡 (愛 grating) 組格子, 連子 (れんじ) 窓

rejuvenecer/れフベネせる/ 他 (愛 rejuvenate) 若返らせる, 新しくする **— (se)** 自 (再) 若返る,〔3人称で〕新しくなる

relación/れラしオン/ 囡 (愛 relation) 関係, つながり, (話を) 物語ること, 表, 報告, 比率

relacionar/れラしオナる/ 他 (愛 relate) (…と [con]) 関係させる, 話す, 報告する **— se** 再 関係がある, かかわる

relajar/れラハる/ 他 (愛 relax) くつろがせる, 緩める **— se** 再 くつろぐ, ゆるむ, 衰える

relámpago/れランパゴ/ 男 (愛 lightning)〔気象〕稲光, フラッシュ **—** 形 稲妻のような

relativo(a)/れラティボ(バ)/ 形 (愛 relative) 相対的な, (…に [a]) 関係のある, ある程度の,〔文法〕関係を示す **—** 男〔文法〕関係詞

relato/れラト/ 男 (愛 story) 物語, 報告 (書)

relieve/れリエべ/ 男 (愛 relief) 浮き彫り, レリーフ, 目立つこと

religión/れリヒオン/ 囡 (愛 religion)〔宗〕宗教,〔宗〕信仰, 大切なもの

religioso(a)/れリヒオソ(サ)/ 男 (愛 religious)〔宗〕宗教の,〔宗〕信心深い,〔比喩〕良心的な, 修道会員

rellenar/れジェナる/ 他 (愛 fill in, stuff) 記入する, 一杯にする,〔料〕詰める

reloj/れロフ/ 男 (愛 clock, watch) 時計

relojería/れロへリア/ 囡 (愛 watchmaker's) 時計屋, 時計製造 [修理] (業)

relojero(a)/れロへロ(ら)/ 男, 囡 (愛 watchmaker)〔人を指して〕時計屋

rematar/れマタる/ 他 (愛 terminate) 仕上げる, 終える, 使い切る, とどめを刺す

remedio/れメディオ/ 男 (愛 solution) 手段, (薬・手術などによる) 治療, (悪・欠点などの) 矯正法, 助け,〔法〕控訴

remitente/れミテンテ/ 男囡 (愛 sender) 差出人

remitir/れミティる/ 他 (愛 send, remit) 送る, 参照させる, ゆるめる **— se** 再 判断に従う, 参照する, 緩む

remolcar/れモルカる/ 他 (愛 tow) 牽引する

remordimiento/れモるディミエント/ 男 (愛 remorse) 良心の呵責 (かしゃく)

remoto(a)/れモト(タ)/ 形 (愛 remote) 遠く離れた, 遠い昔の, 関係の薄い

remover/れモべる/ 他 (愛 remove) 取り去る, かき回す **— se** 再 体を動かす, 動揺する

remuneración/れムネらしオン/ 囡 (愛 remuneration) 報酬

remunerar/れムネらる/ 他 (愛 remunerate) 報酬を与える

renacer/れナせる/ 自 (愛 be reborn) 生まれ変わる, (再び) 生える

renacimiento/れナしミエント/ 男 (愛 rebirth) 再生

rencor/れンコる/ 男 (愛 rancor) 恨み

rencoroso(a)/れンコろソ(サ)/ 形 (愛 resentful) (…に [hacia,

contra]) 恨みをもった, 怒りっぽい

rendimiento/れンディミエント/ 男 (英 yield) 産出, 性能, 効率, 成績, 疲労

rendir/れンディる/ 他 (英 defeat) 負かす, 屈服させる, 産する, 疲れさせる, (敬意などを) 表す, 報告する ― **se** 再 降伏する, 疲れ果てる

renegar/れネガる/ 他 (英 renege) 否定する, ひどく嫌う

renglón/れングロン/ 男 (英 line) (文の) 行, 箇条, 品目

renombre/れノンブれ/ 男 (英 renown) 名声

renovación/れノバしオン/ 女 (英 renewal) 更新, 革新, 改装

renovar/れノバる/ 他 (英 renew) 新しくする, 再び始める, 取り替える, (建物などを) 改装する ― **se** 再 新しくなる, 改装される

renta/れンタ/ 女 (英 income) 収入, 借り賃, 国債

renuncia/れヌンしア/ 女 (英 renunciation) 放棄, 辞職

renunciar/れヌンしアる/ 自 (英 renounce) 放棄する, 断念する, 辞職する, やめる ― **se** 再 自己を捨てる

reñir/れニる/ 自 (英 quarrel) 口論する ― **se** 他 叱る

reparación/れパらしオン/ 女 (英 repair) 修理, 賠償

reparar/れパらる/ 他 (英 repair) 修理する, 回復する, 埋め合わせする ― 自 気づく, (費用などを [en]) 惜しむ, 気を配る ― **se** 再 自制する

reparo/れパろ/ 男 (英 objection, reserve) 反対, ためらい, 防御

repartir/れパるティる/ 他 (英 distribute) 分配する, 割り当てる, 分ける

reparto/れパるト/ 男 (英 delivery) 配達, [演] 配役, 分配

repasar/れパサる/ 他 (英 review) 復習する, 見直す

repaso/れパソ/ 男 (英 revision) 復習, 叱りつけること

repente/れペンテ/ 男 (英 start) 急な動作, 予感 ¶ **de repente** 急に, 突然

repentino(a)/れペンティノ(ナ)/ 形 (英 sudden) 突然の

repercutir/れペるクティる/ 自 (英 affect, reverberate) 影響する, はね返る, 反響する

repertorio/れペるトりオ/ 男 (英 repertory) レパートリー, [一般に] 目録

repetición/れペティしオン/ 女 (英 repetition) 繰り返し

repetir/れペティる/ 他 (英 repeat) 繰り返す, 繰り返して言う, おかわりをする ― **se** 再 繰り返す

repleto(a)/れプレト(タ)/ 形 (英 filled) (…で [de]) 充満した, 飽満 [飽食] した

réplica/れプりカ/ 女 (英 reply) 答え, [美] レプリカ

replicar/れプりカる/ 自 (英 answer back) 口答えする, 抗弁する

reponer/れポネる/ 他 (英 replace) 置く, 取り替える, [点過去で] 答える, [映] [演] 再上映する, (健康などを) 回復させる ― **se** 再 回復する

reposo/れポソ/ 男 (英 rest) 休み, 永眠, 落ち着き, 停止

representación/れプれセンタしオン/ 女 (英 representation) 表現, 代表, [集合的に] 代表団, [演] 上演, 陳情, (人の) 権威

representante/れプれセンタンテ/ 男女 (英 representative) 代表者, [政] 代議員, [商] 販売代理店 [人]

representar/れプれセンタる/ 他 (英 represent) 表す, 描く, 代表する, 見える, [演] (劇などを) 上演する, 相当する ― 自 価値がある ― **se** 再 想像する

reprochar/れプろチャる/ 他 (英 reproach) 非難する, 叱る

reproche/れプろチェ/ 男 (英 reproach) 非難, 叱責 (しっせき)

reproducir/れプろドゥしる/ 他 (英 reproduce) (音・画像などを) 再生する, (文章・絵・写真などを) 転載する, 子孫を増やす, [演] (劇を) 再演する ― **se** 再 再現する, 繁殖する

reptil/れプティル/ 形 (英 reptile) [動] 爬虫 (はちゅう) 類

república /れプブリカ/ 女 (㊥ republic) 共和国, [政] 共和政治

República Dominicana /れプブリカ ドミニカナ/ 固 (㊥ Dominican Republic) [地名] ドミニカ共和国

repuesto(a) /れプエスト(タ)/ 形 (㊥ recovered) (病気から [de]) 回復した, 置き換えられた ー 男 [機] 交換部品, 貯蔵, 食器棚

repugnante /れプグナンテ/ 形 (㊥ repugnant) とても不快な

repugnar /れプグナる/ 自 (㊥ disgust)…に不快感を抱かせる ー他 嫌う ー **se** 再 矛盾する

repulsión /れプルシオン/ 女 (㊥ repulsion) 撃退

repulsivo(a) /れプルシボ(バ)/ 形 (㊥ repulsive) 嫌悪をいだかせる, よそよそしい

reputación /れプタしオン/ 女 (㊥ reputation) 評判

requerir /れケりる/ 他 (㊥ require) 要求する, 必要とする

requisito /れキシト/ 男 (㊥ requirement) 必要条件

res /れス/ 女 (㊥ beast) (四つ足の) 動物, (家畜の) 頭数, [ラ米] 牛

resaltar /れサルタる/ 自 (㊥ standout) 目立つ, はね上がる, 飛び出る

resbalar(se) /れスバラる(セ)/ 自 (㊥ slip, slide) 再 滑る, [比喩] 過ちを犯す

rescatar /れスカタる/ 他(再) (㊥ rescue) 救う, 身代金を払って救う

rescate /れスカテ/ 男 (㊥ ransom) 身代金, 救出, 買い戻し

reseña /れセニャ/ 女 (㊥ review) 書評, 記述, 概略

reserva /れセるバ/ 女 (㊥ reserve) 蓄え, 予約, 留保, [商] 準備金, 遠慮, [軍] 予備軍, 特別保留地 ー 男女 [スポーツ] 補欠選手

reservado(a) /れセるバド(ダ)/ 形 (㊥ reserved) [estar ~] 保留した, [estar ~] 予約された

reservar /れセるバる/ 他 (㊥ reserve) (部屋・座席・切符などを) 予約する ー **se** 再 差しひかえる

resfriado(a) /れスフりアド(ダ)/ 形 (㊥ have a cold) [医] 風邪を引いている ー 男 [医] 風邪

resfriar /れスフりアる/ 他 (㊥ cool, chill) 冷やす, 風邪を引かせる ー自 冷たくなる, [比喩] 冷める ー再 風邪を引く

resguardar /れスグアるダる/ 他 (㊥ protect) 保護する ー **se** 再 (…から [de]) 防衛する

residencia /れシデンしア/ 女 (㊥ residence) 住居, 居住, 長期滞在ホテル, (学生) 寮, 養護施設

residir /れシディる/ 自 (㊥ reside) 住む, [比喩] 存在する

residuo /れシドゥオ/ 男 (㊥ residue) 残り, 残りかす

resignación /れシグナしオン/ 女 (㊥ resignation) 服従, 辞職, 放棄, あきらめ

resignar /れシグナる/ 他 (㊥ resign) 譲り渡す, (職・職などを) やめる, (権利・希望などを) 捨てる ー **se** 再 あきらめる, 身を任せる

resistencia /れシステンしア/ 女 (㊥ resistance) 抵抗, 抵抗力, [世史] 抵抗運動, [電] 抵抗, 抵抗器, (物・機械の) 強さ

resistente /れシステンテ/ 形 (㊥ resistant) (…に [a]) 抵抗する, 頑丈な

resistir /れシスティる/ 自 (㊥ resist, bear) 耐える, 持つ, 抵抗する, (…するのを [a 不定詞]) 拒絶する ー他 耐える, 抵抗する ー **se** 再 抵抗する

resolución /れソルしオン/ 女 (㊥ solution) 解決, 決意, 決議, 分解

resolver /れソルベる/ 他 (㊥ resolve) (…しようと [不定詞]) 決心する, 解決する, (疑いなどを) 晴らす, 分解する, 要約する, (問題を) 解決する ー **se** 再 解決する, (…に [a 不定詞]) 決める

resonancia /れソナンしア/ 女 (㊥ importance) 反響, 共鳴

resonar /れソナる/ 自 (㊥ resound) 鳴り響く, 反響を呼ぶ

resorte /れソるテ/ 男 (英 spring) ばね, 弾力性

respectivo(a) /れスペクティボ(バ)/ 形 (英 respective) それぞれの

respecto /れスペクト/ 男 (英 respect) 関係 ¶ al respecto それに関する, con respecto a [de]…に関して

respetable /れスペタブレ/ 形 (英 respectable) かなりの, 尊敬すべき

respetar /れスペタる/ 他 (英 respect) 尊重する, 敬う

respeto /れスペト/ 男 (英 respect) 尊敬, 恐怖, 尊重

respetuoso(a) /れスペトゥオソ(サ)/ 形 (英 respectful) 敬意を表す

respiración /れスピらシオン/ 女 (英 respiration) 呼吸, 風通し

respirar /れスピらる/ 自 (英 breathe) 息をする, ひと息入れる, [おもに否定文で] 話す, にじみ出す

resplandecer /れスプランデセる/ 自 (英 shine) 光る, 輝く, 目立つ

resplandor /れスプランドる/ 男 (英 brilliance) 輝き

responder /れスポンデる/ 他 (英 answer) 答える ― 自 答える, 応じる, 符合する, 基づく, 責任がある, 反応する, 名である

responsabilidad /れスポンサビリダド/ 女 (英 responsibility) 責任

responsable /れスポンサブレ/ 形 (英 responsible) 責任がある, 原因である, 信用できる, 責任の重い ― 男女 責任者

respuesta /れスプエスタ/ 女 (英 answer, reply) 答え

restablecer /れスタブレセる/ 他 (英 reestablish) 復旧する ― **se** 再 健康を取り戻す

restante /れスタンテ/ 形 (英 remaining) 残りの

restar /れスタる/ 他 (英 subtract, take away) [数] 引く, 減ずる, [数] 引き算をする

restauración /れスタウらシオン/ 女 (英 restoration) 回復する [される] こと, 復職

restaurante /れスタウらンテ/ 男 (英 restaurant) レストラン

restaurar /れスタウらる/ 他 (英 restore) 元に戻す, 元の職 [位] に戻す, (体力・元気などを) 回復する

resto /れスト/ 男 (英 rest) 残り (物), 余り (物), 残部, [～s] 廃跡, [～s] 遺物, [～s] (食事の) 残り物, [数] (引き算・割り算の) 余り

restricción /れストリクシオン/ 女 (英 restriction) 制限

resucitar /れスシタる/ 自 (英 resuscitate) 蘇生する, [宗] 復活する ― 他 蘇生させる

resuelto(a) /れスエルト(タ)/ 形 (英 resolute) 決然たる, (…で [a]) 決心した, 解決した

resultado /れスルタド/ 男 (英 result) 結果, (試合・試験の) 成績 ¶ dar resultado よい結果となる, うまく働く sin resultado 不首尾に, 無益に

resultar /れスルタる/ 自 (英 result) 結果として生ずる, (…に [形容詞・副詞]) 終わる, (…で [形容詞・副詞]) ある, (結果として) …になる, 良い結果となる

resumen /れスメン/ 男 (英 summary) まとめ ¶ en resumen 要するに, つまり, 簡単に言えば

resumir /れスミる/ 他 (英 summarize) 要約する ― **se** 再 要約される

resurgir /れスるヒる/ 自 (英 reappear) 再現 [再発] する

resurrección /れスれクシオン/ 女 (英 resurrection) 復活, [R～] [宗] キリストの復活

retener /れテネる/ 他 (英 hold) 引き止めておく, (感情を) 抑える, 忘れないで覚えている ― **se** 再 がまんする

retirada /れティらダ/ 女 (英 retreat) [軍] 撤退, 引退, 避難所, 回収, 取り消し, (貯金の) 引出し

retirar /れティらる/ 他 (英 remove) 取り去る, 引っ込める, 退かせる, 取り上げる, (預金などを) 引き出す, 撤回する, 取り下げる ― **se** 再 引き下がる, 帰る, 離れる, 電話を切る, 引退する, 撤退する

retiro/れティろ/男(㊀ withdrawal) 引退, 隠遁所, (預金の) 引出し

retorcer/れトルせる/他(㊀ twist) よじる, 曲げる ━ **se** 再 体をよじる

retorno/れトるノ/男(㊀ return) 帰り, 返すこと

retraer/れトらエる/他(㊀ bring back) 戻す, 思いとどませる ━ **se** 再 (…から[de]) 引退する, (…を[de]) 思いとどまる, 引っ込み思案になる, (…に[a])避難する, (過去に[a])さかのぼる

retrasado(a)/れトらサド(ダ)/形(㊀ late) 遅れている, 知恵遅れの ━ 男, 女 知恵遅れの人

retrasar/れトらサる/他(㊀ delay) 遅らせる, 延期する━ 再 遅れる

retraso/れトらソ/男(㊀ delay) 遅れ

retrato/れトらト/男(㊀ portrait) [絵] 肖像画

retroceder/れトろせデる/自(㊀ go back) 帰る, (…に[a]) さかのぼる, 引き下がる

reunión/れウニオン/女(㊀ meeting, assembly) 集会, 集まる[める]こと, [集合的に] 参加者

reunir/れウニる/他(㊀ assemble) 集める, (条件などを) 満たす, 結合する ━ **se** 再集まる, 行われる, (…と[con]) 一緒になる

revelado/れベラド/男(㊀ development) [写] 現像

revelar/れベラる/他(㊀ reveal) 明らかにする, (はっきりと) 示す, [写] (写真を) 現像する ━ **se** 再 明らかにされる

reventar(se)/れベンタる(セ)/自(再)(㊀ burst) 破裂する

revés/れベス/男(㊀ reverse) 裏面, [スポーツ] バックハンド ¶ **al revés** 逆に, 裏表が逆に, 反対に, 裏目に

revisar/れビサる/他(㊀ revise) 訂正する, 修正する, 復習する, 調べる, 見直す

revisión/れビシオン/女(㊀ revision) 校正, 点検

revista/れビスタ/女(㊀ magazine) 雑誌, 再調査, [軍] 閲兵, 論説, [演] レビュー

revivir/れビビる/他(㊀ revive) 生き返らせる ━ 自 生き返る, 復活する

revolución/れボルしオン/女(㊀ revolution) [政] 革命, [技] 回転(数), [天] 公転

revolucionario(a)/れボルしオナリオ(ア)/形(㊀ revolutionary) [政] 革命の, [技] 回転の, [天] 公転の ━ 男, 女 [政] 革命家

revolver/れボルベる/他(㊀ stir) かき混ぜる, ひっくり返す, 怒らせる, 回す, 混乱させる ━ **se** 再 回転する, [気象] 悪天候になる, 向き直る, のたうつ

rey/れイ/男(㊀ king) 王, (トランプ・チェスの) キング

rezar/れさる/他(㊀ pray) 祈る, 言う ━ 自 祈る, 関わりがある, 適用される

rico(a)/りコ(カ)/形(㊀ rich) 金持ちの, 豊富な, 高価な, おいしい, かわいい ━ 間 [愛情をこめて] ねえ

ridículo(a)/りディクロ(ラ)/形(㊀ ridiculous) ばかげた

rienda/りエンダ/女(㊀ rein) (馬の) 手綱(たづな), [~s] [比喩] 制御

riesgo/りエスゴ/男(㊀ risk) 危険, 保険の対象

rígido(a)/りヒド(ダ)/形(㊀ rigid) 硬い, 厳格な

rigor/りゴる/男(㊀ rigor) 厳しさ, 精密

riguroso(a)/りグロソ(サ)/形(㊀ rigorous) 厳しい, 厳密な, きめ細かい

rima/りマ/女(㊀ rhyme) [詩] 韻

rincón/りンコン/男(㊀ corner) 隅, [比喩] 隅っこ, 片隅

riña/りニャ/女(㊀ quarrel, fight) けんか, 口論

riñón/りニョン/男(㊀ kidney) [解] 腎臓

río/りオ/男(㊀ river) 川, 多量(の流れ)

riqueza/りケさ/女(㊀ wealth) 富, 豊富, 資源

risa/りサ/女(㊀ laugh) 笑い, 笑うべきこと

ritmo/りトモ/男(㊀ rhythm)

〔楽〕リズム，速度

rito/リト/ 男 (英 rite) 儀式，慣習

ritual/リトゥアル/ 形 (英 ritual) 儀式の，習慣的な ― 男 祭礼

rival/リバル/ 男女 (英 rival) 競争相手

robar/ろバる/ 他 (英 steal) 盗む

roble/ろブレ/ 男 (英 oak)〔植〕オークの木

robo/ろボ/ 男 (英 robbery) 盗み，盗品，〔比喩〕高い値をふっかけること

robusto(a)/ろブスト(タ)/ 形 (英 robust) 強壮な

roca/ろカ/ 女 (英 rock) 岩，岩山，岩石

roce/ろせ/ 男 (英 rubbing) こすること，こすった跡，〔比喩〕不和

rocío/ろシオ/ 男 (英 dew)〔気象〕露（つゆ），しぶき

rodar/ろダる/ 他 (英 film)〔映〕撮影する，転がす，転々とする，（車を）運転する ― 自 転がる，転がり落ちる，旅行する，（滑らかに）進む，動き回る，出回る，〔映〕撮影する

rodear/ろデアる/ 他 (英 enclose) 囲む

rodeo/ろデオ/ 男 (英 roundabout, rodeo) 迂回，ロデオ（競技会）

rodilla/ろディジャ/ 女 (英 knee)〔解〕膝（ひざ）

roer/ろエる/ 男 (英 gnaw) かじる，〔比喩〕次第に崩す，〔比喩〕苦しめる ― se 再 爪などをかむ

rogar/ろガる/ 他 (英 request) 頼む，祈る

rojo(a)/ろホ(ハ)/ 形 (英 red) 赤い，― 男,女〔軽蔑的に〕〔政〕共産主義者

rollo/ろジョ/ 男 (英 roll) 巻いた物，うんざりさせる人〔物〕，〔写〕〔映〕フィルム，〔料〕巻きパン，ロールパン

Roma/ろマ/ 固 (英 Rome)〔地名〕ローマ

romance/ろマンせ/ 形 (英 Romance)〔言〕ロマンス語の ― 男〔文学〕ロマンセ《スペインの叙事詩》，恋愛，ロマンス，〔言〕ロマンス語，古スペイン語

romano(a)/ろマノ(ナ)/ 形 (英 Roman)〔世〕（古代）ローマ（人）の，ローマ帝国の，(現代の)ローマ（市）の，ローマ字の，〔宗〕ローマ・カトリック教会の ― 男,女 ローマ市民，〔宗〕ローマ・カトリック教徒

romanticismo/ろマンティしスモ/ 男 (英 romanticism)〔芸術〕ロマンチシズム，〔比喩〕空想的なこと

romántico(a)/ろマンティコ(カ)/ 形 (英 romantic) 空想的な，〔芸術〕ロマン主義の ― 男,女 空想的な人，ロマン主義〔派〕の人

romper/ろンペる/ 他 (英 break) 壊す，裂く，（活動などを）中断する，（静けさ・沈黙などを）破る，開始する，（法律・約束などを）破る，（顔などを）殴る，（枝などを）折る，（記録を）破る ― 自 急に（…〔a 不定詞〕）する，（…と [con]）絶交する ― se 再 壊れる，破れる

roncar/ろンカる/ 自 (英 snore) いびきをかく

ronco(a)/ろンコ(カ)/ 形 (英 hoarse)（声が）かれた，うなるような

ronda/ろンダ/ 女 (英 night watch) パトロール，夜回り，巡察，夜警，〔楽〕ロンダ，〔経〕交渉，都市周辺の環状道路，(トランプで) 一回，一回り

ropa/ろパ/ 女 (英 clothes) 衣服，服地，布類，洗濯物

rosa/ろサ/ 女 (英 rose)〔植〕バラ（薔薇），ばら色 ― 形 (無変化) ばらの

rostro/ろストろ/ 男 (英 face) 顔，〔鳥〕嘴（くちばし）

roto(a)/ろト(タ)/ 形 (英 broken) 壊れた，（病気・悲嘆などで）くじけた，崩壊した，破られた，破産した ― 男（布地などの）穴，下層の人

rótulo/ろトゥロ/ 男 (英 poster) 表札，表題，ラベル

rotundo(a)/ろトゥンド(ダ)/ 形 (英 categorical, flat) 断定的な，無条件の，的確な

rozar/ろさる/ 他 (英 touch, scratch) かすめる，ひっかく，近い ― 自 (…に [con]) 少し

関係する, すれる **— se** 再 こする, [複数形で] すれる, すり切れる

rubí /るビ/ 男 (® ruby) [鉱物] ルビー

rubio(a) /るビオ(ア)/ 形 (® blond) 金髪の **—** 男, 女 金髪の人

rubor /るボる/ 男 (® blush, flush) 赤面, 恥, あざやかな赤

ruborizar /るボりさる/ 他 (® make blush) 赤面させる **— se** 再 顔を赤らめる

rudo(a) /るド(ダ)/ 形 (® coarse) きめの粗い, 粗末な, 粗野な, つらい

rueda /るエダ/ 女 (® wheel) 車輪, (人の) 輪, 輪切り

ruego /るエゴ/ 男 (® request) 依頼

rugido /るヒド/ 男 (® roar) (ライオン・虎などの) うなり声, [比喩] (海・風の) うなる音

rugir /るヒる/ 自 (® roar) (ライオン・虎などが) うなる, うめく, [比喩] (風などが) うなる

ruido /るイド/ 男 (® noise) (やかましい) 音, 雑音, [比喩] 騒ぎ, [比喩] 反響

ruidoso(a) /るイドソ(サ)/ 形 (® noisy) やかましい

ruin /るイン/ 形 (® vile) 下劣な

ruina /るイナ/ 女 (® ruins) 廃墟, 破滅, 破産, 没落, 滅亡

ruinoso(a) /るイノソ(サ)/ 形 (® ruinous) 破滅をきたす

Rumania /るマニア/ 固 (® Romania) [地名] ルーマニア

rumano(a) /るマノ(ナ)/ 形 (® Romanian) ルーマニア (人・語) の **—** 男, 女 ルーマニア人 **—** 男 [言] ルーマニア語

rumbo /るンボ/ 男 (® direction) 方向, 進路

rumor /るモる/ 男 (® rumor) 噂 (うわさ), つぶやき, (連続的な) かすかな音

rural /るラル/ 形 (® rural) 農村の, 田園の

Rusia /るシア/ 固 (® Russia) [地名] ロシア

ruso(a) /るソ(サ)/ 形 (® Russian) ロシア (人・語) の **—** 男, 女 ロシア人 **—** 男 [言] ロシア語

rústico(a) /るスティコ(カ)/ 形 (® rustic) 田舎 (風) の, 田舎者の

ruta /るタ/ 女 (® route) 道

rutina /るティナ/ 女 (® routine) (日常習慣的にやっている) 決まった仕事

rutinario(a) /るティナりオ(ア)/ 形 (® routine) 決まりきった

S, s

sábado /サバド/ 男 (® Saturday) 土曜日

sábana /サバナ/ 女 (® bed sheet) 敷布

saber /サベる/ 他 (® know) (→主な動詞の活用 p.1047) 知る, わかる, (…が [不定詞]) できる **— se** 再 知られている **—** 男 知, 知識 ‖ a saber … すなわち…, つまり…

sabio(a) /サビオ(ア)/ 形 (® wise) 賢い, 学問のある **—** 男, 女 賢人

sabor /サボる/ 男 (® taste) 味, [比喩] 味わい

saborear /サボれある/ 他 (® taste) 味をみる, 満喫する **— se** 再 (…を [con]) 楽しむ

sabroso(a) /サブろソ(サ)/ 形 (® delicious) おいしい, 愉快な, たっぷりの, 痛烈な

sacar /サカる/ 他 (® take out, draw) (外に) 取り出す, 取る, 連れ出す, (金を) 引き出す, 引く, [写] (写真を) 撮る **— se** 再 (自分のために) 取る, 得られる

sacerdote /サせるドテ/ 男 (® priest) [宗] 司祭

saco /サコ/ 男 (® sack) (大きな) 麻袋, 1 袋分 (の分量), 略奪, [ラ米] 上着

sacrificar /サクりフィカる/ 他 (® sacrifice) 犠牲にする, [宗] いけにえとして供える **— se** 再 自らを犠牲にする

sacrificio /サクりフィシオ/ 男 (® sacrifice) 犠牲, [宗] (神に捧げる) いけにえ

sacudir /サクディる/ 他 (® shake) 揺さぶる, 動揺させる, たたく, 打つ, 払いのける, (打撃を) 与える

sagrado(a) / サグラド(ダ) / 形 (英 sacred) 〔宗〕神聖な, 敬うべき

sal / サル / 女 (英 salt) 塩 (しお), 魅力, 機知, 〔~es〕気付け薬, 〔化〕塩

sala / サラ / 女 (英 room) 広間, 居間, 部屋

salado(a) / サラド(ダ) / 形 (英 salted) 塩分を含んだ, 〔料〕塩漬けの, 機知のある

salario / サラリオ / 男 (英 salary) 給料

saldo / サルド / 男 (英 balance) 〔商〕(貸借の)差し引き勘定, 〔商〕(見切り品の)大売り出し, 〔商〕支払い

salida / サリダ / 女 (英 departure) 出発, 出口, 〔演〕登場, 〔比喩〕解決, 出てくること, 出現, 〔商〕販売, 就職口, 機知, 発刊, 結果

salir / サリる / 自 (英 leave) (→ 主な動詞の活用 p.1047) (場所を [de]) 去る, 出て行く, 出発する, 現れる, (新聞などに [en]) 出る, (結局) (… [形容詞・副詞・名詞]) となる, (異性と [con]) 付き合う **—se** 再 外に出る, こぼれる, はずれる

salmón / サルモン / 男 (英 salmon) 〔魚〕サケ (鮭)

salón / サロン / 男 (英 hall) ホール, 談話室, 〔~s〕社交界, 展示物, (空港の)待合室

salsa / サルサ / 女 (英 sauce) 〔料〕ソース, 〔比喩〕刺激

saltar / サルタる / 自 (英 jump) 飛ぶ, はねる, 破裂する, 突然動き出す, 突然言い出す, 飛びかかる, 突然怒り出す **—** 他 飛び越える, 抜かす, 爆破する, とれる

salto / サルト / 男 (英 jump) 跳躍, 〔スポーツ〕ジャンプ, 〔比喩〕飛躍, 踏み台, 〔地理〕滝

salud / サルド / 女 (英 health) 健康, 福祉

saludable / サルダブレ / 形 (英 healthy) 健康な, 健康的な, (道徳的に)健全な

saludar / サルダる / 他 (英 greet) 挨拶 (あいさつ) する, 歓迎する

saludo / サルド / 男 (英 greeting) 挨拶 (あいさつ), 会釈, 〔軍〕敬礼

salvación / サルバシオン / 女 (英 salvation) 救済, 〔宗〕救い

salvadoreño(a) / サルバドレニョ(ニャ) / 形 (英 Salvadoran) エルサルバドル (人) の **—** 男, 女 エルサルバドル人

salvaje / サルバヘ / 形 (英 wild) 野蛮な, 野生の, 荒れた **—** 男 〔しばしば軽蔑的に〕未開人, 〔比喩〕〔しばしば軽蔑的に〕野蛮な人

salvar / サルバる / 他 (英 save) 救う, 保護する, (障害を)乗り越える, (距離を) (短時間で) 進む, 除く, 飛び越える **—se** 再 助かる, 退避する, (病気から)回復する, 〔宗〕魂が救われる

salvo / サルボ / 前 (英 except) …を除いて (は) ¶ todos salvo José ホセを除いて皆

salvo(a) / サルボ(バ) / 形 (英 safe) 安全な

San / サン / 形 (Santo の語尾脱落形) ⇒ Santo

San Francisco / サン フランシスコ / 固 (英 San Francisco) 〔地名〕サンフランシスコ

San José / サン ホセ / 固 (英 San José) 〔地名〕サン・ホセ

San Salvador / サン サルバドる / 固 (英 San Salvador) 〔地名〕サンサルバドル

sanatorio / サナトリオ / 男 (英 sanatorium) 〔医〕療養所

sandía / サンディア / 女 (英 watermelon) 〔植〕スイカ (西瓜)

sangre / サングれ / 女 (英 blood) 血, 〔比喩〕血統, 〔比喩〕気質, 〔比喩〕血気

sangría / サングリア / 女 (英 sangria; indentation) 〔飲〕サングリア《赤ぶどう酒・ジュース・果物・炭酸水で作るパンチ》, 〔印〕字下げ

sangriento(a) / サングリエント(タ) / 形 (英 bloody) 出血している, 〔比喩〕血生臭い

sanidad / サニダド / 女 (英 sanitation) (公衆) 衛生, 健康

sano(a) / サノ(ナ) / 形 (英 healthy) 健康な, (道徳的に) 健全な, 欠陥のない, 堅固な, 正しい

Santiago de Chile / サンティアゴ デ チレ / 固 (英

santo(a) ▶

Santiago de Chile)〔地名〕サンティアゴ・デ・チレ

santo(a) /サント(タ)/ 形 (英 holy) 神聖な, 神に身を捧げた, 信心深い ━ 男, 女 聖人, 聖人の日

santo(a) /サント(タ)/ (英 Saint)〔S ~〕〖聖人の名前の前につける〗聖…

santuario /サントゥアリオ/ 男 (英 sanctuary)〔宗〕聖地, 聖域

sardina /サルディナ/ 女 (英 sardine)〔魚〕イワシ

sartén /サルテン/ 女 (英 frying pan)〔料〕フライパン

sastre(a) /サストれ(ら)/ 男, 女 (英 tailor) 仕立て屋

satélite /サテリテ/ 男 (英 satellite)〔天〕衛星, 人工衛星,〔空〕(空港の) サテライト,〔比喩〕手先 ━ 形 衛星の

satisfacción /サティスファクしオン/ 女 (英 satisfaction) 満足, 達成, 弁償,〔神〕贖罪 (しょくざい)

satisfacer /サティスファせる/ 他 (英 satisfy) (人・欲望・条件を) 満足させる ━ se 再 満足する

satisfactorio(a) /サティスファクトりオ(ア)/ 形 (英 satisfactory) 満足な

satisfecho(a) /サティスフェチョ(チャ)/ 形 (英 satisfied) 満足した, 腹いっぱいの

sazón /サソン/ 女 (英 ripeness, maturity) 成熟, 味,〔料〕調味, 好機

sazonar /サソナる/ 他 (英 season)〔料〕調味する, 熟させる,〔比喩〕楽しくする, 地味を肥す ━ se 再 熟する

se /せ/ 代《再帰代名詞》自分を〖に〗, 互いに ¶ Se puso el sombrero. 彼は帽子をかぶった ━ 代 (英 to him, to her, to you, to them)《人称代名詞》彼 (女) に, あなた (がた) に, それ (ら) に ¶ Se lo envío. 私は彼にそれを送ります

secador /セカドる/ 男 (英 dryer) 乾燥機, ヘアードライヤー

secar /セカる/ 他 (英 dry) 乾かす, ふいて水気を取る, (沼地などを) 干す, (植物を) 枯らす ━ se 再 枯れる, (自分の体・汗などを) ふく, 乾く, 涸 (か) れる

sección /セクしオン/ 女 (英 section) (書物・文章などの) 節, 部門, 切ること, グループ, (社会の) 階層, 区分, (新聞の) 欄

seco(a) /セコ(カ)/ 形 (英 dry) 乾いた, 日照り続きの, 枯れた, 水が出ない, そっけない, かわいた, 辛口の ¶ a secas ただ…, 単に

secretamente /セクれタメンテ/ 副 (英 secretly) 秘密に

secretario(a) /セクれタりオ(ア)/ 男, 女 (英 secretary) 秘書, 書記官

secreto(a) /セクれト(タ)/ 形 (英 secret) 秘密の, 隠れた, 秘密を守る ━ 男 秘密の, 秘密, 秘訣 ¶ en secreto 秘かに, 秘密で

secta /セクタ/ 女 (英 sect) 分派, 宗派〔軽蔑的に〕〔宗〕異端

sector /セクトる/ 男 (英 sector, section) 分野, 地域, 党派

secuestrar /セクエストらる/ 他 (英 kidnap) さらう, ハイジャックする,〔法〕押収する

secuestro /セクエストろ/ 男 (英 kidnapping) 誘拐, ハイジャック

secundario(a) /セクンダりオ(ア)/ 形 (英 secondary) 二次的な, 中級の

sed /セド/ 女 (英 thirst) のどの渇 (かわ) き,〔比喩〕渇望

seda /セダ/ 女 (英 silk) 絹

sede /セデ/ 女 (英 headquarters) 本部

sediento(a) /セディエント(タ)/ 形 (英 thirsty) のどが渇いた, 渇望している, 乾燥した

seducción /セドゥクしオン/ 女 (英 seduction) 誘惑, 魅力

seducir /セドゥしる/ 他 (英 seduce) そそのかす, 心を奪う

segmento /セグメント/ 男 (英 segment) 部分,〔数〕(直線の) 線分

seguida /セギダ/ 女 (英 continuation) 連続 ¶ en seguida すぐに, 直ちに

seguido(a) /セギド(ダ)/ 形

(㊥continuous)とぎれのない，引き続いての，まっすぐの ━ 副 まっすぐに，ただちに

seguir／セギる／他（㊥follow）（→主な動詞の活用 p.1047）ついて行く，追う，(風習・忠告・命令などに)従う，(科目・コースなどを)とる，続ける，(道を)たどる ━ 自 後から行く[来る]，続いて起こる，続ける，(…の[形容詞・副詞])ままである，続けて行く

según／セグン／前（㊥according to)…によれば，…に従って，…によって ¶ según el periódico 新聞によれば ━ 接 …するところによれば，…に従って，…のように，(…[接続法])によって ━ 副 場合による

segundo(a)／セグンド(ダ)／形（㊥second）2番目の，補佐の ━ 男 秒，度 ━ 副 2番目に ¶ de segunda mano 中古の

seguramente／セグらメンテ／副（㊥probably）たぶん，おそらく

seguridad／セグリダド／女（㊥security, safety）安全，安心，確信，防護，[商]保証

seguro(a)／セグろ(ら)／形（㊥sure）確かに…だと思って，自信がある，安全な，確かな ━ 副 確かに ━ 男 保険，安全装置，安全

seis／セイス／数（㊥six）6（の）

seiscientos(as)／セイスしエントス(タス)／数（㊥six hundred）600（の）

selección／セレクしオン／女（㊥selection）選ぶこと，選び抜きのもの，[スポーツ]選抜チーム，[生]選択

seleccionar／セレクしオナる／他（㊥select）選ぶ

selectivo(a)／セレクティボ(バ)／形（㊥selective）選考の

selecto(a)／セレクト(タ)／形（㊥selected）選ばれた

sellar／セジャる／他（㊥stamp）切手を貼る，封印する，捺印(なついん)する

sello／セジョ／男（㊥stamp）郵便切手，はんこ，印

selva／セルバ／女（㊥jungle）[地理]ジャングル，森

semáforo／セマフォろ／男（㊥signal）信号

semana／セマナ／女（㊥week）週

semanal／セマナル／形（㊥weekly）毎週の，週刊の

semanario／セマナりオ／男（㊥weekly magazine）週刊誌

sembrar／センブらる／他（㊥sow）種をまく，[比喩](争い・不満の原因を)まき散らす ━ se 再 種がまかれる

semejante／セメハンテ／形（㊥similar）似た，[名詞の前で]そのような，似たようなもの[人]

semejanza／セメハンさ／女（㊥resemblance）類似

semestre／セメストれ／男（㊥semester）(年間2学期制の)学期，半年間

semilla／セミジャ／女（㊥seed）種(たね)，[比喩]もと

seminario／セミナりオ／男（㊥seminar）(大学の)セミナー，神学校

sencillamente／センシジャメンテ／副（㊥simply）単に…だけ，簡単に，質素に，無邪気に

sencillez／センシジェす／女（㊥simplicity）質素，簡単なこと，平易なこと，純真さ，[軽蔑的に]お人好しなこと

sencillo(a)／センシジョ(ジャ)／形（㊥simple）簡単な

senda／センダ／女（㊥path）小道，[比喩]手段

sendero／センデろ／男（㊥path）小道

seno／セノ／男（㊥breast）胸，[比喩]胸中，[比喩]内部，[衣]胸部

sensación／センサしオン／女（㊥sensation）感動，感覚

sensacional／センサしオナル／形（㊥sensational）扇情的な，すごい，すばらしい

sensible／センシブレ／形（㊥sensitive）感じやすい，[写]感度の高い，思慮のある，感覚の

sensitivo(a)／センシティボ(バ)／形（㊥sensitive）感覚の(ある)

sensual／センスアル／形（㊥sensual）官能的な，感覚の，気持ちのよい

sentar／センタる／他（㊥seat）

sentencia ▶

席に着かせる，置く，落ち着かせる，設立する，記入する ― 自 (… [a]) に合う ― se 再 座 (すわ)

sentencia /センテンシア/ 囡 (墺 judgment) 〔法〕裁定，格言

sentido /センティド/ 男 (墺 meaning) (ことばの) 意味，意義，感覚，感じ，意識，方向 ― **da** 形 心からの，感じやすい，楽しい，残念な

sentimental /センティメンタル/ 形 (墺 sentimental) 感情的な，感傷的な

sentimiento /センティミエント/ 男 (墺 feeling) 気持ち，悲しみ，愛情，意識，遺憾

sentir /センティる/ 他 (墺 feel) (→主な動詞の活用 p.1048) 感じる，感づく，残念に思う，聞く ― **se** 再 (…と [形容詞]) 感じる)

seña /セニャ/ 囡 (墺 sign, signal) しるし，合図，[~ s] 住所，[~ s] 人相，合図，〔スポーツ〕サイン，合い言葉

señal /セニャル/ 囡 (墺 mark) 印，標識，跡，(気持ち・感情などの) 現れ，前触れ，合図，〔商〕手付金

señalar /セニャラる/ 他 (墺 stand out) 示す，印 [記号] をつける，決める，跡を残す，前兆である，特色づける ― **se** 再 目立つ

señor /セニョる/ 男 (墺 Mr.) 〔敬称として〕…さん ― 男 /セニョる/ 男性，〔文の終わりで〕はいそうです，[~ s] 夫妻，支配者，(男の) 主人，[S ~] 〔宗〕神

señora /セニョら/ 囡 (墺 Mrs.) 〔敬称として〕…夫人 ― 囡 /セニョら/ 奥様，婦人，淑女，女主人，[Nuestra S ~] 〔宗〕聖母マリア

señorita /セニョりタ/ 囡 (墺 Miss) 〔敬称として〕…さん，お嬢さん ― 囡 /セニョりタ/ 〔一般に〕未婚の女性

separación /セパらシオン/ 囡 (墺 space, gap) 分離，別離，〔法〕(夫婦の) 別居

separado /セパらド (ダ) / 形 (墺 separate) 離れた，別居した ¶ por separado 別にして，別々に

separar /セパらる/ 他 (墺 separate) 分ける，切り離す，(親しい者を) 別れさせる ― **se** 再 別れる，切れる

septiembre /セプティエンブれ/ 男 (墺 September) 9月

séptimo(a) /セプティモ(マ)/ 形 (墺 seventh) 7番目の，7分の1の ― 男,囡 7番目の人 [物] ― 男 7分の1

ser /セる/ 自 (墺 be) …である，…で行なわれる，…になる，(… [de 不定詞]) すべきである，(… [過去分詞]) される ― 男 存在 (物) ¶ Soy de Kioto. 私は京都の出身です。

sereno(a) /セれノ (ナ) / 形 (墺 serene, calm) 〔比喩〕落ち着いた，雲のない，夜警

serie /セりエ/ 囡 (墺 series) ひと続き，ひと組，(小説・映画などの) 続き物，〔電〕直列

seriedad /セりエダド/ 囡 (墺 seriousness) まじめなこと，重大さ，信頼性，厳格さ

serio(a) /セりオ(ア) / 形 (墺 serious) まじめな，重大な ¶ en serio まじめに，本気で

serpiente /セるピエンテ/ 囡 (墺 snake) 〔動〕ヘビ (蛇)

servicio /セるビシオ/ 男 (墺 service) 公共事業，(公共の乗り物の) 便，勤め，役立つこと，(客への) サービス，トイレ，〔スポーツ〕サーブ，(食器などの) セット

servidumbre /セるビドゥンブれ/ 囡 (墺 servants, maids) 〔集合的に〕使用人，奴隷であること，束縛

servilleta /セるビジェタ/ 囡 (墺 napkin) (食卓用) ナプキン

servir /セるビる/ 自 (墺 serve) 仕える，役に立つ，(…の [de]) 役をする，勤める，給仕する，〔スポーツ〕サーブをする，〔軍〕兵役を勤める，服役する ― 他 (飲食物を) 出す，〔スポーツ〕(球を) サーブする ― **se** 再 (食事を) 自分で取って食べる [飲む]，使う

sesenta /セセンタ/ 数 (墺 sixty) 60 (の)

sesión /セシオン/ 囡 (墺 meeting) 会合，会期，〔映〕〔演〕上映，(連続した) 仕事 (時間)

seso /セソ/ 男 (墺 brains) 〔比喩〕頭脳，〔解〕脳

setecientos(as) /セテシ

エントス(タス)/ 数 (英 seven hundred) 700 (の)
setenta/セテンタ/ 数 (英 seventy) 70 (の)
setiembre/セティエンブれ/ 男 ⇒ septiembre
severamente/セベらメンテ/ 副 (英 severely) 厳しく
severo(a)/セベろ(ら)/ 形 (英 strict, severe) 厳しい, 簡素な, 激しい, 手厳しい, 激烈な
Sevilla/セビジャ/ 固 (英 Seville) [地名] セビリア
sevillano(a)/セビジャノ(ナ)/ 形 (英 Sevillian) セビリアの — 男, 女 セビリアの人
sexo/セクソ/ 男 (英 sex) 性, 性器, 性行為
sexto(a)/セクスト(タ)/ 形 (英 sixth) 6番目の, 6分の1の — 男, 女 6番目の人 [物] — 男 6分の1
sexual/セクスアル/ 形 (英 sexual) 性の
si/シ/ 接 (英 if) もし…ならば, …かどうか, [疑問文の文頭で] …だろうか?, …なのに, …であっても ¶ si bien …たとえ…であっても
sí/シ/ 副 (英 yes) はい, そう, 本当に — 代 (英 oneself) 自分
siempre/シエンプれ/ 副 (英 always) いつも, [否定文で] いつも…である [する] わけではない, ¶ para siempre これからずっと, 永遠に siempre y cuando … (接続法) …すれば, …である時だけ
sierra/シエら/ 女 (英 saw) [技] のこぎり, [地理] 山脈
siesta/シエスタ/ 女 (英 afternoon nap) 昼寝, 真昼
siete/シエテ/ 数 (英 seven) 7 (の)
siglo/シグロ/ 男 (英 century) 世紀
significado/シグニフィカド/ 男 (英 meaning) 意味, 重要性 — **da** 形 重要な, 有名な
significar/シグニフィカる/ 他 (英 mean, signify) 意味する — 自 重大な意味を持つ — **se** 再 際立つ, 宣言する
significativo(a)/シグニフィカティボ(バ)/ 形 (英 significant) 意味深い, 重要な
signo/シグノ/ 男 (英 sign) 印, (性質・状態・存在などの [de]) しるし, 傾向, 運命
siguiente/シギエンテ/ 形 (英 following) 次の
sílaba/シ ラ バ/ 女 (英 syllable) [音声] 音節
silencio/シレンしオ/ 男 (英 silence) 沈黙, 静けさ — 間 静かに!
silencioso(a)/シレンしオソ(サ)/ 形 (英 quiet) 静かな, 物音のしない, 無言の
silla/シジャ/ 女 (英 chair) 椅子 (いす) [, (乗馬用の) 鞍 (くら), (自転車などの) サドル
sillón/シ ジョン/ 男 (英 armchair) 肘掛け椅子 (いす)
silueta/シルエタ/ 女 (英 silhouette) 影, 輪郭
silvestre/シルベストれ/ 形 (英 wild) 野生の, 野育ちの
simbólico(a)/シンボリコ(カ)/ 形 (英 symbolic) 象徴の, 記号の
símbolo/シンボロ/ 男 (英 symbol) 象徴, 記号
similar/シミラる/ 形 (英 similar) (…に [a]) 似通った
simpatía/シンパティア/ 女 (英 liking) 好感, 愛情, 友人, 魅力, 同感, [医] 交感
simpático(a)/シンパティコ(カ)/ 形 (英 pleasant, nice) 感じのよい, やさしい ¶ caer simpático a … …に気に入る
simple/シンプレ/ 形 (英 simple) [名詞の前で] 単なる, 簡単な, お人よしの, 質素な, 全くの, 単一の, [文法] 単純 (の) — 男女 お人よし
simplemente/シンプレメンテ/ 副 (英 simply) 単に…だけ, 簡単に, 無邪気に
simplificar/シンプリフィカる/ 他 (英 simplify) 簡単にする
simular/シムラる/ 他 (英 simulate) 装う
sin/シン/ 前 (英 without) …のない, (… [不定詞]) なしで, …のほかに, …がないと, (…[不定詞]) しないで ¶ sin dinero お金がなくて no sin …. …がないわけではなく, 必ず…して sin que … (接続法) …しないで
sinceramente/シンセらメンテ/ 副 (英 sincerely) 本心から
sinceridad/シンセりダド/ 女

sincero(a) /シンせろ/ (㊥ sincerity) 本心からの気持ち, 誠実さ

sincero(a) /シンせろ(ら)/ 形 (㊥ sincere) 誠実な, 本心からの

sindicato /シンディカト/ 男 (㊥ labor union) 労働組合, シンジケート

sinfonía /シンフォニア/ 女 (㊥ symphony) 〔楽〕交響曲, 調和

sinfónico(a) /シンフォニコ(カ)/ 形 (㊥ symphonic) 〔楽〕交響曲の

singular /シングらる/ 形 (㊥ singular) 並外れた, 1つの, 〔文法〕単数の

siniestro(a) /シニエストろ(ら)/ 形 (㊥ sinister) 不吉な, 〔格式〕左の ― 男 災害

sino /シノ/ 接 (㊥ but) 〔否定語の後で〕…ではなくて…, 〔否定語の後で〕…だけ (しか)

sintaxis /シンタクシス/ 女 (㊥ syntax) 〔言〕統語論

síntesis /シンテシス/ 女 (㊥ synthesis) 総合, 総括

sintetizar /シンテティさる/ 他 (㊥ synthesize) 総合する, 合成する

síntoma /シントマ/ 男 (㊥ symptom) 〔医〕兆し, 〔比喩〕徴候

siquiera /シキえら/ 副 (㊥ at least) 少なくとも, 〔否定語とともに〕…さえ…ない ― 接 …であっても

sirena /シれナ/ 女 (㊥ siren) サイレン, 人魚

sirvienta /シるビエンタ/ 女 (㊥ maid) お手伝い

sirviente /シるビエンテ/ ― 男(㊥ servant) 使用人

sistema /システマ/ 男 (㊥ system) 組織, 体系, 方式, 秩序立ったやり方, 〔機〕(組み合わせ式の) 装置, 〔地理〕山系

sistemático(a) /システマティコ(カ)/ 形 (㊥ systematic) 組織立った

sistematizar /システマティさる/ 他 (㊥ systematize) 組織化する

sitio /シティオ/ 男 (㊥ place) 場所, 土地, 空間, (決まった) 位置, 地位, 〔軍〕包囲, 別荘, タクシー乗り場, 〔コンピュータ〕サイト

situación /シトゥアシオン/ 女 (㊥ situation) 情勢, 位置, 地位, (人の) 立場

situado(a) /シトゥアド(ダ)/ 形 (㊥ situated) 境遇が (…[bien, mal]) である, 位置する

situar /シトゥアる/ 他 (㊥ place) 置く, (人を) 配置する ― **se** 再 位置する, (よい) 地位を得る

soberano(a) /ソベらノ(ナ)/ 形 (㊥ sovereign) 〔政〕主権を有する ― 男, 女 〔政〕主権者

soberbio(a) /ソベるビオ(ア)/ 形 (㊥ arrogant) 傲慢な, すばらしい, 巨大な

sobra /ソブら/ 女 (㊥ surplus) 余り ¶ de sobra 余分に, 十分に estar de sobra 余計である, 邪魔である

sobrar /ソブらる/ 自 (㊥ be left over) 余る, 余計である, 必要でない

sobre /ソブれ/ 前 (㊥ on, over) …の上で [に], …について, 〔副詞的に〕おおよそ, …に対して, …の上に, …を見張って, …に加えて, …に対して ¶ sobre la mesa テーブルの上に, sobre este tema このテーマについて ― 男 (㊥ envelope) 封筒

sobresaliente /ソブれサリエンテ/ 形 (㊥ excellent) 優秀な, 目立つ

sobrevivir /ソブれビビる/ 自 (㊥ survive) 生きのびる, 生存する

sobrina /ソブリナ/ 女 (㊥ niece) 姪 (めい)

sobrino /ソブリノ/ 男 (㊥ nephew) 甥 (おい)

sobrio(a) /ソブリオ(ア)/ 形 (㊥ moderate) 地味な

social /ソしアル/ 形 (㊥ social) 社会の, 社交界の

socialismo /ソしアリスモ/ 男 (㊥ socialism) 〔政〕社会主義

socialista /ソしアリスタ/ 形 (㊥ socialist) 〔政〕社会主義 (者) の ― 男女 〔政〕社会主義者

sociedad /ソしエダド/ 女 (㊥ society) 社会, 協会, 交際, 社交界, 会社, 集団

socio(a) /ソしオ(ア)/ 男, 女 (㊥ member) (団体・組織の) 一員, 共同経営者, 仲間

socorrer /ソコれる/ 他 (＝ help) 助ける, 援助する

socorro /ソコろ/ 男 (＝ help, aid) 救出, [軍] 援軍, ━間 (＝ Help!) 助けて！

sofá /ソファ/ 男 (＝ sofa) ソファー

sofocante /ソフォカンテ/ 形 (＝ suffocating) 息が詰まる

sol /ソル/ 男 (＝ sun) 太陽, 日光, 晴れ, [比喩] かわいい人, 日, [闘牛] ひなた席

solamente /ソラメンテ/ 副 (＝ only) ただ…だけ ¶ no solamente ..., sino 〜…だけでなく〜も (また)

soldado /ソルダド/ 男 (＝ soldier) 軍人, [比喩] 主義のために戦う人

soledad /ソレダド/ 女 (＝ solitude, loneliness) 孤独, [おもに〜es] 寂しい場所

solemne /ソレムネ/ 形 (＝ solemn) 厳かな, まじめくさった, [軽蔑的に][比喩] まったくの

solemnidad /ソレムニダド/ 女 (＝ solemnity) 厳粛さ

soler /ソレる/ 自 (＝ usually do [be]) 普通は [よく] (…[不定詞]) する [である]

solicitar /ソリシタる/ 他 (＝ request) 要請する

solicitud /ソリシトゥド/ 女 (＝ application) 申し込み, 思いやり, 要求

solidaridad /ソリダリダド/ 女 (＝ solidarity) 団結, (利害・感情・目的などの) 共有

sólido(a) /ソリド(ダ)/ 形 (＝ solid) 固体の, がっしりした, 実質のある ━男 固体

solitario(a) /ソリタリオ(ア)/ 形 (＝ solitary) 孤独な, 寂しい, 唯一の, [生] 雑居 [群生] しない ━男, 女 隠者

solo(a) /ソロ(ラ)/ 形 (＝ lonely, alone) 唯一の, 一人 (だけ) の, [楽] ソロの, [楽] 独奏 (曲) ¶ a solas 単独で, …だけで

sólo /ソロ/ 副 (＝ only) ただ…だけ

soltar /ソルタる/ 他 (＝ get loose) 放つ, 解放する, (声・音などを) 出す, くらわす, 言う, 手放す, (金を) 出す ━se 再 ほどける, 自由に使えるようになる, (驚くようなことを [con]) 口に出す, (…し [a 不定詞]) 出す

soltero(a) /ソルテろ(ら)/ 形 (＝ unmarried) 独身の ━男, 女 独身者

solución /ソルシオン/ 女 (＝ solution) 解決, (水などに) 溶けること, [化] 溶液

sombra /ソンブら/ 女 (＝ shadow) 陰, [〜s] (日没後の) 暗がり, 影, (絵・写真の) 暗い部分, [比喩] 保護

sombrero /ソンブれろ/ 男 (＝ hat) [衣] (縁のある) 帽子, [植] 菌傘 (きんさん)

sombrío(a) /ソンブリオ(ア)/ 形 (＝ somber) うす暗い, 陰気な

someter /ソメテる/ 他 (＝ subdue) 服従させる, 従属させる, 征服する, (検査などに [a]) かける, (人の意見に [a]) 従わせる ━se 再 服従する, 従う, 受ける

sonar /ソナる/ 自 (＝ ring) 鳴る, 聞こえる, [比喩] …を聞いた覚えがある, 話に出る, 発音される ━他 鳴らす, (らっぱなどを) 鳴らして知らせる, (壁・レールなどを) たたいて調べる ━se 再 鼻をかむ, うわさが伝わる [ある]

sonido /ソニド/ 男 (＝ sound) 音

sonreír /ソンれイる/ 自 (＝ smile) 微笑する, ほほえみかける, [比喩] 晴やかである ━se 再 ほほえむ

sonriente /ソンリエンテ/ 形 (＝ smiling) にこにこした

sonrisa /ソンリサ/ 女 (＝ smile) 微笑

soñar /ソニャる/ 自 (＝ dream) 夢を見る, 夢想にふける ━他 夢を見る, [比喩] 夢見る

sopa /ソパ/ 女 (＝ soup) [料] スープ

soplar /ソプラる/ 他 (＝ blow) 吹く, ささやく, 告げ口する ━自 吹く, 息を吹く, ささやく

soportar /ソポるタる/ 他 (＝ support) 支える, [比喩] 堪える

soporte /ソポるテ/ 男 (＝ support) [建] 支柱, [比喩] 支

え

sordo(a)/ソるド(ダ)/ [形] ([英] deaf) 耳が聞こえない, 鈍い, 静かな, 〔音声学〕無声の

sorprendente/ソるプれンデンテ/ [形] ([英] surprising) 驚くべき

sorprender/ソるプれンデる/ [他] ([英] surprise) 驚かす, 見つける, 〔軍〕不意を打つ **— se** [再] 驚く

sorpresa/ソるプれサ/ [女] ([英] surprise) 驚き, 〔軍〕奇襲攻撃

sortear/ソるテアる/ [他] ([英] draw lots) くじで決める, かわす

sorteo/ソるテオ/ [男] ([英] drawing) くじ, 抽籤(ちゅうせん)

sortija/ソるティハ/ [女] ([英] ring) (宝石がついた) 指輪

soso(a)/ソソ(サ)/ [形] ([英] tasteless)〔料〕味のない,〔比喩〕つまらない

sospecha/ソスペチャ/ [女] ([英] suspicion) 疑い

sospechar/ソスペチャる/ [他] ([英] suspect) 疑う, どうも (…らしいと [que 直説法]) 思う **—** [自] 疑わしく思う

sostén/ソステン/ [男] ([英] support) 支え,〔衣〕ブラジャー

sostener/ソステネる/ [他] ([英] support) 支える, (人・主義などを) 支持する, 主張する, 維持する, 耐える **— se** [再] 生計を立てる, 体を支える, (…の[形容詞][副詞]) 状態を保つ, 暮らす

sótano/ソタノ/ [男] ([英] basement)〔建〕(建物の) 地階

su/ス/ [形] ([英] his, her, its, their)〔名詞の前で〕彼 (女) (ら) の, あなたの, それの

suave/スアベ/ [形] ([英]smooth) 滑らかな, 静かな, 温和な, 快い, 力の入らない, すばらしい, 楽な **—** [副] 柔らかく

suavemente/スアベメンテ/ [副] ([英] smoothly) 柔らかく

suavidad/スアビダド/ [女] ([英] softness) 柔らかさ, 優しさ

suavizar/スアビさる/ [他] ([英] soften) 柔らかにする, 軽減する

subida/スビダ/ [女] ([英] climb) 登ること, 上り坂, 上昇, 〔商〕値上がり, 昇進

subir/スビる/ [自] ([英] go up) 登る, 上がる, 乗る, 達する, 昇進する **—** [他] (高い所へ) 上げる, 登る, (人を) 昇進 [昇格] させる, 築く **— se** [再] (努力して) 登る, (衣服を) 上げる

súbito(a)/スビト(タ)/ [形] ([英] sudden) 突然の

subjetivo(a)/スブヘティボ(バ)/ [形] ([英] subjective) 主観的な, 私的な **—** [男] 主観

subjuntivo(a)/スブフンティボ(バ)/ [形] ([英] subjunctive)〔文法〕接続法の **—** [男]〔文法〕接続法

sublevar/スブレバる/ [他] ([英] incite to) 反乱に駆り立てる **— se** [再] (…に [contra]) 反乱を起こす

sublime/スブリメ/ [形] ([英] sublime) 荘厳な

subrayar/スブらジャる/ [他] ([英] underline) (語などの) 下に線を引く, 〔比喩〕強調する

subterráneo(a)/スブテらネオ(エア)/ [形] ([英]underground) 地下の, 〔比喩〕秘密の **—** [男] 地下, 〔ラプラタ〕地下鉄

suburbio/スブるビオ/ [男] ([英] slums) 場末, 郊外, (都市の) 近郊地区

subvención /スブベンしオン/ [女] ([英] subsidy) (政府の) 助成金, (財政的) 援助

suceder/スセデる/ [自] ([英] succeed) 後を継ぐ, 起こる, 相つぐ

sucesivo(a)/スセシボ(バ)/ [形] ([英] successive) 続いての

suceso/スセソ/ [男] ([英] event, accident) 出来事, 時の経過

sucesor(a)/スセソる(ら)/ [男], [女] ([英] successor) 後継者

suciedad/スしエダド/ [女] ([英] dirtiness) 不潔

sucinto(a)/スしント(タ)/ [形] ([英] succinct) 簡潔な

sucio(a)/スしオ(ア)/ [形] ([英] dirty) 汚(きたな)い, (精神的に) 汚い, みだらな, 汚れやすい, くすんだ **—** [副] 不正に

sucursal/スクるサル/ [女] ([英] branch) 支店

Sudamérica/スダメりカ/ [固] ([英] South America)〔地名〕南アメリカ

S

sudamericano(a) /スダメリカノ(ナ)/ 形 (® South American) 南アメリカの ― 男,女 南アメリカ人

sudar /スダる/ 自 (® sweat) 汗をかく, 汗を流して働く, (表面に) 水滴がつく

sudor /スドる/ 男 (® sweat) 汗, [~s] [比喩] 骨折り, (物の表面にできる) 水滴

sudoroso(a) /スドロソ(サ)/ 形 (® sweaty) 汗びっしょりの

Suecia /スエしア/ 固 (® Sweden) [地名] スウェーデン

sueco(a) /スエコ(カ)/ 形 (® Swedish) スウェーデン(人・語)の ― 男 スウェーデン語

suegra /スエグら/ 女 (® mother-in-law) 姑 (しゅうとめ)

suegro /スエグろ/ 男 (® father-in-law) 舅 (しゅうと), [~s] しゅうと夫婦

sueldo /スエルド/ 男 (® salary) 給料

suelo /スエロ/ 男 (® ground) 地面, 土地, 床 (ゆか), (器物の) 底

suelto(a) /スエルト(タ)/ 形 (® loose) 結んでない, 離れた, ばらばらの, 束ねてない, 包装してない, ばらの, 緩 (ゆる) い, 小銭の, 下痢をした

sueño /スエニョ/ 男 (® sleep, dream) 眠気, 眠り, 夢

suerte /スエるテ/ 女 (® fate) 運, 巡り合わせ, 運命, 幸運, 境遇, 種類, くじ, 方法, 品級

suéter /スエテる/ 男 (® sweater) [衣] セーター

suficiente /スフィしエンテ/ 形 (® sufficient) 十分な, うぬぼれた

sufijo /スフィホ/ 男 (® suffix) [文法] 接尾辞 ― 形 [文法] 接尾辞の

sufrimiento /スフりミエント/ 男 (® suffering) (体・心の) 苦しみ, 苦労, 忍耐

sufrir /スフりる/ 他 (® suffer) (苦痛・罰などを) 受ける, (損害・敗北などを) こうむる, 耐える, [一般に] 受ける ― 自 苦しむ, 患う

sugerencia /スヘれンしア/ 女 (® suggestion) 示唆, 助言, 暗示

sugerir /スヘりる/ 他 (® suggest) 示唆する, 提案する, (計画などを) 言い出す, それとなく言う

sugestión /スヘスティオン/ 女 (® suggestion) 暗示

suicidarse /スイしダるセ/ 自 (® commit suicide) 自殺する

suicidio /スイしディオ/ 男 (® suicide) 自殺, [比喩] 自殺的行為

Suiza /スイさ/ 固 (® Switzerland) [地名] スイス

suizo(a) /スイそ(さ)/ 形 (® Swiss) スイス (人) の ― 男,女 スイス人 ― 男 [料] 砂糖をつけた丸パン

sujetar /スヘタる/ 他 (® secure) (しっかりと) 留める, 捕まえる, 押さえる, 服従させる ― se 再 [比喩] (…に [a]) つかまる, 体を支える, 落とさないようにする, 服従する

sujeto(a) /スヘト(タ)/ 形 (® subject) 服従する, 固定された, 受ける ― 男 [文法] 主語, [哲] 主体, 人物

suma /スマ/ 女 (® sum) [数] 和, 足し算, 加算, 合計, 概要, 全書

sumamente /スマメンテ/ 副 (® extremely) 極端に

sumar /スマる/ 他 (® add) 加える, 達する ― 自 合計する, 計算が合う ― se 再 加わる

sumergir /スメるヒる/ 他 (® submerge) 水中に入れる ― se 再 沈降する, [比喩] (…に [en]) 没頭する

suministrar /スミニストらる/ 他 (® supply) 供給する

sumo(a) /スモ(マ)/ 形 (® supreme) 至高の, とても大きい a lo sumo せいぜい, 多くて

superar /スペらる/ 他 (® overcome) (困難などに) 打ち勝つ, 負かす

superficial /スペるフィしアル/ 形 (® superficial) 表面上の, 表面的な

superficie /スペるフィしエ/ 女 (® surface) 表面, 面積, うわべ, 広がり

superfluo(a) /スペるフルオ(ア)/ 形 (® superfluous) 余分の

superior /スペりオる/ 形 (®

superior) 優れた，上級の，多い，力の限界を超えた

superioridad /スペリオリダド/ 囡 (㊌ superiority) 優れていること，傲慢（ごうまん），政府当局

supermercado /スペるメるカド/ 男 (㊌ supermarket)〔商〕スーパーマーケット

superstición /スペるスティしオン/ 囡 (㊌ superstition) 迷信

suplemento /スプれメント/ 男 (㊌ supplement) 付録，追加料金，補充，サプリメント

suplicar /スプリカる/ 他 (㊌ supplicate) 懇願する

suplir /スプリる/ 他 (㊌ make up for) 埋め合わせをする，代行をする

suponer /スポネる/ 他 (㊌ suppose) 思う，仮にする，前提としている

suposición /スポシしオン/ 囡 (㊌ supposition) 想像，仮定，(人の) 重要性

supremo(a) /スプれモ(マ)/ 形 (㊌ supreme) 至高の

suprimir /スプリミる/ 他 (㊌ suppress) 削除する，省略する ― **se** 再〔3人称で〕削除される，廃止される

supuesto(a) /スプエスト(タ)/ 形 (㊌ supposed) 仮定の，偽の ― 男 推測，仮説，前提 ¶ ¡Por supuesto! もちろんですとも！

sur /スる/ 男 south，〔気象〕南風 ― 形 南の

suramericano(a) /スらメりカノ(ナ)/ 形 ⇒ suda-mericano

surgir /スるヒる/ 自 (㊌ spring up) 登場する，現れる，わき出る，そびえる，〔海〕投錨する

surtido(a) /スるティド(ダ)/ 形 (㊌ assorted) いろいろな種類から成る，〔estar ～〕供給された ― 男 取り合わせ，〔商〕在庫，品ぞろえ

surtir /スるティる/ 他 (㊌ stock) 〔…を [de]〕供給する

suscitar /ススしタる/ 他 (㊌ provoke) 引き起こす，挑発する

suscribir /ススクりビる/ 他 (㊌ subscribe) 記名承諾する，支持する ― **se** 再 購読契約をする，署名する

suscripción /ススクりプしオン/ 囡 (㊌ subscription) (予約) 申し込み，署名

suspender /ススペンデる/ 他 (㊌ suspend) つるす，(事業・活動を) 一時停止する，落第させる，停職させる ― **se** 再 中止になる

suspenso(a) /ススペンソ(サ)/ 形 (㊌ suspended) つるさがった，驚いた ― 男 不可，落第

suspirar /ススピらる/ 自 (㊌ sigh) ため息をつく，あこがれる

suspiro /ススピろ/ 男 (㊌ sigh) ため息

sustancia /ススタンしア/ 囡 (㊌ substance) 物質，本質，養分

sustentar /スステンタる/ 他 (㊌ support) 支える，持続させる，養う，支持する ― **se** 再 (…を [de, con]) 食べて生きている，(…を [de, con]) 支えとする

sustituir /ススティトゥイる/ 他 (㊌ substitute) (…と [por]) 代える ― 自 (…の [a]) 代わりになる

sustitutivo(a) /ススティトゥティボ(バ)/ 形 (㊌ substitutive) 代用となる ― 男, 囡 (…の [de]) 代理人 ― 男 代用物

sustituto(a) /ススティトゥト(タ)/ 男, 囡 (㊌ substitute) 代理人

susto /スス ト/ 男 (㊌ fright)(突然の) 恐怖，恐ろしいもの

sutil /スティる/ 形 (㊌ subtle) 繊細な，鋭い

suyo(a) /スジョ(ジャ)/ 形 (㊌ his, hers, yours) 彼 (女) (ら) の，あなた (がた) の〔定冠詞をつけて〕彼 (女) (ら) のもの，あなた (がた) のもの

T, t

tabaco /タバコ/ 男 (㊌ tobacco) 〔植〕タバコ (の木・葉)

taberna /タベるナ/ 囡 (㊌ tavern, pub) 居酒屋

tabla /タブラ/ 囡 (㊌ board) 板，表

tacaño(a) /タカニョ(ニャ)/ 形 (英 stingy) けちの，ずるい ― 男,女 けちな人

tacha /タチャ/ 女 (英 flaw) きず，鋲 (びょう)

tachar /タチャる/ 他 (英 cross out) (書いたものを) (線を引いて) 消す，〔比喩〕(…で [de]) 非難する，(証言を) 打ち消す

taco /タコ/ 男 (英 plug, wedge) 栓，〔しばしば~s〕汚い言葉，〔ラ米〕〔料〕タコス

tacón /タコン/ 男 (英 heel) (靴の) かかと

tacto /タクト/ 男 (英 tact) 触覚，触れること，〔比喩〕器用さ，〔医〕触診

tailandés(a) /タイランデス(サ)/ 形 (英 Thai) タイ (人・語) の ― 男,女 タイ人 ― 男 タイ語

Tailandia /タイランディア/ 固 (英 Thailand) タイ〔地名〕タイ

tal /タル/ 形 (英 such) そのような，それほどの，〔固有名詞の前について〕…とかいう人，これこれの ― 代 そのような [人・こと] ¶ con tal de que … (接続法) …という条件で，…の場合に，…なら **tal vez** おそらく，たぶん **tal y cual** いろいろ，あれやこれや

talento /タレント/ 男 (英 talent) 才能

talla /タジャ/ 女 (英 carving, size) 彫刻，サイズ，身長

talle /タジェ/ 男 (英 physique) 体格，腰

taller /タジェる/ 男 (英 workshop) スタジオ，アトリエ，〔とくに〕(手工業の工場，〔車〕自動車修理工場

tallo /タジョ/ 男 (英 stem) 〔植〕茎，〔植〕新芽

tamaño /タマニョ/ 男 (英 size) 大きさ ― **ña** 形 それほどの (大きさの)，非常に大きい [小さい]

también /タンビエン/ 副 (英 also, too) …もまた，さらに

tambor /タンボる/ 男 (英 drum, tambour) 〔楽〕太鼓

tampoco /タンポコ/ 副 (英 nor, neither) 〔否定の後で〕…もまた… (し) ない，〔否定の後で〕さらに…しない

tan /タン/ 副 (英 so) そんなに… **tan… como ~** ~と同じほど…**tan** (形容詞・副詞) **que ~** あまりに…なので~

tanda /タンダ/ 女 (英 turn) 順番，組，一続き，(打撃を) 浴びせること，一勝負

tango /タンゴ/ 男 (英 tango) 〔楽〕タンゴ

tantear /タンテアる/ 他 (英 size up) 試す，〔比喩〕見積る，〔比喩〕探りを入れる，調べる

tanteo /タンテオ/ 男 (英 rough estimate) 概算，〔スポーツ〕得点，探り，試み

tanto(a) /タント(タ)/ 形 (英 so much, so many) それほど (多く) の，ある程度の ― 副 そんなに，〔un ~〕少し，〔スポーツ〕〔遊〕得点 ¶ **a las tantas** とても遅くに **entre tanto** その間に **en tanto que** (直説法) …している間に；一方で… **en tanto** …(接続法) …する限りは **en tanto cuanto** …の間，…の限り **hasta tanto (que)** …(接続法) …するまで **ni tanto así de** …《否定語》〔口語〕これっぽっちも (~ない) **ni tanto ni tan poco** ほどほどに **por (lo) tanto** よって，それ故に，そのため **tanto … cuanto ~** ~ほどそれだけ… **¡Tanto tiempo!** 久しぶりですねえ！**tanto … que** …あまりに…なので~ **tanto … tanto ~** …するとそれだけ~

tañer /タニェる/ 他 (英 play) 〔楽〕(楽器を) ひく ― 自 指で軽くたたく，(鐘が) 鳴る

tapa /タパ/ 女 (英 lid, appetizer, cover) ふた，〔しばしば~s〕〔料〕酒のつまみ，(本の) 表紙

tapar /タパる/ 他 (英 cover) 覆う，着せる，(穴などを) ふさぐ ― **se** 再 〔比喩〕隠す，身をくるむ，(目・耳を) ふさぐ

tapia /タピア/ 女 (英 wall) 〔建〕塀 (へい)

taquilla /タキジャ/ 女 (英 ticket office) 切符売り場〔窓口〕，書類棚，分類〔整理〕棚，(芝居などの) 興行の収入〔利益〕

tardanza /タるダンさ/ 女 (英 delay, slowness) 遅れ，のろさ

tardar /タるダる/ 自 (英 delay, take) 時間がかかる，遅くなる ― **se** 再 時間がかかる ¶ **a más tardar** 遅くとも

tarde／タるデ／女（ᴇ afternoon）午後, 夕方 ━ 副 遅く, 遅すぎて

tardío(a)／タるディオ(ア)／形（ᴇ late, belated）遅い, 遅咲きの, ゆっくりした

tarea／タれア／女（ᴇ task, job）仕事, 宿題

tarifa／タりファ／女（ᴇ fare）料金（表）, 税［額］

tarjeta／タるヘタ／女（ᴇ card）名刺, カード, 証明書, はがき

tarta／タるタ／女（ᴇ cake, tart）〔料〕ケーキ

tasa／タサ／女（ᴇ valuation）見積もり, 相場, 料金, 公定価格, 割合

tasar／タサる／他（ᴇ value）見積もる,〔比喩〕制限する,〔経〕公定価格をつける

taxi／タクシ／男（ᴇ taxi）タクシー

taxista／タクシスタ／男女（ᴇ taxi driver）タクシー運転手

taza／タサ／女（ᴇ cup）茶わん, カップ,（噴水の）水盤, 便器

te／テ／代（ᴇ you）君を［に］, あなたを［に］

té／テ／男（ᴇ tea）茶

teatral／テアトらル／形（ᴇ drama, theatrical）演劇の,〔比喩〕劇的な, 大げさな

teatro／テアトろ／男（ᴇ theater）〔演〕演劇,〔演〕劇場,〔文学〕〔演〕演劇作品, 舞台

techo／テチョ／男（ᴇ ceiling）〔建〕天井,〔建〕屋根,〔比喩〕家,〔比喩〕頂点

técnica／テクニカ／女（ᴇ technique）手法, 技術, 方法

técnico(a)／テクニコ(カ)／形（ᴇ technical）技術の, 専門の ━ 男, 女 技術者

tecnología／テクノロヒア／女（ᴇ technology）科学技術, 術語

Tegucigalpa／テグしガルパ／固（ᴇ Tegucigalpa）〔地名〕テグシガルパ

teja／テハ／女（ᴇ tile）（屋根の）瓦（かわら）

tejado／テハド／男（ᴇ roof）〔建〕屋根

tejer／テヘる／他（ᴇ weave）織る, 編む,〔比喩〕用意する, たくらむ

tejido／テヒド／男（ᴇ weave）織り目, 編み方, 織物,〔植〕〔解〕組織, 連続

tela／テラ／女（ᴇ cloth）布, 表面の薄膜,（仕事の）難しこ〔比喩〕話題, クモの巣,〔解〕膜, 目のくもり,〔絵〕カンバス

telefonear／テレフォネアる／自（ᴇ telephone）電話をかける ━ 他 電話で知らせる

telefónico(a)／テレフォニコ(カ)／形（ᴇ telephonic）電話の

teléfono／テレフォノ／男（ᴇ telephone）電話

telégrafo／テレグらフォ／男（ᴇ telegraph）電信（機）

telegrama／テレグらマ／男（ᴇ telegram）電報

telescopio／テレスコピオ／男（ᴇ telescope）望遠鏡

televidente／テレビデンテ／男女（ᴇ televiewer）テレビ視聴者

televisar／テレビサる／他（ᴇ televise）テレビで放送する

televisión／テレビシオン／女（ᴇ television）テレビ（受像機）, テレビ放送（局）

televisor／テレビソる／男（ᴇ television set）テレビ（受像機）

telón／テロン／男（ᴇ curtain）〔演〕（舞台の）幕

tema／テマ／男（ᴇ theme）主題,（試験の）問題

temblar／テンブらる／自（ᴇ tremble）震える, 揺れる,〔比喩〕恐れる

temblor／テンブろる／男（ᴇ earthquake）地震, 震動, 体の震え, おそれ

temer／テメる／他（ᴇ fear）恐れる,（…であることが［que 直説法］）心配である,（…でないかと［que 接続法］［不定詞］）思う ━ 自 怖がる

temor／テモる／男（ᴇ fear）恐れ, 疑い

temperamento／テンペらメント／男（ᴇ temperament）気質, 気性の激しさ

temperatura／テンペらトゥら／女（ᴇ temperature）〔気象〕気温,〔一般に〕温度,〔医〕高熱

tempestad／テンペスタド／女（ᴇ storm）〔気象〕嵐

tempestuoso(a)／テンペストゥオソ(サ)／形（ᴇ stormy）〔気

templo/テンプロ/男（㊥ temple）〔宗〕〔建〕寺,〔比喩〕〔一般に〕殿堂

temporada/テンポらダ/女（㊥ season）時, 期間, シーズン

temporal/テンポらル/形（㊥ temporal）一時的な, 世俗の,〔文法〕時制の ━男〔気象〕悪天候

temprano/テンプらノ/副（㊥ early）早く ━**na**形 早い,〔農〕早生（わせ）の

tenacidad/テナシダド/女（㊥ tenacity）粘り強さ, 頑強なこと

tenaz/テナす/形（㊥ tenacious）固執する, 頑強な, しつこい

tendencia/テンデンシア/女（㊥ tendency）傾向, 性向

tendencioso(a)/テンデンシオソ(サ)/形（㊥ tendentious）傾向［癖］のある, 底意のある

tender/テンデる/他（㊥ spread）広げる,（洗濯物を）干す,（ひも・綱・橋などを）かける, 差し出す, 寝かせる ━自（…［a 不定詞］）しがちである, 傾向がある, 倒れる ━**se**再 体を伸ばす

tendero(a)/テンデろ(ら)/男,女（㊥ shopkeeper）店の主人, テント職人

tenedor/テネドる/男（㊥ fork）フォーク

tener/テネる/他（㊥ have）（→主な動詞の活用 p.1048）持つ,（意見・感情を）抱く,（時を）過ごす,（会議を）行う,（客を）迎える,（…の［de 形容詞変化形］）ところがある,（子を）産む, 耐える, 側につく, つかむ（…［que 不定詞］）しなければならない,（…［過去分詞］）してある, 似たところがある ━**se**再（ある状態に［形容詞・副詞］）とまる, 倒れないようにする, 気取る, 執着する ¶ Tienes que estudiar mucho. 君はたくさん勉強しなければいけない no tener más que ...（不定詞）…しさえすればよい

tenis/テニス/男（㊥ tennis）〔スポーツ〕テニス

tenista/テニスタ/男女（㊥ tennis player）テニスプレイヤー

tensión/テンシオン/女（㊥ tension）緊張(状態), 伸張,〔医〕血圧,〔物〕圧力

tenso(a)/テンソ(サ)/形（㊥ tense）ぴんと張った, 緊張した

tentación/テンタシオン/女（㊥ temptation）誘惑

tentar/テンタる/他（㊥ tempt）そそのかす, 試みる, さわって確かめる, 探る

teñir/テニる/他（㊥ dye）染める, ━**se**再 染まる,（自分の髪を）染める

teología/テオロヒア/女（㊥ theology）神学

teoría/テオりア/女（㊥ theory）理論, 推測 ¶ en teoría 理論的には…

tercero(a)/テるセろ(ら)/形（㊥ third）第3の, 3分の1の, 仲介の ━男,女 3分の1, 第三者, 男女の仲を取り持つ人, 徴税人

tercio(a)/テるシオ(ア)/形（㊥ third）第3の ━男 3分の1

terco(a)/テるコ(カ)/形（㊥ stubborn）頑固な,〔比喩〕固い ━男,女 頑固な人

terminación/テるミナシオン/女（㊥ termination）終了, 端,〔文法〕語尾

terminal/テるミナル/形（㊥ terminal）終わりの ━男〔電〕電極 ━女（鉄道・バスなどの）終点,〔コンピューター〕端末装置

terminar/テるミナる/他（㊥ finish）終わる, 最後［先］が…［形容詞］になる, 終える, 結局（…［por 不定詞］）…になる,（…を［de 不定詞］）終える,〔否定文で〕どうしても（…［de 不定詞］）できない ━**se**再 終わる

término/テるミノ/男（㊥ end, finish）終わり, 目標, 期限, 言葉,〔~s〕条件

termómetro/テるモメトろ/男（㊥ thermometer）温度計

ternero/テるネろ/男（㊥ calf）〔動〕（雄の）子牛

ternura/テるヌら/女（㊥ tenderness）やさしさ, 甘い言葉

terraza/テらさ/女（㊥ terrace）〔建〕ベランダ,（カ

フェーの) テラス, 〔農〕段々畑, 〔地理〕段丘

terremoto/テれモト/ 男 (英 earthquake) 大地震

terreno/テれノ/ 男 (英 ground, land) 土地, 〔比喩〕分野, 〔比喩〕場面, 〔スポーツ〕グランド, 〔地〕層〔群〕

terrestre/テれストれ/ 形 (英 terrestrial) 陸上の, 地球の

terrible/テリブレ/ 形 (英 terrible) 恐ろしい, ひどい

territorial/テリトリアル/ 形 (英 territorial) 領土の, 土地の

territorio/テリトリオ/ 男 (英 territory) 領土, 受け持ち区域, 直轄地, 〔動〕縄張り

terror/テろる/ 男 (英 terror) 恐怖, 〔政〕恐怖政治

terrorismo/テろリスモ/ 男 (英 terrorism) テロ行為, 〔政〕恐怖政治

terrorista/テろリスタ/ 形 (英 terroristic) テロ(リスト)の, 〔政〕恐怖政治の ― 男女 テロリスト, 〔政〕恐怖政治家

tertulia/テるトゥリア/ 女 (英 get-together) 集い

tesis/テシス/ 女 (英 thesis) 論文, 意見, 〔哲〕〔論〕命題

tesoro/テソろ/ 男 (英 treasure) 宝, 〔比喩〕大切なもの〔人〕, 宝典, 国庫

testamento/テスタメント/ 男 (英 will) 遺言, 〔T~〕〔宗〕聖書

testigo/テスティゴ/ 男女 (英 witness) 〔法〕証人, 目撃者, 立会人 ― 男 証拠, 〔スポーツ〕バトン, 〔~s〕境界石

testimonio/テスティモニオ/ 男 (英 testimony) 証拠, 証言, 証明〔書〕, 〔一般に〕証し

textil/テクスティル/ 形 (英 textile) 織物の ― 男 織物

texto/テクスト/ 男 (英 text) 本文, 原文, 本, 教科書, 引用(文)

ti/ティ/ 代 (英 you) (前置詞の後で) 君

tía/ティア/ 女 (英 aunt) 叔母, 大叔母〔伯母〕, 〔敬愛的に〕(婦人に対して) おばさん, 〔口語〕女

tibio(a)/ティビオ(ア)/ 形 (英 lukewarm) 生暖かい, ぬるい, 〔比喩〕気乗りのしない

tiempo/ティエンポ/ 男 (英 time) 時, ひま, 期間, 〔しばしば~s〕時代, 季節, 時機, 天気, 〔文法〕時制, 〔スポーツ〕ハーフタイム ¶a tiempo 時間通りに, 間に合って a un [al] tiempo 同時に al mismo tiempo 同時に con tiempo 前もって, あらかじめ, ゆっくりと llevar tiempo 時間がかかる matar el tiempo 暇をつぶす

tienda/ティエンダ/ 女 (英 store, shop) 店, 〔とくに〕食料品店, テント

tierno(a)/ティエるノ(ナ)/ 形 (英 tender) 柔らかい, 〔比喩〕優しい, 〔比喩〕新鮮な, 〔比喩〕若い

tierra/ティえら/ 女 (英 land, ground) 大地, 陸, 土地, 土, 地面, 生地, 地方, 〔la T~〕地球, 〔電〕アース

tifón/ティフォン/ 男 (英 typhoon) 台風

tigre/ティグれ/ 男 (英 tiger) 〔動〕トラ (虎)

tijera/ティへら/ 女 (英 scissors) 〔~s〕はさみ, 〔比喩〕はさみ状のもの

timbre/ティンブれ/ 男 (英 bell, stamp) ベル(の音), 〔楽〕(楽器の)音色, 偉業, 収入印紙, シール, 〔ラ米〕切手

timidez/ティミデす/ 女 (英 timidity) 臆病

tímido(a)/ティミド(ダ)/ 形 (英 timid, shy) 臆病な

tinta/ティンタ/ 女 (英 ink) インク, 色, 染色, 〔絵〕色の混ぜ具合

tinto(a)/ティント(タ)/ 形 (英 red) (ぶどう酒が) 赤の, (…に〔de〕) 染まった ― 男 赤ぶどう酒

tintorería/ティントれりア/ 女 クリーニング店

tío/ティオ/ 男 (英 uncle) おじ, 〔~s〕おじ夫婦, 大おじ夫婦, 大おじ, あの人, 〔敬愛的に〕おじさん

típico(a)/ティピコ(カ)/ 形 (英 typical) 典型的な

tipo/ティポ/ 男 (英 type) 型, 姿, 性質, 〔商〕率, レート, 〔しばしば軽蔑的に〕人, 好きなタイプ, 〔印〕活字

tirano(a)/ティらノ(ナ)/ 男, 女 (英 tyrant) 専制君主 ― 形 専

制的な

tirar /ティらる/ 他 (㊥ throw, sling, spill) 投げる, 捨てる, 倒す, (手前に) 引く, 発射する, (突然ある動作を) する, 引きつける ― 自 引く, 曲がる, 長持ちする, 似る, 撃つ ― **se** 再 飛び込む, 横たわる, (時を) 過ごす, 耐える

tiro /ティろ/ 男 (㊥ shooting) 射撃, 投げること, 砲身, 射程

titular /ティトゥラる/ 男女 (㊥ titrate) 資格所有者, [スポーツ] レギュラー選手 ― 形 資格のある, [スポーツ] レギュラーの

título /ティトゥロ/ 男 (㊥ title) 表題, 学位, 権利, 称号, ヘッドライン

tiza /ティさ/ 女 (㊥ chalk) チョーク

toalla /トアジャ/ 女 (㊥ towel) タオル

tocador(a) /トカドる(ら)/ 男, 女 (㊥ player) [楽] 演奏者

tocar /トカる/ 他 (㊥ touch) 触れる, つつく, [楽] (楽器を) 弾く, [一般に] 鳴らす, [比喩] (簡単に) 話す ― 自 (順番などが) (…に [a]) 当たる

todavía /トダビア/ 副 (㊥ still) まだ, それでもやはり, [比較級の前で] いっそう

todo(a) /トド(ダ)/ 形 (㊥ all, whale) 全体, すべての, [強調的に] まったくの, [単数形で無冠詞] どれでも ― 代 (複数は todos) [~s] すべてのもの, [単数形で] 一切のもの ― 副 完全に ¶ ante todo まず初めに, 第一に ¶ con todo (eso) それにもかかわらず ¶ sobre todo なかでも, 特に, とりわけ

Tokio /トキオ/ 固 (㊥ Tokyo) [地名] 東京

Toledo /トレド/ 固 (㊥ Toledo) [地名] トレド

tolerancia /トレらンしア/ 女 (㊥ tolerance) 寛容

tolerar /トレらる/ 他 (㊥ tolerate) 寛大に取り扱う, 我慢する, 耐性がある

toma /トマ/ 男 (㊥ taking) 取ること ¶ toma y daca ギブ・アンド・テイク, 持ちつ持たれつ

tomar /トマる/ 他 (㊥ take) 取る, 飲む, (乗り物に) 乗る, (道を) 行く, 採る, 借りる, 理解する, 見なす, する, (授業を) 受ける, (写真を) 撮る

tomate /トマテ/ 男 (㊥ tomato) [植] トマト, (靴下の) 穴, もめごと

tomo /トモ/ 男 (㊥ volume) (本・定期刊行物の) 冊, 価値, 大きな物 [人]

tonelada /トネラダ/ 女 (㊥ ton) トン 《重量の単位》

tono /トノ/ 男 (㊥ tone) 調子, 色調, [楽] (長短の) 調, 音調

tontería /トンテりア/ 女 (㊥ foolishness) 愚かさ, つまらないこと

tonto(a) /トント(タ)/ 形 (㊥ foolish) ばかな, 涙もろい, 優しすぎる ― 男, 女 ばか者, 涙もろい人, 優しすぎる人 ― 男 道化役

topar /トぱる/ 他 (㊥ bump) ぶつかる, 見つける ― 自 (…に [con, contra]) 突き当たる, ぶつかる, 出会う

tópico /トピコ/ 男 (㊥ topic) 話題, 決まり文句, [医] 外用薬

toque /トケ/ 男 (㊥ touch) さわること, 微妙な趣き, [絵] タッチ, (鐘の) 音, [軍] (合図の) ラッパ

torbellino /トるベジノ/ 男 (㊥ whirlwind) [気象] 竜巻

torcer /トるせる/ 他 (㊥ twist) ねじる, 方向を変える, ゆがめる, 曲げる, ひねる ― 自 曲がる, それる, 悪くなる, ゆがむ

torero /トれろ/ 男 (㊥ bullfighter) 闘牛士

tormenta /トるメンタ/ 女 (㊥ storm) [気象] 嵐, [比喩] 怒り, [比喩] 逆境

tormento /トるメント/ 男 (㊥ torment) 苦痛, 苦しめること

tormentoso(a) /トるメントソ(サ)/ 形 (㊥ stormy) [気象] 嵐の, [比喩] 激しい

tornar /トるナる/ 自 (㊥ return) 戻る, また (… [a 不定詞]) する, 変える, (…に [形容詞]) する ― **se** 再 (…に [形容詞]) 変わる [なる]

tornillo /トるニジョ/ 男 (㊥ screw) ねじ, 万力

toro /トろ/ 男 (㊥ bull) 牡牛, [~s] 闘牛, [比喩] 強壮な男, [T~]

〔天〕牡牛座

torpe /トルペ/ 形 (⊛ clumsy) 頭の鈍い, ばかな, 不器用な, みだらな ━ 男女 頭の鈍い人, 不器用な人

torre /トれ/ 女 (⊛ tower)〔建〕塔,〔建〕鐘楼,(チェスの) ルーク〔城〕, 別荘

torrente /トれンテ/ 男 (⊛ torrent) 奔流,〔解〕血の循環,〔比喩〕人がつめかけること

torta /トルタ/ 女 (⊛ cake, tart) ケーキ,〔比喩〕平手打ち, 酒酔い

tortilla /トルティジャ/ 女 (⊛ omelet)〔スペイン〕〔料〕卵焼き,〔ラ米〕〔料〕トルティージャ《とうもろこし粉を薄く焼いたメキシコの伝統的な主食》

tortuga /トルトゥガ/ 女 (⊛ turtle, tortoise)〔動〕カメ(亀)

tos /トス/ 女 (⊛ cough)〔医〕咳(せき)

tosco(a) /トスコ(カ)/ 形 (⊛ rough) 荒削りの, 野卑な

toser /トセる/ 自 (⊛ cough)〔医〕咳をする,〔比喩〕かなう

tosquedad /トスケダド/ 女 (⊛ coarseness) 粗雑

tostar /トスタる/ 他 (⊛ toast)〔料〕トーストする,〔比喩〕熱する

total /トタル/ 形 (⊛ total) 全体の, 完全な ━ 男 合計, 全体

totalmente /トタルメンテ/ 副 (⊛ totally) まったく

tóxico(a) /トクシコ(カ)/ 形 (⊛ toxic) 有毒な

trabajador(a) /トらバハドる(ら)/ 男,女 (⊛ worker) 労働者

trabajar /トらバハる/ 自 (⊛ work) 働く, (…しようと [en 不定詞]) 働きかける, 努力する

trabajo /トらバホ/ 男 (⊛ work) 仕事, 職, 宿題, 研究, 作品, 著作, 苦労, 細工

trabar /トらバる/ 他 (⊛ impede, strike up) 妨げる, 動かなくさせる, (関係を) 結ぶ ━ **se** 再 舌がまわらない, からむ, 動かなくなる

tradición /トらディシオン/ 女 (⊛ tradition) 伝統, 伝説,〔~s〕習慣,〔法〕引渡し

traducción /トらドゥクシオン/ 女 (⊛ translation) 翻訳, 翻訳書, 通訳

traducir /トらドゥしる/ 他 (⊛ translate) 訳す, 通訳する,〔比喩〕表現する, 変える ━ **se** 再 翻訳される

traductor(a) /トらドゥクトる(ら)/ 男,女 (⊛ translator) 翻訳者, 通訳 ━ 形 翻訳する

traer /トらエる/ 他 (⊛ bring) 持ってくる ‖ traer(se) entre manos (よくないことを) たくらむ traérselas ひどい, やっかいだ, 厳しい

tráfico /トらフィコ/ 男 (⊛ traffic) 交通,〔商〕取り引き

tragar(se) /トらガる/ 他 (再) (⊛ swallow) 飲み込む, (がつがつと) 食べる,〔比喩〕我慢する,〔比喩〕信じる,〔比喩〕尽くす

tragedia /トらヘディア/ 女 (⊛ tragedy)〔演〕〔文学〕悲劇,〔比喩〕悲劇的事件

trágico(a) /トらヒコ(カ)/ 形 (⊛ tragic) 悲劇の,〔比喩〕痛ましい

trago /トらゴ/ 男 (⊛ drink) 一口,〔比喩〕不幸, 酒

traición /トらイシオン/ 女 (⊛ treachery) 裏切り,〔法〕反逆罪

traicionar /トらイシオナる/ 他 (⊛ betray) 裏切る

traidor(a) /トらイドる(ら)/ 男,女 (⊛ traitor) 裏切り者 ━ 形 裏切りの, 不実な, 手におえない

traje /トらへ/ 男 (⊛ suit, dress)〔衣〕服,〔衣〕スーツ

trama /トらマ/ 女 (⊛ plot)(劇・小説などの) 筋

trámite /トらミテ/ 男 (⊛ step) 手続き, 移動

trampa /トらンパ/ 女 (⊛ trap) わな, (賭博の) いんちき,〔比喩〕ペテン

trance /トらンセ/ 男 (⊛ moment) 瞬間, 時期

tranquilamente /トらンキラメンテ/ 副 (⊛ quietly) 穏やかに, 静かに

tranquilidad /トらンキリダド/ 女 (⊛ calmness) 静けさ, 穏やかなこと

tranquilizar /トらンキリさる/ 他 (⊛ tranquilize) 心〔感情〕

を静める — **se** [再] 心が静まる，おさまる
tranquilo(a)/トらンキロ(ラ)/ [形] ([英] tranquil, calm) 静かな，心配のない
transbordar/トらンスボるダる/ [他] ([英] transfer) 積み換える — [再] 乗り換える
transcribir/トらンスクりビる/ [他] ([英] transcribe) 表記する，書き換える，〔楽〕編曲する
transcripción/トらンスクりプしオン/ [女] ([英] transcription) 表記，〔楽〕編曲
transeúnte/トらンセウンテ/ [形] ([英] passer-by) 通過する，短期滞在の — [男女] 通行人，通過客
transformación/トらンスフォるマしオン/ [女] ([英] transformation) 変化，変形，加工，〔生〕変態，〔物〕変換
transformar/トらンスフォるマる/ [他] ([英] transform) (…に [en]) 変える，加工する — **se** [再] (…に [en]) 変わる
transición/トらンシしオン/ [女] ([英] transition) 過渡期，移行
tránsito/トらンシト/ [男] ([英] transit) 通過，滞在，変化
transparencia/トらンスパれンしア/ [女] ([英] transparency) 透明(性)，〔写〕スライド
transparente/トらンスパれンテ/ [形] ([英] transparent) 透明な，〔比喩〕見え透いた，カーテン
transportar/トらンスポるタる/ [他] ([英] transport) 運ぶ，〔楽〕調子を変える — **se** [再] 我を忘れる
transporte/トらンスポるテ/ [男] ([英] transport) 輸送，交通機関，〔比喩〕忘我，〔楽〕移調
tranvía/トらンビア/ [男] ([英] tramway) 路面電車
trapo/トらポ/ [男] ([英] dish cloth) 布巾(ふきん)，〔~s〕(特に女性の) 着物，布切れ，〔海〕(船の) 帆，〔演〕(劇場の) 幕
tras/トらス/ [前] ([英] behind) …の後ろで[に]，…の後で，〔名詞(句)をつなげて〕次々に，…の上に，…の向こうに ¶ tras la puerta ドアの後ろに
trascendencia/トらスせンデンしア/ [女] ([英] importance) 重要性，卓越
trascendental/トらスせンデンタル/ [形] ([英] extremely important) 非常に重要な，〔哲〕超越的な
trasero(a)/トらセろ(ら)/ [形] ([英] back, rear) 後ろの — [男] 尻
trasladar/トらスラダる/ [他] ([英] move, carry) 移動する，配置［仕事・担当］を変える，期日を変更する，翻訳する，複写する — **se** [再] 移動する
traslado/トらスラド/ [男] ([英] transfer) 移動，配置転換
trasnochar/トらスノチャる/ [自] ([英] spend the night) 徹夜をする，宿泊する，夜更しをする
traspasar/トらスパサる/ [他] ([英] transfix) 突き通す，移す，横断する，(権利・財産を) 譲渡する
trasplantar/トらスプランタる/ [他] ([英] transplant) 移植する，〔比喩〕導入する
trasplante/トらスプランテ/ [男] ([英] transplanting) 移植
trasto/トらスト/ [男] ([英] piece of furniture) 道具，家具，がらくた
trastornar/トらストるナる/ [他] ([英] upset) ひっくり返す，〔比喩〕気を転倒させる，〔口語〕〔比喩〕熱中させる — **se** [再] 錯乱する
trastorno/トらストるノ/ [男] ([英] upheaval) 混乱，〔医〕病気，迷惑
tratado/トらタド/ [男] ([英] treaty) 条約，(学術) 論文
tratamiento/トらタミエント/ [男] ([英] treatment) 扱い，敬称，呼称
tratar/トらタる/ [他] ([英] treat) 扱う，待遇する，治療する，(問題などを) 論ずる，話しかける，〔商〕(商売・業務に) 携わる，みなす，〔化〕(薬品などで) 処理する — [自] (… [de 不定詞]) しようとする，論ずる，商う，つき合いがある — **se** [再] 問題は(…で[de])ある，(…が[de]) 扱われている，交際する
trato/トらト/ [男] ([英] treatment) 扱い，協定，交際，礼儀
través/トらベス/ a través de

T

travesía /トらべシア/ 囡(㊖ voyage)航海，横道，交差道路

travesura /トらべスら/ 囡(㊖ mischief)いたずら

travieso(a) /トらビエソ(サ)/ 形(㊖ mischievous)いたずらの，機敏な

trayecto /トらジェクト/ 男(㊖ way)道，歩くこと，道のり

trazar /トらさる/ 他(㊖ trace)線を引く，計画する，製図をする，描写する，たどる

trébol /トれボル/ 男(㊖ clover)〔植〕クローバー，(トランプの)クラブ(の札)

trece /トれせ/ 数(㊖thirteen) 13 (の)

trecho /トれチョ/ 男(㊖ distance)距離，時間

tregua /トれグア/ 囡(㊖ truce)〔軍〕休戦(協定)，〔比喩〕(苦痛・困難の)休止

treinta /トれインタ/ 数(㊖ thirty)30 (の)

tremendo(a) /トれメンド(ダ)/ 形(㊖ tremendous)恐ろしい，たいへんな，〔比喩〕すばらしい

tren /トれン/ 男(㊖ train)〔鉄〕列車，設備，ぜいたくさ，足の速度，列

trenza /トれンさ/ 囡(㊖ plait) (髪の)三つ編み，組ひも

trepar /トれパる/ 自(㊖ climb)登る，〔植〕のびる

tres /トれス/ 数(㊖ three) 3 (の)

trescientos(as) /トれスしエントス(アス)/ 数(㊖ three hundred)300 (の)

triangular /トリアングラる/ 形(㊖ triangular)三角(形)の

triángulo /トリアングロ/ 男(㊖ triangle)三角形，〔楽〕トライアングル

tribu /トリブ/ 囡(㊖ tribe)部族，〔動〕〔植〕族

tribuna /トリブナ/ 囡(㊖ tribune)演壇，(特別の)観覧席，〔比喩〕〔集合的に〕雄弁家，〔比喩〕政治

tribunal /トリブナル/ 男(㊖ court, tribunal)〔法〕裁判所，面接[審査]委員(会),〔~s〕〔法〕裁判

tributo /トリブト/ 男(㊖ price)代償，租税，捧げ物

trigo /トリゴ/ 男(㊖ wheat)〔植〕コムギ (小麦)，〔比喩〕金

tripa /トリパ/ 囡(㊖ gut, intestine)腸，はら，〔比喩〕(つぼなどの)ふくらみ，葉巻の中身，果実，中身

triple /トリプレ/ 形(㊖ triple) 3倍[重]の ― 男 3倍[重]，3倍の数

tripulación /トリプラしオン/ 囡(㊖ crew)〔集合的に〕乗務員

tripulante /トリプランテ/ 男囡(㊖ crew member)乗務員

triste /トリステ/ 形(㊖ sad)悲しい，陰気な，残念な，くすんだ，〔比喩〕つまらない，ふさぎこむ，苦しい

tristemente /トリステメンテ/ 副(㊖ sadly)悲しんで

tristeza /トリステさ/ 囡(㊖ sadness)悲しみ，〔~s〕悲しい出来事

triunfar /トリウンファる/ 自(㊖ triumph)勝利を収める

triunfo /トリウンフォ/ 男(㊖ triumph)勝利

trivial /トリビアル/ 形(㊖ trivial)ささいな，ありふれた

trofeo /トろフェオ/ 男(㊖ trophy)優勝記念品，〔軍〕戦利品，〔比喩〕勝利

trompa /トろンパ/ 囡(㊖ horn)〔楽〕ホルン，〔遊〕独楽(こま)，〔動〕(ゾウ・バクなどの)鼻，〔昆〕(昆虫の)吻(ふん)，〔解〕管(かん)，酒酔い

trompeta /トろンペタ/ 囡(㊖ trumpet)トランペット，〔軍〕軍隊ラッパ，〔軍〕らっぱ吹き[手]，〔比喩〕ろくでなし

tronar /トろナる/ 自(㊖ thunder)〔気象〕雷が鳴る，〔比喩〕声を上げる，別れる，(試験で)落とす，殺す ― 他 銃殺する

tronco /トろンコ/ 男(㊖ trunk) (木の)幹

trono /トろノ/ 男(㊖ throne)君主の位，王位

tropa /トろパ/ 囡(㊖ troop)兵，兵士，兵隊〔軍〕部隊

tropezar /トろぺさる/ 自(㊖ stumble)つまずく，(障害に[en, con, contra])ぶつかる，〔比喩〕過ちをおかす，〔比喩〕意見が対立する ― se 再(たま

たま）（…と [con]) 出会う

tropical / トロピカル / 形 (㊚ tropical) 熱帯の, ひどく暑い, [比喩] はでな

tropiezo / トロピエソ / 男 (㊚ stumbling) つまずくこと, 過ち, 災難, 口論

trotar / トロタる / 自 (㊚ trot)[比喩]（馬が）速足で駆ける

trote / トロテ / 男 (㊚ trot)（馬の）速足,〔比喩〕忙しく駆けずり回ること

trozo / トロそ / 男 (㊚ piece, fragment) 部分,（引用などの）一節,〔軍〕部隊

trucha / トるチャ / 女 (㊚ trout)〔魚〕マス（鱒）

truco / トるコ / 男 (㊚ trick) いんちき,〔映〕トリック（撮影）

trueno / トるエノ / 男 (㊚ thunder)〔気象〕雷, 轟音（ごうおん）,〔比喩〕あばれん坊

tu / トゥ / 形 (㊚ your)〔名詞の前で〕君の, あなたの

tú / トゥ / 代 (㊚ you) 君, あなた

tubo / トゥボ / 男 (㊚ pipe, tube) 管, チューブ,〔解〕管

tuerto(a) / トゥエるト（タ）/ 形 (㊚ one-eyed) 片目の, ねじれた ━ 男, 女 片目の人 ━ 男 不正

tulipán / トゥリパン / 男 (㊚ tulip)〔植〕チューリップ

tumba / トゥンバ / 女 (㊚ tomb, grave) 墓

tumbado(a) / トゥンバド（ダ）/ 形 (㊚ lie down) 倒れた

tumbar / トゥンバる / 他 (㊚ knockdown) 倒す ━ **se** 再 横になる,〔比喩〕仕事を怠ける

túnel / トゥネル / 男 (㊚ tunnel) トンネル, 地下道,〔空〕風洞

turbar / トゥるバる / 他 (㊚ stir up) 混乱させる,〔比喩〕困らせる,〔比喩〕驚かせる ━ **se** 再 乱れる

turbio(a) / トゥるビオ（ア）/ 形 (㊚ turbid, cloudy) 濁った, 混乱した, かすんだ, あやしげな

turco(a) / トゥるコ（カ）/ 形 (㊚ Turkish) トルコ（人・語）の ━ 男, 女 トルコ人 ━ 男 トルコ語

turismo / トゥリスモ / 男 (㊚ tourism) 観光（旅行）

turista / トゥリスタ / 男女 (㊚ tourist) 観光客

turístico(a) / トゥリスティコ（カ）/ 形 (㊚ tourist) 観光の

turno / トゥるノ / 男 (㊚ turn) 番, 交替（制）

Turquía / トゥるキア / 固 (㊚ Turkey)〔地名〕トルコ

tutor(a) / トゥトら / 男, 女 (㊚ guardian)〔法〕後見人,〔比喩〕〔一般に〕保護者,（大学の）個別指導教官, チューター ━ 男 支柱

tuyo(a) / トゥジョ（ジャ）/ 形 (㊚ yours)〔名詞の後で〕君の, 君〔あなた・おまえ〕のもの,〔定冠詞をつけて〕君〔おまえ〕のもの,[los 〜s] 君〔あなた・おまえ〕の家族,[lo 〜] 君〔あなた・おまえ〕の得意なもの

U, u

u / ウ / 接 o の別形《o, ho で始まる語の前で使う》⇒ o

Ud. / ウステド / 代 ⇒ Usted.

Uds. / ウステデス / 代 ⇒ Ustedes.

ufanarse / ウファナるセ / 自 (㊚ boast)（…を [de, con]）自慢する

ulterior / ウルテリオる / 形 (㊚ later)（時間的に）後の, 向こうの

últimamente / ウルティマメンテ / 副 (㊚ lately, finally) 最近, 最後に

último(a) / ウルティモ（マ）/ 形 (㊚ last, final) 最後の, 最新の, 一番奥の, 決定的な, ぎりぎりの, いちばん上の

un(a) / ウン（ナ）/ 冠 (㊚ a, an) ある…, 1つの, どの…も, 同じ…, …というもの ¶ un lugar ある場所, un libro 1冊の本

unánime / ウナニメ / 形 (㊚ unanimous) 意見が一致している

únicamente / ウニカメンテ / 副 (㊚ only) ただ…だけ

único(a) / ウニコ（カ）/ 形 (㊚ only, sole) 唯一の, 独得の

unidad / ウニダド / 女 (㊚ unit) 一つ, 単位, 一致, まとまり, 統一,（工場・病院などの）部門,〔機〕ユニット

unido(a) / ウニド(ダ) / 形 (⊕ united, close) 団結した, つながった, 連合した

unificar / ウニフィカる / 他 (⊕ unify) 統一する

uniforme / ウニフォるメ / 形 (⊕ uniform) 同形の ― 男 制服

unión / ウニオン / 女 (⊕ union) 結合, 団結, 組合, 結婚

unir / ウニる / 他 (⊕ unite, join) 一つ[一体]にする, (人を)結び付ける, 合わせ持つ, 混ぜる, 結婚させる ― **se** 再 団結する, 従う

unitario(a) / ウニタリオ(ア) / 形 (⊕ unitarian)[政]中央集権制(支持)の, 統一の

universal / ウニベるサル / 形 (⊕ universal) 普遍的な, 宇宙の, 世界の

universidad / ウニベるシダド / 女 (⊕ university) 大学

universitario(a) / ウニベるシタリオ(ア) / 形 (⊕ university) 大学の ― 男, 女 大学生

universo / ウニベるソ / 男 (⊕ universe) 宇宙,〔数〕(統計の)母集団, 世界, 分野

uno(a) / ウノ(ナ) / 数 (⊕ one) 1, 1つの ― 代 (⊕ one) ある人, ある物, 自分

unos(as) / ウノス(ナス) / 代 (⊕ some) 形 (複数形) いくつかの

untar / ウンタる / 他 (⊕ spread) (バター・油・軟膏などを[de])塗る ― **se** 再 (自分に油などを)塗る

uña / ウニャ / 女 (⊕ nail)[解]つめ

urbano(a) / ウるバノ(ナ) / 形 (⊕ urban) 都市の,〔比喩〕上品な

urgencia / ウるヘンシア / 女 (⊕ urgency) 切迫

urgente / ウるヘンテ / 形 (⊕ urgent) 差し迫った, 速達の

urgentemente / ウるヘンテメンテ / 副 (⊕ urgently) 差し迫って

urgir / ウるヒる / 自 (⊕ be urgent) 差し迫っている, (…が[que 接続法])至急必要である ― 他 しきりに促す,(法的に)義務づける

Uruguay / ウるグアイ / 固 (⊕ Uruguay)〔地名〕ウルグアイ

uruguayo(a) / うるグアジョ(ジャ) / 形 (⊕ Uruguayan) ウルグアイ(人)の ― 男, 女 ウルグアイ人

usar / ウサる / 他 (⊕ use) 使う, 用いる, (服などを) 着る ― 自 手段として用いる, (権利などを[de]) 行使する ― **se** 再 使われる

uso / ウソ / 男 (⊕ use) 使用, 用途, 慣習, (人の) 習慣

usted / ウステド / 代 (⊕ you) あなた

ustedes / ウステデス / 代 (⊕ you) あなたがた

usual / ウスアル / 形 (⊕ usual) 常の

usuario(a) / ウスアりオ(ア) / 男, 女 (⊕ user) 利用者

utensilio / ウテンシリオ / 男 (⊕ utensil) 用具

útil / ウティル / 形 (⊕ useful) 役に立つ ― 男〔おもに~ es〕道具

utilidad / ウティリダド / 女 (⊕ usefulness) 役に立つこと,〔商〕利益

utilizar / ウティリさる / 他 (⊕ use) 使う ― **se** 再 利用する

utopía / ウトピア / 女 (⊕ utopia) 理想郷, ユートピア

uva / ウバ / 女 (⊕ grape)〔植〕ブドウ(葡萄)

V, v

vaca / バカ / 女 (⊕ cow)〔動〕雌牛,〔料〕牛肉

vacación / バカシオン / 女 (⊕ vacation)〔おもに~ es〕(長い)休暇

vacante / バカンテ / 形 (⊕ vacant) 空の, 空席の ― 女 欠員

vaciar / バシアる / 他 (⊕ empty) 空にする

vacilar / バシらる / 自 (⊕ vacillate) 揺らぐ,〔比喩〕ためらう

vacío(a) / バシオ(ア) / 形 (⊕ empty) 空(から)の, 人気(ひとけ)のない, 人の住んでいない,〔比喩〕中身[内容]のない ― 男 真空

vagabundo(a) / バガブンド(ダ) / 男, 女 (⊕ wanderer) 放

浪者 ━形 放浪［流浪］する, 放浪者のような

vagar／バガる／自（㊚wander）さまよう, のらくらしている, ぐらぐらする

vago(a)／バゴ（ガ）／形（㊚vague）不明確な, はっきりしない, ぼんやりとした, 放浪する ━男,女 浮浪者

vagón／バゴン／男（㊚carriage）〔鉄〕車両,〔鉄〕貨車

vaivén／バイベン／男（㊚swinging）往き来, 変動

Valencia／バレンシア／固（㊚Valencia）〔地名〕バレンシア

valenciano(a)／バレンシアノ(ナ)／形（㊚Valencian）バレンシア（人・方言）の ━男,女 バレンシアの人 ━男〔言〕バレンシア方言

valer／バレる／自（㊚be suitable）価値がある, 有効である,（…したほうが［不定詞]）よい, 適している ━他 額［数]になる, 価値がある, ━se再（…を[de]）使う, 頼る

valeroso(a)／バレロソ(サ)／形（㊚valuable）価値のある, 勇敢な

validez／バリデす／女（㊚validity）効力

válido(a)／バリド(ダ)／形（㊚valid）有効な, 強壮な

valiente／バリエンテ／形（㊚valiant）勇敢な ━男,女 勇敢な人

valioso(a)／バリオソ(サ)／形（㊚valuable）貴重な

valle／バジェ／男（㊚valley）〔地理〕谷,〔地理〕（大河の）流域, 谷間

valor／バロる／男（㊚value）価値, 勇気, 有効性,〔商〕価格

valorar／バロらる／他（㊚appreciate）評価する ━se再〔商〕評価される

vanguardia／バングアるディア／女（㊚vanguard）〔軍〕前衛,〔集合的に〕（社会・政治運動などの）先導者,〔美〕〔文学〕アバンギャルド

vanidad／バニダド／女（㊚vanity）虚栄心, 空虚

vanidoso(a)／バニドソ(サ)／形（㊚vain）うぬぼれ［虚栄心］の強い ━男,女 うぬぼれの強い人

vano(a)／バノ(ナ)／形（㊚vain）空虚な, 無益な, うぬぼれの強い ━男〔建〕梁間

vapor／バポる／男（㊚vapor）蒸気, 蒸汽船,〔~s〕ヒステリー

vaquero／バケろ／男（㊚cowboy）カウボーイ,〔衣〕ジーンズ

variable／バリアブレ／形（㊚variable）変わりやすい ━女〔数〕〔物〕変数

variación／バリアしオン／女（㊚variation）変化,〔楽〕変奏曲,〔生〕変異

variante／バリアンテ／形（㊚variant）変体, 差

variar／バリアる／自（㊚vary）変わる, 異なる ━他 変える, 変化をつける

variedad／バリエダド／女（㊚variety）多様性, 種類, 取り合わせ,〔~es〕〔演〕〔放送〕バラエティーショー,〔生〕異種

vario(a)／バリオ(ア)／形（㊚several）いくつかの, さまざまの, 変わりやすい

varón／バろン／男（㊚man）男, 男性

Varsovia／バるソビア／固（㊚Warsaw）〔地名〕ワルシャワ

vasco(a)／バスコ(カ)／形（㊚Basque）バスク（人・語）の ━男,女 バスク人 ━男〔言〕バスク語

vascuence／バスクエンせ／形（㊚Basque）バスク語の ━男〔言〕バスク語

vasija／バシハ／女（㊚pot）つぼ, 容器

vaso／バソ／男（㊚glass）コップ, 花瓶,〔解〕導管

vasto(a)／バスト(タ)／形（㊚vast）広大な, 非常に大きい

vaya／バジャ／間（㊚oh!）あれ！

Vd.／ウステド／代 ⇒ usted

Vds.／ウステデス／代 ⇒ ustedes

vecindad／ベシンダド／女（㊚neighborhood）近所,〔集合的に〕近所の人たち,〔一般に〕住民, 接近

vecindario／ベシンダりオ／男（㊚neighbor, population）〔集合的に〕近所の人, 人口

vecino(a)／ベシノ(ナ)／形（㊚neighboring）近所の,〔比喩〕似た,〔一般に〕住民

vega/ベガ/囡(⊛ fertile plain)沃野(よくや)

vegetación/ベヘタシオン/囡(⊛ vegetation)植物, 植物の発育[生長]

vegetal/ベヘタル/形(⊛ vegetal)植物の ― 男 植物

vehemente/ベエメンテ/形(⊛ vehement)激烈な, 猛烈な, 熱心な

vehículo/ベイクロ/男(⊛ vehicle)乗り物, 〔比喩〕媒介物

veinte/ベインテ/数(⊛ twenty)20(の)

veinticinco/ベインティシンコ/数(⊛ twenty-five)25(の)

veinticuatro/ベインティクアトロ/数(⊛ twenty-four)24(の)

veintidós/ベインティドス/数(⊛ twenty-two)22(の)

veintinueve/ベインティヌエベ/数(⊛ twenty-nine)29(の)

veintiocho/ベインティオチョ/数(⊛ twenty-eight)28(の)

veintiséis/ベインティセイス/数(⊛ twenty-six)26(の)

veintisiete/ベインティシエテ/数(⊛ twenty-seven)27(の)

veintitrés/ベインティトれス/数(⊛ twenty-tree)23(の)

veintiún(una)/ベインティウン(ナ)/数(⊛ twenty-one)21(の)

veintiuno/ベインティウノ/数(⊛ twenty-one)21

vejez/ベヘす/囡(⊛ old age)老年, 老人らしさ

vela/ベラ/囡(⊛ candle, sail)ろうそく, 帆, 寝ずの番, 通夜, 夜業

velar/ベラる/自(⊛ stay awake)徹夜する, 見張る ― 他 通夜をする, 徹夜で看病する

velo/ベロ/男(⊛ veil)〔衣〕ベール, 〔比喩〕見せかけ

velocidad/ベロしダド/囡(⊛ speed, velocity)速度, 〔車〕変速装置

veloz/ベロす/男(⊛ quick, rapid)速い ― 副 速く

vena/ベナ/囡(⊛ vein)〔解〕血管, 静脈, 気分, 気質, 葉脈, 木目, 石目, 鉱脈層, (昆虫の)翅脈(しみゃく), 水脈

vencedor(a)/ベンせドる(ら)/男,囡(⊛ winner)勝利者 ― 形 勝った

vencer/ベンせる/他(⊛ defeat)負かす, 打ち勝つ, (感情などを)抑える, 勝る, (山を)征服する, (重みで)つぶす ― 自 期日になる, 勝利する ― **se**再 感情などを抑える, (重みで)壊れる, ゆがむ

vencimiento/ベンしミエント/男(⊛ victory)勝利, 壊れること

venda/ベンダ/囡(⊛ bandage)包帯

vendar/ベンダる/他(⊛ bandage)包帯を巻く, 〔比喩〕目をくらませる

vendedor(a)/ベンデドる(ら)/形(⊛ seller)販売の ― 男,囡 販売員

vender/ベンデる/他(⊛ sell)〔商〕売る, (名誉などを)金に換える ― **se**再 売られる, 賄賂(わいろ)を受け取る

veneno/ベネノ/男(⊛ poison)毒, 悪意, 害毒

venenoso(a)/ベネノソ(サ)/形(⊛ poisonous)有毒な, 〔比喩〕悪意に満ちた

venezolano(a)/ベネソラノ(ナ)/形(⊛ Venezuelan)ベネズエラの

Venezuela/ベネすエラ/固(⊛ Venezuela)〔地名〕ベネズエラ

venganza/ベンガンさ/囡(⊛ revenge)復讐(ふくしゅう)

vengar/ベンガる/他(⊛ avenge)復讐(ふくしゅう)する ― **se**再 復讐する

venir/ベニる/自(⊛ come)(→主な動詞の活用 p.1048)来る, 起こる, (…する[a 不定詞])ようになる, (…し[現在分詞])続ける ― **se**再 やって来る

venta/ベンタ/囡(⊛ sale; inn)〔商〕販売, 〔商〕売り上げ高；旅館

ventaja/ベンタハ/囡(⊛ advantage)有利, 優勢, 〔スポーツ〕ハンディキャップ

ventajoso(a)/ベンタホソ(サ)/形(⊛ advantageous)有利な, もうけの多い

ventana/ベンタナ/囡(⊛ window)窓

ventanilla/ベンタニジャ/囡

(㊝ticket)(駅・銀行などの)窓口,(汽車・自動車・飛行機の)窓,〔建〕小窓

ventilación/ベンティラしオン/ 女 (㊝ventilation) 換気, 通風

ventilador/ベンティラ␣る/ 男 (㊝ventilator) 扇風機, 〔機〕通風[換気]装置, 通風口

ventilar/ベンティラる/ 他 (㊝ventilate) 空気[風]を通す **—se** 再 〔3人称で〕換気される

ventura/ベントゥら/ 女 (㊝good fortune) 幸運, 運, 危機

ver/べる/ 他 (㊝see)(→主な動詞の活用p.1048) 見える, 見る, 気づく, (人に)会う, 調べる, わかる **—se** 再 ある, 起こる, (…の[形容詞・副詞]) 状態である, (…のように[形容詞・副詞]) 見える, 見られる, 自分を見る

veraneante/べらネアンテ/ 男女 (㊝summer vacationers) 避暑客

veranear/べらネアる/ 自 (㊝spend summer vacation) 避暑に行く

veraneo/べらネオ/ 男 (㊝summer vacation) 避暑

veraniego(a)/べらニエゴ(ガ)/ 形 (㊝summer) 夏の **—** 男 〔衣〕ショートパンツ

verano/べらノ/ 男 (㊝summer) 夏, (熱帯の)乾期

veras/べらス/ 女 (㊝truth) 真実 ¶ de veras 本当に

verbal/べるバル/ 形 (㊝verbal) 言葉の, 〔文法〕動詞の

verbo/べるボ/ 男 (㊝verb)〔文法〕動詞, 言葉

verdad/べるダド/ 女 (㊝truth) 真実 **—** 間 〔付加的に〕…でしょう?

verdaderamente/べるダデらメンテ/ 副 (㊝really) 本当に

verdadero(a)/べるダデろ(ら)/ 形 (㊝true, real) 本当の, 本物の, 〔比喩〕誠実な

verde/べるデ/ 形 (㊝green) 緑の, 熟れていない, 枯れて[乾燥して]いない, 未熟な, わいせつな **—** 男 緑, 植物, [~s] 若草

verdor/べるドる/ 男 (㊝greenness) 新緑, 〔比喩〕活力

verdura/べるドゥら/ 女 (㊝vegetables, greens) 野菜, 緑, 新緑の若枝

vereda/べれダ/ 女 (㊝path) 小道, 《ラ米》歩道

vergonzoso(a)/べるゴンそソ(サ)/ 形 (㊝shameful) 恥ずべき, 恥ずかしがり屋の

vergüenza/べるグエンさ/ 女 (㊝shame) 恥ずかしい思い, 恥, 信義

verificar/べりフィカる/ 他 (㊝check) 検査する, 実証する **—se** 再 実証される

versión/べるシオン/ 女 (㊝version) 翻訳, 翻訳書, (個人的な, 小説などの) 脚色

verso/べるソ/ 男 (㊝verse)〔詩〕韻文

verter/べるテる/ 他 (㊝pour) 注ぐ, こぼす, 翻訳する, (涙を)流す

vertical/べるティカル/ 形 (㊝vertical) 垂直の **—** 女 〔数〕垂直線

vertiente/べるティエンテ/ 女 (㊝slope) 斜面, 〔比喩〕見方

vertiginoso(a)/べるティヒノソ(サ)/ 形 (㊝vertiginous) 目まいがする

vértigo/べるティゴ/ 男 (㊝vertigo) 目まい, 精神の混乱

vestíbulo/ベスティブロ/ 男 (㊝vestibule)〔建〕玄関, ホール

vestido/ベスティド/ 男 (㊝clothes) 服, 服装, 〔衣〕婦人服

vestir/ベスティる/ 他 (㊝dress) 着物を着せる **—se** 再 (服を) 着る

veterano(a)/ベてらノ(ナ)/ 形 (㊝veteran)〔軍〕(長年の)実戦経験のある, 老練な, 熟練者

vez/べス/ 女 (㊝time) …回, 〔序数詞~〕…回目, …倍 ¶ a veces 時々, en vez de …の代わりに, tel vez たぶん

vía/ビア/ 女 (㊝railroad, way)〔鉄〕鉄道, (㊝)車線, 航路, 道, 〔解〕管, 〔法〕手続き **—** 前 …を通って, …によって ¶ vía satélite 衛星によって

viajar/ビアハる/ 自 (㊝travel) 旅行する, (乗り物で[en]) 移動する, 運行する

viaje/ビアへ/ 男 (㊝trip, travel) 旅行, 往復, 荷物

viajero(a) /ビアヘろ(ら)/ 男,女 (㊀ traveler) 旅行者, 乗客

víbora /ビボら/ 女 (㊀ viper) 〔動〕マムシ

vibración /ビブらシオン/ 女 (㊀ vibration) 振動

vibrar /ビブらる/ 自 (㊀ vibrate) 振動する ― 他 振動させる

vicio /ビしオ/ 男 (㊀ vice) 悪, 悪癖

vicioso(a) /ビしオソ(サ)/ 形 (㊀ vicious) 悪癖のある, 欠点のある

vicisitud /ビしシトゥド/ 女 (㊀ vicissitude) 移り変わり

víctima /ビクティマ/ 女 (㊀ victim) 犠牲者, 〔宗〕いけにえ

victoria /ビクトりア/ 女 (㊀ victory) 勝利, 征服

victorioso(a) /ビクトりオソ(サ)/ 形 (㊀ victorious) 勝利の ― 男,女 勝利者

vid /ビド/ 女 (㊀ vine) 〔植〕ブドウの木

vida /ビダ/ 女 (㊀ life) (人の)一生, 生活, 生命, この世, 伝記, 元気

video /ビデオ/ 男 ⇒ vídeo

vídeo /ビデオ/ 男 (㊀ video) ビデオ

vidriera /ビドりエら/ 女 (㊀ stained glass, show window) ステンドグラス, 〔ラ米〕ショーウインドー

vidrio /ビドりオ/ 男 (㊀ glass) ガラス

viejo(a) /ビエホ(ハ)/ 形 (㊀ old) 年老いた, 古い, 昔の ― 男,女 老人, 〔愛情を込めて〕おやじ

viento /ビエント/ 男 (㊀ wind) 〔気象〕風

vientre /ビエントれ/ 男 (㊀ belly, abdomen) 腹, 内臓

viernes /ビエるネス/ 男 (㊀ Friday) 金曜日

Vietnam /ビエトナム/ 固 (㊀ Vietnam) 〔地名〕ベトナム

viga /ビガ/ 女 (㊀ beam) 〔建〕梁 (はり), 〔技〕(オリーブなどの)圧搾機

vigencia /ビヘンしア/ 女 (㊀ validity) 有効性, 効力

vigente /ビヘンテ/ 形 (㊀ in force) 有効な

vigilancia /ビヒらンしア/ 女 (㊀ vigilance) 見張り, 自警団

vigilante /ビヒらンテ/ 形 (㊀ watchman) 見張り番, 警察官

vigilante /ビヒらンテ/ 男,女 (㊀ watchman) 見張り番, 警察官 ― 形 寝ずに番をしている

vigilar /ビヒらる/ 他 (㊀ supervise) 見張る, 注意する, 見張る

vigor /ビゴる/ 男 (㊀ strength, vigor) 力, (法律の)効力, (言葉・態度などの)強さ

vigoroso(a) /ビゴろソ(サ)/ 形 (㊀ vigorous) 精力旺盛な, 活発な

vil /ビル/ 形 (㊀ vile) 下劣な, 値打ちのない

vileza /ビれさ/ 女 (㊀ vileness) 卑劣さ, 卑劣な行為

villa /ビジャ/ 女 (㊀ villa) 別荘, 町

villancico /ビジャンしコ/ 男 (㊀ Christmas carol) 〔楽〕〔宗〕聖誕祭の歌

vinagre /ビナグれ/ 男 (㊀ vinegar) 〔料〕酢 (す), ワインビネガー

vínculo /ビンクロ/ 男 (㊀ tie, band) 絆 (きずな)

vino /ビノ/ 男 (㊀ wine) 〔飲〕ワイン, ぶどう酒

violación /ビオらシオン/ 女 (㊀ violation) 違反, 強姦

violar /ビオらる/ 他 (㊀ force) 侵害する, (誓い・条約・法律などを)破る, (女性に)暴行する, (神聖を)汚す

violencia /ビオれンしア/ 女 (㊀ violence) 力づく, 暴力, (精神的な)苦痛, 暴行, 激しさ

violento(a) /ビオれント(タ)/ 形 (㊀ violent) 激しい, 乱暴な, 不自然な, きまりの悪い

violeta /ビオれタ/ 女 (㊀ violet) 〔植〕スミレ, すみれ色 ― 形 すみれ色の

violín /ビオりン/ 男 (㊀ violin) 〔楽〕バイオリン

violinista /ビオりニスタ/ 男,女 (㊀ violinist) 〔楽〕バイオリン奏者

virgen /ビるヘン/ 女 (㊀ virgin) 処女, 〔V~〕聖母マリア, 〔V~〕〔天〕乙女座 ― 形 〔比喩〕新しい, 処女の

viril /ビりル/ 形 (㊀ virile,

virtud /ビルトゥド/ 女(® virtue) 徳, 徳行

virtuoso(a) /ビルトゥオソ(サ)/ 形(® virtuous) 徳の高い, 技術の優れた ― 男,女 高潔の人, (芸術の) 大家

visa /ビサ/ 女(® visa) ビザ

visado /ビサド/ 男(® visa) ビザ

viscoso(a) /ビスコソ(サ)/ 形(® viscous) ねばねばする

visible /ビシブレ/ 形(® visible) 目に見える, 見苦しくない, 明らかな

visión /ビシオン/ 女(® vision, sight) 光景, 視力, 幻影, 見ること, 見通し

visita /ビシタ/ 女(® visit) 訪問 (客), 見物, 見舞い, 診察, 視察

visitante /ビシタンテ/ 男女(® visitor) 訪問者, 見学者, 見舞い客 ― 形 訪問の

visitar /ビシタる/ 他(® visit) (人に) 会いに行く, (場所を) 訪れる, 往診する, 視察に行く

víspera /ビスぺら/ 女(® day before) (祭日などの) 前日, (何かが起こる) 直前, [~s][宗] 晩課

vista /ビスタ/ 女(® sight) 視覚, 光景, 外観, 見ること, 見方, 考察, 目的

vistazo /ビスタソ/ 男(® glance) 一見

visto(a) /ビスト(タ)/ 形(® seen) 見られた, 予見された, [法] 審理された

vistoso(a) /ビストソ(サ)/ 形(® colorful, bright) 目立つ

visual /ビスアル/ 形(® visual) 視覚の

vital /ビタル/ 形(® vital) 生命の, きわめて重大な, 生死にかかわる, 活力がある

vitalidad /ビタリダド/ 女(® vitality) 活気, 生命力, 重要性

vitamina /ビタミナ/ 女(® vitamin) [医] ビタミン

vitrina /ビトリナ/ 女(® showcase) ショーケース, ショーウィンドウ

viuda /ビウダ/ 女(® widow) 未亡人

viudo(a) /ビウド(ダ)/ 形(® widowed) 未亡人 [男やもめ] となった ― 男 男やもめ

viva /ビバ/ 間(® hurrah) 万歳! ― 男 万歳の声

vivienda /ビビエンダ/ 女(® housing) 住宅

vivir /ビビる/ 自(® live) (→主な動詞の活用 p.1043) 暮らす, 住む, 生きている ― 他 経験する ― 男 生活

vivo(a) /ビボ(バ)/ 形(® living) 生きている, 現在行われている, 生き生きとした, 強い, 鮮明な, 鋭敏な

vocablo /ボカブロ/ 男(® word) ことば

vocabulario /ボカブラリオ/ 男(® vocabulary) [集合的に] 語, 語彙集

vocación /ボカシオン/ 女(® vocation) 天職, 適性, [宗] (宗教・信仰生活への) 神のお召し

vocal /ボカル/ 女(® vowel)[文法][音声] 母音 ― 男女 委員, 会員 ― 形 声の, 口で言う, [楽] 声楽の, 選挙権のある

volante /ボランテ/ 形(® flying) 飛ぶ (ことのできる), 移動する ― 男 ハンドル

volar /ボラる/ 自(® fly) 飛ぶ, 風で飛ぶ, [比喩] 大急ぎでする, 過ぎ去る

volcán /ボルカン/ 男(® volcano) 火山, [比喩] 激情

volcánico(a) /ボルカニコ(カ)/ 形(® volcanic) 火山性の

volcar /ボルカる/ 他(® knock over) ひっくり返す, (敵を) 倒す

voleibol /ボレイボル/ 男(® volleyball) バレーボール

volumen /ボルメン/ 男(® volume, size) 冊, 冊, 体積, 音量, [商] 取引高, 重要性

voluminoso(a) /ボルミノソ(サ)/ 形(® voluminous) 量が多い

voluntad /ボルンタド/ 女(® will) 意志, 意志の力, 望み, 愛情, チップ

voluntario(a) /ボルンタリオ(ア)/ 形(® voluntary) 自由意志による, [軍] 志願の ― 男,女 ボランティア, [軍] 志願兵

voluptuoso(a) /ボルプトゥオソ(サ)/ 形(® voluptuous) 肉欲にふける

volver /ボルベる/ 他 (㊥ turn) ひっくり返す, 向ける, (…に [形容詞・副詞]) 変える, (前の状態に [a]) 戻す, 返す ― 自 (元の場所へ [a]) 帰る, 戻る, 再び (… [a 不定詞]) する ― **se** 再 顔を向ける, (…に [形容詞・副詞]) なる

vomitar /ボミタる/ 他 (㊥ vomit) 吐く, (煙・火などを) 吐き出す, [比喩] (言葉を) 吐く ― 自 (食べたものを) 吐く

vómito /ボミト/ 男 (㊥ vomit) 嘔吐 (おうと), 吐いたもの

vos /ボス/ 代 (㊥ you) [中米・ラプラタ地方] 君, あなた

vosotros(as) /ボソトろス(らス)/ 代 (㊥ you) 君たち, あなたがた

votación /ボタシオン/ 女 (㊥ voting) 投票

votar /ボタる/ 他 (㊥ vote) 投票する, 投票して決する, [宗] (神に [a]) 誓う ― 自 投票する, 呪いのことばをかける

voto /ボト/ 男 (㊥ vote) 投票, 票, [政] 投票権, [宗] 誓い, 願い, 呪い, (神への) 奉納品

voz /ボす/ 女 (㊥ voice) 声, (主義・主張などを) 訴える声, 発言権, うわさ, 語, [楽] (声楽の) 声, 大声, [文法] 態

vuelco /ブエルコ/ 男 (㊥ upset) 転覆, 挫折

vuelo /ブエロ/ 男 (㊥ flying) 飛ぶこと, 空の旅, 便, フライト [衣] (スカートの) フレア, (鳥の) 翼

vuelta /ブエルタ/ 女 (㊥ round) 回転, 散歩, 帰り, ひっくり返すこと, 変化, 小銭, 曲がり角, 一回, 裏, 復習, [スポーツ] 一周レース, [楽] くり返し

vuelto(a) /ブエルト(タ)/ 形 (㊥ turned) 向けた, ひっくり返した ― 男 [ラ米] つり銭

vuestro(a) /ブエストろ(ら)/ 形 (㊥ your) 君たちの, あなたがたの, [定冠詞をつけて] 君たち (あなたがた) のもの

vulgar /ブルガる/ 形 (㊥ vulgar) 下品な, 普通の, 通俗の

W, w

whisky /ウィスキ/ 男 (㊥ whisky) [飲] ウイスキー

X, x

xilófono /シロフォノ/ 男 (㊥ xylophone) [楽] 木琴, シロホン

Y, y

y /イ/ 接 (㊥ and) …と, そして

ya /ジャ/ 副 (㊥ already) すでに, もう, いずれ, すぐに ― 間 [同意を示す] はい, そう!

yacer /ジャせる/ 自 (㊥ lie) 葬られている, 横になる, ある, 寝る

yacimiento /ジャしミエント/ 男 (㊥ bed) [鉱] 鉱床

yate /ジャテ/ 男 (㊥ yacht) ヨット

yegua /ジェグア/ 女 (㊥ mare) [動] 雌馬

yema /ジェマ/ 女 (㊥ bud; yolk, finger tip) 芽, (卵の) 黄身 (きみ), 指先

yen /ジェン/ 男 (㊥ yen) 円《日本の通貨》

yerba /ジェるバ/ 女 (㊥ grass) [ラ米] 草 (地), [ラ米] マテ茶, [ラ米] マリファナ

yerno /ジェるノ/ 男 (㊥ son-in-law) 婿 (むこ)

yeso /ジェソ/ 男 (㊥ plaster) 石膏 (せっこう), [美] 石膏像, [医] ギプス

yo /ジョ/ 代 (㊥ I) 私, 僕

yogur /ジョグる/ 男 (㊥ yogurt) [料] ヨーグルト

yugo /ジュゴ/ 男 (㊥ yoke) くびき

Z, z

zaguán/サグアン/男（㊙hall）〔建〕(家の) 玄関
zalamero(a)/サラメロ(ら)/形（㊙flattering）へつらう —男,女 へつらう人
zanahoria/サナオりア/女（㊙carrot）〔植〕ニンジン
zapatería/サパテリア/女（㊙shoe shop）靴屋，靴製造業
zapatero(a)/サパテロ(ら)/男,女（㊙shoe seller）靴屋
zapatilla/サパティジャ/女（㊙slipper）〔~s〕スリッパ，運動靴
zapato/サパト/男（㊙shoe）〔~s〕靴
zócalo/ソカロ/男（㊙square）〔ラ米〕広場，〔建〕(柱・彫像の) 台石
zona/ソナ/女（㊙zone）地帯，〔地理〕帯，範囲
zoo/ソオ/男（㊙zoo）動物園
zoología/ソオロヒア/女（㊙zoology）動物学
zoológico(a)/ソオロヒコ(カ)/（㊙zoological）形 動物学の —男 動物園
zoólogo(a)/ソオロゴ(ガ)/（㊙zoologist）動物学者
zorro/ソろ/男（㊙fox）キツネ，〔比喩〕ずる賢い人
zumbar/サンバる/自（㊙buzz）ブンブンいう，耳鳴りがする
zumbido/サンビド/男（㊙buzzing）ブンブンいう音
zumo/スモ/男（㊙juice）(果物・野菜などの)汁，〔スペイン〕ジュース，〔比喩〕うまい汁
zurcir/するしる/他（㊙darn, mend）繕(つくろ)う，取り繕う，(うその) つじつまを合わせる
zurdo(a)/するド(ダ)/形（㊙left-handed）左利きの，左の —男,女 左利きの人

主な動詞の活用 (直説法現在形)

■ 主語となる人称代名詞

yo 私は
ジョ

tú きみは
トゥ

él 彼は [彼女は]
エル

nosotros 私たちは
ノソトロス

vosotros きみたちは [あなたがたは]
ボソトロス

ellos 彼らは [彼女たちは]
エジョス

　n. nosotros の省略形
　v. vosotros の省略形

■ ser と estar

ser /セる/ 「…です」	**estar** /エスタる/ 「…という状態です」
(yo) soy ソイ	(yo) estoy エストイ
(tú) eres エれス	(tú) estás エスタス
(él) es エス	(él) está エスタ
(n.) somos ソモス	(n.) estamos エスタモス
(v.) sois ソイス	(v.) estáis エスタイス
(ellos) son ソン	(ellos) están エスタン

■ AR 動詞の規則変化

cantar
/カンタる/
「歌う」

- (yo) canto
  カント
- (tú) cantas
  カンタス
- (él) canta
  カンタ
- (n.) cantamos
  カンタモス
- (v.) cantáis
  カンタイス
- (ellos) cantan
  カンタン

■ ER 動詞の規則変化

comer
/コメる/
「食べる」

- (yo) como
  コモ
- (tú) comes
  コメス
- (él) come
  コメ
- (n.) comemos
  コメモス
- (v.) coméis
  コメイス
- (ellos) comen
  コメン

■ IR 動詞の規則変化

vivir
/ビビる/
「生きる」

- (yo) vivo
  ビボ
- (tú) vives
  ビベス
- (él) vive
  ビベ
- (n.) vivimos
  ビビモス
- (v.) vivís
  ビビス
- (ellos) viven
  ビベン

■ 不規則動詞：主なもの

contar
/コンタる/
「数える」

- (yo) cuento
  クエント
- (tú) cuentas
  クエンタス
- (él) cuenta
  クエンタ
- (n.) contamos
  コンタモス
- (v.) contáis
  コンタイス
- (ellos) cuentan
  クエンタン

dar
/ダる/
「与える」

- (yo) doy ドイ
- (tú) das ダス
- (él) da ダ
- (n.) damos ダモス
- (v.) dais ダイス
- (ellos) dan ダン

decir
/デしる/
「言う」

- (yo) digo ディゴ
- (tú) dices ディセス
- (él) dice ディセ
- (n.) decimos デしモス
- (v.) decís デしス
- (ellos) dicen ディセン

dormir
/ドるミる/
「眠る」

- (yo) duermo ドゥエるモ
- (tú) duermes ドゥエるメス
- (él) duerme ドゥエるメ
- (n.) dormimos ドるミモス
- (v.) dormís ドるミス
- (ellos) duermen ドゥエるメン

haber
/アべる/
「助動詞・…がある」

- (yo) he エ
- (tú) has アス
- (él) ha (hay) ア アイ
- (n.) hemos エモス
- (v.) habéis アベイス
- (ellos) han アン

hacer
/アせる/
「作る・する」

- (yo) hago
  アゴ
- (tú) haces
  アせス
- (él) hace
  アせ
- (n.) hacemos
  アせモス
- (v.) hacéis
  アせイス
- (ellos) hacen
  アせン

ir
/イる/
「行く」

- (yo) voy
  ボイ
- (tú) vas
  バス
- (él) va
  バ
- (n.) vamos
  バモス
- (v.) vais
  バイス
- (ellos) van
  バン

morir
/モりる/
「死ぬ」

- (yo) muero
  ムエろ
- (tú) mueres
  ムエれス
- (él) muere
  ムエれ
- (n.) morimos
  モりモス
- (v.) morís
  モりス
- (ellos) mueren
  ムエれン

nacer
/ナせる/
「生まれる」

- (yo) nazco
  ナすコ
- (tú) naces
  ナせス
- (él) nace
  ナせ
- (n.) nacemos
  ナせモス
- (v.) nacéis
  ナせイス
- (ellos) nacen
  ナせン

pensar
/ ペンサる /
「考える」

- (yo) **pienso**
  ピエンソ
- (tú) **piensas**
  ピエンサス
- (él) **piensa**
  ピエンサ
- (n.) **pensamos**
  ペンサモス
- (v.) **pensáis**
  ペンサイス
- (ellos) **piensan**
  ピエンサン

perder
/ ペるデる /
「失う」

- (yo) **pierdo**
  ピエるド
- (tú) **pierdes**
  ピエるデス
- (él) **pierde**
  ピエるデ
- (n.) **perdemos**
  ペるデモス
- (v.) **perdéis**
  ペるデイス
- (ellos) **pierden**
  ピエるデン

poder
/ ポデる /
「できる」

- (yo) **puedo**
  プエド
- (tú) **puedes**
  プエデス
- (él) **puede**
  プエデ
- (n.) **podemos**
  ポデモス
- (v.) **podéis**
  ポデイス
- (ellos) **pueden**
  プエデン

poner
/ ポネる /
「置く」

- (yo) **pongo**
  ポンゴ
- (tú) **pones**
  ポネス
- (él) **pone**
  ポネ
- (n.) **ponemos**
  ポネモス
- (v.) **ponéis**
  ポネイス
- (ellos) **ponen**
  ポネン

querer
/ケれる/
「望む」

- (yo) quiero
  キエろ
- (tú) quieres
  キエれス
- (él) quiere
  キエれ
- (n.) queremos
  ケれモス
- (v.) queréis
  ケれイス
- (ellos) quieren
  キエれン

saber
/サべる/
「知る」

- (yo) sé
  セ
- (tú) sabes
  サベス
- (él) sabe
  サベ
- (n.) sabemos
  サベモス
- (v.) sabéis
  サベイス
- (ellos) saben
  サベン

salir
/サりる/
「出る」

- (yo) salgo
  サルゴ
- (tú) sales
  サレス
- (él) sale
  サレ
- (n.) salimos
  サリモス
- (v.) salís
  サリス
- (ellos) salen
  サレン

seguir
/セギる/
「続く」

- (yo) sigo
  シゴ
- (tú) sigues
  シゲス
- (él) sigue
  シゲ
- (n.) seguimos
  セギモス
- (v.) seguís
  セギス
- (ellos) siguen
  シゲン

sentir
/センティる/
「感じる」

- **(yo) siento**
  シエント
- **(tú) sientes**
  シエンテス
- **(él) siente**
  シエンテ
- **(n.) sentimos**
  センティモス
- **(v.) sentís**
  センティス
- **(ellos) sienten**
  シエンテン

tener
/テネる/
「持つ」

- **(yo) tengo**
  テンゴ
- **(tú) tienes**
  ティエネス
- **(él) tiene**
  ティエネ
- **(n.) tenemos**
  テネモス
- **(v.) tenéis**
  テネイス
- **(ellos) tienen**
  ティエネン

venir
/ベニる/
「来る」

- **(yo) vengo**
  ベンゴ
- **(tú) vienes**
  ビエネス
- **(él) viene**
  ビエネ
- **(n.) venimos**
  ベニモス
- **(v.) venís**
  ベニス
- **(ellos) vienen**
  ビエネン

ver
/べる/
「見る」

- **(yo) veo**
  ベオ
- **(tú) ves**
  ベス
- **(él) ve**
  ベ
- **(n.) vemos**
  ベモス
- **(v.) véis**
  ベイス
- **(ellos) ven**
  ベン

2005年9月15日　初版発行

デイリー日西英・西日英辞典

2014年2月15日　第3刷発行
監修　上田博人（うえだ・ひろと）
　　　アントニオ・ルイズ・ティノコ
　　　（Antonio Ruiz Tinoco）

編　集　三省堂編修所
発行者　株式会社 三省堂　代表者 北口克彦
印刷者　三省堂印刷株式会社
　　　　（DTP　株式会社ジャレックス）
発行所　株式会社 三省堂
　　　　〒101-8371
　　　　東京都千代田区三崎町二丁目22番14号
　　　　　電話 編集　（03）3230-9411
　　　　　　　営業　（03）3230-9412
　　　　http://www.sanseido.co.jp/
　　　　振替口座　00160-5-54300
　　　　商標登録番号　521139・521140

〈デイリー日西英・1056 pp.〉

落丁本・乱丁本はお取替えいたします

ISBN978-4-385-12244-1

Ⓡ本書の全部または一部を無断で複写複製（コピー）することは、著作権法上での例外を除き、禁じられています。本書からの複写を希望される場合は、日本複製権センター（03-3401-2382）にご連絡ください。

シンプルな3か国語辞典

デイリー日仏英・仏日英辞典
村松定史[監修]日仏英は1万3千項目、仏日英は5千項目。カタカナ発音付き。2色刷。

デイリー日独英・独日英辞典
渡辺　学[監修]日独英は1万4千項目、独日英は6千項目。カタカナ発音付き。2色刷。

デイリー日伊英・伊日英辞典
藤村昌昭[監修]日伊英は1万5千項目、伊日英は9千項目。カタカナ発音付き。2色刷。

デイリー日西英・西日英辞典
上田博人・アントニオ=ルイズ=ティノコ[監修]日西英1万5千、西日英6千。カナ発音付き。2色刷。

デイリー日葡英・葡日英辞典
黒沢直俊・ホナウヂ=ポリート・武田千香[監修]日葡英1万5千、葡日英7千。カナ発音付き。2色刷。

デイリー日韓英・韓日英辞典
福井　玲・尹　亭仁[監修]日韓英は1万4千項目、韓日英は6千項目。カナ発音付き。2色刷。

デイリー日中英・中日英辞典
池田　巧[監修]日中英は1万3千項目、中日英は5千項目。カタカナ発音付き。2色刷。

デイリー日タイ英・タイ日英辞典
宇戸清治[監修]日タイ英は1万2千項目、タイ日英は9千項目。カタカナ発音付き。2色刷。

コラム：タイトル一覧

アクセサリー	ネックレス，イヤリング，ブローチ，指輪，	7
味	甘い，辛い，苦い，濃い，薄い，酸っぱい，	10
家	玄関，寝室，屋根，キッチン，廊下，	29
衣服	スーツ，スカート，ズボン，ダウンジャケット，ジーンズ，	45
色	白，黒，赤，黄緑，紺，ベージュ，	48
インターネット	ホームページ，アドレス，プロバイダー，Eメール，	50
家具	テーブル，簞笥，カーテン，机，椅子，本棚，	113
家族	夫，妻，父，母，兄，従兄弟，叔母，養子，末っ子，	123
体	頭，目，肩，肘，膝，眉，鼻，腹，手首，	136
気象	晴れ，曇り，雨，台風，気温，気圧，低気圧，	156
季節	春，夏，秋，冬，一月，十二月，	158
果物	苺，バナナ，パイナップル，桃，西瓜，メロン，	188
化粧品	口紅，アイシャドー，化粧水，パック，シャンプー，	206
コンピュータ	パソコン，バグ，メモリ，ハブ，アイコン，	247
サッカー	ワールドカップ，レッドカード，フーリガン，	264
時間	年，週，午前，朝，夜，明日，昨日，	279
職業	医者，会社員，公務員，教員，編集者，弁護士，	330
食器	グラス，コーヒーポット，皿，スプーン，箸，	335
人体	脳，骨，動脈，胃，肝臓，心臓，肺，	346
数字	1，1番目，10，100，万，億，2倍，	356
スポーツ	体操，卓球，野球，テニス，ゴルフ，スキー，	369
台所用品	鍋，フライパン，包丁，ミキサー，泡立て器，	417
食べ物	パエリア，ガスパチョ，スペイン風オムレツ，	433
デザート	パウンドケーキ，クレープ，アイスクリーム，	483
電気製品	冷房，暖房，掃除機，冷蔵庫，電子レンジ，テレビ，	490
闘牛	正闘牛士，日向席，ムレータ，ピカドール，	500
動物	ライオン，ゴリラ，虎，パンダ，犬，猫，猿，	507
度量衡	ミリ，メートル，マイル，キロ，トン，摂氏，	527
肉	牛肉，豚肉，挽肉，ロース，サーロイン，ハム，	545
飲み物	水，コーラ，カフェオレ，紅茶，ワイン，カクテル，	566
花	菜の花，紫陽花，菊，鈴蘭，百合，椿，	590
病院	救急病院，看護婦，内科，外科，小児科，薬局，	627
病気	エイズ，結核，糖尿病，コレラ，風邪，脳梗塞，	628
フラメンコ	歌い手，カスタネット，ステップ，タブラオ，	657
文房具	ボールペン，ホッチキス，原稿用紙，セロテープ，	669
店	八百屋，花屋，本屋，クリーニング店，古本屋，	727
野菜	大根，トマト，ピーマン，レタス，ズッキーニ，人参，	765
曜日	日曜日，水曜日，土曜日，平日，週末，	784